U0556764

法学阶梯

《中华人民共和国民法典》评注

（精要版）

（第二版）

主编简介

徐涤宇，1970年7月生，法学博士，中南财经政法大学教授、博士研究生导师，享受国务院政府特殊津贴，全国文化名家暨“四个一批”人才、国家“万人计划”哲学社会科学领军人才；中国法学会民法学研究会副会长、中国法学教育研究会常务理事。主持国家社会科学基金重大项目等省部级以上科研项目近10项，在《中国社会科学》《法学研究》《中国法学》等国内外核心刊物上发表学术论文80余篇，出版独著或合作著（译）作10余部。

张家勇，1969年9月生，法学博士，苏州大学王健法学院教授、博士研究生导师；中国法学会案例法学研究会副会长、中国法学会民法学研究会常务理事。主要研究方向为民法总论、物权法、合同法、侵权法、公司法。曾在《中国社会科学》《法学研究》《中国法学》等刊物上发表专业学术论文50余篇；在法律出版社、北京大学出版社、中国人民大学出版社等出版《为第三人利益的合同的制度构造》《合同法与侵权法中间领域调整模式研究》《统一民事责任：原理与规范》等著作近10部，《现代合同理论的哲学起源》《私法的基础》《侵权法的统一：违法性》《侵权责任法的基本问题》（第二卷）等译著4部；主持国家社会科学基金重点项目、一般项目等省部级课题多项。《论统一民事责任的制度建构：基于责任融合的“后果模式”》获第十一届湖北省社会科学优秀成果一等奖。

《中华人民共和国民法典》评注

（精要版）

（第二版）

主　编　徐涤宇　张家勇

中国人民大学出版社

·北京·

撰稿人

伍治良：中南财经政法大学副教授，武汉大学法学博士

胡东海：中南财经政法大学教授，意大利罗马第二大学法学博士、湖南大学法学博士

张　静：中南财经政法大学副教授，荷兰莱顿大学法学博士

李　俊：中南财经政法大学教授，意大利罗马第二大学法学博士

咎强龙：中南财经政法大学副教授，中南财经政法大学法学博士、意大利罗马第一大学联合培养博士

罗　帅：中南财经政法大学讲师，中国人民大学法学博士

梅维佳：中南财经政法大学讲师，中南财经政法大学法学博士、德国哥廷根大学联合培养博士

汪　君：中南财经政法大学副教授，中南财经政法大学法学博士、日本早稻田大学联合培养博士

陈大创：中南财经政法大学讲师，德国科隆大学法学博士

陈晓敏：中南财经政法大学副教授，意大利罗马第二大学法学博士、吉林大学法学博士

夏昊晗：中南财经政法大学副教授，德国波恩大学法学博士

李金镂：中南财经政法大学讲师，德国科隆大学法学博士

季红明：中南财经政法大学讲师，德国汉堡大学法学博士

刘征峰：中南财经政法大学教授，中国政法大学法学博士、瑞典隆德大学联合培养博士

麻昌华：中南财经政法大学教授，武汉大学法学博士

袁中华：中南财经政法大学教授，清华大学法学博士

张　宝：中南财经政法大学教授，中南财经政法大学法学博士、美国佛蒙特法学院联合培养博士

致　谢

初允中国人民大学出版社政法分社社长郭虹女士之约，撰写团队只是潜在而抽象地指向中南财经政法大学民商法学科群体。其时也，团队不乏叶公好龙之隐忧者，亦有“毋持布鼓过雷门”之犹疑。幸赖郭虹社长坚持不懈地动员和鼓励，并得徐涤宇教授主持的中宣部文化名家暨“四个一批”人才工程项目、国家社会科学基金重大项目“中国民法重述、民法典编纂与社会主义市场经济法律制度的完善研究”的莫大支持，民法典评注精要版终成其稿。

编写历一年并半载，经三轮大规模写作和修订、十余次集体研讨，再由主编逐条审改。其间，中南财经政法大学民商法专业师生秉持“日拱一卒，功不唐捐”的信念，勠力同心，共历一段集体性学术训练的时光。除分工表列明的作者外，这一集体作品还得到其他老师和同学的支持。首先，感谢参与初期写作的中南财经政法大学法学院师生。虽然初稿不尽完美，距离设定目标有较大差距，但也标志本评注迈出了第一步。其次，感谢民法典评注的“先行者”。本评注参考了迄今出版的民法典评注、释义、理解与适用等重要成果，某些条文评注亦受启于一些专著或专题论文的精辟见解，但囿于精要版评注之篇幅设定，对此等真知灼见未能在正文中以脚注方式逐一致敬。最后，感谢中南财经政法大学民商法专业硕士、博士研究生在文献梳理、案例搜集整理、文字校对、格式调整等方面作出的贡献。由于参与学子较多且其贡献度不一，此处不再一一列举。

编写组

经由评注的有组织科研（二版代序）

一

更新乃评注事业生命力之所在。保持更新的外部动因，一在法源之赓续与创生，各民事特别法及司法解释或修订以配套，或新立以补充，不仅牵涉条款词句之解释作业，更影响具体制度的体系理解和法律漏洞的裨补填充；二在学说之蓬勃与争鸣，法典创制为学界盛事，法典时刻提供整理故旧通说、重释基本概念、发展解释方案和运用新兴方法的契机，新的理论通说在百家争鸣的局面中生就推展；三在法院之实践与运用，法典时代的推进使得法源充实、学说浩穰，面对新情况、新问题，裁判者更加从容自信地运用规范、补苴罅漏，新的实践导向和裁判通说亦职是不断运生。陈寅恪云，“一时代之学术，必有其新材料与新问题”（《陈垣敦煌劫余录序》）。当下民法学术的最新材料，即是《民法典》；最新问题，亦出自《民法典》。立法、学说、司法三者汇流，澎湃浩荡，评注这艘大船若不能常常自新、损有余而补不足，则绝难逴行万里，甚或搁沉于原处，成为民法典时代的一处历史残迹。

虽然言约旨远、信而有征始终是本评注不辍之追求，但二版修订绝非简单对评注进行文字性的“外立面改造”，而是在有组织的模式下重新审视、调整纂修整部评注之内容。因应评注更新的前述三股外部动因，此番修订主要呈现为三个内容：一是因循法教义学的基本方法，忠实服从现行法的权威，援“合同编通则解释”“侵权责任编解释一”“婚姻家庭编解释二”等最新司法解释，求法典相应条文之裁判规范意义。对于新出台的旨在补充《民法典》规范但并不牵动法典条文本身理解变化的民事特别法，如《公司法》《农村集体经济组织法》，本评注也尽可能在关联处提示一般法与特别法之间的适用关系，以期襄赞实务工作。二是总结学界最新观点和动态，筛汰已不合法典现状的故旧通说，取菁时下正在形成的有力学说。但鉴于通说间并非毫无矛盾，学理与实务观点亦时常相去甚远，故前述立场无碍本评注在胪列通说时作相应的评论和注解。对于通说尚未形成之处，本评注自当遵循一般法理，提供法典理解的“中南方案”。三是梳理最新裁判实践，爬罗剔抉，替换法典实施初期司法实践阙如情状下倚托“旧法”裁判所作的说理论证，增补有权机关甄选的典型案例，进而反映最新的实务动态和裁判动向。

二

此番更新作业的内部驱力，则是本评注团队业已形成的经由评注的有组织科研。

现代自然科学已完成由“小科学”向“大科学”的范式转变：知识体系的迭代和进深，使得当下任何科研成果已无法径直为普罗大众所通解，遑论生产应用；研究也不再为纯粹的精神性活动，而以应用性为旨归，研究者再难“不窥于牖，以知天道”，而务须取材于现实，将思想方案细化为实践步骤，借由猜想、验证、复现等诸多手段再外化于现实，故又受制于工具、环境、资金、人才等现实因素，个体才智须紧密依附于制度化的组织；现代科研的不确定性更强、风险更高、失败代价更大，组织性地开展研究可透过预先论证竭力降低风险，凭依科研建制分散损失；殊为重要的是，科学方案借助客观的公式定理、科学标准，可作细分拆解，科研协作不再是思想上难企共识的“思维博弈”，而是存在既定目的并可兹验证的“思维劳作”。尽管石破天惊的科学构想仍出自天才般的个体，但整体科学事业之成就端仰赖背后团队的襄助。概言之，有组织的科研模式符合应用性自然科学的外部规律，科学研究已是一项相当昂贵的集体性事业，需要企业、院校乃至国家通功易事、协同并进。

人文社会科学专以“思想性”为要，思想个体劢以思想塑造个人、整饬社会、安国宁家，伺以文字“指出向上一路，新天下耳目，弄笔者始知自振”（王灼《碧鸡漫志》）。纵使人文社会科学名下不乏科目受自然科学范式影响，以渐跻自然科学标准为务，而求研究结果之确定、客观、普遍，一言万齐，然大抵其研究具有“个体性”、“局部性”和“或然性”。申言之，人文社会科学研究系“私人事业”，诸“学术个体户”以智识为依托，渊渊焉而思，憬憬然而悟；思想成果的创造者往往是特定的，其传播倚靠共识之达成，有同道中则鞭策切磨，有道不同则相与辩明。伽达默尔认为，“只要有理解，理解便会不同”。在思想传衍过程中，意想不到的断绝、歧出、挪用、误解和融合无碍思想的发展。这既是人文社会科学的内在性困局，也是人文社会科学发展的内在机理。此之谓“物有恒姿，而思无定检”（刘勰《文心雕龙·物色》）。故而，思想性的人文社会科学领域难以有组织地开展科研，思想个体的博学笃志、审思明辨、致知体行仍是该领域研究的基本模式。

法学是面向实务的人文社会科学——人文社会科学的根本属性决定了法学学术也以松散的个人自由科研为主；而法学面向实务的特性又提供了多样科研模式的可能性。评注编纂系有组织地开展法学研究的典型范例。评注须集大成，尽管曾有先儒创“一人注经”之厥业，然现代法典规范含量之大、认知更新之快，纵硕学鸿儒亦难一力承当。评注须认真对待通说，亦纾解了人文社会学科的内在性困局：即便评注编纂者的规范理解各有不同，但“通说”至少提供了最低限度的“形式标准”，即要求编纂者收束“兴酣落笔摇五岳”之宏愿，以意见场中的权威观点和学术共识理解、阐释法典的规范内容，保持一定程度的客观性。同时，法典评注须面向实务，实践需求变动不居，评注的自新要求决定其势必为一项历史事业，有限的个体难竟其业，而须有组织地代代相续。德国《普朗克民法典评注》《施陶丁格民法典评注》即为其例，渡越百年，其内容弥新而风格不易。

自初版伊始，本团队即以有组织的科研模式编纂评注。本评注服从权威、立场一致、不蔓不枝的“中南派”风格，一版序中业已交代。即便评注团队上下齐心，戮力精要，能愿行文要言不烦，然一版总字数仍迄至百三万字有余！若不能有组织地开展科研，那么文本便只能是诸“学术个体户”的饾饤拼凑、无意义之“堆垛”事小；若自相矛盾，则贻笑大方，更有错误指引学习、指导实践之殆。

二版修订，评注团队亦确守经由评注的有组织科研模式，并变化求进。一则，评注团队始终贯彻共同的价值目标，坚持以法律适用为导向，服从《民法典》权威的基本立场，“尤不容以名实不相副之解释，致读者起幻蔽”（梁启超《先秦政治思想史》）。二则，评注团队保持相对统一的评注立场，使用相同的写作范式，以识别和提取通说为基本共识，在概念理解、术语选用、缩略规则等方面坚持统一标准。当然，立场统一自然是消解在付型定稿后的“显像”，背后团队成员激荡的思想碰撞和观点磨合实是编写过程中的“潜流”。三则，评注团队打破学科壁垒，从纵向、横向维度整合学科资源，以学科集约服务评注科研。评注团队以中南民商法学科为依托，写作成员横跨民商法、环境法以及诉讼法诸领域；师生队伍和衷共济，共同完成二版修订的文字工作。四则，评注团队进一步凝聚共识、精益求精，调整了成员结构，形成了风格更加一致的编写队伍。

三

“中南派”之来由，曰有二端：一是彰显评注文本之自有风格，二是启发中南民商法学科以评注编纂为永续事业之自觉。前者在文本立就时即已固定，其自评在一版序中业已交代；而“永续”之谓，除却评注团队对内容精当与否保持自省并持恒开展有组织的续造完善，尚仰赖读者诸君的批评建言。

“昼长则宵短，日南则景北。天且不堪兼，况以人该之”（《后汉书·列传·张衡列传》）。本评注虽以“小型评注”定位，而力自振拔、群相琢磨，然终有缺憾不备之处。一版甫出，谠言直声纷至，已是策励；更有建言装帧设计、纸张轻薄者，对本评注厚爱扶植之意跃然屏上。作者团队自是闻过则喜，遂有二版赴机推出。为回应读者、精益求精，团队另使专长者重撰法律行为、技术合同、产品责任、机动车交通事故责任等章节及部分条款的评注，以“壮士断腕”之精神，力求实现部分内容“脱胎换骨”。一版受考问颇多者，尚有案例引用的必要性与典型性问题。二版修订之考量在于：凡依“非必要不引证”之学术伦理规则，所引案例之裁判要旨无助于法条规范意义之阐明者，一律删弃；对于一版所引各级法院的案例，团队虽纳师友灼见，遵循审级更高者优先的规则予以部分增删，但市州中级法院乃至基层法院之案例，尤其入册最高人民法院公报、指导性案例者，并不仅因审级较低而失其典型性或代表性，故在二版中交由作者审度虑定后自行取舍。

古罗马先贤塞涅卡（Seneca）在致卢西利乌斯（Lucilius）的书信中有云：事业未竟，功业未止，人人皆可献力（*Multum adhuc restat operis multumque restabit*；*nec ulli praecludetur occasio aliquid adhuc adiciendi*）。“中南派”评注只是中国法典评注参差多态的一个类型，该事业的永续推进不仅倚赖中南民商人的努力和坚持，尚祈各方绩学之士持续赐教。

斯为愿景。

徐涤宇

2024 年 7 月 30 日于江城南湖

民法典评注的中南派（一版代序）

一

法律以文本的形式呈现，而对文本的理解不可避免地具有主体性，充斥着阅读者的前见。但法律乃实践的理性，其文本必须落实为司法实践的确定性。于是，一方面是在司法实践内部，另一方面是在司法实践与法学研究之间，应展开有效商谈或对话，就法律文本的理解和适用尽可能达成一致意见，或至少形成通说。商谈需要媒介，围绕法律文本展开的商谈拥有多种媒介，如教科书、体系书、期刊、判决书、评注。其中，评注无疑占据举足轻重的地位，甚至占据主导地位。一者，评注被誉为法教义学的巅峰。作为教义学的阐释形式，评注也以现行法为对象，又服从现行法的权威，并以法律解释方法为工具，力求客观揭示法条的规范意义，最大限度地排除或限制个人的学术观点，实现法学的“科学性”。由此，法教义学的减负功能在评注中也必须得到尊重：凡在教义学证立中业已承认或检验过的规范命题，就能免于重新评价或检验，这无疑减轻了论证的负担；而在法教义之外提出新的法律适用见解者，须承担论证义务。二者，评注以通说的形成或识辨为目标。在理想状态下，法学研究与司法实践分别形成的理论通说和实践通说相互契合，评注仅需准确呈现通说，进而成为其权威载体。但在两者存在龃龉，甚至理论通说或实践通说尚未形成时，评注者将面临一定困境。于此情形，妥当处理方式应为陈述客观现状，但无妨遵循法律论证原理直陈个人见解。通过这一方式，评注能够参与通说的形成。三者，评注以实践为导向，其主要功能就是阐明法条贯彻于现实之方式，明确法条的适用范围与效果。这就决定了评注无法脱离立法理由和司法实践，而应竭力充当融合立法者与司法者的商谈媒介。是故，阐释法条旨趣、纳入典型判例，成为评注者的重要工作内容。四者，评注具有时效性。法律文本及其承载的规范内涵会随着国家政治与社会经济的演进而不断变迁，故法律商谈的基础并非永固不变。德儒基尔希曼之悲观见解——

“立法者改正法律规则三个词，整个图书馆就变成废纸”，虽有夸张之嫌，但评注的生命力确实有赖其更新速度。《慕尼黑民法典评注》之所以声誉常在，一个主要原因就在于其内容更新及时；而在德国最具影响力的《帕兰特民法典评注》（现已更名为《格吕内贝格民法典评注》），更是一年一版。

在大陆法系，法律评注并非德国独有，法、意、日、荷、韩等国的法律评注也特色纷呈。但言评注必称德国，或因他国于规模与类型上无法与之媲美。源远流长的法律实证主义传统，法律人共同体内部良性互动的商谈机制，在德国有力地促成“有法律即有评注”之现象。其法律评注类型丰富，依规模有大型评注（如近百册、共计6万余页的《施陶丁格民法典评注》）、中型评注（如两册版、达7千余页的《艾尔曼民法典评注》）、小型评注（如单册版、3千多页的《帕兰特民法典评注》）之分；依作者的身份，评注又分为立法评注与法官评注，前者如“民法典之父”高特利伯·普朗克主持的《普朗克民法典评注》，后者如德国帝国法院创立的《帝国法院民法典评注》。再从读者的定位来看，评注包括学生评注（Studienkommentar）与实务评注（Praxiskommentar）。较为特殊的《民法典之历史批判评注》（Historisch-kritischer Kommentar zum BGB）有时不采逐条评述的方式，而是整合相关法条，进行集中评论。从名称可窥知，该评注系纯学术性的评注，面向的读者是学者。

二

在我国，对民事单行法的“释义”或“解读”，大抵始于《民法通则》的颁行。此类书籍一般由法律院校教师或学者编著，并作为法科学生或政法干部培训班学员的民法辅助教材。及至《合同法》《物权法》《侵权责任法》出台，各种释义的出版发行欣欣然而致“纸贵”。原本深藏功与名的立法机关和司法机关，此时也不遑多让，纷纷以宣传、贯彻或理解、适用的名义推出官方释义，在《民法典》颁行后更是各领风骚。其中，由全国人大常委会法工委领衔撰写的释义，虽有注无评，且不关注和反映司法实务，但逐条说明立法旨趣、规范含义，俨然已成立法理由书，有助于立法目的之理解，进而为法律的历史解释与评注撰写提供参考。相较而言，尽管最高人民法院历年的“理解与适用”丛书未冠以评注之名，但从作者身份与读者定位来看，却大致可被视为面向法官的法律评注。由此，其风格亦偏于建立司法实践之通说，而疏于和学理对话。

近年来，经由官方释义的“逼空”，加之教科书和体系书提质升级，民法学界要么在“释义股”上鸣金退场，要么就“评注股”悄然“建仓”。最早“蓝筹”者，当属朱庆育教授领衔的评注团队。该团队先以立法技术相对成熟、裁判实务较为丰富的《合同法》为突破口，邀请学者评注其擅长的条文。《法学家》杂志共襄盛事，为“试点工作”开辟专栏。其已刊评注文章不仅在关注司法判例与理论现状的同时，注重法条规范含义的阐释以及其意义脉络的梳理，且未如德国民法典评注那样对比较法惜墨如金。以其跬步千里之志，终将成就卷帙浩繁之《民法典》大型评注。唯其作者队伍规模庞大，且司法解释与学说判例不断更新，如何在评注推进中统一风格，保证时效性，端赖主事者组织协调之努力。

民法典乃一国民事立法智慧、司法经验和法学理论之集大成者，是一国法律体系桂冠上的璀璨明珠。犹如鸿儒孜孜注释之于四书：法典（四书）出，评注兴，进而法典（四书）彰。此所谓“兴”而“彰”，系就《民法典》自身的权威性和适用的统一性而言，以通说识辨或形成为己任的评注极为重要。评注虽以学理形式呈现，本身并非法源，但其对法官、律师等实务工作者具有强指导意义，能有效减轻规范解释之负担，促进法律适用的统一。所以，裁判要旨不一的海量判例虽然给撰写评注带来挑战，但又是评注所要缓解的问题之一。当然，在法典评注显著影响法官裁判的德国，亦有学者呼吁应警惕“法典评注实证主义”现象。唯于当今之中国，法典评注尚且蹒跚起步，又何以伯虑愁眠？

也许正是基于这一使命感，从《民法总则》到《民法典》，中国民法学人藏器经年，不同版本之评注踊跃上市，各显峥嵘。皇皇巨制者如多卷本民法典评注，或以法条为单位行教科书或体系书之实，欠缺对司法实践的关注；或在写作时虽有规范指引，但因作者对评注的理解不一而在同一作品里写作体例、风格大相径庭。甚而至于，有评注者并不服从《民法典》之权威，也罔顾其实践导向，仍执念于个人在法典编纂之时的立法论意见，不时突破条文规范含义而直抒一己见解，对通说之识辨或形成无所助益。

三

学之言派，谓立场、见解或作风、习气相同的一些人。在此意义上，民法典评注虽有珠玉在前，但“中南派”之说，仅在于强调本书作者因在学术身份上归属于同一单位，而较易保持相对统一的评注立场和风格。甚至，基于多轮的写作磨合和审稿切磋，作者之基本学术立场和见解也能最大限度地趋于一致。那些持不同立场或不适应评注写作范式的初期参与者，也主动或被动地退出了写作队伍。

精简后的写作团队达成的共识是，法律评注是以法律适用为导向、兼具学理辨识的工具性法律体系书。由此，本评注的主要任务有二。其一，以法条为单位，阐释《民法典》裁判规范（群）的属性及意义脉络。一方面，即使是对于一些说明性法条，本评注也尽可能通过解释挖掘其裁判依据之功效，例如第114条评注所阐发的物权客体特定原则。再如第223条关于不动产登记之收费标准的规定，表面上不具备裁判规范之逻辑结构，然若结合不当得利制度，违反该条而收取登记费用者，事实上已被设计为公法上不当得利返还请求权的要件事实。《民法典》为数不少的条文还细致列举各种合同“一般包括”的条款（如第348条、第367条、第373条、第400条、第427条、第470条、第596条），我们也将此等条文视为裁判规范，依要素、常素、偶素之意思表示原理逐一分析，揭示各种条款对该类型合同成立的影响。另一方面，鉴于《民法典》系对《民法通则》等民事单行法的体系性整合，我们的目光也在以法条为载体的规范（群）之间来回穿梭，回应可能的体系观照问题。例如，《民法典》第一编第六章法律行为之规范群，对结婚、收养等身份行为的适用空间如何，有必要于该章导言中说明；关于诸多法条或责任的竞合或聚合，我们也不惮其烦地指明和梳理。其二，对于学理或司法实务依法律解释和续造方法形成的各种规范适用意见或裁判要旨，我们试图在法教义学的意义上识辨或提取通说。得益于本书所附参考文献的杰出贡献，尤其是已出评注或体系书对与法条理解相关的立法理由、学理意见或重要判决的检索、筛选和梳理，此项工作的开展事半功倍。但即便如此，我们对通说的提取或识辨仍然是基于自己的判断，而非对此等文献的简单重述或二次过滤。这些判断初成于一稿作者，经两位主编审定或修正后确认为我们的“合意”。不过，对于第1165条评注，两位主编也发生了“公开的不合意”。对于我在有关评注和体系书的基础上梳理的所谓通说，张家勇教授批评为德国式的侵权法教义。因“规劝”无果，家勇不得不操觚修缮，征引本土学理和实务意见而提供了更令人信服的判断。

本评注的另一个特点，是以服从《民法典》的权威为基本立场。这意味着，法典编纂的任务既已完成，则立基于法政策考量或比较法借鉴的立法论退居幕后，以现行法教义之形成为己任的法典评注，应更多地关注本土的司法动态和学理发展；比较法资料仅在该当法条系以之为立法渊源时，于法条文义射程内可作为目的解释的说理性依据。也许本评注坚持的这一保守立场会引发“法典评注实证主义”之指责，但比较法学者已坦陈这一现象级事实：但凡一部法典问世，学者便开始仅仅关注本国的法律，注释法学派由是兴焉。在此意义上，谓法教义学有天然的本土性，不无道理。例如，物、债区分之法律效果，本为舶来教义，但从《合同法》、《物权法》到《民法典》（如第 215 条、第 597 条），区分原则事实上已被奉为本土圭臬，若本评注仍求助于比较法，则无异于缘木求鱼。

四

学者有云，法律评注于司法实践、法学研究、立法工作及法学教育，均有积极意义。在当下中国，面向前三大需求的民法典评注工作方兴未艾，而兼顾法律人才培养的评注却暂付阙如。在法学教育不断趋向“司法中心主义”的背景下，训练法科学生理解与适用法律的能力，日益成为我国法律院校教育改革的重心。因此，除教科书外，法学阶梯式的民法典评注应成为法科学子或法律实务初阶者的必备工具书，以期减轻其研习民法的负担，并缓解“重原理，轻教义”的实务能力培养问题。现已出版或正在酝酿的评注以及“理解与适用”等丛书，往往卷册较多，且偏重于学理论证或实务说教，不适合作为民法人才培养的进阶工具书。本评注既定位为兼顾法律初阶者或中阶者的精要版，自然追求删繁就简三秋树之笔法，在评注民法典诸法条时，尽可能不流于枝蔓和过多论证，而以最简练的笔墨表现其最丰富的规范要点。

如果说民法典评注是一类服务于司法实务的法律文献或工具书，那么它就要密切跟踪法学研究和司法实务的动态，竭力为民法典适用中已经和可能发生的一切问题提供答案。尤其是，最高人民法院的司法解释以统一法律适用之名，代表着司法通说，自应成为中国民法典评注的首要关切。2021 年以来，针对《民法典》部分编章已然出台若干司法解释，更多的司法解释亦在路上。本评注虽已关注迄今最新的司法解释，但为化解未来的时效性困境，并考虑到初版时不可避免的通说之识辨错误，以及某些重要制度（如土地经营权、居住权）的通说尚未形成，我们将适时修订再版，以求与时俱进。为此，我们真诚期待方家达者不吝赐教，共同丰富和拓展民法典评注的类型与受众。

徐涤宇

2022 年 4 月 30 日于武汉南湖

评注撰写人与分工

徐涤宇	1～56、59、75、81、109～132、179、181、209～215、218～223、226、243、257～259、262、264～265、267、274、278～280、282～283、286～287、293～295、305～306、311、318、322、327、332、334～337、339～343、348、351、354～355、360、361、367、369～371、377～378、381、388、391～393、397、399～401、403、405、406、408～410、412、424、427、428、431、433～435、437、443、445～451、453～460、843～887、989～1039、1045，1051、1093～1096、1098、1100、1102、1124、1164～1166、1176、1180～1185、1187、1236、1239～1242、1251；相应编、章、节导言
伍治良	57～108、209、211～214、216～222、224～232、535～542、967～978
胡东海	133～204、919～936
张　静	205～208、224～322、362～385、458～462、770～787、809～842、951～978、1167、1194～1197、1202～1228、1245～1258
李　俊	209～214、216～222、340～342、386～399、401～457
昝强龙	323～329、344～349、352～354、356～357、359、979～988
罗　帅	330～336、338、339、343
梅维佳	350～351、355、358、361、888～918
张家勇	463～594、648～666、703～734、770～787、809～842、1165
汪　君	543～556、648～680、788～808
陈大创	557～594
陈晓敏	595～647、937～950
夏昊晗	681～702、735～769、1259～1260
李金镂	703～734、951～960、1168～1181、1183～1186、1188～1193、1198～1202、1204～1207、1210～1217

季红明	961～966、1093～1104、1106～1118
刘征峰	1040～1092、1105、1119～1163
麻昌华	1166、1174～1178、1190～1197、1218～1228
袁中华	1188～1190、1218～1225、1227～1228、1236～1240、1242～1250、1252～1258
张　宝	1229～1235

说明：（1）本表中作者按其评注的起始条文序号排序。

（2）条文评注分工有重叠者，表明该条文评注系二人乃至三人经多轮交替撰写、修改而成。

（3）本书主编除独立或参与撰写所列条文评注外，对全部文稿逐字逐句修改或审定。其中，张家勇负责合同编，徐涤宇负责其他各编。

（4）本书凡例和缩略语由吴逸飞、郑里、邹成广等同学完成初稿，由徐涤宇、张静审定。

凡　例

一、凡例说明

（1）本评注所引之冠以“中华人民共和国”的法律、行政法规，在缩略时均省略“中华人民共和国”字样。未作缩略的法律、行政法规均遵循此规律，引用时不再特别标注。

（2）本评注所引之冠以“最高人民法院”“最高人民检察院”及其他联合发文机构的司法解释与司法解释性文件，在缩略时均省略“最高人民法院”“最高人民检察院”及其他联合发文机构全称等字样。未作缩略的司法解释与司法解释性文件，均遵循此规律，引用时不再特别标注。

（3）本评注作历史解释时，会援引一些已失效的法律和司法解释，并作特别标注，如“原《合同法》”。

（4）城市名称均省略“省”“自治区”“市”“自治州”“区”“县”“自治县”等区划等级名称，仅保留相应的行政区划名称。如“广东省肇庆市”，缩略为“广东肇庆”。省会城市及计划单列市（大连、青岛、宁波、厦门、深圳），本评注省略其所属的省级行政区划名称（省、自治区、直辖市），如“安徽省合肥市”缩略为“合肥”，“福建省厦门市”缩略为“厦门”。

（5）本评注相应内容后面的括号内所引之法条，若未特别标明出处，均指《中华人民共和国民法典》；本评注所称“本法”，亦均指《中华人民共和国民法典》。

（6）因篇幅考虑，本评注仅附录主要参考文献，在正文中不一一注明观点出处。

二、单位、文书类型之缩略（如表 1 所示）

表 1　缩略基本规则表

全称	本评注指称
一、单位	
最高人民法院	最高法[1]

续表

全称	本评注指称
最高人民检察院	最高检
高级人民法院	高院
中级人民法院	中院[(2)]
人民政府	政府
人民调解委员会	调解委员会
村民委员会	村委会
居民委员会	居委会
街道办事处	街道办
业主委员会	业委会
全国人民代表大会及其常务委员会	全国人大及其常委会[(3)]
二、文书类型	
民事判决书	民判
民事裁定书	民裁
行政判决书	行判
行政裁定书	行裁
执行裁定书	执裁

说明：(1)“最高人民法院”“最高人民检察院”仅在评注正文和引证裁判文书中缩略；若其出现在法律规范文件的标题中，则直接省略。

(2)“××市第××中级人民法院”缩略成“××（市缩略名）×中院”，如“北京市第一中级人民法院”缩略为“北京一中院”。

(3)相应地，“全国人民代表大会”缩略为“全国人大”，“常务委员会”缩略为“常委会”。

三、法律规范之缩略

（一）基本规则

（1）本评注对出现三次及以上的法律法规规范进行缩略。

（2）对于出现两次及以下的、最高人民法院出台的对某部法律的专门性解释，即以“《最高人民法院关于适用〈中华人民共和国××法〉若干问题的解释（×）》”为全称的司法解释，为尊重使用习惯和保持简洁，本评注亦作缩略，规则为“《××法解释×》”，如“《最高人民法院关于适用〈中华人民共和国婚姻法〉若干问题的解释（一）》”缩略成“原《婚姻法解释一》”。

（二）缩略语对照表

表 2 法律规范缩略语对照表

文献全称	本评注指称
法律	
《中华人民共和国民事诉讼法》	《民诉法》
《中华人民共和国行政诉讼法》	《行诉法》
《中华人民共和国刑事诉讼法》	《刑诉法》
《中华人民共和国电子商务法》	《电商法》
《中华人民共和国消费者权益保护法》	《消保法》
《中华人民共和国涉外民事关系法律适用法》	《法律适用法》
《中华人民共和国未成年人保护法》	《未成年人法》
《中华人民共和国老年人权益保障法》	《老年人法》
《中华人民共和国农村土地承包法》	《农地承包法》
《中华人民共和国企业破产法》	《破产法》
《中华人民共和国企业国有资产法》	《国资法》
《中华人民共和国农民专业合作社法》	《农合法》
《中华人民共和国反不正当竞争法》	《竞争法》
《中华人民共和国高等教育法》	《高教法》
《中华人民共和国个人独资企业法》	《独资企业法》
《中华人民共和国土地管理法》	《土地法》
《中华人民共和国民用航空法》	《民航法》
《中华人民共和国矿产资源法》	《矿产法》
《中华人民共和国野生动物保护法》	《野生动物法》
《中华人民共和国海域使用管理法》	《海域法》
《中华人民共和国海岛保护法》	《海岛法》
《中华人民共和国文物保护法》	《文物法》
《中华人民共和国村民委员会组织法》	《村委会组织法》
《中华人民共和国环境保护法》	《环保法》
《中华人民共和国固体废物污染环境防治法》	《固体废物防治法》
《中华人民共和国城市房地产管理法》	《房地产法》
《中华人民共和国食品安全法》	《食安法》
《中华人民共和国药品管理法》	《药管法》
《中华人民共和国招标投标法》	《招投标法》
《中华人民共和国农村集体经济组织法》	《集体经济组织法》

续表

文献全称	本评注指称
《中华人民共和国道路交通安全法》	《道交法》
《中华人民共和国妇女权益保障法》	《妇女保障法》
《中华人民共和国个人信息保护法》	《个人信息法》
《中华人民共和国民法通则》	原《民通》
《中华人民共和国民法总则》	原《民总》
《中华人民共和国合同法》	原《合同法》
《中华人民共和国物权法》	原《物权法》
《中华人民共和国侵权责任法》	原《侵权法》
《中华人民共和国婚姻法》	原《婚姻法》
《中华人民共和国继承法》	原《继承法》
《中华人民共和国收养法》	原《收养法》
《中华人民共和国担保法》	原《担保法》
行政法规	
《促进个体工商户发展条例》	《个体户条例》
《行政事业性国有资产管理条例》	《行政事业性国资条例》
《中华人民共和国市场主体登记管理条例》	《市场主体登记条例》
《社会团体登记管理条例》	《社团登记条例》
《事业单位登记管理暂行条例》	《事业单位登记条例》
《中华人民共和国城镇国有土地使用权出让和转让暂行条例》	《国有土地使用权出让和转让条例》
《不动产登记暂行条例》	《不动产登记条例》
《中华人民共和国野生植物保护条例》	《野生植物条例》
《物业管理条例》	《物业条例》
《机动车交通事故责任强制保险条例》	《交强险条例》
《中华人民共和国技术进出口管理条例》	《技术进出口条例》
《建设工程质量管理条例》	《工程质量条例》
《人体器官捐献和移植条例》	《器官捐献移植条例》
《征信业管理条例》	《征信业条例》
《中国公民收养子女登记办法》	《中国公民收养登记办法》
《国务院关于核事故损害赔偿责任问题的批复》	《核事故赔偿责任批复》
《电力供应与使用条例》	《电力条例》
《国有土地上房屋征收与补偿条例》	《房屋征收与补偿条例》

续表

文献全称	本评注指称
部门规章及部门规范性文件	
《不动产登记暂行条例实施细则》	《不动产登记实施细则》
《住宅专项维修资金管理办法》	《住宅维修资金办法》
《涉及人的生物医学研究伦理审查办法》	《伦理审查办法》
《药物临床试验质量管理规范》（旧版）	《药物临床试验规范》（旧）
《药物临床试验质量管理规范》（新版）	《药物临床试验规范》（新）
《婚姻登记工作规范》	《婚姻登记规范》
《民政部关于贯彻落实〈中华人民共和国民法典〉中有关婚姻登记规定的通知》	《落实〈民法典〉婚姻登记规定通知》
《医疗机构管理条例实施细则》	《医疗机构管理细则》
《医疗机构病历管理规定（2013 年版）》	《病历管理规定》
《事业单位国有资产管理暂行办法》	《事业单位国资管理办法》
司法解释	
《最高人民法院关于适用〈中华人民共和国民法典〉总则编若干问题的解释》	《总则编解释》
《最高人民法院关于适用〈中华人民共和国民法典〉合同编通则若干问题的解释》	《合同编通则解释》
《最高人民法院关于审理人身损害赔偿案件适用法律若干问题的解释》	《人身损害赔偿解释》
《最高人民法院关于确定民事侵权精神损害赔偿责任若干问题的解释》	《精神损害赔偿解释》
《最高人民法院关于审理民间借贷案件适用法律若干问题的规定》	《民间借贷规定》
《最高人民法院关于裁判文书引用法律、法规等规范性法律文件的规定》	《引用法律规定》
《最高人民法院关于适用〈中华人民共和国民事诉讼法〉的解释》	《民诉法解释》
《最高人民法院关于适用〈中华人民共和国民法典〉有关担保制度的解释》	《担保制度解释》
《最高人民法院关于适用〈中华人民共和国民法典〉物权编的解释（一）》	《物权编解释一》

续表

文献全称	本评注指称
《最高人民法院关于适用〈中华人民共和国公司法〉若干问题的规定（二）》	《公司法解释二》
《最高人民法院关于适用〈中华人民共和国公司法〉若干问题的规定（三）》	《公司法解释三》
《最高人民法院关于适用〈中华人民共和国公司法〉若干问题的规定（四）》	《公司法解释四》
《最高人民法院关于适用〈中华人民共和国保险法〉若干问题的解释（二）》	《保险法解释二》
《最高人民法院关于适用〈中华人民共和国保险法〉若干问题的解释（四）》	《保险法解释四》
《最高人民法院关于适用〈中华人民共和国企业破产法〉若干问题的规定（二）》	《企业破产规定二》
《全国法院民商事审判工作会议纪要》（2019 年）	《九民纪要》
《最高人民法院关于审理买卖合同纠纷案件适用法律问题的解释》	《买卖合同解释》
《最高人民法院关于审理商品房买卖合同纠纷案件适用法律若干问题的解释》	《商品房买卖合同解释》
《最高人民法院关于人民法院办理执行异议和复议案件若干问题的规定》	《办理执行异议和复议案件规定》
《最高人民法院关于人民法院民事执行中查封、扣押、冻结财产的规定》	《查封扣押冻结财产规定》
《最高人民法院关于审理民事案件适用诉讼时效制度若干问题的规定》	《诉讼时效规定》
《第八次全国法院民事商事审判工作会议（民事部分）纪要》	《八民纪要（民事部分）》
《最高人民法院关于审理建筑物区分所有权纠纷案件适用法律若干问题的解释》	《建筑物区分所有权解释》
《最高人民法院关于审理涉及农村土地承包纠纷案件适用法律问题的解释》	《农地承包解释》
《最高人民法院关于适用〈中华人民共和国民法典〉婚姻家庭编的解释（一）》	《家庭编解释一》
《最高人民法院关于适用〈中华人民共和国民法典〉婚姻家庭编的解释（二）》	《家庭编解释二》

续表

文献全称	本评注指称
《最高人民法院关于审理涉及国有土地使用权合同纠纷案件适用法律问题的解释》	《国有土地使用权合同解释》
《最高人民法院关于审理建设工程施工合同纠纷案件适用法律问题的解释（一）》	《施工合同解释一》
《最高人民法院关于审理技术合同纠纷案件适用法律若干问题的解释》	《技术合同解释》
《最高人民法院关于审理使用人脸识别技术处理个人信息相关民事案件适用法律若干问题的规定》	《使用人脸识别技术规定》
《最高人民法院关于适用〈中华人民共和国民法典〉继承编的解释（一）》	《继承编解释一》
《最高人民法院关于适用〈中华人民共和国民法典〉侵权责任编的解释（一）》	《侵权责任编解释一》
《最高人民法院关于审理食品药品纠纷案件适用法律若干问题的规定》	《食药纠纷规定》
《最高人民法院关于审理利用信息网络侵害人身权益民事纠纷案件适用法律若干问题的规定》	《网络侵害人身权益规定》
《最高人民法院关于涉网络知识产权侵权纠纷几个法律适用问题的批复》	《网络知识产权侵权纠纷批复》
《最高人民法院关于审理侵害知识产权民事案件适用惩罚性赔偿的解释》	《侵害知识产权惩罚性赔偿解释》
《最高人民法院关于审理道路交通事故损害赔偿案件适用法律若干问题的解释》	《道交损害赔偿解释》
《最高人民法院关于审理医疗损害责任纠纷案件适用法律若干问题的解释》	《医疗损害责任解释》
《最高人民法院关于审理生态环境侵权纠纷案件适用惩罚性赔偿的解释》	《环境侵权惩罚性赔偿解释》
《最高人民法院关于审理生态环境损害赔偿案件的若干规定（试行）》（2020年）	《生态环境损害赔偿规定》
《最高人民法院关于审理生态环境侵权责任纠纷案件适用法律若干问题的解释》	《生态环境侵权解释》
《最高人民法院关于生态环境侵权民事诉讼证据的若干规定》	《环境侵权证据规定》

续表

文献全称	本评注指称
《最高人民法院关于审理城镇房屋租赁合同纠纷案件具体应用法律若干问题的解释》	《房屋租赁解释》
《最高人民法院关于审理融资租赁合同纠纷案件适用法律问题的解释》	《融资租赁解释》
《最高人民法院关于适用〈中华人民共和国仲裁法〉若干问题的解释》	《仲裁法解释》
《最高人民法院关于适用〈中华人民共和国民法典〉时间效力的若干规定》	《时间效力规定》
《最高人民法院关于民事诉讼证据的若干规定》	《民事证据规定》
《最高人民法院关于审理涉彩礼纠纷案件适用法律若干问题的规定》	《彩礼纠纷规定》
《最高人民法院关于适用〈中华人民共和国担保法〉若干问题的解释》	原《担保法解释》
《最高人民法院关于适用〈中华人民共和国物权法〉若干问题的解释（一）》	原《物权法解释一》
《最高人民法院关于适用〈中华人民共和国婚姻法〉若干问题的解释（一）》	原《婚姻法解释一》
《最高人民法院关于贯彻执行〈中华人民共和国继承法〉若干问题的意见》	原《继承法解释》
《最高人民法院关于贯彻执行〈中华人民共和国民法通则〉若干问题的意见（试行）》	原《民通意见》
《最高人民法院关于适用〈中华人民共和国合同法〉若干问题的解释（二）》	原《合同法解释二》
《最高人民法院关于审理环境侵权责任纠纷案件适用法律若干问题的解释》（2015 年）	原《环境侵权解释》
《最高人民法院关于审理生态环境损害赔偿案件的若干规定（试行）》（2019 年）	原《生态环境损害赔偿规定》
国际公约	
《联合国国际货物销售合同公约》	《国际货物销售合同公约》

四、引证裁判文书之缩略

因本评注引证裁判文书数量庞大，故凡例不再详列缩略对照表，仅就本评注引证裁判文书时的缩略方法作一说明。

（一）一般裁判文书

（1）2016 年案号改革前

规则：[法院名＋收案年度＋法院代字＋专门审判代字＋类型代字＋字＋第＋案件编号＋号＋文书类型]。

示例：最高法（2011）民提字第 210 号民判，厦门中院（2011）厦民终字第 882 号民判。

（2）2016 年案号改革后

规则 1：[法院名＋收案年度＋法院代字＋专门审判代字＋类型代字＋案件编号＋号＋文书类型]。

规则 2：最高人民法院作出的裁判文书前不再添加法院名。

规则 3：裁判文书中的地市级城市，因案号信息于 2016 年改革后已包括裁判法院所属省级行政区划的简称，故本评注所引案例仅在案号前显示地市级城市和县区名称。

示例：信阳平桥法院（2019）豫 1503 民初 8778 号民判，北京一中院（2020）京 01 民初 1 号行判，（2021）最高法民终 1 号民裁。

（3）特殊法院名称缩略

对于广东省东莞市中级人民法院下辖五个基层法院中的三个基层法院，即广东省东莞市第一人民法院、广东省东莞市第二人民法院、广东省东莞市第三人民法院，相应缩略为东莞一院、东莞二院、东莞三院。

（二）指导（性）案例

规则 1：最高人民法院指导性案例：指导案例＋编号＋号

示例："指导案例 30 号：兰建军、杭州小拇指汽车维修科技股份有限公司诉天津市小拇指汽车维修服务有限公司等侵害商标权及不正当竞争纠纷案"缩略成"指导案例 30 号"。

规则 2：最高人民检察院指导性案例：检例＋编号＋号

示例："广州乙置业公司等骗取支付令执行虚假诉讼监督案（检例第 52 号）"缩略成"检例第 52 号"。

（三）公报案例

规则："案件名"＋《最高法公报》＋年第×期。

示例："叶璇诉安贞医院、交通出版社广告公司肖像权纠纷案"，《最高法公报》2003 年第 6 期。

（四）公开出版物案例

规则："案件名"＋出处。

示例："人体模特缪某诉徐芒耀、辽宁美术出版社侵犯肖像权案"，《人民法院案例选》（2004 年民事专辑）。

（五）其他来源案例

对其他来源案例，本评注在准确查证的基础上，尽可能准确描述并标注其出处。

示例："安联村村委会申请执行龚卫新清退长江滩涂养殖围堰案"，2021 年江苏法院涉长江保护十大典型案例之十。

目　录

第一编　总　则

第一章　基本规定 …… 1

第二章　自然人 …… 15

　第一节　民事权利能力和民事行为能力 …… 15

　第二节　监　护 …… 26

　第三节　宣告失踪和宣告死亡 …… 41

　第四节　个体工商户和农村承包经营户 …… 53

第三章　法　人 …… 57

　第一节　一般规定 …… 57

　第二节　营利法人 …… 77

　第三节　非营利法人 …… 90

　第四节　特别法人 …… 100

第四章　非法人组织 …… 107

第五章　民事权利 …… 112

第六章　民事法律行为 …… 126

　第一节　一般规定 …… 127

　第二节　意思表示 …… 133

　第三节　民事法律行为的效力 …… 142

　第四节　民事法律行为的附条件和附期限 …… 173

第七章　代　理 …… 180

　第一节　一般规定 …… 180

　第二节　委托代理 …… 186

第三节　代理终止 …… 204
第八章　民事责任 …… 208
第九章　诉讼时效 …… 220
第十章　期间计算 …… 231

第二编　物　权

第一分编　通　则

第一章　一般规定 …… 234
第二章　物权的设立、变更、转让和消灭 …… 237
第一节　不动产登记 …… 237
第二节　动产交付 …… 250
第三节　其他规定 …… 260
第三章　物权的保护 …… 266

第二分编　所有权

第四章　一般规定 …… 275
第五章　国家所有权和集体所有权、私人所有权 …… 285
第六章　业主的建筑物区分所有权 …… 304
第七章　相邻关系 …… 327
第八章　共　有 …… 338
第九章　所有权取得的特别规定 …… 360

第三分编　用益物权

第十章　一般规定 …… 385
第十一章　土地承包经营权 …… 392
第十二章　建设用地使用权 …… 408

第十三章　宅基地使用权 …… 427
第十四章　居住权 …… 434
第十五章　地役权 …… 441

第四分编　担保物权

第十六章　一般规定 …… 456
第十七章　抵押权 …… 467
　第一节　一般抵押权 …… 467
　第二节　最高额抵押权 …… 498
第十八章　质　权 …… 503
　第一节　动产质权 …… 503
　第二节　权利质权 …… 517
第十九章　留置权 …… 525

第五分编　占　有

第二十章　占　有 …… 536

第三编　合　同

第一分编　通　则

第一章　一般规定 …… 545
第二章　合同的订立 …… 555
第三章　合同的效力 …… 607
第四章　合同的履行 …… 617
第五章　合同的保全 …… 658
第六章　合同的变更和转让 …… 671
第七章　合同的权利义务终止 …… 688

第八章 违约责任 …… 716

第二分编 典型合同

第九章 买卖合同 …… 749
第十章 供用电、水、气、热力合同 …… 796
第十一章 赠与合同 …… 806
第十二章 借款合同 …… 818
第十三章 保证合同 …… 830
第一节 一般规定 …… 830
第二节 保证责任 …… 838
第十四章 租赁合同 …… 850
第十五章 融资租赁合同 …… 884
第十六章 保理合同 …… 901
第十七章 承揽合同 …… 909
第十八章 建设工程合同 …… 924
第十九章 运输合同 …… 946
第一节 一般规定 …… 946
第二节 客运合同 …… 950
第三节 货运合同 …… 961
第四节 多式联运合同 …… 974
第二十章 技术合同 …… 979
第一节 一般规定 …… 979
第二节 技术开发合同 …… 987
第三节 技术转让合同和技术许可合同 …… 998
第四节 技术咨询合同和技术服务合同 …… 1016
第二十一章 保管合同 …… 1026
第二十二章 仓储合同 …… 1038
第二十三章 委托合同 …… 1053

第二十四章 物业服务合同 …… 1068
第二十五章 行纪合同 …… 1080
第二十六章 中介合同 …… 1091
第二十七章 合伙合同 …… 1099

第三分编 准合同

第二十八章 无因管理 …… 1115
第二十九章 不当得利 …… 1125

第四编 人格权

第一章 一般规定 …… 1133
第二章 生命权、身体权和健康权 …… 1146
第三章 姓名权和名称权 …… 1155
第四章 肖像权 …… 1161
第五章 名誉权和荣誉权 …… 1168
第六章 隐私权和个人信息保护 …… 1178

第五编 婚姻家庭

第一章 一般规定 …… 1188
第二章 结 婚 …… 1197
第三章 家庭关系 …… 1208
第一节 夫妻关系 …… 1208
第二节 父母子女关系和其他近亲属关系 …… 1226
第四章 离 婚 …… 1236
第五章 收 养 …… 1260
第一节 收养关系的成立 …… 1260

第二节　收养的效力 …… 1274
第三节　收养关系的解除 …… 1277

第六编　继　承

第一章　一般规定 …… 1283
第二章　法定继承 …… 1292
第三章　遗嘱继承和遗赠 …… 1299
第四章　遗产的处理 …… 1314

第七编　侵权责任

第一章　一般规定 …… 1330
第二章　损害赔偿 …… 1350
第三章　责任主体的特殊规定 …… 1363
第四章　产品责任 …… 1384
第五章　机动车交通事故责任 …… 1399
第六章　医疗损害责任 …… 1426
第七章　环境污染和生态破坏责任 …… 1438
第八章　高度危险责任 …… 1452
第九章　饲养动物损害责任 …… 1460
第十章　建筑物和物件损害责任 …… 1467

附　则

评注术语解释 …… 1479
主要参考文献 …… 1484

第一编　总　　则

第一章

基本规定

第一条　【立法目的和立法依据】为了保护民事主体的合法权益，调整民事关系，维护社会和经济秩序，适应中国特色社会主义发展要求，弘扬社会主义核心价值观，根据宪法，制定本法。

本条遵从中国立法惯例，昭示民法典的立法目的，并释明其立法权来源和依据。

一、立法目的

民法典作为市民社会和市场经济的基本法，本恪守“目的中立”立场，以区别于追求特定公共政策或公共利益之积极实现的公法或者特别民法。但在我国，自改革开放以来，诸多民事单行法的出台，其实都要积极实现特定时期中央经济体制改革的具体政策目标，于是，体现“目的中立”的一般民法和由“目的性”规范组成的特别民法，构成我国混合民事立法的现实。例如，在先有民法典的国家，为达致通过小区强制自治实现和谐社区之政策目标，建筑物区分所有制度往往以单行法形式外挂于民法典，系由建筑物区分所有权和物业管理组成的混合规范模式；而在我国，原《物权法》承载了这一政策目标，于是建筑物区分所有制度也随之入典。总的来说，突破民法“目的中立”、体现国家管制经济的目的性规范，主要分布在物权编通则之“一般规定”一章、所有权分编前四章以及用益物权分编中，而合同编中物业服务合同之规范也赋有鲜明的政策目的。对这些规范解释适用时，须依目的解释定之。

社会主义核心价值观是中国特色社会主义理论的重大突破，本条新增“弘扬社会主义核心价值观”之立法目的。为贯彻这一目的，立法者不仅在本章确认民事主体从事民事活动时应遵守的平等、自愿、公平、诚信、合法性等原则，也在各分编中坚持或新设弘扬社会主义核心价值观的条文，如第288条规定的不动产相邻关系之“有利生产、方便生活、团结互助、公平合理”处理原则，第1043条第1款新增家风、家庭美德和家庭文明建设规定。

该新增立法目的对于本法有关条文的正确适用亦有助益。如第185条关于英烈人格利益保护条款即为弘扬社会主义核心价值观而设，相较第994条关于死者人格利益保护的规定，其请求权主体无近亲属之限定，为权益的保护创设了公益诉讼的请求权基础（**参见本法第185条评注**）；在解释何为第185条中的“社会公共利益”时，应依社会主义核心价值观的内容（如爱国）定之。

二、立法依据之释明

本条所称“根据宪法，制定本法”，一方面说明本法的立法权来源，即民法典编纂作为立法机关之立法行为，事关民事基本法的全面整合、升级，当然要符合宪法的授权和程序。另一方面，本法所规定的内容也以宪法为依据，其规定的民事权利不过是宪法基本权利在民事领域的具体化。这是因为，民事权利在现代社会很难说渊源于自然权利，而是直接源于宪法上的基本权利。甚至，宪法对基本权利有积极的制度性保障功能，立法者为充分保障基本权利，负有构建包括本法在内的相关具体法律制度的宪法义务。

第二条 【调整对象】民法调整平等主体的自然人、法人和非法人组织之间的人身关系和财产关系。

本条关于民法调整对象的规定，系对原《民通》第2条的继承和明晰。改革开放之初，研究和界定民法调整对象关系到我国民法科学的建立、民法典的编纂以及司法实践中对民法规范的正确运用，故原《民通》该条之规定乃立法指导思想之申明，在当时具有重大意义。但此后，尤其是在社会主义市场经济体制确立之后，学界关于调整对象的争论逐渐偃旗息鼓。相较原《民通》第2条，本条所谓“人身关系和财产关系”，因本法第205、463、989、1040、1119、1164条之规定而清晰明确。其中“人身关系”之所指，如果说在原《民通》时期尚有争议，通说认为系指荣誉权、名誉权、姓名权、著作权中的人身权等如今被归为人格权的关系，那么伴随着婚姻法、收养法、继承法的入典，其无疑已成人格关系和身份关系之合称。

“平等主体”这一中国民法元素，应置于历史背景下理解。在社会主义市场经济体制尚未确立时，强调“平等主体”意义重大，因为它是“商品经济”的另一种表述：在商品经济社会，平等主体间的关系必然取决于商品经济关系，并以商品经济关系为核心。而在社会主义市场经济条件下，“平等主体”和自然人、法人、非法人组织之并列列举，在民法已基本回归私法属性的意义上，属于同义反复，其正确表述应该是“自然人、法人、非法人组织之间平等的人身关系和财产关系”。盖“不平等主体”之间的人身关系和财产关系乃由公法或经济法（如税法、反垄断法）调整，已成学界共识，在立法和司法实务中也不致发生争议。依本条，法律关系属公法调整范围者，存在于行使国家权力一方与不行使国家权力一方之间［**安庆中院（2020）皖08民终2216号民裁、鹰潭中院（2020）赣06民终495号民裁**］；政府部门在对国有企业进行改制中发生的纠纷，也不属于本法调整范围［**安阳中院（2020）豫05民终4312号民裁**］。反之，行使国家权力一方与相对人之间非属于行使公权力的民事关系，为本条所规定的调整对象，具体如物权关系中国家以所有权人身份设定建设用地使用权［**襄阳中院（2018）鄂06民终4030号民判**］、自然资源用益物权等，合同关系中国家以民事主体身份与相对人签订的民事合同，侵权行为中国家机关违法侵害相对人权益需承担赔偿责任。

第三条 【合法权益受保护原则】民事主体的人身权利、财产权利以及其他合法权益受法律保护，任何组织或者个人不得侵犯。

本条确立的私权神圣原则，强调的是民事权利之保护可以对抗公权力侵犯的一面，而对于私人侵犯，由本法通过各种具体民事责任的设立，赋予权利人以救济手段。故此，本条所称任何组织和个人，当然包括行使公权力的各类国家机关和公职人员。再者，私权的保护和权利人是否违反公法、是否应承担公法责任无关。“指导案例 30 号”表明，侵权人不得以权利人违反有关行政法律法规作为免责的抗辩事由，“经营者是否具有超越法定经营范围而违反行政许可法律法规的行为，不影响其依法行使制止商标侵权和不正当竞争的民事权利。”

第四条 【平等原则】民事主体在民事活动中的法律地位一律平等。

本条规定的平等原则，是宪法确立的平等原则在民法中的体现。宪法上的平等原则有法律适用的平等和法律内容的平等之分，前者指公民在遵守法律和适用法律上一律平等，后者则指人们在法律内容上也享有平等的权利，立法者不得制定违反平等原则的法律，即立法者亦受平等原则的约束。

民法上的平等原则，包括民事主体地位平等、民事主体资格平等、民事主体的权益平等受法律保护等具体内容。其中，民事主体地位平等既然是指包括国家机关在内的任何民事主体都不享有特权，不得将自己的意志强加给其他民事主体，那么此种意义上的平等不过是意思自治的同义语。

民事主体资格平等，亦即民事权利能力的平等。对自然人而言，自出生时起至死亡时止，不问性别、年龄、民族、宗教、信仰、文化程度和智力程度，其民事权利能力一律平等；本法第 113 条对财产权平等保护的原则和第 207 条规定的物权平等保护原则，则确立了不问所有制形式的主体资格平等原则。当然，主体资格平等并不排斥法律保护上针对特殊主体的差别待遇。例如，立法者基于性别、年龄、智力程度等差异，赋予妇女、老年人、未成年人、智障者、消费者特殊法律地位，反而是实质平等的要求。

民事主体的权益平等受法律保护，核心在于法律适用上的平等，即所谓“相同案型相同处理”，司法机关不得在法律适用上实施差别待遇。有学者（如李宇）认为，2003 年 12 月发布的《人身损害赔偿解释》第 25 条和第 29 条在残疾赔偿金、死亡赔偿金等人身损害赔偿计算标准上，因城乡收入标准的差异而区别对待城镇居民和农村居民，有违此项原则。为此，2019 年 4 月 15 日公布的《中共中央、国务院关于建立健全城乡融合发展体制机制和政策体系的意见》明确要求："改革人身损害赔偿制度，统一城乡居民赔偿标准"；最高法于同年 8 月 26 日印发通知，授权各高院在辖区内开展人身损害赔偿纠纷案件统一城乡居民赔偿标准试点工作。然而，2020 年 12 月针对本法实施而修正的上述司法解释，却仍在第 12 条第 1 款和第 15 条原封不动地保留了其区别对待的规定。对此可以确定的是，原《侵权法》第 17 条以及沿袭该规定的本法第 1180 条，试图就同一侵权导致多人死亡的情形实现"同命同价"之损害赔偿目的，而其"可以"之表述却赋予法院自由裁量权，不过法院在具体适用中大多按照统一标准确定赔偿金（**参见本法第 1180 条评注**）。2022 年 4 月 24 日，最高法终于发布《关于修改〈人身损害赔偿解释〉的决定》，将残疾赔偿金、死亡赔偿金以及被抚养人生活费由原来的城乡区分的赔偿标准修改为统一采用城镇居民标准计算。

由此可见，无论是民事主体资格平等，还是民事主体权益平等受法律保护，此所谓平等原则约束的对象与其说是民事主体，毋宁说是立法机关和司法机关，故其为宪法上平等原则在本法中的重申。

第五条 【自愿原则】民事主体从事民事活动，应当遵循自愿原则，按照自己的意思设立、变更、终止民事法律关系。

本条规定的自愿原则，又称意思自治或私法自治原则，即民事主体基于自己的意思为自己形成法律关系的原则。除公序良俗之一般限制，或者法律基于特定的政策考量而设定例外或限制之外，意思自治原则贯穿于民法之全部。

意思自治原则系民法据以建构或所取向的价值，蕴藏于具体制度之中，在各国立法中鲜见明文，所以它往往是作为制度之根据的、在学术中主张的原则。意思自治也是宪法确认的一项法的基本原则，立法者负有在私法乃至公法领域构建具体制度时予以贯彻的义务。因此，我国立法者于本条之外，亦尽可能在本法中扩展民事主体的自治能力和自治范围、强度。例如，为尊重未成年人的自主意识，并根据自然人自治能力的现实发展，将限制行为能力人的年龄标准下调为 8 周岁；通过简化法人的设立条件，总体增进法人设立的自由；在最大限度上强化法律行为自由，减少国家管制和干预。

意思自治原则的意义，更在于排除法院对民事法律关系形成的积极校正或干预。例如，此前立法承认的法律行为之司法变更权，实质上是授权法院在撤销法律行为的基础上替当事人重新设立民事法律关系，故本法废除发生撤销事由时法院的此项变更权，当事人可依其自己的意思决定是否变更法律关系。

第六条 【公平原则】民事主体从事民事活动，应当遵循公平原则，合理确定各方的权利和义务。

本条采与原《合同法》第 5 条几乎相同的表述，强调当事人应遵循公平原则合理确定各方的权利、义务，其所谓“民事活动”显然被限定为法律行为。其他民事活动如准法律行为、事实行为、违法行为等，其法律后果均由法律直接规定，当事人无从事先确定当事人的权利义务，故不属本条适用范围。再者，原《民通》第 132 条和原《侵权法》第 24 条中所谓不问过错的损失分担规则，曾被认为是原《民通》第 4 条公平原则的体现，在司法实务中被滥用于侵权责任领域；但本法第 1166 条已明确只有“法律规定应当承担侵权责任的”，才能“依照其规定”判决没有过错而造成他人民事权益损害的行为人承担责任，其实质是把不问过错的损失分担规则作为例外而法定化，从而否定其作为原则在侵权责任领域的适用。

本条所谓“公平”，原则上系指“主观公平”，即是否公平取决于个体的主观判断，故当事人依其自由意思表示确定各方权利义务，即为公平。在此意义上，公平原则不过是自愿原则的另一种表述。至于非取决于当事人主观评价的“客观公平”，虽然在法律特别规定的例外情形（第 151 条规定的显失公平之撤销事由、第 533 条规定的情势变更原则），可以之作为公平与否的判断标准，但法律既已明确规定此等情形之适用要件，则依“禁止向一般条款逃避”的法律适用原则，本条之公平原则不宜作为裁判依据，尤其不能以违反该原则为由判决或裁决法律行为无效。否则，该当具体制度会沦为具文，法院更易假其名破坏私人自治。

第七条 【诚信原则】民事主体从事民事活动，应当遵循诚信原则，秉持诚实，恪守承诺。

本条规定的诚信原则，要求一切市场主体秉持诚实、恪守承诺之道德标准，在不损害他人利益和社会公益的前提下，追求自己的利益。

一、性质、内涵和适用范围

诚信原则在性质上属于一般条款。易言之，它属于授权性条款，可以直接适用作为裁判依据；其他不具有授权条款性质的基本原则，如平等原则、公平原则、意思自治原则，则往往约束的是立法者和司法者，在具体民事案件中不能作为裁判依据。

和公序良俗原则平衡当事人私利与社会公共利益之间关系不同的是，诚信原则涉及两重利益关系，即当事人之间的利益关系和当事人与社会之间的利益关系，其目标是要在这两重利益关系中实现平衡。在前一关系中，诚信原则要求尊重他方利益，以对待自己事务之注意对待他人事务，保证法律关系之当事人都能获得自己应得利益，不得出尔反尔，实施与先前行为自相矛盾的行为。在后一关系中，诚信原则要求当事人不得通过自己的活动损害第三人利益和社会公共利益，必须以符合其社会经济目的的方式行使自己的权利、履行自己的义务。

文义上，本条要求民事主体从事任何民事活动均应遵循诚信原则，但作为民事主体在市场经济活动中的行为标准，此原则应主要适用于合同、物权等财产法领域。而且，所谓“民事活动”语义过宽，应采限缩解释，即民事主体“行使权利、履行义务”应遵循诚信原则；民事活动中，无关权利行使和义务履行者，不发生诚信问题。因此，如在债之履行中，不仅债务人，债权人在行使权利时也应遵循诚信原则。

二、诚信原则的裁判功能

1. 审查功能

(1) 对权利行使和义务履行的审查。

本条对行使权利、履行义务提出要求。依诚信原则就“既存权利”的行使方式进行审查，不同于依公序良俗就权利的产生阶段（如法律行为）进行审查，其着眼于权利的行使阶段。所以，其规范意旨并非否定权利的存在，而是否定既有权利之违背诚信的具体行使，行使方式经调整后，权利仍可被继续行使，此即权利的“行使审查”。行使审查的功能有若干具体体现：本法第 132 条规定的禁止权利滥用为诚信原则的反面规定，行使权利违反诚信原则，构成权利滥用的，须被禁止；权利人在合理期间内不行使其权利，在相对人产生合理信赖时，依诚信原则，其权利不得再行使，其效果为相对人抗辩权的产生。

(2) 其他审查功能。

缔约过失责任、包括先契约义务和后契约义务在内的附随义务，其发生均以诚信原则为依据，此为诚信原则创设新的权利义务的功能，而非对既已存在的权利义务进行控制。须注意的是，经学说和实践发展，这些义务或责任在本法中已表达为具体规范，因此法官在裁判时不得向一般条款逃避。不过，当事人究竟负何种附随义务，取决于具体情形，仍须以诚信原则为准则，其案例如“杨艳辉诉南方航空公司、民惠公司客运合同纠纷案”(**《最高法公报》2003 年第 5 期**)。诚信原则也具有对法律行为内容的审查功能，但主要体现为对格式条款的内容审查，即在审查格式条款的效力时，应确立以当事人之间利益不平衡（违反诚信原则）作为判断标准［**浦东法院（2016）沪 0115 民初 70340 号民判**］。

2. 解释、补充法律和造法功能

一般认为，诚信原则为法官自由裁量提供了空白授权，这对法的安定性和可预测性构成威胁。因此，适用该原则时应注意回归其补充功能。具体而言，在解释和适用法律时，若存在明确的法律规范，须适用之；仅在具体规范的适用因具体情势而对当事人一方明显不公正时，才以诚信原则矫正之。虽无具体规定，若能以类推适用等漏洞补充方法予以补充，亦不得适用诚信原则；仅在依此等补充方法仍不能解决时，方可适用其造法。

3. 解释、补充法律行为

恪守承诺是诚信原则的基本要求，故在意思表示明确而具体时，当事人必须依约全面、忠实履行义务，而权利的行使也应满足对方当事人的正当期待。在意思表示不明确时，依本法第 142 条规定，法官须穷尽解释的方法探求当事人的真意；穷尽解释方法仍不能确定合同内容时，以事实上的习惯推定之；仍不能确定者，以民事法律中的任意性规范进行解释或补充；只有在依此等方法都不能确定当事人的权利义务时，方可依诚信原则补充意思表示的漏洞。

第八条 【禁止违反法律和公序良俗原则】民事主体从事民事活动，不得违反法律，不得违背公序良俗。

本条规定“不得违反法律”，是在行为规范意义上对民事主体从事民事活动的要求；其所谓“法律”，是指法律的强制性规定，因为法律尤其是民法中非强制性规定的作用主要在于弥补当事人意思表示之不足，民事主体在民事活动中并无遵守的义务。因此，从违反该行为规范的法律效果看，其实就是本法第153条规定的法律行为之“无效”，即对民事主体实施的此类法律行为的效力作出否定性评价。而公序良俗原则一方面在法律行为效力领域，于法律的强制性规定不足时释放转介功效，另一方面更在侵权法等场域发挥补充作用，故本条规范重心在于公序良俗原则。

一、公序良俗的内涵和性质

公序良俗是公共秩序和善良风俗的简称。公共秩序不同于具体法律规定组成的法秩序，系指国家、社会的一般利益。此种一般利益超乎现行法秩序之上，体现于法律的一般精神和价值体系之中；善良风俗乃指社会的一般道德观念，它不包含所有的社会道德，只是将维系社会存在发展的最低伦理标准纳入其中，被认为是“伦理的最小值”。尽管公共秩序与善良风俗的内涵和理念有所不同，但在司法实践中，对两者区分并无实益，徒增解释和操作上的麻烦。

公序良俗原则亦为一般条款，故在有具体规则时，禁止向其逃逸。在“张学英诉蒋伦芳遗赠纠纷案”中，泸州中院在二审判决说理中认为，原《民通》的效力等级在法律体系中高于一般法律，公序良俗原则有高于具体规则适用的效力，为典型的向一般条款逃逸。

二、公序良俗原则的功能与适用场域

公序良俗原则的核心功能在于发挥其转介作用，将民法外的规范引入民法之中。本条将其适用范围界定为“民事活动”，即民事主体实施的旨在实现其民事利益、受到民法调整和评价并产生相应民事法律后果的法律活动，包括法律行为、侵权行为、不当得利等。

1. 对法律行为内容的审查

公序良俗的主要适用领域为法律行为，在暴利行为、射幸行为、消费者合同、遗嘱等具体领域发挥审查功能。它和诚信原则都是赋予法官自由裁量权的“空白委任状”，但它区别于依诚信原则对权利行使的审查，属于权利产生阶段弥补禁止性规定不足的概括条款，其规范目的在于通过对法律行为内容的审查来宣告法律行为无效，从而否定权利的产生。就公序良俗对法律行为的否定性评价而言，本法采抽象概括式立法技术，于本法第 153 条第 2 款规定“违背公序良俗的民事法律行为无效”，故公序良俗为意思自治的边界及限制。

2. 侵权行为的判断标准

公序良俗原则可作为判断侵权行为之违法性的标准。在比较法上，“背俗型侵权”为侵权行为的一种，我国立法虽未确定这一类型，但 2020 年修正前的《精神损害赔偿解释》第 1 条第 2 款和司法实践（**如著名的“陈秀琴诉魏锡林、《今晚报》社侵害名誉权纠纷案”，《最高法公报》1990 年第 2 期**）均承认此侵权类型。不过，受害人行为背俗导致损害后果发生的，至少说明该损害后果与被告不具有法律上的因果关系，被告无须承担损害赔偿责任（**指导案例140 号**）。此外，对于纯粹经济损失，在无特殊保护立法时，原则上以故意致损为限产生赔偿责任，但仅以故意致损为要件，保护范围仍然过宽，尚需加入背俗要件，方可在故意导致的纯粹经济损失中合理确定赔偿范围。

3. 否定不当财产变动

本法关于不当得利的规定较为简略，难以应对实践中复杂的情况，故公序良俗原则可作为判断不法给付型不当得利的标准。对于其构成要件“不法”的判断，通说认为包括违反公序良俗和违反强行规范两种类型。因此，在无强行法规范时，以公序良俗作为标准对不当得利制度予以填充，能较大程度应对多样的不当财产变动情形。

三、背俗行为的司法认定

在构成要件层面，行为是否背俗，不以当事人是否认识到其行为违反公序良俗为标准，而以共同体的价值判断为标准：只要行为客观上背俗，即应予认定。同时，公序良俗会随着时代的变迁而发生改变，故同一行为在不同时间判断其是否背俗，会出现截然相反的结果。例如，曾被广泛谴责的婚前同居现今已具有较高的社会接受度；自 2015 年的《民间借贷规定》第 1 条将法人间的借贷纳入合法的民间借贷范畴之后，对企业间的借贷就不能再以违背公序良俗为由否定其效力。因此，判断是否背俗的时间点，原则上应为行为成立之时。但对成立之后背俗的法律行为，尤其是继续性合同，履行将违反公序良俗的一方得拒绝履行，或不妨通过解除予以终止［**厦门中院（2012）厦民终字第1387号民判**］。

第九条 【绿色原则】民事主体从事民事活动，应当有利于节约资源、保护生态环境。

本法草案立法说明称本条为绿色原则，是《宪法》第26条在民事立法中的落实。在民法典起草过程中，有观点认为可通过扩张解释公序良俗原则，将节约资源、保护生态环境作为公序良俗的一个类型，但立法者显然将绿色原则作为独立的民法基本原则。

本条所规定的绿色原则系行为规范而非裁判规范。一方面，因不具备“构成要件＋法律后果”的规范构成，本条无法在司法裁判中被直接适用；另一方面，本条的功能在于立法价值的宣示和引导，民事主体违反本条规定难以被课以具体的私法制裁。就后者而言，本条实质上规定的是立法原则。在此意义上，本法物权编、合同编和侵权责任编诸多条文均反复重申该原则，其中一些条文甚至据此构建了有具体构成要件或法律后果的法律规范。例如，侵权责任编整合原有立法，规定了环境污染和生态破坏责任，其增设的环境侵权惩罚性赔偿制度和生态修复责任，更是完善了环境侵权的责任体系；在合同编中，第558条和第625条规定的旧物回收义务、第619条规定的“应当采取足以保护标的物且有利于节约资源、保护生态环境的包装方式”，事实上对债务人课以保护生态环境的法定义务，但该义务的违反究竟引发公法上的处罚还是违约或独立之民事责任，有待司法实务确认。不过，即便民事主体的民事活动符合前述具体规则中的事实要件，法院在裁判时也应直接适用该具体规则而不是本条规定，法院尤其不能仅依本条规定否定民事法律行为的效力。

第十条 【民法法源及顺序】处理民事纠纷，应当依照法律；法律没有规定的，可以适用习惯，但是不得违背公序良俗。

从司法的角度来看，法源为一切得为裁判之大前提的规范的总称。本条以“处理民事纠纷”替代原《民通》第6条中的“民事活动”，突出了法源的裁判规范属性。因此，本条意在指示法官寻找裁判依据，具体包括两项内容：其一，明示作为裁判依据的民法法源种类；其二，确定我国民法“法律—习惯”的二位阶法源体系。在第二位阶法源中，以“习惯”取代“国家政策”，同时以公序良俗作为限制习惯成为法源的标准。

一、作为第一位阶法源的法律

“法律”，为广义上的法律。依最高法《引用法律规定》第4条，“法律”应被理解为对法官裁判有拘束力的规范性文件的统称，包括狭义上的法律、法律解释、行政法规、地方性法规、自治条例和单行条例等；而依其第6条，规章不属于民法渊源，但在审理案件时可参照适用。对于司法解释，尽管《引用法律规定》已将其纳入法源范畴，但其法源地位和位阶不甚明晰。鉴于《立法法》第119条对最高法、最高检司法解释权的认可，司法解释虽为司法实践中运用较多的裁判依据，但不宜将其视为与“法律”同一位阶的民法法源，应经由“法律”具体条文的援引补充适用之。

二、作为第二位阶法源的习惯

本条所谓“习惯”，应为“习惯法”，区别于单纯事实上的习惯。事实上的习惯仅属一种惯行，缺乏法的确信；习惯法则须以多年惯行的事实以及普通一般人之确信为其成立基础。习惯法具有相对性，是某一地域、行业中被长期遵守的民间习俗、惯常做法等（**《总则编解释》第2条第1款**）。在民事诉讼中，当事人主张适用习惯的，一般应就其确实存在和具体内容负担举证责任，但法院也可在必要时依职权予以调查（**《总则编解释》第2条第2款**）。判断习惯能否成为本条的习惯法，除被长期遵守和民众普遍信其为法这两个积极要件外，尚须符合本条但书规定的消极要件，即不得违反公序良俗［**盐城中院（2017）苏09民终4701号民判**］。社会主义核心价值观系我国公序良俗的重要内容，故《总则编解释》第2条第3款规定其为习惯的消极要件，即习惯不得违背社会主义核心价值观。

三、补充性法源

法律和习惯法，均属于实证法之范畴。法官在处理纠纷时，有实证法时直接予以适用，而在无实证法时该如何予以解决，本条未予指明。但前数条规定的立法精神，尤其是民法基本原则，具有漏洞补充功能，故可将法源类型扩张至“依基本原则确定的规则”，在解释论上产生第三位阶法源体系。

第十一条 【特别法优先】其他法律对民事关系有特别规定的，依照其规定。

民法亦区分一般法规范（或称普通法规范）和特别法规范，其意义在于后者关于其规定的事项，优先于作为民事基本法律的民法典而被适用。此为本条之所由设。

一般法规范与特别法规范之区分，在三种意义上展开。第一是以法律适用的地域为标准，如民族区域自治法或特区立法即为特别法，仅适用于特定地区。但因我国民事基本制度的立法权由全国人大及其常委会专享，故此种特别民法规范往往仅见于民族自治地方依《立法法》第85条第2款，通过自治条例和单行条例对民事法律（**如第1047条之法定婚龄**）作出的因应当地民族特点的变通规定。

第二系以法律适用对象为标准，如《消保法》关于消费者合同的规定，其适用对象为“经营者”和“消费者”订立的合同，故此等规定相对于本法合同编而言为特别法规范；其中如反悔权、惩罚性赔偿之类的规定，一方面优先于本法而被适用，另一方面又仅适用于消费者合同。因此，实务中经常通过对“消费者”的界定来判断是否适用惩罚性赔偿等《消保法》的规则［**（2017）最高法民申1462号民裁、广东高院（2018）粤民申12935号民裁**］。本法第128条的规定，其实也是以法律适用对象为标准设定的特别法优先适用规则。

第三种标准则依规范事项而定，关于一般事项的法律规范为一般法规范，关于特别事项的法律规范为特别法规范。本法内部也存在这种区分。例如，总则编主要包含民法的一般规范，原则上仅在分则各编（**第二编至第七编**）没有特别规定时方可适用（**《总则编解释》第1条第1款**）。以此观之，由于合同属于法律行为的一种，故合同编关于合同成立和生效的规定，相对于总则编中的法律行为和代理制度而言，属于特别法规范（**第508条**）。但本条所言“其他法律”以及本法第127条所指的“法律”，显然是指本法之外的特别民法，也应优先适用（《总则编解释》第1条第2款）。据谢鸿飞灼见，这些特别民法依功能可划分为三种：补充型特别民法不违反民法典的价值取向与基本原则，旨在对法典内容进行补充和细化，如包含保险法和海商法在内的商法以及知识产权法等；政策型特别民法则完全违反法典技术中立的精神，是国家基于特别的社会政策考量而制定的特别法（如《劳动法》《劳动合同法》等），尤其强调以弱者保护为核心的“社会共生”，故其也经常表现为以法律适用对象为标准的特别民法（如《消保法》）；行政型特别民法是指国家基于保护公共安全与社会公共利益等目的，对某些领域中的特别民事活动施加行政管制，如《产品质量法》等。

第十二条 【民法的地域效力】中华人民共和国领域内的民事活动，适用中华人民共和国法律。法律另有规定的，依照其规定。

本条是关于民事法律空间效力的原则性规定。本条采属地主义，其所指“中华人民共和国领域”，包括领土、领空、领水以及依据国际法和国际惯例视为我国领土的一切领域，如我国驻外使领馆等。本法所谓“法律另有规定的，依照其规定”，意指民事法律关系存在涉外因素时，依《法律适用法》确定所适用的法律规范。

第二章

自　然　人

第一节　民事权利能力和民事行为能力

依通说，权利能力系享有权利、承担义务的资格；行为能力是指权利主体得依自己的意思表示（法律行为）取得权利、承担义务的资格；责任能力则指因违反法律规定而应独立承担责任的能力，包括侵权责任能力和债务不履行能力。就自然人而言，凡人皆有权利能力；但并非任何人都有行为能力或责任能力，法律为保护智虑不周之人和维护交易安全，往往以行为人的意思能力或识别能力为基础，依其是否达到一定年龄为判断标准来区分能力之有无。由于享有权利能力者即为权利主体，故关于权利能力的规定构成主体制度本身；而行为能力和责任能力制度则分别决定行为人所为法律行为的效力或应否由其承担民事责任，故在法典体系中常被安排在法律行为和侵权责任制度中。本法未对三种法律上的能力在体系上做不同安排，而是在本节中合并规定自然人的权利能力和行为能力。并且，虽然本法第 18～22 条在规定自然人的相应行为能力时，均明确其对应于相应法律行为的实施，但依第 1169 条第 2 款、第 1188～1190 条的规定，本节规定的自然人行为能力亦为其责任能力。而在比较法上，责任能力虽也以行为能力为基础，但尚须行为人行为时有识别能力。

第十三条　【民事权利能力及其始终】自然人从出生时起到死亡时止，具有民事权利能力，依法享有民事权利，承担民事义务。

本条是关于自然人民事权利能力起止时间的规定。本条同时确定了自然人权利能力的普遍性特征，亦即自然人无差别地于生存期间享有民事权利能力；明确了民事权利能力与民事权利和民事义务之间的关系，即民事权利的享有和民事义务的承担必然以民事权利能力的存在为前提。本条规范重心为自然人民事权利能力的产生和消灭时间。依本条文义，自然人仅在生存时具有民事权利能力，故本法第 16 条关于胎儿利益保护、《著作权法》规定的作者精神权利等规定，相对本条而言为特别规定；本法第 185 条和第 994 条关于英烈和死者人格利益保护的规定，实则是为保护社会公共利益或死者亲属利益，并非赋予死者部分权利能力。至于失信被执行人被司法限制高消费是否为对自然人民事权利能力的限制，就本条而言存在解释空间。

自然人因出生享有民事权利能力。对于何为出生，依“出”“生”之文义，当指娩出并存活：其一，须全部与母体分离；其二，须与母体分离之际保有生命。司法实践时常就本条与本法第 16 条相结合，对胎儿的民事权利能力进行判断，将“无独立呼吸”和“分娩时为死体”作为判断胎儿无民事权利能力的标准［**广东高院（2019）粤民申 12487 号民裁**］。

自然人因死亡丧失民事权利能力。死亡包括自然死亡和宣告死亡，后者由本章第三节规定。本条所指死亡为自然死亡，系自然事件。关于死亡时间的认定，存在心脏跳动停止说、呼吸停止说和脑电波消失说三种学说，通说认为应结合呼吸断绝、脉搏消失以及心脏鼓动停止予以认定；死亡时间的判定为事实问题，应由医学专家为之。

第十四条 【民事权利能力平等】自然人的民事权利能力一律平等。

本条系针对自然人，就本法第 4 条关于民事主体资格平等予以重申和具体化。此平等为抽象意义上的平等，指自然人平等地享有法律允许享有一切权利的资格，而非具体意义上的民事权利的平等。对于自然人民事权利能力的平等性，应区分一般情形与特殊情形。在特殊情形，如法律对外国人特定权利能力的限制、对未成年人劳动权利能力的限制、对结婚权利能力的限制，其实也是无差别地适用于外国人、未成年人或不适婚人，并不违反本条规定的权利能力平等原则。

第十五条　【出生和死亡时间的认定】自然人的出生时间和死亡时间，以出生证明、死亡证明记载的时间为准；没有出生证明、死亡证明的，以户籍登记或者其他有效身份登记记载的时间为准。有其他证据足以推翻以上记载时间的，以该证据证明的时间为准。

出生和死亡乃决定自然人民事权利能力始终的重要法律事实，其时间的确定依赖于法律承认的证据，故本条规定自然人出生时间和死亡时间的证据及其证明力规则。具有社会管理职能的医疗机构开具的出生证明、死亡证明所载时间有优先证明力；无此等证明的，以户籍登记或者其他有效身份登记记载的时间为准。此等证明或登记尽管在学理上被认为系报道性文书，但本条对其记载的出生日期和死亡日期，赋予了推定为实质真实的效力。这种真实性推定允许被推翻：若否定推定效力的一方提供的其他证据更具证明力，能让法官对出生时间和死亡时间形成心证，则以该证据证明的时间为准。此所谓“其他证据”，并无证据种类上的限定，如证明死亡证书存在错误记载的病历记录，或直接可以证明出生时间的证人证言。

第十六条　【胎儿的部分民事权利能力】涉及遗产继承、接受赠与等胎儿利益保护的，胎儿视为具有民事权利能力。但是，胎儿娩出时为死体的，其民事权利能力自始不存在。

依本条第一句，在涉及遗产继承、接受赠与等胎儿利益保护的事项时，胎儿被拟制为具有民事权利能力，此为权利能力始于出生规则的例外。此权利能力之范围，系采总括式保护模式，即对胎儿能取得的权利并无限制。故本条所述胎儿利益包括胎儿的人格利益和财产利益，并不限于所列举的遗产继承、接受赠与两项。事实上，根据我国司法实践，胎儿也可就抚养费、胎体损害赔偿等主张利益之保护［**宁夏高院（2019）宁民申1291号民裁、晋中中院（2020）晋07民终1784号民判**］。须注意的是，本条使用“胎儿利益”之表述，应指法律上的利益，即单纯地取得权利。所以，尽管权利能力亦包括承担义务的能力，但仅得就享有权利视为胎儿有能力；即便经济计算上利益颇丰，也不得使胎儿承担义务或责任（法律上的不利益）。

本条第二句表明，胎儿权利能力之拟制，乃以其娩出时存活为条件〔**广东高院（2019）粤民申 12487 号民裁**〕。此条件为法定的解除条件，胎儿在出生前即被拟制为有权利能力，出生时为死体这一条件成就时则溯及地无权利能力。为贯彻保护胎儿利益之意旨，《总则编解释》第 4 条规定，胎儿一旦被拟制为具有民事权利能力，其父母可在胎儿出生前以法定代理人的身份，及时地保护胎儿之利益。这其实是类推适用本法第 23 条和第 27 条的结果。但在解除条件成就时，若胎儿经由法定代理人受领给付，则因其权利能力溯及地消灭，应由其法定代理人依不当得利规定负返还义务。

第十七条 【成年时间】十八周岁以上的自然人为成年人。不满十八周岁的自然人为未成年人。

本条是关于自然人成年年龄标准的说明性法条。其以 18 周岁界分的成年和未成年，成为其他法条赋予自然人相应行为能力、监护资格或父母子女权利义务等法律效果的基准。本条使用的“以上”包含本数，“不满”不包含本数。

第十八条 【完全民事行为能力人】成年人为完全民事行为能力人，可以独立实施民事法律行为。

十六周岁以上的未成年人，以自己的劳动收入为主要生活来源的，视为完全民事行为能力人。

本条第 1 款承接本法第 17 条，以成年为标准赋予自然人完全民事行为能力，使其可独立地实施民事法律行为。此标准为客观标准，具有绝对效力。即使有证据证明某些成年人心智发育程度异于常人，也只能依本法第 24 条，由利害关系人或有关组织向法院申请认定其为无行为能力人或限制行为能力人。

16 周岁以上的未成年人以自己的劳动收入为主要生活来源的，本条第 2 款拟制其为完全民事行为能力人。此拟制由法官就个案进行认定，对其“以自己的劳动收入为主要生活来源”之要件，应作如下理解。(1) 不仅要求已满 16 周岁的未成年人可以通过劳动获得收入，也需要其劳动收入成为主要生活来源。因此，此等未成年人若嗣后不再以自己的劳动收入为主要生活来源，也因该拟制要件的不具备而不复发生被视为完全行为能力人的法律效果。(2) 此处“劳动”不宜解释为劳动者依《劳动法》的规定与用人单位签订劳动合同、形成稳定的劳动关系，而应作扩张解释：未成年人从事的任何不违反法律强制性规定的体力、脑力劳动均属之，如自主创业、从事自由职业等。(3) 劳动收入是否持续、稳定亦非所问，足以成为其“主要生活来源”才是关键。何为“主要生活来源”？原《民通意见》第 2 条将其解释为“维持当地群众一般生活水平”，由此形成我国的司法惯行。此“一般生活水平”宜理解为劳动收入不低于当年城乡居民最低生活保障标准，但从此前法院判决来看，各地对此条件的理解并不一致。有判决认为，对于视为完全民事行为能力人的未成年人，并不在于其经济状况或财产状况，而在于其可以通过劳动获得劳动收入并参与社会生活，因劳动而获得独立的社会地位。“本案事发时，马某某已年满十六周岁且已在温州市双豪鞋业有限公司务工。即使据马某某代理人陈述，事发时马某某仅入职 1 个多月，但这并不影响其已经独立参与社会生活的事实”［**温州中院（2019）浙 03 民终 7462 号民判**］。

第十九条 【限制民事行为能力人的年龄标准及能力限制】八周岁以上的未成年人为限制民事行为能力人，实施民事法律行为由其法定代理人代理或者经其法定代理人同意、追认；但是，可以独立实施纯获利益的民事法律行为或者与其年龄、智力相适应的民事法律行为。

本条规范重心在于以 8 周岁作为未成年人限制行为能力的年龄下限；而此等限制行为能力人原则上不能独自实施有效法律行为，需要其法定代理人的协助，本应规定在本编法律行为章和代理章。此规范体系安排不当导致诸多重复规定。细言之，所谓法定代理人的协助，或直接由其代理实施，或需要得到其同意、追认。在前一情形，法定代理人依本条获得法定的概括授权，但其代理的法律行为之效力依本编代理章定之；在后一情形，虽法律行为事实上由未成年人实施，但依本法第 145 条规定，其效力须经法定代理人同意或追认方为有效。不过，鉴于频频出现的这一规定首现于本条，我们亦安排在此处评注。

广义的法定代理人之同意，按时间顺序不同分为事先允许和事后追认，但在本法中，“允许”被表述为“同意”。同意作为一种有相对人的单方授权行为，须由法定代理人向限制行为能力人或其相对人作出。同时，同意以个别允许为原则，即针对个别、特定的法律行为一一作出，不得概括为之，否则会导致限制行为能力人的行为能力的范围与完全行为能力人的无异。比较法上有所谓“零用钱条款”，即监护人给予未成年人一定金钱，准其自由支配。此种情形在我国实务中亦为常见，但这仍是一种有限的概括授权，其受特定范围的限制，该范围须依其目的或特定的指示加以确定。追认的目的在于补正未获事先允许的法律行为的效力瑕疵，以使该法律行为有效。追认亦为有相对人的单独行为，须由法定代理人向限制行为能力人或其相对人作出，并自到达相对人时生效。但事先同意（允许）在该法律行为成立前可予撤回；而事后追认则不得撤回，以免妨害交易安全。

本条但书规定了限制行为能力人可独立实施的法律行为。关于纯获利益的法律行为中的“纯获利益”，通说认为以限缩为“纯获法律上的利益”为宜，而经济利益标准（如成本收益之计算方法）无论在法律行为成立时或成立之后，均不具有可行性。纯获法律上的利益，指单纯取得权利或免除义务，即限制行为能力人不因其法律行为而在法律上负有任何义务（包括主给付义务和从给付义务），例如被免除债务、接受不附义务的赠与或遗赠。但是，法律行为的间接效果不构成法律上的不利益，否则将导致“纯获利益”法律行为的范围极小。如限制行为能力人受赠房产或股权，需要履行法律或章程规定的相关手续，再如赋税之类的物上公法负担以及某些私法负担（如设定抵押），不能被认定为法律上的不利益。

根据《总则编解释》第 5 条，判断限制行为能力人所为法律行为与其年龄、智力相适应，应综合考虑该行为与本人生活的关联程度，本人的智力、精神健康状况能否理解其行为并预见相应的后果，以及标的、数量、价款或者报酬等因素。这一规定基本沿袭了原《民通意见》第 3 条。司法实务则视具体案情而各有侧重，或从“行为与本人生活相关联的程度、本人的智力能否理解其行为，并预见相应的行为后果，以及行为标的数额”等方面综合判断［**济南中院（2019）鲁01民终9162号民判**］；或为维护交易安全，倾向于确认案涉行为与限制民事行为能力人的年龄、智力相适应［**海南高院（2020）琼民申362号民裁**］。总之，适用这一标准时，既可能因其极具弹性而削弱对限制行为能力人的保护，也可能因其不确定而伤害交易安全。本条立法意旨既然为最大限度保护未成年人，则宜朝有利于限制行为能力人这一方向解释适用。

第二十条　【无民事行为能力人的年龄标准及能力限制】不满八周岁的未成年人为无民事行为能力人，由其法定代理人代理实施民事法律行为。

本条为不完全法条，其法律效果适用本法第144条的规定。本条前半句规定不满8周岁的未成年人为无行为能力人，不能独立实施法律行为；后半句则为授权性规范，意味着其法定代理人依本条规定而取得概括授权，法定代理人以无行为能力人名义实施的一切法律行为，概为有权代理。

第二十一条　【无民事行为能力人的意思能力标准及能力限制】不能辨认自己行为的成年人为无民事行为能力人，由其法定代理人代理实施民事法律行为。

八周岁以上的未成年人不能辨认自己行为的，适用前款规定。

一般情形下，法律出于保护交易安全的需要，将年龄作为认定自然人是否具有相应行为能力的形式标准。此为本法第18～20条之所由设。但是，年龄是一种客观状态，不能完全反映行为人真实的认知能力。一些自然人尽管已满足相应行为能力的年龄标准，但因各种原因可能欠缺意思能力，不能辨认或不能完全辨认自己行为的性质和后果。在这种情况下，若一概坚持年龄标准，不根据个案中的具体情形进行变通，不利于维护不具备相应意思能力的自然人的利益。因此，在建立年龄的一般标准之外，本条和本法第22条亦以意思（辨认）能力为标准设立例外规定。而意思能力乃自然的精神能力，应具体地就每个自然人的状态加以判断。本条针对成年人和8周岁以上的未成年人，以“不能辨认自己行为”为标准，分别将其从完全行为能力人和限制行为能力人“降级”为无行为能力人。

至于何谓“不能辨认自己行为”，原《民通意见》第5条曾将其解释为“没有判断能力和自我保护能力，不知其行为后果”。鉴于该解释乃围绕原《民通》第13条第1款规定的“精神病人”展开，而本法已以“成年人”概念替换之，故本条和次条均不能再受限于“精神病人”范畴，而应从意思能力的角度来理解“不能辨认”和“不能完全辨认”。意思能力包含意思因素和精神因素。意思因素即民事主体能否自由作出表示，属于规范评价上的因素；精神因素为民事主体能否对自己的行为有所理解、认识，属于事实方面的因素。就后者而言，一般应以权威机构出具的专门意见为准，即使是医疗机构出具的一般证明文件，也不能作为认定是否属于“不能辨认自己行为”的依据。在“邵某与侯某、袁某返还原物纠纷案”〔**吉林市中院（2020）吉02民终1868号民裁**〕中，医院开具的“CT检查报告单”于检查提示中表述“脑萎缩”，且该报告单于尾部注明：“此报告仅供临床医师诊断疾病时参考，不作为最终临床诊断。”二审法院认为，“一审法院依据该报告单在未经法定程序的情形下，径行认为侯某因病丧失行为能力，并参考永吉华泰医院的诊断书认为侯某配偶宋某珍不具有完全行为能力，继而裁定驳回邵某的起诉不当，本院予以纠正”。不过，意思能力之认定，更应结合意思因素和精神因素为之。在“张际军与平安银行北京分行金融借款合同纠纷案”中，法院认为智力残疾并不必然导致当事人为无行为能力人，其独立实施的与其智力、精神状况不相适应的法律行为并不当然无效，其应就智力、精神状况而导致其不能完全辨认自己行为的性质承担举证责任〔**北京二中院（2020）京02民终4954号民判**〕。此处的智力残疾显然属于事实因素，为意思能力中的精神因素，但由于其未对当事人能否自由为意思表示产生影响，故法院认定其不导致当事人为无行为能力人。

第二十二条 【成年限制民事行为能力人的意思能力标准及能力限制】不能完全辨认自己行为的成年人为限制民事行为能力人，实施民事法律行为由其法定代理人代理或者经其法定代理人同意、追认；但是，可以独立实施纯获利益的民事法律行为或者与其智力、精神健康状况相适应的民事法律行为。

基于和本法第 21 条同样的立法理由，本条将不能完全辨认自己行为的成年人“降级”为限制行为能力人，亦构成本法第 18 条第 1 款之例外情形。本条将原《民通》第 13 条第 2 款中的“精神病人”也修改为“成年人”，为适用对象的扩张留有解释空间。于是，成年人若因酗酒、吸毒等陷入不能完全辨认自己行为的状态，应可被认定为本条规定的限制行为能力人。此所谓“不能完全辨认自己行为”，与前条表述的“不能辨认自己行为”相比较，在程度上存在差异：后者指意思能力的完全丧失，“不能完全辨认”则表明尚有一定的意思能力，可以理解为部分意思能力。依原《民通意见》第 5 条第二分句，对于比较复杂的事物或者比较重大的行为缺乏判断能力和自我保护能力，并且不能预见其行为后果的，可以认定为“不能完全辨认自己行为”。而“比较复杂的事物”或者“比较重大的行为”，在适用上可理解为本条所规定的与限制民事行为能力人年龄、精神健康状况相适应之法律行为的相反情形，主要指交易标的的性质和内容不易于理解，或法律行为涉及对行为人而言具有重要的人身、财产价值，如房屋买卖、以房产等提供担保等［**天津一中院（2018）津 01 民终 2491 号民判**］。在司法实践中，法院进行此项审查时往往采取较为严格的标准。比如，在“王某与中国邮政储蓄银行盐城市长亭路支行、中国工商银行盐城阳光支行等储蓄存款合同纠纷案”中，法院认为医疗机构的鉴定意见书只证明行为人出现记忆力下降现象，不足以证明其在办理银行业务时已不能完全辨认自己的行为［**江苏高院（2019）苏民申 7301 号民裁**］。又如，在“苏锦强、周加连民间借贷纠纷案”［**湖北高院（2018）鄂民申 2336 号民裁**］中，再审申请人虽主张其是文盲，但并未提供户口本等证据证明申请人的文化程度，且即使申请人不识字，也不属于法律规定的限制行为能力人的情形。由此可见，当事人所出示的证据，需要直接证明行为人在行为时无法辨认其行为，而不能仅针对其身体机能、精神状态和文化水平等因素。

本条其他方面的规定，与本法第 19 条旨趣相同，故可参见其评注相应内容。

第二十三条 【非完全民事行为能力人的法定代理人】无民事行为能力人、限制民事行为能力人的监护人是其法定代理人。

本条首先是说明性法条，它通过赋予监护人以法定代理人资格，在监护人和法定代理人之间建立直接联系，并与本法第34条第1款规定的监护人“代理被监护人实施民事法律行为”之监护职责相呼应。其次，本条也是引用性法条，即监护人身份的确定，须参引本法第27～33条的规定。

第二十四条 【成年人民事行为能力的认定及恢复】不能辨认或者不能完全辨认自己行为的成年人，其利害关系人或者有关组织，可以向人民法院申请认定该成年人为无民事行为能力人或者限制民事行为能力人。

被人民法院认定为无民事行为能力人或者限制民事行为能力人的，经本人、利害关系人或者有关组织申请，人民法院可以根据其智力、精神健康恢复的状况，认定该成年人恢复为限制民事行为能力人或者完全民事行为能力人。

本条规定的有关组织包括：居民委员会、村民委员会、学校、医疗机构、妇女联合会、残疾人联合会、依法设立的老年人组织、民政部门等。

本条和《民诉法》相应规定，就本法第21、22条建立了非讼特别程序。理论上，单纯依本条第1款非讼程序向法院申请认定成年人为无行为能力者或者限制行为能力者，当可使意思能力欠缺的成年人一劳永逸地获得全面保护。但实践中更为常见的情形，是在法律行为效力或侵权责任认定的个案中，主张当事人不具备相应的行为能力。对此，有的法院先启动非讼程序，在判决中认定当事人无行为能力［**南充中院（2019）川13民终2266号民判**］之后再继续诉讼程序；有的法院则在诉讼中依鉴定径行确定当事人为无行为能力者，并不启动非讼程序［**上海一中院（2017）沪01民终7422号民判**］；有的法院强调此非讼程序为必经程序，但其在个案中否定当事人无行为能力却非以此为据［**北京二中院（2020）京02民终4954号民判**］。民法建立行为能力制度，直接服务于法律行为和侵权责任制度，而对成年人设立本法第21条和第22条之规定，其初衷更是要求法官个案地认定其行为能力，以判断具体法律行为的效力或侵权责任承担者，这种做法可以避免法院依本条而为的概括认定与行为人在具体法律行为和侵权行为中的实际精神状况不一致。所以，若成年人长时间不能辨认或不能完全辨认自己行为，则适格申请人自可依本条向法院申请概括的认定；但在确认法律行为效力或侵权责任之承担的个案中，法院宜不拘泥于本条规定，而应在诉讼当事人主张时，结合具体情形认定其行为能力。

须注意的是，依体系解释，即结合本条第 2 款之规定可知，概括认定的效力并非及于一时一案，只要当事人的行为能力未经司法程序予以恢复，则既有的司法确认之结果不会被否定，成年人为无行为能力人或限制行为能力人的状况将一直持续［**北京二中院（2016）京 02 民终 5950 号民判**］，此为其僵硬的一面。而在法律行为效力或侵权责任之认定的案件中，法院认定成年人行为能力的判决效力应仅及于该当案件，故在审理同一成年人为当事人的其他案件时，法官甚至可根据其行为时精神健康的实际情况作出完全不同的行为能力之认定。

成年人无行为能力或限制行为能力之认定，专属于法院权限。本条源自原《民通》第 19 条，故程序事项仍应适用《民诉法》第 198～201 条“特别程序”之规定。与原《民通》第 19 条相比，除不再限定于精神病人外，本条修改尚有二处：一是改“宣告”为“认定”，以与修订后的《民诉法》条文呼应；二是申请人中增加“有关组织”，并以第 3 款之说明性规定明示其所指，但其中并无顺位要求。

第二十五条 【自然人的住所】自然人以户籍登记或者其他有效身份登记记载的居所为住所；经常居所与住所不一致的，经常居所视为住所。

住所是自然人民事活动的中心场所，其意义包括但不限于确定债务履行地、司法管辖地及登记主管地等。本条依然采用客观住所主义，以户籍登记或其他有效身份登记所记载的客观居所为法定住所。相较于原《民通》，本法新增的其他有效身份登记，应指居住证以及外国人、无国籍人等各种无户籍登记者所持护照、居留证等情形。不过，一概将户籍登记等确定的居所作为住所，可能与自然人实际的生活中心场所不一致，以致自然人不便与他人产生持续、稳定的法律关系。所以，本条第二分句对第一分句规定的法定住所予以变通，若自然人的经常居所与住所不一致，则经常居所被拟制为住所，从而确立了经常居所的优先效力。依原《民通意见》第9条，经常居住地为自然人离开住所地最后连续居住1年以上的地方。即便在原《民总》施行后，实践中也严格遵循该规定，不仅要求居住1年以上，还要求居住的事实具有连续性，不能中断［**山东高院（2020）鲁民辖终67号民裁**］；在证明方面，由居住地政府机构、基层组织开具的居住证明，可作为证明力较强的证据［**如（2019）最高法民辖终231号民裁**］。这种认定既不考虑自然人的个人意思，也不参酌财产所在地等主要法律关系发生地，仅需依据连续居住之时间标准，难免使住所名实不符。参照《居住证暂行条例》第2条关于申领居住证的规定，不妨认为本条为主客观结合解释留有余地，即居住半年以上、符合合法稳定就业等条件之一（客观标准）且有居住证申领之意思表示（主观要件）的，可认定居住证记载的居所为住所。

第二节 监 护

我国的监护制度包括未成年人监护和成年人监护，前者实际将大陆法系的亲权与监护制度合二为一。尽管本法未区分亲权和监护，但为凸显父母子女关系的特殊性，在本节设立了一些特别规范：第27条第1款规定父母当然为未成年子女的监护人，无须如其他监护人一般须经法定程序依序确定；第29条规定，父母担任监护人的，可通过遗嘱指定监护人；第38条规定，监护人资格撤销后，只有被监护人的父母或者子女可以恢复其监护人的资格。

监护制度与亲属法联系紧密，更应被规定在婚姻家庭编。总则编之所以专设本节，系沿袭原《民通》体例，其重点在于规定监护人的选任和确定、其职责和行使等，而作为此基础的亲属制度，以及以父母子女关系为主题的亲权制度，却位于婚姻家庭编。因此，在适用本节与婚姻家庭编相关规定时，应以体系解释的方法，相互观照、协调。

第二十六条 【亲子间的抚（赡）养和保护义务】父母对未成年子女负有抚养、教育和保护的义务。

成年子女对父母负有赡养、扶助和保护的义务。

本条系对父母子女关系的原则性规定，但其具体规则既然在婚姻家庭编“父母子女关系和其他近亲属关系”一节（**第 1067～1069 条、第 1071～1072 条**）展开，则本条的意义主要是在体系上说明本法不区分亲权和监护制度。

第二十七条 【未成年人法定监护人的范围和顺位】父母是未成年子女的监护人。

未成年人的父母已经死亡或者没有监护能力的，由下列有监护能力的人按顺序担任监护人：

（一）祖父母、外祖父母；

（二）兄、姐；

（三）其他愿意担任监护人的个人或者组织，但是须经未成年人住所地的居民委员会、村民委员会或者民政部门同意。

一、法定监护人的范围

本条依血缘关系之亲疏、生活关系紧密程度等标准，确定了未成年人之法定监护人的范围及其顺序。其第 1 款基于“父母是子女利益的最佳维护者”这一理念，规定父母是未成年子女的当然监护人。而且，依本法第 1084 条，父母子女间的关系既然不因父母离婚而消除，那么父母是否离婚并不影响其担任监护人的身份，是否直接抚养未成年子女也不影响其履行监护职责。因此，本条第 1 款为强制性规定，意味着仅在父母双亡或无监护能力时，方才发生第 2 款规定的监护人顺序问题［**福州中院（2015）榕民终字第 809 号民判**］。此外，依本法第 1111 条规定，自收养成立之日起，养父母子女之间适用本法关于父母子女关系的规定；依本法第 1072 条第 2 款规定，当满足“抚养教育”之条件，继父母子女之间的姻亲关系因法律规定拟制为血亲关系，始得适用本法关于父母子女关系的规定。因此，本条所谓“父母”，应包括养父母以及形成抚养教育关系的继父母。

依本条第 2 款规定，父母死亡或丧失监护能力的，未成年人的祖父母、外祖父母、兄、姐以及其他愿意担任监护人的个人或者组织，依次担任监护人。但本款对于本法第 29 条而言具有补充性，亦即担任监护人的父母若通过遗嘱指定监护人，则本款无适用余地。此外，本款“愿意担任监护人的个人或者组织”之表述，表明本法并未限定法定监护人的范围，而仅服从于尊重监护人意志和最有利于被监护人利益的原则。因此，一切有监护能力的“个人或者组织”皆可成为最后顺序的监护人，而是否应将“组织”限缩为以提供监护服务为职能的专业监护机构，实非本款规范之要义。只不过在程序上，其他个人或组织愿意担任监护人的，须经未成年人住所地的居委会、村委会或民政部门同意。同时，在确定由个人还是组织担任监护人时，应坚持自然人优先。因为监护人不仅需要对外代理被监护人从事法律行为，而且需对内照管其生活。

二、监护能力和监护顺位

本条和次条虽明确规定了法定监护人的监护顺位，但监护人之实际确定，需遵循最有利于被监护人利益的原则（**第 35 条**）。本条和次条将监护能力设定为具备监护资格的人实际担任监护人的条件，就是为了贯彻该原则。因此，本条和本法第 28 条规定的监护顺位，仅在被列举者有监护能力时，方有意义；无监护能力者，即便被列入序列，也不能实际担任监护人。本法虽未定义监护能力，但监护人自须为完全行为能力人。依《总则编解释》第 6 条，自然人监护能力之认定，应考虑年龄、身心健康状况、经济条件等因素；相关组织监护能力之认定，则应考虑资质、信用、财产状况等因素。监护人与被监护人在生活上的联系状况，自应予以考虑。在“张琴诉镇江市姚桥镇迎北村村委会撤销监护人资格纠纷案”（**《最高法公报》2015 年第 8 期**）中，法院在对具有监护资格的近亲属的收入来源、身体状况以及自身的家庭等因素考量后，认为民政局作为未成年人的监护人较为合适。

第二十八条 【成年人法定监护人的范围和顺位】无民事行为能力或者限制民事行为能力的成年人，由下列有监护能力的人按顺序担任监护人：

（一）配偶；

（二）父母、子女；

（三）其他近亲属；

（四）其他愿意担任监护人的个人或者组织，但是须经被监护人住所地的居民委员会、村民委员会或者民政部门同意。

本条是关于成年监护中法定监护人之范围及其监护顺位的规定。其所规定者，虽因系针对欠缺行为能力之成年人，而在监护人范围和监护顺位上有所区别于前条规定，但其理相同，乃依亲属关系之远近、生活关系紧密程度而划定。须重申的是，本条和前条虽然规定了监护顺位，但其目的在于防止出现两个及以上具有监护资格的人互相推诿，导致监护落空的现象。因此，即使存在数个有监护资格的人，也不意味着顺位在先者必然担任监护人，此时应综合考虑其经济能力、是否与被监护人共同生活等因素，选任合适的监护人。例如，有判决考虑到当事人长期与其弟生活，所以认定其弟相较于当事人的父母、子女更适合担任监护人［**葫芦岛中院（2020）辽14民终644号民判**］。

第二十九条 【遗嘱监护】被监护人的父母担任监护人的，可以通过遗嘱指定监护人。

本条规定的遗嘱监护之指定主体，为正在担任监护人的被监护人之父母，包括依法享有监护资格的生父母、养父母以及形成抚养教育关系的继父母（**参见本法第27条评注**）；被监护人则包括未成年人、无行为能力或限制行为能力的成年人。本法虽未明确规定父母可通过遗嘱为胎儿指定监护人，但依本法第16条规定，涉及遗嘱继承、接受赠与等胎儿利益保护的，胎儿被拟制为有权利能力，而监护利益当属胎儿出生后人身、财产保护之重要内容，故遗嘱监护属于该条所规定的涉及胎儿利益保护之事项，此时胎儿被拟制为有权利能力，理应享有遗嘱监护所确定的利益。易言之，本条规定应予目的性扩张：父母担任监护人的，可以通过遗嘱为他死后才出生的子女指定监护人。

依本条文义，立法者似未对被指定人的范围做任何限制，故作为监护人的父母，可任意指定第三人享有优先于法定监护的监护顺位。但遗嘱属于单方法律行为，依遗嘱人单方意思表示即可成立，而监护更多是一种义务承担或监护职责，未经被指定者同意不得通过单方法律行为为其施加非法定义务。因此，遗嘱监护的效力仅仅应该是赋予被指定人具有优先于法定监护顺位的监护资格，被指定人可拒绝之。唯被指定人一旦表示拒绝，监护人即应依本法第27～28条确定之（**《总则编解释》第7条第1款**）。

本条所言遗嘱，其成立和生效自应满足总则编第六章关于法律行为的规定，尤其是继承编第三章关于遗嘱之形式要件和实质要件的规定。唯于父母指定监护人不一致的情形，本法未予明确。既然遗嘱监护立基于“父母比其他任何人或机构都更关心子女的最佳利益”之推定，则理应以后死亡或者最后行使监护权一方的遗嘱为准，此为比较法上广为接受的规则。同理，父母一方通过遗嘱指定监护人，但具有监护能力的另一方就此表示异议的，应由后者取得监护资格（**《总则编解释》第7条第2款**）。

第三十条 【协议确定监护人】依法具有监护资格的人之间可以协议确定监护人。协议确定监护人应当尊重被监护人的真实意愿。

协议监护的目的，在于避免法定监护顺位的僵硬适用造成监护人非自愿履行监护职责，故本条允许依法具有监护资格的人协议确定监护人；而遗嘱监护、意定监护已然是相应主体基于意思表示对法定监护的变更和顺位缓和，被指定者若被允许参与本条规定的协议，则有违遗嘱人或事先协商之成年被监护人的意志。据此，本条所谓“依法具有监护资格的人”，应被理解为仅限于本法第27条和第28条确定的具备法定监护资格的人。根据《总则编解释》第8条第2款，协议内容既可以是不同顺序的主体共同担任监护人，也可为顺序在后的主体担任监护人。但是，未成年子女之父母的法定监护地位系基于特定血缘关系发生，故未成年人的父母有监护能力的，不得通过协议监护排除其法定监护职责（**《总则编解释》第8条第1款**）。同时，本法第27条和第28条规定的“其他愿意担任监护人的个人或者组织”，在未经被监护人住所地的居委会、村委会或民政部门同意之前，并不享有监护资格，故其不属于协议的主体范围；但其不妨保留对协议监护的异议权，进而依本法第31条规定的程序请求指定监护。

依本条第二句，协议确定监护人应尊重被监护人的真实意愿。对于何为尊重被监护人的真实意愿，可参照适用本法第35条第2款和第3款分别就未成年人和成年人的监护作出的原则性规定（**参见其评注**）。因后句未规定违背被监护人意愿的法律后果，故本条规定为不完全法条。揆诸其“应当”之表述，性质上当为强制性规定，所以故意违背被监护人真实意愿的，该协议不发生法律效力。但是，应区分尊重被监护人的真实意愿和完全按照被监护人的意愿执行。被监护人的意愿表达不真实，存在诱导、胁迫情形的，或依本法第 35 条第 2 款和第 3 款规定，被监护人并不具备与之相匹配的认知能力，或其所意指的监护人将明显不利于被监护人之监护利益的，监护人仍可主动干预。此时，协议确定的监护人与被监护人所意指的对象不一致的，当视为不违反本条后句规定。

第三十一条　【指定监护】对监护人的确定有争议的，由被监护人住所地的居民委员会、村民委员会或者民政部门指定监护人，有关当事人对指定不服的，可以向人民法院申请指定监护人；有关当事人也可以直接向人民法院申请指定监护人。

居民委员会、村民委员会、民政部门或者人民法院应当尊重被监护人的真实意愿，按照最有利于被监护人的原则在依法具有监护资格的人中指定监护人。

依据本条第一款规定指定监护人前，被监护人的人身权利、财产权利以及其他合法权益处于无人保护状态的，由被监护人住所地的居民委员会、村民委员会、法律规定的有关组织或者民政部门担任临时监护人。

监护人被指定后，不得擅自变更；擅自变更的，不免除被指定的监护人的责任。

本条第 1 款规定指定监护的申请理由、主体和一般程序。指定监护的适用前提为“对监护人的确定有争议”，即在监护资格无异议的情形，由谁担任监护人的争议。对监护人资格的撤销以及另行指定监护人有争议的，应适用监护资格撤销的规定（**第 36 条**）［**宿迁宿城法院（2017）苏 1302 行赔初 2 号行判**］。本条旨在解决监护人确认之争议，实际上也是相关当事人监护异议权行使的规定。本法新增遗嘱监护、意定监护，这些同样构成监护资格的合法依据，亦可能因欠缺监护能力被提出异议。所以，有权申请指定监护的主体包括所有具备监护资格的当事人。在本款规定的四类指定主体中，法院是终局的指定主体。根据《总则编解释》第 10 条，当事人不服其他三类主体之指定的，可在接到指定通知之日起 30 日内申请法院指定监护人；法院认为指定不当的，可撤销指定并另行指定监护人；当事人在 30 日后才提出申请的，应依变更监护关系处理。

依本条第 2 款，指定监护应遵循尊重被监护人意愿原则和最有利于被监护人原则。由此可知，监护人的指定无须严格依监护顺位，但顺位利益也非完全被排除：在满足上述原则的同等条件下，顺位在先者应被指定为监护人。不过，《总则编解释》第 9 条第 1 款要求法院在指定监护人时，应综合考量四类因素：监护人与被监护人生活、情感联系的密切程度；依法具有监护资格的人的监护顺序；是否有不利于履行监护职责的违法犯罪等情形；依法具有监护资格的人的监护能力、意愿、品行等。此外，在法院指定监护人的情形，监护人原则上为一人，除非数人监护有利于被监护人（**《总则编解释》第 9 条第 2 款**）。

本条第 3 款规定的临时监护人制度，实为防止被监护人的合法权益因争议而处于无人保护的状态。本款虽然明确了承担临时监护职责的主体，但其具体职责和履职方式往往依特别法（**如《未成年人法》第 92、93 条**）定之。

依本条第 4 款，监护人被指定后不得擅自变更。此所谓擅自变更，包括依本法第 30 条通过协议将被指定的监护人变更为他人，但不包括被指定监护人依本法第 36 条第 1 款第 2 项，根据实际情况将部分或全部监护职责委托他人的情形。被指定监护人要求变更监护人的，只能向原指定机关提出重新指定。擅自变更的法律后果为不免除指定监护人的监护责任（**第 34 条第 3 款**）。

第三十二条 【民政部门和基层自治组织担任监护人】没有依法具有监护资格的人的，监护人由民政部门担任，也可以由具备履行监护职责条件的被监护人住所地的居民委员会、村民委员会担任。

本条之设，体现“以家庭监护为基础，社会监护为补充，国家监护为兜底”的立法思想。也就是说，只有在没有法定监护人、遗嘱监护人、意定监护人，或者具有监护资格的人均没有监护能力的情形下，才适用本条规定。至于民政部门和基层自治组织之间，依本条规定，民政部门为在先顺位；只有在民政部门不具备履行监护职责条件时，由具备监护条件的基层自治组织予以补充。同时，国家监护人作为抽象的组织，具有非人格化的特征，其职责履行必须借助于相应的监护执行机构（如《未成年人法》第96条第2款）。

第三十三条 【意定监护】具有完全民事行为能力的成年人，可以与其近亲属、其他愿意担任监护人的个人或者组织事先协商，以书面形式确定自己的监护人，在自己丧失或者部分丧失民事行为能力时，由该监护人履行监护职责。

本条在《老年人法》第26条的基础上，新设成年人意定监护制度，充分尊重成年人对自身监护事务的自主决定权。因此，本条规定的意定监护优先于法定监护；意定监护和遗嘱监护竞存的，鉴于被监护人本人的意思应得到尊重，故前者亦优先于后者。

本条未限制意定监护人的范围，不论自然人还是组织，只要愿意担任监护人，均可成为意定监护人。但意定监护协议应以书面形式为之，其违反将导致协议不成立。意定监护协议性质上属于本法第464条第2款所述之身份协议，故除适用本条规定外，亦可依其性质准用合同编的有关规定。具体而言，在协议有约定时，从其约定；无约定时，依其性质准用委托合同的规定。因此，对于监护事务、监护代理权限、监护之监督等协议内容，当事人具有广泛的自主空间，其有偿抑或无偿，均无不可。意定监护的事务管理权和代理权既然由委托人事先约定与授权，自可准用委托合同与代理权授予行为的法律规定。但在人身事务方面，因意定监护人与被监护人之间不存在特定的身份关系，更易引发道德风险，故具有人身专属性的事项不应成为意定监护的委托事项。尤需注意的是，无论委托人还是受托人，均可准用本法第933条行使任意解除权，但在委托人丧失或部分丧失行为能力后，受托人的解除权仅以存在正当理由为限（《总则编解释》第11条第1款）。此权利的行使也应依本条规定以书面形式为之。在意定监护生效后，监护人行使解除权即为辞任，只是为了避免其辞任后出现无人监护之真空状态，进而损害委托人的监护利益，故应类推适用本法第935条的规定，在未依法确定新的监护人之前，由受托人继续处理监护事务。但就被监护人而言，因意定监护生效乃以其丧失或部分丧失行为能力为前提，故其此时能否行使解除权，不无疑问。从本法贯彻的尊重被监护人真实意愿的原则出发，应允许限制行为能力人解除意定监护关系。

依本条规定，在委托人丧失或者部分丧失行为能力时，由协商确定之监护人履行监护职责。但在实践中，该条件成就的时点不易确定，故在委托人出现行为能力丧失之症状时，意定监护人不妨作为本法第24条所指之“利害关系人”，主动向法院申请认定委托人为无行为能力人或者限制行为能力人。

第三十四条 【监护职责】监护人的职责是代理被监护人实施民事法律行为，保护被监护人的人身权利、财产权利以及其他合法权益等。

监护人依法履行监护职责产生的权利，受法律保护。

监护人不履行监护职责或者侵害被监护人合法权益的，应当承担法律责任。

因发生突发事件等紧急情况，监护人暂时无法履行监护职责，被监护人的生活处于无人照料状态的，被监护人住所地的居民委员会、村民委员会或者民政部门应当为被监护人安排必要的临时生活照料措施。

本条第1款为说明性法条。其赋予监护人的职责意味着，监护人既不能自由决定是否行使监护权，也不能随意变更该项身份权益，更不能利用监护权为本人获取利益，它本质上是一种履行监护义务的权限。依本款规定，监护人的职责包括代理被监护人实施民事法律行为和保护被监护人的合法利益，因而其事务履行既包括法律行为，也包括生活照管、医疗护理等事实行为。就人身监护而言，监护人的职责主要包括照管被监护人的日常生活、保护被监护人的身体健康，防止其遭受不法侵害等；在财产管理方面，包括照管被监护人的财产、就其责任财产缴纳税款和清偿债务等。

对外而言，监护是一种特殊的身份关系，此关系受法律保护（**本条第 2 款**）。我国司法实务业已确认，非监护人不得非法排除和限制监护人履行监护职责；《侵权责任编解释一》第 1～3 条更是针对非法使被监护人脱离监护的情形，明确了其导致监护人、被监护人财产损失或人身损害时所应承担的侵权责任（**参见本法第 1181～1183 条评注**）。显然，监护作为一种身份权益已被纳入本法第 1165 条所言“合法权益”的保护范畴。对内而言，依本条第 3 款规定，监护人不履行监护职责或侵害被监护人利益的，可由其他具有监护资格的个人或组织向法院诉请其承担侵权责任或违约责任（意定监护）；情节严重且符合本法第 36 条之规定情形的，适格主体可向法院申请撤销其监护资格。

本条第 4 款为新增规定，即紧急情况下的临时生活照料措施。在监护人因客观受阻（如因疫情被隔离等）无法履行监护职责时，由被监护人住所地的基层自治组织或民政部门为其提供必要的生活照料措施，以补足此种情形下出现的监护空白。当然，临时生活照料并未变更监护关系，基层自治组织与民政部门也不属于临时监护人，其仅就被监护人的日常生活和必要的医疗护理安排相应措施。

第三十五条 【监护职责的履行原则】监护人应当按照最有利于被监护人的原则履行监护职责。监护人除为维护被监护人利益外，不得处分被监护人的财产。

未成年人的监护人履行监护职责，在作出与被监护人利益有关的决定时，应当根据被监护人的年龄和智力状况，尊重被监护人的真实意愿。

成年人的监护人履行监护职责，应当最大程度地尊重被监护人的真实意愿，保障并协助被监护人实施与其智力、精神健康状况相适应的民事法律行为。对被监护人有能力独立处理的事务，监护人不得干涉。

本条采总分结构规定了监护人职责履行之原则。其第 1 款第一句为总括规定。不论是法定监护、遗嘱监护还是意定监护，“最有利于被监护人”属于监护职责履行的首要原则。被监护人的利益既包括物质上利益的保全和增益，也包括被监护人因自我意志的参与而获得的满足其人格存在的精神利益。与此对应，第 1 款第二句与第 2、3 款作为具体规定，前者是“最有利于被监护人”原则在财产管理事务上的具体要求，后者关于尊重被监护人真实意愿原则的规定，构成“最有利于被监护人”原则的精神利益要素。

一、监护人对被监护人财产的处分

从立法技术上看，本条第 1 款第二句沿袭原《民通》第 18 条第 1 款规定（但将“处理”一词改为“处分”），以消极要件的规范方式，规定非为被监护人的利益，监护人不得处分其财产。此“处分”采广义上的理解，包括事实处分和法律处分（法律行为意义上的处分）。就法律处分而言，“处分”（原《民通》中为“处理”）一词究指监护人以自己的名义为处分行为，抑或包括以被监护人名义所为的处分，实务中解释不一。有法院认为这意味着法律赋予监护人法定处分权，监护人有权以自己的名义处分被监护人财产，只不过非为被监护人利益的处分行为构成无权处分［**（2016）最高法民申 2472 号民裁、安徽高院（2019）皖民申 228 号民裁**］。多数法院承认此处分包括“代理处分”，即监护人基于法定代理人身份对被监护人财产所为的代理处分行为。监护人非为被监护人利益实施法律处分的，构成无权代理，准用无权代理之法律效果的规定［**嘉兴中院（2016）浙 04 民终 27 号民判、广州中院（2019）粤 01 民终 17815 号民判**］。在监护人和被监护人共同与第三人签订合同时，有法院将监护人的签字捺印视为法定代理人对限制行为能力人实施的法律行为的同意或追认［**（2016）最高法民申 900 号民裁、最高法（2013）民申字第 344 号民裁**］。应指出的是，因本句未明确规定非为被监护人利益财产处分行为的法律效果而表现为不完全法条，故司法实践中常因“不得”二字陷入对其规范性质和效力的认识误区：有法院将其定性为效力性强制规范，据此直接认定非为未成年人利益处分其财产的行为，因违反法律禁止性规定而无效［**泰安中院（2017）鲁 09 民终 1080 号民判、运城中院（2016）晋 08 民终 1082 号民判**］；有法院将其定性为管理性强制规范，进而认定不当处分不影响合同效力，该行为给未成年人造成损害的，由未成年人另行向行为人主张损害赔偿［**（2017）最高法民申 4061 号民裁、最高法（2014）民申字第 308 号民裁**］。事实上，“不得”一词反面以观意味着本句为授权性规范，即监护人为维护被监护人的利益，有权以自己的名义或被监护人的名义处分其财产。所以，本句规定实质上是对监护人财产管理事项之处分权的限制：违反者在法律效果上要么属于无权处分，要么属于无权代理，其效力认定不应与强制性规范相关联。

至于对“为（维护）被监护人利益”之判断，实务中因其标准抽象而认识大相径庭。（1）有法院以处分目的作为被监护人利益的判断标准，只要处分行为能使被监护人直接获利，则构成“为被监护人利益”。但对于间接获利的情形存有争议，最典型者是监护人为经营性债务而抵押被监护人的财产，是否构成“为被监护人利益”：有法院持肯定意见，理由是监护人的生产经营最终也能使被监护人受益［**(2017) 最高法民申 4061 号民裁**］；也有法院持否定意见，认为抵押行为属纯负担义务行为，被监护人的财产处于不确定风险之中，被监护人没有获得任何利益［**绍兴中院 (2016) 浙 06 民终 196 号民判**］。（2）有法院将是否取得合理对价作为被监护人利益的判断标准，若合同交易价格明显低于市场交易价格，则构成“非为被监护人利益”［**青岛中院 (2015) 青民一终字第 1298 号民判**］；或合同交易价格与市场交易价格相当，则构成“为被监护人利益”［**北京三中院 (2017) 京 03 民终 4667 号民判、揭阳中院 (2019) 粤 52 民终 3 号民判**］。（3）更有法院以超出处分行为之本身因素为考虑者。如将是否尊重被监护人的意愿作为被监护人利益的判断标准［**淄博中院 (2019) 鲁 03 民终 829 号民判**］，但被监护人显然不能作出真实意思表示，故其意愿不应予以考虑［**(2016) 最高法民申 2472 号民裁**］；或以监护人出具为被监护人利益的承诺书作为被监护人利益的判断标准［**南京中院 (2014) 宁商初字第 125 号民判**］，而最高法则以监护人违反诚信原则，构成恶意抗辩为由持反对意见［**最高法 (2014) 民申字第 308 号民裁**］。

在比较法上，“为维护被监护人利益”之判断基准，往往因侧重于保护交易安全还是维护被监护人利益，在实务中形成形式判断说、实质判断说和折中说。本条第 1 款第二句在原《民通》第 18 条第 1 款的基础上增加“维护”一词，足以体现其着重保护被监护人利益的立法宗旨。因此，对于被监护人利益的判断，不单要针对行为本身进行经济得失上的计算（如直接获利或间接获利的可能性、合理对价等），更应结合监护人的意图、动机、行为结果等具体事项为综合实质判断。例如，若为被监护人教育、医疗等必要目的，即便有抚养义务的监护人穷尽自己的经济能力，亦不得不处分被监护人财产，则在经济计算上并无获利甚至低于市价时，也可认定为维护被监护人利益。反之，若父母仅为经营目的处分其监护之子女的财产，则纵使获利颇丰，亦当慎重对待，否则子女财产将因经常性的“一时得失”而处于不确定之风险中。

二、本条第2款和第3款之规范含义

本条第2款和第3款规定的尊重被监护人真实意愿原则，并未要求监护人依被监护人意志履行监护职责。对于未成年人而言，当其就自身事宜表达意愿时，监护人应根据其年龄、智力状况加以引导，若行为性质未超出其识别能力，监护人应予尊重；但其意愿明显违背其自身利益的，监护人亦当主动干预。在成年监护的场合，此原则则以必要性原则和补充性原则为核心：其强调监护人应积极支持、辅助被监护人自主意识的实现；监护人应在对本人造成最小限制的范围内执行监护任务，使其与完全行为能力人一样正常地享有权利、承担义务，而非被隔离于正常的社会交往。据此，本条第3款明定成年监护的监护人处于辅助地位，应依被监护人残存的意思能力划分其自治范围：若行为性质未超出被监护人可识别的范围，且其有能力独立实施，监护人无权干涉；被监护人对该事务具有判断能力，但无能力单独实施的，监护人应基于被监护人的意思辅助其实施该行为；若被监护人对行为的性质以及该行为对其本人所产生的影响没有判断能力，监护人应努力探求其真实意愿或依客观上有利于他的标准，代理其实施相关行为。

第三十六条　【监护资格的撤销】监护人有下列情形之一的，人民法院根据有关个人或者组织的申请，撤销其监护人资格，安排必要的临时监护措施，并按照最有利于被监护人的原则依法指定监护人：

（一）实施严重损害被监护人身心健康的行为；

（二）怠于履行监护职责，或者无法履行监护职责且拒绝将监护职责部分或者全部委托给他人，导致被监护人处于危困状态；

（三）实施严重侵害被监护人合法权益的其他行为。

本条规定的有关个人、组织包括：其他依法具有监护资格的人，居民委员会、村民委员会、学校、医疗机构、妇女联合会、残疾人联合会、未成年人保护组织、依法设立的老年人组织、民政部门等。

前款规定的个人和民政部门以外的组织未及时向人民法院申请撤销监护人资格的，民政部门应当向人民法院申请。

依本条第 1 款，监护资格的撤销程序须依申请发起，法院不得主动依职权启动。但实践中，法院仍可就严重侵害被监护人合法权益的情形，以司法建议的方式主动行使监护监督职责，建议民政部门向法院提请撤销监护资格（**参见最高法 2016 年 5 月 31 日发布 12 起侵害未成年人权益被撤销监护人资格的典型案件之十**）。本款亦规定了三类监护撤销事由，涉及严重损害被监护人身心健康或基本的生存条件的不作为、失职行为和积极侵害行为。司法实务中，不能将现实结果作为唯一的衡量因素；只要监护人因主观过错而失职或客观上不适合履行监护职责，已非最有利于被监护人者，也应撤销其监护人资格。

有权申请撤销监护的主体，包括但不限于本条第 2 款列举的个人和组织。一方面，该列举表明只有与被监护人存在一定关系（具备监护资格）的人，依其宗旨对被监护人具有特殊关切的社会组织（如学校、医疗机构），以及应当承担法定职责的职能部门，才能申请撤销；另一方面，依同类解释规则，其他与监护利益关系密切的人或组织，亦可申请撤销。因此，被监护人与监护资格撤销关系最为密切，只要其具备基本的好恶判断和意思能力，当有申请撤销之资格；再如被监护人所在单位，亦可向法院提出申请。此等个人和组织，不分顺序，均有权申请撤销。但民政部门依第 3 款作为申请撤销的兜底部门，须主动履行其负有的监护监督义务，且其申请无须以其他个人和组织的不作为为前提。

在撤销监护资格之诉中，法院应在撤销之前采取必要的临时措施，如中止被监护人的监护权、指定临时监护人等。作出撤销监护决定后，法院应依职权为被监护人指定监护人。当然，在监护资格撤销不会导致监护人处于无人监护状态的情形，如父母担任共同监护人，而只有一方被申请撤销监护权，则无须为其指定临时监护人和另行指定监护人。

第三十七条　【监护资格的撤销不免除法定抚养义务】依法负担被监护人抚养费、赡养费、扶养费的父母、子女、配偶等，被人民法院撤销监护人资格后，应当继续履行负担的义务。

典型的监护关系虽常以亲属关系为基础，但监护关系与基于亲属关系所承担的抚养义务是相互独立的法律关系。监护资格的撤销只会使监护关系消灭，即被撤销监护资格者不得再代理被监护人实施法律行为，不得对被监护人进行管理、教育等，而原监护人基于亲属关系对被监护人所负担的抚养义务属于法定义务，不因此项撤销而消灭。本条所指义务人不以其列举者为限，凡依本法婚姻家庭编相关规定负担被监护人抚养费、赡养费、扶养费者，在被撤销监护人资格后，均应继续履行此等法定义务。

第三十八条 【监护资格的恢复】被监护人的父母或者子女被人民法院撤销监护人资格后，除对被监护人实施故意犯罪的外，确有悔改表现的，经其申请，人民法院可以在尊重被监护人真实意愿的前提下，视情况恢复其监护人资格，人民法院指定的监护人与被监护人的监护关系同时终止。

与监护撤销一样，监护资格的恢复也需依申请启动，法院不得依职权为之。有权申请恢复监护资格的主体限于被撤销监护资格的父母或子女。但是，实践中仍然不乏借共同生活之便对被监护人实施恶性伤害的父母或子女，例如最高法于 2016 年公布的侵害未成年人权益被撤销监护人资格的 12 个典型案件中，就有四起涉及父母对被监护人的强奸或性侵行为。故本条以消极要件的方式限缩此类主体的范围，即对被监护人实施故意犯罪的，丧失立法对父母子女情感的信任推定，其不得申请恢复监护资格。

监护资格恢复的首要条件，是被撤销监护资格的父母或子女确有悔改表现。这不仅包括主观上的悔改意愿，客观上也要积极采取补救措施，弥补对被监护人造成的伤害。依《关于依法处理监护人侵害未成年人权益行为若干问题的意见》第 39 条第 2 款，法院可就悔改表现向现任监护人和被监护人询问意见，也可委托申请人住所地的未成年人救助保护机构或其他未成年人保护组织，对申请人监护意愿、悔改表现、监护能力、身心状况、工作生活情况等进行调查，形成调查评估报告，综合判断之。并且，法院恢复其监护资格必须尊重被监护人真实意愿，若被监护人明确不愿意恢复监护关系，法院不得恢复之。

第三十九条 【监护关系的终止】有下列情形之一的，监护关系终止：

（一）被监护人取得或者恢复完全民事行为能力；

（二）监护人丧失监护能力；

（三）被监护人或者监护人死亡；

（四）人民法院认定监护关系终止的其他情形。

监护关系终止后，被监护人仍然需要监护的，应当依法另行确定监护人。

监护关系的终止分为绝对终止和相对终止。绝对终止是指由于监护的必要性丧失，监护关系本身消灭，此时已无重建监护关系之必要。其事由为被监护人原因，如本条第 1 款第 1 项和第 3 项所规定的被监护人取得或恢复完全行为能力、被监护人死亡。相对终止是指监护关系的必要性并未丧失，只是由于特定事由使特定主体之间的监护关系消灭，但被监护人仍需另行确定监护人的情形。其事由多为监护人原因，如本条第 1 款第 2 项和第 3 项规定的监护人丧失监护能力或死亡，以及意定监护人辞任、监护人资格被撤销等情形（**本条第 1 款第 4 项**）。在此情形，监护人尚需监护，须依法另行确定监护人，此为本条第 2 款之所由设。需注意者，监护人因患病、外出务工等原因在一定期限内不能完全履行监护职责，将全部或部分监护职责委托给他人，监护关系并未终止，受托人不能因此成为监护人（**《总则编解释》第 13 条**）。

除此之外，《总则编解释》第 12 条规定，当事人就是否存在本条第 1 款第 2 项和第 4 项的情况存在争议时，也可申请变更监护人；被依法指定的监护人与其他具有监护资格的人之间协议变更监护人的，法院应尊重被监护人的真实意愿，按照最有利于被监护人的原则作出裁判。

第三节 宣告失踪和宣告死亡

宣告失踪是对事实状态的确定，并不引起失踪人财产关系和人身关系的变动，其规范目的在于为失踪人设立财产代管人，以保护失踪人的财产利益。宣告死亡制度则意在解决失踪人民事法律关系悬而不决的问题，它虽不同于自然死亡，但对自然人产生与自然死亡相类似的法律后果。由此可见，宣告失踪侧重解决失踪人的财产管理问题，宣告死亡则倾向于保护长期下落不明的自然人之利害关系人的合法权益。本节系在实体法上建立宣告失踪和宣告死亡制度，而其程序性规定，则依《民诉法》之特别（非讼）程序。

第四十条 【宣告失踪】自然人下落不明满二年的，利害关系人可以向人民法院申请宣告该自然人为失踪人。

本条规定的失踪宣告之要件有三：(1) 自然人下落不明。此所谓自然人，不应包括处于监护下的自然人。因为宣告失踪制度的目的在于为失踪人设立财产代管人，以保护其财产利益，而在失踪人处于监护下时，照管其财产本来就是监护人的职责；通过失踪宣告再为其设立财产代管人，不仅毫无必要，反而可能在监护人和代管人之间徒添纷争。所谓下落不明，依原《民通意见》第 26 条，是指“公民离开最后居住地后没有音讯的状况”，但在制定本法时，立法者认为下落不明必然是“离开最后居住地”，最终将其作为赘语而予删除，故下落不明仅为杳无音讯的状态。(2) 须失踪状态达 2 年法定期间，此期间为连续期间。(3) 须有利害关系人申请。根据《总则编解释》第 14 条，本条所指利害关系人包括三类：一是被申请人的近亲属；二是代位继承人（**第 1128 条**）以及尽了主要赡养义务的丧偶儿媳与丧偶女婿（**第 1129 条**）；三是债权人、债务人、合伙人等与被申请人有权利义务关系的主体，但是不申请宣告失踪不影响其权利行使、义务履行的除外。

对于本条的适用要件，申请宣告之利害关系人应负证明责任。其证明对象虽为被申请人下落不明已满 2 年，但证明要点实为次条规定的“失去音讯之日”，其他则为期间计算问题。对此，利害关系人据以证明的证据，包括但不限于该自然人最后一次出现或与他人联系的书证、视听资料、电子数据、证人证言等。而实践中证明力较强的，多为政府机关、基层组织（如村委会、居委会、公安部门等）出具的失踪证明之公文书。不过，在申请宣告失踪前曾向公安机关报案的，即使有报案记录，且报案人报案时陈述被申请人失踪已满 2 年，该记录也不能免除申请人对起算点以及由此计算的 2 年期间的证明责任［**广州中院（2015）穗**

中法立民终字第 3269 号民裁］。

第四十一条　【下落不明的起算时间】自然人下落不明的时间自其失去音讯之日起计算。战争期间下落不明的，下落不明的时间自战争结束之日或者有关机关确定的下落不明之日起计算。

本条为说明性法条。由于前条规定的 2 年期间为连续期间，故其起算点至为重要。在一般情形，该起算点为失去音讯之日。所谓“失去音讯之日”，曾被原《民通意见》第 28 条第 1 款表述为“音讯消失之次日”。两种表述应为同指，即获得被申请人最后音讯的第二日，因实践中便于确定起算点，比较法上更多采此表述。因此，若被申请人在 2 年法定期间未满时又和家人联系，则应自收到其最后消息之次日重新计算该期间。此外，尽管本条将起算点精确到“日”，但实践中往往无法精准到天，而只能确定收到最后音讯的大概时间段，如某年上半年或某年某月。在此情形，宜确定起算日为该时间段最后一天的次日，如该年 6 月或该年该月最后一天的次日。

战争期间下落不明的，因该期间通讯状态异于平时，故自战争结束之日起算；但有关机关（如失踪人所在军事单位）确有证据证明其失去音讯的，自其确定之日起计算。

第四十二条　【财产代管人】失踪人的财产由其配偶、成年子女、父母或者其他愿意担任财产代管人的人代管。

代管有争议，没有前款规定的人，或者前款规定的人无代管能力的，由人民法院指定的人代管。

宣告失踪并不引起失踪人人身关系和财产关系的变动，也不影响其民事主体资格，仅发生为其设立财产代管人的法律效果。原《民通》第 21 条将财产代管人的范围限定于和失踪人具有特定身份关系的人，即配偶、父母、成年子女或关系密切的其他亲属、朋友，存有明显法律漏洞：首先，关系密切之标准难以界定，对第三人难有可得信赖之依据；

其次，当下中国社会业已出现“核心家庭化”趋势，将其限定于关系密切之人，使代管人的范围过于狭窄。本条第 1 款“其他愿意担任财产代管人”之表述，实质上抛弃了特定身份的限制，以确保在尊重他人意愿的基础上，为失踪人选任最合适的财产代管人。此外，原《民通意见》第 30 条第 1 款采目的性扩张，允许法院指定公民或有关组织为失踪人的财产代管人；本条吸收司法解释经验，不再限定代管人须为自然人。

依本条第 1 款文义，被列为财产代管人之范围的人，无差别地被赋予代管权限，故本款亦为授权规范。而且，本条第 2 款明确规定只有在代管有争议、没有前款规定的人或前款规定的人无代管能力时，才由法院指定代管人，这更从体系解释的角度强化了第 1 款文义解释的效果：因为只有此等人皆有代管之授权，才会发生代管有争议的情形。当然，实践中为避免出现此等情形，法院不妨在宣告失踪的判决中直接指定代管人；而《民诉法解释》第 341 条更是明确规定，公告期满后，法院判决宣告失踪的，应同时指定失踪人的财产代管人。法院指定代管人时，可依原《民通意见》第 30 条第 1 款第一句形成的司法惯例，仅须遵循最有利于保护失踪人财产的原则，本条第 1 款所列人选之间并无顺位限制。

第四十三条 【财产代管人的职责】财产代管人应当妥善管理失踪人的财产，维护其财产权益。

失踪人所欠税款、债务和应付的其他费用，由财产代管人从失踪人的财产中支付。

财产代管人因故意或者重大过失造成失踪人财产损失的，应当承担赔偿责任。

本条规定财产代管人的职责，旨在解决自然人被宣告失踪后其财产的管理问题。依第 1 款之规定，所谓“妥善管理失踪人的财产”，依通常理解，乃要求代管人尽善良管理人之义务，即像管理自己的事务那样管理失踪人的财产。具体而言，首先，应严格区分宣告失踪人与财产代管人的财产，不得混同之。本法第 44 条第 3 款和第 45 条第 2 款中规定的财产代管人“及时移交有关财产”，尤其是“报告财产代管情况”之义务，就是对此妥善管理义务的具体化。其次，妥善管理财产的方式，应包括对财产实施纯粹的保存行为以及必要的经营行为和处分行为。其中，保存行为是维护财产既有价值的行为，如修缮破旧房屋，此为妥善管理应有之义；而经营行为是对财产的经营管理（如出租房屋收取租金），包括对孳息或其他收益的收取，而处分行为是对失踪人财产的处分，均须受“必要”之限制。比较法上，虽少有国家规定宣告失踪制度，但对失踪（不在）人一般都设有财产保佐制度。这些财产保佐人除纯粹的看管、保存行为以及对失踪人的债权或债务进行受领或清偿等必要行为外，被禁止实施其他管理行为。依《总则编解释》第 15 条，财产代管人具有民事诉讼主体资格。

本条第 2 款承自原《民通》第 21 条第 2 款，其规定可从失踪人财产中支付的各项费用，目的其实也在于限定第 1 款规定的财产代管人之管理行为的范围；而原《民通意见》第 31 条规定，“其他费用”包括赡养费、扶养费、抚育费和因代管财产所需的管理费等必要的费用，亦从历史解释的角度凸显本条第 2 款对第 1 款目的性限缩的意义。至于何为“必要”经营行为和处分行为，应从法律或经济维度理解。前者意味着，只要失踪人存在法定的或约定的权利义务，代管人的管理行为即为必要，如到期债权的受领或到期债务的清偿。后者则仅以保存或维持失踪人财产的价值为限，如以合理价格出售不宜保存或保存成本过高的财产；而出租房屋等经营行为即便获益颇丰，也非必要。

尽管依原《民通意见》第 31 条规定，可从失踪人财产中支付的其他费用包括因代管财产所需的管理费，但代管人原则上也是无偿履行管理职责。故此，本条第 3 款对其课加的赔偿责任较轻，仅限于故意和重大过失所致损害，此与本法第 929 条第 1 款规定的无偿委托合同中受托人的责任相当。对该财产享有权利的人如失踪人、利害关系人等，除证明损失的存在外，亦应就财产代管人的故意或重大过失承担举证责任。

第四十四条 【财产代管人的变更】财产代管人不履行代管职责、侵害失踪人财产权益或者丧失代管能力的，失踪人的利害关系人可以向人民法院申请变更财产代管人。

财产代管人有正当理由的，可以向人民法院申请变更财产代管人。

人民法院变更财产代管人的，变更后的财产代管人有权请求原财产代管人及时移交有关财产并报告财产代管情况。

本条第1款和第2款规定了申请变更财产代管人的主体和事由。依第1款，失踪人的利害关系人可作为变更财产代管人的申请主体。立法对此“利害关系人”并无明文规定，解释上可参考本法第40条对“利害关系人”的界定。本款规定的三种申请变更事由分别是：（1）代管人不履行代管职责，包括怠于履行管理职责和未尽善良管理人之注意义务，以致造成或可能造成失踪人财产的损失。（2）就财产代管人侵害失踪人财产权益之事由而言，只要有故意或重大过失侵害失踪人财产的行为，无论是否造成实际损害，利害关系人均得申请变更之。至于代管人的其他行为或状态，如代管人曾“因偷窃、非法侵入他人住宅被公安机关给予治安管理处罚”，被法院认为不构成利害关系人申请变更财产代管人的法定事由［**邯郸丛台法院（2017）冀0403民特24号民判**］。但代管人之设立既然是为维护失踪人的财产权益，则实务中不能一概而论，宜结合具体事件，将此法定事由目的性扩张至代管人有侵害失踪人财产权益之可能性的情形。（3）财产代管人丧失代管能力，主要分为两种情形：第一，财产代管人丧失行为能力导致代管能力缺失，如财产代管人被宣告为无行为能力人；第二，代管人因某种原因无法实现代管，如财产代管人服刑、受伤或需要离开失踪人财产所在地等原因而无法实现有效代管。对存在上述事由负举证责任者，为申请变更的利害关系人［**广州南沙法院（2017）粤0115民初3219号民判**］。

依本条第2款规定，非基于上述事由，财产代管人有正当理由的，亦可申请变更财产代管人；在程序法上，此申请程序不同于利害关系人所申请的变更。

依本条第3款，法院依利害关系人或财产代管人的请求，决定变更财产代管人的，为便于及时了解代管财产的状况，有效履行代管职责，变更后的财产代管人有权请求原代管人及时移交代管财产并报告财产代管情况。原代管人存在本条规定的侵害失踪人财产权益行为的，变更后的代管人可依本法第43条的规定代为向其请求赔偿。

第四十五条 【失踪宣告的撤销】失踪人重新出现，经本人或者利害关系人申请，人民法院应当撤销失踪宣告。

失踪人重新出现，有权请求财产代管人及时移交有关财产并报告财产代管情况。

失踪宣告的法律效果是为失踪人设立财产代管人，赋予其管理失踪人财产的资格，故其撤销的法律效果自然是代管人资格的撤销。依本条第1款，失踪宣告之撤销的要件有二：(1) 失踪人重新出现。本款源自原《民通》第22条，删除了“确知他的下落”一语，其用意在于“重新出现”包含确知其下落。故重新出现非仅指重返原生活场所，利害关系人亦可通过各种方式证明其确切的下落。(2) 须本人或利害关系人向法院为申请。本人无疑为被宣告失踪人，利害关系人的范围则依本法第40条的解释定之。

依本条第2款，失踪人重新出现后，要求财产代管人及时移交有关财产并报告代管情况，不以失踪宣告已被撤销为要件。此系采事实主义之立场（**参见本法第50条评注**），但其仅针对失踪人本人适用。盖失踪宣告并不影响失踪人的主体资格和行使权利，且其重新出现本身意味着失踪状态的终结，其要求代管人移交财产并报告代管情况，属于权利的正当行使，代管人不得以失踪宣告未被撤销为由拒绝履行。不过，由于财产代管人有权要求失踪人支付因代管而支出的必要费用，故其得以此费用未获清偿作为抗辩事由。

第四十六条 【宣告死亡】自然人有下列情形之一的，利害关系人可以向人民法院申请宣告该自然人死亡：

（一）下落不明满四年；

（二）因意外事件，下落不明满二年。

因意外事件下落不明，经有关机关证明该自然人不可能生存的，申请宣告死亡不受二年时间的限制。

本条规定的宣告死亡之要件有三。

(1) 自然人下落不明。此下落不明，与本法第40条之认定无异，仅指失去音讯的状态。但与该条不同的是，本条“自然人”之所指，应包括处于或未处于监护下的任何自然人。因为宣告失踪仅产生由财产代管人管理失踪人财产之法律效果，但处于监护之下的自然人有监护人维护其财产权益，无须再经失踪宣告为其设立代管人；而宣告死亡有死亡推定之效力，产生相当于自然死亡的法律后果，其和自然人是否处于监护之下无关。

（2）须下落不明状态持续一定期间。一般情形下，下落不明的状态应持续 4 年。但对于诸如地震、洪水、空难和海难等意外事件中下落不明的自然人，其遭遇不测的概率远大于普通失踪者，故本条为其规定了特别期间：一是因意外事件下落不明满 2 年的，利害关系人可向人民法院申请宣告死亡；二是因意外事件导致下落不明，经有关机关证明该自然人不可能生存的，可立即申请宣告死亡，法院宣告死亡的判决也不受 2 年期间的限制（**"安民重、兰自姣诉深圳市水湾远洋渔业有限公司工伤保险待遇纠纷案"，《最高法公报》2017 年第 12 期**）。须注意的是，战争期间下落不明的，应适用普通期间而非特别期间，即须经过 4 年的时间才能被申请死亡宣告，此期间自战争结束之日或有关机关确定的下落不明之日起计算（**《总则编解释》第 17 条**）。其原因在于，战争非意外事件，下落不明者的死亡概率和普通失踪者并无太大差异。

（3）须利害关系人申请。《总则编解释》第 16 条规定了利害关系人的范围和申请条件。其一，被申请人的配偶、父母、子女与尽了主要赡养义务的丧偶儿媳、丧偶女婿（**第 1129 条**），有权申请宣告死亡。其二，被申请人的其他近亲属与代位继承人（**第 1128 条**），仅在下述两类情形有权提出申请：被申请人的配偶、父母、子女均已死亡或下落不明的；不申请宣告死亡不能保护其相应合法权益的。其三，被申请人的债权人、债务人、合伙人等其他利害关系人不得申请，除非其合法权益因此无法得到保护。有争议者，在于是否允许检察机关提出申请。其实，倘自然人长期下落不明涉及公益，宜将检察机关扩张解释为利害关系人，使其有单独申请之资格。此外，对于利害关系人宣告死亡之申请资格并非毫无限制。司法实践中，若利害关系人试图通过宣告死亡达到不正当目的，例如申请人"是否涉嫌诈骗尚未有定论"，则即使符合宣告死亡的构成要件，法院也会对申请人的资格加以限制［**西安新城法院（2018）陕 0102 民特监 1 号民判**］。

本条规定的普通期间和特别期间的时间计算，准用本法第 41 条的规定：下落不明的时间自其失去音讯之日起计算；战争期间下落不明的，下落不明的时间自战争结束之日或者有关机关确定的下落不明之日起计算。唯就特别期间而言，其失去音讯之日一般为意外事件发生之日。

第四十七条　【宣告失踪与宣告死亡请求的竞合】对同一自然人，有的利害关系人申请宣告死亡，有的利害关系人申请宣告失踪，符合本法规定的宣告死亡条件的，人民法院应当宣告死亡。

本条的本意是要表明，宣告失踪不是宣告死亡的必经程序。事实上，其设定的宣告失踪与宣告死亡之请求竞合，只会发生在两个申请各自符合宣告失踪和宣告死亡之要件的情形。在仅其中一个符合相应要件时，法院要么宣告失踪，要么宣告死亡，自无本条适用之余地。在程序法上，为避免法院针对多个申请分别作出判决，符合法律规定的多个利害关系人提出宣告失踪、宣告死亡申请的，列为共同申请人（《民诉法解释》第 344 条）。

第四十八条　【死亡日期的确定】被宣告死亡的人，人民法院宣告死亡的判决作出之日视为其死亡的日期；因意外事件下落不明宣告死亡的，意外事件发生之日视为其死亡的日期。

本条是对被宣告死亡人死亡日期的推定；宣告死亡之法律效果的发生，须以其为适用前提。尽管前句对死亡日期的拟制备受批评，但本条规范含义具体、确定，无解释之空间。

第四十九条　【被宣告死亡人实际生存时的行为效力】自然人被宣告死亡但是并未死亡的，不影响该自然人在被宣告死亡期间实施的民事法律行为的效力。

依本条和本法第 51、52 条规定可见，本法对宣告死亡的法律效果采区分对待的态度：其一，死亡宣告后，被宣告死亡人以原住所地为中心的身份关系和财产关系归于消灭；其二，被宣告死亡人并未死亡的，其在实际生存地的法律关系不因死亡宣告而受影响。需注意的是，虽然本条文义上仅明确被宣告死亡人实施的“民事法律行为”的效力不受死亡宣告的影响，但该自然人事实上未死亡的，依本法第 13 条规定仍有权利能力，故解释上不仅其法律行为的效力，而且其因准法律行为、事实行为甚至不法行为而产生的法律关系，亦不受死亡宣告的影响。

第五十条 【死亡宣告的撤销】被宣告死亡的人重新出现，经本人或者利害关系人申请，人民法院应当撤销死亡宣告。

比较法上，对死亡宣告的撤销存在两种立法例：依事实主义立场，只要作为反证的事实（被宣告死亡的人仍然生存）出现，死亡宣告的判决即自然被推翻，无须另为撤销判决；拟制主义则规定，死亡宣告既由法院作出，当经当事人申请和法院判决才能撤销。本条显然采拟制主义立场，这和本法第 45 条关于失踪宣告的撤销略有不同。依第 45 条第 2 款，被宣告失踪的人本人无须经撤销程序，即可要求财产代管人及时移交有关财产并报告代管情况。

在适用要件方面，死亡宣告的撤销和失踪宣告的撤销并无区别；在利害关系人申请撤销时，亦应由其就“重新出现”负举证责任。受理撤销死亡申请的人民法院与前述申请撤销失踪宣告的法理相同，应当以原作出死亡宣告的人民法院为宜。

第五十一条 【宣告死亡及其撤销后婚姻关系的效力】被宣告死亡的人的婚姻关系，自死亡宣告之日起消除。死亡宣告被撤销的，婚姻关系自撤销死亡宣告之日起自行恢复。但是，其配偶再婚或者向婚姻登记机构书面声明不愿意恢复的除外。

除自然人的权利能力仅因自然死亡消灭外，宣告死亡作为一种法律拟制，在被宣告人的原生活区域产生和自然死亡相类似的法律效果：不仅其财产发生继承，身份关系也发生变动，如本条规定的婚姻关系之消灭、次条规定的子女可被收养。就受宣告人之婚姻关系何时消灭而言，本条第一句规定采当然消灭说，即无待其配偶再婚始生婚姻关系消灭的效果，而是自死亡宣告之日起当然消除。本条以“消除”指代消灭，其原因在于此为我国法律对身份关系之终止的惯常表述（**如第 1084 条第 1**

款、第 **1117** 条），以区别于基于意思表示发生的婚姻关系、收养关系之“解除”。有疑问者，此所谓“死亡宣告之日”究为何指？依其文义，当为法院宣告死亡的判决作出之日，非指本法第 48 条所言的推定死亡日期。准此，若某人于海难中下落不明，其配偶在法院作出死亡宣告前即已再婚，则即便依第 48 条之规定，嗣后法院推定意外事件发生日为受宣告人的死亡日期，该再婚行为也因本条规定而构成重婚，进而依本法第 1051 条应归于无效。

死亡宣告被撤销后，婚姻关系的效力如何？一般而言，死亡宣告若被撤销，基于撤销的溯及力，婚姻关系自行恢复。这就意味着：第一，婚姻关系恢复以死亡宣告被撤销为条件，未撤销者，不发生婚姻关系恢复的效果，故受宣告人起诉离婚的，无从谈起［**天津南开法院（2015）南民初字第 1450 号民裁**］；第二，从死亡宣告之日到宣告撤销之日仍为婚姻关系存续期间，夫妻在此期间所得财产或所负债务，应分别依本法第 1062、1064 条和第 1065 条认定。不过，本条但书部分规定了两种例外情形：（1）配偶再婚。此“配偶再婚”应作扩张解释，包含再婚后离婚或丧偶（**原《民通意见》第 37 条**）的情形。（2）配偶向婚姻登记机构书面声明不愿意恢复。此例外规定的意义在于充分保障配偶的婚姻自由，唯配偶拒绝恢复婚姻关系的意思表示必须以书面方式为之，并且向婚姻登记机构提交。

第五十二条　【死亡宣告撤销后子女被收养的效力】被宣告死亡的人在被宣告死亡期间，其子女被他人依法收养的，在死亡宣告被撤销后，不得以未经本人同意为由主张收养行为无效。

自然人被宣告死亡后，其与子女的血缘及亲子关系依然存续。尽管宣告死亡不会导致受宣告人与其子女间的亲子关系消灭，但会发生受宣告人丧失对其未成年子女法定代理人资格的法律效果，从而使其配偶单方行使法定代理权。于此情形，依本法第 1097 条的规定，受宣告人的配偶当然可以单方送养子女。因此，只要收养人与送养的该配偶意思表示一致，且收养行为符合本法婚姻家庭编第五章第一节关于收养的各项积极条件和消极条件，则自属有效；即使在死亡宣告被撤销后，受宣告人也不得以未经本人同意为由主张收养行为无效。由此可见，本条规定不过是对此法理加以确认和强调而已。

在收养人恶意的情形，即收养人明知被宣告死亡人仍生存，故意隐瞒事实致其被宣告死亡，从而达到收养其子女之目的的（**参见本法第53条第2款及其评注**），受宣告人得以此为由主张收养行为无效。此为解释本条“其子女被他人依法收养”之生效要件的结果，而且符合本法第53条第2款关于利害关系人之恶意情形的规范意旨。

第五十三条 【死亡宣告撤销后的财产返还与赔偿责任】被撤销死亡宣告的人有权请求依照本法第六编取得其财产的民事主体返还财产；无法返还的，应当给予适当补偿。

利害关系人隐瞒真实情况，致使他人被宣告死亡而取得其财产的，除应当返还财产外，还应当对由此造成的损失承担赔偿责任。

本条系作为请求权基础的完全法条，即针对死亡宣告被撤销而赋予受宣告人不当得利返还请求权。在撤销死亡宣告的情形，继承人或受遗赠人依继承编取得被宣告死亡人的财产，因死亡宣告被撤销所具有的溯及力，已丧失法律上的依据而不再具有正当性，应将该利益返还于受宣告人。本条设两款规定，对应于第985～988条规定的不当得利返还之数种情形，但稍有规范内容的增添：（1）依继承编取得受宣告人财产者，其若属善意，则应在财产存在时返还该财产；该财产已不存在而无法返还的，无须返还，但应给予适当补偿（**参照本条第1款和第985、986条**）。（2）若属恶意，即隐瞒真实情况，致使他人被宣告死亡而取得其财产的，须返还其取得的利益并赔偿损失（**参照本条第2款和第987条**）。（3）从继承人或受遗赠人处取得财产的第三人，若系无偿取得，则依第988条规定，亦须在相应范围内承担返还义务；若系有偿取得，则无须返还。（4）若该第三人有本条第2款界定之恶意，则不管有偿抑或无偿取得，均和恶意之继承人或受遗赠人一样，属本款所言之利害关系人，应返还财产并赔偿损失，此为本法不当得利制度所未规定者。

本条所言返还财产之范围，应包括原物、从物、孳息等；但取得人因取得财产而受有损失的，如依第1159条缴纳的税款和债务，应予扣除。原物已灭失或所有权已移转于他人的，即为本条所指“无法返还”

之情形，此时可酌情给予适当补偿。至于何谓适当，司法实务中并不统一，其酌定因素往往取决于具体案情。如考虑被宣告死亡人离家出走时其女儿尚未成年所需支出的抚养费、配房人员情况、房屋出售时的价值、双方有无过错以及被告获益情况等因素［**上海一中院（2018）沪 01 民终 6375 号民判**］，或“考虑该房出售时的价值、被告有帮助原告解决居住问题的责任等情况”［**上海普陀法院（2011）普民一（民）初字第 37 号民判**］，酌定补偿数额。实务中，被撤销死亡宣告人要求按“目前房屋的市场价值给予补偿款”的，一般不会获得支持。

被撤销死亡宣告的人基于本条为主张的，应就不当得利之构成负举证责任；依第 2 款同时主张损失赔偿的，尚应就利害关系人之恶意及损失的存在负举证责任。

第四节　个体工商户和农村承包经营户

第五十四条　【个体工商户】自然人从事工商业经营，经依法登记，为个体工商户。个体工商户可以起字号。

本条为说明性法条，其定义的个体工商户乃自然人从事商业活动的另一身份，为商自然人的一种表现形式。在此意义上，本条只是在民商合一的框架下对个体工商户法律地位的原则性规定，而其具体法律构造则依《个体户条例》这一商事特别法的规定。结合本条和《个体户条例》的有关规定，个体工商户非本法所指自然人，因为自然人欲成为个体工商户，尚须专事工业、商业、服务业等经营活动，并经登记机构登记。个体工商户亦非企业，不具备本法定义的法人或非法人组织之团体构造的特征，其实在法上的表现为：（1）《个体户条例》第 13 条“个体工商户可以自愿变更经营者或转型为企业”之表述，说明其本身非企业；（2）依我国税法，个体工商户对其从事生产、经营活动的所得，应缴纳的是个人所得税。

依本条后句，作为商自然人，个体工商户可以起字号，此字号即为其商号，系其人格的体现。所以，一方面个体工商户对外得以字号为其名称从事民商事活动，另一方面在其字号受侵害时，亦可提起侵害名称权之诉。当然，无论个体工商户是否有其字号，在参与诉讼活动时，由于其最终责任主体还是经营者，故《民诉法解释》第59条规定：“在诉讼中，个体工商户以营业执照上登记的经营者为当事人。有字号的，以营业执照上登记的字号为当事人，但应同时注明该字号经营者的基本信息。”

第五十五条 【农村承包经营户】农村集体经济组织的成员，依法取得农村土地承包经营权，从事家庭承包经营的，为农村承包经营户。

本条为说明性法条，系将农村承包经营户作为自然人的一种特殊形态赋予其独立的民事主体资格。依本条定义，首先，农村承包经营户区别于本法物权编第十一章中的土地承包经营权人。他们虽然都须具备农村集体经济组织成员的身份，但前者性质上类似于商自然人，以从事家庭承包经营为目的；后者并非独立的民事主体类型，而是指土地承包经营权这一用益物权的实际享有者，对其承包的耕地、林地、草地等享有占有、使用和收益的权利。也就是说，农村承包经营户虽必定是土地承包经营权人，但后者只有从事家庭承包经营活动的，如为在承包地上耕作、养殖而购买种子、幼畜、租赁设备，或为灌溉、通行便利而在他人土地上设立地役权等，才是以承包经营户的主体身份对外开展活动、承担责任。司法实践中，无论案由是“土地承包经营权纠纷”本身，还是其他基于承包经营的纠纷，法院往往以“成员姓名＋农村承包经营户”的表述，将承包经营户而非土地承包经营权人作为法律关系的一造［**福州中院（2019）闽01民终3710号民裁、自贡中院（2017）川03民终582号民判**］。

其次，农村承包经营户和个体工商户虽然都可归为商自然人，但其区别也较大：（1）本条定义的农村承包经营户有设立人之身份限制；个体工商户之设立人则无任何身份限制，甚至农村承包经营户亦可经登记成为个体工商户。（2）农村承包经营户之经营范围受家庭承包经营之目的限制，而个体工商户之经营为纯粹的工商业活动。也正因为如此，个体工商户为纯粹的商自然人，其设立须经登记；农村承包经营户本质上仍是农业生产经营者，故其设立免于商事登记。但随着三权分置改革的深入，既然土地承包经营权人可将土地经营权分离转让给他人，那么可以预见农地将更多地由非土地承包经营权人专业化经营，农村承包经营户之农地承包经营的属性也会淡化，其经营活动将表现为和土地经营权人之间非农的合同关系。

最后，农村承包经营户和农户也非同一概念。农户是计算和分配土地承包经营权的基本单位（**《农地承包法》第16条**）；它以家庭为基础，其成员同时是农村集体经济组织成员。承包合同生效时，农户也就成为土地承包经营权人，其成员可以是单数，也可以是复数。在为复数的情形，所有成员依本法第310条的规定共同享有土地承包经营权，准用本法关于共同共有的规定。

第五十六条 【“两户”的债务承担】个体工商户的债务，个人经营的，以个人财产承担；家庭经营的，以家庭财产承担；无法区分的，以家庭财产承担。

农村承包经营户的债务，以从事农村土地承包经营的农户财产承担；事实上由农户部分成员经营的，以该部分成员的财产承担。

本条是对“两户”责任财产的规定，即哪些财产可作为“两户”债务的总括担保。第1款针对个体工商户的债务，区分个人经营与家庭经营而规定分别由经营者个人财产和家庭财产作为责任财产，从而建立了所谓的“经营者标准”。但何为个人经营、家庭经营？依《市场主体登记管理条例实施细则》第6条第7项和第9条第6项，作为登记事项的个体工商户组成形式，包括个人经营和家庭经营。但本条第1款非以个人经营或家庭经营之形式登记作为判断标准，而是指向司法实践业已形成的投资收益和风险负担相一致的实质判断标准。该标准体现为原《民通意见》第42条：个人名义申请登记的个体工商户，用家庭共有财产投资，或者收益的主要部分供家庭享用的，其债务以家庭共有财产清偿。易言之，即便个体工商户的组成形式被登记为个人经营，只要债权人证明经营者乃以家庭财产投资，或其收益主要为家庭所用，即可主张其以家庭财产清偿债务。不过，本条第1款针对“无法区分”之情形对原《民通》第29条的添加，实际上建立了家庭共同债务推定规则，免除了债权人在事实真伪不明情形下的证明责任，偏重于保护债权人。准此，其与本法第 1064 条建立的证明责任规则是否发生龃龉，不无疑问。例如，未起字号的个体工商户常以个人名义经营，那么在夫妻一方主张乃个人经营而债权人认为系家庭经营，双方均未能证明时，其债务依本款第三分句规定须以家庭财产清偿；相反，依第 1064 条第 2 款，该债务乃以夫妻一方个人名义经营而发生，故因显然超出家庭日常生活需要而属于个人债务，应以举债配偶的个人财产清偿，但债权人能证明其用于共同生产经营的除外。可见，第 1064 条第 2 款建立的是个人债务推定规则，而反证之证明责任由债权人负担，故其侧重保护夫妻一方。此规范矛盾在实务中难免发生碰撞漏洞，以致两个规范因诉讼两造各执一端而均难适用，只能依法律补充的一般规则填补。

至于农村承包经营户，原《民通》第 29 条对其实行和个体工商户相同的责任财产规则，法理上未见圆通。盖个体工商户存在两种组成形式，而农村承包经营户以户之经营为原型，自应如本条第 2 款，其债务原则上以从事农村土地承包经营的农户财产共同承担。但事实上由部分成员经营的，基于自己责任之原则，其债务当以该部分成员的财产承担。本条第 2 款第二分句规定的情形，由主张该事实的成员负举证责任。

第三章

法　　人

第一节　一般规定

第五十七条　【法人的定义】法人是具有民事权利能力和民事行为能力，依法独立享有民事权利和承担民事义务的组织。

本条系说明性法条，指引裁判者把握法人区别于其他民事主体的三个要素。其一，法人系基于财产聚合或者成员联合的组织体，有自己独立的名称、组织机构、住所、财产或经费，乃客观实在。但法人为法律构造物，区别于有生命、有伦理属性的自然人。其二，法人享有民事权利能力和行为能力是法律赋予的结果。民事权利能力与民事主体资格乃一体两面，只存在有与无，不存在部分与整体之分。不同于自然人，法人具有完全理性，不存在意志能力强弱之分，有民事权利能力即有完全的行为能力。其三，法人依法独立享有民事权利和承担民事义务。法人作为独立的民事主体，在人格上独立于其成员，可以独立享有权利和承担义务。民事义务违反的后果是民事责任的承担，法人依法独立承担民事义务，意即法人依法独立承担民事责任。有别于非法人组织不能独立承担民事责任，法人能完全实现法人与其设立人、出资人之间的资产分割及风险隔离，法人的设立人或出资人以其认缴的出资或投入的财产为限对法人承担有限责任，法人对其设立人或出资人的个人债务也不承担责任。

第五十八条　【法人的成立】法人应当依法成立。

法人应当有自己的名称、组织机构、住所、财产或者经费。法人成立的具体条件和程序，依照法律、行政法规的规定。

设立法人，法律、行政法规规定须经有关机关批准的，依照其规定。

本条第1款规定法人成立的法定主义。法人成立，关涉交易安全及结社自由与国家管制的平衡，须恪守法定主义。这包括三方面内容：法人类型法定，要求不得在法律规定的法人类型之外成立法人，如我国现行法未规定无限责任公司；法人内容法定，要求法人章程不得变更法人制度的效力强制性规范，如公司为他人提供担保须经董事会、股东会决议；非依法定条件和程序，不得自由创设法人，符合法定成立条件及程序的，方可成立法人，否则，不能成立。另，对第1款中"依法"之"法"宜作扩张解释，除法律、行政法规之外，还应包括地方性法规、规章及规范性文件，我国经济体制改革过程中一些新类型法人乃依据规章及规范性文件成立，如股份合作制企业法人、经济（股份经济）合作社法人等。

本条第2款规定法人成立的一般条件和法人成立的准则主义。首先，本款前句规定法人成立的一般条件。任何法人的成立，必须具有自己的名称、组织机构、住所、财产或经费等四个条件。法人的名称是区别于其他法人的根本标志，为保障交往安全及方便国家监管，法人须有自己独立的名称，法人亦享有名称权。法人乃组织的抽象存在，须依托法人的组织机构实现其宗旨。不同类型法人的组织机构不相同，一般包括权力机构、执行机构和监督机构，对内管理法人事务，对外代表法人从事活动。法人开展活动须有住所受领他方意思表示、受领法律文书并接受监督，法人的主要办事机构所在地为住所。法人须有独立的财产或经费，方可独立承担民事责任，财产、经费分别针对私法人、公法人而言，二者实则相同。其次，本款后句确立法人成立的准则主义，即法人成立无须获得批准。无涉国家安全或公共利益的营利法人（如公司等）及非营利法人（如行业协会商会类、科技类、公益慈善类、城乡社区服务类社会组织等）的设立，符合条件的，直接登记设立。法人成立的具体条件和程序，须依不同的法人类型分别适用《公司法》《市场主体登记条例》《社团登记条例》等单行法律、行政法规。

本条第3款确立法人成立的核准主义。凡关涉国家安全或公共利益的营利法人（如金融类公司等，民用爆炸物品生产、保安服务等特种行业法人）和非营利法人（如基金会、社会服务机构、宗教活动场所等）之成立，登记前须取得业务主管部门同意或审批部门批准。

第五十九条　【法人民事权利能力和民事行为能力的产生与消灭】法人的民事权利能力和民事行为能力，从法人成立时产生，到法人终止时消灭。

民事权利能力仅表彰民事主体资格，具有平等性、抽象性、技术性和不可处分性，不存在一般与特殊、整体与部分之分。法人的民事行为能力彰显法人完全理性，法人机关意志即为法人意志，法人不存在行为能力强弱之分，此与自然人不同。故法人成立即同时取得民事权利能力和行为能力，法人终止即同时消灭权利能力和行为能力。需说明的是，法人的经营范围既不构成对法人民事权利能力或行为能力的限制，也不影响其产生或消灭。因此，法人实施的法律行为不因超越经营范围而无效，须视其“超越”行为的内容是否违法或背俗而定（**参见本法第 505 条及其评注**）。

法人的类型不同，其民事权利能力和行为能力的产生时间也不同。营利法人经依法登记成立，法人营业执照签发日期为法人成立之日，产生民事权利能力和行为能力。依法须经登记成立的非营利法人、农村集体经济组织法人、城镇合作经济组织法人，登记之日即产生民事权利能力和行为能力。依法不需要登记即可成立的法人，如部分提供公益服务的事业单位、社会团体法人、有独立经费的机关和承担行政职能的法定机构以及居委会、村委会，自成立之日起具有民事权利能力和行为能力。法人的民事权利能力和行为能力之消灭时间，依本法第 68 条法人终止的规定而定。

第六十条　【法人独立承担民事责任】法人以其全部财产独立承担民事责任。

法人以其全部财产独立承担民事责任，此乃法人依法独立享有民事权利和承担民事义务的必然结果。本条包括两层含义：一是法人民事责任的独立性。法人享有民事主体资格，拥有独立于其出资人、设立人、会员、捐助人或管理人的财产，具有分别财产、隔离风险的功能。基于自己责任原则，法人的民事责任由其自身独立承担，与法人的出资人、设立人、会员、捐助人或管理人无涉。二是法人民事责任的无限性。法人的责任财产为其全部财产，法人以其全部财产独立承担无限责任。与此有别的是，营利法人出资人承担有限责任，是指出资人以其认缴的出资额或认购的股份为限对法人承担有限责任。

第六十一条 【法人的法定代表人及其代表行为后果】依照法律或者法人章程的规定，代表法人从事民事活动的负责人，为法人的法定代表人。

法定代表人以法人名义从事的民事活动，其法律后果由法人承受。

法人章程或者法人权力机构对法定代表人代表权的限制，不得对抗善意相对人。

本条第1款为说明性法条。该款包括三层含义：(1) 法定代表人的产生基于法律或法人章程的规定。法定代表人为代表法人的必设机构，私人设立的法人之法定代表人由章程规定，机关法人、事业单位法人、国有独资公司的法定代表人由有关主管部门依据有关公法的规定任命。(2) 法定代表人为法人的负责人。法定代表人系对法人事务享有代表权、能够承担责任之自然人，如公司的董事长或执行董事、机关法人负责人、高校校长等。挂名法定代表人仍为法人的负责人，“挂名法定代表人无须担责”的内部约定不能对抗第三人，挂名法定代表人代表法人签订的合同有效［**贵州高院（2016）黔民再7号民判**］；退股股东、离职高管、受雇但未实际任职的现职或离职员工等挂名法定代表人及被冒名登记的法定代表人，无法通过召集股东会或董事会决议变更法定代表人，若公司及股东拒绝办理法定代表人涤除登记，其有权以公司为被告诉请变更法定代表人登记事项［**（2020）最高法民再88号民裁、上海一中院（2017）沪01民终14399号民判**］。(3) 法定代表人代表法人从事民事活动，其与法人之间是代表而非代理关系，故法定代表人以法人名义从事民事活动的行为就是法人的行为。

本条第 2 款规定法定代表人行为的效果归属。以第 1 款确认的“代表说”为基础，法定代表人以法人名义从事的民事活动自然是法人自身的行为，其法律后果由法人承受。“以法人名义”包括明示与默示两种形式。前者指法定代表人明确表示其代表法人从事民事活动，如法定代表人在谈判签订的合同上加盖法人印章，或法定代表人签字，或同时盖印、签字。后者指法定代表人虽未明确表示其以法人名义活动，但有证据证明其系代表法人而行为，如合同一方主体为法定代表人且已签字，但未加盖法人印章，合同相对方明知或应知其行为代表法人，或诉讼中不提出异议而默示认可［**(2018) 最高法民申 2995 号民裁**］。

本条第 3 款规定法定代表权意定限制的外部效力，为不完全法条。法定代表权的限制可分为法定限制与意定限制。法定限制是法律规定对法定代表权的限制，如《公司法》第 15 条规定，公司为他人提供担保须经董事会或股东会决议，公司为股东或实际控制人提供担保须经股东会决议。意定限制源自公司内部约定，分为法人章程对法定代表权所作的一般限制与股东会决议等法人权力机构对法定代表权所作的特殊限制。本款即为法定代表权意定限制的规定。法定代表权以登记为公示外观，其所受的意定限制未被登记，第三人通常无从知悉，意定限制仅在法人内部发生效力，不得对抗善意相对人。故超越意定限制的越权代表行为仍有效，且其行为后果归属于法人。越权代表的交易行为往往仅关涉法人与相对人之间的私益，基于鼓励交易及私法自治原则，其效力可比照无权代理行为的效力待定处理。相对人的善意通常被依法推定，相对人无须举证证明。若相对人非善意即相对人明知或应知代表越权，该越权代表行为无效，此时由法人举证证明相对人非善意。超越法定限制的越权代表行为效力、交易行为的效力及其责任承担，依本法第 504 条及《担保制度解释》第 7、17 条等规定处理。须注意，法定代表权意定限制之违反即法人代表越权，法人超越经营范围订立合同并非法人代表越权，而是法人越权行为，适用本法第 505 条的规定。

第六十二条　【法定代表人职务行为的侵权责任】法定代表人因执行职务造成他人损害的，由法人承担民事责任。

法人承担民事责任后，依照法律或者法人章程的规定，可以向有过错的法定代表人追偿。

本条第 1 款规定法定代表人职权侵权行为的责任归属，即由法人对外承担责任。法定代表人职务侵权责任成立的前提是职务行为的成立，法定代表人的职务行为包括狭义的职务行为和与职务行为有牵连的行为，前者以法定代表人职权的授权范围为判断标准，后者依表见代表规则判断。即使代表行为越权或违反禁止性规定，但依一般理性人的正常判断，其与履行职务有内在联系的，也应认定为职务行为。法定代表人的职务行为是否产生及产生何种侵权责任，依本法侵权责任编的一般规定认定。本条第 1 款应与本法第 1191 条规定的用人者替代责任区分，二者的实际效果虽区别不大，但责任性质及责任承担不同：前者系法人对自己行为（法定代表人等法人机关的行为）的责任，后者乃用人者对他人行为（法人机关之外工作人员的行为）的责任；于前者，法定代表人无须就其职务侵权行为对外承担责任，而后者的行为人在某些情况下须就用人者替代责任向受害人承担侵权责任。

本条第 2 款确立了法人对法定代表人追偿的请求权基础。追偿权的行使须具备两个条件：一是须有法律或章程为依据。若法律和章程均未规定法人可以追偿，则法人无追偿权。二是须法定代表人有过错。但是，若不论法定代表人主观过错为故意、重大过失还是一般过失，一律赋予法人追偿权，也不利于法人事业的开展，故其过错宜限缩解释为故意或重大过失。如《国家赔偿法》第 31 条规定，赔偿义务机关赔偿后应当追偿的对象限于刑讯逼供、违法使用武器等故意违法行使职权的工作人员（包括法定代表人）。本款所谓“可以追偿”，意味着法人对此项请求权行使的自主决定权。营利法人可依私法自治，通过章程自主设定追偿的条件（如法定代表人滥用职权或重大过失致人损害的，应当追偿）及程序。

第六十三条 【法人的住所】法人以其主要办事机构所在地为住所。依法需要办理法人登记的，应当将主要办事机构所在地登记为住所。

本条确定法人的住所，系不完全法条。法人住所，是法人长期固定的中心活动处所及对外发生民事法律关系的空间位置，是设立法人的必备条件。法人住所的功能在于确定法人登记管辖地、债务履行地、诉讼管辖地、诉讼文书送达地以及涉外民事关系应适用的准据法。

本条区分非登记法人与登记法人，分别确定其住所。不经登记即可成立的法人，以主要办事机构（决定及执行法人事务的机构）所在地为住所。须经登记成立的法人，应当将处于中枢地位、统率法人业务的机构所在地作为主要办事机构所在地（如总公司所在地、总行所在地等），并将其登记为住所。

本条所谓“应当”并非“必须”。法人基于经营需要、政策优惠等考虑，亦可将非主要办事机构所在地登记为住所。法人住所一旦登记，便具有公示公信力。法人不得以其登记的住所并非主要办事机构所在地为由对抗相对人、法律文书送达机关和法人登记管辖机关。

第六十四条 【法人的变更登记义务】法人存续期间登记事项发生变化的，应当依法向登记机构申请变更登记。

法人登记是登记机构将法人成立、变更、终止的法律事实进行记载的制度，旨在维护交易安全，便于国家监管。故在法人存续期间，其登记事项发生变化的，应当依法向登记机构申请变更登记。当然，非经登记成立的法人，不存在变更登记的问题。

法人的登记事项，指法人登记机构须依法登记的法人信息。依《市场主体登记条例》，市场主体登记事项分为一般登记事项与备案事项。前者包括名称、主体类型、经营范围、住所或主要经营场所、注册资本或出资额、法定代表人等，后者包括章程或合伙协议、经营期限、认缴出资数额等。《事业单位登记条例》第 8 条第 2 款、《社团登记条例》第 12 条第 2 款及《基金会管理条例》第 11 条第 2 款分别规定了事业单位、社会团体法人以及基金会的登记事项。所谓“依法”，是指依据各类法人登记管理法规中有关变更登记程序的规定。至于变更登记的主管机关，因不同的法人类型而各异。市场主体、事业单位、社会团体、社会服务机构和宗教活动场所的变更登记机构分别为市场监管部门、编制管理部门、民政部门（宗教管理部门）。

本条系不完全法条，未规定法人怠于申请变更登记的民事法律后果。依本法第 65 条，法人怠于申请变更登记的，不得以未登记的事项对抗善意相对人。若法人怠于申请变更登记造成善意第三人损失的，可类推适用《合伙企业法》第 95 条第 3 款，法定代表人须赔偿善意第三人的损失。

第六十五条 【法人登记的公示对抗力和公信力】法人的实际情况与登记的事项不一致的，不得对抗善意相对人。

本条规定法人登记的效力，系完全法条。本条确立了法人登记效力的构成要件及法律后果，“法人的实际情况与登记的事项不一致”和“相对人为善意”为其构成要件，“不得对抗”为其法律效果。法人登记乃将法人的组织和营业状况等应予登记事项之信息登记于法人登记机构，具有真实性推定效力、公示对抗效力和公信效力。法人信息一经登记，即推定为真实，具有对抗与法人交易的相对人之效力，相对人不得以不知悉登记信息为由予以抗辩。若法人的实际情况与登记事项不一致，无论是初始登记不实，还是嗣后未及时办理变更登记，均推定登记信息真实，法人不得以实际情况对抗善意相对人。相对人善意是指相对人不知且不应知法人登记事项与其实际情况不一致，相对人无须举证证明其善意。法人若对相对人善意进行抗辩，则须举证证明相对人非善意，即相对人明知或应知法人登记事项与实际情况不一致。须注意，本条所称的相对人是指与法人进行民事活动的民事主体。股东虽为法人登记事项，但名义股东未经真实股东同意而转让股权的，受让人并非与法人交易的相对人，因此不适用本条。

第六十六条 【登记机构的公示法人登记信息义务】登记机构应当依法及时公示法人登记的有关信息。

登记机构应依法及时公示法人登记的有关信息，此乃法人登记效力发生之内在要求。登记机构的公示义务必然内含协助权利人或利害关系人查询、复制法人登记信息的义务，否则其无法核实公示内容的真实性。

登记机构为登记信息的法定公示机关。市场主体登记信息的公示机关是各级市场监管部门，社会团体、基金会、社会服务机构及宗教活动场所登记信息的公示机关是各级民政部门，事业单位法人登记信息的公示机关是政府编制机关。“依法”乃规范引致性术语，要求登记机构依相关行政法规定的公示内容、公示方式、公示时限及公示程序履行公示义务。“及时”要求登记机构须在法定期限内履行公示义务，确保法人登记信息的真实性。《企业信息公示暂行条例》第 6 条第 2 款规定，公示时限为企业信息产生之日起 20 个工作日；《社会组织信用信息管理办法》第 19 条要求三类非营利组织的信用信息应向社会公开，但未明确公示时限。本条未规定法人登记信息的公示方式，须依行政法规定予以确定。企业登记信息通过国家企业信用信息公示系统以电子方式公示，社会团体、基金会及民办非企业单位的登记信息通过公告或全国社会组织信用信息公示平台以电子方式公示。“有关信息”指法人登记信息的公示范围，其具体范围须依行政法进行判断。信息公示原则上不得违背公序良俗，不得损害他人利益。若涉及国家秘密、国家安全、社会公共利益、商业秘密或者个人隐私，未经有关主管部门批准，不得公示。

本条系不完全法条，未明确登记机构违背法人登记信息公示义务的法律后果。依本法第 65 条及第 1165 条，若登记机构未及时公示或公示不当，给法人造成损失的，须承担相应的侵权责任。

第六十七条 【法人的合并和分立】法人合并的，其权利和义务由合并后的法人享有和承担。

法人分立的，其权利和义务由分立后的法人享有连带债权，承担连带债务，但是债权人和债务人另有约定的除外。

本条规定法人的合并和分立。本条第 1 款构成要件为法人合并的法律事实，法律效果为合并后的法人享有和承担合并前各法人的权利和义务。法人合并乃两个以上的法人依法律规定或法律行为合并为一个法人，包括新设合并与吸收合并，前者为两个以上法人合并为一个新设法人，后者为一个或多个法人并入一个现存法人。被合并法人的全部财产均转入合并后的新设法人或存续法人。

本条第 2 款构成要件为法人分立的法律事实，法律效果为分立后的法人对分立前的法人权利和义务享有连带债权、承担连带债务，但债权人与债务人另行约定法人分立的债权债务承继方式的除外。法人分立乃

一个法人分成两个或两个以上法人，包括新设分立与派生分立，前者将一个法人分成两个以上法人，后者将原法人分出一部分财产设立新法人。若债权人与债务人约定了法人分立情形债权债务承继方，如约定按份或按资产分割比例承继债权与债务，则遵从意思自治，采约定优先原则，排除本款连带之债规则的适用。若债权人与债务人未约定法人分立情形债权债务承继方式，则由分立后的法人享有连带债权、承担连带债务。依常理，分立后的法人享有连带债权，并不利于分立后的债权人，因为任何一个债权人受领全部给付即可使债务人免责，增加了未受领给付的债权人请求已受领给付的债权人给付自己份额的清偿利益不能之风险。分立后的法人承担连带债务，也不利于分立后的债务人，因债务人并无先诉抗辩权或整体履行债务抗辩权，债权人可能与其中一个债务人串通或基于偏好等考虑只向另一债务人请求清偿债务。故，债权人与债务人未另行约定法人分立的债权债务承继方式的，宜基于目的解释及体系解释予以法律续造，将连带之债解释为共同之债：由分立后的法人共享一个共同债权，仅可向债务人共同主张债权，不得单独主张；或者由分立后的法人共负一个共同债务，债权人仅可请求分立后的两个以上法人共同履行债务，不得请求其中一个履行全部债务，只有在债务不能全部清偿时共同债务方转化为连带债务。于此，既保持了法人分立前后的债之同一性本质，平衡了法人分立前后的债权人与债务人利益，也区分了共同之债与连带之债。

第六十八条 【法人终止】有下列原因之一并依法完成清算、注销登记的，法人终止：

（一）法人解散；

（二）法人被宣告破产；

（三）法律规定的其他原因。

法人终止，法律、行政法规规定须经有关机关批准的，依照其规定。

本条系法人终止原因和法人终止程序的一般性规范，系不完全法条。

本条第1款列举了法人终止的三个原因，同时明确了法人终止的三

个必经程序——法人解散事由发生、依法完成清算、注销登记，注销登记后法人方告终止。法人解散与法人被宣告破产乃属不同情形的法人终止原因，二者的清算程序须适用不同法律，注销登记程序则并无不同：法人解散的，须依本法第 69～71 条、《公司法》及《公司法解释二》等法律、司法解释及行政法规，参照《关于审理公司强制清算案件工作座谈会纪要》，完成法人解散清算，再办理注销登记；法人被宣告破产的，须依《破产法》及其司法解释，参照《全国法院破产审判工作会议纪要》，完成破产财产变价和分配，然后裁定终结破产程序，再办理注销登记。法律规定的法人终止的其他原因，如慈善组织连续二年未从事慈善活动（**《慈善法》第 17 条第 3 项**）、民办学校因资不抵债无法继续办学（**《民办教育促进法》第 56 条第 3 项**）等。法人解散清算中，发现法人资不抵债的，清算组应向法院申请破产并转入破产清算程序（**《公司法》第 237 条**）。在法人合并、分立的情形，原法人不复存在且其财产全部转入合并、分立后的法人，无须清算即可办理注销登记以终止法人。

本条第 2 款确立了与法人设立核准主义相对应的法人终止核准主义。某些法人的终止，除符合本条第 1 款规定的终止事由和程序之外，尚须经“有关机关”批准。如银行业金融机构的终止，须经国务院银行业监督机构批准（**《银行业监督管理法》第 16 条**）；重要的国有独资企业、国有独资公司、国有资本控股公司的合并、分立、解散，履行出资人职责的机构在作出决定或者向其委派参加国有资本控股公司股东会会议、股东大会会议的股东代表作出指示前，应报请本级政府批准（**《企业国资法》第 34 条**）；民办学校根据学校章程要求终止的，须经审批机关（教育或人力资源社会保障行政部门）批准（**《民办教育促进法》第 56 条第 1 项**）。

第六十九条 【法人解散】有下列情形之一的，法人解散：

（一）法人章程规定的存续期间届满或者法人章程规定的其他解散事由出现；

（二）法人的权力机构决议解散；

（三）因法人合并或者分立需要解散；

（四）法人依法被吊销营业执照、登记证书，被责令关闭或者被撤销；

（五）法律规定的其他情形。

本条系不完全法条，以“列举＋兜底”方式概括法人解散的 5 项事由。依是否基于自愿，法人解散分为自行解散与强制解散（包括行政强制解散与司法强制解散）。自行解散基于法人自治，强制解散基于国家管制。

本条第 1～3 项属法人自行解散，包括依章程解散、决议解散、因法人合并或分立需要解散。依章程解散，即法人因“章程规定的存续期间届满或者法人章程规定的其他解散事由出现”而解散，包括存续期满解散和因其他事由解散。营利法人有存续期间，非营利法人往往无存续期间。如法人设立宗旨已实现或无法实现等，属于章程规定的其他解散事由。章程规定的法人解散事由即使出现，法人成员也可基于意思自治，通过修改法人章程而不解散法人（**如《公司法》第 230 条**）。决议解散，即法人的权力机构决议解散法人。法人的权力机构及解散法人的决议表决方式，须依本法其他法条、其他法律、行政法规及法人章程确定。因法人解散属法人重大决策事项，特别法往往要求绝对多数决，如公司股东会决议采 2/3 以上表决权的股东通过之资本多数决，农民专业合作社决议采 2/3 以上社员出席兼 2/3 以上表决权的社员通过之成员及资本多数决。因法人合并或分立需要解散，是指依本法第 67 条及其他相关法律的规定（**如《公司法》第 218、222 条，《商业银行法》第 69 条等**），被合并或被分立的原法人无须存续而需要解散。金融机构法人的自行解散，因关涉金融稳定之公共经济秩序，须经国务院有关金融主管机关批准（**如《商业银行法》第 69 条，《保险法》第 89 条，《证券法》第 122 条**）。

本条第 4 项规定者，系行政强制解散。吊销法人营业执照针对营利法人（**如《公司法》第 229 条第 1 款第 4 项结合第 250、260、262 条等**），吊销法人登记证书针对慈善组织、社会团体、社会服务机构、基金会等非营利法人（**如《慈善法》第 98 条等**）。责令关闭是指行政机关责令违法者关闭其未经批准而从事违法生产经营活动的场所（**如《公司法》第 229 条第 1 款第 4 项，《民办教育促进法》第 64 条**）。法人被撤销包括法人因违法行为被撤销（**如《教育法》第 75 条**）、非因违法行为被撤销（如机关法人的依法撤销等）以及因违法行为与非违法行为的混合事由被撤销（**如《保险法》第 149 条**）。须注意的是，《社团登记条例》第 29～32 条等规定的“撤销登记”宜解释为“撤销”，因从事违法活动的法人在尚未被清算的情况下被行政主管机关直接撤销登记，有损被撤销法人的债权人利益；《慈善法》第 17、18 条要求撤销登记后进行清算并在清算结束后办理注销登记的规定属立法瑕疵，因为撤销登记与注销登记不可能同时发生。本条第5项的规定使法定解散事由具有开放性，不限于司法强制解散。司法强制解散系出现公司僵局时，股东诉请法院对公司进行强制解散（如《公司法》第231条），其具体程序依《公司法解释二》第1～6条规定。

第七十条 【清算义务人及其清算责任】法人解散的，除合并或者分立的情形外，清算义务人应当及时组成清算组进行清算。

法人的董事、理事等执行机构或者决策机构的成员为清算义务人。法律、行政法规另有规定的，依照其规定。

清算义务人未及时履行清算义务，造成损害的，应当承担民事责任；主管机关或者利害关系人可以申请人民法院指定有关人员组成清算组进行清算。

本条规范法人解散之清算，系不完全法条。证券公司和期货公司因撤销而解散之清算，适用《证券公司风险处置条例》规定的行政清理程序，不适用本条。

本条第1款规定法人解散之清算义务。法人解散即进入法人清算，清算义务人负有及时组成清算组并进行清算的义务，清算组仅可代表清算法人从事清算活动。法人清算指清算义务人依法定程序清理被解散的法人财产，了结其未了法律关系，处理其剩余财产并最终使法人终止的程序。法人合并或分立由法定主体概括承受其权利义务，无须清算。“及时”之期限，依特别法规定；未规定的，区分被解散法人的营利性与非营利性，类推适用相关规定。

本条第2款规定清算义务人确定之“原则＋例外”规则。清算义务人之确定关涉被解散法人的债权人利益，须法定，原则上由法人的董事、理事等执行机构或决策机构的成员担任清算义务人。依本法第80、81、89、91条及第93条，本款“法人的董事、理事等执行机构或者决策机构的成员”，应解释为营利法人执行机构的成员即董事、社会团体法人的执行机构成员即理事等、事业单位法人和捐助法人的决策机构成员即理事等。依本款但书，法律、行政法规另行规定清算义务人的，须优先适用。故有限责任公司由股东成立清算组，股份有限公司由董事和控股股东成立清算组；农民专业合作社由成员大会推举的成员组成清算组；商业银行、保险公司被撤销的，由国务院银行保险监督管理机构组织成立清算组进行清算；民办学校被审批机关依法撤销的，由审批机关组织清算。

本条第3款规定的清算责任包括清算赔偿责任与司法强制清算责任，这两种责任的承担并非互为条件，有法院认为清算赔偿责任须以申请司法强制清算为前置条件［**北京一中院（2009）一中民终字第7765号民判**］，笔者认为有失允当。就本款第一分句规定的清算赔偿责任而言，依《公司法解释二》第11、15、18～21、23条以及《关于民事执行中变更、追加当事人若干问题的规定》第21条，并参照《九民纪要》第14～16条，其构成要件为：其一，清算义务人未及时履行清算义务，包括怠于履行清算义务和积极不履行清算义务。前者如未及时组成清算组进行清算与组成清算组后未及时履行清算职责；后者为未经依法清算即清偿法人债务或办理法人注销登记，如未依法履行通知和公告解散清算事宜的义务，执行未经确认的清算方案，清算组成员违反法律、行政法规或公司章程从事清算事务，法人解散后恶意处置公司财产，提供虚假清算报告骗取法人注销登记等。公司股东举证证明其已为履行清算义务采取积极措施，或举证证明其非公司董事会或监事会成员，也未选派人员担任该机关成员，且未参与公司经营管理的，不构成怠于履行清算义务［**（2021）最高法民申2336号民裁、（2020）最高法民申5659号民裁**］。其二，清算义务人未及时履行清算义务造成法人或其债权人损害。此损害结果包括法人债权人未获清偿，法人的财产贬值、流失、毁损或灭失，法人的主要财产、账册、重要文件等灭失、未经依法清算骗取或办理注销登记导致无法清算，恶意处置法人财产或违法清算给法人或债权人造成损失等。法人或其债权人须举证证明所受损害的事实和清算义务人未及时履行清算义务与其所受损害之间存在因果关系。不能证明受损事实的［**（2019）最高法民申4504号民裁**］，或不能证明存在因果关系的，如清算义务人怠于履行义务之前法人已不具备清偿债务能力［**（2019）最高法民再172号民判**］，或法人财产已贬值、流失、毁损或者灭失［**宁波中院（2015）浙甬商终字第943号民判**］的，清算赔偿责任不成立。已证明存在因果关系的，如股东怠于履行清算义务，难以证明公司可以进行正常清算的，清算赔偿责任成立［**（2021）最高法民申2363号民裁**］。清算赔偿责任的请求权主体包括法人与法人的债权人。清算义务人因丧失或部分丧失行为能力导致不能履行法人清算义务的［**北京一中院（2009）一中民终字第7765号民判**］，不承担清算赔偿责任。法人实际控制人导致清算赔偿责任产生的，须对法人债务承担相应的民事责任。清算义务人以其未尽清算义务给法人或其债权人造成的实际损失为限，承担侵权补充赔偿责任；若其未尽清算义务给法人债权人造成的实际损失难以确定，则须对法人债务承担连带清偿责任。

依《公司法解释二》第7条，公司清算以自行清算为原则、以法院强制清算为补充，只有出现公司解散逾期不成立清算组进行清算、虽成立清算组但故意拖延清算或者违法清算可能严重损害债权人或股东利益等特殊情形时，方可申请法院指定清算组进行清算。以此为参照，就本条第3款第二分句规定的司法强制清算责任而言，以可能造成法人或其债权人损害即为已足，不以实际造成损害为必要。可作为申请人的"主管机关或利害关系人"，依相关法律规定确定，如申请法院强制清算慈善组织的主管机关为民政部门，申请法院强制清算公司的利害关系人为债权人、股东、董事或其他利害关系人，申请法院强制清算农民专业合作社的利害关系人为成员和债权人。法人司法强制清算为单独的非讼程序案件。

第七十一条 【法人清算程序和清算组职权】法人的清算程序和清算组职权，依照有关法律的规定；没有规定的，参照适用公司法律的有关规定。

因法人破产清算由本法第73条规范，故本条规定者乃法人解散清算。本条为引用性法条，其所谓"有关法律"，是指与法人类型相关、与法人解散清算程序及清算组职权相关的法律。因法人解散清算关涉自然人、法人及非法人组织的民事权利保护，属民事基本法律调整范围，故本条明确限定法人解散清算的特别法为"法律"，不包括行政法规、规章等。"参照适用公司法律的有关规定"，是指非公司型法人解散的清算程序及清算组职权缺乏法律规定时，准用公司法解散清算规定。《农合法》未规定清算组于清算结束后制作清算报告并报请股东会或法院确认的义务，应参照适用《公司法》第239条；《慈善法》及《民办教育促进法》基本上未规定慈善组织、民办学校解散的清算程序及清算组职权，亦应参照适用公司法有关规定。若参照适用公司法的有关规定，则非公司法人的清算组享有如下职权：清理财产，分别编制资产负债表和财产清单；通知、公告债权人；处理与清算有关的法人未了结的业务；清缴所欠税款以及清算过程中产生的税款；清理债权、债务；处理法人清偿债务后的剩余财产；代表法人参与民事诉讼活动。

第七十二条 【清算法人地位、清算剩余财产处理和清算结束效果】清算期间法人存续，但是不得从事与清算无关的活动。

法人清算后的剩余财产，按照法人章程的规定或者法人权力机构的决议处理。法律另有规定的，依照其规定。

清算结束并完成法人注销登记时，法人终止；依法不需要办理法人登记的，清算结束时，法人终止。

本条规定清算法人地位、清算剩余财产处理及清算结束效果，均须结合其他法律的相关规定方可确定其具体内容，系不完全法条。

依本条第1款，清算期间法人存续，意味着清算法人的主体资格与清算前的法人具有同一性。而“不得从事与清算无关的活动”，意指清算法人仅能从事与清算事务有关的活动，系对其经营范围的限制。该限制并非“效力性强制性规定”（**《九民纪要》第30条第2款**），法人对外签订的与清算无关的合同亦为有效［**如海南高院（2015）琼民三终字第40号民判、重庆五中院（2017）渝05民终5464号民判**］。清算期间，法人机关职权停止执行，清算组代表法人行使清算职权，由清算组负责人代表法人参加诉讼；未成立清算组的，由原法定代表人代表法人参加诉讼（**《公司法解释二》第10条**）。

依本条第2款，法人清算后剩余财产的处理，在法律有规定时，从其规定；没有规定的，按法人章程规定或法人权力机构的决议处理。公益性非营利法人关涉公共利益，其清算后的剩余财产处理往往设有强制性规定（**详见本法第95条**）。《慈善法》第18条第3款对慈善组织清算后的剩余财产，亦有相同规定。而依《民办教育促进法》第59条第2款，非营利性民办学校清偿债务后的剩余财产继续用于其他非营利性学校办学；营利性民办学校清偿债务后的剩余财产，依公司法的有关规定处理。根据《行政事业性国资条例》第2、22条，事业单位法人资产属于国有资产，其各部门及其所属单位发生分立、合并、撤销等情形，应依国家有关规定办理相关国有资产划转、交接手续。互益性非营利法人及营利法人不涉及公共利益，其清算后的剩余财产处理，一般实行法人自治，由法人章程规定或依法人权力机构决议；若其财产涉及国家利益，法律另行设立了效力性强制规定，则不得排除适用。如《农合法》第53条规定，农民专业合作社接受国家财政直接补助形成的财产，在解散、破产清算时，不得作为可分配剩余资产分配给成员，具体按照国务院财政部门有关规定执行；《公司法》第172条规定，国有独资公司的解散必须由国有资产监督管理机构决定，重要的国有独资公司之解散应由国有资产监督管理机构审核后报本级政府批准；《企业国资法》第34条规定，重要的国有独资企业、国有独资公司、国有资本控股公司的合并、分立、解散，履行出资人职责的机构在作出决定或向其委派参加国有资本控股公司股东会会议、股东大会会议的股东代表作出指示前，应报请本级政府批准。

本条第3款规定清算结束的效果。依法无须办理登记即可成立的法人，如事业单位（**《事业单位登记条例》第3条**）、工会等部分社会团体法人（**《工会法》第15条**），清算结束时，法人自然终止；依法需要办理登记才成立的法人，如公司等营利法人、捐助法人，清算结束后完成法人注销登记，法人方告终止。

第七十三条 【法人破产终止】法人被宣告破产的，依法进行破产清算并完成法人注销登记时，法人终止。

本条规定法人破产终止条件，系不完全法条。法人被宣告破产、依法进行破产清算及完成法人注销登记等三个破产条件，均须结合《破产法》《农合法》《民办教育促进法》及其实施条例等其他法律、行政法规及司法解释方可确定。

可被宣告破产即有破产能力的法人范围，目前仅限公司、非公司企业法人（包括未经公司化改制的国有企业法人、集体企业法人、农民专业合作社法人）及非营利性质民办学校。2019年，经国务院同意印发的《加快完善市场主体退出制度改革方案》要求参考企业法人破产制度，推动建立非营利法人破产制度。《民办教育促进法实施条例》第50条第4款明确《民办教育促进法》第58条规定的民办学校“因资不抵债无法继续办学而被终止的，由人民法院组织清算”为“破产清算”。《关于对因资不抵债无法继续办学被终止的民办学校如何组织清算问题的批复》要求民办学校参照适用《破产法》规定的程序进行破产清算，亦有法院参照《破产法》规定进行民办医院等民办非企业单位的破产清算［**湖州长兴法院（2016）浙0522破申6号民裁**］。

法院裁定受理法人破产申请后，经清理债务人资产、受理债权申报、了结未了法律关系，债务人符合资不抵债的破产条件，且破产重整方案或破产和解方案无人提出、不能达成或不能执行的，债务人的管理人方可申请法院宣告法人破产。法院裁定宣告法人破产，法人进入狭义破产清算阶段，而《破产法》规定的是广义“破产清算”，涵盖破产宣告、变价和分配以及破产程序终结三个阶段。破产清算期间，破产法人的主体资格并未消灭，其代表权及管理权由法人机关转移至管理人，由管理人行使。破产财产变价后的分配顺序须依《破产法》，优先清偿破产费用和共益债务后，依法定顺序清偿其他债务，但另有规定的除外。破产财产清偿破产费用和共益债务后，农民专业合作社应优先清偿破产前与农民成员已发生交易但尚未结清的款项；民办学校应优先退还受教育者学费、杂费和其他费用。破产财产分配完毕或破产人无财产可供分配，应管理人请求，法院依法裁定终结破产程序，管理人须在10日内办理注销登记；注销登记完毕，法人终止。

第七十四条 【法人分支机构及民事责任承担】法人可以依法设立分支机构。法律、行政法规规定分支机构应当登记的，依照其规定。

分支机构以自己的名义从事民事活动，产生的民事责任由法人承担；也可以先以该分支机构管理的财产承担，不足以承担的，由法人承担。

本条第1款系参引性规范，须结合特别法的规定确定法人分支机构的设立程序及设立方式。法人分支机构是法人的组成部分，是法人在主要办事机构之外设立、履行法人部分职能且具有一定独立性的机构，如分公司、代表处、分会等。本条第1款第一句“法人可以依法设立分支机构”的“法”结合第二句应解释为“法律、行政法规”，该句蕴含法人分支机构设立程序的三层含义。其一，法律、行政法规明确禁止法人设立分支机构或未明确许可设立的，不得设立，如《民办非企业单位登记管理暂行条例》第13条禁止民办非企业单位设立分支机构，《社团登记条例》第17条禁止社会团体设立地域性的分支机构，《事业单位登记条例》未明确许可事业单位设立分支机构。其二，法律、行政法规允许法人设立分支机构的，方可设立。如《公司法》《商业银行法》《保险法》《证券法》《市场主体登记条例》及社会团体、民办非企业单位登记及基金会管理的条例等，允许设立符合法定条件的分支机构。其三，法律、行政法规允许设立法人分支机构的，须依法定程序设立。依本条第1款第二句，法人分支机构的依法设立包括登记设立与无须登记设立两种方式。依《公司法》《农合法》《市场主体登记条例》等营利法人单行法，公司及非公司营利法人的分支机构应登记设立。2013年、2016年，国务院先后取消社会团体及基金会的分支机构、代表机构的设立、变更和注销登记，社会团体及基金会设立分支机构、代表机构无须登记，只需向登记机构备案。

本条第2款明确了法人分支机构从事民事活动的法律后果，系完全法条。法人分支机构虽属法人组成部分，缺乏独立财产，但其地位与法人内设机构、职能部门的地位不同。法人分支机构具有民事主体资格，可在法人授权范围内以自己名义独立对外开展民事活动，属本法第102条规定的“非法人组织”。本条第2款第一分句规定法人分支机构以自己的名义从事民事活动“产生的民事责任由法人承担”，第二分句规定“也可以先以该分支机构管理的财产承担，不足以承担的，由法人承担”，明确赋予法人分支机构的债权人向法人或分支机构主张民事责任的选择权。这契合本法第104条规定的非法人组织责任承担方式，明确分支机构承担民事责任的相对独立性及法人的最终责任。分支机构若具有雄厚的法人授权支配财产，如商业银行分行、保险公司分公司、证券公司营业部等，债权人可直接请求分支机构清偿债务，清偿不足的，再请求法人承担补足清偿责任。依《民诉法》第51条及《民诉法解释》第52条，法人分支机构具有诉讼主体资格，债权人若起诉追偿债务，可直接起诉法人或分支机构，也可一并起诉。仅起诉分支机构的，判决生效后，经强制执行仍清偿不足的，可直接追加该法人为被执行人并执行其财产直至清偿完毕。

第七十五条 【法人设立的法律后果归属与民事责任承担】设立人为设立法人从事的民事活动，其法律后果由法人承受；法人未成立的，其法律后果由设立人承受，设立人为二人以上的，享有连带债权，承担连带债务。

设立人为设立法人以自己的名义从事民事活动产生的民事责任，第三人有权选择请求法人或者设立人承担。

本条第1款系完全法条，规定设立人为设立法人以设立中法人名义从事民事活动的法律后果归属。“设立人为设立法人从事的民事活动”，通常是指设立人以设立中法人名义从事设立法人相关的民事活动，包括法律行为、准法律行为和事实行为。设立中法人［如“公司（筹）”“××筹备组”］，系设立人为设立法人而成立的组织，以设立人整体为其机关及代表，具有非法人组织地位。《公司法解释三》第3条第1款确立了设立中公司的对外缔约主体资格。最高法进一步在《〔2014〕执他字第4号函》中答复：发起人为设立中公司购买财产，不应否定以设立中公司名义参与司法拍卖的效力；在（2019）最高法民申1438号民裁中认为，设立中公司可以对外签订合同且具有诉讼主体资格；并在（2020）最高法民终289号民判中认为，以合同签订于公司成立之前主张合同无效，于法无据。若法人设立成功则法人成立，因设立中法人与成立后法人具有同一性，设立人为设立法人以设立中法人名义从事的民事活动，其法律后果自当由法人概括承受；设立人以设立中法人名义从事民事活动，若并非为设立法人目的，而是为自己的利益，应自行承担法律后果，但相对人为善意的除外（**《公司法解释三》第3条第2款**）。若法人未成立，因法人设立行为产生的法律后果当由设立人承受。设立人为二人以上的，设立人之间实为合伙关系，本款规定其“享有连带债权，承担连带债务”。就合伙所生共同债权而言，在比较法上或为不可分债权（如德国民法），或为债权之准共有（如日本民法、我国台湾地区“民法”），其对外效力的共同之处在于：债务人只能向全体债权人为给付；每个债权人虽可单独请求给付，但必须请求向所有债权人为给付。本款虽对多数设立人之债权采连带债权之表述，但不妨将其解释为不可分之共同债权，以避免一个或部分设立人获得清偿而其他设立人需日后依赖难以实现的内部求偿权的风险。至于多数设立人承担的连带债务，与本法第973条之法理（**参见其评注**）如出一辙，在对外效力的理解适用上自无不同；在设立人内部关系上，尽管本款未规定其分担比例和设立人之间的求偿权，亦可类推适用本法第972条关于亏损分担比例的规定确定之。事实上，《公司法解释三》第4、5条就公司未成立情形下发起人连带责任之内部分担比例以及无过错发起人向过错发起人的追偿权所作的规定，也基于同一法理，故不妨参照适用。

本条第2款系不完全法条，规定设立人为设立法人以自己名义从事民事活动的民事责任承担。鉴于第三人享有请求法人或设立人承担民事责任的选择权，结合《公司法解释三》第2条第二分句“公司成立后”之表述可知，本款仅适用于法人已成立的情形。本款之理解适用，宜参照本法第925条和第926条，根据第三人是否知道“设立法人目的”之事实，对其选择权为限缩解释：设立人为设立法人以自己的名义从事民事活动时，第三人知道“设立法人目的”，即知道设立人与设立中法人之间的代表关系的，类推适用本法第925条隐名代理的规定，第三人只能请求成立后的法人承担民事责任，不存在请求设立人承担民事责任的选择权问题；若第三人不知设立人与设立中法人之间的代表关系，且设立人不履行义务后向第三人披露了该代表关系，则类推适用本法第926条第2款间接代理的规定，第三人可选择请求成立后的法人作为相对人主张权利。至于第三人选择权行使应否受到限制，虽本款未予规定，亦应参照适用本法第926条第2款，即第三人不得变更选定的相对人。

第二节 营利法人

第七十六条 【营利法人的定义及类型】以取得利润并分配给股东等出资人为目的成立的法人，为营利法人。

营利法人包括有限责任公司、股份有限公司和其他企业法人等。

本条系说明性法条，其第1款规定营利法人的定义。此定义明示

"营利"包含两项要素：其一，取得利润，即营利法人设立的直接目的是通过经营活动获取利润。其二，分配利润，即营利法人设立的终极目的是满足股东等出资人谋求超出投资以上的经济回报并将所获利润分配给出资人。结合本法第 87 条第 1 款，营利法人与非营利法人的根本区别在于"营利目的"之有无，即可否"分配利润"。我国并无统一的营利法人法，本法营利法人规则的提炼以《公司法》为蓝本。《公司法》系统规范了公司设立、组织、运营、变更及解散过程中股东、公司及其治理机构、员工、债权人、监管部门之间发生的各种社会关系，可类推适用于缺乏系统法律规范的非公司企业法人。

本条第 2 款列举了营利法人的类型，包括有限责任公司、股份有限公司和其他企业法人等。其他企业法人指非公司企业法人，如全民所有制企业、集体所有制企业、联营企业、在中国境内设立的外商投资企业等。"等"字为非公司企业法人预留了类型空间，如《相互保险组织监管试行办法》规定的"相互保险组织"具有合作社法人性质，虽在市场监督管理部门登记设立，但难以归入现行营利法人的典型组织形式。

第七十七条 【营利法人的成立】营利法人经依法登记成立。

本条系不完全法条，规定营利法人经依法登记而成立，包括三层含义。

其一，营利法人须经登记成立。成立登记的功能在于确认营利法人的民事主体资格和一般经营资格，促进交易安全和效率，便利国家治理经济。登记机构是各级政府市场监督管理部门。未经登记，营利法人无法成立。未经成立登记，不得以营利法人名义从事经营活动；否则可引发公法责任，登记机构可依法责令改正、没收违法所得、罚款或责令关闭停业（**《市场主体登记条例》第 43 条**）。

其二，依本法第 58 条及《市场主体登记条例》第 19 条和第 21 条第 2 款，营利法人的登记成立，以准则主义为主、以核准主义为辅。一般情形下，营利法人的登记成立，无须事先获批。特殊情形下，营利法人的登记成立，须依法律、行政法规或国务院决定事先获得批准。如登记成立公众型股份有限公司，应提交国务院证券监督管理机构的核准文件，法律、行政法规或国务院决定规定必须报经批准的，还应提交有关批准文件；登记成立全民所有制工业企业法人、城镇集体所有制企业法人、乡村集体所有制企业法人，须分别依《全民所有制工业企业法》第16条、《城镇集体所有制企业条例》第14条和《乡村集体所有制企业条例》第14条之规定，事先报请政府或者政府相应主管部门审核批准。2019年我国颁布统一的《外商投资法》后，实行外商投资准入前国民待遇加负面清单管理制度，外商投资企业的登记成立改采准则主义，无须事先审批、备案。

其三，营利法人须依法定程序登记成立。法定登记程序包括申请法人成立登记程序与确认法人成立登记程序。设立人申请办理营利法人成立登记，须依《市场主体登记条例》规定提交相应的申请材料。登记机构对营利法人成立的确认登记，属需要确定主体资格的行政许可设定事项（**《行政许可法》第12条**），有别于核准主义下法人成立登记前的审批许可，后者须对申请材料进行实质审查。至于营利法人成立登记的登记事项，《市场主体登记条例》第8条有详细规定。

依《市场主体登记条例》第40、41、44条，营利法人瑕疵设立时，如提交虚假材料或采取其他欺诈手段隐瞒重要事实取得法人登记的，登记机构可依法责令改正、没收违法所得或罚款；同时，受虚假法人登记影响的自然人、法人和其他组织可以向登记机构申请撤销法人登记。登记机构经调查属实后应撤销登记，该法人及其人员无法联系或拒不配合的，登记机构可通过国家企业信用信息公示系统向社会公示，公示期45日内无异议的，可撤销登记。若撤销法人登记可能对社会公共利益造成重大损害，或无法恢复到登记前的状态等，可不予撤销。

第七十八条 【营利法人营业执照的签发及营利法人的成立日期】依法设立的营利法人，由登记机构发给营利法人营业执照。营业执照签发日期为营利法人的成立日期。

本条第一句规定签发营利法人营业执照乃登记机构之义务。申请材料符合营利法人登记设立条件的，登记机构应予确认登记并发给营利法人营业执照。申请设立人未领取营业执照，登记机构不得撤销登记或不再签发营业执照。登记机构未签发或未及时签发营业执照，须承担行政法律责任，直接负责的主管人员和其他直接责任人员可被依法给予处分，营利法人亦可提起行政诉讼诉请签发。

本条第二句规定营利法人的成立日期，明确营利法人的成立始于营业执照签发而非注册登记，营利法人的民事主体资格与经营资格通过营业执照的签发同时取得。营利法人取得营业执照后，即可刻制公章，开立银行账户，开展经营活动。营利法人营业执照公示的记载事项从属于营利法人成立确认登记的记载事项，简要公示营利法人的主体资格和经营资格。依本法第 69 条第 4 项，营利法人被吊销营业执照但尚未注销登记的，仅丧失经营资格，仍可以自己名义起诉和应诉，从事与清算有关的活动。

第七十九条　【营利法人章程的制定】设立营利法人应当依法制定法人章程。

本条规定，依法制定章程为营利法人的成立要件，此要件包括三层含义。

其一，制定法人章程，为营利法人成立的法定条件。营利法人章程，是设立人（发起人）就营利法人的活动范围、组织机构及成员之间的权利义务关系等法人组织和活动规则所订立的书面文件，是对法人、设立人及高级管理人员具有约束力的自治规则，具有补充强行规范及排除任意规范的效力。章程是营利法人成立的必备要件，若未制定章程，表明确立法人组织和行为规则的共同意志尚未形成，法人无从设立。

其二，制定法人章程，须程序合法。一般而言，制定章程系营利法人之设立人的共同法律行为，但一人有限公司、国有独资公司的章程制定基于单方法律行为，采用募集方式设立的股份有限公司之章程制定基于决议行为。上述共同法律行为、单方法律行为及决议行为若符合法律行为的成立要件，章程制定程序方为合法，否则，章程不成立。

其三，经合法程序制定的法人章程，须内容合法。章程内容，违背法律、行政法规的强制性规定及公序良俗的，无效，如公司章程将股东会的法定权利规定由董事会行使，因违反公司法效力性强制规定而无效［**贵州高院（2015）黔高民商终字第 61 号民判**］。公司章程限制股权转让、剥夺股东依法查阅或复制公司文件材料权利的内容的，无效。章程内容未记载绝对必要记载事项的，无效。

第八十条 【营利法人的权力机构】营利法人应当设权力机构。

权力机构行使修改法人章程，选举或者更换执行机构、监督机构成员，以及法人章程规定的其他职权。

本条系不完全法条，其具体适用须参引其他法律。营利法人之权力机构，指出资人依法律和章程规定成立的决定法人重大事务之最高意志形成机构。依本条第1款规定，营利法人原则上应设置权力机构。股东两人以上的有限责任公司的权力机构为股东会，股份有限公司的权力机构也为股东会，非公司营利法人的权力机构名称各异。特别法规定权力机构并非某些营利法人（如一人有限责任公司，国有独资公司、国有独资公司以外的国有独资企业等）必设机构的，从其规定。

本条第2款列举了营利法人权力机构的两项法定固有职权及法人章程规定的其他职权。营利法人权力机构的法定固有职权关涉出资人与第三人利益的平衡保护，出资人不得通过章程约定或权力机构决议授权给执行机构行使，否则章程或决议无效。除法定职权之外的权力机构职权，属“法人章程规定的其他职权”，如《公司法》第59条第1款和第112条列举的股东会享有的其他九项职权，均非公司权力机构的法定固有职权，既可由章程设定为权力机构职权，也可概括授权执行机构行使。

但是，本条第2款仅规定营利法人权力机构的两项法定固有职权，对不同类型的营利法人应依特别法予以扩张。例如，对于公司营利法人，为实现出资人营利目的及兼顾第三人利益保护，出资人须在保障公司高效运营的基础上掌控其重大事项决议，故权力机构的法定职权包括对出资人利益有重大影响的事项。依《公司法》第59条和第112条等规定，公司权力机构法定职权应包括：（1）修改公司章程，选举或者更换执行机构、监督机构成员，决定执行机构、监督机构成员的报酬事项，审议批准执行机构的报告及审议批准监督机构的报告。章程乃出资人意志的体现，当由权力机构修改；执行机构和监督机构的成员选任、成员报酬决定、执行机构报告及监督机构报告的审议批准，若非属权力机构的法定职权，则违背权力制衡原理。(2) 增加或减少注册资本及公司合并、分立、解散或者变更法人形式。实务中，公司股东会作出授权董事会“有权对公司合并、分立、变更、解散和清算等事项作出决议”的决议无效［**贵州高院（2015）黔高民商终字第61号民判**］。(3) 作出上市公司在1年内购买、出售重大资产或者担保金额超过公司资产总额30%的决议（**《公司法》第135条**）、公司公开发行新股的决议（**《证券法》第13条**）及改变公开发行股票所募集资金用途的决议（**《证券法》第14条**）。这些情形严重影响公司正常经营秩序及未参与公司经营的公众股东利益，股东会不得概括授权给董事会行使。(4) 限制出资人行使表决权。公司股权平等乃强制性规定，除非公司章程明确规定或股东自愿放弃，限制股东行使表决权的职权只能由股东会行使。故董事会限制股东权利的，无效［**深圳中院（2016）粤03民终13834号民判**］。(5) 关联担保的决议。《公司法》第15条第2款规定，公司为公司股东或实际控制人提供担保，须经股东会决议。关联担保未经股东会决议，被《担保制度解释》第7条认定为越权代表行为的，明确其对公司不发生效力。

第八十一条 【营利法人的执行机构】营利法人应当设执行机构。

执行机构行使召集权力机构会议，决定法人的经营计划和投资方案，决定法人内部管理机构的设置，以及法人章程规定的其他职权。

执行机构为董事会或者执行董事的，董事长、执行董事或者经理按照法人章程的规定担任法定代表人；未设董事会或者执行董事的，法人章程规定的主要负责人为其执行机构和法定代表人。

本条亦为不完全法条，其具体适用须参引其他法律。执行机构乃法人的意思表达机关，负责法人权力机关所形成意思的执行；依本条第1款，此机构系营利法人的必设机构。执行机构负责执行法人日常业务，其具体形式因法人的类型、规模而异：营利法人出资人人数较多或规模较大的，设董事会为执行机构；出资人人数较少或规模较小的，可设一名执行董事，不设董事会。执行机构成员，均由权力机构选举产生，有限责任公司董事会成员 3 人～13 人，股份有限公司董事会成员 5 人～19 人。执行机构成员，按其是否在执行机构中担任其他职务，分为内部董事（理事）与外部董事（理事）、执行董事（理事）与非执行董事（理事）。执行机构成员资格，分为积极资格与消极资格。《公司法》第 178 条设定了禁止无民事行为能力人或限制民事行为能力人担任董事等五项董事消极资格，公司违反董事消极资格规定的选举、委派行为无效，董事积极资格为自然人及章程规定的董事任职其他条件。

营利法人执行机构与经理不同。(1) 经理经章程或营利法人执行机构授权，方可认为其已取得对外业务的代表（理）权，故其可被理解为系基于委托或雇佣关系，受权力机构或执行机构授权或指示而代为处理事务之人。除依本条第 3 款被章程设定为法定代表人的经理外，其他经理人应为辅助执行业务之人。后者以法人名义对外实施的法律行为，属于职务代理，应适用本法第 170 条的规定（**参见其评注**）。(2) 经理非营利法人必设机构，但依《公司法》第 126、174 条，经理为股份有限公司、国有独资公司的必设机构。

本条第 2 款在营利法人章程规定的职权之外，列举了执行机构的三项法定职权。(1) 召集权力机构会议。执行机构为权力机构的执行机关，负有定期或临时向权力机构报告工作的义务，当有权召集权力机构会议。若执行机构不能履行或不履行召集职责，出资人有权召集权力机构会议。(2) 决定法人的经营计划和投资方案、决定法人内部管理机构设置。这些事项属于法人日常营业的重要事项，由执行机构决定，符合其设立目的。(3) 章程规定的其他职权。执行机构的其他职权主要体现为营利法人的经营决策权和经营执行权，涉及权力机构与执行机构之间的职权界分，实行法人自治，由法人章程自主决定权力机构职权的终点与执行机构职权的起点，但权力机构的法定固有职权不得概括授权给执行机构行使。

本条第 3 款授权章程规定营利法人的法定代表人。其中，未设董事会或执行董事的营利法人，主要指未改制为公司的国有企业法人和集体所有制企业法人，因其实行厂长（经理）负责制，本款第二分句所指法人章程规定的主要负责人即为厂长（经理）。

第八十二条 【营利法人的监督机构】营利法人设监事会或者监事等监督机构的，监督机构依法行使检查法人财务，监督执行机构成员、高级管理人员执行法人职务的行为，以及法人章程规定的其他职权。

监督机构依法律和章程规定检查法人财务、监督执行机构成员及高级管理人员履行职责，故董事、高级管理人员不得兼任监事。依本条文义，监督机构不是营利法人的必设机构，但这并不意味着其他法律对不同类型的营利法人没有特别规定。如《公司法》第76条规定，有限责任公司设监事会，其成员不得少于3人；股东人数较少或规模较小的有限责任公司，可设1至2名监事，不设监事会。其第130条第2款规定，股份有限公司设监事会，其成员不得少于3人。依《公司法》第176条，国有独资公司在董事会中设置由董事组成的审计委员会行使本法规定的监事会职权的，不设监事会或者监事。因此，国有独资公司在监督机构的设置上可"二选一"，既可在董事会下设审计委员会，也可在董事会外另设监事会。

监督机构享有的法定职权以及章程规定的其他职权，即便源于权力机构授权，也具有履职的独立性。就检查法人财务之职权而言，监督机构须有获得法人财务信息的权利，但此权利与股东知情权不同。若监事（会）发现公司经营情况异常，公司不配合其行使职权，其应通过提议召开股东会等方式解决；因公司法并未赋予其获取知情权的司法救济权利，其对公司提起的知情权受侵害之诉不具有可诉性，法院应不予受理［**广州中院（2008）穗中法民二终字第2415号民裁**］。监事（会）为行使监督职权，可列席董事会并对董事会决议事项提出质询或建议。若董事、高级管理人员的履职行为违背忠实义务和勤勉义务给公司造成损失的，监事（会）有权提起派生诉讼，依股东的书面请求代表公司向法院诉请赔偿损失。监督机构的其他职权由营利法人章程自主规定。

第八十三条 【禁止滥用出资人权利及禁止滥用法人独立地位】营利法人的出资人不得滥用出资人权利损害法人或者其他出资人的利益；滥用出资人权利造成法人或者其他出资人损失的，应当依法承担民事责任。

营利法人的出资人不得滥用法人独立地位和出资人有限责任损害法人债权人的利益；滥用法人独立地位和出资人有限责任，逃避债务，严重损害法人债权人的利益的，应当对法人债务承担连带责任。

本条源于《公司法》第21条并扩张适用于非公司营利法人。

本条第1款规定，系本法第132条禁止权利滥用原则之具体化。任何人不得滥用权利损害他人利益，学说趋势亦主张我国立法应确立营利法人出资人对法人及其他出资人的信义义务，故出资人滥用出资人权利，造成法人或其他出资人损失的，须依法承担民事责任。此责任构成要件有三：其一，滥用出资人权利。出资人权利，以股东为例，包括自益权（如优先受让及认购新股权等）和共益权（如查询复制公司特定文件、表决权、代表诉讼提起权等）。出资人权利滥用，是出资人以损害法人或其他出资人的利益为目的之出资人权利不当行使行为。若缺乏出资人权利基础，则非滥用出资人权利，而属侵权行为，如大股东侵占或擅自处分公司财产、须回避表决事项的利害关系股东参与股东会表决、与第三人恶意串通损害法人利益、以查账为名窃取法人商业秘密等。出资人滥用权利之认定宜采客观过错标准，损害法人或其他出资人利益之主观目的难以证明，可通过出资人权利行使不当之客观行为来证明。权利的正义内核内在要求权利人意志或利益的正当——追求己益且不害他人，背离正当目的之出资人权利行使的客观行为，实乃出资人对法人及其他出资人所负信义义务的违反。依社会生活经验常识予以判断，若纯粹损害法人或其他出资人利益（损人不利己，如无正当理由长期不分配法人利润等），或获取不当利益（利己远小于损人，如非公允价格的自我交易或关联交易等），均缺乏正当性，属滥用出资人权利。如，控制股东凭借多数表决权将其增资意志拟制为公司意志，未能客观公正地对公司净资产进行必要审计、评估，公司增资决定按照远远低于公司净资产额的公司注册资本进行，显著降低了小股东的股权价值，致使小股东的股权价值蒙受损失，属于滥用股东权利［**上海静安法院（2006）静民二（商）初字第755号民判**］。其二，营利法人或其他出资人遭受损失，该损失以实际损失为限且须由受损人举证。其三，出资人权利滥用行为与营利法人或其他出资人的损失之间具有因果关系，此要件事实由受损人举证。出资人滥用出资人权利损害法人或其他出资人利益，依滥用行为类型不同，承担不同民事责任：法人可请求出资人承担侵权责任、返还不当得利或行使归入权等，其他出资人可请求出资人承担侵权责任。

本条第 2 款确立营利法人人格否认制度。法人人格否认的构成要件有三。其一，出资人存在滥用法人独立地位的客观行为及逃避债务的主观故意。出资人有限责任之否定，乃滥用法人独立地位之结果。出资人逃避债务的主观故意，可依出资人滥用法人独立地位并严重损害法人债权人利益的客观行为推定。《九民纪要》列举了公司股东滥用法人独立地位的人格混同、过度支配与控制、资本显著不足等三种常见情形及认定标准。其二，法人债权人利益遭受严重损害，即法人的责任财产不能清偿债权人的到期债权。若出资人滥用法人独立地位的行为并未导致法人责任财产减少，则不构成损害债权人利益［**安徽高院（2014）皖民二终字第 00164 号民判**］，该债权人包括私法债权人（如合同之债、侵权之债、劳动之债的债权人等）和公法债权人（如税收机关等）。其三，滥用法人独立地位行为与债权人利益受损之间存在因果关系。

法人人格否认的法律后果依其情形而有所不同。在纵向否认情形，营利法人的债权人可主张否认法人人格，请求出资人或实际控制人对法人债务承担连带责任；在横向否认情形，出资人或实际控制人过度支配与控制多个关联法人，债权人可主张否认多个关联法人的人格，请求关联法人相互承担连带责任［**最高法（2014）民提字第 111 号民判**］；在兼具纵向否认及横向否认情形，可否定该法人人格及关联法人人格，出资人、实际控制人与关联法人对法人债务承担连带责任［**（2020）最高法民申 1106 号民裁**］。

第八十四条 【禁止关联交易损害营利法人利益】营利法人的控股出资人、实际控制人、董事、监事、高级管理人员不得利用其关联关系损害法人的利益；利用关联关系造成法人损失的，应当承担赔偿责任。

基于诚信原则，营利法人的控股出资人、实际控制人、董事、监事、高级管理人员对法人负有忠实和勤勉义务，不得利用其关联关系损害法人的利益，否则须承担侵权赔偿责任。此为本条立法目的。

本条规定的侵权赔偿责任构成要件有三。其一，行为人为控股出资人、实际控制人及“董监高”。本条所言控股出资人、实际控制人及“董监高”概念均源于《公司法》，该法第265条的定义为其解释依据。其二，行为人利用关联关系实施了关联交易。《公司法》第265条第4项将关联关系界定为“公司控股股东、实际控制人、董事、监事、高级管理人员与其直接或者间接控制的企业之间的关系，以及可能导致公司利益转移的其他关系。但是，国家控股的企业之间不仅因为同受国家控股而具有关联关系”，《国家税务总局关于完善关联申报和同期资料管理有关事项的公告》第2条、《企业所得税法实施条例》第109条、《企业会计准则第36号——关联方披露》第3条及第4条、《上市公司信息披露管理办法》第62条明确了关联关系的具体类型及实际控制关系的认定标准，这些均可供司法裁判参考。“关联交易”乃利益冲突交易，分为法人控制层（控股出资人、实际控制人）与法人之间的利益冲突交易（实为控股出资人与非控股出资人间的利益冲突）和法人管理层（即“董监高”）与法人之间的利益冲突交易，二者均包括直接关联交易与间接关联交易。直接交易（自我交易）是法人利益直接转移给关联方之交易关系（如有形资产使用权或者所有权的转让、金融资产的转让、无形资产使用权或者所有权的转让、融通资金、提供劳务、股权转让等合同），间接交易是法人利益间接转移给关联方的协议或其他安排关系（如共同董事、管理者报酬、商业机会及同业竞争等导致公司利益转移）。关联交易乃中性交易，法不禁止，但法律禁止非公允关联交易。“利用”蕴含关联交易的非公允性，即关联交易损害法人利益。关联交易是否损害法人利益，以交易程序及交易内容是否合法、正当予以判断。合法且正当的关联交易，须首先交易程序合法，即关联交易已履行信息披露、经股东会同意等规定程序。关联交易程序合法不足以排除关联交易内容损害法人利益，关联交易的内容（如关联公司间就收益、成本、费用与损益的摊计）若违反效力性强制规定，即可认定损害法人利益［**最高法（2014）民二终字第106号民判**］，若未违反，则判定控股出资人是否滥用出资人权利或“董监高”是否违背忠实和勤勉义务，具体结合交易价格是否违背市场交易常规等要素综合判断关联交易公允与否。《企业所得税法实施条例》第110条亦要求“按照公平成交价格和营业常规进行”来判断关联交易的独立性。其三，关联交易造成营利法人损失，此损失限于已发生的实际损失。

关联交易损害营利法人利益，属共同侵权行为，营利法人可就其所受损失向全部或部分关联交易方主张连带赔偿责任［**(2019) 最高法民终496号民判**］。损害营利法人利益的关联交易合同无涉公共利益或国家利益的，可能存在无效、可撤销或不发生效力等情况，营利法人亦可诉请法院撤销关联交易合同、确认其无效或对法人不发生效力，并主张赔偿责任。法人没有起诉合同相对方的，符合条件的出资人可依法向法院提起代表诉讼，胜诉利益归入法人。

第八十五条 【营利法人权力机构、执行机构决议的撤销】营利法人的权力机构、执行机构作出决议的会议召集程序、表决方式违反法律、行政法规、法人章程，或者决议内容违反法人章程的，营利法人的出资人可以请求人民法院撤销该决议。但是，营利法人依据该决议与善意相对人形成的民事法律关系不受影响。

本条规定营利法人权力机构及执行机构决议撤销的构成要件、行使方式及法律效力，系完全法条，但其解释适用须参引相关法律、行政法规及法人章程。本条不适用于营利法人监督机构决议的撤销，因其决议系对有违法或违反章程等行为的执行机构成员提出罢免建议、要求检查法人财务、要求董事或高级管理人员纠正损害法人利益的行为、对董事或高级管理人员提起派生诉讼等，即或者有利于法人治理而不应撤销，或者缺乏可执行内容而无撤销必要。

本条前句规定的决议撤销，蕴含三个构成要件。其一，决议已作出即决议已成立，但非无效。依本法第134条第2款，决议成立须满足三个条件：具有决议外观，权力机构或执行机构的成员已在决议上签字或盖章；符合议事方式，已召开会议表决或以书面形式一致表示同意；符合表决程序，表决结果已达到法律、行政法规或法人章程的通过比例。不符合决议成立条件的，决议不成立，不存在撤销问题。其二，决议符合三种法定撤销事由之一。决议的会议召集程序违反法律、行政法规、法人章程，如召集权瑕疵、召集通知程序瑕疵、召集通知未载明议案、召集通知遗漏部分表决权人等；表决方式违反法律、行政法规或法人章程，如无表决权人参与相关决议的表决、会议主持人无主持权或不当行使主持权、表决事项瑕疵、表决权计算错误等；决议内容违反法人章程，系对营利法人出资人之间的合意之违背，且通常未损害国家利益、公共利益或第三人利益。此时应尊重法人自治和出资人自治，由出资人自主决定是否撤销瑕疵决议。此外，会议召集程序或表决方式仅有轻微瑕疵，但未对决议产生实质影响的，该决议不可撤销；决议内容数项且相互独立，其中一项或数项违反章程，仅可撤销该内容，不得撤销其他内容；若出资人协议的另行约定改变了章程内容，决议内容违反该约定的，出资人亦可主张撤销［**河北高院（2015）冀民三终字第2号民判**］；决议内容是否合理或有无事实依据，属法人自治范畴，不属可撤销范围［**新疆高院（2014）新民再终字第1号民判**］。其三，瑕疵决议须未被治愈。若决议可撤销事由事后已被治愈，使可撤销决议转为无瑕疵决议，此时不得撤销。如公司股东会会议的通知方式或通知时间不符合法律规定或章程约定，未出席股东会会议的股东事后表示同意决议内容。

符合瑕疵决议撤销条件的，出资人须以决议撤销之诉方式行使撤销权。提起决议撤销之诉须符合法定程序：（1）原告须为出资人。《公司法解释四》第2条要求提起撤销股东会、董事会决议之诉的原告，须在起诉时具有公司股东资格。依目的解释，隐名股东、实际控制人因缺乏股东身份，不具有撤销之诉的原告资格。营利法人执行机构及监督机构的成员并非出资人，无权提起决议撤销之诉，但可依法召集出资人会议或执行机构临时会议纠正瑕疵决议。（2）被告为作出决议的营利法人。权力机构、执行机构并非民事主体，缺乏诉讼主体资格，其作出的决议为法人的意思，故须以该营利法人为被告。决议涉及的其他利害关系人，可依法列为第三人（**《公司法解释四》第3条**）。（3）须在法定期限内提起决议撤销之诉。依《公司法》第26条，公司股东对公司提起决议撤销之诉的期限为决议作出之日起60日内，该期间为客观除斥期间，不能中止、中断和延长，且该期限最长为一年。

本条第二句区分决议撤销的对内效力与对外效力，明确了其法律效力。就前者而言，决议被判决撤销后，视为决议自始对法人没有法律约束力。依据决议作出的行为应恢复原状，如已经支付的报酬或分配的红利应返还给营利法人；根据决议已办理变更登记的，应向登记机构申请撤销变更登记。对外，撤销不得对抗善意相对人。即营利法人依据该决议与相对人形成的民事法律关系，在相对人不知且不应知该决议存在可被撤销的瑕疵时，基于对相对人信赖利益的保护，其效力不受影响。

第八十六条 【营利法人的社会责任】营利法人从事经营活动，应当遵守商业道德，维护交易安全，接受政府和社会的监督，承担社会责任。

本条系宣示性条款，所规范的营利法人社会责任缺乏明确内涵，也未规定违反营利法人社会责任的法律后果，不能直接作为裁判规范。

本条规定“营利法人从事经营活动，应当遵守商业道德”，系对《竞争法》第2条及《公司法》第19条的提取公因式，将道德义务法定化。商业道德是特定商业领域普遍认可和遵循的行为规范，其含义不明，须综合个案情况并考量多种因素方能确定。即使违背商业道德，也未必承担民事责任。“维护交易安全”，亦含义不明，无法适用。涉及第三人利益的交易安全之保障，须借助善意取得、表见代理等制度来实现。不涉及第三人利益的交易安全之保障，则被合同信守、诚实信用及公序良俗原则所涵盖。“接受政府和社会的监督”，乃民事主体的一般义务，其法律后果皆由具体法律规定。“承担社会责任”，内涵模糊，多解释为企业法定义务之外的经济伦理责任。劳动者或消费者权益保护、合同诚信履行、环境保护等个案司法裁判中，多将营利法人社会责任规定援引为释法说理的补强裁判理由，而非裁判的直接法律依据。

第三节 非营利法人

第八十七条 【非营利法人的定义及类型】为公益目的或者其他非营利目的成立，不向出资人、设立人或者会员分配所取得利润的法人，为非营利法人。

非营利法人包括事业单位、社会团体、基金会、社会服务机构等。

本条系说明性法条。其第1款规定了非营利法人互为表里的两大本质属性——“非营利目的”和“禁止利润分配”，明确了非营利法人的认定标准。“非营利目的”，是指非营利法人的设立目的是满足设立人或成员的非物质需要（或曰精神需求），促进社会公共利益或增进特定成员的非物质性利益。非营利目的分为公益目的与其他非营利目的即互益目的，据此非营利法人分为公益法人与互益法人（如行业、协会、商会）。非营利法人开展实现非营利目的宗旨的必要经营活动并取得收入，不影响“非营利目的”的认定，如我国现行法允许慈善组织、基金会、社会团体、社会服务机构可为实现慈善或公益目的而进行财产保值增值投资并取得收益，以及开展章程规定的活动并取得合法收入。“禁止利润分配”乃“非营利目的”之必然要求，是指非营利法人不得向其出资人、设立人（针对捐助法人）或会员（针对社会团体法人）分配利润。出资人、设立人诉请分配非营利法人的经营收益的，应驳回诉讼请求［**北京二中院（2019）京02民终9192号民判**］。禁止分配利润并非绝对禁止分配剩余财产，互益性非营利法人终止时允许分配，公益性非营利法人则不允许分配。非营利法人的公益目的及禁止分配利润属性，决定公益性非营利法人不得为保证人（**第683条第2款**），以公益为目的的非营利法人提供担保或以其公益设施设立担保物权的，因与公共利益无关，应认定无效（**《担保制度解释》第6条**）。

本条第2款界定非营利法人的类型包括事业单位、社会团体、基金会、社会服务机构等，但未区分公法人与私法人。事业单位法人属公法人，社会团体法人、基金会法人、社会服务机构法人属私法人。本条第2款中的“等”字包含的非营利法人类型，须依非营利法人的两大基本属性确定，主要包括宗教院校、宗教活动场所法人及非营利公司（或社会企业）等。本法第92条确立了宗教活动场所法人的捐助法人地位，《宗教事务条例》确立了宗教团体、宗教院校、宗教活动场所的非营利性组织性质。

第八十八条　【事业单位的法人资格取得】具备法人条件，为适应经济社会发展需要，提供公益服务设立的事业单位，经依法登记成立，取得事业单位法人资格；依法不需要办理法人登记的，从成立之日起，具有事业单位法人资格。

本条规定事业单位的法人资格取得方式，其适用须参引相关法律规定，系不完全法条。依《事业单位登记条例》第2条，事业单位是指国家为了社会公益目的，由国家机关举办或者其他组织利用国有资产举办的，从事教育、科技、文化、卫生等活动的社会服务组织。事业单位乃我国特有，按其承担的社会功能分为行政类事业单位（如中国银保监会、证监会等）、生产经营类事业单位（如出版社、勘察设计院、招待所、电影院等）与公益服务类事业单位，本条仅规制公益服务类事业单位。

“依法登记成立，取得事业单位法人资格”，是指县级以上各级政府及其有关主管部门批准设立事业单位后，各级登记管理机关对事业单位法人登记申请材料进行审查。符合条件的，准予登记并发给“事业单位法人证书”，其即取得事业单位法人资格。对于本条第二分句规定的无须办理法人登记的事业单位，《事业单位登记条例》第 11 条规定了三种类型：一是法律规定具备法人条件，自批准设立之日起即取得法人资格的事业单位，如《高教法》第 30 条规定，高等学校自批准设立之日起取得法人资格；二是其他法律、行政法规规定具备法人条件，经有关主管部门依法审核或者登记，已取得相应执业许可证书的事业单位，不再办理事业单位法人登记，如依《医疗机构管理条例》，医疗机构执业必须经县级以上地方政府卫生行政部门审核登记，审核合格的，发给“医疗机构执业许可证”；三是县级以上各级政府直属事业单位。但是，取得法人资格的这三类事业单位均须办理备案，事业单位登记管理机构应自收到备案文件之日起 30 日内发给“事业单位法人证书”。依本条，须备案的事业单位法人未办理备案或未领取“事业单位法人证书”，不影响其法人资格取得。

第八十九条 【事业单位法人的决策机构及法定代表人】事业单位法人设理事会的，除法律另有规定外，理事会为其决策机构。事业单位法人的法定代表人依照法律、行政法规或者法人章程的规定产生。

本条前句表明，设理事会的事业单位法人之决策机构是理事会，但法律另有规定的，从其规定。事业单位法人系利用国有资产举办、无成员的公法人，不存在成员意志表达的权力机关，故本法将依照相关法律、政策及章程开展工作并负责本单位重大事项决策的机关设定为其

"决策机构"，该类机构一般被称为"理事会"。理事会一般由政府有关部门、举办单位、事业单位、服务对象和其他有关方面的代表组成。"法律另有规定"，主要包括两种情况。一是法律明确规定事业单位法人决策机构采用理事会之外的具体形式。依《高教法》第39条，中国共产党高校基层委员会是高校的决策机构，按照中国共产党章程和有关规定，统一领导学校工作，支持校长独立负责地行使职权。二是法律规定事业单位法人决策机构可采用理事会之外的其他形式。依据《中共中央、国务院关于分类推进事业单位改革的指导意见》，事业单位法人决策机构的主要组织形式是理事会，也可探索董事会、管委会等多种形式。实践中，一些地方的公立医疗机构改革之决策机构采取董事会形式。

本条后句规定了事业单位法人之法定代表人的两种产生方式：依照法律、行政法规的规定产生与依照法人章程的规定产生。法律、行政法规有规定的，优先适用该规定，不得以法人章程排除其适用。如《高教法》第30条规定，高等学校的校长为高等学校的法定代表人。法律、行政法规未规定的，遵循法人自治，事业单位法人的法定代表人依据法人章程的规定产生，经登记管理机关登记后取得法定代表人资格。

第九十条 【社会团体法人的类型及其法人资格取得方式】具备法人条件，基于会员共同意愿，为公益目的或者会员共同利益等非营利目的设立的社会团体，经依法登记成立，取得社会团体法人资格；依法不需要办理法人登记的，从成立之日起，具有社会团体法人资格。

我国社会团体法人概念不同于大陆法系社团法人概念，前者相当于非营利性社团法人。

本条第一分句揭示了设立社会团体的两个实体要件：会员的自愿性和目的的非营利性。不同于以财产的集合为基础成立的捐助法人，社会团体是会员基于共同意愿为公益目的或会员共同利益等非营利目的设立的组织，是以会员为基础、基于会员共同意思表示而成立的人之集合体。依目的之不同，社会团体又分为公益型与互益型两种类型，前者如中国红十字会、中国慈善总会等，后者如行业协会、商会、各类研究会、学会等。判断社会组织是否为社会团体，须把握组织的实质特征是否符合上述两个要件。如原定性为社会团体的我国各级政府主导设立的消费者协会，既非由消费者自愿发起设立，又没有会员，但是享有 8 项保护消费者权益的法定公益事务的管理职责。该协会被 2013 年修订的《消保法》定性为“公益性社会组织”，实乃承担一定行政辅助和支持职能的公益类事业单位。又如宋庆龄基金会，名为基金会，实乃兼具群众团体与慈善组织双重属性的社会团体。

本条明确社会团体的法人资格取得为两种方式：登记取得与非登记取得。原则上，社会团体须经登记取得法人资格。我国社会团体实行双重管理及强制登记制度，经业务主管单位审查同意后方可向各级政府民政部门申请登记取得法人资格，登记管理机关准予登记后发给“社会团体法人登记证书”。依法不需要办理法人登记的社会团体，自成立之日起取得社会团体法人资格，是为非登记取得。依《社团登记条例》第 3 条及《民政部关于对部分团体免予社团登记有关问题的通知》《民政部关于对部分社团免予社团登记的通知》《民政部关于中国计划生育协会免予社团登记的通知》，免予社团登记的社会团体分为三类。第一，参加人民政协会议的 8 个人民团体，即中华全国总工会、中国共产主义青年团、中华全国妇女联合会、中国科学技术协会、中华全国归国华侨联合会、中华全国台湾同胞联谊会、中华全国青年联合会、中华全国工商业联合会。第二，由国务院机构编制管理机关核定，并经国务院批准免于登记的 15 个群众团体（如中国法学会等）、中国文联所属的 11 个文艺家协会和省、自治区、直辖市文联、作协。第三，机关、团体、企业事业单位内部经本单位批准成立、在本单位内部活动的团体。除国务院批准免予登记的社会团体之外，其他自批准成立之日起具有法人资格的全国性社团和省级及其以下地方性社团，均应自批准成立之日起 60 日内向登记管理机关申领“社会团体法人登记证书”。

第九十一条 【社会团体法人的章程与组织机构】设立社会团体法人应当依法制定法人章程。

社会团体法人应当设会员大会或者会员代表大会等权力机构。

社会团体法人应当设理事会等执行机构。理事长或者会长等负责人按照法人章程的规定担任法定代表人。

本条第1款明确依法制定法人章程为社会团体法人设立的必备要件。社会团体法人属自律法人，会员实现公益或互益宗旨及法人治理机制乃其必备的制度设计，其载体为法人章程，故社会团体法人的设立须制定章程。法人章程是社会团体的自治宪章，是规范内部会员行为、明确法人活动准则的重要依据。法人章程须依法制定，不得违背强制性法律规定，不得违背公序良俗。申请登记取得社会团体法人资格，须提交法人章程，章程不合法的，不予登记。

本条第2款明确会员大会或会员代表大会等权力机构为社会团体法人的必设机构。是否采取会员代表大会制度，由章程自治。一般而言，会员人数相对较少的，设会员大会为权力机构；会员相对较多的，设会员代表大会为权力机构。单位担任会员的，应由单位法定代表人出任代表，特殊情况可书面委托单位其他负责人出任。会员大会或会员代表大会的权限、召开程序及议事表决方式由章程规定。

本条第3款第一句明确理事会等执行机构为社会团体法人的必设机构。理事会系会员大会或会员代表大会的执行机关，对会员大会或会员代表大会负责。理事会成员由会员大会或会员代表大会从会员中选举产生。单位会员担任理事的，应由单位法定代表人出任代表并参与理事会决议，特殊情况可书面委托单位其他负责人出任。本条第3款第二句明确社会团体法人的法定代表人之选任实行法人自治。法定代表人应依法人章程的规定确定，由理事长或会长等社会团体法人负责人担任，“等”字意即社会团体法人负责人，亦可称“干事长”“总干事长”等。依法人章程的规定选任的社会团体法人的法定代表人，仅具有对内效力，须登记后方具有对外代表效力。

本条未规定监督机构为社会团体法人的必设机构。公益型社会团体法人关涉公益宗旨实现，多设监督机构。互益性社会团体法人非为公益目的而设立，遵从法人自治，由法人自主决定是否设立监督机构。

第九十二条 【捐助法人资格取得】具备法人条件，为公益目的以捐助财产设立的基金会、社会服务机构等，经依法登记成立，取得捐助法人资格。

依法设立的宗教活动场所，具备法人条件的，可以申请法人登记，取得捐助法人资格。法律、行政法规对宗教活动场所有规定的，依照其规定。

捐助法人为非营利法人类型之一，即大陆法系民法上的财团法人，系为实现公益目的以捐助财产为基础设立的法人，有别于以成员的集合为基础设立的社会团体法人。本条第1款规定捐助法人登记成立之时取得捐助法人资格，明确捐助法人资格取得即捐助法人成立的三个充要条件。(1)“为公益目的以捐助财产设立的基金会、社会服务机构等”，明确了捐助法人设立的两个必备要件：以捐助财产为设立基础和为公益目的。其一，捐助法人因捐助行为而设立。捐助行为系捐助人以设立捐助法人为目的而捐献一定财产的单方法律行为，无论基于生前捐助还是遗嘱捐助，均须将捐助财产从捐助人责任财产中分割出来而使之成为捐助法人的财产。捐助行为一旦生效，因关涉公益，非经法定事由，捐助人及其继承人、遗嘱执行人或遗产管理人不得撤销捐助行为。其二，捐助法人仅得为公益目的设立，不得为私益目的设立。(2)“具备法人条件”乃指符合本法第58条规定的法人成立条件和第93条规定的捐助法人设立条件。(3)“经依法登记成立”为程序性条件，捐助组织未经登记成立，不能取得捐助法人资格。

本条第2款明确宗教活动场所法人属捐助法人。宗教活动场所是信教公民开展集体宗教活动的寺院、宫观、清真寺、教堂和其他固定宗教活动处所。基金会和社会服务机构的登记成立，仅有法人这一种主体资格形式。宗教活动场所则不同，其有法人与非法人组织这两种主体资格可供选择。宗教活动场所可依《宗教事务条例》等法律、行政法规的规定登记取得“宗教活动场所登记证”，具有非法人组织地位。宗教活动场所具备法人条件的，可以自主决定是否申请登记取得捐助法人资格，若其申请，可依法登记取得捐助法人资格。

本条列举的三种捐助法人类型，依功能不同，分为资助型、运作型与兼具型。基金会法人为资助型捐助法人，系利用自然人、法人或者其他组织捐助的财产，以从事公益慈善事业为目的，按照其章程开展活动的非营利法人。社会服务机构（前称民办非企业单位）法人为运作型捐助法人，系自然人、法人或其他组织为了公益目的，利用非国有资产捐助举办，按照其章程提供社会服务的非营利法人。宗教活动场所法人为兼具运作型及资助型的捐助法人。我国现行法律或行政法规并无“捐助法人登记证书”取得规定，但有三类捐助法人登记管理的单行行政法规，登记成立的基金会法人、社会服务机构法人、宗教活动场所法人分别取得“基金会法人登记证书”“民办非企业单位登记证书（法人）”

（将来则为“社会服务机构法人登记证书”）“宗教活动场所法人登记证书”。

第九十三条 【捐助法人的章程及组织机构】设立捐助法人应当依法制定法人章程。

捐助法人应当设理事会、民主管理组织等决策机构，并设执行机构。理事长等负责人按照法人章程的规定担任法定代表人。

捐助法人应当设监事会等监督机构。

依本条第1款，依法制定章程为捐助法人设立的必要条件。未制定章程的，捐助法人不能设立。捐助法人系他律法人，没有社员，以捐助财产为设立基础，捐助人捐助目的之实现仰赖科学完备的法人治理机制贯穿于捐助法人运营管理的始终，故应制定章程作为其自治的宪章。首先，捐助法人章程的内容须合法，不得违背法律、行政法规的强制性规定，不得违背公序良俗，否则无效。章程内容须载明名称及住所、设立宗旨和公益活动的业务范围、组织机构及职责、财务会计报告的编制、审定制度、财产的管理、使用制度、终止条件及程序、剩余财产处理等绝对记载事项；否则，登记机构可不予登记。其次，捐助法人章程的制定程序须合法。捐助法人虽以捐助财产为设立基础，捐助财产源于捐助人的捐助行为，但捐助人不一定担任捐助法人的发起人，捐助法人章程须由发起人制定或讨论通过。捐助法人章程制定，可以是单方法律行为（发起人为一人）或共同法律行为（发起人为二人以上），应当符合民事法律行为的成立要件。

因捐助法人系他律法人，故本条第2、3款明确决策机构、执行机构及监督机构均为捐助法人的必设机构。捐助法人因不存在权力机构或意思表达机构，须设理事会、民主管理组织等决策机构以实现捐助人的捐助目的。实践中，基金会法人、社会服务机构法人多设理事会或董事会形式的决策机构，其成员多由捐助人、发起人及其利害关系人等担任；宗教活动场所法人往往采取民主管理委员会等民主管理组织形式的决策机构。捐助法人的执行机构为决策机构的执行机关，负责捐助法人日常运营。不同类型的捐助法人之执行机构名称不同，如常务理事会、执行委员会、秘书处等。捐助法人的法定代表人由法人章程确定，理事长、董事长、秘书长等负责人乃当然法定代表人，理事长、董事长、秘书长等担任法定代表人须符合法定条件。捐助法人的监督机构负责监督决策机构和执行机构忠实、勤勉履责，保障捐助目的实现。捐助法人的监督机构可设置监事会或监事，具体依规模大小而定，当然，监事任职亦须符合法定条件。

第九十四条 【捐助人的监督权、捐助法人组织机构或法定代表人决定的撤销】捐助人有权向捐助法人查询捐助财产的使用、管理情况，并提出意见和建议，捐助法人应当及时、如实答复。

捐助法人的决策机构、执行机构或者法定代表人作出决定的程序违反法律、行政法规、法人章程，或者决定内容违反法人章程的，捐助人等利害关系人或者主管机关可以请求人民法院撤销该决定。但是，捐助法人依据该决定与善意相对人形成的民事法律关系不受影响。

本条第1款规定捐助人的监督权及捐助法人的答复监督义务。捐助法人一旦成立，捐助财产即成为捐助法人财产，捐助人因对捐助法人不享有成员权，无法行使成员权。捐助法人虽有监督机构的内部监督、行政监管及社会监督的外部监督，但均可能发生监督失灵。为更好保障捐助目的实现，须赋予捐助人对捐助财产使用、管理的监督权，即捐助人有权向捐助法人查询捐助财产的使用、管理情况，核实捐助财产的使用、管理是否违法或违背章程。若捐助财产的使用、管理违法或违背章程，捐助人有权向捐助法人提出意见和建议，督促捐助法人及时改正，捐助法人负有及时、如实答复的义务。为有效保障捐助人监督权的实现，《慈善法》第42条在赋予捐助人查询权的基础上，增设了捐赠人复制捐赠财产管理使用的有关资料之权利，同时明确捐助人权利之救济：慈善组织违反捐赠协议约定的用途，滥用捐赠财产的，捐赠人有权要求其改正；拒不改正的，捐赠人可以向民政部门投诉、举报或向法院提起诉讼。因基金会、社会服务机构等捐助法人类型系慈善组织采取的组织形式之一，基于目的解释及体系解释，捐助人也应享有《慈善法》第42条规定的慈善组织捐赠人复制权及救济权。

本条第2款规定捐助法人的决策机构、执行机构或法定代表人决定之撤销。称决定而非决议，意在囊括法定代表人之决定。捐助法人的决策机构、执行机构或法定代表人作出的决定内容，违反法律、行政法规的效力性强制规定或违背公序良俗的，当然无效，不属本款射程。而上述决定程序违反法律、行政法规或法人章程，或者其内容违反法人章程的，因无涉公共利益，法律赋予捐助人等利害关系人或主管机关以诉请法院撤销该决定之权利。利害关系人还包括捐助财产的特定受益人、捐助人的近亲属等，而主管机关包括捐助法人的业务主管部门和负责登记管理的民政部门。该撤销权为形成诉权，须以诉讼方式行使。决定被撤销的，自始没有法律约束力。决定若仅程序轻微瑕疵，不影响其实质性内容，可类推适用《公司法解释四》第4条规定，不得撤销［**南通中院(2018)苏06民终4085号民判**］。为维护交易安全，须保护善意相对人的合理信赖，合理限制该撤销权的对外效力。决定被判决撤销的，捐助法人不得以之对抗依该决定与捐助法人发生法律关系的善意相对人，即该民事法律关系有效。因捐助法人的不当决定极易导致捐助财产流失，进而损害公益目的实现，故对相对人之善意认定须严格把握，相对人对捐助法人的决定内容及程序是否符合法律、行政法规及法人章程负有较高注意义务。在相对人非善意时，撤销决定之判决会实质性变更乃至消灭相对人与捐助法人之间的民事法律关系。

第九十五条 【公益法人终止的剩余财产处理】为公益目的成立的非营利法人终止时，不得向出资人、设立人或者会员分配剩余财产。剩余财产应当按照法人章程的规定或者权力机构的决议用于公益目的；无法按照法人章程的规定或者权力机构的决议处理的，由主管机关主持转给宗旨相同或者相近的法人，并向社会公告。

非营利法人分为公益法人与互益法人。后者为互益性社会团体法人，其存续及目的无涉公益，存续期间的财产来源于会员，终止时若有剩余财产，应允许分配给会员。公益法人包括事业单位法人、捐助法人和公益性社会团体法人。捐助法人和公益性社会团体法人的财产名为法人所有，实为社会公共财产，不属于出资人、设立人或会员，且存续期间可享受土地优惠、财政补贴、税收优惠等国家优惠待遇，故终止时不得将剩余财产分配给出资人、设立人或会员。事业单位法人虽为公益法人，但依全国人大常委会《关于加强国有资产管理情况监督的决定》及《行政事业性国资条例》，其财产属国有资产，其剩余财产处理不适用本条规定，须遵循国有资产管理的特别规定。

剩余财产的处理须首先遵循章程自治，依捐助法人或公益性社会团体法人章程规定的剩余财产处理规则用于公益目的；章程未规定的，应按照权力机构作出的决议将剩余财产用于公益目的。章程未规定且无法通过权力机构决议处理剩余财产的，须遵循“近似原则”，即在主管机关主持下将剩余财产转给与非营利法人宗旨相同或近似的公益法人，并及时向社会公告，保障捐助人及其利害关系人对捐助财产使用的知情权和监督权。《慈善法》第 18 条第 2 款的规定与本条规定相近，但未赋予法人的权力机构处理慈善组织剩余财产的决议权，显系未考虑慈善组织之公益性社会团体法人形式。

公益法人终止时，若向出资人、设立人或者会员分配剩余财产，因违反禁止公益法人分配剩余财产之效力性强制规定而无效，出资人、设立人或会员取得剩余财产的行为构成不当得利，捐助人及其利害关系人或主管机关可主张不当得利之返还。

第四节 特别法人

第九十六条 【特别法人的类型】本节规定的机关法人、农村集体经济组织法人、城镇农村的合作经济组织法人、基层群众性自治组织法人，为特别法人。

本条将特别法人设定为营利法人与非营利法人之外的第三种法人类型，且穷尽列举了特别法人的四种类型。但是，法人三分法缺乏统一、明确的分类标准，列举的四种特别法人既未区分公法人与私法人，也混淆了其相互之间的功能及性质差异，并模糊了营利法人与非营利法人的本质区别，增加了特别法人之法律适用的不确定性，故四类特别法人之行为规范和裁判规范，须依各类法人的本质属性确定其适用。机关法人属公法人，其设立及职权范围均由公法规制，其参与民事活动由本法规制。就农村集体经济组织法人而言，其营利性特征与农民专业合作社并无不同。依《农合法》第 5 条第 1 款、第 57 条的规定，农民专业合作社（联合社）因登记取得法人资格；同时，依《市场主体登记条例》第 2 条的规定，农村集体经济组织法人具有营利性法人的性质，在其他法律无特别规定时，可参照适用营利法人规则。城镇农村的合作经济组织法人的营利性特征较为明显，应属私法人中的营利性法人，适用营利法人规则。基层群众性自治组织法人的非营利性、公益性特征较为突出，应属私法人中的非营利性法人，可参照适用非营利法人规则。

第九十七条 【机关法人的资格取得和民事活动范围】有独立经费的机关和承担行政职能的法定机构从成立之日起，具有机关法人资格，可以从事为履行职能所需要的民事活动。

依本条规定，有独立经费的机关和承担行政职能的法定机构从成立之日起，具有机关法人资格，无须办理法人登记。有独立经费的机关和承担行政职能的法定机构，仅在从事民事活动时才有必要称为机关法人，其履行国家管理职能时则称为公法主体，故“具有机关法人资格”是指其从事履行职能所需要的民事活动须具备的民事权利能力和行为能力。“有独立经费的机关”，是指其财产和经费均由国家或地方财政预算拨款的各级各类国家机关，包括全国及地方各级党政机关、人大机关、政协机关、行政机关、监察机关、司法机关、军事机关等。“承担行政职能的法定机构”，包括具有行政职能但不属于行政机关的事业单位，如中国银保监会、中国证监会等，以及承担行政职能的“法定机构”，即依法通过行政分权与市场手段承接政府部分公共事务管理或公共服务职能，不列入行政机构序列，实行企业化管理，具有独立法人资格的公共管理机构，如深圳市前海深港现代服务业合作区管理局、上海陆家嘴金融城发展局、广州市南沙新区明珠湾开发建设管理局、海南文昌国际航天城管理局等。“有独立经费的机关”，系依据宪法和各类国家机关组织法规定直接成立。“承担行政职能的法定机构”，系根据专门法律（如

《商业银行法》《证券法》《保险法》）或地方立法（如《深圳经济特区前海深港现代服务业合作区条例》）授权成立。

本条规定机关法人行为范围之限制，而非机关法人民事权利能力或行为能力之限制。机关法人从事民事活动，仅限于履行职能所需要的范围，包括两类：一是行政辅助行为，即保障职能履行必备物质条件之办公用品、车辆、设备等物资采购及办公设施建设等。二是行政私法行为，即以私法形式完成行政任务的行政补贴、行政奖励、行政委托、购买公共服务等。机关法人本为公法主体，奉行职权法定及法无授权即禁止原则。机关法人“可以从事为履行职能所需要的民事活动”系效力性强制规范，机关法人越权从事民事活动（如为他人债务提供担保），当属无效。不过，机关法人仍须依过错大小承担相应的赔偿责任。须注意，机关法人从事履行职能所需要的部分民事活动，包括政府特许经营协议及政府与社会资本合作协议，征收征用补偿协议，国有自然资源使用权出让协议，政府投资的保障性住房的租赁、买卖等协议等，尽管具有民事行为与行政行为的复合特征，但《关于审理行政协议案件若干问题的规定》已将其纳入行政协议范围，当事人只能就此提起行政诉讼。

第九十八条 【机关法人被撤销而终止的权利义务承担】机关法人被撤销的，法人终止，其民事权利和义务由继任的机关法人享有和承担；没有继任的机关法人的，由作出撤销决定的机关法人享有和承担。

本条规定机关法人因被撤销而终止时民事权利义务之概括承受。基于国家永续统治的需要，国家机关须永久运转，且国家责任以国库资产承担，国家机关无破产之必要和可能。相应地，国家机关的终止不可能发生解散清算或破产清算问题。因此，机关法人因机构改革、职能移转等原因被撤销的，无须经过法人解散清算或破产清算程序即终止。机关法人终止后，有继任之机关法人的，其民事权利和民事义务由继任的机关法人享有和承担。如，北京二中院（2019）京 02 执异 1059 号执裁认定，密云县粮食局法人终止后，其民事权利和义务由继任的机关法人即密云区商务局享有和承担。没有继任的机关法人的，基于国库兜底担保的国家责任，其民事权利和民事义务当由作出撤销决定的机关法人概括承受。

第九十九条 【农村集体经济组织的法人资格取得】农村集体经济组织依法取得法人资格。

法律、行政法规对农村集体经济组织有规定的，依照其规定。

依《集体经济组织法》第2条，本条所言“农村集体经济组织”，是指以土地集体所有为基础，依法代表成员集体行使所有权，实行家庭承包经营为基础、统分结合双层经营体制的区域性经济组织，包括乡镇级农村集体经济组织、村级农村集体经济组织、组级农村集体经济组织。具体而言，农村集体经济组织代表成员集体行使所有权，主要表现在发包农村土地、组织开展集体财产经营与管理、分配与使用集体收益以及集体土地征收补偿费等（《集体经济组织法》第5条）。农村集体经济组织具有成立的社区性（《集体经济组织法》第19条第2款）、组织的营利性与非营利性并存（同法第5～7条）、成员构成的封闭性（同法第11条）、成员收益分配的份额性（同法第40条）、治理机制的合作性（同法第27～28条）、组织运行的政府扶持性（同法第49～55条）、破产的受限性及终止的特殊性（同法第6条第2款）等特征。

本条第1款“依法取得法人资格”，指农村集体经济组织有权且应依法律规定的条件和程序取得法人资格，体现了其设立自由与国家管制的统一。目前，本款所言之“法”，主要是指《集体经济组织法》。该法第19条第1款列明了设立农村集体经济组织应当具备的条件，即符合该法规定的成员、集体财产、组织章程、名称与住所、组织机构五项条件。依同条第2款，符合第1款规定的五项条件的村，一般应当设立农村集体经济组织，村民小组或乡镇则可以根据情况或需求设立农村集体经济组织。此外，《集体经济组织法》第20～22条依次规定了组织章程、命名与住所、登记程序问题。农村集体经济组织的合并与分立，则分别适用该法第23、24条。

本条第2款明确农村集体经济组织优先适用法律、行政法规的特别规定。本款所谓“法律”，主要是指2024年颁布的《集体经济组织法》。

该法从组织成员、组织登记、财产经营管理和收益分配、扶持措施、争议解决和法律责任等方面，就农村集体经济组织作了全面且详细的规定。相关具体内容，此不赘述。此外，《农村集体经济组织财务制度》（财农〔2021〕121 号）已自 2022 年生效，而国务院农业农村部等有关部门未来还将就农村集体经济组织登记、集体经营性财产收益权量化、财务审计制定相应的部门规章（**《集体经济组织法》第 22 条第 2 款、第 40 条第 3 款、第 47 条第 1 款**）。

第一百条 【城镇农村的合作经济组织的法人资格取得】城镇农村的合作经济组织依法取得法人资格。

法律、行政法规对城镇农村的合作经济组织有规定的，依照其规定。

关于本条第 1 款所言“城镇农村的合作经济组织”，现行法并未定义，通说解释为法人组织形式之一的“合作社”。参照国际合作社联盟的定义，合作社是同业社员在自愿联合及互助互惠基础上共同出资、合作经营、共享收益、共担风险的自治性经济组织，系市场经营互助共益之人的联合体。合作社是区别于其他营利组织及非营利组织的营利组织，具有如下特征：系同业社员的自愿合作组织；通过社员互助互惠基础上的对外交易实现社员的营利；“社员即客户”的治理机制具有民主性与人合性；劳动联合重于资本联合，盈余分配主要采取按劳分配、按交易额返还盈余等方式；社员入社自愿，退社自由，退社时可要求退回出资；合作社以全部财产对外承担民事责任。“依法取得法人资格”，意即城镇农村的合作经济组织有权且应依法律、行政法规规定的条件和程序取得法人资格，体现了法人设立自由与国家管制的统一。

本条第 2 款明确城镇农村的合作经济组织优先适用法律、行政法规的特别规定，但其前提是法律、行政法规对城镇农村的合作经济组织作出了规定。我国关于城镇农村的合作经济组织的专门立法，仅有《农合法》。因应城镇农村的合作经济组织发展需要，中共中央及国务院陆续颁布了一些城镇农村合作经济组织改革政策，一些地方性法规、部门规章或地方政府规章也相继出台，设定了新型城镇农村合作经济组织取得法人资格的条件和程序，故对本款规定的“法律、行政法规”应予目的性扩张，使其涵盖相关中央政策、地方性法规及规章。本法第 96 条虽将城镇农村的合作经济组织法人规定为特别法人，但其营利性特征较为明显，且《市场主体登记条例》第 2 条明确将农民专业合作社法人定性为营利法人，第 21 条亦规定农民专业合作社等市场主体成立日期与本法第 78 条规定的营利法人成立日期相同，故城镇农村的合作经济组织的法人资格之取得可适用该条例的规定。但是，城镇农村的合作经济组织的类型不同，其依法取得法人资格的条件及登记机构有所不同：(1) 农民专业合作社登记取得法人资格，登记机构为市场监督管理部门。(2) 农村资金互助社，分为银保监会（现为国家金融监督管理总局）准入型与农民专业合作社内部信用合作型。前者依《农村资金互助社管理暂行规定》和《中国银监会关于农村资金互助社监督管理的意见》设立，经银行业监督管理机构批准，后者无须银行业监督管理机构审批，可在民政部门或市场监督管理部门登记。(3) 互助保险合作社，分为纳入保险监管的互助保险合作组织与未纳入保险监管的互助保险合作组织。前者依《相互保险组织监管试行办法》设立，如宁波慈溪龙山镇伏龙农村资金互助社等，后者依《农合法》第 66 条第 3 款设立，经民政部门登记成立，如中国职工保险互助会、中国渔业互保协会等。(4) 供销合作社及县级联合社。《中共中央、国务院关于深化供销合作社综合改革的决定》强化基层供销合作社的合作经济组织属性，强调供销合作社联合社兼具事业单位、社会团体与合作经济组织性质的特定法律地位。(5) 农村信用合作社。2020 年银保监会按照国务院金融委的要求出台了《深化农村信用社改革实施意见》，要求逐步将农村信用社建设成为产权明晰、治理健全、资本充足、支农支小特色鲜明的现代农村银行。当前，农信社省联社改革的具体路径包括联合银行模式、统一法人模式、金融服务公司模式和金融控股公司模式等。

第一百零一条 【基层群众性自治组织法人资格】居民委员会、村民委员会具有基层群众性自治组织法人资格，可以从事为履行职能所需要的民事活动。

未设立村集体经济组织的，村民委员会可以依法代行村集体经济组织的职能。

依本条第 1 款，居委会和村委会自成立之日起自动取得基层群众性自治组织法人资格，无须登记。居委会、村委会指城市、农村居民按居住地区设立的，实现自我管理、自我教育、自我服务的基层群众性自治组织；而依本条第 2 款，未设立村集体经济组织的，村委会尚可代行村集体经济组织的职能。民政部发布的《关于规范基层群众性自治组织法人有关事项的通知》明确规定："基层群众性自治组织特别法人统一社会信用代码证书"为村委会、居委会具有基层群众性自治组织法人资格的证书，由县级政府民政部门办理换发或延期手续；基层群众性自治组织法人的法定代表人，为依法选举产生的村委会主任、居委会主任；证书有效期间为 5 年，与每届村委会、居委会任期保持一致。

本条第 1 款后半句明确居委会、村委会从事民事活动限于履行职能所需要的范围，如购买办公用品、租用办公场所和从事办理本地区公共事务及公益事业所需要的其他民事活动。村委会和居委会为公益法人，本条对其民事活动范围的限制规定系效力性强制规定。村委会和居委会若越权从事民事活动，如为他人债务提供担保，则该行为无效，须依据过错大小承担相应的赔偿责任。须注意的是，本款赋予居委会、村委会特别法人资格，系在"民事活动"范围内承认其私法主体资格。对于涉及居委会、村委会之公法意义上的争讼，法院此前或以其属于基层群众性自治组织的自治范畴为由，裁定不属法院受案范围［**江苏高院（2016）苏民申 1959 号民裁**］，或认为村民代表会议的组成是否存在问题，不属法院民事案件审理范围［**北京一中院（2016）京 01 民终 6854 号民判**］。此等裁判即便在本法施行后，与本款规范意旨亦无不合。

第四章

非法人组织

第一百零二条 【非法人组织的定义和类型】非法人组织是不具有法人资格，但是能够依法以自己的名义从事民事活动的组织。

非法人组织包括个人独资企业、合伙企业、不具有法人资格的专业服务机构等。

本条第1款所言“能够以自己的名义从事民事活动”，表明非法人组织具有民事主体资格，自然具备民事权利能力和行为能力。依体系解释，“不具有法人资格”是指非法人组织对其债务不能独立承担民事责任，而是由其出资人或设立人同负其责。此为非法人组织与法人的根本区别。

非法人组织类型多样，本条第2款仅列举三种典型类型，并以“等”字兜底。个人独资企业和合伙企业之定义，分别依《独资企业法》第2条和《合伙企业法》第2条规定。不具有法人资格的专业服务机构，是指不具有法人资格，采用合伙制或个人制，且经登记设立以专业知识和专门技能为客户提供有偿服务的机构，如合伙律师事务所、个人律师事务所、合伙制注册会计师事务所、合伙制资产评估事务所、合伙制税务师事务所、合伙企业型专利代理机构等。“等”，是指其他法律、行政法规规定的其他非法人组织。参照《民诉法解释》第52条，营利性非法人组织还包括依法设立并领取营业执照的企业集团之法人分支机构、银行和非银行金融机构的分支机构、乡镇企业、街道企业及乡村集体所有制企业、单位内部设立的职工持股会等，非营利性法人组织则包括社会团体或基金会的分支机构或代表机构、依法登记设立的境外非政府组织代表机构、村民小组、业主大会、业主委员会、合伙制或个人制民办非企业单位、领取“宗教活动场所登记证”的宗教活动场所等。

第一百零三条 【非法人组织的登记、审批】非法人组织应当依照法律的规定登记。

设立非法人组织，法律、行政法规规定须经有关机关批准的，依照其规定。

本条第1款规定有两层含义：其一，法律规定非法人组织应登记成立的，非法人组织自登记之日起成立。法律规定应当登记而未登记的，其法律效果依该法律的规定确定，如个人独资企业和合伙企业未经登记成立并领取营业执照的，投资人、合伙人不得以个人独资企业、合伙企业名义从事经营活动。此处之“法律”，结合本条第2款，应指法律、行政法规。目前，我国并无法律层面的非营利性非法人组织立法，仅有行政法规，故非营利性非法人组织的成立应否登记须依行政法规而非法律确定。其二，法律未规定非法人组织应当登记的，未登记不影响非法人组织的成立。与法人须“经依法登记成立”相比，本法释放出非法人组织成立的管控更为宽松的理念。如在行政体制的“放管服”改革背景下，2013年、2016年国务院先后决定社会团体及基金会的分支机构、代表机构的设立只需事后备案，无须事先登记，即可开展活动。实践中，我国还存在大量种类繁多、无害于国家安全及公共利益、监管部门默认其开展活动的未登记的非法人组织，如职工持股会、校友会、同学会、同乡会、车友会、驴友会、红白喜事会等。若对上述组织强制要求登记成立，必使诸多不愿登记或难以登记的组织丧失民事主体地位，影响其开展正常的民事活动，且因其无害于国家安全及公共利益，公权力亦无必要以登记审查限制其准入，第三人的交易安全也可通过出资人（或设立人）的无限责任予以保护。

本条第2款规定包括两种情形：一是经有关机关批准即可设立，无须登记，如律师事务所的设立，只需省级司法行政部门批准；二是设立登记前经营范围须经有关部门批准，如合伙企业的经营范围中有属于法律、行政法规规定在登记前须经批准的项目的，个人独资企业从事法律、行政法规规定须报经有关部门审批的业务的，申请设立登记时须提交批准文件。

第一百零四条 【非法人组织的债务承担】非法人组织的财产不足以清偿债务的，其出资人或者设立人承担无限责任。法律另有规定的，依照其规定。

本条第一句规定有两层含义：其一，非法人组织具有相对独立的责任财产，且各出资人或设立人的个人财产相互独立，为保护出资人或设立人利益，须首先以非法人组织的财产清偿其自身债务；其二，非法人组织与其出资人或设立人的意志、财产并未完全分割，为保护非法人组织的债权人利益，出资人或设立人须对非法人组织清偿不足的债务负无限清偿责任。第二句系前句之但书，规定法律另行规定出资人或设立人对非法人组织的财产清偿不足的债务不承担无限责任的，从其规定。例如，《合伙企业法》对有限合伙企业和特殊的普通合伙企业的债务清偿设置了例外规定：有限合伙企业的有限合伙人，以其认缴的出资额为限对合伙企业债务承担责任；特殊的普通合伙企业的一个或数个合伙人，在执业中因故意或重大过失造成合伙企业债务的，应承担无限责任或无限连带责任，其他合伙人以其在合伙企业中的财产份额为限承担责任。

第一百零五条 【非法人组织的代表人】非法人组织可以确定一人或者数人代表该组织从事民事活动。

本条规定包括三层含义：其一，非法人组织的代表人为一人或数人，由其自主决定。若未确定代表人，非法人组织的所有成员享有平等参与该组织事务决策、执行及监督事务的权利，均可对外代表非法人组织。例如，按合伙协议的约定或经全体合伙人决定，可委托一个或数个合伙人对外代表合伙企业，执行合伙事务（**《合伙企业法》第26条第2款**）。其二，代表人数量不受限制，可以是数人。数人担任代表人的，应类推适用本法第166条共同代理的规定，由数个代表人共同行使代表权，但法律或章程另有规定及全体出资人、设立人另有约定的除外。其三，非法人组织的代表人不同于法人之法定代表人，可以是非自然人。实务中，如合伙企业中作为执行事务合伙人的非自然人，在诉讼中常被列为原、被告的代表人［**南京鼓楼法院（2021）苏0106民初47号民裁**］。本法第504条所言的“非法人组织的负责人”，才类似于第 61 条意义上的法人之法定代表人，须为自然人。

第一百零六条 【非法人组织的解散事由】有下列情形之一的，非法人组织解散：

（一）章程规定的存续期间届满或者章程规定的其他解散事由出现；

（二）出资人或者设立人决定解散；

（三）法律规定的其他情形。

非法人组织的解散分为自愿解散与强制解散。在出现自愿解散事由时，出资人或设立人亦可决定不解散。本条第 1～2 项即自愿解散事由：（1）章程规定的存续期间届满。此处“章程”宜作扩张解释，应涵盖合伙协议等非章程形式的非法人组织设立文件。如设立合伙企业，无须提交章程，只需要合伙协议；设立个人独资企业，无须提交章程或设立协议。（2）章程规定的其他解散事由出现。基于意思自治，非法人组织的出资人或设立人可在章程中约定特别解散事由，该解散事由出现，即可启动非法人组织的解散程序。（3）出资人或设立人决定解散。因无权力机构，非法人组织解散与否由出资人或设立人决定。本条未规定具体的决定程序，依法理，须依法律规定、章程规定或一致决定。

本条未明定非法人组织的强制解散事由，而依体系解释及目的解释，第 3 项“法律规定的其他情形”应包含特别法规定的强制解散事由。例如，《独资企业法》第 26 条规定，个人独资企业出现出资人死亡或被宣告死亡，无继承人或继承人决定放弃继承的，或者被依法吊销营业执照的，应当解散。又如，《合伙企业法》第 75、85 条规定，合伙企业出现“有限合伙企业仅剩有限合伙人”“合伙人已不具备法定人数满三十天”“合伙协议约定的合伙目的已经实现或者无法实现”“依法被吊销营业执照、责令关闭或者被撤销”情形之一的，应当解散，但有限合伙企业仅剩普通合伙人的，须转为普通合伙企业。

第一百零七条 【非法人组织的解散清算】非法人组织解散的，应当依法进行清算。

非法人组织的解散清算，其理与法人解散清算相同，均须清理财产、处理未了事务、清偿债务、处理剩余财产。本条之“依法”，是指特别法规定了非法人组织的解散清算规则的，应依特别法规定进行清算，如《独资企业法》第27～32条、《合伙企业法》第86～92条等；特别法未规定的，应参照适用法人解散清算规定。在解散清算结束后，若被解散清算的非法人组织系经登记成立，则须办理注销登记（**如《合伙企业法》第90条**）。

第一百零八条 【非法人组织参照适用法人一般规定】非法人组织除适用本章规定外，参照适用本编第三章第一节的有关规定。

本条系准用性法条。依本法第11条，其他法律（**如《合伙企业法》《独资企业法》**）对非法人组织有特别规定的，优先适用该特别规定。依本条，无特别法规定而本章有规定的，适用本章规定；特别法及本章均无规定的，参照适用本编第三章第一节的有关规定。这是因为，非法人组织仅在责任承担方面与法人存在本质差异，在其他方面并无根本区别，而本章只要就非法人组织的成立、责任承担规则作出特别规定，即为已足。

因非法人组织分为营利性的与非营利性的，本条并不排除对非法人组织类推适用本编第三章第二、三节及其他法律的营利性法人和非营利性法人规定。如《公司法》第15条第3款规定了有利害关系的股东或实际控制人回避表决制度，就可类推适用于出现类似情形的合伙企业。

第五章

民事权利

就总则编而言，能真正起到“提取公因式”之体系统摄功能的，便是本章所构建的民事权利体系；而分则各编的规定，基本上都是对本章规定的具体化和落实，例如：物权编是对第 113～117 条所规定的物权制度的具体化，合同编是对第 118、119、121、122 条所规定的合同、无因管理和不当得利三种债权制度的具体化，人格权编是对第 109～111 条所规定的人格权制度的具体化，婚姻家庭编是对第 112 条所规定的婚姻家庭制度的具体化，继承编是对第 124 条所规定的继承权制度的具体化，侵权责任编则是对第 120 条所规定的侵权行为制度的具体化。在此意义上，朱庆育教授将本法比作活页本，将本章规定的民事权利好比活页环，将各分编则如同活页：民事权利这一活页环以所列举的权利类型连接各分编，各分编的编数则以所列举的权利类型为限。

为发挥其活页环的功能，本章不仅列举民事权利的类型甚至亚类型，其多数条文也通过定义的方式描述各种权利，以在活页环和活页之间建立更为具体的连接。但诚如黄茂荣先生所言，就所欲定义之对象的描述，定义性的规定不一定都能详尽为之，甚至定义所描述的用语反而更有解释或补充的必要。鉴于现代社会生活变动不居，应避免定义性规定之教条性的约束，而保留其一定的开放性，以适应后来相关事务发展引起的调整需求。准此，对于本章诸多列举、定义式的说明性法条，若其无裁判规范的意义，本书仅作简单评注。

第一百零九条 【一般人格权】自然人的人身自由、人格尊严受法律保护。

本条和本法第 110～111 条均为不完全法条，唯与本法人格权编和侵权责任编之救济规则结合，方始构成完整的裁判规范。

自然人的人身自由和人格尊严被视为一般人格权，故本条亦为人格权保护的一般条款：一方面，人格权编的各项具体人格权相对于一般人格权为特别规定，故在法律适用上有优先性；另一方面，一般人格权为框架性权利，具有概念不确定性和范畴动态发展性的特点，其保护范围和内容在司法实务中的不断具体化丰富了具体人格权的类型，人格权体系也因此呈现开放性。所以，本条的意义更在于授权法官就个案认定一般人格权的保护范围，甚至创设新型的具体人格权。在本法施行前，法院在审理涉及人格利益侵害的案件［**如上海二中院（1998）沪二中民终字第2300号民判、宁波慈溪法院（2001）慈民初字第1862号民判；“齐玉苓诉陈晓琪等以侵犯姓名权的手段侵犯宪法保护的公民受教育的基本权利纠纷案”，《最高法公报》2001年第5期**］时，往往因被侵害的人格利益并非既有法律体系内明定的人格权类型，而通过引入宪法规范对非属典型权利类型之人格利益遭受侵害的权利主体提供法律救济。由此引发“宪法司法化”之激烈讨论。在2001年《精神损害赔偿解释》第1条列举人格尊严权和人身自由权以后，司法实务中更多的是借助一般人格权之案由，描述并具体化人身自由和人格尊严之保护范围与内容。除此之外，对于其他虽不属于人身自由、人格尊严之保护范围，但以其为价值基础而产生的人格利益，司法实践也予侵权救济。比如，在践行孝道受阻的纠纷［**重庆高院（2012）渝高法民提字第218号民判**］以及祭奠纠纷［**北京丰台法院（2013）丰民初字第04860号民判**］中，祭奠权等并非法定人格权类型，亦难由人身自由、人格尊严所包含，实际上是基于一般人格权而被法院确认的其他人格利益。当然，在本法施行后，对一般人格权和其他人格利益的保护，应通过本条以及本法第990条第2款的规定来实现。

本条确认一般人格权由自然人专有，而法人、非法人组织作为组织体，仅有本法第110条第2款列举的特定类型之人格权，无人身自由、人格尊严可言。此前，司法实践中有误认为法人享有一般人格权的判决［**北京丰台法院（2013）丰民初字第10953号民判**］。

第一百一十条　【具体人格权】自然人享有生命权、身体权、健康权、姓名权、肖像权、名誉权、荣誉权、隐私权、婚姻自主权等权利。

法人、非法人组织享有名称权、名誉权和荣誉权。

本条为说明性法条，其列举的各种具体人格权相对于人格权编规定的各类具体人格权，发挥活页环的作用。司法裁判中，由于人格权编诸多规范已界定各具体人格权的内涵、外延和行使方式，故本条的适用将显得多余。唯需注意的是，本条列举的婚姻自主权为精神性人格权，但它并未具体化于人格权编，而是贯穿于婚姻家庭编之中，如本法第1046条关于结婚自愿的规范，体现了婚姻自主权的内容。正是因为这种犬牙交错式的规范安排，本法第1001条的规定尤显必要：对自然人因婚姻家庭关系等产生的身份权利的保护，适用总则编（**主要指本条和第112条**）、婚姻家庭编和其他法律的相关规定；无规定者，可根据其性质参照适用人格权编的有关规定。

第一百一十一条 【个人信息保护】自然人的个人信息受法律保护。任何组织或者个人需要获取他人个人信息的，应当依法取得并确保信息安全，不得非法收集、使用、加工、传输他人个人信息，不得非法买卖、提供或者公开他人个人信息。

本条作为不完全法条，本已确认自然人个人信息权为独立于隐私权的一种精神性人格权，但因人格权编有关规定（**参见本法第1034～1039条评注**）将其具体化，故其与前条规定一样仅具活页环的功能。

第一百一十二条 【婚姻家庭关系等产生的人身权利】自然人因婚姻家庭关系等产生的人身权利受法律保护。

本条所谓基于婚姻家庭关系等产生的人身权利，作为活页环将其包含的配偶权、亲权以及亲属权等身份权指向婚姻家庭编的具体规范，其本身并无法律适用意义。

第一百一十三条　【财产权平等保护】民事主体的财产权利受法律平等保护。

本条规定的财产权平等保护原则仅具宣示意义，在本法中有承上启下之体系关联功能：一方面，本条为本法第 4 条规定的平等原则（**参见其评注**）在财产法中的要求；另一方面，本法第 207 条规定的物权平等保护原则（**参见其评注**）又是本条立法精神在物权制度中的具体表现。

第一百一十四条　【物权的定义和种类】民事主体依法享有物权。

物权是权利人依法对特定的物享有直接支配和排他的权利，包括所有权、用益物权和担保物权。

本条虽为定义物权的说明性法条，在司法裁判中貌似无适用余地，但此定义蕴含着物权客体特定原则，即物权的客体必须是特定的独立物。此特定物非物理上的特定物，乃依一般社会或经济观念可具体指定之物；不能或尚未具体特定之物，如仅定有种类及数量之物（例如 1 斤苹果），虽可作为债权之标的物，但不能成为物权的客体。所谓独立物，系指依社会经济上一般观念或法律规定，可予区分而独立存在之物。故物之一部分或其构成部分，如鹿茸、牛角等在分离成为独立物前，不能在其上成立物权。司法实务中，通过解释本条“特定的物”来区分物之重要成分、一般成分和从物，进而界定物权效力所及范围，这极有必要。

第一百一十五条　【物权的客体】物包括不动产和动产。法律规定权利作为物权客体的，依照其规定。

本条将物区分为不动产和动产，表明本法对物权的客体采取物必有体原则，而权利可作为物权客体者，仅以法律明文为限（如本法承认的权利质权）。因此，没有物理实体的无体物，如商标、商誉、信用、商业秘密、虚拟财产等，不是物权的客体，由此决定设于其上的财产权应适用相应主题之特别法。

第一百一十六条 【物权法定原则】物权的种类和内容，由法律规定。

一、物权法定之含义

本条规定物权法定原则。依文义，物权法定具有两方面的意义：(1) 物权种类法定，即当事人不得创设法律未认可的物权种类。如甲欲向乙借款，双方约定由甲将其不动产交付于乙以作担保，如借款到期甲无法清偿则由乙对该房屋折价变卖。显然，该约定不符合本法第 394 条和第 425 条的规定，既非抵押亦非质押，而是创设了典权这一未由我国实定法承认的物权类型。(2) 内容法定，即当事人不得创设与物权法定内容相异的物权。此法定内容系就强制性规定而言，倘任意性规范就某一事项给予当事人选择余地，则当事人就该事项约定相异内容者，并不违反物权法定原则，其适例如本法第 421 条之规定。

此外，亦有认为物权法定还包括物权效力法定、公示方法法定甚至变动方式法定者。此等理解显然过于宽泛，盖权利之效力由法律规定，非物权独有；而物权公示乃物权法另一原则，自有其独立地位；至于变动方式法定，有判决持否定态度："……物权法定原则是指物权的种类和内容法定，二审判决将该原则理解为物权的取得法定亦属错误，应予纠正。"［**最高法（2011）民提字第 29 号民判**］

二、物权法定之"法"

本条承继自原《物权法》第 5 条。对于其所言之"法律"，立法上与司法实务中、学理上达成一致的是，系指全国人大及其常委会通过的规范性法律文件；其不仅包括本法，亦包括《土地法》《房地产法》《矿产法》《草原法》《森林法》《海域法》《渔业法》《海商法》《民航法》等其他法律。问题在于：该"法律"是否包含习惯法和司法解释？结合本法第 10 条之规定，习惯既已被确认为第二位阶的法源，则以之缓和物权法定的僵化，至少有解释的空间；而司法解释若为对习惯法的确认，亦可借习惯法入围此所谓"法律"。

三、违反物权法定的效果

本条为不完全条款，对违反物权法定的法律效果未予明确规定。司法实践中，曾有法院错误地认为，让与担保之约定因违反物权法定原则而无效［**陕西高院（2008）陕民一终字第7号民判**］；也有法院只是依原《物权法》第5条判定某项权利不是物权，至于产生该权利的合同有无效力，以及如何保护该权利，则另案处理［**青岛中院（2011）青民二终字第235号民裁**］，或不予置喙。最高法的裁判已明确指出，违反物权法定仅指不发生排他性物权效力，但不影响合同在当事人之间具有约束力［**（2016）最高法民终124号民判**］。

在物权内容违反法律强制性规定时，若法律有规定，则从其规定，当事人的约定并非全部不产生物权的效力。例如，依本法第377条的规定，当事人约定的地役权期限超过土地承包经营权、建设用地使用权等用益物权之剩余期限的，应缩短至该剩余期限。

四、新旧法之间的物权法定

原《物权法》未承认而在本法中进阶为物权者，有土地经营权、居住权等。依物权法定原则，此等权利在本法施行前只能发生债权的效果，那么施行后其如何完成权利属性的转化？在“董某红、董某阳、董某军等诉邱某某遗嘱继承纠纷案”［**武汉洪山法院（2016）鄂0111民初4182号民判**］中，依董某峰遗嘱，将其殁后位于洪山区珞狮路某房屋所有权判归董某军（董某峰之弟），而邱某某（董某峰之夫）在其再婚前享有该房屋的居住使用权（遗嘱中言明为居住权）。显然，居住权在原《物权法》中不属于法定物权种类，故法院虽未明确所谓“居住使用权”的属性，但依物权法定原则，其无疑仅对董某军具有约束力。本法第371条规定可通过遗嘱设立居住权这一用益物权，但第368条要求居住权之设立须经登记。据此，本法施行后，既然法院裁定［**武汉洪山法院（2021）鄂0111执1164号执裁**］将被执行人董某军名下该房屋的居住权登记在申请执行人邱某某名下，并向不动产登记机构发出协助执行通知书，那么自不动产登记机构予以登记之日起，该居住权即属具有对世效力的物权。

第一百一十七条 【征收与征用】为了公共利益的需要，依照法律规定的权限和程序征收、征用不动产或者动产的，应当给予公平、合理的补偿。

本条是关于征收与征用制度的原则性规定，其具体规则见本法第243～245条（**参见其评注**）。相对于第243～245条的规定，本条的规范重心是公平、合理补偿原则。原《物权法》第42、44、121条亦规定了征收、征用制度，但彼时实践中有法院认为，补偿标准的确定和是否实际补偿“不影响征收决定生效以及相应物权转移的法律效力”［**江苏高院(2014)苏审二民申字第264号民裁**］。在(2016)最高法行再80号行政判决书中，最高法指出：“有征收必有补偿，无补偿则无征收。征收补偿应当遵循及时补偿原则和公平补偿原则。补偿问题未依法定程序解决前，被征收人有权拒绝交出房屋和土地。”此后，最高法重申“有征收必有补偿，无补偿则无征收”［**(2019)最高法行申473号行裁**］。可以认为，本条规定是对此原则的确认。而《土地法》第48条第4款和《房屋征收与补偿条例》第27条第1款，更是明确提出“先补偿后搬迁”的原则。

第一百一十八条 【债权及其发生原因】民事主体依法享有债权。

债权是因合同、侵权行为、无因管理、不当得利以及法律的其他规定，权利人请求特定义务人为或者不为一定行为的权利。

本条第2款在定义债权的同时，亦列举了其发生的五种原因，但不能由此认为本款已规定契约原则（合同必要性原则）。依契约原则，凡依法律行为成立债之关系以及变更债之内容者，以契约为必要，但法律另有规定的除外。而依本款之文义，显然不能得出合同必要性的结论，况且“法律的其他规定”之表述，恰恰反映了本法对债因的开放性原则，无论如何也解读不出该表述蕴含的是契约原则之“例外”。

第一百一十九条 【合同约束力】依法成立的合同，对当事人具有法律约束力。

本条与本法第120～122条关于侵权行为、无因管理、不当得利的规定一起，主要发挥体例上的作用，具体化了前条列举的债因体系。故依前后条文之体系解释，本条所谓“对当事人具有法律约束力”，当指发生债的效果。在此意义上，本条所称“合同”系本法第464条定义之合同（**参见其评注**）的一种，专指债权合同。并且，第465条第2款关于合同拘束力的表述虽与本条相似，但有其特定规范意义，强调的是合同相对性原则及其例外（**参见其评注**）。

第一百二十条 【侵权请求权】民事权益受到侵害的，被侵权人有权请求侵权人承担侵权责任。

本条为不完全法条，其内容较为抽象，无论是其“民事权益”还是“侵害”之表述，内涵均不确定；而且，本条未明确侵权责任的要件和责任形态，不能独立作为请求权基础。由此，本条因侵权责任编之具体规范的存在而难有适用意义。事实上，本条对应于本法第118条第2款列明的“侵权行为”，其规范目的仅在于明确其债因性质。但依第995、997、1167条的规定，本法所谓侵权责任，不仅包括损害赔偿责任，亦囊括物上请求权或人格权请求权所引发的责任，如返还财产、恢复原状、停止侵害、排除妨碍、消除危险、消除影响等。

第一百二十一条 【无因管理请求权】没有法定的或者约定的义务，为避免他人利益受损失而进行管理的人，有权请求受益人偿还由此支出的必要费用。

从规范构成的角度看，本条本可单独作为请求权基础而独立适用。事实上，本条源于原《民通》第93条，司法实务中据该条裁判的案例不胜枚举，且由此细化了无因管理之适用要件和法律效果。但本法第979～984条总结司法经验而细化规定后，本条的适用已属多余，从而仅具活页环的意义。

第一百二十二条 【不当得利请求权】因他人没有法律根据，取得不当利益，受损失的人有权请求其返还不当利益。

和前条规定一样，本条本可单独作为请求权基础而独立适用；其所源自的原《民通》第 92 条，在司法实务中也发挥了重要作用。但本法第 985～988 条既已细化不当得利制度，则本条的适用亦为多余。

第一百二十三条 【知识产权及其具体类型】民事主体依法享有知识产权。

知识产权是权利人依法就下列客体享有的专有的权利：

（一）作品；

（二）发明、实用新型、外观设计；

（三）商标；

（四）地理标志；

（五）商业秘密；

（六）集成电路布图设计；

（七）植物新品种；

（八）法律规定的其他客体。

本条明示了知识产权法为本法之特别法。依本条定义，知识产权亦为排他性之支配权，其与物权之区别在于：本条列举的知识产权之客体皆为无形财产，而物权的客体依本法第 115 条的规定原则上为有体物。本条对客体的具体列举不仅明确了知识产权的具体类型，其兜底性表述“法律规定的其他客体”其实也承认了知识产权法定原则。

第一百二十四条 【继承权及其客体】自然人依法享有继承权。

自然人合法的私有财产，可以依法继承。

本条第 1 款系授权规定，其仅仅赋予自然人继承之权利能力，其他民事主体则不具备继承权的主体资格，但其依第 1133 条第 3 款享有受遗赠的权利。是故，即便本法第 1160 条规定无人继承又无人接受遗赠的遗产归国家所有，国家也不是继承权的主体，其非因继承权取得遗产的所有权。

本条第 2 款规定继承权的客体，其所言“合法的私有财产”，即本法第 1122 条所界定的“遗产”。

第一百二十五条　【股权与其他投资性权利】民事主体依法享有股权和其他投资性权利。

包括股权在内的投资性权利，是我国社会主义市场经济商事领域的重要权利类型。本条将投资性权利列入民事权利清单，旨在昭示本法采民商合一立法体例。但股权等投资性权利本质上毕竟为商事权利，具体应由《公司法》等商事法律规范。而相对于本法，《公司法》等商事法律属于特别法的范畴，其适用依本法第 11 条的规定具有优先性。

第一百二十六条　【其他民事权益】民事主体享有法律规定的其他民事权利和利益。

本条属于民事权利清单的兜底规定。其所称“其他民事权利和利益”，乃指其他法律规定的民事权利，以及尚未上升为民事权利，但由法律承认的（如本法提供保护的胎儿利益、死者人格利益、占有利益等）或可依本法确认的不确定概念（**如第 1165 条第 1 款中的“民事权益”**），经由法官个案认定予以保护的利益。因此，本条的规范功能，一方面是使本法可外接其他特别法规定的民事权利（如消费者权利），另一方面则为单行法规定新型民事权利预留空间，从而使民事权利清单具有开放性。但是，本条更重要的规范功能，在于其以“利益”之表述，授权法官斟酌个案情形，对尚未由法律确认的民事利益作具体的个别保护。此等利益在其内容和边界经由司法经验之积累予以确定后，更可升级为判例所承认的权益类型。唯需注意的是，法官在对民事利益提供司法保护时，应兼顾诉请者权益保障和他人行为自由，恪守比例原则，权衡对社会生活的干预必要性和干预程度。在“王超群与上海吉祥航空公司、天津滨海国际机场侵权责任纠纷案”［**上海浦东法院（2014）浦民一初字第 11893 号民判**］中，法院结合“航空器的特殊性及航空旅客运输的复杂性”，一一剖析原告诉称的被侵害之权益是否属于法律所调整的民事权利或利益，进而确认此等权益的内容与边界，堪称审慎。

第一百二十七条 【数据与网络虚拟财产保护】法律对数据、网络虚拟财产的保护有规定的，依照其规定。

本条所谓数据仅指具有财产属性的数据，不同于《著作权法》保护的、构成编辑作品的数据，也不包括本法第 111 条所指、具有人格利益的个人信息数据。网络虚拟财产则指网络服务提供者提供的具有专属性质的虚拟资产，包括具有财产价值的网络游戏装备、虚拟货币、网店［**上海一中院（2015）沪一中民一（民）终字第 2090 号民判**］等；但基于无偿服务发生而不具真实交易价值的网络游戏货币等，不属于此类财产［**苏州昆山法院（2016）苏 0583 民初 4113 号民判**］。本条明确了这两类财产的财产权客体地位，但未就其权利属性、权利内容和行使方式作出规定，而只是如前条一样，以引致性规范外接其他单行法，或将此等问题留待特别法去规范。有鉴于此，对于实务中以数据、网络虚拟财产为标的物的合同纠纷，自可依合同约定和合同法的有关规定处理［**焦作中院（2016）豫 08 民终 2436 号民判、上海一中院（2015）沪一中民一终字第 932 号民判**］；但对于数据和虚拟网络财产之归属、支配和利用等，在特别法规定其为新型权利前，不妨将其解释为前条所言利益，并适用本法第 1165 条第 1 款的规定提供侵权救济。

第一百二十八条 【特殊群体的特别保护】法律对未成年人、老年人、残疾人、妇女、消费者等的民事权利保护有特别规定的，依照其规定。

如本法第 4 条评注所阐释，民事主体资格平等并不排斥针对特殊主体的差别保护，故本条针对未成年人、老年人、残疾人、妇女、消费者等特殊群体或特殊交易角色，就特别法之更高级别的保护设立优先适用制度。在此意义上，本条与本法第 11 条一样属于引致规范，本身不可独立适用，且在特别法有规定时，优先于本法而予适用。唯需区别的是，这些特别法所保障的权利，许多属于特定群体对国家的权利，对应于国家的公法给付义务，如《未成年人法》第3条规定的未成年人之生存权、发展权、参与权等；而本条所言由特别法规定的那些民事权利，即便可能附有特定的社会政策目的，也应属于私权的范畴，如《残疾人保障法》第50、55条赋予残疾人在特定交易或缔约条件方面的某些民事特权，交易相对人则承担“创造条件”“提供优先服务和辅助性服务”的义务。

第一百二十九条 【民事权利的取得方式】民事权利可以依据民事法律行为、事实行为、法律规定的事件或者法律规定的其他方式取得。

本条为民事权利取得方式之目录，其列举的、作为权利取得方式的法律事实，应该从法律规范层面理解，即此等方式就是法律规范构成中的事实要件，每一种法律事实必须和权利取得之法律效果具体结合才有法律适用的意义。据此，本条列举的权利取得方式仅为描述性的，无裁判援引的意义。此外，诸如本法第229条规定的法院、仲裁机构的法律文书等，作用至多是对权利取得的司法确认，其本身不是权利据以取得的法律事实，故非本条所指“法律规定的其他方式”。

第一百三十条 【民事权利的自愿原则】民事主体按照自己的意愿依法行使民事权利，不受干涉。

无论何种权利，均受本条规定的权利自主行使原则的保护；无法律依据而干预权利人行使权利的行为，皆为本条所禁止的干涉。司法实务中，颇为隐蔽的权利行使之干涉是法院越俎代庖。例如，解除权为形成权，但当事人未向法院提出解除合同之诉请的，法院亦有主张依职权主动解除合同者。再如，依本法第585条第2款的规定，违约金酌减为形成诉权，法院也不得依职权主动为之；而在比较法上，如《瑞士债法典》第163条第3款规定法院可径行减少不合理的违约金，此种有法律依据的介入，即非本条所指干涉。

第一百三十一条 【权利与义务的一致性】民事主体行使权利时，应当履行法律规定的和当事人约定的义务。

本条即权利义务一致（统一）原则，反映社会主义权义协统和社会连带法理观，仅具宣教、提示之行为规范功能。但本法应为权利法典，以权利的保护为逻辑起点，义务的履行只是权利实现的保障。在此意义上，对本条的理解应和本法第 176 条（**参见其评注**）联系起来，强调其权利本位的一面。

第一百三十二条 【禁止权利滥用】民事主体不得滥用民事权利损害国家利益、社会公共利益或者他人合法权益。

本条规定的禁止权利滥用被认为是诚信原则的反面规定，即诚信原则要求权利之行使不得损害他人利益，故行使权利损害国家利益、社会公共利益或他人利益者，违反了诚信原则，构成权利滥用。学理上关于禁止权利滥用是否为独立的民法基本原则众说纷纭，但本条之一般条款的性质毋庸置疑，故其适用也须遵循“禁止向一般条款逃逸”的规则。实务中认定的权利滥用，多数直接构成侵权行为，此时法院宜适用侵权责任之具体规则裁判，无须诉诸禁止权利滥用原则而向一般条款逃逸。在“张某等与刘某人格权纠纷案”［**北京三中院（2015）三中民终字第 04929 号民判**］中，法院曾一面认定张某等张贴公开信的方式及公开信的内容超出监督、批评范围，构成贬低刘某人格尊严之侵权行为，一面就监督权之滥用旁生枝叶，实无必要。

作为一般条款，本条规定亦无适用要件之具体标准。依《总则编解释》第 3 条第 1 款，对权利滥用的认定一般视个案之具体情形而定，即根据权利行使的对象、目的、时间、方式、造成当事人之间利益失衡的程度等因素予以认定。但行使权利以损害国家利益、社会公共利益、他人合法权益为主要目的者，可直接认定为权利滥用（**《总则编解释》第 3 条第 2 款**）。

如同诚信原则之规定，本条未明确权利滥用产生何种法律后果，故为不完全法条。根据《总则编解释》第 3 条第 3 款，违反本条规定构成权利滥用的，滥用行为不生法律效力，且可能引发侵权责任。具体而言，其法律效果在司法实践中可类型化如下：（1）权利滥用致人损害的，自应承担损害赔偿之责，而相对人可针对滥用行为予以正当防卫却不构成侵权；（2）滥用权利如形成权者，相对人可依本条提出抗辩，使之不发生权利行使的效果；（3）甚至，在权利人于合理期间内不行使权利的情形，倘若相对人产生合理信赖，则其权利不得再行使（权利失效），典型案例如“山东海汇生物工程股份有限公司与谢宜豪股权转让合同纠纷上诉案”［**青岛中院（2010）青民二商终字第562号民判**］。

第六章

民事法律行为

意思自治原则贯穿于民法始终，但在财产法和身份法领域投射程度和范围不一。作为私法自治工具的法律行为及其代理制度，在本法中亦被安排在总则编。由此决定本章关于民事法律行为的一般性规定，在物权编、合同编、婚姻家庭编、继承编甚至人格权编就各财产行为、身份行为无特别规定时，均应有其适用空间。不过，对于财产行为和身份行为，此适用空间各有不同。一般而言，对于纯粹财产法上的行为（典型者如合同），只要相应分编无规定，则其效力适用本章规定。此为本法第 508 条之所由设。对于婚姻家庭编和继承编的身份财产行为（如夫妻财产协议），鉴于本章规定系财产行为的一般性规范，而身份财产行为亦有财产法上的行为之性质，不妨也将本章视为身份财产行为的一般性规范。然而，对于纯粹的身份行为，虽其法律行为的本质决定了本章关于法律行为构成和意思表示的规则自有其适用，但其无效和撤销具有特殊性：本法关于婚姻无效和撤销的事由，以第 1051～1053 条规定者为限；至于离婚协议，则未见无效和撤销事由的规定。这就意味着，对于纯粹的身份行为，除非在婚姻家庭编、继承编有关于其无效和撤销的规定，否则不得借本章第三节的规定，谓其无效或主张撤销。也就是说，除背俗行为仍须受公序良俗原则检验外，纯粹身份行为基本不适用本章关于法律行为效力的规定。

由立法史来看，本章以原《民通》与原《合同法》为基础，但同时作了诸多增补、修订。增补之处主要涉及无相对人意思表示、公告作出意思表示、沉默作为意思表示（第 138～140 条），以及虚伪意思表示（第 146 条）、第三人欺诈与胁迫（第 149～150 条）等。修订之处主要表现为合并乘人之危与显失公平（第 151 条）、调整“社会公共利益”为“公序良俗”（第 153 条第 1 款）等。尤需注意的是，本法第 147 条至第 151 条沿袭原《民通》和原《合同法》相应条文，但删除了“可变更”的法律效果。其理由应该在于，撤销权系单纯的形成权，乃由权利人以单方的形成宣告即被行使，权利人可以通过撤销使法律关系归于消灭（消极的形成），但无权单方面积极地形成新的法律关系，变更法律关系须和对方达成新的协议（协议变更）；即使在形成诉权的情形，法院通常也仅面临两种选择：或者宣告法律行为全部无效，或者宣告其在全部范围内有效，而通过变更法律行为的内容积极地形成新的法律关系，一般是被禁止的。此原则的例外在本法中仅表现为少数规定，如第582条规定的减价权、第585条规定的法院或仲裁机构可根据当事人的请求酌加或酌减违约金。

第一节　一般规定

第一百三十三条　【法律行为的定义】民事法律行为是民事主体通过意思表示设立、变更、终止民事法律关系的行为。

本条规定法律行为的定义。在法律关系理论中，唯有依赖一定法律事实才能使法律关系产生、变更、终止，而法律事实分为自然事实和民事法效行为：前者包括事件（如出生、死亡）和状态（如期间经过）；后者指所有能发生民法效果的行为，主要包括法律行为、事实行为和违法行为（违约行为和侵权行为）等。在此意义上，本条规定法律行为的定义，旨在使之与其他民事法效行为以及非民事法效行为得以区分。本条规定融合了法律行为的如下两种界定视角。

第一，本条所谓“通过意思表示”意在从法律行为的构成视角说明，法律行为的构成要素为意思表示（**参见本章第二节**）。在技术构成上，法律行为以意思表示为核心要素，是一种表意行为。所谓意思表示，是指行为人将内心意思表示于外的行为。法律行为可基于双方或多方意思表示一致、单方意思表示、决议而成立（**第134条**）。其中，法律行为基于单方意思表示成立的，法律行为与意思表示彼此重合。除意思表示外，法律行为还可能包括其他构成要素，如要式行为包括书面形式的采用，要物行为包括物的交付等。

第二，本条所谓“设立、变更、终止民事法律关系”意在从法律行为的功能视角说明，法律行为的规范功能在于实现私人自治。通过本条规定民事主体依法律行为可设立、变更、终止法律关系，以及本法第5条规定民事主体依自愿原则可按照自己意思设立、变更、终止法律关系可知，法律行为的功能就在于贯彻自愿原则或私人自治原则。同时，由于法律行为的核心要素为意思表示，故私人自治功能最终依赖意思表示来实现，而非依赖如形式的采用或物的交付等法律行为的其他构成要素来实现。在此意义上，法律行为是私人自治的法律工具，而意思表示是法律行为的法律工具。

对于法律行为是否应包括合法性特征，我国学界曾有极大争议。原《民通》第54条曾将法律行为限定为合法行为，但本条依否定论删除了其合法性特征。这是因为，法律行为在外延上不仅包括合法有效的法律行为，还包括无效法律行为、可撤销法律行为和效力待定法律行为，若法律行为概念蕴含合法性特征，则在外延上仅指有效法律行为，而无法涵括另三种存在效力瑕疵的法律行为。

然而，即便本条删除法律行为的合法性特征，在解释上仍可认为包括合法性特征。这是因为，本条从功能视角将法律行为界定为实现私人自治的行为，而唯有行为人实施合法有效的法律行为，才能依其意思设立、变更、终止法律关系，故从功能视角界定法律行为，该法律行为自然被限定为有效法律行为，事实上仍然蕴含了合法性特征。

第一百三十四条 【法律行为的成立】民事法律行为可以基于双方或者多方的意思表示一致成立，也可以基于单方的意思表示成立。

法人、非法人组织依照法律或者章程规定的议事方式和表决程序作出决议的，该决议行为成立。

本条规定法律行为的三种成立方式，即基于双方或多方意思表示一致成立、基于单方意思表示成立、基于决议成立。法律行为的成立要件分为一般成立要件和特别成立要件：前者是成立各种法律行为的共通要件，即意思表示，可能为双方或多方意思表示的一致，也可能为单方意思表示，还可能为决议的方式。在此意义上，法律行为与意思表示是同义词。特别成立要件是成立特定法律行为所要求的特别要件，如建设工程合同等要式行为要求书面形式的采用（**第 789 条**）、保管合同等要物行为要求标的物的交付（**第 890 条**）。

本条第 1 款前半句规定法律行为基于双方或多方意思表示一致成立，此即双方或多方法律行为。所谓双方或多方意思表示一致，系指双方或多方达成合意或协议。协议依内容不同不仅包括有关财产关系的协议，此即合同，还包括有关婚姻、收养、监护关系的身份协议（**第 464 条**）。合同与身份协议均可基于双方或多方意思表示一致成立，既可能是双方法律行为，也可能是多方法律行为。例如，合同既可基于双方意思表示一致成立，也可基于多方意思表示一致成立，后者包括三人以上订立的合伙合同、三人以上设立法人的协议等。

本条第 1 款后半句规定法律行为基于单方意思表示成立，此即单方法律行为。由于单方法律行为仅基于行为人单方意思表示便可成立，故行为人不能通过单方法律行为为他人设定义务，而仅能为自己设定义务。例如，行为人发布悬赏广告，使自己负担向完成特定行为的人支付报酬的义务（**第 499 条**）。此外，行为人亦可通过单方法律行为处分自己的权利，如债权人免除债务（**第 575 条**）；行为人还可通过单方法律行为行使其形成权，如解除权人解除合同（**第 563 条**）。鉴于单方法律行为仅包括一个意思表示，且意思表示分为有相对人的意思表示和无相对人的意思表示，故单方法律行为亦可分为有相对人的法律行为（如合同解除）和无相对人的法律行为（如遗嘱）。有相对人的意思表示自相对人知道意思表示内容或者意思表示到达相对人时生效（**第 137 条**），故有相对人的单方法律行为自此时成立。无相对人的意思表示自表示完成时生效（**第 138 条**），故无相对人的法律行为自表示完成时成立。

本条第 2 款规定法人或非法人组织的决议行为基于决议成立。此种决议依双方或多方意思表示而作出，在本质上属于多方法律行为，但在实践中也有判决认为其属于双方法律行为［**北京二中院（2013）二中民终字第 17025 号民判、江苏高院（2010）苏商终字第 0043 号民判**］。决议行为可能表现为双方或多方意思表示一致（**如《合伙企业法》第 31 条**），此时亦属于本条第 1 款前半句规定的法律行为基于双方或多方意思表示一致成立的情形；但通常表现为多数决，此时则不属于本条第 1 款前半句的情形。因此，理论上所谓双方或多方法律行为，在外延上包括本条第 1 款前半句基于双方或多方意思表示一致成立的法律行为，以及本条第 2 款基于决议成立的决议行为。如果法律对决议行为有特别规定，则应优先适用；没有特别规定的，决议行为应适用本章的规定［**上海一中院（2018）沪01民终11780号民判**］。

第一百三十五条 【法律行为的形式】民事法律行为可以采用书面形式、口头形式或者其他形式；法律、行政法规规定或者当事人约定采用特定形式的，应当采用特定形式。

本条规定法律行为的形式。法律行为以意思表示为成立要件，故基于双方或多方意思表示一致成立的法律行为，其形式即为意思表示一致或合意的形式；基于单方意思表示成立的法律行为，其形式等同于意思表示的形式。在此意义上，本条规定的法律行为形式与本法第140条规定的意思表示形式，具有相互对应关系。具体而言，本条规定法律行为可采用书面形式、口头形式或其他形式，而第140条规定意思表示可以明示和默示作出，即本条的书面形式和口头形式对应第140条的明示，而本条的其他形式主要指的便是第140条的默示。

本条第一分句规定法律行为的形式自由。依私人自治原则，法律行为以形式自由为原则，而以形式强制为例外，当事人可自由决定法律行为采用书面形式、口头形式或其他形式。与此项规定相对应，本法第469条规定，当事人订立合同，可采用书面形式、口头形式或其他形式。其一，所谓“书面形式”，是指可以有形地表现法律行为内容的形式。例如，合同的书面形式主要包括合同书、信件、电报、电传、传真等（**第469条第2款**）。此外，能够有形地表现所载内容且可随时调取查用的数据电文，如电子数据交换、电子邮件等，视为合同的书面形式（**第469条第3款**）。随着时代发展，微信、QQ等社交软件中的聊天记录亦属书面形式。例如，当事人通过微信聊天的形式对房屋位置、价格、付款方式和过户费用等内容进行约定，法院认为其已订立房屋买卖书面合同［**咸宁中院（2019）鄂12民终1361号民判**］。其二，所谓“口头形式”，是指以语言表现法律行为内容的形式。比较典型的口头形式为当事人面对面的交谈、通过信息传递工具（如电话）进行交谈、聋哑人使用手语进行交谈等。此外，法律行为可采取录音、录像等视听形式，如以录音录像形式立遗嘱（**第1137条**），但这在本质上仍属口头形式，录音、录像仅是口头意思表示的证明方式。其三，所谓“其他形式”，系兜底规定，主要指默示形式（第140条）。默示形式是指即当事人虽未采用书面形式或口头形式，但其行为表明已作出相应意思表示（《总则编解释》第18条）。

本条第二分句规定法律行为的法定形式和约定形式。其一，法定形式，即法律、行政法规规定特定法律行为应当采用的特定形式。为防止当事人草率地实施较重要或高风险的法律行为，以及为日后解决争议保存证据，法律法规规定特定法律行为必须采用特定形式。法定形式主要以书面形式为主，如保证合同、建设工程合同、融资租赁合同、保理合同等应采用书面形式。再如，代书遗嘱要求两个以上见证人，由其中一人代书（第1135条），即代书遗嘱不仅要求书面形式，还需要两个以上见证人这种形式。其二，约定形式，即当事人约定特定法律行为应当采用的特定形式。依私人自治原则，当事人可自由约定法律行为应采用特定形式。法律行为的法定形式和约定形式系其特别成立要件，如果当事人未采用特定形式，法律行为将不成立［广东高院（2022）粤民申5392号民裁］。此种后果的例外情形为，即使当事人订立合同未采用法定形式或约定形式，但一方已履行主要义务且对方接受的，该合同仍成立（第490条第2款）。

第一百三十六条 【法律行为的生效】民事法律行为自成立时生效，但是法律另有规定或者当事人另有约定的除外。

行为人非依法律规定或者未经对方同意，不得擅自变更或者解除民事法律行为。

本条规定法律行为的生效，即法律行为具备生效要件从而产生约束力。本章区分法律行为的成立和生效，第134～135条规定法律行为的成立问题，而本条规定法律行为的生效问题。法律行为成立旨在依本法规定的各项成立要件判断意思表示有效或者有效且一致、特定形式的采用等要素是否满足；法律行为生效旨在依本法规定的各项生效要件判断行为能力、意思表示真实、不违法背俗等要素是否满足。

一、法律行为生效的时间（第1款）

本条第1款主文规定，法律行为自成立时生效，此即法律行为的生效推定。即便法律行为生效不同于法律行为成立，且以法律行为成立为前提，但这不意味着法律行为成立与生效通常存在先后顺序。法律行为的成立体现私人自治，行为人可自由决定行为的内容和效果，而法律行为的生效体现国家管制，作为国家法的民法从不同生效要件角度对私人自治作适当限制。本条第1款主文所确立的法律行为生效推定，意味着私人自治相较于国家管制的基础和优先地位。

依本条第1款但书规定，法律行为生效时间存在法律另有规定或当事人另有约定的情形。此即法律行为生效推定的例外。其一，法律另有规定的法律行为生效时间，涉及法定的法律行为的特别生效要件。例如，依法律、行政法规应办理批准等手续的合同，自批准等手续办理完毕时生效（**第502条第2款**）。其二，当事人另有约定的法律行为生效时间，涉及约定的法律行为的特别生效要件。例如，附生效条件的法律行为，自条件成就时生效（**第158条**）；附生效期限的法律行为，自期限届至时生效（**第160条**）。

二、法律行为生效的效果（第2款）

本条第2款后半句规定，行为人不得擅自解除或变更已生效的法律行为，此即法律行为的约束力。法律行为生效的直接效果就是对行为人的约束力，若法律行为无效，行为人自然不受约束。此种约束力具体表现为：行为人不得擅自解除法律行为，即不得擅自使法律行为终止；行为人不得擅自变更法律行为，即不得擅自改变法律行为的内容。双方或多方法律行为基于意思表示一致或者多数决而成立并生效，任一行为人均应受法律行为的拘束。即使单方法律行为亦然，若属有相对人的单方法律行为，如法律行为撤销、合同解除等，因涉及法律关系的稳定以及相对人的信赖保护，故行为人不得擅自解除或变更；若属无相对人的单方法律行为，如遗嘱人虽可申明废弃已立的遗嘱或者变更遗嘱的内容，但此时遗嘱尚未生效，故并未违反拘束力要求。事实上，遗嘱作为死因行为，在遗嘱人死亡时生效，根本不存在行为人解除或变更的可能。

本条第2款前半句规定，行为人可依法律规定或经对方同意而解除或变更法律行为。其一，行为人依法律规定解除或变更合同。为救济行为人或矫正利益失衡状态，法律在特定情形规定当事人可变更或解除合同，如行为人行使法定解除权而解除合同（**第563条**）。其二，行为人经对方同意解除或变更合同。所谓行为人经对方同意，实际上是指当事人对解除或变更法律行为达成合意。例如，当事人协商一致，可解除合同；在当事人约定的合同解除事由发生时，解除权人可解除合同（**第562条**）。再如，当事人协商一致，可变更合同（**第543条**）。

三、举证责任分配

基于法律行为的生效推定，在诉讼中依法律行为主张权利的当事人，仅须举证法律行为成立，而无须举证法律行为生效，即无须举证法律行为具备各项生效要件。反之，否定权利的对方当事人，应当举证法律行为欠缺生效要件［**乌鲁木齐中院（2024）新01民终3671号民判**］。换言之，从举证责任分配视角，法律行为不存在是否符合生效要件的举证责任问题，而仅存在欠缺生效要件的举证责任问题。

第二节　意思表示

所谓意思表示，是指行为人将内心意思表示于外的行为。本节规定了意思表示的作出（方式）、撤回与解释，尤其是四种生效时间。意思表示的生效时间牵涉行为人与相对人之间的风险分配。在行为人作出意思表示后，意思表示可能因客观障碍而无法为相对人知晓，如因通信问题而未能发出，因受领设施毁损而未能到达。此时涉及意思表示何时生效，以及意思表示未生效的风险应由何人承担的问题。一般而言，意思表示的生效时间越靠近意思表示成立的时间点，表意人承担的风险越低；生效时间越靠近相对人知道的时间点，表意人承担的风险越高。

意思表示的生效时间按先后顺序分别为：（1）作出主义，意思表示自作出时或自成立时生效，如无相对人的意思表示，表示完成时生效（**第138条**）；（2）发出主义，以公告方式作出的意思表示，自公告发布之时生效（**第139条**）；（3）到达主义，以非对话方式作出的意思表示，到达相对人时生效（**第137条第2款**）；（4）知道主义，以对话方式作出的意思表示，自相对人知道意思表示的内容时生效（**第137条第1款**）。

第一百三十七条　【有相对人的意思表示之生效时间】以对话方式作出的意思表示，相对人知道其内容时生效。

以非对话方式作出的意思表示，到达相对人时生效。以非对话方式作出的采用数据电文形式的意思表示，相对人指定特定系统接收数据电文的，该数据电文进入该特定系统时生效；未指定特定系统的，相对人知道或者应当知道该数据电文进入其系统时生效。当事人对采用数据电文形式的意思表示的生效时间另有约定的，按照其约定。

一、以对话方式作出的意思表示之生效时间（第1款）

本条第1款规定以对话方式作出的意思表示，自相对人知道其内容时生效。以对话方式作出的意思表示，如面谈、电话交谈、网络通话等，其本质特征在于，在行为人作出意思表示时，相对人可同步受领该意思表示。在此种情形，意思表示作出、发出、到达和知道之间没有时间差。行为人与相对人通过短信、微信文字或语音信息进行交流的，因相对人未必时刻关注有无信息，即使该信息已到达相对人，相对人仍可能未同步受领该信息，故其不属于对话方式。即使行为人与相对人同时在场，但使用纸条传达信息，仍不属于对话方式。

所谓知道，是指相对人理解意思表示的内容。在通常情形，行为人作出意思表示时，相对人就可知道其内容。在例外情形，相对人因听力障碍等而未能即时知道，此时若依绝对知道主义，只要相对人客观上不知意思表示的内容，则意思表示未生效，其法律风险由行为人承担。但如今主流观点采相对知道主义，只要行为人在作出意思表示时已尽合理注意义务，即可视为相对人知道，意思表示生效；反之，若行为人未尽合理注意义务，则因相对人客观上不知道意思表示内容，从而意思表示未生效。

二、以非对话方式作出的意思表示之生效时间（第2款第一句）

本条第2款第一句规定以非对话方式作出的意思表示在到达相对人时生效。在通过信件、他人传达等非对话方式作出意思表示的情形，意思表示的发出和相对人知道之间存在时间差，也就导致行为人与相对人之间信息不同步，风险分配问题显得尤为重要。所谓到达，是指意思表示已进入相对人的支配范围，以至于相对人具有知悉其内容的可能性［**武汉武昌法院（2018）鄂0106民初1741号民判**］。

第一，意思表示进入相对人的支配范围。支配范围主要是指空间上的控制范围，意思表示进入了相对人的私人领域即可认为处于相对人的支配范围，如邮递员将信件投递到相对人的信箱。除相对人亲自受领意思表示外，相对人的同住亲属等受领传达人、代理人等亦有权受领意思表示，此时意思表示进入相对人的支配范围。

第二，相对人具有知道意思表示内容的可能性。一旦意思表示进入相对人的支配范围，相对人通常就具有知道意思表示内容的可能性，相对人将承担知道其内容的风险。依商业交往的一般交易观念，意思表示客观上虽已到达相对人，但相对人唯有在营业时间内才具有知道其内容的可能性，故此时应视为意思表示在营业时间方才到达相对人。

三、数据电文形式的意思表示之生效时间（第 2 款第二、三句）

本条第 2 款第二句规定数据电文形式的意思表示的两种法定到达时间。数据电文形式的意思表示主要包括以电报、电传、传真、电子数据交换和电子邮件等可以有形地表现所载内容的形式作出的意思表示。数据电文形式的意思表示，在本质上属于非对话方式的意思表示，故其生效时间采到达主义。但数据电文形式的意思表示之到达具有特殊性，故本条款对此作了进一步具体规定。

第一，在相对人指定特定系统接收数据电文时，采客观到达主义，该数据电文进入该特定系统时生效，而不问相对人是否知道该意思表示进入该特定系统。客观到达主义的合理之处在于，相对人既已指定特定系统，行为人将数据电文发送到该系统，便有理由信赖相对人随时可知道其作出的意思表示。反之，如果行为人向相对人的其他系统发出数据电文，意思表示原则上不生效，除非行为人证明相对人已实际知道该数据电文，如确实查收了电子邮件。

第二，在相对人未指定特定系统接收数据电文时，采主观到达主义，在相对人知道或应当知道该数据电文进入其系统时生效。须注意的是，原《合同法》第 16 条采客观到达主义，相对人未指定特定系统的，数据电文自进入相对人的任何系统时生效。但在现代社会各类数据电文系统迅速增多的背景下，要求相对人随时检索其全部收件系统，否则将承担漏看数据电文的风险，未免对相对人太过苛刻。为此，本条改采主观到达主义，在利益分配与风险分配上更具合理性，若行为人主张意思表示生效，则需证明相对人知道或者应当知道数据电文进入其系统［福州台江法院（2023）闽0103民初3602号民判]。

本条第2款第三句规定，数据电文形式的意思表示之约定生效时间。这意味着本条款第二句的规定属于任意性规定，当事人可约定排除其适用。

第一百三十八条 【无相对人的意思表示之生效时间】无相对人的意思表示，表示完成时生效。法律另有规定的，依照其规定。

本条规定无相对人的意思表示之生效时间。本条第一句规定，无相对人的意思表示的一般生效时间为表示完成时。无相对人的意思表示是指无须向任何人作出的意思表示，仅限于单方法律行为的情形。单方法律行为基于单方意思表示成立，该意思表示既可能为有相对人的意思表示，也可能为无相对人的意思表示。后者如构成遗嘱或捐助行为的意思表示，其无须向继承人或受捐助人作出。无相对人的意思表示无须相对人受领，仅有意思表示作出的问题，故不涉及发出、到达和相对人知道其内容的问题。

本条第二句规定，相对人的意思表示的特别生效时间为法律另有规定的生效时间。值得注意的是，学界和实务界有观点认为，依本法第1121条，遗嘱作为死因行为不是在作出时生效，而是在遗嘱人死亡时才生效［北京一中院（2020）京01民终3027号民判］，故该条属于本条第二句所谓法律另有规定的生效时间。但该观点混淆了意思表示的生效时间和作为法律行为的遗嘱的生效时间：唯有意思表示成立且生效，遗嘱才可能成立，且遗嘱除意思表示外还需具备特别成立要件；遗嘱行为成立后，才有其生效问题。因此，构成遗嘱的意思表示，其生效时间实际上适用本条第一句的一般生效时间；而遗嘱的生效时间，才适用本法第1121条的规定，即该条并非本条第二句所谓的法律另有规定的生效时间。

第一百三十九条 【公告方式的意思表示之生效时间】以公告方式作出的意思表示，公告发布时生效。

本条规定公告方式的意思表示之生效时间，即在公告发布时生效。

所谓公告方式，是指报纸刊登、广告栏张贴、广播电视传播、互联网发布等媒介形式；其特征在于，使不特定相对人具有知道意思表示内容的可能性。以公告方式作出的意思表示，在本质上属于有相对人的意思表示，且属于以非对话方式作出的意思表示（**第 137 条第 2 款**）。本条仅调整以公告方式作出的意思表示，而不规范以公告方式作出的其他行为。例如，依本法第 473 条，拍卖公告、招标公告、招股说明书、债券募集办法、基金招募说明书、商业广告和宣传等，均可采用公告方式作出，但其属于以公告方式作出的要约邀请，而要约邀请不是意思表示。

本条所谓公告发布时生效，意指以公告方式作出的意思表示采发出生效主义。以公告方式作出的意思表示，虽然属于非以对话方式作出的意思表示，但因相对人不特定而无法判断何时到达相对人，故不采到达生效主义。行为人不仅应作出承载意思表示的公告，还须予以发布，意思表示自公告发布时生效。公告发布必须使不特定相对人具有知道意思表示内容的可能性。例如，行为人将公告张贴在自家院中，则相对人无从知道，故不属于公告发布。若在任何情形行为人均可采取公告方式作出意思表示，则无异于要求相对人时刻注意行为人可能发布的公告；否则，相对人可能承受不知已生效意思表示之风险。正因如此，唯有在法律规定或者当事人约定时，行为人才可以公告方式作出意思表示［**银川中院（2023）宁 01 民终 3949 号民判、江西高院（2019）赣民终 586 号民判**］。

第一百四十条　【意思表示的形式】行为人可以明示或者默示作出意思表示。

沉默只有在有法律规定、当事人约定或者符合当事人之间的交易习惯时，才可以视为意思表示。

本条规定意思表示的形式。意思表示由作为内部要素的内心意思和作为外部要素的外在表示构成，内心意思唯有通过外在表示才能表示于外并进而产生法律效果。因此，外在表示系意思表示的载体，行为人明示或默示作出外在表示，也即作出意思表示。

本条第 1 款规定意思表示包括明示和默示两种作出方式。依私人自治原则，行为人既可自由决定意思表示的内容，也可自由决定意思表示的形式，即决定以明示或默示的方式作出意思表示。所谓以明示作出意思表示，系指以语言或文字等将内心意思表示于外的形式，包括口头形式和书面形式。如果法律规定某些意思表示须采取书面形式，而行为人未以书面形式作出意思表示，则该意思表示不成立。所谓以默示作出意思表示，也称为可推断的意思表示，系指通过行为人的特定行为可推知其内心意思的形式。例如，以自己的行为表明放弃撤销权（**第 152 条**）、通过行为作出承诺（**第 480 条**）。

本条第 2 款规定沉默视为意思表示的三种情形。所谓沉默，是指当事人并未作出任何行为而只是消极地不作为，故而有别于以积极行为为要件的默示。沉默不是意思表示的作出方式，不具有意思表示的意义。行为人有意思表示的自由，法律不能将沉默作为意思表示强加于民事主体。反之，假设沉默可发生意思表示的效果，则意味着行为人若不愿发生该效果，须积极作出反对表示，这无异于对行为人施加一项作为义务，侵犯其行为自由。本条款基于行为人与相对人的利益衡量，规定在三种例外情形沉默可发生意思表示效果，从而使沉默人接受该效果。即便如此，沉默在本质上仍不属于意思表示。

第一，法律规定将沉默视为意思表示，此即规范化沉默。法律在特定情形将沉默拟制为意思表示，不问行为人是否有此意愿。该拟制须具有正当理由，否则将侵害行为人的意思自由。此种正当理由，或是为保护一方利益，或是利益平衡。例如，在试用买卖的试用期限届满时，买受人对是否购买标的物未作表示的，视为购买（**第 638 条**）；第三人单方以书面形式向债权人作出保证，债权人接收且未提出异议的，保证合同成立（**第 685 条第 2 款**）；在租期届满后承租人继续使用租赁物时，出租人未提出异议视为同意，原租赁合同继续有效（**第 734 条**）；继承开始后，继承人未表示放弃继承的，视为接受继承（**第 1124 条第 1 款**）；受遗赠人在知道受遗赠后 60 日内未作表示的，视为放弃受遗赠（**第 1124 条第 2 款**）。

第二，当事人约定将沉默视为意思表示。依私人自治原则，若当事人就沉默视为意思表示达成合意，则应按此约定处理，法律无须干涉。此时，若当事人不欲发生沉默的约定效果，则须表示反对。例如，《施工合同解释一》第 21 条规定，当事人约定发包人在收到竣工结算文件后，在约定期限内不予答复，视为认可竣工结算文件的，按约定处理［**(2018) 最高法民申 549 号民裁**］。

第三，沉默在符合当事人之间的交易习惯时视为意思表示。根据《合同编通则解释》第 2 条第 1 款，交易习惯包括两种：当事人之间的交易习惯，地方或行业交易习惯。对此，本条第 2 款限定为当事人之间的交易习惯，沉默唯有符合该交易习惯，才能被视为意思表示。当事人之间的交易习惯往往产生于长期的系列交易活动，故依此种交易习惯将沉默视为意思表示，既符合沉默人的意思，亦保护相对人的合理信赖。这与依当事人约定将沉默视为意思表示，并无本质差异。诉讼中主张存在交易习惯的当事人，应就习惯的存在和内容承担举证责任（**《合同编通则解释》第 2 条第 2 款**）。本条第 2 款之所以排除地方或行业交易习惯，原因在于沉默人可能不知晓该类交易习惯，故依此类习惯而将沉默视为意思表示，极可能与沉默人的内心意思相悖。即便沉默人知道此种交易习惯，完全可通过约定将沉默视为意思表示，法律也无须规定沉默在符合此种交易习惯时视为意思表示。

第一百四十一条 【意思表示的撤回】行为人可以撤回意思表示。撤回意思表示的通知应当在意思表示到达相对人前或者与意思表示同时到达相对人。

本条规定意思表示的撤回，即行为人在意思表示发出后生效前将其撤回，使其不发生法律效力，如要约的撤回（**第 475 条**）、承诺的撤回（**第 485 条**）等。

本条第一句规定意思表示的可撤回性。在意思表示生效前，行为人不受其约束，相对人亦未产生信赖，此时允许行为人撤回意思表示，是对行为人内心意愿的尊重，也是意思自治的体现。可撤回的意思表示受到三重限制：其一，仅可撤回有相对人的意思表示。无相对人的意思表示在行为人表示完成时即生效，不存在撤回的可能。例如，遗嘱中的意思表示在遗嘱设立时已经生效，但遗嘱在遗嘱人死亡前未生效，故本法第 1142 条第 1 款规定，遗嘱人可以撤回、变更自己所立的遗嘱；此时撤回的对象是尚未生效的遗嘱行为，而非构成遗嘱行为的意思表示。其二，仅可撤回以非对话方式作出的意思表示。意思表示以对话方式作出的，其发出与相对人知道其内容基本同时发生，故行为人通常没有机会撤回其意思表示。意思表示以非对话方式作出的，其发出与到达之间有所谓在途时间，行为人可在该期间撤回其意思表示。不过，采用数据电文形式作出的意思表示，其发出和到达几乎同时发生，一般也不存在撤回问题。仅在因网络故障致使意思表示尚未进入相对人的数据系统时，行为人才可能撤回其意思表示。其三，不可撤回以公告方式作出的意思表示。虽然以公告方式作出的意思表示在性质上属于以非对话方式作出的意思表示，但其采发出生效主义，在公告发布时意思表示生效，故不存在撤回的可能。

本条第二句规定意思表示的撤回规则。撤回意思表示的通知在性质上属于有相对人的意思表示，采到达生效主义。撤回通知无须与被撤回的意思表示采取同一种形式，如可通过数据电文形式的撤回通知，阻止书面形式的意思表示的生效。撤回通知应先于意思表示到达，或者与意思表示同时到达。若撤回通知先于意思表示到达，则后到达的意思表示不会使相对人产生信赖。若撤回通知与意思表示同时到达，相对人足以确认行为人使意思表示不生效的意愿。

第一百四十二条 【意思表示的解释】有相对人的意思表示的解释，应当按照所使用的词句，结合相关条款、行为的性质和目的、习惯以及诚信原则，确定意思表示的含义。

无相对人的意思表示的解释，不能完全拘泥于所使用的词句，而应当结合相关条款、行为的性质和目的、习惯以及诚信原则，确定行为人的真实意思。

本条依意思表示是否存在相对人，区分规定了意思表示解释的一般规则。其中，合同是双方法律行为，所涉意思表示存在相对人，其解释除需适用本条第 1 款外（**第 466 条第 1 款**），还需适用第 466 条第 2 款（**参见其评注**）。

一、有相对人的意思表示的解释（第 1 款）

（一）解释目标：确定意思表示的含义

本条第 1 款规定，有相对人的意思表示的解释，其解释目标为“确定意思表示的含义”。首先，此种解释目标在一般情形为，确定意思表示的客观含义，即从相对人视角探求理性第三人理解的含义。意思表示由内心意思和外在表示构成，在两者并不一致时，若采传统的意思主义，则应探求行为人的真实意思；若采表示主义，则应探求行为人外在表示的意义。传统的意思主义存在缺陷，忽视对相对人信赖的保护。当代主流民法理论认为，不应从行为人视角采意思主义或表示主义，而应从相对人视角探求理性第三人理解的含义。采取此种解释目标的理由有二：其一，行为人引起内心意思和外在表示的不一致，具有可归责性，应承受相应的法律风险；而相对人对意思表示若已产生信赖，则应受到法律保护。其二，在意思与表示不一致时，无须以行为人的内心意思或者相对人理解的意思为准，而应以理性第三人理解的意思为准，如此才能更好分配意思与表示不一致的法律风险。经由此种解释确定的意思表示含义，乃是意思表示的客观含义。另外，此种意思表示含义系为分配意思与表示不一致的法律风险，基于利益平衡的法律评价而确定，故亦被称作意思表示的规范含义。

其次，此种解释目标在例外情形为，确定意思表示的主观含义，即确定行为人的真实意思。其一，在行为人的内心意思与外在表示不一致时，若相对人知道行为人的内心意思，则相对人并无信赖利益，故解释目标无须为保护相对人而采意思表示的客观含义，而仅需确定行为人的真实意思。也就是，行为人与相对人对意思表示存在不同于词句通常含义的共同理解，此时意思表示自然应以此种共同理解的含义为准（**《合同编通则解释》第 1 条第 2 款**）。其二，若相对人应当知道行为人的真实意思，则相对人亦无信赖利益，故解释目标也仅为确定行为人的真实意思。总而言之，在相对人知道或应当知道行为人真实意思时，解释目标为行为人的真实意思。在意思与表示不一致时仍以真实意思为准，此即法谚所谓的"误载无害真意"〔**上海金融法院（2022）沪 74 民终 202 号民判**〕。唯须注意的是，该法谚仅适用于此种例外情形。

（二）文义解释的基础性地位

对于有相对人的意思表示的解释，文义解释具有基础性地位。由于解释目标在一般情形为确定意思表示的客观含义，即从相对人视角确定理性第三人理解的含义，而理性第三人的理解基础便是行为人"所使用的词句"，所以在确定意思表示含义时"应当按照所使用的词句"。此种词句既可以为口头词句，也可以为书面词句。按照所使用的词句进行解释，应以理性第三人对词句的通常理解为准，而非以相对人对词句的特别理解为准。正是在此意义上，《合同编通则解释》第 1 条第 1 款规定，合同条款解释"应当以词句的通常含义为基础"。

其他四种解释方法仅具有辅助性地位，即均应以文义解释为基础，并辅助对“所使用的词句”的理解。其一，体系解释，即“结合相关条款”来确定意思表示的含义。意思表示在内容上表现为由多个条款构成的统一整体，对意思表示的解释不应孤立判断单个条款的含义，而应在条款相互关系中确定其含义。其二，目的解释，即“结合行为的性质和目的”来确定意思表示的含义。在解释意思表示时，若所使用的词句存在两种解释时，应采取最适合于行为性质和目的之解释。其三，习惯解释，即“结合习惯”来确定意思表示的含义。此种习惯包括当事人之间的习惯以及地方习惯或行业习惯，主张适用习惯的当事人，应当举证习惯的存在和内容（**《总则编解释》第2条**）。其四，诚信解释，即“结合诚信原则”来确定意思表示的含义。民事主体从事民事活动应当秉持诚实，恪守承诺，对意思表示的解释，应通过诚信原则平衡当事人利益，合理确定当事人意思表示的内容。

二、无相对人的意思表示的解释（第2款）

本条第2款规定，无相对人的意思表示的解释，其解释目标为“确定行为人的真实意思”。对于无相对人的意思表示的解释，在行为人的内心意思与外在表示不一致时，由于不涉及相对人利益的保护，而仅涉及行为人意思自由的保护，故解释目标为确定行为人的真实意思。例如，对遗嘱意思表示的解释，应当确定遗嘱人的真实意思［**上海二中院(2019)沪02民终1307号民判**］。

对于无相对人的意思表示的解释，文义解释不具有基础性地位。由于其解释目标为确定行为人的真实意思，故解释时“不能完全拘泥于所使用的词句”。若行为人的真实意思与所使用的词句不一致，则不能拘泥于所使用的词句，而应以真实意思为准。其他四种解释方法与文义解释的地位相当，共同用于对行为人真实意思的确定。

第三节 民事法律行为的效力

第一百四十三条【法律行为的生效要件】具备下列条件的民事法律行为有效：

（一）行为人具有相应的民事行为能力；

（二）意思表示真实；

（三）不违反法律、行政法规的强制性规定，不违背公序良俗。

本条规定法律行为的一般生效要件。法律行为的生效与有效在词义上有细微差别，生效侧重指效力发生的时间点，如法律行为自成立时生效（**第136条**），而有效侧重指效力发生后的持续状态。但本法往往不加区分地使用生效和有效，且区分两者并无理论和实践意义，故在解释上不妨认为两者系同义语。除本条规定的一般生效要件外，法律行为还存在特别生效要件，如法律行为所附生效条件或生效期限以及须经批准、登记等。

本条规定集中反映了对私人自治的国家管控。依私法自治原则，当事人可自由实施法律行为，以此构建与他人之间的法律关系。但为了防止私人行为侵害私人利益与社会公共利益，国家法也会在一定限度内干预私人关系。本章区分法律行为的成立要件与生效要件，两者系法律评价法律行为的两种视角，前者从私人自治的视角评价意思表示是否成立且生效以及双方或多方意思表示是否一致，后者从国家管制的视角评价已成立的法律行为应否发生行为人预期的法律效果。

第一，具有相应的行为能力（**本条第1项**）。法律行为是私人自治的法律工具，唯有行为人能够完全辨认其行为，才能发生行为人预期的法律效果，故法律行为生效以行为人具有相应行为能力为要件。否则，法律行为不发生其预期的法律效果，如无行为能力人实施的法律行为无效（**第144条**），限制行为能力人实施的法律行为一般为效力待定（**第145条**）。值得注意的是，意思表示的成立和生效不要求行为人具有行为能力。意思表示成立且生效，系法律行为的成立要件，而法律行为成立不考虑行为人是否具有行为能力。换言之，表意人是否具有行为能力并不影响意思表示的成立和生效。

第二，意思表示真实（**本条第2项**）。所谓意思表示真实，是指意思表示自由以及意思与表示一致，前者是指行为人在自主意志下作出意思表示，后者是指行为人的内心意思与外在表示在内容上一致。意思表示不真实虽不会影响意思表示的成立和生效，但将影响以该意思表示为基础而成立的法律行为的效力。所谓意思表示不自由，包括因欺诈（**第**

148、149 条）、胁迫（**第 150 条**）和乘人之危（**第 151 条**）而作出意思表示，基于此种意思表示而成立的法律行为，均属可撤销的法律行为。所谓意思与表示不一致，既包括行为人因重大误解实施的法律行为（此系可撤销的法律行为）（**第 147 条**），也包括行为人与相对人以虚假意思表示实施的法律行为（**第 146 条**）（此系无效的法律行为）。

第三，不违法背俗（**本条第 3 项**）。国家管制的法律工具包括各种强制性规定，若法律行为违反其中有些强制性规定，其效力将被否定，此即法律行为违法无效规则（**第 153 条第 1 款**）。通过将法律和行政法规的强制性规定引入法律行为的私法评价体系之中，可有效调和国家管制与私法自治之间的紧张关系，确立公权力干预私人关系的边界。此外，法律行为若违背公序良俗，则法秩序否定其效力，此即法律行为背俗无效规则（**第 153 条第 2 款**）。行为人与相对人恶意串通损害他人合法权益的法律行为无效（**第 154 条评注**），在本质上属于背俗无效的特别类型。

本条从积极要件角度规定法律行为的一般生效要件，后续条文则从消极角度规定法律行为的效力阻却要件。根据举证责任分配的基本规则，由于法律推定法律行为自成立时生效（**第 136 条第 1 款**），故基于法律行为主张权利者，应当举证法律行为的成立要件［**（2019）最高法民终 404 号民判**］，但无须举证法律行为的一般生效要件；否定权利者，应当举证效力阻却要件。

第一百四十四条【无行为能力人实施的法律行为】无民事行为能力人实施的民事法律行为无效。

本条规定无行为能力人实施的法律行为无效。行为人通过法律行为实现私人自治，必以其能够完全辨认其行为为前提。无行为能力人不能辨认其行为，故本法要求其借助法定代理人参与法律交往（**第 34 条**），否则，其实施的法律行为无效。本条规定的无行为能力人仅指自然人，包括两种类型：不满八周岁的人（**第 20 条**），八周岁以上却不能辨认自己行为的人（**第 21 条**）。

不论相对人是否知道行为人无行为能力，本条为保护无行为能力人规定法律行为一律无效，即对无行为能力人的保护优先于交易安全的保护。即便相对人不知行为人无行为能力，法律行为仍然无效［**毕节中院**

(2020) 黔 05 民终 4687 号民判]。值得注意的是，原《民通意见》第 6 条曾规定，无行为能力人可独立实施纯获利益的法律行为，即仅享有权利或法律利益而不负担任何义务的法律行为，如接受赠与等。即便在纯获利益的情形中，该行为未必有利于无行为能力人的身心健康或其法定代理人的利益；退一步而言，若相对人有意为此等行为，完全可与无行为能力人的法定代理人为之。因此，本条为保护无行为能力人的利益，亦不允许其独立实施纯获利益的法律行为。

在诉讼中依本条主张法律行为因无行为能力而无效的当事人，应就其主张承担举证责任。这既包括无行为能力人的法定代理人主张无行为能力，亦包括相对人主张无行为能力，主张者均应举证法律行为实施时无行为能力的事实。

第一百四十五条 【限制行为能力人实施的法律行为】限制民事行为能力人实施的纯获利益的民事法律行为或者与其年龄、智力、精神健康状况相适应的民事法律行为有效；实施的其他民事法律行为经法定代理人同意或者追认后有效。

相对人可以催告法定代理人自收到通知之日起三十日内予以追认。法定代理人未作表示的，视为拒绝追认。民事法律行为被追认前，善意相对人有撤销的权利。撤销应当以通知的方式作出。

本条第 1 款规定限制行为能力人实施的法律行为的效力。第一分句规定限制行为能力人独立实施的两类法律行为有效，即纯获利益的法律行为以及与年龄、智力、精神健康状况相适应的法律行为；第二分句规定限制行为能力人实施的其他法律行为效力待定，经法定代理人同意或追认才有效。本条第 1 款是对本法第 19 条和第 22 条的重申（**参见其评注**）。针对本条第 1 款第二分句规定的效力待定情形，第 2 款规定了相对人的催告、法定代理人的追认以及善意相对人的撤销。

本条第 2 款第一句规定相对人的催告。限制行为能力人实施的其他法律行为效力待定，故为兼顾相对人利益，相对人可催告法定代理人予以追认。相对人善意与否，均可催告。催告系意思通知，应以通知的方式作出，且口头方式或书面方式均可。催告作为准法律行为，其法律效果为：自催告通知到达法定代理人之日起 30 日内，法定代理人可以决定是否追认。由于法定代理人在收到催告通知后尚需时间考虑是否追认，为保护限制行为能力人一方的利益，相对人不得缩短 30 日的追认期限。即使相对人缩短追认期限，在解释上也应认定为 30 日。反之，若相对人加长追认期限，而这实则有利于限制行为能力人一方，故在解释上应当允许，此时不适用本条款关于 30 日追认期限的规定。

本条第 2 款第二句规定法定代理人的追认。法定代理人在收到催告通知后 30 日内可追认。追认系有相对人的意思表示，到达相对人时生效。若追认未能在追认期限内到达相对人，即追认迟到，则不生追认的效力。法定代理人的追认须以明示方式作出，未作表示的，视为拒绝追认［**宿州中院（2023）皖 13 民终 4051 号民判**］。法定代理人并不负有追认或不追认的义务。为保护限制行为能力人的利益，法定代理人只要未以明示方式作出追认，则视为拒绝追认。最后须注意的是，法定代理人在知道限制行为能力人所实施的法律行为后，即使未收到催告通知，亦可追认或拒绝追认。

本条第 2 款第三句规定善意相对人的撤销。在法律行为被追认前，善意相对人有撤销的权利。所谓善意相对人，是指相对人在实施法律行为时不知对方为限制行为能力人。不论善意相对人是否已催告法定代理人追认，均可撤销。而恶意相对人明知对方为限制行为能力人而仍与之实施法律行为，应自担法律行为效力不确定乃至最终不生效的风险，故不必赋予其撤销权。善意相对人撤销的对象系其意思表示。法律行为在被追认前并未生效，故其本身不存在撤销的问题。此处的法律行为仅可能是双方法律行为，基于限制行为能力人和相对人的意思表示一致而成立。善意相对人撤销的对象乃是其已作出且生效的意思表示。善意相对人行使撤销权的直接后果为，其意思表示因被撤销而失效；间接后果为，善意相对人与限制行为能力人之间的法律行为不成立。具体而言，在善意相对人撤销其意思表示前，该法律行为已成立，但效力待定，而在善意相对人撤销其意思表示后，该法律行为因不存在善意相对人一方有效的意思表示，欠缺双方意思表示的一致，故而不再继续成立。

本条第 2 款第四句规定善意相对人的撤销权的行使方式。善意相对人的撤销权系简单形成权，仅须以通知方式行使，即向法定代理人发出通知。自通知到达法定代理人之时，产生撤销的法律效果。

第一百四十六条 【虚假行为】行为人与相对人以虚假的意思表示实施的民事法律行为无效。

以虚假的意思表示隐藏的民事法律行为的效力，依照有关法律规定处理。

一、虚假行为无效（第1款）

本条第1款规定虚假行为无效。虚假行为基于虚假的意思表示（又称虚假表示）而成立，即行为人故意地作出外在表示与内心意思不一致的意思表示。反之，若行为人过失地作出外在表示与内心意思不一致的意思表示，则不构成虚假表示，而属于重大误解的情形（**第147条**）。此外，对于行为人作出的虚假表示，唯有相对人知道该意思表示为虚假的，才成立本条款规定的虚假行为。反之，若相对人不知虚假表示而表示同意或进行受领，则为保护相对人信赖，由此成立的法律行为亦非虚假行为。在后一种情形，即使行为人误以为与相对人达成虚假合意，或者误以为相对人知道虚假表示而为受领［**宿迁中院（2018）苏13民终2202号民判**］，但由于行为人故意为虚假表示，故不应对其提供救济，即不允许其依本法第147条（重大误解）撤销该法律行为。

行为人与相对人以虚假表示实施的虚假行为，在解释上包括两种情形。其一，双方或多方虚假行为，即行为人和相对人均作出虚假表示且各虚假表示一致而实施的行为。其中，双方虚假行为系基于行为人和相对人双方虚假表示一致而成立的法律行为，如为了规避利息限制，双方当事人签订虚假的房屋租赁合同，其约定的租金实为借款本息［**南岸法院（2024）渝0108民初2028号民判**］；多方虚假行为系基于行为人与两个以上相对人多方虚假表示一致而成立的法律行为，如各方当事人为向银行融资而订立虚假的合伙协议［**（2020）最高法民终682号民判**］。其二，单方虚假行为，即行为人作出虚假表示且相对人受领而实施的行为。例如，债务免除依我国通说乃是有相对人的单方法律行为，若行为人为安慰相对人病重的父母，以虚假意思表示免除相对人的债务，且相对人知道虚假表示而为受领，则该债务免除属于单方虚假行为。在此意义上，无相对人的单方法律行为不可能成立本条款意义上的虚假行为。例如，遗嘱系无相对人的单方法律行为，即使遗嘱人故意使外在表示与内心意思不一致，遗嘱效力亦不受影响，只不过在解释遗嘱内容时应以遗嘱人的内心意思为准（**第142条第2款**）。

基于虚假表示实施的虚假行为无效。行为人本就不希望发生虚假表示的法律效果，故法律无必要使该行为有效。因此，纵使虚假行为未损害他人利益或未导致当事人权利义务失衡，其也应无效。

二、隐藏行为的效力认定（第2款）

本条第2款所谓“以虚假的意思表示隐藏的民事法律行为”，可被简称为隐藏行为。虚假行为通常伴随着隐藏行为，如当事人以买卖之名行赠与之实［**北京二中院（2023）京02民终4314号民判**］；亦可能不存在隐藏行为，如行为人以虚假表示免除相对人的债务。

隐藏行为是行为人与相对人基于真实意思表示而实施，其效力应依法定生效要件进行认定。其一，行为人与相对人为规避法律、行政法规的强制性规定而作出虚假行为，则应依本法第153条第1款评价隐藏行为的效力状态。其二，当事人为规避法律、行政法规关于合同应当办理批准等手续的规定而实施虚假行为，则应依本法第502条第2款判断隐藏行为的效力（**《合同编通则解释》第14条第1款第二句**）。此外，虚假行为采用了特定形式，并不等同于隐藏行为采用了该特定形式。若隐藏行为本应采取特定形式而未采取，则隐藏行为不成立（**第135条**）；若当事人已履行主要义务而对方接受，则隐藏行为因形式瑕疵获得补正而仍可成立（**第490条第2款**）。

如果隐藏行为不成立、无效、被撤销或确定不发生效力，则应依本法第157条处理：当事人应返还财产或折价补偿，且有过错的当事人应就对方遭受的损失承担赔偿责任（**《合同编通则解释》第14条第2款、《总则编解释》第23条**）。

第一百四十七条 【重大误解】基于重大误解实施的民事法律行为，行为人有权请求人民法院或者仲裁机构予以撤销。

一、重大误解

本条规定基于重大误解实施的法律行为。《总则编解释》第19条第1款将重大误解界定为错误认识，即行为人对行为的性质、对方当事人或者标的物的品种、质量、规格、价格、数量等产生错误认识，且按照通常理解如果不发生该错误认识行为人就不会作出相应意思表示。

第一，错误认识的类型。《总则编解释》第19条第1款列举三种错误认识：（1）行为性质错误，即行为人对行为性质的错误认识。例如，将买卖的要约当作赠与的要约予以承诺；使用超市免费提供的存储柜，消费者误以为系保管合同，但实则系借用合同〔**上海二中院（2002）沪二中民一（民）初字第60号民判**〕。（2）当事人错误，即行为人对对方当事人的错误认识，如误甲为乙；就对方当事人的资格，如对性别、职业、健康状况、刑罚前科、信誉等的错误认识。（3）标的物错误，即行为人对标的物的品种、质量、规格、价格、数量等产生错误认识。例如，误普通桃树为名种桃树（品种）〔**湖北高院（2021）鄂民再159号民判**〕；误赝品为真迹（质量）；误子母型车位为普通车位（规格）〔**安康中院（2020）陕09民终169号民判**〕；误199元为1.99元（价格）；误认1市斤为1公斤（数量）等。

在此之外，《总则编解释》第20条还规定了转达错误，即行为人借助第三人向相对人转达意思表示，若第三人在转达意思表示时产生错误认识，亦属于行为人错误认识。须注意的是，理论上尚有所谓动机错误，即行为人在意思形成过程中对不属于意思表示内容的事实产生错误认识。由于动机仅存在于行为人内心，相对人难以获知，若动机错误可影响法律行为效力，将极大损害交易安全。因此，动机错误通常不属于本条规定的重大误解，行为人不能据此主张撤销〔**南宁中院（2017）桂01民终4211号民判**〕。

第二，错误认识应具有重要性。依《总则编解释》第19条第1款，错误认识的重要性的判断标准为，“按照通常理解如果不发生该错误认识行为人就不会作出相应意思表示”。由此可知，错误认识应兼具主观重要性和客观重要性：前者指行为人不发生错误认识就不会作出意思表示，后者指向该条款的“按照通常理解”，即一般理性人不发生错误认识亦不会作出意思表示。反之，行为人仅因单纯主观情绪或迷信等发生的错误认识，超出“通常理解”的范畴，因而欠缺客观重要性，不构成重大误解。例如，行为人参加竞买的行为本身就表明其对拍卖标的物的认可，故行为人不能主张对标的物存在重大误解而撤销〔**最高法（2012）民提字第161号民判**〕，以此避免因微小错误而撤销法律行为，影响交易安全。

二、基于错误认识作出意思表示

根据《总则编解释》第 19 条，本条所谓“基于重大误解实施法律行为”，系指“基于错误认识作出意思表示”。由于法律行为的成立不仅要求意思表示，而且可能要求满足其他要件，如特定形式、意思表示一致，故“作出意思表示”比“实施法律行为”更为精准。基于相同理由，《总则编解释》第 21～22 条也将本法第 148～150 条中的“实施法律行为”理解为“作出意思表示”。

本条“基于”一词表明错误认识与意思表示存在因果关联。《总则编解释》第 19 条所谓“如果不发生该错误认识行为人就不会作出相应意思表示”，也体现了这一点。

三、重大误解方的撤销权

满足本条构成要件的，重大误解方享有撤销权，可请求法院或仲裁机构撤销法律行为。事实上，本法第 148 条至第 151 条规定的撤销权，与本条的撤销权在性质上相同。法律行为被撤销前系有效行为，被撤销后则自始没有法律约束力（**第 155 条**），从而发生财产返还或折价补偿、赔偿损失等清算后果（**第 157 条**）。撤销权虽不以权利人或相对人的过错为要件，但因行使撤销权造成对方损失的，应依本法第 157 条承担赔偿责任［**北京一中院（2016）京 01 民终 2712 号民判**］。

撤销权为形成诉权，撤销权人应请求法院或仲裁机构撤销法律行为，并在判决或仲裁裁决生效时，撤销的法律后果才发生。若当事人未请求撤销，则法院或仲裁机构不能依职权撤销法律行为。撤销权的行使，既可由权利人提起形成之诉，亦可通过反诉方式作出，还可以通过抗辩作出。根据《九民纪要》第 42 条，非撤销权人提起诉讼请求撤销权人履行法律行为约定的义务，撤销权人以法律行为具有可撤销事由提出抗辩的，法院或仲裁机构应当审查法律行为是否具有可撤销事由以及是否超过法定期间等，并在此基础上判断法律行为是否可撤销，而不能仅以撤销权人未提起撤销之诉或者反诉为由不予审查或者不予支持。

第一百四十八条 【当事人欺诈】一方以欺诈手段，使对方在违背真实意思的情况下实施的民事法律行为，受欺诈方有权请求人民法院或者仲裁机构予以撤销。

本条规定当事人欺诈情形中法律行为的效力。法律行为作为实现私人自治的工具，以行为人意思表示真实为生效要件（**第 143 条**），若一方欺诈致使对方意思自由受到干涉，则由此实施的法律行为具有效力瑕疵。因欺诈仅涉及私人领域，为最大限度尊重受欺诈方的利益，本条将法律行为的效力交由受欺诈方决定，即赋予其撤销权。

一、欺诈方的欺诈行为

结合本条“一方以欺诈手段”以及本法第 149 条“第三人实施欺诈行为”可知，“欺诈手段”与“欺诈行为”系同义语，而《总则编解释》第 21 条将二者简称为欺诈。根据《总则编解释》第 21 条，本条和本法第 149 条的欺诈包括两种类型：故意告知虚假情况与故意隐瞒真实情况。二者分别被称作积极欺诈和消极欺诈。

第一，积极欺诈，即故意告知虚假情况。积极欺诈有两种主要表现形式：其一，捏造不存在的事实。例如，公司的法定代表人为使相对人愿意订立和解协议，告知其“本公司已破产”的不实信息［**临沂中院（2020）鲁 13 民终 1540 号民判**］。如果行为人不知事实真假却保证为真，也属于捏造不存在的事实。还如，行为人在磋商转让酒店份额时，未核实真实投资金额而告知对方真假不明的信息，仍构成欺诈［**无锡中院（2020）苏 02 民终 858 号民判**］。其二，编造客观事实，即夸大事实或淡化不利因素。例如，某款童车最大载重 30 千克，而出卖人以配图和文字宣传该车可以亲子同乘［**钦州中院（2018）桂 07 民终 49 号民判**］。不过，广告稍微夸大事实或淡化不足，或者依常理不至于误导他人，则不构成欺诈。例如，“冷风无霜”为正常的冰箱广告宣传，不构成欺诈［**北京互联网法院（2022）京 0491 民初 24359 号民判**］。

第二，消极欺诈，即负有告知义务的一方故意隐瞒真实情况。鉴于交易双方通常处于信息不对称状态，对一方是否负有告知义务应谨慎判断。唯有依法律规定、当事人约定、交易习惯、诚信原则等，才应使一方负有告知义务。例如，特定信息对行为人的决策有重要意义，如果依交易习惯和诚信原则行为人期待相对人告知，则应认为相对人负有告知义务，如二手车的出卖人对车辆曾发生高额理赔事故，更换过油底壳、燃油箱、发动机支架等多项配件，负有告知义务［**江门中院（2022）粤 07 民终 4310 号民判**］。反之，如果相对人只需尽到维护自身利益所要求的注意就可获取相关信息，则无权期待行为人告知，行为人也就不负有告知义务。例如，二手房屋明显存在大面积加建情况，买受人理应审查设计施工图纸、审批手续、实际加建部位等事项，出卖人未告知房屋曾拆除墙面等信息，并不构成欺诈［**北京三中院（2023）京03民终5013号民判**］。

欺诈要求欺诈方具有主观故意，即“故意”告知虚假情况或隐瞒真实情况，目的在于使受欺诈方陷入错误认识并作出意思表示。在此意义上，不存在所谓“过失欺诈”。例如，商家未经查验就按照货物报关单将本为牛剖层革的女包标注为牛革的，并非出于“故意”而告知虚假情况，故不构成欺诈［**浙江温州中院（2015）浙温商终字第2257号民判**］。在该例中，相对人因受到不实信息误导而作出意思表示，可依本法第147条（重大误解）请求撤销。

二、受欺诈方陷入错误认识作出意思表示

本条所谓“使对方在违背真实意思的情况下实施的法律行为”，是指欺诈行为使受欺诈方陷入错误认识而作出意思表示（**《总则编解释》第21条**）。反之，如果欺诈行为与受欺诈方作出意思表示之间不存在因果关系，则不构成欺诈。这主要包括两种情形：其一，欺诈行为并未使对方陷入错误认识。例如，商铺转让方夸大营业额，但受让方在磋商过程中亲自前往商铺进行考察，并表达了对营业状况的评价及对营业额的不信任，并未陷入错误认识［**佛山中院（2023）粤06民终11515号民判**］。其二，欺诈行为使对方陷入错误认识，但对方并未基于该错误认识作出意思表示。例如，虽然银行告知对方不实信息，使对方误以为尚有第三人愿意提供担保，但对方作出担保意思表示是出于侥幸心理，而非基于错误认识［**泰州中院（2024）苏12民申4号民裁**］。

三、关于欺诈法律后果的特别规定

满足本条构成要件的，受欺诈方享有撤销权，可请求法院或仲裁机构撤销法律行为。就此可参见本法第147条评注，不再赘述。此外，法律对欺诈的法律后果有特别规定的，从其规定。例如，依本法第1143条第2款，受欺诈订立的遗嘱无效；依《劳动合同法》第26条第1款第1项，通过欺诈、胁迫或乘人之危订立的劳动合同无效。再如，经营者实施欺诈行为，消费者不仅可依本条请求撤销合同，还可依《消保法》第55条第1款主张惩罚性赔偿。

第一百四十九条 【第三人欺诈】第三人实施欺诈行为，使一方在违背真实意思的情况下实施的民事法律行为，对方知道或者应当知道该欺诈行为的，受欺诈方有权请求人民法院或者仲裁机构予以撤销。

本条规定第三人欺诈，即法律行为当事人之外的第三人实施欺诈行为，受欺诈方在相对人恶意时有权请求撤销法律行为。本条规定的第三人欺诈在欺诈含义以及撤销权性质等方面，与本法第 148 条相同，故均可参见该条评注内容。

一、相对人知道或应当知道欺诈行为

与本法第 148 条不同的是，本条规定受欺诈方的撤销权的产生条件还包括，相对人知道或应当知道欺诈行为。所谓相对人知道，是指相对人事实上认识到第三人实施了欺诈行为。所谓相对人应当知道，是指相对人本应知道却因过失而不知第三人实施了欺诈行为。在第三人欺诈时，本条平衡了受欺诈方的意思自由与相对人的信赖保护，规定唯有在相对人知道或应当知道欺诈行为时，即在相对人丧失信赖保护利益时，受欺诈方才享有撤销权。由此可见，本条优先保护相对人信赖利益，即给予交易安全相对于意思自由的优先保护。

二、第三人的范围

本条所谓“第三人”在形式上系指法律行为当事人之外的所有其他人。但实施欺诈的第三人与相对人之间存在委托、雇佣等关系的，如第三人系相对人的法定代表人、缔约辅助人等，若受欺诈方仍因相对人不知欺诈而不享有撤销权，那么显然会过度保护相对人信赖，损害受欺诈方的意思自由。因此，此类第三人欺诈应视为相对人欺诈，受欺诈方直接依本法第 148 条享有撤销权，不问相对人是否知晓欺诈行为。

此外，如果第三人与相对人存在利益关联，在经济上系为一体，则此类第三人欺诈也应视为相对人欺诈。在融资租赁合同中，供货商与出租人存在密切的利益关系，供货商欺诈应被视为出租人欺诈，受欺诈的承租人有权依本法第 148 条请求撤销合同。同理，在真正利他合同中，合同当事人外的受益第三人的欺诈，应视为当事人欺诈。例如，在人身保险合同订立时，面对保险人的询问，受益人故意隐瞒其病史，应视为投保人故意不履行如实告知义务［**福建高院（2016）闽民申字第2520号民裁**］，即受益人欺诈应视为投保人欺诈。

三、受欺诈方的撤销权及其他救济

符合本条构成要件的，受欺诈方享有撤销权，可以请求法院或仲裁机构撤销法律行为，同时可以依本法第157条请求恶意相对人返还财产或折价补偿、承担缔约过失赔偿责任。但是，如果相对人善意，受欺诈方不享有撤销权。但即便如此，受欺诈方系因第三人欺诈而陷于错误认识，作出意思表示，故可依本法第147条的重大误解规则享有撤销权。

此外，受欺诈方对其遭受的损失，尚可请求实施欺诈的第三人承担缔约过失责任（**《合同编通则解释》第5条**）。例如，在商业银行过桥贷实务中，银行虽明知借款人经营不善不会为其续贷，但仍向资金提供人承诺将会给借款人续贷，资金提供人据此与借款人签订借款合同。此后因银行不给借款人续贷，致使资金提供人不能收回借款的，资金提供人可请求银行承担赔偿责任［**（2018）最高法民再360号民判**］。

第一百五十条 【胁迫】一方或者第三人以胁迫手段，使对方在违背真实意思的情况下实施的民事法律行为，受胁迫方有权请求人民法院或者仲裁机构予以撤销。

本条一并规定当事人胁迫和第三人胁迫，这与本法第148条和第149条分别规定当事人欺诈、第三人欺诈不同。依私人自治原则，民事主体仅受其自由意思的约束，若一方或第三人的胁迫影响表意人的意思决定自由，本条允许受胁迫方请求法院或仲裁机构撤销法律行为。

一、胁迫方的胁迫行为

针对本条规定的胁迫手段，《总则编解释》第22条区分了胁迫自然人、法人或非法人组织的手段：对自然人的胁迫手段为，以给自然人及其近亲属等的人身权利、财产权利以及其他合法权益造成损害为要挟；对法人或非法人组织的胁迫手段为，以给法人、非法人组织的名誉、荣誉、财产权益等造成损害为要挟。胁迫行为可能表现为暴力要挟或言语要挟，至于要挟预告的损害是否已经发生或可能发生，并不影响对胁迫行为的认定。胁迫与直接的身体强制不同，若以强力直接控制当事人身体，使其作出表示，如强使他人在合同书上按手印，则受到身体强制方欠缺行为意思，其意思表示不成立。

胁迫行为具有违法性。其一，手段违法，即胁迫方预告将要进行的行为违法，如债权人以限制人身自由要挟债务人还债。相反，债权人预告将向主管部门维权讨薪，不论是否造成债务人精神压力或恐惧心理，并未超出法律规定的施加合法压力的界限，故不构成胁迫［**乌鲁木齐中院（2023）新01民终7378号民判**］。其二，目的违法，即胁迫方所追求的法律后果具有不法性，如不符合贷款条件当事人以举报贪污要挟银行经理而获得贷款，虽然以举报贪污为要挟手段不违法，但因其追求的法律后果为获得违规贷款，故构成胁迫。其三，手段和目的结合违法，即手段与目的均无不法性，如符合贷款条件当事人以举报贪污要挟银行经理而获得贷款，但手段与目的的结合并无合理关联［**成都中院（2023）川01民终25457号民判**］，以如此手段实现如此目的，并不正当。

二、受胁迫方基于恐惧心理作出意思表示

本条所谓“使对方在违背真实意思的情况下实施民事法律行为”，依《总则编解释》第22条，是指“迫使其基于恐惧心理作出意思表示”。胁迫行为与受胁迫方的恐惧心理以及意思表示之间存在因果关系，即胁迫行为使受胁迫方产生恐惧心理，且受胁迫方基于该恐惧心理作出意思表示。此处因胁迫产生恐惧心理的判断，应以受胁迫方而非一般人为标准，且无须达到使其完全丧失选择自由的程度，而仅需使其基于两害相权取其轻的考虑而违心作出意思表示，实务中可依与常理存在矛盾进行推断［**新疆高院（2016）新民终453号民判**］。受胁迫方基于恐惧心理所作出的意思表示，须为胁迫方所欲追求的结果，如此才能表明该意思表示为表意人屈从于他人胁迫所作出［**北京三中院（2021）京03民终7423号民判**］。

三、受胁迫方的撤销权

满足本条构成要件的，受胁迫方享有撤销权，可请求法院或仲裁机构撤销法律行为。在此之外，法律若有关于胁迫后果的特别规定，从其规定。例如，受胁迫所立的遗嘱无效（**第1143条**）。受胁迫方因第三人胁迫而遭受损失的，可请求第三人承担缔约过失赔偿责任（**《合同编通则解释》第5条**）。由于该问题与第三人欺诈相同，具体可参见本法第149条评注。

不同于本法第 149 条，本条允许受胁迫方撤销法律行为，不论相对人是否知晓或应当知晓第三人胁迫的事实。对于此种区别规定的理由，传统理论认为，由于第三人胁迫比第三人欺诈对意思自由的侵害程度更大，故应向受胁迫方提供更全面的保护。不过，此种解释站不住脚，因为本条规定的当事人胁迫与本法第 148 条规定的当事人欺诈具有完全相同的法律后果，而这表明侵害意思自由的程度并非决定性理由。事实上，与第三人欺诈涉及的利益格局相同，在第三人胁迫时，本条也应权衡受胁迫方的意思自由与相对人的信赖保护，受胁迫方唯有在相对人恶意时才享有撤销权。基于此，本条对第三人胁迫的规定存在法律漏洞，对此应通过目的性限缩来填补，即为受胁迫方的撤销权增加“相对人恶意”的构成条件。

第一百五十一条 【乘人之危】一方利用对方处于危困状态、缺乏判断能力等情形，致使民事法律行为成立时显失公平的，受损害方有权请求人民法院或者仲裁机构予以撤销。

一、乘人之危

本条规定乘人之危的法律行为可撤销。本条的主观要件为一方利用对方处于危困状态、缺乏判断能力等情形。其一，所谓处于危困状态，即陷入某种暂时性的紧迫困境，从而对他人的对待给付存在强制性需求的状态。危困状态不仅包括经济困境，还包括因行动自由、身体健康或财产权益等受到侵害或有受侵害之虞而面临的现实困境。例如，当事人因其房屋持续漏水影响起居安宁，急于解决漏水问题以恢复正常生活状态，遂与楼上邻居签订利益失衡的维修协议。当事人的正常生活受到严重困扰，被法院认定为处于危困状态［**北京二中院（2023）京 02 民终 898 号民判**］。其二，所谓缺乏判断能力，即根据当事人的年龄、智力、知识、经验并结合交易的复杂程度，当事人对合同的性质、合同订立的法律后果或者交易中存在的特定风险缺乏应有的认知能力（**《合同编通则解释》第 11 条**）。由此可知，缺乏判断能力仅涉及自然人，且指向具体交易，需综合多种因素加以认定。例如，当事人欠缺保险理论及专业知识，对理赔权益转让的后果缺乏判断能力［**威海中院（2023）鲁 10 民终 1160 号民判**］。其三，所谓其他情形，须达到与处于危困状态或缺乏判断能力相当的程度，例如，公司处于管理层新旧交接不顺、内部管理混乱的非常时期〔**浙江舟山中院（2012）浙舟民终字第88号民判**〕。其四，须乘人之危方"利用"了对方的危困状态等。所谓利用，是指乘人之危方明知对方处于危困状态等不利情形，而仍与对方实施权利义务失衡的法律行为。法律行为的实施究竟由哪一方当事人提出，不影响对利用的认定。即使处于不利状态的一方主动提出交易，但磋商状态与给付失衡情况，足以使另一方知晓该方处于特殊状况，此时另一方仍将错就错，与该方缔结过分有利于己方的不公平交易的，亦构成乘人之危之"利用"。例如，劳动者受伤后急于获得医疗费，在未鉴定伤情时与用人单位签订数额较低的赔偿协议，用人单位主张该协议因劳动者再三请求而签订，但此亦不能排除用人单位利用其优势地位和劳动者一方没有经验，导致双方的权利义务失衡〔**新疆高院（2024）新民申839号民裁**〕。

二、显失公平

本条的客观要件为法律行为成立时显失公平，其一般通过比较给付与对待给付的客观价值进行认定。但价值比较不是唯一标准，在个案中尚需综合考量合同性质、合同目的、标的物在特殊时期的稀缺性、当事人间交易的整体状况等相关因素。例如，当事人订立合同以1元钱转让50%的专利份额，但除专利权转让关系外，双方还存在利用该专利开展合作并获取收益的合作关系，故应综合考察整体交易中双方的权利义务是否失衡〔**（2019）最高法知民终46号民判**〕。

本条规定的主客观要件缺一不可。本法规定的前三种可撤销法律行为均存在意思表示瑕疵，即重大误解将导致表意人的意思与表示不一致，欺诈和胁迫会导致表意人意思不自由。但在本条规定的乘人之危情形，表意人处于危困状态、缺乏判断能力等情形，并非乘人之危方所造成，且并不当然表明其意思表示不自由。唯有表意人处于危困状态、缺乏判断能力等情形被利用，且其实施的法律行为显失公平，才表明表意人的意思自由受到侵害。

三、危难被乘方的撤销权

在满足本条规定的条件时，危难被乘方享有撤销权，可请求法院或仲裁机构撤销法律行为。关于本条撤销权的含义、性质及行使方式等，参见本法第147条评注。

第一百五十二条 【撤销权消灭】有下列情形之一的，撤销权消灭：

（一）当事人自知道或者应当知道撤销事由之日起一年内、重大误解的当事人自知道或者应当知道撤销事由之日起九十日内没有行使撤销权；

（二）当事人受胁迫，自胁迫行为终止之日起一年内没有行使撤销权；

（三）当事人知道撤销事由后明确表示或者以自己的行为表明放弃撤销权。

当事人自民事法律行为发生之日起五年内没有行使撤销权的，撤销权消灭。

本条规定了撤销权消灭的两种事由：一是撤销权的除斥期间经过，二是权利人放弃撤销权。法律行为因意思表示瑕疵而可撤销时，法律允许一方当事人撤销法律行为，使法律行为自始没有法律约束力（第155条）。但是，撤销权人可能静待时间经过，从容观察利益状态的变化，投机性地决定是否维持法律行为的效力。同时，基于社会交往的普遍联系，若对撤销权不加限制，也不利于法律关系的明晰与安定。因此，为平衡撤销权人与对方当事人的利益以及维护法律安定，本条规定了撤销权消灭的两种事由。

一、普通除斥期间经过（第1款第1项、第2项）

综合本条第1款第1项和第2项，普通除斥期间有两种长度：一是受欺诈方、受胁迫方、危难被乘方的撤销权的除斥期间为1年；二是重大误解方的撤销权的除斥期间为90日。本条对除斥期间长短的设置体现了价值衡量。相比于欺诈、胁迫和乘人之危，重大误解方因自身原因陷于错误认识而作出意思表示，其可归责性较高，且相对人一般无从得知重大误解的发生，所以重大误解方的撤销权的除斥期间较短，以此顾及相对人的信赖保护。相比而言，在欺诈、胁迫和乘人之危情形，一方因欺诈、胁迫或乘人之危本就不存在值得保护的合理信赖，故而应容许撤销权人在较长期间考虑是否行使撤销权。

普通除斥期间有两种起算点：一是从重大误解方、受欺诈方、危难被乘方知道或者应当知道撤销事由之日起算；二是从胁迫行为终止之日起算。本条为胁迫设置特别起算点的理由在于，胁迫经常表现为持续性状态，受胁迫方在胁迫开始时便知道撤销事由，若此时就开始计算除斥期间，可能导致受胁迫方在除斥期间经过时仍处在受胁迫状态而无从行使撤销权，最终导致其无法获得救济。为此，受胁迫方的撤销权应从胁迫行为终止时计算除斥期间，即从受胁迫方不再面临胁迫所预告的危险时计算，例如，住户以阻止施工等方式胁迫房地产开发公司签订高于通常补偿标准的房屋拆迁置换合同，撤销权的除斥期间应从房屋建设完工之日起计算［**恩施中院（2020）鄂28民终1838号民判**］。

须注意的是，在乘人之危情形，危难被乘方处于危困状态、缺乏判断能力等不利状态不是由乘人之危方引起，这与胁迫人使受胁迫方产生恐惧心理不同，故其除斥期间的起算点应从知道或者应当知道撤销事由时起算。但是，危难被乘方基于对乘人之危方的依赖关系而持续处于不利情境，亦难以在依赖关系与不利情境持续期间行使其撤销权。基于相同利益状态与保护需求，此时应类推适用本条第1款第2项，除斥期间从危难被乘方的不利状态终止时起算。例如，劳动者的撤销权一般应自工伤认定和劳动能力鉴定结论出具之日起计算除斥期间［**广州中院（2019）粤01民终8990号民判**］。

二、撤销权的放弃（第1款第3项）

本条第1款第3项规定撤销权人放弃撤销权。依私人自治原则，撤销权人可以通过放弃撤销权的意思表示来消灭撤销权。撤销权人不能预先放弃撤销权。若允许撤销权人预先放弃，不啻意味着重大误解方或受欺诈方可以在错误认识状态下放弃其撤销权，受胁迫方或危难被乘方在恐惧心理状态下或在处于危困状态等情形下放弃其撤销权。这无异于再次剥夺撤销权人的意思自由。

撤销权放弃包括明示放弃和默示放弃，后者是指撤销权人在知道撤销事由后以自己的行为表明放弃撤销权。此处的行为应是积极作为，而不包括沉默，因为沉默只有在有法律规定、当事人约定或符合当事人之间的交易习惯时，才可视为意思表示（**第140条第2款**）。撤销权放弃系不要式行为，即使可撤销法律行为系要式行为，亦然。撤销权是否放弃影响法律关系状态的稳定，故为避免使相对人处于不安定地位，撤销权放弃依其性质不得附条件（**第158条第一句但书**），这与撤销权行使不得附条件相同。

三、最长除斥期间经过（第 2 款）

本条第 2 款属于对撤销权最长除斥期间的规定。虽然普通除斥期间仅为 1 年或 90 日，但该期间何时届满还取决于其起算点，即取决于撤销权人何时知道撤销事由。如果普通除斥期间长期未起算，将导致除斥期间过长，不利于保护交易安全和尽快确定法律关系。为此，本条第 2 款规定最长除斥期间为 5 年，其起算点为法律行为发生之日。所谓“法律行为发生之日”，是指法律行为成立之日。最长除斥期间既给予撤销权人相对较长的时间获悉撤销事由，有利于保障其意思自由，又通过确定的起算点计算期间，不会导致法律关系长期处于不确定状态。

第一百五十三条 【法律行为违法背俗】违反法律、行政法规的强制性规定的民事法律行为无效。但是，该强制性规定不导致该民事法律行为无效的除外。

违背公序良俗的民事法律行为无效。

一、法律行为违反强制性规定无效（第 1 款）

本条第 1 款规定，法律行为违反法律、行政法规的强制性规定无效。本款系特殊的参引性规范，可将法律和行政法规的强制性规定引入对法律行为的私法评价体系之中，调和国家管制与私法自治之间的紧张关系、确立公权力干预私人关系的边界，故也被称为转介条款。依私法自治原则，当事人可自由通过法律行为设立、变更和终止法律关系，以构建与他人之间的法律关系。但为防止私人行为侵害社会公共利益，国家公权力也会干预私人关系。国家管制的法律工具包括各种强制性规定，若法律行为违反强制性规定，其效力将被否定。

（一）效力性强制性规定（第 1 款主文）

结合本条第 1 款主文和但书，法律行为仅违反有些法律、行政法规的强制性规定无效，违反其他强制性规定并不影响其效力，故本条款将强制性规定分为效力性强制性规定和非效力性强制性规定。强制性规定遍布于公法和私法领域，若法律行为违反所有强制性规定均无效，无疑过度限制私法自治，不利于鼓励交易、保护市场，甚至会造成社会财富的损失和浪费。本条款适用的难点在于，如何识别效力性强制性规定。对此，《九民纪要》第 30 条列举了如下五种效力性强制性规定。

第一，涉及金融安全、市场秩序、国家宏观政策的强制性规定。法律、行政法规中大量存在此类效力性强制性规定。例如，《城乡规划法》第 38、39 条规定，未确定规划条件的地块，不得出让国有土地使用权；规划条件未纳入国有土地使用权出让合同的，该出让合同无效。再如，《公司法》第 178 条第 2 款规定，公司违反关于董事、监事、高级管理人员的资格限制的规定，选举、委派董事、监事或者聘任高级管理人员的，该选举、委派或者聘任无效。又如，《农地承包法》第 58 条规定，承包合同中违反法律、行政法规有关不得收回、调整承包地等强制性规定的约定无效。

第二，涉及交易标的物禁止买卖的强制性规定。如果合同约定的标的物属于法律、行政法规禁止转让的财产，则合同无效。其一，以禁止或限制流通物作为合同标的物，这包括买卖珍贵文物、珍稀动物、毒品和枪支弹药等。例如，《野生动物法》第 31 条第 2 款规定，禁止以食用为目的猎捕、交易、运输在野外环境自然生长繁殖的野生动物。如果违反此项规定订立野生动物买卖合同，则合同因违法而无效。其二，以违禁物品作为合同标的物，这包括销售假币、淫秽书刊、伪劣产品等。例如，《人民银行法》第 19 条规定，禁止出售、购买伪造、变造的人民币。故买卖伪造、变造的人民币的行为无效。

第三，涉及关于特许经营规定的强制性规定。虽然当事人超越经营范围不影响所订立合同的效力，但法律、行政法规关于国家特许经营的强制性规定，属于效力性强制性规定，如果当事人不具有相应资质而从事此类经营行为，其所订立的合同因违法而无效。例如，依《邮政法》第 55 条的规定，快递企业不得经营由邮政企业专营的信件寄递业务，不得寄递国家机关公文。如果快递企业订立的邮寄服务合同超出特许经营范围，则因违法而无效。再如，依本法第 683 条第 1 款的规定，机关法人不得为保证人，但是经国务院批准为使用外国政府或者国际经济组织贷款进行转贷的除外。如果机关法人违法提供担保，人民法院应当认定担保合同无效。

第四，涉及关于交易方式的强制性规定。法律、行政法规要求有些交易必须采用公开竞价的方式缔约，如招标、拍卖方式，此类规定属于效力性强制性规定，如果当事人采用其他方式缔约，则合同无效。例如，依《招投标法》第3条第1款的规定，建设工程必须招标而未招标订立的合同以及中标无效订立的合同无效（**《施工合同解释一》第1条第1款**）。再如，依本法第347条第2款，工业、商业、旅游、娱乐和商品住宅等经营性用地以及同一土地有两个以上意向用地者的，应当采取招标、拍卖等公开竞价的方式出让。

第五，涉及关于交易场所的强制性规定。法律、行政法规对一般交易并不限定其交易场所，但对涉及金融秩序和一般交易安全的特定交易规定必须在特定场所进行集中交易，此种规定属于效力性强制性规定，特定交易若未在规定场所进行，则因违法而无效。例如，《公司法》第158条规定，股东转让其股份，应当在依法设立的证券交易场所进行或者按照国务院规定的其他方式进行。再如，《证券法》第37条规定，依法公开发行的股票、公司债券及其他证券，应当在依法设立的证券交易所上市交易或者在国务院批准的其他证券交易场所转让。

（二）非效力性强制性规定（第1款但书）

如果可以确定有些强制性规定仅为非效力性强制性规定，则从消极角度认定其不属于效力性强制性规定。根据《合同编通则解释》第16条第1款，对于法律、行政法规的强制性规定，如果由行为人承担行政或刑事责任就能实现强制性规定的立法目的，则不妨令法律行为有效，该强制性规定属于非效力性强制性规定。基于此，该条款具体列举了以下五种非效力性强制性规定。

第一，“强制性规定虽然旨在维护社会公共秩序，但是合同的实际履行对社会公共秩序造成的影响显著轻微，认定合同无效将导致案件处理结果有失公平公正”。例如，雇主雇人在禁渔期内捕捞，违反《渔业法》第30条第1款关于“禁止在禁渔区、禁渔期进行捕捞”的规定。对此，雇主应承担行政处罚责任。但强令雇佣合同无效将使付出劳动的雇员无法获得报酬，所以，此项规定仅属于管理性强制性规定，雇佣合同有效，雇员可请求雇主支付报酬。

第二，“强制性规定旨在维护政府的税收、土地出让金等国家利益或者其他民事主体的合法利益而非合同当事人的民事权益，认定合同有效不会影响该规范目的的实现”。例如，依《房地产法》第54条，房屋租赁合同应向房产管理部门登记备案。此项规定旨在实现政府的治安管理和税收管理等目标，而非为限制房屋租赁交易，故不影响租赁合同的效力。

第三，“强制性规定旨在要求当事人一方加强风险控制、内部管理等，对方无能力或者无义务审查合同是否违反强制性规定，认定合同无效将使其承担不利后果”。例如，《商业银行法》第40条规定，商业银行不得向关系人发放信用贷款，向关系人发放担保贷款的条件不得优于其他借款人同类贷款的条件；第47条规定，商业银行不得违反规定提高或者降低利率以及采用其他不正当手段，吸收存款，发放贷款。这两条规定均属于金融管理性质的法律规定，银行违规吸收存款或发放贷款，应由主管部门进行行政处罚，而存款合同或贷款合同不因此无效。

第四，“当事人一方虽然在订立合同时违反强制性规定，但是在合同订立后其已经具备补正违反强制性规定的条件却违背诚信原则不予补正”。此项规定的主要示例为《施工合同解释一》第3条：即发包人在起诉前未取得建设工程规划许可证等规划审批手续的，建设工程施工合同无效；但发包人能够办理审批手续而不办理，则不能请求确认建设工程施工合同无效。在此基础上，《合同编通则解释》第16条第4项将《施工合同解释一》第3条的规则拓展适用于所有合同类型。例如，《商品房买卖合同解释》第2条仅规定，开发商在起诉前未取得预售许可证的，商品房预售合同无效。但依《合同编通则解释》第16条第4项，开发商能够取得预售许可证，却因房价上涨等因素而不办理预售许可证的，不能主张合同无效。

第五，“法律、司法解释规定的其他情形”。此项规定是关于非效力性强制性规定的兜底条款，其中既包括大量的管理性强制性规定，也包括既不属于效力性强制性规定，也不属于管理性强制性规定的那些强制性规定。例如，法律、行政法规的规定虽然有“应当”、“必须”或者“不得”等表述，但是该规定旨在限制或者赋予民事权利，行为人违反该规定将构成无权处分、无权代理、越权代表等，该规定属于私法权限型强制性规定（**《合同编通则解释》第18条**）。

二、法律行为违背公序良俗无效（第2款）

本条第2款规定法律行为违背公序良俗无效。私法自治的范围不能漫无边际，当事人追求的法效果若不被法秩序认可，则法律行为不生效力。法律行为是否被法秩序认可，其重要标准就是公序良俗。若法律行为违背公序良俗，则法秩序不认可其效力。公序良俗包括公共秩序和善良风俗。作为法律上的规范概念，公共秩序不是单纯的社会伦理标准，而是法律评价标准。善良风俗亦不等于一般道德标准，而是从法律之外的伦理秩序中提取必要内容而转化成的法律标准。如此才能划清道德准则与法律规范之间的界限。

法律行为违法无效规则与背俗无效规则属于特别与一般的关系，后者对前者具有兜底作用。法律、行政法规的强制性规定较为明确具体，而公序良俗是需要在个案中具体化的规范概念和法律评价标准，其适用存在较高的不确定性。某种应作效力上否定性评价的法律行为反复出现，立法者方能通过法律和行政法规制定针对性的效力性强制性规定。然而，社会生活千姿百态、变迁无穷，法律和行政法规不可能穷尽法秩序应禁止的一切行为类型，因此以公序良俗作为“最后防线”。

（一）法律行为违背公共秩序

公序良俗是抽象概念，其内涵和外延均具有不确定性，故本条第2款作为概括条款在法律适用中经常遇到难题。为提高法律行为背俗无效规则法律适用的明晰性，《合同编通则解释》第17条第1款基于我国长期的司法审判经验，列举三大类违背公序良俗的情形：合同影响政治安全、经济安全、军事安全等国家安全的；合同影响社会稳定、公平竞争秩序或者损害社会公共利益等违背社会公共秩序的；合同背离社会公德、家庭伦理或者有损人格尊严等违背善良风俗的。其中，前两类为法律行为违背公共秩序，后一类为法律行为违背善良风俗。

首先，法律行为影响国家安全。

国家安全是国家的基本利益，事关全体社会成员的直接利益。对于法律行为影响国家安全的情形，法律、行政法规通常设有效力性强制性规定，故可通过法律行为违法无效规则使之不发生效力。对于尚无效力性强制性规定，但又危害国家安全的法律行为，应以背俗无效规则作为兜底措施否认其效力。根据《合同编通则解释》第17条第1款第1项，国家安全包括政治安全、经济安全和军事安全。

第一，法律行为影响政治安全。政治安全是指由国家政权、政治制度等要素组成的政治体系不受威胁的状态，亦即良好的政治秩序。法律行为若破坏民主政治、扰乱公权力正常行使，则影响政治安全，进而违背公序良俗。例如，候选人为获得选票而向选民赠与金钱；候选人接受利益集团的支持，承诺当选后给予回报。

第二，法律行为影响经济安全。经济安全是指国家经济持续发展、经济体系稳定运行的状态和能力。若法律行为阻碍市场经济有序运行、危及金融秩序，则属于背俗无效行为。例如，当事人订立投资虚拟货币的委托理财协议，由于虚拟货币不具有法偿性和强制性等货币属性，投资虚拟货币有违金融管制，严重扰乱经济金融秩序，影响国家的经济安全，故该协议因背俗而无效［**淄博淄川法院（2024）鲁0302民初114号民判**］。

第三，法律行为影响军事安全。军事安全是指国家安全不受武力威胁和破坏、国家军事力量具有持续保卫国家安全的状态。法律行为若影响军事安全，将违背公序良俗。例如，一方委托对方动用人脉帮助其办理特招入伍事宜，并支付相应办事款的，该合同干扰了参军选拔秩序，故背俗无效［**青岛黄岛法院（2022）鲁0211民初29号民判**］。

其次，法律行为违背其他公共秩序。

社会公共秩序是指维护社会公共生活所必需的秩序。社会公共秩序不是由具体的法律规定组成的规范秩序，而是体现为法秩序中维护社会稳定、公平竞争秩序、不得损害社会公共利益的价值体系。违背社会公共秩序的法律行为，因背俗而无效。

第一，法律行为影响社会稳定。社会稳定是指社会公共秩序稳定有序的状态，体现为社会成员遵从法秩序而行动。法律行为若服务于违法犯罪行为，将扰乱社会秩序，影响社会稳定。例如，在提供赌资的借款合同中，若出借人明知借款用于赌博，仍出借现金给赌博人，既扰乱社会治安管理秩序，又鼓励他人违法并以此牟利，该借款合同服务于违法行为，违背公序良俗，应属无效的法律行为［**广州中院（2024）粤01民终3434号民判**］。再如，当事人签订终端充值卡代理销售协议，但使用终端充值卡会导致无法确定使用人的真实电话号码，从而诱发电话诈骗等违法犯罪行为，故该代理销售协议影响社会稳定，违背公序良俗而无效［**广州中院（2022）粤01民终3613号民判**］。

第二，法律行为影响公平竞争秩序。公平竞争是社会进步和经济繁荣的前提，若法律行为意在限制、排除公平竞争，则违背公序良俗而无效。例如，在请托斡旋关系以中标的合同中，一方委托对方保证自己中标，并支付相应费用。此种合同干扰市场公平竞争秩序，违背公序良俗［**淄博淄川法院（2022）鲁0302民初3660号民判**］。

第三，法律行为损害社会公共利益。民事主体通过法律行为追求私人利益，固属正当，但若法律行为的实施损害社会公共利益，法秩序当然不能承认其效力，从而避免损害社会公共利益的发生。例如，当事人将加油站出租给欠缺危险化学品经营资质的他人，该租赁合同会危害社会成员的人身和财产安全，损害社会公共利益，因违背公序良俗而无效［**柳州中院（2020）桂02民终2276号民判**］。

（二）法律行为违背善良风俗

善良风俗系法律秩序外的伦理秩序，是维系社会存在发展的最低伦理标准。法律行为背离社会公德、背离家庭伦理或有损人格尊严，即违背此种伦理标准，法秩序应否定其效力。

第一，法律行为背离社会公德。社会公德即社会成员共同的道德观念，具有普遍认同性与底线性。例如，以维持性伴侣关系订立的赠与合同，企图用金钱维系不正当的性关系，背离社会公德，应属背俗无效的法律行为。再如，当事人向婚外情人赠与夫妻共同财产，有违社会公德，严重损害配偶权益，应属背俗无效的法律行为［**乌鲁木齐中院（2024）新01民终3850号民判**］。

第二，法律行为背离家庭伦理。家庭为社会成员共同生活的基本组织形式，家庭伦理是社会公共秩序的微观组成部分，也是善良风俗的重要体现。例如，当事人所订立的生育男孩的代孕合同，颠覆关于亲子关系的家庭伦理观，有悖于社会普遍认同的伦理道德观念，应属背俗无效的法律行为［**广州中院（2020）粤01民终17976号民判**］。再如，父母尚未去世时，子女预立将来分割父母遗产的协议，该协议违反家庭伦理，属于背俗无效的法律行为。

第三，法律行为有损人格尊严。若法律行为的实施，将侵害一方当事人的人格权，或过度限制当事人的人身、经济自由，则因有损人格尊严而无效。例如，在借款合同纠纷中，双方约定债务人若为债权人生育男孩，则双方的债权债务消灭。该约定既限制债务人的生育自由，也侵害债务人的人格尊严，因背俗而无效［**郴州中院（2016）湘10民终2173号民判**］。再如，借款合同的当事人约定，借款人以其将来的全部工资收入出质给债权人作为担保。基本的经济收入是借款人的人格尊严的保障，该担保约定过度限制借款人的经济自由，不利于保障其生计或发展，有损人格尊严，属于背俗无效行为。

第一百五十四条 【恶意串通】行为人与相对人恶意串通，损害他人合法权益的民事法律行为无效。

一、恶意串通无效规则的体系地位

本条规定恶意串通的法律行为无效。我国法律法规大量使用的恶意串通概念，大体可分为两类：其一，与法律行为无关的恶意串通，如当事人恶意串通，企图通过诉讼、调解等方式侵害他人合法权益（**《民诉法》第 115 条**）。其二，与法律行为有关的恶意串通，其又被我国传统民法理论分为两种：一是真正的恶意串通，即本条规定的法律行为的双方当事人恶意串通；二是不真正的恶意串通，即一方当事人与对方当事人的代理人恶意串通（**第 164 条第 2 款**）。

大陆法系范式民法典并无类似本条的规定，多借由违法背俗规则或债权人撤销权等解决恶意串通所涉问题。对于本条的体系地位，我国学界和实务界一直存在极大争议。本法在法律行为无效体系中加入恶意串通无效规则，若在解释上不能合理确定其适用范围，将引发法规范的体系冲突问题。在法律行为无效规则体系中，恶意串通行为不同于本法第 146 条第 1 款的虚假行为，前者要求行为人与相对人须以真实意思实施串通，后者则是行为人与相对人以虚假表示实施法律行为；恶意串通行为不同于本法第 153 条的违法背俗行为，前者要求法律行为的内容不违法背俗，否则就属于违法背俗行为。

我国学界和实务界主要承认如下恶意串通无效的典型示例。其一，恶意串通的"一物二卖"，即出卖人与后买受人恶意串通订立买卖合同，损害先买受人的利益。例如，出卖人与后买受人恶意串通，另行订立商品房买卖合同并将房屋交付使用，导致先买受人无法取得房屋（**《商品房买卖合同解释》第 7 条**）。其二，恶意串通的诈害债权行为。例如，行为人与相对人恶意串通以无偿财产处分行为或明显不合理价格的交易，妨害他人债权的实现［**宁德中院（2023）闽 09 民终 465 号民判**］。此时债权人还可依本法第 538 条、第 539 条主张债权人撤销权。其三，恶意串通诈害他人竞争权益。例如，行为人出于竞争目的，为使第三人的经营活动无法正常开展，而与相对人另订协议诱使相对人违约［**黔西南州兴仁法院（2020）黔 2322 民初 5662 号民判**］。

二、行为人与相对人恶意串通

本条的主观要件为行为人与相对人恶意串通。所谓"恶意"不是指知道或应当知道，而是指行为人与相对人具备以损害他人权益为目的的意图。恶意串通的行为主体须明知实施法律行为会损害他人权益，且追求或放任损害结果的发生［北京二中院（2023）京02民终4586号民判］。行为人作出意思表示，相对人明知实施该行为将会损害他人合法权益，以默示的方式表示接受，亦可构成恶意串通。反之，一方主体不知另一方实施法律行为的意图在于损害他人权益，则不构成恶意串通。例如，行为人无偿处分财产权益，而相对人不知道该情形，则行为人与相对人不构成恶意串通，债权人仅可主张债权人撤销权（第538条）。

恶意串通的主体为行为人与相对人，受损害方为法律行为当事人以外的他人。恶意串通的行为主体除双方当事人或当事人的缔约辅助人外，还包括单方行为的行为人与意思表示相对人。例如，行为人与其债务人恶意串通，免除债务人的全部或部分债务，以损害行为人的债权人的利益。本条明确恶意串通的行为主体是行为人与相对人，故遗嘱等以无相对人的意思表示实施的法律行为不存在恶意串通问题。

三、损害他人合法权益

本条的客观要件为损害他人合法权益。所谓他人合法权益，应仅指特定人的合法权益。行为人与相对人实施的法律行为，若损害国家利益或公共利益，要么因违反法律、行政法规的强制性规定而无效，要么在无相关强制性规定时因违背公序良俗而无效。例如，串通投标行为由于影响公平竞争秩序而无效（《合同编通则解释》第17条第1款第2项），而无须具备侵害他人合法权益的要件。

所谓损害，应仅指法律行为若无本条规制而按其内容生效，将对他人合法权益造成损害。一方面，行为人与相对人恶意串通，虽在主观上有损害他人权益的意图，但所实施的法律行为不可能损害他人权益，则不应适用本条使法律行为无效。例如，行为人与相对人“恶意串通”，无权处分他人之物的，由于相对人参与串通，其不能依善意取得获得该物，而物的所有权人可请求返还原物，故该无权处分不存在本条所谓损害的问题。另一方面，对他人合法权益的损害不要求已实际发生。本条规定恶意串通的法律行为无效，即旨在防止该法律行为生效而事实上损害他人权益，故恶意串通行为若以实际发生损害为要件，则逻辑上存在矛盾。

第一百五十五条 【自始无效】无效的或者被撤销的民事法律行为自始没有法律约束力。

本条规定无效或被撤销法律行为自始没有法律约束力。所谓“自始”，是指从无效或被撤销法律行为成立之时。所谓“没有法律约束力”，是指无效或被撤销法律行为不发生行为人所希望的法律效果，即不会产生意定效果。但无效或被撤销法律行为仍会依据法律规定产生法定效果，如依本法第157条产生返还财产或折价补偿、赔偿损失等清算效果。

此外，无效法律行为若满足特定条件可发生转换效果，即无效法律行为若具备其他替代法律行为的生效要件，且行为人若知道该法律行为无效将希望替代法律行为生效，则在解释上应将无效法律行为转换为替代法律行为并使其生效，使行为人的特定目的最终得以达成。因此，无效法律行为的转换，在尊重当事人的真实意思的基础上，对交易作出新的评价［**最高法(2015) 民申字第2354号民裁**］。例如，对于当事人以不动产为标的签订质押担保合同，考虑到当事人不会故意订立无效合同，且未办理担保登记，不妨将该质押担保合同转换为在不动产价值范围内的连带保证合同［**荆州中院（2019）鄂10民终1579号民判**］。

第一百五十六条 【部分无效】民事法律行为部分无效，不影响其他部分效力的，其他部分仍然有效。

本条规定法律行为部分无效。如果法律行为在内容上可分，且部分无效不影响其他部分效力，则没有必要使法律行为整体无效，而应使其他部分仍然有效，以最大限度地尊重当事人的私人自治。

本条所谓“法律行为部分无效”包括三层含义：第一，法律行为仅指单个行为。若当事人实施数个相互独立的法律行为，如订立数个买卖合同，则一个法律行为无效当然不影响其他行为的效力，也就无须适用本条规定。联立合同在法律上若被视为单个法律行为，则可适用本条规定。第二，法律行为在内容上可分，包括客体可分以及程度或数额可分，前者如将店铺与经营设备一同出售，后者如租赁期限超过20年的部分与20年以内的部分。反之，若法律行为在内容上不可分，则不适用本条规定。例如，在国有土地使用权出让合同中约定的部分地块系未完成征收的集体土地，但涉案地块为整体出让，如对其分割处理不利于整体开发利用，故应当认定为全部无效［**佛山中院（2023）粤06民终**

12699号民判〕。第三，法律行为部分无效的事由，包括所有令业已成立的法律行为最终不生效的事由。

本条所谓“不影响其他部分效力”包括两种情形：第一，法律行为的非核心条款无效，不影响包括核心条款在内的其他部分的效力。在客体可分情形，如遗嘱未保留胎儿的必要份额，则涉及胎儿的部分无效。在程度或数额可分情形，程度或数额的部分无效，一般不影响其他部分效力，如约定的利息或定金超过法定标准、约定租期超过20年等，仅超过部分无效。反之，法律行为的核心条款无效，将影响其他部分的效力。保底条款系委托理财合同的核心条款，保底条款无效将导致委托理财合同全部无效〔**福建高院（2015）闽民提字第238号民判**〕。第二，法律行为的无效条款具有相对独立性，将不影响其他部分的效力。例如，免责条款的无效不影响其他条款的效力（**第506条**）；有关解决争议方法的条款具有独立性，不因其他部分无效而无效（**第507条**）；法律服务合同中风险代理条款无效不影响基本服务费条款和其他条款的效力〔**（2018）最高法民申1649号民裁**〕。

本条所谓“其他部分仍然有效”，系指若部分无效不影响其他部分效力，则其他部分有效。不过，其他部分是否有效，仍须依法认定。

第一百五十七条 【法律行为不生效的清算】民事法律行为无效、被撤销或者确定不发生效力后，行为人因该行为取得的财产，应当予以返还；不能返还或者没有必要返还的，应当折价补偿。有过错的一方应当赔偿对方由此所受到的损失；各方都有过错的，应当各自承担相应的责任。法律另有规定的，依照其规定。

一、本条清算规则的适用前提（本条第一句第一分句前半句）

本条规定法律行为无效、被撤销或者确定不发生效力的清算。对此可简称为法律行为不生效的清算。法律行为不生效虽不发生行为人追求的法律效果，但行为人因该行为取得的财产或遭受的损失，需要进行清算，使行为人的财产状态恢复到法律行为实施前的状态。因此，法律行为不生效的清算包括两层问题：行为人取得财产的，应当予以返还或折价补偿；行为人遭受损失的，有过错的一方应赔偿损失。

本条清算规则适用于法律行为无效、被撤销或者确定不发生效力的情形。其中，法律行为无效或被撤销的事由，依本法第一编第六章第三节的规定或特别法认定。法律行为确定不发生效力，是指法律行为已经成立，但因无法具备生效条件而确定不能生效，例如：限制行为能力人实施的效力待定的法律行为，因被代理人不追认而确定不发生效力；附生效条件的法律行为，因生效条件嗣后不能成就而确定不发生效力；需经批准的法律行为，因主管机关不批准而确定不发生效力。

依《总则编解释》第 23 条，法律行为不成立的清算问题，可参照适用本条。与前述法律行为不生效情形一样，法律行为不成立的，也可能出现行为人因该行为取得财产或遭受损失的问题，故可参照本条进行返还财产、折价补偿与赔偿损失等清算。此外，无权代理的善意相对人行使撤销权（**第 171 条第 2 款**），撤销其意思表示，则无权代理行为不成立，此时亦可参照适用本条进行清算。

二、财产返还或折价补偿（本条第一句）

（一）财产返还（第一句第一分句后半句）

本条所谓“返还财产”，是指因法律行为取得财产的一方当事人应向对方当事人返还该财产。法律行为不生效意味着履行缺乏基础，故尚未履行的，不必再履行；已经履行的，应当进行履行回转，即返还财产。财产返还义务人通常是因法律行为取得财产的一方当事人，但在真正利他合同不生效而需清算时，财产返还义务人则是取得财产的第三人。此外，在涉及同一标的物的连环合同均不生效而需清算时，最初给付者可以直接请求最终受领者向其返还［**最高法（2012）民四终字第 1 号民判**］。

本条所谓“返还财产”不仅包括有体物的返还，还包括其他财产权益的返还，故返还权利人可依本条主张返还特定物或权利凭证，比如返还金钱、提单、票据、债权凭证；亦可基于本条主张更正错误的权利登记簿的记载，比如更正专利登记、工商登记与股东名册等。我国通说与实务均未采纳无因性原理，物的所有权因法律行为不生效而并未转移，故财产返还请求权的客体并非所有权，而是占有的返还或权利记载的更正。此外，本条规定的返还财产系特别规定，原则上应排除无权占有返还规则（**第 458～462 条**）的适用。

（二）折价补偿（第一句第二分句）

所谓折价补偿，是指对本应返还的财产作出价值评估，由返还义务人以等额金钱返还给权利人，以替代财产返还。财产返还与折价补偿系择一适用关系，均在于回转基于不生效法律行为的履行。折价补偿在性质上属于不当得利，但本条系特别规定，在法律行为清算情形应优先适用。同时，在法律行为清算时，应排除得利丧失抗辩（**第 986～988 条**）的适用。

折价补偿的适用前提为，财产不能返还或没有必要返还。其一，不能返还包括事实上不能返还和法律上不能返还：前者指财产依其形态或存在状况客观上不能返还，如物在使用中已经消耗、劳务给付等；后者指财产已被他人依法取得，如第三人善意取得该财产，致使返还义务人不能返还。其二，没有必要返还，是指从使用状况或经济效用角度，返还财产会造成不必要的浪费，不符合经济原则。在审判实务中，法官通常对“没有必要返还”拥有较大裁量权，若双方均不主张相互返还，亦可以认定为没有必要返还［**南阳桐柏法院（2021）豫 1330 民初 221 号民判**］。折价补偿的判断基准为，在法律行为不成立、无效、被撤销或者确定不发生效力之日，该财产的市场价值或者以其他合理方式计算的价值（**《合同编通则解释》第 24 条第 1 款第二分句**）。

在双方当事人均因法律行为取得财产而均需返还财产或折价补偿时，双方的返还义务互为对待给付。此种非因合同产生的债权债务关系，依本法第 468 条，可适用同时履行抗辩规则，即双方的返还义务应当同时履行，法院也应作出同时履行判决（**《合同编通则解释》第 25 条第 2 款第一分句**）。

三、赔偿损失（本条第二句）

本条第二句规定有过错方的赔偿责任。在法律行为不生效后，一方当事人如果对法律行为不生效存在过错，并导致对方当事人损失，则应承担赔偿责任。此赔偿责任在性质上属于缔约过失责任，但本条系独立的请求权基础，无须结合本法第 500 条一并适用。赔偿权利人仅可主张信赖利益的损害赔偿，不得主张法律行为有效时的履行利益损害赔偿，信赖利益赔偿数额不得超出履行利益赔偿数额。

所谓“过错”，是指当事人不仅对法律行为不生效有过错，同时也对法律行为不生效给对方造成的损失有过错。双方均具有过错的情形下，存在过失相抵的问题，从而“各自承担相应的责任”。例如，法律行为因违反法律强制性规定或违背公序良俗而无效，或双方恶意串通损害第三人利益时，通常涉及双方均具有过错的情况。此时应当根据各方过错与原因力的大小来确定损失应当如何分担（《合同编通则解释》第 24 条第 2 款），通常认为故意、重大过失方和不诚信方有主要过错。

四、关于清算的特别规定（本条第三句）

根据本条第三句，关于法律行为清算的特别规定，应优先适用。例如，依本法第 1054 条，无效的或被撤销的婚姻自始没有法律约束力，同居期间所得财产由当事人协议处理；协议不成的，由法院根据照顾无过错方的原则判决。再如，受欺诈、胁迫所立的遗嘱无效，但本法第 1154 条规定，遗嘱无效部分所涉及的遗产按照法定继承处理。又如，标的物为禁止买卖的枪支炮弹时，买卖合同无效，此时当事人的行为涉嫌犯罪，法院应当将案件线索移送刑事侦查机关（《合同编通则解释》第 24 条第 3 款第二句第一分句），行为人取得的枪支应按刑事程序予以收缴（《刑法》第 64 条第一句）。

第四节　民事法律行为的附条件和附期限

第一百五十八条　【附条件法律行为】民事法律行为可以附条件，但是根据其性质不得附条件的除外。附生效条件的民事法律行为，自条件成就时生效。附解除条件的民事法律行为，自条件成就时失效。

一、法律行为可附条件及例外（第一句）

首先，本条第一句规定法律行为原则上可附条件。

所谓条件，是指决定法律行为效力发生或消灭的客观不确定的将来事实。依私人自治原则，法律行为是意思自治的工具，行为人可通过法律行为规划其日常生活和经济交易。此种规划建立在行为人对未来情势的判断之上，即行为人所追求的法律效果的最终实现，还取决于将来某种事实的发生或不发生。对条件的理解，应注意以下四方面问题。

第一，条件是将来发生的事实。如果将已发生的事实作为法律行为的条件，此种条件被称为既成条件，属于不真正条件。通说认为，既成条件不发生真正条件的法律效果。在当事人知道某事实已发生而将其作为条件时，若其为生效条件，则法律行为视为没有附加条件［**广东珠海中院（2015）珠中法民二终字第110号民判**］；若其为解除条件，则法律行为自始无效。在当事人不知道某事实已发生而将其作为条件时，如果当事人知道该事实已发生便不希望实施法律行为，则法律行为自始无效；反之，如果当事人即便知道该事实已发生仍希望实施法律行为，则类推适用真正条件的法律效果。

第二，条件成就与否具有可能性。如果以必定成就的事实作为条件，此种条件被称作必成条件，属于不真正条件，其在本质上为期限［**云南高院（2024）云民申3770号民裁**］。反之，如果以必定不能成就的事实作为条件，此种条件被称为不能条件。若将不能条件约定为法律行为的生效条件，则法律行为不发生效力；若将不能条件约定为法律行为的解除条件，则法律行为视为未附条件（**《总则编解释》第24条**）。

第三，条件仅指当事人设置的意定条件。法律行为所附条件不包括法定条件，如有些合同依法需经主管机关的批准才生效（**第502条第2款**）。如果当事人将法定条件作为法律行为的条件，则法律行为实际上没有附加条件。但如果当事人约定应当在特定时间点之前获得主管机关的批准，则属于法定条件附加了意定因素，仍属于法律行为的意定条件。

第四，条件具有合法性。如果条件违反法律或行政法规的强制性规定，或者违背公序良俗，则属于不法条件。需注意的是，若不法条件的发生有利于不法行为人时，则该条件属于不法条件［**新乡中院（2020）豫07民终515号民判**］；反之，若不法条件的发生是对不法行为人的惩罚，则该条件属于合法条件。附不法条件的法律行为一般为无效，但在特殊情况下，为保护相对人的利益，该法律行为仍可有效。例如，某公司与员工订立以员工怀孕为解除条件的劳动合同，该条件因违法而无效，但为保护员工利益，该劳动合同仍有效。在此种特殊情况，通过意思表示解释，若所附不法条件无效不影响法律行为其他部分的效力，则其他部分仍有效（**第156条**）。

其次，本条第一句还规定法律行为例外不得附条件的情形。

由于附条件会导致法律行为的效力处于不确定状态，而有些法律行为依其性质不能处于此种不确定状态，以维护法律关系稳定和保护相对人利益，因此，有些法律行为依其性质不得附条件。这主要有以下两种情形。

第一，身份行为依其性质不得附条件。结婚、离婚、收养等身份行为具有强烈的伦理色彩，若附条件而陷于效力不确定状态，将有违法律的一般安全利益。例如，如果允许对结婚或离婚附生效条件或解除条件，则当事人的身份关系将处于不确定状态中，而这与婚姻的本质不符。由此可知，身份行为所表征的伦理价值，相比于附条件的自治价值更为重要。

第二，一些单方法律行为依其性质不得附条件。由于单方法律行为可因一方当事人的意思表示而变动法律关系，为保护相对人利益，避免法律关系处于不确定状态，一些单方法律行为不得附条件。例如，撤销、追认、抵销等，不得附条件。然而，如果单方法律行为不涉及相对人利益的保护，亦可附条件。例如，债务人迟延履行主要债务，债权人催告并通知债务人，若其在 15 日内仍不履行，则合同解除。该法定解除权行使行为虽然附加生效条件，但附加条件不会损害相对人利益，反倒会使相对人预知后果而有所准备。

二、条件成就的效力（本条第二、三句）

本条第二、三句规定了在条件成就时法律行为的效力。

首先，附生效条件的法律行为，条件成就，法律行为生效。生效条件可延缓法律行为生效的时间，故又称为延缓条件。在生效条件成就之前，法律行为的效力处于停止状态，故又称为停止条件。法律行为所附生效条件是其特别生效要件。一般而言，特别生效要件包括两种类型：一种是基于行政管理目的而由法律规定的特别生效要件，如有些合同需经主管部门批准才能生效（**第 502 条第 2 款**）；另一种是依意思自治而由行为人设立的特别生效要件，如行为人通过生效条件或生效期限控制法律行为的生效。依本条规定“自条件成就时生效或失效”，故条件成就不具有溯及力。但此项规定不属于强行法规定，依私人自治原则，当事人可约定排除，即当事人可约定条件成就具有溯及力。例如，当事人订立劳动合同，若试用期满合格留用，则溯及至合同成立时按正式工资补发其间工资，否则仅支付试用期工资。

其次，附解除条件的法律行为，条件成就，法律行为失效，故解除条件又称为失效条件。附解除条件的法律行为，在条件成就前，法律行为的法律效果已发生，但可能因条件成就而失效。解除条件确定不成就，则法律行为一直处于生效状态，如同自始未曾附加条件。附解除条件的法律行为在解除条件成就时丧失效力，无须当事人再作出解除合同的意思表示。在继续性之债的情形，解除条件成就仅对未来发生效力。例如，在租赁合同中，解除条件成就前发生的承租人的租金支付义务并不因条件成就而消灭，已经支付的租金无须返还［**通州法院（2022）京0112民初26407号民判**］。在非继续性之债的情形，解除条件成就后发生清算关系。例如，在买卖合同中，解除条件成就后合同失效，买受人保有标的物的法律原因不再存续，应返还标的物的所有权；出卖人保有价款的法律原因不再存续，应按不当得利规则返还。

虽然本法未规定，但学界普遍认为，因条件成就而受有利益的当事人在未决期间享有期待权，其保护方式主要为损害赔偿。所谓未决期间，是指条件成就与否尚未确定的期间。未决期间的法律状态，在学说上被称为附条件法律行为的“预先效力”，如在附生效条件的赠与中，受赠人可能获得赠与物；在附解除条件的赠与中，赠与人可能恢复其对标的物的权利。在未决期间，期待权人因条件成就所能取得的权利被相对人侵害，但期待权人在未决期间没有实际取得所期待的权利，因此无法主张损害赔偿。但根据条件成就的预先效力，期待权人可在条件成就之后主张损害赔偿。

第一百五十九条 【条件拟制】附条件的民事法律行为，当事人为自己的利益不正当地阻止条件成就的，视为条件已经成就；不正当地促成条件成就的，视为条件不成就。

本条规定条件拟制。条件是否成就决定法律行为的生效或失效，将使当事人获益或受不利益。若当事人为自己利益不正当地阻止条件成就或促成条件成就，将损害对方当事人利益，使法律行为附条件制度的规范目的落空。而条件拟制是诚信原则的具体化，旨在纠正干扰作为条件的事件的发展方向并从中获益的不正当行为。本条第一分句规定条件成就的拟制：因条件成就而受不利益的当事人，若以不正当行为阻碍条件成就，则视为条件已成就。本条第二分句规定条件不成就的拟制：因条件成就而受利益的当事人，若以不正当行为促成条件成就，则视为条件不成就。

条件拟制应具备四项构成要件。第一，不正当阻止或促成条件成就的人，仅限于法律行为的当事人。第二，当事人实施不正当阻止或促成条件成就的行为。此种不正当行为是一种背信行为，即违背诚信原则的行为。在实践中，虽然当事人多以作为方式阻止或促成条件成就，但不作为方式有时亦可达到阻止或促成条件成就的后果。例如，当事人约定将支付履约保证金作为合同的生效条件，但义务人拒绝支付保证金，这便是以不作为形式来阻碍条件成就［**北京三中院（2014）三中民终字第14448号民判**］。第三，因果进程受阻。一方当事人的背信行为导致出现了非常规后果（条件成就被不正当地阻止或促成），而未能出现常规后果，即阻断了正常的因果进程。第四，不当行为人的可归责性。条件拟制还要求不当行为人在主观上应具有恶意或故意，即行为人以违反诚信原则的方法恶意地促成或阻止条件的成就。在司法实践中，主张适用条件拟制规则的当事人，需要举证证明不当行为人在主观上存在恶意［**重庆一中院（2019）渝01民终10391号民判**］。

如果当事人为自己利益不正当地阻止或促成条件成就，则发生条件拟制的法律效果。在附生效条件的法律行为中，如果当事人为自己利益不正当地阻止条件成就，则视为条件已成就，该法律行为发生效力；如果不正当地促成条件成就，则视为条件未成就，法律行为不发生效力。在附解除条件的法律行为中，如果当事人为自己利益不正当地阻止条件成就，则视为条件已成就，该法律行为失效；如果不正当地促成条件成就，则视为条件未成就，该法律行为继续有效。

第一百六十条 【附期限法律行为】民事法律行为可以附期限，但是根据其性质不得附期限的除外。附生效期限的民事法律行为，自期限届至时生效。附终止期限的民事法律行为，自期限届满时失效。

一、法律行为可附期限及例外（本条第一句）

本条第一句规定法律行为原则上可附期限，以及例外不得附期限的情形。首先，依私人自治原则，当事人可依其意思为法律行为设置期限，以控制法律行为的生效或失效时间。所谓期限，是指将来客观确定到来的事实。法律行为所附期限是对法律行为效力的特别限制，法律行为附有期限，法律行为已成立，仅其效力的发生或消灭，系于期限何时到来。其中，生效期限决定法律行为何时生效，终止期限决定法律行为何时失效。同一法律行为同时附生效期限与终止期限，亦为常见［**（2022）最高法知民终 476 号民判**］。

其次，与条件一样，期限会使法律行为的效力处于不确定状态，而某些法律行为因涉及公共利益或出于保护相对人的考虑，依其性质应当维持法律关系稳定，故禁止当事人为其设置期限。其一，身份行为依其性质不得附期限。身份行为具有强烈的伦理色彩，要求相当的安定性、确定性和明晰性，故结婚、协议离婚、收养、协议解除收养关系、认领非婚生子女等身份行为，不容许当事人通过附加期限控制法律行为的效力。其二，一些单方法律行为依其性质不能附期限。作为死因行为，遗嘱在遗嘱人死亡时生效，如果遗嘱附生效期限，则将改变其生效时间，故遗嘱不得附期限。形成权人仅依单方意思就可变更当事人之间的法律关系，为避免使相对人处于不确定状态，有些形成权的行使不得附期限，如抵销不得附期限（**第 568 条第 2 款**）。但另有些形成权的行使不会增加相对人负担，可以附生效期限。例如，甲向乙发出解除合同的通知，载明自通知到达之日起 10 天合同即告解除。虽然甲行使解除权附加期限，但不会给乙增加不确定性，反而能使乙预先知晓该情事而有所准备。须注意的是，由于条件成就与否存在较大不确定性，而期限必然到来而存在较小不确定性，故有些不得附条件的法律行为，却可以附期限。例如，出票、背书、保证及承兑等票据行为不得附条件，但并不禁止当事人附期限。

二、期限到来的效力（本条第二、三句）

本条第二、三句规定期限到来时法律行为的效力，生效期限到来被称为届至，终止期限到来被称为届满。附生效期限的法律行为，在期限届至前法律行为已成立但尚未发生效力，在期限届至时才发生效力。由于生效期限使法律行为延缓至期限到来时生效，故其又称延缓期限。由于生效期限到来，法律行为开始发生效力，故其又称始期。附终止期限的法律行为，在期限届满前法律行为已成立并生效，在期限届满时失效。

终止期限也称为解除期限或终期，附终止期限的法律行为一般存在于继续性合同，如租赁合同［**北京三中院（2023）京03民终4493号民判**］、雇佣或劳动合同［**长沙中院（2022）湘01民终4271号民判**］等。

附期限的法律行为，在期限到来前，当事人虽未实际取得权利或回复权利，但有取得权利或回复权利的可能性，故学说上一般承认当事人享有期待权。这与条件成就或不成就前当事人的期待权相同，但不同于条件成就与否的不确定性，期限必定会到来，故附期限法律行为的当事人的期待权更为切实。在期待权受到侵害时，权利人可请求侵害人承担损害赔偿责任。

第七章

代　　理

第一节　一般规定

第一百六十一条　【代理的适用范围】民事主体可以通过代理人实施民事法律行为。

依照法律规定、当事人约定或者民事法律行为的性质，应当由本人亲自实施的民事法律行为，不得代理。

本条第1款规定，法律行为原则上均可由代理人实施，民事主体可通过代理人实施法律行为。但严格意义上，所谓“通过代理人实施法律行为”，系指通过代理人作出意思表示或受领意思表示，基于该意思表示而成立的法律行为，在效果上归属于被代理人，并由此改变被代理人的法律地位。由于民事主体通过代理人仅可作出或受领意思表示，故民事主体通过他人实施事实行为，便不属于代理的范畴。例如，占有、无主物先占、拾得遗失物等行为不能适用代理规则，而应适用关于占有辅助人的规定。再如，律师代当事人出庭应诉、发表意见，与意思表示的作出或受领无关，故不涉及代理；但律师若获得当事人特别授权，可与对方当事人签订和解协议，则属代理［**重庆江北法院（2022）渝0105民初19935号民判**］。此外，准民事法律行为也允许代理［**保山中院（2021）云05民终345号民判**］。

意思表示是法律行为的工具，法律行为则是私法自治的工具，由于民事主体可通过代理人作出或受领意思表示，代理制度具有扩张民事主体之意思自治范围的法律功能。此功能体现在三个方面：其一，民事主体囿于时间、精力和知识而不能事必躬亲，可通过代理人实施法律行为，以扩展其民事活动空间。其二，欠缺行为能力的自然人唯有通过法定代理人实施法律行为（**第19～22条**），才能参与法律交易活动，实现其合法权益。其三，作为组织体的法人和非法人组织为开展正常的交易活动，通常也依赖执行工作任务的人员为其实施法律行为（**第170条**）。

在例外情形，法律行为不得代理，而应由本人亲自实施。本条第2款规定三种例外情形：其一，依法律规定，应由本人亲自实施法律行为。例如，结婚不得代理，要求结婚的男女双方亲自到婚姻登记机构申请结婚登记（**第1049条**）；同样，离婚也不得代理，自愿离婚的夫妻双方应当签订书面离婚协议，亲自到婚姻登记机构申请离婚登记（**第1076条第1款**）。其二，依当事人约定，应由本人亲自实施法律行为。如果当事人约定法律行为应当由本人亲自实施，那么该法律行为不得代理。其三，依行为性质，应当由本人亲自实施法律行为。大部分具有人身专属性的法律行为，如收养、遗嘱等，依其性质不得代理。

第一百六十二条 【显名代理】代理人在代理权限内，以被代理人名义实施的民事法律行为，对被代理人发生效力。

根据效果标准，代理分为直接代理和间接代理，产生代理归属效果者为直接代理，不产生代理归属效果者为间接代理（**第926条**）。真正意义上的代理仅指发生代理归属效果的直接代理，而间接代理在本质上不属于真正意义上的代理。根据名义标准，直接代理又分为显名代理和隐名代理，以被代理人名义行事而发生代理归属效果者为显名代理，以代理人名义行事而发生代理归属效果者为隐名代理（**第925条**）。

根据本条规定，显名代理应具备两项要素：其一，代理权要素。根据代理权要素，代理人只有在代理权限内实施法律行为，才能使被代理人接受法律行为的约束。代理权要素旨在保护被代理人，若代理人超越代理权限，法律行为对被代理人不发生效力。其二，显名要素。根据显名要素，代理人以被代理人名义实施法律行为，才能使第三人意识到法律行为对被代理人生效，从而将第三人与被代理人束缚在一起。显名要素旨在保护第三人，若代理人未以被代理人名义实施法律行为，则法律行为一般不能将第三人和被代理人束缚在一起［**绍兴中院（2019）浙06民初447号民判**］。若代理人虽未显名，但第三人可通过其他途径知道代理关系，以此满足代理公开要素，则成立本法第 925 条规定的隐名代理，仍可发生代理归属效果［**北京高院（2021）京民终 67 号民判**］。

显名代理的法律效果为，代理人实施的法律行为对被代理人发生效力。此种法律效果在理论上被称作代理的归属效果，即代理人实施的法律行为在效果上直接归属于被代理人。与此不同，间接代理不发生此种代理归属效果，法律行为的法律效果由行为人直接承受，法律行为所产生的利益和负担再依行为人与本人之间的内部关系转移给本人（**参见本法第 926 条评注**）。

第一百六十三条 【代理的分类】代理包括委托代理和法定代理。

委托代理人按照被代理人的委托行使代理权。法定代理人依照法律的规定行使代理权。

本条第 1 款将代理分为委托代理和法定代理，其分类标准为代理权产生的不同原因。我国主流学说采分离原则：基础法律关系与代理法律关系相互独立。其一，在委托代理情形，产生基础关系的法律事实为委托合同、雇用合同、合伙合同等，基础关系的内容为当事人之间的合同权利义务；产生代理关系的法律事实为被代理人作出的授予代理权的单方行为，代理关系的内容为代理人获得代理权。其二，在法定代理情形，基础关系是指监护关系、失踪人的财产代管关系等；代理权的产生源于法律的明文规定，如法律规定监护人是被监护人的法定代理人（**第 34 条第 1 款**），财产代管人是失踪人的法定代理人（**第 43 条**）。值得注意的是，虽然委托代理在文义上仅指基础关系为委托合同的代理关系，但由于本条第 1 款将委托代理与法定代理相对称，故委托代理实际上就是指学理上的意定代理，在外延上还包括基础关系为雇佣合同、合伙合同的代理关系。

本条第 2 款规定委托代理权和法定代理权的行使方式。根据分离原则，基础关系的内容为“当为”，当事人应当履行基础关系中的义务，如受托人、受雇人、合伙人应当履行委托合同、雇佣合同、合伙合同中的义务；代理关系的内容为“得为”，获得代理权的代理人可以行使代理权，亦可不行使代理权。由此可见，代理权应如何行使的方式问题，仅涉及基础关系而不涉及代理关系。基于此，委托代理人按照被代理人的委托行使代理权，即代理人应当按照委托合同、雇佣合同、合伙合同等基础关系行使代理权，否则，代理人应依基础关系负违约责任。而法定代理人按照法律的规定行使代理权，如监护人应当按照最有利于被监护人的原则履行监护职责（**第35条第1款**），不履行监护职责的监护人应承担民事责任（**第34条第3款**）。

第一百六十四条 【代理权滥用】代理人不履行或者不完全履行职责，造成被代理人损害的，应当承担民事责任。

代理人和相对人恶意串通，损害被代理人合法权益的，代理人和相对人应当承担连带责任。

本条用两款分别规定职责违反型代理权滥用和恶意串通型代理权滥用。代理人在代理权限内以被代理人名义实施的法律行为，对被代理人发生效力。然而，在法律实践中常会出现，虽然代理人在代理权限内实施代理行为，在形式上属于有权代理，但在实质上违背了被代理人的利益，对被代理人造成损害。此种背离被代理人利益的代理行为，理论上称之为代理权滥用。除本条规定的两种代理权滥用外，本法第168条还规定另外两种代理权滥用，即自己代理型和双方代理型代理权滥用。

一、职责违反型代理权滥用（第1款）

职责违反型代理权滥用包括两项构成要件。其一，代理人违反职责，系指代理人违反基础关系的义务。鉴于基础关系的内容为“当为”，而代理关系的内容为“得为”，故代理人仅可能违反基础关系中的职责。委托代理人违反职责是指受托人、受雇人、合伙人等违反合同义务，如受托人违反委托合同的价格指示；法定代理人违反职责是指监护人或财产代管人违反监护职责或代管职责等。其二，相对人非善意。在一般情形，代理人违反职责仅发生基础关系层面的责任承担，委托代理人或法定代理人依基础关系承担违约责任或侵权责任。但本条旨在处理代理关系层面的问题，无须解决基础关系层面的责任承担问题。在特别情形，如果相对人知道职责违反的事实，或者职责违反的事实对相对人是显而易见的，则相对人丧失信赖保护利益，此时构成代理权滥用，这是本条的规范对象。例如，代理人违反价格指示，以远低于市场价的价格出售被代理人的房屋，此种职责违反的事实对相对人是显而易见的［**广州中院（2012）穗中法民五终字第3270号民判**］。虽然本条在文义上未规定，但依本条的规范目的，应通过法律漏洞填补增加此项要件。另外，本条第1款所谓造成被代理人损害，不要求实际上已经造成被代理人损害，只要求代理人违反职责具有损害被代理人利益的可能。

若符合前述两项要件构成职责违反型代理权滥用，则代理权应受到基础关系的限制，即代理人丧失代理权，代理行为的效果归属待定。如果被代理人追认，代理行为产生效果归属，即直接约束被代理人和相对人。此时在代理关系层面，代理人不向相对人负有责任。如果被代理人拒绝追认，则代理行为不产生效果归属。本款的民事责任是指，在被代理人不追认时，代理人应依无权代理规则向被代理人承担民事责任［**广州中院（2017）粤01民终20549号民判**］。由于成立本款的职责违反型代理权滥用要求相对人非善意，故应适用本法第171条第4款，恶意相对人仅能主张其与代理人按照各自过错承担责任（**参见本法第171条评注**）。

在本条和本法第168条规定的四种代理权滥用中，本款规定的职责违反型代理权滥用系一般类型，而本条第2款规定的恶意串通型代理权滥用以及本法第168条规定的自己代理型代理权滥用和双方代理型代理权滥用系特殊类型。在代理权滥用的规范体系中，本款规定的职责违反型代理权滥用规则具有统领功能，一方面是因为三种特殊类型的代理权滥用均符合职责违反型代理权滥用的两项构成要件，即代理人违反基础关系的义务和相对人非善意；另一方面是因为四种代理权滥用的法律效果均为代理人丧失代理权，代理行为的效果归属待定。

二、恶意串通型代理权滥用（第2款）

作为特殊类型，恶意串通型代理权滥用包括两项构成要件：代理人因参与串通，违反基础关系的义务；相对人因参与串通，在主观上系非善意，丧失信赖保护的必要。由此可知，仅恶意串通便满足代理权滥用的两项构成要件，成立恶意串通型代理权滥用，实际损害被代理人的合法权益并非构成要件。恶意串通导致代理人丧失代理权，代理行为的效果归属待定。如果被代理人拒绝追认，代理行为对被代理人不发生效力，相对人应当返还依代理行为从被代理人处取得的财产，以及赔偿被代理人遭受的损失［**上海一中院（2015）沪一中民二（民）终**

字第428号民判]；对于相对人向被代理人返还财产和赔偿损失，代理人因参与串通而应依本条承担连带责任。此外，对于参与串通的恶意相对人和代理人之间的责任，双方应依本法第171条第4款按照各自过错分担。

对于本条规定的恶意串通型代理权滥用规则，《合同编通则解释》第23条第1款在法人对外交易领域进行了重申和扩展。一方面，该条款规定，对于法人或非法人组织的代理人与相对人恶意串通，以法人或非法人组织的名义订立的合同，法人或非法人组织可主张不承担民事责任。该条款所谓"不承担民事责任"，系指代理人因参与串通而丧失代理权，导致合同的效果归属待定，若法人或非法人组织不追认，则可不受合同约束，不承担合同责任。另一方面，该条款还一并规定，法人或非法人组织的法定代表人或负责人、代理人与相对人恶意串通，以法人或非法人组织的名义订立合同。也就是，该条款将本条第2款规定的代理人与相对人恶意串通规则扩展适用于法定代表人或负责人与相对人恶意串通，法定代表人或负责人和相对人恶意串通，与代理人和相对人恶意串通，在法律效果上完全相同。该条款表明，最高法至少在与相对人恶意串通问题上放弃了我国传统理论坚持的代表和代理二元论，但其是否具有体系外溢效应，从而彻底打破此种二元论，将法定代表人视作一种特殊代理人，尚待理论和实务的进一步发展。

由于恶意串通的主观要件停留于观念与动机层面，被代理人举证代理人与相对人恶意串通，较为困难。对此，一方面，《合同编通则解释》第23条第2款第一句规定，"根据法人、非法人组织的举证，综合考虑当事人之间的交易习惯、合同在订立时是否显失公平、相关人员是否获取了不正当利益、合同的履行情况等因素，人民法院能够认定法定代表人、负责人或者代理人与相对人存在恶意串通的高度可能性的，可以要求前述人员就合同订立、履行的过程等相关事实作出陈述或者提供相应的证据"，即法官基于被代理人的举证并综合考虑合同相关因素，若已形成关于恶意串通的临时心证，可要求前述人员提供反证，推翻其临时心证。在实践中，根据控制关联公司转嫁债务、合同系补签形成、当事人作出矛盾陈述等因素，可认定存在恶意串通的高度盖然性[**大兴法院(2023)京0115民初9957号民判**]。另一方面，该条款第二句规定，前述人员"无正当理由拒绝作出陈述，或者所作陈述不具合理性又不能提供相应证据的，人民法院可以认定恶意串通的事实成立"，即前述人员拒绝或未能提供反证推翻法官的临时心证，则可认定存在恶意串通［**乌鲁木齐中院（2024）新 01 民终 161 号民判**］。

第二节 委托代理

第一百六十五条 【授权书】委托代理授权采用书面形式的，授权委托书应当载明代理人的姓名或者名称、代理事项、权限和期限，并由被代理人签名或者盖章。

本条所谓“委托代理授权”，是指委托代理的授权行为，即被代理人授予代理权的法律行为。授权行为系单方法律行为，故本条规定授权委托书仅需被代理人签字或盖章。授权行为系需受领的单方法律行为，被代理人既可向代理人作出授权表示，此即所谓的内部授权，亦可向相对人作出授权表示，此即所谓的外部授权。授权行为系不要式行为，口头形式、书面形式或其他形式均可，而本条规定的“授权委托书”系授权行为的书面形式。依分离原则，授权行为与委托合同相互独立，授权委托书实际上系指授权书而非委托书。

虽然本条规定授权书应当载明三方面的事项，但此项规定仅具有倡导性，而非强制当事人遵守，若授权书遗漏相关事项，可通过意思表示解释确定其内容。其一，代理人的姓名或名称。被代理人通过授权行为向代理人授予代理权，自然应在授权书中载明代理人的姓名或名称。代理人若为自然人，授权书应载明其姓名；若为法人或者非法人组织，则应载明其名称。其二，代理事项、代理权限和代理期限。代理事项是指被代理人希望代理人实施的法律行为，如以被代理人名义出租商铺、为被代理人购买汽车等。代理权限是指代理权的范围，如授权书载明购买汽车的品牌和型号以及具体的经销商等。在概括代理中代理权范围无特别限定，代理人可自主决定法律行为内容；在特别代理中代理权范围存在限定，代理人仅可在代理权范围内决定法律行为内容。代理期限是指代理权的存续期间。须注意的是，本条仅在狭义上使用代理权限概念，而广义上的代理权限包括代理事项和代理期限，如本法第 162 条所谓“在代理权限内”即为示例。其三，被代理人签名或盖章。签名与盖章具有相同效力，被代理人仅需签名或盖章即可。

第一百六十六条　【共同代理】数人为同一代理事项的代理人的，应当共同行使代理权，但是当事人另有约定的除外。

本条规定共同代理。

首先，依本条主文，共同代理要求数个代理人就同一代理事项共同行使代理权。其一，代理人一方有数人。代理关系的当事人为被代理人和代理人，代理人方若为一人，则为单独代理；若为数人，则为共同代理。其二，同一代理事项。与单独代理相同，共同代理也是由被代理人的一个授权行为所产生，该授权行为中确定的代理事项和代理权均属唯一，数个代理人须完成同一代理事项以及享有同一代理权。其三，共同行使代理权，即数个代理人对于实施特定内容的法律行为须达成一致。代理人单独行使代理权的，属于无权代理，应依本法第171条与第172条处理（**《总则编解释》第25条**）。须注意的是，共同代理不同于集合代理，集合代理是被代理人就同一代理事项分别授予代理人独立的代理权，代理人可单独行使代理权，如授权委托书写明各个代理人的权限，是单独代理的集合。

其次，依本条但书，当事人另有约定的除外。在代理人为数人时，如果当事人约定数个代理人单独行使代理权，则不构成本条的共同代理。例如，被代理人授权两个代理人购买一台电脑，每个代理人单独行使代理权，一个代理人购买电脑后应通知另一个代理人；此种情形不构成共同代理［**上海一中院（2010）沪一中民四（商）终字第1542号民判**］，而属于两个单独代理，即被代理人与两个代理人之间分别存在一个单独代理。

第一百六十七条　【违法代理】代理人知道或者应当知道代理事项违法仍然实施代理行为，或者被代理人知道或者应当知道代理人的代理行为违法未作反对表示的，被代理人和代理人应当承担连带责任。

第一种违法代理为，代理人知道或应当知道代理事项违法仍然实施代理行为。其中，代理事项是被代理人通过授权行为希望代理人实施的法律行为，而代理行为是代理人实际已实施的法律行为。所谓代理事项违法，是指被代理人希望代理人实施的法律行为违法，如被代理人授权代理人销售假冒伪劣产品。如果代理人知道或应当知道代理事项违法而仍然实施代理行为，则构成违法代理。反之，如果代理人在实施代理行为之前不知道代理事项违法，如不知道该产品为假冒伪劣产品，则不构成违法代理。在此种情形，仅由被代理人对外承担民事责任。

第二种违法代理为，被代理人知道或应当知道代理行为违法却未作反对表示。虽然被代理人在授权行为中确定的代理事项不违法，但代理人实施的代理行为违法，如被代理人授权代理人销售合格产品，但代理人将产品贴上假冒商标进行销售。如果被代理人知道或应当知道代理行为违法而未作反对表示，则构成违法代理。反之，如果被代理人对此不知道或不应当知道，则不构成违法代理。在此种情形，仅由代理人对外承担民事责任。

在构成违法代理时，被代理人和代理人应承担连带责任。承担连带责任的理由在于，被代理人和代理人对违法代理均有过错。在第一种违法代理情形，代理事项违法导致代理行为违法，被代理人对代理事项违法和代理行为违法均有过错；代理人知道或应当知道代理事项违法仍实施代理行为，其对代理行为违法具有过错。在第二种违法代理情形，代理人实施的代理行为违法，其具有过错；被代理人知道或应当知道代理行为违法未作反对表示，则其对违法代理行为的产生亦有过错。

第一百六十八条 【自己代理和双方代理】代理人不得以被代理人的名义与自己实施民事法律行为，但是被代理人同意或者追认的除外。

代理人不得以被代理人的名义与自己同时代理的其他人实施民事法律行为，但是被代理的双方同意或者追认的除外。

一、自己代理（第1款）

本条第1款主文禁止自己代理，即代理人不得以被代理人名义与自己实施法律行为，例如，被代理人授权代理人购买一部手机，代理人向自己购买手机，或者代理人将被代理人的债权让与给自己［**新疆高院（2021）新民再30号民判**］。作为代理权滥用的特殊类型，自己代理符合代理权滥用的两项构成要素：其一，代理人为维护被代理人利益，一般应寻找合适的相对人并与之为法律行为，但代理人与自己实施法律行为，难免会厚己薄人，从而违反基础关系中的忠实义务；其二，相对人就是代理人自己，当然知道代理人违反基础关系的义务拘束，也就无信赖保护的必要。为保护被代理人的利益，在成立自己代理时，代理人丧失代理权，代理行为的效果归属待定。对此，被代理人若追认，代理行为对其发生效力；若不追认，代理行为对其不发生效力［**新疆高院（2022）新民再19号民判**］。

第1款但书规定禁止自己代理的例外，即在被代理人同意或追认时，代理人能够以被代理人的名义与自己实施法律行为。同意是事前的允许，此时被代理人的利益没有损害之虞，故自己代理行为可以自始发生效果归属。该同意不以明示为必要，若在授权委托书或者其他交易背景中可以解释出被代理人同意的意思，自己代理行为可以对被代理人生效［**奉贤法院（2023）沪0120民初19253号民判**］。

二、双方代理（第2款）

本条第2款主文禁止双方代理，即代理人不得以被代理人的名义与自己同时代理的其他人实施法律行为。例如，代理人同时代理股权转让方与受让方签订股权转让协议［**南京中院（2018）苏01民终2904号民判**］。作为代理权滥用的类型，双方代理符合代理权滥用的两项构成要素：其一，代理人同时为两个被代理人实施法律行为，由于存在两个被代理人的利益冲突，代理人难免会厚此薄彼，损害其中一个被代理人的利益，从而违反基础关系中的忠实义务；其二，由于代理人同时也是相对人，因而无信赖保护的必要。为保护被代理人的利益，在成立双方代理时，代理人丧失代理权，代理行为的效果归属待定。对此，若两个被代理人都追认，则代理行为对双方发生效力；但只要有一个被代理人不追认，则代理行为不对双方发生效力。

本条第2款的但书规定禁止双方代理的例外，在两个被代理人均同意或追认时，代理人能够以被代理人的名义与自己同时代理的其他人实施法律行为。例如，房屋买受人与出卖人均知晓并认可代理人双方代理的情事，则合同对双方发生效力［**武隆法院（2022）渝0156民初351号民**

判]。又如，被代理人双方均在合同书上签名，表明双方均认可双方代理［**成都中院（2018）川 01 民终 5140 号民判**］，代理行为因双方追认而对双方发生效力。

第一百六十九条 【转委托代理】代理人需要转委托第三人代理的，应当取得被代理人的同意或者追认。

转委托代理经被代理人同意或者追认的，被代理人可以就代理事务直接指示转委托的第三人，代理人仅就第三人的选任以及对第三人的指示承担责任。

转委托代理未经被代理人同意或者追认的，代理人应当对转委托的第三人的行为承担责任；但是，在紧急情况下代理人为了维护被代理人的利益需要转委托第三人代理的除外。

从代理关系与委托关系相区分角度，本条规定的转委托代理实际上系指转代理。在学理上，转代理也被称作复代理、再代理、多层次代理，是指代理人以自己名义为被代理人选任转代理人。转代理人是被代理人的代理人，而非代理人的代理人，其实施法律行为时以被代理人的名义且效果归属于被代理人，如果转代理人以代理人名义实施法律行为，属于一般委托代理而非转代理行为。本条的转代理与本法第 923 条的转委托不同，转代理涉及代理关系层面的代理人选任转代理人的问题，转委托涉及基础关系层面的受托人选任次受托人的问题。在法律实践中，转委托和转代理可能单独存在，也可能同时存在［**烟台中院（2019）鲁 06 民终 6362 号民判**］。在此意义上，本条规定的“转委托的第三人”的表述并不准确，其实际上是指“转委托代理的第三人”。

本条第 1 款规定，转代理应当取得被代理人的同意或追认。所谓同意是指被代理人事前允许代理人转代理，追认是指被代理人事后承认代理人转代理。代理人在为被代理人选择转代理人时应具有复任权，复任权是代理人选择他人作为转代理人的权利，转代理人的代理权限不得大于代理人的代理权限。被代理人信赖代理人而授予其代理权，代理人原则上应亲自行使代理权。如果代理人需要转代理，自应取得被代理人的同意或追认，以此维护被代理人的利益。在经被代理人同意或追认的转代理情形，转代理人是被代理人的代理人，应以被代理人的名义实施法律行为，产生的法律效果直接归属被代理人承担；而代理人不退出原有的代理关系，其代理人地位不变。因此，转代理关系包括两层代理关系：被代理人与代理人之间的代理关系，以及被代理人与转代理人之间的代理关系。

在经被代理人同意或追认的转代理情形，本条第 2 款规定被代理人对转代理人的指示以及代理人的责任承担。其一，被代理人可以就代理事务直接指示转代理人。在转代理关系中，转代理人也是被代理人的代理人，被代理人当然可以就代理事务直接指示转代理人。其二，代理人对转代理人的选任和指示承担责任。由于转代理人经代理人选任而产生，代理人在选任转代理人时应充分了解其能力、经验、品质等情况；反之，代理人应对其选任不当承担责任。此外，代理人可就代理事务指示转代理人，代理人若指示有误，则应承担责任。

本条第 3 款规定未经被代理人同意或追认的转代理及其例外。其一，根据第 3 款的主文，未经被代理人同意或追认，代理人无权转代理，转代理人也不能由此取得代理权。如果转代理人以被代理人名义实施法律行为，构成无权代理。不论转代理人是否表明多层次代理关系的存在，为保护相对人的信赖，转代理人应向相对人承担无权代理人责任。由于转代理人承担无权代理人责任是因代理人无权转代理所致，故转代理人在承担责任后有权向代理人追偿。其二，根据第 3 款的但书，在紧急情况下为维护被代理人的利益，代理人不对转代理人的行为承担责任。但代理人仍须对转代理人的选任和指示承担责任，即此时发生与经被代理人同意或追认的转代理相同的后果，紧急情况的存在补足了被代理人同意或追认的欠缺。此所谓紧急情况，是指由于急病、通讯联络中断、疫情防控等特殊原因，委托代理人自己不能办理代理事项，又不能与被代理人及时取得联系，如不及时转委托第三人代理，会给被代理人的利益造成损失或者扩大损失（**《总则编解释》第 26 条**）。

第一百七十条 【职务代理】执行法人或者非法人组织工作任务的人员，就其职权范围内的事项，以法人或者非法人组织的名义实施的民事法律行为，对法人或者非法人组织发生效力。

法人或者非法人组织对执行其工作任务的人员职权范围的限制，不得对抗善意相对人。

一、职务代理（第1款）

本条第1款规定职务代理，其在本质上属于委托代理，故本条位于本章第二节“委托代理”。职务代理的两项构成要件为代理权要素和代理公开要素，前者是指执行法人或非法人组织工作任务的人员对职权范围内的事项享有代理权，后者是指工作人员应以法人或非法人组织的名义行事；其法律效果为代理归属效果，即法律行为“对法人或非法人组织发生效力”。由此可见，职务代理在构成要件和法律效果上与普通委托代理并无不同，故此处重点阐述职务代理如下特殊问题。

第一，职务代理权的授予方式。作为被代理人的法人或非法人组织通过委托合同或劳动合同等选任或聘任工作人员，并对工作人员分配工作任务，赋予其特定范围的职权，允许其在职权范围内执行工作任务。如果此种职权在范围上包括对外交易事项，则意味着法人或非法人组织就此等事项亦授予工作人员相应代理权。例如，劳务合同中约定劳务内容为产品销售和推广，工作人员以公司名义与他人订立买卖合同，系其职权范围内的事项［**烟台海阳法院（2023）鲁0687民初3900号民判**］。再如，行为人的职务是银行营业部大堂经理，向客户推荐该行业务内的金融委托理财产品、代表单位作出要约属于其工作职责，构成职务代理［**绥化北林法院（2023）黑1202民初1557号民判**］。相反，如果此种职权在范围上仅包括内部事务处理事项，则意味着法人或非法人组织并未授予代理权。例如，劳动合同记载的工作内容系“从事生产工作”，故工作人员对外签订合同、出具保证书等行为与其工作岗位应履行的工作职责不相一致，不构成职务代理［**常州中院（2021）苏04民终5324号民判**］。此外，此种职权在范围上还可能同时包括对外交易事项和内部事务处理事项，且此两类事项经常相互关联。例如，依《公司法》第79条第2款，监事会发现公司经营情况异常，可以进行调查；必要时，可以聘请会计师事务所等协助其工作，费用由公司承担。

第二，法人或非法人组织的范围。法人或非法人组织在文义上包括所有组织体。非营利法人的工作人员可实施职务代理行为，如公立医院副院长和基建科科长以医院名义出具3个月内支付全部土地价款承诺函，二人的行为系职务代理［**河南高院（2019）豫民申4129号民裁**］。特别法人的工作人员亦可在其职权范围内实施代理行为，如村支书以村委会名义签订增项工程施工合同，与该村已招标的工程具有直接关联，村支书的行为构成职务代理，对村委会具有法律约束力［**舟山中院（2023）浙09民终229号民判**］。非法人组织的工作人员进行职务代理，如食品厂（个人独资企业）负责销售业务的员工，订立分销合同属于执行非法人组织工作任务的行为，构成职务代理［**常德中院（2019）湘07民终1473号民判**］。

第三，工作人员的范围。工作人员可能仅与法人或非法人组织存在委托合同关系，如董事与公司之间系委托合同关系，二者之间可能存在或不存在劳动合同关系，具体认定标准为董事与公司之间是否存在人身从属性和经济从属性［**菏泽中院（2024）鲁17民终10号民判**］。工作人员不限于与法人或非法人组织之间存在劳动合同关系，还包括因劳务派遣而发生的用工关系、机关法人中的公职工作关系等，只要工作人员与组织体形成稳定的职务关系即可。例如，相对人应举证证明行为人与某公司之间存在劳动关系，抑或由劳务派遣单位派至某公司工作，才能认定在某公司与行为人之间形成基于职务而发生的默示授权［**上海一中院（2020）沪01民终3586号民判**］。须注意的是，法人、非法人组织的法定代表人和负责人实施代表行为，虽然也属于执行工作任务，但本法区分代表和代理，故其不适用本条规定。在实务中，若董事长兼任法定代表人，其对外从事交易，系代表行为；若其不兼任法定代表人，其对外从事交易，如以公司名义为他人提供担保，系代理行为［**（2020）最高法民申2443号民裁**］。

二、超越意定职权范围的表见职务代理（第2款）

表见职务代理的成立前提为，工作人员超越法人或非法人组织对职权范围的限制，即存在越权职务代理。职务代理既属意定代理，原则上法人或非法人组织可以对代理权范围进行限制。越权职务代理的法律效果为，代理行为的归属效果待定。例如，行为人系公司售楼部营销工作人员，购买礼品用于营销的行为在该职务通常具有的职权范围之内，后公司下发通知禁止员工对外购买实物类礼品［**郑州中牟法院（2023）豫0122民初2426号民判**］。对于越权职务代理，法人或非法人组织可决定是否追认。

本款规定，越权职务代理“不得对抗善意第三人”，换言之，善意第三人可主张代理行为对法人、非法人组织发生效力，即构成表见职务代理。本款规定得到《合同编通则解释》第21条第3款第一句的重申，即“合同所涉事项……超越法人、非法人组织对工作人员职权范围的限制，相对人主张该合同对法人、非法人组织发生效力并由其承担违约责任的，人民法院应予支持”。虽然表见职务代理系表见代理的特殊表现形态，亦应符合本法第172条规定的表见代理的各项要件，但鉴于本款专门规定表见职务代理，在解释上应认为本款系独立的请求权基础。

三、超越法定职权范围的表见职务代理（《合同编通则解释》第21条第1、2款）

与本条第2款以及《合同编通则解释》第21条第3款相对应，《合同编通则解释》第21条第1、2款规定，在法律法规对工作人员的职权范围有限制时，工作人员超越职权范围行事的，亦可能成立表见职务代理。

第一，《合同编通则解释》第21条第2款列举了工作人员超越法定职权范围的四种情形。其一，结合该条款前三项，对于依法应当由法人或非法人组织的权力机构或决策机构决议的事项，或者应当由执行机构决定的事项，或者应当由法定代表人或负责人实施的事项，若工作人员处理此类事项，则属超越法定职权范围。例如，《公司法》第57条规定有限责任公司股东会的九项职权，第67条规定董事会的十项职权，工作人员处理此类事项系超越其职权范围。其二，该条款第四项系兜底规定，即工作人员处理通常情形下依其职权不可处理的事项。所谓“通常情形”系依本法第10条的习惯所确立，工作人员就其处理事项依习惯具有代理权，如根据建设工程施工行业惯例，项目经理有权以公司名义实施与工程项目相关的法律行为［**淄博中院（2022）鲁03民终2851号民判**］。

第二，对于工作人员超越法定职权范围的越权职务代理，相对人不仅可要求工作人员依本法第171条的规定承担无权代理人责任，还可基于《合同编通则解释》第21条第1款第二句的规定，要求有过错的法人或非法人组织依本法第157条承担缔约过失赔偿责任。与此相对应，在工作人员超越意定职权范围行事时，法人、非法人组织不承担此种缔约过失赔偿责任。其理由在于，工作人员超越法定职权范围行事，通常意味着法人、非法人组织内部管理不善，未尽妥善的选任与监督之责，例如，公司对公章管理不善，导致员工持公章擅自以公司名义向他人提供担保，公司应对自己的过错承担缔约过失赔偿责任［**石嘴山中院**

(2024) 宁 02 民终 621 号民判]。

第三，对于工作人员超越法定职权范围的越权职务代理，构成表见代理的，《合同编通则解释》第 21 条第 1 款第三句规定，应依本法第 172 条规定的表见代理来处理。也就是，工作人员超越法定职权范围，不属于本条第 2 款的表见职务代理情形，不能适用该条款。因此，本条第 2 款的表见职务代理，仅针对工作人员超越意定职权范围的情形，而工作人员超越法定职权范围的情形，应适用本法第 172 条一般表见代理规则。须注意的是，区分工作人员超越意定职权范围与超越法定职权范围的规范方式，也体现在区分法定代表人超越意定限制与超越法定限制方面，如本法第 61 条第 3 款规定法定代表人超越意定限制情形的表见代表，该条款也获得《合同编通则解释》第 20 条第 2 款的重申，而《合同编通则解释》第 20 条第 1 款规定法定代表人超越法定限制情形的表见代表。

第四，法人、非法人组织在承担民事责任后，根据《合同编通则解释》第 21 条第 4 款，有权向故意或有重大过失的工作人员追偿。该条款的规范意义在于，限制工作人员的责任，即工作人员仅就其故意或重大过失承担责任。其理由在于，职务代理多为概括授权，职权范围亦未必明确，故不应过分苛责一般过失的越权职务代理人。该条款所谓“民事责任”，既包括在工作人员超越法定职权范围时法人或非法人组织承担的缔约过失赔偿责任，也包括在构成表见代理或表见职务代理时法人或非法人组织承担的合同责任。追偿权的基础为，法人、非法人组织与工作人员通常具有劳动合同、劳务派遣协议等，工作人员超越职权范围行事，应承担违约责任；工作人员违反注意义务给法人、非法人组织造成损失，亦可能承担侵权损害赔偿责任。

四、举证责任分配

在工作人员超越意定职权范围时，根据《合同编通则解释》第 21 条第 3 款第二句，法人、非法人组织应举证证明相对人知道或者应当知道该限制。基于职务代理的特征，相对人可以信赖工作人员享有与通常职权范围一致的代理权，故对于相对人知道或者应当知道存在意定限制的举证责任，应由法人或非法人组织承担[**广州中院 (2023) 粤 01 民终 30462 号民判**]。在工作人员超越法定职权范围时，则应根据《总则编解释》第 28 条，由相对人证明存在特别授权的代理权外观，由法人、非法人组织证明相对人恶意。例如，行为人作为项目经理，通常情形下并无对外借款的职权，不构成职务代理，且行为人的职务身份及其加盖项目部印章，均不足以表明公司对其授予借款的权限，相对人未能证明存在代理权外观，故亦不成立表见代理［盐城中院（2024）苏 09 民终 574 号民判］。

第一百七十一条 【无权代理】行为人没有代理权、超越代理权或者代理权终止后，仍然实施代理行为，未经被代理人追认的，对被代理人不发生效力。

相对人可以催告被代理人自收到通知之日起三十日内予以追认。被代理人未作表示的，视为拒绝追认。行为人实施的行为被追认前，善意相对人有撤销的权利。撤销应当以通知的方式作出。

行为人实施的行为未被追认的，善意相对人有权请求行为人履行债务或者就其受到的损害请求行为人赔偿。但是，赔偿的范围不得超过被代理人追认时相对人所能获得的利益。

相对人知道或者应当知道行为人无权代理的，相对人和行为人按照各自的过错承担责任。

一、无权代理的构成要件和法律效果（第 1 款）

无权代理包括两项构成要件。其一，行为人无代理权。本条第 1 款列举三种无代理权的情形：一是“行为人没有代理权”，即行为人从未被授予代理权；二是“超越代理权”，即行为人享有代理权，却超越代理权范围行事；三是“代理权终止”，即行为人曾享有的代理权已终止。其二，行为人实施代理行为。所谓“仍然实施代理行为”，是指行为人以他人名义实施法律行为。唯有在存在代理行为的前提下，再依行为人有无代理权，才存在有权代理行为和无权代理行为的区分。因此，行为人以自己名义，或冒用他人名义实施的法律行为，均不属于代理行为，自然也就不存在无权代理问题。

无权代理的法律效果为，代理行为是否对被代理人发生效力处于待定状态，此即所谓的效果归属待定。无权代理行为，“未经被代理人追认的，对被代理人不发生效力”；反之，经被代理人追认的，对被代理人发生效力。无权代理行为不一定对被代理人不利，若被代理人愿意承受该代理行为效果，可追认使代理行为对其发生效力。因此，无权代理行为是否对被代理人发生效力，即是否发生归属效果，取决于被代理人是否追认。追认权在性质上属于形成权，被代理人追认是对无权代理行为的嗣后同意，而不是嗣后的代理权授予。追认可以默示作出，即被代理人已经开始履行合同义务或者接受相对人履行的，视为对合同的追认（**第 503 条**）。追认通常向相对人作出，其生效时间适用本法第 137 条的规定（**《总则编解释》第 29 条**），即到达相对人时生效。追认亦可向无权代理人作出，无权代理人负有告知相对人的义务，相对人在知悉法律行为被追认前行使撤销权，该撤销有效。追认到达相对人，或者到达无权代理人且相对人已知悉的，代理行为自始对被代理人发生效力。

须注意的是，本条款规定的无权代理的效果归属待定，不同于法律行为的效力待定（**第 145 条**）。一方面，效果归属待定仅解决无权代理行为的效果归属问题，即无权代理行为对被代理人是否发生效力。在被代理人追认时，代理行为对被代理人发生效力，但代理行为仍可能存在效力瑕疵。例如，无权代理人采用欺诈手段与相对人订立买卖合同，即使被代理人追认该买卖合同，但该买卖合同在效力上仍为可撤销，相对人可请求法院或仲裁机构撤销。另一方面，法律行为的效力待定，是指法律行为因当事人欠缺行为能力而处于效力悬而未决的状态。例如，限制行为能力人实施非纯获利益或者与其年龄、智力、精神健康状况不相适应的法律行为，经法定代理人同意或者追认后有效。

二、相对人的催告权与撤销权（第 2 款）

对于效果归属待定的无权代理行为，若仅允许被代理人决定是否追认，而相对人只能消极等待被代理人追认，则极为不公平。为兼顾相对人的利益，还应允许相对人催告被代理人追认和善意相对人撤销其意思表示。

第一，相对人可催告被代理人追认。催告旨在尽快结束代理行为的效果归属待定状态，善意或恶意相对人均可催告。催告属于准法律行为中的意思通知，可准用本法第 137 条规定的意思表示的生效规则，即到达被代理人时生效。相对人可催告被代理人自收到催告通知起 30 日内进行追认，否则视为拒绝追认。鉴于催告旨在维护相对人的利益，相对人将追认期间确定为30日以上仅于己不利，而不影响被代理人的利益，本款30日的追认期间在解释上应指30日以上。反之，若相对人将追认期间确定为30日以下，为保障被代理人考虑是否追认的时间，此时该追认期间仍为30日。

第二，善意相对人可撤销其意思表示。所谓善意相对人，是指相对人在作出意思表示时不知道或不应当知道行为人无代理权。此时善意的标准与本法第172条规定的表见代理的善意标准相同，但由于代理权外观的可信赖性通常低于动产或不动产物权的公示外观，所以无权代理之相对人的注意义务应当高于无权处分之受让人的注意义务。为保护善意相对人的信赖利益，本款允许善意相对人撤销其意思表示，以使其回复到作出意思表示之前的状态。善意相对人应当在被代理人追认无权代理行为前撤销其意思表示，否则，被代理人追认将使无权代理行为对其发生效力，自然也就对善意相对人发生效力。善意相对人同时享有催告权与撤销权，但不因行使催告权而丧失撤销权，即善意相对人作出催告通知后，在被代理人追认前，仍可撤销其意思表示［**鞍山中院（2021）辽03民终299号民判**］。

鉴于撤销的对象为已生效的意思表示或法律行为，而撤回的对象为生效前的意思表示或法律行为，本款所谓"善意相对人有撤销的权利"，系指善意相对人有撤销其意思表示的权利。若善意相对人撤销其意思表示，则代理行为不成立。此时应依本法第157条规定进行清算（**《总则编解释》第23条**），双方应返还因代理行为而取得的财产或折价补偿；若无权代理人有过错且造成善意相对人损失，善意相对人还可请求其承担缔约过失赔偿责任［**北京一中院（2023）京01民终6412号民判**］。

三、善意相对人之履行债务或赔偿损失请求权（第3款）

在无权代理行为未被追认时，本条第3款规定善意相对人可请求无权代理人履行债务或赔偿损失。由于履行债务或赔偿损失之债因本条规定而生，故属法定之债。所谓善意相对人，是指相对人不知行为人无代理权。行为人无代理权仍实施代理行为，从而使善意相对人产生与被代理人交易的信赖，该信赖因被代理人拒绝追认而最终落空，故无权代理人应就此承担履行债务或赔偿损失的信赖责任。除善意相对人信赖的合理程度之外，此种信赖责任的适用还取决于无权代理人的可归责程度，即取决于无权代理人是否知道其无代理权。

第一，依本款规定，善意相对人请求恶意代理人履行债务。在通常情形，无权代理人知道其无代理权，即在主观上为恶意，而仍以他人名义实施法律行为，最终引发相对人未能与被代理人达成交易的风险，故善意相对人依本款可请求其履行债务。无权代理人应履行的债务，在内容上与无权代理行为指向的债务相同。由无权代理人履行债务，虽不能完全使善意相对人处于其信赖的表象事实真实存在时所应处的状态，即由被代理人履行债务时的状态，但在效果上已接近于此种状态，使善意相对人获得积极信赖保护。

须注意的是，如果无权代理人不履行债务，将产生债务不履行的赔偿责任。根据本法第 468 条，本款规定的法定债权债务关系可适用本法合同编通则部分的规定，故在无权代理人不履行债务时，可适用本法第 584 条来确定无权代理人的赔偿责任，即无权代理人应赔偿善意相对人的履行利益的损失。但此处的赔偿损失系适用本法第 584 条的结果，而非本条第 3 款规定的赔偿损失。

第二，依本款规定，善意相对人仅可请求善意无权代理人赔偿损失，即赔偿善意相对人的信赖利益损失。在此意义上，本款规定的赔偿损失限于善意无权代理人就善意相对人的信赖利益损失的赔偿。在实务中，行为人不知其无代理权，虽然少见，但亦非不存在。例如，被代理人因重大误解或受第三人欺诈而授予代理权，后以此为由撤销授权行为，进而导致代理权溯及既往地消灭〔**汕尾中院（2020）粤 15 民终 329 号民判**〕，代理人即无从得知其无权代理。再如，被代理人患有不易识别的精神疾病，其后代理权授予行为因其无行为能力而被确认无效，也可能造成代理人在实施代理行为时不知其无代理权。在此种情形，如果善意无权代理人也应承担本款规定的履行债务责任，将打击其从事代理行为的积极性，不利于发挥意定代理制度扩充意思自治的功能；但因无权代理人不知其无代理权，最终使善意相对人的信赖落空，故仅应当赔偿善意相对人消极信赖利益的损失。

此项赔偿责任系无过错责任，不以无权代理人具有过错为必要。若代理人可以主张其对代理权之欠缺并无过错，故而不承担无权代理责任，势必令相对人事先耗费大量成本审查代理人是否具有代理权，甚至导致相对人拒绝与代理人进行交易，有碍意定代理制度功能的实现。因此，欠缺代理权而导致交易失败的风险，应由无权代理人承担，以使善意相对人恢复如同未产生信赖时的利益状态。在赔偿范围上，通过信赖保护的方式提供救济，不能使善意相对人处于较信赖事实真实存在时更优的地位，因此本款第二句规定，信赖利益损害赔偿的范围，不得超过被代理人追认时相对人所能获得的利益。

四、恶意相对人与无权代理人之过错相抵（第 4 款）

在无权代理行为未被追认时，本条第 4 款规定，恶意相对人与无权代理人按照各自的过错承担责任。所谓恶意相对人，是指"相对人知道或者应当知道行为人无权代理"，故恶意相对人不能依本条第 3 款请求无权代理人履行债务或赔偿损失。代理人以他人名义与相对人进行交易磋商，基于诚实信用原则，负有避免相对人因交易磋商而遭受损失的义务。在无权代理人构成缔约过失时，无权代理人应依本款向相对人承担缔约过失责任，赔偿相对人的信赖利益损失。本款仅规定在相对人恶意时，代理人与相对人应按各自过错承担责任，即本款仅系过错相抵规则，对于无权代理人的过错赔偿责任，应依本法第 157 条第二句或本法第 500 条具体判断。

本款所谓的"按照各自的过错承担责任"，指行为人与相对人遵循过错相抵的规则分担相对人的损失。无权代理人与恶意相对人分担的损失，仅包括相对人因无权代理行为未获追认而遭受的损失。代理人实施代理行为，欠缺代理权的风险应由其自己承担，相对人即使知道代理权欠缺，亦无告知义务，故本款中双方分担的损失不包括代理人落空的缔约费用等损失。相对人恶意并不必然表明相对人具有过错，如相对人虽明知代理人无代理权，但结合具体情事可以合理期待被代理人追认的，相对人不构成过错。若恶意相对人对自己损失亦有过错的，应依过错相抵规则分担损失［**(2017) 最高法民申 2719 号民裁**］。

五、举证责任分配

根据《总则编解释》第 27 条第一句，无权代理行为未被追认，相对人请求行为人履行债务或赔偿损失的，相对人无须就其善意承担举证责任，行为人应当就相对人恶意承担举证责任，即举证证明相对人知道或者应当知道行为人无权代理。例如，被告以他人名义签订合同，无法证明已取得该他人授权，应属无权代理；被告在无权代理的情况下，也未能举证证明原告明知或应知其属于无权代理，应认定原告为善意相对人［**温州龙港法院（2024）浙 0383 民初 77 号民判**］。如果行为人能够证明相对人恶意，则相对人应证明行为人无权代理构成缔约过失造成自己受到损失（**参见本法第157条评注、第500条评注**），行为人应证明相对人对无权代理造成损失或损失的扩大具有过错，法院应当按照各自的过错认定行为人与相对人的责任（**《总则编解释》第27条第二句**）。

第一百七十二条 【表见代理】行为人没有代理权、超越代理权或者代理权终止后，仍然实施代理行为，相对人有理由相信行为人有代理权的，代理行为有效。

一、表见代理的构成要件

本条规定表见代理的构成要件和法律效果。在无权代理时，为保护善意相对人的利益，善意相对人有权要求无权代理人承担继续履行或赔偿损失责任；如果成立表见代理，代理行为有效，善意相对人有权要求被代理人接受代理行为的约束。在此意义上，表见代理的成立前提便是无权代理。因此，若善意相对人依本法第171条第2款行使撤销权，或被代理人依本法第171条第1款对无权代理行为表示了追认，则不适用本条。由于表见代理在本质上属于无权代理而非有权代理，实务中应依本条规定的构成要件严格认定表见代理。

第一项要件为，行为人具有代理权的外观。代理权外观是使相对人相信行为人具有代理权的客观事实。在法律实践中较常见的代理权外观表现为，行为人持有被代理人的相关凭证，如行为人持有被代理人作出的授权书［**成都中院（2021）川01民再129号民判**］、行为人持有被代理人的印章［**最高法（2013）民申字第903号民判**］；行为人具有特定身份，如行为人曾经被雇佣担任被代理人的项目经理［**成都中院（2020）川01民终7272号民判**］、行为人曾经被外部授权而内部撤回［**最高法（2014）民申字第1242号民裁**］；行为人长期无权代理而本人并未反对［**最高法（2015）民二终字第212号民判、（2019）最高法民终424号民判**］等。

第二项要件为，相对人有理由相信行为人有代理权。其中，相对人相信行为人有代理权，意指相对人不知道行为人实际上无代理权，即相对人对于代理权外观在主观上是善意的；相对人有理由相信，意指相对人对于相信行为人有代理权在主观上并无过失（**《总则编解释》第28条第1款第2项**）。所以，此项要件在学理上被称作相对人善意且无过失。本条在效果上属于积极的信赖保护，相对人的注意义务与本法第171条第

3 款一致，但高于善意取得情况下受让人的注意义务。在实务中，相对人未要求行为人出示授权书［**最高法（2015）民申字第 1938 号民裁**］，或信赖行为人的特定身份但行为人明显超越职权［**最高法（2013）民申字第 312 号民裁**］，或在应负有更高审查和注意义务的交易里，轻率或在存疑时未能对行为人进行进一步审核或询问被代理人［**最高法（2013）民提字第 95 号民判**］，相对人均非有理由相信，不成立本条的表见代理。相对人应当在无权代理人实施法律行为时有理由相信行为人有代理权，若相对人在缔约后方知道或应当知道代理人欠缺代理权，并不影响其主观上善意且无过失的判定［**最高法（2013）民申字第 743 号民裁**］。

须注意的是，有观点认为，表见代理还要求因果关系要件，即代理权外观和相对人信赖之间具有因果关系，以及相对人因信赖而行为。不过，若代理权外观与相对人信赖之间没有因果关系，相对人并非"有理由相信"；若相对人并非因信赖而行为，则其通常并非善意，或具有过失。因此，单独讨论因果关系要件没有必要。

第三项要件为，被代理人具有可归责性，即代理权外观的产生与被代理人具有关联。表见代理将发生如同有权代理的法律效果，由此相对人利益获得优待，而被代理人利益在一定程度上被牺牲，可归责性要件旨在阐释此种利益倾斜的正当性。我国主流观点认为，由于"有理由"属于蕴含价值判断的规范要求，故可从相对人有理由相信要件推知表见代理要求可归责性要件。若代理权外观不可归责于被代理人，则相对人的信赖并非合理，不成立"有理由相信"。可归责性要件不是要求被代理人在主观上有过错，而是指代理权外观的产生与被代理人之间有联系，被代理人本可阻止代理权外观的产生，却因漠不关心而未阻止［**（2018）最高法民终 122 号民判**］。反之，在行为人盗用被代理人盖有合同专用章的空白合同书而与相对人签订合同等情形，被代理人对于代理权外观的产生不具有可归责性；或由于印章或授权书系伪造，代理权外观的形成不可归责于被代理人［**广元中院（2021）川 08 民终 742 号民判**］；或认定代理权外观不在被代理人的风险控制能力范围内，被代理人不具有可归责性［**江苏高院（2016）苏民申 5031 号民裁**］。

二、表见代理的法律效果

本条规定表见代理的法律效果为"代理行为有效"。但该规定并不正确，因为若构成表见代理，则可补足行为人欠缺代理权的瑕疵，从而发生与有权代理相同的效果，即发生代理归属效果［**合肥中院（2018）皖01民终3898号民判**］，故本条所谓“代理行为有效”应当被理解为，代理行为对被代理人发生效力。但即便代理行为对被代理人发生效力，也不一定意味着该代理行为有效［**山东高院（2022）鲁民申2969号民裁**］，该代理行为亦可能存在效力瑕疵，如系可撤销法律行为［**江门中院（2023）粤07民终4122号民判**］，或因违法背俗无效［**河南高院（2021）豫民申369号民裁**］。

从法律适用的角度，由于表见代理的成立前提为无权代理，在行为人无权代理时，善意相对人有权依本条主张成立表见代理，请求被代理人承受代理行为的法律效果，也有权主张仅成立无权代理，要求无权代理人依本法第171条第3款规定继续履行或赔偿损失。允许善意相对人的此种选择，并不会引发相对人的投机风险或过度保护相对人。此种选择系事实上的选择，而非本法515条所规定的选择权。善意相对人请求无权代理人承担责任，其优势在于举证负担更轻，至少无须举证被代理人可归责性要件。由于表见代理规则是对善意相对人信赖的保护，而不在于保护代理人，所以在善意相对人请求无权代理人履行债务或赔偿损失时，或者在善意相对人不能证明存在代理权外观以及被代理人可归责性，从而主张由无权代理人履行债务或赔偿损失时，无权代理人不得依本条提出成立表见代理而应由被代理人承受法律效果的抗辩［**黑龙江高院（2013）黑民终字第46号民判**］。

须注意的是，原《合同法解释二》第13条曾规定，在成立表见代理后，被代理人可向无权代理人追偿因代理归属效果而遭受的损失。如果被代理人承受法律行为的效果且遭受损失，而该损失系由无权代理人引起，则无权代理人自然应对此承担赔偿责任。此种赔偿责任的请求权基础，应视被代理人与无权代理人之间的关系而定，如无权代理人作为受托人依委托合同负违约损害赔偿责任（**第929条**），或承担侵权损害赔偿责任（**第1165条**）。原《合同法解释二》第13条虽已失效，但其规范内容被《合同编通则解释》第21条第4款在表见职务代理领域中所承继（**参见本法第170条评注**）。

三、举证责任分配

根据《总则编解释》第28条第2款，相对人主张由被代理人承受无权代理行为的法律效果的，应当就存在代理权外观承担举证责任［**新**

疆高院（2023）新民申206号民裁]；被代理人主张无权代理行为的法律效果不应由其承担的，应当就相对人知道行为人行为时没有代理权或有过失承担举证责任[河南高院（2023）豫民申13215号民裁]。

第三节 代理终止

第一百七十三条 【委托代理终止】有下列情形之一的，委托代理终止：

（一）代理期限届满或者代理事务完成；

（二）被代理人取消委托或者代理人辞去委托；

（三）代理人丧失民事行为能力；

（四）代理人或者被代理人死亡；

（五）作为代理人或者被代理人的法人、非法人组织终止。

基于代理的区分原理，代理关系终止与基础关系终止不同，本条规定委托代理终止的情形，而本法第934条规定委托合同终止的情形。委托代理终止的后果为，代理人的代理权终止，不应再以被代理人名义实施法律行为；否则，将成立代理权终止后仍实施代理行为的无权代理。鉴于委托代理终止将直接影响当事人利益，本条列举规定五种终止情形。

第一，代理期限届满或代理事务完成。委托授权书的内容一般应包括代理期限，代理期限是委托代理的存续期间，代理期限届满当然导致委托代理终止。被代理人向代理人授予代理权，希望其实施法律行为，如果代理人已实施代理行为，完成代理事务，则委托代理的目的实现，无继续存在的必要。

第二，被代理人取消委托或代理人辞去委托。被代理人可依其单方意思向代理人授予代理权，亦可依其单方意思撤销授权行为，此即被代理人取消委托。代理人依被代理人的授权行为获得代理权，但不因此负有行使代理权的义务，所以代理人可以拒绝行使代理权，此即代理人辞去委托。

第三，代理人丧失行为能力。代理人实施代理行为须具有行为能力，如果代理人丧失行为能力，则代理人无法实施代理行为，委托代理因目的不能实现而终止。被代理人可以授予限制行为能力人以代理权，因代理行为不会使代理人蒙受不利，不影响对限制行为能力人的保护，故应尊重被代理人之意愿。与此不同，如果代理人在被授予代理权后，才部分丧失行为能力而成为限制行为能力人，则维持代理权的存续，通常不符合被代理人的意愿与利益，除非代理事项属于与代理人年龄、智力、精神健康状况相适应的法律行为，代理亦应终止。

第四，代理人或被代理人死亡。代理关系具有人身属性，代理人应亲自行使代理权，代理人死亡，代理权不发生继承，委托代理终止。同理，被代理人死亡，代理行为不能对被代理人的继承人发生效力，委托代理原则上亦应终止。为保护交易相对人或者被代理人继承人的合法权益，本法第 174 条具体规定了被代理人死亡后委托代理行为继续有效的四种情形。

第五，作为代理人或者被代理人的法人、非法人组织终止。本条第 4 项规定代理关系的当事人为自然人的情形，第 5 项则规定当事人为法人和非法人组织的情形。作为代理人或被代理人的法人和非法人组织终止，其权利能力和行为能力消灭，委托代理当然终止。

第一百七十四条 【委托代理终止的例外】被代理人死亡后，有下列情形之一的，委托代理人实施的代理行为有效：

（一）代理人不知道且不应当知道被代理人死亡；

（二）被代理人的继承人予以承认；

（三）授权中明确代理权在代理事务完成时终止；

（四）被代理人死亡前已经实施，为了被代理人的继承人的利益继续代理。

作为被代理人的法人、非法人组织终止的，参照适用前款规定。

在被代理人死亡后，本条第 1 款规定委托代理终止的例外情形。在被代理人死亡后，委托代理一律终止，可能影响不知情的代理人的利益，危及交易安全；也可能不符合被代理人的生前意愿，影响被代理人的继承人的利益。为此，第 1 款规定委托代理不终止的四种情形，委托代理不终止表现为代理人实施的代理行为有效。但由于被代理人已死亡，代理行为不可能对被代理人有效，而是对被代理人的继承人有效。

第一，代理人不知且不应当知道被代理人死亡。此时，代理人对代理权具有合理信赖，为保护代理人的利益，此时委托代理不终止，代理行为对被代理人的继承人有效。反之，如果委托代理终止，代理人实施代理行为，应承担无权代理人责任，对代理人不公平。

第二，被代理人的继承人予以承认。在被代理人死亡后，继承人承认代理人实施的代理行为，同意代理行为对其发生效力。在被代理人死亡后，继承人将继承被代理人的权利和义务，也有权决定接受代理行为对己发生效力。当被代理人有多个继承人时，需要经过被代理人的所有继承人承认始属有效。

第三，授权中明确代理权在代理事务完成时终止。为尊重被代理人的意思自治，如果被代理人在授权行为中明确表示代理权仅在代理事务完成时终止，那么在被代理人死亡时委托代理不终止。

第四，被代理人死亡前已经实施，为了被代理人的继承人的利益继续代理。在代理行为已实施之后，若被代理人死亡而导致委托代理终止，可能不利于维护被代理人的继承人的利益。为了被代理人的继承人的利益，代理人应继续代理，完成代理事务。

作为被代理人的法人或非法人组织终止，第 2 款规定可参照适用第 1 款委托代理不终止的四种情形。在作为被代理人的法人或非法人组织终止时，依本法第 173 条第 5 项，委托代理原则上终止，但本条第 2 款系其例外规定。

第一百七十五条 【法定代理终止】有下列情形之一的，法定代理终止：

（一）被代理人取得或者恢复完全民事行为能力；

（二）代理人丧失民事行为能力；

（三）代理人或者被代理人死亡；

（四）法律规定的其他情形。

依代理权的产生原因不同，代理分为法定代理和委托代理，二者的终止情形也不完全相同，本条规定法定代理终止的四种情形。在法定代理终止时，法定代理权消灭，法定代理人不应再以被代理人名义实施法律行为；否则，将构成无权代理。

第一，被代理人取得或恢复完全行为能力。其中，被代理人取得完全行为能力，是指未成年人达到成年年龄而取得完全行为能力；被代理人恢复行为能力，是指不能辨认和不能完全辨认自己行为的被代理人由于能够完全辨认自己行为而恢复完全行为能力。如果被代理人取得或恢复了完全行为能力，便可独立实施法律行为，无须法定代理人代理实施法律行为，因而法定代理终止。

第二，代理人丧失行为能力。与委托代理终止不同，法定代理人全部丧失和部分丧失行为能力，均导致法定代理终止。其中，委托代理人部分丧失行为能力不导致委托代理终止，不仅因为代理行为系中性行为，还因为被代理人依独立意思选任代理人而应承受代理人丧失部分行为能力的风险。但法定代理人丧失部分行为能力导致法定代理终止，因为法定代理人仅是依法律规定而产生，被代理人不应承受此种风险。

第三，代理人或被代理人死亡。代理关系具有人身属性，法定代理的基础关系是监护关系、失踪人财产的代管关系等，不具有可继承性。若法定代理的当事人死亡，则法定代理终止。在被代理人死亡时，虽然本法没有规定法定代理例外不终止的情形，在解释上应允许类推适用委托代理例外不终止的规定（**第 174 条**）。

第四，法律规定的其他情形。例如，监护人被法院撤销监护人资格（**第 36 条**），则监护人与被监护人之间的法定代理终止。再如，法院在失踪人重新出现后撤销失踪宣告（**第 45 条**），则财产代管人与失踪人之间的法定代理终止。

第八章

民事责任

第一百七十六条　【民事责任】民事主体依照法律规定或者按照当事人约定，履行民事义务，承担民事责任。

本条不具裁判规范的性质，不能单独作为判定民事责任的依据，其意义仅在于说明民事义务和民事责任的关系及其抽象的发生依据。民法典是权利法典，保护权利是其最重要的任务。民事权利的实现有赖民事义务的履行，义务人履行义务旨在满足权利人的利益；民事义务是应当作为或不作为的法律拘束。本条依其来源不同，将民事义务分为法律规定的义务和当事人约定的义务。民事主体不履行义务，则应承担法定的或意定的民事责任，即民事责任是不履行民事义务的不利后果。所以，责任实为强制实现义务的手段，亦即履行义务的担保。在我国，民事责任的类型主要有侵权责任、违约责任、缔约过失责任等。本章规定民事责任的共通规则，而各种具体民事责任的构成分布在各编。在此意义上，本条以及本法第 179 条第 1 款对于具体的民事责任而言，亦具活页环的功能。

第一百七十七条　【按份责任】二人以上依法承担按份责任，能够确定责任大小的，各自承担相应的责任；难以确定责任大小的，平均承担责任。

依责任人的不同数量，民事责任分为单独责任和多数人责任。根据责任承担的不同方式，多数人责任又分为按份责任和连带责任，按份责任的多个责任人按照份额对外承担责任，连带责任的多个责任人需要对外承担全部责任（**第 178 条**）。按份责任人仅在其责任份额内向权利人承担责任，在责任份额外可拒绝权利人的责任承担请求。按份责任人之间互不牵连，某个份额的责任被免除不影响其他份额的责任的承担。按份责任人承担责任超过其份额时，不能向其他责任人追偿，而仅可向权利人请求返还不当得利。

按份责任由法律规定或由当事人约定。法定的按份责任在侵权法中较为常见，如多人分别实施侵权行为造成同一损害，能确定责任大小的，各自承担相应的责任；难以确定责任大小的，平均承担责任（**第 1172 条**）。约定的按份责任在合同法中较为常见，如同一债务的多个保证人约定按照份额承担保证责任。

按份责任人的责任份额的确定，有两种途径：其一，在能确定责任大小时，依法律规定或当事人约定确定各自的责任份额。对于约定的按份责任，可根据当事人的约定确定各责任人的责任份额。对于法定的按份责任，可根据各责任人的过错程度、各自行为对损害后果的原因力大小等因素来确定责任份额。例如，多个侵权人污染环境、破坏生态的，为确认各自的责任份额，应考虑污染物的种类、浓度、排放量，破坏生态的方式、范围、程度，以及行为对损害后果所起的作用等因素（**第 1231 条**）。其二，在不能确定责任大小时，各责任人平均承担责任。在有些案情复杂的案件中，无法认定各责任人的过错程度和其行为的原因力大小，以致不能确定其责任份额。此时依公平原则各责任人应平均承担责任［**郴州中院（2019）湘 10 民终 3725 号民判**］。

第一百七十八条 【连带责任】二人以上依法承担连带责任的，权利人有权请求部分或者全部连带责任人承担责任。

连带责任人的责任份额根据各自责任大小确定；难以确定责任大小的，平均承担责任。实际承担责任超过自己责任份额的连带责任人，有权向其他连带责任人追偿。

连带责任，由法律规定或者当事人约定。

依本条第 1 款，连带责任人对外承担连带责任。在连带责任关系中，各连带责任人对外均须承担全部责任，权利人有权请求部分或全部连带责任人承担部分或者全部责任。在权利人仅请求部分责任人承担责任时，法院仍可依共同诉讼的规定追加被告。如果部分连带责任人承担全部责任，则权利人的权利因目的实现而消灭，连带责任的外部关系亦随之消灭。即使部分连带责任人不具有或丧失担责能力，权利人仍可请求有担责能力的连带责任人承担全部责任。可见，相比于按份责任，连带责任对权利人更有利，而对各责任人更严苛。

依本条第 2 款，连带责任人对内承担按份责任。在连带责任的外部关系消灭后，连带责任的内部关系随之产生。在内部关系中，各连带责任人按份承担责任。此种责任份额的确定途径与按份责任相同，在能确定责任大小时，应依各连带责任人的过错程度以及行为对损害后果的原因力大小确定其份额。本条第 2 款第一句第一分句是任意性规范，当事人可通过约定确定各自的责任大小。该分句亦为一般规范。在法律有特别规定时，应予优先适用，如本法第 972 条第一至三分句。在难以确定责任大小时，各连带责任人应平均承担责任。另外，与按份责任不同，如果部分连带责任人承担责任超过自己的责任份额，其对其他连带责任人享有追偿权，此种追偿权系依法律规定而产生的债权。

连带责任由法律规定或当事人约定（**本条第 3 款**）。其中，法定的连带责任在侵权法中较为常见，如共同侵权人的连带责任（**第 1168 条**），教唆人、帮助人与侵权行为人的连带责任（**第 1169 条**），共同危险行为人的连带责任（**第 1170 条**）。约定的连带责任在合同法中较为常见，如同一债务的多个保证人相互约定承担连带保证责任，第三人加入债务后与债务人共同对债权人承担连带责任。

第一百七十九条 【民事责任的承担方式】承担民事责任的方式主要有：

（一）停止侵害；

（二）排除妨碍；

（三）消除危险；

（四）返还财产；

（五）恢复原状；

（六）修理、重作、更换；

（七）继续履行；

（八）赔偿损失；

（九）支付违约金；

（十）消除影响、恢复名誉；

（十一）赔礼道歉。

法律规定惩罚性赔偿的，依照其规定。

本条规定的承担民事责任的方式，可以单独适用，也可以合并适用。

本条第1款列举了11种民事责任的承担方式，相对于本法各分编规定的具体民事责任而言具有活页环作用，而其本身不能单独作为裁判依据，即法官不得径以此规定为依据，判决具体民事责任之承担。

（1）停止侵害、排除妨碍和消除危险。其中，停止侵害要求责任人通过不作为来停止正在进行的侵害行为，防止损害后果的扩大；排除妨碍要求责任人通过作为来排除影响权利正常行使的妨碍；消除危险要求责任人消除他人的人身、财产权益面临的危险。这三种责任承担方式具体体现在本法分编中，例如：针对妨害物权或可能妨害物权的行为，物权人有权要求行为人承担排除妨害或消除危险承担责任（**第236条**）；针对危及他人人身、财产安全的侵权行为，被侵权人有权请求侵权人承担停止侵害、排除妨碍、消除危险等侵权责任（**第1167条**）等。

（2）返还财产和恢复原状。其一，返还财产，如在法律行为无效、被撤销或确定不发生效力后，行为人应返还因该行为取得的财产（**第157条**）；无权占有不动产或者动产的人，应当向权利人返还原物（**第235条**）。其二，恢复原状。这是指责任人应使受到损害的财产恢复到原有状态，如毁损他人不动产或者动产的，责任人应恢复原状（**第237条**）；在环境污染和生态破坏责任中，恢复原状表现为修复生态环境（**第1234条**）。

（3）修理、重作、更换，继续履行，赔偿损失，支付违约金。其一，修理、重作、更换，如毁损他人不动产或动产的，责任人应修理、重作、更换（**第237条**）；履行合同不符合约定的，违约方应修理、重作、更换（**第582条**）。其二，继续履行。这是指不履行合同义务或者履行合同义务不符合约定的，违约方应继续履行（**第 577 条**）。但非金钱债务的履行符合第 580 条规定的情形之一者，违约方无须继续履行。其三，赔偿损失。这是指责任人应赔偿受害人因违约或侵权所遭受的损失，包括财产损失、人身损害以及精神损害。其四，违约方在违约后应按约定向对方支付违约金（**第 585 条**）。

（4）消除影响、恢复名誉和赔礼道歉。此三种民事责任承担方式，系以行为给付为内容的手段性救济方式，其目的是借此恢复名誉权等人格权的圆满状态，故其责任构成、适用范围和执行方式均被规定在人格权编（**参见本法第 995、1000 条及其评注**）。

作为责任承担方式的赔偿损失，原则上为补偿性赔偿，即赔偿受害人实际遭受的损失，但在法律有特别规定时，亦可为惩罚性赔偿（**本条第 2 款**）。惩罚性赔偿的赔偿数额超出受害人实际遭受的损失，以此惩罚责任人，更充分保护受害人。本法设此特别规定者如第 1185、1207、1232 条，其他法律有规定者如《消保法》第 55 条。

依本条第 3 款，民事责任的承担方式，可以单独适用，也可以合并适用。例如，针对侵害财产的行为，可以单独适用赔偿损失；针对侵害名誉权和隐私权，可以单独适用消除影响、恢复名誉，还可以合并适用赔偿损失等。一般而言，若单独适用一种责任承担方式不足以救济权利人，就应合并适用多种责任承担方式。

第一百八十条 【不可抗力】因不可抗力不能履行民事义务的，不承担民事责任。法律另有规定的，依照其规定。

不可抗力是不能预见、不能避免且不能克服的客观情况。

依本条第 2 款之定义，不可抗力是不能预见、不能避免且不能克服的客观情况。所谓客观情况，强调的是其独立于人的行为之外；不能预见，即当事人在现有技术水平下对此种客观情况的发生没有预知能力；不能避免且不能克服，即当事人尽到最大努力和采取一切措施仍不能避免其发生，也不能克服其造成损害后果。较常见的不可抗力有自然灾害，战乱、罢工等社会事件。

不可抗力属于免责事由，因不可抗力不能履行民事义务的，义务人不承担民事责任（**本条第 1 款第一句**）。因不可抗力不能履行民事义务的，义务人对违反义务并无过错，为保护无过错义务人的利益，本条将不可抗力作为免责事由。不可抗力主要是违约责任和侵权责任的免责事由。但在法律另有规定时，不可抗力不是免责事由（**本条第1款第二句**）。例如，民用航空器的经营者对航空器造成的他人损害承担侵权责任，其免责事由包括受害人故意（**第1238条**）、武装冲突或骚乱（**《民航法》第160条**），但不包括自然灾害等不可抗力。

第一百八十一条 【正当防卫】因正当防卫造成损害的，不承担民事责任。

正当防卫超过必要的限度，造成不应有的损害的，正当防卫人应当承担适当的民事责任。

本条第1款规定的正当防卫属于免责事由。正当防卫，是为保护自己或他人遭受现时不法侵害而实施的必要防御。正当防卫是私力救济的重要手段，因其具有正当性而受法律肯定，即使防卫行为造成被防卫人损害，防卫人也不承担侵权责任。

尽管本条没有规定，但依通说和《总则编解释》第30条，正当防卫应满足五项要件：其一，侵害行为具有不法性。防卫行为应针对侵害行为进行，侵害行为仅需在客观上具有不法性，而不论其是否构成侵权行为。针对精神病人实施的侵害行为，亦可进行正当防卫。其二，侵害行为必须正在进行。侵害行为尚未开始或已经结束的，防卫人的行为构成事前防卫或事后防卫，应对被防卫人的损害承担侵权责任。其三，防卫行为具有紧迫性。作为私力救济，正当防卫仅在来不及请求公力救济时才可实施。其四，为保护国家利益、社会公共利益、本人或他人的人身权利、财产权利以及其他合法权益免受不法侵害。防卫人在主观上须有防卫目的，而不是出于侵害被防卫人权益的目的。其五，防卫行为不超过必要限度。为制止侵害行为，防卫行为应是必要的，达到制止不法侵害的目的即可。在司法实务中，由于正当防卫系免责事由，故此五项构成要件应由主张免责者负举证责任。

防卫行为超过必要的限度，不具正当性和合法性，防卫人不能免责。但毕竟防卫行为是为制止不法侵害行为，若仅因超过必要限度防卫人就须承担全部责任，这对于面临紧迫侵害的防卫人要求过苛。是故，本条第 2 款规定，防卫人仅对超过必要限度的、不应有的损害，承担民事责任。此必要限度，在强调防卫手段之必要性的基础上，应以防卫行为所欲避免的损害，与该行为对侵害人所致损害在客观上是否大体相当为衡量标准［**河南漯河中院（2015）漯民终字第 879 号民判**］。《总则编解释》第 31 条第 1 款则要求为综合判断，即考量不法侵害的性质、手段、强度、危害程度和防卫的时机、手段、强度、损害后果等因素。唯在实务中，主张防卫过当者乃请求赔偿的侵害人，故其应证明防卫行为确实造成了不应有的损害；其不得仅以正当防卫人采取的反击方式和强度与不法侵害不相当为由，主张防卫过当（**《总则编解释》第 31 条第 3 款**）。

第一百八十二条 【紧急避险】因紧急避险造成损害的，由引起险情发生的人承担民事责任。

危险由自然原因引起的，紧急避险人不承担民事责任，可以给予适当补偿。

紧急避险采取措施不当或者超过必要的限度，造成不应有的损害的，紧急避险人应当承担适当的民事责任。

紧急避险是指，为了使国家利益、社会公共利益、本人或者他人的人身权利、财产权利以及其他合法权益免受正在发生的急迫危险，不得已而采取紧急措施（**《总则编解释》第 32 条**）。由此可见，紧急避险应满足四项要件：其一，危险具有现时性。危险应正在发生，若危险尚未发生或已消除，基于对危险的误解或臆想而采取避险措施，不构成紧急避险［**日照中院（2019）鲁 11 民终 2258 号民判**］。其二，危险具有急迫性。危险应突然发生，避险人为此不得已采取避险措施。其三，为避免国家利益、社会公共利益、本人或他人的权益遭受侵害。避险人在主观上应具有避险目的，而非为侵害引起危险发生的人的目的。其四，不逾越必要限度。避险人应采取适当措施，不超过必要限度地保全更大权益。

针对紧急避险造成的他人损害，如果危险由人引起，则由引起险情发生的人承担民事责任（**本条第 1 款**）。引起险情发生的人，可能是紧急避险人自己，也可能是第三人。如果危险由自然原因引起，则避险人不承担民事责任，可以给予适当补偿（**本条第2款**）。给予适当补偿在性质上属公平责任，且“可以给予”须被理解为应当给予补偿，才能实现公平分担损害的目的。此外，虽依文义解释补偿主体仅为紧急避险人，但学说依目的解释多认为，因避险行为而受益的人，依公平原则也应给予适当补偿。

针对避险不当造成的损害，避险人应承担适当的民事责任（**本条第3款**）。避险不当可能表现为采取措施不当，即采取不能减少或避免损害的措施；也可能表现为避险行为超过必要限度，即紧急避险造成的损害大于保全的利益。是否存在避险不当或避险过度，应考虑危险的性质、急迫程度、避险行为所保护的权益以及造成的损害后果等因素，予以综合判断（**《总则编解释》第33条第1款**）。一般认为，为保护人身权益而损害财产权益，未超过必要限度；但为保护人身权益而损害另一人身权益，则超过必要限度。避险过当责任为承担适当的民事责任，这被解释为承担减轻的责任。根据《总则编解释》第33条第2款，“适当的民事责任”之具体范围，受制于紧急避险人的过错程度、避险措施造成不应有的损害的原因力大小、紧急避险人是否为受益人等因素。

第一百八十三条　【见义勇为】因保护他人民事权益使自己受到损害的，由侵权人承担民事责任，受益人可以给予适当补偿。没有侵权人、侵权人逃逸或者无力承担民事责任，受害人请求补偿的，受益人应当给予适当补偿。

见义勇为是指没有法定或约定义务而保护他人民事权益的行为。见义勇为在性质上属于特殊类型的无因管理；相对于无因管理的一般规则，本条系见义勇为的特殊规则。此种特殊性既体现在见义勇为通过制止不法侵害来保护他人民事权益，也体现在对见义勇为者遭受损害的分担，后者是本条规范重心。针对见义勇为者遭受的损害，通过在侵权人、受益人和见义勇为者之间分担损害，本条旨在强化对见义勇为者的保护。

首先，见义勇为者因保护他人权益而遭受损害的，侵权人承担民事责任，受益人可给予适当补偿（**本条第一句**）。为制止侵权人对他人民事权益的侵害，见义勇为者遭受来自侵权人的损害，侵权人应对此承担侵权责任。受益人的民事权益因见义勇为而受到保护，但考虑到见义勇为者可通过侵权人的责任承担获得救济，本条仅倡导性规定受益人可以给予适当补偿。这意味着受益人也可以不给予适当补偿。

其次，在三种特定情形下，若见义勇为者请求补偿，受益人应当给予适当补偿（**本条第二句**）。在没有侵权人的情形［**石家庄中院（2019）冀01民终11007号民判**］，如见义勇为者施救落水者而遭受损害，若受益的落水者不给予适当补偿，则见义勇为者无法获得补偿，这将不利于鼓励见义勇为。在侵权人逃逸或侵权人无力承担责任的情形［**广东东莞中院（2014）东中法民一终字第1421号民判**］，虽仍由侵权人承担民事责任，但此项民事责任无法得到实际承担，所以为使见义勇为者及时得到救济，受益人应当给予适当补偿。根据《总则编解释》第34条，“适当补偿”之具体额度，应依受害人所受损失和已获赔偿的情况、受益人受益的多少以及其经济条件等因素判断。在给予补偿后，受益人取得对侵权人的追偿权。

第一百八十四条 【紧急救助】因自愿实施紧急救助行为造成受助人损害的，救助人不承担民事责任。

紧急救助属见义勇为的一种，它包括两方面的要求：一是自愿救助，救助人没有法定或约定的救助义务。如果救助人对受助人负有救助义务，如警察、执业医师负有法定的救助义务，则其救助行为就不属本条的自愿救助。二是紧急性。在紧急情况下，救助人来不及考虑选择对受助人损害最小的救助方式，其对救助行为可能造成的后果的可预见性受到极大限制。

在实施救助行为的过程中，救助人的救助行为可能导致受助人损害。对此，考虑到紧急救助行为有利于弘扬社会道德风尚，为消除救助人的后顾之忧，本条免除救助人对受助人损害的民事责任。然而，绝对免除救助人的责任，对救助人不课以任何注意义务，将在救助人明显采取措施不当的情形，忽视对受助人利益的保护。为此，在解释上应当认为，本条的紧急救助免责规则还要求另一要件，即救助人对损害的发生没有重大过失。

第一百八十五条 【侵害英烈利益】侵害英雄烈士等的姓名、肖像、名誉、荣誉，损害社会公共利益的，应当承担民事责任。

从体系解释角度看，本法第 994 条系侵害死者人格利益的一般救济规则，而本条系侵害英雄烈士人格利益的特殊救济规则。在第 994 条的一般救济规则之外，以本条的特殊救济规则加强对英雄烈士的保护，旨在培养爱国主义精神，增强民族凝聚力，弘扬社会主义核心价值观。与第 994 条相比，本条有如下三方面的特殊性。

首先，侵害英雄烈士等的姓名、肖像、名誉、荣誉。对于侵害尚且在世的英雄的人格权，可直接适用侵害自然人人格权的相关规定，所以本条的适用主体不包括尚且在世的英雄，英雄烈士应被解释为具有英雄品格的烈士。英雄烈士等应被解释为，与英雄烈士具有相当贡献和影响的已故之人，如为争取民族独立、人民自由和国家富强作出突出贡献的历史人物。由于英雄烈士的姓名、肖像、名誉、荣誉与社会公共利益紧密相关，本条仅列举保护这四种人格利益。如果侵害英雄烈士的其他人格利益，则可适用第 994 条侵害死者人格利益的一般救济规则。

其次，损害社会公共利益。侵害英雄烈士等的姓名、肖像、名誉、荣誉，应达到损害社会公共利益的后果。由于第 994 条不要求损害社会公共利益，此项要件提高了保护英雄烈士的门槛。相反，如果侵害英雄烈士的人格利益并未损害社会公共利益，则仍可适用第 994 条侵害死者人格利益的一般救济规则。本条与第 994 条的区别之一就在于，前者要求损害社会公共利益。

最后，本条规定的公益诉讼，应依《民诉法》第 58 条第 2 款由检察机关提起。在英雄烈士人格利益被侵害时，英雄烈士的近亲属可依第 994 条而非本条提起诉讼，且无须证明侵权行为损害社会公共利益。在英雄烈士没有近亲属时［**中山中院（2019）粤 20 民初 104 号民判**］，或者在近亲属不愿提起诉讼时［**烟台中院（2018）鲁 06 民初 211 号民判**］，检察机关应依本条向侵权人提起诉讼，且在诉讼中应证明损害社会公共利益。

第一百八十六条 【责任竞合】因当事人一方的违约行为，损害对方人身权益、财产权益的，受损害方有权选择请求其承担违约责任或者侵权责任。

一方的违约行为损害对方人身、财产权益的，该违约行为同时还成立侵权行为。此时成立违约责任与侵权责任的竞合。此种责任竞合主要发生在加害履行情形，即一方的履行行为不仅不符合合同约定，而且还损害了对方在人身和财产方面的固有利益。对于发生竞合的违约责任与侵权责任，受损害方有选择权，既可选择请求对方承担违约责任，也可选择请求对方承担侵权责任。除非法律有特别规定（**如第 996 条**），其不得为叠加主张。这样，既可充分尊重受害人的意愿，也可避免受损害方重复主张而违背补偿性原则。

第一百八十七条 【责任聚合】民事主体因同一行为应当承担民事责任、行政责任和刑事责任的，承担行政责任或者刑事责任不影响承担民事责任；民事主体的财产不足以支付的，优先用于承担民事责任。

如果民事主体的同一行为分别违反民法、行政法和刑法的相关规定，那么其须分别承担相应的民事责任、行政责任和刑事责任。由于民法、行政法和刑法的调整对象与规范目的均不同，同一行为引起的民事责任、行政责任和刑事责任可以并用，民事主体不仅应承担行政责任和刑事责任，也应承担民事责任，由此形成法律责任聚合。民事主体承担其中一种责任，不影响其他责任的承担。例如，甲醉酒驾驶机动车撞倒行人乙致重伤，甲不仅应承担吊销驾驶证的行政责任以及被判处有期徒刑或拘役等的刑事责任，还应承担侵权损害赔偿的民事责任。

在法律责任聚合时，民事主体可能同时承担属于行政责任的罚款、属于刑事责任的罚金或没收财产以及属于民事责任的赔偿损失。例如，某企业生产伪劣产品，造成消费者人身损害，该企业应对消费者承担赔偿损失责任；若该企业的行为同时还构成生产伪劣产品罪，则其刑事责任可能包括被判处罚金。民事主体的财产不足以支付的，应优先用于承担民事责任。其理由在于，平等主体之间的民事责任旨在填补损失，救济私权利。财产优先用于承担民事责任，有利于弥补受害人的损失，保障受害人的权益，而承担行政责任和刑事责任的相对方为国家，其更具有承受财产损失的能力。

第九章

诉讼时效

第一百八十八条　【诉讼时效期间】向人民法院请求保护民事权利的诉讼时效期间为三年。法律另有规定的，依照其规定。

诉讼时效期间自权利人知道或者应当知道权利受到损害以及义务人之日起计算。法律另有规定的，依照其规定。但是，自权利受到损害之日起超过二十年的，人民法院不予保护，有特殊情况的，人民法院可以根据权利人的申请决定延长。

本条所谓“向人民法院请求保护民事权利的诉讼时效期间”，不是指权利人仅在诉讼时效期间内才能向法院请求保护其权利，相反，权利人在诉讼时效期间届满后仍可向法院请求保护其权利，只不过义务人此时享有时效抗辩权，如果义务人主张此项抗辩权，则权利人的权利将得不到法院的保护（**第 192 条**）。通过此种制度构造，诉讼时效旨在实现三方面的功能：敦促权利人及时行使权利；避免证据灭失；维持社会秩序，保护交易安全。本条所谓“民事权利”仅指请求权，即诉讼时效的适用对象仅为请求权，第 190、191、194 条和第 196 条对此均有明确规定；并且，请求权应仅限于救济性的请求权，即因特定权利（物权、债权、知识产权、人格权等）遭受损害而产生的请求权。例如，侵权损害赔偿请求权是最为典型的救济性的请求权；因合同依法成立而产生的请求权不是救济性的请求权，因义务人违约而产生的损害赔偿请求权才属于救济性的请求权。

本条规定了诉讼时效的三种期间及其起算点。

第一，诉讼时效的普通期间。普通期间为 3 年（**本条第 1 款第一句**），其起算点分为一般起算点和特别起算点。（1）普通期间的一般起算点为，权利人知道或应当知道权利受到损害以及义务人之日（**本条第 2 款**

第一句)。诉讼时效旨在敦促权利人及时行使权利，而权利人必须知道权利受到损害以及义务人才能行使权利。例如，在当事人约定了履行期限的合同之债中，债务人在履行期限届满之日仍未履行义务或履行义务不符合约定，此时权利人当然知道权利受到损害以及义务人，故违约损害赔偿请求权的诉讼时效期间从履行期限届满之日起计算。唯依《总则编解释》第 36 条，欠缺行为能力之人的权利受到损害的，诉讼时效期间自其法定代理人知道或应当知道权利受到损害以及义务人之日起计算，但本法第 190 条所规定者除外。(2) 普通期间的特别起算点为，法律另有规定的起算点（**本条第 2 款第二句**)。例如，虽然本法第 189、190、191 条分别规定的三种请求权均适用诉讼时效的普通期间，但其期间各有特别起算点。普通诉讼时效亦可依法中止、中断，但不得延长（**《总则编解释》第 35 条第一句**)。

第二，诉讼时效的特别期间。首先，法律可规定与普通期间不同的特别期间（**本条第 1 款第一句**)，特别期间可能长于普通期间，如国际货物买卖合同和技术进出口合同纠纷的诉讼时效期间为 4 年（**第 594 条**)；也可能短于普通期间，如请求承运人赔偿海上货物的诉讼时效期间为 1 年（**《海商法》第 257 条第 1 款**)。规定特别期间的考量因素包括请求权关系的复杂程度、是民事或商事关系的差异、保护特殊群体的利益诉求等。其次，特别期间的起算点亦包括一般起算点和特别起算点。(1) 在法律仅规定特别期间而未规定其起算点时，特别期间应适用普通期间的一般起算点，如第 594 条的特别期间应适用普通期间的一般起算点。(2) 在法律不仅规定特别期间，还规定其特别起算点时，则适用该特别起算点，如《海商法》第 257 条第 1 款规定的特别起算点为，承运人交付或者应当交付货物之日。

第三，诉讼时效的最长期间。最长期间为 20 年，起算点为权利受到损害之日（**本条第 2 款第三句**)。自权利受到损害之日起经过 20 年，本条所谓“人民法院不予保护”意指，如果义务人提出时效抗辩而拒绝履行义务，则法院不保护权利人的请求权，即最长期间届满与普通期间或特别期间届满效果完全相同。最长期间不发生中止、中断，但有特殊情况的可以延长（**《总则编解释》第 35 条第二句**)。期间延长有三方面要求：(1) 权利人向法院申请；(2) 有特殊情况；(3) 由法院决定。在法律实务中，特殊情况主要是指案情复杂、牵涉方众多、办理时间长的案件［**吕梁中院 (2019) 晋 11 民终 1141 号民判**］；涉及特殊政策、时局动荡或发生重大社会事件、自然灾害等不可抗力的案件［通化中院（2020）吉 05 民终 1247 号民判］；涉及人身权保护的案件［洛阳中院（2016）豫 03 民终 1441 号民判］等。

第一百八十九条 【分期履行债务的诉讼时效期间之起算点】当事人约定同一债务分期履行的，诉讼时效期间自最后一期履行期限届满之日起计算。

对分期履行债务的请求权应适用诉讼时效的普通期间，本条仅规定特别起算点。正确理解本条规定的特别起算点，关键在于界定分期履行债务。分期履行债务本质上是一个债务，每期债务仅是整体债务的组成部分。例如，借款合同中约定借款人分期偿还借款，买卖合同中约定出卖人分批交付标的物（第 633 条）。由于分期履行债务仅是一个债务，与此相应，仅存在一个时效期间，因此，唯有整体债务才存在诉讼时效问题，而每期债务不存在诉讼时效问题。

分期履行债务的诉讼时效期间的起算点为，最后一期履行期限届满之日。该起算点实际上与普通期间的一般起算点相同，即该起算点是一般起算点在分期履行债务中的具体体现。具体而言，一般起算点为权利人知道或应当知道权利受到损害以及义务人之日，此点在合同纠纷中就是指合同履行期限届满之日；分期履行债务仅是一个债务，该整体债务的履行期限届满之日，实际上就是最后一期债务履行期限届满之日。

与分期履行债务不同，定期履行债务由多个独立债务组合而成。例如，雇佣合同中约定每个月最后一天支付工资；人寿保险合同中约定每年缴纳保险费；无固定期限的租赁合同中约定每月支付租金。定期履行债务由多个债务组成，每个债务均有其诉讼时效期间，其起算点为各个债务履行期限届满之日。

第一百九十条 【对法定代理人的诉讼时效期间之起算点】无民事行为能力人或者限制民事行为能力人对其法定代理人的请求权的诉讼时效期间，自该法定代理终止之日起计算。

鉴于欠缺行为能力人的法定代理人是其监护人（**第 23 条**），欠缺行为能力人对法定代理人的请求权，实际上等同于被监护人对监护人的请求权，即被监护人对不履行监护职责以及侵害其合法权益的监护人的请求权（**第 34 条第 3 项**）。此种请求权在性质上为侵权损害赔偿请求权，它不包括欠缺行为能力人要求法定代理人支付抚养费的请求权，因为对后者不适用诉讼时效（**第 196 条第 3 项**），也就不适用本条规定。

虽然本条在文义上没有规定，但通说认为，此项请求权仅发生在法定代理关系存续期间。在法定代理关系存在之前发生的请求权，其诉讼时效期间已开始起算，不可能再适用本条规定的时效期间的特别起算点。对于法定代理关系存在之前发生的请求权，虽然诉讼时效期间已起算，但为保护欠缺行为能力人的利益，在解释上应认为此后法定代理关系的成立属于“权利人被义务人或者其他人控制”的情形（**第 194 条第 1 款第 4 项**），将导致时效中止。

欠缺行为能力人对法定代理人的请求权的诉讼时效期间的起算点为，法定代理终止之日。在法定代理关系中，欠缺行为能力人行使权利依赖法定代理人的意志，其本人行使对法定代理人的请求权极为困难。如果对此项请求权的诉讼时效期间适用一般起算点，则不利于对欠缺行为能力人的保护，故本条规定了特别起算点。欠缺行为能力人或新的法定代理人在原法定代理关系终止后，才知晓或应当知晓权利受到损害的，时效期间应自知晓或应当知晓之日，而非原法定代理终止之日起算（**《总则编解释》第 37 条**）。

对于法定代理终止的四种情形（**第 175 条**），由于本条旨在保护欠缺行为能力人的利益，所以本条的法定代理终止应仅指欠缺行为能力人取得或恢复完全行为能力的情形，不包括代理人丧失行为能力、代理人或者被代理人死亡以及法律规定的其他情形。如果法定代理关系的存续时间很长，导致此项请求权罹于 20 年的诉讼时效最长期间，那么为保护欠缺行为能力人的利益，在解释上应认为这属于可以延长最长期间的特殊情况。

第一百九十一条 【未成年人对性侵者的诉讼时效期间之起算点】未成年人遭受性侵害的损害赔偿请求权的诉讼时效期间，自受害人年满十八周岁之日起计算。

未成年人遭受的性侵害包括强奸、猥亵等侵害性自主决定权的各种行为，而不论该行为是否构成犯罪。加害人可以是成年人，也可以是未成年人；可以是同性别者，也可以是不同性别者。未成年人在幼儿园、学校或其他教育机构学习、生活期间遭受性侵害的，这些单位应承担赔偿责任（**第 1199、1200、1201 条**）。虽然加害人承担责任的方式有多种，但本条的特殊起算点仅适用于损害赔偿请求权。

未成年人遭受性侵害的损害赔偿请求权仍应适用三年的诉讼时效之普通期间，而本条系该期间的特别起算点，即不是从其知道或应当知道权利受到损害以及义务人之日起计算，而是自受害人年满 18 周岁之日起计算。未成年人在遭受性侵害时，通常无性权利意识或性权利意识有限，且通常无法独立寻求法律保护，本条规定其损害赔偿请求权的诉讼时效期间的特别起算点，有助于未成年人在成年之后顺利寻求法律救济，从而更好地保护未成年人的利益。

第一百九十二条 【时效抗辩权】诉讼时效期间届满的，义务人可以提出不履行义务的抗辩。

诉讼时效期间届满后，义务人同意履行的，不得以诉讼时效期间届满为由抗辩；义务人已经自愿履行的，不得请求返还。

依本条第 1 款，时效抗辩权的产生条件为诉讼时效期间届满。虽然权利人持续未行使权利直至时效期间届满，但其权利本身并未受影响，只是义务人取得一项可以拒绝履行义务的时效抗辩权。

依本条第 2 款，时效抗辩权有两种消灭事由：(1) 义务人同意履行，即义务人向权利人为同意履行义务的意思表示，如向权利人出具还款计划书。不论义务人是否知道其享有时效抗辩权，其同意履行即意味着时效抗辩权消灭，义务人不得再以时效期间届满为由抗辩，而罹于诉讼时效的债权的时效期间将重新计算。(2) 义务人自愿履行。与同意履行相对应，此处的自愿履行系指已实际履行完毕。不论义务人是否知道其享有时效抗辩权，其自愿履行即意味着时效抗辩权消灭。即使诉讼时效期间届满，权利人仍可受领义务人的履行，而义务人已自愿履行的，不得请求返还。在债权可分的情况下，义务人仅同意部分履行或仅自愿部分履行的，不应推定其同意全部履行或自愿全部履行，义务人仍可就未同意履行部分或未履行部分行使时效抗辩权。

第一百九十三条 【职权禁用】人民法院不得主动适用诉讼时效的规定。

诉讼时效期间届满对权利人和义务人影响重大，义务人获得时效抗辩权，可以行使抗辩权而拒绝履行义务，也可以不行使抗辩权。义务人不行使抗辩权的原因有多种：或者是义务人将同意履行义务，或者是义务人将自愿履行义务，或者是义务人不知道自己享有抗辩权。但无论如何，法院不得主动适用诉讼时效的规定，既不得主动援引诉讼时效规定进行裁判，也不得告知义务人其享有时效抗辩权。在案件受理阶段，法院不得以诉讼时效期间届满为由拒绝受理。

第一百九十四条 【诉讼时效中止】在诉讼时效期间的最后六个月内，因下列障碍，不能行使请求权的，诉讼时效中止：

（一）不可抗力；

（二）无民事行为能力人或者限制民事行为能力人没有法定代理人，或者法定代理人死亡、丧失民事行为能力、丧失代理权；

（三）继承开始后未确定继承人或者遗产管理人；

（四）权利人被义务人或者其他人控制；

（五）其他导致权利人不能行使请求权的障碍。

自中止时效的原因消除之日起满六个月，诉讼时效期间届满。

诉讼时效制度旨在敦促权利人及时行使权利，若权利人不行使权利并非出于其自身原因，则诉讼时效期间应暂停计算，以保障权利人的时效利益，使其有足够时间行使权利。待中止原因消除后，时效期间继续计算。诉讼时效中止要求，中止原因发生在时效期间的最后 6 个月内，且中止原因导致权利人不能行使请求权。依《总则编解释》第 35 条第二句，本条不适用于20年的最长期限。

本条第1款规定诉讼时效中止的五种原因。(1) 不可抗力，如地震等自然灾害导致法院无法正常工作，传染病流行导致当事人被依法隔离等情况[**成都中院 (2021) 川01民终6452号民判**]。(2) 无行为能力人或限制行为能力人没有法定代理人，或者法定代理人死亡、丧失行为能力、丧失代理权。欠缺行为能力人需要借助法定代理人进行法律交往，法定代理人缺位导致欠缺行为能力人无法行使权利。(3) 继承开始后未确定继承人或遗产管理人。在被继承人分别为权利人或义务人时，未确定继承人或遗产管理人分别意味着，未确定权利的行使主体或者未确定权利行使的对象，这两种情况都将导致权利无法行使。(4) 权利人被义务人或其他人控制。所谓控制是权利人的人身自由被限制而不能行使请求权的状态，如作为权利人的法人和非法人组织，其法定代表人或控股股东是义务人。(5) 其他导致权利人不能行使请求权的障碍。

本条第2款规定诉讼时效期间的继续计算。不论中止原因发生的具体时间如何，自中止原因消除之日起，统一继续计算6个月，以此避免中止原因消除后剩余期间过短，权利人来不及行使权利。

第一百九十五条 【诉讼时效中断】有下列情形之一的，诉讼时效中断，从中断、有关程序终结时起，诉讼时效期间重新计算：

（一）权利人向义务人提出履行请求；

（二）义务人同意履行义务；

（三）权利人提起诉讼或者申请仲裁；

（四）与提起诉讼或者申请仲裁具有同等效力的其他情形。

诉讼时效制度旨在敦促权利人及时行使权利，如果权利人并未怠于行使权利，而是主动行使权利，或者因义务人同意履行义务而无须行使权利，则诉讼时效赖以存在的前提不复存在，经过的时效期间应全部归于消灭，时效期间应重新计算。此即诉讼时效中断规则。依《总则编解释》第35条第二句，本条不适用于20年的最长期限。

本条规定了时效中断的四种原因。(1) 权利人向义务人提出履行请求。此即权利人向义务人行使权利，在性质上为催告，在到达义务人时生效。法律不限制催告次数，权利人可不断催告以防止时效期间届满。提出履行请求的对象不限于义务人本人，还包括其代理人、财产代管人或遗产管理人等主体（《总则编解释》第 38 条第 2 款）。（2）义务人同意履行义务。此时权利人无须再主张权利，而非其不愿或怠于行使权利。但在诉讼时效期间届满后义务人同意履行，将导致时效抗辩权消灭（第 192 条）。（3）权利人提起诉讼或申请仲裁。此时权利人通过提起诉讼或申请仲裁的方式行使权利，诉讼时效从权利人提请启动有关程序之日起中断。（4）与提起诉讼或申请仲裁具有同等效力的其他情形。此项中断原因系兜底规定，如申请调解等。

诉讼时效期间有两种重新计算的起算点。其一，对于第一项和第二项中断原因，从中断时起重新计算。在权利人向义务人提出履行请求或在义务人同意履行义务之时，不仅经过的诉讼时效期间消灭，而且新的时效期间也开始计算。其二，对于第三项和第四项中断原因，从有关程序终结时起重新计算。权利人提起诉讼或申请仲裁导致已经过的时效期间消灭，如果时效期间同时开始重新计算，那么可能出现有关程序尚未终结而时效期间已届满的情况。为避免此种情况出现，有关程序过程应被视作权利人行使权利的持续状态，新的时效期间应从有关程序终结时起开始计算。重新起算之后，新的时效期间自可因本条规定的事由再次出现而发生中断（《总则编解释》第 38 条第 1 款）。

第一百九十六条 【不适用诉讼时效的请求权】下列请求权不适用诉讼时效的规定：

（一）请求停止侵害、排除妨碍、消除危险；

（二）不动产物权和登记的动产物权的权利人请求返还财产；

（三）请求支付抚养费、赡养费或者扶养费；

（四）依法不适用诉讼时效的其他请求权。

一般而言，请求权均适用诉讼时效规则，但有些请求权因其自身特点与诉讼时效的功能不符而不应适用其规则。本条规定不适用诉讼时效规则的四大类请求权，从消极角度进一步明确诉讼时效的适用对象。

第一，停止侵害、排除妨碍、消除危险请求权。这三种请求权均为救济性请求权，其基础权利可以是物权、人格权、知识产权等。为维护基础权利的完满状态，这三种请求权均不适用诉讼时效规则。

第二，不动产和登记动产返还请求权。不动产以及船舶、航空器和机动车等登记动产价值较大，为充分保护权利人的所有权，不动产和登记动产返还请求权不适用诉讼时效规则。依反面解释，未登记动产返还请求权适用诉讼时效规则，在时效期间届满后请求权人仍享有动产所有权，但动产占有人可提出时效抗辩权而拒绝返还。然而，这将导致所有权名实错位的不合理后果与“逻辑死扣”：一方面，无权占有人虽未取得所有权，但无须返还占有物；另一方面，所有权人虽仍为所有权人，但无权请求返还占有物。是故，未登记动产返还请求权是否应适用诉讼时效规则，尚待澄清。

第三，支付抚养费、赡养费或扶养费请求权。其中，支付抚养费请求权人一般是年幼者，如子女、孙子女、外孙子女等；支付赡养费请求权人一般是年老者，如父母、祖父母、外祖父母等；支付扶养费请求权人一般是缺乏劳动能力者，如配偶、兄弟姐妹等。如果这三种请求权适用诉讼时效规则，将妨碍权利人获取收入，严重影响其生活，故均不适用诉讼时效规则。

第四，依法不适用诉讼时效的其他请求权。例如，因人格权遭受侵害产生的停止侵害、排除妨碍、消除危险、消除影响、恢复名誉、赔礼道歉请求权，不适用诉讼时效规则（**第 995 条**）。再如，支付存款本金及利息请求权，兑付国债、金融债券以及向不特定对象发行的企业债券本息请求权，基于投资关系产生的缴付出资请求权等，不适用诉讼时效规则（**《诉讼时效规定》第 1 条**）。

第一百九十七条 【诉讼时效规则的强制性】诉讼时效的期间、计算方法以及中止、中断的事由由法律规定，当事人约定无效。

当事人对诉讼时效利益的预先放弃无效。

鉴于诉讼时效对当事人之间的权利义务关系具有重要影响，通过法律规定诉讼时效的相关规则，有利于维护社会交易秩序。在此基础上，本条进一步规定诉讼时效规则具有强制性，禁止当事人作出不同于诉讼时效规则的安排。首先，对于法律规定的时效期间、计算方式以及中止、中断的事由，当事人的不同约定无效（**本条第1款**）。例如，当事人通过约定延长或缩短时效期间，将分别对义务人或权利人不利，此种约定无效。

其次，当事人预先放弃诉讼时效利益无效。所谓诉讼时效利益是义务人在诉讼时效期间届满后可拒绝履行义务的利益。而预先放弃时效利益是义务人在时效期间届满前放弃时效抗辩权，如义务人承诺不主张诉讼时效抗辩，当事人约定请求权不受诉讼时效约束等。禁止当事人预先放弃时效利益，可以避免债权人利用优势地位迫使债务人放弃时效利益。不过，在时效期间届满义务人取得时效抗辩权后，依私人自治原则其当然可放弃时效抗辩权。

第一百九十八条 【仲裁时效】法律对仲裁时效有规定的，依照其规定；没有规定的，适用诉讼时效的规定。

在我国仲裁主要包括三种：向仲裁机构请求裁决财产权益纠纷之民商事仲裁、向劳动仲裁委员会请求裁决劳动争议之劳动仲裁、向农村土地承包仲裁委员会请求裁决土地承包经营纠纷之农村土地承包经营纠纷仲裁。所谓仲裁时效是当事人请求仲裁的法定期限，若当事人在此期限内不申请仲裁，即不能通过仲裁保护其民事权益。

本条第一分句所言“法律对仲裁时效有规定”，主要包括：(1) 法律对民商事仲裁时效的规定，如因国际货物买卖合同和技术进出口合同产生争议的诉讼时效和仲裁时效的期间为4年（**第594条**）。(2) 法律对劳动仲裁时效的规定，该仲裁时效期间为1年，从当事人知道或应当知道其权利被侵害之日起计算（**《劳动争议调解仲裁法》第27条第1款**）。(3) 法律对农村土地承包经营纠纷仲裁时效的规定，该仲裁时效期间为2年，从当事人知道或应当知道其权利被侵害之日起计算（**《农村土地承包经营纠纷调解仲裁法》第18条**）。

为稳定市场交易秩序，仲裁时效制度与诉讼时效制度均规定法定期间经过导致权利行使受阻，二者在制度功能上具有一致性。基于此，在法律没有规定时，仲裁时效可适用诉讼时效的规定（**本条第二分句**）。例如，民商事仲裁时效、劳动仲裁时效和农村土地承包经营纠纷仲裁时效均可适用诉讼时效的中止、中断、最长期间等规定。

第一百九十九条 【除斥期间】法律规定或者当事人约定的撤销权、解除权等权利的存续期间，除法律另有规定外，自权利人知道或者应当知道权利产生之日起计算，不适用有关诉讼时效中止、中断和延长的规定。存续期间届满，撤销权、解除权等权利消灭。

撤销权、解除权等形成权的存续期间，在学理上被称作除斥期间，其特点在于：(1) 由于形成权人仅依单方意思就可使法律关系发生变动，为避免相对人长期处于权利义务不稳定状态，确保其法律交往的可预测性，法律规定形成权具有一定的存续期间。如果存续期间届满，则形成权消灭。(2) 除斥期间的适用对象为形成权。除本条列举的撤销权、解除权外，形成权还包括选择权、追认权、优先购买权、抵销权等。但有的形成权没有存续期间，如共有人在任何时候均可要求分割共有财产，故共有物分割请求权不适用除斥期间。(3) 除斥期间包括法定除斥期间和约定除斥期间。其中，撤销权的存续期间为法定除斥期间（**第 152 条**）。当事人对合同解除权的存续期间有约定的，则为约定除斥期间；如果没有约定的，则为 1 年的法定除斥期间（**第 564 条**）。

除斥期间在计算上有两方面特征。其一，除斥期间的一般起算点为，权利人知道或应当知道权利产生之日。在法律另有规定时，除斥期间依该规定起算，例如，除斥期间从法律行为发生之日起计算（**第 152 条第 2 款**），从胁迫行为终止之日起计算（**第 152 条第 1 款第 2 项**）。其二，除斥期间为不变期间，不适用有关诉讼时效中止、中断和延长的规定。法律为形成权设置除斥期间，旨在避免权利人不及时行使权利，而使相对人一直处于权利义务不确定的状态。如果允许除斥期间适用中止、中断、延长的规定，极可能使法律关系长期处于不确定的状态，从而背离除斥期间的制度目的。因此，除斥期间在性质上属于不变期间，不因相关事由的出现而发生中止、中断和延长。

第十章

期间计算

第二百条　【期间的计算单位】民法所称的期间按照公历年、月、日、小时计算。

民法上的时间包括期间和期日，前者如除斥期间、诉讼时效期间、保证期间和合同履行期间等。其中，期间为一定的时间段，存在计算的问题；而期日为不可分的时间点，不存在计算问题。在法律实务中，期间的计算单位多种多样，法律没有必要也不可能全部规定。本条仅规定了最常使用的四种计算单位，即年、月、日和小时。其中，按公历年和月计算，属于历法计算法；按日和小时计算，属于自然计算法。在此之外，依第 204 条，当事人亦可约定期间的其他计算单位，如星期、分、秒等。

第二百零一条　【期间的起算】按照年、月、日计算期间的，开始的当日不计入，自下一日开始计算。

按照小时计算期间的，自法律规定或者当事人约定的时间开始计算。

期间的计算单位不同，期间的起算亦有差别。依本条第 1 款，如果按年、月、日计算期间，从开始日的下一日计算。例如，甲乙双方在 2021 年 9 月 1 日签订租赁合同，租期为 3 年，或者为 3 个月，或者为 3 日，则开始日为 2021 年 9 月 1 日，从下一日 9 月 2 日开始计算。其中，依第 202 条，在按年和月计算的情形，结束日为到期月的对应日，分别为 2024 年 9 月 1 日和 2021 年 12 月 1 日；而在按日计算的情形，则直接计算 3 日即为结束日，即 2021 年 9 月 4 日。

依本条第 2 款，按小时计算期间的，从开始的时间计算。开始的时间既可能是法律规定的时间，也可能是当事人约定的时间。例如，甲乙双方在 2021 年 9 月 1 日 8 时签订汽车租赁合同，租期为 10 个小时，则从 8 时开始计算 10 小时，期间结束的时间为 18 时。

第二百零二条 【期间结束日的一般规定】按照年、月计算期间的，到期月的对应日为期间的最后一日；没有对应日的，月末日为期间的最后一日。

按年、月、日计算期间，均存在期间的最后一日或结束日。按照日计算期间，应计算至期间的结束日，结束日届满时期间终止。例如，某期间的开始日为 2021 年 9 月 1 日，期间为 15 天，则 9 月 16 日为结束日。关于此点并无疑义，故本条亦未对此进行规定，而仅规定按照年、月计算期间的情形。

按年、月计算期间，到期月的对应日为结束日（**本条第一分句**）。所谓对应日是与开始日相对应的那一日。例如，某期间的开始日为 2021 年 9 月 1 日，期间为 1 年，则到期月为 2022 年 9 月，对应日为 1 日；某期间的开始日为 2021 年 9 月 1 日，期间为 1 个月，则到期月为 2021 年 10 月，对应日为 1 日。

按年、月计算期间，没有对应日的，则月末日为结束日（**本条第二分句**）。一种情形为因大月和小月导致没有对应日。例如，某期间的开始日为 2021 年 10 月 31 日，期间为 1 个月，则到期月为 2021 年 11 月，但此时并无对应日，故以月末日 11 月 30 日为结束日。另一种情形为闰年和平年导致没有对应日。例如，某期间的开始日为 2020 年 2 月 29 日，期间为 1 年，但到期月 2021 年 2 月并无对应日，故以月末日 2 月 28 日为结束日。

第二百零三条 【期间结束日的特别规定】期间的最后一日是法定休假日的，以法定休假日结束的次日为期间的最后一日。

期间的最后一日的截止时间为二十四时；有业务时间的，停止业务活动的时间为截止时间。

期间的结束日对民事活动具有重要意义，本法第202条是关于期间结束日的一般规定，本条是关于期间结束日的特殊规定。基于一般的公众生活习惯，在期间的结束日为法定休假日，或者结束日有业务时间时，如果仍适用第202条的一般规定，不符合社会生活的实际。本条通过对期间结束日的特别规定，维护民事主体的期限利益。其中，本条第1款规定结束日的顺延：如果期间的结束日是法定休假日，则结束日顺延至法定节假日结束的次日。本条第2款规定结束日的截止时间：结束日原则上以24时为截止时间。但有些民事主体有业务时间，如银行和证券交易所等，则以停止业务活动的时间为结束日的截止时间。

第二百零四条 【期间的其他计算方法】期间的计算方法依照本法的规定，但是法律另有规定或者当事人另有约定的除外。

本法第200条至第203条规定期间的计算方法，包括期间的计算单位、期间的起算和期间的结束等，但在社会生活中，期间的计算方法多种多样，法律没有必要也不可能全部规定，只能择其要者进行规定。在前述法律规定之外，本条允许法律对计算方法作其他规定，或者当事人对计算方法作不同约定，如当事人约定将法定休假日作为期间的最后一日。由此表明，本章关于期间计算方法的规定属于任意性规范，当事人可通过约定排除其适用。

第二编　物　　权

第一分编　通　则

第一章

一般规定

第二百零五条　【物权编的调整对象】本编调整因物的归属和利用产生的民事关系。

本条的“物”，是指本法第 115 条第一句规定的动产与不动产，但本编不仅涉及动产与不动产，还规定其他财产的利用关系，如权利质押。物的“归属”主要涉及所有权；无形财产的归属一般不受本编调整，主要适用知识产权法、公司法等。物的“利用”包括两个类型：一是用益型利用，以用益物权为表现形式；二是价值型利用，以担保物权为表现形式。依本法第 116 条确立的物权法定原则，本编调整的利用关系具有类型强制与内容强制之特点。当事人采债权形式利用物的，主要适用债法的相关规定，本编仅在相关领域作出规定，如本法第 405 条。占有虽非物之归属或利用，但与之关系密切。是故，本编第五分编专门规定物之占有。

本条的“民事关系”既包括物权关系，也包括与物权密切相关的债之关系。出于所涉法律问题的密切关联性之考虑，本编也规定了诸多法定之债，典型如拾得人的妥善保管义务（**第 316 条**）与遗失物权利人的费用清偿义务（**第 317 条**）。是故，本编的规范虽然主要由物权性规范构成，但也包括诸多债法规范。

第二百零六条　【社会主义基本经济制度与社会主义市场经济】国家坚持和完善公有制为主体、多种所有制经济共同发展，按劳分配为主体、多种分配方式并存，社会主义市场经济体制等社会主义基本经济制度。

国家巩固和发展公有制经济，鼓励、支持和引导非公有制经济的发展。

国家实行社会主义市场经济，保障一切市场主体的平等法律地位和发展权利。

本条重申《宪法》关于我国社会主义基本经济制度与社会主义市场经济制度的规定，对民商事立法及其合宪性审查具有意义，于民事裁判意义有限。本条第 1 款与第 2 款前半句重申了《宪法》第 6 条，本条第 2 款后半句重申了《宪法》第 11 条第 2 款，本条第 3 款重申了《宪法》第 15 条第 1 款的精神。

第二百零七条　【平等保护物权原则】国家、集体、私人的物权和其他权利人的物权受法律平等保护，任何组织或者个人不得侵犯。

本条系本法第 4 条平等原则（**参见其评注**）在物权保护中的具体体现。依本条，物权应受平等保护，不论其权利人属于何种类型的民事主体。其中，国家的物权是指全民享有的物权，主要表现为国家所有权（**第 246 条第 1 款**）；集体的物权则指农村集体或城镇集体享有的物权；私人的物权主要包括自然人、公司等主体享有的物权。“其他权利人”是国家、集体、私人之外的权利人，主要包括社会团体法人（**第 90 条**）与捐助法人（**第 92 条**）。

本条后半句是禁止性行为规范，但不具裁判规范的属性。与本条性质相同者，尚有本法第 258 条、第 265 条第 1 款、第 267 条等。此等条文中“侵犯”“侵占”“哄抢”“破坏”等语，其作为事实要件之具体构成与法律效果，皆于本法物权保护规则（**第 459～462 条**）、占有关系规则（**第 259～262 条**）以及侵权责任编诸法条中展开。

第二百零八条 【物权变动的公示方法】不动产物权的设立、变更、转让和消灭，应当依照法律规定登记。动产物权的设立和转让，应当依照法律规定交付。

本条与其说是物权变动公示原则，不如将其定性为参引性法条，旨在提示欲发生物权变动的效果，原则上须依“法律规定”登记或交付。其第一句中的“法律规定”，主要包括本编第二章第一节“不动产登记”、本编关于不动产定限物权登记的规定（**如第 335、341、349、355、360、365、368、370、374、385 条**）、《不动产登记条例》以及《不动产登记实施细则》。当事人欲变动不动产物权，但未依法律规定完成登记的，其法律效果同时应依照相关法律规范予以确定。本法第 229～231 条与第 547 条（担保物权附随债权转让）构成不动产物权变动登记规则之例外，应予优先适用。

本条第二句中的“法律规定”，主要包括本编第二章第二节“动产交付”以及第 429 条。本编第二章第二节分别规定了现实交付（**第 224 条**）、简易交付（**第 226 条**）、指示交付（**第 227 条**）与占有改定（**第 228 条**）。第 429 条（动产质权设立）中的交付不包括占有改定。

严格来说，本条中的“设立”“变更”“转让”“消灭”以法律行为为限，乃系基于法律行为的物权变动。其中，广义的“变更”包括物权主体变更，故涵盖了本句的“转让”。不过，本法第 229～231 条（非基于法律行为的物权变动）也采取了设立、变更、转让等相同概念，故该些条款与第 547 条（担保物权附随债权转移）可谓本条之例外。虽然抛弃动产物权也是法律行为，且会导致动产物权消灭，但本条第二句并未规定，因为抛弃无须交付，而以放弃占有为前提。

第二章

物权的设立、变更、转让和消灭

第一节　不动产登记

第二百零九条　【不动产物权变动的登记原则】不动产物权的设立、变更、转让和消灭，经依法登记，发生效力；未经登记，不发生效力，但是法律另有规定的除外。

依法属于国家所有的自然资源，所有权可以不登记。

不动产物权的设立、变更、转让（**已为变更所涵盖，参见本法第 208 条评注**）和消灭，分为基于法律行为的与非基于法律行为的物权变动两种情形。后者由法律直接规定，如本条第 2 款以及本法第 229～231 条规定的由公法行为、事实行为等引发的不动产物权变动。前者则由本条第 1 款规范，其规范内涵需解释者有三。其一，此所谓“效力”，系物权变动（含设立、变更、转让和消灭）之法律效果，非指本法第 215 条所言“设立、变更、转让和消灭不动产物权的合同”的效力。易言之，依本条第 1 款，不动产物权变动本身，仅依登记而发生；而“设立、变更、转让和消灭不动产物权的合同”，主要是指创设债权的法律行为，其效力须依总则编第六章第三节以及本法第 215 条（**参见其评注**）定之，且在其有效时，也仅约束合同当事人。由此，本条第 1 款和第 215 条一起，构建了法律交易中债权发生（原因）和物权变动（结果）相区分的原则［**新疆高院伊犁哈萨克分院（2021）新 40 民终 779 号民判**］。在借名买房中，若登记权利人与第三人之间的房屋买卖合同真实有效，且已基于该基础法律关系完成房屋所有权登记，则其已成为房屋所有权人；借名人与登记权利人之间关于房屋所有权归属的约定只能约束合同双方当事人，没有直接设立房屋所有权的法律效力，借名人不能依借名买房协议的约定直接取得房屋所有权［**朝阳中院（2021）辽13民终3709号民判**］。其二，不动产物权的变动，原则上采登记生效主义。而依本条第1款之但书，法律规定意思主义之物权变动模式为例外，即仅需当事人合意即发生变动的效果（**如第333、374条**）。其三，此变动之效力依登记而自动、当然发生，且除非登记本身被撤销或更正，否则此变动效果不因引发其变动的原因行为的效力而受影响。例如，在不动产转让中，若作为原因行为的转让合同在登记后被撤销或无效，并不当然使物权已变动的效果归于消灭；唯一能使物权变动效果不发生的，是由不动产登记机构依申请撤销或更正其登记，并使其权证"作废"。登记机构非因利害关系人申请而撤销或更正登记的，法院往往会撤销更正登记，由此依先前登记发生的物权变动效力不受影响［**张掖高台法院（2019）甘0724行初10号行判**］。

在本条第2款规定的情形，国家取得土地、矿藏、水流、海域等自然资源的所有权，源于国家主权而非基于法律行为。此时，所有权的取得由《宪法》《土地法》《矿产法》等法律直接规定，无须以登记为生效要件。因主体唯一性及不可转让性，国有自然资源所有权即使不登记，也不影响其权利的公示。

第二百一十条 【不动产登记机构和不动产统一登记】不动产登记，由不动产所在地的登记机构办理。

国家对不动产实行统一登记制度。统一登记的范围、登记机构和登记办法，由法律、行政法规规定。

本条同原《物权法》第10条，原则性地规定了不动产登记采属地管辖，并在第2款要求对不动产实行统一登记制度，其核心实为该款后句规定的立法授权。鉴于这一立法任务在本法颁行前业已由国务院及其组成部门完成，本条不妨被理解为参引性法条，即关于不动产统一登记的机构、管辖、内容、程序等具体规定，均依《不动产登记条例》及《不动产登记实施细则》。

第二百一十一条 【登记申请】当事人申请登记，应当根据不同登记事项提供权属证明和不动产界址、面积等必要材料。

不动产物权变动，无论是否基于法律行为，当事人均可申请登记。本条所言登记，指包括更正登记、异议登记、预告登记在内的所有类型的登记。申请是启动登记程序的前提，系申请人请求登记机构将申请内容（不动产物权设立、变更或消灭）记载于登记簿的程序行为，分为当事人共同申请与单方申请（**《不动产登记条例》第14条**）。同时，申请本身包含权利人或利害关系人向不动产登记机构共同或单独作出处分其物权的意思表示，故本条规定对于我国是否承认物权行为这一问题，至少在不动产物权变动领域留下解释空间。

正因为如此，有权申请不动产登记的“当事人”，限于和不动产登记事项有法律上利害关系的自然人、法人或非法人组织，如不动产转让的权利人与受让人、预告登记的不动产所有权人等。非权利人或利害关系人为申请的，登记机构不得据此为更正等登记行为［**张掖高台法院(2019)甘0724行初10号行判**］。同时，本条规定申请人提供必要材料的义务，其实就是要求其根据不同登记事项，证明不动产物权变动原因的真实性，并界定不动产本身及其范围。故就权属证明材料而言，基于法律行为变动物权的，乃指不动产物权变动合同；基于生效法律文书、征收决定变动物权的，则指生效裁判文书或仲裁文书、征收决定书；基于合法建设、拆除房屋等事实行为变动物权的，为有关部门批准建设书等必要材料；等等。

第二百一十二条 【不动产登记机构的职责】登记机构应当履行下列职责：

（一）查验申请人提供的权属证明和其他必要材料；

（二）就有关登记事项询问申请人；

（三）如实、及时登记有关事项；

（四）法律、行政法规规定的其他职责。

申请登记的不动产的有关情况需要进一步证明的，登记机构可以要求申请人补充材料，必要时可以实地查看。

《不动产登记条例》未明确不动产登记机构的性质。从其第 6 条第 2 款规定来看，不动产登记机构是地方政府设置的一个部门，其含义应与《地方各级人民代表大会和地方各级人民政府组织法》第 79 条规定的“工作部门”相同，这也与不动产登记诉讼因登记的行政性而被归入行政诉讼相契合。准此，登记机构应遵循公法上“法无授权即禁止”的原则，在法律法规规定的职责范围内行使职权。本条规定的不动产登记机构职责，分布于登记申请的受理、审核、登簿、颁证四个阶段。其第 1 款第 1～2 项所规定者，系受理阶段不动产登记机构的初步审查职责，旨在筛选不合格的登记申请，告知申请人及时补正瑕疵申请材料；申请材料形式是否合法、内容是否真实，不属初步审查范围。本条第 2 款所规定者，系审核阶段不动产登记机构的审查职责之一，具体包括书面材料审核、查阅不动产登记簿、查阅登记原始资料、必要的实地查看或调查、公告、审核处理等。登记申请可能存在权属争议或涉及他人利害关系的，登记机构可向申请人、利害关系人或有关单位进行调查。经审核符合登记条件的，登记机构应依法公告拟登记的不动产物权。

本条第 1 款第 3 项所言“如实、及时登记有关事项”，系登簿阶段不动产登记机构应履行的职责（**《不动产登记条例》第 20 条**）；第 4 项所说的“法律、行政法规规定的其他职责”，包括不动产登记机构应当履行核发不动产权证书或者不动产登记证明的职责（**《不动产登记条例》第 21 条第 2 款**）等。但是，登记机构在审核申请后，可以作出登记和不予登记两种处理决定，故登簿和颁证只是在登记申请符合法律规定的条件时其应履行的职责。登记申请有根本缺陷而不能补救的，登记机构应不予登记，但其须以书面形式通知申请人（**《不动产登记条例》第 22 条**）。

需注意的是，不动产登记具有设权力，即除决定物权有无及其内容外，登记尚能决定定限物权的顺位。这就意味着，同一不动产负担多个定限物权（如抵押权）的，只要法律无特别规定，当事人亦无“另有约定”，其权利实现顺位依登记先后而定。于是，为防止先申请者反而后予登记的不合理现象，登记机构应依受理时间的先后顺序依次办理登记（**如《不动产登记实施细则》第 67 条**）。登记机构违反此规定者，应属违反其法定职责的范畴，申请人可就此提起行政诉讼。

第二百一十三条　【不动产登记机构的行为禁止】登记机构不得有下列行为：

（一）要求对不动产进行评估；

（二）以年检等名义进行重复登记；

（三）超出登记职责范围的其他行为。

本法前条以及配套法规已明确规定不动产登记机构的职责，本条规定系“法无授权即禁止”原则的题中之义，其仅起到提示、强调的作用。不得“要求对不动产进行评估”，旨在减轻登记申请人的经济负担，消除不必要的烦琐程序；不得“以年检等名义进行重复登记”，旨在杜绝不动产登记机构以年检等名义巧设名目变相收费现象；不得“超出登记职责范围的其他行为”，兜底要求登记机构及其工作人员须恪守职权法定及“法无规定即禁止”的行政法治原则，不得滥用不动产登记职权。

第二百一十四条　【不动产物权变动发生效力的时点】不动产物权的设立、变更、转让和消灭，依照法律规定应当登记的，自记载于不动产登记簿时发生效力。

依本法第 209 条，基于法律行为发生的不动产物权变动，以登记生效为原则。本条则明确登记完成的时点，以确定其生效时间。结合《不动产登记条例》第 21 条第 1 款，本条所言“记载于不动产登记簿时”即登记完成之时。依不动产登记簿电子介质与纸质介质之区分，完成登记的时点按下列方式确定：使用电子登记簿的，以登簿人员将登记事项在登记簿上记载完成之时为准；使用纸质登记簿的，应以登簿人员将登记事项在登记簿上记载完毕并签名（章）之时为准。

本条“依照法律规定应当登记”之限定语，表明不以登记为生效要件的不动产物权变动，不属本条适用范围。在非基于法律行为的不动产物权变动，例如依据裁判土地使用权、房屋所有权转移的生效法律文书办理权属登记时，当事人的土地、房屋权利应追溯到相关形成裁判文书生效之时，而非记载于不动产登记簿之时。再如，依本法第 333 条，土地承包经营权之设立虽属基于法律行为发生的不动产物权变动，但其采意思主义，故其效力自合同生效之时起发生。

第二百一十五条 【不动产物权变动与其原因行为的区分】当事人之间订立有关设立、变更、转让和消灭不动产物权的合同，除法律另有规定或者当事人另有约定外，自合同成立时生效；未办理物权登记的，不影响合同效力。

法律行为引发的不动产物权变动，须遵循物权变动区分原则，即区分物权变动结果与其原因行为的效力（**参见本法第 209 条评注**）。本条所言“当事人之间订立有关设立、变更、转让和消灭不动产物权的合同”，首先是指不动产物权变动的原因行为，如不动产买卖合同、赠与合同、抵押合同等。此原因行为系债权行为，属负担行为的一种。其效力依总则编第六章及合同编第三章定之，不以有处分权及办理物权登记为成立或有效要件。故本条第一分句规定此等合同“自合同成立时生效”，与第 136 条第 1 款、第 502 条一致；第二分句则在此基础上强调区分原则，即未办理物权登记的，原因行为之效力不受影响。因此，尽管案涉抵押合同签订后未在相关法定部门办理抵押权登记，但不影响抵押合同的效力，抵押人仍应按合同的约定承担抵押担保责任［**(2019) 最高法民终 1806 号民判**］；股权质押虽因未办理质押登记而未设立，但并不影响质押合同的效力，出质人应按合同约定协助质权人办理股权质押登记［**北京高院 (2019) 京民终 796 号民判**］。此等裁判要旨与《担保制度解释》第 46 条第 1 款之法律适用精神契合。依该款规定，不动产抵押合同生效但未办理抵押登记手续的，债权人有权请求抵押人办理登记手续，有权请求抵押人在其所获保险金、赔偿金或补偿金等金额范围内承担赔偿责任，并在因可归责于抵押人原因不能办理登记时，有权请求抵押人在约定的担保范围内承担责任。

值得注意的是，本条所言合同，依其文义也未排除物权行为的存在。甚至有法院明确指出，依本法第 214～217 条，一个不动产物权的变动要有两个行为：一是债权行为，即当事人之间订立的不动产物权变动的合同；二是物权行为，即物权自出让人手中转让到受让人手中的行为。债权行为是物权变动的基础法律行为，而物权变动是当事人转让物权的债权行为的意愿。订立不动产权属转让合同之后，还须进行过户登记行为，才能真正实现物权变动的效果［**张掖中院（2021）甘07民终121号民判**］。要言之，物权行为独立于债权行为，登记只是实现物权变动之效果的要件。

至于物权行为之成立和生效，自依本法总则编和合同编相应规定。除此之外，其须以有处分权为特别生效要件。此特别生效要件，在体系解释上也可与第311条和第597条第1款形成呼应。具体而言，只有承认物权行为的独立性，才有本法第311条设定的“无权处分”之适用前提（**参见其评注**）；依本法第597条第1款，处分权之有无不影响作为债权行为的买卖合同的效力，这充分说明物权行为独立存在且以处分权为特别生效要件。

第二百一十六条 【不动产登记簿的登记推定力和不动产登记簿管理机构】不动产登记簿是物权归属和内容的根据。

不动产登记簿由登记机构管理。

本条规范核心为第1款。该款赋予不动产登记簿之不动产物权登记以权利正确性推定效力，即不动产物权归属和内容以登记簿记载为准，登记权利人无须证明登记簿登记的物权归属和内容正确，除非有相反证据证明。从不动产物权变动效力体系的内在逻辑而言，本款规定的不动产物权登记之权利正确性推定效力，与本法第209条规定的不动产物权登记之设权效力一脉相承；若不动产物权登记缺乏权利正确性推定效力，其设权效力无从产生、无法保障。就不动产登记簿的证据效力角度而言，我国不动产登记簿的管理机构为政府设立，不动产登记簿属公文书证，其记载事项具有登记内容真实推定效力，除非有相反证据推翻它（**《民诉法解释》第114条**）。

登记簿的权利正确性推定效力与登记簿的公信力密切相关，但属两个不同的问题：后者主要涉及法律行为引发不动产物权变动的交易领域，主要服务于物权的动态确定性；前者涉及非交易领域的不动产物权关系，主要用以明确物权的静态归属。因此，本条第1款规定主要适用于不动产物权之静态归属，但以下情形除外：（1）登记名义人与真实不动产物权人之间的不动产物权归属争议，应依实事求是原则处理。亦即，只要当事人有证据证明不动产登记簿的记载与真实权利状态不符，其为该不动产物权的真实权利人，即可推翻登记簿之权利正确性推定效力，由法院确认其物权（**《物权编解释一》第2条**）。生效裁判文书确认不动产物权归属错误的，真实权利人亦可依不同情形及条件，提起第三人撤销之诉、执行异议之诉，或通过案外人申请再审程序寻求司法救济。（2）对于依本法第229～231条非基于法律行为引发的不动产物权变动，不动产登记簿并非其物权归属的根据。（3）对于财产保全、强制执行和破产程序可能引发的不动产所有权变动，保全债权人、执行债权人及破产债权人均不存在依交易取得不动产所有权问题，与之发生所有权归属纠纷的利害关系人可否取得该不动产所有权，也不应以登记簿的记载为根据，而应依实事求是原则处理。依《办理执行异议和复议案件规定》第28～29条及《查封扣押冻结财产规定》第15条，符合法定条件的不动产一般买受人、商品房消费者虽未办理不动产所有权登记，但可对该不动产享有不完整或完整的事实所有权，可排除一定范围的财产保全或强制执行。依《破产法》第16条、第18条和第38条及《企业破产规定二》第26、27条的规定，符合法定条件的不动产一般买受人、商品房消费者，虽未经登记取得不动产所有权，但可依法行使取回权并要求管理人协助办理登记过户手续［**（2017）最高法民终824号民判**］。

第二百一十七条 【不动产权属证书与不动产登记簿的关系】不动产权属证书是权利人享有该不动产物权的证明。不动产权属证书记载的事项，应当与不动产登记簿一致；记载不一致的，除有证据证明不动产登记簿确有错误外，以不动产登记簿为准。

依本条第一句，不动产权属证书系证明权利人享有该不动产物权的书证，属不动产登记机构核发的公文书证，其证明力高于私文书证。不动产权属证书分为不动产权证书与不动产登记证明两类：前者适用于所有权等不动产权利登记，后者适用于抵押权登记、地役权登记和预告登记、异议登记；对于业主共有的不动产登记、查封登记、预查封登记，不核发不动产权证书或不动产登记证明。

本条第二句在本法第216条的基础上，进一步强化不动产登记簿登记的公信力，明确登记簿是确定不动产物权归属和内容的唯一依据，其效力高于不动产权属证书的证明力。不动产权属证书依据登记簿登记的不动产物权归属和内容而颁发，乃不动产物权归属和内容的证明，应与不动产登记簿的记载一致。若记载不一致，当以不动产登记簿为准。不动产权属证书填制错误，以及不动产登记机构在办理更正登记中，需要更正不动产权属证书内容的，应书面通知权利人换发，并记载换发事项。当然，不动产登记簿之登记权利正确性推定力并非绝对，若有证据证明不动产登记簿的记载确有错误，真正权利人仍有权申请登记机构更正登记。

第二百一十八条 【不动产登记资料的查询、复制】权利人、利害关系人可以申请查询、复制不动产登记资料，登记机构应当提供。

不动产物权变动的登记公示公信原则，必然要求不动产登记资料向权利人及利害关系人公开，且允许其查询、复制。本条所言不动产登记资料，包括不动产登记簿等登记结果和登记原始资料。依《不动产登记资料查询暂行办法》第14～25条，申请查询的“权利人”包括登记簿上记载的权利人、继承人、受遗赠人、清算组、破产管理人、财产代管人、监护人等依法有权管理和处分不动产权利的主体；“利害关系人”包括因买卖、互换、赠与、租赁、抵押不动产构成利害关系的人，因不动产存在民事纠纷且已提起诉讼、仲裁而构成利害关系的人，以及法律法规规定的其他情形之利害关系人。因登记资料的公共物品属性，对利害关系人的范围宜扩张：申请人有初步证据证明登记簿记载的信息对其具有经济价值、人格利益、科研价值等合理利益的，应允许其查询、复制不动产登记资料。

依权利义务一致性原则，不动产登记机构负有向申请人提供查询、复制不动产登记资料的义务；查询人要求出具查询结果证明的，不动产登记机构应出具查询结果证明。但本条未就此义务的违反设定法律后果，属不完全法条；其义务违反的具体形态和相应法律后果，可参引《不动产登记资料查询暂行办法》第29条。

第二百一十九条 【禁止滥用不动产登记资料】利害关系人不得公开、非法使用权利人的不动产登记资料。

不动产登记资料关涉不动产权利人的隐私、个人信息或商业秘密，利害关系人虽依法享有查询、复制及合理使用的权利，但不得公开或非法使用。故即使无本条规定，利害关系人未经不动产权利人同意而公开或非法使用此等资料的，依人格权编、侵权责任编及相关法律、行政法规的规定，亦应承担侵权责任。

第二百二十条 【更正登记与异议登记】权利人、利害关系人认为不动产登记簿记载的事项错误的，可以申请更正登记。不动产登记簿记载的权利人书面同意更正或者有证据证明登记确有错误的，登记机构应当予以更正。

不动产登记簿记载的权利人不同意更正的，利害关系人可以申请异议登记。登记机构予以异议登记，申请人自异议登记之日起十五日内不提起诉讼的，异议登记失效。异议登记不当，造成权利人损害的，权利人可以向申请人请求损害赔偿。

本条规定更正登记和异议登记，旨在恢复不动产真实物权状态，保护权利人及利害关系人。更正登记是登记机构依权利人或利害关系人申请，将不动产登记簿记载的错误事项予以更正的登记，可彻底终止不动产物权错误登记之公信力。本条第1款所言“记载的事项错误”，分为权利事项登记错误与非权利事项登记错误。前者系不动产物权归属和内容事项登记错误，如权利人的不动产所有权被错误记载了抵押权负担；后者系不动产自然状况等记载事项错误。“权利人”指不动产登记簿记载的权利人，“利害关系人”指因不动产登记簿记载的不动产物权错误，致其权利或利益受影响之人，包括真实权利人及其债权人、继承人、配偶等。前者认为非权利事项登记错误或权利事项登记错误的，均可申请更正登记；后者不是登记权利人，非权利事项登记错误无损其利益，故其仅得就权利事项登记错误申请更正登记。

本条第1款第二句其实区分更正登记申请人的不同，就登记机构的更正义务设置了不同的适用要件。只要申请人提交证明登记确有错误的证据，如证明不动产物权归属或内容登记确有错误的生效法律文书，则无论其为登记权利人还是利害关系人，登记机构均不得拒绝更正登记。但申请人若为真实权利人或其他利害关系人，则因其仅得就权利事项登记错误请求更正，故须提交登记权利人的书面同意，登记机构方有更正义务。当然，若登记权利人不同意更正，则其根本不必申请更正登记，而径可依本条第 2 款申请异议登记，即申请将不动产登记错误事项的异议记入不动产登记簿。

可见，更正登记并非异议登记的前置条件，而后者是推进更正登记的有效手段。例如，若不动产所有权错误记载了抵押权、地役权之负担，或者抵押权担保的主债权范围、供役地利用范围和方式记载错误，利害关系人既可径直申请异议登记，亦可在更正登记不能时申请异议登记。其选择的区别在于，若利害关系人申请更正登记，可能因不能提供证明“登记确有错误”的证据而目的不达；而依《不动产登记实施细则》第 82 条，异议登记只要求申请人提交证实不动产登记簿记载事项错误的材料，这种错误相较于“确有错误”具有或然性，无须是确定的。但也正因为如此，异议登记才属于暂时性的预备登记，其旨在通过不动产物权确认之诉的终局裁判确认错误登记是否存在，进而实现更正登记之确定性。故申请人应自异议登记之日起 15 日内提起确权之诉，否则登记失效。当然，即便异议登记失效，真实权利人也不妨提起确权之诉，法院的实体审理不受登记失效的影响（**《物权编解释一》第 3 条**）。

就异议登记的本身效力而言，其仅中止不动产登记簿之“错误”登记的公信力，但不能推翻不动产登记簿的权利正确性推定效力。所以，异议登记期间，登记权利人处分不动产的合同仍有效，只是第三人被认定为知道其无处分权的，不能善意取得该不动产物权（**《物权编解释一》第 15 条第 1 款第 1 项**）。由此可见，尽管异议登记并不必然导致登记簿记载事项的更正，但其毕竟在生效期间会暂时阻断前手登记的公信力，进而影响登记权利人对其物权的处分以及第三人的利益，故本条第 2 款第三句规定，异议登记不当造成权利人损害的，权利人可以向申请人请求损害赔偿。不过，异议登记也是物权行使方式，界定“异议登记不当”，需结合本法第 7 条和第 132 条，从严格区分权利滥用与权利正当行使的界限出发，判断是否存在违背诚信原则的结果，进而认定异议登记是否构成权利滥用。例如，案涉房屋利害关系人，在异议登记时提供了相关材料，初步证明案涉房屋前手登记可能存在错误，并随之提起诉讼；其申请异议登记的时间、方式、对象、程度等均在权利行使的适当限度内，遵循了诚信原则，不构成权利滥用。故被告的异议登记申请不构成不当，不必对原告主张的损失承担赔偿责任［**北京二中院（2017）京 02 民终 3858 号民判**］。

第二百二十一条 【预告登记】当事人签订买卖房屋的协议或者签订其他不动产物权的协议，为保障将来实现物权，按照约定可以向登记机构申请预告登记。预告登记后，未经预告登记的权利人同意，处分该不动产的，不发生物权效力。

预告登记后，债权消灭或者自能够进行不动产登记之日起九十日内未申请登记的，预告登记失效。

预告登记与本登记相对应，其产生条件有三：其一，存在买卖房屋协议或其他处分不动产物权的协议。预告登记旨在保全不动产物权变动请求权将来的实现，故以产生债权性质的该请求权的协议有效为前提。若协议不存在或无效，预告登记纵已完成，也将因此而错误，当事人有权请求更正。其二，当事人有申请预告登记之约定。未约定者，不得申请预告登记；商品房预售人未按约定与预购人共同申请预告登记的，预购人可单方申请。其三，登记机构受理、审核并予记载。

预告登记自记载于不动产登记簿时起，产生本条第 1 款第二句规定的法律效力，即未经登记的权利人同意，预告登记之义务人以转让或抵押等方式，对第三人处分所涉不动产的合同有效，但“不发生物权效力”。究其实质，预告登记的这一效力是排除登记义务人其后处分的登记，进而使其不发生物权变动的效力。《不动产登记实施细则》第 85 条第 2 款对此作出明确规定：预告登记生效期间，未经其权利人书面同意，处分该不动产权利而申请登记的，登记机构应当不予办理。

对于因法院判决、强制执行等而为的新登记，预告登记本无排除效力。但为增强其制度功能，预告登记对登记权利人具有某些特殊的保护性效力。例如，预告登记义务人的普通金钱债权人，采取拍卖、变卖、折价或以物抵债等方式，申请执行处分预告登记之不动产的，预告登记具有停止该执行处分的效力［**《办理执行异议和复议案件规定》第 30 条、福**

建高院（2015）闽执异字第 9 号民裁］。预告登记权利人的普通金钱债权人申请执行处分预告登记不动产的，预告登记具有排除该执行处分的效力［**（2019）最高法民再 299 号民判**］，但预告登记权利人的执行债权人，可依生效判决申请强制执行预告登记请求权，待本登记办理后申请执行处分该不动产。在破产处分情形，预告登记原则上具有破产保护效力，但不应一概而论［**（2020）最高法民申 3576 号民裁**］。

依本条第 2 款，预告登记失效事由有二。所谓债权消灭，依《物权编解释一》第 5 条，包括“预告登记的买卖不动产物权的协议被认定无效、被撤销，或者预告登记的权利人放弃债权”的情形。实践中，预告登记权利人违约，导致商品房买卖合同被解除，故“诉争房屋物权变动请求权因合同解除而消灭，相应的对诉争房屋的预告登记亦归于失效”［**（2019）最高法民再 299 号民判**］。但认定预告登记失效，难以完全保障预告登记权利人利益的，不应产生预告登记失效的法律后果［**（2020）最高法民申 131 号民裁**］。在第二种情形，即逾期未申请本登记的情形，“能够进行不动产登记之日”，指本登记条件成就或始期届至，且预告登记权利人明知或应知能办理不动产登记之日。

第二百二十二条 【不动产登记错误的损害赔偿责任】当事人提供虚假材料申请登记，造成他人损害的，应当承担赔偿责任。

因登记错误，造成他人损害的，登记机构应当承担赔偿责任。登记机构赔偿后，可以向造成登记错误的人追偿。

本条第 1 款并未就当事人提供虚假材料致人损害，设立独立的请求权基础。易言之，即使无本款规定，当事人在设定的情形，亦须依本法第 1165 条承担过错侵权赔偿责任。以此观之，本款规定应结合本条第 2 款，方显其规范意义。具体而言，登记错误非因登记申请人提供虚假材料所致，在造成他人损害时，由登记机构承担赔偿责任。申请人提供虚假材料申请登记，而登记机构未尽本法第 212 条规定的审查职责，共同导致登记错误且给他人造成损害的，登记机构应依其过错程度及其在损害发生中所起作用，承担相应的赔偿责任（**《关于审理房屋登记案件若干问题的规定》第 12 条**）。只不过依本条第 2 款表述，登记机构对受害人应承担无过错的赔偿责任，即先行赔偿再向造成登记错误者追偿，而不得以自己并无过错或过错程度较低抗辩。

登记机构的登记行为属公权行为，其登记错误致人损害的，应承担的是行政赔偿责任，即国家赔偿责任（**《关于审理行政赔偿案件若干问题的规定》第1条**）。故在适用法律时，《国家赔偿法》的有关规定应同时适用。例如，依该法第36条第8项，登记机构的赔偿范围应为因登记错误造成的财产权之直接损失。

第二百二十三条 【不动产登记费】不动产登记费按件收取，不得按照不动产的面积、体积或者价款的比例收取。

不动产登记作为公共服务，属于授益性行政行为；当事人既然从中受益，相应也需支出一定费用，此即不动产登记费。本条规定系不动产登记费收取的法律依据，登记机构若违反此规定而按不动产的面积、体积或价款的比例收费，对于多于按件收取的费用，因其欠缺法律根据而构成公法上的不当得利，行政相对人可主张类推适用本法第985条，请求登记机构返还。

第二节 动产交付

本节所规定者，以及本法第429条关于动产质权设立的规定，即为本法第208条第二句中的“法律规定”。在本节中，第224条规定基于法律行为发生的动产物权变动以交付为生效原则，第226～228条则分别规定观念交付的三种形式；第225条虽规定特殊动产的登记对抗效力，但此等动产的物权变动仍遵循交付生效原则。

本节仅适用于“动产物权”变动。动产是不动产之外的有体物。在本法中，动产物权仅指所有权、质权与留置权。又，本节主要调整动产物权的“设立和转让”，而这两情形皆以当事人合意为基础。所以，(1)动产所有权的继承并非“转让”，不适用本节规定。(2)从法体系来看，本节仅调整动产所有权的转让，因为动产所有权的设立非基于法律行为，而主要以加工、采摘等事实行为创设。同时，本节中的“设立”也只能是指动产质权的设立。动产质权“转让”仅限于一种情形，即附随所担保债权一并转移，但该转移不以交付为要件（**第 547 条**）。(3）本节规定原则上不适用于留置权的成立，因为其并非基于合意成立的物权，一般无所谓“设立和转让”。不过，若留置权是所担保债权的从权利，则可附随后者一并转移（**第 547 条第 1 款**），但本法第 547 条第 2 款特别规定该附随性转移不以交付为要件，进而构成本条除外规定之内容。(4）动产所有权的抛弃以放弃占有为条件，不涉及“交付”，故也不适用本节规定，而属于本法第 231 条调整的范围。

作为动产物权变动要件之一的交付，有别于作为合同债务履行的交付，尤其是第 598 条中的“交付”。单就动产买卖合同而言，作为物权变动要件的交付只是出卖人履行“转移标的物所有权的义务”的必要步骤，但作为买卖合同义务的交付则取决于当事人的约定与法律的规定。例如，当事人的买卖合同乃系赴偿之债的，出卖人有义务将标的物运送至买受人所在地，但出卖人可能已经提前将标的物的返还请求权转让至买受人，由后者经过指示交付（**第 227 条**）取得标的物所有权。还如，依第 603 条第 2 款第 1 项，出卖人可在货交第一承运人即履行完交付义务，但标的物所有权尚需待至买受人受领标的物之后基于现实交付（**第 224 条**）转移至买受人。概括而言，交付既可能涉及动产物权变动，也可能涉及标的物风险负担，故其具体内容尚取决于具体规范。除此之外，不动产买卖也涉及交付义务之履行和风险负担问题，但该交付无疑与不动产物权变动无关。

在正常情况下，交付是取得占有的方式之一，会影响占有关系。交付者可能是共同占有人，也可能是单独占有人，前者如动产的按份共有人转让其份额所需的交付，后者如动产的单独所有权人转让所有权。交付者是单独占有人的，交付结果也可能不是单独占有之转移，而是创设了一项共同占有关系，典型如单独所有权人转让份额所需的交付，动产出质人通过创设共同占有而设立质权。

交付包括现实交付（**第 224 条**）与拟制（观念）交付，其中后者包括简易交付（**第 226 条**）、指示交付（**第 227 条**）与占有改定（**第 228 条**）三种。拟制交付并非真正的交付，而仅为了满足交易实践之需求，被法律规定具有代替交付的功能。由本条所在位置（**本编第二章第二节**）来看，交付乃是基于法律行为的动产物权变动所需要件之一，非因法律行为的物权变动由本章第三节调整。

第二百二十四条 【现实交付】动产物权的设立和转让，自交付时发生效力，但是法律另有规定的除外。

一、动产物权变动的交付生效规则

依本条规定，因法律行为引发的动产物权变动，以动产交付为生效要件。从本条与本法第226～228条之文义和体系协调看，本条中的"交付"仅指现实交付，不包括简易交付、指示交付与占有改定。

现实交付是直接占有的转移，是继受取得占有的方式之一。现实交付包括三项要素：交付人是直接占有人，且有意识地放弃直接占有；受领人有意识地取得直接占有；直接占有的放弃与取得具有意思上的"牵连性"，即放弃占有者具有让取得占有者成为占有人的意思，两者具有类似于合同的事实性"合意"。占有乃是事实（而非权利），包括心素与体素两者，其中前者乃是自然意思，而非意思表示中的"意思"。占有的性质与构成决定了，交付不是法律行为，交付所蕴含的"合意"并非合同。因此，交付并不要求行为人具有相应的法律行为能力，也存在适用占有辅助制度之可能。例如，两岁婴儿将玩具交给监护人，并不构成交付，因为其欠缺最低限度的自然意思或行为意思；某人抛弃废旧家具，后由拾荒者占有，也不涉及交付，因为两者欠缺事实性"合意"；某人误将第三人视为债权人，将标的物交给此人（履行对象错误），则构成交付。还如，债权人强行卸货或扣货欠缺事实性"合意"，故不构成交付，动产所有权并未转移，而系侵权行为［**抚州中院（2023）赣10民终214号民判**］。

现实交付可经由占有辅助人完成。占有辅助人是基于某种特定从属关系，受他人指示而对动产有事实管领力的人（如司机、保姆、学徒、店员等）。一方面，交付人可经占有辅助人放弃占有；另一方面，受领人可经占有辅助人取得占有。除此之外，现实交付还可通过第三人完成，构成所谓的指令交付。指令交付，是指作为直接占有人的第三人直接依动产处分行为人之指示，而将动产交付给相对人。例如，在连锁交易中，出卖人的前手直接依出卖人的指示，将标的物交给买受人，标的物并未经出卖人（中间商）之手；该交付乃是现实交付，而非指示交付［**北京高院（2022）京民终644号民判**］。还如，在盗窃物的买卖中，所有权人（出卖人）直接要求盗窃者将标的物交给买受人，且盗窃者确实如此行为。

正常情况下，现实交付会导致单独占有的完全转移，但也存在一些例外。例如，动产的按份共有人同时还是共同占有人的，其转让份额所需之交付，毋宁仅引起共同占有之转移。还如，动产出质人通过创设共同占有的方式向债权人提供事实控制，进而完成交付。动产存放在出质人的场地，但质押监管人同时也直接控制的，形成了“双重把关控制机制”，进而可以设立动产质权［**(2016) 最高法民终 266 号民判**］。

结合本法第 143、157、311 条与《物权编解释一》第 17 条第 1 款、第 20 条而为体系解释，动产物权变动的生效要件，除动产交付之外，还包括动产物权变动合同有效且生效、处分人有处分权。当事人在合同中保留所有权的，即便现实交付已经完成，所有权仅自所附条件成就时转让（**第 641 条第 1 款、第 158 条第二句**）。所有权人签订多个买卖合同，且皆未交付的，应按价款支付与合同成立的时点明确交付请求权的顺位（**《买卖合同解释》第 6 条第 2～3 项**）。处分人欠缺处分权的，基础合同虽可有效，但受让人无法取得动产物权，真正的权利人得依本法第 235 条请求受让人返还，除非发生本法第 311 条规定的善意取得。

二、交付生效规则之例外

本条包含一个参引性的除外规定，允许在有法律明确规定时，动产物权变动不以现实交付为生效要件。概括而言，此例外情形主要包括：其一，本法第 226～228 条规定的观念交付情形；其二，本法第 229～231 条规定的非基于法律行为引发的物权变动情形；其三，动产抵押权设立，采意思主义物权变动模式，即自抵押合同生效时设立（**第 403 条**）；其四，动产质权附随债权一并转移的情形（**第 547 条**）。

第二百二十五条 【特殊动产物权变动的登记对抗规则】船舶、航空器和机动车等的物权的设立、变更、转让和消灭，未经登记，不得对抗善意第三人。

一、特殊动产物权变动的登记对抗

本条中的船舶、航空器和机动车等动产，属于特殊动产或“准不动产”。此类动产的物权变动采登记对抗主义，即未经登记，不得对抗善意第三人。在本法中，本条所言“设立”专指抵押权的设立（**第395条第1款第6项**），且正在建造的船舶与航空器得为抵押财产（**该款第4项**）。特殊动产质押无涉登记，以交付为要件（**第429条**）。本条中的“变更”主要是指物权内容的变更，不包括物权主体的变更。盖后一类变更属于本条“转让”的范畴。本条中的“消灭”仅限于绝对消灭，不包括因转让引发的相对消灭。在所有权绝对消灭的情形，特殊动产已不复存在，本无所谓“对抗善意第三人”的问题。

登记作为特殊动产物权变动的对抗要件，包括两层含义。其一，登记并非特殊动产物权变动的生效要件，欠缺设权效力。依本法第224条、《买卖合同解释》第7条第4项及《物权编解释一》第19条之体系解释，特殊动产所有权转让仍以交付为生效要件，但未登记并不影响所有权转让［**(2016)最高法民申2587号民裁**］。当事人就船舶签订以物抵债协议，但未交付船舶的，所有权并未转移［**湖北高院(2020)鄂民终479号民判**］。依本条与第403条，特殊动产抵押权的设立以抵押合同生效为生效要件。其二，登记仅有对抗善意第三人的效力，即具有加强物权变动的对抗效力。至于善意第三人的具体范围，既需区分不同情形进行分析，还需结合其他相关规定进行确定。

首先，未登记的特殊动产转让与强制执行的关系，需适用《物权编解释一》第6条。依该条规定，受让人已经支付合理价款并取得占有的，即便转让未登记，也可以对抗出让人的债权人。该条主要解决受让人与出让人的金钱债权人的关系，并以价款支付与占有取得为前提，让受让人免于此类债权人的查封扣押、强制执行之影响。由于特殊动产所有权已因交付而转让，故已付价款的受让人有权提出执行异议［**(2016)最高法民申2587号民裁、天津高院(2018)津民终439号民判**］。受让人未完成登记的，需就价款支付与实际占有承担更严格的证明责任，以免当事人通过虚构交易转移债务人的责任财产［**(2019)最高法民申2215号民裁**］。虽然《物权编解释一》第6条规定了价款支付要件，但不应采反对推理，直接认为受让人未支付合理价款则不得对抗强制执行，毕竟，受让人在交付完成后已经取得所有权，标的物已非出卖人的责任财产［**黑龙江高院(2018)黑民申531号民裁、青海高院(2020)青民终47号民判**］，且即便合理价款未清偿完毕，也可作为债权成为被执行的对象。有司法裁判认为，买受人在指定时间内支付剩余价款的，可排除强制执行［**江苏高院(2021)苏执复71号执裁**］。

其次，未登记的特殊动产转让与其他处分的关系，应当适用多重处分的顺位规则等。依《买卖合同解释》第 7 条第 4 项，同一特殊动产被多次买卖的，在前完成交付的买受人优先，可对抗登记的买受人。未登记的特殊动产转让可对抗质押，除非交付仍能完成，债权人善意取得质权。至于未登记的特殊动产转让能否对抗抵押，则取决于抵押权人是不是第 225 条中的善意第三人，或者特殊动产抵押权能否适用本法第 311 条的善意取得规则。司法实践并未严格区分第 225 条与第 311 条；其中有判决认为，船舶抵押权存在善意取得之空间，尽管抵押并不涉及交付［**湖北高院（2020）鄂民终 479 号民判、武汉海事法院（2022）鄂 72 民撤 1 号民判**］；还有判决认为机动车抵押权也是善意取得的对象，并且由于登记并非该抵押权的成立要件，故即便当事人选择了错误的登记部门，善意第三人也可善意取得抵押权［**（2019）最高法民申 647 号民裁**］。依循此理，特殊动产转让未登记的，善意第三人可依第 225 条或第 311 条取得抵押权，且抵押权未登记不影响该取得。

最后，未登记的特殊动产抵押，需适用本法第 403 条以及动产抵押的相关规定。例如，特殊动产抵押未经登记的，可依《担保制度解释》第 54 条明确善意第三人的范围。具体而言，该抵押权不得对抗已取得占有的善意买受人、善意承租人，不得对抗保全与强制执行申请人、破产债权人。还如，同一特殊动产存在多项抵押的，应依本法第 414 条第 1 款明确抵押权间的顺位；特殊动产抵押未登记的，依本法第 415 条不得对抗质押。再如，被抵押的特殊动产构成库存商品的，还存在正常经营买受人规则之适用空间（**第 404 条**）。

二、其他

在特殊动产之多重买卖中，依《买卖合同解释》第 7 条，在前受领标的物的买受人有权优先请求完成登记；均未完成交付的，在前完成登记的买受人，有权优先请求出卖人交付；均未完成交付与登记的，在前订立合同的买受人，有权优先请求交付和登记；一方完成交付，另一方完成登记的，完成交付的买受人可请求完成登记。概括而言，特殊动产买卖适用“交付最优、登记次优、合同成立时点补充”的履行顺序规则。其中，交付最优乃是当然之理，因为买受人已在交付后取得了特殊动产所有权。

本条系特殊动产物权变动登记对抗规则，有别于本法第 311 条确立的善意取得规则。例如，特殊动产买受人在受领后（但未完成登记），将标的物转让给第三人，但前一买卖合同嗣后被撤销，买受人（后续转让人）自始未取得所有权的，应适用第 311 条而非本条。还如，出卖人将特殊动产转让并交付给买受人，但未登记的，其再次向第三人交付并出卖的行为构成无权处分，应当适用第 311 条。善意第三人取得特殊动产所有权需满足交付要件（**《物权编解释一》第 19 条**），但其未完成登记的，仍存在不得对抗善意第三人的问题。因此，特殊动产的登记并无独立的设权效果，而仅具有加强物权对抗效力之消极效果。

特殊动产的所有权保留买卖与融资租赁，尚应分别适用本法第 641 条第 2 款与本法第 745 条。此等条文亦确立了登记对抗规则，但与本条之适用显著有别。所有权保留买卖与融资租赁的情形中，特殊动产的物权并未变动，买受人与承租人尚未取得物权；本法第 641 条第 2 款与第 745 条确立的登记对抗规则，旨在分别限制出卖人、出租人的所有权之效力。

在本法中，租赁权并非物权，故不适用本条。然依《民航法》第 33 条，民用航空器租赁期限超过 6 个月的，应予登记，否则不能对抗第三人。此外，依《船舶登记条例》第 6 条，光船租赁权未经登记的，不得对抗第三人。

第二百二十六条 【简易交付】动产物权设立和转让前，权利人已经占有该动产的，物权自民事法律行为生效时发生效力。

依本条规定，动产物权设立和转让前，受让人已占有该动产的，无须现实交付，在法律行为生效之时，交付即完成，物权发生变动。学理上称此观念交付形式为简易交付。其构成要件有二。

其一，物权取得人先已取得占有。实践中，简易交付的典型适用情形，主要是所有权保留买卖、出租人与借用人等基于占有媒介关系先行占有标的物。此等占有通常为他主占有，至于为直接占有还是间接占有，皆无不可。即使在受让人无权占有的情形，如占有盗赃物、遗失物等，也可适用简易交付，故对本条中的“权利人”应作扩张解释，并非仅限于自始有权的占有人。出让人与受让人系动产共有人，且双方共同占有该动产的，物权变动也可适用简易交付［**北京三中院（2021）京 03 民初 2434 号民判**］。

其二，双方的“民事法律行为”已生效。结合本法第 224 条，此

“民事法律行为”乃指动产所有权转让或动产质权设立的协议，其生效时间适用本法第 136 条第 1 款；法律行为附条件或期限的，其生效时间适用本法第 158 条或第 160 条。此法律行为究为负担行为抑或处分行为？就其既然发生动产所有权转让或质权设立之物权效力而言，当以处分行为说更有解释力。再者，将其解释为处分行为，则处分人有处分权亦为其特别生效要件。故在无权转让或出质他人动产时，所有权转让或质权设立的合意因处分权的欠缺并不生效，动产物权的变动无法依本条规定通过简易交付而完成。此时，善意第三人只能依本法第 311 条主张善意取得该动产物权，因为依《物权编解释一》第 17 条第 2 款，简易交付方式符合受让人善意取得动产所有权或质权之交付条件的要求。显然，处分行为说更契合司法解释的法理逻辑。

第二百二十七条 【指示交付】动产物权设立和转让前，第三人占有该动产的，负有交付义务的人可以通过转让请求第三人返还原物的权利代替交付。

与本法第 226 条和第 228 条略有不同，本条系单纯的说明性法条，即仅在于定义作为观念交付形式之一的指示交付（又称返还请求权的让与），而未规定其发生物权变动的效力。依其规定，指示交付的构成要件有三。其一，动产物权设立和转让前，出让人（交付义务人）的动产已被第三人占有。第三人占有可为自主占有或他主占有，也可为有权占有或无权占有，还可为直接占有或间接占有。其二，出让人对第三人占有的动产，享有返还请求权。此返还请求权，宜限于合同、侵权等法律关系所生之债权性原物返还请求权。物权性返还请求权本是物权的“附属品”，欠缺独立的可转让性。此返还请求权，既可为对特定第三人的返还请求权，也可为对不特定第三人的返还请求权。其三，出让人向受让人让与了返还请求权，且该让与原则上形式自由。通知第三人并非让与的生效要件，但其为对抗债务人的前提（**第 546 条第 1 款**）。由于返还请求权不存在善意取得空间，故处分行为人确不享有该权利，或者其所享有的请求权受到期限等限制的，动产物权变动要么因指示交付无从完成，要么完成后权利人也受制于返还请求权关系。因此，动产所有权人无法通过指示交付，多次转让所有权；动产通过现实交付而被质押，再以指示交付的方式被转让的，受让人取得的所有权受制于质权。

提单、仓单等涉物有价证券蕴含了返还请求权，故转让此等证券能产生指示交付的效果。司法实践中，有判决认为仅转让提单尚不构成指示交付，当事人还应通知实际占有人［**最高法（2010）民四终字第20号民判**］。这一观点并不完全妥当，会影响提单在实践中的运用，故亦有判决认为转让、交付提单可构成指示交付，进而产生项下货物转让、质押的效果［**最高法（2015）民提字第126号**］，还有判决认为转让仓单即生指示交付效果［**上海一中院（2009）沪一中民四（商）终字第28号民判**］。“提货单”并非有价证券，不蕴含返还请求权，故转让提货单并不当然构成指示交付［**青岛中院（2016）鲁02民终5135号民判**］，但亦不妨将之理解为转让返还请求权的意思表示之证据。

除动产所有权转让外，在动产质押的情形，指示交付是本法第429条中的适格交付方式［**福建高院（2014）闽民终字第1217号民判**］。动产让与担保常采取占有改定方式，但指示交付亦无不可［**宁波海事法院（2020）浙72民初40号民判**］。需注意的是，指示交付并非连锁交易中的指令交付，后者乃系“二手”直接要求“一手”将动产交给“三手”的情形，实为本法第224条中的现实交付，故以占有的实际移转为要件［**北京高院（2022）京民终644号民判**］。

依《物权编解释一》第17条第2款，出让人无权处分他人动产的，指示交付方式也符合受让人善意取得动产物权之交付条件的要求。值得注意的是，返还请求权本身不适用善意取得，故出让人欠缺此请求权的，指示交付无法完成，动产之善意取得自难成立［**（2017）最高法民申53号民判**］。换言之，若出让人既非处分权人，又欠缺返还请求权，则不存在善意取得的可能。例如，所有权人以指示交付的方式重复转让同一动产的，第二次转让无从适用善意取得规则，因为指示交付无法完成。不过，返还请求权已蕴含于仓单、提单等有价证券中的，存在善意取得之余地；有司法判决在结果上支持了这一点［**上海一中院（2016）沪01民终11075号民判**］。

第二百二十八条 【占有改定情形的动产物权变动】动产物权转让时，当事人又约定由出让人继续占有该动产的，物权自该约定生效时发生效力。

依本条规定，在出让人转让动产所有权给受让人时，双方同时约定由出让人继续占有该动产、受让人取得该动产的间接占有，从而以占有改定代替现实交付，完成动产物权的变动。本条仅适用于“动产物权转让”，动产质权的设立不得采取占有改定［**福建高院（2014）闽民终字第1217号民判**］，但不妨将该质押转换为抵押。盖占有改定缺乏动产占有的公示方式，极易造成当事人恶意串通设立虚假质权、损害第三人利益的问题。在实践中，占有改定适用的典型情形包括让与担保与售后回租［**(2019) 最高法民终1836号民判**］。货币一般遵循“占有即所有”规则，原则上不适用占有改定规则。

占有改定效果是受让人成为间接占有人，故其构成要件有三。其一，出让人转让动产时须为该动产的直接占有人或间接占有人。其二，在转让动产时，出让人与受让人同时达成占有媒介关系协议。占有媒介关系是间接占有的构成要件，故当事人必须成立占有媒介关系。占有媒介关系的内容应具体明确，默示的保管协议在教义学上尚且面临一定的障碍。出让人与受让人虽签订动产转让协议，但未就出让人继续使用该动产另外达成具体协议的，不构成占有改定，进而无法引起所有权转让，受让人无法享有破产取回权［**“青岛源宏祥纺织有限公司诉港润（聊城）印染有限公司取回权确认纠纷案”，《最高法公报》2012年第4期**］。买受人明确委托出卖人保管、照顾标的物，出卖人表示同意的，构成占有改定［**重庆五中院（2022）渝05民终9839号民判**］。当事人达成买卖合同后，买受人又直接委托出卖人进行加工的，也存在占有改定［**潍坊中院（2021）鲁07民终7430号民判**］。占有媒介关系不以有效合同为前提，无效合同亦可成立占有媒介关系。其三，出让人具有为受让人占有的意思，且后者对前者享有返还请求权。换言之，受让人的间接占有具有临时性，不得无限期存续。需注意的是，当事人可就将有动产达成预先的转让合意、完成预先的占有改定，进而在出让人取得动产所有权时，占有改定自动完成，所有权自动转让。

依本条规定，物权自“该约定生效时”发生变动。如果该约定无效或嗣后被撤销，那么物权自始未转让。不过，占有媒介关系依旧存在，受让人能继续保有间接占有。因此，本条虽将物权变动与占有改定融于一体，并未区分，但在“约定”无效时，法律效果之分析仍应以占有关系与物权关系之区分为标准。除此之外，即便“出让人继续占有”的约定有效，物权也并不自该约定生效时自动转让。盖当事人或会就物权转让约定停止条件或期限，转让仅在条件成就或期限届满时生效。

占有改定仅导致间接占有关系，出让人对标的物的现实管控并未受到影响，故容易产生虚构交易、隐匿财产的问题。职是之故，虽然基于占有改定的所有权转让可以对抗强制执行，受让人可提出执行异议［(2017) 最高法民终 898 号民判］，但法官应综合案件的具体情况，谨慎认定交易的真实性［(2020) 最高法民申 3126 号民裁、山东高院 (2021) 鲁民终 559 号民判］。基于占有的权利推定效果，当案外第三人主张其已通过占有改定取得案涉动产的所有权，进而要求排除强制执行时，其应当就所有权转让的事实负担证明责任［最高法 (2013) 民申字第 1946 号民裁］。

出让人无权处分他人直接占有的动产，善意受让人以占有改定方式受让动产的，不能产生善意取得效果（第 311 条）。这一结论既蕴含于《物权编解释一》第 17 条第 2 款之反对推理中，也被司法实践广泛接受［济南中院 (2018) 鲁 01 民终 1277 号民判、洛阳中院 (2019) 豫 03 民终 6257 号民判］。当然，占有改定的当事人嗣后完成其他类型的交付的，善意取得自该交付完成时成立。

第三节　其他规定

第二百二十九条　【因生效法律文书或征收决定等公法行为发生物权变动】因人民法院、仲裁机构的法律文书或者人民政府的征收决定等，导致物权设立、变更、转让或者消灭的，自法律文书或者征收决定等生效时发生效力。

司法行为与行政行为乃公法行为，并非法律行为。其中，司法行为包括法院和仲裁机构作出的法律文书，行政行为包括政府的征收决定和其他能导致物权变动的行政决定。法律文书、征收决定和其他行政决定一经生效，能直接导致物权设立、变更、转让或者消灭，无须登记或交付公示。能导致物权变动的法律文书，仅限于形成性法律文书，而给付性法律文书只具有判令当事人履行既有债务的执行力，缺乏直接变更既有物权关系的形成力。确认性法律文书仅裁判确认已存在的物权归属，也不会导致物权的设立、变更、转让或消灭。依《物权编解释一》第 7

条，能导致物权变动的形成性法律文书类型包括：改变原有物权关系的分割共有不动产或者动产判决书、调解书或仲裁裁决书、仲裁调解书，执行程序中的拍卖成交裁定书、变卖成交裁定书、以物抵债裁定书［**（2020）最高法民申 5436 号民裁**］。此外，《关于人民法院执行工作若干问题的规定（试行）》第 65～66 条、《办理执行异议和复议案件规定》第 28～29 条、《破产法》第 31 条等，也规定了一些可直接导致物权变动的法律文书。民事调解书乃是对当事人达成的以物抵债调解协议之确认，仅具有债权效力，故不能导致物权变动［**（2018）最高法民再 445 号民判**］。

适格的司法行为与行政行为生效之日，为物权变动之日。具体而言，法院裁判文书生效之日，指法院作出的判决书、调解书、裁定书或决定书送达当事人且不能提起上诉之日；仲裁法律文书生效之日，指仲裁裁决书作出之日、仲裁调解书送达双方当事人签收之日。征收是政府为公共利益需要而依法定权限和程序强制取得他人财产权利的行为，征收决定生效之日为征收决定公告之日。政府就国有土地上房屋作出征收决定时，房屋自征收之日起归国家所有，其上的建设用地使用权也被收回［**北京高院（2023）京行终 7988 号行裁**］。

第二百三十条 【因继承取得物权】因继承取得物权的，自继承开始时发生效力。

本条仅适用于继承（含法定继承与遗嘱继承）引发的物权变动，删除了原《物权法》第 29 条中的遗赠，将遗赠引发的物权变动定性为法律行为引发的物权变动。这一立法变动较为合理，因为遗赠仅有债之效力，由法定继承人取得遗产之后向受遗赠人履行，受遗赠人自此时才取得个别财产之所有权。不过，本条仍可调整遗嘱继承，承认了遗嘱的物权效力，即遗嘱继承人可依本条直接取得个别遗产的所有权。现行法并未严格贯彻概括继承原理，未将遗赠与遗嘱继承的效力皆限定为债之效力，由法定继承人（共同共有人）以遗产进行清偿或对遗产予以分割，进而让权利人取得个别财产所有权。这一做法在学理上不无值得反思之处。虽然本条仅适用于“取得物权”，但其他财产（如知识产权与债权）也可参照适用本条。

本条须结合本法第 1145～1163 条规定的遗产管理人及遗产清算制

度予以体系解释。继承取得遗产须经遗产清算程序。是故，继承引发的物权变动应区分两个阶段。第一阶段为被继承人死亡事件引发的物权变动阶段。依本条及本法第1121条第1款，被继承人死亡属法律事实中的事件，而非法律行为，继承从被继承人死亡时开始，继承人自动取得遗产的物权，且不以登记或交付为生效要件［**甘肃高院（2020）甘民申1862号民裁**］。继承发生后，存在两名以上继承人的，其成为遗产的共同共有人［**湖南高院（2019）湘民再667号民判、广东高院（2018）粤民再255号民判**］。第二阶段为遗产经清算程序分割给继承人的阶段（**第1145～1163条**）。遗产管理人主导遗产清算，清偿债务后依法定继承分割遗产，遗产由共同共有转化为各继承人的单独所有。若基于裁判分割遗产，则属基于法律文书引发的物权变动（**第229条**）；若基于协议分割，则属法律行为引发的物权变动，自动产交付或不动产登记之时发生物权变动。需重申一点，遗嘱在现行法上具有物权效力，遗嘱继承人可依本条直接取得个别遗产的所有权［**四川高院（2017）川民申4650号民裁**］。不过，该取得仍受制于遗产债务与税务之清偿（**第1159条**）。

第二百三十一条 【因事实行为发生物权变动】因合法建造、拆除房屋等事实行为设立或者消灭物权的，自事实行为成就时发生效力。

本条适用的对象是“事实行为”。事实行为有别于法律行为，指不以意思表示为要素，而依法律规定产生民事法律后果的行为。即便行为人具有取得或消灭物权之内心意思，该意思也不为法律评价，不影响事实行为的法律效果。本条“合法建造、拆除房屋等事实行为”中的“等”属等外等。能设立或消灭物权的事实行为，除合法建造、拆除房屋外，还包括劳动生产、先占、拾得遗失物（**第318条**）、拾得漂流物、发现埋藏物或隐藏物（**第319条**）等。兹就典型事实行为分述如下。

因建造房屋而取得所有权，应以“合法”为限。建造方应当履行法定的建房手续、完成特定审批，其不得原始取得违章建筑物所有权，但占有的事实状态仍受法律保护［**北京一中院（2013）一中民终字第02544号民裁、深圳中院（2019）粤03民终13003号民判**］。当事人合作建造房屋的，可共同原始取得房屋所有权，成为按份共有权人［**湖南高院（2017）湘民

终 227 号民判]，但其中一方并非合法建造人、未登记在建设许可证上的，不能依本条直接取得房屋所有权，只能根据合作协议参与建成房屋的分配［**“陕西崇立实业发展有限公司与中国信达资产管理股份有限公司陕西省分公司、西安佳佳房地产综合开发有限责任公司案外人执行异议之诉案”，《最高法公报》2018 年第 8 期**］。两方当事人合作改建归属于其中一方的房屋，并且均为建设许可申请人的，其可在改建完成后取得房屋的共有权［**贵州高院（2020）黔执复 203 号执裁**］。原材料所有权人通过加工而创造出新物的，该物依本条归其所有。需注意的是，使用他人的动产为自己建造房屋、加工动产的，还分别构成添附中的附合与加工。

因拆除房屋而产生建筑材料的，房屋所有权绝对消灭，而建筑材料则作为动产由原房屋所有权人取得。建筑材料乃系物之成分，故在分离后归属于物之所有权人。因此，违章建筑物被拆除后，所生建筑材料归建筑物的“所有权人”所有，故拆迁机关擅自处分建筑材料的，应当赔偿所有权人遭受的损失［**（2016）最高法行申 605 号行裁、上海二中院（2009）沪二中行初字第 28 号行判**］。本条中的“拆除”不以“合法”为限。他人非法拆除房屋，侵害房屋所有权的，作为成分的建筑材料也归房屋所有权人享有。动产因事实行为而被“毁灭”，丧失同一性的，成分也归属于动产所有权人。

先占虽未被本条明确规定，但也被视为基于事实行为而取得所有权的方式之一［**沈阳中院（2022）辽 01 民终 1179 号民判、合肥中院（2021）皖 01 民终 1398 号民判**］。先占需满足以下几项要件：占有对象是无主的动产；占有人具有自主占有的意思；法律无另外规定。土地使用权不得通过先占而取得［**山东高院（2015）鲁民一终字第 99 号民判**］。无主物分为自始的无主物与抛弃物。就前者而言，除法律对于自然资源、野生动植物资源、文物等有特别法律规定的外，其他动产位于集体土地之上的，集体可排他性先占并取得所有权，而位于国有土地之上的，国家应容忍个人通过先占取得所有权。就抛弃物而言，先占人可通过占有取得所有权。先占可能违反法律规定或构成侵权，但这并不必然妨碍先占人取得所有权。例如，捕捞者违反《渔业法》第 23 条（捕捞许可证制度）、第 30 条（法定捕捞方式、区域、期限）进行捕捞的，该违反公法规范的事实并不妨碍捕捞者在私法上取得所有权，但行政机关有权进行处罚，包括“没收渔获物和违法所得”（**《渔业法》第 38 条第 1 款**）；捕捞者在他人享有排他性渔业权的水域进行捕捞的，仍可通过先占取得所有权，但这一行为侵害了他人的渔业权，故负有侵权责任。当然，渔业权人对其养殖的水生动植物享有所有权，他人未经许可的捕捞系侵权行为。

事实行为成就之时，即发生设立或消灭物权的效力。其中，物权之取得构成原始取得，而消灭乃系绝对消灭。事实行为成就与否，须依法律规定及一般社会交易观念予以综合判断。合法建造的房屋建成时，建造人即取得其所有权。“房屋”应予目的性扩张，包括建筑物、构筑物及附属设施等，不含临时性建筑，但须具有构造上的独立性、利用上的独立性及法律上的独立性。拆除要求房屋丧失其同一性或者物权客体资格，否则房屋所有权并不绝对消灭。先占则要求行为人获得排他性的事实控制。

除本条规定外，物权也可依其他法律事实而被原始取得，典型如天然孳息所有权之取得（**第 321 条第 1 款**）、添附引起的物权变动（**第 322 条**）、拾得遗失物（**第 318 条**）、拾得漂流物、发现埋藏物或隐藏物（**第 319 条**）。

第二百三十二条 【非依法律行为取得的不动产物权之处分效力】处分依照本节规定享有的不动产物权，依照法律规定需要办理登记的，未经登记，不发生物权效力。

本条一方面是不动产物权登记生效规则之必然结果，另一方面是确保登记连续性的要求。处分行为人非基于法律行为而取得不动产物权之后再次进行处分，且该处分以登记为生效要件的，一方面其应当按照该处分规则申请登记，另一方面登记机构应当登记先前的物权转移［**《不动产登记操作规范（试行）》第 1.10.1 条**］，进而确保两次物权变动均记载于不动产登记簿，实现登记的连续性。

本条适用的情形是，“处分依照本节规定享有的不动产物权”，即处分非依法律行为取得的不动产物权。本条中的“处分”仅限于能引发物权变动的法律行为（如不动产所有权转让、设立不动产抵押权），既不包括事实处分（如拆除房屋），也不包括不能引发物权变动的债权行为（如不动产出租）。所谓“依照法律规定需要办理登记的”，仅限于登记生效的情形：处分依本法第 229～231 条规定享有的不动产物权，且该处分依法需要办理登记的（如设立建设用地使用权、不动产抵押），须先行就物权的享有办理初始的宣示登记，否则后续处分无法办理登记，自不能发生物权变动效力。在登记对抗的情形，所涉处分（如设立地役权）无须登记也可生效，故处分人无须先就物权的享有完成初始登记。当然，当事人选择完成初始登记与后续处分登记的，自无禁止之理由。

本条“不发生物权效力”，仅指后续的处分不能产生物权变动的效果。例如，继承人继承取得房屋所有权之后，又将之用作抵债，但未办理过户登记的，债权人未取得房屋所有权［**西安中院（2022）陕01民终11218号民判**］。还如，债权人基于以物抵债的民事裁定书取得土地使用权之后，再次进行转让但未登记的，受让人未取得物权，故不足以排除强制执行［**（2019）最高法民申5688号民裁**］。不过，当事人的合同并不因此无效。因此，处分行为人怠于完成初始登记以及后续处分登记的，构成违约行为，相对人可依本法相应规定请求继续履行、主张其他违约救济。

虽然本条仅规定了不动产物权变动问题，但权利人依本节规定取得动产物权之后进行处分的，需适用相应的动产物权变动交付规则或登记对抗规则。换言之，基于法律行为的动产物权变动规则，正常适用于后续的处分。

第三章

物权的保护

第二百三十三条 【物权纠纷解决方式】物权受到侵害的，权利人可以通过和解、调解、仲裁、诉讼等途径解决。

本条列举的物权纠纷解决方式，属当事人意思自治的范围，但在特殊情形，某一救济方式须被前置，例如：土地所有权和使用权争议由当事人协商解决，协商不成时由政府处理（《土地法》第14条第1款）；当事人对处理决定不服的，可向法院起诉（《土地法》第14条第3款）。本条的"等"字表明其并未穷尽列举所有纠纷解决方式，得依同类解释规则予以补充，例如《土地法》第14条规定的"处理"。

第二百三十四条 【物权确认请求权】因物权的归属、内容发生争议的，利害关系人可以请求确认权利。

物权确认请求权的主体是利害关系人。利害关系人既可能是物权人，也可能是其他与物权具有利益关联的人。物权确认请求权的对象是有权机关，主要包括法院、仲裁机构。法院是主要的确权机关，也是终局性的确权机关。仲裁机构也是确权机关，本法第229条暗示了这一结论。根据该条，"仲裁机构的法律文书"具有物权变动的法律效果。

物权确认请求权涉及物权归属、物权内容两个方面。依最高法发布的《民事案件案由规定》，物权确认纠纷包括所有权确认纠纷、用益物权确认纠纷、担保物权确认纠纷。占有并非物权，占有关系的确认不适用本条。物权确认请求权乃是物权的程序性保护，其行使效果是确定物权归属或内容，物权人可据此进一步请求更正登记、返还原物等。物权确认请求权不适用诉讼时效。依《八民纪要（民事部分）》第24条，利害关系人请求确认物权的归属或内容，对方当事人以超过诉讼时效期间抗辩的，不予支持。例如，所有权确认之请求不适用诉讼时效［**宝山法院（2021）沪0113民初20587号民判**］。

在举证责任方面，不动产登记簿具有记载正确的推定效力（**第216条**），利害关系人欲推翻登记内容的，应负举证责任；特殊动产登记簿也具有记载正确的推定效力，异议人应对记载错误的事实负举证责任；占有具有权利推定效力，异议人应对占有人欠缺本权的事实负举证责任。

第二百三十五条 【原物返还请求权】无权占有不动产或者动产的，权利人可以请求返还原物。

依体系解释，本条位于“物权的保护”一章，故本条中的请求权主体仅限于物权人。返还原物请求权人，既包括所有权人，也包括用益物权人与担保物权人。虽然抵押权人不享有占有抵押物的权能，但从文义、体系、抵押权保护来看，抵押权人也享有抵押物返还请求权。权利人既可是单独物权人，也可是（准）共有权人。权利人丧失物权的，比如原物被第三人善意取得，丧失原物返还请求权。诸如承租人、借用人等债权人，不得主张适用本条。金钱一般适用“占有即所有”规则，原所有权人不能请求返还原货币，除非所涉货币具有特殊意义。银行存款、账户资金并非“动产或者不动产”，而系账户持有人对银行享有的债权，故无所谓原物返还，但也在一定条件下存在类推适用本条之空间［**（2020）最高法民申4522号民裁；“河南省金博土地开发有限公司与刘玉荣及第三人河南元恒建设集团有限公司案外人执行异议之诉案”，《最高法公报》2018年第2期**］。

本条规定的请求权对象是无权占有人。无权占有人既可能是直接占有人，也可能是间接占有人。无权占有人对于所涉客体欠缺本权的，物权人得请求返还，不论其是否善意。本权的基础在于当事人的约定与法律的规定（**第458条**）。占有人基于合同或法律规定有权占有所涉之物时，得以此为抗辩，对抗请求返还原物之主张。无权占有人破产的，权利人可请求破产管理人返还原物。原物被无权占有人的债权人申请强制执行的，权利人有权排除强制执行（**《关于适用〈中华人民共和国民事诉讼法〉执行程序若干问题的解释》第 14 条**）。占有人针对返还请求权人构成无权占有即可，至于占有人与第三人之间是否就所涉之物存在其他法律关系，并不影响返还责任的成立［**浙江高院（2020）浙民终 499 号民判**］。承租人违法转租的，次承租人相对于出租人乃系无权占有人，故出租人可依本条请求次承租人返还租赁物［**广州中院（2024）粤 01 民终 2358 号民判**］。在举证责任上，基于占有的权利推定效力，返还请求权人须证明其享有物权，且占有人欠缺本权；返还请求权人被登记为权利人的，推定其享有物权。

本条的适用前提是原物存续，但不以无权占有人具有过错为要件。作为一种物权性请求权，原物返还请求权不以相对人具有可归责性为条件。如果所涉动产或不动产消灭，那么权利人丧失物权，不能再请求原物返还，而仅能寻求其他法律救济。本条中的“不动产或者动产”，包括原物所生天然孳息。无权占有人对天然孳息的占有，也构成无权占有，应予返还；其收取的天然孳息，归物权人所有（**第 321 条**）。所涉孳息并非有体物的，不受本条调整。

依本法第 196 条第 2 项，不动产物权人和登记的动产物权人请求返还原物的，不适用诉讼时效。从立法旨趣来看，对登记的动产物权应作目的性限缩，即仅限于机动车、船舶和航空器物权，不包括登记的普通动产抵押权。除不动产和特别动产外，普通动产返还请求权能否适用三年诉讼时效，尚待澄清（**参见本法第 196 条评注**）。有判决认为，普通动产的原物返还请求权可适用诉讼时效［**辽源中院（2023）吉 04 民终 305 号民判**］。不过，既然排除妨害、消除危险请求权不适用诉讼时效，那么依当然推理，影响更为严重的无权占有中的返还原物似无适用诉讼时效之余地。

物权人依本条享有的原物返还请求权，或因本法第 132 条（权利滥用禁止规则）而受到限制。由于相邻房产的登记面积与真实面积不符，若房产的所有权人请求返还相应房产面积，将会造成无过错占有人自有财产价值的重大贬损，那么该重大贬损可以作为阻却返还财产的正当事由，无权占有人应返还金钱利益［**广东汕头中院（2006）汕中民一终第 153 号民判**］。

在法律适用上，本条可能和其他条款发生请求权聚合。请求返还原物的物权人遭受损害的，有权请求损害赔偿（**第 239 条结合第 238 条**）。

此外，原物遭受毁损，物权人还有权请求修理、重作或恢复原状（**第239条结合第237条**）。本条还可能和其他条款发生规范竞合。在无权占有情形，物权人还能基于本法第460条请求原物返还；在侵占的情形，物权人尚可基于本法第462条请求占有物返还；在法律行为无效、被撤销的情形，物权人可依本法第157条第一句第一分句请求返还原物；在无因管理情形，物权人得基于本法第983条第二句，要求管理人“转交”在管理事务过程中取得的财产；在不当得利情形，物权人可基于本法第985条请求原物的返还；在通过侵权取得占有的情形，物权人可依本法第1165条请求侵权人承担返还原物的民事责任。

第二百三十六条 【排除妨害请求权与消除危险请求权】妨害物权或者可能妨害物权的，权利人可以请求排除妨害或者消除危险。

排除妨害请求权适用的情形，是“妨害物权”，即以占有之外的方式影响物权人享有和行使物权的情形。权利人已经善意取得提单项下货物所有权，但货物的海关放行单被第三人占有，权利人因此难以办理货物出关的，其有权依本条请求第三人返还海关放行单［**天津高院（2015）津高民四终字第77号民判**］。不动产登记存在错误的，错误登记可被视为一种妨害，权利人可请求排除，即更正登记。甚至在被担保的债权已罹于诉讼时效、抵押人主张不承担担保责任的情形中（**《担保制度解释》第44条第1款**），抵押权登记的存续丧失合法依据，且影响抵押财产的效能发挥，故抵押人也可请求排除妨害，即注销抵押登记［**（2017）最高法民申1355号民裁、重庆高院（2009）渝高法民终字第100号民判**］。妨害应当具有持续性，一时影响或妨碍不构成妨害［**津南法院（2022）津0112民初4376号民判**］。政府机关违法修建围墙，影响权利人的商铺经营获得的，构成妨害，但嗣后其已主动拆除围墙的，妨害已经消灭，故无排除妨害适用空间，但权利人就其遭受的损害仍可请求政府赔偿［**（2018）最高法行申7470号行裁**］。妨害应当具有违法性，所涉行为具有法律或合同上的基础时，不构成妨害。例如，依物权编第七章相邻关系规则，不动产物权人负担必要容忍义务，故必要限度内的影响不构成本条之妨害；电线杆虽在房屋权利人窗前，但距窗户有一定距离且体积小，对房屋的通风、采光的影响可以忽略不计，故不构成应被排除的妨害［**福建龙岩中院（2000）岩民终字第347号民判**］。再如，为维护社会生活和睦，容忍轻微影响是民事主体应当负担的一项义务，也不构成本条之妨害。

消除危险请求权的适用情形，是“可能妨害物权”。物权可能受到妨害也称危险，即物权的享有和行使虽未真实受到妨害，但妨害可能会发生。危险同妨害的区别在于妨害是否已真实发生。危险应具有现实性与合理预见性，而非主观臆测，且危险的现实性还需结合权利人是否应当合理观察、避免危险的因素进行认定［**上海一中院（2019）沪01民终11676号民判**］。危险必须确实可能转化为妨害，影响物权的享有与行使。例如，因相邻不动产上的建设施工行为导致地面下沉，威胁建筑物安全的，权利人有权请求消除危险，修复地貌［**朝阳法院（2021）京0105民初8490号民判**］；业主在房顶擅自安装过重的设备，超过竣工说明中载明的活荷载标准的，威胁到房屋的安全，故有义务移除该设备［**重庆三中院（2019）渝03民终1386号民判**］。

此二项请求权的主体均为物权人，不以占有人为限，但不包括债权人。担保物权受到或可能受到妨害的，也可分别主张此二项请求权。海域使用权乃系用益物权，权利人可主张排除妨害［**天津高院（2020）津民终248号民判**］。此等请求权的对象是妨害人、危险制造人，或者是对危险源具有管控力之人。妨害或危险由制造人的事实行为或自然事件引发，故责任主体无须具有行为能力。

排除妨害请求权和危险消除请求权均系物权请求权，不以妨害人或危险制造人故意或过失为前提。其效果是责任主体应停止妨害行为或诱发危险的行为，并消除已造成的妨害或危险。例如，楼下住户无须证明渗水系因楼上住户的不当行为所致，只需证明水由楼上渗下、妨害持续存在即可，楼上住户因此负有排除妨害的责任［**南宁中院（2012）南市民一终字第924号民判**］。对于排除妨害或消除危险引发的费用，本条未予规定。费用原则上由妨害人或危险制造人完全负担，但物权人也存在过错，或者妨害人、危险制造人等没有过错的，物权人应负担合理部分费用。

因妨害与危险皆具持续性，故此二项请求权均不适用诉讼时效（**第196条第1项**）。在举证责任上，物权人须证明其享有物权以及妨害或危险的存在，尤其要证明妨害或危险的非法性与真实性［**最高法（2014）民申字第1260号民裁、北京一中院（2022）京01民终8355号民判**］。本条可能与侵权责任编相关规定发生竞合，如妨害行为人危及物权人财产安全的，物权人还有权依本法第 1167 条要求行为人承担排除妨碍或消除危险的“侵权责任”。本条可能与其他规范产生一并适用，并补充该规范适用的法律效果，例如，业主违反本法第 279 条，擅自将住宅改变为经营性用房，即使经工商、税务等行政主管部门审核，取得相关的营业证照，但未经有利害关系的业主同意的，有利害关系的业主可以请求排除妨害［**镇江中院（2016）苏 11 民终 313 号民判**］。还如，业主违反本法第 272 条对其专有部分进行拆除、改造，影响其他业主的人身与财产的，负有消除危险的义务，即采取加固补强措施［**鞍山中院（2021）辽 03 民终 254 号民判**］。本条可能与其他规范产生聚合关系，比如权利人因妨害遭受损失的，可一并请求排除妨害与损害赔偿［**（2019）最高法民申 1845 号民裁**］。

第二百三十七条 【修理、重作、更换、恢复原状请求权】造成不动产或者动产毁损的，权利人可以依法请求修理、重作、更换或者恢复原状。

本条适用的情形，是“权利人”的不动产或动产遭受“毁损”。毁损是指物之物理性或功能性受到不利影响，甚或完全灭失。本法第 235～236 条规定的物权请求权适用于物权客体未灭失的情形，且原物本身可能未受任何毁损。本条可能构成前两条之补充，发生本法第 239 条规定的请求权聚合。从体系来看，本条系关于物权保护的规则，故“权利人”仅指物权人，占有人和债权人不得主张适用本条。

本条实为参引性规范，旨在提示物权人除可主张本法第 235～236 条规定的物权请求权外，还可依其他相关法律规定请求“修理、重作、更换或者恢复原状”。故物权人在为请求时，需寻找相应的请求权基础。在责任构成上，本条之“依法”主要指向侵权责任编的相关规范。例如，权利人请求无偿帮工承担本条规定的责任的，应当证明后者存在故意或重大过失［**天津高院（2018）津民申 768 号民裁**］。虽然司法实践中有判决直接以本条为法律基础，但同时也指出本条中的责任乃系侵权责任［**广州中院（2023）粤 01 民终 32904 号民判、广州中院（2021）粤 01 民终 11125 号民判**］。在侵权责任成立时，“依法”则指向本法第 179 条第 1 款第 5～6 项"恢复原状"与"修理、重作、更换"。本条中的"依法"不涉及本法第 582 条中的"修理、重作、更换"，后者为违约责任的承担方式。

修理是指对受损的物进行修补整理，达到受损之前的状态。参照适用本法第 468 条与第 580 条第 1 款，修理不能或修理费用过高的，权利人不得请求修理。权利人长期不使用土地，导致其成为公共人行道的组成部分，行为人拆除围墙可谓"事出有因"，而恢复围墙既将给行为人的经营造成不便，也影响社会公众通行，故权利人不得请求恢复，但可请求损害赔偿［**福建高院（2017）闽民申 1928 号民裁**］。重作是指按照原物之属性重新生产或制作。重作常适用于修理不能的情形，且以能够达到救济目的为前提。在文物、情感物受到毁损的情形，不适用重作。更换是指在修理和重作难以实现救济目的时，以相同或相似的物替代毁损之物。更换主要适用于种类物受到毁损的情形。恢复原状是一个概括性的救济方式。修理、重作与更换都可成为恢复原状的手段，且其手段还包括其他措施，如生态环境之修复（**第 1234 条第一句**）。需注意的是，本条中的救济方式与排除妨害、消除危险所需的积极行为有别，前者乃对"毁损"的救济，后者是排除妨害与消除危险的必要手段。

在举证责任上，物权人以侵权责任规范为请求权基础的，应证明其责任要件得到满足，除非法律另有特别规定。侵权行为人主张修理、重作、更换或恢复原状不能或者不合理的，应对此负担举证责任。在诉讼时效上，修理、重作、更换或恢复原状属于债权请求权，适用本法第 188 条关于诉讼时效期限的一般规定。

第二百三十八条 【损害赔偿请求权】侵害物权，造成权利人损害的，权利人可以依法请求损害赔偿，也可以依法请求承担其他民事责任。

从体系来看，本条是关于物权保护的规定，"权利人"仅指物权人。占有人和债权人遭受损害的，不得主张适用本条。

本条亦为参引性规范。在责任构成上，本条中的"依法"主要指向侵权责任编的相关规定。侵害构成侵权行为的，物权人得基于侵权责任编相关条款与本法第 179 条第 1 款第 8 项，要求侵害人提供相应的金钱赔偿。本条中的“其他民事责任”，是指本法第179条规定的停止侵害，排除妨碍，消除危险，返还财产，恢复原状，修理、重作、更换等责任。当事人在请求侵害人承担其他民事责任之后依旧遭受损害的，可同时请求损害赔偿（**第239条**）。当情感物遭受损害，比如坟墓遭受非法损害时，物权人还可依本法第1183条第2款请求精神损害赔偿［**山西高院(2023)晋民申2332号民裁**］。本条中的“依法”还包括关于不当得利的规定。侵害物权的行为构成不当得利（侵害型不当得利）的，物权人可依此等规则，请求侵害人返还所获利益（**第985条**）。获利返还属本条中的“其他民事责任”，具体是指本法第179条第1款第4项中的“返还财产”。

本条可能与本法其他法条发生竞合或聚合。首先，本条与本法第237条皆为参引性规范，在修理、重作、更换与恢复原状的范围内会产生引致竞合。物权人可依本条或第237条，以侵权责任编相关规定等作为请求权基础，请求侵害人承担修理、重作、更换与恢复原状的责任。其次，本条与本法第235～236条会发生竞合。物权人既可基于本条的引致，依侵权责任等规范要求返还原物、排除妨害、消除危险，也可直接以第235～236条作为请求权基础，主张前列三类救济。最后，物权人是物之占有人的，还可依物权编占有分编的相关规定，请求物权侵害人承担占有物返还（**第460条**）、孳息返还（**第460条**）、“三金”代位物返还（**第461条**）或损害赔偿（**第459条与第461条**）的民事责任。

第二百三十九条 【物权保护方式的适用】本章规定的物权保护方式，可以单独适用，也可以根据权利被侵害的情形合并适用。

本条首先具有提示意义。其所言“本章规定的物权保护方式”，乃指物权人依本法第234～238条明确享有的各项请求权，以及第238条中“依法”所指向的孳息返还请求权、代位物返还请求权等。

此等请求权能单独适用。单独适用可分为不同情形。一者，物权人主张一个请求权时，不得再主张其他与之相悖的请求权，进而发生请求权竞合。例如，物权人请求重作的，不得再请求返还原物或更换。二者，当事人依不同法律规定主张同一请求权，进而发生请求权规范竞合。例如，物权人既可依本法第 235 条直接请求返还原物，也可依侵权责任编的相关规定请求返还原物。三者，某一请求权不能成立的，物权人仅能主张另一请求权，进而发生请求权的衔接互补。例如，原物归于灭失的，物权人不得请求返还原物，而只能请求代位物返还或损害赔偿。

合并适用的结果是请求权聚合。请求权聚合是指当事人同时主张内容不同的请求权。根据具体情形，物权人可同时主张两个或两个以上的请求权。例如，原物遭受损害，但未丧失同一性的，物权人可请求返还原物；无权占有人因原物受损而取得保险金的，物权人有权请求其返还保险金（**第 461 条第一分句**）；保险金不能弥补所受损害的，物权人还可继续请求金钱赔偿（**第 461 条第二分句**）。

第二分编　所　有　权

第四章

一般规定

第二百四十条　【所有权的权能与限制】所有权人对自己的不动产或者动产，依法享有占有、使用、收益和处分的权利。

一、所有权的权能

本条为说明性法条。作为所有权客体的不动产和动产，皆为有体物。无形财产并非所有权的客体。除有体性外，所有权的客体具有特定性（**第114条第2款**）。集合物不是所有权的客体，集合物所有权实为单一物所有权之集合。物的重要组成部分欠缺独立性，不能成为所有权的客体。所有权是完全物权，具有概括性，其具体内容无法全面描述或穷举。除本条列举的占有、使用、收益、处分四项权能外，所有权还包括其他权能，比如排除他人妨害、侵占的消极权能。尽管如此，本条具有回应本法第116条（物权法定原则）之意义。

占有权能，是指所有权人对标的物为事实上管领的权能。使用权能，是指所有权人依标的物的性质或用途，对其加以利用，以满足生活需要的权能。收益权能，是指所有权人取得天然孳息和法定孳息，并享有所有物增值的权能。天然孳息系由原物依其自然属性而产生，如果实是果树的天然孳息。法定孳息是所有权人针对所有物实施一定法律行为，依该行为而获得的财产增益，如租金与利息。依本法第321条第1款第一句第一分句，孳息归属所有权人。处分权能，是指所有权人对标的物进行处置，从而决定标的物权属变化或物理形态变化的权能。处分权能是所有权的核心内容，包括事实上的处分和法律上的处分。事实上的处分，指对物进行物理上处理的权能，如销毁某物品、加工某物品。法律上的处分，是指所有权人使标的物的所有权发生移转、消灭等法律行为，如买卖、赠与某物品等。事实上的处分欠缺处分权的，或构成侵权行为，而法律上的处分欠缺处分权的，乃系所谓无权处分行为。

二、所有权的限制

依本条之规定，所有权人“依法”享有前列四项权能。所有权的行使须符合法律的规定，所有权人须在法律允许的范围内享有和行使所有权，以保护社会公共利益和他人正当权益。故“依法”系对所有权的限制，主要包括两类情形，分别是依公法和私法限制所有权的行使。公法限制主要涉及区域规划、建设规划、环境保护、征收征用等公法规范对所有权的法定限制。私法限制主要包括私法的法定限制与当事人的意定限制：前者如相邻关系规则对不动产所有权的限制，本法关于权利滥用之禁止的规定；后者系指当事人通过订立合同限制所有权的行使，比如设立用益物权或订立租赁合同。

在限制内容上，所有权的限制主要有三类。一者，所有权人负担容忍义务，即要求其容忍他人在一定限度内“妨害”所有权。基于相邻关系规则而产生的限制，多属此类限制。二者，所有权人负担不作为义务，即要求其针对所有物不得实施某行为，如不得擅自改变耕地的用途、不得处分被查封或扣押的财产。三者，所有权人在例外情形中负担积极作为义务，即所有权人于特定情况下须为一定行为，如及时拆除或加固危房、不得撂荒土地。

第二百四十一条 【所有权与定限物权】所有权人有权在自己的不动产或者动产上设立用益物权和担保物权。用益物权人、担保物权人行使权利，不得损害所有权人的权益。

本条第一句系对本法第240条处分权能的部分细化，即明确所有权人有权在所有物上设立用益物权与担保物权。但本条中的担保物权不包括留置权，因为留置权是法定物权，不以当事人合意与所有权人同意为前提，不涉及本条中的“设立”。

本条第一句仅明确所有权人享有设立定限物权的权限。不过，所有权人的处分权限可能会受到法律限制。例如，所有权人的财产被查封、扣押，或者所有权人被宣告破产时，其丧失处分权，故不能有效设立定限物权。所有权人可以授权他人设立定限物权。非所有权人具有财产处分权的（比如破产管理人），也可设立定限物权。非所有权人欠缺处分权的，第三人也可能取得定限物权，比如依本法第311条善意取得。关于设立定限物权的要件与效果，需适用本法其他相关规定。

本条第二句系不完全法条，仅规定定限物权人在行使权利时不得损害所有权人的权益，未明确违反本规定的法律后果。“损害”涉及三项要素。一者，权利人的行为超出定限物权的内容范围。所谓“行使权利”，是指行权的行为超出权利范围或者违反法律义务。正常的“行使权利”无所谓损害。不过，即便该行为处于定限物权的固有范围内，权利人也不得滥用其权利（**第132条**）。例如，定限物权人不得仅以损害所有权人为意图，行使其权利。二者，定限物权人的行为对所有权人产生不利影响，妨害其享有与行使所有权，或造成其损失。本条中的“损害”可作扩张解释，无须与本法第1165条的“损害”保持一致。三者，定限物权人的行为与所有权的损害具有因果关系。

定限物权人违反本句之禁止性规定的，所有权人可依相关规则寻求法律救济。首先，所有权人可主张物权保护请求权，请求定限物权人返还原物、排除妨害或消除危险（**第235～236条**）。其次，定限物权人的行为构成侵权的，还需承担侵权责任。再次，定限物权人与所有权人签订定限物权设立合同，前者的行权行为违反合同约定的，还可能需要承担违约责任。最后，定限物权人违反本句规定的，还可能承担不当得利返还责任。本条第二句仅调整定限物权人损害所有权人权益的情形，但所有权人在行使所有权的过程中损害定限物权人的权益时，也产生前述四类效果。

第二百四十二条 【国家专有财产所有权】法律规定专属于国家所有的不动产和动产，任何组织或者个人不能取得所有权。

本条蕴含一项参引性规定，国家专有财产的范围需由“法律”规定。此“法律”与本法第10条中的“法律”相同，皆不限于全国人大及其常委会制定的法律。依《立法法》第98条，本条中的“法律”不包括宪法。在裁判民事纠纷时，宪法不能作为裁判的直接依据［**《人民法**

院民事裁判文书制作规范》《关于废止 2007 年底以前发布的有关司法解释（第七批）的决定》]。“专属于国家所有的不动产和动产”表明，国家专有财产的范围是不动产和动产，但依体系解释，无体物或无形财产也可能专属于国家，如无线电频谱资源（第 252 条）。

在现行法上，有些类型的财产并非只能归国家所有。例如，本法第 250 条中的“森林、山岭、草原、荒地、滩涂等自然资源”既可归国家所有，也可依法归集体所有；非属《野生动物法》第 2 条第 2 款中的野生动植物资源，不必然归国家所有；文物既可能归国家所有，也可能不归国家所有（第 253 条）。对于已归国家所有的具体财产，是否构成国家专有财产，尚需依相关法律规定来判断。因此，国家专有财产必然归国家所有，但国有财产并不必然是国家专有财产［东营中院（2021）鲁 05 民终 670 号民判］。

专属国家的财产，表明其所有权仅能由国家享有，故本条实为对此等财产之取得资格的限制，而本条后半句则以禁止性规范的形式，规定其他主体不能取得其所有权。任何意在转让或取得国家专有财产的法律行为，都属无效法律行为。例如，矿产资源专属国家所有，不因其所依附土地的所有权或使用权的不同而改变，非法发包专归国家所有的矿产资源的，所涉合同因违反法律的强制性规定而无效［福建高院（2015）闽民终字第 1221 号民判］。除此之外，任何事实行为、事件或状态均不能导致个人或组织取得国家专有财产。本条中的个人系指自然人，组织则包括法人与非法人组织。

第二百四十三条 【不动产的征收】为了公共利益的需要，依照法律规定的权限和程序可以征收集体所有的土地和组织、个人的房屋以及其他不动产。

征收集体所有的土地，应当依法及时足额支付土地补偿费、安置补助费以及农村村民住宅、其他地上附着物和青苗等的补偿费用，并安排被征地农民的社会保障费用，保障被征地农民的生活，维护被征地农民的合法权益。

征收组织、个人的房屋以及其他不动产，应当依法给予征收补偿，维护被征收人的合法权益；征收个人住宅的，还应当保障被征收人的居住条件。

任何组织或者个人不得贪污、挪用、私分、截留、拖欠征收补偿费等费用。

一、不动产征收的要件

本条第1款系参引性规范，要求征收的程序与权限应符合法律规定。本款中的“法律规定”，主要指《土地法》《房屋征收与补偿条例》等相关规定。据此规定，征收应符合以下要件。

首先，征收必须为了公共利益的需要。公共利益是一个模糊的概念，难以准确界定。依《房屋征收与补偿条例》第8条与《土地法》第45条，公共利益主要涉及保障国家安全、促进国民经济和社会发展。具言之，公共利益需要包括：国防和外交的需要；由政府组织实施的能源、交通、水利等基础设施建设的需要；由政府组织实施的科技、教育、文化、卫生、体育、环境和资源保护、防灾减灾、文物保护、社会福利、市政公用等公共事业的需要；由政府组织实施的保障性安居工程建设的需要；由政府依照《城乡规划法》有关规定组织实施的对危房集中、基础设施落后等地段进行旧城区改建的需要［**最高法（2015）行监字第612号行裁**］；法律、行政法规规定的其他公共利益的需要。

其次，本条规定的征收对象是不动产，即集体所有的土地和组织、个人的房屋以及其他不动产。在具体征收程序与权限方面，不同客体须适用不同的法律规定。集体土地征收适用《土地法》，而国有土地上的房屋征收适用《房屋征收与补偿条例》。农村集体土地上房屋的征收尚欠缺专门立法，可参照适用《土地法》与《房屋征收与补偿条例》［**（2017）最高法行申6216号行裁**］。因公共利益需求，提前收回建设用地使用权所涉土地的，不构成征收，故本条不能直接适用，但所涉土地上的房屋应直接适用本条（**参见本法第358条及其评注**）。但有观点认为，提前收回建设用地使用权也构成征收，直接适用征收的相关规定。本条不调整动产征收，但该征收也需以公共利益需求为前提，且按照法律规定的权限、程序进行，动产征收人也应当给予公平、合理的补偿（**第117条**）。

再次，征收的主体为国家，并由相关政府依法组织实施。《土地法》第47条第1款规定，国家征收土地的，依照法定程序批准后，由县级以上地方政府予以公告并组织实施。依《房屋征收与补偿条例》第4

条，市、县级政府负责本行政区域的房屋征收与补偿工作，市、县级政府确定的房屋征收部门组织实施本行政区域的房屋征收与补偿工作。

最后，征收主体具有法定权限，征收符合法定程序。征收集体土地应适用《土地法》第 46～47 条等相关规定。征收国有土地上的组织或个人的房屋，应遵循《房屋征收与补偿条例》第 10～16 条等相关规定。关于征收集体土地上的组织与个人的房屋，尚无专门立法，可参照适用《房屋征收与补偿条例》的相关规定。

本条第 1 款作为不完全法条，未规定违法征收的法律效果。依《行诉法》第 12 条第 1 款第 5 项，被征收人对征收决定不服的，可提起行政诉讼。征收程序或权限违反法律规定的，征收决定应当被撤销或认定为违法［**“叶呈胜、叶呈长、叶呈发诉仁化县人民政府房屋行政强制案”，《最高法公报》2016 年第 2 期**］。依《土地法》《房屋征收与补偿条例》《国家赔偿法》等相关规定，非法征收造成不动产权利人损害的，征收人应承担返还、恢复原状、损害赔偿等民事责任或国家赔偿责任［**最高法（2010）民提字第 81 号民判**］。此外，非法征收还可能引发行政责任与刑事责任。

二、征收补偿

我国司法实践已承认“有征收必有补偿，无补偿则无征收”的征收原则，本法第 117 条也予确认（**参见其评注**）。但该条仅为征收补偿的原则性规定，本条第 2 款和第 3 款则分别就集体土地的征收补偿以及房屋和其他不动产的征收补偿，作出较为具体的规定。征收补偿的具体内容由征收补偿协议确定，并在当事人未达成协议时，由征收主体依法作出征收补偿决定（《房屋征收与补偿条例》第 25～26 条）。

本条第 2 款就集体土地的征收规定了补偿费用的范围和具体构成，和 2019 年修正的《土地法》第 48 条第 2 款若合符节。后者第 3～5 款更详细规定了各项补偿标准，可直接用以判断补偿是否“足额”。需注意的是，本条第 2 款所言“土地补偿费、安置补助费”以及“农村村民住宅、其他地上附着物和青苗等的补偿费用”，分别对应于《土地法》第 48 条第 3～4 款“征收农用地”和“征收农用地以外的其他土地、地上附着物和青苗等”两种情形。由此，在第一种情形，征收补偿的对象为农村集体，补偿费用的使用、分配办法依本法第 261 条第 2 款第 3 项由集体成员决定；在第二种情形，依《土地法》第 48 条第 4 款，并参照

《房屋征收与补偿条例》第 2 条，补偿对象仅限于作为住宅等地上附着物和青苗之所有权人的“村民”。

本条第 3 款针对房屋以及其他不动产的征收，规定了征收者的补偿和安置居住义务。其“依法”之表述，说明其亦为参引性规范。例如，依本法第 117 条，征收补偿应公平、合理；在征收国有土地上的房屋时，具体的补偿项目、程序与标准，应适用《房屋征收与补偿条例》第 17～29 条；在征收集体土地上的房屋时，除适用本款外，还可参照适用《房屋征收与补偿条例》。其中，《房屋征收与补偿条例》第 19 条规定，对被征收房屋价值的补偿，不得低于房屋征收决定公告之日被征收房屋类似房地产的市场价格；被征收房屋的价值，由具有相应资质的房地产价格评估机构按照房屋征收评估办法评估确定。补偿低于市场价的，法院应当撤销征收决定［**“孔庆丰诉泗水县人民政府房屋征收决定案”，最高法 2014 年 8 月 29 日发布征收拆迁十大案例**］。《房屋征收与补偿条例》第 21 条第 1 款规定了被征收人的选择权，许其选择货币补偿或房屋产权调换。被征收人选择产权调换，但征收补偿决定选择了货币补偿的，侵害了被征收人的补偿选择权，故该决定可被撤销［**“何刚诉淮安市淮阴区人民政府房屋征收补偿决定案”，最高法 2014 年 8 月 29 日发布征收拆迁十大案例**］。征收农村集体土地时未就被征收土地上的房屋及其他不动产进行安置补偿，补偿安置时房屋所在地已纳入城市规划区，一般应当参照执行国有土地上房屋征收补偿标准（**《最高人民法院关于审理涉及农村集体土地行政案件若干问题的规定》第 12 条第 2 款**）。农村宅基地的征收补偿，应向不同的权益主体给予不同的补偿：作为宅基地所有者的农村集体经济组织，应当获得剥离了宅基地使用权价值的一般土地价值的补偿费用；作为宅基地使用权人的农民个人，应当获得宅基地使用价值即居住功能的相应补偿或者安置；作为宅基地上房屋所有人的农民个人，应当获得地上房屋价值的相应补偿［**（2017）最高法行申 3069 号行裁**］。

就征收补偿对象而言，《房屋征收与补偿条例》第 2 条将其限定为房屋所有权人。但依本法第 327 条，房屋上的用益物权（如居住权）因此消灭或遭受影响的，用益物权人也有权请求补偿。需注意的是，原《城市房屋拆迁管理条例》第 13 条第 2 款规定的房屋承租人之补偿请求权，已因该条例失效而失其依据，故承租人原则上需基于其和出租人的租赁合同获得救济［**（2019）最高法行赔申 375 号行裁、（2020）最高法行再 110 号行裁**］。但承租人进行了装饰装修及改造，增设了必要的家电及附属设施等的，依法有权获得合理补偿［(2019) 最高法行申 13115 号行裁、辽宁高院 (2016) 辽行终 396 号行裁］。当然，征收主体与承租人达成有效补偿协议的，自无不可［福建高院 (2013) 闽民终字第 332 号民判］。

征收决定一般应当包括补偿的具体内容，即便其因评估或者双方协商以及其他特殊原因未明确补偿内容的，征收机关应当在征收决定生效后的合理时间内，及时通过签订征收补偿协议或者作出征收补偿决定的方式解决补偿问题，否则被征收人有权要求先补偿后搬迁，并在补偿问题依法解决之前拒绝交出土地［"山西省安业集团有限公司诉山西省太原市人民政府收回国有土地使用权决定案"，《最高法公报》2017 年第 1 期］。

征收主体未依法、及时、足额提供补偿，以及未履行安置居住等义务的，被征收人有权提起行政诉讼，要求征收主体履行补偿义务（《行诉法》第 12 条第 1 款第 5 项）。于此，应区分征收决定和征收补偿决定：前者系针对征收区域内所有被征收人，其包含的补偿安置方案是否公平、合理，只是征收决定合法性审查的内容之一。征收决定违法的，法院应予撤销，补偿安置方案也不例外。然若案涉绝大多数被征收户已签订房屋补偿安置协议，且签约户房屋已拆除，相关征收补偿费已经发放，判决撤销将给社会公共利益造成重大损害，则法院或仅确认征收决定违法，但不撤销征收决定［(2020) 最高法行再 169 号行判］。后者主要适用于本条第 3 款所述情形，只针对未达成补偿协议或所有权人不明的特定被征收人（《房屋征收与补偿条例》第 26 条）；被征收人在法定期限内不申请行政复议或不提起行政诉讼，在补偿决定规定的期限内又不搬迁的，由作出征收决定的市、县级政府依法申请法院强制执行（《房屋征收与补偿条例》第 28 条）。

三、禁止非法处置征收补偿费

本条第 4 款系不完全法条。组织或个人违反此规定的，需适用其他相关规定，以明确其法律效果。例如，《土地法》第 80 条规定，侵占、挪用被征收土地单位的征地补偿费用和其他有关费用，构成犯罪的，应依法追究刑事责任；尚不构成犯罪的，应依法给予处分。再如，依《房屋征收与补偿条例》第 33 条，贪污、挪用、私分、截留、拖欠征收补偿费用的，应责令改正，追回有关款项，限期退还违法所得，对有关责任单位通报批评、给予警告；造成损失的，依法承担赔偿责任；等等。

四、其他

征收是所有权非依法律行为而变动的情形之一。依本法第 229 条，因政府的征收决定导致物权设立、变更、转让或者消灭的，自征收决定生效时发生效力。抵押权人并非征收补偿的权利人，但抵押权人能基于本法第 390 条物上代位的规定，针对征收补偿款享有法定的权利质权。

第二百四十四条　【耕地特殊保护与禁止非法征收】国家对耕地实行特殊保护，严格限制农用地转为建设用地，控制建设用地总量。不得违反法律规定的权限和程序征收集体所有的土地。

本条第一句重申国家保护耕地，限制农用地转为建设用地，控制建设用地总量的政策。至于如何实现该政策，2019 年修正的《土地法》有详细规定。本条系强制性规范，但属不完全法条，其并未规定违反耕地保护规则和违法征收集体土地的法律效果。是否违反此等禁止性规定以及违反的法律效果，均需参引《土地法》等相关法律予以判断。总之，当事人违反本条禁止性规定，非法将农用地转为建设用地的，所涉合同因属于本法第 153 条第 1 款规定的情形而无效，物权不生变动，当事人还应承担相应的行政责任或刑事责任［**《土地法》第 74、77 条；湖北高院（2020）鄂民终 445 号民判**］。

第二百四十五条　【动产与不动产的征用】因抢险救灾、疫情防控等紧急需要，依照法律规定的权限和程序可以征用组织、个人的不动产或者动产。被征用的不动产或者动产使用后，应当返还被征用人。组织、个人的不动产或者动产被征用或者征用后毁损、灭失的，应当给予补偿。

一、征用的要件

征用是指政府因抢险救灾、疫情防控等紧急需要，依照法律规定的权限和程序，不经权利人同意，暂时使用组织和个人财产的行为。依本条第一句，征用必须为了抢险救灾、疫情防控等紧急需要。本条将《宪法》第 10 条第 3 款与第 13 条第 3 款规定的“公共利益的需要”限定为

"紧急需要"，但"紧急需要"也应属公共利益范畴。仅满足私人的紧急需求不属本条规定的"紧急需要"，而可能涉及紧急避险等相关规定（**第182条**）。紧急需要是否存在，可依相关法律规定为具体判断，如《戒严法》第2条、《突发事件应对法》第2条第1款、《传染病防治法》第45条第1款。

征用的对象为组织、个人的不动产或动产。征收的对象仅为不动产，而征用的对象既可以是动产，也可以是不动产。与征收相同，征用也是国家运用公权力实施的行为，故征用必须严格遵循法律规定的权限和程序。本条第一句中的"法律"为广义的法律，不限于全国人大或其常委会制定的法律。例如，《戒严法》第17条、《突发事件应对法》第12条、《传染病防治法》第45条第1款都对征用作了具体规定。

本条第一句为不完全法条，并未规定违法征用的法律效果。征用程序或权限违反法律规定的，应被撤销或认定为违法。被征用人对于征用决定不服的，可依《行诉法》第12条第1款第5项提起行政诉讼。根据《国家赔偿法》第4条第3项，权利人因违法征用遭受损害的，可以请求国家赔偿。

二、征用补偿和财产返还

依本条第二句，被征用的不动产或动产使用后，应返还被征用人。盖征用不同于征收，被征用人并未丧失所有权，仅临时丧失占有与使用权能。同理，因被征用人占有和使用的利益被剥夺，征用主体应就此提供相应的补偿；不动产或动产被征用后毁损、灭失的，征用人亦应予以补偿（**本条第三句**）。依本法第117条，征用补偿应公平、合理。据此，尽管各地规定的具体补偿标准不一，但其遵循的原则应大致统一。其一，补偿价值应与被征用财产在征用期间的市场使用价值相当；其二，以补偿实际损失为原则，即以补偿直接损失为主、补偿间接损失为例外。

征用补偿的权利人既包括所涉不动产或动产的所有权人，也包括用益物权人（**第327条**）。至于财产征用中的承租人补偿问题，可参见本法第243条相关评注。被征用人对征用补偿不服的，可依《行诉法》第12条第1款第5项提起行政诉讼。

第五章

国家所有权和集体所有权、私人所有权

本章依主体不同规定的三种所有权形式，非物权法意义上的所有权。一者，依本法第 114 条第 2 款对物权的定义，其客体为特定的物，此即物权客体特定原则；而本章规定的各种所有权之客体，大多不指向具体、特定的物（动产和不动产），如本法第 247 条、第 249～254 条所言自然资源、文物、国防资产等，皆为处于我国主权之下抽象的资源或集合概念。二者，本章规定的所有权不仅包括所有权本身，还包括其他财产性权利，如本法第 257 条和第 268 条规定的其实是股权，第 261 条第 2 款规定的前三项事务，均非物权法上所有权的范畴。甚至，本法第 264 条规定的集体成员之知情权以及查阅、复制权，更非财产性权利。究其根本，本章关于三种所有权的规定，是宪法规定的以公有制为主体的多种所有权形式在私法中的贯彻；其中，关于国家所有权和集体所有权的规定，是作为政治意识形态之规定性要素的生产资料公有制在本法中的体现。这些规定在私法层面具有二重特别的规范意义。一是其中一些规范对土地、自然资源等重要的财产限定所有权的取得资格，亦即这些被明列的财产或资源只能由国家或集体取得其所有权。此等规范的典型表述是“……属于国家所有”或“……属于集体所有”（**第 247～254 条**），其实质为禁止性规范，它意味着任何旨在向国家或集体之外的主体转让其所有权的合同均为无效，进而不可能发生所有权变动的效果。二是本章借助一些授权性规范，明确了国家或集体所有权的行使主体、行使方式和相应职责，如本法第 246 条第 2 款以及第 255、256、261、262 条等。

第二百四十六条 【国有财产的范围、国家所有的性质和国家所有权】法律规定属于国家所有的财产，属于国家所有即全民所有。

国有财产由国务院代表国家行使所有权。法律另有规定的，依照其规定。

本条第1款为说明性、参引性规范，概括性地界定了国有财产。其前半句所言“法律”，既包括本法第247～254条规定的特别国有财产，也包括其他法律规定的归国家所有的普通国有财产，如国家机关使用的办公大楼和办公设备。该半句中的“财产”，不仅包括不动产与动产，而且包括其他无形财产，如本法第252条规定的无线电频谱资源和归国家所有的国有公司股权。本法虽未明文规定国家是民事主体，但从本法的体系来看，国家应具有民事主体资格，并可参与普通私法活动。虽然国家机关是机关法人（**第96～97条**），但国家机关仅对国有财产享有“直接支配”利益（**第255条**），国有财产仍归国家所有。例如，高速公路是国有财产，行为人在公路上通行大型机械、特殊超载工程车辆，导致案涉道路毁损的，所涉交通管理部门有资格作为原告提起损害赔偿之诉［**陕西高院（2020）陕民终289号民判**］。

本条第1款后半句重申《宪法》第9条第1款关于国家所有性质的规定，即国家所有是全民所有。“全民”非本法中的民事主体，也非共有人，“全民所有”不是全民共有。因此，本半句中的“全民所有”毋宁是一种宪法性宣示和重申，欠缺私法意义。“全民”不能作为所有权人占有、使用、处分国有财产，从中收益；某一国有财产受损的，“全民”不能提起诉讼。

本条第2款第一句系授权性规范，即国务院经立法授权代表国家行使财产权。本款中“代表……行使”是指，国务院虽非国有财产所有权人，但经授权行使所有权的权能，并负担所有权人的义务。结合本法第240条，本款中的“所有权”是指动产与不动产所有权。然国有财产不限于有体物，无形财产归国家所有的，应类推适用本款，即也由国务院代表国家行使无形财产权。本款第二句是一个除外规定，即法律特别规定由国务院之外的主体代表国家行使所有权的，应予优先适用。例如，《国防法》第42条第2款规定中央军事委员会具有代表国家行使国防资产所有权的权利。再如，地方政府有权依法管理国有财产（**如《草原法》第8条、《森林法》第9条、《水法》第12条、《矿产法》第14条、《渔业法》第6条**）。

第二百四十七条　【矿藏、水流、海域的国家所有权】矿藏、水流、海域属于国家所有。

本条重申《宪法》第 9 条中的三类自然资源归国家所有，进而为其设立本法第 329 条的准用益物权提供私法基础。在法律适用中，本条与《矿产法》《水法》《海域法》等法律具有密切关联。

矿藏又称矿产资源，《矿产资源法实施细则》第 2 条第 1 款对此有明确规定。地表或地下的矿产资源归国家所有，且不因所涉土地的所有权或使用权的变化而改变。国家有权为组织或个人设立探矿权或采矿权（**《矿产法》第 5 条**），由后者取得勘探矿产的权利，或者开采并取得矿产品的权利。矿产品一旦与土地分离，即成为动产，开采者得依本法第 231 条取得矿产品所有权。

水流指江、河等的统称，属于《水法》第 2 条第 2 款规定的“水资源”。水流归国家专有，意味着转让水流所有权的合同无效，但国家有权授予组织或个人取水权（**《水法》第 48 条**），在国有水流从事捕捞、养殖等活动的权利（**第 329 条**）。组织或个人还可利用国有水流从事航运，但须服从国家的专业规划（**《水法》第 14 条第 3 款**）。

《海域法》第 2 条第 1～2 款界定了海域。海域归国家专有，意味着任何旨在转让海域所有权的合同，皆属无效；但国家有权授予组织或个人，在国有海域从事捕捞、养殖、盐业、航运、旅游等活动的权利，但所涉活动应符合海洋功能区划（**《海域法》第 15 条第 1 款**）。

第二百四十八条　【无居民海岛的国家所有权】无居民海岛属于国家所有，国务院代表国家行使无居民海岛所有权。

《海岛法》第 2 条第 2 款定义了海岛。而依该法第 57 条，无居民海岛是指不属于居民户籍管理的住址登记地的海岛。无居民海岛不限于岛屿，还包括岩礁、低潮高地等陆地区域（**原《无居民海岛保护与利用管理规定》第 34 条**）。无居民海岛归国家专有，意味着任何旨在转让无居民海岛的合同皆属无效，但国家可授权个人或组织开发利用无居民海岛（**《海岛法》第 30 条**）。

有居民海岛的归属，适用本法第 249 条与第 260 条。有居民海岛属于城市土地的，归国家所有；有居民海岛属于农村或城市郊区土地的，归集体所有，除非法律另有规定。

第二百四十九条 【国有土地的范围】城市的土地，属于国家所有。法律规定属于国家所有的农村和城市郊区的土地，属于国家所有。

本条规定符合《宪法》第 10 条，且与《土地法》第 9 条一致。第一句的“城市”包含三类：直辖市中的市区、设区的市中的市区、不设区的市。《土地法》第 9 条第 1 款明确规定，城市市区的土地归国家所有。第二句为参引性法条，不能直接成为国有土地的认定依据。《土地管理法实施条例》在 2014 年修订时，曾于第 2 条罗列本句适用的五类情形：(1) 农村和城市郊区的土地经依法没收、征收、征购，归为国有；(2) 国家依法征收的土地；(3) 依法不属于集体所有的林地、草地、荒地、滩涂及其他土地；(4) 农村集体经济组织全部成员转为城镇居民，原归其成员集体所有的土地；(5) 因国家组织移民、自然灾害等原因，农民成建制地集体迁移后不再使用的原属于迁移农民集体所有的土地。该条虽已删除，但这五类情形不妨作为本句适用之参照。

依本法第 242 条，土地归国家所有的，任何组织或个人不能通过任何方式取得国有土地所有权。但依本法第 344 条，国家能通过设立建设用地使用权，允许个人或组织利用、开发城市土地。

第二百五十条 【国家所有的自然资源】森林、山岭、草原、荒地、滩涂等自然资源，属于国家所有，但是法律规定属于集体所有的除外。

本条规定自然资源原则上归国家所有，而其但书作为参引性的除外规定，表明集体也能依法享有前列自然资源的所有权。有疑问的是，本条列举之外的自然资源外延如何，似有依同类解释规则扩张的空间。但依体系解释，本法第 247 条规定矿藏、水流、海域仅能归国家所有，集体无法取得所有权，故本条的“自然资源”当然不包括此三类自然资源。而《森林法》第 14 条第 1 款与《草原法》第 9 条虽包含类似的参引性除外规定，却也未明确哪些森林或草原可归集体所有。

尽管本条仅规定森林归国家或集体所有，但个人也得依法成为林木所有权人。《森林法》第 17 条第一句规定，集体所有和国家所有依法由农民集体使用的林地实行承包经营的，承包方享有林地承包经营权以及所涉林木所有权，除非合同另有约定。因此，本条的具体适用应结合其他法律的特别规定，后者应予优先适用。

个人或组织依法不能取得本条所列自然资源的所有权，任何旨在转让其所有权的合同均为无效，除非法律另有特别规定。但个人或组织能通过其他方式取得开发利用权，如设立土地承包经营权和本法第 329 条规定的准用益物权。

第二百五十一条 【野生动植物资源的国家所有权】法律规定属于国家所有的野生动植物资源，属于国家所有。

野生动植物是指在野外自然生长的动植物，对应于经人工驯养或培植的动植物。本条为参引性法条，其所言法律首先指《野生动物法》和《野生植物条例》。依《野生动物法》第 3 条，野生动物资源属国家所有。而“野生动物”则被目的性限缩为珍贵、濒危的陆生、水生野生动物和有重要生态、科学、社会价值的陆生野生动物（**该法第 2 条第 2 款**）。依《野生植物条例》第 2 条第 2 款，野生植物也被限缩为原生地天然生长的珍贵植物和原生地天然生长并具有重要经济、科学研究、文化价值的濒危、稀有植物。从其第 9 条非法采集之禁止规则来看，野生植物应归国家所有。

由此可见，《野生动物法》与《野生植物条例》都以保护珍贵野生动植物为立法目的。是故，对于两法限定范围外的普通野生动植物，应依其他法律认定其所有权归属。例如，依本法第 10 条确认的习惯法，森林中的普通野生动植物，应属无主物，适用先占取得规则，国家对此应当予以容忍；尽管本法未明文规定先占取得，但已被本法第 231 条中的“事实行为”包括。

第二百五十二条 【无线电频谱资源的国家所有】无线电频谱资源属于国家所有。

无线电频谱是指9KHz～3000Hz频率范围内发射无线电波的无线电频率。本条规定与《无线电管理条例》第3条一致。但本条的"所有"并非本法第240条规定的所有权，因为无线电频谱资源既非动产，也非不动产。无线电频谱资源既属国家专有，则其转让合同无效，但组织或个人可通过申请许可，利用无线电频谱资源（**《无线电管理条例》第14～15条**）。

第二百五十三条 【属于国家所有的文物】法律规定属于国家所有的文物，属于国家所有。

本条亦为参引性法条，其所言"法律"主要是指《文物法》。依该法第5条，国有文物主要包括：(1) 中华人民共和国境内地下、内水和领海中遗存的一切文物；(2) 古文化遗址、古墓葬、石窟寺三类不可移动文物；(3) 依法归国家所有的纪念建筑物、古建筑、石刻、古壁画、近代现代代表性建筑等不可移动文物；(4) 依法归国家所有的境内出土的可移动文物；(5) 国有文物收藏单位以及其他国家机关、部队和国有企业、事业组织等收藏、保管的可移动文物；(6) 国家征集、购买的可移动文物；(7) 公民、法人和其他组织捐赠给国家的可移动文物；(8) 法律规定属于国家所有的其他可移动文物。由此可见，该法区分不可移动文物和可移动文物，且在界定国有文物范围时也利用参引性规范，但其指涉对象当不包括本条。

依《文物法》第5条第3款，国有不可移动文物的所有权不因其所依附的土地所有权或使用权的改变而改变；依其第6条第2款，属于国家所有的可移动文物的所有权，不因其保管、收藏单位的终止或变更而改变。但基于文物所承载的公共利益，国有文物的所有权受到诸多限制。在占有上，国有文物主要由收藏单位负责保管，且任何个人或单位不得未经批准调取馆藏文物（**《文物法》第53条**）。在使用上，国有文物具有公益性，主要用于举办展览、科学研究等活动（**《文物法》第55条第**

1 款)。在收益上，其应当用于社会利益，不得以此为营利，不得将收益作为企业资产开展营利活动。在处分上，《文物法》第 35 条第 1 款规定，国有不可移动文物不得转让、抵押；第 60 条禁止国有文物收藏单位将文物赠与、出租或出售给其他单位、个人。

第二百五十四条　【国防资产与基础设施的国家所有】国防资产属于国家所有。

铁路、公路、电力设施、电信设施和油气管道等基础设施，依照法律规定为国家所有的，属于国家所有。

本条第 1 款与《国防法》第 40 条第 2 款一致。国防资产是指国家为武装力量建设、国防科研生产和其他国防建设直接投入的资金、划拨使用的土地等资源，以及由此形成的用于国防目的的武器装备和设备设施、物资器材、技术成果等(**《国防法》第 40 条第 1 款**)。本条的“所有”在有体物的情形是指所有权，在技术成果的情形涉及知识产权。此外，国防资产也能以债权(比如银行存款)等形式呈现。对于国防资产的占有、使用、收益、处分等，应由国务院、中央军事委员会及其授权的机构行使(**《国防法》第 42 条**)。

本条第 2 款为参引性法条。依《国资法》第 2 条，国家投资建设的铁路、公路、电力设施等基础设施，应归国家所有。这一规定契合了本法第 231 条。本条所列基础设施虽与土地紧密联系，但得为独立物，不因附合而成为土地的组成部分。

第二百五十五条　【国家机关对其直接支配的有体物的权利】国家机关对其直接支配的不动产和动产，享有占有、使用以及依照法律和国务院的有关规定处分的权利。

本条适用的对象是“国家机关”对其“直接支配的不动产和动产”。国家机关是本法第 97 条规定的机关法人，具有从事民事活动的主体资格。直接支配意味着本条规定的不动产和动产归国家所有，属于国家财产，而国家机关仅享有直接支配的权利[**沈阳中院(2022)辽 01 民终 5197**

号民判〕；对于国家机关直接支配的、归集体或私人所有的不动产和动产，不适用本条。虽然本条仅规定动产与不动产，但国家所有的其他财产也应类推适用本条。

本条为授权性规范，即国家机关有权占有和使用其直接支配的不动产与动产。占有不局限于直接占有，还包括间接占有。例如，国家机关将其支配的财产出租给国家公务人员使用的，国家机关保留了间接占有，租赁物被承租人直接占有（**《中央国家机关公有住宅出租管理暂行办法》第 2 条**）。国家机关由此收取的租金属于本法第 240 条中的“收益”。虽然本条未规定收益问题，但不妨碍国家机关针对其直接支配的财产享有收益权。

本条亦为参引性规范，即“依照法律和国务院的有关规定”处分国有财产。处分包括法律上的处分与事实上的处分。国家机关违反相关规定，从事法律上处分的，所涉合同的效力取决于该规定是效力性强制规定，还是管理性强制规定（**参见本法第 153 条评注**）。例如，《行政事业性国资条例》第 12 条第 2 款规定，除法律另有规定外，行政单位不得以任何形式将国有资产用于对外投资或设立营利性组织。该款是效力性强制规范，国家机关违反该款的，投资合同无效，投资性财产转让也无法有效完成。再如，《行政事业性国资条例》第 11 条规定，各部门及其所属单位应优先通过调剂方式配置资产；不能调剂的，可采用购置、建设、租用等方式。此为管理性强制规范。国家机关未经预先调剂，直接采购或租用的，采购合同或租赁合同的效力不受影响。还如，国家机关以国有财产提供担保的，担保合同一般无效〔**《担保制度解释》第 5 条第 1 款**〕。除了合同效力方面，违法处分行为（包括事实上的处分）还可能导致损害赔偿、财产返还等民事责任，没收违法所得的行政责任，依法对相关行为人或责任人给予行政处分等结果（**《行政事业性国资条例》第 53～56 条**）。

第二百五十六条 【事业单位对其直接支配的有体物的权利】国家举办的事业单位对其直接支配的不动产和动产，享有占有、使用以及依照法律和国务院的有关规定收益、处分的权利。

本条适用的对象是“国家举办的事业单位”对其“直接支配的不动产和动产”。依本法第 88 条，国家举办的事业单位具有事业单位法人的资格。直接支配意味着本条的不动产和动产仅限于国家财产，不包括归集体或私人所有，但由事业单位直接支配的有体物。虽然本条仅涉及不动产和动产，但也能类推适用至其他类型的财产。

本条为授权性规范，即事业单位有权占有和使用其直接支配的不动产与动产。占有不限于直接占有，还包括间接占有。例如，出租是事业单位使用国有资产的方式之一（**《事业单位国资管理办法》第 19 条**）。在此情形，租赁物直接由承租人占有，事业单位作为出租人仅享有间接占有。由此收取的租金属于本条中的“收益”。

本条亦为参引性规范，即对于其直接支配的国有财产，事业单位“依照法律和国务院的有关规定”享有收益、处分的权利。例如，事业单位有义务“及时、足额缴纳国有资产收益”（**《事业单位国资管理办法》第 8 条第 4 项**），否则应依《财政违法行为处罚处分条例》对事业单位及其工作人员予以处罚、处理、处分（**《事业单位国资管理办法》第 52 条第 5 项**）。处分包括法律上的处分与事实上的处分。事业单位违反相关规定，从事法律上的处分的，所涉合同是否有效，取决于该规定是效力性强制规定，还是管理性强制规定。例如，本法第 399 条第 3 项规定，学校、幼儿园、医疗机构等为公益目的成立的非营利法人的教育设施、医疗卫生设施和其他公益设施，不得用于抵押。该项规定属效力性强制规范，事业单位违反该规定的，抵押合同无效，抵押权不能成立。然对于公益设施之外的其他财产，事业单位有权设立担保物权（**《担保制度解释》第 6 条第 1 款第 2 项**）。再如，《事业单位国资管理办法》第 21 条第 1 款规定事业单位提供担保的，应进行可行性论证。此为管理性强制规范。事业单位未开展可行性论证，直接在非公益设施上设立担保物权的，担保合同并不因此无效。除了合同效力方面，违法处分行为（包括事实上的处分）也可能导致损害赔偿、财产返还的民事责任，且应依法追究事业单位和相关行为人的行政责任与刑事责任（**《事业单位国资管理办法》第 52～55 条**）。

第二百五十七条 【国家出资的企业的出资人制度】国家出资的企业，由国务院、地方人民政府依照法律、行政法规规定分别代表国家履行出资人职责，享有出资人权益。

本条适用的主体，是国家利用国有财产出资的企业。此所谓企业既可能是企业法人，也可能是非法人企业。以履行出资人职责和享有出资人权益的主体为标准，其又可分为中央国有企业和地方国有企业。

本条为授权性规范，确认国务院和地方政府代表国家履行出资人的职责，并享有出资人的权益。但其为不完全法条，需参引其他法律法规明确其职责和权益。此所谓"法律、行政法规"，主要涉及《公司法》《全民所有制工业企业法》《国资法》《企业国有资产监督管理暂行条例》。

第二百五十八条 【国有财产保护】国家所有的财产受法律保护，禁止任何组织或者个人侵占、哄抢、私分、截留、破坏。

本条为行为规范，不具裁判规范的意义。其列举的侵占、哄抢、私分、截留、破坏等行为，要么构成本法第233条意义上的物权之侵害行为，由此产生本法第235～238条规定的物权请求权或本法第459～462条规定的占有人之物上请求权；要么构成侵权责任编所言的侵权行为，由此产生损害赔偿等侵权责任。依本法第246条第2款第一句，国务院和其他国家机关有权利且有义务，代表国家请求行为人承担民事责任，维护国有财产。

第二百五十九条 【国有财产监管的法律责任】履行国有财产管理、监督职责的机构及其工作人员，应当依法加强对国有财产的管理、监督，促进国有财产保值增值，防止国有财产损失；滥用职权，玩忽职守，造成国有财产损失的，应当依法承担法律责任。

违反国有财产管理规定，在企业改制、合并分立、关联交易等过程中，低价转让、合谋私分、擅自担保或者以其他方式造成国有财产损失的，应当依法承担法律责任。

本条第1款在本法第255～256条之授权的基础上，为国家机关、事业单位及其工作人员设定管理、监督国有财产的义务及其违反的法律后果。唯本款为参引性法条，在具体的义务内容和责任形式上，须适用本法以及《行政事业性国资条例》《事业单位国资管理办法》的相应规定。

本条第2款所言“企业”，是指本法第257条规定的国家出资的企业。故本款适用于此等企业改制、合并、分立、关联交易等情形，并在此等情形以参引性法条的方式引致特别法规范，如《国资法》《企业国有资产监督管理暂行条例》等。易言之，在本款设定的情形，此等法律法规作为特别法规范，应优先于一般企业法（如《公司法》）而适用。在事实构成方面，本款列举的低价转让、合谋私分、擅自担保或其他行为，应以“违反国有财产管理规定”为限；在法律效果方面，“依法承担法律责任”意味着，不仅须依本法承担相应的民事责任，还应依上述法律法规承担具体的行政责任乃至刑事责任。

第二百六十条 【集体所有权的客体】集体所有的不动产和动产包括：

（一）法律规定属于集体所有的土地和森林、山岭、草原、荒地、滩涂；

（二）集体所有的建筑物、生产设施、农田水利设施；

（三）集体所有的教育、科学、文化、卫生、体育等设施；

（四）集体所有的其他不动产和动产。

本条为说明性法条。其通过不完全列举，划定集体不动产和动产的范围。但集体财产不限于不动产和动产，还包括其他类型的财产。是故，本条既未完全规定集体财产的范围，也未穷尽列举全部的集体不动产与动产。针对集体享有的其他有体物和无形财产，应依相关法律规定予以明确。

依据本条，所涉不动产和动产的所有权主体为集体。集体包括农村集体和城镇集体，不同于本法第96条的农村集体经济组织法人以及合作经济组织法人。集体所有有别于本法第297条规定的共有，是集体作为一个主体享有所有权，集体成员无法单独行使所有权，更不能请求分割集体财产。然集体收益可供集体成员分配，且法律应明确集体收益分配权（**《关于稳步推进农村集体产权制度改革的意见》**）。依本法第241条，集体有权在集体不动产与动产上设立定限物权，但应受制于物权法定原则。此等定限物权，包括土地承包经营权、土地经营权、宅基地使用权、地役权等用益物权，但集体不动产和动产的抵押受本法第 399 条之限制。

本条列举三类集体不动产与动产，第 4 项则以兜底性规定补其列举之穷，“其他”者如非法人集体企业所有的生产原料、半成品、成品。本条第 1 项实为参引性规定，主要涉及本法第 249～250 条以及《土地法》《森林法》《草原法》等相关规定。依本法第 249 条，除城市土地与其他依法归国家所有的土地外，其他土地皆归集体所有。依本法第 250 条，法律未明确规定森林、山岭、草原、荒地和滩涂属集体所有的，应归国家所有。

第二百六十一条 【农村集体所有权的主体及其决策事项】

农民集体所有的不动产和动产，属于本集体成员集体所有。

下列事项应当依照法定程序经本集体成员决定：

（一）土地承包方案以及将土地发包给本集体以外的组织或者个人承包；

（二）个别土地承包经营权人之间承包地的调整；

（三）土地补偿费等费用的使用、分配办法；

（四）集体出资的企业的所有权变动等事项；

（五）法律规定的其他事项。

本条第 1 款虽将适用范围限定于农民集体所有的不动产与动产，但依体系解释，农民集体所有的财产不限于有体物，还包括无形财产，如本条第 2 款第 3 项的土地补偿费。关于集体不动产与动产的认定，应适用本法第 260 条。此等有体物经认定后，属于本集体成员集体所有：一者，归本集体成员所有，意味着非本集体成员不享有权利。关于农民集体成员资格的认定，目前尚无高位阶法律确立的统一标准，地方政府和法院提出的认定标准存在差异。二者，本款的“集体所有”显非本法第 297 条中的共有，而是一种特殊的所有权形式。集体所有权的具体行使，须依本法和其他法律的规定。

依本条第 2 款，集体所有权的重大事项，应由本集体成员经法定程序决定。一方面，“依照法定程序”表明本款为参引性法条，法定程序的具体规定应参照适用《村委会组织法》《乡村集体所有制企业条例》《土地法》《农地承包法》等法律法规。另一方面，本款不完全列举四类须由集体成员决定的重大事项，第 5 项则以开放性规定，涵盖其他由集体成员决定的重大事项，如利用集体企业的财产提供担保。对于第 4 项集体出资企业的所有权变动等事项，应予类型化分析。所涉企业是法人的，“所有权变动”是指公司收购，包括股权收购或资产收购两种形式；所涉企业欠缺法人资格的，“所有权变动”主要是指企业资产转让。企业本身并非单一动产或不动产，而是财产集合，故不能成为所有权的客体，也不能成为处分的对象。

第二百六十二条 【农村集体所有权的行使主体】对于集体所有的土地和森林、山岭、草原、荒地、滩涂等，依照下列规定行使所有权：

（一）属于村农民集体所有的，由村集体经济组织或者村民委员会依法代表集体行使所有权；

（二）分别属于村内两个以上农民集体所有的，由村内各该集体经济组织或者村民小组依法代表集体行使所有权；

（三）属于乡镇农民集体所有的，由乡镇集体经济组织代表集体行使所有权。

本条适用的情形，是“集体所有的土地和森林、山岭、草原、荒地、滩涂等”。“等”字表明本条列举具有开放性，应涵盖本法第 260 条规定的集体财产。故动产也属本条适用范围，但无形财产不受本条直接调整，仅能类推适用本条。

本条规定与《土地法》第 11 条内容一致，本质上为授权规范。其区分农村集体所有权具体归属的三种情形（农村集体的“三级所有”模式），分别授权集体经济组织、村委会或村民小组代表集体行使所有权。本条中的“村”是指行政村，即设立村委会的村，村可能由若干村民小组构成（《村委会组织法》第 3 条第 3 款）。依本法第 99 条和第 101 条第 1

款，本条规定的村集体经济组织与村委会是特别法人，具有民事主体资格，自可被授权代表集体行使所有权。本条之适用，须注意者有三。(1) 在第 1 项设定的情形，结合本法第 101 条第 2 款，村集体所有的财产首先应由村集体经济组织代表行使所有权；没有村集体经济组织的，由村委会代表行使。(2) 本条第 2 项所言“村内两个以上农民集体所有”，是指两个以上村集体经济组织或村民小组的分别集体所有，不同于共有。此时，有权代表行使所有权的主体，包括村内各该集体经济组织与村民小组。依本法第 99 条，村内农村集体经济组织具有法人资格；村民小组是村的内部组织，欠缺法人资格，但在诉讼中具有诉讼当事人的资格［**最高法（2006）民立他字第 23 号复函**］。(3) 人民公社曾合并行政职能及所有制和生产组织职能，在乡镇成为政府组织形式后，原由公社承担的集体经济职能转由人民公社改制而来的乡镇集体经济组织承担，此为本条第 3 项之所由设。可见，此所谓“乡镇农民集体”，非指处于其行政区域内各村农民之集合体，而是有其特定的历史含义。

本条所谓“行使所有权”，是指所涉组织能够行使本法第 240 条规定的四项权能。《土地法》第 11 条使用“经营、管理”之表述，但内涵上与“行使所有权”并无实质差别。依文义，本条仅涉及所有权的行使，农民集体享有的定限物权不受其直接调整，但存在类推适用的空间。

第二百六十三条 【城镇集体所有权】城镇集体所有的不动产和动产，依照法律、行政法规的规定由本集体享有占有、使用、收益和处分的权利。

本条为说明性法条。(1) 不同于农民集体，城镇集体的成员属于非农业人口。但由于城镇集体财产关系不如农民集体财产关系清晰，故本条未直接规定城镇集体财产归全体成员集体所有。城镇集体作为权利主体，对集体财产应采集体经营和集体管理的模式，其组织形式目前更多表现为本法第 100 条规定的合作经济组织法人；集体成员并非权利主体，城镇集体所有权亦非成员之共有。(2) 城镇集体所有的财产范围应依本法第 260 条认定，而本条依文义虽仅适用于不动产和动产，但其他类型的城镇集体财产可类推适用之。

本条亦为参引性法条，即城镇集体应依法占有、使用、收益和处分其所有的财产。鉴于城镇集体因企业改制等原因而情况较为复杂，应依所涉具体情况，分别适用《城镇集体所有制企业条例》《公司法》《合伙企业法》等相关规定。

第二百六十四条 【农民集体财产公开制度】农村集体经济组织或者村民委员会、村民小组应当依照法律、行政法规以及章程、村规民约向本集体成员公布集体财产的状况。集体成员有权查阅、复制相关资料。

农村集体经济组织或村委会、村民小组系依本法第 262 条代表行使集体所有权的组织，但其公布集体财产状况的义务，并非基于本条，而是基于法律、法规以及章程、村规民约。在此意义上，本条第一句仅为参引性法条，所列三组织应公布的信息也因此而有区别。例如，《土地法》第 49 条规定的征收补偿费之收支，《村委会组织法》第 28 条第 3 款规定的集体所有的土地、企业和其他财产的经营管理以及公益事项的办理等，须被公布。章程、村规民约是集体经济组织或村民的自治规范，若其规定了财产状况的公布，自应遵循之。

本条所列三组织未尽到财产状况公布义务的，也应依上述法律、法规、章程或村规民约承担相应的民事责任。对于此类违反法律、法规、章程或规约的行为，集体成员有权诉诸法院，请求所列三组织依法（**如《村委会组织法》第 30 条**）、依章程、依规约公布相关信息。依《村委会组织法》第 31 条，农村集体成员还有权向乡镇或县级政府及其有关主管部门反映，由后者责令村委会公布相关信息。

本条第二句为授权性规范，集体成员据此享有查阅、复制集体财产账簿等相关资料的权利。《村委会组织法》第 30 条第 4 款也规定了村民的“查询”权。查阅权和复制权是集体成员的法定权利，本条所列三组织应积极配合，为集体成员提供必要便利。本条所列三组织拒绝集体成员查阅或复制的，成员有权以个人名义提起诉讼。法院支持集体成员之诉请时，应在判决中明确查阅或复制相关材料的时间、地点和材料名录（**类推适用《公司法解释四》第 10 条**）。

第二百六十五条　【集体财产和集体成员合法权益的保护】集体所有的财产受法律保护，禁止任何组织或者个人侵占、哄抢、私分、破坏。

农村集体经济组织、村民委员会或者其负责人作出的决定侵害集体成员合法权益的，受侵害的集体成员可以请求人民法院予以撤销。

和本法第 258 条一样，本条第 1 款亦为行为规范，不具裁判规范的意义，只不过其适用对象是“集体所有的财产”。易言之，其列举的侵占、哄抢、私分、破坏等行为，要么构成本法第 233 条意义上的物权之侵害行为，由此产生本法第 235～238 条规定的物权请求权，或第 459～462 条规定的占有人之物上请求权；要么构成侵权责任编所言的侵权行为，由此产生损害赔偿等侵权责任。唯其所列四种行为具有强苛责性，皆以行为人故意为条件。

本条第 2 款类似于本法第 85 条，就农村集体经济组织、村委会或其负责人作出的、侵害集体成员合法权益的决定，赋予集体成员撤销权，属于完全法条。本款之适用，需说明者有三。其一，本款仅涉及农村集体，不包括城镇集体。但后者构成营利法人的，自可适用本法第 85 条。其二，本款仅适用于农村集体经济组织和村委会及其负责人作出的侵害性决定，村民小组的决定不在其列。村民小组依本法第 262 条第 2 项代表集体行使所有权时，其决定侵害小组成员利益的，也可类推适用本款。其三，和本法第 85 条不同，本款所涉决定非指瑕疵决议，可被撤销的决定须侵害集体成员的合法权益。权益既包括集体成员的财产性权益，也包括管理性权益。正因为如此，本条第 2 款规定有权请求法院撤销此等决定的，是遭受侵害的集体成员，非集体成员和未遭受侵害的集体成员无权提起撤销之诉。

法院判决撤销决定的，该决定自始无效。对内而言，该决定自始对农村集体及其成员没有法律约束力，依该决定作出的行为应恢复原状，如已支付的报酬或分配的红利应返还给集体。对外而言，应类推适用本法第 85 条，即撤销不得对抗善意相对人。易言之，农村集体依据该决定与相对人形成民事法律关系的，在相对人不知且不应知该决定存在可被撤销的事由时，基于对其信赖利益的保护，该关系不受影响。

第二百六十六条　【私人所有权】私人对其合法的收入、房屋、生活用品、生产工具、原材料等不动产和动产享有所有权。

私人所有权对应于国家所有权和集体所有权。本条的“私人”宜被理解为自然人。虽然企业法人所有权也非国家所有权或集体所有权，但从体系的角度来看，本条的“私人”不包括法人，否则本条与规定法人所有权的本法第269条会产生重叠。

依本条，私人所有权的客体仅限于“合法”的不动产和动产。依文义，“合法”既包括符合私法，也包括符合公法；既涉及获取手段合法，也涉及保有状态合法。但在具体适用中，情况可能较为复杂。例如，违章建筑物不合法，不能成为所有权的客体，但能成为占有的对象。再如，行为人通过非法手段获得的财产，属于违法所得，应予没收（《行政处罚法》第28条第2款），但行为人在没收前能取得所有权，没收仅产生强行剥夺所有权的法律效果。另如，私人通过盗窃等非法手段获得财产的，应负返还责任，但所有权人的返还请求权罹于诉讼时效的，无权占有人虽可拒绝返还，也不能取得所有权。总之，本条的“合法”性限制仅具宣示意义，具体法律关系应依相关法律规定予以具体分析。

第二百六十七条　【私人合法财产的保护】私人的合法财产受法律保护，禁止任何组织或者个人侵占、哄抢、破坏。

和本法第258条、第265条第1款一样，本条亦为行为规范，不具裁判规范的意义。唯其适用对象是“私人的合法财产”，以宣示私人所有权和国家所有权、集体所有权均受平等保护。本条列举的侵占、哄抢、破坏等行为，要么构成本法第233条意义上的物权之侵害行为，由此产生第235～238条规定的物权请求权，或第459～462条规定的占有人之物上请求权，要么构成侵权责任编所言的侵权行为，由此产生损害赔偿等侵权责任。此三种行为也具有强苛责性，均以行为人故意为条件。

第二百六十八条 【国家、集体和私人出资设立企业】国家、集体和私人依法可以出资设立有限责任公司、股份有限公司或者其他企业。国家、集体和私人所有的不动产或者动产投到企业的，由出资人按照约定或者出资比例享有资产收益、重大决策以及选择经营管理者等权利并履行义务。

本条第一句貌似授权规范，即国家、集体和私人有权出资设立企业。然而，即便无此规定，国家、集体和私人出资设立公司或其他企业的，也属其所有权权能的题中之义，故本条仅具提示意义。唯需注意的是，依本法第257条，国家出资的企业，由国务院、地方政府依法分别代表国家履行出资人职责，享有出资人权益；依第262～263条，以集体资产设立企业的，由本集体经济组织、村委会、村民小组、城镇集体经济组织代表集体作为出资人，履行出资人的职责。

本条第一句另一个提示意义，在于国家、集体和私人应"依法"设立企业。"依法"主要涉及两个方面。其一，国家和集体投资设立企业的，应符合国有资产和集体资产管理方面的规定。例如，行政单位不得设立营利性组织，除非法律另有规定（**《行政事业性国资条例》第12条第2款**）。再如，事业单位利用国有财产投资设立企业的，应履行报批义务（**《事业单位国资管理办法》第8条第3项**），提供必要的可行性论证，且须经主管部门审核（**《事业单位国资管理办法》第21条第1款**）。其二，国家、集体和私人投资设立企业的，应遵守企业设立的相关规定。例如，设立有限责任公司应适用《公司法》第42～57条，而设立股份有限公司则需适用《公司法》第91～109条。

本条第二句关于出资人之权利和义务的规定是一般条款，《公司法》《合伙企业法》等法律对此设置了诸多特别规定。在法律适用上，此类特别规定应优先适用。

第二百六十九条 【法人所有权】营利法人对其不动产和动产依照法律、行政法规以及章程享有占有、使用、收益和处分的权利。

营利法人以外的法人，对其不动产和动产的权利，适用有关法律、行政法规以及章程的规定。

本条第 1 款的规范重心，在于营利法人之所有权的行使，受法律、行政法规及章程限制。营利法人在享有和行使所有权时，不仅应遵守法律、行政法规，甚至受行政规范限制。例如，营利法人应遵守住建部制定的《城市生活垃圾管理办法》第 16 条之规定，不得随意倾倒、抛洒或者堆放城市生活垃圾。

本条第 2 款所言营利法人以外的法人，包括非营利法人（**第 87 条第 1 款**）与特别法人（**第 96 条**）。但本款既未直接将“权利”明确为所有权，也未像本条第 1 款明文规定所有权的四项权能。故此处的“权利”不限于所有权，其内容、性质和限制均通过适用“有关法律、行政法规以及章程”予以确定。

第二百七十条 【社会团体法人与捐助法人的所有权】社会团体法人、捐助法人依法所有的不动产和动产，受法律保护。

本条本来仅具宣示意义，但本法既然新增社会团体法人与捐助法人之非营利法人类型，则本条对其依法所有的不动产和动产强调“受法律保护”，更彰显了这两类法人的主体性存在。

第六章

业主的建筑物区分所有权

第二百七十一条 【业主的建筑物区分所有权】业主对建筑物内的住宅、经营性用房等专有部分享有所有权，对专有部分以外的共有部分享有共有和共同管理的权利。

本条为说明性法条，界定了建筑物区分所有权的内容。其前半句规定了业主的专有部分所有权，而《建筑物区分所有权解释》第1条第1款则将专有权作为认定业主资格的标准。因此，业主就是专有部分所有权人。《建筑物区分所有权解释》第1条第2款扩张了业主的概念，即当事人即便暂未取得专有部分所有权，但已基于其和建设单位的商品房买卖合同，合法占有专有部分的，也“可以”具有业主资格。据此，承租人并非业主，因为承租人基于租赁合同取得占有，而非基于买卖合同。根据最高法的观点，“可以”是指不存在转让纠纷，法院能够认定业主资格；存在转让纠纷时，应以登记为准。

专有部分所有权的客体，是建筑物内的住宅、经营性用房等专有部分。依《建筑物区分所有权解释》第2条第1款，专有部分应具有物理空间上的独立性、占有使用上的独立性、法律上的独立性。物理空间上的独立性，是指专有部分应当是一个相对封闭的空间。占有使用上的独立性，是指业主对该空间的使用是排他与自主的。法律上的独立性，主要指专有部分具有可登记能力，能够成为物权客体。《建筑物区分所有权解释》第2条第2款规定，规划上专属于特定房屋，且建设单位销售时已根据规划列入该特定房屋买卖合同中的露台等，应认定为专有部分的组成部分。

业主对专有部分的权利系所有权，适用本法第240条与第241条等条款。第272条第一句明确了这一点。依此，业主对专有部分享有占有、使用、收益和处分的权利。根据本条后半句，业主还针对建筑物共有部分，享有共有权与管理权。因此，建筑物区分所有权属复合性权利，包括三方面的内容：对专有部分享有的专有权；对公共道路、公共绿地等公共场所和公用设施的共有权；对共有部分享有的共同管理权。

共有权与共同管理权的客体是共有部分。本条后半句通过排除方式界定共有部分，即共有部分是建筑物“专有部分以外的”部分。本法第274条明确了共有部分的认定方式，《建筑物区分所有权解释》第3条则细化了共有部分的认定标准。从体系来看，本法第281条规定的“维修资金”、第282条中的“收入”并非建筑物共有部分，属于业主基于筹集行为或共有权而取得的共有财产。共有部分的孳息与收益仍为业主共有，是业主共有权的法律效果。业主在使用专有部分过程中，有权无偿、合理地使用共有部分，不构成侵权［**广东高院（2014）粤高法审监民提字第83号民判**］。业主在使用共有部分时，应尊重其他业主的利益，不得妨碍其他业主的使用［**江苏高院（2014）苏民再提字第00145号民判**］。

业主的共有权是一种特殊的共有，区别于本法第297条规定的按份共有与共同共有。一者，业主之间欠缺特别共同关系，并且业主共有权的范围往往依专有部分面积认定。二者，依本法第273条第2款，业主不能像普通按份共有人自由处分“共有份额”，共有权附属于专有权。三者，业主不能像普通按份共有人一样请求分割共有部分，共有部分附属于专有部分，旨在辅助专有部分效用的实现。

共同管理权具有人身属性，属于成员权。共同管理权不仅涉及对建筑物共有部分的管理，还包括对建筑物共同事务的参与和决定。共同管理权的主要行使渠道是业主大会与业主委员会，往往采取管理规约的形式（**第278条**）。业主取得专有权时，自动获得共同管理权。共同管理权附属于专有权，不得单独转让。当然，业主有权共同委托第三人管理共有部分（**第284条**）。

第二百七十二条 【专有部分权利】业主对其建筑物专有部分享有占有、使用、收益和处分的权利。业主行使权利不得危及建筑物的安全，不得损害其他业主的合法权益。

本条系说明性法条。本法第271条规定业主对专有部分享有所有权，本条第一句则明确其占有、使用、收益与处分四项权能。除所列四项权能外，业主还针对专有部分享有其他权能，比如消极性的保护权能。本条第二句对业主行使专有权设置两项限制。一者，业主不得危及建筑物安全；二者，业主不得损害其他业主的合法权益。前者要求业主不得毁损建筑物，不得不合理地使用专有部分；后者要求业主不得滥用专有部分所有权，破坏住宅卫生和安宁，或过分影响其他业主的正常生活。因此，即便业主的行为得到行政机关的批准，也只能说明行政机关从行政管理的角度，认为该行为不会给社会造成危害；如果业主行为需要利用房屋的共有部分，而房屋共有部分归全体区分所有权人享有，则行为人必须征求全体区分所有权人的意见［**南京中院（1999）宁民终字第1174号民判**］。

本条第二句亦为不完全法条，违反该规定的法律后果尚需诉诸其他法律规范。例如，遭受不利影响的其他业主，可主张物权请求权，请求业主排除妨害、消除危险（**第236条**）；遭受损害的其他业主，还可请求业主负担修理、重作、更换、恢复原状或损害赔偿责任（**第237～238条**）。依物权编第七章关于相邻关系的规定，业主在利用专有部分时，对其他业主造成一定影响，但属法定允许的合理程度与范围内的，业主不负民事责任。本条第二句的"合法"一词蕴含了这一限制。显然，在法律适用上，本条第二句与物权保护规范、侵权责任规范、不动产相邻关系规范等条文可能发生请求权规范竞合。在举证责任上，其他业主应证明业主使用专有部分并不合理，危及建筑物安全或损害其利益。

第二百七十三条 【共有部分权利】业主对建筑物专有部分以外的共有部分，享有权利，承担义务；不得以放弃权利为由不履行义务。

业主转让建筑物内的住宅、经营性用房，其对共有部分享有的共有和共同管理的权利一并转让。

本条第1款系说明性法条。本款采排除式定义，将专有部分之外的财产皆规定为共有部分。共有部分的认定，应适用本法第274条、第275条第2款和《建筑物区分所有权解释》第3条。除本法第274条规定的法定共有部分外，业主还对建筑物天然共有部分和约定共有部分享有共有权。天然共有部分，是指法律没有规定，合同也未约定，而且一般也不具备登记条件的建筑物的主体性结构、公共通行部分和附属设施设备。《建筑物区分所有权解释》第 3 条第 1 款第 1 项所列建筑物的基础、承重结构、外墙、屋顶等基本结构部分，通道、楼梯、大堂等公共通行部分，消防、公共照明等附属设施、设备，避难层、设备层或设备间等结构部分，皆属之。开发商不得保留天然共有部分的所有权，也不得将之交由业主单独享有［**福建龙岩中院（2010）岩民终字第 319 号民判**］。约定共有部分，则指《建筑物区分所有权解释》第 3 条第 1 款第 2 项规定的部分。

业主对共有部分的权利，主要表现为本法第 271 条规定的共有权和共同管理权。本条第 1 款前半句为概括性规定，关于业主权利与义务的具体内容，尚待其他法律、管理规约、业主决议进一步明确。建筑物共有部分的处分应由业主共同决定，物业公司无权处分物业服务用房的使用权［**吉林高院（2019）吉民再 298 号民判**］。应注意的是，依《建筑物区分所有权解释》第 3 条第 2 款，建筑区划内的土地系由业主共同享有建设用地使用权，但属于业主专有的整栋建筑物的规划占地或城镇公共道路、绿地占地除外。此共有属于本法第 310 条规定的准共有，其份额不能单独转让，共有人也不得请求分割。

业主对于共有部分的共有权具有特殊性，有别于物权编第八章规定的共有。业主之间不存在共同关系，并非共同共有人。业主虽对共有部分依其份额享有权益、负担义务，但不得单独处分份额，也不得请求分割共有部分，故非按份共有人。基于共有权，业主还享有其他权利。例如，根据本法第 282 条与第 283 条，业主对于共有部分的收益享有权利。

业主对于共有部分享有共同管理权。共同管理权是一种成员权，是业主基于业主身份而针对共有部分享有的权利。《物业条例》第 6 条第 2 款规定的部分业主权利，属共同管理权。本法第 284～285 条规定的委托他人管理的权利与监督他人管理的权利，属共同管理权的内容。共同管理权的行使，主要通过业主大会与业主委员会实现，且往往表现为管理规约和共同决定（**第 277～278 条**）。当然，业主可委托第三人管理共有部分（**第 284 条**）。

除了享有共有权与共同管理权，业主还可能因共有部分负担相应的义务。例如，本法第 283 条规定，业主应分摊建筑物及其附属设施的费用。再如，《物业条例》第 7 条详细规定了业主应当履行的义务。本条第 1 款后半句规定，即业主不得以放弃权利为由而不履行其义务，乃自然法理，但其属任意性规范。业主达成一致意见，并作出相反约定的，自当别论。依《物业条例》第 51 条第 1 款，供水、供电、供气、供热、通信、有线电视等单位，应依法承担物业管理区域内相关管线和设施设备维修、养护的责任；业主对该款规定的设施不负担管理与维护义务。

业主的共有权和共同管理权具有附属性，随专有权的转让而转让，业主不得单独处分之。故本条第 2 款规定，业主转让建筑物内的住宅、经营性用房，其对共有部分享有的共有和共同管理的权利一并转让。此所谓“建筑物内的住宅、经营性用房”，是指专有部分。业主对专有部分的所有权，是业主对共有部分的共有权与共同管理权的前提与基础，后两者从属于专有权。本款为强制性规定，当事人不得约定仅转让专有部分，而由出让人保留共有权和共同管理权。当事人有此约定的，该约定无效，受让人仍能取得共有权和共同管理权。需注意的是，开发商提供给业主的制式合同约定小区屋面和外墙面归开发商继续使用，限制业主的主要权利，且未履行采取合理方式提请业主注意该格式条款和说明的义务的，应认定该约定未订入合同或无效〔**河南高院（2020）豫民再188 号民判**〕。

第二百七十四条 【法定共有部分的范围】建筑区划内的道路，属于业主共有，但是属于城镇公共道路的除外。建筑区划内的绿地，属于业主共有，但是属于城镇公共绿地或者明示属于个人的除外。建筑区划内的其他公共场所、公用设施和物业服务用房，属于业主共有。

共有部分分为法定共有部分、天然共有部分与约定共有部分。本条规定法定共有部分。依本条第一句，建筑区划内的道路属共有部分，但城镇公共道路除外。由于其但书排除“明示属于个人”之可能，故本句为强制性规范，开发商不得保留建筑区划内的道路所有权。对于共有道路，全体业主可约定供某一或部分业主专门使用。依本条第二句，建筑区划内的绿地属于共有部分，但属于城镇公共绿地的除外。然其但书表明本句为任意性规范，即开发商得“明示”保留建筑区划内的绿地所有权，或者将部分绿地出卖或赠与给单个或部分业主。对于共有绿地，全体业主可约定供某一业主或部分业主专门使用。依本条第三句，建筑区划内的其他公共场所、公用设施和物业服务用房属共有部分，归业主共有。本句中的共有部分，属住宅、经营性用房的必要配套设施。本句并无但书，系强制性规定，即开发商对此等场所、设施和用房无“明示属于个人”的可能。当然，全体业主无妨约定此类场所、设施或用房仅供某一或部分业主专门使用。

建设区划内的供电、供气、供水、供热、有线电视、网络等设施，是否属于本条第三句规定的公用设施，在立法中存在争议，故本法未予明确，司法解释也将其束之高阁。若所涉设施或设备并非市政提供，而系开发商额外安装，那么业主在购房时已经支付设施或设备费用，故而属于小区公共设施，归业主共有［**最高法（2013）民申字第494号民裁**］。此外，开发商与小区业主对开发商在小区内建造的房屋发生权属争议的，应由开发商承担举证责任；若开发商无充分证据证明该房屋系其所有，且其已将该房屋建设成本分摊到出售给业主的商品房中，则该房屋应属全体业主所有［**无锡中院（2017）苏02民终5565号民判**］。

第二百七十五条 【车位与车库的归属】建筑区划内，规划用于停放汽车的车位、车库的归属，由当事人通过出售、附赠或者出租等方式约定。

占用业主共有的道路或者其他场地用于停放汽车的车位，属于业主共有。

本条第1款所言“建筑区划内，规划用于停放汽车的车位、车库”，即通过规划部门的建设项目审批流程，经规划许可进行划定并附以相应图件的车位、车库。此类车位与车库具有独立性、可分性。本款虽未明确规定此类车位、车库之归属，但从其表述来看，此类车位和车库归开发商所有。在私法自治理念下，当事人有权以约定方式确定车位、车库之归属和使用，即当事人可通过出售、赠与或出租等方式自由确定之。车位或车库是不动产，应适用不动产物权变动规则。但现行不动产登记簿尚未纳入车库、车位，登记对于车位或车库的物权变动尚无意义。

实务中，本条第1款中的车位、车库在房屋一般正式销售前就已存在，或者会在房屋预售的沙盘、广告中予以标注。如果地下停车场既未计入容积率（并未占用案涉小区土地的使用权），业主也无法证明案涉地下停车场开发成本已分摊到商品房的出售价格之中，那么不宜认定车位已转移给全体业主［**(2018) 最高法民再263号民判**］。针对开发商在规划许可范围内建设的人防车位，由于该车位的建设面积未纳入公摊面积，建设成本并未纳入商品房销售成本，而根据人民防空工程一般由投资者使用、管理、收益的规定，开发商对人防车位依法享有使用、管理及收取收益的权利，并对上述人防车位负有管理维护的义务［**无锡中院(2018) 苏02民终4871号民判、广西钦州中院（2015）钦民一终字第306号民判**］。

依本条第2款和《建筑物区分所有权解释》第6条，规划外占用业主共有道路或其他场地，用于停放汽车的车位或增设的车位，属于业主共有。开发商利用所涉建设用地建造车位之后，由于车位占据的土地乃系共有部分，无法单独完成产权登记，故车位随着专有部分的转让而归业主共有，开发商不再享有车位“所有权”［**(2017) 最高法民申2817号民裁**］。司法实务进一步认为，开发商利用建筑区划内、归业主共有的绿地建设停车场的，即便房屋买卖合同明确约定停车场归开发商所有，该约定也属于“提供格式条款一方不合理地免除或者减轻其责任、加重对方责任、限制对方主要权利”（**第497条第2项**）的情形，故而无效［**广东高院（2014）粤高法民一提字第77号民判**］。物业服务企业将业主共有的车位对外出租的，租金收益归全体共有［**上海闵行法院（2013）闵民五(民) 初字第418号民判**］。本款仅适用于车位，未包括车库。这是因为在我国多数地区，车库乃独立使用的对象，不属小区共用的公共设施。

共有车位的利用属于业主共同管理权的内容。针对共有车位的使用方式，业主有权作出共同决定，或在管理规约中予以明确。业主大会在车位紧张的情况下作出决议，房屋承租人不得使用停车位的，并未侵害出租人的利益，并无撤销该决议之余地，因为出租人在出租房屋后失去了继续使用车位的需求，而承租人仅依租赁合同有权使用专有部分［**上海一中院（2022）沪01民终9804号民判**］。业主对于共有车位的利用没有约定或决定的，所有业主皆有权使用车位。不过，车位的使用应遵循习惯（如先占先用）和诚信原则（如不得长期霸占同一车位）。业主付费使用归全体业主共有的固定车位的，物业服务企业不得在欠缺合理理由的情况下拒绝续签使用协议［**北京二中院（2023）京02民终7272号民判**］。

第二百七十六条　【车库、车位供业主优先使用】建筑区划内，规划用于停放汽车的车位、车库应当首先满足业主的需要。

本条所言的车位与车库，需参照适用本法第 275 条第 1 款定之。该条第 2 款中的“占用业主共有的道路或者其他场地用于停放汽车的车位”，属业主共有，不适用本条。依本条文义，某一车位是否属于规划车位，取决于该车位是否属于规划许可的一部分。

至于何谓“首先满足业主的需求”，依本法第 275 条而为体系解释，其方式包括出售、附赠、出租等，关键在于让业主能占有、使用车库或车位。在判断开发商是否首先满足业主需求时，应以规划确定的配置比例为标准（**《建筑物区分所有权解释》第 5 条**）。配置比例，是指规划确定的建筑区划内的规划车位、车库与房屋套数的比例。开发商按配置比例将车位、车库出售、附赠或出租给业主的，应认定其满足了业主对车位、车库的需求。配置比例由政府规划部门确定，具有法定性与确定性。

概括而言，开发商违反本条的情形有二。一是将车位、车库出卖或出租给业主之外的第三人占有、使用，导致业主对车位、车库的需求难以得到满足；二是将多个车位、车库出卖或出租给同一业主，导致其他业主对车位、车库的需求难以得到满足［**天津二中院（2023）津 02 民终 1786 号民判、广州中院（2022）粤 01 民终 2308 号民判**］。房屋买受人因限购政策而无法办理过户登记的，由于房屋购买资格与车位购买资格存在一定的关联性，故车位也难以过户［**广州中院（2022）粤 01 民终 26236 号民判**］。从立法目的来看，本条是效力性强制规范。开发商未履行本条规定的义务，有上述两种情形之一的，遭受不利影响的业主可请求确认所涉合同全部或部分无效［**广东高院（2019）粤民终 278 号民判**］。

第二百七十七条　【业主大会与业主委员会的设立】业主可以设立业主大会，选举业主委员会。业主大会、业主委员会成立的具体条件和程序，依照法律、法规的规定。

地方人民政府有关部门、居民委员会应当对设立业主大会和选举业主委员会给予指导和协助。

本条第 1 款第一句系授权性规范，明确了业主设立业主大会的权利，以及选举业主委员会的权利。设立权与选举权是业主共同管理权的重要内容。但共同管理同时是一项义务，故设立业主大会与选举业主委员会也是业主的义务，除非只有一个业主，或者业主较少，且全体业主同意不设立业主大会（**《物业条例》第 10 条**）。本句规定的权利主体是业主，承租人等非业主使用人不享有设立权与选举权，物业服务人也不享有设立权与选举权。业主大会，是指全体业主成立的、负责共有财产和共同事务管理和维护的自治组织。业主大会无须登记，也欠缺独立财产，不独立承担责任，并非本法第 96 条规定的特别法人。业主委员会是业主大会的执行机构（**《物业条例》第 15 条**），其职权来自法律的规定与业主的授权。业主委员会亦非法人，欠缺民事主体资格。但在本法第 286 条第 2 款规定的情形，业主大会与业主委员会具有原告之诉讼主体资格，可以代表业主提起诉请。业主大会设立权与业主委员会选举权是业主的权利，其他业主或第三人不得损害该项权利。设立权与选举权遭受损害的，业主有权依侵权责任编相关规定，请求行为人承担停止损害、赔偿损失等责任。

本条第 1 款第二句为参引性规范。依其规定，业主设立业主大会，选举业主委员会的条件和程序由法律、法规确定。“法律”仅指全国人大及其常委会制定的法律，有别于本法第 10 条中的“法律”；“法规”包括国务院制定的行政法规，以及省、自治区、直辖市、设区的市的人大及其常委会制定的地方性法规。业主委员会的选举首先应适用本法第 278 条。在实践中，设立业主大会与选举业主委员会的具体条件与程序，主要由住建部在 2009 年颁行的《业主大会和业主委员会指导规则》以及地方政府制定的“指导规则”予以规定。前者为部门规范，后者属地方规章，皆非本句的“法规”，故其对本条中的设立和选举行为欠缺强制约束力，仅具参考或指导意义。

依本条第 2 款，地方政府有关部门与居委会应当指导和协助业主设立业主大会、选举业委会。但设立业主大会和选举业委会，是业主决定和基层政府或房地产行政主管部门指导的共同结果；在业主大会或业委会选举中出现争议，业主向法院起诉的，不属民事案件审理范围［**成都中院（2020）川 01 民终 11693 号民判**］。而且，地方政府有关部门和居委会是否以及如何指导和协助，对业主大会的设立或业委会的选举并无影响。例如，房产局要求对业委会重新备案的决定，仅是该部门对业委会的成立履行监督、指导义务，不具有撤销业委会的效果［**新疆高院**

(2013) 新审一民提字第110号民判]。

第二百七十八条 【业主共同决定的事项与决定程序】下列事项由业主共同决定：

(一) 制定和修改业主大会议事规则；

(二) 制定和修改管理规约；

(三) 选举业主委员会或者更换业主委员会成员；

(四) 选聘和解聘物业服务企业或者其他管理人；

(五) 使用建筑物及其附属设施的维修资金；

(六) 筹集建筑物及其附属设施的维修资金；

(七) 改建、重建建筑物及其附属设施；

(八) 改变共有部分的用途或者利用共有部分从事经营活动；

(九) 有关共有和共同管理权利的其他重大事项。

业主共同决定事项，应当由专有部分面积占比三分之二以上的业主且人数占比三分之二以上的业主参与表决。决定前款第六项至第八项规定的事项，应当经参与表决专有部分面积四分之三以上的业主且参与表决人数四分之三以上的业主同意。决定前款其他事项，应当经参与表决专有部分面积过半数的业主且参与表决人数过半数的业主同意。

本条第1款通过不完全列举的方式，划定应由业主共同决定的重大事项。重大事项主要包括以下几类：共同管理机制与人员的确定和变更（**第1～4项**）；维修资金的使用与筹集（**第5～6项**）；建筑物和附属设施物理结构与使用功能的改造与变更（**第7～8项**）；其他重大事项（**第9项**）。业主可在管理规约中明确其他重大事项的内容。管理规约未明确的，其他重大事项的判断应考虑两个因素。其一，此等事项应涉及共有部分与共同管理，与专有部分单独使用无关；其二，所涉事项是否构成“重大”，应参照适用本款前8项规定的事项。例如，物业管理用房是促使管理人管理居住环境，满足全体业主对居住环境安全、健康、便利、舒适需求所必需的场所，其处分或重新配置须经过业主大会决议［**江苏徐州泉山法院（2012）泉民初字第1486号民判**］。

本条第 1 款第 1 项所规定者，仅涉及决议的程序和方式，不包括本条第 2 款关于多数决的规则。本条第 2 款乃强制性规定，业主大会的决议既不能降低此多数决标准，也不能提高标准，否则会造成逻辑矛盾，损害立法目的。业主通过本条第 2 款修改第 1 款第 1 项并以此来架空第 2 款，非立法者所欲。

依本条第 2 款之文义，并结合其三句之间的关系，可知第一句系针对第 1 款所列所有事项，要求“参与表决的业主”达到两个“三分之二以上”的多数；本款第二句和第三句则在此基础上，分别针对第 1 款第 6～8 项和第 1 款其他事项，要求参与表决的业主中“同意的业主”分别满足两个“四分之三以上”的多数和两个“过半数”的多数。依本法第 1259 条，本款的“以上”包含本数，“过半数”则不包括本数。至于专有部分面积和业主人数的具体计算标准和计算方法，则依《建筑物区分所有权解释》第 8～9 条，即专有部分面积的计算，应以不动产登记簿记载的面积为准；登记簿未记载的，以测绘机构实测面积为准；未进行实测的，依买卖合同记载的面积。在业主人数具体计算上，同一专有部分由多名业主享有的，按一名业主计算；同一名业主享有多个专有部分的，按一名业主计算。开发商保有的停车库面积不计入专有部分面积，开发商不享有投票权［**嘉定法院（2021）沪 0114 民初 22639 号民判**］。

本条第 2 款虽为强制性规定，但未规定程序瑕疵的法律效果，故为不完全法条。依《建筑物区分所有权解释》第 12 条，业主形成的决议不符合前述条件和规定的多数决的，得被撤销。决议一旦被撤销，自始归于无效。此外，业主大会决定属于本法第 134 条第 2 款中的决议行为。因此，除符合本条之外，决定还需满足法律行为的效力要件，适用总则编第六章的相关规定。例如，业主大会的决议违反法律、法规强制性规定，违反公序良俗，或者恶意串通损害他人合法权益的，归于无效（**第 153 条与第 154 条**）。根据本法第 280 条第 2 款，决议损害业主合法权益的，业主可请求撤销。作为特别规定，该款应优先于本法第 154 条予以适用。

第二百七十九条 【住改商规则】业主不得违反法律、法规以及管理规约，将住宅改变为经营性用房。业主将住宅改变为经营性用房的，除遵守法律、法规以及管理规约外，应当经有利害关系的业主一致同意。

依本法第272条，业主对其专有部分享有处分权能。本条所言的业主改住宅为经营性用房，自属事实上的处分。不过，本法第272条对此权利的行使设有一般性限制，第278条第1款第7项也将改建行为纳入业主共同决定事项，以多数决的方式限制其处分权能的行使。唯“住改商”是否属于该项规定的改建或重建，须依房屋物理结构的改造程度而定。本条则在此基础上，对业主“住改商”这一事实处分设置两项更为具体的限制。需注意的是，业主将房屋交给（如出租）他人使用的，后者也受到相同限制［**江苏高院（2017）苏民申4123号民裁**］；经营活动是否已获得行政许可，也不影响本条之适用［**江苏高院（2017）苏民申2294号民裁**］。具体而言，本条的两项限制如下：

其一，不得违反（或曰遵守）法律、法规以及管理规约，乃基于专有部分之居住目的性考量；其二，须经有利害关系的业主一致同意，则由建筑物区分所有权之复合性权利的性质所决定，即改变住宅之用途，本属业主共同管理的范畴。此二项要求须同时满足，方可阻却“住改商”的违法性。所以，即使“住改商”行为未违反法律、法规以及管理规约，未造成噪音、污水、异味等影响，但若未经有利害关系的业主一致同意，仍欠缺合法性［**武汉中院（2013）鄂武汉中民终字第01019号民判**］。本条中的“有利害关系”不限于毗邻专有部分业主的情形，还包括其他遭受不利影响的业主。空间距离只是判断要素之一，实质标准是业主是否受到不利影响。于此，判断应考虑本法相邻关系规则对业主容忍义务的规定。易言之，“住改商”仅对业主的影响轻微，属于合理限度内的，业主有义务予以容忍。是故，在举证责任上，《建筑物区分所有权解释》第11条为区分处理。依其第一句，业主将住宅改变为经营性用房，本栋建筑物内的其他业主应被认定为“有利害关系的业主”。易言之，本栋建筑物内其他业主提出异议的，“住改商”之业主应证明其不存在利害关系。依该条第二句，建筑区划内，本栋建筑物之外的业主，主张与自己有利害关系的，应证明其房屋价值、生活质量受到或可能受到不利影响。

对于不符合上述两项合法性要求的“住改商”行为，本条未明确其法律后果，故为不完全法条。管理规约是业主通过业主大会制定的，自我管理、自我约束、自我规范的约定，对全体业主具有约束力。管理规约可设定责任条款，要求违反规约的业主承担相应责任。业主之“住改商”有违反者，首先应依规约承担相应责任。管理规约未就责任作出明确规定的，业主可基于本条第一句，结合本法其他相关规范，要求行为人承担一定的民事责任。例如，其他业主作为专有部分所有权人，可依本法第 235～238 条关于物权保护的规定，要求行为人停止侵害、排除妨害、消除危险，或主张修理与恢复原状，遭受损害的业主还可请求损害赔偿（《建筑物区分所有权解释》第 10 条）。唯在法律适用上，“住改商”危及建筑物安全或损害其他业主合法权益的，本条与本法第 272 条可能产生规范竞合；“住改商”涉及建筑物及其附属设施的改建或重建的，还可适用本法第 278 条。

本条仅化解“住改商”的合法性问题。其一，符合本条要求的“住改商”并不当然改变房屋的性质，所涉房屋仍为住宅。因此，当所涉住宅被国家征收时，征收主体可按照住宅而非临街商铺进行价值评估［广东高院（2019）粤行终 1535 号行判、重庆高院（2016）渝行终 429 号行判］。其二，违反本条的出让与出租行为并不当然无效。因此，当事人在租赁合同中约定房屋将用于承租人的经营活动的，该租赁合同并不当然无效，承租人能否“住改商”尚取决于本条规定的要求能否得到满足，且在其他业主未予同意时，租赁合同因目的不达而可被解除［四川高院（2015）川民申字第 1290 号民裁、陕西高院（2021）陕民申 4649 号民裁］。

第二百八十条 【业主大会与业主委员会决定的效力】业主大会或者业主委员会的决定，对业主具有法律约束力。

业主大会或者业主委员会作出的决定侵害业主合法权益的，受侵害的业主可以请求人民法院予以撤销。

依本法第 278 条和第 134 条第 2 款、第 136 条，业主大会的决定采多数决，该决定自作出之时起生效，自不待言。即便业主在业主大会上对所涉决定事项表示异议，或未参加业主大会，也受业主大会决定之约束。但业委会是业主大会的执行机构而非议事机构，其决定依本条第 1 款也具有约束业主的效力，法理上难见圆通。毋宁说，业委会作为执行机构，其决定对全体业主具有约束力，系法律或管理规约授权其代表业主大会的结果。例如，依《物业条例》第 34 条第 1 款，业委会享有与业主大会选聘的物业公司签订物业服务合同的职权，其签订的物业服务合同对全体业主具有约束力［河南高院（2019）豫民再 35 号民判］；业主委员会在无业主大会决议的情况下，擅自选聘、解聘物业服务企业，该业主委员会的决定无效［**长沙中院（2021）湘 01 民终 7587 号民判**］。然为鼓励业主委员会的积极作为，在业主委员会的决定未逾越法律规定、管理规约或业主大会决议时，不妨承认其决定具有效力。例如，业主委员会有权按照法定程序对小区公共区域的管理作出决定；在法律未对共享单车停放作出明确规定的前提下，业主委员会作出的不允许小区内部骑行、停放共享单车的决定对全体业主具有约束力，物业管理公司据此拒绝业主将共享单车骑入小区的行为不构成侵权［**"常知富诉南京秦房物业管理有限责任公司侵权责任纠纷案"，《最高法公报》2021 年第 9 期**］。还有判决指出，由于业主委员会决定的效力及于全体业主，故当业主委员会知晓其所提起的诉讼之判决时，业主也被视为知晓该判决，故其作为第三人需自此 6 个月内提出异议（**《民诉法》第 59 条第 3 款**），否则无权再提起诉讼［**（2019）最高法民终 54 号民裁**］。

依本条第 2 款，业主大会或业委会的决定侵害业主合法权益的，受害业主可请求法院撤销决定。本款其实是关于业主大会或业委会决定之效力的特别规定。因为此等决定违反法律、法规的强制性规定或公序良俗，或者业主在决定时恶意串通，损害其他业主权益的，可直接适用本法第 153～155 条关于法律行为效力的一般规定，使其归于无效，并不存在撤销问题。所以，本款将撤销权事由限定为决定侵害业主合法权益之情形。依《建筑物区分所有权解释》第 12 条，业主的合法权益包括程序性合法权益与实体性合法权益。业主大会的召开程序、议事规则、表决结果不符合法律、法规或业主的共同约定时，程序性合法权益受到侵害；业委会的越权行为，也侵害业主的程序性权益。实体性合法权益，主要指业主基于建筑物区分所有权产生的自益权和共益权。

本条第 2 款为完全法条。撤销权的行使方式是业主向法院提起撤销之诉；行使结果是侵害业主权益的决定因被撤销而自始无效，决定对全体业主不发生约束力。业主因此遭受损害的，还可基于侵权责任编相关规定请求赔偿。依《建筑物区分所有权解释》第 12 条，业主的撤销权适用 1 年除斥期间，且自业主知道或应当知道业主大会或业委会作出决定之日计算。撤销的对象仅限于"决定"这一法律行为。业主委员会依业主大会决议实施的具体行为非为撤销对象，典型如其为贯彻业主大会决议而与物业服务企业签订物业服务合同的行为［**上海一中院（2021）沪 01 民终 13674 号民裁、上海一中院（2020）沪 01 民终 1973 号民裁**］。

第二编 物权

在适用本条时，请求权主体与责任主体尚待明确。在第 1 款规定的情形，业主违反决定的，应由谁提出诉请？业主大会或业委会在现行法上虽非法律主体，但通过类推适用本法第 286 条第 2 款，可以充当原告。在第 2 款规定的情形，受到侵害的业主有权向法院提起诉讼，业委会可以充当被告。

第二百八十一条　【维修资金的归属、利用与管理】建筑物及其附属设施的维修资金，属于业主共有。经业主共同决定，可以用于电梯、屋顶、外墙、无障碍设施等共有部分的维修、更新和改造。建筑物及其附属设施的维修资金的筹集、使用情况应当定期公布。

紧急情况下需要维修建筑物及其附属设施的，业主大会或者业主委员会可以依法申请使用建筑物及其附属设施的维修资金。

维修资金来自业主的交存，业主在购房时按照一定比例支付维修资金（**《住宅维修资金办法》第 6～8 条**）。现行法并未就商业用房规定专项维修资金的交纳问题，业主可自行协商［**北京二中院（2017）京 02 民终 11885 号民判**］。交纳专项维修资金是业主为维护住宅的长期安全使用而应承担的一项法定义务，拒绝交纳专项维修资金的业主不得以诉讼时效提出抗辩［**指导案例 65 号**］。不过，开发商代业主交纳住宅维修资金的，前者因此对业主享有的不当得利返还请求权应适用诉讼时效［**吉林高院（2022）吉民再 106 号民判**］。

业主依本条第 1 款第一句，针对维修资金形成共有关系。这种共有较为特殊，有别于本法第 297 条规定的共有。一者，业主之间不存在共同关系，维修资金的共有非共同共有。二者，业主按一定比例交纳维修资金，进而形成份额，但业主不得处分、转让份额，也不得请求分割维修资金。三者，维修资金必须用于特定目的，不得用作他途。质言之，维修资金一般存放在专项账户，业主因此针对开户银行共同享有一个债权。债权共有虽非本法第 297 条所指有体物共有与第 310 条意义上的定限物权之准共有，但可类推适用本法关于共有的规定。基于特殊目的之考虑，专项维修资金存入物业服务企业名下的账户的，该部分资金非归物业服务企业所有，故不得被其债权人冻结、用于强制执行［**北京高院（2020）京执复76号执裁**］。

依本条第1款第二句，维修资金的使用首先须经过业主的共同决定。具言之，业主应依本法第278条第1款第5项和第2款，针对维修资金的使用作出共同决定。其次，维修资金属于专项资金，必须用于特定目的，即共有部分的维修、更新和改造（**《住宅维修资金办法》第18条**）。共有部分的判定适用本法第274条及其他相关规定（**比如《住宅维修资金办法》第3条**）。本句为不完全法条，并未规定非法使用维修资金的法律后果。维修资金被非法使用的，使用人应对其他业主承担民事责任；此责任的法律基础和承担方式，依侵权行为和不当得利的相关规定定之。

业委会是业主自主管理机构，依本条第1款第三句，负有定期公布维修资金之筹集、使用情况的义务。但本法对定期公布并无具体规则，应适用《住宅维修资金办法》第30条之规定。在诉讼过程中，业委会提供维修资金筹集和使用情况之证据的，不构成"公布"。依《物业条例》第6条第2款第9项，业主有权监督物业共用部位、共用设施设备专项维修资金的管理和使用。业主的知情权和监督权是共同管理权的重要部分，受法律保护。维修资金的筹集和使用未定期公布的，业主可向法院提起诉讼，请求业主委员会予以公布（**"夏浩鹏等人诉上海市闸北区精文城市家园小区业主委员会业主知情权纠纷案"，《最高法公报》2011年第10期**）。对于业主的询问和异议，业主委员会也应及时回复和解释，并提供相应的证明。业委会认为业主应通过业主大会集体行使知情权的，既无法律依据，也不利于业主知情权的行使与保护［**南京鼓楼法院（2015）鼓民初字第4041号民判**］。

依本条第2款，业主大会和业委会可在紧急情况下，申请使用维修资金，无须依本法第278条由业主共同作出决定。显然，物业服务人不享有紧急情况下的申请使用权。紧急情形的判断，应结合所涉具体情形综合考量。

第二百八十二条 【共有部分的收入】建设单位、物业服务企业或者其他管理人等利用业主的共有部分产生的收入，在扣除合理成本之后，属于业主共有。

业主是共有部分的共有权人，享有收益权能，故本条无非是本法第240条的具体化。其一，依本条归属于业主共有者，系利用共有部分获得的收入。此收入的性质为法定孳息，区别于处分共有部分而产生的收益，后者不受本条调整。依《建筑物区分所有权解释》第7条，共有部分的处分属于应由业主共同决定的“其他重大事项”。基于物上代位的原理，因处分共有部分产生的收益，也应归业主共有。其二，除建设单位、物业服务企业和其他管理人外，业主或其他第三人利用共有部分获得收入的，本条也有适用空间。例如，经业主共同决定，共有部分交由某一业主用于经营性活动，并由其支付相应的对价；对价即属本条所言收入，归全体业主共有。其三，本条适用的对象是扣除合理成本后的净收入。因此，利用共有部分时产生的合理成本，可请求扣除［**肇庆中院(2020)粤12民终917号民判**］。此项扣除在所扣成本合理的范围内，可视为本法第568条规定的法定抵销。至于预扣成本是否合理，需结合具体情况予以判断。共有部分的收入归业主共有，故物业服务企业不得以此抵销部分业主欠付的物业服务费［**“无锡市春江花园业主委员会诉上海陆家嘴物业管理有限公司等物业管理纠纷案”，《最高法公报》2010年第5期**］。基于类似原理，业主也不得以物业服务企业未公示共有部分收益为由，拒绝支付物业费［**大连中院（2023）辽02民终8938号民判**］。

依本法第278条第1款第8项，共有部分用作经营的，应经业主共同决定。准此，以是否经业主共同决定为标准，可将本条所言“利用”区分为合法利用与非法（擅自）利用。唯本条并未基于这一区分而异其效果，实有解释之必要。(1)共有部分的利用经业主共同决定，构成合法利用的，因此产生的全部收入在扣除合理成本后归业主共有，除非存在相反约定。(2)共有部分的利用未经业主共同决定，构成非法利用或擅自利用的，因此产生的非法收入是否归业主共有，取决于利用人是否具有为业主而利用共有部分的意图。利用人具有该意图的，所获收入归业主共有，并得类推适用无因管理规则，请求扣除合理成本。利用人欠缺该意图的，业主可基于不当得利或侵权行为等规则，请求利用人返还其取得的收入，并得主张排除妨碍、恢复原状、损害赔偿等（**《建筑物区分所有权解释》第14条第1款**）。就此而言，业委会可以代表业主提起诉讼［**云南高院（2022）云民申4741号民裁**］。

本条为任意性规范。业主与建设单位、物业服务企业或者其他管理人等，可以达成不同约定。例如，业主可以放弃权利，约定所获收入归利用人所有；双方也可约定，所获收入在扣除合理成本之后，归某一业主单独所有。本条并未规定共有部分利用人是否得主张合理收益。在实践中，物业服务人对共有部分进行经营管理的，可享有一定比例的收益，以此激励其积极开展经营管理（**“无锡市春江花园业委会诉上海陆家嘴物业管理有限公司等物业管理纠纷案”，《最高法公报》2010 年第 5 期**）。

第二百八十三条 【共有部分的费用分摊与收益分配】建筑物及其附属设施的费用分摊、收益分配等事项，有约定的，按照约定；没有约定或者约定不明确的，按照业主专有部分面积所占比例确定。

本条和本法第 281、282 条，均涉及建筑物及其附属设施之共有部分的费用和收入问题。故本条的解释适用，应在体系上依三者之关系为之。其一，在条文分工上，维修资金由本法第 281 条规定，其首期在购买住宅时即依《住宅维修资金办法》第 7 条第 1 款规定的标准予以交存，并非按本条规定的“约定”或“专有部分面积所占比例”分摊。故本条所言的费用，应指首期维修资金之外的费用，即应续交的维修资金以及其他费用（如物业费）。其二，本法第 282 条规范的共有部分之利用收入虽归业主共有，显然不属维修资金的范围，但依《物业条例》第 54 条和《建筑物区分所有权解释》第 14 条第 2 款，此收入在扣除合理成本之后，用于补充专项维修资金或业主大会决定的其他用途，比如用于支付相关诉讼费用［**上海二中院（2022）沪 02 民初 16 号民判**］。据此，本条规定用于分配的“收益”，不包括本法第 282 条规定的“收入”；但在计算本条之费用分摊时，该“收入”若被用于补充专项维修资金或业主大会决定的其他用途，则应从相应费用中扣除。

如此界定后，则建筑物及其附属设施属共有部分，业主享有因共有部分产生的收益，分担因其产生的费用，符合本法第 273 条与第 302 条之法理。本条系任意性规范，故业主对费用分担和收益分配有约定的，自当依循。此所谓“约定”，应指管理规约以及业主的共同决定。管理规约没有规定，或业主未作出共同决定的，收益分配以及费用分摊才以业主专有部分面积的比例为准。此面积比例之确定，可参照适用《建筑物区分所有权解释》第 8 条。

本条关于收益分配与费用分摊的规定，仅涉及业主的内部关系。其中一名业主事先承担全部费用的，其他业主自应依比例予以分摊［**沈阳中院（2022）辽 01 民终 14408 号民判、长沙中院（2021）湘 01 民终 9416 号民判**］。当债权人或债务人是业主之外的第三人时，由于业主大会与业委会在现行法上欠缺主体资格，故在建构其对外法律关系方面，存在一定难度。如果参照适用本法第 307 条，认定业主与第三人产生连带债权债务关系，那么可能对部分业主过苛。例如，债权人仅要求某一业主支付费用时，该业主所需负担的债务过重，追偿权无法完全保护该业主的利益。对此，最佳解决之道应该是适用本法第 944 条，由债权人依分摊比例分别向业主个别主张费用的支付。

第二百八十四条 【共有部分的管理】业主可以自行管理建筑物及其附属设施，也可以委托物业服务企业或者其他管理人管理。

对建设单位聘请的物业服务企业或者其他管理人，业主有权依法更换。

依本条第 1 款，业主对共有部分（建筑物及其附属设施）的物业管理，包括自主管理和委托管理。其前半句规定业主的自主管理，即区分所有权人自行实施管理事务或组成管理团体开展管理活动。业主对共有部分享有共同管理权（**第 271 条**），自主管理是共同管理权的当然之义。本款后半句规定业主的委托管理，即区分所有权人通过委托物业服务企业或其他管理人对共有部分进行管理、修缮、维护等。本法合同编第二十四章专门规定了物业服务合同，本条中的“物业服务企业或者其他管理人”即本法第 937 条中的物业服务人。物业服务合同包括前期物业服务合同与普通物业服务合同：前者是指建设单位与物业服务人签订的物业服务合同，后者则指业委会与业主大会选聘的物业服务人签订的物业服务合同（**第 939 条**）。本条第 1 款规定的委托管理仅涉及普通物业服务合同，第 2 款则涉及前期物业服务合同。

依本条第 2 款，业主可以“更换”前期物业服务合同中的物业服务人。依本法第 939 条，前期物业服务合同也约束全体业主。但为尊重业主的共同管理权，业主有权依本法第 278 条规定的程序，“更换”前期物业服务合同中的物业服务人。业主更换前期物业服务人时，无须提出任何法定事由。“更换”包括两个法律效果：一是解聘前期物业服务合同中的物业服务人，终止前期物业服务合同；二是聘用新的物业服务人，设立一个普通物业服务合同。依本法第 940 条，新物业服务合同生效时，前期物业服务合同终止。

第二百八十五条 【物业服务企业或其他管理人与业主的关系】物业服务企业或者其他管理人根据业主的委托，依照本法第三编有关物业服务合同的规定管理建筑区划内的建筑物及其附属设施，接受业主的监督，并及时答复业主对物业服务情况提出的询问。

物业服务企业或者其他管理人应当执行政府依法实施的应急处置措施和其他管理措施，积极配合开展相关工作。

本条第 1 款首先是参引性法条，即物业服务人应依本法合同编第二十四章关于物业服务合同的规定，管理共有部分。据此，物业服务人负妥善管理义务，不得将其应当提供的全部物业服务转委托给第三人，或将全部物业服务支解后分别转委托给第三人（**第 941 条第 2 款**）。物业服务企业主要管理共有部分，故依《物业条例》第 51 条第 1 款，供水、供电、供气、供热、通信、有线电视等单位，应依法承担物业管理区域内相关管线和设施设备维修、养护责任；物业服务企业对此等设施不负管理义务［**吉林高院（2019）吉民再 315 号民判**］。物业服务企业在履行妥善管理义务的过程中，对于个别业主违反物业服务合同的约定，擅自改变外墙结构的情形，也享有恢复原状请求权［**吉林高院（2020）吉民申 2157 号民裁**］。

就物业服务人之管理义务而言，本款并未建立独立的请求权基础规范。物业服务人未尽妥善管理义务，给业主造成损害的，应承担违约责任［**南京江宁法院（2011）江宁民初字第 04404 号民判**］。在高空坠物、抛物的情形，物业服务人未采取必要安全保障措施，业主或其他人遭受损害的，还须依本法第 1254 条第 2 款承担侵权责任；物业服务人同时是宾馆、商场、银行、车站、机场、体育场馆、娱乐场所等经营场所、公共场所的管理者，但未尽安全保障义务的，应依本法第 1198 条承担直接或补充的侵权责任［**(2018) 最高法民再 206 号民判**］。

本款只是在物业服务人的管理义务之外，特别规定了其接受业主监督与询问的义务。此义务也可描述为业主的知情权。物业服务人不仅应依本法第 943 条主动向业主公开相关信息，而且有义务依本款及时答复业主的询问。物业服务人不接受监督、未公开相关信息或未及时答复的，业主可向法院起诉，请求物业服务人履行义务。

本条第 2 款要求物业服务企业或其他管理人承担的是一项公法上的义务，即执行政府依法实施的应急处置措施和其他管理措施，并予以积极配合。物业服务人违反此公法义务的，应依相关法律规定承担相应责任。例如，单位或个人违反《突发事件应对法》的，应依其第 95～102 条承担行政责任、民事责任和刑事责任。

第二百八十六条 【业主的基本义务及业主大会和业主委员会的物业管理职能】业主应当遵守法律、法规以及管理规约，相关行为应当符合节约资源、保护生态环境的要求。对于物业服务企业或者其他管理人执行政府依法实施的应急处置措施和其他管理措施，业主应当依法予以配合。

业主大会或者业主委员会，对任意弃置垃圾、排放污染物或者噪声、违反规定饲养动物、违章搭建、侵占通道、拒付物业费等损害他人合法权益的行为，有权依照法律、法规以及管理规约，请求行为人停止侵害、排除妨碍、消除危险、恢复原状、赔偿损失。

业主或者其他行为人拒不履行相关义务的，有关当事人可以向有关行政主管部门报告或者投诉，有关行政主管部门应当依法处理。

本条第 1 款所言法律、法规，应指本法以及《物业条例》关于业主义务的规定；物权编第七章关于相邻关系的部分规定，也属本款中的“法律”。管理规约是由业主共同制定与修订的自治规则，业主遵守管理规约是其约束力的体现。业主行为应符合节约资源、保护环境的要求，是本法第 9 条绿色原则的具体化。本款第二句增设的业主应急配合义务，呼应了物业服务人依本法第 285 条第 2 款所负的公法义务。此所谓“配合”，既可能要求业主负担不作为或容忍义务，也可能要求业主承担积极作为义务。

本条第 2 款针对损害小区业主之合法权益的行为，赋予业主大会或业委会请求权。《建筑物区分所有权解释》第 15 条细化规定了“损害他人合法权益的行为”。而本款所谓“行为人”，既包括业主，也包括业主之外的第三人；“他人”则仅指业主，不包括业主之外的第三人。这是因为，业主大会和业委会系业主的自治组织，以维护业主利益为目的。所涉行为若仅损害第三人合法权益，第三人自可寻求相应的法律救济，业主大会与业委会师出无名。

从本款明列的救济手段来看，业主大会或业委会的请求权，包括物上请求权与损害赔偿请求权等实体法上的请求权。有疑问的是：可否以本款为据，认为业主大会或业委会也被赋予相应诉权，从而具备诉讼主体资格？对此，理论和实务界就本款之原型——原《物权法》第 83 条第 2 款存在激烈争议，从而形成肯定说、否定说和部分肯定说三种见解。部分肯定说认为，业主大会和业委会享有部分诉权，在某些情形具有诉讼主体资格。实务界多依原《物权法》第 83 条第 2 款，认为业主大会与业委会于该款所列情形具有原告之诉讼主体资格［**上海二中院（2011）沪二中民二（民）终字第 1908 号民判**］，属于《民诉法》第 51 条中的“其他组织”［**“徐州西苑艺君花园（一期）业主委员会诉被告徐州中川房地产开发有限公司物业管理用房所有权确认纠纷案”，《最高法公报》2014 年第 6 期**］。唯该款第二句只是明确赋予受侵害的业主以诉权，依上下文关系反而成为业主大会和业委会具有部分诉权的解释障碍。而在本法制定时，本条第 2 款的两处修改恰可扫除这一障碍。一者，原《物权法》第 83 条第 2 款第一句中的“要求”一词，在本条第 2 款被改为“请求”，从而明确了其请求权性质；二者，其第二句被移至本法第 287 条，在体系解释上不再与业主大会或业委会依本条第 2 款而具有部分诉权发生龃龉。进一步而言，此立法移动尚可理顺本条第 2 款与本法第 287 条之法律适用的分工问题（**参见本法第 287 条评注**）。

本条第 3 款系对原《物权法》第 83 条的添加，其本意或在提示权利受妨害的业主利用行政效率原则，寻求行政部门对小区纠纷的快速、及时处理，但难免立法赘余之嫌。易言之，即便无本款规定，业主或其他行为人拒不履行义务的，有关当事人自可选择向相关行政部门投诉或举报，后者也必须依照法律予以处理。

第二百八十七条 【业主权益的保护】业主对建设单位、物业服务企业或者其他管理人以及其他业主侵害自己合法权益的行为，有权请求其承担民事责任。

本条系将原《物权法》第 83 条第 2 款第二句分离而成，只是对请求权之相对人增加了建设单位、物业服务人或其他管理人。倘若不为历史解释，则本条只是宣示性规定，即提示业主在自己合法权益遭受侵害时，可从相关法律中寻找请求权基础，如合同法规则、物权保护规则、侵权责任规则、不当得利规则、无因管理规则，等等。但立法者为此移动，却正好可以理顺业主大会或业委会之诉权范围和业主之诉权范围。

在原《物权法》第 83 条第 2 款适用之司法实践中，曾发生诸多模糊不清的法律适用问题。例如，对于单个业主起诉，有法院认为第 83 条第 2 款第二句中的“合法权益”应被限制解释为业主专有权及其延伸出的相邻权，单个业主没有资格对业主共有权纠纷提起诉讼［**莆田中院（2019）闽 03 民终 2844 号民判**］，或在个别业主未经全体业主或业委会授权，提起的共有绿地被侵犯的诉讼中，原告主体不适格［**长春中院（2019）吉 01 民终 5056 号民裁**］。有法院同样依据该条第 2 款，认为业主在共有平台上安装冷热水管和栅栏的行为侵犯相邻业主（单个业主）对公共平台的共有权，应予恢复原状［**上海一中院（2019）沪 01 民终 12537 号民判**］；或者业主装修时对专有部分的使用构成违规装修，破坏了与楼下邻居（单个业主）共有的建筑物外墙，应恢复房屋规划设计原状［**北京二中院（2020）京 02 民终 4055 号民判**］。上述两类案例若依本法而为裁判，则应分别适用第 286 条第 2 款和本条。具体而言，前者系赋予业主大会和业委会在该款所列情形具有代表全体业主的诉讼主体资格，但其诉权范围应限于保护全体业主的共有权或共有部分的利用、管理；本条之请求权主体系其自身合法权益遭受侵害的单个业主，至于被侵害的是其专有权、相邻权还是与其专有权相关的共有权，无关宏旨。

第七章

相邻关系

第二百八十八条　【相邻关系的处理原则】不动产的相邻权利人应当按照有利生产、方便生活、团结互助、公平合理的原则，正确处理相邻关系。

本条所谓“相邻关系”，是指相邻不动产权利人在对不动产进行占有、使用、收益或处分时，相互给予对方一定便利或接受一定限制，所形成的权利义务关系。相邻关系基于法律规定或当地习惯成立，是一项法定权利义务关系，而非一种独立的物权类型。

相邻关系的内容表现为必要限度内的不作为义务或容忍义务，其结果是不动产权利在合理范围内的受限或扩张。至于受限或扩张是否具有正当性，以及其处于必要限度之内，应依一般社会观念予以认定［**广西高院（2014）桂民一终字第21号民判**］。相邻权利人的利益发生冲突的，应当确定所涉利益的基本位阶，并考虑所涉利益能否通过其他途径实现［**北京三中院（2017）京03民终5642号民判**］。不动产权利人的养鸽行为影响他人正常生活的，由于后者乃系健康利益，而养鸽涉及纯粹的精神或娱乐利益，故后者更应受到保护［**宁波中院（2007）甬民一终字第152号民判**］。相邻关系既可能涉及个人利益之权衡，也可能涉及个人利益与公共利益之权衡。地铁建设围蔽施工，虽对相邻商铺正常经营有一定影响，但商铺作为相邻方应在必要限度内容忍公共利益建设造成的个人利益损失，且地铁建成之后，相邻商铺也将受益［**广州中院（2016）粤01民终9号民判**］。

相邻关系的主体为“相邻权利人”，相邻关系的客体是相邻不动产。相邻权利人也谓“不动产权利人”，其不仅包括不动产物权人，而且包括不动产债权性权利人，比如承租人［**“胡某军与黑龙江省总工会相**

邻关系纠纷案"，《审判监督指导》2003 年第 2 辑]。相邻权利人一般是相邻不动产占有人，但并非必然如此。地役权人在使用供役地时，也受制于相邻关系规则。相邻权利人变化的，应依变更时点划分原权利人与新权利人之间的民事责任[**最高法（2013）民一终字第 83 号民判**]。相邻并不必然要求所涉不动产在物理空间上直接毗邻或衔接，仅需两个不动产的使用足以发生相互影响。例如，上游土地排水可能流经下游土地，即便两地并不毗邻，仍可适用相邻关系规则；房主搭建广告牌影响对面建筑物采光的，尽管两建筑物相互分离，亦可适用相邻关系规则。

根据本条，处理相邻关系的原则包括有利生产、方便生活、团结互助、公平合理四项原则。此所谓"原则"有别于民法基本原则，实系处理相邻关系的指导准则。本条系弹性法律规范，其四项原则内容模糊，须待法官结合具体情况予以明确[**最高法（2015）民提字第 222 号民判**]。有利生产原则，要求处理相邻关系时，应将有利生产放在重要位置，注意效率，支持生产建设的同时要考虑相邻权利人的利益，尽量减少生产给相邻权利人造成的损害，做到物尽其用。方便生活原则要求考虑相邻不动产权利人的生活便利，对相邻不动产权利人权利加以合理的限制或延伸，做到相邻权的行使建立在相邻不动产权利人便利生活的基础之上。团结互助原则，要求相邻不动产权利人之间应避免以邻为壑，保持忍让和克制，通过友好协商方式解决问题，形成互帮互助的友好关系。公平合理原则，要求坚持权利义务平等，在合理的限度内行使权利，不得滥用权利；若造成对方损失，应予适当赔偿。

本条确立了相邻关系的处理原则，具有相邻关系一般性条款的功能。虽然第 290 条及以下各条列举了不同种类的典型相邻关系，但相邻关系的具体内容较为复杂，无法预先穷尽列举。因此，本条在司法实践中具有"漏洞填补"的意义。例如，不动产权利人树立字号牌，显著影响了相邻权利人"向外远眺的权利"，并且支撑字号牌的钢制网架纵横交错，在精神上给人造成了压抑感，影响了相邻权利人的"视觉卫生权"，故即便不动产权利人无须拆除字号牌，也应提供一定的损害赔偿[**江苏无锡高新技术开发区法院（2007）新民一初字第 0695 号民判**]；楼上业主改变专有部分用途，将厨房改造成卫生间，违反了当地生活习惯和善良风俗，故应恢复原状[**"黄某等人诉刘某恢复原状纠纷案"，2023 年人民法院抓实公正与效率践行社会主义核心价值观典型案例**]。

相邻关系虽为法定关系，但当事人得就相邻关系作出特别约定。例如，相邻关系当事人可约定免除相邻关系义务人提供便利的义务，能要求相邻关系权利人提供相应的补偿，还有权细化相邻关系的具体内容。然囿于合同效力的相对性，当事人关于通行权等相邻关系内容的约定，不得约束第三人［**“屠某炎诉王某炎相邻通行权纠纷案”，《最高法公报》2013年第3期**］。相邻关系有别于地役权。相邻关系是关于不动产权利的必要扩张与限制，其内容仅限于合理范围之内，是法律直接规定的结果。地役权的内容则取决于当事人的约定（**第372条第1款**），能突破相邻关系之必要限度，让供役地人负担更加苛重的义务，甚至是附随的积极义务。此外，二者在设立方式、法律效力、法律属性等方面也存在显著差异。

相邻关系权利人给相邻不动产物权人造成妨害或危险，且超出必要或合理限度的，后者能基于本法第236条请求排除妨害、消除危险。依侵权责任编相关规定，相邻关系权利人在行使权利时超过必要或者合理限度，给相邻关系义务人造成损害的，须向后者负损害赔偿责任（**比如第1165条第1款**）。相邻关系当事人就相邻不动产的使用等方面有特别约定的，当事人可依约定，请求债务人承担违约责任。

第二百八十九条 【相邻关系的处理依据】法律、法规对处理相邻关系有规定的，依照其规定；法律、法规没有规定的，可以按照当地习惯。

依本条第一分句，不动产相邻关系纠纷应首先适用法律、法规。本条中的“法律”，仅指全国人大或其常委会制定的法律及其对法律的解释；此“法律”不包括宪法，盖《立法法》第98条将宪法排除在“法律”之外，且依《人民法院民事裁判文书制作规范》《关于废止2007年底以前发布的有关司法解释（第七批）的决定》，宪法不能作为司法裁判的直接依据。“法规”包括国务院制定的行政法规，以及地方各级人大及其常委会制定的地方性法规。本法也是本条中的“法律”，其关于相邻关系的规定乃一般规范；其他法律法规另有规定的，如《噪声污染防治法》第67～68条、《水法》第56～57条有关于相邻关系及纠纷处理的规定，属于特别规范，应予优先适用。

本条第二分句承认习惯的补充性法源地位，与本法第 10 条一致。此所谓“当地习惯”是指在相邻关系纠纷发生地，长期社会实践中形成的，被人们所公认、知悉的行为准则。本条将习惯限定在“当地习惯”范围内，即相邻不动产所在地的习惯。结合本法第 10 条，当地习惯的适用需要满足以下几个要件。一者，当地存在依据该行为准则长期实践的事实；二者，当地生活的人们对于该行为准则具有法律确信；三者，所涉行为准则不违反公序良俗。对当事人之间已经形成的通行习惯，只要不损害国家利益、社会公共利益和他人合法权益，均应予以必要的尊重和保护，非因法定原因不应被限制［**湖北高院（2017）鄂民申 2460 号民裁**］。对于习惯的存在与内容，由提出主张的一方当事人承担举证责任，法官在必要时也可依职权进行调查。

本条未明确将最高法的司法解释作为调整相邻关系的法律渊源。但依《立法法》第 119 条与《引用法律规定》第 4 条第一句，最高法具有司法解释权，且民事裁判文书应直接援引、适用司法解释。因此，其司法解释对相邻关系作出规定的，也应予适用。相邻关系纠纷欠缺法律、法规之依据，但存在司法解释的，司法解释优先于当地习惯。本条亦未明文将行政规章作为调整相邻关系的法律渊源。依《引用法律规定》第 6 条，行政规章“可以作为裁判说理的依据”。据此，行政规章涉及相邻关系的，虽可作为说理依据，但其与当地习惯冲突的，自应适用当地习惯。

第二百九十条 【用水、排水相邻关系】不动产权利人应当为相邻权利人用水、排水提供必要的便利。

对自然流水的利用，应当在不动产的相邻权利人之间合理分配。对自然流水的排放，应当尊重自然流向。

本条第 1 款所言用水，是指欠缺水资源的人获得和利用水资源的行为，比如截水、蓄水、引水。排水则相反，是指水资源过多而予以排放、减少的行为。不动产权利人应向相邻权利人提供“必要的便利”，有两层含义：一者，如果其不提供便利，相邻权利人的用水与排水就会受到妨碍，进而影响其生产与生活；二者，其仅需提供必要限度内的便利，相邻权利人的过度请求不应得到满足。行为人用杂物堵塞水渠，影响相邻权利人用水的，自应排除妨害，但其在水渠两岸栽种树木的行为则不影响水流，相邻权利人无权请求移除树木［**伊犁哈萨克高院自治州分院（2021）新40民终1329号民判**］。

相邻义务人未提供便利的，相邻权利人得诉请要求其提供便利。在处理水事纠纷时，县级以上政府或其授权的部门可采取临时处置措施，有关各方或当事人必须服从（**《水法》第58条**）。相邻义务人未提供便利或未及时提供便利，相邻权利人因此遭受损害的，相邻义务人应负损害赔偿责任。相邻义务人提供必要便利，但因此遭受轻微且合理之影响的，应予容忍；其遭受显著且不合理损失的，相邻权利人应提供合理的补偿。相邻权利人在用水与排水时，依本法第296条，应尽可能减少对相邻义务人的影响，否则须负相应的补偿或赔偿责任。

依本法第247条，水流归国家所有；但农村集体经济组织的池塘、水库中的水资源，归集体所有（**第260条**）。本条第2款调整的对象是自然流水，不包括池塘、水库中的水资源。在自然流水的利用上，我国依据流域规划和水中长期供求规划，以流域为单元制定水量分配方案（**《水法》第45条第1款**）。本条第2款第一句仅涉及自然水流在相邻关系当事人之间的分配，主要是指水流左右岸与上下游用水者之间的分配。依本句，自然水流应在所涉当事人之间合理分配，避免上游用水者过度用水，导致下游用水者无水可用的境况。一方用水者过度用水，未遵循合理分配原则的，遭受损害的取水权人可请求其承担停止用水、排除妨碍、损害赔偿等民事责任。据《水法》第76条，引水、截（蓄）水、排水，损害公共利益或他人合法权益的，依法承担民事责任［**最高法（2015）民提字第144号民判**］。第2款第二句所言“自然流向”，主要是指水流因自然因素而形成的流向和流道。因历史上的人为因素而形成的流向和流道，也属本条中的自然流向。相邻关系当事人不得擅自改变自然水流的流向，否则须承担停止侵害、恢复原状、损害赔偿等民事责任［**山东高院（2018）鲁民再371号民判**］。相邻义务人擅自改变自然水流的流向，相邻权利人自行恢复原状的，相邻义务人应承担因此产生的费用。

本条为任意性规范。当事人就用水、排水、水量分配和水流方向达成特别约定的，应予优先适用。当事人依本条第1款提出诉请的，应对相邻义务人未提供便利和遭受损害的事实负举证责任。当事人依本条第2款提出诉请的，应对相邻义务人不合理取水或擅自改变水流自然流向，以及遭受损害的事实负担举证责任。

第二百九十一条 【通行相邻关系】不动产权利人对相邻权利人因通行等必须利用其土地的，应当提供必要的便利。

本条主要适用于“袋地”情形。其所言“必须”，即指袋地权利人必须通过相邻土地或以其他方式利用相邻土地，否则无法进入和利用自己的土地。因此，如果相邻权利人绕行能进入自己的土地，则不适用本条规定。本条中的“通行”，不仅包括相邻权利人本人的通行，还包括牲畜或机器设备的通过。而且，“通行”只是例示情形，以其他方式利用相邻土地的，亦无不可。例如，相邻权利人可进入相邻土地，以摘取果实、割除杂草等。本条中的“等”字表明，其不限于相邻权利人通行的情形。例如，案涉通道历史上即存在，相邻一方将双方共用通道用墙壁隔开，妨碍了另一方的商铺经营活动，故应恢复原状［**吉林高院（2020）吉民终403号民判**］。

相邻土地权利人提供“必要的便利”，意味着其负担一定的容忍义务、不作为义务，甚至是积极义务。例如，相邻土地权利人应容忍相邻权利人的通行［**最高法（2015）民提字第222号民判**］，不得砌设围墙故意妨碍相邻权利人通行［**海南高院（2005）琼民一终字第23号民判**］，或者为相邻权利人打开已经设置的栅栏门。“必要”是指相邻土地权利人仅需在最低限度内满足相邻权利人的通行或其他使用需求。至于相邻土地权利人是否加宽了案涉道路，并不影响其负有容忍相邻权利人通行的义务［**河南高院（2017）豫民再19号民判**］。

相邻土地权利人未提供必要便利的，相邻权利人可请求其停止侵害、排除妨碍，甚至积极作为。相邻义务人因提供必要便利仅受轻微且合理影响的，应容忍之；但遭受显著且不合理影响的，有权请求相邻权利人予以合理补偿。相邻权利人在利用相邻土地时，应尽可能减少对相邻义务人的影响，否则须负相应的补偿或赔偿责任。相邻权利人在通行或以其他方式利用相邻土地时，超出必要限度，给相邻义务人造成损害的，还可能引发侵权责任。

本条是任意性规范。当事人就通行或其他使用达成特别约定或设立地役权的，应优先适用该约定或地役权规则。在举证责任上，相邻权利人应证明利用相邻土地的必要性，以及相邻义务人未提供必要便利的事实。相邻义务人因遭受损害请求赔偿时，应对损害的显著性与不合理性负举证责任。在诉讼时效上，因相邻关系发生的纠纷，不适用诉讼时效的规定［**江西高院（2018）赣民再166号民判**］。

第二百九十二条 【建造、修缮建筑物与铺设管线相邻关系】不动产权利人因建造、修缮建筑物以及铺设电线、电缆、水管、暖气和燃气管线等必须利用相邻土地、建筑物的，该土地、建筑物的权利人应当提供必要的便利。

本条适用于两种情形。一是相邻权利人建造与修缮建筑物，二是相邻权利人铺设电线、电缆、水管、暖气和燃气管线等。本条适用的条件是前列行为“必须”利用相邻土地或建筑物。如果相邻权利人不利用相邻不动产也能开展前列活动，仅为节约成本请求适用本条的，不应予以支持。本条所言“便利”，主要是指相邻义务人负担容忍义务、消极不作为义务，并在特殊情形负担一定的积极作为义务；“必要”则指义务人仅需提供最低限度内的便利，能保证相邻权利人完成前列活动即可。在必要限度外，义务人不负提供便利的义务。

相邻义务人拒绝提供便利的，相邻权利人得诉请要求其提供便利，承担停止侵害、排除妨碍等民事责任。相邻权利人因义务人拒绝提供便利而遭受损害的，有权要求其赔偿损失。义务人因提供便利而遭受显著影响，且超过合理限度的，相邻权利人应提供合理的补偿［**四川高院（2018）川民再512号民判**］。相邻义务人所受影响轻微，且属合理限度内的，应予容忍。相邻权利人在利用相邻土地开展前列活动时，应尽可能减少对义务人的影响，否则须负相应的补偿或赔偿责任。相邻权利人在利用相邻不动产时，超出必要限度，给相邻义务人造成损害的，可能引发侵权责任。

本条为任意性规范。当事人就本条所涉事项达成特别约定或设立地役权的，应优先适用该约定或地役权规则。在举证责任上，相邻权利人应证明利用相邻土地或建筑物的必要性，以及相邻义务人未提供必要便利。相邻义务人请求合理补偿时，应对其遭受显著且不合理影响的事实负举证责任。

第二百九十三条 【通风、采光、日照相邻关系】建造建筑物，不得违反国家有关工程建设标准，不得妨碍相邻建筑物的通风、采光和日照。

依本条，新建建筑物不得妨碍相邻建筑物的通风、采光和日照。本条所言“妨碍”，既包括已发生的妨碍，也包括将要发生的妨碍（危险）。例如，根据建设图纸，在建建筑物完工后将会影响相邻建筑物采光的，也构成本条所谓妨碍。是否构成“妨碍”的基本判断标准是“国家有关工程建设标准”，如《住宅建筑规范》（GB 50368—2005）、《民用建筑供暖通风与空气调节设计规范》（GB 50736—2012）、《建筑采光设计标准》（GB 50033—2013）、《建筑日照计算参数标准》（GB/T 50947—2014）。具体而言，符合国家建设标准的，即使新建建筑物对相邻建筑物的通风、采光或日照造成一定程度的妨碍，一般也应视为未超出合理限度，相邻建筑所有人或利用人负必要的容忍义务［**上海二中院（2017）沪 02 民终 9762 号民判、山西高院（2023）晋民申 1949 号民裁**］。然也有法院认为，新建建筑物不违反国家建设标准或取得建设规划许可，只意味着建设行为未违法，行为人不承担侵权责任，但相邻权利人日照、采光受到不合理影响的，行为人仍应对先建房屋贬值等损失予以补偿［**临沂中院（2019）鲁 13 民终 7009 号民判**］，或者参照所在地经济生活水平、采光利益受妨碍的程度等因素确定补偿范围［**北京二中院（2009）二中民终字第 4191 号民判**］。规划许可所涉公法规范旨在维护公共利益，维护建设秩序，并无调整具体私人利益关系之目的。因此，取得规划许可并不当然阻却本条责任之成立。

本条为不完全法条，未规定违反之法律后果。在建建筑物违反国家有关工程建设标准，影响相邻建筑物通风、采光、日照的，相邻建筑物权利人有权提出异议，请求调整建造方案、改造建筑物、采取补救措施等。相邻建筑物权利人已遭受损害的，可请求施工单位停止侵害、排除妨害、恢复原状或赔偿损害等。前列请求权基础主要存在于本法关于物权保护和侵权责任的规定中。依本法第 132 条（禁止权利滥用）和类推适用本法第 580 条第 1 款第 2 项，排除妨害或恢复原状费用过高的，相邻建筑物权利人仅得请求损害赔偿。相邻建筑物权利人也有过错的，应承担相应后果，比如不得请求拆除所涉妨碍物［**广西高院（2014）桂民提**

字第38号民判]。

本条亦为任意性规范，当事人对通风、采光或日照事宜另有约定或设定地役权的，依其约定。只要不属强制性标准，当事人约定的标准既可高于国家有关工程建设的标准，也可低于其标准。在举证责任上，主张通风、采光或日照受到妨碍的一方，应对妨碍事实负举证责任。概括而言，妨碍事实涉及两种证明方法。一种是依据施工图纸模拟预算，另一种是现场勘测计算。法院得依职权委托第三方专业机构进行勘测，勘测报告具有证据效力[山东高院（2013）鲁民提字第131号民判]。

第二百九十四条 【有害物质弃排相邻关系】不动产权利人不得违反国家规定弃置固体废物，排放大气污染物、水污染物、土壤污染物、噪声、光辐射、电磁辐射等有害物质。

本条旨在调整有害物质排弃中的相邻关系。《环保法》、《固体废物防治法》、《大气污染防治法》、《水污染防治法》、《土壤污染防治法》、《环境噪声污染防治法》、《电磁环境控制限值》（GB 8702—2014）等，对本条所列有害物质有更为具体的规定。这些法律涉及诸多管理规范，一般属于公法的范畴。本条则从私法的角度，对此等有害物质的弃置、排放作出原则性规定。但依体系解释，本条既被置于相邻关系一章，自应依相邻关系之法律构造予以理解适用。盖不动产权利人弃置、排放有害物质，污染环境、破坏生态，造成他人损害的，自可适用本法第1229～1235条关于环境侵权的规定；不动产权利人管理不善导致有害物质泄漏，造成他人损害的，适用本法第1237条和第1239条。

本条既调整传统的有形物质侵害，还调整不可量物侵害。在比较法上，不可量物侵害为相邻关系的一种类型。在通常情形，噪声、异味、震动、尘埃、放射性等不可量物侵入邻地造成干扰性妨害或损害，邻地权利人在轻微或可合理期待的限度内负有容忍义务。我国司法实践一般从互利互让和尊重当地习惯的角度出发，认可此项容忍义务[海南高院（2015）琼民申字356号民判]。当国家、地方或行业对排放定有标准时，不动产权利人不得违反此等标准排放有害物质。有裁判认为，噪声等不可量物的排放是否构成妨害，应以“违反国家规定”为标准，即取决于是否超过规定的标准[辽宁高院（2021）辽民申6580号民裁]。然而，符合规定标准的排放仅意味着其不会造成社会损害，但仍有可能不合理地影响邻地的使用价值或相邻不动产权利人的正常使用，故排放人也应承担民事责任［**北京三中院（2017）京03民终5642号民判、北京大兴法院（2012）大民初字第09974号民判**］。因此，即便有害物质的排放符合相应的标准，也存在妨害成立之余地。没有明确的国家标准、地方标准、行业标准的，应依据是否干扰他人正常生活、工作和学习，以及是否超出公众可容忍度综合认定；对于公众可容忍度，可根据周边居民的反应情况、现场实际感受和专家意见等判断（**指导案例128号**）。

本条为不完全条款，并未规定违法弃置排放的法律效果。不动产权利人违法或超过合理限度弃置排放有害物质的，应承担停止侵害、排除妨碍、恢复原状、损害赔偿等民事责任。

第二百九十五条 【维护相邻关系安全】不动产权利人挖掘土地、建造建筑物、铺设管线以及安装设备等，不得危及相邻不动产的安全。

本条从相邻关系的角度，规定不动产权利人在自己的不动产上从事挖掘土地、建造建筑物、铺设管线、安装设备等活动的，负有不得危及相邻不动产安全的义务。但就其法律效果而言，危及相邻不动产的安全就是本法第1167条界定的侵权行为，相邻不动产权利人自可依该条请求停止侵害、消除危险、排除妨碍。相邻不动产遭受损害的，其权利人尚可请求恢复原状、损害赔偿等，此请求权基础主要是本法第238条。例如，不动产权利人修建铁路的行为影响相邻不动产权利人经营的，应赔偿后者遭受的全部损失［**湖南高院（2020）湘民终77号民判**］。法院据以判决赔偿损失的原《民通》第83条第二句，在本法第288条中已被删除并整合为第238条。

第二百九十六条 【防免损害相邻关系】不动产权利人因用水、排水、通行、铺设管线等利用相邻不动产的，应当尽量避免对相邻的不动产权利人造成损害。

本条是本法第 132 条权利滥用禁止规则在相邻关系中的具体体现。相邻权利人不得滥用权利，应在享有必要便利时尽量避免损害相邻不动产。“尽量避免”具有以下内涵：一者，不损害相邻不动产也能完成本条所列活动的，相邻权利人不得采取会造成损害的方案；二者，可行方案均会损害相邻不动产的，相邻权利人应采取损害最小的方案。

具体而言，相邻权利人欲尽量避免损害相邻不动产，但因此需负担不合理、不成比例的高额费用或成本的，可以仅采取合理措施，并对相邻义务人遭受的损害予以适当补偿。相邻义务人不得依本条要求相邻权利人负担不合理的成本或费用，以尽量避免对自己的损害，否则有违权利滥用禁止规则。相邻权利人已尽量避免影响相邻义务人，相邻义务人应容忍其遭受的轻微与合理影响。虽然相邻权利人已尽量避免影响相邻义务人，但后者依旧遭受显著且不合理影响的，相邻权利人应向相邻义务人提供合理补偿。当然，为界定相邻权利人尽量避损的义务，当事人可约定其利用相邻不动产的方式、时间、范围、违约责任等内容。

相邻权利人未尽量避免损害相邻不动产，存在过错的，应承担侵权责任。在举证责任上，相邻义务人请求损害赔偿等救济的，应对损害发生、损害范围、因果关系负举证责任。相邻权利人为了抗辩，应证明其已尽量避免损害相邻义务人，或所涉损害难以避免。

第八章

共　　有

第二百九十七条　【共有的概念与类型】不动产或者动产可以由两个以上组织、个人共有。共有包括按份共有和共同共有。

本条为说明性法条，界定了共有的概念。其第一句中的“个人”是指自然人（**第 2 条**），“组织”包括法人组织与非法人组织。共有乃是所有权的特殊形态。依本条第一句，共有的客体是不动产或动产；无体财产不能成为共有客体，但可形成准共有。在法律没有特别规定时，知识产权等无形财产的共同享有也可参照适用共有规则。

依本条第二句，共有分为按份共有与共同共有，其分别由本法第 298 条与本法第 299 条界定，并在具体认定时适用第 308 条。二者的主要区别，在于共有人是否按照份额享有所有权。在权利义务关系等方面，本法对两类共有作了不同处理。大体而言，按份共有与共同共有主要存在如下区别。(1) 成立原因不同。按份共有因法律规定与当事人约定而成立，而共同共有以特定的共同关系为基础，比如夫妻关系、家庭成员关系、共同继承关系［**《八民纪要（民事部分）》第 25 条**］。(2) 权义划分不同。按份共有人依其份额对共有物享有权利、承担义务，除非当事人另有约定。共同共有人抽象地、不分份额地对于共有物享有权利、承担义务，除非当事人另有约定。(3) 权利行使不同。依本法第 301 条，按份共有物与共同共有物的处分、管理、修缮等，分别采多数决和全体同意机制。(4) 份额处分不同。按份共有人可自由处分其所享有的份额（**第 305 条**）；在共同共有中，共同共有人没有份额，自无所谓份额处分问题。(5) 分割限制不同。一般而言，按份共有人可随时请求分割共有物，除非另有明确约定；共同共有人不得随意请求分割共有物，除非共有基础丧失或确有重大事由（**第 303 条**）。例如，合伙人在合伙合同终止前不得请求分割合伙财产（**第969条第2款**），但有权分配利润。

在建筑物区分所有权中，业主对共有部分的共有是一种特殊类型的共有，应适用本法关于建筑物区分所有权的规定。合伙、继承、婚姻等关系也是形成共有的法律基础，法律对其作出特别规定的，应予优先适用。国家（全民）所有、集体所有并非共有，不适用本章规定。

第二百九十八条 【按份共有】按份共有人对共有的不动产或者动产按照其份额享有所有权。

所有权是完全物权，包括占有、使用、收益、处分的权能。相应地，按份共有人按其份额享有所有权分别意味着：（1）共有人对共有物的占有与使用，分别形成共同占有与共同使用关系，且需共有人按约定相互协调，管控共有物。共有人对于共有物的占有和使用难以达成约定的，属于本法第303条第一分句中的“重大理由”，共有人可请求分割共有物。（2）对于共有物的收益，共有人也按份额享有。收益表现为有体物的，自动依据份额形成新的按份共有；收益表现为无形财产的，自动依据份额形成准按份共有。（3）关于共有物的处分，依本法第301条，共有人享有份额表决权。共有人擅自处分共有物的，构成无权处分，不生物权变动效果，除非成立善意取得（**第311条**）。

按份共有人的利益，可免受共有物被其他共有人的普通债权人保全或强制执行的影响。理论上有谓共有人可排除保全措施或强制执行之说，但司法实践未采此观点。根据《查封扣押冻结财产规定》第12条，法院在保全共有财产后应及时通知共有人，让共有人协议分割或诉请分割财产，并在财产分割后，对债务人之外的其他共有人所分财产解除保全措施。共有人并未主动分割财产的，保全措施仍存续，强制执行程序并不因此中断。至于按份共有人是否可作为第三人排除共有物的强制执行，司法实践存在不同观点。有判决认为按份共有人欠缺足以排除强制执行的权益，但其享有的共有份额受到法律保护，法院可在执行程序中为其保留相应份额，或者许其诉讼途径另行解决［**（2021）最高法民申2470号民裁、河南高院（2021）豫民终380号民判**］。但也有裁判采取相对缓和的立场，认为当拍卖债务人的共有份额难以成功，或会减损共有物的价值时，法院可整体拍卖共有财产［**广东高院（2019）粤民终1887号民**

裁、福建高院（2023）闽执复 202 号执裁]。相较而言，后一立场更妥当地平衡了被执行人与其他共有人的利益。无论如何，按份共有人的债权人仅可在该共有人的份额范围内实现其债权，因为该份额才属于共有人的责任财产。

按份共有人的利益，也在破产情形中得到了保护。依《企业破产规定二》第 4 条第 1 款，债务人对按份享有所有权的共有财产的相关份额，或者共同享有所有权的共有财产的相应财产权利，以及依法分割共有财产所得部分，才属于债务人财产。因此，共有人被宣告破产的，其所享有的共有份额才为破产财产，其他共有人的份额利益不受破产影响。依同条第 3 款，因分割共有财产导致其他共有人损害产生的债务，其他共有人可请求将之作为共益债务进行清偿。如此一来，其他共有人依本法第 303 条享有的损害赔偿债权乃系共益债权，可在破产中得到特别保护。共有人未就共有财产分割达成协议，法院也未裁判分割的，其他共有人的原物返还与破产取回请求无法得到支持，需另行处理[**（2020）最高法民终 1158 号民判**]。

共有物遭受侵害的，各共有人均得以所有权人身份，依本法第 235～238 条请求返还原物，排除妨害，消除危险，修理、重作、更换，恢复原状以及损害赔偿等。共有人依本法第 237 条与第 238 条之债权性请求权主张第三人承担民事责任的，共有人之间形成连带债权关系（**第 307 条**）。与此同时，共有人可能是共同占有人，或至少为间接占有人，故还可主张本法第 462 条确立的占有保护请求权。

本条为任意性规范。在某一具体事项上，按份共有人可约定不以份额为标准分配利益。例如，共有人有权约定由某一共有人单独享有共有物收益，或由某一共有人单独使用共有物。

第二百九十九条 【共同共有】共同共有人对共有的不动产或者动产共同享有所有权。

共同共有一般以特别的共同关系为基础，比如夫妻关系、家庭关系、继承关系，但本法第 308 条并未禁止当事人通过合同约定设立共同共有。是故，共同共有除适用本章相关规定外，还需优先适用夫妻财产、遗产继承等方面的特别规定。根据本条，共同共有人不分份额地

"共同"享有所有权。具体而言，在共同共有中，共有人不分份额地占有、使用共有物，不分份额地享有共有物产生的收益，共同决定共有物的处分（**第 301 条**）。共有物的占有、使用、收益和处分等事项，应由共有人协商一致决定。

共同共有作为所有权的一种特殊形态，也可被用于清偿一方共有人负担的个人债务。依《查封扣押冻结财产规定》第 12 条，法院在保全共有财产后应当及时通知共有人，并让共有人协议分割或诉请分割财产，并对债务人之外的其他共有人的份额解除保全措施。共有人未主动分割共有财产，并不影响保全措施与强制执行程序［**(2018) 最高法民申 2802 号民裁**］。共有人的个人债权人申请执行共有财产的，即便其他共有人无权排除强制执行，其在"份额"范围内的利益也不受影响，典型如保留夫妻另一方（非被执行人一方）享有的共有财产价款之一半［**(2019) 最高法民终 1868 号民判、福建高院 (2020) 闽民终 1899 号民判**］。共同共有人破产的，共有财产需依《企业破产规定二》第 4 条处置；共有物遭受损害的，各共有人均有权主张相应的法律救济，包括物上请求权与债法请求权。就此而言，共同共有与按份共有并无实质区别（**见本法第 298 条评注**）。

本条为任意性规范。在某一具体事项上，共同共有人可约定共有人按一定份额享有权利，比如由某一共有人单独享有共有物的收益。法律对共同共有作出特别规定的，应优先适用。例如，依本法第 1060 条第 1 款，夫妻一方因家庭日常生活需求处分共有物的，无须经过另一方的同意。还如，遗产由继承人共同共有的，其处置需优先适用本法第 1159 条等关于遗产分割的特别规定。

第三百条 【共有物的管理】共有人按照约定管理共有的不动产或者动产；没有约定或者约定不明确的，各共有人都有管理的权利和义务。

无论是对按份共有物还是共同共有物，其管理均适用本条。本条中的"管理"包括保存、维护、改良与利用共有物等行为，不包括处分共有物的行为，后者适用本法第 301 条。共有人的管理无须经其他共有人的同意［**广州中院 (2019) 粤 01 民终 2404 号民裁**］。管理人既可以是一名或多名共有人，也可以是共有人之外的第三人。在管理过程中，管理人既可实施事实行为，也可为法律行为。在后一情形，管理人既可以自己名义为之，也可以全体共有人名义为之。依本法第 307 条，管理人以自己名义为法律行为的，共有人也应承担连带债务、享有连带债权。财产归多人共有，其中一名共有人死亡但继承人尚未确定的，需先明确新的共有人之后，才能处理财产管理问题［**广西高院（2023）桂民申 266 号民裁**］。

依本条，共有人可约定共有物的管理方式，并依约定管理共有物。管理人未按约定管理共有物，给共有人造成损害的，共有人有权请求其承担违约责任。当事人对共有物管理没有约定或约定不明的，由全体共有人管理。首先，管理为共有人的一项权利，其管理权遭受其他共有人侵害或妨碍的，可依物权保护规则、侵权责任规则等获得相应救济。其次，管理共有物为共有人的一项义务，其未尽管理义务的，其他共有人有权请求其履行管理义务；共有物因此遭受毁损或灭失的，其他共有人有权请求恢复原状、损害赔偿等。

在法律适用上，特别规定优先于本条。例如，共有物的重大修缮、变更性质或用途属特别管理事项，适用本法第 301 条。再如，合伙财产的管理属于合伙事务的一部分，适用本法第 970 条。

第三百零一条 【共有重大事项的表决规则】处分共有的不动产或者动产以及对共有的不动产或者动产作重大修缮、变更性质或者用途的，应当经占份额三分之二以上的按份共有人或者全体共同共有人同意，但是共有人之间另有约定的除外。

本条针对共有物之处分、重大修缮、变更性质、变更用途等重大事项，规定其表决机制。原《物权法》第 97 条仅列举共有物的处分与重大修缮，未明文提及性质变更与用途变更，但后两项可通过解释被纳入重大修缮的范畴。处分包括事实上的处分与法律上的处分：前者是指变更或毁损物之物理形态，如拆除、消费；后者乃指转让共有物，在共有物上设立定限物权，或者抛弃共有物。法律上的处分不限于处分行为，买卖、租赁等负担行为也属广义上的处分。本条所涉处分是指共有物的处分，而非本法第 305 条意义上的共有物份额之处分，后者原则上得由按份共有人任意为之，比如以共有份额抵债［**(2023) 最高法民申 2553 号民裁**］、房屋共有份额之抵押［**(2020) 最高法民申 1066 号民裁**］。修缮是指在不改变物之属性的前提下进行修理或翻新，以提高物之物理效用或经济价值。本条所言修缮须为“重大”，其判断依一般社会观念为之。判断不仅应考量物之物理形态或外观的变化，而且应关注修缮是否显著影响共有人的利益，比如修缮费用额度。变更共有物性质，是指改变物的物理形态或法律属性，比如将铁条锻造成铁块，将液态物变为固体物，将混凝土浇灌成不动产的组成部分。性质变更往往导致原共有物丧失同一性，构成事实上的处分。用途变更是指改变物的使用方法与利用目的，比如将自用房屋出租给他人使用［**新疆高院 (2023) 新民申 30 号民裁**］。用途变更不会影响物之物理形态，不构成事实上的处分，但可能构成广义上的法律处分。

针对按份共有人从事本条所列事项的，适用绝对多数决规则，即须经占份额 2/3 以上的按份共有人同意。共同共有以共同关系为基础，各共有人不分份额、平等地对共有物享有权利、承担义务。是故，前列四项事务应经全体共同共有人一致同意。如果按份共有物的法律处分未满足本条的多数决要求，或者部分共同共有人未经其他共有人一致同意，擅自处分共同共有物，那么处分权存在瑕疵，共有物不发生物权变动效果。唯在物债二分框架下，此处分权瑕疵不影响基础合同效力（**第 597 条第 1 款**），但或构成法律上的履行不能，债权人有权解除合同［**(2018) 最高法民终 1230 号民判、北京高院 (2019) 京民终 238 号民判**］。不过，第三人得依本法第 311 条主张善意取得，且此时其他共有人得向无权处分行为人主张损害赔偿［**福建高院 (2011) 闽民终字第 626 号民判**］。同理，共有人未达成绝对多数决或一致决而擅自抛弃共有物的，共有物因抛弃欠缺处分权而不属无主物。其他共有人有权请求“先占人”返还共有物，或者要求抛弃人赔偿损失。出租共有物构成本条中的用途变更，也适用绝对多数决或一致决规则。共有人擅自出租共有物的，租赁合同有效，但其他共有人有权请求承租人返还共有物。事实处分未获占份额 2/3 以上的按份共有人同意，或未获全体共同共有人同意，其他共有人因此遭受损害的，有权请求恢复原状、损害赔偿等。

就重大修缮而言，如果未达到本条规定的按份共有之份额多数决要求，或共同共有人未达成一致意见，则该管理行为不合法。非法管理行为的私法效果应区分对外效果与对内效果。在对外层面，善意第三人不应受到共有人内部关系的影响。例如，尽管仅占份额 1/2 的按份共有人同意对共有物进行重大修缮，且与第三人签订修缮合同，或者全体共同共有人未同意对共有物进行重大修缮，但部分共同共有人与第三人签订修缮合同，那么持异议的共有人不得以其异议对抗第三人，除非第三人在订立合同时为恶意。在对内层面，修缮导致共有物增值，异议共有人因此获利的，构成强迫得利。由于同意修缮的共有人明知其他共有人拒绝修缮，获利不符合共有人的经济计划，故不得请求其他共有人返还得利或者承担修缮费用。

本条之但书表明其为任意性规范，即本条规定的重大事项之表决规则可由共有人通过特别约定予以排除。

第三百零二条 【共有物的管理费用与其他负担的分担】共有人对共有物的管理费用以及其他负担，有约定的，按照其约定；没有约定或者约定不明确的，按份共有人按照其份额负担，共同共有人共同负担。

本条中的管理费用，是指在共有物保存、维护、修缮、改良与利用等过程中产生的费用；其他负担，则包括税费、保险费、共有物致害引发的损害赔偿责任等。本条第一分句不区分按份共有或共同共有，就管理费用与其他负担的分摊采纳约定优先原则。其第二分句则规定，共有人未就此达成约定的，按份共有人按其份额负担，共同共有人则共同负担。这一规定与本法第 298～299 条相呼应，体现了利益与负担相一致的法理。

本条仅涉及管理费用与其他负担在共有人之间的内部分摊，共有人与第三人的对外关系则适用本法第 307 条。因此，第三人有权要求共有人对所涉费用承担连带债务，除非其知晓当事人的特别约定，或者法律另有规定。按份共有人超额支付管理费用或承担其他负担，或者共同共有人利用自己的个人财产清偿管理费用或承担其他负担的，有权依本法第 519 条第 2 款向其他共有人追偿。共同共有不分份额，但在明确追偿范围时，应依该条第 1 款认定共同共有人平均承担管理费用或其他负担，除非共同共有人另有约定。

第三百零三条 【共有物分割请求权】共有人约定不得分割共有的不动产或者动产，以维持共有关系的，应当按照约定，但是共有人有重大理由需要分割的，可以请求分割；没有约定或者约定不明确的，按份共有人可以随时请求分割，共同共有人在共有的基础丧失或者有重大理由需要分割时可以请求分割。因分割造成其他共有人损害的，应当给予赔偿。

一、约定不得分割情形下分割请求权的发生

本条第一句第一分句以共有人的意思自治为出发点，并基于公平与效率之考量，确立了意思自治的限度。共有人约定不得分割共有的动产或不动产的，应依其约定。共有人之间也可依本法第304条，预先就共有物分割的期间、方式、分配方法等内容达成合意，形成共有物分割协议。即便存在不得分割的协议，共有人仍有权在具有重大理由时，请求分割共有物。本条所称“重大理由”，是指继续维持共有状态可能会对共有人造成严重不公平结果的情形。例如，共有人在共有物管理、利用、处分等方面存在重大分歧，无法形成绝对多数决或达成一致意见，从而陷入管理与处分上的“僵局”。再如，共有人擅自处分或毁损共有物，伪造共有人债务损害共有人的利益，或者共有人存在生活急需，如支付教育费用或医疗费用。还如，《企业破产规定二》第4条第2款第一句规定，人民法院宣告债务人破产清算，属于共有财产分割的法定事由。同款还规定，基于重整或者和解的需要必须分割共有财产的，破产管理人有权请求分割。

二、未约定禁止分割情形下分割请求权的发生

按份共有人未明确约定禁止分割共有物的，可随时请求分割共有物［**重庆高院（2019）渝民再123号民判**］。本条第一句第二分句沿袭原《物权法》第99条这一规定，表明按份共有人的分割请求权是一项法定权利，唯有共有人事先明确约定方可排除其行使。不过，按份共有人在行使本条的分割请求权时，不得违反公序良俗，影响其他家庭成员的利益与基本居住需求［**“刘柯妤诉刘茂勇、周忠容共有房屋分割案”，《最高法公报》2016年第7期；北京高院（2019）京民申277号民裁**］。当按份共有人是家庭成员时，分割共有财产应充分考虑老年人权益的保护以及家庭和睦

关系的维护，而若负有赡养义务的子女要求分割家庭共同财产会损害父母的权益，则应排除该分割请求权［**江苏苏州中院（2011）苏中民终字第2116号民判**］。未成年人在父母离婚后请求分割其与监护人的共有房屋的，应予限制，以保护未成年人的财产权［**上海一中院（2008）沪一中民一（民）终字第861号民判**］。

共同共有以共同关系为基础。因此，即使共同共有人未明确约定禁止分割共有物，共同共有人也不得随意请求分割共有物。根据本条第一句第二分句，共同共有人仅在丧失共有基础或有重大理由时，才可请求分割共有物。共同共有的基础，是指共有人之间具有紧密人身属性的关系，如夫妻关系、家庭成员关系、共同继承人关系。共同共有基础的丧失，则指共有人之间的共同关系消灭，如婚姻关系终止、家庭共同生活关系终止。显然，重大理由是指共同关系消灭之外的重大事由，如本法第1066条关于夫妻共同财产分割的规定、《关于人民法院民事执行中拍卖、变卖财产的规定》第14条关于分割被查封的共有物的规定、《企业破产规定二》第4条规定的共有物分割。基于重大理由请求分割共同共有物，并不导致共同关系消灭。例如，夫妻一方依本法第1066条请求分割夫妻共同财产的，婚姻关系并不终止。

三、分割所致损害的赔偿

本条第二句规定，因分割造成其他共有人损害的，应予赔偿。此规定过于简单，应区分不同情形予以讨论。（1）在大多数情形，其他共有人遭受的所谓损害，系共有物因分割而导致的功能丧失或削弱。此时，对于行使分割请求权的共有人来说，并不存在可归责的事由，不宜由其承担损害赔偿之责。（2）因共同关系终止而导致共有财产分割的，原则上不发生共有物分割损害赔偿问题，除非存在法律规定的共同关系终止之归责事由（**如第1091条**）。（3）按份共有人依第一句第二分句请求分割共有物的，若无重要理由或重要理由可归责于其本人，其他因分割遭受损害的共有人有权请求损害赔偿；反之，如果分割请求人有重大理由，且该理由可归责于其他共有人，则无须承担赔偿责任。（4）无论是按份共有人还是共同共有人，依本条以重大理由为据请求分割的，应依重大理由的发生原因明确赔偿责任是否发生，以及赔偿责任范围如何划定。重大理由不能归责于任何共有人的，原则上不发生损害赔偿问题。重大理由可归责于分割请求人的，其他遭受损害的共有人可要求分割请求人赔偿；反之亦然。重大理由可归责于全体共有人的，应依共有人的过错程度确定赔偿范围。

四、其他

关于共有物分割请求权的性质，理论上主要存在请求权说与形成权说两种观点，并以后者为通说。依形成权说，分割请求权是共有人启动共有物分割程序的权利，而非请求其他共有人共同实施分割的权利，其他共有人应当容忍共有关系将消灭的结果。因此，共有人单独取得财产所有权的基础（债权基础）仍是分割协议或分割裁判，而非分割请求权本身。无论是请求权说还是形成权说，均认为分割请求权既不适用本法关于诉讼时效的规定，也不受除斥期间的限制［**河北高院（2016）冀民再88号民判、贵阳中院（2021）黔01民终2700号民判**］。

第三百零四条 【共有物的分割方式】共有人可以协商确定分割方式。达不成协议，共有的不动产或者动产可以分割且不会因分割减损价值的，应当对实物予以分割；难以分割或者因分割会减损价值的，应当对折价或者拍卖、变卖取得的价款予以分割。

共有人分割所得的不动产或者动产有瑕疵的，其他共有人应当分担损失。

一、分割的具体方式：协议分割与裁判分割

本条第1款第一句确立了协议分割优先规则。当事人之间达成的分割协议乃共同法律行为，适用本法关于法律行为的规定。分割协议关涉共有人之间互相转移相应的份额，故本质上为有偿，可依本法第646条准用买卖合同规则。分割协议遵从形式自由原则，可采取口头、书面或其他形式。即便分割协议约定的分割方式有损共有物价值，也属共有人对共有物的自由处分，原则上有效。分割协议成立后，部分共有人拒绝按约定方式分割共有物的，其他共有人可诉请至法院，请求履行分割协议，并要求违约人承担其他违约责任。

本条第1款第二句确立了裁判分割的补充地位。共有人无法达成分割协议，共有人可向法院起诉，请求分割共有物，此谓裁判分割。当事

人在诉请时无须提出具体的分割方式，法院应依共有物的性质确定分割方式。不过，法院在司法实践中往往仅就一方提出的分割方式作出支持或驳回的判决，或者促成当事人就分割达成协议，可能拒绝主动确定分割方式［**北京二中院（2019）京 02 民终 11898 号民判**］。这一做法实际上削弱了分割请求权的形成权属性，影响共有物之利用。倘若确实存在不应分割的特殊情形，那么不妨直接以诚实信用原则或权利滥用禁止规则限制分割请求权，而非一方面承认该权利，另一方面拒绝确定分割方式。

如果共有物是可分物，应采实物分割方式；若为不可分物，原则上应采折价分割或变价分割方式。易言之，实物分割需满足两个要件：物理上可以分割；不影响共有物价值［**甘肃高院（2015）甘民一终字第 82 号民判**］。从本句来看，实物分割优先于折价分割和变价分割，即可分物须采实物分割的方式。至于不可分物应优先采取何种分割方式，本句未作明确规定，由法官自由裁量。在共有房屋分割的情形，是否采实物分割应考虑下述因素：分割后的房屋是否具有构造上的独立性、利用上的独立性、登记上的可行性，当事人的居住需求以及房屋的价值。夫妻共有房屋分割中，所涉共有房屋难以分割为相对独立的套间，且当事人因婚姻矛盾已不适合生活在一套房屋内，而折价分割、变价分割所得价款足以保障各方居住需求的，不应采实物分割［**广州中院（2017）粤 01 民终 23741 号民判**］。厂房多年来均作为整体进行生产经营使用，实物分割会破坏整体使用功能与整体布局等，不利于发挥共有财产的整体经济价值的，可采折价或变价分割［**（2021）最高法民申 4461 号民裁**］。

按份共有本就存在份额，故在共有物分割时无须明确份额问题。共同共有则不同，其分割还需明确份额或分配比例。就此而言，法律的特别规定应当优先适用。例如，合伙财产虽无按份共有意义上的份额可言，但合伙人对于作为整体财产的合伙财产具有所谓“合伙份额”（**如第 974 条**），故合伙财产分割可以该份额为基准［**海南高院（2013）琼民三终字第 104 号民判**］。还如，夫妻离婚中的财产分割应依本法第 1087 条确定分配比例，而遗产分割中的分配比例则需诉诸本法第 1130 条等规定。

二、分割的法律效果之一：取得单独所有权

共有物分割的法律效果，是共有人就分得之物取得单独所有权。分割协议是法律行为，基于此取得的物权变动，应满足基于法律行为发生物权变动的要求。在动产实物分割的情形，共有人在交付分得之物后方

可取得单独所有权；在不动产实物分割的情形，共有人在登记后才能取得单独所有权。在折价分割或变价分割的情形，共有人自受领价金给付时方能成为价款权利人。基于裁判分割的物权变动适用本法第229条，即共有人自分割裁判文书生效时取得分得之物的所有权（**《物权编解释一》第7条**）。至于共有人仅达成分割协议，尚未完成物权公示的，能否对抗第三人的强制执行，尚且存一定争议。有判决认为，共有人在分割房屋时放弃其份额，但其他共有人未完成登记的，其无权排除份额放弃者的金钱债权人的强制执行［**"付某华与吕某白、刘某锋案外人执行异议之诉纠纷案"，《最高法公报》2017年第3期**］。然也有判决认为，夫妻一方基于离婚协议取得对案涉房屋的请求过户登记的权利，虽为一种债的关系，但综合分析权利内容及性质、形成时间等因素，该权利可优先于普通金钱债权，故可对抗案涉房产的强制执行［**"王某、钟某玉案外人执行异议之诉纠纷案"，《最高法公报》2016年第6期**］。

共有物上存在定限物权的，依物上代位原理，定限物权在共有物分割之后继续存在于各分得之物上。例如，担保物权具有不可分性，担保物被分割之后，担保物权继续存在（**《担保制度解释》第38条第2款**）。依本法第383条，地役权也具不可分性，故供役地被实物分割后，地役权也继续存在于两个独立的不动产之上。

三、分割的法律效果之二：瑕疵担保责任

依本条第2款，共有人互负瑕疵担保责任。在协议分割的情形，分割协议具有有偿性，应准用本法第646条，进而类推适用本法第612条（权利瑕疵担保责任）与第615条（物之瑕疵担保责任）。在裁判分割的情形，虽然不存在分割协议，但共有人之间的权利取得乃相互转移相应份额的结果，也可类推适用买卖合同中的瑕疵担保责任。

就共有物之分割而言，权利瑕疵担保责任是指共有人应担保第三人就其他共有人分得之物不得主张任何权利。权利瑕疵主要包括两类情形：分得之物属第三人的财产，或为第三人部分所有；分得之物负有定限物权。分得之物受到法律一般性限制的（如相邻关系），不构成权利瑕疵。地役权与担保物权以共有物为客体，且在分割之后继续存在于全部分得之物上，亦非权利瑕疵。物之瑕疵担保责任，是指共有人应担保其他共有人所分得的共有物部分，在分割之前不存在物理、功能和质量上的瑕疵。物之瑕疵的判断标准，有客观标准与主观标准之分。依前

者，分得之物欠缺该物通常应具备的功能或客观上应有之特征的，存在物之瑕疵。根据后者，分得之物欠缺当事人约定之功能、性质或特征的，也存在物之瑕疵。在具体判断时，法官尤其需要考虑分割方式对标的物的影响，以及共有人对共有物性能、特征之默示的共同认知。

根据本条第 2 款，分得之物存在瑕疵的，其他共有人应当“分担损失”。分担损失并非独立的责任承担方式，需要参照本法的相关规定予以具体化。共有人因分得之物瑕疵而遭受损失的，可请求金钱赔偿（**类推适用第 611 条与第 616 条以及第 583 条**）。在折价分割中，共有物存在瑕疵的，取得共有物的人可以请求减少价金（**类推适用第 611 条与第 616 条以及第 582 条**）。修理、更换与重作原则上不应成为本条的分担损失方式，盖此类救济手段主要适于专业性、经营性出卖人。需注意的是，分割协议具有合同的双务性与共同法律行为的属性，故共有人是否有权以瑕疵为由解除分割协议尚不明确。可能的解决方案是区分共有人的数量进行分析：仅存在两名共有人的，不妨允许一方据此解除分割协议，但存在三名以上共有人的，为维护物权关系的稳定性，原则上不应允许一方单独解除分割协议。

第三百零五条 【按份共有的份额转让与优先购买权】按份共有人可以转让其享有的共有的不动产或者动产份额。其他共有人在同等条件下享有优先购买的权利。

依本条第一句，按份共有人可自由转让其共有份额，无须征得其他共有人同意。按份共有人所享有的份额类似于单独所有权，故可自由转让。共有人明确约定禁止份额转让，按份共有人违反该约定转让其共有份额的，可类推适用本法第 303 条。因此，份额转让禁止的约定原则上有效，但共有人具有重大理由转让份额的，其他共有人应予尊重。份额转让禁止的约定仅具有约束共有人的债权效力，不得对抗第三人。按份共有人欠缺重大理由，违反约定转让份额的，其他共有人可要求转让人承担违约责任。此外，所有权的份额具有经济价值，共有人有权在其份额上设定担保物权。用益物权涉及物之整体的占有与使用，故共有人似无在其份额上设立用益物权之权利。概括而言，份额之处分应直接或类推适用共有物的物权变动规则。因此，不动产所有权份额之处分原则上要求登记（**第 209 条第 1 款**）［**河南高院（2020）豫民终 65 号民判**］，动产所有权份额之处分则需完成交付（**第 229 条等**）。

依本条第二句，共有人转让其份额的，其他共有人在同等条件下享有优先购买权。业主转让专有部分权利的，建筑区分所有权中的共有权人不享有优先购买权［**福建高院（2018）闽民申 2633 号民裁**］。本条中的“转让”，应在两方面作目的性限缩。其一，依《物权编解释一》第 9 条，共有份额的权利主体因继承、遗赠等原因发生变化时，其他按份共有人主张优先购买的，不予支持，但按份共有人另有约定的除外。盖继承与遗赠属无偿转让，既不涉及对价，也无所谓“同等条件”。同理，份额赠与也不适用本句规定。其二，依《物权编解释一》第 13 条，按份共有人之间转让共有份额的，其他共有人不得请求优先购买，但按份共有人另有约定的除外。该条仅适用于共有份额转让的情形，不调整在份额上设立担保物权的情形。倘若按份共有人抵押或质押其份额，那么在担保物权实现过程中，存在直接适用或类推适用优先购买权规则的余地。在拍卖或变卖共有份额时，其他共有人得主张优先购买。在折价实现的情形，其他共有人也有权通过支付相应的价金，优先取得份额。

行使优先购买权的前提，是权利人愿意接受“同等条件”。依《物权编解释一》第 10 条，“同等条件”之判断，应综合考量转让价格、价款履行方式及期限等因素。其他按份共有人提出减少价款、增加转让人负担等实质性变更要求的，法院不支持其他按份共有人主张优先购买权的行使（**《物权编解释一》第 12 条第 1 项**）。其他共有人仅具有购买的意思，但未接受同等条件的，第三人可正常取得份额，且其他共有人有义务协助办理份额转让登记［**成都中院（2021）川 01 民终 20667 号民判**］。

本条之优先购买权的核心问题，系其是否具有对抗第三人的效力，而这一问题又涉及优先购买权的性质。由于本条为不完全法条，未规定优先购买权行使的法律效果，故理论界和实务界对此存在较大争议，从而形成请求权（债权）说、附条件形成权说、（准）物权说、期待权说。依请求权说，此优先购买权系法定的优先缔约权，由于其性质为债权，故无法对抗第三人［**海南一中院（2014）海南一中民一终字第 243 号民判**］。而后三种学说虽然在权利的属性上各执一词，但就优先购买权的行使效果的意见却基本一致，即其行使既导致权利人与出让人之间成立“同等条件”的买卖合同，也具有对抗第三人的效力。优先购买权人一旦行使权利，则买卖合同成立，且不受出让人与第三人间的合同嗣后被合意解除之影响，否则优先购买权会被架空〔**北京一中院（2018）京01民终4155号民判**〕。行使优先购买权的共有人，可优先于第三人而取得系争共有物份额。此时，出让人与第三人的合同依旧有效，但后者只能请求前者承担履行不能之违约责任，处分所涉合同还存在恶意串通等效力瑕疵事由〔**湖南高院（2012）湘高法民再终字第287号民判**〕。因此，当第三人尚未取得份额时，优先购买权人可优先请求出让人履行合同；当出让人已转让份额时，可认定该转让对优先购买权人不生物权效力。

第三百零六条 【优先购买权的行使方式】按份共有人转让其享有的共有的不动产或者动产份额的，应当将转让条件及时通知其他共有人。其他共有人应当在合理期限内行使优先购买权。

两个以上其他共有人主张行使优先购买权的，协商确定各自的购买比例；协商不成的，按照转让时各自的共有份额比例行使优先购买权。

一、通知义务

本条第1款第一句所言“通知”，是本法第305条规定的优先购买权之行使前提。通知的主体是拟出让份额的共有人，对象是其他共有人，内容是出让人与第三人约定的转让条件。通知是准法律行为，得准用法律行为的规定。因此，尽管本条未规定通知的形式，但类推适用本法第135条，份额出让人能以书面形式、口头形式或其他形式通知其他共有人。还有判决认为，拍卖公告也是适格的通知方式：其他共有人已知晓出让人选择拍卖方式，即便后者并未具体通知拍卖时间、地点，但拍卖信息公告已发布在有影响力的报纸上的，其他共有人未参与拍卖应被视为放弃行使优先购买权〔**海南一中院（2014）海南一中民一终字第243号民判**〕。如此判决，无异于要求其他共有人承担“读报”义务，故其是否合理尚且存疑。

通知的效力与通知的内容密切相关。份额出让人未与第三人达成转让合同，但通知指明转让条件，且符合本法第472条第1项要约内容应具体确定之要求的，应视其为要约，而非本条所言通知；其他共有人为承诺的，转让合同自承诺生效时起成立。出让人与第三人已达成转让合同，且在通知中指明转让条件，其他共有人可通过行使优先购买权的意思表示，直接与出让人成立一个条件等同的转让合同。行使优先购买权的意思表示为需受领的单方意思表示，依本法第 137 条自其到达出让人时起生效。

出让人未履行通知义务的，出让人与第三人签订的合同不能对抗其他共有人。其他共有人一旦主张优先购买权，即与出让人成立一个条件等同的合同，并依本法第 305 条取得共有物份额。但是，其他共有人不得以其优先购买权受到侵害为由，仅请求撤销共有份额转让合同，或者认定该合同无效（**《物权编解释一》第 12 条第 2 项**）。

份额出让人在同第三人达成转让条件之前，仅通知其他共有人转让份额之计划的，虽不适用本条，但当事人之间自可展开磋商。磋商成功的，构成共有人之间的份额转让，不涉及优先购买权问题。

二、优先购买权的行使期限

优先购买权的行使，往往意味着其他共有人以单方的意思表示改变其与出让人的法律关系，甚至影响第三人的权利状态。因此，其行使应受期间限制（**本条第 1 款第二句**），此期间类似于保证期间，不发生中止、中断和延长。优先购买权在合理期限内未被行使的，即告消灭；或者说，其他共有人未在合理期限内主张优先购买的，其主张不再被支持（**《物权编解释一》第 12 条第 1 项**）。

优先购买权行使的合理期限，应依《物权编解释一》第 11 条认定。(1) 按份共有人有约定的，依其约定。当事人的约定应足够具体，包括期间的起算点、具体期间的长短、是否存在其他例外情形等。(2) 通知载明同等条件内容与行权期间的，应以该行权期限为合理期限。(3) 通知未载明行使期间，或载明的行使期间短于自通知送达之日起 15 日的，以 15 日为合理期限。(4) 转让人未通知，以其他按份共有人知道或应当知道最终确定的同等条件之日起 15 日，为合理期限。(5) 转让人未通知，且无法确定其他共有人知道或应当知道最终确定之同等条件的，以共有份额权属转移之日起 6 个月为合理期限。

三、优先购买权的竞合

本条第 2 款设定的情形，系两个以上共有人主张优先购买权发生的竞合。在此情形，应先由当事人通过共同协商方式确定份额，但当事人无法达成协议的，各共有人按其在转让时的份额比例行使优先购买权。唯需注意的是，共有人转让份额时仅通知部分其他共有人，且后者基于优先购买权取得份额的，未获通知的其他共有人得主张所涉份额转让对其不生效力，并请求适用本条第 2 款的规定。

本法第 726 条第 1 款规定，出租人出卖租赁房屋的，承租人在同等条件下享有优先购买权；若承租房屋系按份共有物，自然发生按份共有人的优先购买权与承租人的优先购买权的竞合。于此情形，该款以但书的方式表明前者应予优先。之所以如此规定，主要原因在于份额转让不会影响租赁关系，且按份共有人优先有助于实现简化所有权关系的目的。

第三百零七条 【共有的对外关系与对内关系】因共有的不动产或者动产产生的债权债务，在对外关系上，共有人享有连带债权、承担连带债务，但是法律另有规定或者第三人知道共有人不具有连带债权债务关系的除外；在共有人内部关系上，除共有人另有约定外，按份共有人按照份额享有债权、承担债务，共同共有人共同享有债权、承担债务。偿还债务超过自己应当承担份额的按份共有人，有权向其他共有人追偿。

一、本条的适用范围

共有的对外关系和内部关系，均针对因共有物产生的债权与债务而言。所涉债权债务并非由共有物引起，而是直接针对共有物的行为所引发的债权债务。共有物本身不能导致债权债务，因共有物产生的债权类型多样，比如出卖共有物取得的价金债权、出租共有物获得的租金债权、第三人损害共有物导致的损害赔偿债权、第三人从共有物不当得利而引起的返还之债。因共有物产生的债务也类型多样，如因第三人受共有物损害所引起的损害赔偿之债，因第三人无因管理共有物产生的费用偿还债务。然若前列情形均可成立连带债权、债务关系，一方面会造成体系失调，另一方面会造成结果失当。是故，本条所谓“因共有的不动产或者动产产生的债权债务”应作限缩。

首先，共有人就共有物设立的合同之债，并非“因共有的不动产或者动产产生的债权债务”，需直接依合同法规则处理，否则会不当突破合同相对性原理（**第465条第2款**）。至少在文义上，合同之债非“因共有的不动产或者动产产生”，而由合同所创设。共有人均为合同当事人的，连带之债自可成立；而若部分共有人才是合同当事人，那么其他共有人并非连带债权（务）人。例如，即便双方存在合作开发关系，其中一方单独从第三人借款的，也无本条适用空间［**最高法（2014）民申字第1152号民裁**］。还如，有裁判认为劳务提供者在夫妻共有的船舶中工作，并遭受人身损害的，夫妻作为共有人应依本条承担连带责任［**浙江高院（2023）浙民终487号民判**］。该裁判依据尚存疑问，直接依劳务合同与夫妻债务负担规则裁判更为妥当。诸如此类的判决在司法实践中较为常见［**浙江高院（2022）浙民终1260号民判**］，颇值进一步检讨。

其次，法定之债的成立涉及共有物的，其是否属于“因共有的不动产或者动产产生的债权债务”，尚需具体情形具体分析。若共有物遭受侵害，那么共有人乃系共同的受害人，存在连带债权之空间；是否应仅允许按份共有人在其份额范围内享有赔偿请求权，尚值得细究。若共有物致他人损害或者引起法定费用等，且产生所有权人责任（**如第1257条、《最高人民法院关于审理船舶碰撞纠纷案件若干问题的规定》第4条**）或费用偿还之债（**如第317条第1款、第979条第1款**），那么共有人需承担连带债务［**浙江高院（2022）浙民终1224号民判**］。即便汽车由多人共有，但机动车使用人才需承担机动车致害责任（**第1209条第一分句**），故并无依本条要求全体共有人承担连带责任之法律基础。共有的动物致第三人损害的，共有人具有饲养人或管理人地位的，才需承担侵权责任（**第1245条等**）。于司法实践中，本条在共有物致害中存在“过度”适用的现象［**上海高院（2021）沪民终1286号民判**］。

因此，本条主要适用于两类法定之债的情形：一是所有权人作为受害（损）人等而依法享有债权，故共有人可依本条成为连带债权人；二是所有权人因其权利人身份而依法负担债务，故共有人可依本条成为连带债务人。当然，物上请求权、税费负担等也存在“连带”空间。于法律适用方法上，前述限缩适用还可通过本条第一句第一分句中的“法律另有规定”实现。然由于另外规定过多，故若采此路径，则“孰为一般、孰为例外”的问题变得模糊。

二、共有的对外关系

本条第一句第一分句中的“对外关系”，是指共有人与第三人发生的债权债务关系，此第三人主要是指共有人之外的民事主体。不过，共有人也在特定情形中成为本条中的“第三人”。例如，共有的林木折断，导致部分共有人遭受损害的，其他共有人应依本法第 1257 条与本条承担连带责任。

本法第 518 条第 2 款规定，连带债权或连带债务由法律规定或当事人约定。本条第一句第一分句即属该款的“法律规定”，然其但书又表明，在两种除外情形，共有人之间不成立连带债权债务关系。(1) 法律另有规定。此系引致规范，如本法第 1065 条第 3 款即为适例。具体而言，夫妻约定婚姻存续期间取得的财产归各自所有，夫妻一方对外负担债务，且相对人知晓该约定的，应以一方个人财产清偿债务。(2) 第三人知道共有人不具有连带债权债务关系。这主要涉及两类情形：第三人知晓共有人的内部协议；第三人与共有人订立合同时，共有人表示不适用连带关系。不动产登记簿记载各共有人之份额的，该记载只是作为共有人之间财产份额的依据，不能据此当然作为第三人知道共有人不具有连带债权债务关系的依据，以及作为对抗第三人的事由［**广东高院 (2017) 粤民再 427 号民判**］。第三人是否知道的判断时点，是债权债务成立之时。本条第一句确立的连带债权债务关系，初衷在于保护善意第三债权人，减轻善意第三债务人的履行负担，而知情第三人欠缺特别保护之必要。

除外规则的适用效果，是共有人与第三人不成立连带债权债务关系。至于共有人与第三人成立何种债权债务关系，取决于所涉法律规定的具体内容，或者第三人知道的具体内容。例如，第三人仅知道部分共有人不享有连带债权或不承担连带债务的，其他共有人对第三人依旧享有连带债权或承担连带债务。

三、共有人之间的内部关系

本条第一句第二分句的“内部关系”，是指针对因共有物产生的债权债务，共有人之间的法律关系。在按份共有中，共有人按份额享有债权、承担债务，具体份额的确定适用本法第 309 条。在共同共有中，共有人共同享有债权、承担债务。前者是指债权归共有人不分份额地享有，后者则指共有人可利用共同共有的财产来清偿债务。本分句为任意性规范，共有人可就债权债务自由约定内部关系，以排除其适用。当然，依本条第一句第一分句之但书，该约定不得对抗善意第三人。

本条第二句规定了按份共有人的相互追偿权，其具体适用参照本法第 519 条。根据本法第 519 条第 2 款第一句，为简化追偿关系，避免重复追偿，作为追偿对象的"其他共有人"应予目的性限缩，即限于未在其份额内履行债务的共有人。因此，追偿范围也是其他共有人未履行的份额。如果被追偿的共有人不能履行其应负份额，那么应适用本法第 519 条第 3 款，由其他共有人在相应范围内按比例分担。本句仅适用于按份共有，盖在共同共有，若共有人对具体债务的分担约定了份额，可直接适用本法第 519 条。即便共同共有人未就债务负担作出约定，某一共有人利用个人财产清偿共有物产生债务的，也可主张适用本法第 519 条，向其他共同共有人追偿。

四、其他

本条涉及因共有物产生的连带之债关系，是本法第 518～521 条（连带债权债务）在共有关系中的具体化。在不与本条冲突的范围内，第 518～521 条自可适用于共有人与第三人之间的外部关系。此外，本条还在共同共有的情形中与其他条文存在竞合。例如，因合伙财产产生的债之关系，还可适用本法第 973 条关于合伙人连带债务的规定。还如，因夫妻财产产生的债权债务，还可适用本法第 1064 条。由于该些条款乃系特殊类型共同共有的特别规定，应予优先适用。在举证责任上，共有人主张第三人知道共有人之间不存在连带债权债务的，应对第三人知道的事实负举证责任。

第三百零八条 【共有性质的推定】共有人对共有的不动产或者动产没有约定为按份共有或者共同共有，或者约定不明确的，除共有人具有家庭关系等外，视为按份共有。

本条对共有关系性质的推定，首先以存在共有关系为基础；在单独所有的情形，无按份共有推定之余地。因此，当事人对案涉财产是否构成共有财产存在争议的，应事先请求确认物权之归属。虽然当事人之间存在合作关系，但并不必然成立共有，故无所谓按份或共同共有问题。例如，根据双方签订的"合作投资协议"，当事人仅就合作项目的利润而非不动产物权的分配达成约定的，并不成立共有［**最高法（2010）民一终字第 45 号民判**］。若双方确为合作开发关系，那么共建房地产即便登记在一方名下，也属于共有财产［**最高法（2013）民申字第2384号民裁**］。

其次，本条之推定，也以共有人没有约定或约定不明为前提，此为意思自治原则在物权编中的体现。一般而言，共同共有以共有人之间存在共同关系为成立基础；按份共有则先基于当事人约定，后基于法律规定，如本法第283条关于建筑物及其附属设施收益按份共有的规定。但即便存在共同关系，共有人也可依约定排除共同共有，如本法第1065条关于夫妻财产制之约定的规定。

最后，按份共有之推定，不适用于家庭关系与其他情形。从婚姻家庭编第三章之构成来看，家庭关系包括夫妻关系、父母子女关系、其他近亲属关系三类。但是，并非任何其他近亲属关系都属本条规定的"家庭关系"。本条中的家庭关系涉及家庭共有财产，故应以家庭成员关系为限。依本法第1045条第3款，配偶、父母、子女和其他共同生活的近亲属为家庭成员，近亲属则指配偶、父母、子女、兄弟姐妹、祖父母、外祖父母、孙子女、外孙子女。因此，本条中的家庭关系，应限定为配偶、父母、子女和其他共同生活的兄弟姐妹、祖父母、外祖父母、孙子女、外孙子女之间的关系。除家庭关系外，按份共有之推定也不适用于"等"其他情形。至于何为其他情形，并不明确。共有人存在共同关系（如继承关系），且当事人没有明确约定依照份额享有财产的，本条之推定应予排除。也就是说，本条中的"家庭关系等"应作狭义解释，以扩大按份共有的适用范围，简化共有物的物权关系，提高共有物的利用效率。

当以上要件得到满足时，所涉共有即被推定为按份共有。例如，当事人既未约定为按份共有或者共同共有，也欠缺家庭关系的，合作开发房地产项目取得的土地使用权由当事人按份共有［**最高法（2014）民申字第466号民裁**］。一旦推定成立，份额确定应适用本法第309条［**最高法（2012）民抗字第67号民判**］。需注意的是，虽然本条使用"视为"一词，但其真实法律效果并非法律拟制，而是法律推定，即共有人可通过相反证据推翻该推定。

第三百零九条 【按份共有的份额认定】按份共有人对共有的不动产或者动产享有的份额，没有约定或者约定不明确的，按照出资额确定；不能确定出资额的，视为等额享有。

本条仅适用于按份共有的份额确定，共同共有不适用本条。按份共有人的份额首先依当事人约定予以明确；共有人没有约定或约定不明的，应按出资额确定共有份额。是否存在约定以及约定是否明确，属于合同解释问题，适用本法第 466 条合同解释规则。无法确定出资额的，共有人针对共有物享有同等份额。本条第二分句中的“视为”实为推定，共有人证明存在约定或出资额确定的，自可推翻该推定。因此，按份共有人主张存在份额之明确约定，或主张能确定出资额的，应负举证责任。

第三百一十条 【定限物权的准共有】两个以上组织、个人共同享有用益物权、担保物权的，参照适用本章的有关规定。

本条为参引性规范。经本条之指引，定限物权具有两个以上权利主体的，可比照适用本法第 297～309 条的规定，除非其适用违反定限物权的法律属性。例如，本法第 305 条关于共有物份额转让的规定不能适用于担保物权，因为担保物权具有从属性，不得单独转让。除用益物权和担保物权外，债权、知识产权、股权等物权之外的财产权或财产利益由多个主体共同享有的，也能成立准共有。尽管本条未明确列举此类无形财产，但在其准共有情形，不妨参照适用本章规定。

第九章

所有权取得的特别规定

第三百一十一条　【物权的善意取得】无处分权人将不动产或者动产转让给受让人的，所有权人有权追回；除法律另有规定外，符合下列情形的，受让人取得该不动产或者动产的所有权：

（一）受让人受让该不动产或者动产时是善意；

（二）以合理的价格转让；

（三）转让的不动产或者动产依照法律规定应当登记的已经登记，不需要登记的已经交付给受让人。

受让人依据前款规定取得不动产或者动产的所有权的，原所有权人有权向无处分权人请求损害赔偿。

当事人善意取得其他物权的，参照适用前两款规定。

一、无权处分与原物返还

本条之适用，以无权处分为预设情形。此所谓处分，乃指当事人欲转让或设立物权的法律行为，故非依法律行为导致物权变动的情形不适用本条。共有份额的转让，仍属处分行为的范畴，故可适用本条；而法定继承并非本条所言处分，不适用本条，继承人不得因其善意请求取得非属被继承人的财产。无权处分，则指欠缺处分权的民事主体处分标的物的行为。处分权瑕疵，主要包括以下三种情形：（1）处分人并非物权人，且未获得物权人的处分授权。（2）处分人虽为物权人，但丧失了处分权，比如破产债务人、查封物或者扣押物的所有权人。（3）处分人是已负担定限物权之标的物的物权人，但欲不负负担地处分标的物，如动产抵押人欲不负负担地转让抵押物（此情形中的善意取得又谓“善意无负担取得”）。

根据本条第1款第一分句，在无处分权人为转让的情形，所有权人可以取回标的物。处分行为效力以处分权为前提，否则不生物权变动效果。相对于所有权人，受让人对标的物的管控构成无权占有，故所有权人有权请求返还原物（**第235条**）。因此，本条第1款第一分句同本法第235条与第460条，具有体系上的一致性。但是，基于本法第215条确立的物债区分原则，受让人与无处分权人签订的基础合同不受处分权瑕疵的影响，能继续有效。受让人已取得标的物之占有的，无权转让人不得请求取回标的物，受让人得以基础合同对抗无处分权人的取回请求权。因所有权人取回标的物，导致受让人不能取得所有权的，无处分权人依本法第597条第1款应负违约责任。

二、无权处分中善意取得的适用要件

比较法上，善意取得制度一般仅适用于无权处分动产的情形。而本条第1款规定的善意取得，包括不动产善意取得和动产善意取得。在具体适用上，二者存在一定差异，兹分述之。

（一）不动产善意取得的适用要件

不动产善意取得的要件之一，是不动产登记簿出现权属错误。不动产登记簿是认定物权归属的重要依据（**第217条**），具有公信力和信赖保护效力。不动产登记簿产生错误，即不动产的真正所有权人与登记所有权人不一致，登记所有权人享有不动产所有权的权利外观。登记错误引发的第三人信赖是善意取得的前提。虽然本条未直接规定登记错误要件，但第1款第3项暗示了这一要件。若非登记错误，则不可能正常完成登记，保持登记的连贯性。不动产登记簿关于不动产物理信息的记载存在错误的，不适用本条。

不动产善意取得的要件之二，是受让人应为善意（**本条第1款第1项**）。依《物权编解释一》第14条第1款，善意是指交易相对人不知道转让人无处分权，且无重大过失。其第15条第1款进一步列举应认定不动产受让人非属善意的情形：存在有效的异议登记；存在有效的预告登记；存在查封等限制不动产权利的事项；交易相对人知晓登记错误或其他人享有物权。除前列情形，真实权利人有证据证明不动产受让人应当知道转让人无处分权的，应认定受让人有重大过失（**《物权编解释一》第15条第2款**）。就此而言，所涉不动产的占有情况、第三人的职业经验、价款额度等均是考量因素。第三买受人是职业房屋交易中介人员，熟知交易风险，更应尽到谨慎审查义务，故其未了解房屋现状与居住使用情况，轻信出卖人说辞的，不应认定其为善意［**江苏南通中院（2015）通中民终字第 02934 号民判**］。依本条第 1 款第 1 项，善意的判断时点是受让人受让该不动产之时，即依法完成不动产物权转移登记之时（**《物权编解释一》第 17 条**）。

不动产善意取得的要件之三，是受让人以合理价格取得物权。事实上，价格是否合理也是判断受让人是否善意的重要因素。受让人未支付合理对价（比如赠与和遗嘱继承）或支付价格不合理的，不能主张善意取得。根据《物权编解释一》第 18 条，合理价格应依转让标的物的性质、数量以及付款方式等具体情况，参考转让时交易地市场价格以及交易习惯等因素，予以综合认定。参照《合同编通则解释》第 42 条第 2 款，无权处分的转让价格低于交易时交易地的指导价或市场交易价 70% 的，构成"明显不合理的低价"。至于价款是否已支付完毕，则无关紧要。

不动产善意取得的要件之四，是不动产物权已完成转让登记（**本条第 1 款第 3 项**）。根据本法第 209 条，不动产物权的设立、变更、转让、消灭依登记发生效力，未经登记的，不发生效力。因此，本要件是不动产物权变动规则在善意取得情形的自然延伸。善意受让人须完成不动产物权的变动登记，否则仅享有债权人的法律地位，无法对抗所有权人的物权。

不动产善意取得的要件之五，是无权处分所涉基础合同有效。无处分权人与受让人签订的基础合同无效或被撤销时，当然不生善意取得之效果（**《物权编解释一》第 20 条**）［**北京二中院（2018）京 02 民终 3783 号民判**］。本条之适用仅可"治愈"处分权瑕疵，无处分权人与受让人的合同效力之认定，尚需适用本法总则编第六章与合同编第三章的规定。例如，第三人最初并非农村集体经济组织成员，房屋买卖合同因此无效，但其在诉讼前已取得成员资格的，买卖合同得到"治愈"，故可善意取得房屋［**日照中院（2017）鲁 11 民终 1230 号民判**］。

（二）动产善意取得的适用要件

动产善意取得的要件之一，是动产占有人与所有权人不一致。与不动产善意取得相同，动产善意取得也需具备权利外观。动产以占有为公示要件，无处分权人在处分该动产时应占有该动产。无处分权人的占有可以是直接占有，也可以是间接占有。本条虽未直接规定占有要件，但本条第1款第3项的交付要件已予暗示。处分行为人既非所有权人，也非间接占有人的，即便其可完成本法第227条中的指示交付，第三人也无从善意取得动产所有权。

动产善意取得的要件之二，也是受让人善意且无重大过失。《物权编解释一》第14条第1款关于善意的定义，对动产的善意取得亦为适用。唯其第16条针对受让人受让动产的情形，认为交易的对象、场所或时机等不符合交易习惯的，应认定其有重大过失。根据本条第1款第1项，善意的判断时点也是受让人受让所涉动产之时。具体而言，善意的判断时点是交付完成的时点。相应地，当事人采简易交付的，转让动产法律行为生效的时间为判断善意的时点；当事人采指示交付的，转让返还原物请求权协议的生效时间为判断善意的时点（**《物权编解释一》第17条第1～2款**）。

动产善意取得的要件之三，亦须受让人以合理价格取得物权。无论是动产还是不动产，其善意取得均以此为必要条件，故本条不适用于赠与、继承、遗赠等无偿取得的情形。至于合理价格的判断，也依《物权编解释一》第18条为之。实践中，价格是否合理同样是判断善意的考量因素之一。至于第三人是否已支付价款，并不影响善意取得。

动产善意取得的要件之四，是交付完成且受让人取得占有（**本条第1款第3项**）。依本法第224、226、227条，动产物权变动以交付为前提。因此，本要件是动产物权变动规则在动产善意取得中的自然延伸。从《物权编解释一》第17条第2款来看，当事人以本法第228条之占有改定方式完成交付的，不生动产善意取得之效力；故对动产善意取得而言，现实交付、简易交付、指示交付是适格的交付方式。就此而言，尚有三点值得注意。其一，当事人初采占有改定，嗣后又完全转移占有的，善意取得仍可完成；唯善意之判断时点，以占有完全转移时为准。其二，指示交付以返还原物请求权之让与为要件，而该权利本身无所谓善意取得，故出让人欠缺该权利的，指示交付无从完成。其三，特殊动产（如机动车、航空器、船舶）的善意取得也以交付为准，无须完成登记（**《物权编解释一》第19条**）。但在二手机动车等特殊动产转让中，登记往往决定了受让人是否构成善意。机动车虽为动产，但其存在严格管理措施，故所有权人仍登记在簿的，第三人无法完成过户登记，难谓其属善意［**“刘志兵诉卢志成财产权属纠纷案”，《最高法公报》2008年第2期**］。

与不动产善意取得一样，动产善意取得的要件之五，也是无权处分所涉基础合同有效。

与不动产善意取得不同，动产还涉及占有脱离物善意取得问题。所涉动产是遗失物等占有脱离物的，须适用本法第 312 条，第三人善意取得应满足更严格的要件。之所以区别处理，原因在于占有脱离物的所有权人非出于其自愿而丧失占有，并无可归责性可言，或者善意取得的风险不应简单地由其负担。因此，基于本条的动产善意取得还需满足第六项要件，即所涉动产并非占有脱离物。

（三）善意取得之要件事实的举证责任

在法条结构上，如果说本条第 1 款中“无处分权人将不动产或者动产转让给受让人的，所有权人有权追回”为基础规范，则该半句分号之后的“除法律另有规定外，符合下列情形的，受让人取得该不动产或者动产的所有权”为抗辩规范。准此，无论是不动产还是动产之无权处分，若受让人欲以此抗辩规范对抗所有权人的原物返还请求权，须就善意取得的所有要件事实负举证责任。事实上，除善意要件外，学理和司法实务对此举证责任的分配并无意见分歧。易言之，仅仅针对善意的证明，曾存在针锋相对的讨论：支持者认为应由受让人对自己的善意负举证责任，反对者则力主由所有权人对受让人的恶意负举证责任。由《物权编解释一》第 14 条第 2 款沿袭的原《物权法解释一》第 15 条第 2 款最后一锤定音，明确由真实权利人（所有权人）对受让人的恶意负举证责任。

三、无权处分与善意取得的法律效果

善意取得规则具有“治愈”处分权瑕疵的效果，进而发生限制所有权人之原物返还请求权的效果。易言之，受让人依此规范直接取得物权，所有权人不得请求返还原物。依本法第 313 条，标的物此前负担其他物权的，善意受让人得无负担地取得物权，除非其知晓或应当知晓该物权存在，或者该物权登记在簿。于不动产善意取得中，登记机构不得以登记行为违法为由撤销该行政行为，否则第三人的善意取得将落空（**《最高人民法院关于审理房屋登记案件若干问题的规定》第 11 条第 3 款**）。

本条第 2 款所规定者，并非善意取得本身的法律效果。也就是说，依据不同情形，本款所涉损害赔偿可能是基于侵权的损害赔偿，也可能是基于违约的损害赔偿。在本法第 996 条与第 1183 条设定的情形，损害赔偿甚至包括精神损害赔偿。除损害赔偿外，原所有权人还可基于不当得利请求无处分权人返还所获利益，即本条第 1 款第 2 项中的“合理的价格”。依本法第 222 条，因不动产登记机构的过错导致登记错误的，原所有权人尚可向有关机构请求国家赔偿。此时，因无处分权人的行为是导致原所有权人受损的直接原因，不动产登记机构应负补充责任。

四、其他物权的参照适用

依本条第 3 款，所有权之外的其他物权也可参照适用所有权善意取得规则。虽然本条第 1 款仅涉及所有权转让，但本款中其他物权的“取得”既可能是创设性继受取得之结果（比如设立不动产抵押权），也可能是转移性继受取得之结果（比如转让建设用地使用权）。本款中的“其他物权”是指动产或不动产上的用益物权与担保物权，不包括权利质权，除非被质押的权利本身存在善意取得之可能。动产留置权乃系法定物权，不涉及法律上的处分与处分权问题，故无所谓善意取得。针对留置第三人动产的问题，《担保制度解释》第 62 条区分规定了民事留置与商事留置：依该条第 1 款，债权人因同一法律关系留置合法占有的第三人的动产的，第三人无权请求返还；依同条第 3 款，所涉第三人的动产与债权并非源于同一法律关系的，债权人不得留置该动产。

至于动产抵押权能否善意取得，理论与司法实践中尚存争议。于民法典适用之前，不少判决在处理动产抵押与所有权保留、融资租赁的关系时，承认了动产抵押权是善意取得的对象，可成立于出卖人与出租人的动产［**安徽高院（2019）皖民终 1127 号民判、河南高院（2021）豫民终 921 号民判、山西高院（2020）晋民终 907 号民判**］。然依现行法，其关系应通过登记顺位规则解决，无须诉诸本条。因此，当动产所有权人享有的乃非担保性所有权时，第三人能否善意取得动产抵押权、本条能否适用的问题才存在。动产抵押权的设立不以交付为要件，承认其善意取得有违占有改定不发生善意取得效力的规则（**《物权编解释一》第 17 条第 2 款之反对解释**）；且抵押以将有动产为客体的，抵押人往往尚未占有动产，并无权利外观可言。因此，动产抵押权的善意取得尚且存在障碍。唯在特殊动产的情形中，由于其还适用登记对抗规则，抵押权人可能对登记状态具有信赖，故法院可能结合该规则与本条之规定，承认特殊动产抵押权的善意取得［**武汉海事法院（2022）鄂 72 民撤 1 号民判、（2019）最高法民申 647 号民裁**］。登记对抗规则有别于善意取得规则，此处所谓抵押权善意取得实为登记对抗规则之结果，与本条无关。

其他物权的善意取得也须相应地满足下述条件：引发信赖的权利外观、取得人善意、合理价格、完成物权公示。在无权设立担保物权的情形，债权人提供的贷款或信用应被视为本条中的“合理的价格”，尽管设立担保的合同形式上乃系单务法律行为。

五、其他

善意取得规则与登记对抗规则关系密切，二者皆有保护第三人信赖的功能。部分物权变动适用登记对抗规则，即未登记的物权不得对抗善意第三人，典型如特殊动产的物权变动（**第225条**）、土地承包经营权的互换与转让（**第335条**）、土地经营权的流转（**第341条**）、地役权的设立（**第374条**）、动产抵押权的设立（**第403条**）、所有权保留（**第641条第2款**）、融资租赁（**第745条**）。当处分行为人欠缺处分权时，第三人可受益于登记对抗规则，取得相应的物权。这一结果类似于善意取得（或善意无负担取得），不妨被视为本条之外的特殊善意取得。

善意取得与表见代理不同，但两者在冒名处分不动产中存在法律适用上的困难。在冒名处分中，不动产登记簿并无错误，处分人冒充真正的物权人处分标的物。有观点认为冒名处分不动产可适用善意取得规则，还有观点则认为应类推适用无权代理规则。冒名处分房屋与无权处分房屋不同：前者仅涉及交易主体身份的误信，与善意取得制度登记簿错误有本质区别；房屋权利人并无交易房屋的真实意思表示，合同双方之间并不存在房屋买卖的合意，故房屋权利人一般得主张合同无效；本人与冒名人具有特定类型化的代理关系时，可例外扩大适用代理规范进行处理与认定，以平衡当事人之间的利益关系［**上海一中院（2014）沪一中民二（民）终字第3040号民判**］。从法教义学与利益权衡来看，应以类推适用无权代理与表见代理规则为宜。司法实践也多采此处理方式［**四川高院（2018）川民再450号民判、北京高院（2017）京行终2832号行判、中山中院（2023）粤20民终6121号民判**］。

货币具有高度流通性，至少在流通领域仍需适用“占有即所有”规则，不适用善意取得规则。债权一般欠缺可供信赖的权利外观，原则上不适用善意取得，但债券、票据、仓单、提单等“有体化”债权的转让和质押除外。依本条善意取得前述作为动产的有价证券，即意味着善意取得其所蕴含的债权。银行账户中的资金乃系账户持有人对银行享有的债权，自无适用本条之余地。然账户持有人对账户的控制构成较强的权利外观，类似于货币之占有，故转账、汇款相对人的信赖应受周全保护。

依《专利法》第 10 条第 3 款、《商标法》第 42 条第 4 款以及本法第 444 条第 1 款，专利与注册商标以登记为公示手段，且登记是其转让与质押的生效要件，故登记簿具有公信力。于专利权与注册商标权转让的情形中，虽然现行法并未规定专利、商标的善意取得，但司法实践多予承认，并类推适用本条规定［**（2021）最高法知民终 322 号民判、最高法（2013）民申字第 2320 号再审民裁、上海高院（2022）沪民终 734 号民判**］。相应地，专利权与注册商标权之质押也可类推适用本条。著作权之设立无须登记，其转让也不以登记为要件，故欠缺善意取得之可能［**广东高院（2008）粤高法民三终字第 371 号民判**］。相应地，著作权质押也欠缺类推适用本条之基础。

股权质权能否善意取得，尚且存在一定的模糊之处。现行法就此存在一些特别规定。其一，依《公司法解释三》第 27 条第 1 款，股权转让后尚未向公司登记机构办理变更登记，原股东将仍登记于其名下的股权转让、质押或者以其他方式处分的，善意第三人可基于本条之类推适用，善意取得股权或股权质权。该款一方面仅调整"一股二卖"的情形，另一方面不调整上市公司股权的处分，因为其适用证券交易所的转让规则（**《公司法》第 199 条**），即通过证券登记结算系统来处分。其二，《公司法解释三》第 25 条第 1 款就股权代持作了专门规定，即名义股东将登记于其名下的股权转让、质押或者以其他方式处分，第三人可基于本条之类推适用，善意取得股权或股权质权。不过，股权代持者（名义股东）的处分究竟是无权处分，还是仅违反了当事人间的代持协议，尚需细究。司法实践倾向于其系无权处分，故可类推适用本条规定［**（2016）最高法民申 1594 号民裁、（2019）最高法民终 992 号民判**］。除前述规定外，股权能否善意取得的问题尚无明文规定。当股权乃是上市公司股权时，证券登记结算系统具有强公信力，自应存在善意取得之可能；而在其他情形，既然《公司法解释三》已将工商登记作为善意取得的关键节点，那么不妨类推适用《公司法解释三》第 27 条与第 25 条。

司法实践中还存在其他财产的"善意取得"。例如，有裁判比照本条要件承认了域名权的善意取得，尽管其并未采取类推适用本条的法律适用方法［**北京知识产权法院（2016）京 73 民终 467 号民判、重庆二中院

(2017) 渝 02 民初 108 号民判]。还如，游戏装备等网络虚拟财产的善意取得也得到了裁判的支持[湖南衡阳法院(2008)蒸民一初字第 425 号民判]。

第三百一十二条 【遗失物的追回】所有权人或者其他权利人有权追回遗失物。该遗失物通过转让被他人占有的，权利人有权向无处分权人请求损害赔偿，或者自知道或者应当知道受让人之日起二年内向受让人请求返还原物；但是，受让人通过拍卖或者向具有经营资格的经营者购得该遗失物的，权利人请求返还原物时应当支付受让人所付的费用。权利人向受让人支付所付费用后，有权向无处分权人追偿。

一、遗失物权利人的无偿追回权

遗失物属于占有脱离物，即违反权利人意愿而丧失占有的物。遗失物需要具备五个要件：一者，遗失物为动产，不动产不可能成为遗失物；二者，遗失物是为人所有的物，区别于无主物；三者，所有权人丧失占有，区别于遗忘物；四者，所有权人的占有丧失违反其意愿，否则构成抛弃，形成无主物；五者，所有权人非因第三人的非法行为丧失占有，否则构成盗窃、抢劫或抢夺，形成盗赃物。

依本条第一句，“追回”权的权利主体是所有权人或者其他权利人，而所谓追回，则是指请求返还遗失物。权利人享有物权的，还得依本法第 235 条或第 460 条请求原物返还。权利人是承租人、保管人、借用人等债权人的，也可依本法第 460 条请求原物返还。尽管如此，本条第一句确立的“追回”权仍具有意义，因为前列其他条款规定的返还以无权占有为要件，而拾得或保管遗失物的主体并不必然是无权占有人。占有并非一项权利，故本条的“其他权利人”不包括无权占有人。无权占有人遗失占有物，被他人侵占的，可依本法第 462 条请求返还原物。

本条第一句之“追回”意味着，遗失物处于他人占有下的，权利人可无偿取回，不论占有人是拾得人，还是由拾得人处继受取得占有的第三人。本条采“追回”之表述，主要旨在调整后一情形。前一情形可直接由本法第 314 条第一句调整。

二、遗失物权利人的有偿追回权

根据本条第二句第一分句，在遗失物被转让给第三人，且第三人获得占有的情形，权利人有权自知道或应当知道受让人之日起 2 年内，请求受让人返还遗失物。此期限是权利行使期限，不发生中断、中止与延长。2 年期限一旦届满，权利人的返还请求权消灭。权利人行使取回权的具体法律效果取决于遗失物能否被善意取得，以及本法第 311 条规定的要件是否得到满足。若采肯定说，且第三人依本法第 311 条善意取得遗失物所有权，那么遗失物所有权人溯及既往地丧失遗失物，遗失物上的负担也溯及既往地消灭。若采否定说，或第三人未依据本法第 311 条善意取得遗失物所有权，那么取回仅涉及占有的恢复，不涉及物权关系，遗失物自始归权利人所有。当然，依本条第二句第一分句，权利人亦可放弃返还原物请求权，转而请求转让人损害赔偿。

本条第二句第二分句为但书，其所列情形具有特殊性，受让人此时对转让人的处分权具有强信赖，故应予特别保护。根据本分句，受让人的费用支付请求权需满足下述条件：其一，无权转让满足本法第 311 条第 1 款规定的全部要件；其二，遗失物权利人在 2 年期限内请求返还原物；其三，受让人通过拍卖或向具有经营资格的经营者购得该遗失物。如果转让不满足本法第 311 条的规定，那么受让人不能取得遗失物所有权，遗失物权利人可无偿请求原物返还。如果遗失物权利人未在 2 年内请求返还原物，则返还请求权归于消灭，受让人确定地取得遗失物所有权，除非本法第 311 条所涉条件未得到满足。对受让人而言，本条第二句之但书实为授权性规范，他可以不要求权利人支付费用，转而基于本法第 612 条规定的权利瑕疵担保义务要求转让人承担违约责任，或者直接依本法第 597 条第 1 款解除合同，并要求转让人承担违约责任。

根据本条第三句，遗失物权利人向受让人支付费用后，可以向无处分权人追偿。本条中的“费用”，主要是指受让人通过拍卖或向具有经营资格的经营者支付的合理价金。

三、其他

盗赃物虽非遗失物，但得类推适用本条。通说认为，盗赃物也可适用善意取得，与遗失物作一体处理。该说也得到了相关司法实践的支持［**北京一中院（2021）京 01 民终 9860 号民判**］。依《关于办理诈骗刑事案件具体应用法律若干问题的解释》第 10 条第 2 款，他人善意取得诈骗财物的，不予追缴。同时，原《关于审理诈骗案件具体应用法律的若干问题的解释》第 11 条也规定，行为人将诈骗财物已用于归还个人欠款、货款或者其他经济活动的，如果对方明知是诈骗财物而收取，属恶意取得，应当一律予以追缴；确属善意取得的，不再追缴。然亦有判决拒将本条类推适用至盗赃物处分［**江西高院（2020）赣民申 1762 号民裁、重庆一中院（2016）渝 01 民终 7733 号民判**］；盗窃的文物被违法销售出境，且多次转让的，不适用善意取得，所有权人有权追回［**福建高院（2021）闽民终 302 号民判**］。货币具有强流通性，至少在流通领域需适用“占有即所有”规则，故遗失的货币不适用本条，盗赃的货币不类推适用本条。

第三百一十三条 【动产善意取得对原有权利的影响】善意受让人取得动产后，该动产上的原有权利消灭。但是，善意受让人在受让时知道或者应当知道该权利的除外。

根据本条第一句，受让人善意取得动产所有权后，动产上的原有权利消灭，即受让人不负负担地取得所有权。本句中的“原有权利”，是指所有权与担保物权。基于“一物一权”原理，第三人善意取得动产所有权的，动产原所有权人的所有权归于灭失。动产负担抵押权、质权等定限物权的，定限物权也归于消灭。动产善意受让人所获权利的范围，取决于善意内容的范围。例如，受让人虽不知晓转让人欠缺处分权，但知晓标的物负担质权的，受让人取得的动产所有权继续负担该质权。

根据本条第二句，善意受让人知道或应当知道动产上的原有权利的，原有权利继续存在。受让人是否知道或应当知道原有权利，依《物权编解释一》第 14 条第 1 款与第 15 条予以判断。善意之判断时点为“受让时”，即交付完成时。依《物权编解释一》第 17 条第 2 款，当事人采简易交付的，转让动产法律行为生效的时间为判断善意的时点；当事人采指示交付的，转让返还原物请求权协议的生效时间为判断善意的时点。在举证责任方面，定限物权人主张定限物权继续存在的，应对善意受让人知道或者应当知道定限物权的事实负举证责任。

本条不仅适用于受让人依本法第 311 条取得动产所有权的情形，亦可类推适用于其他情形。首先，受让人依本法第 312 条取得遗失物所有权的，得类推适用本条。其次，不动产善意取得也可参照适用本条。例如，房屋负担抵押权且该权利登记在簿的，如果受让人自无权转让人处取得房屋所有权，那么其应当知道该抵押权存在，故取得的所有权会继续负担该抵押权。由此可见，善意取得并不完全是原始取得，其具有继受取得属性。

第三百一十四条 【遗失物拾得人的返还义务】拾得遗失物，应当返还权利人。拾得人应当及时通知权利人领取，或者送交公安等有关部门。

本条和本法第312条中的“遗失物”同义，区别于无主物。在实践中，某一物是遗失物还是无主物，需依据一般社会观念与所涉具体情形综合判断。本条中的“拾得”，是指发现并实际占有遗失物的行为。拾得人仅发现遗失物，但未占有遗失物的，不构成拾得。拾得是一种取得占有的方式，拾得人因此成为有权他主占有人；拾得人仅为自己利益占有遗失物的，构成恶意自主占有。拾得是一种事实行为，不以拾得人具有行为能力为前提。

根据本条第一句，拾得人应将拾得物返还给权利人。此所谓“权利人”，既可以是所有权人，也可以是具有占有权能的定限物权人或债权人。权利人是物权人的，还有权依本法第235条与第460条请求返还遗失物。权利人是债权人的，也有权依本法第460条请求拾得人返还遗失物。无权占有人并非本条的权利人，但其有权依本法第462条请求拾得人返还遗失物。拾得人拒不返还遗失物，并因此导致遗失物物权人遭受损害的，后者可依本法第237～238条请求修理、重作、更换，恢复原状或者损害赔偿。权利人仅对遗失物享有债权的，不能主张适用本法第237～238条。在拾得人拒不返还，恶意占有遗失物期间，遗失物毁损、灭失的，拾得人依本法第459条与第461条应承担损害赔偿责任，此责任不以拾得人有过错为要件。

本条第二句规定的拾得人之及时通知和送交义务，乃基于其拾得产生的法定之债关系，并有无因管理规定的适用。具体而言，拾得人知道具体权利人的，既可及时通知权利人领取，也可及时送交公安机关等有关部门。即便拾得人知道具体权利人，也有权将拾得物及时送交有关部门，无须亲自通知权利人。拾得人不知具体权利人，既可通过发布招领公告等方式通知权利人，也可将拾得物及时送交有关部门。本条中的“有关部门”，既可以是公安机关，也可以是其他部门，如遗失物被发现时所在的政府机关、学校或其他公共场所。关于“及时”的判断，应综合考量所涉具体情形和社会一般观念。

本句为不完全法条，其违反的法律效果应参引本法其他规定。因拾得人未履行及时通知义务或送交义务，继续占有拾得物的，在不合理期限内构成恶意无权占有，适用本法第 459～461 条关于恶意占有的相关规定。拾得人因履行通知义务或送交义务而产生的费用，有权依本法第 317 条第 1 款请求权利人予以清偿。据本法第 321 条与第 460 条，遗失物在权利人丧失占有期间产生的孳息，归权利人所有，权利人得一并请求返还遗失物和孳息。

第三百一十五条 【有关部门的通知、公告义务】有关部门收到遗失物，知道权利人的，应当及时通知其领取；不知道的，应当及时发布招领公告。

本条区分知道和不知道权利人两种情形，分别规定有关部门及时通知和发布招领公告的义务。通知或发布公告是否及时，应依所涉具体情况与一般社会观念综合判断。本条亦为不完全法条，未规定有关部门违反本条义务的法律效果。有关部门未及时通知权利人或未及时发布招领公告的，在不合理期限内构成恶意占有，得适用本法第 459～461 条。因履行本条规定的义务而产生的费用，有关部门有权要求权利人清偿，除非履行该义务属于通知人或公告发布人的职责。

第三百一十六条 【遗失物的妥善保管义务】拾得人在遗失物送交有关部门前，有关部门在遗失物被领取前，应当妥善保管遗失物。因故意或者重大过失致使遗失物毁损、灭失的，应当承担民事责任。

本条规定的拾得人或有关部门对遗失物的妥善保管义务，是指其应尽普通人的注意义务，而非善良管理人义务。故拾得人或有关部门未尽普通人的注意义务，有故意或重大过失，导致遗失物毁损、灭失的，权利人得请求其承担损害赔偿责任［**茂名中院（2017）粤09民终24号民判**］。拾得人或有关部门仅有一般过失或轻过失的，不承担损害赔偿责任。在举证责任上，权利人应证明拾得人或有关部门对遗失物的毁损、灭失存在故意或重大过失，且保管不当是造成遗失物毁损或灭失的原因。

拾得人或有关部门故意侵害遗失物，或者因重大过失造成遗失物毁损、灭失的，权利人尚可基于侵权责任规则请求损害赔偿。但是，本条既已排除一般过失与轻过失下须承担赔偿责任，那么拾得人或有关部门非故意或有重大过失时，权利人也不宜基于侵权责任规则请求损害赔偿，否则本条的立法目的会被架空。

第三百一十七条 【遗失物权利人的费用负担】权利人领取遗失物时，应当向拾得人或者有关部门支付保管遗失物等支出的必要费用。

权利人悬赏寻找遗失物的，领取遗失物时应当按照承诺履行义务。

拾得人侵占遗失物的，无权请求保管遗失物等支出的费用，也无权请求权利人按照承诺履行义务。

依本法第314～316条，拾得人对遗失物负保管义务、返还义务、送交义务与通知的义务；保管遗失物的有关部门也承担保管义务、返还义务、通知义务、公告义务。本条第1款基于无因管理的原理，规定拾得人与有关部门有权请求遗失物的权利人支付因“保管遗失物等”产生的必要费用。首先，此必要费用是指本法第314～316条所涉行为产生的费用，包括妥善保管费用、返还所涉费用、通知权利人与发布公告费用、交通费用等。其次，拾得人或有关部门支付有益费用与奢侈费用，提高遗失物价值的，不适用本条第1款，但可适用本法第985条与第987条之不当得利规则。于此情形，权利人的获利构成强迫得利，是否应返还利益，即清偿有益费用和奢侈费用，取决于获利是否符合权利人的经济计划。最后，拾得人、有关部门返还义务与权利人的费用支付义务具有一定程度的牵连性，故遗失物权利人拒不支付费用的，不妨宽泛理解本法第525条中的“互负债务”，允许相对人行使同时履行抗辩权。

除此之外，由于拾得人、有关部门的保管、维护等行为在一定程度上增加了遗失物的价值，故其也可依本法 447 条就遗失物享有留置权。

本条第 2 款规定权利人依悬赏广告支付报酬的义务。实践中，为更好地激励他人帮助寻找遗失物，权利人往往会发布悬赏广告，承诺对拾得人给予一定报酬。尽管拾得人依本法第 314 条负有返还遗失物的法定义务，但权利人自愿对拾得人允诺给付报酬，有利于遗失物的寻找与返还，和互助、团结的社会主义核心价值观相符，且与司法实践中的既有做法也保持一致（**"李某诉朱某华、李某华悬赏广告酬金纠纷上诉案"，《最高法公报》1995 年第 2 期**），故本款明确肯定其法律效力。本款的适用与本法关于悬赏广告的规定一致（**参见本法第 499 条评注**）。需注意者，本款仅规定权利人为承诺义务履行人，结合本条第 1 款，拾得人应为报酬请求权人。同时，拾得人将遗失物送交有关部门的，仍可请求权利人履行其承诺。权利人发布悬赏广告，但拒绝履行悬赏义务的，拾得人有权主张同时履行抗辩权（**参照适用第 525 条**），并要求权利人继续履行悬赏义务（**参照适用第 577、579 条**）。

依本条第 3 款，拾得人侵占遗失物的，丧失必要费用支付请求权与悬赏承诺之履行请求权。本款中的"侵占"是指，拾得人为自己利益占有遗失物，拒绝返还遗失物，也拒绝将遗失物送交有关部门。本款契合本法第 460 条关于恶意占有人不得请求必要费用支付的规定。亦即，依该条第二分句，仅善意占有人才享有必要费用支付请求权。拾得人侵占遗失物的，构成恶意占有人，自不得请求支付必要费用。对于拾得人之侵占，权利人仍可依本法第 314 条或第 235 条、第 460 条，要求拾得人返还遗失物。

第三百一十八条 【无人认领的遗失物之归属】遗失物自发布招领公告之日起一年内无人认领的，归国家所有。

本条对法定期限内无人认领的遗失物，采国家取得主义。其所言"招领公告"，是指有关部门依本法第 315 条发布的招领公告；公告期限为 1 年，自发布公告之日计算。遗失物在公告期限内无人认领的，归国家所有。"国家所有"即归国库所有，由地方政府的财政部门代表国家取得并行使所有权。遗失物无人认领，归国家所有的，拾得人或有关部门有权请求国家支付必要费用。

本条与《民诉法》第203条以及本法第1160条，虽在调整对象和法律后果上有所区别，但其规范意旨不应有异。《民诉法》第203条针对法院发出认领公告满1年无人认领的财产，要求法院判决其无主，“收归国家或者集体所有”。当拾得人拾得的动产性质不明时，不免发生难以判断是遗失物还是无主物的情形，由此不排除本条和《民诉法》第203条发生竞合的可能。本法第1160条就无人继承的遗产作出的规定，更与《民诉法》第203条相似，即归国家或集体所有。唯其在规定此等遗产归国家所有时，新增“用于公益事业”之表述，从而彰显国家取得的正当性。准此，对于依本条收归国家所有的遗失物，也宜将其用途限定为公益事业，以在规范意旨上达成统一。

遗失物已归国家所有的，遗失物权利人能否继续取回遗失物？依《民诉法》第204条，判决认定财产无主后，原财产所有人或继承人出现，在民法典规定的诉讼时效期间内可对财产提出请求，法院审查属实后，应作出新判决，撤销原判决。在本条设定的情形，有类推适用该条的空间，即遗失物权利人在本法规定的诉讼时效期限内，得请求国家返还遗失物。遗失物已灭失的，国家应返还遗失物的代位物，即赔偿金、保险金或补偿金。

第三百一十九条 【拾得漂流物、发现埋藏物或隐藏物】拾得漂流物、发现埋藏物或者隐藏物的，参照适用拾得遗失物的有关规定。法律另有规定的，依照其规定。

本条规定参照适用拾得遗失物规则者，有拾得漂流物、发现埋藏物、发现隐藏物三种情形。漂流物是指，权利人非基于其意愿而丧失占有，并漂流在水面上的动产。严格来说，漂流物也属遗失物。漂流于水面上的物属遗失物还是无主物，也需依一般社会观念与所涉具体情形综合判断。拾得漂流物参照适用拾得遗失物的规则，故拾得要求拾得人不仅发现而且占有漂流物。埋藏物是指，埋藏于不动产之中，不易被发现，且所有权人不明的动产。隐藏物则是隐藏于不动产或其他动产之中，不易被发现，且所有权人不明的动产。如果所有权人明确，比如某人将珠宝埋藏于自家院内或隐藏于自家衣柜内，那么不构成本条的埋藏物或隐藏物，权利人也未丧失占有。埋藏物与隐藏物不同于无主物。某物是埋藏物或隐藏物，还是无主物，需依一般社会观念与所涉具体情形综合判断。本条中的“发现”，是指通过发现而占有埋藏物或隐藏物的行为。发现人未占有埋藏物或隐藏物的，不能参照适用拾得遗失物的规则。

本条作为参引性法条，有两个层次的含义。(1) 拾得漂流物、发现埋藏物或隐藏物，参照适用拾得遗失物规则。具体而言，拾得人或发现人负返还义务、通知权利人的义务、送交有关部门的义务、妥善保管义务，享有必要费用支付请求权、请求权利人履行悬赏承诺的权利；有关部门负返还义务、通知权利人或发布招领公告的义务、妥善保管义务，享有必要费用支付请求权；漂流物、埋藏物或隐藏物权利人享有返还请求权，负支付必要费用的义务、履行悬赏承诺的义务。拾得人或发现人转让漂流物、埋藏物或隐藏物的，可参照适用本法第 312 条关于追回遗失物的规定。此外，自有关部门发布招领公告之日起，1 年内无人认领的，漂流物、埋藏物或隐藏物归国家所有。(2) 本条但书表明，此参照适用的前提是法律没有另外规定；存在特别法律规定的，自当优先适用。例如，发现归国家所有的埋藏文物的，应直接送交公安等有关部门（**《文物法》第 91 条**），国家还应给予一定的精神奖励与物质鼓励（**《文物法》第 22 条第 4 项**）。

权利人主张其为所涉漂流物、埋藏物或隐藏物的权利人，所涉动产并非无主物的，应对此负举证责任（**“汪秉诚等六人诉淮安市博物馆返还祖宅的埋藏文物纠纷案”，《最高法公报》2013 年第 5 期**）。

第三百二十条 【从物随主物转让】主物转让的，从物随主物转让，但是当事人另有约定的除外。

从物是指辅助实现主物之功效的物，主物是指从物所辅助之物。从物是独立的物，非主物的组成部分。从物与主物应同属一人所有，否则不成立主从关系。某物是否构成另一物的从物，需结合一般观念和交易习惯予以认定。主物可为动产或不动产，从物一般是动产，但也可能为不动产。

主物转让的，从物也附随主物一并转让。本条中的“转让”系指所有权转移，包括基于买卖、赠与等债之关系而发生的所有权转移。基于本法第 229 条发生的所有权转移，也有适用本条之余地。从物既为独立的物，其转让自须满足动产物权变动之交付要件。换言之，本条仅确立了一项法定之债，并未导致从物所有权自动转移。转让人拒绝交付、转让从物的，受让人得依本条请求主物出让人履行该债务，除非当事人另有约定。至于受让人是否应就从物转让负有补偿义务，本条虽未明确规定，但原则上应予承认，以平衡当事人间的利益关系。本条乃是对当事人意思的推定，故为任意性规范，当事人自可通过约定排除其适用。至于当事人是否另有约定，则需诉诸合同解释。

本条仅调整转让的情形，但类似规则也见于其他处分的情形，典型如抵押与质押。其中，《担保制度解释》第 40 条已就抵押作专门规定。该条以从物产生的时点为标准，区分规定了抵押权的效力范围：从物产生于抵押权依法设立前的，抵押权的效力及于从物，除非当事人另有约定；从物产生于抵押权依法设立后的，抵押权的效力不及于从物，但主物与从物可在抵押权实现时一并处分。至于从物是不动产或动产时，抵押权是否分别在登记后才成立或对抗第三人，不无疑问。结合本条之法律效果，即法定的从物转让之债，抵押登记规则仍适用于从物抵押。动产质押也可类推适用该条，即区分从物在质权成立时是否存在。从物未依本法第 429 条完成交付的，从物质权未成立。

第三百二十一条 【孳息的取得规则】天然孳息，由所有权人取得；既有所有权人又有用益物权人的，由用益物权人取得。当事人另有约定的，按照其约定。

法定孳息，当事人有约定的，按照约定取得；没有约定或者约定不明确的，按照交易习惯取得。

孳息和原物是相互对应的法律概念。孳息包括天然孳息与法定孳息，其归属分别适用本条第 1 款与第 2 款。兹分析如下：

一、天然孳息之取得

天然孳息是原物依自然规律或依其使用方法而产生的物，如果树上熟落的果实、母鸡下的鸡蛋。孳息是原物产出之物，孳息必须与原物相分离，成为独立物。孳息未与原物分离的，属原物的组成部分。不过，物之组成部分脱离原物且构成天然孳息，仅以符合自然规律或物之正常使用方法为限。例如，房屋脱落的砖块并非天然孳息，而只是房屋的产出物；所有权人修剪树木所砍掉的树枝，也非天然孳息。

本条第 1 款第一句确立了天然孳息的取得规则。首先，天然孳息由所有权人取得。这体现了所有权的收益权能。不过，非为孳息的物之组成部分脱离原物的，构成所谓产出之物，直接由原物所有权人依本法第 231 条取得所有权，无须适用本句规定。其次，如果既有所有权人又有用益物权人，应由用益物权人取得天然孳息。所有权人通过设立用益物权，将占有与收益权能让渡给用益物权人，故后者享有取得天然孳息的权利。这也意味着对本条的“用益物权人”应作目的性限缩，即仅限于享有收益权能的用益物权人。例如，地役权人一般不占有供役地，欠缺收益权，故无权取得供役地的天然孳息；依本法第 366 条，居住权人仅对住宅享有“占有、使用”的权能，故无取得天然孳息的权利。最后，本条虽未规定债权性用益，但债权人也可能享有标的物的收益权能，进而取得天然孳息。此所谓孳息收取权。例如，承租人就租赁物享有收益权能（**第 703 条与第 720 条**），故其有权利取得天然孳息。

天然孳息所有权之取得，乃是一种非基于法律行为的物权变动。因此，只要取得权人基于相应的权利而享有收益权能，其即便欠缺行为能力，也可取得天然孳息所有权。孳息取得权人在天然孳息与原物分离之后，自动取得天然孳息的所有权，既不论天然孳息因何种缘故与原物分离，也不论取得权人是否知晓天然孳息之存在。孳息与原物分离前，权利人仅就孳息之取得享有单纯的取得期待，而未享有任何民事权利。

本款第二句表明其第一句为任意性规定，即当事人就天然孳息的归属另有约定的，从其约定。需注意的是，所有权人与用益物权人就天然孳息的归属达成特别约定，意味着其对收益权能作了特别分配，进而具有缓和物权内容法定原则之意义。

二、法定孳息之取得

法定孳息是原物依照一定的法律关系产生的收益，典型如租金、利息、股息（红利）。法定孳息一般是原物依意定之债产生的收益，故本条第 2 款首先规定，当事人就法定孳息归属有明确约定的，从其约定。例如，商铺已过户登记至买受人名下，且完成了交付，但双方当事人明确约定买受人付清商铺价款后才享有商铺租金［**广西高院（2016）桂民再180号民判**］。还如，出卖人委托第三人设置专门账户收取价款，并约定向后者支付相应的委托费的，既然当事人仅约定第三人有权直接扣除委托费，那么经由合同解释，双方具有出卖人取得所收款项利息的合意［**江西高院（2017）赣民终120号民判**］。当事人约定转让借款合同中“本金债权”的，利息债权作为法定孳息也一并转让［**（2019）最高法民申253号民裁**］。

其次，当事人没有约定或约定不明确的，依交易习惯确定法定孳息的归属。交易习惯是指，在交易行为当地或某一领域、某一行业通常采用，并为交易对方订立合同时所知道或应当知道的做法，或者指当事人双方经常使用的做法。在当事人未就法定孳息作出明确约定的情形，一方主张存在某个交易习惯时，应对该交易习惯负举证责任；法院也有权就此依职权展开调查。例如，当事人在股权拍卖时未约定是否将股息排除在拍卖范围之外，但按照交易习惯、法律规定或所谓“原物的特性”，买受人取得股权之后可以取得嗣后产生的股息［**（2019）最高法执监116号执裁、淮安中院（2020）苏08民终1379号民判**］。于合同解除的情形，按照交易习惯，已付价款的利息应由出卖人享有，故买受人在返还价款时应当一并返还利息［**（2019）最高法民再246号民判、广东高院（2017）粤民再427号民判**］。

三、其他

关于孳息的处理规则，本法其他条款若有特别规定，应优先适用。如本法第412条规定，抵押权人自扣押抵押物之日起，有权收取抵押财产孳息，并先将之充抵收取孳息的费用；本法第430条规定，质权人有权收取质押财产孳息，并先将之充抵收取孳息的费用，除非当事人另有约定；本法第452条规定，留置权人有权收取留置财产孳息，并先将之充抵收取孳息的费用；依本法第630条，买卖标的物的孳息自交付时归买受人享有，除非当事人另有约定。

第三百二十二条 【添附】因加工、附合、混合而产生的物的归属，有约定的，按照约定；没有约定或者约定不明确的，依照法律规定；法律没有规定的，按照充分发挥物的效用以及保护无过错当事人的原则确定。因一方当事人的过错或者确定物的归属造成另一方当事人损害的，应当给予赔偿或者补偿。

在本法之前，我国民法未规定添附制度。在制定原《物权法》之际，其第二稿曾就添附制度设计 4 个条文，分别就加工、附合、混合以及恶意添附等情形，详细规定添附物之所有权归属问题。在此后的草案第三稿、公布草案稿、第四稿中，四个条文被缩减为第 122 条；到第五稿和原《物权法》的最终文本，该条又被删除。本条看似新增，其实只是该条再现。此立法演变过程，说明我们对添附的制度功能认识尚有不足。此认识来源于我国司法实务的偏见：添附在实践中发生的可能性很小，且即使发生添附的案件，也一般基于侵权法规则解决（**参照原《民通意见》第 86 条**）。此认识在本条中仍有清晰呈现。实际上，侵权责任解决的是损害赔偿问题，添附解决的则是添附物所有权之归属问题。

一、添附具体类型之区分

虽然添附可能涉及当事人的行为，甚至是法律行为，但其本身非属行为。添附包括附合、混合、加工三种类型。其中，附合与混合仅要求所涉有体物达到一定的物理状态，故为一种状态，而该状态的发生原因则无关紧要。加工是一种事实行为，而非法律行为，但其也要求新物产生，故融合了状态。

附合是指，分别归属不同主体的两个以上的有体物的结合，附合后的物在一般社会观念上被视为一独立物。附合的本质是组成部分的形成，即被附合的独立物丧失独立性，成为另一物的组成部分。附合的首要要件是附合之物与被附合之物紧密结合，以致分离费用过高，或非经损害物之价值，难以分离，故被附合的物成为附合物的重要组成部分。附合主要包括动产与动产的附合，动产附合于不动产。前者如将他人的油漆涂刷自己的机动车，后者如用他人砖瓦建造自己的房屋。在动产附合的情形，既可能是某一动产成为另一动产的组成部分，也可能是两者附合成一个新物。在动产附合于不动产的情形，动产成为不动产的组成部分。由于我国采“房地分离”的法律规则，建筑物并非土地的组成部分，不动产和不动产的附合较为少见。附合的另一要件，是所涉财产归不同权利主体享有，但归同一人所有的财产承载不同负担时，附合也可能发生。

结合现代生产技术与房屋建造、装修方法，附合之成立应作慎重判断，否则可能不利于一方权利人。有判决认为，发电机组和柴油机安装至船舶的，即构成船舶的重要组成部分，故保留该些设备所有权的出卖人不得排除债权人对船舶整体的强制执行［**(2018) 最高法民申 3732 号民裁**］；还有判决认为厨房设备、桑拿设备、海鲜池等已附合于建筑物，故出租该些设备的所有权人丧失所有权［**浙江高院（2016）浙民终 9 号民判**］。前述判决尚需检讨，因为移除该些装备并非难事，且不损害财产价值、不违背当事人意思。

混合是指，归不同主体所有的动产互相混杂，成为一独立物，无法分离或分离费用过高的情形。混合仅发生在均为动产的情形，动产与不动产之间或不动产之间不能混合。混合包括气体和气体混合、液体和液体混合、固体和固体混合、不同形态动产的混合。动产混合的结果可能有二。其一，被混合的物丧失独立性，形成了单一物，如咖啡与纯水、可乐与雪碧的混合。就此而言，混合与附合并无实质差异。该单一物既可能是新物，也可能与被混合物是同种类的财产。其二，混合也可能仅导致不同动产难以区分辨别，但其仍具有独立性，如不同羊群的混合、硬币的混合。

加工是指，对他人的动产加以劳作、改造，并形成新物的情形。例如，将他人的璞玉进行雕琢，制造出价值连城的珠宝。加工的对象须为动产，不动产非加工的对象。加工的动产应为他人之物，否则不构成本条中的加工。物之所有权人加工自有财产的，直接依本法第 231 条取得加工物之所有权。加工之后的物应是新物，被加工的动产丧失了同一性，且难以恢复，或者恢复成本过高。例如，修理并非加工，其并未导致新物产生。加工后的物是否构成新物，应依一般社会观念予以判断，比如加工后的物是否具有新名称。

加工区别于附合、混合的主要之处，在于加工涉及加工人的创造性劳动。附合与混合也涉及人之行为的，可能会引起判断上的困难。例如，将一辆自行车安装发动机，自行车变成“摩托车”的，同时存在附合与加工；甲将乙的酒与丙的饮料制作成鸡尾酒，不仅会发生加工，还会发生混合。前述情形分别谓“通过加工的附合”“通过加工的混合”。依通说，此类情形下应优先适用加工规则：若依加工规则，加工人取得加工物所有权，则无适用附合、混合规则之空间；然若依加工规则，材料所有权人取得加工物所有权，则继续适用附合规则或混合规则。加工不同于孳息收取。加工要求加工人付出劳动和技术，而孳息的收取则是欠缺创造性的活动。例如，孵化厂通过专门技术将他人的鸡蛋孵化成小鸡的事实属于加工，小鸡并非鸡蛋之孳息。

二、添附物的归属

本条对附合、混合与加工中的添附物归属进行一体处理。依其第一句，添附物的归属规则有三。一为约定归属，即当事人有约定的，从其约定；二为法定归属，即当事人没有约定，但法律有规定的，依法律规定；三为裁判归属，即既无约定也欠缺法律规定的，应按充分发挥物的效用以及保护无过错当事人的原则明确添附物之归属。

就约定归属而言，当事人的约定既可能发生在添附发生前，也可能发生在添附发生后，但两者的法律效果存在差异。附合与混合一般不涉及事前约定，事前约定主要发生在加工的情形，且该约定既可能明示，也可能默示。例如，加工人利用他人提供的材料，具有为他人进行加工的意思的，加工物应直接归此人所有。至于加工人是否具有为他人加工的意思，则需结合当事人的约定、材料与加工行为的经济价值关系等因素进行判断。这一判断实际上还表现为：加工行为人是否具有自主占有加工物的意思。需注意的是，材料所有权人雇佣他人加工的，应认为雇主是加工人，故无适用本条之必要，直接依本法第 231 条确定归属即可；雇主提供的材料负有他人保留的所有权的，加工人（雇主）与材料所有权人不同，可适用加工规则。添附完成后的事后约定要么是对法定归属、裁判归属的确认，要么是对所有权转让达成的合意，并无特殊性可言。

就法定归属而言，法律有规定的，自当依其规定。但本法对添附的规定过于简单笼统，其他法律也未见加工、附合、混合情形下新物所有权归属的详细规定。如此一来，在添附的情形，裁判归属才是本条的规范重心。也就是说，在当事人就添附物的归属无约定或约定不明时，法院必得综合考量物之效用与当事人过错，以裁判添附物的归属。于逻辑上，裁判归属乃是对所有权关系的确认，故其并未创设新的所有权关系，否则可能出现裁判之前出现所有权归属不明的状态。

至于此两项考量因素究为何指，须考证本条之立法由来而为历史解释。透过物权立法的各个文本，不难发现本条中的“充分发挥物的效用”和“保护无过错当事人”，分别为《物权法草案》第二稿第 119～120 条和第 122 条的“化约”。具体而言，如何判断物之效用的充分发挥，须区分不同的添附情形。在加工的情形，加工物的所有权原则上属于材料的所有权人，仅在因加工致使其价值显著超过原材料价值时，加工人才能取得加工物的所有权。在动产与动产附合，且不存在主物的情形，原物所有权人一般依各自动产价值按份共有附合物。在动产与动产附合，但存在主物的情形，主物所有权人往往取得附合物所有权，另一个动产所有权归于消灭。主物的判断，应考量其价值、性质、功能以及一般社会观念等因素。当动产和不动产发生附合时，不动产所有权人直接取得附合物所有权，动产所有权归于消灭。盖不动产价值一般高于动产价值，由不动产所有权人取得附合物所有权不仅公平，而且有助于发挥物的效用。在动产与动产混合的情形，应区分是否存在主物，并参照适用动产与动产附合的归属规则。

就无过错当事人之保护而言，其实就是识别各添附情形中的恶意加工人、附合人、混合人。在恶意添附的情形，前述添附物的归属规则不予适用，例如法官可判定附合物归无过错方单独所有，而非各原物所有权人共有。原则上，恶意添附情形下的动产，不应归属于恶意加工人、附合人、混合人。

三、添附致损的救济

本条第二句适用于两类损害：一是因当事人过错造成的损害，二为因确定添附物之归属造成的损害。易言之，本句确立了损害赔偿请求权与补偿请求权。前者仅适用于当事人存在过错的情形，后者则适用于当事人不存在过错的情形。因一方当事人过错导致添附，本为侵权责任编的调整范围，本条由此难免与侵权责任规范发生竞合或聚合。而当事人对添附的发生皆无过错的，由取得添附物所有权的一方合理补偿另一方遭受的损害。本句所谓“补偿”乃是一种特殊的不当得利，但得为独立的请求权基础。然由于本句规定较为简单，故仍存在适用不当得利一般规范之空间，比如本法第 986 条（善意得利人的得利丧失抗辩）、第 988 条（无偿受让利益者的价额偿还义务）。此外，如果添附因可归责于第三人的原因而发生，那么受害一方当事人有权请求其赔偿损害，自不待言。

四、其他

本条虽规定添附物的归属，但未规定添附对原物所负定限物权的影响。担保物权成立后，担保财产发生添附，添附物归第三人所有，担保物权人有权主张担保权效力及于补偿金或赔偿金（**第 390 条第一句、《担保制度解释》第 41 条第 1 款**）。担保物权成立后，担保财产发生添附，担保人取得添附物所有权的，担保物权人有权主张担保物权的效力及于添附物，但担保物权的效力不及于所增价值部分（**直接适用或类推适用《担保制度解释》第 41 条第 2 款**）。担保物权成立后，担保人与第三人因添附成为添附物的共有人，担保物权人有权主张担保物权的效力及于担保人对共有物享有的份额（**直接适用或类推适用《担保制度解释》第 41 条第 3 款**）。

本条可能与不当得利规则产生竞合。一方当事人因添附丧失所有权的，有权基于不当得利获得救济（**第 985 条**）。因添附导致强迫得利的，应予具体分析。例如，加工他人之物，物之价值因此增加，材料所有权人取得加工物的，倘若加工违背材料所有权人的经济计划，则加工人不享有不当得利请求权；然若加工恰好符合材料所有权人的经济计划，则加工人得享有不当得利请求权。

第三分编　用益物权

第十章

一般规定

为增进物尽其用的经济效用，发挥物的使用价值，本分编规定用益物权。借助所有权与其权能分离的技术，用益物权能有效化解物之所有与使用需求不匹配的矛盾。与担保物权重在规范物之交换价值相比，用益物权重在规范物之使用价值。

本分编规定的用益物权类型包括土地承包经营权、建设用地使用权、宅基地使用权、地役权与新增的居住权。其他法律中还存在需行政审批方能设立的用益物权，如本法第329条提及的采矿权、探矿权、取水权、养殖权与捕捞权等，其又被称为“准物权”。用益物权的设立通常需登记公示，继而获得对抗第三人的效力。在原《物权法》确立物权法定原则之前，用益物权的财产性特点导致司法实践中非法定的用益权利类型，如商贸城的长期管理权和出租权，亦可作为抵押权的设定客体（**“汇通支行诉富利达公司用益物权抵押合同纠纷案”，《最高法公报》1998年第2期**）。这些权利类型不妨被解释为习惯法认可的用益物权（**参见本法第116条评注**）。设立在土地承包经营权上的土地经营权，为“三权分置”之法政策下本法新增权利类型。但关于其究竟是否为用益物权，将在本法第341条评注中讨论。

第三百二十三条　【用益物权的权能】用益物权人对他人所有的不动产或者动产，依法享有占有、使用和收益的权利。

本条为说明性法条。依其规定，用益物权人可在不取得物之所有权的前提下，对他人所有不动产或者动产享有占有、使用和收益等权利。显然，用益物权人不享有对物的处分权能，擅自处分所有权的，构成无权处分。本条规定用益物权的客体包括动产与不动产，但本法所列用益物权客体均为不动产，并无以动产为客体的用益物权类型。其原因有二：一来依据物权法定原则，动产用益物权欠缺制定法基础；二来动产价值往往低于不动产，自可通过买卖、租用实现物之使用价值，无须借助用益物权制度。但基于立法前瞻与社会发展需要，某些新型财产权益或有设立用益物权方能更为有效发挥物之效用的必要，在立法上为动产用益物权的未来发展预留空间，未尝不可。用益物权的设立通常需签订相应的合同，如建设用地使用权出让或转让合同、土地承包经营合同、居住权合同。用益物权的设立区分有偿与无偿，具体依当事人意思或者设立目的而定。在登记问题上，用益物权的设立、转移采纳登记生效主义（如建设用地使用权、居住权等）或登记对抗主义（如地役权）两种方式。

第三百二十四条 【自然资源用益物权】国家所有或者国家所有由集体使用以及法律规定属于集体所有的自然资源，组织、个人依法可以占有、使用和收益。

本法第 250 条与《宪法》第 9 条第 1 款就自然资源所有人保持了法秩序的统一，均规定自然资源为国家或集体所有。这是我国生产资料社会主义公有制的重要体现。本条中的自然资源并无明确定义，一般认为本法第 247 条至第 252 条列举的矿藏、水流、海域、无居民海岛、土地、森林、山岭、草原、荒地、滩涂、野生动植物资源、无线电频谱等，属常见的自然资源类型。自然资源用益物权旨在解决自然资源所有与开发利用的脱节问题，所以那些不存在开发利用需要或使用有冲突的自然资源，如野生动植物资源、无线电频谱等，无须建立用益物权制度。当然，除本法和特别法规定的用益物权类型外，未来也不排除针对其他自然资源创设新型的用益物权。例如，针对大气的碳排放权、针对用水的排污权乃至数据财产权利等新型资源性权利，已进入司法实践视野，待其交易机制成熟，亦有纳入广义用益物权的可能。

本条后半句表现为对自然资源用益物权之权能的说明，但“依法”一词更表明其为参引性法条。具体而言，此等用益物权的类型、内容及行使规则，由本法尤其是特别法调整。因此，除本法外，在土地上设立的土地承包经营权、建设用地使用权、宅基地使用权，需参引《农地承包法》《土地法》等；涉及在矿藏上设立的探矿权与采矿权，需参引《矿产法》；涉及草原承包经营权、国有草原使用权时，需参引《草原法》；涉及林地、森林、林木使用权的，需参引《森林法》；涉及无居民海岛开发利用的，需参引《海岛法》；如此等等。

第三百二十五条 【自然资源有偿使用制度】国家实行自然资源有偿使用制度，但是法律另有规定的除外。

本条前半句为概括性授权规范，确立了我国自然资源有偿使用的基本原则。由于自然资源种类繁多，何种自然资源能有偿使用，有待特别法确认。现有法律已明确规定土地（**《土地法》第 2 条第 5 款第一句、第 54 条前半句**）、水流（**《水法》第 7 条**）、矿藏（**《矿产法》第 5～6 条**）、海岛（**《海岛法》第 31 条第 1 款**）、海域（**《海域法》第 33 条**）等相关自然资源的有偿使用规则。但诸如森林、草原等自然资源，其有偿使用原则未被制定法明定，只是实践中正在改革推进，故本条前半句构成此类自然资源有偿使用立法的授权条款。本条中，“使用”的方式包括占有、使用和受益，“有偿”则表现为国家或集体向使用自然资源的单位或个人收取使用费、出让金、补偿费、资源税、承包费等。

本条但书实为引致条款，具体指向自然资源无偿使用的具体规定，例如，国有土地使用权可无偿划拨取得（**《土地法》第 2 条第 5 款**），农村集体经济组织及其成员对本集体经济组织水塘、水库中的水可无偿使用（**《水法》第 7 条**）。整体而言，对于国家所有的自然资源，遵循“有偿使用为原则，无偿使用需明确规定”的基本理念，且后者多集中于公益事业、公共建设领域；对于集体所有的自然资源，使用权的取得多依集体经济组织成员身份，一般为无偿取得。

第三百二十六条 【用益物权的行使】用益物权人行使权利，应当遵守法律有关保护和合理开发利用资源、保护生态环境的规定。所有权人不得干涉用益物权人行使权利。

本条第一句是行为规范，因不具备义务违反之后果而难以在司法裁判中直接适用。作为本法第 9 条绿色原则在用益物权领域的具体化，本条第一句重申保护环境的理念；所不同的是，前者着重强调节约资源，本条强调资源的保护与合理开发利用。本条第一句虽然不能成为独立的请求权基础，但用益物权人主张的权利诉求若有违环境保护原则，例如对已填海域主张不经济、非环保的恢复原状，其诉请会被法院依法驳回[**天津高院（2021）津民终 493 号民判**]。本条系一般条款，若特别法中有更为详细的行为准则，应予依从。

本条第二句为禁止性规范。用益物权派生于所有权，涉及所有权人与用益物权人之间的关系。用益物权一经设立，用益物权人的占有、使用与收益权利就具有优先性，所有权人负有容忍用益物权人行使权利的义务，不得任意取消、变更用益物权内容。同时，本句为不完全法条，未规定所有权人干涉用益物权人行使权利的法律后果。干涉行为既可能妨碍用益物权人行使权利，也可能导致损害后果，用益物权人可基于防御性请求权与损害赔偿请求权寻求救济。

第三百二十七条 【用益物权人因征收、征用获得补偿】因不动产或者动产被征收、征用致使用益物权消灭或者影响用益物权行使的，用益物权人有权依据本法第二百四十三条、第二百四十五条的规定获得相应补偿。

本条为独立的请求权基础。虽然征收的客体是不动产的所有权，但用益物权的使用、收益权能于此过程中也可能遭受影响，乃至直接消灭；在征用的情形，用益物权的占有、使用、收益权能更直接与其形成冲突。故本法除确定所有权人可因征收、征用获得补偿外，也规定用益物权人可依本条获得相应的补偿。由于我国现有用益物权的客体为不动产，能对用益物权产生影响的也就限于对不动产的征收、征用。理论土地承包经营权、建设用地使用权、宅基地使用权、地役权等均可成为征收、征用的客体。本法用益物权中新增的居住权亦可因征收、征用而受影响，故亦属本条的补偿范围之内。

本条前半句规定了用益物权人获得补偿的要件。首先，须征收、征用分别符合本法第 243 条第 1 款和第 245 条第一句的适用要件；在违法征收或征用的情形，用益物权人可依侵权责任规则主张损害赔偿（**如《土地法》第79条**）。其次，须有用益物权消灭或影响其行使的事实。再次，此等事实须由征收或征用行为引起，即二者存在因果关系。唯本条规定的征收、征用之补偿，亦适用于准征收导致用益物权受影响的情形。所谓准征收，是指政府基于公共利益而对私人财产的使用、收益和处分等设定限制，致使财产价值发生实质性减损，从而具有征收效果的行为。例如，在国家发改委批准的特高压输电线路建设项目压覆矿区的情形，由于《电力设施保护条例实施细则》第10条有“任何单位和个人不得在距电力设施周围五百米范围内（指水平距离）进行爆破作业”的规定，故该项目建成显然会影响矿区的日常开采活动。此虽非直接造成采矿权消灭，但也构成本条所述的“影响”用益物权行使，法院遂依本条判决原告因采矿权被压覆受到影响而有权获得补偿［**唐山中院(2020)冀02民初253号民判**］。

本条后半句亦为参引性法条，它将用益物权人的补偿请求权的具体内容，指向本法第243条第2～3款和第245条第三句关于征收、征用之补偿的规定。本法第117条规定的征收、征用补偿的公平、合理标准，同样适用于本条。用益物权人因征收、征用获得补偿的形式为金钱补偿、财产补偿或其他形式的补偿。由于征收、征用补偿请求权的权利主体可同时为所有权人及用益物权人，需协调所有权人及用益物权人在补偿项目上的分配关系。

本条未规定违反补偿规定的法律后果。若对征收、征用决定或补偿决定中补偿金额存在争议的，用益物权人可依《行诉法》第12条第1款第5项提起行政诉讼。因涉及对征收、征用合法性要件的审查，因征收征用补偿协议产生的纠纷属行政诉讼的管辖范围［**《最高人民法院关于审理行政协议案件若干问题的规定》第2条第2项**］。

第三百二十八条 【海域使用权】依法取得的海域使用权受法律保护。

依本法第247条和《海域法》第3条，海域属国家所有，国务院代表国家行使海域所有权；单位和个人使用海域，须依法取得海域使用权。本条的意义主要在于确认海域使用权为私法上的用益物权，从而将其纳入物权法定的范围。

在立法技术上，本条系参引性法条，即以“依法”之表述，将海域使用权的取得方式及内容等指向《海域法》等特别法。据此，海域使用权的设立、取得、使用、转让等均需履行行政审批制度，从而呈现较为明显的公法管制色彩。其权利内容则包括养殖、拆船、旅游、产盐、采矿、公益事业用海等，具有集合性物权的特点，为准用益物权的一种，这也导致海域使用权可能与其他准用益物权如渔业权、矿业权在内容上形成交叉、重叠；同时，海域使用权人负有缴纳海域使用金、合理用海、不得擅自改变海域用途、及时报告海域重大变化等法定义务。在权利存续期限方面，不同的海域使用用途导致海域使用权的最高期限亦不相同，如养殖用海为15年、拆船用海为20年；最长的为50年，即港口、修造船厂等建设工程用海期限（**《海域法》第25条**）。海域行政主管部门与海域使用权人可在上述期限内约定海域使用期间；约定期限到期前，海域使用权人有权申请续期，除非存在公共利益或者国家安全考虑需要收回海域使用权，海域行政主管部门应批准续期。但双方以协议方式约定到期后不再续期的，该约定不违反强制性规定，应认定为有效（**“江苏瑞达海洋食品有限公司诉盐城市大丰区人民政府等海域使用权行政许可纠纷案”，《最高法公报》2020年第8期**）。

第三百二十九条 【矿业权、取水权、渔业权】依法取得的探矿权、采矿权、取水权和使用水域、滩涂从事养殖、捕捞的权利受法律保护。

本条的意义也在于，确认矿业权、取水权与渔业权为用益物权的类型，从而将其纳入物权法定的范围。但矿业权、取水权与渔业权需经特别行政许可方式取得，兼具物权与特许经营权等公、私法权利属性。本条中的“依法”亦为参引规范，具体指向《矿产法》《水法》《渔业法》等特别法规范。依法取得的矿业权、取水权与渔业权遭受侵害或具有受侵害之虞的，权利人可依本法主张损害赔偿责任或防御性责任的救济。

矿业权是系列权利的统称，包括探矿权与采矿权。探矿人有权在依法取得的勘查许可证规定的范围内，勘查矿产资源、取得矿石标本、地质资料及其他信息；采矿人有权在依法取得的采矿许可证规定的范围内，开采矿产资源、获得所开采矿产品。矿业权的客体包括特定矿区、矿区的地下部分以及地下部分的矿产资源；若矿业范围与土地所有权客体形成交叉，矿区内土地所有权人须就地下部分使用，负容忍矿业权人作业的义务［**济南中院（2016）鲁01行终254号行裁**］。矿业权需以缴纳税费的形式有偿取得。

取水权人有权利用取水工程或设施，直接从江河、湖泊或地下取用水资源。水资源属于国家所有，国家对水资源依法实行取水许可制度与有偿使用制度，但农村集体经济组织的水塘和由其修建、管理的水库中的水除外，后者归各农村集体经济组织各自使用（**《水法》第3条、第7条**）。此外，直接从江河、湖泊或地下取用水资源的单位和个人，应依国家取水许可制度和水资源有偿使用制度，向水行政主管部门或流域管理机构申请领取取水许可证，并缴纳水资源费，取得取水权。但是，从地表或地下少量取水用于家庭生活和零星散养、圈养畜禽饮用的，无须获得取水许可。开发、利用水资源，应首先满足城乡居民生活用水，并兼顾农业、工业、生态环境用水以及航运等需要［**重庆四中院（2020）渝04民终1484号民判**］。

渔业权人有权依法在特定水域、滩涂，从事水产生物养殖或捕捞。渔业权的客体为特定水域、滩涂，特定水域包括水体与水下土地。渔业权包括养殖权与捕捞权。我国实行渔业权行政许可制度，单位和个人使用国家规划确定用于养殖业的全民所有的水域、滩涂的，使用者应向县级以上地方政府渔业行政主管部门提出申请，由本级政府核发养殖证，许可其使用该水域、滩涂从事养殖生产。集体所有的或全民所有由集体经济组织使用的水域、滩涂，可由个人或集体承包，从事养殖生产。我国实行捕捞许可制度，民事主体取得捕捞权需取得行政许可证。在特定时期，捕捞权受到限制，例如，依据国务院、农业农村部相关法律法规，长江流域重点水域实施10年禁捕计划［**2021年江苏法院涉长江保护十大典型案例之十：安联村村委会申请执行龚卫新清退长江滩涂养殖围堰案**］，违反者将受到行政处罚。

第十一章

土地承包经营权

第三百三十条 【双层经营体制与土地承包经营制度】农村集体经济组织实行家庭承包经营为基础、统分结合的双层经营体制。

农民集体所有和国家所有由农民集体使用的耕地、林地、草地以及其他用于农业的土地，依法实行土地承包经营制度。

本条为政策宣示规范，无具体行为模式与法律后果，难以被法院裁判直接援引。我国农村实行以家庭承包经营为基础、统分结合的双层经营体制，是中国共产党领导农民探索出来的重要经济制度成果，也是改革开放以来农村一直践行的基本经济制度。统分结合的双层经营体制是指，以家庭承包经营为形式的家庭分散经营和集体经济组织统一经营两个层次相结合的经营形式。该经营体制核心是以家庭为单位的家庭承包经营。以家庭承包经营为形式的农户分散经营，保障农户进行农业生产的自主经营权，充分调动农户从事农业生产的积极性，提高农业生产经营效益。在家庭承包经营基础上，集体经济组织统一经营主要是指其依法管理集体资产，为其成员提供生产、技术、信息等服务，组织合理开发、利用集体资源，壮大经济实力（**《农业法》第 10 条第 3 款**）。随着我国农业经济和城市化发展，大规模农业生产经营模式能带来较高的经营效益。集体经济组织统一经营还包含新型农业经营主体经营等生产经营模式。

在承包经营方式上，农业用地包括由农村集体经济组织内部实行家庭承包的耕地、林地、草地等，还包括不宜采取家庭承包方式，但可采取招标、拍卖、公开协商等方式承包的荒山、荒沟、荒丘、荒滩等农村土地（**《农地承包法》第 3 条第 2 款**）。《农地承包法》根据不同的农业土地形态，规定不同的土地承包经营以及流转方式，都以自愿、公开、公正的原则进行承包。依法实行土地承包经营制度，表现为集体所有及国家所有但由农民集体使用。农业用地的土地形态，包括耕地、林地、草地、果园、鱼塘及其他可以用来进行农业生产的地面或水面等。农村土地包括农业用地和集体所有用于非农建设用地，前者是农村土地承包经营权的客体，后者是农民宅基地使用权、农村建设用地使用权的客体。农村宅基地与建设用地可以在将来无人使用时转变为农业用地。

第三百三十一条 【土地承包经营权的定义】土地承包经营权人依法对其承包经营的耕地、林地、草地等享有占有、使用和收益的权利，有权从事种植业、林业、畜牧业等农业生产。

本条为说明性法条，旨在界定土地承包经营权的客体及其作为用益物权的三项权能，并将此等权能的行使限定于农业生产之目的。由此，土地承包经营权系物权而非债权，但因其同时是经由承包合同取得的权利，其相对于发包人亦产生合同法律关系。是故，当土地承包经营权被发包人侵占时，土地承包经营权人有权选择提起违约之诉或侵权赔偿之诉［**新疆塔城中院（2014）塔民一再终字第15号民判**］。

本条所言的土地承包经营权人，系以家庭承包方式取得土地承包经营权的农户，不包括承包经营“四荒”地的经营主体或个人。依《农地承包法》第48、49条，以家庭承包以外的招标、拍卖、公开协商等方式，承包荒山、荒沟、荒丘、荒滩等农村土地的，承包方取得的是土地经营权，而非本条规定的土地承包经营权。以家庭承包方式设立的土地承包经营权，其主体具有身份性，必须是本集体经济组织成员。判断家庭成员是否具有本集体经济组织成员资格，应综合考虑当事人户籍登记状况、户籍变动原因、当事人是否与集体经济组织签订家庭承包合同取得土地承包经营权、当事人是否在农村集体经济组织居住生活以及农村土地对当事人的基本生活保障功能等因素［**陕西高院（2022）陕民申1632号民裁**］。因而，土地承包经营权的承包方，包含本集体经济组织成员、以家庭承包为基础的农户。农户内部成员对家庭所享有的土地承包经营权，共同共有，依法平等享有承包土地的各项权益。土地承包经营权人在承包期内死亡的，农户中其他成员可以在承包期内继续承包，无须重新签订土地承包经营合同，但这并非继承土地承包经营权。未实际取得土地承包经营权的农村集体经济组织成员，可向有关行政主管部门即乡（镇）人民政府、县级以上地方人民政府农业农村、林业和草原等主管部门申请解决（《农地承包解释》第1条第2款）。这不属于侵害集体经济组织成员权益纠纷，也非民事纠纷［**吉林高院（2022）吉民申170号民裁**］。

土地承包经营权客体是以农民集体所有或国家所有由农民集体使用的农用地，包括耕地、林地、草地以及荒山、荒沟、荒丘、荒滩等农村土地。承包方为进行农业生产而修建必要的附属设施，当基于建造之事实行为享有所有权，但附属设施不属土地承包经营权的客体。土地承包经营权人基于土地承包经营权享有的基本权利，是对农用地的占有、使用和收益权，并非农用地或地上附着物的所有权［**（2017）最高法民申1428号民裁**］。鉴于土地承包经营权的目的及功能，其客体限于承包地的地表，不包含地上、地下。但他人若未经土地承包经营权人同意，擅自在其承包地的地下埋设电力电缆，则因直接影响权利人利用承包地进行正常的生产经营而侵犯其承包经营权，自应承担侵权赔偿责任［**海南高院（2020）琼民申921号民裁**］。

作为用益物权的一种，土地承包经营权人自然对承包经营的土地享有占有、使用和收益的权能，只是此等权利的行使须受从事农业生产之限制，即权利人应从事种植业、林业、畜牧业、养殖业等农业生产。当权利受到侵害时，土地承包经营权人有权要求侵权人排除妨碍、停止侵权、赔偿损失等。承包方为进行农业生产而修建必要的附属设施，例如建造沟渠、水井等，属其使用权能的范围；此所谓必要，系对农业生产而言，否则有改变土地用途之嫌。因而，承包人无权在承包地上兴建住宅、厂房、加油站、商品房等建筑物、构筑物及其附属设施，也不得占用耕地建窑、建坟，或擅自在耕地上建房、挖砂、采石、采矿、取土等，不可占用基本农田发展林果业和挖塘养鱼（**《土地法》第37条第2、3款**）。

第三百三十二条 【耕地、草地和林地的承包期】耕地的承包期为三十年。草地的承包期为三十年至五十年。林地的承包期为三十年至七十年。

前款规定的承包期限届满，由土地承包经营权人依照农村土地承包的法律规定继续承包。

立法者设置土地承包期，一般考虑以下因素：其一，若期限过长，农村集体经济组织成员的增加，会导致承包地依人头分配的不合理；其二，期限过短，不利于建立稳定的承包经营关系，承包经营权人的生产积极性也会因得不到经营时间保障而降低；其三，不同农业生产经营的周期存在差别。本条针对耕地、草地和林地设置的最短期限均为30年，系基于前二项法政策考量因素。对林地设定更长的承包期限，是因为林木生长周期长，开发投资与风险较大，收益期也较长。

本条及《农地承包法》第21条规定的土地承包期限，均为法定期限。当事人在土地承包经营合同中约定的期限，不得低于或超过法定期限；低于或超出法定期限的，依物权法定原则，仅在法定期限内发生物权效力，但承包人可对发包人主张违约责任。承包合同约定或者土地承包经营权证等证书记载的承包期限短于法定期限，承包方请求延长的，应予支持（**《农地承包解释》第7条**）。

土地承包经营权期满时，一般自动续期，除非承包地因承包人身份丧失而被重新发包。就此而言，土地承包经营权似无期限，只与农户的身份有关。但事实上，对于以家庭承包方式承包的土地，承包人只是享有在承包期满后续期的法定权利；即在承包期届满后，只要其未明确表示不愿继续承包，该土地即由其继续承包。继续承包的期限同前一次承包的法定期限，即耕地承包期届满后延长30年，草地、林地承包期届满后亦作相应延长（**《农地承包法》第21条第2款**）。因此，期限到期或约定不明，不是剥夺农户土地承包经营权的正当理由。

需注意，本条所称土地承包期限，仅指以家庭承包方式取得的土地承包经营权的期限。招标、拍卖、公开协商等承包方式，与家庭承包方式所具有的无偿性、福利性及生活保障性明显不同。两者承包期限的区别，还在于前者为双方协商确定（**《农地承包法》第49条**），后者则为法定期限。因此，以招投标等方式取得土地承包经营权的，其期限不适用法律关于承包期限的强制性规定，承包方无权单方延长土地承包期限。在基于以公开招投标、签订承包合同方式所形成的土地使用权法律关系中，土地使用期限应与合同约定的履行期限保持一致，而非林地使用期限规定的30年～70年［**江苏高院（2018）苏行终1984号行判、河南高院（2020）豫民申1035号民裁**］。

第三百三十三条 【土地承包经营权的设立与登记】土地承包经营权自土地承包经营权合同生效时设立。

登记机构应当向土地承包经营权人发放土地承包经营权证、林权证等证书，并登记造册，确认土地承包经营权。

本条第 1 款表明，家庭承包抑或“四荒地”承包中土地承包经营权的设立，都采意思主义之物权变动模式，即土地承包经营权自承包经营合同发生效力之时起设立，无须登记。唯土地承包合同的签订，并不遵循本法合同编规定的“要约—承诺”之常态缔约模式，而是按以下程序进行：(1) 本集体经济组织成员的村民会议选举产生承包工作小组；(2) 工作小组依法律、法规的规定拟订并公布承包方案；(3) 依法召开村民会议，讨论通过承包方案；(4) 公开组织实施承包方案；(5) 签订承包合同（**《农地承包法》第 20 条**）。依本法第 134 条第 2 款，违反此决议程序作出的决议不成立，由此签订的承包合同亦应无效。但此决议程序要求，是约束内部民主决议的管理性强制规定，不能据以对抗善意第三人。

承包经营合同决定土地承包经营权的设立，一般包含土地承包经营权的客体范围、期限等重要内容，应采书面形式。土地承包合同自成立时发生效力，此合同成立在实践中往往表现为当事人签名、盖章或摁手印。

土地承包经营权的设立不采登记生效主义，主要是因为：第一，土地承包经营权主要由农村集体经济组织成员取得，此物权设立效果为本集体经济组织成员知晓即为已足；而承包合同之成立乃经必要的村民决议程序，这已经起到一定的公示效果。第二，农村土地全面初次登记尚在开展中，且土地承包经营权的登记与办证往往滞后于土地承包经营合同的签订，以签订合同赋予农户以土地承包经营权，更能保障其权益。将来在农村土地权属初次登记完成，且登记程序便利时，以登记作为土地承包经营权的生效要件，也未尝不可。但目前，登记不影响土地承包经营权设立的物权效力。

正因如此，本条第 2 款将权证发放和登记设定为登记机构的公共管理义务，并赋予其确权效果。所谓“确认土地承包经营权”是指，登记系对土地承包经营权设立事实的固定与认可，而非发生物权设立的效果。颁发土地承包经营权证以土地承包经营合同为依据，故合同未经法定程序认定为无效，土地承包经营权应获认可［**河北高院（2023）冀行终175号行判**］。不过，登记虽非土地承包经营权的生效要件，但在土地承包经营权的确认与对抗他人方面，仍有重要意义。即使本条未明确承认登记具有对抗或公示效力，登记在客观上也实际发挥一定的公示作用。对具体地块产生争议时，可依有效的土地承包经营权证书确定争议地块的权利归属。《农地承包解释》第19条更凸显登记对保护土地承包经营权的作用。依其规定，发包方就同一土地签订两个以上承包合同，承包方均主张取得土地承包经营权的，按照登记先后、占有土地先后的具体情形分别处理。

需注意，土地承包经营权证或林权证等证书，应列入享有土地承包经营权的全部家庭成员（**《农地承包法》第24条第2款**），否则，土地承包经营权证或林权证等证书存在登记权属不清晰问题。未被列入土地承包经营权证或林权证等证书的家庭成员，有权要求登记机构更正登记并重新颁发证书。另外，土地承包经营权人申请确权登记颁证，需依法定程序进行，即在承包方与发包方签订土地承包合同后，向村委会、乡（镇）人民政府申请，经审核，由乡（镇）人民政府向农业行政主管部门提交颁发农村土地承包经营权证的书面申请。农业行政主管部门并不负担，直接受理申请人的颁证申请并直接颁发土地承包经营权证的法定职责。

第三百三十四条 【土地承包经营权互换和转让】土地承包经营权人依照法律规定，有权将土地承包经营权互换、转让。未经依法批准，不得将承包地用于非农建设。

互换和转让是土地承包经营权流转的重要方式，本条第一句将其规定为土地承包经营权人的权利。流转的对象是具有身份性质的土地承包经营权本身，故强调在同一农村集体经济组织内部流转。换言之，互换和转让的主体，限于同一集体经济组织成员。互换和转让土地承包经营权的，承包地上设置的利于农业生产的附属设施与工作物，随土地承包经营权一同互换和转让，除非当事人另有约定。

土地承包经营权互换，在达成真实有效互换合意时发生效力。签订书面协议，非互换之要件。并且，《农地承包法》第33条虽要求互换应报发包方备案，但备案非强制性规定，不影响互换合意的效力。互换实为两个土地承包经营权的物权变动。互换后，双方原有土地承包关系消灭，新的土地承包关系产生。此外，若双方对土地承包经营权互换期限无明确约定，应认定互换期限为土地承包经营权期间。

转让为出让土地承包经营权之合意，除需符合合同的成立、生效要件外，尚须取得发包方同意，但发包方无法定理由不同意或拖延表态的除外（**《农地承包解释》第13条**）。此要件的设置，乃因转让的后果类似于重新发包，即原承包经营权人的土地承包经营权消灭，受让人同发包方确立新的承包关系；而且发包方在为同意时，可对承包方是否有稳定的非农职业或收入进行核实，防止个别承包方因债务所迫等原因，轻易转让土地承包经营权，丧失其生活保障。需注意，转让不同于转包，后者仅流转土地经营权，土地承包经营权人仍享有具有身份属性的土地承包权。故转包合同的订立无须事前经发包方同意，也无须报发包方村委会备案。

本条第二句以禁止性规范的形式规定承包经营权人的法定义务，重申了《农地承包法》第11条和第18条第1项的立法旨趣。违反此义务的法律后果有二：(1) 发包方有权请求承包方停止侵害、恢复原状或者赔偿损失（**《农地承包解释》第8条**）。承包方、土地经营权人违法将承包地用于非农建设的，由县级以上地方政府有关主管部门依法予以处罚。承包方给承包地造成永久性损害的，发包方有权制止，并有权要求赔偿由此造成的损失（**《农地承包法》第63条**）。(2) 改变土地农业用途的协议，因当事人未取得行政审批手续，故违反法律强制性规定而无效［**贵州高院(2019)黔民申3164号民裁**］；当事人将承包土地用于非农业建设，至少应在案件审理终结前，取得审批手续，则否对应的建筑物为违法建筑物。

第三百三十五条 【土地承包经营权转让与互换的登记】土地承包经营权互换、转让的，当事人可以向登记机构申请登记；未经登记，不得对抗善意第三人。

土地承包经营权转让与互换，在当事人签订的互换或转让合同生效时，即发生物权变动。即使双方当事人未对原承包合同及土地承包经营权证书进行变更登记，也不影响受让方和互换方取得土地承包经营权。而登记的主要目的，在于公示土地承包经营权的变动，使他人知晓土地承包经营权的归属，以保护善意第三人。

土地承包经营权互换、转让采登记对抗主义，原因有二。一者，互换与转让系集体经济组织内部流转，而集体经济组织属熟人社会，其成员日常交流即可知晓土地承包经营权的互换与转让；以登记为生效要件既无必要，也不符合我国农村社会的行动逻辑。二者，互换与转让也会涉及集体经济组织成员之外其他主体的权益，如土地承包经营权人为非集体经济组织成员设立土地经营权，同时又在内部转让或互换土地承包经营权，从而引发权利冲突。于是，有必要采登记对抗主义，通过权利变动的公示保护善意第三人，解决互换或转让引发的土地承包经营权之间以及土地承包经营权与土地经营权之间的冲突。

本条“善意”的判定，可类推适用本法第 311 条和《物权编解释一》关于不动产善意取得的相关规定。是故，善意是指第三人不知土地承包经营权已被转让或互换，且无重大过失（**《物权编解释一》第 14 条第 1 款**）。未经登记的在先受让人或互换人主张第三人知晓或应当知晓的，应对此负举证责任（**《物权编解释一》第 14 条第 2 款和第 15 条第 2 款**）。善意判断时点，是第三人取得土地承包经营权或土地经营权的时间（**第 311 条第 1 款第 1 项和《物权编解释一》第 17 条**）。需注意，若第三人之土地承包经营权或土地经营权亦未登记，也不得以本条为据主张其有效取得物权。此时，在法政策目标上应优先保护本集体经济组织成员内部基于转让或互换取得的土地承包经营权；在均为内部流转时，应依转让或互换的时间先后定其物权变动效力（**参考《农地承包解释》第 19 条**）。土地承包经营权转让与互换，若未登记，则不可对抗就同一农用地取得土地承包经营权或土地经营权并办理登记的善意第三人，也不可对抗就同一农用地采取强制措施并胜诉的债权人〔**长春林区中院（2023）吉 76 民终 40 号民判**〕。

第三百三十六条 【承包地调整】承包期内发包人不得调整承包地。

因自然灾害严重毁损承包地等特殊情形，需要适当调整承包的耕地和草地的，应当依照农村土地承包的法律规定办理。

承包期内发包人不得调整承包地，是基于保持土地承包关系稳定、长久不变这一农村政策要求，并与土地承包经营权之定限物权属性契合。唯有如此，农业生产经营者才能对土地长期投入，保持土地的生产力。土地承包经营权的调整，也会影响土地承包经营权和土地经营权的流转。

结合《农地承包法》第 58 条、《农地承包解释》第 5 条，立法者将本条第 1 款定性为强制性规定，承包合同中违反此规定的约定无效。依其表述，此所谓无效乃指部分无效，即仅该约定无效。由此，该约定既属无效，则在发包方违反规定单方调整承包地时，土地承包经营权依然由原承包人享有，发包方应承担停止侵害、排除妨碍、消除危险、返还财产、恢复原状、赔偿损失等民事责任（**《农地承包法》第 57 条第 2 项**）。本款不排除土地承包双方基于意思自治调整承包地。

本条第 2 款为授权性规范，即在法律规定的特定情形，发包方有权依法调整承包地。本款规定的“因自然灾害严重毁损承包地等特殊情形”，可依同类解释规则予以扩张：不独自然灾害，凡达到严重毁损承包地程度的同类事件均属之。同时，本条第 2 款亦为参引性法条，把承包地调整的要件指向《农地承包法》第 28 条第 2 款和第 29 条。依此等规定，欲产生调整承包地之物权效果，须同时满足以下要件：（1）调整事由为“自然灾害严重毁损承包地等特殊情形”。（2）承包合同未约定不得调整承包地，否则依其约定不得调整。（3）调整范围与调整对象的限制性要件。在调整范围上，发包方采取调整承包地的措施，应限于集体经济组织之特定成员，不得波及所有成员。所以，用于调整的土地应以《农地承包法》第 29 条所列者为限。调整对象以耕地与草地为限。（4）程序性要件。调整承包地，须经本集体经济组织成员的村民会议 2/3 以上成员或 2/3 以上村民代表的同意，并报乡（镇）政府和县级政府农业农村、林业和草原等主管部门批准。

第三百三十七条 【禁止收回承包地】承包期内发包人不得收回承包地。法律另有规定的，依照其规定。

结合《农地承包法》第 58 条、《农地承包解释》第 5 条，本条前句和本法第 336 条一样，亦为强制性规定。因此，承包合同中约定收回承包地的，仅该约定无效。若发包方违反前述规定收回承包地，依《农地承包法》第 57 条第 2 项，也应承担停止侵害、排除妨碍、消除危险、返还财产、恢复原状、赔偿损失等民事责任。《农地承包解释》第 6 条针对发包方违法收回承包地的具体情形，分别设定具体类型的民事责任。例如，发包方未将承包地另行发包的，承包方可请求返还承包地；发包方已将承包地另行发包的，承包方得以发包方和第三人为共同被告，请求确认其所签订的承包合同无效、返还承包地并赔偿损失；但属于承包方弃耕、撂荒情形的，法院对赔偿损失之诉请不予支持。司法实务中也确认，土地所有权人收回土地，导致发包方与承包方之间的承包土地协议无法履行，实质侵害了土地承包经营权人的权益，土地承包经营权人有权请求赔偿其经济损失和可得利益［**新疆高院（2019）新民再 136 号民判**］。

本条后句提示特别法之存在；查诸作为特别法的《农地承包法》，其第 27 条、第 30～31 条进一步强化了本条之强制性规定。据此，在承包期内，无论承包方身份有何变化，只要其仍然生存，发包方均不得收回承包地。甚至，即便承包方改变承包地的农业用途或破坏承包地的生产力，或者弃耕、撂荒，也不构成发包方收回承包地的理由。具体而言，该法第 27 条第 2 款和第 31 条分别针对承包期内进城落户的承包农户以及外嫁妇女、离婚或丧偶妇女等特殊群体，重申此禁止性规定。与此呼应，该法第 27 条第 3～4 款和第 30 条则强调以自愿有偿为原则，要求引导本集体经济组织内转让土地承包经营权或将承包地交回发包方，或鼓励其流转土地经营权。显然，无论是在相关法律还是司法解释中，“收回”即指发包方依单方意思消灭土地承包经营权的行为，此行为是不问事由而被禁止的；“交回”则体现承包方的自愿，且其有权获得合理补偿。司法实务则一般视具体情形寻求中间方案。例如，在全家户口都已转为非农业户口，作为城镇居民生活多年，且不再以耕地为主要生活来源的情形，法院基于该农户在承包地被“收回”后十余年的时间里“未提出异议”，认为“收回土地未违背其当时的主观意愿”，进而认定“收回”合法有效［**山东高院（2020）鲁民申 1564 号民裁**］。然而，依本条和《农地承包法》第 27 条，本案中的“收回”本自始无效，法院与其大费周章地将长期未提出异议拟制或推定为当事人“同意”（即所谓“未违背其当时主观意愿”），莫如从法政策目标的角度缓和本条禁止性规定的僵硬。也就是说，禁止收回承包地的立法本意是保障农民的生存权，即土地承包经营权对农民而言承载着社会保障功能，在农户身份转化为城镇居民且不再以耕地作为其生存保障时，法院无妨斟酌个案具体情形，直接承认承包地收回的效力。

第三百三十八条 【承包地的征收】承包地被征收的，土地承包经营权人有权依据本法第二百四十三条的规定获得相应补偿。

本条为参引性法条。准确而言，承包地被征收实为土地承包经营权被征收，故即便无本条，权利人亦可经由本法第 327 条的参引指示，依本法第 243 条规定获得相应补偿。而依第 243 条第 2 款，承包地被征收，具体涉及土地补偿费、安置补助费以及地上附着物和青苗等费用的补偿。

安置补助费旨在替代实现土地承包经营权的就业保障功能，解决农民失去土地承包经营权引发的失业问题。安置补助费具有人身属性，只能补助给失去土地的农村集体经济组织成员。因此，承包地被依法征收、放弃统一安置的家庭承包方，请求发包方给付已收到的安置补助费的，法院一般予以支持（**《农地承包解释》第 21 条**）。

土地补偿费是对土地这一财产价值的补偿，亦应支付给农民个人，而非支付给村集体经济组织或村委会。对集体土地所有权的补偿，则应归集体经济组织所有。依本法第 261 条第 2 款，土地补偿费等费用的使用、分配方案等属于本集体成员决定的事项。农村集体经济组织或村委会、村民小组，可依法律规定的民主议定程序，决定在本集体经济组织内部分配已收到的土地补偿费。征地补偿安置方案确定时已具有本集体经济组织成员资格的人，有权请求支付相应份额（**《农地承包解释》第 22 条**）。

地上附着物和青苗等的补偿费用等，归属于具体经营者。具言之，承包地被依法征收，承包方可以请求发包方给付已收到的地上附着物和青苗的补偿费；承包方已将土地经营权以出租、入股或其他方式流转给第三人的，除当事人另有约定外，青苗补偿费归实际投入人所有，地上附着物补偿费归附着物所有人所有。所以，土地经营权人可就其实际投入获得青苗补偿费和地上附着物补偿费，无权直接依土地经营权获得土地征用补偿款中增值部分价款［**云南高院（2020）云民终1120号民判**］。

第三百三十九条　【土地经营权的产生】土地承包经营权人可以自主决定依法采取出租、入股或者其他方式向他人流转土地经营权。

《农地承包法》顺应“三权分置”的农地制度改革要求，以立法形式确认了土地经营权，但该法并未明确其债权属性抑或物权属性。立法者将土地经营权纳入本章规范，意图应在于明确其为新的物权类型。依本法第330条第2款和本条之文义，土地承包经营权派生于农地集体所有权，土地经营权则派生于土地承包经营权，且其不影响承包人与发包人之间的承包关系。此“三权分置”之农地物权结构，旨在保留农村集体经济组织成员的土地承包经营权，同时通过不同流转方式放活土地承包经营权，将财产权属性的土地经营权作为生产要素，充分利用市场实现资源优化配置。而且，土地经营权的适度流转和规模化经营，也是发展现代农业的必由之路。

“可以”表明本条乃授权性规范，“自主决定”之表述则强调向他人流转土地经营权应遵循自愿原则。本条列举的土地经营权流转方式，昭示其有偿性。由此，在列举的出租、入股之外，可依同类解释规则，承认实践中的担保融资、代耕、托管、信托等有偿流转方式。唯需注意，《农地承包法》先行将“三权分置”农地制度改革成果法制化，本法只是在民事基本法框架内明确其物权属性和结构，故《农地承包法》关于土地经营权的具体规定应视为本法相关规定的特别法规范。准此，在法律适用上，此等特别法规范依本法第11条应予优先适用。例如，依《农地承包法》第38条，土地经营权的流转不得改变土地所有权的性质和土地的农业用途，不得破坏农业综合生产能力和农业生态环境；流转期限不得超过承包期的剩余期限；受让方须有农业经营能力或者资质；在同等条件下，本集体经济组织成员享有优先权。当事人流转土地经营权的行为或合同违反这些强制性规定的，应为无效或可被撤销。再如，本条脱胎于《农地承包法》第36条，但后者有“并向发包方备案”之后缀。不过，向发包方备案的义务属于管理性规范，而非合同的效力性规范［**海南高院（2019）琼民申1429号民裁**］。

第三百四十条 【土地经营权的内容】土地经营权人有权在合同约定的期限内占有农村土地，自主开展农业生产经营并取得收益。

在本法通过之前，学说和实践曾就土地经营权的权利性质，存在债权说和物权说之争［**北京二中院（2021）京02民终17123号民判**］。本条既旨在贯彻物权法定原则，明确物权性土地经营权的内容，又配合本法第341条为债权性土地经营权留有解释空间。具体而言，5年以上流转期限的土地经营权被第341条明确规定为具有物权属性。而本条所言土地经营权，显然包括5年以下流转期限的土地经营权。于是，此类土地经营权若已被登记，则依本法第209条应发生物权的效力；未被登记的，依体系解释宜认为其仅具有债权效力。如此处理，方可贯彻本条和第341条之规范意旨，并在体系上使第209条和第341条保持解释结果的一致（**参见本法第341条评注**）。但是，无论是何种性质的土地经营权，依本条文义均包括其列举的占有、使用和收益三项权利，其差别仅在于是具有债权的相对性效力，还是具有物权的对世效力。同时，尽管“三权分置”的法政策仍在探索完善之中，以至于对土地经营权派生于何种权利以及“三权”究为何指均存在争议，但不影响土地经营权人在流转期限内享有本条确定的权利内容。此外，就主体范围而言，土地经营权人也有别于土地承包经营人，可以是非本集体经济组织的自然人或法人，但需具有农业经营能力或资质。

本条为说明性法条，但土地经营权的具体权利内容主要呈现在《农地承包法》第43条、第46～47条之中。其一，土地经营权人占有土地，并且应按土地的用途利用土地。若土地经营权人弃耕抛荒连续2年以上，或者给土地造成严重损害，又或严重破坏土地生态环境，作为土地流转主体的承包人有权单方解除合同，同时，土地经营权消灭。除按用途利用土地之外，经承包方同意，土地经营权人也可依法建设农业生产附属、配套设施，并按流转合同约定对其投资部分获得合理补偿。其二，土地经营权人可以自主开展农业生产经营活动，并享有收益权。在承包方书面同意并向本集体经济组织备案的前提下，土地经营权人在经营期限内还可再次流转土地经营权。本条规定的物权性土地经营权，还具有向金融机构融资担保的功能，以此获得资金反哺农业生产经营，并依本法第 386 条承担担保责任。

土地经营权人须在流转合同约定的期限内行使权利，此期限可由承包人和经营权人自由约定，但不得超出土地承包经营权的剩余承包期限。当事人对流转期限没有约定或约定不明的，此前的司法实务依其流转合同的类型而适用关于租赁期限的规定（**原《合同法》第 232 条、本法第 730 条**）：在未签订书面合同，也未约定土地租赁期限时，土地承包经营权人可以随时解除合同并收回流转土地［**广东茂名高州法院（2015）茂高法新民初字第 132 号民判**］。依本条之文义，其所言“合同约定的期限”也不妨按照流转土地经营权的合同之类型，分别参照适用该类型合同关于期限的规定处理。例如，土地经营权系基于本法第 339 条承认的出租方式而设立的，仍可适用本法第 730 条规定。在以入股方式流转土地经营权时，又另当别论。

第三百四十一条 【土地经营权的登记】流转期限为五年以上的土地经营权，自流转合同生效时设立。当事人可以向登记机构申请土地经营权登记；未经登记，不得对抗善意第三人。

本条的规范目的，并非以 5 年流转期限为标准区分土地经营权的性质，而是确定流转期限 5 年以上的土地经营权的物权属性，并在物权变动模式上将其作为本法第 209 条的除外情形。流转期限 5 年以上的物权性土地经营权自合同生效时设立，登记并非该项物权设立的要件。鉴于土地经营权的流转对象不限于本集体经济组织成员，同时物权性土地经营权的主要功能在于维护权利人的长期性经营，以及为融资提供法技术支撑，故仍须赋予物权性土地经营权以登记能力。当然，本条所指的登记，不限于流转期限 5 年以上的土地经营权，而是授予所有的土地经营权人申请登记的权利。

就流转期限 5 年以上的土地经营权而言，登记并非该项物权性权利的设立要件，而是赋予土地经营权对抗功能，即未经登记并不影响物权的设立，但产生不得对抗善意第三人的效力。也即，流转期限 5 年以上的土地经营权采“意思主义”的物权变动模式，与本法土地承包经营权的物权变动模式保持一致（**第 333 条**）。至于 5 年以下流转期限的土地经营权的性质，本条并未明文规定。通过本条之反对解释，并结合本法第

209 条和第 340 条而为体系解释，流转期限 5 年以下的土地经营权仍然可依登记设立为物权；未经登记的，依本法第 209 条不发生物权效力，但无妨发生债权效力。

本条“善意”的判定，可类推适用本法第 311 条和《物权编解释一》关于不动产善意取得的相关规定。是故，善意是指第三人不知本条所指土地经营权已被在先设立，且无重大过失（**《物权编解释一》第 14 条第 1 款**）。未经登记的在先取得人主张第三人知晓或应当知晓的，应对此负举证责任（**《物权编解释一》第 14 条第 2 款和第 15 条第 2 款**）。善意判断时点，是第三人取得该土地经营权的时间（**第 311 条第 1 款第 1 项和《物权编解释一》第 17 条**）。需注意的是，若第三人之土地经营权亦未登记，则不得以本条为据主张其有效取得物权。此时，无论是依本法第 339 条还是第 342 条流转土地经营权，均可参照适用《农地承包解释》第 19 条，由合同生效在先的经营人取得土地经营权。无法确定合同生效时间之先后的，则可依先占原则由已占有使用土地的经营人取得土地经营权；但争议发生后一方强行先占者显为恶意，不得作为确定土地经营权归属的依据。

第三百四十二条 【非家庭承包方式取得土地经营权的流转】通过招标、拍卖、公开协商等方式承包农村土地，经依法登记取得权属证书的，可以依法采取出租、入股、抵押或者其他方式流转土地经营权。

通过招标、拍卖或公开协商等方式承包的土地，通常指不宜采取家庭承包方式的荒山、荒沟、荒丘、荒滩等农村土地（**《农地承包法》第 3 条**）。除“四荒”地之外，本条拓展了除家庭承包之外的其他方式承包的土地范围，将采取家庭承包之外的农村土地也预设为本条所规范的对象。对于以其他方式承包的农村土地，承包主体既可以是本集体经济组织以外的组织或个人，也可以是本集体经济组织成员。但前者承包时，须事先经本集体经济组织成员的村民会议 2/3 以上成员或 2/3 以上村民代表同意，并报乡镇政府批准，而后者在同等条件下有权优先承包（**《农地承包法》第 51、52 条**）。以其他方式取得经营土地的权利名称，在“三权分置”政策纳入法律之前表述为土地承包经营权，并区别于以家庭承包方式取得的土地承包经营权。不过，以其他方式承包土地，虽冠以“承包”之名，实为土地经营权。本法将以其他方式承包取得的土地经营权，与因家庭承包取得的土地承包经营权流转所得的土地经营权，在概念的术语使用上予以统一。

依本条之文义，通过招标、拍卖、公开协商等方式承包的农村土地，其土地经营权只有登记取得权属证书后才能流转。由此而为反对解释，未经登记取得权属证书的，其成立的并非本法承认具有物权效力的土地经营权。据此，本条所规范的土地经营权乃采本法第209条规定的登记生效主义。在此基础上，本条才表现为权能性规范，即其权利人有权以出租等方式流转土地经营权。

第三百四十三条 【国有农用地的承包经营】国家所有的农用地实行承包经营的，参照适用本编的有关规定。

本条为参引性法条。依《土地法》第13条第2款，国家所有依法用于农业的土地可由单位或个人承包经营，从事种植业、林业、畜牧业、渔业生产。此经营模式主要是建立国有农场或林场进行经营使用。《农地承包法》第13条第2款则规定，国家所有依法由农民集体使用的农村土地，由使用该土地的农村集体经济组织、村委会或村民小组发包。本条所言“国家所有的农用地实行承包经营”，应仅指前一情形而言。因为依本法第330条第2款而为体系解释，后一情形直接由本章规范，无待参照适用。相对而言，前一情形中的国有农用地并非由农村集体使用，自然不由集体经济组织、村委会或村民小组发包，故本法本编农用地承包的相关规则须经修正或限制方可适用。甚至，那些基于农户身份或土地承包经营权之社会保障功能而设置的规范（**如第334～337条**），对其几无准用空间。相反，物权编第五章关于国家所有权行使的规定，对其却有适用空间。

第十二章

建设用地使用权

第三百四十四条 【建设用地使用权的含义】建设用地使用权人依法对国家所有的土地享有占有、使用和收益的权利，有权利用该土地建造建筑物、构筑物及其附属设施。

本条为说明性法条，旨在界定建设用地使用权的内涵及适用范围。与土地承包经营权、宅基地使用权的主体限于集体经济组织成员不同，本法对建设用地使用权的主体未作特别限制。据此，我国境内外法人、非法人组织与自然人在满足相应资质时，均能成为建设用地使用权的权利主体。本条规定的权利客体为国家所有的土地，意味着本章规定的建设用地使用权不包括《土地法》第 63 条意义上的集体经营性建设用地使用权。除本条列明的占有、使用和收益之权能外，建设用地使用权人还可对建设用地使用权本身进行处分，处分方式包括转让、互换、出资、赠与或者抵押等（**第 353 条**）。取得建设用地使用权的目的在于建造建筑物、构筑物及其附属设施，但权利的取得不必然伴随事后的建造行为，既存建筑的保有也能成为取得建设用地使用权的正当事由。建设用地的类型主要有住宅用地、公共设施用地、工矿用地、交通水利设施用地、旅游用地、军事设施用地等。建设用地使用权人与其他相邻土地所有权人、建设用地使用权人之间，适用本法规定的相邻关系。

第三百四十五条 【建设用地使用权的分层设立】建设用地使用权可以在土地的地表、地上或者地下分别设立。

本条系对建设用地使用权客体之物理属性的一般描述，并就此肯认分层设立建设用地使用权的独立物权属性。为应对土地资源固有、稀缺、不可再生的特性，现代技术的发展使土地的利用从地表延伸至地上与地下成为可能，立体化的空间利用逐渐发展成熟。“空间利用权”在立法过程中曾受到广泛关注，但我国现行法最终未采纳“空间使用权”“空间利用权”概念，仍以建设用地使用权统称不同层次的土地及空间利用权。若地上及地下空间具有独立的经济使用价值与支配可能性，分层出让就完全可能，权利人据此获得不同层次、各自独立的建设用地使用权。即便是地表建设用地使用权，亦常涉及地上与地下空间的利用，只不过该“附属空间”的使用为常态而已。

在适用对象上，实践中建设用地使用权的分层出让多设立于国有土地，但这并不排斥集体建设用地使用权的分层出让。在具体范围界定上，依物权客体特定原则以及本法第 348 条第 2 款第 3 项规定，出让建设用地使用权时，需明定建筑物、构筑物以及附属设施占用的空间，建筑物的四至、高度、建筑面积和深度需被明确描述。地上及地下空间设立的建设用地使用权在登记时，需作进一步的详细说明。由于不同权利人对各自分层空间具有独立的占有、使用、收益权利，未经许可使用他人土地上空间的，构成侵权行为［**重庆一中院（2014）渝一中法民终字第02001 号民判**］。垂直空间并存的用益物权可能存在利益冲突，此时应以尊重在先设定权利为原则，通过相邻关系等规则解决冲突。

第三百四十六条 【建设用地使用权设立的准则】设立建设用地使用权，应当符合节约资源、保护生态环境的要求，遵守法律、行政法规关于土地用途的规定，不得损害已经设立的用益物权。

本条确立了设立建设用地使用权的三项准则。首先，建设用地使用权的设立应符合“绿色原则”。本条前半段规定与本法第 9 条与第 326 条以及《土地法》第 18 条规定的“绿色原则”一脉相承，但此原则系行为规范，而非裁判规范，因其无相应的行为违反后果而无法在裁判中被直接引用。

其次，建设用地使用权的设立需遵守相关法律法规关于土地用途的规定。该原则系引致规范，具体土地用途规定需参引相关法律法规。我国实行土地用途管制制度，国家编制土地利用总体规划、规定土地用途，使用土地的单位和个人必须严格按照土地利用总体规划确定的用途使用土地（《土地法》第 25、44、56 条等）。本分句虽未规定行为违反的法律后果，但违反此禁止性规定者，自然不能发生建设用地使用权设立的物权效果。由此，违反土地用途而擅自将农用地改为建设用地的，行为人自需承担拆除违法建筑物和其他设施、恢复土地原状等责任（《土地法》第 77 条）。

最后，新设建设用地使用权不得损害其他已经合法设立的用益物权。该规定系禁止性规范，也是处理建设用地使用权与其他用益物权利益冲突关系的概括规定。因权利客体存在交叉、重合或相邻关系，建设用地使用权可能影响乃至损害在先设立的用益物权，就此处理规则有三：(1) 若客体范围存在交叉，建设用地使用权的设立将导致在先设立的用益物权（如矿业权）无法行使，基于物权排他性原则，后者自始排斥建设用地使用权的设立；(2) 若客体范围相邻，建设用地使用权的设立并不会影响在先设立用益物权的行使，如建设用地使用权与宅基地使用权、土地承包经营权之间，以及分层设立的建设用地使用权之间，则建设用地使用权的设立无须在先权利人的同意，其相互关系基于相邻关系（第 288 条）、地役权之约定、物权保护规则（第 233～239 条）处理即可；(3) 若新设立的建设用地使用权已损害在先设立的用益物权，则在先权利人可以利害关系人的身份，向批准设立建设用地使用权的土地行政主管部门提起行政诉讼。

第三百四十七条 【建设用地使用权的设立方式】设立建设用地使用权，可以采取出让或者划拨等方式。

工业、商业、旅游、娱乐和商品住宅等经营性用地以及同一土地有两个以上意向用地者的，应当采取招标、拍卖等公开竞价的方式出让。

严格限制以划拨方式设立建设用地使用权。

本条第 1 款为授权性规范，即县级以上政府有权以出让与划拨两种方式设立建设用地使用权。依《土地法》第 2 条第 4 款规定的国有土地有偿使用原则，建设用地使用权的设立以有偿出让为主，无偿划拨为辅。不同建设用地使用类型的出让具有不同的使用年限。“有偿”表现为土地使用者向国家支付土地使用权出让金。土地使用者通过与国土资源管理部门签订书面建设用地使用权合同，获得土地使用权。土地出让的主体为市、县政府国土资源管理部门。出让形式包括招标、拍卖、挂牌与协议，其中前三种属于公开竞价方式，协议出让属非公开竞价方式。划拨土地使用权需经县级以上政府依法批准。划拨方式取得建设用地使用权的，除法律法规另有规定外，没有使用期限限制。划拨的建设用地使用权具有无偿性，土地使用者取得权利仅需缴纳补偿、安置等费用，乃至完全无偿取得。

本条第 2 款前半句规定了须公开竞价的情形，后半句的规范重心不在公开竞价方式的列举，而是侧重排除协议出让方式的采用。实务中，公开竞价方式除招标、拍卖外，还包括挂牌出让国有建设用地使用权。但本款为不完全法条，并未规定未采公开竞价方式的法律后果。因土地出让涉及国有资源的维护，对于应采公开竞价方式出让土地而未采取的，将导致国家利益与社会公共利益的损失，故《招标拍卖挂牌出让国有建设用地使用权规定》第 24 条对直接负责的主管人员和其他责任人员科以行政责任甚至刑事责任，这也说明本款中的“应当”实为对出让主体的“职权限制”，其属于本法第 153 条第一句所言的强制性规范。因涉及行政权的行使，故违反该规定的出让协议，应认定为无效［**《广东高院关于审理建设用地使用权合同纠纷案件的指引》（粤高法〔2017〕199 号）第 5 条、四川高院（2015）川民终字第 1136 号民判**］。

本条第 3 款虽使用“严格限制”之表述，但并非禁止性规范，而是授权性规范。易言之，通过划拨设立建设用地使用权的，必须有特别法授权（**如《土地法》第 54 条和《房地产法》第 24 条**）。具体而言，划拨土地使用的情形主要限于国家利益和社会公共利益的需要，具体类型有国家机关用地和军事用地，城市基础设施用地和公益事业用地，国家重点扶持的能源、交通、水利等项目用地以及法律、行政法规规定的其他用地。划拨的建设用地使用权未经行政审批前，不得转让、出租与抵押；经有批准权的人民政府同意划拨土地转让的，转让合同可按照补偿性质的合同处理。违反该规定转让划拨建设用地使用权的合同是否有效，既往实践存在争议［**（2020）最高法民申 4025 号民裁、（2020）最高法民终 368 号民判、（2021）最高法民申 7115 号民裁、（2019）最高法民再**

235 号民判]，但依《合同编通则解释》第 16 条第 1 款第 2 项之规定，宜认定为有效。

第三百四十八条 【建设用地使用权出让合同的形式与内容】通过招标、拍卖、协议等出让方式设立建设用地使用权的，当事人应当采用书面形式订立建设用地使用权出让合同。

建设用地使用权出让合同一般包括下列条款：

（一）当事人的名称和住所；

（二）土地界址、面积等；

（三）建筑物、构筑物及其附属设施占用的空间；

（四）土地用途、规划条件；

（五）建设用地使用权期限；

（六）出让金等费用及其支付方式；

（七）解决争议的方法。

土地使用价值涉及国有资产的监管及权利经济利益的实现，故采出让方式设立建设用地使用权者，均须严格按照法定程序，以书面形式订立建设用地使用权出让合同。依实践普遍做法，此书面形式主要指本法第 469 条第 2 款所言的普通书面形式，但不排除以第 469 条第 3 款之拟制书面形式订立的数据电文合同。无论是否经公开竞价，签订书面合同都为必要，未满足合同要式要求的，建设用地使用权合同不成立；不过，依本法第 490 条第 2 款，若一方已履行主要义务，且对方接受的，该合同同样能成立。以公开竞价方式订立合同的，尚需经招标、拍卖或挂牌程序后方能取得缔约资格（**参照第 347 条第 2 款**）。以协议方式设立建设用地使用权的，其申请程序、协议内容、出让方案、底价限制等多方面均受到行政管制。

对于建设用地权使用权出让合同的性质，存在“民事合同说”与“行政协议说”的争议。实践中有法院认为，该合同为《行诉法》第 12 条第 1 款第 11 项中的行政协议，故因合同履行所生争议属行政诉讼受案范围［**海南高院（2019）琼民终 969 号民裁**］，也有法院认为其为平等主体间的民事合同，所生争议当属民事诉讼受案范围［**襄阳中院（2018）鄂**

06 民终 4030 号民判］。截然相反的判决显示，出让合同的签订是否与土地行政主管部门的职权行使行为相关，当下仍然存在争议，这再次表明建设用地使用权出让合同的公、私法混合属性。而最高法的相关裁判可谓一语中的，“国有土地使用权出让，虽然在形式上通过市、县人民政府土地管理部门与土地使用者签订出让合同的方式实现，但由于签订出让合同只是有批准权的人民政府批准国有土地使用权出让后的具体实施行为，因此，国有土地使用权出让与否，实际由有批准权的人民政府决定”［**(2019) 最高法行申 4973 号行裁**］。

本条第 2 款系有关建设用地使用权出让合同内容的指引，在实践广泛采用格式文本的情形下，尤其具有本法第 470 条第 2 款所言的示范意义。和该条如出一辙，本款所列合同条款亦有要素、常素和偶素之分。(1) 就出让建设用地使用权的合同而言，当事人的名称和住所、土地界址与面积以及出让金等费用为合同要素，欠缺者将导致合同不成立。作为双务合同，此合同的出让人为代表国家的市、县级政府土地行政主管部门，受让人是建设用地使用权人。虽然出让的标的为建设用地使用权，但物权客体特定原则要求建设用地使用权需附属于特定的、可独立标识的土地，在实践中常以宗地界址图加以标明。此外，建设用地使用权出让合同的有偿性要求出让金条款为其要素，但出让金支付时间则为合同的常素。依《国有土地使用权出让和转让条例》第 14 条，受让方应于签订出让合同后 60 日内，支付全部出让金；逾期未足额支付的，出让方有权解除合同、请求违约赔偿。据此，该 60 日支付期限宜解释为赋予法定解除权的规定，而不宜解读为本法第 153 条项下的强制性规定。也即，当事人未约定支付时间的，最长期限为合同签订后 60 日之内，否则出让方有权解除合同并请求违约赔偿；若当事人约定超出 60 日付款，其约定有效。(2) 土地用途、规划条件、建设用地使用权期限与出让金等费用及其支付方式，属常素的范畴。由于我国实行土地用途管制制度，土地的规划用途不得擅自改变，这导致建设用地使用权出让合同中通常都包括土地的用途与规划条件。建设用地使用权期限由双方当事人意思自治决定，但需满足不同土地用途的最高使用期限的限制，如住宅用地最高 70 年、工业用地最高 50 年（**《国有土地使用权出让和转让条例》第 12 条**）。若当事人未约定期限的，将住宅建设用地使用权期限推定为最长期限并无问题，这符合本法第 359 条住宅建设用地届满自动续期的精神；对于非住宅用地，因期限届满后涉及续费问题，本着让利于民、改善营商环境的原则，也应将其推定为最长使用期限。解决争议的方式属所有合同常备条款，当事人未为特别约定者，自以诉讼为其纠纷解决方式。(3) 建筑物、构筑物及其附属设施占用的空间，在建设用地使用权出让合同中属偶素。此项内容一般属选填内容，未作约定的，不影响合同的成立。

第三百四十九条 【建设用地使用权的登记】设立建设用地使用权的，应当向登记机构申请建设用地使用权登记。建设用地使用权自登记时设立。登记机构应当向建设用地使用权人发放权属证书。

本条第一句仅具行为规范的功效。受让人欲设立建设用地使用权，需向不动产登记机构申请登记；受让人未申请登记的，登记机构不得依职权为其办理登记。以划拨方式设立建设用地使用权的，出让人与受让人无须签订合同，但仍应依国有土地划拨决定书或批准书进行登记。

依本条第二句，建设用地使用权的设立以登记为生效要件，未经登记不发生物权设立的效力。因此，建设用地使用权出让合同的生效，不当然导致建设用地使用权的设立，在未登记前，土地所有人与受让人之间仅具有债权债务关系；受让人若欲取得具有排他性的物权，必须履行登记程序［**成都中院（2021）川 01 民终 12366 号民判**］。依本法第 215 条确立的区分原则，即便建设用地使用权最终未设立，也不影响出让合同的效力，当事人可根据已生效的合同向违约方主张违约责任。

本条第三句确立了登记机构的法定义务，但其为不完全法条。若登记机构拒不发放权属证书，需承担不作为的行政责任；建设用地使用权人得以包括行政诉讼在内的形式请求登记机构履行作为义务。本条所称“权属证书”，系建设用地使用权人享有权利的有效证明。权利人凭权属证书，无须依赖登记机构即可证明自己系建设用地使用权人。在证明效力上，若权属证书与不动产登记簿记载不一致，则依本法第 217 条规定，以不动产登记簿的记载为准。

第三百五十条 【土地用途的改变】建设用地使用权人应当合理利用土地，不得改变土地用途；需要改变土地用途的，应当依法经有关行政主管部门批准。

国家实行土地用途管制制度，使用土地的单位和个人必须严格按照土地利用总体规划确定的用途使用土地，此为《土地法》第 4 条确立的基本原则。本法第 346 条就建设用地使用权的设立贯彻了这一原则，本条则就设立后土地的利用重申了这一原则，即建设用地使用权人必须按双方约定以及登记的用途使用建设用地，未经批准不得擅自改变。

鉴于建设用地使用权存续期限较长，若在其存续期间出现客观情况的变化，确需改变土地用途的，则须满足严格的条件。具体来讲，依《国有土地使用权出让和转让条例》第 18 条，建设用地使用权人需改变出让合同约定的土地用途的，应符合两项基本要求：(1) 经出让方同意。建设用地使用权人不得单方申请变更建设用地用途，而是需要征得出让人同意，即出让人与建设用地使用权人应就用途的变更形成一致的意思表示。(2) 依法经有关行政主管部门批准［**深圳盐田法院（2023）粤0308 行初 944 号行判**］。当事人必须在协商一致后，前往县级以上政府自然资源主管部门申请建设用地用途变更，并根据变更的建设用地使用权出让合同，调整建设用地使用权出让金，办理相应的变更登记。

建设用地使用权人改变土地用途的，应办理相应的行政审批手续。在我国，政府机关对有关事项或合同审批或者批准的权限和职责，源于法律和行政法规的规定，不属于当事人约定的范畴［**南阳中院（2021）豫13 民终 1564 号民判**］。因此，法定的审批或批准是建设用地使用权出让合同的生效条件。基于此效力性强制性规定，如果当事人之间订立的出让合同未通过行政审批，则合同相关内容无效［**铜仁江口法院（2021）黔0621 民初 371 号民判、青岛即墨法院（2022）鲁 0215 民初 7326 号民判**］。但依本法第 156 条和第 502 条的规定，出让合同中未办理批准等手续影响合同生效的，不影响合同中履行报批等义务条款以及相关条款的效力。

建设用地使用权人若未经批准擅自改变土地用途，须承担相应的不利后果。但本条为不完全法条，并未规定具体的法律效果，故应结合本法甚至其他法律的相应法条定之。从私法效果上看，建设用地使用权人自应承担相应的违约责任，同时向建设用地使用权出让人赔偿由其擅自变更建设用地用途而造成的损失。此时，由于受让方未按合同约定的用途使用土地，依《国有土地使用权合同解释》第 6 条，出让方享有合同解除权并收回该宗建设用地，建设用地使用权因此归于消灭。从公法效果上看，依《国有土地使用权出让和转让条例》第 17 条第 2 款，建设用地使用权人未按合同规定的期限和条件开发、利用土地的，市、县政府的土地管理部门应予纠正，并根据情节给予警告、罚款直至无偿收回土地使用权的处罚。

第三百五十一条 【土地出让金等费用的支付】建设用地使用权人应当依照法律规定以及合同约定支付出让金等费用。

出让金等费用的支付，属于建设用地使用权出让合同的必要条款或曰要素。依本条规定，建设用地使用权人应依法律规定以及出让合同约定的金额、支付方式等履行相应的支付义务。出让金是指取得建设用地使用权的对价，是以招标、拍卖、挂牌等方式出让国有土地使用权所确定的总成交价款［**淄博中院（2021）鲁 03 民终 1425 号民判**］，主要由必须支付的征地补偿款、土地出让收益等构成。本条所谓“等费用”，包括土地前期开发费用、土地出让业务费等。

建设用地使用权人支付出让金等费用，主要存在两种情况：（1）以出让形式有偿取得建设用地使用权的，应遵循我国国有土地有偿使用制度［**乐山市中法院（2020）川 1102 行初 5 号行判、张掖民乐法院（2022）甘 0722 民初 1323 号民判**］；（2）以划拨形式无偿取得建设用地使用权之后，又再次转让权利的，需要补缴出让金等费用。依本条规定，支付义务的依据为相关法律规定及出让合同；相关法律规定包括但不限于《土地法》第 55 条，《房地产法》第 16、40、51、67 条，以及《国有土地使用权出让和转让条例》第 8 条。

建设用地使用权人向国家缴纳出让金等费用，既为私法义务，也属公法义务。本条虽表现为不完全法条，未规定违反该项义务的法律效果，但依其义务性质须承担违约责任甚至是公法责任。例如，《房地产法》第 16 条明确规定，建设用地使用权人未按合同约定支付出让金的，土地管理部门有权解除合同，要求其承担违约责任并主张违约赔偿［**锦州中院（2021）辽 07 行初 82 号行判**］。同时，依该法第 67 条，以划拨形式无偿取得建设用地使用权之后，又再次转让权利的，若不补缴出让金，由县级以上政府土地管理部门责令缴纳出让金、没收违法所得，并可处以罚款［**商丘睢阳法院（2020）豫1403行初12号行判**］。

第三百五十二条 【建筑物、构筑物及其附属设施的归属】建设用地使用权人建造的建筑物、构筑物及其附属设施的所有权属于建设用地使用权人，但是有相反证据证明的除外。

本条前半句系建筑物、构筑物及其附属设施等不动产权属认定的一般规则。因遵循建设用地使用权与建造物所有权一体化处理原则，建造物所有权一般认定为属于建设用地使用权人。依建设用地使用权设立之目的，只要建造建筑物、构筑物及其附属设施的事实行为成就（**第231条**），权利人便可取得建造物的所有权［**邵阳中院（2020）湘05民终951号民判**］。建造行为合法为取得所有权的当然要求。非法占地、违规搭建建筑物及其设施的，违法建造人不仅无法取得其所有权，还面临限期拆除、恢复原状、没收建造物、罚款等民事、行政责任（**《土地法》第74、77、83条**）。在权利变动上，本法第356～357条建立的"房随地走、地随房走"规则，也保障了建造物所有权与建设用地使用权的一致。本条前半句真正的意义在于权利归属的推定，建设用地使用权人只需证明建设用地之上的建造物系其建造，即可依推定取得建造物的所有权。在实践中，即便建设用地使用权人与他人之间存在联合建房协议、合作开发或帮助建房等行为，建造物的所有权仍归属于建设用地使用权人，后者与合作建房人之间仅成立债权债务关系［**新疆高院伊犁哈萨克分院（2021）新40民终779号民判**］。

本条但书允许以相反证据推翻前述权利归属规则，恰恰说明本条实质是权利推定规则。依本条文义，"相反证据"首先包括建造物并非建设用地使用权人建造的情形，这主要涉及国有土地租赁中建造物的归属规则。依《规范国有土地租赁若干意见》（国土资发〔1999〕222号）第4条，在国有土地的长期租赁中，土地承租人建造的建筑物与构筑物，属土地承租人而非前述建设用地使用权人所有。其次，"相反证据"还包括建造物是建设用地使用权人建造，但其所有权不属于建设用地使用权人的情形。这主要涉及某些建设用地使用权与建造物所有权归属不一致的情形。例如，在市政公共设施中，建设用地使用权人与相关行政部门约定该所有权归国家，其通过事先约定的方式排除了前述权利归属推定规则的适用。又如，在公房改制过程中，单位将所建的公房出卖给职工，职工作为房屋所有权人，却不当然享有公房所在地的建设用地使用权。该“房地不一致”的情形多系历史原因、特定政策所致，在未来“房地一体”的趋势下将逐渐减少。

第三百五十三条 【建设用地使用权的流转方式】建设用地使用权人有权将建设用地使用权转让、互换、出资、赠与或者抵押，但是法律另有规定的除外。

本条前半句系授权性规范，即权利人对其建设用地使用权享有处分权，具体处分方式包括转让、互换、出资、赠与或抵押。需注意者，本条允许的处分表现为土地二级市场上建设用地使用权人之间的流转，土地一级市场上政府与建设用地使用权人之间的流转，则适用本法第 347 条规定。前者可能因涉及公共利益而受到限制，但其贯彻的仍是意思自治原则；后者因涉及国有土地的利用与维护，在转让方式、合同形式、出让金支付诸多方面都表现出更浓厚的国家管制色彩。本条规定的五种处分均采登记生效的物权变动模式（**第 355 条、第 402 条**），且依第 356～357 条和第 397 条，此等处分皆秉持房地一体原则。本条仅列举五种具有法律行为性质的处分方式，实践中的流转方式还包括司法处置、资产处置、法人或其他组织合并或分立等形式涉及的建设用地使用权的转移［**《国务院办公厅关于完善建设用地使用权转让、出租、抵押二级市场的指导意见》第（五）段**］，其多不属于基于法律行为发生的建设用地使用权变动。

本条但书系引致规范，其所言法律指向限制建设用地使用权流转的特别法规定。对于以出让方式设立的建设用地使用权，其转让限制主要为《房地产法》第 38 条列举的 7 种情形，以及《国有土地使用权出让和转让条例》第 19 条第 2 款的规定。虽然该限制使用了“不得转让”之禁止性规定的表述，但其所涉内容多为权利人无权处分或不符合法定投资开发条件时不得转让的具体化；从立法目的看，此等限制主要是为避免土地无序转让而设置的管理性规定，土地行政管理部门只需在符合该情形时，不予办理土地使用权权属变更手续即可。是故，此等限制不属本法第153条中影响法律行为效力的强制性规范，当事人签订的转让合同不因违反其规定而当然无效［**《八民纪要（民事部分）》第13条、松原中院（2021）吉07民申33号民裁**］。需注意者，这些特别法虽然仅对“转让”情形加以限制，但互换、出资、赠与和抵押同样涉及可能的权利变动，也应类推适用之。

对于以划拨方式取得的建设用地使用权，现行法同样严格限制其进入二级土地流转市场。具体而言，划拨建设用地使用权的流转不仅要报经相关部门审批，还需补缴土地使用权出让金，或将转让房地产所获收益中的土地收益上缴国家（**《房地产法》第40条**）。是故，转让划拨土地使用权的合同，属本法第502条中“不批准不生效”的合同类型（**参见其评注**）。“不批准不生效”的转让合同，原则上不发生合同解除的问题，但在司法实践中，因权利救济需要，通常也允许受让方解除合同（**《国有土地使用权合同解释》第4条**）。此外，未经批准转让划拨建土地使用权合同的效力还存在效力瑕疵补正的余地：在起诉前，有批准权的政府可同意转让，并由受让方办理土地使用权出让手续，土地使用权人与受让方订立的合同按补偿性质的合同处理；有批准权的政府也可以决定不办理土地使用权出让手续，并直接将土地使用权划拨给受让方，前述合同仍按补偿性质的合同处理（**《国有土地使用权合同解释》第10、11条**）。

第三百五十四条 【建设用地使用权处分合同的形式和期限】建设用地使用权转让、互换、出资、赠与或者抵押的，当事人应当采用书面形式订立相应的合同。使用期限由当事人约定，但是不得超过建设用地使用权的剩余期限。

依本条第一句，处分建设用地使用权的合同应采书面形式。书面形式的具体形态，应以本法第469条第2～3款为准。未满足此形式要求的，法院一般认定合同不成立［**博乐法院（2020）新2701民初74号民判、临汾翼城法院（2021）晋1022民初881号民判**］。不过，当事人未采书面形式，但一方已履行主要义务且为对方接受的，例如合同相对人已支付价金，该合同依本法第490条第2款也应可成立。至于相对人能否取得建设用地使用权或抵押权，则以本法第 355 条和第 402 条之登记为要件。

依本法第 348 条第 2 款，建设用地使用权期限系合同的常素。本条第二句称使用期限由当事人约定，本为意思自治应有之义；即便当事人未予约定，也可依合同解释规则定之。由此可见，本句规范重心并不在于前半句规定，而是但书所蕴含的意思自治之限制。实践中有法院认为，此限制系强制性规定，违反者将导致转让合同无效［**鹤岗东山法院（2021）黑 0406 民初 484 号民判、广东高院（2017）粤民申 2725 号民裁**］。但也有法院认为，即便约定的使用期限超出剩余期限，也不影响合同效力［**济南中院（2021）鲁 01 民终 10256 号民判**］。实际上，当事人约定的使用期限若超出建设用地使用权的剩余期限，其超出部分对处分人而言已属无权处分。再从规范目的来看，本条旨在保护国家作为土地出让人的利益不受侵害，但因超过剩余使用期限的处分根本就不可能发生物权效力，故即便约定的期限超出剩余使用期限，也不会损害国家的利益。准此，本句宜解释为对期限的限制，即在约定期限超出时，应缩短至建设用地使用权的剩余期限。唯其如此，才能实现意思自治和国家强制之协同，且不违反鼓励交易的原则。

第三百五十五条 【建设用地使用权处分后的变更登记】建设用地使用权转让、互换、出资或者赠与的，应当向登记机构申请变更登记。

本法第 349 条就建设用地使用权的初始设立采登记生效主义，本条则针对建设用地使用权转让、互换、出资或赠与等情形，明确了变更登记为其物权变动的生效要件。具体而言，其所谓“应当”并非强制性规定，而是表达一种消极强制的效果，即非经变更登记，建设用地使用权不发生物权变动的效果［**宣城中院（2022）皖 18 民终 1491 号民判**］。同时，基于本条所列法律行为变更建设用地使用权的，依本法第 215 条之区分原则，转让、互换、出资或赠与等基础法律行为的效力不因未变更登记而受影响，当事人可依合同请求对方承担违约责任等民事责任［**青岛中院（2023）鲁 02 民终 13297 号民判**］。

至于变更登记的申请主体，本条未予明确。依《不动产登记条例》

第 14 条第 1 款，原则上应由出让人和受让人共同申请。但司法实务中，办理建设用地使用权变更登记的，法院要求承担此义务的主体为受让人，出让人仅承担协助义务，提供相关资料即可［**酒泉中院（2023）甘 09 民终 1841 号民判、兰州中院（2021）甘 01 民终 4066 号民判、潍坊中院（2021）鲁 07 民终 10248 号民判**］。需注意的是，依《不动产登记条例》第 14 条第 2 款第 4 项，权利人姓名、名称发生变化的，可单方申请变更登记。唯此“姓名、名称发生变化”，应仅指权利人的更名，而非权利人因物权移转发生变更。

第三百五十六条　【“房随地走”原则】建设用地使用权转让、互换、出资或者赠与的，附着于该土地上的建筑物、构筑物及其附属设施一并处分。

第三百五十七条　【“地随房走”原则】建筑物、构筑物及其附属设施转让、互换、出资或者赠与的，该建筑物、构筑物及其附属设施占用范围内的建设用地使用权一并处分。

本法第 352 条确立了静态的“房地一体”处理规则，第 356 条、第 357 条则确立了处分过程中动态的“房地一体”原则，即建设用地使用权与建筑物、构筑物及其附属设施的处分须保持一致，唯立法技术上，这两条宜合并为一条。在处分范围上，建设用地使用权应与建造物的占用范围相匹配，满足“一体处分”要求。在对建设用地使用权一体处分时，相应的构造物须附着于土地上。例如，在转让分层设立的建设用地使用权时，只需将对应分层空间内的建造物一并处分即可。同样，在处分建造物时，须一并处分的是建造物占用范围内的建设用地使用权。如果附属设施可作为动产单独分离处分，自无本条适用余地（**《国有土地使用权出让和转让条例》第 24 条第 2 款**）；又如，在建筑物区分所有的情况下，区分所有建筑物的处分无法扩及于建设用地使用权的共同共有部分，受让人仅概括继受共有部分的权利义务。在处分方式上，除法条列举的转让、互换、出资或者赠与外，也应包括其他合法的流转方式（**参见本法第 353 条评注**）。诸如查封、司法拍卖等强制执行程序也应遵循房地一体化处理原则（**《查封扣押冻结财产规定》第 21 条第 1 款**）。关于抵押的“房地一体化”原则，可参见本法第 397 条评注。在适用范围上，虽然这两条规定的是建设用地使用权的房地一体处理原则，但集体经营性建设用地使用权、宅基地使用权与其建造物的处分也应类推适用之。

“房随地走”或“地随房走”之“房地一体”规则的意义，还在于处分人意思的推定。为避免房地分离，当处分人仅约定建设用地使用权的处分，而未约定建造物的处分或约定不明时，可推定处分人同时处分土地上的建造物，其具有办理建造物过户的附随义务；当处分人仅约定建造物的处分时，同样适用该规则［**荆门中院（2021）鄂 08 民终 425 号民判**］。实践中会出现房地归属不一致的例外，如在前述国有土地长期租赁中，土地承租人建造的建筑物与构筑物属土地承租人（**参见本法第 352 条评注**），这两条规定的适用可能会被突破，但该例外属非常态情形，在未来应予避免。

这两条规定为不完全法条，未规定违反“房地一体”处分原则的法律后果。实践中有法院认为该规定为倡导性规定，非禁止性规定，当事人可分别将建设用地使用权与厂房、设备处分于不同主体［**江苏高院（2016）苏民申 2212 号民裁**］；也有法院认为，本规定系强制性规定［**青海高院（2021）青执复 33 号执裁**］，违反本规定者将导致法律行为的无效。从规范目的来看，本规定旨在维护不动产交易秩序，避免房、地归属不同主体而导致法律关系的复杂化，但即便处分人未遵循“房地一体”的处分原则，将房、地分别出卖于不同的主体，只要赋予在先登记人享有这两条规定的房地一并处分请求权，即可保证房地处分的一体化，并无必要使另一合同无效，故这两条规定非本法第 153 条项下影响合同效力的强制性规范。

第三百五十八条 【建设用地使用权的提前收回及补偿】建设用地使用权期限届满前，因公共利益需要提前收回该土地的，应当依据本法第二百四十三条的规定对该土地上的房屋以及其他不动产给予补偿，并退还相应的出让金。

本条采准用之立法技术，对于建设用地使用权提前收回的，参引适用本法第 243 条的规定。之所以称为“提前收回”，而非征收，盖建设用地的所有权本属国家，在有公共利益需要时，国家只需以公权力将建设用地使用权提前收回即可，自不属于征收相关规定的调整范畴。故本条与《土地法》第 58 条、《房地产法》第 20 条和《国有土地使用权出让和转让条例》第 42 条具有相同的立法意旨。

延续本法第 117 条和第 243 条的规定，本条将建设用地使用权提前收回的事由限定为“因公共利益需要”。然“公共利益”系模糊性概念，尚无准确界定。通说认为应类型化为国防、国家安全的需要，建设社会公共事业的需要，环境保护的需要，国家重点扶持的能源以及交通水利等项目的用地需要，保障性住房和政策性住房建设的需要等。

对于建设用地使用权提前收回的程序规则，适用《土地法》第 58 条的相关规定。一方面，提前收回必须有适格的收回主体，只能由有关政府及其自然资源主管部门组织实施；另一方面，提前收回应履行相应的报批手续，即经原批准用地的政府或有批准权的政府批准。针对提前收回的补偿提起的诉讼，法院一般将案由列为“房屋征收或者征用补偿”之行政补偿纠纷，归入行政诉讼的受案范围。依《行诉法》第 34 条，因公共利益需提前收回建设用地使用权具体事由的举证责任，由被告即作为收回主体的行政机关承担。收回主体须提供作出该行政行为的证据和所依据的规范性文件，证明其主体适格并已履行法定的报批程序［**重庆三中院（2019）渝 03 行终 149 号行判**］。

因建设用地使用权被提前收回，建设用地使用权人的权利期限尚未届满，其合法权益极有可能遭受损害。就此损失的构成而言，该宗建设用地上建造的房屋以及其他不动产（如房屋的附属设施）所有权的不复存在，属于直接损失；就剩余期限多缴纳的土地出让金，则属不当得利的范畴。所以，按照公平正义的要求，同时参考不当得利返还规则，国家理应给予公平、合理的补偿［**（2019）最高法行申 862 号行裁、上海铁路运输法院（2020）沪 7101 民初 171 号民判**］。具体而言，可参照原国土资源部和原国家工商行政管理总局联合发布的《关于发布〈国有建设用地使用权出让合同〉示范文本的通知》第 20 条的标准，以提前收回时该宗建设用地上的房屋以及其他不动产的价值和剩余年期、建设用地使用权的评估市场价格以及经评估认定的直接损失作为判断依据，分别计算损失和应退还的出让金。

第三百五十九条 【建设用地使用权的续期】住宅建设用地使用权期限届满的，自动续期。续期费用的缴纳或者减免，依照法律、行政法规的规定办理。

非住宅建设用地使用权期限届满后的续期，依照法律规定办理。该土地上的房屋以及其他不动产的归属，有约定的，按照约定；没有约定或者约定不明确的，依照法律、行政法规的规定办理。

对住宅建设用地使用权与非住宅建设用地使用权期限届满的续期，本条作了区分。依本条第 1 款，前者期限届满应自动续期。自动续期是指，只要期限届满，无须申请审批办理期限延长手续，权利人便可自动、直接获得使用权期限的延长［**淄博中院（2021）鲁 03 民终 1978 号民判**］。该自动续期涉及民事基本法中基本权利保护的规定，具有位阶优势与强制性效力。位阶优势表现为，对与本款规定不同的部门法规定需作限缩解释。例如，《房地产法》第 22 条虽规定土地使用权年限届满后，权利人需于期限届满前 1 年申请续期方能继续使用土地，但为避免效力冲突，本着民事基本法在法律适用位阶上优于特别法的解释规则，该法第 22 条的适用范围应被限于非住宅建设用地使用权的续期。强制性效力则表现为，自动续期规定不允许当事人通过约定排除其适用，否则约定无效。

第 1 款第二句为参引性法条。但或因其涉及重大民生，以至于续期费用的支付标准、减免条件以及办理程序等具体制度，仍表现为一种立法愿景。《中共中央、国务院关于完善产权保护制度依法保护产权的意见》曾倡导研究“住宅建设用地等土地使用权到期后续期的法律安排”。就此，第 1 款第二句的意义在于，为后续相关法律、行政法规的制定留下制度接口。

本条第 2 款第一句为非住宅建设用地使用权期限届满的续期规定，其中，“依据法律规定办理”既是引致规范，也同时要求此等规范的效力位阶须为“法律”。现阶段的法律规定主要指《房地产法》第 22 条，其规定了非住宅建设用地使用权期续期的“申请审批”模式。具体而言，续期申请须在期限届满前 1 年提出，土地行政管理部门主要审查是否存在因社会公共利益需要、构筑物报废等收回土地的情形（**《土地法》**

第 58 条）。若存在，则需经原批准用地的政府或者有批准权的政府批准收回；若不存在，双方应当重新签订建设用地使用权出让合同，并重新缴纳出让金。政府违规收回土地或拒不重新缔约的，原建设用地使用权人可提起行政诉讼。建设用地使用权人未申请的，该土地由国家无偿收回。在非住宅建设用地期限届满，当事人未申请续期、申请未获批准或者存在收回国有土地的法定情形时，涉及土地上的房屋以及其他不动产的归属问题。依本款第二句规定，房屋以及其他不动产的归属，首先遵从当事人的意思自治〔杭州中院（2019）浙 01 民终 5483 号民判〕，期限届满前或届满时的约定均具效力。若约定涉及物权的变动，须遵循不动产物权变动的相应规则（第 209 条）。在没有约定或约定不明确时，依合同解释规则能确立所涉不动产归属的，应从之；否则，须按照法律、行政法规中的法定规则处理。依《国有土地使用权出让和转让条例》第 40 条规定，土地使用权期间届满，土地使用权及其地上建筑物、其他附着物所有权将由国家无偿取得。

第三百六十条 【建设用地使用权的注销登记】建设用地使用权消灭的，出让人应当及时办理注销登记。登记机构应当收回权属证书。

建设用地使用权的消灭事由，主要包括成交确认书或出让合同无效或被撤销、存续期间届满没有续期、建设用地使用权因法定或约定的情形提前收回、因自然灾害导致建设用地灭失等情形。此等事由已导致建设用地使用权消灭，出让方自可依本条（原《物权法》第 150 条）注销其登记〔（2019）最高法行申 4973 号行裁〕。唯依本条第一句之假言部分的文义，不能得出建设用地使用权的消灭乃以注销登记为生效要件这一结论；相反，既然出让人及时办理注销登记的义务，以及不动产登记机构收回权属证书的义务，均以建设用地使用权的消灭为条件，则正好说明消灭不以注销登记为要件。因此，毋宁说本条的规范核心实际上是针对建设用地使用权已经消灭的情形，为出让人和不动产登记机构设置了法定职责。据此，出让人和登记机构未尽法定职责的，应承担相应的行政责任。私法效果上，未办理注销登记的，善意第三人主张本法第 311 条之适用，不无空间；若无法适用该条，善意第三人也可向出让人主张损害赔偿。

第三百六十一条 【集体建设用地使用权的法律适用】集体所有的土地作为建设用地的，应当依照土地管理的法律规定办理。

依《土地法》第 63 条，在集体所有土地上也能设立“集体建设用地使用权”，但此建设用地的用途被限定为“经营性”，且此类规范具有浓郁的公法色彩。由此，本条非单纯的参引性法条，而是转介条款。易言之，在集体所有土地上设立经营性建设用地使用权的，不属本章调整范围；本条以条款转介的方式，将集体建设用地的设立、流转等划归《土地法》等法律进行规制［**广州中院（2021）粤 01 民终 288 号民判、枣庄中区法院（2022）鲁 0402 民初 4622 号民判**］，法院在为裁判时可直接适用（而非参照适用或优先适用）此等公法规范。本条将原《物权法》第 151 条中的“应当依照土地管理法等法律规定办理”，改为“应当依照土地管理的法律规定办理”，拓宽了集体所有的土地作为建设用地的法律适用范围，即此等法律包括但不限于《土地法》，从而为本法与其他调整农村集体土地制度的法律留有制度接口［**广州中院（2021）粤 01 民终 14557 号民判、佛山中院（2021）粤 06 民终 16238 号民判**］。

本条所言集体所有的用作建设用地的土地，主要有三类：（1）乡镇村企业、乡镇村公共设施和公益事业土地，主要由《土地法》第 59 条至第 61 条调整；（2）集体经营性建设用地，是指根据土地利用总体规划、城乡规划确定为工业、商业等经营性用途，并经依法登记的集体建设用地，主要由《土地法》第 23 条和第 63 条调整；（3）农村村民住宅用地，主要由《土地法》第 62 条调整。

第十三章

宅基地使用权

第三百六十二条 【宅基地使用权的概念】宅基地使用权人依法对集体所有的土地享有占有和使用的权利，有权依法利用该土地建造住宅及其附属设施。

本条是说明性法条，规定了宅基地使用权的内涵，划定了本章适用范围。根据本条，宅基地使用权的客体是集体所有的土地。在现行法上，我国土地非归国有的，皆为集体土地；而国有土地的范围依本法第249条定之。唯依《土地法》第62条，宅基地使用权仅能设立于农村集体土地之上。同时，随着国务院《城镇个人建造住宅管理办法》于2008年被废止，城镇个人不能在城镇集体土地上建设住宅，意味着城镇集体土地不能负担宅基地使用权；只是城镇集体土地上已有效成立的宅基地使用权，得在2008年后继续存在。

因此，宅基地使用权的主体是“农村村民”（**《土地法》第62条**），但在例外情形也能是城镇居民。（1）在2008年前，城镇居民在城镇集体土地上建设住宅，继续享有宅基地使用权。（2）享有宅基地使用权的农村村民成为城镇居民，但拒绝有偿退出宅基地的（**《土地法》第62条第6款**）。（3）城镇居民因继承取得农村房屋，且一并继承宅基地使用权［**参照《不动产登记操作规范（试行）》第10.3.5条**］。

宅基地使用权的内容包括占有和使用，其目的则为“利用该土地建造住宅及其附属设施”。因此，宅基地使用权之目的仅以建造居住性房屋及其附属设施为限，不得用于农业生产、工业经营等用途。依本法第116条物权法定原则，当事人逾越本条之限制而设立宅基地使用权的，该权利不能成立。在判断附属设施的范围时，应结合农村生活的现实状况。由于农业生产和农民生活具有密切关联，即便附属设施与居住无关，也不宜一概否认。

本条亦为参引性规范。其前半句中的“依法”是指，使用权人在占有和使用宅基地时，应遵守法律规定，如本法关于相邻关系的规定；后半句中的“依法”是指，使用权人应按照法律相关规定建造住宅及附属设施，如依地方性法规或者地方政府规章取得建设规划许可证（**《城乡规划法》第41条第2款**）［**北京三中院（2021）京03民终13755号民裁、玉溪中院（2021）云04民终1466号民裁**］。

第三百六十三条 【宅基地使用权的变动】宅基地使用权的取得、行使和转让，适用土地管理的法律和国家有关规定。

本条是参引性法条，间接明确了宅基地使用权取得、行使、转让的法律渊源。“土地管理的法律”乃指全国人大及其常委会制定的法律，主要是《土地法》。“国家有关规定”是指国务院制定的行政法规以及国务院部委制定的部门规章，不包括地方规章。本条所言“取得”与“转让”并非基于同一逻辑标准而区分，具有重叠性，即基于转让的取得也是一种取得。由于取得包括设立取得、转让取得和继承取得，故下文分别探讨，其行使问题则依附其后。

一、宅基地使用权的设立取得

根据《土地法》第62条第4款，宅基地使用权适用“申请—审批”的设立方式，而非合同设立方式。审批主体是乡（镇）政府，宅基地使用权自行政审批生效时成立。基于行政审批取得宅基地使用权的，即便登记未完成，宅基地使用权也具有物权效力。申请人对审批结果不服的，可申请行政复议或提起行政诉讼。审批机关违法批准宅基地，存在“重大明显瑕疵”的，该行政行为无效，宅基地使用权自始不成立（**《关于审理行政许可案件若干问题的规定》第7条**）。

依《土地法》第62条第1款前半句，农村村民一户只能拥有一处宅基地。该法第62条第5款规定，农村村民出卖、出租、赠与住宅后，再申请宅基地的，不予批准。因此，“一户一宅”是批准设立宅基地使用权的限制性条件。审批机关违反前列规定，违法批准设立宅基地使用权的，行政行为无效，宅基地使用权自始不成立（**《关于审理行政许可案件若干问题的规定》第7条第2项**）。《土地法》第62条第1款后半句规定，宅基地的面积不得超过省、自治区、直辖市规定的标准。审批机关违反此规定，超标批准宅基地使用权的，审批行为在超标范围内无效。

二、宅基地使用权的转让取得

宅基地使用权的转让包括诸多具体形态，如买卖、赠与、遗赠、互换（**《土地法》第62条第5款**）。根据现行法并结合司法实践，宅基地使用权的转让应满足下述三项条件。

其一，宅基地使用权不得被单独转让［**河南高院（2021）豫行终317号行判、上海二中院（2009）沪二中民二（民）终字第2035号民判、佛山中院（2018）粤06民终9880号民判**］，仅能附随房屋一并转让［**（2020）最高法行申1125号行裁、重庆高院（2015）渝高法民申字第01101号民裁**］。

其二，宅基地使用权不得向集体经济组织之外的主体转让，仅能在集体经济组织成员之间转让。《国务院关于深化改革严格土地管理的决定》"禁止城镇居民在农村购置宅基地"。虽然该行政规范并未提及赠与，但使用权人将宅基地使用权赠与城镇居民的行为也应被禁止。宅基地使用权人向城镇居民出卖或赠与宅基地的，买卖或赠与无效。司法实践则进一步限制了宅基地使用权的转让，即只要受让人和转让人非属同一集体经济组织，转让合同即归无效，不论受让人是否为城镇居民［**（2019）最高法行申368号行裁、江苏高院（2015）苏审二民申字第01774号民裁**］。概言之，宅基地使用权仅可在本集体经济组织内部成员之间发生转让。当事人属同一集体经济组织，但非为同一村民小组的，转让合同有效［**重庆二中院（2011）渝二中法民终字第1026号民判**］。

其三，转让须经集体经济组织同意。在司法实践中，宅基地使用权附随房屋一并转让，但未经集体经济组织同意的，不能生效［**甘肃高院（2019）甘民申238号民裁、江苏高院（2015）苏审二民申字第01774号民裁、重庆高院（2015）渝高法民申字第01101号民裁、吉林高院（2017）吉民申2244号民裁**］。

依《土地法》第62条第1款，农村村民一户只能拥有一处宅基地。然该项规定为管理性强制规范，不影响合同效力。从司法实践看，受让人已享有宅基地的，买卖合同依旧有效［**北京高院（2019）京民申4505号民裁、辽宁高院（2014）辽审三民申字第00039号民裁、浙江高院（2017）浙民申2939号民裁**］。此外，转让人是否享有两块或两块以上宅基地，也不影响合同效力，但出让人在转让后欠缺宅基地的，不得再度申请取得宅基地使用权［**宁波中院（2009）浙甬民二终字第246号民判、福建漳州中院**

第二编 物权

（2015）漳民终字第125号民判、北京一中院（2006）一中民终字第1329号民判]。如果出让人丧失经济能力，而转让宅基地及其上房屋会使其丧失生活保障的，转让合同归于无效［天津高院（2014）津高民申字第172号民裁、北京高院（2017）京民再76号民判]。

近年来，我国启动了宅基地使用权的改革探索，部分地区成为改革试点。针对这一实际情况，《八民纪要（民事部分）》第19条第1款规定，在国家确定的宅基地制度改革试点地区，可依国家政策及相关指导意见，处理宅基地使用权因抵押担保、转让而产生的纠纷。针对非试点地区，该条第2款仍延续传统司法实践，规定农民将其宅基地上的房屋出售给本集体经济组织以外的人时，买卖合同无效。

三、宅基地使用权的继承取得

关于宅基地使用权能否继承，司法实践中存在争议。有判决认为宅基地上的房屋可以继承，但宅基地使用权本身不能继承，应在"绝户"后由集体经济组织收回［北京三中院（2017）京03民终10777号民判、湖南高院（2017）湘民申3342号民裁]。另有判决认为，宅基地使用权人死亡的，继承人可继承宅基地上的房屋，且一并取得宅基地使用权，不论继承人与被继承人是否同属一个集体经济组织，也不论继承人是否属于城镇居民［广东肇庆中院（2014）肇中法审监民再字第2号民判、宁波中院（2016）浙02民终3633号民判、商丘中院（2020）豫14民终3941号民判]。从"房地一体"原理和实际情况看，宅基地与其上房屋无法分离，故应承认宅基地使用权可附随其上房屋被一并继承。经住房和城乡建设部等七部门共同研究，宅基地使用权可依法由城镇户籍子女继承，并办理不动产登记［自然资人议复字〔2020〕089号]。

四、宅基地使用权的行使：出租、抵押与设立地役权

宅基地使用权的"行使"不仅包括占有和利用，还包括出租和设立抵押权或地役权。根据本条，宅基地使用权人应依法行使宅基地使用权。从占有和利用来看，宅基地使用权人首先不得改变宅基地的用途，否则农村集体经济组织有权报请批准，收回宅基地使用权（《土地法》第66条第1款第2项）。除此之外，宅基地使用权人在占有和利用宅基地时，应遵守本法关于相邻关系的规定以及其他相关规定，否则须承担相应的民事责任。

从《土地法》第62条第5款看，宅基地使用权人有权出租宅基地，

但出租后不得再申请取得宅基地使用权。宅基地使用权人出租宅基地及其上房屋的，租赁合同有效，不论承租人是否是城镇居民［**北京高院（2019）京民申174号民裁、固原中院（2019）宁04民终459号民判**］。宅基地的永久出租构成转让，适用宅基地使用权转让的相关规定［**百色中院（2020）桂10民终2083号民判**］。宅基地使用权人将宅基地出租给他人用于非居住目的时，租赁合同无效［**河南高院（2020）豫民申4586号民裁、江苏高院（2015）苏审二民申字第00139号民裁**］。

宅基地使用权抵押是一种处分，并且在债务人无法清偿债务时，抵押权的实现最终以转让（折价补偿或者变价受偿）的形式实现。因此，抵押宅基地使用权应予承认，只不过在变价或折价实现时应受制于宅基地使用权的转让规则。换言之，债务人无法清偿时，宅基地及其上房屋只能转让给同集体经济组织的成员。然本法第399条第2项概括地规定，宅基地不得抵押。因此，宅基地及其上房屋的抵押，一概难以成立［**山西高院（2015）晋民申字第766号民裁、北京二中院（2011）民终字第15089号民判、河南高院（2017）豫行终2681号行判**］。依《八民纪要（民事部分）》第19条，国家宅基地制度改革试点地区对于宅基地使用权抵押有特别规范的，应予优先适用。

宅基地使用权人可在宅基地及其上房屋设立地役权［**遵义中院（2021）黔03民终1738号民判**］。依本法第378条，土地所有权人享有地役权或负担地役权的，设立宅基地使用权时，使用权人继续享有或负担已设立的地役权。这一规定本质上承认了宅基地使用权能够负担地役权。同理，宅基地使用权人在其权利范围内向他人设立一项地役权的，应无不可。至于是否应征得土地所有权人的同意，宜采否定说。盖宅基地使用权人在权利范围内设立的地役权，不会影响土地所有权人的利益，第379条规定的特别考量（**参见其评注**）于此情形并不存在。

第三百六十四条　【宅基地使用权的消灭】宅基地因自然灾害等原因灭失的，宅基地使用权消灭。对失去宅基地的村民，应当依法重新分配宅基地。

本条第一句规定符合物权随其客体灭失而消灭的原理，其适用的情形是“宅基地”灭失，如宅基地因地震或洪水而灭失，已不适宜或无法建造住宅。因此，房屋及其附属设施灭失，宅基地并不灭失。于此情形，宅基地使用权继续存在，权利人可在宅基地上建造新住宅和附属设施。

本条第二句的适用要件是，宅基地非因使用权人原因而灭失。宅基地使用权人故意或过失造成宅基地灭失的，不仅无法主张适用本条第二句，且可能须向集体经济组织负担相应的民事责任。从法律效果的角度看，本句的“应当”表明其为强制性规定，即乡（镇）政府有义务应原宅基地使用权人的申请，批准设立宅基地使用权。当然，原宅基地使用权人拒绝申请的，对其选择应予尊重。本句的“依法”，主要是指《土地法》第 62 条第 1～4 款。据此，原宅基地使用权人享有其他宅基地使用权的，不能再申请取得宅基地使用权。原宅基地使用权人曾出卖、赠与其他宅基地使用权，但在仅有的一块宅基地灭失之后，同样有权申请取得宅基地使用权。于此特别情形，《土地法》第 62 条第 5 款无适用余地。这是因为该款主要适用的情形是，宅基地使用权人仅有一块宅基地，但选择出卖或赠与该宅基地，自愿将自己置于欠缺宅基地的境地。然若原宅基地使用权人因本条第一句丧失宅基地，却另有一块处于租赁状态的宅基地的，应适用《土地法》第 62 条第 5 款。

宅基地被征收的，虽然宅基地并未“灭失”，但宅基地使用权也归于消灭。因此，被征收人有权申请取得一块新的宅基地［**西安铁路法院（2017）陕 7102 行初 654 号行判**］。原宅基地使用权人是城镇居民，因继承或户口迁移而取得或继续享有宅基地及其上房屋所有权，但之后房屋因自然灾害等原因灭失的，宅基地使用权消灭。于此特殊情形，原宅基地使用权人不得申请取得新的宅基地［**广西高院（2017）桂行终 355 号行判**］。因为在此特殊情形，原宅基地使用权之所以能存续，系因权利人对房屋享有所有权；房屋所有权一旦因房屋灭失而消灭，宅基地使用权存续的“使命”即告终结。

第三百六十五条 【宅基地使用权的登记】已经登记的宅基地使用权转让或者消灭的，应当及时办理变更登记或者注销登记。

本条仅适用于已登记的宅基地使用权。未登记的宅基地使用权被转让的，受让人可申请办理首次登记；其消灭的，无须也无法办理注销登记。本条仅规定转让和消灭两类情形，但已登记的宅基地使用权发生其他变动的，也应及时办理登记，如继承与分割（**《不动产登记条例》第 14 条第 2 款第 2 项与《不动产登记实施细则》第 26 条第 4 项**）。

本条虽使用“应当”一词，但其对法律交易当事人而言，并非强制性规范，即登记与否不影响宅基地使用权的物权效力。由于我国农村土地不动产登记系统尚不完备，且宅基地使用权的转让仅能发生在同一集体经济组织成员之间，所以在现行法上，登记既非宅基地使用权变动的要件，也非对抗第三人的要件。在司法实践中，登记只是当事人证明宅基地使用权的重要证据，也是确定被征收人身份的基本依据［**广东高院（2015）粤高法民申字第 159 号民裁、江苏高院（2018）苏民申 263 号民裁**］。依《不动产登记条例》第 14 条第 1 款，不动产权利变动原则上应由双方当事人共同申请。因此，受让人请求登记的，出让人应予协助［**荆门中院（2020）鄂 08 民终 806 号民判**］。但宅基地使用权因征收而消灭的，征收人应及时办理注销登记，不动产登记机构应及时向被征收人送达注销登记通知［**江苏高院（2016）苏行再 7 号行判**］。

第十四章

居 住 权

本章增设居住权为用益物权的一种。依物权法定原则，居住权的内容法定，除居住权期限和出租权能可意定外，当事人几乎无意思自治空间。但当事人是否以及以何种法律行为设立居住权，应由其自由决定。本章以合同设立居住权作为制度设计的模型，法定了居住权的人役权属性、内容（以居住为目的的占有和使用）和以登记为要件的物权变动形式。同时，本章通过本法第 371 条之参引性法条的设计，规范了遗嘱设立居住权的情形。但除此之外，当事人亦可通过其他法律行为设立居住权。例如，遗赠抚养协议符合本法第 464 条第 1 款对合同的定义，无妨直接适用合同设立居住权的相关规定。再如，在协议离婚的情形，夫妻双方在离婚协议中就财产处理达成居住权设立合意的，也应予承认。甚至，在诉讼离婚的情形，法院也有依本法第 1087 条规定的夫妻共同财产处理原则，以裁判方式设立居住权的空间。在本法增设居住权为物权种类之前，原《婚姻法解释一》第 27 条第 3 款还允许法院依原《婚姻法》第 42 条（**本法第 1090 条**）为生活困难一方设立居住权。就本法而言，承认以裁判方式设立居住权，也与其增设居住权以满足特定人（如离婚时无过错一方或生活困难者）之生活居住需求的立法目的契合。总之，无论是以合同、遗嘱的方式，还是以其他方式设立居住权，均须以本法第 366 条规定的“满足生活居住的需要”为目的。

第三百六十六条 【居住权的含义】居住权人有权按照合同约定，对他人的住宅享有占有、使用的用益物权，以满足生活居住的需要。

本条非单纯界定居住权概念的说明性法条，其法律效果之一是居住权人“有权”按照合同享有占有和使用住宅，满足自己的生活居住需求。“有权”一词意味着本法承认居住权具有物权性质。

第一，居住权是一项用益物权。因此，本法物权编第十章（用益物权的一般规定）能适用于居住权。此外，作为一项物权，居住权还能直接适用本法关于物权的一般规定，如物权保护请求权的相关规定（**第233～239条**）和不动产登记规则（**第209～223条**）。

第二，居住权的客体是他人的住宅。住宅是用于生活居住的房屋。因此，商用建筑物不能成为居住权的客体。住宅所有权人不能为自己设立居住权，但能在转让住宅时为自己保留居住权［**成都金牛法院（2021）川0106民初4340号民判**］。依本法第114条第2款物权客体特定原则，住宅应特定化，且具有物理独立性、使用独立性和可登记性。住宅的某一房间虽属住宅的组成部分，但其也可为居住权客体，故缓和了物权客体特定原则。农村的住宅也能成为居住权的客体。经济适用房不能成为居住权客体，除非购房人取得完全产权（**类推适用《经济适用住房管理办法》第30条**）。

第三，居住权的主体是自然人。由于居住权仅以住宅为客体，且限于生活居住需求，故法人或其他非法人组织不能成为居住权的主体。

第四，居住权的设立目的仅限于生活居住的需要。居住权人自始欠缺此目的的，居住权不能有效设立；其嗣后丧失此目的，将住宅用于商业活动的，居住权嗣后归于消灭。居住权人未经住宅所有权人同意，擅自将住宅用于商业活动的，还可能构成违约行为，需向后者承担相应的违约责任。

第五，居住权是一种意定物权，居住权人应按合同约定占有和使用住宅。在物权法定原则下，居住权的内容虽一般性地包括占有和使用，但对于其具体内容，当事人有一定的自治空间。本法第367条第2款第3～4项明确承认了这一点。居住权人未依合同约定占有和使用住宅的，构成违约；居住权成立后，基础合同并不因此终止，仍对当事人具有约束力。此外，由于当事人关于居住权占有和使用的约定能上升为居住权的内容，故居住权人超越居住权内容而占有和使用住宅的，还会违反本法第241条第二句。于此情形，所有权人还能基于物权保护请求权、不当得利、侵权行为，请求居住权人承担相应的民事责任。

第六，居住权包括占有和使用的权能。本法第323条明确规定用益物权包含占有、使用和收益权能，但本条有意将收益权能排除在居住权之外。因此，结合本法第 116 条，居住权人不享有收益权能。不过，依本法第 369 条之但书，当事人可约定居住权人有权出租住宅。于此情形，居住权人例外地享有收益权能。

第三百六十七条 【居住权设立合同的形式与条款】设立居住权，当事人应当采用书面形式订立居住权合同。

居住权合同一般包括下列条款：

（一）当事人的姓名或者名称和住所；

（二）住宅的位置；

（三）居住的条件和要求；

（四）居住权期限；

（五）解决争议的方法。

依本条第 1 款，设立居住权的合同采用书面形式。书面形式之具体形态，应以本法第 469 条第 2～3 款为准。从本法第 490 条第 2 款看，未采书面形式的居住权合同并未成立，当事人不受合同约束；不过，当事人未采书面形式，但一方已履行主要义务且对方接受的，该合同也能成立。因此，住宅所有权人将住宅交由相对人占有和使用的，居住权合同也能成立，尽管居住权本身因欠缺登记而未能设立。

本条第 2 款旨在为当事人订立居住权合同提供内容指引。和本法第 470 条（**参见其评注**）一样，本款所列条款亦有要素（合同必要之点）、常素和偶素之分。(1) 就设立居住权的合同而言，当事人的姓名、住所以及住宅的位置应为必要条款（要素），欠缺者将导致合同不成立。其中，明确住宅的位置，系合同标的物须确定（**《合同编通则解释》第 3 条第 1 款**）和物权客体须具体、特定（**第 114 条第 2 款**）的要求。(2) 居住权期限属常素的范畴。具体而言，当事人对居住权期限有约定的，自应以其意思表示为准；当事人没有约定的，则因其属于居住权合同通常具有的内容，须依合同解释之漏洞补充的方式确定之。结合本法第 370 条而为体系解释，本法所言居住权期限，要么由当事人约定，要么以居住权人死亡为终期，故在当事人未约定确定期限时，应认为居住权存续于其权利人一生。此解释结果亦符合本法设定居住权为用益物权的立法目的，盖居住权本质上是人役权，系为特定人生活居住的需要而在他人所有的住宅上设定的一种负担，若无期限的特别约定，则只有在该特定人死亡时居住权才归于消灭。(3) 解决争议的方法并非只在居住权合同中才成为常素，而是所有类型的合同通常都具有的内容，故在本法第 470 条中列出即为已足。

至于居住的条件与要求，在居住权合同中属于偶素。当事人就此达成合意的，其自然成为合同的特别内容；未就此达成合意的，也不影响居住权合同的成立。唯当事人在合同中约定的居住条件和要求，并非一概具有物权的效力。如关于护理和服务方面的约定，仅具有债法效果，即仅能约束住宅所有权人和居住权人，不得据以对抗第三人。只有此类约定和居住权具有密切联系，如维护住宅或其附属设施的约定，才产生物权的对世性效力。此时可类推适用本法第 725 条，所有权人将住宅转让给第三人的，第三人也负担该项维护义务。

第三百六十八条 【居住权的设立】居住权无偿设立，但是当事人另有约定的除外。设立居住权的，应当向登记机构申请居住权登记。居住权自登记时设立。

根据本条第一句，居住权设立原则上无偿。一方当事人主张有偿的，应对此负举证责任。无偿居住权合同虽属定限物权的设立合同，而非转让所有权的赠与合同，但能类推适用本法合同编第十一章（赠与合同）的相关规定。

本条第二句中的“应当”，仅意味着其具消极强制的效果，即当事人可以不申请登记，但其未申请的，依本条第三句应承担居住权不能设立的不利后果。就住宅所有权人而言，在居住权合同生效后有义务申请或配合相对人申请登记，否则构成根本违约，相对人亦可依本法第 563 条第 1 款第 3 项解除合同。

根据本条第三句，登记是居住权设立的前提，且登记仅具即时效力，无溯及效力。当然，即便完成登记，居住权也并不必然设立，如居住权设立合同无效或已被撤销，当事人可据此申请注销登记。依本法第 221 条，当事人还可申请居住权预告登记，进而产生权利保全的效果。居住权合同有效，但当事人未登记的，债权人也有权依合同请求住宅所有权人将住宅交由其占有和使用（**第 509 条第 1 款**）。于此，债权人的占有构成有权占有，住宅所有权人作为合同债务人不得请求返还住宅。

居住权与其他物权发生冲突时，应区分居住权是否登记，予以分别讨论。根据物权优先性原理，居住权未登记的，居住权合同仅具债权效力，不得对抗其他在后完成的物权变动。其一，住宅所有权人转让住宅的，居住权合同不得对抗受让人，于此不得类推适用本法第725条（例外规定禁止扩张适用）。其二，住宅所有权人抵押住宅，并完成抵押权登记的，居住权合同不得对抗抵押权人，于此不得类推适用本法第405条。其三，住宅所有权人在住宅上设立地役权的，居住权设立合同不得对抗地役权人，即便地役权也未登记。居住权完成登记的，应依照登记时间明确其与住宅转让、住宅抵押的顺位。至于完成登记的居住权和地役权之间的顺位，应做如下安排。其一，地役权成立在前且登记在前的，居住权不得对抗地役权。其二，地役权成立在后且登记在后的，居住权可对抗地役权。其三，地役权成立在前但登记在后的，居住权是否能对抗地役权，取决于在后的居住权人是否善意（**第374条**）。

第三百六十九条 【居住权转让、继承的禁止和设立居住权的住宅出租】居住权不得转让、继承。设立居住权的住宅不得出租，但是当事人另有约定的除外。

本条第一句规定居住权不得转让和继承，表明其人役权属性，即居住权系为特定人的居住需求而设定，具有高度的人身专属性。但“不得”不意味着本句为禁止性规定，而应解释为“无权”，故本句实为权能性规范。具体而言，在转让的情形，居住权人欠缺处分权能，其转让因无权处分而不能发生居住权移转的物权效力。但依本法第215条，居住权之转让合同本身的效力不因居住权人无处分权而受影响。于此，居住权人转让居住权，但受让人因本条规定无法取得居住权的，居住权人构成履行不能而应承担违约责任。由此延伸的一个问题是，因抵押财产有可转让性的要求，故依本句规定，居住权人也不得以居住权设立抵押权。就继承而言，本条和本法第370条恰成呼应：一方面，“不得继承”意味着居住权人的继承人欠缺继承居住权的资格；另一方面，居住权因居住权人的死亡归于消灭。

本条第二句虽未明示出租人是居住权人还是住宅所有权人，但从本条上下文来看，本句调整的情形自然是居住权人出租住宅。此所谓“不得”，也不意味着本句为禁止性规定，其仍为权能性规定。易言之，居住权人与第三人签订租赁合同的，合同本身不因居住权人无权出租而无效。只是在居住权人将住宅交由第三承租人占有和使用时，承租人针对住宅所有权人为无权占有人，后者可依本法第 235 条与第 460 条请求第三人返还住宅。承租人就无权占有期间向居住权人支付租金的，所有权人可主张类推适用本法第 1182 条，要求居住权人向其“返还”租金。

和第一句不同的是，本条第二句为任意性规范，即住宅所有权人和居住权人有权通过约定，授予后者出租住宅的权利。居住权人或第三承租人主张当事人存在这一约定的，应对此负举证责任。若当事人达成允许出租的约定，则第三承租人基于租赁合同取得的占有和使用可对抗住宅所有权人。换言之，住宅所有权人和居住权人达成的授权约定，能产生有利于第三人的外部效果。至于允许出租的约定是否具有可登记能力，虽依本条规定尚不明确，但实务中宜予肯定，即在设立居住权时，当事人约定允许出租且共同申请一并予以登记的，登记机构应予登记。

第三百七十条 【居住权的消灭】居住权期限届满或者居住权人死亡的，居住权消灭。居住权消灭的，应当及时办理注销登记。

本条第一句为完全法条，其所谓居住权消灭之法律效果，乃指居住权的绝对消灭。而此消灭效果的发生，主要基于两项事由，即当事人约定的居住权期限届满，以及居住权人死亡。其中，“死亡”既包括自然死亡，也包括宣告死亡。居住权人在居住权期限届满之前死亡的，居住权归于消灭。这是因为居住权为人役权，具有人身专属性，且依本法第 369 条，即便期限未届满，居住权人的继承人也因无继承资格而无法取得居住权，故居住权因权利人阙如而绝对消灭。

除本条规定的两项事由外，居住权也基于物权的一般消灭事由而消灭。例如，居住权人抛弃居住权；居住权人取得住宅所有权，居住权与所有权发生混同；住宅灭失；住宅被征收。但在住宅被征收的情形，居住权是否消灭，一般认为取决于住宅所有权人能否获得替代性住宅补偿，因为依本法第 327 条，用益物权人亦有权获得征收补偿，此补偿自应包括居住安置之补偿。但此居住权的设立，仍应以满足权利人的居住需要为限。在住宅灭失的情形，是否发生物上代位，颇值关注。比较法上对此有持肯定意见者，即居住权人有权就房屋灭失发生的赔偿金、保险金等获得一定赔偿；甚至在有替代物时，居住权可延伸至其用益权上。

本条第二句仅规定及时办理注销登记的义务，并无违反此义务的法律效果，故为不完全法条。此所谓“应当”不意味着本句为强制性规范。但居住权因期限届满消灭的，倘若居住权人不配合住宅所有权人办理注销登记，后者可依本句向法院请求居住权人履行其义务。居住权人死亡的，住宅所有权人自可单方申请注销登记。此外，本句并未明确办理注销登记的义务主体，结合《不动产登记实施细则》第 17 条第 1 款第 4 项可知，不动产登记机构不妨经公告后依职权注销登记。

第三百七十一条 【遗嘱方式设立居住权】以遗嘱方式设立居住权的，参照适用本章的有关规定。

依本条文义，住宅所有权人亦可通过遗嘱为一个或多个继承人或受遗赠人设立居住权，并在后一情形成立准共有。遗嘱设立的居住权，也仅能以满足继承人或受遗赠人的生活居住需求为目的。本条作为参引性法条，其效果是本法第 366～370 条（合同设立居住权）的整体参照适用。但依法理，“参照适用”本身意味着拟规范的案型与被引用的法条所规范的案型只是相似而非相同，此大同中的小异要求将被参引的法条作相应的限制或修正后再予适用。具体到本条，就是须依遗嘱本身的性质，有限制地参照适用本法第 366～370 条关于合同设立居住权的规定。遗嘱不同于合同之处，是其乃自然人生前在法律允许范围内处分其遗产，并于死后生效的单方法律行为。因此，在参照适用时，需注意者有二。其一，本法第 367 条第 1 款关于合同形式的要求不能参照适用。因为本法就遗嘱的类型和形式有特别规定（**第 1134～1140 条**），应优先适用。其二，遗嘱是死因行为，于被继承人死亡时自动生效，且遗嘱设立的居住权在继承开始时发生效力（**第 230 条**），故本法第 368 条关于居住权自登记时设立的规定无适用余地。

第十五章

地　役　权

第三百七十二条　【地役权的含义】地役权人有权按照合同约定，利用他人的不动产，以提高自己的不动产的效益。

前款所称他人的不动产为供役地，自己的不动产为需役地。

本条系说明性法条，其第 1 款有助于理解地役权概念的内涵，第 2 款则界定了供役地和需役地的概念。地役权在被 2007 年《物权法》承认为物权的一种之前，曾被登记为“他项权利”［**(2017) 最高法行申 4707 号行裁**］。

首先，地役权是用益物权。因此，物权编第十章（用益物权的一般规定）可适用于地役权。此外，作为一项物权，地役权还能直接适用本法关于物权的一般规定，比如物权保护请求权的相关规定（**第 233～239 条**）［**辽阳中院 (2020) 辽 10 民终 1379 号民判**］和不动产登记规则（**第209～223 条**）。

其次，地役权是意定物权，基于合同成立。地役权合同有效是地役权设立的前提；地役权合同无效或被撤销的，地役权自始未设立。虽然本条仅规定了合同设立的方式，但从意思自治的角度看，地役权还可通过遗嘱或遗赠的方式成立。当事人未订立地役权合同的，则适用相邻关系规则、物权保护规则等［**晋城中院 (2021) 晋 05 民终 135 号民判**］。

再次，地役权的客体是他人的不动产，即供役地。不动产不仅包括土地和房屋，而且包括土地上的附着物。根据物权法定原则，地役权人不能在自己的不动产上设立地役权，也不能在动产或无形财产上设立地役权。地役权设立后，地役权人取得供役地所有权或其他用益物权的，权利发生混同，地役权消灭。例外仅在于，地役权人并非通过地役权合同取得地役权，而是依本法第 378 条取得地役权的，地役权人因取得供役地用益物权而丧失地役权，但其他地役权人并不当然丧失地役权。本条中的“他人”是指供役地的所有权人，但并非必然是设立地役权合同的当事人，供役地的用益物权人也有权在其权利范围内设立地役权（**第377条**）。

从次，地役权的内容是“利用”，利用的具体内容则取决于合同约定［**青海高院（2019）青民终57号民判**］。在此意义上，地役权缓和了物权法定原则中的内容法定。虽然本条未规定地役权人能取得占有，但从文义来看，占有性利用似未被排除。不过，有判决认为地役权不得以占有使用为内容［**佛山中院（2019）粤06民终3645号民判**］。地役权的客体是供役地，供役地人原则上不负担积极义务，比如在供役地上为地役权人开挖一条水渠。此类约定属于债之关系，并非地役权的内容，进而不能约束第三人。但当事人约定的积极义务既然附属于地役权，旨在保障地役权的正常实现（如维护供役地上的水渠），那么该积极义务能附丽于地役权，具有约束第三人的效力。

最后，地役权之目的是提高需役地的效益，地役权法律关系必然包括需役地要素。地役权不能仅为需役地人的个人爱好而设立，比如在供役地上狩猎。至于某地役权是否客观上提高了需役地的效益，应依一般社会观念予以认定，而不得以地役权人的个人偏好为标准。地役权合同之目的仅在于满足地役权人个人偏好的，虽然地役权不能成立，但合同依旧有效，可在当事人之间产生债的效力。

按照合同约定利用供役地，不仅是地役权人的权利（**本条第1款**），也是地役权人的义务。地役权人违反合同利用供役地的，构成违约。根据合同的相对性，供役地人是所有权人但非地役权合同当事人的，不能向地役权人主张违约责任［**广州中院（2018）粤01民终3899号民判**］，但能主张适用本法其他相关规定。例如，地役权人超越地役权范围利用土地的，违反本法第241条第2款，供役地人能以供役地物权人的身份，要求地役权人负担相应的民事责任。

第三百七十三条　【地役权设立合同的形式和条款】设立地役权，当事人应当采用书面形式订立地役权合同。

地役权合同一般包括下列条款：

（一）当事人的姓名或者名称和住所；

（二）供役地和需役地的位置；

（三）利用目的和方法；
（四）地役权期限；
（五）费用及其支付方式；
（六）解决争议的方法。

根据本条第 1 款，当事人应采用书面形式订立地役权合同。书面形式包括的具体内容，应适用本法第 469 条第 2～3 款。从本法第 490 条第 2 款来看，未采书面形式的地役权合同并未成立，当事人不受合同约束。根据本法第 490 条第 2 款，当事人未采用书面形式，但一方已经履行主要义务且对方接受时，该合同仍能成立［**海南二中院（2017）琼 97 民终 35 号民判**］。因此，供役人将需役地交由地役权人利用的，地役权合同能够成立。

本条第 2 款是地役权设立合同内容的指引，所列合同条款有要素、常素和偶素之分。（1）就地役权设立合同而言，当事人的姓名或者名称、供役地和需役地的位置、利用的方法、地役权期限为合同要素，欠缺者将导致合同不成立。主体明确是合同成立和产生约束力的前提，当事人姓名则是明确合同主体的必要方式。相反，合同未包括当事人住所信息的，合同成立不受影响。地役权负担于供役地之上，且服务于需役地之利用，故两者皆应明确。地役权具有缓和物权法定之功能，其具体内容取决于合同约定，故合同应包括利用供役地的方法和期限。（2）费用及其支付方式、争议解决方法，属于合同常素。当事人未约定费用及其支付方式的，可依本法第 511 条第 2～3 款予以确定；争议解决方法属合同常备条款，当事人未特别约定的，自以诉讼为纠纷解决方式。（3）利用目的是偶素。当事人就此未约定的，不影响合同成立；但若有约定，则地役权人不得违反利用目的而利用供役地。

第三百七十四条 【地役权的成立与登记对抗】地役权自地役权合同生效时设立。当事人要求登记的，可以向登记机构申请地役权登记；未经登记，不得对抗善意第三人。

依本条第一句，地役权未采登记生效主义，而是自合同生效时设立。

依本法第502条第1款，地役权合同的生效时点是其成立之时，除非法律另有规定或当事人另有约定。由此可见，地役权合同未成立或无效的，地役权不能设立。本句中的“地役权合同生效”应作目的性限缩，即地役权合同还满足了地役权设立的要件，尤其是供役地须特定化的要件。

本条第二句表明，地役权设立采登记对抗主义，即登记是产生对抗善意第三人效力的条件。本句第一分句是授权性规范，当事人有权决定是否登记地役权。但当事人在地役权合同中明确约定登记的，供役地人负有登记或协助登记的义务，否则构成违约［**石家庄中院（2019）冀01民终8524号民判**］。当事人在地役权合同中明确约定登记，但地役权人拒绝登记的，构成债务免除，以登记为内容的债权债务关系归于终止（**第557条第1款第4项**）。地役权合同未明确约定登记的，结合本句规定，并基于目的解释和诚信原则，供役地人也负担协助登记义务。是故，供役地人拒绝协助的行为构成违约。

本条第二句第二分句可产生消极强制的效果，即本法并不要求当事人登记，但未经登记的地役权不得对抗善意第三人。“善意”的判定，应类推适用本法第311条和《物权编解释一》关于不动产善意取得的相关规定。是故，善意是指第三人不知地役权存在，且无重大过失（**《物权编解释一》第14条第1款**）。地役权人主张受让人知晓或应当知晓地役权存在的，应对此负举证责任（**《物权编解释一》第14条第2款和第15条第2款**）。第三人是供役地物权取得人的，善意判断时点是其取得物权的时间（**第311条第1款第1项和《物权编解释一》第17条**）。本条中的“第三人”应限于供役地物权取得人，不包括侵权行为人、强制执行申请人、供役地人的破产债权人，因为后三类主体对于不动产登记簿欠缺值得保护的信赖。当供役地物权取得人取得的物权不以登记为前提（如土地承包经营权、宅基地使用权）时，未登记的地役权也不得对抗该物权。这是因为，虽然两物权皆未登记，但因在前成立的地役权未登记，才导致善意第三人产生信赖。需注意者，本条中的第三人不含债权人（如承租人），盖未登记的地役权也是物权，当然优先于债权。

第三百七十五条 【供役地权利人的义务】供役地权利人应当按照合同约定，允许地役权人利用其不动产，不得妨害地役权人行使权利。

本条为说明性法条，系对供役地权利人之义务的描述。在地役权关系中，供役地人主要负担容忍义务和不作为义务。本条所谓“允许”即为容忍义务，“不得”则指不作为义务。此“供役地权利人”仅限于设立地役权的合同当事人，不包括其他享有地役权的主体。供役地权利人是地役权合同当事人的，还应依本法第509条第2款负担相应的附随义务，如协助地役权人利用供役地，并为后者提供一定便利。此外，供役地权利人也可能向地役权人负担基于相邻关系产生的法定义务，如提供便利的义务、不得危及或妨害地役权人的义务。依本法第326条第二句，供役地权利人是供役地所有权人的，还负有不得干涉地役权人利用供役地的法定义务。因此，供役地权利人的容忍义务和不作为义务具有多个渊源，但本条强调的是其基于地役权合同产生的义务。

本条是不完全法条，并未规定供役地权利人违反本条规定的法律后果。其一，供役地权利人拒绝地役权人利用供役地，妨害地役权人行使地役权的，构成违约，需承担相应的违约责任。例如，合同在地役权成立之后依旧存续，解除合同和消灭地役权是地役权人的一项救济手段。需注意者，供役地权利人若非地役权合同的当事人，则因其不受合同约束，地役权人不得向其主张违约责任。其二，供役地权利人妨害地役权人利用供役地的，后者还能主张适用本法第236条或侵权责任编的相关规定，要求前者停止侵害、排除妨害、恢复原状［**甘肃高院（2015）甘民申字第504号民裁**］；地役权人因供役地权利人的行为遭受损害的，也可依侵权责任编的相关规定，向供役地权利人主张损害赔偿。地役权人取得供役地之占有的，自应适用本法关于占有的相关规定。

第三百七十六条 【地役权人的义务】地役权人应当按照合同约定的利用目的和方法利用供役地，尽量减少对供役地权利人物权的限制。

本条为说明性法条，系对地役权人义务的描述。依其文义，此“供役地权利人”仅指设立地役权合同的当事人，不包括其他针对供役地享有权利的人。本条规定了地役权人的两项义务：一是按照合同约定利用供役地，二是尽量减少限制或影响。前者是地役权人负担的合同义务，是合同约束力的体现；后者是地役权人负担的法定义务，但当事人可约定排除。就地役权合同而言，尽量减少限制的义务系地役权人负担的一项附随义务；在地役权层面，此义务也可能是基于相邻关系的法定义务。至于地役权人是否“尽量”，应结合所涉具体情形，依一般社会观念，予以综合判断。

本条也是不完全法条，未规定地役权人违反的法律后果，故需诉诸其他法律规定。其一，地役权人未按合同约定利用供役地的，构成违约，供役地权利人有权请求其承担违约责任；并在其滥用地役权的情形，可依本法第384条第1项主张解除合同，进而消灭地役权。其二，地役权人未尽量减少限制的，供役地权利人有权主张其违反合同附随义务，要求其承担违约责任，但不得解除合同。其三，地役权人的利用行为违反合同约定，侵害供役地权利人之物权的，后者有权依本法第236条和侵权责任编相关规定，请求地役权人排除妨害；供役地权利人因此遭受损害的，亦有权依侵权责任编相关规定，请求地役权人予以赔偿。其四，供役地权利人是占有人的，自有权享有本法为占有提供的保护。

第三百七十七条 【地役权的期限】地役权期限由当事人约定；但是，不得超过土地承包经营权、建设用地使用权等用益物权的剩余期限。

和本法确认的其他用益物权一样，地役权也具有期限性。同时，地役权既然基于合同产生，其期限由当事人约定自为题中应有之义。期限约定不明的，虽不致影响地役权合同的成立和生效，但地役权的此项内容须依合同解释规则确定之。本条规范重心，是对此项意思自治的限制。由于我国实行土地公有制，土地直接占有人、使用人往往是土地承包经营权人、建设用地使用权人等用益物权人，以致地役权一般设立于此等用益物权之上，而此等用益物权皆具期限性，故地役权期限不得超过用益物权的剩余期限，为当然法理。需澄清的是，包括全国人大法工委在内的主流观点认为，本条所指剩余期限同时包括供役地和需役地上用益物权的剩余时间，在实践中可能发生二者不一致的情况下，应以短者为准。事实上，本条所言剩余期限应仅指供役地上用益物权的期限。这是因为，需役地上用益物权的剩余期限短于供役地上用益物权的剩余时间的，地役权人乃需役地的用益物权人，其期限以后者为准而设立的地役权在用益物权到期后，完全可由土地所有人承继，进而继续增进需役地的使用价值。

本条虽因欠缺违反之法律效果而表现为不完全法条，但其第二分句中的“不得”不意味着该分句是禁止性规定。实际上，当事人约定的地役权期限超过供役地上用益物权之剩余期限的，超出部分对供役地权利人而言构成无权处分。易言之，在设立其上的用益物权期限届满时，作为物权的地役权将随之自动消灭，不会因当事人的无权处分而继续存在。当然，在物债二分框架下，即便当事人约定的地役权期限超出用益物权的剩余期限，该约定在合同法上并不因此无效。地役权人超出该剩余期限利用供役地的，对于设立地役权的用益物权人而言，不构成违约或不当得利。但供役地的其他物权人，因地役权的物权效力已消灭，自可要求地役权人负担侵权责任或不当得利返还责任。

本条“等”字表明，其所指用益物权不仅包括土地承包经营权和建设用地使用权，还包括宅基地使用权、土地经营权以及本法第329条规定的准用益物权。鉴于居住权的人役权属性，其权利人虽理论上可在其居住权上设立地役权，但实务中应极其罕见。

第三百七十八条 【地役权的承继】土地所有权人享有地役权或者负担地役权的，设立土地承包经营权、宅基地使用权等用益物权时，该用益物权人继续享有或者负担已经设立的地役权。

本条中的“继续享有”，是指地役权的法定取得。换言之，土地所有权人享有地役权，并在其土地上设立用益物权的，不问其有无取得地役权的意思表示，用益物权人皆依本条规定自动取得该地役权。同理，本条中的“继续……负担”，是指地役权负担的法定承受。所以，负担地役权的土地所有权人在其土地上设立用益物权的，尽管用益物权人并无设立地役权的意思表示，也应尊重该地役权，允许地役权人利用供役地［**北京二中院（2015）二中民（商）终字第07992号民判**］。“继续享有”和“继续负担”的对象均仅限于地役权。非属地役权内容的约定，如争议解决之约定，用益物权人一般不受其约束。所以，继续享有地役权的用益物权人，在原约定的期限内仍可以约定的方式和目的利用供役地，并在原合同约定有偿时，须向供役地权利人继续支付约定的费用；继续负担地役权的用益物权人，则在原约定的期限内仍须依原合同的约定，允许地役权人按约定的方式和目的利用其不动产，并在原合同约定有偿时，可主张约定费用的支付。

依文义，本条仅适用于土地所有权人享有或负担地役权的情形，而在我国，土地所有权人又只能是国家或集体；但依本法第 372 条，供役地既可能是土地，也可能是其他不动产。因此，本条关于地役权之承继的规定，应可准用于房屋等其他不动产的情形。例如，住宅所有权人享有或负担一项地役权，嗣后为他人设立居住权的，居住权人也继续享有或继续负担地役权。

本条中的“用益物权”，不仅包括其列举的土地承包经营权和宅基地使用权，也包括建设用地使用权、地役权和本法第 329 条规定的准用益物权。

第三百七十九条 【已负担用益物权的土地上设立地役权】

土地上已经设立土地承包经营权、建设用地使用权、宅基地使用权等用益物权的，未经用益物权人同意，土地所有权人不得设立地役权。

和本法第 378 条一样，本条所言“用益物权”，包括明列的土地承包经营权、建设用地使用权与宅基地使用权，以及土地经营权、地役权以及本法第 329 条规定的准用益物权。同样，本条规定应可准用于房屋等其他不动产的情形。例如，住宅上已为他人设立居住权，其所有权人嗣后就房屋设立地役权的，亦须经居住权人同意。和该条有所区别的是，本条之适用前提，系用益物权已在先设立。至于供役地上的用益物权是否由土地或其他不动产的所有权人本人设立，无关紧要。本条中的“同意”系有相对人的意思表示，应适用总则编第六章关于意思表示的相关规定。

本条欠缺法律效果的规定，故为不完全法条。其所言“不得”，并不意味本条是禁止性规范；相反，本条为权能性规范。易言之，土地所有权人未获同意设立地役权的，构成无权处分，地役权不能有效设立。但为其设立地役权的第三人系善意时，可依本法第 311 条第 3 款主张取得地役权。除善意取得外，本法第 374 条规定的登记对抗规则也能为善意第三人提供保护。例如，具体的用益物权人系地役权人，但其地役权未登记的，即便土地所有权人未经该地役权人同意再为第三人设立地役权的，后者若为善意，也可取得地役权。需强调者，在物债二分框架下，地役权合同即便未经用益物权人同意，也可在合同当事人之间发生债权的效果。

第三百八十条 【地役权的从属性及其转让】地役权不得单独转让。土地承包经营权、建设用地使用权等转让的，地役权一并转让，但是合同另有约定的除外。

本条确认了地役权的从属性。本条第一句开宗明义，但此所谓“不得单独转让”，并非禁止性规范，而是权能性规范。因此，当事人通过合同单独转让地役权的，合同依旧有效，但不生地役权转让的物权效果。此时，单独转让合同的履行构成法律上的履行不能，可被当事人解除。

本条第二句为地役权转让从属性的具体展开。本句除能适用于明列的土地承包经营权和建设用地使用权［**张家界中院（2021）湘08民终523号民判**］之外，也能适用于宅基地使用权、土地经营权、房屋所有权以及本法第329条规定的准用益物权，但不包括土地所有权、居住权、地役权、抵押权。盖土地所有权归国家或集体所有，不得转让；居住权为人役权，也不得转让（**第369条第1款**）。地役权本身不得单独转让，即便在地役权人依本法第378条享有新地役权，该新地役权的转让也因供役地用益物权的转让而直接转让，故地役权被本句“等”字所包括，也无实际意义。就抵押权而言，其不得单独转让，仅能附随债权一并转让（**第388条第1款第三句**）；即便在抵押权附随转让的情形，仅于抵押权实现时才会涉及地役权转让问题（**第381条第二句**）。

依本条第二句文义和上下文关系，第一个“转让”是指基于合同的转让，否则无所谓“合同另有约定”。“转让”包括本法第305条第一句中的份额转让。基于地役权的不可分性，份额受让人成为共有人或准共有人的，也自动取得地役权。此外，本句中的“转让”应作扩张解释，包括本法第335条中的土地承包经营权的“互换”。本条还可类推适用于其他方式的物权取得，如通过遗嘱取得建设用地使用权，通过财产分割取得土地承包经营权［**西安中院（2018）陕01民终2159号民判**］。实践中，即便房屋转让未登记，所有权未转移，但受让人已取得占有的，有判决也认为地役权可一并转让［**苏州中院（2019）苏 05 民终 6290 号民判**］。

本条第二句中的“一并转让”是指，土地承包经营权、建设用地使用权等取得人自动取得地役权［**湖南湘潭中院（2012）潭中民一终字第 342 号民判**］。即便取得人并未表示受让地役权的意思，也可取得地役权。“一并转让”也意味着，不仅受让人能一并取得地役权，而且依本条第一句，转让人不能保留地役权。此外，在订立地役权合同时，当事人明确约定供役地人在转让物权时，地役权不自动转让的，该约定仅具债权效力，不能约束第三人。

依反对解释，本条第二句表明需役地的所有权人或用益物权人不能仅转让所有权或用益物权。但此规定为任意性规范，当事人可通过合同约定排除之，即当事人可约定仅转让所有权或用益物权。本句中的“合同”既包括土地承包经营权、建设用地使用权等权利的转让合同，也包括受让人和供役地权利人之间的约定，但不包括设立地役权的合同。本句的“另有约定”既包括地役权不附随转让，也包括其他情形，如地役权转让应经过供役地权利人同意。转让人或供役地权利人主张存在“另有约定”的，应对此负担举证责任。

第三百八十一条 【地役权的从属性及其抵押】地役权不得单独抵押。土地经营权、建设用地使用权等抵押的，在实现抵押权时，地役权一并转让。

如同本法第 380 条，本条也针对抵押权的设立确认了地役权的从属性。其第一句亦非禁止性规范，而系权能性规范。当事人通过合同单独抵押地役权的，合同依旧有效，但不生地役权抵押的物权效果。而且，依其第二句，需役地上的土地经营权、建设用地使用权等用于抵押的，地役权在抵押权实现时，一并附随转让。此句的适用对象不仅包括其明列的土地经营权和建设用地使用权，也包括房屋等建造物所有权和本法第 329 条规定的准用益物权，但不包括居住权、地役权、抵押权；依本法第 399 条，土地所有权、宅基地使用权属于禁止抵押财产，自不适用本条规定。耐人寻味的是，本条虽沿袭原《物权法》第 165 条的规定，但将其中的土地承包经营权修改为土地经营权。对此合理的解释应该是，土地承包经营权虽未被排除出可抵押财产的范围，但因其流转受身份的限制而抵押价值较小，而土地经营权被本法承认为物权类型后，其被抵押进而适用本条的空间更大。

与本法第 380 条不同的是，本条第二句中的“一并转让”，系以需役地上设定的抵押权实现为法律效果的发生前提。依本法第 410 条第 1～2 款，“实现抵押权”包括协议折价、协议拍卖、司法拍卖三种情形。在协议折价的情形，抵押权人直接取得土地经营权、建设用地使用权等抵押财产，并自动取得地役权；在另两种情形，第三人取得土地经营权、建设用地使用权等抵押财产，并自动取得地役权。由此可见，地役权一并转让乃抵押权实现的逻辑结果，而在就需役地设立抵押权时其地役权是否被一并抵押，无关紧要。

需注意的是，尽管本条第二句未规定当事人可约定排除“一并转让”的效果，但本条和本法第 380 条的立法意旨并无二致，故本句也宜定性为任意性规范。只不过本句法律效果的发生乃以抵押权的实现为前提，故应区分抵押权实现的三种情形而分别描述所谓的“当事人另有约定”。具体而言，在协议折价中，抵押权人和抵押人之间，或者抵押权人和供役地权利人之间，可以另有约定；在协议拍卖和司法拍卖的情形，第三人和抵押人之间，或者第三人和供役地权利人之间，也不妨另有约定。当然，抵押人或供役地权利人主张存在“另有约定”的，应对此负举证责任。

第三百八十二条 【地役权的不可分性以及需役地物权的部分转让】需役地以及需役地上的土地承包经营权、建设用地使用权等部分转让时，转让部分涉及地役权的，受让人同时享有地役权。

本条的法理在于地役权的不可分性。地役权不可分性是指地役权的取得、消灭或享有应及于需役地和供役地之全部，地役权不得分割为数部分或仅为一部分而存在。

本条适用于“部分转让”的情形。部分转让并非本法第 305 条第一句的份额转让。在份额转让的情形，受让人成为共有人或准共有人，进而能直接利用供役地，无所谓“转让部分涉及地役权”。份额转让应直接适用本法第 380 条。本条规定的“部分转让”也非需役地组成部分的转让，因为组成部分不能成为物权客体。“部分转让”是指需役地经分割成为多个独立的新不动产，并发生新不动产转让的情形。根据地役权的不可分性，需役地一旦经过分割，分割后形成的新不动产自动成为需役地，新不动产权利人自然针对供役地继续享有地役权。因此，需役地分割后发生“部分转让”的，地役权必然也自动转让（**第 380 条**）。由此可见，本条规定的法律效果（“同时享有地役权”）以下述两规则为基础。其一，地役权在需役地分割中具有不可分性；其二，地役权能附随需役地权利之转让而自动转让（**第 380 条**）。

概括而言，本条能够适用于三类情形。其一，需役地所有权的部分转让。此处的需役地不包括土地，而主要涉及房屋，因为土地所有权不能转让。其二，土地承包经营权、建设用地使用权的部分转让。此处的“转让”应作扩张解释，包括本法第 335 条规定的“互换”。其三，其他需役地物权的部分转让，主要包括宅基地使用权和本法第 329 条规定的准用益物权。

本条适用的前提是“转让部分涉及地役权”。需役地分割后，（准）共有人自动取得地役权。然（准）共有人在此之后转让新需役地，但该需役地不涉及地役权的，受让人不能取得地役权。因此，本条是本法第 380 条的例外规定。所谓“涉及地役权”，是指地役权的存在依旧有助于提高所涉新需役地的效益（**第 372 条第 1 款**）。至于地役权是否具有效益提升意义，应依一般社会观念予以判断。

从本法第 380 条来看，本条是任意性规范。在“部分转让”的情形，当事人明确约定地役权不附随转让的，该约定有效。当事人或供役地权利人主张存在除外约定的，应对此负担举证责任。从本法第 116 条和第 374 条来看，转让部分不涉及地役权，当事人依旧约定受让人享有地役权的，该约定虽有效，但不能产生转让效果。地役权应以“提高自己的不动产的效益”为目的，否则违反物权法定原则，不能成立。需役地分割转让中的地役权登记问题，可参照适用《不动产登记实施细则》第 62 条第 2 款与第 64 条第 3 款。

第三百八十三条 【地役权的不可分性以及供役地物权的部分转让】供役地以及供役地上的土地承包经营权、建设用地使用权等部分转让时，转让部分涉及地役权的，地役权对受让人具有法律约束力。

本条的法律原理在于地役权的不可分性。地役权不可分性是指地役权的取得、消灭或享有应当及于需役地和供役地的全部，不得分割为数部分或仅为一部分而存在。

本条适用于“部分转让”的情形。部分转让并非本法第 305 条第一句中的份额转让。在份额转让中，受让人成为供役地物权的共有人或准共有人，应直接负担地役权，无所谓“转让部分涉及地役权”的情形。份额转让应类推适用本法第 378 条，由份额受让人继续负担地役权。本条中的“部分转让”亦非供役地组成部分的转让，因为组成部分并非物权客体。“部分转让”是指，供役地经分割成为多个独立的新不动产后，当事人转让新不动产的情形。根据地役权的不可分性，供役地一旦经过分割，分割后形成的新不动产自动成为供役地，新不动产权利人自然继续负担地役权。因此，供役地分割后被“部分”转让的，地役权必然继续存在于被转让的供役地之上（物权的追及效力），除非地役权未登记，且受让人善意（**第 374 条**）。由此可见，本条规定的地役权对受让人具有法律约束力之法律效果，以两项规则为基础。其一，在供役地分割中，地役权具有不可分性；其二，地役权具有约束第三人的法律效力。

具体而言，本条适用于三类情形。其一，供役地所有权的部分转让。此处的供役地主要涉及房屋，因为土地所有权不能转让。其二，土地承包经营权、建设用地使用权的部分转让。此处的“转让”应作扩张解释，包括本法第 335 条规定的“互换”。其三，其他供役地物权的部分转让，主要包括宅基地使用权以及本法第 329 条规定的准用益物权，但不包括居住权和抵押权。

本条适用的前提是“转让部分涉及地役权”。供役地分割后，（准）共有人自动负担地役权。（准）共有人转让新供役地，但该供役地不涉及地役权的，受让人无须继续负担取得地役权。因此，本条是本法第 374 条的例外规定。只要地役权不涉及被转让的新供役地，受让人即无须受到地役权的约束，即便该地役权已登记或者受让人知晓该地役权。本条所谓“涉及地役权”，是指地役权有助于提高转让“部分”效益。至于地役权是否具有效益提升意义，应依据一般社会观念予以判断。

第三百八十四条 【地役权合同的解除与地役权的消灭】地役权人有下列情形之一的，供役地权利人有权解除地役权合同，地役权消灭：

（一）违反法律规定或者合同约定，滥用地役权；

（二）有偿利用供役地，约定的付款期限届满后在合理期限内经两次催告未支付费用。

本条所言地役权的消灭，系指其物权效力的绝对消灭。和其他用益物权类似，地役权一般在下述情形归于消灭：地役权期限届满；地役权人抛弃地役权；地役权与需役地物权发生权利混同；供役地被征收；需役地或供役地毁灭。依其表述，本条也可被认为规定了地役权的特别消灭事由。但事实上，本条的规范重心系赋予供役地权利人对地役权合同的法定解除权，只不过供役地权利人若在法定事由出现时行使解除权，则当然发生地役权消灭的法律效果。

地役权合同的解除期限和解除方式，可准用本法第564条和第565条规定。在解除效果上，本条乃第566条的特别规定。依后者，合同解除原则上仅产生消灭合同原定给付的效力，以及由此产生的解除后之清算效果（**参见其评注**）；而依本条文义，地役权合同被解除的，作为物权的地役权自动消灭。此“消灭”是指地役权面向将来的终止，而非溯及既往地未成立。地役权一旦消灭，需役地权利人不再享有地役权，供役地也不再继续负担地役权，即供役地权利人不再“继续负担”地役权，而地役权也不再对供役地权利人具有法律约束力。

本条第1项规定了两种解除地役权合同的事由，而本条第2项规定了第三种解除地役权合同的事由。(1) 地役权人违反法律规定，滥用地役权。此“法律规定”是广义法律，不限于全国人大或其常委会制定的法律。仅地役权人违反法律规定尚且不够，还需其利用供役地的行为有助于实施违法行为。例如，地役权人在供役地上设立一个眺望地役权，后来将之用于偷窥或非法监视之便的，构成滥用地役权；然若地役权人后来为了更加开阔的视野，非法改建需役地的，不构成滥用地役权。在前一例子中，受害人能请求救济的事由是地役权人的非法行为，而非滥用地役权的事实，滥用事实只是解除合同进而消灭地役权的事由。地役权人即便未将利用供役地作为违法行为的条件，但也可能违反本法第132条禁止权利滥用规则。例如，地役权人行使权利对自己没有任何利益，但给供役地权利人造成了不利影响；地役权人行使权利给自己带来微小利益，却给供役地权利人造成显著的不利影响。(2) 地役权人违反合同约定，滥用地役权。地役权是私法自治程度最高的定限物权类型，其内容取决于合同约定。所以，合同未约定者，不构成地役权的内容，地役权人无权为此等利用行为；只有地役权人超出约定限度和范围利用供役地，妨害供役地权利人正常生产和生活的行为，才构成地役权的滥用。(3) 本条规定的第三种地役权合同解除事由，仅限于有偿利用供役地的情形。本项仅提及合同约定的付款期限，而在合同未约定期限时，其实也可准用本法第 511 条合同补充性解释规则定之。据此，地役权人在约定的期限或经第 511 条所言的必要准备时间内未付款，供役地权利人又在合理期限内两次催告，地役权人仍未支付费用的，供役地权利人有权解除合同。关于本项“合理期限”的长度，应依一般社会观念予以判断。

依本法第 464 条第 1 款合同之定义，地役权合同亦为合同的一种。准此，本条规定的解除事由，不过是本法第 563 条之特别规定。实务中，该条关于合同解除的事由，也被认为可适用于地役权合同，如地役权合同嗣后履行不能［**九江中院（2017）赣 04 民终 1479 号民判**］。唯地役权合同产生的是地役权设立之物权效力，而该条规定的法定解除权之事由，多针对合同所生债权债务关系而言，依其性质可否适用于地役权合同的解除，需细加甄别。

第三百八十五条 【地役权的变更与注销登记】已经登记的地役权变更、转让或者消灭的，应当及时办理变更登记或者注销登记。

依文义，本条仅适用于“已经登记的地役权”。未登记的地役权发生变更或转让的，当事人可直接申请首次登记，否则依本法第 374 条不发生对抗善意第三人的效力。本条“应当”之表述仅具消极强制的效果，即当事人并无办理变更登记或注销登记的义务，但其不申请办理，使先前登记的外观与地役权关系存在偏差的，自应承受相应的不利后果。不动产登记机构依职权变更登记或注销登记的，已非所论。本条的“变更登记”，实际包括《不动产登记实施细则》第 61 条规定的“变更登记”和第 62 条规定的“转移登记”。前者系“地役权变更”情形中的变更登记，后者则为地役权“转让”情形中的变更登记。

第四分编　担保物权

第十六章

一般规定

为保护特定债权利益，本法提供了超越债权平等原则的担保物权制度，使享有担保权的债权人能就担保物优先受偿。担保物权既以担保债权获得清偿为目的，也作为一项融资工具活跃在市场交易之中。本分编规定的担保物权，系以一定的物或权利为客体担保债权的实现，有别于以担保人一般责任财产为基础的人的担保，后者即本法合同编第十三章规定的保证合同。除本分编规定的典型担保形态之外，具有担保功能的非典型形态也是担保制度的重要组成部分，并表现为所有权保留买卖（**第641条**）、融资租赁（**第735条**）、保理（**第761条**）、让与担保（**《担保制度解释》第68条**）等特别形态。最高法的《担保制度解释》一仍原《担保法》的构造，统合了本法的各种担保类型，为典型担保物权和非典型担保中因担保功能发生的纠纷提供法律适用的依据。

担保物权的设立、转移或消灭从属于被担保的债权，并具有物上代位性（**第390条**）、处分的从属性（**第407条**）和优先受偿性（**第394、425、447条**）等特征。相较于人的担保，本分编的担保物权旨在以物权属性突出其优先受偿性。就所有担保形态而言，担保人承担担保责任后，可向债务人追偿。担保人的追偿权，有别于债权人的代位权（**第535条**）或替代债权人享有对债务人的权利，但保证人承担保证责任时除外（**第700条**）。在破产情形下，担保人清偿债权人的全部债权后，可以代替债权人在破产程序中受偿；在债权未获全部清偿前，担保人则仅有权就债权人通过破产分配和实现担保债权等方式获得清偿总额中超出债权的部分，在其承担担保责任的范围内请求债权人返还（**《担保制度解释》第23条**）。

第三百八十六条　【担保物权的权能】担保物权人在债务人不履行到期债务或者发生当事人约定的实现担保物权的情形，依法享有就担保财产优先受偿的权利，但是法律另有规定的除外。

本条为说明性法条，即通过对其客体、实现条件和优先受偿性的一般描述，定义担保物权。其一，优先受偿权是担保物权的核心，即享有担保物权的债权人优先于后顺位或一般债权人获得清偿，进而构成债权平等原则之例外。而且，基于担保物权的追及效力，担保物权人可依据“公示在先、权利在先”的原则就转让后的担保物优先受偿。其二，担保物权的实现条件，包括债务人不履行债务或发生约定的担保物权之实现情形，体现了担保物权的功能性目的。其三，作为担保物权客体的财产，也遵循本法第 114 条第 2 款规定的物权客体特定原则，但有缓和之势。也就是说，当事人在动产和权利担保合同中可对担保财产进行概括描述，只要该描述能合理识别担保财产的，担保物权即成立（**《担保制度解释》第 53 条**）。担保物权设立于担保财产之上，但其权利人仅得就其折价、变卖或拍卖所得价款优先受偿。在担保物部分毁损或灭失时，余存的担保物仍属于担保物权的效力范围。

本条但书实为参引性规范，旨在提示本法或其他法律对担保物权人优先受偿权设有限制，其主要包括三种情形。其一，税收应先于担保物权执行（**《税收征收管理法》第 45 条**），即纳税人在以其财产设立担保物权之前即已欠缴税款的，欠缴的税款应优先于担保物权执行［**北京三中院(2019) 京 03 执恢 146 号执裁**］。其二，船舶优先权先于船舶留置权、船舶抵押权受偿（**《海商法》第 25 条**）。其三，发包人经催告仍逾期不支付建设工程价款，承包人有权就该工程折价或拍卖的价款优先受偿（**第 807 条**），并优先于抵押权和其他债权受偿（**《施工合同解释一》第 36 条**）。

第三百八十七条　【担保物权的适用范围及反担保】债权人在借贷、买卖等民事活动中，为保障实现其债权，需要担保的，可以依照本法和其他法律的规定设立担保物权。

第三人为债务人向债权人提供担保的，可以要求债务人提供反担保。反担保适用本法和其他法律的规定。

本条第 1 款仅具引导性作用，并无裁判规范的功效。因为债权人为保障其债权的实现，自可依意思自治原则在物权法定的框架内选择设立担保物权，无须立法特别交代。但本款以“借贷、买卖等”为典型说明“需要担保的”债权，依同类解释规则，当可将身份法律关系以及行政行为、司法行为致生的公法上的债权排除在担保物权的适用范围之外。

本条第 2 款和本法第 689 条规定的反担保与本担保相对应，指债务人或第三人为主债务的保证人或物上担保人提供的担保，以确保该担保人在承担担保责任后实现追偿权。由此，反担保与本担保在担保对象和实现时间上均有所区别。本担保为担保债权人债权的实现，而反担保是担保担保人追偿权的实现；本担保于债务人不履行到期债务或其他约定情形出现时得以实现，而反担保须于本担保实现后方能实现。可见，反担保并不能直接适用本担保的全部规则。由于债务人本就以一般责任财产对担保人追偿权的实现承担责任，其再以保证形式提供反担保显无实质意义，故债务人应以抵押或质押等物的担保形式向担保人设立反担保。

尽管本条第 2 款规定反担保的设立主体仅为债务人，但基于其旨在确保担保人求偿权的实现，故应作目的性扩张，也就是应将设立反担保的主体扩张至第三人。反担保的设立需要满足本法或其他法律规定的担保设立的生效要件，其消灭同样遵循担保的消灭规则。反担保的效力范围与担保的效力范围相一致，包括债权及其利息、违约金、损害赔偿金、保管担保财产和实现担保物权的费用，当事人另有约定的除外。

从担保的对象来看，本法并未直接规定反担保从属于本担保，通说其以本担保的存在为前提和基础［**抚州中院（2019）赣 10 民终 360 号民判**］。但在委托担保合同的情形，合同包含的反担保性质之条款并非反担保，此时“反担保”仍从属于主债权［**上海金融法院（2020）沪 74 民终 944 号民判**］。本担保合同无效时，承担赔偿责任的担保人依反担保合同的约定，可在其承担赔偿责任的范围内请求反担保人承担担保责任，但不应超过本担保的赔偿范围［**（2020）最高法民终 156 号民判**］。此外，在见索即付独立反担保函的情形下，担保人的付款义务亦不受基础交易的影响，享有独立的权利内容［**（2017）最高法民再 134 号民判**］。

第三百八十八条 【担保合同】设立担保物权，应当依照本法和其他法律的规定订立担保合同。担保合同包括抵押合同、质押合同和其他具有担保功能的合同。担保合同是主债权债务合同的从合同。主债权债务合同无效的，担保合同无效，但是法律另有规定的除外。

担保合同被确认无效后，债务人、担保人、债权人有过错的，应当根据其过错各自承担相应的民事责任。

本条旨在规范基于法律行为设立担保物权的情形；依法律规定设立担保物权的，仅限于法律之明文，如本分编规定的留置权和本法第807条规定的建设工程价款优先受偿权。依本条第1款第一句，基于法律行为设立担保物权，以担保合同为限。此所谓担保合同，系意欲设立担保物权的负担行为，属本法第215条（**参见其评注**）所言合同的范畴，不包括保证合同。本条第1款第一句中的“本法和其他法律的规定”，亦主要指向本法第215条，并由该条指示参照适用其他法律规范。依第215条确立的物权变动之区分原则，担保合同的订立仅为设立担保物权的原因行为，并不必然引起担保物权设定这一物权变动的结果。就担保合同和担保物权设定的关系而言，除动产抵押合同与抵押权具有一体性（**第403条**）外，其他担保合同仅产生债的效力，担保物权的设立仍以登记或交付为要件（**具体见第402、429、441、443、444、445条**）。从本法第400条第1款、第427条第1款、第736条第2款与第762条第2款看，担保合同一般为要式合同，原则上需采书面形式，否则合同不成立，除非存在本法第490条第2款的情形［**湖北汉江中院（2015）鄂汉江中民二终字第00024号民判、邯郸中院（2016）冀04民终1286号民判**］。当然，担保物权以登记为要件的，当事人需提交书面担保合同，故担保合同的要式性也服务于担保物权的登记（**《不动产登记实施细则》第66条**）。

除最为典型的抵押合同、质押合同之外，本条第1款第二句借助“其他具有担保功能的合同”概念，扩大了担保合同的范围，明确了所有权保留的合同（**第641条**）、融资租赁合同（**第735条**）、保理合同（**第761条**）等非典型担保合同的担保功能（**《担保制度解释》第1条**），使不同担保措施无须关注具体立法形式就实现了功能上的一体化。当事人可通过合同创设“非典型担保”的交易结构，为承认让与担保提供了规范依据［**(2018) 最高法民终 751 号民判、《担保制度解释》第 68 条**］，当然，被让与的所有权也需满足依法律行为变动物权的要求（**第 208、225 条**）。该条在一定程度上缓和了本法第 116 条规定的物权法定原则，消除了该原则在担保权益创设方面的制度障碍，将本编担保制度的规范效果扩及"具有担保功能的合同"交易形态。不过，"具有担保功能"不等同于享有担保物权，就担保物享有担保权益也并不当然就担保物价值享有优先受偿权。例如，具有担保功能的有追索权的保理合同，就仅有担保性债权让与的法律效果（**参见本法第 766 条评注**）。除法律另有规定或当事人另有约定外，非典型担保合同可直接适用本分编关于担保合同的共同规则，并依其性质参照适用其他相关规则，达成事实上的"准用"效果。

本条第 1 款第三、四句规定的担保合同之从属性，体现在担保合同的产生、移转、效力、实行和消灭方面。担保合同以主合同的存在为前提和基础，其效力从属于主合同的效力，权利义务也随主合同权利义务的移转发生移转。即便当事人对担保责任的承担约定惩罚性的违约责任，或者约定的担保责任范围超出债务人应当承担的责任范围，担保人也只在债务人应承担的责任范围内承担责任。担保人承担的责任超出债务人应承担的责任范围的，担保人无法向债务人追偿，但可请求债权人就超出部分予以返还（**《担保制度解释》第 3 条**）。通常，如因债务履行、债务免除等原因致主合同权利义务终止时，担保合同随之终止。不过主合同因解除而终止时，担保合同并不随之终止，原债权债务之上的担保物权，继续为合同解除后的损害赔偿之债担保。

本条第 1 款第四句之但书表明，担保合同效力的从属性是担保的基本属性，除非属于法定例外情形，当事人不得通过约定排除其适用。因此，当事人在担保合同中约定"担保合同的效力独立于主合同"，"或者担保人对主合同无效的法律后果承担担保责任"，该约定无效。主合同有效的，有关担保独立性的约定无效不影响担保合同的效力；主合同无效的，担保合同无效（**《担保制度解释》第 2 条第 1 款**）。属于此法定例外的，仅有本法规定的最高额抵押担保合同和最高额质押合同。因为在此类最高额担保合同订立之时，其担保的债权系在一定期间内将要连续发生，某一具体的债权即便因主合同无效，也不会影响担保合同的效力。

本条第 2 款为本法第 500 条的特别规定，自可参照适用该条关于缔约过失责任之构成要件的规定。但其特别之处在于，由于担保合同的效力从属于主债权债务合同，对于因担保合同无效所造成的损失，不仅仅是担保合同的两造，而是债务人、担保人和债权人均需承担与其过错相应的赔偿责任，且其赔偿范围因担保合同无效之情形的不同而有所区别（**《担保制度解释》第 17 条**）。其一，在主合同有效而担保合同无效时，债权人与担保人应依据过错情况确定责任承担范围。若债权人与担保人均有过错，担保人承担的赔偿责任不应超过债务人不能清偿部分的 1/2；若债权人有过错而担保人无过错，担保人无须承担赔偿责任；若担保人有过错而债权人无过错，担保人需对债务人不能清偿的部分承担责任。其二，因主合同无效导致担保合同无效时，需区分不同情况确定担保人的责任。担保人无过错的，无须承担赔偿责任；若担保人有过错，其承担的赔偿责任不应超过债务人不能清偿部分的 1/3。担保人因担保合同无效承担赔偿责任后，有权在其承担责任的范围内向债务人追偿；同一债权既有债务人自己提供的物的担保，又有第三人提供的担保时，后者在承担担保责任或赔偿责任后，有权在其承担责任的范围内主张行使债权人对债务人的担保物权（**《担保制度解释》第 18 条**）。此外，因担保合同无效承担赔偿责任的担保人，还可依反担保合同的约定请求反担保人承担责任（**《担保制度解释》第 19 条**）。

第三百八十九条 【担保物权的担保范围】担保物权的担保范围包括主债权及其利息、违约金、损害赔偿金、保管担保财产和实现担保物权的费用。当事人另有约定的，按照其约定。

担保范围是指，债务人不履行到期债务或发生约定的实现担保权情形时，担保人向债权人承担责任的范围。本条首先规定法定的担保范围，包括主债权及其利息、违约金、损害赔偿金、保管担保财产和实现担保物权的费用。其一，主债权原则上是金钱债权，以及具有财产价值的实物债权或劳务债权。主债权多为现实存在的债权，但也可以就将来发生的债权设立担保。本法规定的最高额抵押（**第 420 条**）、最高额质押（**第 439 条**）所担保的债权，其特定性有缓和之势，主债权在担保物权实现时确定即可。其二，本条规定的利息，既可由当事人在法律规定的范围内约定，也可依法定利率确定，但借款合同成立时一年期贷款市场报价利率的 4 倍为民间借贷利率的司法保护上限（**《民间借贷规定》第 25 条**）。同时，逾期利息属于广义上的利息，不应将其排除出本条所称

"利息"的范围。其三，违约金具有代替合同原给付的功能，也应纳入担保范围。违约金分为补偿性违约金和惩罚性违约金。因后者须经当事人明确约定，担保人在提供担保时应当能预见到主合同所约定的惩罚性违约金的性质与数额，才可将其纳入担保范围。其四，损害赔偿金在性质上属于主债务不履行转化而成的对债权人的救济，与主债务具有同一性，应和主债务一样被纳入担保范围。其五，质权人、留置权人负有妥善保管质物（**第 432 条**）、留置物（**第 451 条**）的义务，但担保物权人的保管旨在维系担保的存续，相应支出的保管费用自应由担保人负担。抵押权的设立无须转移担保物的占有，通常不会产生担保物保管费用支出的问题，但抵押权人应承担法院扣押抵押财产时所生孳息等保管费用。其六，债权人实现担保物权需要支出相应的必要费用，是债务人不履行到期债务所致，故也属担保范围。必要费用包括担保物拍卖费、评估费、变卖费等，但不应包括诉讼费、律师费、执行费、财产保全费和差旅费等［**重庆五中院（2015）渝五中法民初字第 1156 号民判**］。

本条第二句表明本条系任意性规范，即当事人可约定担保范围，且其优先于法定担保范围而予适用。唯基于担保物权的从属性，担保人承担担保责任的范围通常不应超过主债务。约定的担保范围超过债务人应当承担的责任范围的，如针对担保责任约定专门的违约责任、担保责任的数额高于主债务、担保责任约定的利息高于主债务利息、担保责任的履行期先于主债务履行期届满等内容，超过主债务部分的约定应属无效（**《担保制度解释》第 3 条**）。担保人就其承担的超过主债务部分的担保责任，也无权向债务人追偿。当事人对担保范围未作约定的，或者权利证书上记载的"债权数额"仅仅是设定抵押时担保的主债权本金数额的，适用法定担保范围［**上海一中院（2013）沪一中民六（商）终字第 164 号民判**］。

担保物权人的优先受偿范围，对普通债权人及同一担保物上的其他顺位担保物权人的利益会产生较大影响。为保护第三人的信赖，无论是约定还是法定担保范围，登记具有对抗第三人的效力［**上海二中院（2016）沪 02 民终 6902 号民判**］。以登记作为公示方法的不动产担保物权，担保范围以登记为准。因登记系统或登记规则不完善致使登记内容与合同约定不一致时，此时登记簿仍具有公示作用，法院应根据登记簿的记载确定被担保的债权范围等事项（**《担保制度解释》第 47 条**）。除主债权、利息债权及其他附随债权以外，保管担保财产的费用和实现担保物权的费用因具有共益性，也应纳入担保范围，无须登记就具有优先受偿力。

第三百九十条　【担保物权的物上代位性】担保期间，担保财产毁损、灭失或者被征收等，担保物权人可以就获得的保险金、赔偿金或者补偿金等优先受偿。被担保债权的履行期限未届满的，也可以提存该保险金、赔偿金或者补偿金等。

担保物权支配担保物的交换价值，即便担保物的价值形态发生转化，其上的交换价值仍然存在，担保物权人仍有权就转化后的代偿物优先受偿。担保物被征收或担保物价值形态发生转化，其后的置换物或变形物属于物上代位效力的范围。本条规定担保财产在毁损、灭失等情形下的物上代位性，与功能主义视野下抵押财产处分后的物上代位有所区别，因此不宜采扩大解释延伸至以转让所得价金购买之后续交易物。本条通过不完全列举的方式，规定担保物价值替代或形态转化时的物上代位范围。物上代位的范围，包括因第三人侵害导致担保物毁损、灭失所获的损害赔偿金，基于保险合同所获保险金，以及因公共利益对担保物征收、征用时所获的补偿金。物上代位性是担保物交换价值的体现，但前提是代位物归担保人所有，当保险受益人系第三人时，不发生物上代位。

同一担保物上出现多个权利竞存时，担保物权人对保险金、赔偿金、补偿金等代位物的优先受偿顺位，与原担保物权的顺位一致（**《担保制度解释》第 42 条第 1 款**）。给付义务人已向抵押人给付保险金、赔偿金或补偿金的，无须再向抵押权人支付，除非接到抵押权人要求向其给付的通知后仍向抵押人给付（**《担保制度解释》第 42 条第 2 款**）。为维护担保物权人的利益，在担保物权的实现条件尚未满足时，因担保物毁损、灭失等原因获得保险金、赔偿金、补偿金等代位物的，担保人可自行决定或与债权人协商决定将代位物提存，以便担保将来到期债权的实现。待担保物权的实现条件得到满足时，担保物权人有权就提存物优先受偿。

第三百九十一条　【未经担保人同意转移债务的法律后果】第三人提供担保，未经其书面同意，债权人允许债务人转移全部或者部分债务的，担保人不再承担相应的担保责任。

本条之适用，仅限于债务人以外的第三人提供担保，不包括债务人自己提供担保的情形。也即，在债务人提供担保的情形，债权人同意债务人转移债务，并不意味着债务人就此免除担保责任，除非原债务人明确表示不再为债务提供担保。第三人为债务人提供担保，往往需要考察债务人的清偿能力，或以一定的信用关系为基础，以确保追偿权的实现。未经担保人同意，债务人擅自转移债务的，担保人对新的债务人可能一无所知，此时债务人的变更会对其利益产生影响。本条旨在避免担保人因债务转移而遭受不利风险，以平衡债权人、债务人与担保人之间的利益关系。本条要求第三人的同意须以书面形式作出，其具体形式自依本法第469条第2～3款定之。

债务的移转有并存的债务承担（**参见第552条及其评注**）和免责的债务承担（**参见第551条及其评注**）之分，本条之适用因此区分而大异其趣。在前者，第三人的加入增强了债权实现程度，并不对担保人产生不利影响，此时担保人不得以未经其同意为由主张不再承担担保责任。在后者，由于债务承担人的信用关系与清偿能力可能弱于原债务人，担保人追偿权实现的风险可能有所增加，因此债务承担需经担保人同意才能获以继续担保。就法律后果而言，若原债务人将全部债务转移由新债务人承担，此时若担保人未予书面同意，担保人对全部债务不再承担担保责任；若原债务人将部分债务转移由新债务人承担，担保人未书面同意，则不再对转移的债务承担担保责任，但对未转移部分仍须承担担保责任。

需注意者，依其文义，本条仍遵循一体的担保制度构造逻辑，未区分人的担保和物的担保而有适用上的不同。也就是说，本条依文义对于保证亦有适用空间。唯在保证，本法第697条针对上述二种债务承担的情形而有具体规定，应视为本条之特别法规范而优先适用。与此呼应，《担保制度解释》第39条第2款第二分句，可谓对本条适用范围的进一步明确，即本条应仅适用于第三人提供物的担保之情形。此法条适用的区分，也可反映在相应的法律效果之区分上。具体而言，未经担保人书面同意，在保证的情形依本法第697条第1款发生保证责任消灭的法律效果。在物的担保，其对担保物权产生两种私法效果。（1）债权人欲就担保财产行使担保物权时，担保人得以本条为抗辩事由，阻止其行使权利；担保人主张本条之抗辩的，债权人在未经担保人同意的债务移转之范围内，不得就担保物主张优先受偿。（2）享有担保物权的债权人已就担保财产优先受偿的，担保人可依本条以及不当得利规则，要求其返还基于担保物权的实现而取得的和未经同意的债务移转相当的担保利益。

第三百九十二条 【混合担保】被担保的债权既有物的担保又有人的担保的，债务人不履行到期债务或者发生当事人约定的实现担保物权的情形，债权人应当按照约定实现债权；没有约定或者约定不明确，债务人自己提供物的担保的，债权人应当先就该物的担保实现债权；第三人提供物的担保的，债权人可以就物的担保实现债权，也可以请求保证人承担保证责任。提供担保的第三人承担担保责任后，有权向债务人追偿。

同一债务既有债务人或第三人为债权人提供抵押或者质押，又有保证人承担保证责任的，为混合担保。在此情形，应尊重当事人在担保合同中对“实现担保权的顺序”的约定（**本条第一句第一分句**）。约定的主体存在不同情形，既可能是债权人与物上担保人的约定，也可能是债权人和保证人的约定，还可能是债权人与不同担保人的共同约定。本条所称的约定，原则上是共同约定，且不能对第三人产生不利影响。

当事人有约定但约定不明，且经解释仍无法确定的，视为当事人没有约定。在此情形，债权人可主张行使担保物权，亦可请求保证人承担保证责任。不过，依本条第一句第二分句，如果债务人自己提供物的担保的，债权人应先就该物的担保实现债权。这是因为，自物担保物权的先行使规则，既节约追索成本，也简化了法律关系。

本条第二句明确第三人承担担保责任后有权向债务人追偿，应认为系担保人向债务人追偿的请求权基础。唯在混合担保的情形，本条并未规定第三人承担担保责任后可否向其他担保人追偿。围绕这一始自原《物权法》第176条的“立法沉默”，学界曾展开针锋相对的讨论。《担保制度解释》第13条则从意思自治原则出发，视下述两种情形分别处理。其一，两个以上第三人提供担保的，担保人之间约定相互追偿及分担份额，承担了担保责任的担保人自可请求其他担保人按约定分担份额。担保人之间约定承担连带共同担保，或者约定相互追偿但未约定分担份额的，各担保人按照比例分担向债务人不能追偿的部分。其二，两个以上第三人提供担保，担保人之间未对相互追偿作出约定，且未约定承担连带共同担保，但各担保人在同一份合同书上签字、盖章或按指印的，承担了担保责任的担保人可请求其他担保人按比例分担向债务人不能追偿的部分。除此之外，承担了担保责任的担保人不得请求其他担保人分摊无法追偿的部分。由此要点不难看出，最高法貌似回应这一立法沉默，实则明确了立法之目的：除非担保人之间有约定或意思表示之端绪，否则第三人在承担担保责任后，并无向其他担保人追偿的权利。

第三百九十三条 【担保物权消灭的原因】有下列情形之一的，担保物权消灭：

（一）主债权消灭；

（二）担保物权实现；

（三）债权人放弃担保物权；

（四）法律规定担保物权消灭的其他情形。

担保物权具有消灭事由上的共性，本条采“列举＋兜底条款”的模式，统一规定了担保物权消灭的四种法定事由。此等法定事由，其实构成担保物权已消灭之抗辩。因此，以此等事由抗辩者，须对消灭事由的存在及其发生时间负举证责任。

本条前三项规定了三种具体事由。其一，担保物权具有从属性，从属于所担保的债权，故主债权若消灭，担保物权自无存在的基础。唯担保物权具有不可分性，只能在主债权全部消灭时，担保物权方随之消灭；在主债权部分消灭的情形，担保物权不受影响，依然担保剩余主债权。其二，在债务人不能履行到期债务，或者发生当事人约定实现担保物权的情形时，债权人可就担保财产优先受偿，担保物权也随之消灭。一旦债权人对担保物优先受偿，担保物权因实现而消灭。在同一债权存在多个担保的情形下，债权人就其中任一或多个担保实现全部债权时，其他担保物权也随之消灭。这一结果也体现担保物权的从属性。其三，债权人以其意思或者行为单方放弃担保物权时，担保物权也消灭。

本条第 4 项之兜底表述，说明其并未穷尽担保物权的消灭事由。例如，因事实行为导致担保物消灭的，担保物权自然也就消灭。再如，发生本法第 390 条规定的情形（物上代位）时，担保物权也随着客体的消灭而消灭，但其新的担保物权自动成立于代位物之上。

第十七章

抵 押 权

第一节 一般抵押权

第三百九十四条 【抵押权的概念】为担保债务的履行，债务人或者第三人不转移财产的占有，将该财产抵押给债权人的，债务人不履行到期债务或者发生当事人约定的实现抵押权的情形，债权人有权就该财产优先受偿。

前款规定的债务人或者第三人为抵押人，债权人为抵押权人，提供担保的财产为抵押财产。

本条系定义抵押权的说明性法条。抵押权作为担保物权的一种，其特点在于抵押人不转移占有而提供担保财产，从而有别于质权和留置权。因无须转移担保财产的占有，抵押权成为一项适用广泛的典型担保物权。抵押权设立后，抵押人对抵押财产仍享有占有，抵押权人无须承担保管抵押财产的义务。抵押人继续占有抵押财产，或可就抵押财产进行正常市场交易，从而进一步提高了抵押财产的使用效率和价值。抵押权以担保债务之履行为目的，所担保的债务主要是指合同之债，并且通常是金钱之债或可以转化为金钱之债的债务。其他非合意之债只有在成为既有债务之后，才能为该债务设立抵押权。

抵押权为物权，其客体应满足本法第 114 条第 2 款的特定性要求。抵押权的成立和实现无须同步，只要在抵押权实现之际抵押财产确定即可，呈现出担保物特定化缓和的趋势（**《担保制度解释》第 53 条**）。基于此，在未来物、浮动财产上也可设定抵押权。抵押权具有不可分性：其一，被担保的债权在未受全部清偿前，抵押权人可就全部抵押财产行使抵押权［最高法（2006）民二终字第31号民判］；其二，当主债权未受全部清偿，抵押权人可就抵押财产的全部行使抵押权（《担保制度解释》第38条）；其三，抵押财产被部分转让或被分割的，抵押权的效力仍然及于转让、分割后的抵押财产，除非法律另有规定。被担保的主债权部分转让或被分割的，抵押财产之全部担保每一部分债权，各债权人可就其享有的债权份额行使抵押权，但法律另有规定或当事人另有约定的除外（《担保制度解释》第39条第1款）。

本条所言"债权人有权就该财产优先受偿"，是指抵押权人在受担保债权范围内对抵押财产的交换价值的优先受偿权。就抵押权而言，其优先受偿权主要体现在两个方面：一是抵押权人的债权优先于无担保物权的一般债权人获得清偿；二是当同一财产同时存在抵押权和其他担保物权时，抵押权人依法律规定的顺位优先受偿。当同一抵押财产负担数个抵押权时，公示的抵押权优先于未公示的抵押权受偿，公示在前的抵押权优先于公示在后的抵押权受偿（第414条第1款）。

第三百九十五条 【抵押财产的范围】债务人或者第三人有权处分的下列财产可以抵押：

（一）建筑物和其他土地附着物；

（二）建设用地使用权；

（三）海域使用权；

（四）生产设备、原材料、半成品、产品；

（五）正在建造的建筑物、船舶、航空器；

（六）交通运输工具；

（七）法律、行政法规未禁止抵押的其他财产。

抵押人可以将前款所列财产一并抵押。

本条规定可抵押的财产，与本法第399条互为补充。换言之，凡第399条或其他法律、行政法规未禁止抵押的财产，均在本条尤其是其第7项可抵押财产的涵摄范围内。就本条所列举的抵押财产，需特别说明如下：其一，建于土地之上的房屋，非用于居住的桥梁、地窖、水塔等人工构筑物，以及码头、海山栈桥、灯塔、海底隧道等海上建筑，均可抵押。除建筑物外，根植于土地中的植物和蕴藏于土地中的矿藏等土地附着物，亦可抵押。其二，国有土地上的建设用地使用权、以划拨方式取得的建设用地使用权均可抵押，只不过以后者抵押的，在抵押权实现时应将拍卖所得价款优先用于补缴建设用地使用权出让金（**《房地产法》第 51 条**）。其三，以现有及将有的生产设备、原材料、半成品和产品，可设立普通抵押或本法第 396 条规定的浮动抵押。其四，抵押财产通常是现存的特定财产，但由于担保物权的成立和实现无须同步，故满足一定条件的“未来物”也可作为抵押财产。实践中，建筑物、船舶、航空器等建设项目周期长且耗资大，将此等已具备交换价值的在建物抵押，能充分发挥其融资功能。

本条第 2 款规定的“一并抵押”应理解为，当事人以同一抵押合同抵押多项相同或不同种类的财产。本款的立法本意在于避免多个物上分别设立抵押权时的繁杂手续，其所言“一并抵押”有别于本法第 397 条的一并抵押，后者是在两个物上设立一个抵押权。就本款而言，当事人在一并抵押时，也应准确描述所涉抵押财产。然特定性原则已呈现缓和之势，尤其在动产和权利担保中，当事人仅需进行概括性描述，并据此可合理识别担保财产（**《担保制度解释》第 53 条**）。

第三百九十六条 【动产浮动抵押】企业、个体工商户、农业生产经营者可以将现有的以及将有的生产设备、原材料、半成品、产品抵押，债务人不履行到期债务或者发生当事人约定的实现抵押权的情形，债权人有权就抵押财产确定时的动产优先受偿。

浮动抵押旨在获取运营资本而提供担保，尤其是解决中小企业和农民贷款难的问题。相较于本法第 394 条的一般抵押，浮动抵押在抵押人和抵押物上表现出其特殊性。其一，浮动抵押人的范围特定，只能是企业、个体工商户、农村承包经营户或其他从事农业生产的个人，其他主体无此设权资格。其二，浮动抵押物仅限于生产设备、原材料、半成品或产品，其原因在于浮动抵押人欲贷款融资时，或无法提供不动产抵押，或可用抵押物仅为流动资产。其三，浮动抵押财产具有流动属性，包括“现有及将有的”财产，以符合正常经营活动中存货等财产的变换。鉴于浮动抵押的抵押财产所呈现的框架性、流动性特征，设立浮动抵押的双方当事人，仅需对担保财产进行概括描述并能予以合理识别即可（**《担保制度解释》第 53 条**），无须制作详尽的抵押财产清单。此外，由于浮动抵押仅限于动产，故登记并非设权要件，而是对抗要件（**第 403 条**）。如果当事人在设立浮动抵押时进行登记，浮动抵押财产在确定前又发生变动，此时也无须办理变更登记手续。换言之，浮动抵押的约定范围无须与登记内容一致，浮动抵押的范围也不因未登记而模糊化，相反简化了市场主体的融资手续，拓展了融资渠道。

在浮动抵押财产依本法第 411 条确定之前，因正常经营活动流出的财产非浮动抵押权追及范围，抵押权人就该财产不得优先受偿（**第 404 条**）；与之相应，流入财产则自动纳入抵押物范围，置于浮动抵押效力的射程内，但不得对抗购置款抵押权人（**第 416 条**）。当抵押财产依本法第 411 条确定之后，浮动抵押脱离休眠期间，在性质上转变为固定抵押，债权人有权就抵押财产确定时的动产优先受偿［**山东高院（2015）鲁商终字第 247 号民判**］。

第三百九十七条 【房地一体抵押】以建筑物抵押的，该建筑物占用范围内的建设用地使用权一并抵押。以建设用地使用权抵押的，该土地上的建筑物一并抵押。

抵押人未依据前款规定一并抵押的，未抵押的财产视为一并抵押。

基于房地之间的不可分割性，本条与静态的“房地一体”处理规则（**第 352 条**），尤其是处分过程中动态的“房地一体”原则（**第 356～357 条**）保持一致。就其本质而言，抵押权的设立意味着抵押物的潜在处分，即当抵押权实现时，必然会发生抵押物的处分。所以，本条第 1 款要求建筑物和建设用地使用权一并抵押，且在二者未一并抵押时，将其拟制为一并抵押（即“视为一并抵押”），其规范重心并非一并抵押之设立行为，而在于一并抵押的法律效果。易言之，无论是当事人一并设立抵押，还是被“视为”一并设立抵押，抵押权的效力均及于建筑物和建设用地使用权，即二者被视为同一财产，其上设立的是一个抵押权。由此，抵押权人在实现抵押权时，有权就其一同折价或以一体拍卖、变卖的价款优先受偿。

问题在于，在房地抵押的不同情形，其一并抵押的法律效果呈现不一。(1) 在第 1 款前句设定的或依第 2 款而拟制的“地随房走”情形，一并抵押的法律效果仅及于建筑物和该建筑物占用范围内的建设用地使用权。于此情形，在实现抵押权时，该建筑物及其占用范围内的建设用地使用权应一并处分，所得价款全部用于清偿所担保的债务。以违法建筑物抵押的，若当事人在一审法庭辩论终结前为该建筑物办理了合法手续，则视为合法建筑物的抵押（**《担保制度解释》第 49 条第 1 款**），故占用范围内的建设用地使用权也视为一并抵押。(2) 在第 1 款后句设定的或依第 2 款而拟制的“房随地走”情形，一并抵押的法律效果或曰抵押权的效力，仅及于土地上已有建筑物和在建建筑物已完成部分，并不及于新增建筑物和在建建筑物的续建部分（**《担保制度解释》第 51 条第 1 款**）。这就意味着，在实现抵押权时，应将已完成的建筑物和建设用地使用权视为同一财产而一并处分，进而类推适用本法第 414 条确定的价款优先受偿顺序。至于土地上新增或续建的建筑物，不能视其为一并抵押的财产，应依本法第 417 条予以处理。需注意者，抵押人以其上存在违法建筑物的建设用地使用权抵押的，抵押权的设立虽不受影响，但其效力不及于违法建筑物本身（**参考《担保制度解释》第 49 条第 2 款**）。这与其说是“房随地走”原则的例外，毋宁视其为违法建筑物不生物权效力的当然结果。(3) 如果抵押权人将建设用地使用权、建筑物分别抵押给不同的债权人，建设用地使用权和其上的建筑物应视为同一财产，并依登记时间的先后确定各抵押权的清偿顺序（**《担保制度解释》第 51 条第 3 款**）。例如，甲将建设用地使用权抵押给乙并为登记，嗣后又将地上建筑物抵押给丙且为登记，即因建设用地使用权和建筑物被视为同一财产，其上设立的是两个抵押权。于此情形，两个抵押权的效力皆及于建筑物和建设用地使用权，只不过分别抵押时登记在先者就房地一并处分的价款优先受偿。(4) 以划拨建设用地或其上的建筑物抵押的，仍适用本条房地一体规则；唯在抵押权实现时，应将拍卖、变卖建筑物所得的价款优先用于补交出让金（**《担保制度解释》第 50 条**）。

第三百九十八条 【乡镇、村企业建设用地使用权与建筑物一并抵押规则】乡镇、村企业的建设用地使用权不得单独抵押。以乡镇、村企业的厂房等建筑物抵押的，其占用范围内的建设用地使用权一并抵押。

本条第一句规定乡镇、村企业的建设用地使用权不得单独抵押，是对本法第399条禁止抵押财产的扩充，亦为本法第397条的特殊情形。由于集体经营性建设用地入市在符合规划、用途管制、依法登记确权、集体决议程序等方面的严格性，无建筑物的集体建设用地使用权单独抵押，无异于集体建设用地使用权的出让。限制乡镇、村企业的建设用地使用权单独抵押，旨在防止当事人以抵押之名将不符合入市要求的集体所有土地流入市场。单独以建设用地使用权抵押，不仅存在失地风险，而且有违乡镇、村集体土地旨在发展农村经济和增加农民收入的利用目的。本条规定的“不得单独抵押”，主要指仅有建设用地使用权而无建筑物的情形，也包括建设用地使用权与建筑物并存状态下的土地使用权不得抵押的情形［**江苏无锡江阴法院（2009）澄民一初字第3628民判**］。当然，本条之禁止性规定，仅针对乡镇、村企业的集体经营性建设用地，以工业、商业等经营性用途的集体经营性建设用地设立抵押的，则不受本条限制。

虽然乡镇、村企业不能仅抵押集体所有的建设用地使用权，但依本条第二句，以乡镇、村企业的厂房等建筑物抵押的，依然遵循本法第397条“地随房走”的原则，其占用范围内的建设用地使用权一并抵押。是故，以乡镇、村企业的厂房等建筑物，以及占用范围内的建设用地使用权一并抵押的，也不受本条前句的限制。不过，乡镇、村企业的厂房等建筑物抵押权的行使，不能超过所占用范围内的建设用地使用权，但建筑物所占用范围若与该宗建设用地具有不可分割性，或在财产利益上难以分割，那么应一并拍卖，只不过优先受偿权不及于占用范围外的建设用地使用权之变价价款。

第三百九十九条 【禁止抵押的财产】下列财产不得抵押：

（一）土地所有权；

（二）宅基地、自留地、自留山等集体所有土地的使用权，但是法律规定可以抵押的除外；

（三）学校、幼儿园、医疗机构等为公益目的成立的非营利法人的教育设施、医疗卫生设施和其他公益设施；

（四）所有权、使用权不明或者有争议的财产；

（五）依法被查封、扣押、监管的财产；

（六）法律、行政法规规定不得抵押的其他财产。

凡本条列举范围之外的财产均可为抵押财产，此与本法第 395 条第 7 项恰成呼应。本条并未穷尽所有禁止抵押的财产，故其第 6 项规定，法律、行政法规规定不得抵押的其他财产，亦不得抵押。例如，国有不可移动文物不得转让或抵押（**《文物法》第 35 条**）。唯该项并不包括部门规章、地方性法规、地方政府规章，故此等规范作出的禁止抵押的财产之规定，不影响抵押权的设立。

本条前三项列举的禁止抵押财产，表明其为效力性强制规定，即在此等财产上设定抵押权的担保合同，依本法第 153 条当属无效。其中，土地所有权禁止抵押，其原因在于土地所有权只能归国家和相应的集体所有，其所有权主体的特定性与抵押权的实现规则（**第 410 条**）难以调和。就集体土地使用权而言，本条第 2 项之但书，一方面肯定了集体所有土地使用权的抵押范围，另一方面也限缩了本条禁止抵押的范围。具体而言，为满足“三权分置”后土地承包经营权转让和土地经营权入市的需求，土地承包经营权（**第 339 条**）和土地经营权（**第 342 条**）均可抵押［**达州达川法院（2018）川 1703 民初 3312 号民判**］；在国家政策的指导下，农民住房财产权（含宅基地使用权）可作为抵押财产，但抵押权实现时的处置方式仍在探索（**《国务院关于开展农村承包土地的经营权和农民住房财产权抵押贷款试点的指导意见》**）；为了保护农民基本生活、保障农业生产安全，以及避免集体土地公有制性质被改变，自留地、自留山等集体建设所有土地的使用权仍不得抵押。

本条第 3 项规定的禁止抵押范围，除学校、幼儿园和医院之外，还应包括公共图书馆、科学技术馆和博物馆等非营利法人主体。不过，基于实质担保的考量，以公益性为目的的非营利法人，在融资租赁（**第 735 条**）、附所有权保留买卖（**第 641 条**）等非典型担保交易中，以公益设施提供担保时，担保合同有效，并具有“物的担保效力”（**《担保制度解释》第 6 条第 1 款**）。易言之，形式上的营利与非营利性标识，均不足以判断是否适用本条第 3 项的规定，而需依本法第 76 条第 1 款、第 87 条第 1 款予以实质判断。例如，实质上为非营利主体的学校、幼儿园和养老机构等单位，即便登记为营利法人，也不受本条第 3 项的限制。同理，民营养老机构、民营医院等营利主体，即便在登记簿上未登记为营利法人，但事实上分配利润的，也应基于实质判断比照营利法人处理，不受本条第 3 项的限制。此外，本条第 3 项禁止抵押的客体，应限于非营利法人的公益设施，非教育设施或非医疗设备等仍可抵押。

虽然本条第 4 项规定所有权、使用权不明或有争议的财产不得抵押，但此禁止性规定实为权能性规范，仅因抵押人处分权存疑而阻却抵押权物权效力的发生，并不影响抵押合同本身的效力（**参见本法第 388 条评注**）。而且，即便对此等财产的抵押构成无权处分，亦可适用本法第 311 条善意取得规则。本条第 5 项禁止抵押依法被查封、扣押、监管的财产的规定，属于管理性规定，抵押合同本身的效力不受影响。是故，抵押权人请求行使抵押权时，查封或扣押措施已经解除的，该抵押财产不再属于本条第 5 项的范围，抵押权人当然可就该财产主张优先受偿（**《担保制度解释》第 37 条**）。

第四百条 【抵押合同】设立抵押权，当事人应当采用书面形式订立抵押合同。

抵押合同一般包括下列条款：

（一）被担保债权的种类和数额；

（二）债务人履行债务的期限；

（三）抵押财产的名称、数量等情况；

（四）担保的范围。

抵押合同属本法第 388 条之担保合同的一种，自可适用该条规定。鉴于抵押财产的价值一般较高，为使当事人谨慎从事担保行为，本条第 1 款强调抵押合同应采书面形式。结合本法第 135 条第二分句和司法实务，此所谓“应当”意味着书面合同是抵押合同的成立条件，除非存在本法第 490 条第 2 款的情形（**参见本法第 388 条评注**）。

本条第 2 款旨在为当事人订立抵押合同提供内容指引。除一般合同均包括的合同条款之外（**第 470 条**），本款所列合同条款为担保合同所特有，但其亦有要素（合同必要之点）和常素之分。(1) 被担保债权的种类，以及抵押财产的名称、数量等情况，为合同必要条款（要素），欠缺者将导致合同不成立。就前者而言，至少需具体描述或概括指称所担保的主债权，方可确定抵押担保的对象。对于后者，在不动产抵押中，当事人在合同中须明确、具体地描述该不动产（**《不动产登记条例》第 8 条**）；在动产抵押中，应对抵押财产进行概括描述，且该描述能合理识别担保财产（**《担保制度解释》第 53 条**）。(2) 本款所列其他合同条款，当属常素的范畴。也就是说，当事人对此等条款有约定的，自以其意思表示为准；当事人没有约定的，则因其属于抵押合同或主合同通常具有的内容，得依合同解释之漏洞补充的方式确定。其中，被担保债权的数额和担保的范围等合同条款，既有联系也有区别。通常，抵押合同中可以不约定被担保债权的数额，但当事人若作出约定，也就约定了担保范围；其未作约定的，则依本法第 389 条确定担保范围，此范围涵盖全部的主债权及其利息、违约金、损害赔偿金和实现抵押权的费用。至于债务人履行债务的期限，非主债权债务合同的要素，更非抵押合同的必要之点。盖当事人未就此作出约定的，可依主债权债务合同约定的期限确定；主债权债务合同未约定的，则可依本法第 511 条第 4 项定之。

第四百零一条 【流押条款的效力】抵押权人在债务履行期限届满前，与抵押人约定债务人不履行到期债务时抵押财产归债权人所有的，只能依法就抵押财产优先受偿。

本条假言部分所描述的抵押权人和抵押之特约，即所谓的流押条款。我国立法历来对流押采禁止主义模式，此为原《担保法》第 40 条和原《物权法》第 186 条所规定者。此等规范以不完全法条的形式出现，即仅明文禁止流押，却未规定其法律后果，故须进一步确认其规范属性为效力性禁止性规范，方可得出约定无效的结论。唯学理和司法实务虽对此达成共识，但在解释适用时，不乏以此为据全盘否定抵押合同之效力者。事实上，依其文义，所谓“不得”约定流押，仅导致流押约款无效，而非指整个抵押合同无效。为明此大义，本条改采构成要件和法律效果之完全法条的规范模式，实际上缓和了禁止流押规则。具体而言，依本条文义，流押条款只是不发生抵押财产归债权人所有的效力，但当事人以抵押担保债权实现的真实意思仍受法律保护。据此，即便当事人事先作出流押约定，抵押人也不负转移抵押物所有权的义务，但抵押权人仍能享有担保权益，可依本法第 410 条拍卖、折价或变卖抵押财产，以实现优先受偿。易言之，如果该约定完成公示，那么抵押权人取得抵押权，而非所有权。

司法实践和《担保制度解释》第 68 条第 1 款所指让与担保，与本条“流押”极为相似。在让与担保中，债务人或第三人与债权人约定财产形式上转移至债权人名下，在债务人不履行到期债务时，债权人有权对财产折价，或以拍卖、变卖该财产所得价款偿还债务。进而言之，未完成权利变动公示的让与担保，其约定仅具债的效力；若已完成财产权利变动的公示，债权人则可依本法第410条优先受偿，但真实所有权人并非公示所彰显的让与担保权利人。显然，让与担保的当事人在形式上签订了买卖合同，但实际目的是担保债权，与本条流押的功能极为相似。其不同之处在于，本条规定的流押仅包括抵押财产归债权人所有的约定，而让与担保通常在形式上已将财产转移至债权人名下。至于债务人与债权人约定流押条款后，又将财产转移至债权人名下的，则依当事人的意思判断其法律行为的性质。此外，本条规范的流押条款也不同于抵押权实现中的以物抵债，后者系在抵押权实现时约定将抵押财产折价归债权人所有，以抵销债务，属于本法所允许的折价实现抵押权的范畴。

第四百零二条 【不动产抵押登记】以本法第三百九十五条第一款第一项至第三项规定的财产或者第五项规定的正在建造的建筑物抵押的，应当办理抵押登记。抵押权自登记时设立。

本条确立的抵押权登记生效规则，仅适用于其明示的不动产之抵押。结合其参引的本法第395条第1款第1～3项和第5项之规定，须登记其抵押权方始设立的抵押财产，包括建筑物和其他土地附着物、建设用地使用权、海域使用权和正在建造的建筑物。除此等财产之外，其他可抵押财产应否适用本条，不无疑问。例如，通过招标、拍卖、公开协商等方式取得的土地经营权，依本法第342条可以成为抵押财产；第329条规定的用益物权，如矿业权、取水权、养殖权、捕捞权等，也可作为抵押财产设立抵押权（《矿业权出让转让管理暂行规定》等）。结合本法第403条关于动产抵押之登记对抗规则，本条之适用范围宜目的性扩张至此等可抵押的不动产物权。

围绕上述可抵押财产，本条针对不动产抵押权的变动，贯彻本法第208条和第209条确定的不动产登记公示和登记生效原则，以及第311条的善意取得规则。由此，登记是不动产抵押权的设权要件，旨在让债权人享有优先受偿权，便于交易主体查看抵押财产的权属关系和抵押权的位序。依本条第二句并结合本法第214条，抵押权自登记时设立，即自记载于不动产登记簿时发生物权效力。就抵押财产、被担保的债权范围等登记内容而言，不动产登记簿所记载者可能与不动产抵押权利证书不一致，也可能与抵押合同的约定不一致。在前者，得依本法第217条（**参见其评注**）定之。在后一情形，若因登记制度设计上的差异致使约定内容与登记不一致，通常采实质判断标准，以抵押合同的内容为准（**《九民纪要》第58条**）。不动产统一登记平台逐步完善后，采外观主义判断标准，以登记簿记载为准［**上海二中院（2016）沪02民终6902号民判**、**《担保制度解释》第47条**］。此外，抵押登记他项权利证书载明的事项，也可能与抵押合同约定的担保范围不一致，此时以他项权利证书载明的内容为准［**银川中院（2015）银民商终字第163号民判**］。

依本法第215条区分原则，抵押权未登记并不影响抵押合同的债权效力。此时，债权人仍享有合同履行利益，但不享有优先受偿权。进言之，不动产抵押合同成立并生效后，抵押人依抵押合同负有办理抵押登记的义务，并承担不能办理抵押登记情况下的损害赔偿责任。因抵押物灭失或转让等原因不能办理抵押登记的，抵押人应承担相应的违约责任，并以抵押物的价值为限赔偿债权人的损失。

第四百零三条　【动产抵押权登记对抗】以动产抵押的，抵押权自抵押合同生效时设立；未经登记，不得对抗善意第三人。

从请求权基础来看，本条第一分句作为辅助规范，确定动产抵押权的生效要件；第二分句作为防御规范，善意第三人得主张抵押权对其不生效力。就物权变动而言，本条采意思主义物权变动模式，乃本法第224条但书所述的除外规则，即抵押权并非自交付之时，而是抵押合同生效时设立。易言之，动产抵押合同生效时不仅产生债的效力，还具有物权效力。至于是否登记，并不影响抵押权的设立，而仅发生对抗效力问题［**江西高院（2018）赣民终731号民判**］，即在未登记的情形，不得以抵押权对抗善意第三人。

本条所指第三人，通常指从抵押人处取得抵押财产所有权的受让人，以及就同一抵押财产在后设立抵押权或质权的担保物权人；甚至包括债权交易第三人，如抵押动产之承租人、融资租赁合同中的承租人。

此所谓善意或恶意之判断，乃指第三人是否知道或应当知道已订立抵押合同；善意之判断时点，应准用本法第 311 条（**参见其评注**），为动产完成交付之时，亦即第三人取得抵押动产占有之时；就举证责任而言，则由抵押权人证明第三人之恶意。此外，司法实务中，也要求本条之适用以第三人已占有抵押财产为前提。因此，在动产抵押合同订立后未办理抵押登记的情形，《担保制度解释》第 54 条第 1～2 项针对两种具体情形而认定本条之登记对抗效力。其一，抵押人转让抵押财产，且受让人占有抵押财产的，抵押权人行使抵押权时不得对抗受让人，但抵押权人能证明受让人知道或应当知道已订立抵押合同的除外。也即，在受让人善意但未占有抵押财产时，不能以动产抵押权未登记为由主张本条之适用。不过，就本法第 404 条之正常交易中的买受人而言，无须考察其是否善意。其二，如若抵押人将抵押财产出租并移转占有，抵押权人行使抵押权时租赁关系不受影响，除非抵押权人能证明承租人知道或应当知道已订立抵押合同。显然，未占有抵押物的善意承租人，也不能主张本条之对抗效力。

本条规定的登记对抗之法律效果主要表现为，动产抵押未经登记的，抵押权人不能主张就抵押财产优先受偿。但在特定情形，无论第三人是否善意，此效力的适用范围亦予扩张（**《担保制度解释》第 54 条第 3、4 项**）。例如，如果抵押人的其他债权人向法院申请保全或执行抵押财产，法院在作出财产保全裁定或采取执行措施后，抵押权人不得主张就未登记的抵押财产优先受偿。换言之，在动产抵押未登记时，原则上可对抗普通债权，但不得对抗被保全或被采取执行措施的普通债权。再如，在抵押人破产时，抵押权人对未登记的动产抵押权亦无法享有优先受偿权。

第四百零四条 【正常经营买受人规则】以动产抵押的，不得对抗正常经营活动中已经支付合理价款并取得抵押财产的买受人。

在处分负担抵押权的抵押财产时，通常依“公示在先、权利在先”的一般顺位规则确定优先位序。转让财产不受抵押权追及，实则是对正常经营买受人的特殊保护，其旨在促进商业交易与保护买受人的信赖利益，以满足正常经营活动中以抵押物融资和还贷的需求［**成都铁路中院**

(2020) 川 71 民终 91 号民判]。本条"正常经营买受人规则",可适用于所有动产领域,尤其是库存商品的交易领域。

出卖人的经营活动属于营业执照明确记载的范围,且持续销售同类商品的,即属本条的正常经营活动(**《担保制度解释》第 56 条第 2 款**)。本条所谓的"正常",主要指出卖人持续销售的常规经营状态,并不包含单纯的债权债务关系[**四川绵阳中院 (2014) 绵民终字第 1408 号民判**]。在购买商品的数量明显超过一般买受人、购买出卖人的生产设备、订立买卖合同的目的在于担保出卖人或第三人履行债务、买受人与出卖人存在直接或间接的控制关系,以及买受人应当查询抵押登记而未查询等非正常情形,并不适用本条规则(**《担保制度解释》第 56 条第 1 款**)。

本条之所以关注正常经营交易活动,旨在给予买受人以特殊保护。本质上,本条是动产善意取得制度的逻辑延伸,应定位为特殊的善意取得规则。是故,除应满足正常经营活动之外,本条之适用还需满足"已经支付合理价款"和"取得抵押财产",以在构成要件上与本法第 311 条之善意取得趋于一致。其中,买受人已支付的价款,应以市场价格为准,并通过一般交易习惯来认定。所谓"已经支付",虽不意味着必须足额支付,但部分价款的支付依一般社会观念未达到合理程度的,并无特别保护之必要。与支付数额上的缓和不同,取得的抵押财产即为可对抗的抵押权本身,故在程度上无部分取得与全部取得之区分必要,在取得方式上也无须区分现实交付(**第 224 条**)抑或观念交付(**第 226～228 条**)。在法律效果上,已支付合理价款的正常经营买受人,可无负担地取得担保物的所有权,不受动产抵押权是否登记的影响[**上海金融法院 (2021) 沪 74 民终 1075 号民判**]。

第四百零五条 【抵押权与租赁权的关系】抵押权设立前,抵押财产已经出租并转移占有的,原租赁关系不受该抵押权的影响。

本条系针对先租后抵而确立的"抵押不破租赁",与本法第 725 条之"买卖不破租赁"共同构建了租赁权的特殊保护规则。"抵押不破租赁"要求抵押财产业已出租,且承租人已占有租赁物。如若仅签订租赁合同,但尚未占有租赁物,此时承租人仅为普通债权人,不能对抗在后设立的抵押权。本条系对原《物权法》第 190 条的修正继受,后者在适用要件上本无转移占有之要求。但仅以租赁合同的成立时间判断“先租后抵”，进而适用抵押不破租赁规则，在实践中易滋生恶意串通伪造租赁合同成立时间等道德风险。因此，本条增加“并移转占有”之要件，实有必要。

虽然原租赁关系不受抵押权设立的影响，但对抵押财产的承租人和受让人具有不同的法律意义。就前者而言，在后抵押权的设立不影响原租赁关系的存续，承租人仍可基于租赁合同继续占有、使用租赁物。就后者而言，处于有效期的租赁合同，不受在后设立的抵押权的影响，那么受让人取得的是负担租赁权的抵押物。至于抵押人，因其未尽告知义务而导致抵押物价值贬损的，抵押权人得依本法第 583 条主张违约损害赔偿。在抵押物拍卖、变卖等可明确推知买受人知晓抵押物上存有权利瑕疵事实的情形，受让人应自担风险，不得依本法第 612 条请求抵押人承担权利瑕疵担保责任。

需注意者，依原《物权法》第 190 条后句，先抵后租中，租赁关系不得对抗已登记的抵押权。《关于人民法院民事执行中拍卖、变卖财产的规定》第 28 条第 2 款进一步规定，拍卖财产上原有的租赁权以及其他用益物权，不因拍卖而消灭，但该权利继续存在于拍卖财产上，对在先的担保物权或其他优先受偿权的实现有影响的，法院应依法将其除去后进行拍卖。实务中，有执行法院为不影响申请执行人实现抵押权，据此除去在后租赁权而拍卖抵押财产［**东莞中院（2019）粤 19 执复 75 号执裁**］。本条虽删除了原《物权法》第 190 条关于“先抵后租”的规定，但依反对解释，先抵后租情形自不适用本条规定。准此，设立在先的抵押权虽不致影响租赁合同的效力，但租赁关系受抵押权的影响，抵押权人在实现其权利时，可主张除去成立在后的租赁权。

第四百零六条 【抵押财产的转让】抵押期间，抵押人可以转让抵押财产。当事人另有约定的，按照其约定。抵押财产转让的，抵押权不受影响。

抵押人转让抵押财产的，应当及时通知抵押权人。抵押权人能够证明抵押财产转让可能损害抵押权的，可以请求抵押人将转让所得的价款向抵押权人提前清偿债务或者提存。转让的价款超过债权数额的部分归抵押人所有，不足部分由债务人清偿。

本条较之前的立法变化极大，不再限制抵押物的转让，即抵押财产的转让，不必经抵押权人同意，也无须将清偿全部债务以涤除抵押权作为前提。抵押权本质上为对物权，而非对人权，允许负担抵押权的抵押财产转让，并不影响抵押权人就抵押财产优先受偿。事实上，抵押人可以转让抵押财产，也是承认抵押权物上追及力（**本条第1款第三句**）的结果。

不过，即便本条允许抵押财产转让，为保障抵押权的实现，抵押权人与抵押人仍可约定禁止或限制转让抵押财产。如若抵押合同约定抵押财产不得转让，或者须经抵押权人同意才能转让，该特约也仅在抵押权人和抵押人之间产生效力：抵押人如若违反约定，抵押权人可主张其承担违约责任。而违反特约是否影响抵押物转让的物权效力，与其登记与否密切相关（**《担保制度解释》第43条**）。其一，如果未登记禁止或限制转让之特约，而抵押人违约转让抵押财产的，则在抵押财产交付或登记时，产生抵押物转让的物权效力。但是，在有证据证明受让人知道抵押人和抵押权人之间存在禁止或限制转让之特约时，应准用本法第311条规定，认定即便抵押财产已经交付或登记，受让人也不取得其所有权。其二，如果当事人将特约登记，则抵押权人可对抗抵押财产之受让人；即便抵押财产已交付或登记，转让亦不发生物权效力。显然，禁止或限制转让之约定既已登记，则抵押物之受让人不能被认定为善意第三人，依第311条自然不发生物权特殊变动的效力。当然，受让人此时代替债务人清偿债务并行使涤除权，从而导致抵押权消灭的，抵押财产的转让可产生物权效力。

通常，抵押人转让抵押财产后，受让人取得负担抵押权的所有权。此时，抵押权不受影响，可在抵押权实现时对抵押物优先受偿。具体而言，在不动产抵押、已登记的特殊动产抵押情形，受让人负有实现抵押权的不利益后果；但在普通动产抵押、未登记的特殊动产抵押情形，善意受让人可无负担地取得该抵押财产，即以未登记为由对抗抵押权人，抵押权人则承担未登记或不能登记的不利益后果。不过，依本条第2款第一句，抵押人转让抵押财产时，应通知抵押权人。此通知义务源自原《担保法》第49条，依其第1款，抵押人未为通知者，转让行为无效，即对抵押权人不发生法律效力［**最高法（2004）民二终字第52号民判**］，故该规定为效力性强制规定。而依本条立法旨趣，抵押人作为抵押财产的所有权人，享有抵押财产的处分权，其转让抵押财产时无须征得抵押权人同意，故“应当通知”之规定，不再具有影响转让行为之效力的法律效果。易言之，抵押人即便未尽通知义务，其转让亦为有权处分。唯抵押人未尽通知义务，无异于剥夺抵押权人依本条第2款第二句行使请求权的机会，故不妨结合本条第2款之上下文和目的，认为抵押权人可直接请求将转让所得价款提前清偿或提存，无须证明抵押财产的转让可能损害抵押权，以使抵押人为其通知义务的违反承担消极不利益的后果。

显然，本条第2款第二句之立法目的，在于保障抵押权的有效实现。是故，如果抵押财产转让可能损害抵押权的，抵押权人可以请求将转让所得价款提前清偿或者提存。有损抵押权的行为，不包括以不合理低价转让抵押物等诈害行为，因为抵押权具有物上追及力，转让价格是否合理，不会影响抵押权的实现。唯抵押财产的转让意味着抵押权人在实现抵押权时需追及至受让人，可能增加实现抵押权的成本和难度。故本条未直接赋予抵押权人撤销权，而是规定抵押权人可请求抵押人将转让价款提前清偿或提存。此所谓提前清偿，一方面发生主债权消灭或部分消灭的效果，另一方面也可视为抵押权的提前实现。具体而言，在转让所得价款等于或超过债权数额时，主债权因提前清偿而消灭，抵押权也随之消灭，只是超过部分归抵押人所有；转让款低于债权数额的，由债务人继续清偿剩余债务，抵押权则因提前实现归于消灭。此解释结论，也符合请求权竞合规则。这是因为，在本条设定的情形发生请求权竞合，抵押权人须择一实现其债权担保的目的。也就是说，就抵押权人而言，他只能或者请求抵押人以转让价款提前清偿债务或提存，或者待抵押权实现条件成就时，基于抵押权之物上追及力而向抵押物受让人主张抵押权的实现；他不能在主张提前清偿后，因转让款低于债权数额，而继续就剩余债务主张抵押权的实现。

第四百零七条 【抵押权处分的从属性】抵押权不得与债权分离而单独转让或者作为其他债权的担保。债权转让的，担保该债权的抵押权一并转让，但是法律另有规定或者当事人另有约定的除外。

传统理论和实践认为，抵押权对所担保的债权具有从属性［**上海二中院（2019）沪02民终8110号民判**］。依本条第一句，抵押权人既不得在单独保留受担保债权的前提下，将抵押权转让给第三人，也不得单方面保留抵押权，将受担保的债权转让给第三人。也即，抵押权的存在、转让和变更，须以其所担保的债权为基础，不得与债权相分离。

本条第二句规定抵押权随被担保的债权一并转让，与本法第 547 条债权转让时从权利一并变动的规定一致（**参见其评注**）。债权的转让，既包括债权的全部转让，也包括部分债权或其份额的转让，而一并转让的抵押权及于所转让的债权之全部或相应部分。债权转让后，受让人直接依本条取得从属于该债权的抵押权，无须另以法律行为配合。所以，抵押权的自动一并转让，并非基于新的抵押合同设立抵押权；此时债权的受让人取得抵押权，也不以办理抵押权转移登记为前提［**宝鸡渭滨法院(2017) 陕 0302 民特 1 号民裁**］。

本条第二句之但书规定了两类例外情形，以缓和抵押权的从属性。其一是法律另有规定。例如，最高额抵押担保的债权确定前，部分债权转让的，最高额抵押权不随之转让（**第 421 条**）。盖最高额抵押权所担保的债权是一定期间连续发生的债权，债权仍处于不断变化的过程中，故最高额抵押权并不附随于债权的转让而发生转移。再如，鉴于《引用法律规定》已将司法解释纳入法源范畴（**参见本法第 10 条评注**），则《担保制度解释》第 16 条也属于法律另有规定的情形，即在"借新还旧"等特殊商业交易情形，抵押权与基础债权之间也可以脱离绝对的从属关系。其二是当事人另有约定。除上述最高额抵押，当事人可约定最高额抵押随债权转让而转移之外，抵押人和抵押权人也可在一般抵押中约定，仅转让债权而不转让其抵押权。在前一情形，最高额抵押转变为一般抵押；在后一情形，抵押权因无担保的债权而消灭。当然，抵押人和抵押权人还可约定以该抵押权担保其他债权，产生债权转让而抵押权不随之转让的例外效果。

第四百零八条 【抵押权的保护】抵押人的行为足以使抵押财产价值减少的，抵押权人有权请求抵押人停止其行为；抵押财产价值减少的，抵押权人有权请求恢复抵押财产的价值，或者提供与减少的价值相应的担保。抵押人不恢复抵押财产的价值，也不提供担保的，抵押权人有权请求债务人提前清偿债务。

第二编 物权

由于抵押人占有抵押物，其行为可能导致抵押财产价值的减少，故而为确保抵押权实现时抵押财产的变价额能满足债务的清偿，本条规定抵押权保全的三种救济方式，其性质类属于抵押权之物权保全效力的规范群。就第一分句规定的抵押财产价值减少防止请求权而言，其表述与本法第 236 条如出一辙，难免和该条发生请求权竞合；其第二分句规定的恢复抵押财产价值请求权（增担保实为广义的恢复抵押财产价值），本质上属于本法第 237 条规定的物权保全请求权。不过，其第二句规定的提前清偿请求权，则有别于一般的物权请求权，实为抵押权和质权（**第 433 条**）所特有。

既然本条规定的三种抵押权保全请求权，均属物权请求权的范畴，则其在适用要件上共同区别于损害赔偿请求权之处在于，无论抵押人的行为是否违法、其有无过错，抵押权人皆可行使此等请求权。但作为基于抵押权的物权请求权，此等请求权又仅在抵押权人对抵押财产价值的支配遭受妨害或有被妨害的危险，或者在抵押财产价值减少时，方始发生。在前一情形，所谓妨害或危险自须符合本法第 236 条之构成要件（**参见其评注**），其在本条具体表现为抵押人的行为足以导致抵押财产价值的减少；在后一情形，抵押财产价值的减少，乃指其交换价值的减少，不包括抵押财产因正常使用而产生的损耗，也不同于本法第 237 条所言的毁损。是故，非因抵押人行为导致的抵押财产价值减少，不受本条保护；抵押财产灭失的，其交换价值已荡然无存，抵押权人也不能依本条行使价值恢复请求权，但可依本法第 390 条主张物上代位。至于抵押人的行为类型，包括积极的作为和消极的不作为，后者如抵押财产因他人行为毁损，但不依本法第 237 条请求修理、重作或恢复原状。

本条之适用，可能发生请求权聚合。例如，只要抵押人的行为足以使抵押财产价值减少，抵押权人就可直接或通过诉讼的方式，请求抵押人停止其行为。但是，在财产价值实际减少的情形，抵押权人除主张抵押人停止其行为外，更可请求抵押人恢复抵押财产的价值，或者提供与减少的价值相应的担保。实务中，抵押财产价值减少防止权通常会先行使，唯抵押人的行为已造成抵押财产价值减少的，价值减少防止权的行使已失其意义，抵押权人可同时主张恢复抵押财产价值权或增担保请求权［**南平中院（2021）闽 07 民终 1448 号民判**］。

对于上述请求权的行使，需说明者有三。其一，行使增担保请求权时，另行提供的担保须为与减少的价值相当的物之担保；仅在抵押权人同意时，得以保证方式另行提供。其原因在于，物的担保在担保权的实现上具有优势，仅另行提供保证者，不足以恢复抵押财产的交换价值。其二，抵押物价值的减少，不必然有恢复价值或增加担保之需求。如果抵押物的价值在减少后，仍不低于其所担保的债权价值，那么恢复价值或增担保请求权的行使条件未得到满足。其三，在抵押物价值先增后减或先减后增，出现一时性减少时，只要不影响抵押权人实现抵押权，抵押权人也无必要行使此项请求权。其四，就抵押财产价值减少部分产生的赔偿金或保险金，抵押权人可依本法第390条物上代位规则优先受偿。然若恢复抵押财产价值或增担保请求权与第390条之物上代位权竞合，就只能择一行使，否则存在对抵押权人的双重保护［**温州中院(2016)浙03民终6394号民判**］。

依本条第二句，抵押人拒绝恢复抵押财产的价值，也不提供担保的，将导致债务加速到期，抵押权人有权要求债务人提前清偿债务。唯债务人不依抵押权人之请求提前清偿者，本条虽未直接规定其法律后果，但无妨准用本法第578条认定其构成预期违约，抵押权人则可依本法第394条和第410条就抵押财产实现抵押权。此外，本条亦未区分债务人本人和第三人提供抵押的情形，若一律适用债务加速到期规则，则在后一情形会导致债务人因抵押人的行为而加重负担，故宜对此规则的适用予以目的性限缩。也即，在第三人提供抵押的场合，除非有可归责于债务人的事由导致抵押财产的减少，抵押权人不能请求其提前清偿债务，仅得主张抵押权的提前实现。

第四百零九条 【抵押权及其顺位的处分】抵押权人可以放弃抵押权或者抵押权的顺位。抵押权人与抵押人可以协议变更抵押权顺位以及被担保的债权数额等内容。但是，抵押权的变更未经其他抵押权人书面同意的，不得对其他抵押权人产生不利影响。

债务人以自己的财产设定抵押，抵押权人放弃该抵押权、抵押权顺位或者变更抵押权的，其他担保人在抵押权人丧失优先受偿权益的范围内免除担保责任，但是其他担保人承诺仍然提供担保的除外。

为充分利用抵押财产的交换价值，抵押人在同一抵押财产上可设定数个抵押权。多个抵押权并存时，其优先受偿次序本应依本法第 414 条确定，但为体现物权处分自由，抵押权人也不妨单方放弃或协议变更抵押权及其顺位。其中，放弃抵押权及其顺位，均系抵押权人对担保利益的放弃，反而有利于其他抵押权人权利的实现；而变更抵押权顺位或被担保的债权数额等内容，虽仍属抵押权人自治范畴，但会对其他抵押权人产生影响。是故，本条之立法目的，在于区别规范此等处分及其法律效果。

抵押权的放弃，包括绝对放弃和相对放弃。二者性质不同，法律效果也差异极大。其一，抵押权的绝对放弃，直接导致该抵押权消灭。此时，放弃不动产抵押权或已登记的动产抵押权，须经注销登记，才发生抵押权消灭的效果；放弃未登记的动产抵押权，仅需向抵押人作出放弃的意思表示，即发生抵押权消灭的法律效果。存在多个抵押权时，前序顺位抵押权消灭后，后序抵押权依顺位升进规则优先受偿［**杭州中院（2020）浙 01 民终 4851 号民判**］。其二，抵押权的相对放弃，是相对于特定债权人的放弃，其意味着抵押权人仅仅和该特定债权人处于普通债权人的同一地位，但对于其他债权人仍具有抵押权人的地位，可优先受偿。抵押权的相对放弃，并未加重其他抵押人的负担，因此无须征得其他抵押人的同意。其三，因放弃对债权人、债务人和其他担保人权利义务影响甚大，原则上不应承认以默示方式产生放弃的效力。司法实践中，不能仅因债权人不行使或怠于行使抵押权而推定为放弃，亦不能仅基于债权人不起诉、不追加抵押人，认定构成对抵押权的放弃［**（2019）最高法民终 1631 号民判**］。不过，债权人怠于办理抵押登记导致抵押权无法实现的，有法院视其为抵押权的放弃［**西双版纳中院（2021）云 28 民终 495 号民判**］。

至于抵押权顺位的放弃，也应区分绝对放弃和相对放弃，只是两者放弃的内容均为顺位利益，而非抵押权本身。一者，抵押权顺位的绝对放弃，导致抵押权人将享有的抵押权位序排至所有抵押权的最后位次。此绝对放弃，仅使放弃人退居已设立担保的最后位次，但仍优先于放弃顺位之后新设立的抵押权。二者，抵押权顺位的相对放弃，关乎特定的后序抵押权人或无担保债权人的利益，亦即同一抵押财产上，前序抵押权人放弃优先于前述特定人而受偿的权利。需说明的是，无论是抵押权顺位的绝对放弃还是相对放弃，均以放弃方的意思表示为准，无须与其他抵押人达成合意。当然，此等放弃在公示上仍需契合实质内容，即应对放弃顺位予以登记。

除单方放弃抵押权或抵押权顺位之外，抵押权人若与抵押人协议变更抵押权顺位以及被担保的债权数额等内容，亦契合意思自治原则。当然，顺位或相应内容变更的登记，仍依本法第 402～403 条抵押权变动规则处理。唯依本条第 1 款之但书，此等协议变更若未经其他抵押权人书面同意，不得对其产生不利影响。此所谓不利影响，宜解释为对其不发生有不利影响的法律效果。易言之，抵押权顺位以及担保内容的变更，原则上对协议当事人以及已书面同意的其他抵押权人产生效力；抵押权人未同意的，其优先受偿次序和其他担保利益不受影响，除非该变更对其有利。

本条第 2 款系对上述规则适用的限制。之所以将其适用范围限定为债务人以自己的财产设定抵押的情形［**合肥中院（2017）皖 01 民终 6185 号民判**］，是因为依本法第 392 条，债权人原则上应先就债务人提供的物之担保实现债权，其他担保人仅就该担保实现后仍不能清偿的部分承担补充责任。显然，该规则的核心，在于强调担保旨在保障债权实现，最终仍由债务人偿还债务。在债务人自己提供抵押担保的情形，如果抵押权人放弃该抵押权或其顺位，或者变更抵押权，会使本应先由债务人承担的责任转移至其他担保人，从而加重后者的责任。因此，本款实质上和本法第 392 条一样，刺穿担保而关注债务本身，确定债务人乃债务履行的终极义务主体。在此意义上，不妨将本款视为第 392 条自物担保物权先行使规则（**参见其评注**）的反面规定，即在债务人以自己的财产设定抵押时，债权人放弃该抵押权、其顺位或者变更抵押权的，已违反该条设定的先行使自物担保物权之义务，其他担保人在债权人丧失该抵押权优先受偿权益的范围内，自可免除担保责任；而其“承诺仍然提供担保”者，其实属于本法第 392 条之“约定”的范畴。

第四百一十条 【抵押权的实现】债务人不履行到期债务或者发生当事人约定的实现抵押权的情形，抵押权人可以与抵押人协议以抵押财产折价或者以拍卖、变卖该抵押财产所得的价款优先受偿。协议损害其他债权人利益的，其他债权人可以请求人民法院撤销该协议。

抵押权人与抵押人未就抵押权实现方式达成协议的，抵押权人可以请求人民法院拍卖、变卖抵押财产。

抵押财产折价或者变卖的，应当参照市场价格。

抵押权以担保债务之履行为目的，债务人履行债务且主债权消灭的，抵押权随之消灭（**第 393 条**）。若债务人未履行到期债务，抵押权人可依本条行使抵押权。所谓未履行，通常指债务到期但未获全部清偿，至于是瑕疵履行抑或部分履行，并非所问。除此之外，在债务尚未到期之前，如果发生当事人约定的实现抵押权之事由，抵押权人也可提前实现抵押权。事实上，在债务履行期限届满前，即便当事人未约定实现抵押权的事由，亦可因下述事由实现抵押权。（1）债务人构成本法第 578 条之预期违约；（2）在本法第 408 条设定的情形，抵押人不恢复抵押财产价值或不提供增担保，抵押权人请求债务人提前清偿债务未果的；（3）债务人履行不能或破产。

依本条第 1 款，在上述满足抵押权实现条件的情形，抵押权人和抵押人可通过协议确定抵押权实现的方式。其一，抵押权人和抵押人协议将抵押物折算成具体价款来偿还债务的，发生代物清偿的效力，抵押权人取得抵押物的所有权。此系债务到期后抵押权人和抵押人协议以抵押物抵顶债务，有别于本法第 401 条规定的流押，不违背法律规定［**石家庄中院（2018）冀 01 民终 2705 号民判**］。其二，抵押权人和抵押人可以协议委托拍卖机构拍卖，或请求法院司法拍卖，从而通过公开竞价的方式将抵押财产变价，以变价款清偿债务。其三，抵押权人和抵押人可以协议直接变卖或请求法院变卖抵押财产，并以其变现后获得的价款优先清偿受担保的债务。协议实现抵押权时，应参照市场价格折价或变卖抵押财产［**钦州中院（2017）桂 07 民终 102 号民判**］。如果抵押权人和抵押人协议以不合理的低价转让抵押财产，且有损其他债权人利益，其他债权人本可依本法第 539 条请求法院撤销之。本条第 1 款第二句不过是重申其他债权人的此项撤销权，并未新设特别法规范。唯此所谓其他债权人，在本条第 1 款设定的情形，应指抵押人的其他普通债权人和同一抵押财产上顺位在后的其他担保债权人。此等债权人在主张撤销抵押权人和抵押人的协议时，须就本法第 539 条规定的撤销权行使之事实要件负举证责任。

依本条第 2 款，抵押权人和抵押人未就抵押权实现方式达成一致时，抵押权人可以请求法院拍卖、变卖抵押财产。而依《担保制度解释》第 45 条第 1 款，如果当事人约定当债务人不履行到期债务或发生当事人约定的实现抵押权的情形，抵押权人可自行拍卖、变卖抵押财产并就所得价款优先受偿的，约定有效。问题在于，因抵押人占有抵押物，抵押权人往往无法自行拍卖或变卖抵押财产。由此，抵押权人自行拍卖或变卖抵押财产，实需以抵押权人和抵押人的约定为前提，本质上仍然是本条第 1 款规定的以协议方式实现抵押权。如果抵押权人无法与抵押人就抵押权的实现方式达成协议，则只能通过法定程序来实现抵押权［**咸宁中院（2017）鄂 12 民终 923 号民判**］。当然，因抵押人的原因导致抵押权人无法自行对抵押财产进行拍卖、变卖，抵押权人可以请求抵押人承担因此增加的费用。

第四百一十一条 【动产浮动抵押财产的确定】依据本法第三百九十六条规定设定抵押的，抵押财产自下列情形之一发生时确定：

（一）债务履行期限届满，债权未实现；

（二）抵押人被宣告破产或者解散；

（三）当事人约定的实现抵押权的情形；

（四）严重影响债权实现的其他情形。

浮动抵押是在流动资产上设定的担保，其浮动性取决于抵押人的经营财产性质，通常表现为应收账款和存货。在浮动抵押权设定时，抵押财产处于浮动状态，抵押人在日常交易中仍可自由处分之，只是在出现本条规定的情形时，抵押财产不再自由流转。通说认为，浮动抵押财产被确定时，抵押物形态及价值特定化，浮动抵押自动转化为固定抵押。浮动抵押财产的确定规则，目的在于确定抵押权人优先受偿的抵押财产的范围；只有此等财产被确定，债权人才能依本法第 396 条就确定时的动产优先受偿。

无论是实现普通抵押权还是浮动抵押权，均以债务人不履行债务或发生当事人约定的情形为实现抵押权的条件，只不过在浮动抵押，抵押权的实现尚取决于抵押财产的确定。在本条第 1 款第 1 项和第 3 项规定的情形，浮动抵押权实现条件的成就，和抵押财产的确定同步发生。其一，债务履行期限届满而债权未实现，即债务人不履行到期债务；此时，浮动抵押财产应可确定，债权人有权就此等财产优先受偿。其二，当事人若约定实现抵押权的情形，则该情形发生时，浮动抵押财产“结晶”〔**长春中院（2016）吉01民初701号民判**〕。此时，抵押人处分浮动抵押财产的权利受到限制，抵押权人可就确定的抵押财产优先受偿。

尽管浮动抵押财产的确定和抵押权的实现条件存在上述趋同，但前者并不必然导致实现条件的成就。依本条第1款第2项，抵押人被宣告破产或解散时，浮动抵押财产确定，但抵押权的实现条件不一定成就。此外，既然浮动抵押旨在保障债务的清偿，那么在发生严重影响所担保债权实现的情形，抵押财产也应予确定，以确保抵押权在条件成就时实现其担保功能。至于是否属于本条第4项“严重影响债权实现的其他情形”，需由法院结合具体情况判断。司法实务中，抵押人经营不善导致经营状况恶化或严重亏损、恶意逃避债务〔**四川绵阳中院（2014）绵民终字第1408号民判**〕，抵押人以明显不合理的低价转让财产或以明显不合理的高价受让他人财产等，通常属于此种情形，但其应以严重影响浮动抵押财产的范围和价值为限。

第四百一十二条 【抵押权对抵押财产孳息的效力】债务人不履行到期债务或者发生当事人约定的实现抵押权的情形，致使抵押财产被人民法院依法扣押的，自扣押之日起，抵押权人有权收取该抵押财产的天然孳息或者法定孳息，但是抵押权人未通知应当清偿法定孳息义务人的除外。

前款规定的孳息应当先充抵收取孳息的费用。

本条规定抵押权人在特定情形的孳息收取权，本质上是对抵押权效力的扩张。一般而言，抵押权作为非占有型担保物权，抵押财产的占有、使用和收益权能仍由抵押人享有，故因抵押财产的使用而产生的孳息，应由抵押人所有〔**泰州中院（2021）苏12民终2614号民判**〕。而且，除当事人另有特约外，孳息不属抵押财产，不为抵押权效力所及。本条只是在特定情形改变了这一规则，即在其设定的情形，抵押权人享有孳息的收取权，但孳息的所有权人仍为抵押人〔**乐山中院（2021）川11民终

1849 号民判]；在此基础上，本条进一步扩大了此情形下抵押财产的范围。具体而言，自抵押财产扣押之日起，抵押权人就有权收取其孳息，并将其纳入抵押财产而优先受偿。显然，此所谓孳息收取权，仅意味着抵押权的效力及于该孳息，而孳息所有权仍归抵押人所有。本条之法理在于，抵押财产的孳息通常由抵押人收取，而在本条第 1 款设定的情形，若仍由享有所有权的抵押人收取，其可能为收取孳息而拖延处理抵押物，不利于抵押权的实现［金华中院（2021）浙 07 民终 5225 号民判］。由抵押权人收取孳息，可充分发挥抵押财产担保债权受偿的功能。

本条第 1 款预设的特定情形，或曰抵押权人之孳息收取权的取得，须满足两项要件。其一，抵押权实现的条件成就，即债务人不履行到期债务，或出现当事人约定的实现抵押权之情形。其二，抵押财产被法院依法扣押。此所谓扣押，乃指法院采取诸如清退场地、封贴门锁等扣押措施，还包括查封。一般而言，只有在抵押权人以诉讼方式实现抵押权的场合，若法院依抵押权之财产保全申请或依职权对抵押财产予以扣押时，抵押权的效力才及于抵押财产自扣押之日起所生之孳息［温州中院（2018）浙 03 民终 1694 号民判］。

需注意者，就法定孳息之收取而言，抵押权人尚应通知其清偿义务人［锦州中院（2021）辽 07 执复 45 号执裁］。此通知与本法第 546 条债权让与通知的性质相同，均有防止债务人错误给付的目的。不过，一旦抵押物被法院扣押，无论抵押权人是否通知清偿义务人，均不影响抵押权的实现，抵押权的效力仍及于包括法定孳息在内的全部孳息。易言之，抵押财产被法院扣押后，即使抵押权人怠于通知，抵押权的效力也及于法定孳息，唯清偿义务人因不知抵押财产被扣押而将法定孳息支付给抵押人的，仍产生清偿的效力。可见，通知在本质上只是抵押权人收取法定孳息的对抗要件［（2016）最高法民终 543 号民判］，即抵押权人未为通知的，不得主张清偿义务人向抵押人支付法定孳息不发生清偿效果［温州中院（2018）浙 03 民终 1694 号民判］。在此前司法实务中，有法院认为"通知"为抵押权人法定孳息收取权的生效要件［福建高院（2016）闽民终 1401 号民判］，应属规范属性认识错误。

为保护抵押权人的权益，避免收取孳息的费用成为无担保的债权或无法获得清偿，本条第 2 款规定此等孳息应先充抵收取费用。唯本条充抵规则事实上仅在孳息为金钱时，方有适用空间，即收取的孳息可直接充抵收取费，主债权和利息则待抵押权实现时优先受偿。若孳息并非金钱，则难以直接充抵收取费用。于此情形，须待满足抵押权实现条件后，方可对该孳息采取拍卖、变卖或折价的方式，按“孳息收取费、利息、主债权”的顺序清偿。

第四百一十三条 【抵押财产变价后的清算】抵押财产折价或者拍卖、变卖后，其价款超过债权数额的部分归抵押人所有，不足部分由债务人清偿。

抵押权设立之后，抵押财产的价值会因市场因素出现变动，故在抵押权实现时，抵押财产的变价款可能高于、等于或低于抵押权设立时的价值，也可能高于、等于或低于被担保债权数额。其中，抵押财产的最终价值体现为抵押权实现时的变价款，所担保的债权范围依本法第 389 条确定，不足或超过债权数额部分即按本条清算。

就本条的适用而言，存在三种可能的法律效果。其一，变价款与被担保的债权数额一致的，抵押权因实现而消灭（**第 393 条第 2 项**），债权亦获得清偿；其二，若所得价款高于所担保的债权数额，抵押权也因实现而消灭，债权获得清偿，只是超过部分归抵押人所有；其三，若变价款低于被担保债权的数额，抵押权虽因实现而消灭，但债务人负有继续清偿的义务，此时未获清偿的债权沦为普通债权。所以，抵押财产变价款不足以清偿全部债务时，债务人的其他未抵押财产仍是其清偿债务的责任财产，法院可强制执行［**绵阳中院（2017）川 07 执复 2 号执裁**］。需注意者，当事人约定清算型让与担保时，担保物权人可就担保财产的折价、拍卖或者变卖后的价款优先受偿，价款超出或低于债权数额的，也适用本条规则处理（**《担保制度解释》第 68 条**）。

第四百一十四条 【并存于同一抵押物上的数个抵押权的清偿顺序】同一财产向两个以上债权人抵押的，拍卖、变卖抵押财产所得的价款依照下列规定清偿：

（一）抵押权已经登记的，按照登记的时间先后确定清偿顺序；

（二）抵押权已经登记的先于未登记的受偿；
（三）抵押权未登记的，按照债权比例清偿。
其他可以登记的担保物权，清偿顺序参照适用前款规定。

同一抵押财产上并存数个抵押权时，存在担保物权优先顺位问题。本条仅就同一财产上已经设立的抵押权，规定其法定清偿顺序。其一，抵押权已登记的，按登记时间的先后顺序确定清偿。已登记的抵押权，既包括采“登记生效主义”的不动产抵押权，也包括采“登记对抗主义”的动产抵押权。虽然登记对不动产抵押和动产抵押具有不同的法律意义，但在确定受偿顺序上并无区别。只要在同一动产或不动产上设定的数个抵押权均完成登记，则先登记的抵押权人享有优先受偿顺位［**广州中院（2021）粤01民终28586、28587号民判**］。抵押权登记先后的确定，应以登记簿所载时间为准［**成都中院（2021）川01执异2657号执裁**］。其二，对不动产而言，登记为设权要件，因此不存在未登记的不动产抵押权。但动产抵押权不同，其设立无须登记（**第403条**），因此会出现同一动产上的抵押权既有登记也有未登记者。鉴于未登记的动产抵押权不具对抗效力，在效力强度上弱于已登记的抵押权，故后者应先于前者受偿。其三，本条第1款第3项所规定者，仅可能发生于动产抵押竞存的情形。盖同一担保物上存在重复抵押或“超额抵押”时，可依“公示在先，权利在先”的原则确定清偿顺序；而动产抵押未经登记，并不影响抵押权的设立，但产生不得对抗善意第三人和清偿顺序的影响。为防止当事人恶意串通损害其他抵押权人的利益，本款第3项确定均未登记的动产抵押权处于同一顺位，按债权比例予以清偿。

本条第2款为参引性法条，旨在说明其他可以登记的担保物权，准用本条第1款的规定。可登记的担保物权，既包括符合形式要件的典型担保，也包括具有担保功能的非典型担保，如融资租赁（**第745条**）、所有权保留买卖（**第641条**）、以登记为公示方式的权利质权（**第441条**）等。本款的规范意义在于，同一财产上存在多个可登记的担保物权时，无论是同一种类抑或不同种类，均可依本条确定清偿顺序。但同一财产上既有抵押权又有质权时，并非可登记的担保物权并存问题，应适用本法第415条确定其清偿顺序。

第四百一十五条 【抵押权与质权并存时的清偿顺序】同一财产既设立抵押权又设立质权的，拍卖、变卖该财产所得的价款按照登记、交付的时间先后确定清偿顺序。

本条旨在解决同一财产上抵押权和质权并存时的清偿顺序问题，所涉“财产”仅以动产和权利为限。就动产而言，其质权自交付时设立，即设立与公示同步；动产抵押权则自抵押合同生效之时设立，并可分为已登记和未登记的动产抵押权两种类型。显然，在动产上既设立抵押权又设立质权的，存在两种情形。其一，已登记的动产抵押权和动产质权并存的，要么是先抵后质，要么是先质后抵。在前者，登记在先的抵押权优先于质权受偿。在后者，依“公示在先、权利在先”的原则，已交付的质权优于后登记的抵押权。其二，动产质权已设立，但其抵押权并未登记的，无论是先抵后质还是先质后抵，质权都应处于优先受偿位次。盖已完成公示的动产质权具有对抗效力，而动产抵押权因未登记不能对抗第三人，导致其在效力上弱于质权。

权利质权与同一权利上的抵押权并存时，也应遵循本条清偿顺序，但此顺序因权利质权的设权要件不同而更为复杂。权利质权既有自权利凭证交付时设立者（**第441条**），也有自办理出质登记之后设立的（**第441条、第443～445条**）。后者与抵押权并存时的清偿顺序，依本法第414条第2款而准用同条第1款规定；前者若与权利抵押权并存，例如以汇票、本票、存款单、仓单等出质且抵押，则依本条确定清偿顺序。具体而言，以交付为公示方式的权利质权与同一权利上已登记的抵押权并存时，其清偿顺序以交付或登记的时间何者在先为准；而此等权利质权与同一权利上未登记的抵押权并存时，质权一律优先于抵押权受偿，两者设立时间的先后对受偿顺序并无影响。

第四百一十六条 【购置款抵押权超优先顺位】动产抵押担保的主债权是抵押物的价款，标的物交付后十日内办理抵押登记的，该抵押权人优先于抵押物买受人的其他担保物权人受偿，但是留置权人除外。

本条确立了同一动产上的购置款抵押权与其他担保物权并存时的特别清偿规则，构成本法第414条和第415条的例外。购置款抵押权是将购买物作为抵押物担保购买价款的支付，只要其在购买物交付后10日内办理登记，则不受登记时间先后的限制而优先于其他担保物权受偿，故又谓“超级优先权”。本条借鉴《美国统一商法典》“价金担保利益”的规定，为债务人借助已设定担保之物进行再融资提供了制度保障。

根据债权人身份的不同，购置款抵押权分为两种形式。其一为出卖人的购置款抵押权，即买受人尚未支付全部价款时获得该物所有权，并将该物抵押给出卖人，以担保该抵押物的购置款债权。在此形式中，抵押关系与买卖关系的主体重合。其二是有第三人参与的购置款抵押权，即买受人向第三人借款用以向出卖人支付价款，并以购买物为抵押物为借款设立抵押权。此时出现借款合同、买卖合同和抵押三项法律关系的结合，其中借款关系与抵押关系的主体重合。

本条之超级优先顺位的前提，是须在标的物交付后10日内办理购置款抵押权登记；否则，不生超级优先权之效力。此所谓超级优先效力，指购置款抵押权可优先于同一物之上先设立的其他担保物权，通常表现为先设立的动产浮动抵押。当然，本条规定的购置款抵押权可扩张至所有权保留与融资租赁情形，以优先担保所有权保留模式下出卖人赊销交易的价金，以及融资租赁业务中应支付的租金等。至于同一动产上存在多个购置款优先权的，应依登记的时间先后确定清偿顺序（**《担保制度解释》第57条**）。

作为本条超级优先权的例外，留置权在清偿顺位上仍优先于购置款抵押权。其原因在于，一方面留置权通常适用于加工、服务等标的物价值增值情形，与之相比，留置权所担保的债务额却较低，此时即便留置权优先于购置款抵押权，也不损害该抵押权人的利益；另一方面，若规定购置款抵押权优先于留置权受偿，将使留置权的法定担保功能沦为空谈。

第四百一十七条 【实现抵押权时新增建筑物的处理方式】

建设用地使用权抵押后，该土地上新增的建筑物不属于抵押财产。该建设用地使用权实现抵押权时，应当将该土地上新增的建筑物与建设用地使用权一并处分。但是，新增建筑物所得的价款，抵押权人无权优先受偿。

建设用地使用权作为可予抵押的财产（**第 395 条**），既可单独抵押，也可与其上的建筑物一并抵押。当事人仅以建设用地使用权抵押的，抵押权的效力及于土地上已有的建筑物以及正在建造的建筑物已完成部分，此乃本法第 397 条题中应有之义。在以建设用地使用权抵押后，抵押人有权继续使用土地，并在土地上新建建筑物。此时新增建筑物不再适用本法第 397 条“房地一体抵押”规则，而应列入抵押人的新增财产。是故，如果抵押权设立时建筑物还处于建造过程中，已经完成的部分属于抵押财产，而此后续建、增建的部分，不属于抵押财产［**成都中院（2021）川 01 执异 2904 号执裁**］。

不过，在建设用地使用权抵押权登记后新建造的建筑物，与已设立的建设用地使用权不可完全分割。考虑到土地及地上建筑物在物理上的不可分性，故在对建设用地使用权变价时，须将所抵押的建设用地上的所有建筑物一并处分［**烟台中院（2021）鲁 06 执复 161 号执裁**］。即便建设用地使用权和新增建筑物在处分上具有一体性，建设用地使用权抵押的效力也不及于续建部分和新增建筑物（**《担保制度解释》第 51 条第 1 款**）。也即，就新增建筑物所得之价款，抵押权人无权优先受偿［**南通中院（2020）苏 06 民终 4260 号民判**］。

第四百一十八条 【集体所有的土地使用权抵押权实现的限制】以集体所有土地的使用权依法抵押的，实现抵押权后，未经法定程序，不得改变土地所有权的性质和土地用途。

在“三权分置”政策引导下，集体土地流转规则不断创新，集体土地使用权在满足法定条件时可依法抵押。可抵押的集体所有土地使用权，包括土地承包经营权、土地经营权、集体建设用地使用权和宅基地使用权等类型（**参见本法第 399 条评注**）。本条所谓“实现抵押权”，意指以折价或拍卖、变卖方式实现集体土地使用权抵押权，其必然涉及集体土地使用权的转让，而法律对此又多有限制。所以，在折价、拍卖或变卖而发生转让时，首先不得改变土地所有权的性质和土地的农业用途［**武汉蔡甸法院（2018）鄂 0114 民初 1273 号民判**］，即应保持农地集体所有的性质，且未经法定程序不能改变用途［**（2017）最高法执监 145 号执裁**］。若欲改变用途，当事人须依法律规定将该宗土地申请征收为国有建设用地，再按照相关程序公开出让［**汉中中院（2016）陕07执恢8—7号执裁**］。其次，实现抵押权的受让方，通常须有农业经营能力或资质，且在同等条件下，土地所在的集体经济组织成员享有优先权。

第四百一十九条 【抵押权的行使期间】抵押权人应当在主债权诉讼时效期间行使抵押权；未行使的，人民法院不予保护。

比较法上，在抵押权所担保的债权之请求权因时效而消灭后，抵押权人若于一定期间（如5年）内不行使抵押权，则抵押权归于消灭，此或为权利失效规则（**参见本法第132条评注**）在抵押权行使中的具体化；与此呼应，该行使期间也被明确为除斥期间。本条则使抵押权的行使期间与主债权的诉讼时效期间保持一致，即主债权经过诉讼时效而抵押权人未行使抵押权的，抵押权不再受法院保护。据此，抵押权本身虽不适用诉讼时效，但受诉讼时效的影响。具体而言，主债权诉讼时效经过后，抵押权的行使尽管已不受法院保护，但不意味着抵押权消灭，只是其产生类似于消灭的法律效果。此即《担保制度解释》第44条第1款所规定者：主债权诉讼时效期间届满后，抵押权人无权主张行使抵押权，抵押人也可以此为抗辩。该款进一步为目的性扩张，认为主债权诉讼时效期间届满前，债权人仅对债务人提起诉讼，经法院判决或调解后，未在《民诉法》规定的申请执行时效期间内对债务人申请强制执行的，也无权主张行使抵押权。

关于本条可否适用于以占有为成立要件的担保物权，学理意见不一，最高法的态度则十分明确。依《担保制度解释》第44条第2～3款，即便主债权诉讼时效期间届满，财产被留置的债务人或对留置财产享有所有权的第三人，也无权请求债权人返还留置财产，但债务人或第三人可请求拍卖、变卖留置财产，并以所得价款清偿债务；动产质权、以交付权利凭证作为公示方式的权利质权，参照适用此规定。要之，除以登记作为公示方式的权利质权之外，本条不适用于动产质权、以交付权利凭证作为公示方式的权利质权和留置权；债务人之所以可请求法院拍卖、变卖质押或留置财产，其实是适用本法第437条或第454条的结果，其目的在于敦促质权人或留置权人行使其权利（**分别参见其评注**）。

第二节 最高额抵押权

第四百二十条 【最高额抵押的概念】为担保债务的履行，债务人或者第三人对一定期间内将要连续发生的债权提供担保财产的，债务人不履行到期债务或者发生当事人约定的实现抵押权的情形，抵押权人有权在最高债权额限度内就该担保财产优先受偿。

最高额抵押权设立前已经存在的债权，经当事人同意，可以转入最高额抵押担保的债权范围。

最高额抵押因无须为每一债权重复设立抵押，具有交易简便、成本低等制度优势［**深圳中院（2021）粤 03 民终 30995 号民判**］，故作为特殊抵押制度由本节规定。本条第 1 款虽表现为定义最高额抵押的说明性法条，实则规定了其成立要件和法律效果，属完全法条。

依本条规定，最高额抵押权的成立，除须具备一般抵押权的要件（**参见本法第 394 条评注**）外，主要在所担保的债权方面有其特殊性。最高额抵押系为“一定期间内将要连续发生的债权”提供担保。此“一定期间”，可由当事人约定；未约定或约定不明时，依本法第 423 条规定。“将要连续发生的债权”则指，在依第 423 条“确定”之前，此债权处于变动状态而具有不特定性；新产生的债权自动纳入其所担保的债权范围，除非超过约定的最高债权额的限度。实践中，若在设立最高额抵押之后出现新的债权债务关系，而当事人以“借新还旧”为由主张新债不存在，并认为此债权不应纳入最高额抵押债权范围的，须提供证据明确证明之，否则仍应纳入其债权范围内［**长沙中院（2021）湘 01 民终 11530 号民判**］。除新债权可纳入最高额抵押所担保的债权范围之外，依本条第 2 款，经当事人同意，即便是最高额抵押权设立前产生的债权，也可转入所担保的债权范围。此所谓当事人，应专指抵押人而言。

在法律效果方面，最高额抵押的特殊性有二。其一，“一定期间内将连续发生的债权”表明其担保的对象具有概括性，不指向个别、特定的债权，故最高额抵押无消灭上的从属性。甚至，即便已纳入其担保范围的债权因清偿、免除或抵销等原因全部消灭，最高额抵押权依然存在。其二，最高额抵押权在优先受偿时，应以约定的最高债权额为限承担担保责任。换言之，在设立最高额抵押权时，虽然实际债权尚未确定，但当事人可预先约定最高抵押额，以明确最终优先受偿的债权限额。最高债权额应遵循本法第 389 条，包括主债权及其利息、违约金、损害赔偿金等费用［**厦门中院（2021）闽 02 民初 1100 号民判**］。当然，实际债权额与预设的最高债权额未必一致。如果实际发生的债权额高于或等于约定的最高债权额，则以后者为限承担担保责任，超过的债权部分不计入最高额抵押的担保范围［**北京二中院（2021）京 02 民终 13107 号民判**］；实际发生的债权额低于约定的最高债权限额的，应以前者为准承担担保责任。

第四百二十一条 【主债权及最高额抵押权的转让】最高额抵押担保的债权确定前，部分债权转让的，最高额抵押权不得转让，但是当事人另有约定的除外。

不同于一般抵押权在设立、处分、消灭上的从属性，最高额抵押权的从属性极为特殊。详言之，最高额抵押权应从属于导致债权连续发生的基础法律关系，而非所担保债权中的某一具体债权。本条规定最高额抵押权不具有“转移上的从属性”，并将此从属性之例外规定限定在“债权确定前”。如果债权转让发生在其担保的债权依本法第 423 条确定之后，最高额抵押权实际转变为一般抵押权，当发生随主债权转让的法律效果［**广东高院（2020）粤民申 3019 号民裁**］。同时，依反对解释，只有在债权全部转让的情形，最高额抵押权才随之转让。在债权全部转让时，若发生第 423 条规定的债权已确定的情形，或在名为最高额抵押权但实为“担保债权已确定”的一般抵押权情形［**湖南高院（2021）湘民终 916 号民判**］，又或是将基础法律关系中的权利义务一并转让给第三人的情形，均产生最高额抵押权随债权转让的法律效果。

本条之但书，表明其设立的规则系任意性规范。据此，当事人可另行约定而排除本条之适用者有三。其一，约定所转让的部分债权仍由最高额抵押权担保。此时，最高额抵押权人与债权受让人共同享有最高额抵押权，从而形成准共有关系（**第 310 条**）。其二，约定将部分最高额抵押权作为所转让的部分债权的一般抵押权，而原抵押权人就剩余最高债权额继续享有最高额抵押权，进而形成一般抵押权与最高额抵押共存的情形。其三，约定最高额抵押权随债权一并转让，原抵押权人不再享有最高额抵押权。此时，最高额抵押权不再担保"一定期间内即将发生的债权"，而是担保已确定的转让之部分债权，其本质上已转变为一般抵押权。

第四百二十二条 【最高额抵押协议的变更】最高额抵押担保的债权确定前，抵押权人与抵押人可以通过协议变更债权确定的期间、债权范围以及最高债权额。但是，变更的内容不得对其他抵押权人产生不利影响。

鉴于最高额抵押所担保的不特定债权处于持续变动状态，抵押双方当事人为灵活满足担保需求，可协议变更最高额抵押的内容。本条所言协议变更，应发生在最高额抵押担保的债权确定之前，本质上未改变最高额抵押权的性质。而在债权依本法第 423 条确定之后，最高额抵押权转变为一般抵押权，协议变更实际上是本法第 409 条规定的抵押权及其顺位的处分。

本条之协议变更，内容有三。其一，协议变更债权确定的期间，将原约定的债权确定期间延长、缩短，抑或重设相同期间［**北京二中院（2021）京 02 民终 12910 号民判**］。其二，最高额抵押权的设立不以某一具体债权债务关系的存在为前提，所担保的主债权范围纯属当事人约定之内容，在债权确定前，抵押权人与抵押人当然可以变更其范围。所变更的债权范围，既包括主债权的类型等，也包括本法第 389 条规定的担保范围。前者既包括将新债权取代旧债权，也包括追加或缩减债权范围的情形［**江苏高院（2014）苏商终字第 00414 号民判**］。至于担保范围，无约定时乃依第 389 条确定，但无论之前有无约定，当事人均可协议变更之。其三，协议变更最高债权额。唯受本条第二句限制，此变更应仅指协议减少最高债权额的情形。事实上，只要不违反本法第 420 条的设立规则，当事人可以协议变更最高额抵押权的各项内容，乃至债权人的变更、顺位的绝对变更等，只是自办理登记后，变更方生本条之效力［**上海二中院（2017）沪 02 民终 2890 号民判**］；未办理变更内容登记的，不生物权效力，但不影响合同效力（**参见本法第 215 条评注**）。

本条第二句之但书，实为第一句适用之限制。也即，债权确定前的协议变更，不得对其他抵押权人，尤其是后顺位抵押权人产生不利影响［**安徽高院（2016）皖民终584号民判、湖南高院（2017）湘民终75号民判**］。当然，若受有不利影响的其他抵押权人同意变更，最高额抵押当事人也可协议变更最高额抵押合同条款。若最高额抵押当事人将未经此同意的内容登记，则仍不得以之对抗其他抵押权人。

第四百二十三条 【最高额抵押债权确定的情形】有下列情形之一的，抵押权人的债权确定：

（一）约定的债权确定期间届满；

（二）没有约定债权确定期间或者约定不明确，抵押权人或者抵押人自最高额抵押权设立之日起满二年后请求确定债权；

（三）新的债权不可能发生；

（四）抵押权人知道或者应当知道抵押财产被查封、扣押；

（五）债务人、抵押人被宣告破产或者解散；

（六）法律规定债权确定的其他情形。

最高额抵押中，抵押权的实现以最高债权额限度内的实际债权为准（**参见本法第420条评注**）。实际债权即第420条规定的“一定期间内将要连续发生的债权”，其须依本条确定后，方可就抵押财产优先受偿。由此可见，最高额抵押所担保的债权初始为不确定债权，本条则不完全列举五类债权确定的情形：第1～2项乃最高额抵押期间届满的情形，第3～5项为特殊债权确定情形，第6项则表现为引致规范，涵盖法律规定的其他债权确定情形。

其一，因期限届满导致债权确定。首先，由于最高额抵押所担保的不特定债权为一定期间内的债权，当事人可约定明确的债权确定期间，自期间届满债权确定。该期间长短由当事人约定，并无法定最长期间限制，除非基于主债权自身性质而受限制。其次，未约定债权确定期间或约定不明时，应依本条第2项，确定债权的期间至少为两年。此两年为不变期间，不因任何事由中止、中断或延长。自最高额抵押权设立之日起满2年后，债权并不自动确定，而是需抵押权人或抵押人请求，实际债权方能确定。

其二，无论当事人有无约定债权确定的期间，出现本条第 3～5 项情形时，债权亦确定。其中第 3 项之“新的债权不可能发生”，非依当事人主观判断定之，而是事实识别，即发生最高额抵押的基础关系消灭或全部债务提前到期的事实，实践中主要表现为“新的融资关系不再发生”［**(2019) 最高法民终 266 号民判**］、“因担保债权范围的变更或者其他事由导致原债权不能继续发生”等情形。第 4 项情形，主要指为防止被申请人转移、隐匿或毁损财产导致将来判决难以执行，自抵押权人知道或应当知道抵押财产被查封、扣押时，最高额抵押的债权确定，但抵押权人的知悉不以法院通知为必要［**《查封扣押冻结财产规定》第 25 条；河南高院（2021）豫民申 1851 号民裁**］。在第 5 项情形，债务人、抵押人被宣告破产或者解散的，交易主体基础丧失，新债自然无法发生，最高额抵押的债权随之应予确定。

所担保的债权确定后，产生就确定债权优先受偿的法律效果。其一，所担保的不特定债权得以确定，新债亦不属于最高额抵押担保的范围［**山东高院（2021）鲁民终 2241 号民判**］。不过，虽无新债产生，但主债权产生的利息、违约金等仍在担保范围之内（**第 389 条**），以致债权确定后的总债权金额仍会增加。此时，即便债权确定后的最高额抵押与一般抵押权基本无异，“最高额”仍发挥限制实际债权总额的作用，抵押权人仅在最高额限度内优先受偿［**山东高院（2021）鲁民终 2241 号民判**］。其二，债权确定后，最高额抵押权人可依本法第 410 条实现抵押权［**北京二中院（2021）京 02 民终 10419 号民判**］。

第四百二十四条　【一般抵押权规则的准用】最高额抵押权除适用本节规定外，适用本章第一节的有关规定。

本条为参引性法条，旨在明示本章第一节关于抵押权一般规范对本节规定的补充适用性。是故，本节所规定者，就第一节而言为特别法规范；仅在本节无规定时，准用本法第 394～419 条规定。但在参照适用时，既然本条强调“有关”规定，则表明应结合最高额抵押的特殊性，判断准用的空间和限度。

第十八章

质　　权

第一节　动产质权

第四百二十五条　【动产质权的概念】为担保债务的履行，债务人或者第三人将其动产出质给债权人占有的，债务人不履行到期债务或者发生当事人约定的实现质权的情形，债权人有权就该动产优先受偿。

前款规定的债务人或者第三人为出质人，债权人为质权人，交付的动产为质押财产。

本条系定义动产质权的说明性法条，其中蕴含质权设立要件及其法律效果的一般性规定。动产质权作为意定担保物权的一种，其设立除须符合一般要件（如担保债权之目的）外，更须出质人向质权人转移质物的占有，从而有别于同样作为意定担保物权的抵押权。由于质权人占有质物，因此质押的担保形式于质权人极为有利，但同时也降低了质物所有权人即出质人对质物的利用价值。本条之“债权人占有”应作扩大解释，即质权人自己或通过第三人对质物具有实际管控力的，均视为占有质物［**(2019) 最高法民申 4149 号民裁**］；且占有具有持续性，若债权人在质权实现前丧失占有或对质物丧失实际管控力，质权消灭或视为未设立。本条规定债务人或第三人“将其动产”出质，意味着其设定的质权之规范模型，系基于法律行为发生者，故出质人对质物应享有处分权，其设立质权的行为方为有效；无处分权而将动产出质的，质权人虽可适用本法第 311 条规定善意取得质权，但不属于基于法律行为而取得。

就质权之标的物而言，本法仅以动产或权利为限，未承认不动产质权。(1) 在动产质权，其标的物原则上应为特定物，但《担保制度解释》第 55 条针对“通过一定数量、品种等概括描述能够确定范围的货物”，补充规定了动态质押的质物监管模式。动态质押本质上仍属动产质权，但质物为非特定物，通常是“价值或数量在一定合理区间内、于动态质权实现前可在正常经营过程中处分”的库存货物。此特殊的动产质权中，出质人以处于滚动状态的库存货物出质，且通常委托第三方在出质人处或其他仓储地对质押财产进行监管和控制。(2) 就金钱这一特殊动产而言，本无设立质权的实际意义，但通过特户、封金、保证金等形式特定化后，或者存入银行取得存款单的，可以设立权利质权（**第 440 条**）。

就其法律效果而言，质权人在质权设立后，承担保管质物的义务（**第 432 条**），但无权使用或处分质物（**第 431 条**）。本条则强调质权之优先受偿的效力，即质权人在受担保债权范围内，就质权实现时的变价款优先受偿。此优先受偿权主要体现在两个方面：其一，质权人的债权优先于无担保的一般债权获得清偿；其二，当同一财产上同时存在质权和其他担保物权时，应依本法第 415 条和第 456 条之规定。

第四百二十六条 【禁止质押的动产范围】法律、行政法规禁止转让的动产不得出质。

质权的实现需借助质物的变价，后者必然涉及质物的转让，故法律禁止转让之物，也无法成为质权的标的物。本条为引致规范，其所谓法律、行政法规，不包括部门规章、地方性法规和地方政府规章；后者禁止转让某动产的，不影响质权的设立。本条亦属不完全法条，虽明确禁止转让的动产不得出质，但未规定相应的法律效果。依物债区分原则，违反本条之禁止性规定的，质权虽未设立，但不影响质押合同发生债的效力，质权人无妨依质押合同向出质人主张违约责任。

本条所谓禁止转让的动产，包括文物等禁止流通物、国家机关财产，以及以公益为目的的动产等。据此，禁止质押的动产也分为两类。(1) 动产本身具有特殊性而被禁止转让或出质。例如，文物、枪支或人体器官等，因属禁止流通物而被禁止转让和出质。但禁止流通的动产不同于限制流通的动产，后者可在流通范围内出质，且在质权实现时，应按法定的条件和程序流通。(2) 动产的所有权人具有特殊性，以致其享有的动产不得转让和质押。不过，即便动产所有权人具有特殊性，仍然存在特例。如以公益为目的的非营利性机构，不能以教育设施、医疗卫生设施、养老服务设施和其他公益设施设立质权，但除此之外的动产可设立质权（**《担保制度解释》第 6 条**）。

第四百二十七条 【质押合同】设立质权，当事人应当采用书面形式订立质押合同。

质押合同一般包括下列条款：

（一）被担保债权的种类和数额；

（二）债务人履行债务的期限；

（三）质押财产的名称、数量等情况；

（四）担保的范围；

（五）质押财产交付的时间、方式。

质押合同属担保合同的一种，也可适用本法第 388 条规定。虽然质押财产相较于抵押财产价值较低，但为使当事人谨慎从事担保行为，本条第 1 款仍强调质押合同应采书面形式。结合本法第 135 条第二分句和司法实务，此所谓“应当”意味着书面形式是抵押合同的成立条件，除非存在本法第 490 条第 2 款的情形（**参见本法第 388 条评注**）。

本条第 2 款虽列举质押合同的一般条款，但此类条款仅具示范和引导功能。为满足质权特定性的要求，质押财产的名称、数量通常为质押合同成立的必要条款，欠缺者将导致合同不成立。不过，设立质押的目的在于当债务不履行时质权人可对质物优先受偿，故质押合同中对质押财产的描述，只要达到合理识别的程度即可（**《担保制度解释》第 53 条**）。

本款所列其他合同条款则属常素的范畴。当事人对此等条款有约定的，以其意思表示为准；当事人没有约定的，则因其属于质押合同或主合同通常具有的内容，得依合同漏洞补充的方式确定。其中，被担保债权的数额和担保的范围等合同条款，既有联系也有区别。通常，质押合同中可以不约定被担保债权的数额，但当事人若作出约定，往往也就约定了担保范围；其未作约定的，则依本法第 389 条确定担保范围。此外，质押合同中还可约定债务人履行债务的期限和质押财产交付的时间、方式。就前者而言，当事人未予约定的，可依主债权债务合同约定的期限确定；主债权债务合同未约定的，则依本法第 511 条第 4 项定之。至于“质押财产交付的时间和方式”，虽其涉及质权能否设立而尤显重要，但仍属质押合同之常素的范畴。也就是说，当事人对此有约定者，依其约定；当事人未约定的，依本法第 511 条第 4～5 项确定。唯需强调者，质押人未依此交付质押财产的，虽致使质权不能设立，但需承担违约责任。

第四百二十八条 【流质条款】质权人在债务履行期限届满前，与出质人约定债务人不履行到期债务时质押财产归债权人所有的，只能依法就质押财产优先受偿。

本条假言部分所描述的质权人和出质人之特约，即所谓的流质条款。我国立法历来对流质亦采禁止主义模式，此为原《担保法》第 66 条和原《物权法》第 211 条所规定者。此等规范以不完全法条的形式出现，即仅明文禁止流质，却未规定其法律后果，故须进一步确认其规范属性为效力性禁止性规范，方可得出约定无效的结论。唯学理和司法实务虽对此达成共识，但在解释适用时，有以此为据全盘否定质押合同之效力者，亦有小心求证，认为“流质条款因违反法律的强制性规定而无效，但并不影响合同其他部分的效力”者〔**天津二中院（2018）津 02 民终 1547 号民判**〕。为明大义，本条改采构成要件和法律效果之完全法条的规范模式，实际上纠正了禁止流质规则适用上的可能错误。依其文义，流质条款只是不发生质押财产归债权人所有的效力，但当事人以质押担保债权实现的真实意思仍受法律保护〔**长沙中院（2021）湘 01 民终 4902 号民判**〕。据此，即便当事人事先明确作出流质约定，质物也不因债务人不履行到期债务而依简易交付发生所有权转移的法律效果；但若质权已设立，质权人仍享有担保权益，可依本法第 436～437 条折价或者拍卖、变卖质物，以优先受偿。

本条之流质条款的约定时间，应为债务履行期限届满前。债务履行期届满后，质权人和出质人约定“质押财产归债权人所有”的，系本法第 436 条第 2 款之规范内容，而非流质。于此情形，质权人和出质人的协议乃以质押财产抵顶债务，发生代物清偿的效力。司法实务中，法院在区分流质条款和以物抵债时，自原《物权法》以来就往往以协议或约定订立的时间为判断标准［**北京二中院（2015）二中民终字第05404号民判、（2016）最高法民终234号民判**］，殊值肯定。

在非典型担保中，例如当事人约定将财产形式上转移至债权人名下（让与担保），或者约定“将财产转移至债权人名下，在一定期间后再行回购”（售后回购），同时约定债务不履行时由债权人实际取得所有权的，仍应适用本条规定（**《担保制度解释》第68条**）。

第四百二十九条 【质权生效时间】质权自出质人交付质押财产时设立。

交付乃动产物权变动之公示要件（**第224条**），故本条规定动产质权自交付质押财产时设立。未交付的，不生质权设立的法律效果，但质押合同的效力不受影响；合同相对人可请求出质人继续履行合同，并要求其承担相应的违约责任。

本条所言交付，强调质权人是否对质物形成实际控制［**（2019）最高法民终1723号民判**］，这是由质权须有“留置”效力决定的。例如在动态质押，“实际控制”即具交付之意。也即，无论质权人亲自为监管人，或者质权人委托第三人监管，质权自监管人实际控制货物之日设立（**《担保制度解释》第55条**）。监管人未实际履行监管职责，导致货物仍由出质人实际控制的，质权未设立［**（2019）最高法民终331号民判**］。当然，未实际控制可归责于出质人的，债权人仍得基于质押合同请求出质人承担违约责任，但不得超过质权有效设立时担保的责任范围（**《担保制度解释》第55条**）。债权人委托的监管人未履行监管职责的，质权亦未设立，但债权人不妨向监管人主张违约责任。在出质人委托第三人监管质物的情形，质物视为未交付，故质权未设立［**（2019）最高法民再217号民裁**］。当事人虚构质物的，自无可能交付质物，质权也未设立［**（2019）最高法民终833号民判**］。

除现实交付之外，债权人已占有质物而形成实际控制的，质权也依简易交付而设立。就指示交付而言，尽管债权人已取得对第三人的“原物返还请求权”，但质权的设立尚须以“出质通知送达实际占有质物的第三人”为特别要件。至于占有改定，既然出质人仍直接占有质物，则债权人未对质押财产形成实际控制，不属本条所言交付的范围。因此，当事人约定由出质人或其代理人代质权人占有质押财产的，质权并未设立。

第四百三十条 【质权人孳息收取权及孳息首要清偿用途】质权人有权收取质押财产的孳息，但是合同另有约定的除外。

前款规定的孳息应当先充抵收取孳息的费用。

本条第1款之但书，表明本款为任意性规范。易言之，本款赋予质权人的质物孳息收取权，可由当事人另以约定排除，体现了质权意定性的一面。与此相应，一方当事人主张另有约定的，应就此负举证责任。不过，质权人对收取的孳息并不取得所有权，而应将其纳入质押财产的范围。当然，质权人收取的孳息应先充抵收取费用（**本条第2款**），剩余部分则作为质押财产，由质权人享有优先受偿权。此充抵规则的适用和本法第412条第2款并无不同，此不赘述。

除本条规定的孳息外，动产质权的效力，还及于质押财产的从物和添附物等。其一，动产质权的效力及于质物的从物，但从物未随同质物移交质权人占有的除外（**原《担保法解释》第91条**）。其二，质物因附合、混合或加工使质物的所有权为第三人所有的，质权的效力及于补偿金；质物所有权人为附合物、混合物或加工物的所有权人的，质权的效力及于附合物、混合物或加工物。但添附导致质物价值增加的，质权的效力不及于增加的价值部分；第三人与质物所有权人为附合物、混合物或加工物的共有人的，质权的效力及于出质人对共有物享有的份额（**原《担保法解释》第96条**）。

第四百三十一条 【质权人擅自使用、处分质押财产的责任】质权人在质权存续期间，未经出质人同意，擅自使用、处分质押财产，造成出质人损害的，应当承担赔偿责任。

设立质权的目的，在于质权人可通过占有的质押财产来保障债权的实现。唯质权人虽占有质物，但出质人仍是其所有权人，故质权人对质押财产的处分构成无权处分；并且，其对质物的使用，也须征得出质人同意。在表达上，本条之“未经出质人同意”与“擅自”构成同义反复，后者实为赘余。当然，此所谓“未经出质人同意”，应包括出质人未同意、超越出质人同意的范围等情形。此外，本条所谓“使用”和“处分”，并非同一行为层面的概念。其中，使用为事实行为，而处分则包括事实处分和法律处分，后者乃指处分行为而言，如对质押财产的转让、转质等。在转让情形，其行为本身虽因无权处分而不生所有权移转的效力，但非适用本条的结果［**贵州高院（2018）黔民申 1851 号民裁**］；不过，出质人若因第三人善意取得而不能取回质物所有权，则仍可依本条向质权人主张损害赔偿责任［**烟台中院（2021）鲁 06 民终 7143 号民判**］。至于未经出质人同意的转质，乃本法第 434 条规范范围，本条并无适用空间。

本条针对质权人擅自使用或处分的行为，规定赔偿责任之法律后果，故为完全法条。此赔偿责任，性质上仍为侵权责任，故其责任之发生，需结合本法第 1165 条和第 1166 条分析其构成要件。首先，须质权人在质权存续期间有使用或处分质押财产的行为。此等行为的主体，包括质权人本人，以及经质权人许可的第三人。其次，只要使用或处分未经出质人同意，即可推定质权人有过错。故对于此事实要件，应由质权人负已征得出质人同意的举证责任。再次，须对出质人造成损害。此损害不仅指质押财产本身所受损害，也包括使用质物给出质人造成的其他损害，如使用质押车辆产生的违章损失等。由此可见，只要未造成出质人损害，即便质权人擅自使用质押财产，也无须承担本条之赔偿责任。但质权人因擅自使用质物而得利的，出质人可依不当得利请求返还［**福州中院（2021）闽 01 民终 4954 号民判**］。最后，本条“造成出质人损害”之表述，亦表明质权人“擅自使用、处分质押财产”与出质人受损之间须有因果关系。

需注意者，本条禁止质权人擅自使用、处分质押财产，并不意味着质权人此外对质押财产无合法使用或处分的余地。事实上，质权人依质押合同对质物为使用或处分，或者基于保存质物或收取孳息的需要而进行合理使用的，即便未经出质人同意，亦可阻却本条赔偿责任之发生。

第四百三十二条 【质权人的保管义务和赔偿责任】质权人负有妥善保管质押财产的义务；因保管不善致使质押财产毁损、灭失的，应当承担赔偿责任。

质权人的行为可能使质押财产毁损、灭失的，出质人可以请求质权人将质押财产提存，或者请求提前清偿债务并返还质押财产。

本条第1款第一分句对质权人课以妥善保管义务，旨在确保质物免遭毁损或灭失。本款之保管义务，与保管合同中保管人的妥善保管义务无异（**参见本法第892条评注**），均为依一般交易观念所应尽之注意义务。不过，本款之义务还应依行业习惯中通常采取的必要措施加以判断［**（2016）最高法民终266号民判**］，但不以质权人的自身能力为衡量标准［**（2017）最高法民申93号民裁**］。在代为监管质物的情形，质权人对质物的保管职责并不因此免除［**济南中院（2021）鲁01民再48号民判**］。关于保管质物的必要费用，本条并未触及，但基于质押之目的，以出质人承担为宜。

本条第1款第二分句针对质权人注意义务的违反，规定了赔偿责任之法律后果，故本款为完全法条。除因质权人保管不善外，出质人主张本款之赔偿责任时，还需有质押财产毁损或灭失之事实的发生，并且该事实乃保管不善所致。显然，本款未采过错推定原则，即不得仅以质押财产的毁损或灭失，推定质权人未尽妥善保管义务。同时，在质权人已尽妥善保管义务时，即便发生质物毁损或灭失的事实，质权人亦不承担本条之赔偿责任。由此可见，保管不善与质物毁损或灭失并非本款之赔偿责任的充要条件，仅在两者具有因果关系时，质权人才承担赔偿责任。

在质押财产有毁损或灭失之虞时，本条第2款赋予出质人两项预防性请求权（质权保全请求权），两者可由出质人择一行使。（1）为防止质押财产价值的减少，出质人可要求质权人将质押财产提存。此所谓提存，旨在消灭质押财产可能遭受毁损、灭失的不利状态，以保全质押财产，而并不导致主债务的消灭，故与作为债权债务终止原因的提存（**第557条**）不同。既然质押财产可能遭受毁损或灭失的危险，系由质权人未尽妥善保管义务所致，则提存费用应由质权人承担。债务履行期限届满，债务人依约清偿债务的，出质人可到提存机关取回质物；债务人届期未履行债务的，质权人可就提存的质物主张优先受偿。(2) 为避免出现质物毁损或灭失之可能，出质人亦可提前清偿债务以消灭质权，从而要求质权人返还质押财产。不过，由于出质人提前清偿债务，导致质权人因此遭受的期限利益损失不能请求填补的，出质人应一并清偿债务未到期部分的利益。

第四百三十三条 【质权的保护】因不可归责于质权人的事由可能使质押财产毁损或者价值明显减少，足以危害质权人权利的，质权人有权请求出质人提供相应的担保；出质人不提供的，质权人可以拍卖、变卖质押财产，并与出质人协议将拍卖、变卖所得的价款提前清偿债务或者提存。

为避免质押财产价值的贬损危及质权人的利益，本条规定了质权人对质押财产价值的保全请求权。与本法第 432 条规定的事由不同，本条质押财产毁损或者价值明显减少的事由为“不可归责于质权人”。也即，质押财产可能毁损或者价值明显减少的原因，无论是在于出质人或第三人，但只要不可归责于质权人即可。如果可归责于质权人，则适用本法第 431 条或者第 432 条的规定。

本条第一句质押财产的毁损是指质押财产的物理性能发生损坏，从而影响到了质押财产的价值；质押财产的价值明显减少是指质押财产虽然未遭受物理性损坏，但价值出现超过 30%的明显的减少。虽然价值减少的结果尚未现实发生，但通过对客观事实的判断就可以推知。同时，质押财产的毁损或者价值减少必须达到足以危害质权人利益的程度。如果质押财产毁损或者价值减少后剩余的价值尚足以担保质权人债权的实现，那么质权人就不能请求出质人提供相应的担保或采取其他保全请求权。

在因不可归责于质权人的事由可能使质押财产毁损或者价值明显减少，足以危害质权人权利时，质权人可以请求出质人提供增担保，以恢复供作担保的财产的价值。质权人提供的相应的担保，应当与质押财产因毁损或者价值减少的数额相当，使质押财产的价值得以弥补并恢复对债权的担保能力。除物的担保之外，经质权人同意也可以保证的方式担保。若出质人不提供相应担保的，质权人无须征得出质人同意，可将其占有的质押财产拍卖或者变卖，并将所得价款提存或者与出质人协议提前清偿债务。

第四百三十四条 【责任转质】质权人在质权存续期间，未经出质人同意转质，造成质押财产毁损、灭失的，应当承担赔偿责任。

所谓转质，即质权人在质权存续期内，以占有之质物再设立新质权，用以担保自己或他人的债务。转质有责任转质和承诺转质之分，前者即未经出质人同意的转质，后者则指经出质人同意的转质。依本条文义，其所谓转质，当属责任转质无疑。依本法第431条，未经出质人同意，质权人转质行为本属无权处分，然而该条和本条并未言明此处分行为效力如何；相反，其针对责任转质既然仅规定质权人之赔偿责任，则其不否定责任转质效力之立法者原意，昭然若揭。事实上，我国立法和学理一直承认，转质乃质权人与转质权人合意的结果，不以出质人同意为前提。司法实务中，法院也认为，无论是否经出质人同意，转质行为均为有效［**广西高院（2016）桂民终262号民判**］。

本条针对责任转质时质押财产的毁损或灭失，规定了质权人赔偿责任之法律后果，为完全法条。唯此责任已由本法第431条规定，其责任性质以及适用要件和具体责任内容皆无不同。在此意义上，本条之规范重心，反而应该是责任转质相对于一般质权的特殊性。总的来说，责任转质之质权设立与行使规则，与质权的一般规则（**第429条等**）无异。不过，在责任转质，转质人貌似以其占有之质物出质，实则以原质权的担保价值为转质权人提供新担保，故转质权实现时应受原质权限制。具体而言，转质权的存续期不得超过原质权的存续期，所担保的债权额通常也以原质权所担保的债权额为限。超过原质权存续期间或担保的债权额的，超过部分在质权行使时不受质权之保护。并且，相对于原质权，转质权特殊之处也表现为：其一，原质权未届清偿期的，转质权因受制于原质权而无法优先受偿；其二，转质权人就质押财产的变价款，优先于原质权人受偿；其三，原质权消灭的，转质权亦随之消灭。

本条对承诺转质虽未触及，但责任转质既为法律所许，则承诺转质自无不许之理。承诺转质以出质人的同意为条件，表明出质人亦参与转质之合意，故其担保的债权范围和期限不受原质权限制。实际上，承诺转质系一项新的质押，转质权与原质权关联甚微。其一，如果转质人所担保的债权已届清偿期，则无论原质权人的债权是否到期，转质权人均可径直行使质权。其二，因债务清偿或其他原因导致原质权消灭的，转质权依然存在。当然，在承诺转质，因其不符合适用要件，质权人不承担本条之赔偿责任；但因转质权人保管不善导致转质财产毁损或灭失的，不妨适用本法第 432 条之规定。此外，因不可归责于出质人、转质人或转质权人原因导致质押财产毁损或灭失的，可类推适用本法第 604 条之风险负担规则，由转质权人承担质物之毁损或灭失责任。

第四百三十五条 【质权的放弃】质权人可以放弃质权。债务人以自己的财产出质，质权人放弃该质权的，其他担保人在质权人丧失优先受偿权益的范围内免除担保责任，但是其他担保人承诺仍然提供担保的除外。

即便无本条第一句规定，质权人也因其对权利处分的自由而有权放弃质权。放弃质权系单方处分行为，无须出质人或债务人同意，也无须以返还质物之占有为前提，仅须质权人向出质人作出放弃质权的单方意思表示即可。作为有相对人的意思表示，其生效时间依本法第 137 条确定；而作出意思表示的方式，尚且包括质权人的行为，如质权人将质押财产返还给出质人、质权人以其行为表示放弃质物的优先受偿权等［**(2019) 最高法民终 935 号民判**］。不过，质权人不行使或怠于行使质权的，不能推定为放弃质权的意思表示。质权人放弃质权的，产生质权消灭的法律效果（**第 393 条第 3 项**）。此时，质权人失去继续占有质押财产的权利基础，出质人可请求返还质押财产。在放弃质权后，质权人又作出撤销放弃质权之意思表示的，不产生权利恢复之法律效果。

本条规范重心，在其第二句规定。同一债权存在多个担保的，质权人放弃质权时，其他担保人在其丧失优先受偿权益的范围内免除担保责任。不过，其他担保人之担保责任的免除，仅适用于质权人放弃的是债务人以自己的财产提供的质权这一情形。此时，放弃行为可能损害其他担保人依本法第 392 条（**原《物权法》第 176 条**）享有的顺位信赖利益，其他担保人当然可以在质权人丧失优先受偿权益的范围内免除担保责任［**重庆高院（2020）渝民再 112 号民判**］。尤为重要的是，质权人若放弃债务人以自己的财产提供的质权，往往导致其他担保人需在承担担保责任后，再依本法第 392 条向债务人追偿；而其他担保人依本条免除担保责任，则可简化甚至避免这一追偿关系。当然，其他担保人承诺继续承担原有担保责任的，亦应贯彻意思自治原则，自无适用本句规定之必要［**（2019）最高法民再 328 号民判**］。

第四百三十六条 【质物返还及质权实现】债务人履行债务或者出质人提前清偿所担保的债权的，质权人应当返还质押财产。

债务人不履行到期债务或者发生当事人约定的实现质权的情形，质权人可以与出质人协议以质押财产折价，也可以就拍卖、变卖质押财产所得的价款优先受偿。

质押财产折价或者变卖的，应当参照市场价格。

基于质权的从属性，被担保债权消灭后，质权随之消灭，此时质权人丧失继续占有质押财产的法律依据，负有向出质人返还质押财产的义务；在法律效果上，此返还义务与本法第 235 条之原物返还请求权并无不同。唯本条第 1 款规定的返还义务之发生，并不限于其列举的两种质权消灭原因，在质权因被放弃、所担保债权被抵销等原因而消灭时，质权人亦负返还义务。在返还对象上，质权人还应返还因无权占有质押财产所获的收益［**淮安中院（2021）苏 08 民终 3001 号民判**］。由于质权设立强调的是质权人对质物形成实际控制（**参见本法第 429 条评注**），以致质押财产通常由质权人直接占有，故本款之返还也以现实交付为主。在质权人间接占有质押财产的情形，此返还可体现为出质人实现对质押财产的实际控制。

本条第 2 款之假言部分，预设了质权的实现条件，包括债务人不履行到期债务，或者发生当事人约定的实现质权的情形。此所谓不履行到期债务，包括未完全履行之情形。事实上，质权的实现还隐含两项条件：其一，质权有效且尚未消灭；其二，质权届期未受清偿的原因不可归责于质权人。如果债权人（质权人）无正当理由迟延受领债务人的履行，不得适用本条之质权实现规则。此外，在质权实现时，本款之质权实现请求权与债务履行请求权并无冲突，两者亦无实现上的先后顺序。

依本条第 2 款，在满足上述质权实现条件的情形，质权人与出质人可协商确定质权实现的方式。一者，质押当事人协议将质押财产折算成具体价款以抵偿债务的，发生代物清偿的效力，质权人取得质押财产的所有权。但抵偿协议乃于债务履行期届满前订立的，为流质条款，应依本法第 428 条处理（**参见其评注**）。二者，由于质权人占有质物，那么无论质权人和出质人是否达成拍卖或变卖协议，质权人均可以此方式实现质权。也即，质权人和出质人可协议委托拍卖机构拍卖或变卖，亦可由质权人直接请求法院司法拍卖或变卖，从而通过公开竞价的方式将质押财产变价，以变价款清偿债务。以折价或变卖方式实现质权时，还应遵循本条第 3 款之规定；若明显低于市场价格而折价或变卖抵押财产，且有损其他债权人利益，其他债权人不妨依本法第 539 条请求法院撤销之。

第四百三十七条 【质权的及时行使】出质人可以请求质权人在债务履行期限届满后及时行使质权；质权人不行使的，出质人可以请求人民法院拍卖、变卖质押财产。

出质人请求质权人及时行使质权，因质权人怠于行使权利造成出质人损害的，由质权人承担赔偿责任。

在质权实现条件成就时，质权人可依本法第 436 条行使质权，以保障债务的清偿。不过，本法未规定质权行使的法定期限，意味着质权不像抵押权一样，其行使受主债权诉讼时效的限制（**参见第 419 条**），以致质权行使时间完全系于质权人意志。在此情形，可能出现债务未清偿，而质权又不行使的僵持状态，于出质人不利。同时，由于质权人占有质押财产，若质权人怠于行使质权，也可能有损质物的利用。有鉴于此，本条针对质权人怠于行使质权的情形，为出质人设定请求权，对质权人课以赔偿责任，系完全法条。

本条第 1 款规定出质人的“督促质权行使的权利”和“变价请求权”。其一，出质人可请求质权人行使质权，以避免质押财产价值降低而有损出质人的利益。此项“请求”，本质上是出质人的催告和督促，并以债务履行期限届满而质权人不及时行使质权为前提。其二，倘若出质人未为催告，质权人享有质权，有权继续占有质押财产［**汉中中院（2021）陕07民终817号民判**］。如果出质人为此“请求”，而质权人依然不及时行使质权，也不产生质权消灭的法律后果［**西安莲湖法院（2020）陕0104民初557号民判**］；但出质人可请求法院依《民诉法》第207～208条之特别程序，拍卖、变卖质押财产并就其价款清偿债务。

质权人怠于行使质权的，若造成出质人损害，应承担本条第2款之赔偿责任。此所谓损害，主要指放任质押财产毁损、贬值而造成的损失［**烟台中院（2021）鲁06民申328号民判**］。而且，怠于行使与出质人所受损害之间应有因果关系，若损害并非质权人怠于行使权利所致，而是出于质权人的其他行为或者其他原因，则有本法第432条第1款之适用空间。

第四百三十八条 【质押财产变价后的处理】质押财产折价或者拍卖、变卖后，其价款超过债权数额的部分归出质人所有，不足部分由债务人清偿。

质权的实现依本法第436条，而实现后的清算则由本条规定。准此，质押财产的最终价值体现为质权实现时的变价款，所担保的债权范围（本条所言债权数额）依本法第389条确定，不足或超过债权数额部分按本条清算。本条清算规则与本法第413条完全相同。

就本条的适用而言，存在三种可能的法律效果。其一，变价款与被担保的债权数额一致的，质权因实现而消灭（**第393条第2项**），债权亦获清偿。其二，若所得价款高于所担保的债权数额，债权得以清偿，质权因实现而消灭。不过，由于质押财产的所有权仍归属于出质人，质权人只能以债权数额为限就质押财产优先受偿，无权获得超过债权数额的质押财产价值。其三，若变价款低于被担保债权的数额，质权也因实现而消灭，但变价款应依次清偿实现质权的费用、利息和主债权，而债务人负有继续清偿的义务，只是未获清偿的部分若无其他担保，则沦为普通债权。

第四百三十九条　【最高额质权】出质人与质权人可以协议设立最高额质权。

最高额质权除适用本节有关规定外，参照适用本编第十七章第二节的有关规定。

如同最高额抵押，最高额质权也担保一定期间内将要发生的不特定债权；且最高额质权设立时，虽然实际发生的债权数额尚不确定，但质权人在最高债权限额内可就质押财产优先受偿。本条第 1 款之设，表明最高额质权设立的意定性。第 2 款则为参引性法条，一方面说明最高额质权属质权的特殊类型，仍适用有关动产质权的一般规定；另一方面，因其类似于最高额抵押权，也可参照适用本法关于最高额抵押的规定。唯本条虽被安排在动产质权一节，且未指明权利质权规范的可适用性，但实务中亦承认对应收账款、股权等权利设立的最高额质权［**最高法（2012）民二终字第 96 号民判、最高法（2013）民提字第 141 号民判**］，故本章第二节关于权利质权的规定，对最高额质权有其准用空间。

第二节　权利质权

第四百四十条　【可以出质的权利范围】债务人或者第三人有权处分的下列权利可以出质：

（一）汇票、本票、支票；

（二）债券、存款单；

（三）仓单、提单；

（四）可以转让的基金份额、股权；

（五）可以转让的注册商标专用权、专利权、著作权等知识产权中的财产权；

（六）现有的以及将有的应收账款；

（七）法律、行政法规规定可以出质的其他财产权利。

第二编　物权

质权通常仅指向动产，但本条规定的权利也可设立质权。基于无体财产权的交换价值，权利质权淡化了动产质权所具有的“留置”或控制质押财产之功效（**参见第 429 条以及第 441 条、第 443～445 条第 1 款评注**），而突出其优先受偿的担保功能。本条例举可出质的权利范围，旨在确定权利质权的标的及其种类。

依本条第 1 项，票据可成为质押标的。票据质权并非以票据本身作为质押财产，而是以票据所表彰或衍生的权利出质。票据质权以票据的可转让性为前提，但当事人亦可约定在票据上注明“不得转让”。倘若当事人背书转让“不得转让”字样的汇票，该背书行为无效，持票人无法主张票据质权，且出票人、承兑人对受让人均不承担票据责任（**《最高人民法院关于审理票据纠纷案件若干问题的规定》第 47 条**）。不过，基于票据行为的独立性，“不得转让”的事项不影响此前已完成的出票和背书行为。例如，第二背书人以“不得转让”字样限制票据继续流通，但后手质押票据的，票据质权仍然成立，此时持票人可针对出票人与其他票据行为人主张票据权利［**上海高院（2007）沪高民二（商）终字第 51 号民判**］。

本条第 2 项列举的债券，是政府、金融机构或企业为筹措资金，依照法定程序向社会发行，约定在一定期限内还本付息的有价证券；存款单则为银行存款凭证。除本法外，债券和存款单质押尚需适用其他相关法律、法规，如《企业债券管理条例》《公司债券发行与交易管理办法》《国务院关于加强地方政府性债务管理的意见》，以及中国人民银行和财政部发布的《凭证式国债质押贷款办法》等规定。

本条第 3 项所言的仓单与提单，是表彰其所代表物品的物权证券。占有此等证券与占有物品本身具有同一效力，故可质押。其特殊之处在于，普通仓单与记名提单并非有价证券，仅有证明权利关系的效力，故其所涉权利不得通过处分仓（提）单而被处分。不过，两者所涉权利皆为债权，仍可依法通过质押普通债权的方式在其上设立质权。

基金份额与股权也可质押，但以具有可转让性为限。基金包括私募基金、证券投资基金等多种形式，但本条第 4 项规定可质押的基金应作目的性限缩，仅指证券投资基金。股权指股东因向公司直接投资而享有的权利，只有可以转让的股权才能作为权利质权的标的。不过，《公司法》第 84 条第 3 款虽允许有限责任公司章程限制股权转让，但股权的质权人仍可依生效判决申请强制执行，不受公司章程之约束［**最高法**

(2014) 执复字第 6 号执裁]。上市的股份有限公司的股权因具有高度流通性，当可设定质权，但依《公司法》第 163 条第 1 款，股份公司不得接受本公司或其母公司股票作为质押标的。

本条第 5 项规定知识产权中的财产权可以质押，并为新型知识产权的质押预留适用空间。是故，可质押的对象仅限于知识产权中的财产权部分，人身权利不得被质押，例如著作权人不得质押其享有的发表权、署名权与修改权等人身权利。倘若知识产权人质押其人身权利，所涉部分的质押无效。

本条第 6 项规定的应收账款，是指因提供一定的货物、服务或者设施而获得的账款收取权利，但不包括因票据或其他有价证券产生的付款请求权（**《动产和权利担保统一登记办法》第 3 条第 1 款**）。应收账款本质上属债权，具体表现为以金钱为给付标的的债权。是故，当事人约定应收账款不得质押的，可类推适用本法第 545 条第 2 款第二句，其约定不得对抗第三人。根据本项之规定，现有和将有的应收账款皆可质押，其中将有应收账款既包括尚未成立的应收账款，也包括已成立但质押人尚未取得的应收账款。

本条第 7 项规定可出质的权利不限于上列类型，法律、行政法规可作出特别规定。原则上，可转让的权利皆能被质押，不宜采权利质押闭合体系，以免妨碍权利人的质押融资。实践中，有司法判决承认以商铺租赁权、出租车经营权等为客体的新型质押［**浙江海宁法院（2015）嘉海商初字第 492 号民判、江苏常熟法院（2013）熟商初字第 1196 号民判**］，但也有判决固守本条文义，以法律、行政法规无明文为由，拒绝承认此等质押［**上海嘉定法院（2015）嘉民二（商）初字第 875 号民判、昆明中院（2014）昆民二终字第 344 号民判**］。从权利人担保融资的角度看，即便某一权利因本条规定无法被质押，权利人也能以让与担保的方式提供担保（**《担保制度解释》第 68 条**）。

第四百四十一条 【以票据权利等出质的权利质权的设立】以汇票、本票、支票、债券、存款单、仓单、提单出质的，质权自权利凭证交付质权人时设立；没有权利凭证的，质权自办理出质登记时设立。法律另有规定的，依照其规定。

第二编 物权

本条确立了有价证券出质的质权设立规则，以保护质权人、出质人及第三人的合法权益。本条不以书面质押合同为权利质权设立的要件，但不意味着订立书面合同并无必要。在通过交付设立权利质权的情形，当事人通常仍需证明质押的事实。就此而言，通过本法第446条的参引性规定，权利质权应适用本法第427条就动产质权确立的书面形式规定，但存在本法第490条第2款情形者除外（**参见本法第427条和第388条评注**）。

本条所列权利质权，仍以凭证交付为设立要件，显然旨在强调其“留置”质押财产之担保功效。根据本条第一分句，可出质的权利以表彰其内容的权利凭证作为载体，质权自权利凭证交付于质权人时设立，但“单位定期存款开户证实书”等并非可质押的权利凭证［**佛山中院（2021）粤06民终1919号民判**］。相较于动产交付，权利质权设立中的“交付”具有特殊之处：当所涉权利凭证为指示有价证券，背书与交付皆为质权成立的前提，但在背书时应附有“质押”字样（**《担保制度解释》第58条和第59条**）。不记名有价证券之流转不以背书为前提，故其质押也不涉及背书，仅交付足矣。值得注意的是，依《担保制度解释》第59条，出质人既以仓单出质，又以仓储物设立担保的，按照公示的先后确定清偿顺序；难以确定先后的，按照债权比例清偿。同一批货物存在多份仓单，且权利人分别质押多份仓单的，也应先适用“公示在前，顺位优先”规则，补充适用比例清偿规则。

依本条第一句第二分句，当没有权利凭证时，登记乃质权的设立要件。这是因为此时已无凭证彰显交付之“留置”效力，唯以登记体现优先受偿之权利质权的存在。所谓“没有权利凭证”，包括两种情形。其一，所涉权利因无纸化而欠缺权利凭证。例如，当事人以记账式国库券、在证券交易所上市交易的公司债券等债券出质时，质权在登记部门办理出质登记时设立。其二，权利人原持有权利凭证，但后来丧失该凭证，此时也以登记作为设质条件。

第四百四十二条 【有价证券提前到期时的质权人权利行使】

汇票、本票、支票、债券、存款单、仓单、提单的兑现日期或者提货日期先于主债权到期的，质权人可以兑现或者提货，并与出质人协议将兑现的价款或者提取的货物提前清偿债务或者提存。

有价证券之质权的实现，通常应通过援引本法第 446 条，依本法第 436 条达其目的。本条仅就有价证券的兑现（提货）日期先于主债权到期的情形，规定质权的特别实现方式。作为一项授权性规范，本条规定质权人享有兑现（提货）权，并具体表现为票据到期后的托收等形态[**成都中院（2019）川 01 民终 7622 号民判**]。本条规定质权人“可以”而非必须兑现（提货），表明质权人享有在主债权到期前兑现（提货）的权利，而非课以兑现（提货）之义务[**江西高院（2021）赣民终 114 号民判**]。事实上，无论存款单的兑现日期早于或晚于债务履行期，均不影响质权的行使[**沈阳中院（2020）辽 01 民终 4745 号民判**]。同时，本条也未否定非质权人的兑现（提货）权，质权人和出质人仍可约定排除前者的兑现（提货）权，约定由后者或第三人兑现（提货）亦无不可。

质权人兑现或提货之后，可与出质人协议提前清偿或提存，以保障质权人的权益。质权人兑现款项或提取货物后，仅占有或控制该标的物，并未直接取得其所有权。同时，鉴于债务履行期并未届至，以及未发生双方当事人约定实现权利质权的其他情形，质权人也无法即刻就兑现款项或提存货物优先受偿。是故，质权人完成兑现或提货之后，只是有义务通知出质人，并与出质人协商选择提前清偿抑或提存。质权人与出质人未达成协议的，质权人只能提存其所提之物或所兑款项，不能直接以之提前清偿所担保的债权。提存完成后，质权仍基于物上代位原理存在于该提存物上，质权人的债权依然能够得到保障。

第四百四十三条 【基金份额、股权的质押及其转让限制】

以基金份额、股权出质的，质权自办理出质登记时设立。

基金份额、股权出质后，不得转让，但是经出质人与质权人协商同意的除外。出质人转让基金份额、股权所得的价款，应当向质权人提前清偿债务或者提存。

由于基金份额与股权之质权的实现，并不取决于对质押财产本身的“留置”或实物控制，故本条第 1 款就其设立采登记而非交付生效主义。依本法第 440 条第 4 项，此等权利应具有可转让性，否则不得质押。股权质押皆自办理出质登记时生效，但不同类型的股权质押涉及不同的登记机构。当事人质押已在证券登记结算机构登记的上市公司股票的，应在该机构办理质押登记；质押其他股权，则应登记于市场监管部门。基金份额质押也以登记为前提，但不同类型的基金份额涉及不同的登记机构。封闭式基金的基金份额在证券交易所上市交易，质权自证券登记结算机构办理出质登记时设立。开放式基金无法在证券登记结算机构登记，只能参考股权质押的相关规定，即在基金注册登记人处办理质押登记。

本条第 2 款之所以限制出质之基金份额、股权的转让，是因为出质人出质基金份额和股权后，虽未丧失对该权利的处分权，但因质权人对两类财产的控制力较弱，若允许出质人随意处分基金份额或股权，势必危害质权人的利益。不过，即便出质人擅自将已质押的股权或基金份额转让给他人，转让合同也不因此无效，只是出质人因基金份额或股权交割不能而须向受让人承担违约责任。况且，依本款第一句之但书，出质人也无妨征得质权人同意，以补全其转让合同的效力。此同意系质权人的事先允许或事后追认；唯本款使用“经出质人与质权人协商同意”之表述，易生“协议”之误解。对于经质权人同意而转让质押之基金份额或股权的行为，本款第二句实则承认其效力；唯其如此，方有所得价款之处理规则。就此而言，出质人应在提前清偿所担保的债权或提存之间选择。其选择提前清偿债务的，质权消灭；出质人提存价款的，质权继续存在于提存的价款之上。

第四百四十四条　【知识产权的质押及其转让限制】以注册商标专用权、专利权、著作权等知识产权中的财产权出质的，质权自办理出质登记时设立。

知识产权中的财产权出质后，出质人不得转让或者许可他人使用，但是经出质人与质权人协商同意的除外。出质人转让或者许可他人使用出质的知识产权中的财产权所得的价款，应当向质权人提前清偿债务或者提存。

在知识产权上设定质权时，质权人既无法对权利本身进行事实上的占有，也无法通过占有其凭证实现对权利处分或利用的控制，故本条第 1 款确定知识产权质押的登记生效主义，即质权自有关主管部门办理出质登记时设立。其中，著作权中的财产权质押应登记在国家版权局

（《著作权质权登记办法》第 2 条），专利权与注册商标专用权质押的登记机构皆为国家知识产权局（《专利权质押登记办法》第 2 条、《注册商标专用权质押登记程序规定》第 1 条第 2 款）。知识产权质权设立后，其效力及于知识产权自身价值之外，还包括出质的知识产权转让时产生的转让费、许可他人使用时产生的许可费，因强制使用或者强制许可而获得的使用费（《专利法》第 49 条、第 54 条）。对于知识产权的前述收益，质押合同有相反约定的依约定。

由于质权人无法实际控制知识产权，如果出质人继续转让或许可他人使用知识产权，势必会导致价值减损的风险，故本条第 2 款规定，知识产权中的财产权出质后，出质人不得转让或许可他人使用。唯依本款第一句之但书，出质人无妨征得质权人同意，以补全其转让或许可使用行为的效力。此同意乃指质权人的事先允许或事后追认，而非本款表述的“协商”之意，也无须赘言。并且，就其所得价款而言，出质人要么用于提前清偿债务，要么借助提存来保留“担保”功能。易言之，出质人提前以之清偿债权的，质权消灭；若其将所得价款提存，则质权继续存在于提存的价款之上。

第四百四十五条 【应收账款质押及其转让限制】以应收账款出质的，质权自办理出质登记时设立。

应收账款出质后，不得转让，但是经出质人与质权人协商同意的除外。出质人转让应收账款所得的价款，应当向质权人提前清偿债务或提存。

应收账款本质上属于未被证券化、以金钱给付为内容的请求权，故应收账款质权的设立也不以交付权利凭证为要件，此即本条第 1 款登记设立规则之所由设。依《动产和权利担保统一登记办法》第 2 条第 2 项，应收账款质押应登记于中国人民银行征信中心负责的动产融资统一登记公示系统。登记时无须逐一描述所涉应收账款，而以具有合理识别性的概括描述为已足（《担保制度解释》第 53 条）。不过，当事人质押将有应收账款的，质权并非自登记时设立，而需待出质人真实取得应收账款。盖权利质权也以有处分权为前提（第 440 条），质权不能设立于出质人尚未取得的应收账款之上。应收账款之质押、保理、转让存在冲突时，应依本法第768条明确顺位关系（**《担保制度解释》第66条第1款**）。应收账款质押无须征得其债务人同意，但质权的实现往往意味着债权的转让，故在质权实现时未依本法第546条通知债务人者，对债务人不生债权转让的效力（**具体法律效果参见其评注**）。

本条第2款禁止出质人转让出质之应收账款，当属本法第545条第1款第3项所列情形。是故，出质人违反此规定而为转让的，其效力自应依该条认定（**参见其评注**）。但质权人同意出质人转让的，自无适用本法第545条之必要，只是其所获价款应依本款第二句，用于提前清偿债务或提存。出质人选择提前清偿债务的，将导致债权消灭，进而引起质权消灭；应收账款请求权人不愿放弃期限利益的，则有义务提存价款，且质权人也有权请求出质人提存。需特别说明者，质权所担保的债权的清偿期与应收账款的清偿期不一致的，可参照本法第442条处理。

第四百四十六条 【权利质权的适用依据】权利质权除适用本节规定外，适用本章第一节的有关规定。

本条系参引性法条，为权利质权指示了参照适用规则。本节关于票据等权利质权的规定，主要集中于其权利对象、设立、保全等特别规范；凡本节无规定者，均可适用本章第一节即第425～439条规定。例如，依本法第430条，质权的效力及于质物之孳息，故质权人对保证金账户内的存款及其利息享有优先受偿权［**东营中院（2017）鲁05民终646号民判**］。不过，参引不意味着动产质权的每一条文都能被直接适用，其准用范围和限度仍应斟酌权利质权的特殊性而定。例如，第431～433条关于质押动产之使用、保管和保全的规定，对权利质权的适用空间极为有限。

第十九章

留　置　权

在债务人不履行到期债务的情形，债权人不返还已占有的动产，可视为一项如同同时履行抗辩权的权利。但有别于履行抗辩权，本章规定的留置权系担保物权，债权人因此有权就留置财产优先受偿（**第 447 条、第 453 条**）。留置权为法定担保物权，其区别于意定担保物权的法定性主要表现为：其一，无须和债务人约定，债权人得依法定的条件直接取得留置权（**第 447～449 条**）；其二，其所担保债权的范围，以与留置财产有牵连关系为限，且不得由当事人约定予以扩张，此与意定担保物权之担保范围原则上可由当事人约定（**第 389 条**）不同。其三，同一留置财产上存在抵押权或质权的，留置权还基于法定性优先于抵押权或质权受偿（**第 456 条**）。此外，留置权本质上只是担保债权实现的一种方式，故留置权人除为妥善保管留置物享有必要的使用权之外，原则上不得使用留置物（**第 451 条**）。

第四百四十七条　【留置权的定义】债务人不履行到期债务，债权人可以留置已经合法占有的债务人的动产，并有权就该动产优先受偿。

前款规定的债权人为留置权人，占有的动产为留置财产。

本条分两款分别定义了留置权、留置权人和留置财产。第 1 款虽表现为说明性法条，但事实上原则性地规定了留置权的成立要件及其法律效果，故为完全法条。

依本条第 1 款，留置权的成立要件有三：(1) 债权人已合法占有债务人的动产。合法占有，意味着债权人占有债务人的财产须有本权（**参见第 458 条及其评注**）。易言之，其占有既可以是基于法律的规定，也可依当事人约定，非因侵权行为取得占有即可。而且，债权人有权占有留置物的时间点，应早于或同时发生于债务人不履行到期债务的时间点；至于过程中是否出现无权占有情形，在所不问。再者，此所谓占有不以直接占有为限，间接占有或利用占有辅助人而为占有，以及与第三人共同占有，均无不可。(2) 债权人占有的标的物须为债务人的动产，即债务人对留置财产享有所有权。唯在动产非归债务人所有的情形，只要债权人善意占有该动产，且满足善意取得规则，仍可行使留置权［**最高法 (2015) 民申字第 3368 号民裁**］。《担保制度解释》第 62 条第 1 款第二句进一步明确，第三人以该留置财产并非债务人的财产为由请求返还的，法院不予支持。(3) 须债务人不履行到期债务。债务到期未履行，或未到履行期但实际无法履行的，均符合本条规定的“债务人不履行到期债务”情形。债权人行使留置权的目的，旨在以留置财产的优先受偿督促债务人履行债务，如果债权人不以担保已到期债权的清偿为目的，即便不向债务人交付该动产，也不享有本条规定的留置权。除本条规定的上述三个要件外，本法第 448 条尚要求债权人占有的留置物与债权属于同一法律关系（**参见其评注**）。需注意者，债权人是否通知债务人行使留置权，并不影响留置权的生效［**山东高院 (2019) 鲁民终 286 号民判**］。但其未为通知的，应视为不符合本法第 453 条第 1 款规定的留置权实现条件。

本条第 1 款仅规定留置权之优先受偿的效力，且其具体规则在本法第 453～456 条中具体展开。此外，留置权的效力还体现在以下几个方面：其一，债权人行使留置权，不受限于债权数额，也无须考虑留置财产是否可分，即债权人在债权未被全部清偿前，可就留置财产之全部行使留置权。其二，留置权的效力及于留置财产及其孳息，也扩展至留置财产毁损或灭失后的价款。其三，留置权设立后，具有对抗债务人之返还请求权的法律效果。

第四百四十八条 【留置财产与债权的关系】债权人留置的动产，应当与债权属于同一法律关系，但是企业之间留置的除外。

通常，留置权之成立尚须以债权人占有的动产与其债权有牵连关系为要件，故本条系对本法第447条第1款的补充，为不完全法条。占有债务人动产与债权之间的牵连，一般以有利于债权人实现债权，且无损于债务人的利益为衡量标准。本条虽采“同一法律关系”之表述，实则表达“牵连关系”之内容。在立法史上，此牵连关系起初在原《民通》第89条第4项被限定于同一合同关系，原《担保法》第82条更是将合同关系的范围缩至“保管合同、运输合同、加工承揽合同”和“法律规定的可以留置的其他合同”；原《物权法》第231条则将牵连关系扩张到合同关系之外，本条沿袭之。由此可见，同一法律关系的适用空间在本条已被极大释放：它不以合同关系为限，诸如无因管理、不当得利和侵权行为等债之关系，亦予包括。但用人单位为劳动者提供工作便利条件所涉及的动产，不是劳动法律关系的标的物，与劳动债权不属同一法律关系，亦即基于劳动关系产生的债权，不能适用留置权［**江苏无锡中院（2014）民终字第1724号民判**］。

由于商事交易中留置权广泛适用，牵连关系作为其成立要件的规则有所缓和，故本条但书将企业之间的留置视为例外情形［**北京一中院（2018）京01民终7376号民判**］。不过，并非企业之间的留置均适用本条但书规定，债权人在非基于商事活动中的营业关系占有债务人动产时，仍须以占有的动产和债权属于同一法律关系为留置权的成立要件［**温州中院（2020）浙03民终3630号民判**］。《担保制度解释》第62条第2～3款也明确，企业之间留置的动产与债权并非同一法律关系的，若债务人以该债权不属于企业持续经营中发生的债权为由，请求债权人返还留置财产，或者债权人若留置第三人的财产，而第三人请求债权人返还留置财产，法院均应予支持。易言之，在这两种情形，企业间的留置也不适用本条但书规定。

第四百四十九条 【留置权适用范围的限制】法律规定或者当事人约定不得留置的动产，不得留置。

本条为防御规范，债务人可据此主张限制或排除本法第447条的适用。也就是说，即便债权人已占有债务人的动产，且满足第447条留置权的成立要件，法律规定或当事人约定不得留置的财产，也不得留置。在此意义上，本条规定系留置权成立的消极要件。相应地，有此约定的举证责任亦由债务人负担。

鉴于法律既无必要也不可能一一列举不得留置的动产，故本条所谓“法律规定不得留置的动产”，应解释为法律规定不得留置动产的情形，其具体情形有二：其一，不得留置因侵权行为占有的债务人的动产；其二，若有违诚信、公序良俗等原则，债权人也不得留置合法占有的债务人的动产。例如，债权人行使留置权与其承担的义务相抵触的，也不得留置［**山东高院（2019）鲁民终189号民判**］。

当事人约定不得留置的，自然依其约定。当事人约定的内容，既可以是不适用或排除留置权的适用（**第783条、第836条、第903条等**），也可以是约定不得留置特定的动产。此外，债权人事先放弃留置权的，具有排除留置权适用的法律效果，其事后不得留置所占有的债务人的动产。

第四百五十条 【留置财产可分的特殊规定】留置财产为可分物的，留置财产的价值应当相当于债务的金额。

依留置权行使的不可分性，留置物是否为可分物，对留置权的成立与否不生影响；在符合留置权的成立要件时，债权人得全部留置其占有的债务人之财产，并就全部留置财产实现留置权。而本条就留置物为可分物的情形作出的规定，缓和了留置权行使的不可分性，有利于物尽其用。这是因为，债权人享有留置权的目的在于担保债权的实现，留置物的价值能足以保障债权实现即可。

依本条，在留置财产为可分物时，债权人仅得在其价值与债务金额相当的范围内，留置其合法占有的债务人之动产。依反对解释，在留置财产为不可分物时，债权人可就全部的留置财产行使留置权。此所谓债务的金额，包括原债务额、利息、违约金，以及留置物的保管费用和实现留置权的费用等。据此，债权人应将超出该范围的留置财产返还给债务人；拒不返还并对债务人造成损失的，应对其不当留置承担赔偿责任［**广东高院（2017）粤民申7462号民裁**］。本条所言可分物，乃予分割而不降低其使用价值和交换价值的动产。通常，种类物为可分物，特定物则为不可分物。留置的可分物之价值按合同约定计算，未约定时按该动产的市场价格计算。

第四百五十一条 【留置权人的保管义务】留置权人负有妥善保管留置财产的义务；因保管不善致使留置财产毁损、灭失的，应当承担赔偿责任。

在留置法律关系中，留置权人占有留置财产，对该财产具有现实的管领控制力，应负妥善保管留置财产的义务。留置权人负有的保管义务，自占有该财产时而非留置权成立时确定。留置权成立之前或之后，债权人对其占有的债务人之财产，均有保管义务；唯前一保管义务系原债权债务关系的内容，后一义务则为留置法律关系的内容。

留置权人占有留置财产，旨在自身的担保利益，理应负担较重的注意义务；本条“妥善”之表述，应解释为善良管理人的注意。是否尽到此项注意，宜以客观的注意能力而非主观的注意能力为判断标准，即以一个有经验的理性人所应具有的标准来加以衡量。留置权人的妥善保管义务包括三项内容。其一，留置权人应确保留置财产在留置期间不受损害。其二，留置权人有权收取留置财产的相关利益；但怠于收取的，须负损害赔偿责任。其三，留置物仅具担保债权的功能，其所有权属于债务人，因此留置权人不得擅自使用、出租或处分留置物；其仅在为保全或保管留置财产时，才能合理使用留置物，但所生利益须用于清偿债务。

本条规定了留置权人之保管义务及其违反的法律后果，为完全法条。其所谓赔偿责任，指的是留置权人未尽妥善保管义务，致使留置财产毁损或灭失的法律后果。由于留置财产之保管义务的法定性，此赔偿责任既非违约责任，也非侵权责任，而是一种独立的法定责任。不过，此责任之构成类似于本法第 897 条之保管物毁损、灭失时的保管人责任，自可准用该条规定。而在该条，保管人责任的承担，因保管合同的有偿或无偿而有不同。有偿保管属商业行为，保管人应以“善良管理人”的行为标准妥善保管保管物，且不论保管人违反义务是因故意还是过失，都应承担保管物毁损、灭失的赔偿责任（**参见其评注**）。准此，留置权人保管留置财产，既为实现自身担保利益，则属有偿保管，故其赔偿责任之构成，也不以留置权人有过错为要件。就与此对应的举证责任而言，债务人主张损害赔偿的，只需证明留置财产毁损或灭失的事实，而留置权人既然无论有无过错均须承担赔偿责任，则只能通过证明其已尽善良管理人的注意义务，主张责任的减免。

第四百五十二条 【留置权人收取孳息的权利】留置权人有权收取留置财产的孳息。

前款规定的孳息应当先充抵收取孳息的费用。

本条第 1 款规定的留置权人收取留置物之孳息的权利，为留置法律关系的法定内容，体现了留置权内容的法定性。因此，在留置权尚未成立时，即便债权人有权占有债务人提供的财产，也只能在双方有约定时享有孳息的收取权（**第 458 条**）。若债权人在无约定时已经收取孳息，应向债务人返还，否则，债务人可依不当得利请求债权人返还。

本条规定留置权人收取留置财产的孳息，有利于保护留置权人的利益，促使债务人及时履行债务。同时，留置财产既由留置权人合法占有，且其负有妥善管理留置物的义务，则最适宜收取其孳息。唯本条虽规定留置权人有权收取孳息，但其并非孳息的所有权人。依本法第 321 条，收取的天然孳息一般归属于留置财产的所有权人；至于法定孳息，则依约定或交易习惯，确定其所有权是否归属于债务人。由此，留置权人对其有权收取的、归属于债务人的孳息亦享有留置权，在担保实现时可一并优先受偿。同时，留置权人对收取的孳息，应依本法第 451 条尽妥善保管义务；若违反该义务或怠于收取孳息，导致留置物毁损或灭失，须负损害赔偿责任。

本条第 2 款规定了留置物孳息的抵充顺序。由于收取孳息产生的费用是为了进一步扩大留置权的范围，故孳息应先充抵收取孳息的费用。唯本条充抵规则事实上仅在孳息为金钱时，方有适用空间，即收取的孳息可直接充抵收取费，主债权和利息则待留置权实现时优先受偿。若孳息并非金钱，则无法直接充抵收取费用。于此情形，须待满足留置权的实现条件后，方可对该孳息采取拍卖、变卖或折价的方式，按“孳息收取费、利息、主债权”的顺序清偿。

第四百五十三条 【留置权债务人的债务履行期】留置权人与债务人应当约定留置财产后的债务履行期限；没有约定或者

约定不明确的，留置权人应当给债务人六十日以上履行债务的期限，但是鲜活易腐等不易保管的动产除外。债务人逾期未履行的，留置权人可以与债务人协议以留置财产折价，也可以就拍卖、变卖留置财产所得的价款优先受偿。

留置财产折价或者变卖的，应当参照市场价格。

留置权的第一次效力，即本法第 447 条第 1 款之“留置的效力”。在满足该款规定的成立要件后，留置权具有对抗债务人之财产返还或给付请求权的效力。本条则规定留置权的第二次效力，即留置权的优先受偿效力或曰变价清偿效力。依本条第 1 款，留置权第二次效力的实现，以债务人履行债务的宽限期已届满和仍未依期限清偿为条件。显然，此二项条件的核心，均在于宽限期的确定。唯需注意者，即便宽限期已届满，债权人得行使留置权，债务人仍可在留置财产拍卖、变卖完成之前清偿债务，以消灭留置权。

依本条第 1 款第一句，宽限期之确定方式有二。其一，由当事人约定留置财产后的债务履行期限。此期限不同于原债务的履行期限，后者系本法第 447 条第 1 款所指债务期限，其是否到期是判断留置权成立的重要标志（**参见其评注**）。本条强调“留置财产后的债务履行期限”，表明其为原债务期限的“宽限”。有观点认为，法律虽未明确，但此宽限期应依一般社会观念属于合理期限；如果约定的宽限期明显不合理，应视为未约定。然而，双方当事人既然已依约定延展原债务期限，则所谓“合理”对留置权人而言，未免过苛。其二，宽限期未被约定或约定不明的，为保护债务人的利益，且便于其合理履行债务，可由留置权人给予 60 日以上的债务履行宽限期。鉴于依此方式确定宽限期取决于债权人的单方意思，故其在将留置物变价受偿前，有义务通知债务人在宽限期内履行债务。尽管本条未规定此通知义务而构成法律漏洞，但在实务中，债权人的通知被认定为留置财产变价的前置条件［**南京中院（2015）宁民终字第 5347 号民判**］。无法通知债务人的，留置权人通常在宽限期后可直接行使变价清偿权。

本条第 1 款第一句之但书，实质上针对留置财产为鲜活易腐等不易保管之动产的情形，赋予留置权人紧急行使留置权之权能。此留置权的紧急行使，不受最少 60 日之宽限期的限制，而应依留置物自身的具体情况确定其宽限期。这是因为，鲜活易腐等不宜保管且价格浮动较大的动产具有特殊性，若留置期间过长会导致留置物腐败、毁损而失去其经济价值，进而不仅无法实现留置的担保功效，也有损债务人的利益。

依本条第1款第二句，债务人在宽限期内仍未履行债务的，留置权人可以三种方式实现留置权。此等实现留置权的方式，与质权的实现及其法律效果并无不同，此不赘述。唯需强调者，折价或变卖时也应参考市场价格，防止低价处分留置物而有损债务人的利益。

第四百五十四条 【债务人的请求权】债务人可以请求留置权人在债务履行期限届满后行使留置权；留置权人不行使的，债务人可以请求人民法院拍卖、变卖留置财产。

留置权人占有留置物是留置权存续的要件，但其对留置物又无使用、收益之权利。若任由其不行使留置权，将造成留置物的闲置浪费，有损留置物所有权人的利益。对此，比较法上虽无类似于本条之具体规则可资适用，但其司法判例依禁止权利滥用原则创设的权利失效规则，不无用武之地。其实，本法第132条亦规定权利滥用之禁止，故即便无本条规定，债务人也无妨因留置权人于合理期限内不行使权利，而主张留置权失效（**参见其评注**）。准此以观，由原《物权法》第237条创设的本条规则，貌似照顾债务人利益并避免留置财产闲置，实则画虎类犬，徒增其“请求权”性质之惑。具体而言，本条第一分句中的“请求”，本意是敦促债权人行使留置权，故其系催告而非请求权的行使。此催告的法律后果，是留置权人仍怠于行使权利的，债务人有权请求法院依《民诉法》第207～208条之特别程序，拍卖、变卖留置财产。相形之下，债务人若依本法第132条主张权利失效，则留置权归于消灭，债务人自可请求返还留置物，而无本条第二分句规定的留置权依债务人“请求”而实现的可能。

单就其文义而言，本条表述清晰，无解释之必要。唯需注意者，此所谓“债务履行期限”，乃指原债务规定的履行期限，不包括本法第453条之宽限期。因此，只要债务履行期限届满，债务人即可请求债权人行使留置权；而若宽限期尚未届满，则可视其为对宽限利益的抛弃。

第四百五十五条　【留置权的实现】留置财产折价或者拍卖、变卖后，其价款超过债权数额的部分归债务人所有，不足部分由债务人清偿。

留置权人实现留置权时，应通过留置财产折价或拍卖、变卖获得价款，并以此变价价款充抵自己的债权。就此而言，本条和抵押权、质权之变价清算规则（**第413条和第438条**），在适用上并无不同。其一，留置财产的变价款与债权数额相等时，留置权人以变价款充抵债权，债权和留置权均归于消灭。其二，变价款高于债权数额时，留置权人可扣除与其债权相等的变价款，债权因实现而消灭。至于剩余价款，留置权人应向债务人返还；若留置权人不予返还，则构成不当得利，债务人可依本法第985条请求留置权人返还。其三，变价款不足以清偿债权时，债权人与债务人之间的债权债务关系并未消灭。对于未清偿的部分，债权人仍可向债务人主张清偿，但此时债权人所享有的债权仅为普通债权。

和质权不同的是，留置权人占有留置财产之初，并非旨在担保债权的实现，留置财产的价值通常与留置权人的债权价值在数额上无直接联系，留置财产变价后的价款更有可能超过债权数额，或者不足以清偿债务。因此，在留置财产变价清偿程序中，关键是确定待清算的债权的范围和数额。首先，依本法第448条，除企业间的留置外，待清算的债权必须和留置财产具有牵连关系。其次，留置权作为法定担保物权，其担保范围虽不由当事人约定，但亦可依本法第389条确定为主债权及其利息、违约金、损害赔偿金、保管担保财产和实现担保物权的费用。所以，和留置财产有牵连关系的主债权之利息、违约金、损害赔偿金等，也应计入清算范围；而保管费用、留置权的实现费用，虽不属于待清算的债权，但应从变价款中先行扣除。

第四百五十六条　【留置权、抵押权与质权竞合时的顺位原则】同一动产上已经设立抵押权或者质权，该动产又被留置的，留置权人优先受偿。

担保物权的顺位本遵循“成立在先，权利在先”原则，但本条直接赋予留置权最优先的效力。鉴于留置财产被留置权人占有，且与担保的债权具有牵连性，留置权人先行受偿既符合占有的对抗效力，也符合留置权的法定担保物权性质。留置权的优先效力，与留置权人是否知晓该动产之上存在抵押权或质权无关。即便留置权人知晓该留置财产上已存在抵押权或质权，其留置权仍然成立并且优先于抵押权或质权。不过，留置权人若与债务人恶意串通，通过设立留置权来排除该动产上的抵押权或质权，虽留置权的设立不受影响，但可依本法第 132 条之禁止权利滥用规定，排除本条顺位优先规则的适用。

依其文义，本条只是确立了留置权成立于动产抵押权或质权之后的顺位规则，并未对留置权先于动产抵押权、质权成立时如何确定顺位作出规定。于后一情形，留置权享有优先顺位，更不待言。唯在承揽、仓储、运输等合同，承揽人或保管人可能将同一财产交给第三人加工、存放等，该财产上可能先后成立两个或两个以上留置权。也就是说，前一留置权因其权利人仍为间接占有而未消灭（**参见第 457 条及其评注**），故数个留置权并存。鉴于占有事实对留置权实现的影响，以及在后留置权人所取得的留置权与所担保债权的牵连关系，应确定后成立的留置权优先于先成立的留置权，而非依留置权成立的先后顺序确定顺位规则。

本条仅规定留置权优先于动产抵押权或质权，在留置权与其他法定优先权并存时，应按法律规定确定受偿顺位。例如，《海商法》第 25 条规定，船舶优先权先于船舶留置权受偿，船舶抵押权后于船舶留置权受偿。

第四百五十七条 【留置权消灭的特殊情形】留置权人对留置财产丧失占有或者留置权人接受债务人另行提供担保的，留置权消灭。

留置权作为担保物权，其消灭原因亦适用本法第 393 条规定。是故，在主债权消灭、留置权实现、债权人放弃留置权等法律规定的情形，留置权消灭。本条作为本法第 393 条的特别法规范，列明了留置权消灭的两种特殊事由：一是留置权人对留置物财产丧失占有；二是其接受债务人另行提供担保。留置权消灭的，留置权人有义务将留置财产返还给债务人；此非留置权消灭的结果，而是留置权人继续履行其依原债权债务关系所负担的给付义务。但留置权因其实现而消灭的，应适用本法第455条规定。

占有留置财产既为留置权成立和存续的条件，则丧失占有往往意味着留置权消灭。丧失占有，系对留置财产丧失事实上的管领力；改直接占有为间接占有者，并未丧失占有。占有丧失系基于留置权人自己意思的，留置权当然消灭。非基于其自己意思丧失占有的，对于留置权是否消灭，存在截然相反的观点。此学理之争的核心是如何理解本条所言的丧失占有，但其解释结果却趋于一致。依肯定说，在留置权人非依本人意思而丧失占有时，留置权也归于消灭；只是留置权人得依本法第462条请求返还留置财产，进而重新取得留置权。依否定说，留置权人只是一时丧失占有，若其依占有之原物返还请求权回复占有，留置权得以有效存续。由此可见，不管是认为留置权再生还是有效存续，都取决于留置权人能否行使本法第462条规定的占有物返还请求权。显而易见，在实务操作中，此种情形下欲以留置权有效担保债权的实现，关键在于依本法第462条回复对留置财产的占有。例如，因遗失留置物丧失占有的，其占有并非被侵占，留置权人不得依第462条主张返还原物，故留置权既无从再生，也难谓有效存续，其自丧失占有之时起确定地归于消灭。再如，债权人未在第462条第1款规定的1年法定期间内行使原物返还请求权的，也就无法再以留置财产担保其债权的实现。

留置权之目的是担保债权的实现，故本条规定，只要留置权人接受债务人另行提供的担保，那么留置权就归于消灭。此处债务人的范围应作扩张解释，即包括债务人本人和第三人。依本条文义，债务人和第三人另行提供的物之担保或保证，以留置权人接受为前提。此所谓接受，系留置权人的单方意思表示，无须债务人作出以另行提供的担保消灭留置权的意思表示。但债务人为此意思表示，留置权人无正当理由拒绝接受的，构成权利滥用，债务人可依本法第132条和本条主张留置权消灭的法律效果。至于所提供的担保是否须与留置权的担保效果相当，依本条之文义，似难得出确定的解释结论。唯本条既以留置权人接受作为留置权消灭的必要条件，则即便债务人或第三人提供的担保与留置权的担保效果并不相当，也可由留置权人自己决定是否接受；若其接受，留置权当然消灭。

第五分编　占　　有

第二十章

占　　有

第四百五十八条　【有权占有的法律适用】基于合同关系等产生的占有，有关不动产或动产的使用、收益、违约责任等，按照合同约定；合同没有约定或约定不明确的，依照有关法律规定。

以有无本权（即基于一定法律关系而享有占有的权利）为标准，占有可区分为有权占有和无权占有。本条虽未言明“占有”具体所指，但其使用“基于合同关系等产生”之表述，意在强调此所谓占有为有本权的占有，从而将其限定为有权占有。准此，本条所规定的有权占有，其本权或基于合同关系，或基于其他法律关系产生。(1) 就前者而言，产生本权的合同关系，不仅包括债权合同（如租赁、保管），还包括设立物权的合同（如质押合同），但其皆以移转占有为合同要素，否则无本条之适用空间。当然，基于合同关系产生的有权占有，其前提是合同有效。因此，基于瑕疵合同产生的占有并非本条调整对象。在合同不成立、无效或被撤销的情形，占有人的占有构成无权占有，应适用本法第459～461条与其他相应的法律规则，并可能与本法第157条发生法条竞合。需注意者，本条第二分句所谓“合同没有约定或约定不明确”，不同于合同有瑕疵的情形，其仍指基于有效合同关系产生的占有，只是该合同未对占有的相关问题作出约定或约定不明。(2) 非基于合同关系产生的有权占有，系指其本权基于合同之外的其他法律关系产生的占有，如基于夫妻关系、亲权或监护关系而取得的占有。(3) 有争议者，体制改革中产生的一些占有纠纷，既无法归入基于合同关系产生的占有，也很难在法律规范中找到产生其本权的依据，实务中常被法院策略性地驳回起诉。例如，因单位内部建房、分房等而引起的占房、腾房等房地产纠纷，均不属于法院主管工作的范围［**北京高院（2020）京民再 87 号民裁**］。

有权占有和无权占有之区分实益，主要是围绕“使用、收益、违约责任等”，在法律效果上分别明确占有人的权利义务。其中，使用虽包括占有性使用（如房屋租赁）与非占有性使用（如地役权），但本条中的使用仅指占有性使用，即对占有物的利用。同理，收益虽为宽泛的概念，但本条中的收益也仅涉及占有物的孳息收益与财产增值收益。占有物之自然产出或依其自然使用所获之物，以及基于法律关系而获得的对价或其他物，如利息与租金，均属此范围。相对而言，本条所列违约责任则稍显突兀，盖违约责任乃合同法问题，适用的本来是本法合同编第八章规定。当然，本条之列举并不完全，就占有物形成的其他权利、义务也可能是占有的规范范围，如占有物的返还、所涉费用的分担、占有物灭失或毁损的责任分担等。

在法律效果上，无权占有中对占有物的返还、使用、收益等，依循本法第 459～462 条规定。就有权占有而言，基于合同关系产生的，自如本条所言，首先适用合同的约定；合同未约定或约定不明确的，适用有关法律规定。此“有关法律规定”，实乃各具体合同类型中的任意性规范。如本法第 321 条针对所有类型的用益物权之设立合同，明确天然孳息归用益物权人所有，除非当事人有另外约定；法定孳息是否归用益物权人所有，取决于交易习惯，除非当事人有明确约定。再如，本法第 430 条第 1 款规定，除当事人另有约定外，质权人有权收取质押财产的孳息。其他如本法第 630 条针对买卖中标的物的孳息归属、第 900 条针对保管合同中保管人的孳息返还义务、第 720 条针对租赁中承租人的收益权，莫不如此。

至于非基于合同关系产生的有权占有，本条通过参引性法条的设计，要求适用与其本权之产生有关的法律规定。例如，基于夫妻关系、父母子女关系或监护关系而取得的占有，应分别适用婚姻、亲权与监护的相关规定（**如第 1062 条**）；基于拾得行为而取得的占有属于有权占有，应适用本法第 314～318 条规定；第 450 条第 1 款则规定，留置权人有权收取留置财产的孳息。此外，第 412 条（扣押抵押物的孳息归属）与

第 573 条（提存物孳息与提存费用），皆属“有关法律规定”。

第四百五十九条 【占有物因使用受损的赔偿责任】占有人因使用占有的不动产或动产，致使该不动产或动产受到损害的，恶意占有人应当承担赔偿责任。

在有权占有，占有人因使用占有物致其遭受损害的，依合同或相应法律处理。本条仅针对无权占有中的恶意占有人，就占有物因使用受损设立赔偿请求权。占有之善意或恶意如何认定，在比较法上尚有争议。有以占有人是否知其有无占有的权利作为判断标准者，而通说认为善意须占有人误信其有占有的权利，且无怀疑；反之，恶意占有则指无权占有人明知欠缺本权，或对有无占有的权利有所怀疑而仍为占有。此说较有利于保护原权利人，可资赞同。例如，租赁合同解除后，承租人无权继续占有使用原承租房屋，否则构成恶意占有［**内蒙古高院（2019）内民申 3439 号民裁**］。但承租人误信租赁合同尚未解除的，不宜认其为恶意占有。就举证责任而言，依占有的权利推定效力和善意推定效力，请求权人应证明下述事实：其一，占有人系无权占有；其二，占有人知晓或应当知晓其欠缺占有的本权，即并非误信而为占有。唯需注意者，善意占有可能转变为恶意占有。例如，在合同撤销之诉中，一旦本权之诉败诉，善意占有人溯及既往地自起诉状送达之日变为恶意占有人。

恶意占有人之损害赔偿责任，须以损害发生为前提。其所谓损害与侵权法上的损害概念基本一致，是指占有物的效用和价值降低，包括占有物变形、磨损、经济价值贬损等情形。但此赔偿责任的构成，要求损害与恶意占有人的“使用”之间存在因果关系。易言之，占有是一种事实管控，其本身不同于使用；从文义上看，本条仅将损害赔偿责任限定在因占有人的使用行为造成的损害上。从体系上看，非因使用造成的损害，应适用本法第 461 条第二分句规定。本条规定的赔偿责任本不以占有人具有过错为要件，但占有人明知其欠缺本权，仍使用占有物的，其恶意本身也包含过错内容。

本条为完全法条，符合其适用要件的，恶意占有人须负损害赔偿责任。唯损害赔偿的方式与范围，仍需参照适用损害赔偿的一般规则，如本法第 1184 条规定的完全赔偿规则与损害计算方式规则。

第四百六十条 【占有人的返还义务和费用求偿权】不动产或动产被占有人占有的，权利人可请求返还原物及其孳息；但是，应当支付善意占有人因维护该不动产或动产支出的必要费用。

在有权占有，占有人得以本权对抗占有物的返还请求；本条显然针对无权占有，规定权利人可请求占有人返还原物。权利人又称回复请求权人，并不限于物权人，还包括未占有抵押物的抵押权人。本条中的“占有人”仅指无权占有人，不论其是否善意。占有人可能自始欠缺本权，如偷窃占有物；也可能嗣后丧失本权，如租赁合同期限届满。无权占有人破产的，权利人可请求破产管理人返还原物。原物被无权占有人的债权人申请强制执行的，权利人得基于物权排除强制执行（**《关于适用〈民事诉讼法〉执行程序若干问题的解释》第15条**）。占有物被无权占有人交由第三人占有的，权利人有权要求第三人返还。本条之返还请求权的客体既为原物，则在其灭失或被第三人善意取得时，请求权不能成立，权利人须诉诸其他法律救济。

在无权占有，占有人亦负返还孳息的义务，而不问其是否善意。孳息包括天然孳息与法定孳息。天然孳息应为独立物；尚未分离的天然孳息乃母物的组成部分，系原物之返还对象。天然孳息为有体物的，无权占有人管控孳息也构成无权占有，与原物的占有状态相同。法定孳息表现为利息、租金等，其返还实为特殊的不当得利返还。例如，无权占有人将占有物出租给第三人的，租金（债权）自应归其“所有”，但依本条需返还给权利人。虽然本条仅规定了原物与孳息之返还，但原物的产出物与天然孳息无本质差异，亦需被返还给权利人。

本条后半句规定的必要费用偿还请求权，其主体被限定为“善意占有人”，恶意占有人无权主张必要费用的偿还（**关于善意或恶意之认定标准，参见本法第459条评注**）。而且，恶意占有人不得主张类推适用第979条第1款之无因管理规则，请求权利人偿还必要费用，否则本条的立法目的会落空。此“必要费用”，指为保存、管理和维持占有物的现存状态而支出的费用，如占有物的修缮费用。依支出时的功能，必要费用有别于有益费用和奢侈费用。有益费用指因利用或改良占有物而支出并增加占有物价值的费用，如对占有物进行加工所支出的费用；奢侈费用则指占有人为自身喜好或便利支出的费用，如为宠物美容支出的费用。这两种费用就其支出时的功能而言并非必要，善意占有人不得基于本条请求偿还。综上，本条俨然区别于比较法上的法例，后者一般规定善意占有人对必要费用和有益费用均可主张偿还，恶意占有人则只能依无因管理规则请求返还必要费用。

在原物返还与孳息返还上，权利人既可主张适用本条，也得以物权保护请求权（**第 235 条**）、合同无效或被撤销（**第 157 条**）、合同解除（**第 566 条第 1 款第二分句**）、无因管理（**第 983 条第二句**）、不当得利（**第 985 条**）、侵权责任之相关规定作为请求权基础。在善意占有人的费用偿还上，本条可能与其他规则发生竞合或互补关系。例如，善意占有人除可主张适用本条外，还可基于本法第 985 条不当得利规则请求权利人（回复请求权人）偿还必要费用。此外，善意占有人支付有益费用或者奢侈费用的，虽不能主张适用本条，但得基于第 985 条，以占有物现存价值增额为限，请求权利人偿还有益费用或奢侈费用。

就举证责任而言，占有具有善意之推定效力，故权利人主张占有人恶意，拒绝支付必要费用的，应证明占有人知道或应当知道其欠缺占有本权。善意占有人请求权利人清偿必要费用的，应对必要费用的产生原因和额度负举证责任。

第四百六十一条 【代位物的返还与损害赔偿】占有的不动产或者动产毁损、灭失，该不动产或者动产的权利人请求赔偿的，占有人应当将因毁损、灭失取得的保险金、赔偿金或者补偿金等返还给权利人；权利人的损害未得到足够弥补的，恶意占有人还应当赔偿损失。

根据本条第一分句，原物毁损或灭失的，占有人应将因此取得的保险金、赔偿金或补偿金等代位物返还给权利人。“三金”的取得，应与原物的毁损或灭失具有因果关系。代位物的返还义务不仅适用于恶意占有人，也适用于善意占有人。与担保物权之物上代位不同（**第 390 条**），本条规定的代位物返还系债权请求权，权利人对“三金”不享有物权请求权，故在无权占有人破产时，其作为普通债权不得主张优先受偿；无权占有人尚未取得“三金”的，权利人有权通知并请求债务人直接向其支付。本条确立的“三金”返还实为特殊的不当得利返还，故本条与本法第 985 条存在竞合空间。易言之，无权占有人因原物的毁损或灭失而取得“三金”的，构成本法第 985 条规定的不当得利，权利人还可请求占有人返还。与此同时，本条关于“三金”返还的规定较为简单，故不当得利一般规范仍存在适用空间，典型如本法第 986 条（善意得利人的得利丧失抗辩）与第 988 条（无偿取得人的得利返还义务）。

依本法第 459 条，在因“使用”造成毁损或灭失时，权利人可直接要求恶意占有人赔偿损害。本条第二分句只是针对代位物不能弥补权利人所受损害的情形，明确恶意占有人应继续负担损害赔偿责任。当然，权利人有权不请求代位物返还而直接要求占有人赔偿损害。就此而言，本条与本法第 459 条存在竞合与聚合的可能。唯在权利人选择本条第二分句请求损害赔偿时，恶意占有人的赔偿责任仍以第 459 条规定的构成要件（**参见其评注**）为准，且其赔偿额度在返还代位物的范围内发生减少。

第四百六十二条 【占有保护请求权】占有的不动产或者动产被侵占的，占有人有权请求返还原物；对妨害占有的行为，占有人有权请求排除妨害或者消除危险；因侵占或者妨害造成损害的，占有人有权依法请求损害赔偿。

占有人返还原物的请求权，自侵占发生之日起一年内未行使的，该请求权消灭。

一、占有保护请求权

占有保护请求权是物权法上的占有保护手段，包括占有物返还请求权、排除妨害请求权与消除危险请求权（**本条第 1 款第一、二分句**）。与债法上的保护不同，占有保护请求权不要求侵占人、妨害或危险制造者存在过错。占有保护请求权与物权保护请求权合谓物上保护请求权，但二者亦有不同。其一，占有保护请求权不需要占有人证明其享有本权，仅需其证明自己是占有人或原来是占有人；其二，占有保护请求权不仅可适用于物权的情形，也可适用于债权占有人的情形。

依本条第 1 款第一分句，占有物返还请求权适用的情形是“侵占”。

侵占是指违反占有人的意思，排除占有人对物的管控。作为请求权主体的占有人，是因他人侵占而丧失占有的原占有人，包括直接占有人和间接占有人；其不限于有权占有人，无权占有人也能主张之。占有人丢失占有物的，拾得人拒绝返还的情形也构成侵占。此请求权的被请求人，是侵占人及其概括继受人。侵占人的特定继受人能否成为被请求人，应予具体分析。特定继受人符合本法第 311 条善意取得之条件的，应参照适用本法第 312 条，除非占有人并非所有权人。也就是说，侵占物属占有脱离物，占有人有权自知晓或应当知晓特定继受人之日起，在 2 年内请求返还侵占物。特定继受人不符合第 311 条之条件的，占有人有权依本条直接请求返还占有物。

占有物返还请求权的法律效果，是侵占人返还占有物。原直接占有人可直接恢复对占有物的现实管控；原间接占有人既可请求侵占人将占有物返还给原直接占有人，其与原直接占有人的占有媒介关系自动恢复，也可请求将占有物返还给自己，再交由直接占有人继续管控。本条第 2 款规定的是除斥期间，不发生中断、中止或者延长；一年期限届满的，占有人的返还请求权归于消灭。占有人请求返还占有物的，仅对侵占事实负举证责任，尤其是其原为占有人，而现占有人欠缺继续占有的法律基础。

本条第 1 款第二分句规定的排除妨害请求权之主体是占有人，且同样不以有权占有人为限。例如，承租人可依本款请求第三人移除擅自放置在租赁物中的物品，排除承租人遭受的妨害［**辽宁高院（2023）辽民申 9464 号民裁**］。作为其适用要件的妨害占有，是指以侵占之外的方式影响占有人对物的管控。（1）妨害须具有持续性。一时影响或妨害结束的，无请求排除之可能。正因为妨害具有持续性，占有妨害排除请求权不适用本法关于诉讼时效期限的规定（**第 196 条第 1 项**）。占有人因一时影响或妨碍遭受损害的，有权依本条第 1 款第三分句主张损害赔偿。（2）须妨害具有非法性。所涉状态具有法律或合同上基础的，不构成妨害。例如，依相邻关系规则，不动产物权人负担必要的不作为义务或容忍义务，故必要限度内的影响不构成本条中的妨害。再如，为维护社会生活和睦，容忍轻微影响是民事主体应负担的义务，不构成本条所谓妨害。（3）占有人请求排除妨害的，应对妨害的存在负举证责任，尤其是妨害的非法性与真实性。

占有妨害排除请求权的内容，是要求妨害制造人停止妨害行为，排除已造成的妨害。对于因排除妨害引发的费用，本条未予规定。原则上，费用应由妨害制造人自行负担。但占有人也有过错，或者妨害制造人没有过错的，占有人应负担合理部分费用。

根据本条第 1 款第二分句，存在妨害占有之可能时，占有人不论是否属于有权占有，均得请求危险制造人消除危险。危险是指占有妨害虽未实际发生，但有发生的现实可能性。例如，邻居庭院的大树岌岌可危，随时会倒塌损害到自家房屋。危险是否现实存在，应根据所涉具体情况，依社会一般观念判断。危险亦须具有持续性，即占有人请求消除危险时，妨害之现实可能性依旧存在。是故，占有危险消除请求权也不适用本法关于诉讼时效期限的规定（**第 196 条第 1 项**）。占有人请求消除危险的，应就危险的存在负举证责任，尤其是危险的非法性与真实性。

占有危险消除请求权的内容，是要求危险制造人停止诱发危险的行为，并消除已造成的危险。对于因消除危险引发的费用，本条亦未规定。费用原则上应由危险制造人自行负担，但占有人也存在过错，或危险制造人没有过错的，占有人应负担合理部分费用。

二、损害赔偿请求权

占有虽非权利，但属于应受保护的民事利益。虽然现行法未承认无权占有人的收益权（孳息取得权），不论占有人善意与否，却规定了占有人的损害赔偿请求权。考虑到无权占有人的“三金”代位物返还义务（**第 461 条**），如此安排并无不妥之处。即便是恶意的无权占有人，其也有权请求损害赔偿。毕竟，恶意占有人未来需向权利人负担损害赔偿责任。本条第 1 款第三分句规定损害赔偿请求权，系债法上的救济方式。其所谓“依法”，意味着本分句乃参引性规范，参引对象主要是侵权责任编的规定。占有人依据侵权责任规范请求损害赔偿的，侵权责任的构成要件自应得到满足，且其应对侵权责任的成立负举证责任［**新疆高院伊犁哈萨克分院（2019）新 40 民终 1984 号民判**］。

占有人的损害赔偿请求权既属债权性救济，也应适用诉讼时效的规定。占有人应自知道或应当知道占有物因侵占或妨害受到损害之日起，3 年内向侵占人或妨害人主张损害赔偿（**第 188 条第 1 款**）。占有损害赔偿的范围主要包括：（1）占有人恢复对占有的完满支配状态所支出的合理费用，如占有人排除妨害或消除危险而支付的合理费用；（2）占有人因侵占或妨害未取得的可得利益；（3）原物毁损或灭失所造成的经济价值损失；（4）占有人因占有物被侵占或妨害而向第三人承担的赔偿责任。

三、其他

除本条规定的救济方式外，占有人也享有本法第 1177 条之自力救济权，包括占有防御权和占有取回权。占有防御权，是占有人对侵夺或妨害其占有的行为，以自己的强力加以防御的权利。占有防御权需满足下述构成要件：一是行使主体包括直接占有人与占有辅助人，间接占有人不享此权；二是占有物被侵占或妨害；三是情况紧急，且来不及寻求公力救济。占有取回权是指，占有物被侵占时，占有人直接从侵占人中取回占有物的权利。占有取回权需满足下述构成要件：一是占有取回权的主体仅限于直接占有人或占有辅助人，不包括间接占有人；二是占有被侵占；三是情况紧急，原占有人来不及寻求公力救济。

本条与其他法条往往产生规范竞合。具体而言，占有人是物权人的，还可依本法第 235～236 条请求返还原物、排除妨害、消除危险，并得主张适用第 238 条，依法请求损害赔偿。除此之外，占有人也得依本法第 1167 条请求排除妨害、消除危险。作为一项利益，占有人还可主张适用不当得利法的规定。

第三编　合　　同

第一分编　通　　则

第一章

一般规定

第四百六十三条　【合同编的调整范围】本编调整因合同产生的民事关系。

合同编为民法典分则的一编，调整的自然是民事关系，不属于民事关系的其他活动，不适用合同编的规定。依据本条，合同是产生民事关系的法律原因。“合同”是指民事主体之间设立、变更、终止民事法律关系的协议（**第464条**），“民事关系”是平等主体的自然人、法人和非法人组织之间的人身关系和财产关系（**第2条**），因此，“因合同产生的民事关系”也就是作为法律事实的合同行为所产生的合同法律关系［**新疆高院伊犁哈萨克分院（2022）新40民终1125号民判**］。必须注意的是，本编规定实际上并不限于对合同所生民事关系的调整，合同编通则分编的规定也适用于非因合同产生的民事关系，如因法律规定或侵权行为/侵权事件所生的其他法律关系，以及因无因管理、不当得利所生的民事关系等。由于立法上已就本编规定的扩张适用作有专门规定，如本法第464条第2款、第468条，因而，对于本条需作目的性扩张解释，扩张其适用范围至依合同所生民事关系之外。

第四百六十四条 【合同定义和身份关系协议的法律适用】合同是民事主体之间设立、变更、终止民事法律关系的协议。

婚姻、收养、监护等有关身份关系的协议，适用有关该身份关系的法律规定；没有规定的，可以根据其性质参照适用本编规定。

本条第1款是关于“合同”的定义性规定。该款限定了本编所称“合同”的属性：第一，合同主体为民事主体。民事主体的范围由本法总则编第二、三、四章规定，包括自然人、法人和非法人组织。实际上，该编遗漏了“国家”作为民事主体的情形，这可从本法关于“国家所有权”的规定反推而知，尽管国家作为民事主体并不限于国家享有所有权的情形。第二，合同为协议。协议是双方意思表示一致的行为（**第134条第1款第一种情形**）[**新疆高院伊犁哈萨克分院（2021）新40民终843号民判，西藏高院（2022）藏民终36号民判**]，从而与“决议行为”（**第134条第2款**）有别。第三，合同是设立、变更、终止民事法律关系的协议。合同属于民事法律行为的一种类型（**第133条**）。在概念使用上，“合同”也用于指称依合同成立的民事法律关系本身（**如第465条**）。因此，应留意作为“民事法律行为”的合同和作为“民事法律关系”的合同概念的区分。在前者，规范的重心在行为效果（或效力）；在后者，规范的重心在法律关系的内容（权利与义务）。第四，通说认为，本款所称的合同是指广义的合同。在学理上，合同有广义和狭义之分。广义的合同指以发生民法上效果为目的的合同，包括以直接发生物权变动为目的的物权合同、以物权外权利的直接变动为目的的准物权合同（如债权让与）、以发生债权债务关系为目的的债权合同、以发生身份关系的变动为目的的身份合同等。狭义的合同，仅指债权/债务合同。从文义看，本款用语是“民事法律关系”而非“债权债务关系”，系采广义的合同概念；并且，第2款关于身份关系协议的法律适用的限定也只能与广义的合同概念相容，否则就没有作专门规定的必要。

第2款是关于身份关系协议的准用规定。第一分句列举了婚姻、收养（**婚姻家庭编第二、四、五章**）、监护（**第30、33条**）等有关身份关系的协议类型，它们需要适用相关协议的法律规定，如结婚、离婚或收养的规定。“有关身份关系的协议”在狭义上仅指单纯引起身份关系变动的协议，如婚姻、收养、监护等；广义上还包括与身份关系关联并具有财产内容的协议，如离婚财产分割协议、扶养协议、夫妻财产制约定等。某些协议类型，如遗产分割协议、遗赠扶养协议、委托监护或意定监护协议等，是单纯财产关系协议还是有关身份关系的协议，理论和实践中存在不同认识。夫妻间有关生育权的约定也属于有关身份关系的协议［**上海一中院（2021）沪 01 民终 9422 号民判**］，其既非纯粹身份关系的协议，也非身份财产协议。无论如何，在法律对相关协议有明确规定时，协议性质界定不会产生问题，但在法律对其没有明文规定时，就会发生法律适用的特殊问题。为此，本款第二分句规定了身份关系协议的准用规则，即对于相关身份关系的特别/专门法律（**如婚姻家庭编**）没有规定的事项，可以根据协议的性质参照适用本编规定。准用是依据立法者的决定而将特定规范适用于其本不适用的情形，有利于精简规范结构，实现法律的内在体系化。准用规定指示法官关注准用情形与被准用规范适用情形之间的差异，并根据其性质而决定是否准用或如何准用。一般而言，纯粹身份关系的协议依类型差异而有不同准用可能性，例如：婚姻行为原则上不得准用；收养行为的效力适用本法总则的规定（**第 1113 条第 1 款，如本法总则编有关欺诈、胁迫、重大误解、通谋虚伪、违法或背俗等的规定，但有关显失公平的规定不应适用**），合同订立或履行的规定仍可准用；监护关系协议中除确定监护人的协议（**第 30 条**）外，委托监护协议或意定监护协议严格而言非属纯粹身份关系的协议，原则上可以准用合同的订立、效力、履行、合同变更、权利义务终止甚至违约责任等的规定，合同保全、合同权利的转移规定也可准用于其中涉及财产内容的部分；其他与身份关联的身份财产协议，如离婚财产分割协议、遗产分割协议及遗赠扶养协议等，原则上均可准用［**广州中院（2023）粤 01 民终 14964 号民判，沈阳中院（2023）辽 01 民终 1567 号民判**］。

第四百六十五条 【合同约束力和合同相对性】依法成立的合同，受法律保护。

依法成立的合同，仅对当事人具有法律约束力，但是法律另有规定的除外。

本条第 1 款是关于合同约束力的规定。本款涉及两个方面：一是受保护的对象是“依法成立的合同”。未成立的合同不属于本款调整的对象；“依法成立”既包括成立要件的满足（**第 471 条以下**），也包括效力要件的满足（**第 502 条以下及第 143 条以下**）。二是“受法律保护”指法律承认合同创设的权利、义务，合同权利被侵害时，权利人可以采取法律规定的救济措施（**如本编第一分编第四、五、八章**）[**上海三中院（2022）沪 03 民终 143 号民判，北京高院（2022）京民申 5109 号民裁**]。

第 2 款是关于合同相对性的规定，即合同“仅对当事人具有法律约束力”，只有合同当事人可以主张合同权利或承担合同义务 [**（2021）最高法民申 7401 号民裁**]。这一方面意味着，债权人只能请求应当承担债务的相对人履行义务以实现自己的权利，而不得请求非债务人的第三人履行义务 [**北京高院（2022）京民终 584 号民判**]；另一方面，债权的效力只约束相对人（债务人），对第三人不产生约束力，其主要表现为第三人不负担促成债权实现的义务，甚至在第三人的行为有碍债权实现时，第三人通常也不就因此所生的损害承担赔偿责任 [**广东高院（2022）粤民终 1407 号民判**]。当然，第三人也不享有他人合同项下的权利 [**普洱中院（2022）云 08 民终 223 号民判**]。但是，合同相对性规则存在例外，例外范围因对相对性的理解不同而有不同。例如，合同债权或债务的转让会导致缔约当事人与实际享有债权或债务的当事人不一致，在历史上，债权债务的转移也曾被作为相对性原则的例外。不过，现代的相对性主要是指债权/债务效力的相对性，因此，突破相对性的例外范围要更为狭窄一些。其中，最为典型的是利他合同（**第 522 条**）、第三人负担契约（**第 523 条**）、合同的保全（**第 535、538、539 条**）、买卖不破租赁（**第 725 条**）等；此外，经预告登记的取得不动产所有权的债权也属于相对性原则的例外（**第 221 条第 1 款**）。

应注意者，第三人侵害债权并非相对性原则的例外。这是因为，第三人的侵权行为只是妨碍了债权的实现，侵害了债权人的归属利益，第三人承担侵权责任并不以其负担确保债权实现的义务为前提（不侵害义务并非给付义务）。归属利益是所有财产权利的基本特征，并非物权所独有。债权区别于物权的典型特征是，债权内容的实现原则上需要相对人的协助（给付行为），因此，在归属利益的保护上，债权也是侵权法的保护对象。当然，因债权不具有公开性或明显可见性，在第三人侵害债权的侵权成立要件上需要从严把握 [**（2017）最高法民终 181 号民判**]。因此，第三人侵害债权原则上要求其具有故意，仅在法律有特别规定的情形，才可能成立过失情形下的第三人侵害债权责任。例如，金融机构在验资不实部分或者虚假资金证明金额范围内，根据过错大小，对企业或出资人不能清偿部分的债务承担的责任（**《最高人民法院关于金融机构为企业出具不实或者虚假验资报告资金证明如何承担民事责任问题的通知》第2条**），即属之。

第四百六十六条 【合同解释规则】当事人对合同条款的理解有争议的，应当依据本法第一百四十二条第一款的规定，确定争议条款的含义。

合同文本采用两种以上文字订立并约定具有同等效力的，对各文本使用的词句推定具有相同含义。各文本使用的词句不一致的，应当根据合同的相关条款、性质、目的以及诚信原则等予以解释。

本条第1款为引用性规定，即合同解释依本法第142条第1款关于“有相对人的意思表示解释规则”处理，也就是“应当按照所使用的词句，结合相关条款、行为的性质和目的、习惯以及诚信原则，确定意思表示的含义”［**(2021)最高法知民终1944号民判**］。这样，合同中意思表示的解释与非合同情形中有相对人的意思表示解释就采纳统一的解释规则。这样做有其合理性。解释合同条款，实际上也就是对要约、承诺等合同缔结中表示内容的解释［**无锡中院（2023）苏02民终6576号民判**］，这些意思表示并非合意，但均属有相对人的意思表示，它们与其他有相对人的意思表示采纳统一解释规则自属合理。本款规定，当事人对合同条款理解有争议是解释的前提。从这个角度看，解释规则属于典型的裁判规则。合同解释应以合同所用词句的通常含义为基础（文义解释），一般用语按照一般人的通常理解确定其含义，专业用语按照专业上的特殊含义确定其含义。不过，词句文义只是确定当事人双方真实意思的表征，如果依照合同的性质和目的、习惯以及诚信原则，参考缔约背景、磋商过程、履行行为等因素，能够作出不同于词句通常含义的理解，就应当优先选择能够确定当事人真实意思的理解（**《合同编通则解释》第1条第1款**）。通常来说，文义解释之外的整体解释、目的解释、诚信解释等方法都属于辅助文义解释的方法，只有在词句文义不明，或者不同条款存在冲突时，才需要借助前述辅助解释方法确定合同内容［**陕西高院（2022）陕知民终261号民判，浙江高院（2023）浙民终39号民判**］。通过后者获得的解释结果既可能补充或扩张也可能限制或修正文义解释的结果［**（2017）最高法民再370号民判，北京高院（2022）京民终766号民判**］。例如，如果当事人在合同中不当使用了专业术语，或者使用一般用语表达特殊含义，当事人实际表达的真实意思应当优先于文义解释的结果。在确定当事人真实意思时，裁判者不能仅仅依据合同正式文本所使用的语词，还需要参考缔约背景、磋商过程、履行行为等辅助性解释因素（或资料）作综合判断［**山西高院（2021）晋民申3696号民裁**］。参考前述因素能够认定当事人对合同条款有不同于词句通常含义的其他共同理解的，当事人不得主张按照通常含义理解合同条款（**《合同编通则解释》第1条第2款**）［**广州天河区法院（2021）粤0106民初33970号民判**］。除非合同本身能够表明前述效果，如合同中对某些用语专门作了定义，否则，主张按不同于通常含义理解合同条款的当事人负证明责任。此外，本条为合同解释的一般规定，当本法或其他法律有不同规定时，应适用该特别规定，如本法第498条有关格式条款的解释规定，以及《保险法》第30条关于保险合同中格式条款的解释规定。

第2款适用的前提是，合同以两种以上文字订立，该两种文字不必以包括域外语言为必要（尽管通常如此），使用不同民族文字（如蒙文汉文、藏文汉文）的合同解释也可以适用本款；同时，还需当事人没有约定某一种文字的合同文本具有优先效力，否则，应当以当事人约定的文本优先。尽管本款规定“约定具有同等效力”，但是，考虑到两种以上文本乃是服务于当事人共同的合同目的，在没有约定时，应推定多个文本有同等效力。如此一来，在解释上，就可能发生双重推定的情况，即：当事人既没有约定同等效力也没有约定优先效力的，推定不同文本具有同等效力；具有同等效力的不同文本所用词句推定为具有相同含义。但是，这种推定如果被反驳（应由主张者举证并适用表面证据规则），则应采取类似于第1款规定的解释规则进行解释。不过，本款规定的解释规则与第1款涉及的解释规则的差异在于，第1款适用于单一文字文本的内容确定，第2款第二句则涉及的是多个文字文本因词句含义差异所致歧义的消除，二者虽然目的有别，但实质上仍属类似，即都旨在确定合同条款的含义。若当事人使用同一文字订立多个合同文本且均有效，但条款之间存在冲突，则不属于本款规定的情形，仍应当主要按照本条第 1 款确定的解释规则处理。在两种文字文本使用的词句不一致时，应当结合合同整体、相关条款约定以及目的解释确定当事人协议条款的真实含义。

除前述解释规则外，《合同编通则解释》另外补充了两项解释规则：一是当合同条款存在两种以上解释，其中有的可能影响合同效力，有的则否时，裁判者应当选择有利于该条款有效的解释［**荆门中院（2023）鄂08民终1414号民判**］；二是对于无偿合同，应当选择对债务人负担较轻的解释（**《合同编通则解释》第 1 条第 3 款**）。应当留意者，使合同有效的解释必须依据合同文义本身确定，而不能由解释者超越文义，将不合法的合同条款通过解释途径，确定一种合法的解释结论。因此，有效解释应当是在依合同条款的通常含义可能导致合同无效时，通过限制或修正条款文义能够使合同有效的处置策略，以避免因无效而挫败当事人正当缔约目的的实现，造成社会资源的浪费。严格来说，使合同有效的解释并不是一种真正的解释方法，而属于司法政策选择。与之类似，就无偿合同采取有利于债务人的解释也属于这种法律政策规定，旨在实现无偿合同当事人之间的利益平衡。

第四百六十七条 【无名合同及三种特定涉外合同的法律适用】本法或者其他法律没有明文规定的合同，适用本编通则的规定，并可以参照适用本编或者其他法律最相类似合同的规定。

在中华人民共和国境内履行的中外合资经营企业合同、中外合作经营企业合同、中外合作勘探开发自然资源合同，适用中华人民共和国法律。

本条第 1 款是关于无名合同的法律适用规则，其沿袭了原《合同法》第 124 条的规定。无名合同是指法律对其内容没有专门规定的合同类型。无名合同可分为纯粹无名合同和混合合同两种类型。纯粹无名合同是法律对其内容要素无任何规定的合同，如雇佣合同或保安合同；混合合同是由有名合同要素与其他无名合同要素，或者多个有名合同的不同要素组合成立的合同，如医疗服务合同、有奖储蓄合同等。按照本款规定，无名合同当然适用合同编通则的规定。但是，某些无名合同要素，如有体物的使用、权利的转让等，也可以参照适用租赁合同、买卖合同等有名合同的规定。依据本款，相关有名合同的规定应根据具体情况决定是否被参照适用，即“准用”，而非当然适用。参照适用实际上为类推适用，故应满足类推适用的一般条件。其条件是：无名合同规定的事实类型与有名合同规定的事实类型具有类似性。“最相类似合同”包含两个层面的含义：一是要求类似性达一定程度，只有结合合同关系的整体内容可以确定待处理合同与某有名合同具有类似性，才可以参照适用该种合同的规定，如无名有偿合同及易货交易可以参照适用买卖合同的规定（**第646～647条**）；二是当待处理合同与两种以上有名合同具有类似性时，应当参照适用最相类似的有名合同规定［**（2017）最高法民终907号民判**］。比如，医疗服务合同与承揽合同、委托合同等都具有类似性，但与委托合同的类似性更强，故宜参照其规定处理。

第2款是关于中外合资经营企业合同、中外合作经营企业合同、中外合作勘探开发自然资源合同的法律适用问题。这三种具有涉外因素的合同，并不适用通常处理涉外关系的准据法规则（**《法律适用法》第六章**）。由于其履行地在中国境内，故法律直接规定其适用中国法律，不允许当事人另行选择其他准据法。

第四百六十八条 【非合同债权债务关系的法律适用】非因合同产生的债权债务关系，适用有关该债权债务关系的法律规定；没有规定的，适用本编通则的有关规定，但是根据其性质不能适用的除外。

本条所称“非因合同产生的债权债务关系”，首先是指民法典各编中的非合同债权债务关系，如：总则编关于法人对其法定代表人的追偿权（**第62条第2款**）；物权编关于因共有物所生债务的内部追偿权（**第307条第二句**）、物上保证人的追偿权（**第392条第二句**）以及有关权利人向拾得人等支付保管费等必要费用的债务（**第317条第1款**）、添附中因归属变动所生损害的补偿之债（**第322条第二句第二种情形**）；合同编中合同不成立、无效或被解除情形中的债务关系，无因管理、不当得利（**本编第三分编准合同**）所产生的债务；婚姻家庭编关于父母子女间的扶养之债（**第1067条**）、夫妻离婚时的经济补偿、经济帮助和赔偿请求权（**第1088、1090、1091条**）；继承编关于遗产酌给请求权（**第1131条**）等；因侵权责任的承担发生的债务（侵权责任编，包括侵害人格权所产生的侵权责任）。其次，其也包括民事特别法上的法定债之关系，如《公司法》规定的股东间真实出资担保责任（**《公司法》第50条**）、股东请求公司收购其股份的权利（**《公司法》第89条**）；《票据法》规定的利益返还请求权（**《票据法》第18条**）；《海商法》规定的共同海损分摊义务（**《海商法》第199条**）等。最后，其还包括公法上税费债务、补偿债务或者其他物资或金钱给付之债等。

按照第一分句的规定，对于前述非合同债权债务关系，如法律对其已有相关规定，当然应优先适用该等规定。按照第二分句的规定，若法律对非合同债权债务关系没有特别规定，则应适用合同编通则的规定，合同编通则的规定由此被扩张为债法的一般规定。从文义上看，“有关该债权债务关系的法律规定”是指合同编通则以外的其他法律规定，因为，不论是相关特别规定还是合同编通则规定，都是“适用”而非“准用”。若不作前述理解，就意味着依第二分句适用的合同编通则规定也当然属于第一分句所指的规范。

对于明确应当适用于非合同债权债务关系的规定，合同编通则已经通过特别的表达方式提供了形式标准，即凡属债法一般规定的，统一使用“债”“债权”“债务”“当事人”“债权人”“债务人”等表述，而不使用“合同”“合同权利”“合同义务”“合同当事人”“合同权利人”“合同义务人”等表述。但是，合同编通则中有若干规定尽管没有采纳前述形式标准，但相关规定仍然属于债法的一般规定，因此，这种形式标准并非决定性的判断标准。例如，关于合同相对性的规定（**第465条第2款**）、合同履行原则的规定（**第509条**）、合同漏洞填补规定（**第510～511条**）、当事人要素变更的合同履行规定（**第532条**）以及违约损害赔偿规定（**第583～584条**）等，都应在特定情形下适用于非合同之债。

需要指出的是，本条第二分句使用的是“适用”而非像前条那样使用“参照适用”。这意味着，对于合同编通则对非合同债权债务关系的适用，适用者原则上不得进行裁量，除非“根据其性质不能适用”。就此而言，对于法律用语已经将某些规定扩张为债法一般规定的，可以直接依形式标准进行法律适用［**东莞中院（2021）粤19民终1860号民判、韶关中院（2021）粤02民终2271号民判**］；对于无法从规定表述直接识别为债法一般规定的合同法规定，在扩张适用时则应尽特别说理/论证义务。比如，在确定侵害合同债权的侵权责任时，适用违约责任损害赔偿的规定，就需要进行特别说理/论证。此外，对依形式标准应当适用而“根据其性质不能适用”的情形，裁判者更需要尽特别的说理/论证义务。例如，依本法第 568 条关于“根据债务性质……不得抵销……”的规定，将因侵害自然人人身权益，或者故意、重大过失侵害他人财产权益而产生的损害赔偿债权排除于抵销权的被动债权之外即属其例。不过，因《合同编通则解释》第 57 条已有专门解释规定，裁判者的说理/论证义务被免除。

第二章

合同的订立

第四百六十九条 【合同形式】当事人订立合同，可以采用书面形式、口头形式或者其他形式。

书面形式是合同书、信件、电报、电传、传真等可以有形地表现所载内容的形式。

以电子数据交换、电子邮件等方式能够有形地表现所载内容，并可以随时调取查用的数据电文，视为书面形式。

本条第1款表明，书面形式与口头形式是最常见的合同形式［**上海一中院（2023）沪01民终18371号民判**］，“其他形式”是指前述两种形式之外的合同形式，即非通过书面或言辞方式缔结合同的方式，主要是通过可推定的行为认定当事人有订立合同之合意的缔约方式［**广州中院（2022）粤01民终11014号民判，汉中中院（2023）陕07民终1407号民判**］。第2款列举了具体的书面形式，同时指出书面形式的核心在于“可以有形地表现所载内容”。第3款则明确了数据电文的书面形式属性。数据电文与第2款所列举的“电报、电传、传真”等电子传输形态的合同形式的差异在于，数据电文并不直接在技术手段上以有形的方式反映合同内容，而是可以通过技术手段将其内容再现为有形形式，所以，其特征在于“能够有形地表现所载内容”。要实现电子数据的有形化，其必须能够被调用，不能被调用的电子数据不能作为书面形式。从技术手段的角度看，电子数据一旦完成保存或传输，都必然留下“痕迹”，所以，“随时调取查用”更多反映的是数据已经被保存或传输的事实。数据电文因为并未直接满足书面形式的要素，所以，法律将其“拟制”为书面形式（“视为书面形式”）［**（2018）最高法民申4446号民裁，广州中院（2023）粤01民终11117号民判**］。

第四百七十条　【合同的一般条款】合同的内容由当事人约定，一般包括下列条款：

（一）当事人的姓名或者名称和住所；

（二）标的；

（三）数量；

（四）质量；

（五）价款或者报酬；

（六）履行期限、地点和方式；

（七）违约责任；

（八）解决争议的方法。

当事人可以参照各类合同的示范文本订立合同。

本条第 1 款列举了合同的一般条款。合同条款是合同内容的具体反映形式，其在合同法理论上分为“必要条款”与“非必要条款”；而依意思表示理论，此等条款有要素、常素、偶素之分。一般而言，必要条款对应于要素，是指合同成立必须具备的内容；其与具体的合同类型相关，不同类型的合同有不同的必要条款。非必要条款不是合同成立的必备内容，其往往包括常素与偶素；前者涉及特定类型合同通常内容的条款（与必要条款合称为“一般条款”），后者是基于当事人的特殊需求或意图而设定的特别内容条款。合同须具备必要条款（要素）才可成立［**广州中院（2022）粤 01 民终 25441 号民判，荆州中院（2023）鄂 10 民终 2792 号民判，西安中院（2024）陕 01 民终 7 号民判**］，且只要具备必要条款就可成立，欠缺非必要条款的，可以由当事人事后协商补充，或者按照合同相关条款或者交易习惯以及任意法规定进行补充（**《合同编通则解释》第 3 条第 1～2 款**）。合同成立要件的具备应由主张合同成立者负证明责任，因此，合同条款的性质认定影响到证明责任的分配。当事人姓名或名称条款涉及主体确定问题，属于合同必要条款，但当事人住所则属于非必要条款中的常素。标的条款通常为必要条款，但数量条款则通常为非必要条款。因立法明确区分了标的与数量，故标的仅指合同当事人的主要权利、义务（主给付义务），相当于合同内容“质的规定性”，而数量则指合同内容“量的规定性”。实践中，买卖合同的“标的”常与“标的物”混用，但标的物仅指买卖的物（如商品或货物），数量是指标的物的数量。在特殊情形下，如果当事人缔结合同的意图明显，欠缺标的条款的合同也可以成立。比如，甲对正去菜市的乙说：“你看有新鲜的时令蔬菜就给我买点!”尽管标的并不确定（委托的事务内容不明），但委托合同仍可成立。在种类物买卖的情形下，如果数量欠缺无法通过其他方式确定，则合同通常不能成立。此时，数量条款为必要条款。质量条款为非必要条款中的常素。价款或报酬对于有偿合同通常为必要条款。但是，本法第 511 条第 2 项将“价款或者报酬”作为可予补充的合同内容，从而原则上应将其界定为非必要条款。对此，更为妥当的理解是，除非当事人存在明示或可推定的对价款或报酬不作约定的意图，或者根据事实情况可以确定当事人在价款或报酬没有约定或约定不明的情形下仍然有订立合同的意图，否则，价款或报酬在有偿合同情形中应作要素而非常素对待［**最高法（2002）民二终字第 2 号民判**］。履行期限或方式、违约责任以及解决争议的方法，则为非必要条款中的常素。至于作为非必要条款之偶素的特别条款（如免责条款），因其特别约定的性质，反映了合同当事人的特别需求，在法律处理上应对其特别留意。概言之，本款对明确合同中的主要条款具有提示性和示范性，引导当事人签订合同时确定相关条款，避免权利义务界限不明，并不意味着当事人签订的合同中缺少了其中任何一项就会导致合同不成立或者无效［**最高法（2015）民申字第 2778 号民裁**］。

第 2 款是关于合同示范文本的规定。合同示范文本通常由行业组织或政府管理部门拟订，其并无强制约束力。但是，其内容因经过充分讨论或机构审查，能够反映特定行业或交易类型的一般需求，因此，对于合同订立具有参考价值。本款规定具有两方面的意义：一是明确示范文本具有缔约参考价值，二是不承认其强制效力。本款的任意规范属性即申此意，旨在否定实践中某些组织或机构强令当事人使用示范文本订立合同的做法。

第四百七十一条 【合同的订立方式】当事人订立合同，可以采取要约、承诺方式或者其他方式。

合同的订立在于形成具有变动民事权利、义务效果的合意。合意的形成过程通常被区分为要约与承诺两个阶段。承诺生效合同即告成立，因此，合同编有关合同订立的规定以“要约—承诺”为中心。交易复杂化衍生出合同订立的特殊方式，对本条“其他方式”可以从多种角度理解：如果将要约、承诺作为“一对一”的缔约方式，招投标或拍卖等竞争缔约方式就属于“其他方式”；如果将要约、承诺理解为“协商缔约”的方式，则本法第494条规定的“强制缔约”、第491条规定的互联网订单以及合同确认书等就是“其他方式”；如果强调要约、承诺的先后顺序，则交错/交叉要约就是“其他方式”。但实际上，不论是强制缔约还是竞争缔约，仍然可以将缔约的过程拆分为要约、承诺两个阶段。比如，将投标认定为发出要约，定标为作出承诺；拍卖中出价或报价为要约，拍定为承诺等，都是如此。再如，网络竞价交易可作为合同订立的方式之一，其订约形式虽新颖，但其本质上仍是通过“要约—承诺”的方式形成合意［**最高法（2015）民二终字第351号民判**］。即使在“交错/交叉要约”的情形，也仍然可以将后到达的要约拟制为承诺，或者拟制为相互承诺；意思实现实际上是默示承诺。因此，对于合同订立而言，在要约、承诺之外承认“其他方式”的现实意义有限。当事人之间能否达成足以使合同成立的“合意”才是合同订立的根本要义［**新疆高院伊犁哈萨克分院（2022）新40民终1250号民判，湖北高院（2021）鄂民申5787号民裁，天津三中院（2021）津03民终2832号民判**］，故无法囊括进“要约—承诺”缔约模式，但又能在当事人间形成最终合意的缔约方式，即为合同订立的其他方式。

还有一种解释路径是，将要约、承诺作为诺成合同的缔结方式，就实践合同/要物合同而言，单纯要约、承诺不足以使合同成立，还必须满足法律规定或当事人约定的标的物交付要件（**第586条第1款第二句、第679条及第890条**），从而成为订立合同的“其他方式”。按照这种理解，当事人合意外任何影响合同成立的其他条件，如约定书面形式或公证形式，都属于本条所称的“其他方式”。

“其他方式”的增设从体系角度讲，也是缔约自由的彰显，符合私法自治的要求，即合同双方当事人可自由选择合同订立的方式，不受法定规范的束缚。“其他方式”可发挥储存规范的价值，在解释论上为未来可能出现的新的合同订立方式预留空间，进而维持民法典的稳定性。

第四百七十二条 【要约的定义与要件】要约是希望与他人订立合同的意思表示，该意思表示应当符合下列条件：

（一）内容具体确定；

（二）表明经受要约人承诺，要约人即受该意思表示约束。

要约，又称发（实）盘、发价、出价、报价等，是希望与他人订立合同的意思表示。其本身不构成法律行为，但具有经受要约人承诺即应与之成立合同（法律行为）的效果。要约作为“意思表示”是变动法律关系的行为，其目的为与受要约人成立合同，单纯的缔约意思尚非足够，其更为完整的定义应为：要约是包含未来拟缔结合同的必要条款，经受要约人承诺即愿与之成立合同的意思表示。原则上，要约是向特定人发出的需受领的意思表示，但在法律有特别规定的情形，向不特定人发出要约也是可能的，如悬赏广告（**第499条**）或股份收购要约（**《证券法》第65条**）。

判断当事人的行为是否构成要约，本条规定了两项要件：（1）要约的内容具体确定。具体与确定实为一个问题的两种表述而已，均强调要约需满足对拟缔结合同的条款或内容有足够明确的表达［**山东高院（2018）鲁民申2848号民裁，大连中院（2023）辽02民终3224号民判**］。这种明确的表达无须包含未来拟缔结合同的所有条款，如标的物或服务、价格、履行地点或方式、违约责任等，只需要在受要约人简单表示同意的情况下能够在相互间成立有约束力的合同即可，对于不明确或者欠缺的合同条款或内容，可以通过当事人事后协商补充，或经补充的合同解释或者任意法规定补充完整（**参见本法第470条评注**）。因此，具体确定指合同内容可确定，只要任何第三人根据合同可确定其创设的权利、义务即满足要求，且不需要在合同成立时就予以确定。需要留意的是，要约的内容不限于单个的要约文件，当事人在缔约过程中作出的相关说明和允诺，对合同订立或内容确定有重大影响的，也构成要约的内容（**《商品房买卖合同解释》第3条**）［**德宏中院（2023）云31民终572号民判，宜昌中院（2023）鄂05民终2638号民判**］。（2）要约人有受法律约束的意图。行为人发出了内容具有确定性的表示尚非足够，要约的目的在于建立当事人之间的合同关系，因此，要约必须具有经受要约人承诺即受约束的意图，也即与相对人缔结合同的意图［**北京一中院（2023）京01民终4202**

号民判]。是否有受法律约束的意图，为要约与要约邀请的根本区别。通常来说，越详尽、具体的缔约提议越可能被解释为要约。因为内容越详尽、具体的缔约提议，其确定性越高，受约束意图也就越可能被确认，故而，若行为人不想受约束，就需要向相对人明确其不欲受约束的意思[**北京四中院（2023）京04民终272号民判**]；反之，若提议内容不够详尽、具体，当事人之间要成立合同，就需要双方有更加明确的受法律约束的意图。比如，甲公司尽管就拟缔结合同的几乎所有重要内容都已明确，但其同时表明"合同成立须经本公司董事会最后批准"，这种表示就不能作为要约对待。相反，甲公司在公告中只是声明，"本公司将与任何在二十四小时内依公告价格发出订单者订立合同"，该表示也可以被认定为要约。不具体确定的表示通常也意味着表意人无受法律约束的意图[**金昌中院（2022）甘03民终657号民判**]，但是，不能仅仅因表示的内容具体确定就认定其满足要约的成立要件[**北京四中院（2023）京04民终450号民判**]。此外，考虑到行为人可能面临的交易风险，向不特定多数人发出的缔约提议，除非依照社会一般观念可被合理认定有受约束的意图，或当事人明确表达了受约束的意图，通常不宜认定为要约，最典型者为商业广告或商品陈列展示，招标或拍卖公告等（**第473条**）。此外，亲属或朋友之间的约定、戏谑或夸张表示或者打赌承诺，原则上应否定有受约束的意图[**河南洛阳中院（2008）洛民终字第198号民判**]。

要约一旦成立，就产生形式拘束力和实质拘束力。所谓要约的形式拘束力是指要约生效后，要约人不得撤回或变更要约的内容；要约的实质拘束力是指要约使受要约人处于可经承诺而与要约人成立合同的法律地位。由于要约的这种效果是基于要约人的意思而发生，因此，其具有与单方法律行为类似的效果，二者的差异在于，要约不能依其内容而创设权利、义务，而单方法律行为则应按其内容发生效力。

第四百七十三条 【要约邀请】要约邀请是希望他人向自己发出要约的表示。拍卖公告、招标公告、招股说明书、债券募集办法、基金招募说明书、商业广告和宣传、寄送的价目表等为要约邀请。

商业广告和宣传的内容符合要约条件的，构成要约。

本条第1款是要约邀请的定义性规定。要约邀请也称要约引诱，是邀请他人向自己发出要约的表示（**本款第一句**）。其与要约一样包含有缔约的意思，但要约邀请无目的意思和效果意思，故要约邀请并非意思表示。除“是否具备未来拟缔结合同的必要条款”或“内容是否具体确定”外，要约邀请与要约最根本的区别在于是否有受法律约束的意图，若无，就只能认定为要约邀请而非要约。本款第二句延续原《合同法》第15条的做法，列举了要约邀请的典型类型，将拍卖公告、招标公告［**广州中院（2023）粤01民终23840号民判**］、招股说明书、寄送的价目表等明确规定为要约邀请，并将“债券募集办法、基金招募说明书”增列为要约邀请类型；在不存在本条第2款规定的例外情形下，商业广告和宣传则被推定为要约邀请［**新疆高院（2023）新民申829号民裁**］。若当事人明确表示广告仅为要约邀请，其内容仅供参考，则应依此认定广告性质［**山西高院（2022）晋民申1967号民裁**］。

第2款规定商业广告和宣传的例外。根据该款，商业广告和宣传若满足本法第472条关于要约条件的规定，即内容具体确定且要约人有受法律约束的意图，则例外具有要约的效力。例如，要约人所发出的宣传单所载内容具体明确，且在双方此后签订的合同中已经将宣传单的内容纳入并作为合同条款，该宣传单就不能作为纯粹的要约邀请对待，应视为要约［**最高法（2015）民申字第1832号民裁**］。即使广告或宣传资料中的相关说明和允诺未载入合同，只要其内容具体确定，并对合同订立以及内容确定有重大影响，仍应视为要约而构成合同的内容（**《商品房买卖合同解释》第3条**）［**（2021）最高法民申5495号民裁**］。值得注意的是，并非第1款第二句所列举的要约邀请类型均有类似的例外，其他情形依商业惯例仅有要约邀请的效果，并无设置例外之需要。

值得注意的是，要约邀请与纯粹的自然事实仍有不同，其虽不依表意人的意思而产生法律效果，但仍包含具体内容，可作为“缔约背景、磋商过程”因素以确定合同的内容（**《合同编通则解释》第1条第1款**）。

第四百七十四条　【要约生效的时间】要约生效的时间适用本法第一百三十七条的规定。

要约生效的时间直接影响要约对要约人产生拘束力的时间和承诺期

间的计算。要约的生效时间有发出主义（发信主义）、到达主义（收信主义）和了解主义（实际知道主义）等不同立法模式。根据本法第137条关于意思表示生效时间的规定，要约生效的时间因要约作出方式的不同而不同：以对话方式作出的要约采了解主义，即自受要约人了解（知道）具体要约内容时生效。以非对话方式作出的要约采到达主义［**贺州中院（2022）桂11民终783号民判**］。对此处的“到达”应作抽象理解，只要要约进入受要约人实际管领、控制的领域，如受要约人通常的住所、办公场所、信箱等即可［**济南中院（2022）鲁01民终6401号民判**］；而在进入受要约人管领、控制领域前，即使受要约人已通过其他方式事先了解要约内容，要约也不对要约人发生拘束力。

采取数据电文形式订立合同的，区分三种情况确定要约生效的时间：当事人之间有生效时间的特别约定的，从其约定；如无约定，但受要约人指定特定系统接收数据电文的，该数据电文进入该特定系统的时间为要约生效时间；未指定特定系统的，自受要约人知道或者应当知道该数据电文进入系统时要约生效。

第四百七十五条 【要约的撤回】要约可以撤回。要约的撤回适用本法第一百四十一条的规定。

本条为参引规定。根据本条第一句，允许要约人撤回要约。根据本条第二句，撤回要约适用本法第141条的规定，即撤回要约的意思表示应以通知的方式作出，且通知应在要约到达受要约人前或与要约同时到达受要约人［**贺州中院（2022）桂11民终783号民判**］。由此可知，本条系第141条规定的具体化，在规范内容上二者完全一致。

由于撤回要约的通知应先于或与要约同时到达受要约人，因此撤回要约的可能性与要约的方式有关。以对话方式作出的要约，通常在作出时即被相对人所了解，因而也没有撤回的可能（**但在符合本法第476、477条规定的情况下可以撤销要约**）。如果相对人因为理解或听力障碍或者未注意而没有及时知道要约的内容，以对话方式发出的要约则例外有撤回的可能性。以非对话方式发出的要约，从要约发出至到达受要约人通常会有时间间隔，从而有撤回之可能。但是，以数据电文方式发出的要约，基于电子数据传输的时间短暂，与以对话方式作出的要约类似，但因为其不以收件人知道为生效条件，所以更难撤回。较为特殊的情形是，电子技术的发展使发件人在一定时间内可以撤回先前发出的信息/电子文件，如邮件或聊天信息的撤回，被撤回的邮件或信息在撤回前是否已生效？这是一个解释问题。由于电子数据信息在撤回前已经到达相对人，相对人甚至可以提取查用，因而应认定为已到达，发件人/发信人事后的撤回并不发生撤回要约的效果。不过，如果收件人在发件人撤回前根本无从了解数据电文的内容，则例外应允许撤回。这种例外的承认，在要约为不可撤销的情形下尤其具有意义。

第四百七十六条 【要约的撤销及其例外】要约可以撤销，但是有下列情形之一的除外：

（一）要约人以确定承诺期限或者其他形式明示要约不可撤销；

（二）受要约人有理由认为要约是不可撤销的，并已经为履行合同做了合理准备工作。

要约撤销是要约人通过单方意思表示消灭已经生效之要约效力的行为。被撤销的要约自撤销的意思表示生效时失效，受要约人不能再经承诺而成立合同。

要约撤销与要约撤回，均发生于受要约人承诺前，但要约撤销是消灭已经生效的要约之效力，而要约撤回是阻止要约生效。已经生效的要约具有受法律保护的效力（形式拘束力与实质拘束力），是否允许撤销要约属于立法政策上的价值判断问题，比较法上有原则上可撤销、原则上不可撤销以及可撤销但需赔偿等三种立法模式，我国依循《国际货物销售合同公约》及《国际商事合同通则》的做法，允许要约人在受要约人承诺前撤销要约。要约可以撤销的原因在于，只要受要约人还没有对要约产生信赖，撤销要约通常就不会对受要约人造成明显的损失；此外，既然合同基于自由意思而缔结，则允许撤销尚未产生实质影响的要约将有利于对决定自由的维护。如电子数据形式的要约在被撤回前已被受要约人接收甚至知晓，则在极短时间内撤销的，如包含要约的微信信息被有效“撤回”，至少应当将其认定为有效撤销要约。但是，要约是否对受要约人产生了实质影响，仍然需要依据要约的具体情况加以判定。为此，基于要约人与受要约人利益平衡的需要，本法设置了要约不可撤销的两项例外。

其一，要约人以确定期限或其他形式明示要约不可撤销。该项规定的文义表明，此项例外以要约人明示或推定的意思为基础［**东莞中院(2022)粤19民终12537号民判**］。要约人明示要约不可撤销，如其在要约中明确表示，“本要约不可撤销”“本要约为实盘要约”。尽管法律中使用“明示”的表述，但这涉及对要约人意思表示解释的问题，任何可以确定要约人声明要约不可撤销之意思的情形，均满足该要求。要约人表示此种意思最常见的方式是确定承诺期限。依本条之规定，确定承诺期限等同于以明示方式表示要约不可撤销。

其二，受要约人已因信赖而行事。与前项例外不同，本项例外是从受要约人角度对要约的撤销设置限制。其要件有二：一是受要约人有理由信赖要约不可撤销。若要约人在要约中明示要约不可撤销，受要约人自可因此而生信赖。但是，本项例外并不考虑要约人的意思，只要要约人的行为使受要约人产生了合理信赖即为已足。例如，要约人在要约中要求受要约人“备货以待交付”，或者要约本身需要受要约人进行广泛的、花费较高的调查，或者受要约人为承诺而需要向第三方发出要约，甚至与第三方缔结合同。前述事实的存在是受要约人可合理信赖要约不可撤销的基础。二是受要约人已经为履行合同做了合理的准备工作。此等准备工作既是信赖的外在表征，也是信赖的结果，单纯的信赖不足以确立要约的不可撤销性，只有当受要约人依信赖行事时方可。比如，受要约人已准备原料或开始制造、租赁仓库或联系运输、租地建厂、预留产能或辞职待雇［**黄浦区法院(2021)沪0101民初29436号民判**］、招聘或培训人员等，均属其类。单纯为决定是否承诺而从事相关行为，如向中介机构进行咨询或向第三方供货商询价，或者进行相关调查等，则不属于本条规定的“为履行合同做了合理准备工作”，最多作为已有信赖的证明。“合理”是指受要约人从事的这种准备工作是其在合理信赖之下通常会有的行为，也可以说，准备行为需与合理信赖之间具备相当因果关系。因此，本项例外不仅要求“有理由认为”，即“合理信赖”，而且要求已有“合理准备”，即“合理行为”，主、客观两方面均须受“合理性”之审查。

若要约不可撤销，则要约人的撤销行为不生效力，受要约人仍可进行有效承诺进而成立合同。当然，受要约人也可以不承诺而单纯要求要约人依缔约过失规定（**第500条**）向其承担赔偿责任。此外，不可撤销的要约仅排除要约人单方撤销的效果，依意思自治原则，不可撤销的要约经受要约人同意仍可被要约人撤销。

第四百七十七条 【撤销要约的时间】撤销要约的意思表示以对话方式作出的，该意思表示的内容应当在受要约人作出承诺之前为受要约人所知道；撤销要约的意思表示以非对话方式作出的，应当在受要约人作出承诺之前到达受要约人。

要约的撤销除要约须为可撤销的要约（**第 476 条**）外，还须要约人有撤销要约的意思表示。与意思表示一样，撤销要约的意思表示可以对话方式作出，也可以非对话方式作出。由于本法第 137 条已有对意思表示生效时间的规定，因此，本条规范的重心不在于规定撤销表示的生效时间，而在于规定撤销表示须在受要约人承诺前生效。

撤销要约的意思表示之所以“应当在受要约人作出承诺之前”为受要约人所知道或者到达受要约人，是因为在受要约人作出承诺后合同即告成立，要约人再无撤销要约的可能性〔**沈阳中院（2021）辽 01 民终 15449 号民判，佛山中院（2023）粤 06 民终 349 号民判，北京二中院（2023）京 02 民终 285 号民判**〕。本条将原《合同法》第 18 条“受要约人发出承诺通知之前”改为“受要约人作出承诺之前”是为了与本法第 480 条相协调。按照第 480 条之规定，承诺原则上以通知的方式作出，但也可以通过行为作出，“发出承诺”的对象仅限于以通知方式作出的承诺，而不能包括通过行为方式作出的承诺。此外，要约撤销应当在受要约人作出承诺前到达的规定并非强制性规则。要约人可以在要约中规定，在收到答复之前要约对其没有拘束力。

较为特殊的是，撤销要约的意思表示能否以推定的方式作出。根据本法第 140 条第 1 款之规定，意思表示可以默示的方式作出。撤销表示既然为意思表示，自然可以默示的方式作出。最为典型者，为出卖房屋而发出要约的人在受要约人承诺前又将房屋转售他人，若受要约人在知道前述事实后才作出承诺，要约是否可以视为已被有效撤销？虽然要约人并无撤销要约的行为，但理智之人应当知道转售意味着不再接受此前出卖要约的约束，故而，在受要约人知道该情事的情况下，其应与到达的撤销通知具有相同效果。当然，受要约人仍可基于缔约过失责任的规定（**第 500 条**）向要约人主张损害赔偿。

此外，依据本条，撤销要约的意思表示原则上为需受领的意思表示，须向受要约人作出。但是，本条需与本法第 499 条关于悬赏广告的规定协调一致。就悬赏广告的性质，理论上有单独行为说与要约（合同）说之分歧，我国既有的司法实践通常采纳要约（合同）说。若将悬赏广告认定为要约，其系向不特定人发出，理论上通常允许悬赏广告人在行为人完成指定行为前自由撤销悬赏表示。此种撤销行为与撤销要约行为同其性质（前者为后者的特殊形式），但自悬赏人以与发布悬赏广告之相同方式发出撤销通知时起，悬赏广告即告失效，自无通知到达与否的问题。准此，本条规定就悬赏广告的撤销构成隐藏的法律漏洞，应予填补，对其作目的性限缩解释。

第四百七十八条 【要约失效】有下列情形之一的，要约失效：

（一）要约被拒绝；

（二）要约被依法撤销；

（三）承诺期限届满，受要约人未作出承诺；

（四）受要约人对要约的内容作出实质性变更。

要约失效是指要约丧失法律拘束力。要约失效后，受要约人继续承诺的，不发生合同成立的法律后果。本条沿袭原《合同法》第 20 条，规定了要约失效的四种情形。

（1）要约被拒绝。拒绝要约在性质上属于需受领的意思表示，只有为要约人所了解或到达要约人才能发生效力（**第 137 条**）。拒绝要约通常为明示方式，但受要约人也可以通过行为默示地表示拒绝［**青岛中院（2021）鲁 02 民终 6444 号民判，中山中院（2020）粤 20 民终 152 号民判**］。例如，受要约人在收到购买要约后将标的物转让给他人或将其抛弃。受要约人单纯沉默不得被视为拒绝，应依据本条第 3 项规定处理。同样需要注意的是，本项规定亦需与本法第 473、499 条规定协调一致。在前引两条规定情况下，要约系向不特定人发出，因此，特定人就要约为拒绝表示，要约仅对拒绝之人失效，对其他人仍应维持其效力。

（2）要约被依法撤销。要约的撤销应遵循本法第 476、477 条之规定，被撤销的要约丧失其效力［**嘉兴海宁法院（2021）浙0481民初6787号民判，青岛中院（2021）鲁02民终11036号民判**］。

（3）承诺期限届满，受要约人未作出承诺［**山东高院（2020）鲁民申4894号民裁，贵阳中院（2021）黔01民终6442号民判，遵义中院（2021）黔03民终8362号**］。"承诺期限"适用本法第481、482条的规定，即有约定依约定，无约定的根据承诺方式而作不同处理：以对话方式作出的要约须即时承诺，以非对话方式作出的要约应在合理期限内承诺。"作出承诺"应适用本法第479～481、488～489条之规定，即在承诺期限内作出有效承诺。本法第481条第1款中的"要约确定的期限"与同条第2款"要约没有确定承诺期限"具有逻辑关联性，即对第1款所称"期限"与第2款所称"承诺期限"应作相同解释。据此，本条规定中的"作出承诺"不仅指受要约人须发出承诺通知，而且该通知须在承诺期限内到达要约人。在承诺期限内发出承诺通知但在期限后到达的承诺应依本法第486条的规定处理。

（4）受要约人对要约的内容作出实质性变更［**贵阳中院（2021）黔01民终11849号民判**］。本项规定应结合本法第488条的规定理解。根据第488条第二句之规定，受要约人对要约的内容作出实质性变更的，为新要约［**（2018）最高法民申2023号民裁**］。自新要约生效时起，原要约自无继续存在的价值，原要约失效。

但是，若受要约人仅对要约作出非实质性变更，依本法第489条之规定，要约人及时表示反对或者要约表明承诺不得对要约作任何变更的，承诺亦属无效。此时承诺是否可以类推本法第488条第二句之规定认定为新要约，在价值衡量上似无不可。如果是这样，亦可通过对本条第4项规定作目的性扩张，认定在前述情形中要约失效。

另可讨论者，除前述情形外，要约人死亡或者丧失行为能力是否影响要约效力。郑玉波先生认为，要约人死亡或能力欠缺原则上不影响要约的效力，但以下情况例外：（1）要约人明显有反对意思；（2）在要约到达之前，相对人知道要约人死亡或能力欠缺的事实；（3）合同履行具有人身属性（如委任、雇佣、合伙等）。该观点利益衡量适当，可资赞同。

第四百七十九条 【承诺的定义】承诺是受要约人同意要约的意思表示。

承诺是以要约—承诺方式订立合同（**第 471 条**）的最后阶段，合同通常自承诺生效时成立（**第 483 条**）。合同基于双方意思表示一致而成立（**第 134 条第 1 款**），因此，承诺的内容应当与要约的内容一致，受要约人“同意”要约是双方意思表示一致的反映。承诺非法律行为，而系准法律行为，应适用本法总则编有关意思表示及有关法律行为的效力规定（**第 137～157 条**）。作为合同成立要件的“同意”纯从客观解释判断（**第 142 条第 1 款**），并不当然受制于受要约人的内心真实意思。只要承诺的内容从理性的第三人角度看与要约的内容一致，即可认定合同成立。纵然承诺的外在表示与受要约人的内心真实意思不一致，也仅发生意思表示错误问题（**第 147 条**），只影响合同效力而不影响合同成立。当然，若要约人知道受要约人的真实意思，则应依照受要约人的真实意思认定其是否同意要约。

有效承诺应当符合以下要件：（1）承诺须由受要约人或者其代理人向要约人作出。要约仅赋予受要约人承诺资格［**沈阳中院（2023）辽 01 民终 4658 号民判**］，因此，仅受要约人本人或其代理人可为有效承诺。以广告形式向不特定社会公众发出要约的（**第 473、499 条**），任何符合要约要求的人均有资格作出承诺。承诺原则上为需受领的意思表示（**第 480 条第一分句**），故须向要约人或其法律地位继受人（**如要约人死亡而要约继续有效的情形，参见本法第 478 条评注**）作出。（2）受要约人须同意要约。同意要约，是指接受要约内容的表示，适用本法第 488～489 条之规定。受要约人在他人寄送的合同文本上签字、盖章即视为同意［**佛山中院（2023）粤 06 民终 349 号民判，淮安中院（2022）苏 08 民终 2995 号民判**］。（3）承诺须在承诺期限内到达要约人（**第 481 条**）。（4）承诺的方式必须符合要约的要求。要约规定承诺须以特定方式作出，否则承诺无效的，承诺人承诺时须符合要约人规定的承诺方式。但是，要约人限定特定承诺方式的唯一原因是想要确保及时回应的，受要约人使用能够实现相同目的的其他方式，亦得构成有效的承诺。

第四百八十条 【承诺的方式】承诺应当以通知的方式作出；但是，根据交易习惯或者要约表明可以通过行为作出承诺的除外。

第一分句规定通知为承诺的一般方式。合同因承诺而成立，在要约人和受要约人之间建立法律关系。受要约人是否承诺，要约人应当知道，因此，承诺以受要约人向要约人作出承诺通知为原则。“通知”是以语言文字表达意愿的方式，其含义必须明确肯定，因而承诺通知属于明示的意思表示（**第140条第1款**），即受要约人将同意要约的意思明确告知要约人［**威海中院（2023）鲁10民终30号民判**］。此外，承诺通知不必与要约采取相同的形式，原则上，任何能够表达同意要约意思的通知形式，无论是口头、书面还是数据电文形式均无不可［**长春中院（2022）吉01民终4644号民判，上海一中院（2022）沪01民终11033号民判**］。

第二分句规定了无须通知的承诺方式。承诺作为意思表示，除明示方式外，亦可采取默示方式（**第140条第1款**）作出。但是，本分句仅规定以行为方式作出的承诺，并不包括其他默示方式作出的承诺。通过行为作出的承诺，理论上称为“意思实现”，即根据交易习惯或要约人的要求，受要约人虽然实施了含有承诺意愿的行为，但并未向要约人作出承诺通知（声明），从而不存在通知到达的问题，故而构成以通知方式承诺的例外［**(2018)最高法民申2844号民裁**］。通过行为方式承诺须满足两项要件：其一，要约未规定承诺必须以通知作出。由于依意思实现方式缔结的合同自相关行为作出时即告成立（**第483条及第484条第2款**），合同成立的时间提前，可能不利于要约人，因此，除依交易习惯得以行为承诺者外，“承诺无须通知”须符合要约人的意思。要约人要求承诺必须通知的，承诺人不得以行为方式承诺。其二，受要约人实施了依交易习惯或要约要求可被视为承诺的行为。受要约人受领要约人提供的给付、享受其利益的行为，如在邮寄销售的书籍书页上签名，或者消费宾馆房间内放置的非赠送商品等，属于依交易习惯可认定为以行为承诺的情形；预付价款、装运货物或者开始工作等通常为拟缔结合同的履行行为，则属于“要约表明可以通过行为作出承诺”的情形［**陕西高院(2023)陕民申3115号民裁，株洲中院（2023）湘02民终153号民判，咸阳中院（2023）陕04民终689号民判**］。主张依交易习惯有可视为承诺的行为者，应对交易习惯和可视为承诺的行为承担证明责任［**新疆高院伊犁哈萨克分院（2022）新40民终1250号民判**］。

还需明确的是：除本条规定的承诺方式外，是否允许存在其他承诺方式？首先，法律规定某种行为或不行为构成承诺的，亦属“无须通知的承诺”。例如，根据本法第638条之规定，试用买卖的试用期满，买受人对是否购买未作表示的，视为购买（**第 1 款第二句**）；买受人在试用期内已经支付部分价款或者对标的物实施出卖、出租、设定担保物权等行为的，视为同意购买（**第 2 款**）。再如，保证人接收当事人提供的担保函且未提出异议的，保证合同成立（**第 685 条第 2 款**）［**北京高院（2022）京民辖终 295 号民裁**］。这些情形有些属于单纯的拟制（如未表示是否购买被拟制为同意购买），有些属于意思表示的通常效果（如对试用买卖标的物的处分被拟制为同意购买，或不对所接收的担保函提出异议视为接受保证）。其次，单纯沉默通常不能被认定为承诺。但是，依法律规定、当事人约定或者交易习惯可将沉默视为同意时，沉默亦得为承诺［**沈阳中院（2023）辽 01 民终 18735 号民判**］。如当事人约定，在接受报价后 3 日内不表示反对即视为接受时，未在约定期间表示异议将被视为承诺。以沉默方式承诺的，其同样为“无须通知的承诺”。

第四百八十一条 【承诺的期限】承诺应当在要约确定的期限内到达要约人。

要约没有确定承诺期限的，承诺应当依照下列规定到达：

（一）要约以对话方式作出的，应当即时作出承诺；

（二）要约以非对话方式作出的，承诺应当在合理期限内到达。

承诺期限是要约效力的存续时间，也是受要约人承诺资格的存续期限。承诺期限届满，未被承诺的要约失效（**第 478 条第 3 项**）。依本条规定，承诺只有在承诺期限内到达要约人方为有效。但是，承诺到达仅与“须通知的承诺”有关，如承诺无须通知，则自可视为承诺的行为作出的或相关事实发生的（**参见本法第 480 条评注**），发生与承诺通知到达相同的效果。但是，本条规定的重心不在承诺的生效，而在承诺期限的确定。

第 1 款规定承诺期限由要约确定。因承诺期限是对要约约束力的时间限制，受要约人的承诺资格也源自要约的效力，故承诺期限允许由要约人自由确定。要约确定的承诺期限与要约的作出方式无关，无论是以对话方式还是以非对话方式作出的要约，均应首先遵照要约确定的承诺期限。本条第 2 款第 2 项删除原《合同法》关于“但当事人另有约定的除外”之规定，即明此理。

第 2 款规定要约未确定承诺期限时应依要约方式确定承诺期限。本款为任意性规定，在不能适用前款时才适用本款规定。依本款第 1 项之规定，以对话方式作出要约的，受要约人须“即时作出承诺”，即须在对话进行期间作出承诺。“即时”并非“立即”，而是限于对话关系持续期间。如一方向另一方当面或在电话通话中发出要约，在双方终止谈话或挂断电话前作出承诺均属“即时承诺”。此外，通过即时通信工具（如微信、脸书、QQ、Skype 等）发出要约的，依其性质也应视为“以对话方式发出要约”，从而应适用本项规定。

依本款第 2 项之规定，要约是以非对话方式作出的，承诺期限则为“合理期限”［**黄冈中院（2023）鄂 11 民终 471 号民判，广州中院（2023）粤 01 民终 5265 号民判**］。“合理期限”为不确定概念，对此应综合考虑多种因素加以判断，尤其是应考虑正常情况下当事人作出判断以及传递信息所需时间。由此，“合理期限”可被拆分为三个时间段：一是要约到达受要约人的期限，其主要适用于以信件、电报等方式作出的要约情形（**第 482 条第一句**）。二是受要约人作出是否承诺的判断所需合理期限。这个期限可以通常人为标准确定，依要约的内容不同而有差异，内容越复杂，调查、决策的时间就越长，如果相关事项还要经过董事会或股东会的批准，时间可能还会更长。此外，交易的重大性、交易价格变动的速度与幅度等也会对决策时间产生影响。三是承诺通知到达要约人所必要的时间，其主要适用于“须通知的承诺”情形（**第 480 条第一分句**），与通知的方式相关。

第四百八十二条 【特殊形式要约的承诺期限起算】要约以信件或者电报作出的，承诺期限自信件载明的日期或者电报交发之日开始计算。信件未载明日期的，自投寄该信件的邮戳日期开始计算。要约以电话、传真、电子邮件等快速通讯方式作出的，承诺期限自要约到达受要约人时开始计算。

任何期限均涉及期限起算问题，承诺期限自不例外。但是，本条规定沿袭自原《合同法》第 24 条，性质上为任意性规定，仅在要约人在要约中未确定要约起算时间时适用。

依本条第一句之规定，尽管以信件或电报方式作出的要约被规定在同一句，但二者涉及的承诺期限起算时间并不相同。以信件方式作出的要约，承诺期限自信件载明的日期开始计算。信件载明的日期，是指发信人在书写载有要约内容的信件时所签署的日期，是信封内的内容，而非要约人（发信人）在信件中确定的承诺期限起算日期。信件没有载明日期的，应当自投寄该信件的邮戳日期开始计算（**本条第二句**）。以电报方式作出的要约，则自电报交发之日开始计算，即发报机关在发报纸上记载的日期。

依本条第三句，要约以电话、传真、电子邮件等快速通讯方式作出的，承诺期限自要约到达受要约人时开始计算［**南京中院（2020）苏 01 民特 89 号民裁**］。电话以接听时间为到达时间，传真、电子邮件则适用本法第 137 条第 2 款的规定，在该数据电文进入受要约人的特定系统时生效。本句所指快速通讯方式并不限于所列举的情形，其他方式如微信、脸书等亦包括在内。但是，在涉及以快速通讯方式作出的要约情形中，尤其是电话、微信等，更接近于以对话方式作出的要约，因此应适用以对话方式作出要约的规定。如此一来，对于需即时承诺的情形（**第 481 条第 2 款第 1 项**），承诺期限的起算并无意义。因此，以上所述仅适用于要约人确定了不同于该项规定的承诺期限的情形，如要约人在微信中声明，受要约人须在 3 日内表示是否承诺。

第四百八十三条 【合同的成立时间】承诺生效时合同成立，但是法律另有规定或者当事人另有约定的除外。

合同成立表明当事人已结束磋商过程而达成了合意，在满足效力要件的情况下合同亦将产生法律约束力（**第 119 条**）。通常而言，依法成立的合同，自成立时生效。但是，合同成立只是合同生效的前提，已成立的合同并不必然生效（**第 502 条第 1 款**），因此，不能将合同的成立时间与合同的生效时间混淆。合同成立时间的法律意义主要在于，它是确定合同当事人在合同中的利益与风险分配状况的时间点，如在确定违约赔偿时，赔偿的范围“不得超过违约一方订立合同时预见到或应当预见到的因违约可能造成的损失”（**第 584 条第二分句**）。本法共有 11 处规定涉及“订立合同时”（**分别见于第 496、511、533、584、603、613、731、925～926 条**），其实际为一个期间而非期日，即自合同开始磋商始至合同成立时止的期间，偏重于合同的订立过程。但是，本条所指合同成立时间为期日而非期间，应予注意。

因合同订立通常采用要约、承诺的方式（**第 471 条**），故本条规定“承诺生效时合同成立”［**随州中院（2023）鄂 13 民终 1462 号民判**］。不过，要约、承诺完成只是表明合意形成，若依法律规定或当事人约定，合同成立还需其他要件，则只有在满足全部成立要件时合同才告成立。例如，本法第 490 条第 1 款规定，书面合同自双方签名、盖章［**荆州中院（2023）鄂 10 民终 1959 号民判**］或接受主要义务的履行时成立［**咸宁中院（2023）鄂 12 民终 21 号民判**］；第 491 条第 1 款规定以信件或数据电文形式订立合同的，签订确认书时合同成立；第 586、679、890 条规定实践性合同自标的物交付或金钱交付时合同成立；采取招标方式订立合同的，合同自中标通知书到达中标人时成立；采取拍卖或挂牌交易方式订立合同的，合同自拍卖师落槌、电子交易系统确认成交，或者拍卖公告、交易规则公开确定的其他合同成立条件具备时成立（**《合同编通则解释》第 4 条**）［**泰安中院（2023）鲁 09 民终 3485 号民判**］。在中标通知书发出后或拍卖成交后，当事人不签订或拒绝签订书面合同或成交确认书的，不影响其承担合同义务与责任。不过，当事人约定须采取书面形式，或者须另行签订确认书，或者支付约定的预付款后合同才成立的，合同自约定的条件满足时成立。

第四百八十四条 【承诺生效的时间】以通知方式作出的承诺，生效的时间适用本法第一百三十七条的规定。

承诺不需要通知的，根据交易习惯或者要约的要求作出承诺的行为时生效。

原则上，承诺生效时为合同成立时，从而合同成立的时间依承诺生效的时间确定。作出承诺的方式有通知方式和非通知方式之别（**第 480 条**），本条依承诺方式不同而规定了不同的承诺生效时间的确认规则。

第 1 款规定了以通知方式作出的承诺的生效时间确认规则，即适用本法总则编关于意思表示的生效规则（**第 137 条**）。以对话方式作出的承诺自要约人知道承诺内容时生效；以非对话方式作出的承诺自到达要约人时生效［**广州中院（2022）粤 01 民终 25240 号民判，汕尾中院（2023）粤**

第三编 合同

15 民终 454 号民判]。以数据电文形式作出承诺的，当事人对承诺生效时间有约定的，依其约定；没有约定但要约人指定了接收数据电文的特定系统的，作为承诺的数据电文进入该系统时为承诺生效时［**上海高院（2024）沪民辖终 10 号民裁**］；要约人没有指定特定系统的，自要约人知道或应当知道该数据电文进入其系统时承诺生效。

第 2 款规定了以行为方式承诺的承诺生效时间确认规则，即受要约人实施了依交易习惯或要约要求可被视为承诺的行为时承诺生效，具体如在他人寄送的合同文本上签章［**重庆五中院（2022）渝 05 民辖终 500 号民裁**］，将工程实际交付承包人施工［**玉溪中院（2023）云 04 民终 1598 号民判**］，受要约人受领要约人提供的给付、享受其利益属于接受合同履行的行为，该等行为实施时，即为承诺生效时［**浙江高院（2022）浙民终 1276 号民判**］。

第四百八十五条 【承诺的撤回】承诺可以撤回。承诺的撤回适用本法第一百四十一条的规定。

承诺的撤回，是指要约人在承诺通知发出后、生效前，宣告取消其效力的表示行为。承诺的撤回仅适用于以通知方式作出的承诺，无论是对话方式还是非对话方式（**参见本法第 475 条评注**）。以行为方式作出的承诺自行为作出时生效，通常不发生撤回的问题。但是，若以提供给付或接受履行的方式作出承诺，在对方接受或自己接受履行前反悔，终止可视为承诺之行为，其与依本条撤回承诺的效果相同。承诺的撤回和要约的撤回（**第 475 条**）具有相同的法律意义，都是阻止已经发出的意思表示生效的行为，应同样适用本法第 141 条有关意思表示撤回的规定，因此，有关要约撤回与承诺撤回的规定都属于本法第 141 条的具体化，在规范效果上完全一致。

撤回承诺的条件是：（1）撤回承诺的意思表示应当采取通知的形式，不得以默示或推定的方式作出。但是，撤回承诺通知的方式不必与原承诺的方式相同，如以普通信件方式承诺的，可以电报方式撤回。（2）撤回承诺的通知只能由受要约人作出。（3）撤回承诺的通知需要向要约人作出。（4）撤回承诺的通知应当在承诺通知到达要约人之前或者与承诺通知同时到达要约人（**第 141 条第二句**）［**聊城中院（2022）鲁 15 民**

终 5427 号民判，阿克苏中院（2022）新 29 民终 365 号民判]。

第四百八十六条 【逾期承诺及其效果】受要约人超过承诺期限发出承诺，或者在承诺期限内发出承诺，按照通常情形不能及时到达要约人的，为新要约；但是，要约人及时通知受要约人该承诺有效的除外。

逾期承诺，是指超过承诺期限的承诺。根据本法第 481 条之规定，承诺应当在承诺期限内到达要约人，或者在承诺期限内作出可视为承诺的行为（**参见本法第 481 条评注**）。因此，超出承诺期限的承诺，不发生承诺的效力，除非要约人及时通知该承诺有效。

依本条第一分句的规定，逾期承诺有两种形式：一是承诺期限届满后发出的承诺；二是承诺期内发出，但按照通常情形不能及时到达要约人的承诺。逾期发出的承诺到达要约人的时间必然超过承诺期限，故原则上不发生承诺的效果[**渝北区法院（2022）渝 0112 民初 31807 号民判**]，这个结论可由本法第 481 条关于承诺期限的规定推论得出，容易理解。但是，承诺期限内发出、按照通常情形不能及时到达要约人的承诺则并不必然为迟到的承诺，若将事实上并未迟到的承诺认定为新要约，则必将与第 481 条的规定冲突。这是因为，该条仅要求承诺在承诺期限内到达要约人，并未规定受要约人应于何时发出承诺，更未规定承诺到达的过程是否合乎通常情形。对此种逾期承诺形式的规定或许源自某种误解。为保持与本法第 481 条的协调，对本条第一分句的第二种情形应当在文义上作限缩解释，即仅指“在承诺期限内发出承诺，按照通常情形不能及时到达（且事实上未及时到达）要约人的”情形，从而在效果上与第一种情形等同。这样，本条规定的两种情形都与“逾期（到达的）承诺”相关，而与是否“逾期发出的承诺”无关。同时，与本法第 487 条规定的意外迟到的承诺不同，本条规定的是“承诺迟到”的通常情形，其规范重心在于确立如下规则：迟到的承诺为新要约。

逾期承诺虽然不发生承诺的效力，但不能因此认为当事人间的缔约过程当然终结，毕竟受要约人对要约作出了同意的响应，基于便利的考虑，法律将逾期承诺确认为受要约人发出的新要约，从而使原要约人处于受要约人地位，得以通过承诺而成立合同。但是，如果要约人及时通知逾期的承诺仍然有效，基于自愿原则，法律自无必要迂曲地将该种通知拟制为承诺，而可以直接认定逾期承诺发生有效承诺的效力，合同自逾期承诺到达时生效（**本条第二分句**）。要约人“及时”通知是指，其应当在逾期承诺到达后立刻通知受要约人其接受逾期承诺。不过，要约人接受逾期承诺的通知不及时但受要约人未表示异议的，应不影响通知的效力［**顺义区法院（2022）京0113民初13475号民判**］。

第四百八十七条 【承诺意外迟到】受要约人在承诺期限内发出承诺，按照通常情形能够及时到达要约人，但是因其他原因致使承诺到达要约人时超过承诺期限的，除要约人及时通知受要约人因承诺超过期限不接受该承诺外，该承诺有效。

承诺意外迟到，是指承诺人在承诺期限内发出承诺，按照通常情形能够及时到达要约人，但是因传递原因承诺到达要约人时超出了承诺期限。承诺意外迟到是承诺未迟发但仍迟到的情形。承诺意外迟到因不可归责于受要约人，故对其对于承诺及时到达的信赖应当给予保护。如其他情形一样，本条仅适用于以非对话的通知方式作出的承诺。

承诺意外迟到须满足以下要件：（1）受要约人须在承诺期限内发出承诺。（2）承诺到达要约人时超过了承诺期限。若承诺按期到达，则无本条适用余地。（3）承诺超过承诺期限到达要约人不是可归责于受要约人的原因，而是因传递原因迟延，如邮局误投、电子邮件服务器故障等导致邮件迟延到达。（4）按照通常情形承诺能够及时到达要约人。就此应考虑受要约人所选择的传递方式是否适当，如因其选择的传递方式失当而迟延到达，也不应适用本条。

承诺意外迟到的法律效果是，该承诺原则上仍发生承诺的法律效力，但要约人及时通知受要约人因承诺逾期不接受承诺的，不发生承诺的效力［**广东高院（2013）粤高法民二申字第560号民裁**］。在保护受要约人对承诺及时到达的信赖与要约人不应当被强令接受迟到的承诺之间，本条的处理方式是赋予要约人拒绝接受迟到之承诺的选择权，同时亦要求其将不同意接受迟到承诺的意思及时告知受要约人。就异议通知的内容而言，一方面，要约人要在通知中告知承诺迟到的事实；另一方面，要约人还要表达不接受迟到的承诺之意思。此外，要约人还应以适当的方式将该异议通知毫不迟延地传递给受要约人，避免其因信赖而遭受不必要的损失。

值得注意的是，要约人可能并不知道承诺迟到的原因。在承诺迟到的通常情形中，要约人并不需要告知受要约人承诺迟到的事实，只需要在承诺是否迟到的事实发生争议时，对承诺迟到的事实负证明责任即可，因此，本条对要约人施加的“及时通知”义务有别于通常情形，属于特别的法律义务。基于利益平衡的考虑，在认定要约人是否担负此种义务时，不仅应从客观方面考虑承诺是否“按照通常情形能够及时到达要约人”（由受要约人证明），而且应考虑要约人对该情况是否有识别可能性，即只有根据承诺的信息所显示的情况，要约人应当知道承诺是在承诺期限内发出，且在通常情形下能够及时到达时，才应对迟到的承诺承担异议通知的义务。

第四百八十八条 【承诺与要约的内容应当一致的原则】承诺的内容应当与要约的内容一致。受要约人对要约的内容作出实质性变更的，为新要约。有关合同标的、数量、质量、价款或者报酬、履行期限、履行地点和方式、违约责任和解决争议方法等的变更，是对要约内容的实质性变更。

本条第一句确立了承诺应与要约的内容一致的规则。这项规则有时被形象地称为“镜像规则（mirror-image rule）”，即要求承诺应如同镜子成像一般，其内容与要约的内容完全一致，承诺对要约的内容作任何添加、限制或其他改变都将被视为对要约的拒绝，构成新要约［**海东中院（2023）青02民终745号民判**］。但是，绝对贯彻该项规则将不利于达成促进交易的效率目标；并且，在市场情况出现不利变化时，该规则容易被一方当事人用来作为质疑合同成立的借口，有违诚信。因此，本条第二句对第一句的规范效果作出限制或者说加以明确，即仅当承诺对要约的内容作出实质性变更时，其才构成新要约［**衢州中院（2022）浙08民终1563号民判**］。

本条第三句列举了实质性变更要约的具体情形。何谓实质性变更？对此并不存在抽象的一般标准，必须结合具体情况加以判定。为避免由此产生的不确定，立法者以本法第470条关于合同一般条款的规定为基础，列举了构成实质性变更的具体情形：（1）合同标的变更。合同标的通常为合同要素（**参见本法第 470 条评注**），乃当事人缔结合同的目的所系，因此，标的变更构成实质性变更。（2）数量、质量、价款或者报酬的变更。这些要素为合同常素甚至可能为要素，其变更会对当事人的权利义务产生重大影响，故亦应为实质性变更［**淮安中院（2023）苏 08 民终 1633 号民判**］。（3）履行期限、履行地点和方式的变更［**威海中院（2023）鲁 10 民终 30 号民判，丹东中院（2023）辽 06 民终 943 号民判**］。这些要素的变更影响合同利益的配置，关系到履行负担、标的物所有权的转移和意外灭失的风险转移，故通常也属实质性变更。（4）违约责任的变更。违约责任系对合同权利的救济，相关变更自应属于实质性变更［**佛山中院（2021）粤 06 民终 17821 号民判，沈阳中院（2021）辽 01 民终 17472 号民判，乌鲁木齐中院（2022）新 01 民终 449 号民判**］。（5）争议解决方法的变更。争议解决方法涉及纠纷案件的主管与管辖，涉及准据法的选择等，与当事人利益关系密切，其变更同样属于实质性变更。需注意者，本句使用“等”字，表明其对于实质性变更的情形并非穷尽列举，还存在其他未被列举但构成实质性变更的情形，如书面变更条款，即要求任何变更均需订立书面协议的条款；合并条款（merger clause），即将包含该条款的合同作为确定合同内容的唯一、完整的基础，合同缔结过程中存在的其他口头或书面协议均不得改变其内容。这表明，只要承诺对要约内容的改变对要约人的利益产生重大或明显的影响，就构成实质性变更。

值得注意的是，本条第三句对实质性变更情形的规定属于例示性或提示性规定，对裁判者具有约束效力。但是，就履行期限、履行地点和方式甚至数量、质量等的变更而言，并非任何改变都必然对要约人的利益产生重大或明显的影响。如果变动是轻微的，对要约人利益影响不大甚至更加有利，依据诚信原则，不应允许要约人主张实质性变更的效果。不过，为维护立法的严肃性，对该规定所列举事项的效果作相反认定时，裁判者应负担说理或论证义务。

第四百八十九条 【承诺对要约内容作出非实质性变更的法律效果】承诺对要约的内容作出非实质性变更的，除要约人及时表示反对或者要约表明承诺不得对要约的内容作出任何变更外，该承诺有效，合同的内容以承诺的内容为准。

根据本法第 488 条，承诺须与要约的内容保持一致（**第一句**）；其同时规定，承诺对要约的内容作出实质性变更的，为新要约（**第二句**）。这意味着，只有构成实质性变更的承诺才不发生承诺的效力。由此产生的问题是：非实质性变更的承诺效力如何？从逻辑而言，非实质性变更至少不会当然影响承诺的效力，但具体如何认定其效力，则涉及对要约与承诺一致性原则的贯彻问题。

依据本条之规定，除非存在所列示的情形，承诺对要约的非实质性变更不影响承诺有效。实质性变更和非实质性变更构成矛盾关系，因此，凡不属于本法第 488 条规定的实质性变更情形，均属本条所称的“非实质性变更”。当承诺的内容与要约的内容不一致时，只有非实质性的变更才不影响合同成立，因此，主张承诺有效者，应就此负担证明责任；否定承诺有效者，应就承诺对要约的内容构成实质性变更的事项负证明责任（无论是否属于本法第 488 条所列举的事项）。对于当事人所举实质性变更事项，若属本法第 488 条所列举的事项，依法被推定为实质性变更，裁判者作相反认定时应尽说理或论证义务；若属该条所列举事项外的其他事项，裁判者在确认其效果时（无论是否认定为实质性变更），亦应负担说理与论证义务［**北京知识产权法院（2023）京 73 民终 1218 号民判**］。通常而言，若承诺仅仅添加某种愿望或建议的表述，并无将其作为合同成立条件的意思，则应认定为非实质性变更。若承诺中添加法律的任意性规定内容，仅在这些内容与要约的内容不存在冲突的情况下，才可以认定为非实质性变更。例如，对于非金钱和不动产之外的其他标的，若要约中没有关于履行地的规定，承诺中添加了在履行义务一方所在地履行的内容，若与要约的内容不符，仍可能构成实质性变更。

但是，在两种情形下，对要约内容作出非实质性变更的承诺无效。其一，要约人及时表示反对。与实质性变更无须异议不同，在非实质性变更情形中，因变更对要约人不产生实质性影响，仅在维护其意思自愿（**第 5 条**）的前提下，法律赋予其不接受承诺的选择权。但是，为保护受要约人的合理信赖，要约人应在收到承诺后，及时作出反对表示。“及时”应理解为“立即”，即毫不迟延地向受要约人表示不接受承诺所作变更。至于异议表示的形式，口头或书面均可。其二，要约表明承诺不得对要约作出任何变更。此种禁止变更的表示既可以在载明要约的文件中，也可以在载明要约的文件外单独表示，只要在受要约人作出承诺前能够为其所知即可。与第一种情形不同，在禁止变更要约的情形中，要约人无须专门异议。

在承诺对要约的内容作出非实质性变更且构成有效承诺的情形中，本条规定合同内容以承诺的内容为准。这实际上采纳了所谓“最后一枪（the last shot）”的处理规则。如受要约人通过“承诺函”对要约人提出的协议加以细化，明确相关事务的具体情况，在要约人无异议的情况下，合同的内容应以“承诺函”为准［**最高法（2015）民申字第1155号民裁**］。其合理性在于，非实质性变更不会对要约人产生实质不利，且法律已赋予其拒绝接受承诺的权利。附带说明的是，本法并未对缔约双方均使用格式条款缔约时可能出现的“格式之战（battle of forms）”作出特别规定。这意味着，该种情形原则上应适用本条规定加以处理。

第四百九十条 【书面合同的成立时间】当事人采用合同书形式订立合同的，自当事人均签名、盖章或者按指印时合同成立。在签名、盖章或者按指印之前，当事人一方已经履行主要义务，对方接受时，该合同成立。

法律、行政法规规定或者当事人约定合同应当采用书面形式订立，当事人未采用书面形式但是一方已经履行主要义务，对方接受时，该合同成立。

本条第1款是关于以合同书形式订立合同的规定。合同书只是合同书面形式中的一种（**第469条**），本款规定仅适用于此种形式的缔约情形。在涉及以书面形式缔约时，法律通常仅宽泛地要求采取书面形式，而不会规定具体的书面形式，因此，以合同书形式订立合同原则上以当事人有相关约定为必要。第一句规定以合同书形式订立合同的，合同自当事人均完成签名、盖章或者按指印时成立［**河南高院（2023）豫民再580号民判，沈阳中院（2023）辽01民终20269号民判**］。本句规定的合同成立时间有别于本法第483条规定的承诺生效时间，而属于“法律另有规定或者当事人另有约定”的例外情形。合同书是记载当事人之间合意事项的书面文件，当事人签名、盖章或者按指印的行为构成对合同内容的最终确认，只有当事人都在合同书上签名、盖章或者按手印时，合同才告成立。如果当事人签名、盖章或者按指印的时间不一致，合同在最后一方当事人签名、盖章或者按指印时成立。对于法人或非法人组织，盖章是通常要求，有助于确认法人或非法人组织的法定代表人、负责人签字行为的性质（是个人行为还是作为代表人的行为），或者确认工作人员的代理权限。无论如何，只要满足签字、盖章或按指印中任意一项即可使合同成立。但是，“按指印”通常适用于自然人订立合同的情形，不论其是否与“签名”配合，“指印”只有以特定形式指向合同当事人时才能发生“签署”合同的效果（如在打印好的姓名上按指印）。

第二句是对于第一句形式要求未获满足时合同成立的规定，沿袭原《合同法》第 37 条之规定。该句与本条第 2 款一样，属于所谓“履行治愈形式瑕疵”的情形［**广州中院（2022）粤 01 民终 3075 号民判，中山中院（2022）粤 20 民终 6807 号民判**］。也即，在所有当事人或部分当事人未完成“签名、盖章或者按指印”的行为时，合同本来因形式要件不满足而不成立，但是，若一方当事人已经履行主要义务，且对方接受，则因该种“履行—接受”的行为与签章行为同样表达了当事人对合意的确认，从而具有补正形式瑕疵的效果。需要注意的是，这里所称“履行”由于要求“接受”，故实际上是指“提出履行”，即以履行拟缔结合同中所负义务的意思提出给付；同时，给付的内容必须是“主要义务”或主给付义务，即拟缔结合同固有的、并由此决定合同类型的义务，如货物交付、价款支付、工程开始施工等。“接受”必须是无条件地受领对方提出的给付，如果在受领给付时附加“暂时接受”“仍需签署正式的书面合同”等条件，则合同仍不能因履行而成立。此外，“履行治愈形式瑕疵”仅要求一方履行其主要义务即可，并不要求其履行完全部义务，更不要求双方的主要义务都履行完毕。受领履行时为合同成立时。

第 2 款是关于一般书面形式未获满足时“履行治愈形式瑕疵”的规定。因合同成立的关键在于当事人达成了意思合致，故只要存在能够反映此种合意的事实即可认定合同成立。与本条第 1 款第二句的规定相同，在书面形式要件未获满足时，若当事人一方已经履行其主要义务，且另一方接受该履行，则表明双方已就合同订立达成了一致意思，合同自受领给付时成立［**（2022）最高法知民终 2296 号民判，山西高院（2023）晋民申 1568 号民裁，荆门中院（2023）鄂 08 民终 965 号民判**］。此外，本款的适用须注意：首先，本款规定应一体适用于依法律规定或者当事人约定应当采取书面形式的所有合同，与书面形式欠缺是否影响合同效力的问题无关。其次，“履行治愈”的对象仅限于“形式瑕疵”，若当事人之间的合同存在其他无效原因，则该合同纵然成立，仍属无效。

第四百九十一条 【要求签订确认书的合同以及电子合同的成立时间】当事人采用信件、数据电文等形式订立合同要求签订确认书的，签订确认书时合同成立。

当事人一方通过互联网等信息网络发布的商品或者服务信息符合要约条件的，对方选择该商品或者服务并提交订单成功时合同成立，但是当事人另有约定的除外。

本条第 1 款是关于要求签订确认书情形下合同成立时间的规定。本款与本法第 490 条一样，属于本法第 483 条关于“合同自承诺生效时成立”规则的例外情形。在这个意义上，成立合同要求签订确认书属于当事人约定的合同特别成立要件。通常而言，只有当事人就签订确认书为合同成立条件的事项达成了协议，确认书的签订才影响合同成立。若仅一方要求以确认书的签订为合同成立的条件，此种意思既可以是对要约中“受法律约束的意思”之限制，也可以是承诺中附加的缔约条件，并构成对要约内容的实质性变更，从而均有阻止合同自承诺生效时成立的效果［**东营东营区法院（2021）鲁 0502 民初 2305 号民判**］。但是，无论是双方就前述事项达成协议，还是一方坚持合同仅在签订确认书时成立，该种协议或意思表示均须在合同通常的订立过程完成即承诺生效前作出，否则，合同自承诺生效时即告成立，事后通过确认书形式对合同内容加以确认的，确认书仅发挥对合同内容的确认功能，不能影响合同成立。同时，确认书作为当事人就合同磋商过程中达成合意的事项予以确认的书面文件，与合同书在实质上相同，因此，“签订确认书时”也就是“当事人均（在确认书上）签名、盖章或者按指印时”（**第 490 条第一句**）。

第 2 款是关于电子合同成立时间的规定。电子合同是指通过互联网订立的合同。《电商法》第 49 条第 1 款规定：“电子商务经营者发布的商品或者服务信息符合要约条件的，用户选择该商品或者服务并提交订单成功，合同成立。当事人另有约定的，从其约定。”本款规定与该条保持了内容上的完全一致。“通过信息网络方式订立合同”需要满足“特定网络平台”＋“平台上发布、展示商品”＋“交易在平台上完成”的要件，即在特定的电子商务平台面向不特定消费者发布、展示产品，完成交易，通过微信、电话等方式订立合同的，只是将微信作为协商工具或者合同文本内容转发对方的载体和方式，不具有信息网络合同的特征［**北京二中院（2023）京 02 民辖终 393 号民裁，泰州中院（2022）苏 12 民辖终 265 号民裁**］。根据本款规定，电子合同成立时间首先要遵循当事人的约定（**本款“但书”**），只有在当事人没有特别约定的情况下，才依本款确立的法定规则判断合同成立。依本款法定规则成立的电子合同须具备两个要件：一是“当事人一方通过互联网等信息网络发布的商品或者服务信息符合要约条件”。是否符合要约的条件，应依本法关于要约条件的规定判定（**参见本法第 472、473 条评注**）。二是“对方选择该商品或者服务并提交订单成功”［**济南中院（2022）鲁 01 民终 2801 号民判，新乡中院（2022）豫 07 民终 2876 号民判**］。当事人通过信息网络发布的商品或服务信息构成要约的，相对方选择商品或服务并提交订单尚不构成承诺［**北京一中院（2023）京 01 民终 291 号民判**］，以避免购买者数量过多造成商品备货不足而无法履行之风险，因此，仅在提交订单成功后合同才能成立。

第四百九十二条 【合同成立的地点】承诺生效的地点为合同成立的地点。

采用数据电文形式订立合同的，收件人的主营业地为合同成立的地点；没有主营业地的，其住所地为合同成立的地点。当事人另有约定的，按照其约定。

本条第 1 款是关于合同成立地点的一般规则。合同成立地点的确定对合同纠纷的诉讼管辖、涉外合同的法律适用等具有重要意义。在通常情况下，承诺生效的地点是合同成立的地点，而承诺生效地点以承诺是否需以通知方式作出而有所不同。如果承诺需要以通知方式作出，则通知到达地为承诺生效地，依本款规定亦为合同成立地。据此，以招投标方式订立合同的，中标通知书送达地为合同成立地。如果承诺不需要以通知方式作出，由于承诺自根据交易习惯或者要约要求作出承诺行为时生效（**第 484 条第 2 款**），作出依交易习惯或者要约要求的行为的地点就是承诺生效地，亦为合同成立地，如主要义务履行地为合同成立地。在依交叉要约方式成立合同的情形，应以后到达要约的受要约人所在地为合同成立地。

第 2 款是关于电子合同成立地点的特殊规则。由于以数据电文形式发出的承诺自数据电文进入要约人指定的特定接收系统时生效，但该系统所处地点不具有明确性，且该系统所处地点可能与当事人间的基础交易没有密切联系，以之为合同成立地点将影响合同成立地所承载的法律价值的发挥，因此，对于以数据电文形式订立的合同，不能按照承诺生效地即为合同成立地的一般规则处理。根据本款第二句规定，如果当事人对以数据电文方式订立的合同的成立地点有特别约定，应当按照该约定确定合同成立地点。不过，当事人约定的合同签订地应与合同存在实际联系，而不能是完全无关的地点（**《民诉法》第35条**）［**北京二中院（2023）京02民终6170号民裁，南阳中院（2023）豫13民辖终88号民裁**］。在当事人没有特别约定时，应以收件人的主营业地为合同成立的地点（**本款第一句第一分句**）［**上海高院（2024）沪民辖终10号民裁**］；在没有主营业地的情况下，则以收件人的住所地为合同成立地点（**本款第一句第二分句**）。应当留意的是，“主营业地”仅适用于“商人”，尤其是营利性的法人或非法人组织，通常与其登记的“住所地”也就是“主要办事机构所在地”一致。但是，“主营业地”也可能与“住所地”不一致，此时仍应以“主营业地”为合同成立地。若当事人有多个营业地，“主营业地”应限制解释为“与基础交易具有最密切联系的营业地”，以与确定合同成立地点的规范目的相符。其他法人或非法人组织以及自然人则没有“主营业地”，故本法规定以其“住所地”为合同成立地。对于法人或非法人组织而言，其主要办事机构所在地为住所（**第63条第一句**）。对于自然人而言，则以其户籍或其他身份登记记载的居所为住所；经常居所与住所不一致的，经常居所视为住所（**第25条**）。

第四百九十三条 【采用合同书形式订立的合同的成立地点】当事人采用合同书形式订立合同的，最后签名、盖章或者按指印的地点为合同成立的地点，但是当事人另有约定的除外。

前条第2款规定，采取数据电文形式订立合同的，允许当事人约定合同成立地，本条同样允许当事人在采用合同书形式订立合同时依约定确定合同成立地［**娄底中院（2022）湘13民辖终109号民裁，滨州中院（2023）鲁16民辖终71号民裁**］。若当事人约定了合同成立地，实际签约地与约定的合同成立地不一致的，应以约定的地点为合同成立地［**（2019）最高法民辖终509号民裁，南通中院（2024）苏06民辖终12号民

裁]。在当事人采取合同书形式订立合同，且没有约定合同的成立地点时，则应以当事人最后签名、盖章或者按指印的地点为合同成立地[**广州中院（2022）粤 01 民辖终 1065 号民裁，株洲中院（2023）湘 02 民辖终 208 号民裁**]。这与本法第 490 条第 1 款第一句的规定一致。依其规定，只有完成签章或按指印的行为合同才成立，合同成立地自应参照合同成立时当事人签名或者按指印的地点加以判定。

如前所述，当事人以签订确认书为合同成立条件的，实质上与采用合同书形式订立合同相同（**参见本法第 491 条评注**），因此，本条规定亦应适用于以签订确认书形式订立合同的情形。但是，如果确认书本身不影响合同成立，自无适用之余地，而应依本法第 492 条之规定确定合同成立地。

第四百九十四条 【强制缔约义务】国家根据抢险救灾、疫情防控或者其他需要下达国家订货任务、指令性任务的，有关民事主体之间应当依照有关法律、行政法规规定的权利和义务订立合同。

依照法律、行政法规的规定负有发出要约义务的当事人，应当及时发出合理的要约。

依照法律、行政法规的规定负有作出承诺义务的当事人，不得拒绝对方合理的订立合同要求。

强制缔约义务是对合同自由的限制。本条概括规定了民事主体的强制缔约义务，为具体情形下强制缔约义务的设定提供了民法上的依据，也强化了民法与其他法律之间的衔接。强制缔约义务主要是对程序上的缔约自由，即是否缔约、与谁缔约的选择自由加以限制，仅在例外情形下法律才对缔约内容予以强制。内容强制既可以是对合同权利义务的概括强制（如交通事故责任强制保险），也可以是对部分内容的限制（如价格管制）。本条并无对合同权利、义务的具体限制规定，因此，其主要涉及的是程序性的缔约强制。

第 1 款是关于根据国家订货任务、指令性任务订立合同的概括性规定。国家订货任务是指由国家委托有关部门、单位或组织用户直接向生产企业进行采购、取得重要物资的订货方式，主要用于满足国家储备、调控市场、国防军工、重点建设以及抢险救灾等其他特殊需要；而指令性任务是指政府有关部门为执行国家指令性计划或为了满足国家的某种特殊需要，强制要求企业或个人必须完成的生产或销售任务。从现实情况来看，出于抢险救灾、疫情防控或者其他需要，国家存在下达订货任务或指令性任务的需求，同时下达这些任务也是维护社会公共利益的有效手段，因此，民事主体不得以合同自由为借口拒绝执行国家下达的订货任务或指令性任务，而应当严格按照有关法律、行政法规规定的权利与义务订立合同。需要注意的是，本款中的“其他需要”应当是与所列举事项同样具有涉及国家安全和公共利益的情形，如进行市场调控，或者保证国防军工、重点建设以及国家战略储备等的需要，其范围不能过宽，否则就有以行政命令过度干预市场之嫌。此外，本款规定的强制缔约与第 2、3 款有别，强制缔约义务不是源自法律或行政法规的直接规定，而是源自国家下达的具体订货任务或指令性任务。受强制的主体既可以是双方，也可以是一方，且无要约义务与承诺义务之别，义务人负有依法订立合同的抽象义务，其所采形式是发出要约还是作出承诺则在所不问。

第 2 款是关于强制要约的规定。强制要约是指依法承担发出要约义务的人，应当及时发出要约以订立合同。就本款之适用，应注意者有三：其一，强制发出要约的义务只能依照法律或者行政法规产生，主要是机动车所有人或者管理人依法投保交通事故责任强制保险的义务（《交强险条例》第 2 条第 1 款）。其二，义务人负有及时发出要约的义务。本款所称“及时”有别于本法其他情形下的“及时”（如第 486、487、489 条等所称“及时到达”、“及时通知”或“及时表示反对”等）。只要要约之发出能够满足规定该义务的规范目的即可。例如，只要在机动车上路行驶前，机动车所有人或者管理人履行了投保义务，订立了交通事故责任强制保险合同，即可满足“及时发出要约”的要求。违反该义务的直接后果不是承担民事责任，而是遭受行政处罚（《交强险条例》第 38 条）。此外，受要约人仅限于具有交通事故责任强制保险业务资格的保险公司（《交强险条例》第 3 条）。其三，发出的要约内容要“合理”。“合理”与否通常需根据具体情况进行判断。因机动车交通事故责任强制保险实行统一的保险条款和基础保险费率（《交强险条例》第 6 条第 1 款），故“合理”就是指当事人应依照该规定发出要约并订立合同。也就是说，“合理”与“及时”一样，更多具有公法意义，较少具有直接的私法效果。

此外，负担强制缔约义务的主体仅限于要约人，强制要约并不施予相对方（受要约人）以强制承诺的义务。

第3款是关于强制承诺的规定。强制承诺是指缔约中的受要约人依法负有无正当理由不得拒绝他人发出之要约的义务，并据此与之订立合同的情形。与强制要约一样，强制承诺的义务同样源自法律、行政法规的规定，仅是负担义务的缔约方刚好相反而已。强制承诺相比强制要约更为多见，如公共运输合同（**第810条**），供用电、水、气、热力合同（**第648、656条，《电力法》第26条第1款**）以及医疗服务合同（**《医疗机构管理条例》第30条**）等。"合理的订立合同要求"包含两个方面：一是对方发出的要约内容要合理。强制承诺义务只是限制当事人的缔约自由，并不限制或剥夺其正当的实体利益，因此，只有内容合理的要约，受要约人才依法受强制承诺义务的约束［**丹东东港法院（2022）辽0681民初4788号民判**］。要约的内容是否合理，应当结合具体情况加以判断，合同的标的、数量、质量以及履行的时间、地点、方式等均在审查之列。二是要约人对提出的缔约请求可以合理期待相对人接受，不会施加其难以承受的履约负担。如果根据实际情况，承诺义务的履行会造成承诺人不能履行据此成立的合同，或者履行合同明显超出通常的履约成本，则相对人有权拒绝缔约。本法第810条规定"不得拒绝……通常、合理的运输要求"，即陈此意。

值得注意的是，本条为义务性或禁止性规定，但并未就违反义务或禁令的法律后果加以明确。强制缔约义务服务于公法管控与私法救济的双重目的，违反强制缔约义务不仅产生私法上的效果，同时亦可面临公法上的制裁，如《交强险条例》第38条第1款规定："机动车所有人、管理人未按照规定投保机动车交通事故责任强制保险的，由公安机关交通管理部门扣留机动车，通知机动车所有人、管理人依照规定投保，处依照规定投保最低责任限额应缴纳的保险费的2倍罚款。"不过，在不同强制缔约情形下，责任分配可能存在差异：执行国家订货任务或指令性任务的当事人有完成缔约的义务，不执行该任务主要产生公法上的责任。但是，在负担强制要约义务或强制承诺义务的情形下，义务违反则更多产生私法效果。

首先，强制缔约义务对合同成立的影响。在执行国家订货任务或指令性计划的情形中，如疫情期间负有组织完成卫生防疫物品生产计划的机构或法人，通常根据政府指令订立合同，拒绝或迟延执行任务并不直接产生合同强制成立的效果，只产生应受制裁或赔偿损害的后果。此外，当作为合同订立基础的特殊需要发生变化时，当事人可依法解除合同［**北京二中院（2022）京 02 民终 7668 号民判**］。在强制要约情形中，相对人除非亦负有强制承诺义务，否则，要约义务的履行并不导致合同强制成立。如《交强险条例》第 37 条第 1 项虽然对拒绝或拖延办理机动车交通事故责任强制保险的保险人规定了处罚措施，但并不能由此推导出其有承诺义务，更无法推导出合同强制成立。在强制承诺情形亦同。当然，在强制承诺情形，负有承诺义务的一方应实际履行订立合同的承诺义务［**白山浑江法院（2021）吉 0602 民初 2754 号民判**］；若合同成立对要约人利益影响极大，在必要时得通过司法裁决替代承诺人同意而成立合同（如供电合同）。其次，违反强制缔约义务造成损失的，义务人应当承担赔偿责任。损害赔偿责任源自对法定义务的违反，因此，其作为侵权赔偿责任应无问题。并且，在强制要约或承诺情形，只有义务人无正当理由不履行义务时才须受制裁（“不得拒绝对方合理的订立合同要求”），亦与一般侵权责任的要件相合。赔偿的范围包括相对人因此而遭受的全部损失，如增加的缔约成本、因合同未及时订立而遭受的损失等。

第四百九十五条 【预约合同】当事人约定在将来一定期限内订立合同的认购书、订购书、预订书等，构成预约合同。

当事人一方不履行预约合同约定的订立合同义务的，对方可以请求其承担预约合同的违约责任。

预约，是指约定在将来一定期限内订立目标合同的合同；基于预约而订立的目标合同，称为本约。预约的目的在于成立本约，当事人之所以订立预约而非直接订立本约，是由于主、客观原因（包括事实上或者法律上的原因）造成订立本约的条件尚未成熟，当事人希望通过预约固定交易机会，设定将来缔结本约的义务以确保本约的订立。尽管预约中可能包含了本约的内容，但这些内容本身没有法律约束力，这与先合同义务的情形类似。但是，对预约设定的义务可请求履行，而先合同义务通常不具有请求履行的效力；并且，预约设定的义务范围与强度通常都大于缔约中的先合同义务。

第 1 款是对预约的定义性规定。该款规定了预约的基本要件，即当事人约定在将来一定期限内订立本约。这包含两层含义：一是签订本约的合意。二是在将来一定期限内签订本约的合意。前一合意表明预约的目的在于签订本约。预约既为合同，其内容自应具体确定，且当事人有受法律约束的意图（**第 472 条推论**）。因预约旨在创设将来订立本约的义务（缔约义务），并不创设与本约相同的权利、义务，故预约的成立条件与本约不同，只要预约能够确定将来所要订立合同的主体（无相反约定时推定与预约主体相同）、标的（就何种事项订立本约）等内容，即可成立预约（**《合同编通则解释》第 6 条第 1 款**）。比如，买卖合同通常应具备标的、数量（或其确定方法）及价格（或其确定方法）条款，而买卖预约则只需包含标的条款就可以成立。订立本约的义务属法律义务，只要当事人有订立本约的明确合意，就可推知其有受法律约束的意图。若当事人订立本约的意图不明，但为订立本约而实际交付定金供作担保，仍然可作相同认定（**《合同编通则解释》第 6 条第 1 款**）。若当事人虽签订了订购书、意向书、备忘录等，但欠缺将来所要订立的合同主体、标的条款，或者明确表示不具有法律约束力，则不能成立预约（**《合同编通则解释》第 6 条第 2 款**）［**大理中院（2023）云 29 民终 481 号民判**］。

当事人约定在将来一定期限内签订本约的合意则表明，预约尚非本约，从而依此种合意可将预约与本约加以界分。预约通常会就本约的内容有所约定，以此确定本约之所指，但是，若预约包含了本约的主要条款甚至全部内容，区分预约与本约就较为困难，区分的关键在于，当事人是否有在将来一定期限内订立本约的合意［**最高法（2013）民提字第 90 号民判，新疆高院伊犁哈萨克分院（2022）新 40 民终 295 号民判，西安中院（2023）陕 01 民终 24288 号民判**］。若当事人未明确约定在将来一定期限内另行订立合同，应认定本约成立（严格而言，这种说法并不准确，此时因无预约，自无所谓本约）。须留意者，将来订立本约的合意与约定以书面形式为合同成立条件的合意不同。在后者，仅将签署书面合同作为合同的成立条件，而非创设订立合同的义务。如在因用工行为而实际成立劳动合同后，约定另行签订书面劳动合同；或者在达成买卖合意甚至签订协议后，另约定到登记部门办理“网签”手续等，前述约定均非签订本约的合意。若当事人就拟订立合同的全部内容都已协商完毕，却仍约定须另行签订正式合同，此时，宜认定合同成立以签署书面合同为条件，不应认定为预约［**咸阳中院（2023）陕 04 民终 570 号**

民判]。另需注意者，“约定在将来一定期限内订立本约”，仅指当事人有未来另订本约的合意，而无须在预约中明确约定订立本约的具体期限。若预约欠缺此种期限约定，可依合同漏洞填补规则予以补充（**第510条及第511条第1款第4项**）。当事人超过一般交易主体对于交易的合理期待期限未订立本约的，应认为预约目的已无法实现［**深圳福田区法院（2021）粤0304民初8313号民判**］。此外，若预约已包含本约的主要条款，纵然当事人有将来一定期限内订立本约的合意，要是当事人一方已实际履行属于将来所要订立的本约下的合同义务且对方接受，则视为当事人同意将预约转为本约，依合同自由原则，自当允许（**《合同编通则解释》第6条第3款**）。

第2款是关于违反订立本约之义务的法律后果。预约既为合同，当事人不履行其设定的义务（订立本约），自当承担违反预约的违约责任。在这个意义上，本款乃本法第577条违约责任一般规定的重申。然预约诚非本约，其仅设定订立本约的义务，该义务与本约之关联方式，成为确定违反预约的违约责任之关键。

关于“合同约定的订立合同义务”，理论上存在应当磋商说和必须缔约说之观点分歧。应当磋商说认为，预约仅创设当事人诚信磋商订立本约的义务，只要当事人依诚信原则进行了缔约磋商，纵然最终未能缔结本约，也不违反预约。必须缔约说则认为，为实现预约之规范功能，预约当事人应当实际履行订立本约的义务，在一方拒绝订立本约时，可由裁判替代一方当事人的同意而强制成立本约。必须缔约说相当于依预约而设定预约当事人的强制缔约义务，若预约有关本约内容尚非完备，强制缔约将与合同自由原则相违［**广州中院（2023）粤01民终23653号民判**］。为此，另有折中说主张，只有在预约具备本约的必要条款或全部实质内容的情况下，预约才能产生必须缔约的效力，否则，当事人只负有诚信磋商的义务。从实际效果看，折中说有其合理性，但既然一方拒绝缔结本约，若强行缔结本约也会被拒绝履行。由此观之，应当磋商说与必须缔约说的差异就在应否成立本约及依本约请求实际履行方面。与实际履行救济的通常适用情形不同，预约本非直接创设履行本约的义务，经预约辗转达成本约之实际履行的目的并非妥当。因此，应当磋商说更契合预约之属性，通过损害赔偿也足可救济预约当事人所受损害（**《合同编通则解释》第7～8条**）。据此，本款所称“订立合同义务”是指订立本约的诚信磋商义务。该义务旨在限制普通缔约情形下的自由磋商义务，其强度通过定金或违约金约定更可进一步得到提升，故能契合预约之规范功能。与此相应，判断当事人是否违反诚信磋商义务，应当综合考虑当事人在磋商时提出的缔约条件是否明显背离预约合同约定的内容，以及其是否作出合理努力进行磋商。若当事人明确拒绝磋商［**广州中院（2023）粤 01 民终 23628 号民判**］或者以其行为表明不订立本约［**淮安中院（2023）苏 08 民终 1483 号民判**］，则显属不履行预约的违约行为。若当事人无正当理由提出明显违反双方在预约中约定的初步条件，或者提出明显背于通常交易条件的合同条款，然后以双方未达成合意为由而拒绝缔约，亦应认为未尽诚信磋商义务（**《合同编通则解释》第 7 条**）［**青岛中院(2023) 鲁 02 民终 4600 号民判**］。

既然预约不能产生必须缔约的效果，所谓“预约合同的违约责任”就仅指违反预约的损害赔偿责任、违约金责任以及定金责任（**第 585～587 条，《合同编通则解释》第 8 条第 1 款**）。

（1）违约金或定金责任。预约为合同，当事人自可在预约中就不履行行为约定违约金或定金责任（**第 585～586 条**）［**萍乡中院（2021）赣 03 民终 746 号民判，无锡中院（2023）苏 02 民终 1978 号民判**］。与损害赔偿责任不同，此种责任在特定情况下具有惩罚性。

（2）损害赔偿责任。依本法第 584 条之规定，违约赔偿额应当相当于违约所造成的损失，包括合同履行后可以获得的利益。通常而言，违反预约使对方因未能订立本约所受预期利益的损失，也就是丧失因成功缔结本约本来可以获得的机会利益。此种机会利益之大小取决于“预约合同在内容上的完备程度以及订立本约合同的条件的成就程度等因素”（**《合同编通则解释》第 8 条第 2 款**）。所谓“预约在内容上的完备程度”系指预约中就本约之内容约定的完备程度，“订立本约合同的条件的成就程度”则指除内容完备程度外，本约其他成立条件的成就程度，包括影响该等条件成就的因素，如本约是否需要取决于第三方意思（如是否属于须经批准登记生效的合同）、影响成立条件成就的原因（是否仅受当事人可控因素影响，如当事人内部决策程序的完成）。此种认识在理论上被称为“交易成熟度理论”。由于前述判断具有不确定性，若当事人就损害赔偿额的确定有约定，包括预约中就违反预约的损害赔偿计算方法的约定，或者违约后就损害赔偿达成和解协议，则依该种约定确定损害赔偿额；否则，应综合考虑影响本约成立的各种因素，由裁判者酌定赔偿额［**北京三中院（2023）京 03 民终 5858 号民判，北京一中院（2023）京**

01 民终 2062 号民判]。须留意者，违约预约可依通常信赖损失的计算方法确定赔偿，主要是因准备缔结本约所作的花费、支出的准备履行费用以及与放弃的缔约机会相关的损失，大体上与本约的缔约过失赔偿责任范围相当[黄冈中院（2023）鄂 11 民终 441 号民判]。若依本约成功缔结后当事人可以获得的预期利益而酌定损害赔偿，应避免发生重复赔偿之问题。理由在于，预期利益之获得本须付出相关信赖成本，故为获得预期利益相关之信赖支出不得同时赔偿，仅其他与预期利益无关的费用支出可与预期利益一并赔偿。此外，有关违约赔偿的减损规则（第 591 条）和与有过失规则（第 592 条）亦得适用。

第四百九十六条 【格式条款的定义和订入控制】格式条款是当事人为了重复使用而预先拟定，并在订立合同时未与对方协商的条款。

采用格式条款订立合同的，提供格式条款的一方应当遵循公平原则确定当事人之间的权利和义务，并采取合理的方式提示对方注意免除或者减轻其责任等与对方有重大利害关系的条款，按照对方的要求，对该条款予以说明。提供格式条款的一方未履行提示或者说明义务，致使对方没有注意或者理解与其有重大利害关系的条款的，对方可以主张该条款不成为合同的内容。

本条第 1 款是关于格式条款的定义性规定。合同条款是合同内容的组成部分，本条规范的是"格式条款"而非"格式合同"，这意味着，如果格式条款只构成合同的部分内容，适用格式条款相关规定的就只是该部分内容而非合同全部。格式条款，又称"标准条款""一般交易条款"，是一方当事人为了反复使用而预先拟定，在订立合同时不与对方协商的条款。

格式条款须满足两项条件：

其一，须由当事人为重复使用目的而预先拟定。所谓预先拟定，是指格式条款在进行具体合同的磋商前就已经被拟定，也表明格式条款内容系由提供格式条款的一方单方决定。格式条款不必由格式条款使用人亲自拟定，其委托第三人拟定亦无不可，但其内容同样反映了使用人的单方意志。因此，只要合同条款事实上由一方单方决定，提供格式条款的一方就不得仅以合同系依合同示范文本制作，或者双方明确约定合同条款不是格式条款而主张相关条款不是格式条款（**《合同编通则解释》第9条第1款**）。格式条款通常是为了应对大规模相同或类似交易而事先拟定的，故具有“重复使用”的特点。在这个意义上，“预先拟定”和“为重复使用”具有相似的规范意义：“预先”意味着格式条款并不针对特定的缔约当事人，若非“为重复使用”则无意义。如果当事人系针对特定的拟与之谈判缔约的相对人而拟定条款，虽然表面上也满足“预先拟定”的要求，但只需适用一般合同规则予以规制即可，并无适用格式条款加以特别规制的必要。当然，“重复使用”仅为拟定格式条款之抽象目的，其实际上是否被重复使用则在所不问。对于从事经营活动的当事人来说，若订立的合同属于其从事的经营活动范围，则只要其提出的合同条款由其预先拟定且未与对方协商，就可推定该条款具有重复使用的目的，其不得仅以未实际重复使用而主张该条款不是格式条款，除非其有证据证明该条款不是为了重复使用而预先拟定的（**《合同编通则解释》第9条第2款**）。这种反证实际上极为困难，通常只有在其能够证明相关合同不是其经营活动范围，从而不可能是为重复使用而预先拟定时才能被认可。

其二，须使用该条款订立合同时未与对方协商。在缔约实践中，合同条款由一方拟定的情况较为常见，尤其是在使用第三方（如行业协会或监管部门）拟定的示范合同文本缔约时，都在形式上满足第一项要件。但是，法律规制不仅要求格式条款被预先拟定，而且要求在使用该条款缔约时未与对方协商。如果合同条款由一方预先拟定，但允许对方提出修订并达成合意，则预先拟定的合同条款就不能被认定为格式条款［**枣庄中院（2022）鲁04民再45号民判，济宁中院（2023）鲁08民终6150号之三十五民判**］。使用合同示范文本缔约和使用格式条款缔约的根本区别亦在于此。由此可见，“预先拟定”是法律规制的触发点，“未与对方协商”是法律规制的事实基础与关键之点，虽然不可由前者直接推论出后者的存在，但前者可作为认定后者的参考因素。因此，在查明合同条款由一方预先拟定后（相对方负证明责任），条款提供方应就该条款已经过个别协商的事实负证明责任。

第2款是关于格式条款提供方的义务之规定。提供方的义务按照本条第 2 款被分别规定：在拟定格式条款时，要求提供方“遵循公平原则确定当事人之间的权利和义务”，违反该义务将依本法第 497、498 条处理，对不公平格式条款应认定无效［**山西高院（2023）晋民申 4451 号民裁**］；在实际使用格式条款缔约时，提供方应尽“提示或者说明义务”。本款规范的重心是后一阶段的义务。

1. 提示、说明义务的范围与履行方式（本条第 2 款第一句）

提示义务是格式条款提供方提请对方注意特定格式条款之内容的义务；说明义务是提供方就特定条款的内容加以解释或说明，以便对方理解并接受该条款的义务。

提示、说明义务的对象为“免除或者减轻格式条款提供方责任以及其他与对方有重大利害关系的条款”，其他通常条款并非本句的规制对象。减免格式条款提供方责任的条款当然与对方有重大利害关系，但“与对方有重大利害关系的条款”作为概括性规定，范围更广，包括各种对当事人权利、义务与责任会产生重大影响的条款。例如，保险合同“疾病释义”条款背离一般人的通常认知和同行的诊疗标准，限缩疾病理赔范围的，应视为免责条款，保险人有解释说明义务［**广州中院（2021）粤 01 民终 12850 号民判**］；再如，在网贷格式条款中，格式条款的计息规定改变通常等额本息计算方式，导致实际利率高于合同明示贷款利率，加重借款人还款负担的，亦属对借款人有重大利害关系的格式条款［**上海金融法院（2020）沪 74 民终 1034 号民判**］。由于违反提示、说明义务的后果严厉（**本款第二句**），所以，对该规定应当作严格限制解释，其范围仅限于对方当事人不能合理预见的对其利益有重大影响的“异常条款”，如特殊的争议解决条款、管辖协议（**《民诉法解释》第 31 条**）［**营口中院（2022）辽 08 民辖终 104 号民裁**］或仲裁条款、限制对方主要权利或者加重对方责任的条款等。

提示义务应以“合理的方式”履行。是否合理，须结合个案的具体情况，包括文件的外形、提请注意的方式、清晰明白程度、提请注意的时间与程度等因素，加以综合判断。如提供格式条款的一方采用“足以引起对方注意”的文字、符号、字体等明显标识对相关格式条款进行标示，可以认为是采取了合理的方式（**《合同编通则解释》第 10 条第 1 款**），否则应认定未尽提示义务［**荆州中院（2023）鄂 10 民终 1542 号民判**］。与主动提示不同，说明义务的发生以“按照对方的要求”为前提，若对方未对所提示的格式条款提出说明要求，则提供方无须主动说明。特别法对格式条款有特别说明要求的，依照其规定。虽然本款对说明义务的履行方式并未作明确要求，从规范目的看，说明义务的履行应以对相关“异常条款”的概念、内容与法律效果，通过书面或者口头形式，作出使对方通常能够理解的解释说明为必要（**《合同编通则解释》第 10 条第 2 款**）。对于通过互联网等信息网络方式订立的电子合同，不得仅以采取设置勾选、弹窗等方式予以提示或说明（**《合同编通则解释》第 10 条第 3 款**）。并且，提供方对条款所作说明，应作为解释该格式条款的考虑因素。值得注意的是，《保险法》第 17 条规定，对于免除保险人责任的条款（包括免赔额、免赔率、比例赔付或者给付等免除或者减轻保险人责任的条款）（**《保险法解释二》第 9 条**），其要求保险人应当在投保单、保险单或者其他保险凭证上作出足以引起投保人注意的提示，并对该条款的内容以书面或者口头形式作出明确说明，提示方式有限定，说明义务须主动履行，与一般格式条款有所不同。此外，若保险合同系通过网络、电话等方式订立，则保险人可以网页、音频、视频等形式予以提示和说明（**《保险法解释二》第 12 条**）。

2. 违反提示、说明义务的法律后果（本条第 2 款第二句）

格式条款提供方未尽提示、说明义务的法律后果是，“对方可以主张该条款不成为合同的内容”［**青岛中院（2023）鲁 02 民终 3336 号民判**］。就此后果，其构成要件有二：其一，格式条款提供方未尽提示、说明义务。在违反提示义务时，格式条款提供方应就“已尽合理提示”负证明责任；在违反说明义务时，相对方应就已提出说明要求负证明责任，而格式条款提供方应就已尽说明义务负证明责任。其二，相对方因未受提示或说明而“没有注意或理解与其有重大利害关系的条款”。此为违反义务所致不利后果的要件。除非提供方能够证明虽未经提示或说明，对方仍注意到或已理解相关条款，否则，在提供方未尽提示、说明义务时，该后果即被推定发生。应注意者，格式条款未被订入合同，只能由相对方主张。相对方未主张的，法官不得主动确认“该条款不成为合同的内容”之效果。在保险合同中，保险人未尽提示、说明义务的，免除其责任的条款“不产生效力”（**《保险法》第 17 条第 2 款第二分句**），表述虽然与《民法典》第 496 条第 2 款第二句有别，但仍应作相同理解（**参照《保险法解释二》第 10 条**）［**珠海中院（2023）粤 04 民终 5870 号民判**］。

第四百九十七条 【格式条款的无效事由】有下列情形之一的，该格式条款无效：

（一）具有本法第一编第六章第三节和本法第五百零六条规定的无效情形；

（二）提供格式条款一方不合理地免除或者减轻其责任、加重对方责任、限制对方主要权利；

（三）提供格式条款一方排除对方主要权利。

格式条款作为合同的组成部分，一旦订入合同，仅当存在无效情形时才能否定其效力［**天津二中院（2022）津 02 民终 9131 号民判**］。格式条款无效与法律行为无效的效果相同，无效的格式条款自始没有法律效力（**第 155 条**）。若格式条款并非合同的全部内容，则格式条款的无效应与合同无效相区分，当无效的格式条款不影响合同其他部分的效力（如仅免责条款无效）时，合同的其他部分仍然有效（**第 156 条**）。故而，本条仅涉及对格式条款无效事由的规定，无效的效果应适用本法有关法律行为无效的规定（**第 155～157 条**）。

1. 本法有关法律行为与免责条款的一般无效情形（本条第 1 项）

格式条款本身属于法律行为的组成部分，故其当然应适用法律行为无效的规定，即总则编第六章第三节之规定。这表明，不仅前述规定中有关法律行为绝对无效的规定（**如第 144、146、153、154 条**）应予适用，有关法律行为可撤销的规定（**第 147～151 条**）亦应适用。此外，若格式条款亦属免责条款，其当然应适用本法第 506 条有关免责条款无效的一般规定。

2. 不合理的权、义配置条款（本条第 2 项）

合同作为利益分配工具，允许当事人自由协商确定双方的权利、义务与责任。减轻或免除自己的责任或加重对方的责任、限制对方的主要权利，均属合同权利、义务配置的方式，并非当然不合理或不正当。但是，在使用格式条款缔约时，因条款内容由一方预先拟定，并未经协商，权、义均衡关系无法通过协商得到保障，故立法将权、义配置不合理的格式条款认定为无效，系对格式条款提供方未“遵循公平原则确定当事人之间的权利和义务”的制裁。格式条款的权、义配置是否“不合理”，不仅应考虑所缔结合同偏离通常情形下合同权、义配置的状况

（如对任意法规范的偏离情况），而且应结合该合同的全部条款（如合同价格、风险控制等因素）进行整体权衡［**北京二中院（2021）京02民终10057号民判**］。此外，控制的对象应限于偏离较为严重的情形，不能仅仅因为合同权义配置与通常状况有别即认定相关格式条款不合理。例如，经营者单方设定的最低充值金额条款侵犯了消费者的自主选择权，无故占用了消费者的资金，还会额外增加消费者申请退款时的负担，属于限制消费者合法权益的格式条款，系对消费者不公平、不合理的规定，应被认定为无效［**"刘智超诉同方知网（北京）技术有限公司买卖合同纠纷案"，《最高法公报》2020年第1期**］。

3. 排除对方主要权利（本条第3项）

当事人依合同享有的主要权利关乎缔约目的的实现，排除其主要权利即当然构成不合理的权、义配置，因此，本条第1项规定的事由属于当然无效情形，与第2项规定须经"合理性评价"的情况有别。本项规定的关键在于对"主要权利"的范围界定。通常而言，与主给付相关的权利当然属于"主要权利"，但其他对缔约目的的实现具有保障作用的权利，如撤销、解除或终止合同的权利、履行抗辩权、要求继续履行的权利等，亦在其列。"排除"的方式既包括禁止主张权利，也包括约定弃权条款［**哈尔滨中院（2021）黑01民终1021号民判，无锡中院（2022）苏02民终7627号民判，佛山中院（2023）粤06民终2882号民判**］。

应注意者，本条第2、3项规定之事项亦属于本法第496条第2款规定的应尽提示、说明义务的事项；对前述事项，只有格式条款提供方已尽提示说明、义务的，才有依本条作效力审查的必要。就此而言，本条第2、3项规定系对格式条款的第二次审查。不过，在是否已尽提示、说明义务的事实不明时，是依举证责任分配而令负有证明责任的格式条款一方承担不利后果（**《民诉法解释》第90条第2款**），还是依本条第3项认定相关格式条款无效，非无可议，但在处置效果上两者并无差异［**攀枝花中院（2022）川04民终992号民判**］。

第四百九十八条 【格式条款的解释规则】对格式条款的理解发生争议的，应当按照通常理解予以解释。对格式条款有两种以上解释的，应当作出不利于提供格式条款一方的解释。格式条款和非格式条款不一致的，应当采用非格式条款。

合同解释规则旨在为裁判者提供规范指引，因此，格式条款的解释规则属于格式条款司法规制的内容。本条规定了解释格式条款的三项规则：通常理解规则、不利解释规则以及非格式条款优先规则。

1. 通常理解规则（本条第一句）

对格式条款的解释，应当按照通常的理解，而非以格式条款提供方或者接受方的主观理解加以解释。“通常的理解”是指“社会上一般人的理解”，在主体标准上是指可能缔约的正常理智之人，就此应考虑当事人所处行业或地域［**广州中院（2023）粤01民终9820号民判**］；在理解水平上应限于前述主体的通常、平均的理解水平；在内容上则指一般人的理解可能性［**朔州中院（2023）晋06民终1771号民判**］。不论格式条款使用的是通用术语还是专门术语，只要可能的缔约者能够理解该术语的意思即可。应注意者，本句适用的前提是当事人对“格式条款的理解发生争议”，是否存在争议，原则上应以缔约时点加以判断；只有在无法以前述时点加以判断时，才得以纠纷解决时点予以判断。因此，若格式条款提供方在缔约时就格式条款或其术语已作出不同于通常理解的解释或说明，则应以该解释或说明为准；若当事人间存在长期或多次重复交易，双方就格式条款的内容已有习惯性理解，亦应参照该理解加以解释。

2. 不利解释规则（本条第二句）

格式条款由提供方单方拟定或决定其内容，提供方应当就条款的多义性负责，当条款存在两种以上的解释且对当事人的利益存在不同影响时，为避免格式条款提供方从事投机行为，法律规定对格式条款适用不利于提供方的解释规则［**青岛中院（2021）鲁02民终15499号民判**］。“格式条款是否存在两种以上的解释”，应优先适用第一句规定加以认定，也即只有依通常理解仍有两种可能的解释结论时，才可以适用不利解释规则［**“顾善若诉张小君、林兴钢、钟武军追偿权纠纷案”，《最高法公报》2017年第10期，西宁中院（2023）青01民终4638号民判**］。当格式条款约定不明时，应在多种备选处置方案中选择不利于格式条款提供方的方案［**济宁曲阜法院（2021）鲁0881民初2367号民判**］。当格式条款提供人出具的合同文本中的特别约定与附件相关条款矛盾时，亦可参照本句处理［**榆林米脂县法院（2021）陕0827民初424号民判**］。适用本规则可能会产生不同于通常合同解释规则的结果。例如，原则上，依鼓励交易的原则，合同应采取使合同有效的解释；但是，在使用格式条款缔约时，只有在采纳使合同有效的解释不利于提供方时，才应采使合同有效的解释；若采纳使合同无效的解释不利于提供方，则应改采使合同无效的解释。

3. 非格式条款优先规则（本条第三句）

无论是通常理解规则还是不利解释规则，其正当性都与格式条款未经协商而由一方预先拟定的性质相关，因此，若合同中既有格式条款又有协商条款（非格式条款），因协商条款反映了当事人的共同意愿，在二者不一致时，自应优先采用协商条款。格式条款与协商条款是否不一致，应当分别依照本条第一句及本法第142条之规定加以解释后确定。

第四百九十九条 【悬赏广告】悬赏人以公开方式声明对完成特定行为的人支付报酬的，完成该行为的人可以请求其支付。

悬赏广告，是指当事人以广告的方式，表明对完成特定行为的人给予报酬的意思表示。关于悬赏广告的法律性质，有合同（要约）说和单独行为说两种对立观点。合同（要约）说认为，悬赏广告是对不特定人发出的要约，经行为人完成特定行为予以承诺，即成立合同［**“李珉诉朱晋华、李绍华悬赏广告酬金纠纷上诉案”，《最高法公报》1995年第2期；“鲁瑞庚诉东港市公安局悬赏广告纠纷案”，《最高法公报》2003年第1期**］。单独行为说则认为，悬赏广告系因广告人一方的意思表示而负担债务，在行为人方面无须承诺，唯以完成特定行为作为停止条件［**长春中院（2020）吉01民终503号民判**］。仅从本条的立法表述看，基于前述两种学说的解释构造均无不可，但我国司法实践的主流看法采合同（要约）说（**《民事案件案由规定》第四部分之十“合同纠纷”项下第83小项即为“悬赏广告纠纷”**），这与本条所处体系位置也更为一致，即悬赏广告乃“合同的订立”的方式。

1. 悬赏要约的成立要件

悬赏广告作为要约，成立须满足以下要件：（1）悬赏人以广告的方式发出意思表示。悬赏人得为任何民事主体，自然人或法人、非法人组织均无不可。意思表示的对象是不特定的任何人，但亦须为民事主体。行政、司法机关等公法主体为搜集违法或犯罪线索而发布的悬赏广告，属公务行为，不具有私法性质，完成特定行为的主体与该公法主体之间不能成立民法上的合同关系［**(2019) 最高法民申 4724 号民裁，北京高院 (2021) 京民申 4318 号民裁**］。此外，若依广告指引，广告人与特定人达成协议，由后者完成指定行为，应认定广告人与特定人之间另行成立委托合同或其他合同，非属悬赏广告合同［**宜宾中院 (2021) 川 15 民终 2612 号民判**］。(2) 须声明对完成特定行为的人支付报酬。该要件大体相当于对本法第 472 条第 1 项规定的具体化。"悬赏"是允诺给予报酬，领取报酬的条件是完成特定行为，因此，悬赏广告须就报酬的数额或确定方法，以及须完成的特定行为加以确定。(3) 悬赏人有受法律约束的意图。该要件依据的是本法第 472 条第 2 项之规定。通常而言，向不特定社会公众声明对完成特定行为者支付报酬的表示，应推定为有受约束的意思，但悬赏人有相反意思的除外。例如，若广告人声明有任意撤销悬赏表示的权利，应否定其有受法律约束的意思。此外，对于悬赏人在特定情境下作出的夸口、炫耀、打赌等表示，也应否定其有受约束的意思［**河南洛阳中院 (2008) 洛民终字第 198 号民判**］。

2. 对悬赏要约的承诺

若悬赏广告为要约，则依悬赏广告而成立合同须经承诺。对悬赏广告的承诺，理论上存在多种标准，包括：(1) 着手行为前有接受广告的表示。(2) 着手特定行为即为承诺。(3) 完成特定行为为承诺。(4) 完成特定行为后，另有请求报酬的表示时为承诺。(5) 须向悬赏人移交所完成特定行为之效果时始为承诺。本法规定完成特定行为的人有权请求悬赏人支付报酬，仅可据此推论请求支付报酬须以完成特定行为为必要，而不可推论完成特定行为系承诺的前提或内容。在将悬赏广告作为要约时，行为人着手特定行为将产生排除要约人撤销要约的可能性（**第 476 条第 2 项**），但依照悬赏广告的性质，在完成特定行为前，除非悬赏人另有相反表示，单纯的接受表示不发生约束力，悬赏人可随时撤销悬赏表示，仅对因合理信赖悬赏不可撤销而着手行为者，赔偿其因此而支付的费用，且以不超过悬赏广告未撤销时所应支付的报酬额为限。在完成特定行为后，若行为人未通知悬赏人，行为完成的效果对悬赏人并无影响；特定行为之完成也不当然有后果的移交问题，故而，从促使行为人积极完成行为并请求支付报酬的角度看，第四种观点最为适当。准此，若有行为效果的移交需要，则以其为行使报酬请求权的条件，并无以之为承诺条件的必要。

3. 悬赏广告合同成立的效果

悬赏广告旨在“发现”完成特定行为的人并向其支付报酬，特定行为的完成与报酬的支付均应从前述目的着眼，因此，行为人在完成特定行为前的单纯表示并无意义，行为人不因该表示而承担完成特定行为的义务。并且，先完成行为但后请求支付报酬者，其权利并不优于后完成行为而先请求支付报酬者；多人完成行为而同时请求报酬者，多个行为人均分报酬，除非悬赏广告表明对所有完成行为者分别给付全额报酬。若完成特定行为后有移交成果的需要，行为人仅在移交成果时可请求支付报酬。如无特别约定，支付报酬的时间应为行为人完成特定行为并请求支付报酬时或者移交成果时。行为人对已经完成特定行为的事实负证明责任或协助核实的义务［**安徽高院（2020）皖民申3737号民裁**］。

4. 其他问题

本条规定极为简略，对采合同（要约）说伴随的特殊问题未设置相关规则。对此有以下几点需要明确：（1）悬赏广告中未明确报酬的数额，只是以“必有酬谢”“必有重谢”表述的，是否影响完成行为人的报酬请求权？就此可考虑下列因素确定报酬：一是广告的表述，“酬谢”与“重谢”显然不是一个水平的报酬；二是悬赏人的受益情况，例如遗失物的价值、特定劳动成果的市场价格等；三是应征人为完成特定行为所付出的合理成本和费用。（2）不知悬赏广告而完成行为者能否请求支付报酬？答案应为肯定。完成特定行为只是请求支付报酬的必要条件，其效果并不以行为人是否知晓悬赏广告而有不同，行为人请求支付报酬即构成有效承诺［**阿克苏中院（2016）新2901民初2396号民判**］。应说明者，若行为完成在悬赏广告发布前，除非悬赏人有排除的意思，完成行为人亦得请求支付报酬。（3）无行为能力人完成特定行为的是否有报酬请求权？因无行为能力者请求支付报酬的表示为准法律行为，亦须满足行为能力的要求，若经其法定代理人同意，则无不可（亦有观点认为，不完全行为能力人在完成特定行为时当然享有报酬请求权）。（4）若悬赏人仅表示对完成特定行为中被评定为优等者支付报酬，应无不许之理。当存在多个完成行为人时，行为人仅在被评定为优等时方有报酬请求权，该合同因此而有射幸合同的性质。不论悬赏广告对评定等次的方法有无特别声明，等次评定均应遵守诚信与公平原则（**第6、7条**）。

第五百条 【缔约过失责任】当事人在订立合同过程中有下列情形之一，造成对方损失的，应当承担赔偿责任：

（一）假借订立合同，恶意进行磋商；

（二）故意隐瞒与订立合同有关的重要事实或者提供虚假情况；

（三）有其他违背诚信原则的行为。

缔约过失责任是指当事人在订立合同的过程中，因违背诚信原则给对方造成损失时所应承担的赔偿责任。当事人为缔结合同而接触，随着磋商的持续与深入，彼此间的信赖亦随之增强，对其保护的必要性与强度亦相应加大，因而有缔约过失责任制度之设置。理论上对缔约过失责任的规范性质存在争议，但主流学说认为，缔约过失责任是不同于违约责任和侵权责任的独立责任类型。

1. 缔约过失责任的构成要件

本条在逻辑结构上确定了缔约过失责任成立的三项要件：一是缔约一方在合同订立过程中有违背诚信原则的行为；二是缔约对方受有损失；三是损失系由背信行为所引起，即二者间存在因果关系。

（1）缔约一方在合同订立过程中有违背诚信原则的行为。

当事人在缔约过程中的背信行为，也称违反先合同义务的行为。先合同义务是指缔约当事人在缔约过程中所负担的诚信缔约义务，包括告知、协助、保密、保护等义务。先合同义务开始于缔约接触，终止于合同成立或生效。缔约关系的存在是先合同义务或缔约过失发生的前提［**武汉中院（2022）鄂01民终16984号民判**］。缔约关系并非法律关系，当事人同意开启磋商，不意味着必须成立合同，因此，双方原则上应自负合同不成立而作徒然花费的风险。但是，缔约关系亦为信赖关系，当事人间因协助、保护需要而依诚信原则负担先合同义务。先合同义务并不具有可诉请履行的效力，其自始即以确立缔约过失责任为目标，这是先合同义务与因预约而生的缔约义务的差异所在。先合同义务既然以诚信原则为据，违反先合同义务自属背信行为。在这个意义上，缔约中的背信行为就是违反先合同义务的行为。由本条第3项文义可推知，第1、2项亦属背信行为，故背信性即构成缔约过失责任的归责基础。缔约过失责任所称“过失”与本法规定的“违背诚信原则”具有相同的规范功能。

本法明确列举了两种缔约中的背信行为：一是“假借订立合同，恶意进行磋商”。当事人本来无意订立合同，仍然开始或继续与对方进行缔约磋商，即构成恶意磋商的背信行为。二是故意欺诈。缔约中的欺诈是指故意隐瞒与订立合同有关的重要事实或者提供虚假情况。隐瞒型欺诈须以行为人负有告知义务为前提，其范围仅限于影响对方订约意愿和订约条款安排的重要事实和情况［**汉中中院（2023）陕07民终589号民判**］；积极欺诈则当然具有背信性。本条第3项设置兜底性规定，将未予明确列举但应归责的背信行为囊括入内。例如，无正当理由中断磋商［**北京二中院（2023）京02民终10022号民判**］、因过失而未尽告知或说明义务、拒绝配合办理登记或批准手续、拒绝签订书面合同［**广州中院（2023）粤01民终21384号民判，北京一中院（2023）沪01民终10466号民判**］等。缔约过失责任以缔约过程中的不当行为为规范对象，合同有效并不排除该种行为的不当性，因此，纵然合同最终有效缔结，当事人仍可能因其在缔约中的不当行为而承担缔约过失责任。例如，行为人在缔约中对相对人作出虚假陈述，尽管该虚假陈述尚不足以导致合同可撤销，但只要造成相对人遭受财产损害，行为人在合同有效情形下仍须向相对人承担赔偿责任。在行为人未尽缔约中的告知或协助义务造成对方损失时，其亦应承担合同有效情形下的缔约过失赔偿责任［**宁德中院（2023）闽09民终694号民判**］。

（2）缔约对方受有损失。

缔约对方所受损失应限于财产损失，包括所受损害与所失利益。所受损害指相对人既存财产的减少，主要表现为因合同订立所支出的各种费用，包括缔约费用、准备履约的费用、支出上述费用所产生的法定孳息和自然孳息的损失等。所失利益主要指缔约机会损失，即丧失与第三人订立合同的机会所产生的损失。缔约中所受损失是否包括因侵害人身、财产等绝对权益所致损失，存在不同认识，原则上，此类损失应依侵权责任法解决（**如第1165条第1款**）。

（3）背信行为与损失间有因果关系。

此处的因果关系为直接因果关系，即缔约一方所受损失直接产生于缔约另一方的不当行为［**沈阳中院（2023）辽01民终5301号民判**］。要求具有直接因果关系的原因在于，缔约上的损失主要是纯粹经济上或金钱性的损失以及机会损失，在认定上比较困难，一旦损失认定过于宽泛，缔约自由将受到损害。

2. 缔约过失的法律效果

本法仅规定缔约过失的赔偿责任，并不包括其他与缔约过失相关的法律救济形式，如实际履行先合同义务（**第 502 条第 2 款第二句**）、解除合同（**如《保险法》第 16 条**）或返还财产（**第 157 条第一句第一分句，《合同编通则解释》第 24～25 条**）等。缔约过失赔偿责任的范围，通说认为限于信赖利益的损失赔偿，但包括与客观合理的交易机会丧失相关的损失[**(2016）最高法民终 802 号民判**]。不过，在特殊情形，缔约过失赔偿可例外以合同成立并生效情形下的履行利益为标准，具体包括无权代理人对善意相对人承担的赔偿责任（**第 171 条第 3 款**）、恶意阻止合同成立或生效时的缔约责任（**第 502 条第 2 款第三句**）、建设工程合同无效但竣工验收合格时参照合同约定的工程价款付款的责任（**第 793 条第 1 款**）等情形。

3. 与第 157 条第二句第一分句的适用关系

理论上一般认为，本条与本法第 157 条第二句第一分句的损害赔偿规定性质相同，均属缔约过失责任规定。但是，二者在调整范围上有所不同。合同不成立或有效情形的缔约过失责任属于本条专属调整对象，而非缔结合同情形下过失赔偿（实施单独行为中的过失赔偿）或与背信行为无关的缔约过失，如合同因错误被撤销情形的缔约过失，或者双方明知违约而仍然缔结合同的缔约过失[**陇南中院（2023）甘 12 民终 863 号民判**]，则属于第 157 条第二句第一分句的专属调整对象；因背信行为致合同成立但未生效情形的缔约过失责任则属于第 157 条第二句第一分句与本条的共同调整对象。因此，二者在调整范围上为交叉而非包含或重叠关系。就二者的共同调整对象而言，二者之间不存在特别与一般的关系，可以同时适用。实际上，因二者在归责标准与损害赔偿额的确定（如与有过失规则）[**(2022）最高法知民终 908、909、912、913、914、915 号民判**]等规则方面相同，故无论依何者确定损害赔偿，结果均无不同[**广州中院（2023）粤 01 民终 13182 号民判**]。

第五百零一条 【订立合同中的保密义务】当事人在订立合同过程中知悉的商业秘密或者其他应当保密的信息，无论合同是否成立，不得泄露或者不正当地使用；泄露、不正当地使用该商业秘密或者信息，造成对方损失的，应当承担赔偿责任。

为成功缔结合同，需要双方在磋商阶段进行必要的投入，其中包括向对方披露与合同订立有关的信息。除法律或者诚信原则要求必须披露的信息外，当事人通常可以自由决定披露信息的范围。对于披露的信息有些是需要对方保密的，有些是无须保密的，本条规定的信息仅限于应当保密的信息。

第一分句规定了保密义务的范围及效力。“保密义务”的对象是“应当保密的信息”，其主要包括商业秘密和其他秘密信息。所谓商业秘密，是指不为公众所知悉、具有商业价值并经权利人采取相应保密措施的技术信息、经营信息等商业信息（**《竞争法》第9条第4款**）[**最高法(2012)民监字第253号民裁**]。商业秘密的主体为经营者，其具有秘密性、价值性和保密性，是一项接近权利的法益，受保护程度较高，当然属于“应当保密的信息”。“其他应当保密的信息”属于不确定概念，确定其范围较为困难。如果当事人在披露信息时明确要求保密，且接受方未表示异议，该信息就作为应当保密的信息对待。如果欠缺这种声明，并不意味着信息接受方不负担保密义务，保密义务亦可依诚信原则而产生。如果相关信息的披露会对当事人造成实质损害、其获取通常需要作出必要花费，或者披露或使用信息将有悖于诚信原则，相关信息就应认定为“应当保密的信息”。

对于应当保密的信息，信息接受方不得向第三人披露或公开，也不得为自己的利益而不正当地使用。从法律文义可知，向第三人披露秘密信息被绝对禁止，但使用秘密信息则需满足“不当性”要求。是否不当，需遵循诚信原则和交易实践的一般做法进行具体判定。例如，当事人在中断缔约而与他人磋商时，利用所获得的技术秘密信息争取更优的合同条件，不属于不正当使用。但是，若当事人将所获得的技术秘密信息用于自己的生产，则构成不正当使用。此外，保密义务依其性质或者当事人约定而确定其存续，不因缔约过程的结束而结束。

第二分句规定了违反保密义务的赔偿责任。此种赔偿责任性质上应属于缔约过失责任，乃本法第500条规定的缔约过失责任之特殊类型。但是，违反保密义务亦可成立侵权赔偿责任（**第1165条第1款**），甚至可能产生不当得利返还责任（**第987条**），从而引发责任竞合（**类推适用第186条**）。

违反保密义务的赔偿责任的成立条件有：(1) 行为人披露或不正当使用订立合同过程中获得的应当保密的信息。依逻辑解释，本分句中的

"信息"应与第一分句"其他应当保密的信息"具有相同含义。(2) 对方受有损失。(3) 违反保密义务与损失之间有因果关系。赔偿的范围既包括违反保密义务所产生的直接损失，如商业秘密被公开所生损失，也包括违反保密义务而致合同磋商中断所产生的损失，其范围与本法第500条所规定的损失相同。

第三章

合同的效力

第五百零二条 【合同生效时间以及办理批准等手续对合同效力的影响】依法成立的合同，自成立时生效，但是法律另有规定或者当事人另有约定的除外。

依照法律、行政法规的规定，合同应当办理批准等手续的，依照其规定。未办理批准等手续影响合同生效的，不影响合同中履行报批等义务条款以及相关条款的效力。应当办理申请批准等手续的当事人未履行义务的，对方可以请求其承担违反该义务的责任。

依照法律、行政法规的规定，合同的变更、转让、解除等情形应当办理批准等手续的，适用前款规定。

本条第 1 款是关于合同生效时间的一般规定，为本法第 136 条第 1 款的具体化。一般而言，当事人完成合同缔结过程，意思表示达成一致，合同即告成立。合同生效则是已成立的合同在符合效力要件的情况下，其内容对当事人产生法律约束力的状态。原则上，合同一经成立即生效。但是，若“法律另有规定”或者“当事人另有约定”，则合同成立时间与生效时间可能不一致。“法律另有规定”是指，法律明确规定合同成立但未生效的情形，如限制民事行为能力人超出行为能力范围订立的合同须经法定代理人同意才能发生效力、无权代理人以被代理人名义订立的合同须经被代理人追认后才能生效，以及本条第 2 款所规定的“未办理批准等手续影响合同生效”的情形。“当事人另有约定”一般是指合同另附生效条件或延缓期限等情形，合同成立后仅在条件成就或期限届满/届至时才生效。不过，若当事人的约定与合同订立和履行的实际情况不一致，仍应按照通常情况认定合同自成立时生效［**安徽高院（2023）皖民申 3941 号民裁**］。

第 2、3 款是关于办理批准（包括申报、许可、登记等）手续对合同效力影响的规定。实践中，办理批准等手续也称“报批”，是法律、行政法规而非当事人约定的行为要求。“报批”通常是基于行政管理目的所提出的法律要求，或者只是合同履行阶段权利移转的条件［**(2020) 最高法民终 185 号民判**］。法律、行政法规规定合同应当办理批准等手续的，当事人应当按照规定办理。只有那些“未经批准不生效”的合同，当事人才承担合同订立过程中的“报批义务”，以促成合同生效。批准等手续会影响合同生效的情形，如果法律、行政法规等对其有明确规定，自然应当依照其规定，如《技术进出口条例》第 16 条之规定。如果法律、行政法规仅仅规定相关事项应当办理批准等手续，但并未规定批准等手续影响合同生效，则应当根据相关规定的目的、效果等加以判断。购买商业银行、保险公司 5%以上股权的合同（**《商业银行法》第 28 条、《保险法》第 84 条第 7 项**），以及特定类型的企业国有资产转让合同（**《企业国资法》第 53 条**）、划拨土地使用权转让合同（**《房地产法》第 40 条**）、涉及垄断的经营者集中协议（**《反垄断法》第 25、28、30 条**）等即属于“不批准合同不生效”的情形；对另一些情形，如矿业权转让合同（**2009 年修正的《矿产法》第 6 条**），批准是影响转让合同效力还是只影响权利转移，则存在不同看法［**认为影响合同效力的观点如“指导案例 123 号”；认为不影响合同效力的观点如《关于审理矿业权纠纷案件适用法律若干问题的解释》第 6 条及（2021）最高法民申 314 号民裁**］。

本条第 2 款除第一句参引相关法律、行政法规的具体规定外，主要确定两个问题。

一是报批义务等条款的独立性。独立性是指，尽管整个合同因未办理报批等手续而未生效，当事人不得请求履行合同义务或要求对方承担相应的违约责任，但是涉及报批义务等的条款仍然有效，并对当事人产生法律约束力。简单说，就是报批义务等条款独立于合同其他条款而单独有效，使当事人通过履行报批义务而促成合同生效。除报批义务条款外，这类独立生效的条款还包括与报批义务直接关联的条款，如预付约定款项后才报批的条款、违反报批义务的违约责任条款（注意不同于合同本身的违约条款）以及协助报批的约定条款等。

二是违反报批义务应承担的民事责任。由于本条并未规定民事责任的具体内容，《合同编通则解释》对其予以明确。首先是报批义务的实际履行问题。报批义务是当事人约定的促使合同生效的协助义务，非属性质上不可请求实际履行的义务（**第580条第1款**），因此，负有报批义务的当事人不履行或履行报批义务不符合约定或法律、行政法规的规定的，对方可以请求其继续履行（**《合同编通则解释》第12条第1款第一分句**）。不过，报批义务属于行为义务，且不具有替代履行之可能，因此，尽管人民法院可以判令义务人实际履行报批义务，但该义务不得强制执行，而只能通过损害赔偿等方式间接强制报批义务人履行义务。此外，与附生效条件的合同不同，须批准生效的合同不可拟制生效条件成就，故在合同获得批准前，当事人不得请求对方履行合同约定的主要义务（**《合同编通则解释》第12条第3款**）。其次是违反报批义务的赔偿责任。违反报批义务不以过错为必要，只要义务人应当且能够申请批准而不申请，就构成义务违反，应当承担违反报批义务的民事责任。就逻辑而言，报批手续既为合同生效条件，因此，只要当事人未报批或虽报批而不获批准，合同均不生效，从而不发生合同履行利益或期待利益的赔偿问题，仅发生通常缔约过失的赔偿问题。但是，这样可能产生对报批义务人拒不报批的负面激励效果，因此，在当事人拒不报批而阻碍合同生效时，可以参照违反合同的违约责任而判令报批义务人承担赔偿责任。反之，若报批义务人并非恶意拒不报批，而是因其他原因而未报批，如因企业重组等原因而无法及时报批，则应依缔约过失的通常规则予以赔偿。报批义务人履行了报批义务但未获批准的，不承担赔偿责任，但未经批准系迟延报批而因政策原因变化导致不能批准的，报批义务人仍应承担违反报批义务的责任。若双方当事人均明知合同不具备办理审批条件，当事人不得以对方违反报批义务为由要求赔偿，双方应当按照各自的过错承担相应的责任［**沈阳中院（2022）辽01民终55号民判**］。

关于不履行报批义务是否可解除合同的问题，依前述规范逻辑，因未经批准的合同并不生效，故不发生合同解除的问题。但是，司法实践中通常允许相对人解除合同，如《国有土地使用权合同解释》第15条规定，因出让方未办理土地使用权出让批准手续而不能交付土地，受让方可以请求解除合同。《合同编通则解释》第12条第2款进一步作出一般性的规定，在人民法院判决履行报批义务后，报批义务人仍不履行的，对方有权主张解除合同。与通常合同解除系消灭已生效合同的效力不同，这里所称解除则是消灭尚未生效合同的效力。

本条第3款将原《合同法》第77条第2款、第87条、第96条第2款的规定合并，设置统一的“准用规定”。法律、行政法规规定合同的变更、转让、解除等情形应当办理批准等手续的，只有在批准等手续办理完毕后，合同的变更、转让和解除才能发生效力。

第五百零三条 【无权代理的拟制追认】无权代理人以被代理人的名义订立合同，被代理人已经开始履行合同义务或者接受相对人履行的，视为对合同的追认。

本条是关于狭义无权代理情形被代理人追认规则在合同法领域的特殊规定。无权代理人所订立的合同只有经被代理人追认，才对被代理人发生效力，即产生与有权代理相同的效果。追认与否系被代理人自由决定的事项，且追认为需受领的意思表示，由被代理人向无权代理人或合同相对人以明示或者默示的方式作出（**第 140 条**）。明示追认是指被代理人向无权代理人或相对人明确肯定地表示同意或承认无权代理人所订合同的追认方式，而默示追认则是被代理人以自己的行为表明同意或承认该合同的追认方式。被代理人未作表示即视为拒绝追认。默示方式通常由与被代理人有关的积极事实或行为推定，“被代理人已经开始履行合同义务或者接受相对人履行的”情形即属其类［**青海高院（2021）青民申 894 号民裁，汉中中院（2023）陕 07 民终 1421 号民判**］。需要注意者有二：其一，与“义务履行取代合同书签章使合同成立”的情形不同（**第 490 条第 1 款**），本条中被代理人只要在知道无权代理人所订合同后履行合同即可，所履行的合同义务是否为主要义务则在所不问；而且，部分履行亦可［**重庆高院（2018）渝民再 275 号民判，山东高院（2021）鲁民申 8950 号民裁**］。其二，追认为需受领的意思表示，因此，被代理人须知道或应当知道（不可能不知道）其所为之履行或接受之履行系属无权代理人所订合同的履行，否则，其履行不得被视为追认［**山东高院（2021）鲁民终 1221 号民判**］。当然，被代理人应对不知道也不应当知道的事实负证明责任。

第五百零四条 【表见代表的效力】法人的法定代表人或者非法人组织的负责人超越权限订立的合同，除相对人知道或者应当知道其超越权限外，该代表行为有效，订立的合同对法人或者非法人组织发生效力。

本条为本法第 61 条在合同领域的细化规定。法人的法定代表人或者非法人组织的负责人享有代表权，其以法人或非法人组织名义从事民事活动，其法律后果由法人或非法人组织承受（**第 61 条第 2 款、第 108 条**）。但是，法律或法人章程等对法定代表人或负责人的代表权限设有限制：一是法定限制，如《公司法》有关公司对外担保、增减资本、发行债券、分立、合并以及关联交易等所作的限制规定（**如《公司法》第 15 条、第 59 条第 1 款第 5～7 项、第 182～183 条等**），均属对公司法定代表人权限的法定限制。不过，金融机构对外开立保函或担保公司提供担保、公司为其全资子公司开展经营活动提供担保的，法定代表人不受前述公司对外担保规定的限制（**《担保制度解释》第 8 条第 1～2 项**）。应当留意者，现行法并未对法定代表人或负责人的代表权限直接作出规定，前引法定限制规定均属法人组织机关权限配置规定，唯依该等规定才能间接确定代表权限范围。因此，法定代表人或负责人超越权限主要是违反该等权限规定，“越权行为”实际为“违规行为”。二是意定限制，即通过法人章程对法定代表人权限的一般限制，以及依法人机关或出资人决议所作的个别限制，如投资权限规定等。意定限制虽与法定限制一样多表现为内部决策权限的分配，但也可以表现为对法定代表人或负责人权利的直接限制。本条所称“超越权限”，同时包括超越前述两种权限限制。

原则上，法定权限规定被推定为所有人均应知晓并遵守，故其效力具有对世性或绝对性，而意定限制的效力则仅在法人内部产生效力，具有相对性，例外地扩及于外部而能对抗非善意的第三人。从这个意义上讲，法定代表人或负责人违反法定限制而订立的合同本因违法而应当然无效，仅违反意定限制的行为才存在善意补正效力瑕疵的可能，这也可由本法第 61 条第 3 款推论得出，无须经由表见代表之法律构造辗转“补正”合同效力瑕疵。故而，本条的主要适用领域实际上是超越代表权法定限制的情形，具有缓和法定限制之刚性的效果，旨在实现法人、非法人组织与相对人之间的利益平衡，保障交易安全。

表见代表的成立条件是：（1）法人的法定代表人或非法人组织的负责人以法人或非法人组织的名义订立合同。（2）法定代表人或负责人超越法定或意定权限。（3）相对人善意，即不知道也不应当知道法定代表人或负责人超越权限。对相对人善意的判定在不同情形有所不同。在涉及法定限制时，超越法定限制的事实属于裁判者应主动查明的事实，相对人应对其“善意不知超越法定权限的事实”负担证明责任，即相对人须证明已经对未超越权限的事实作过审查，如在公司对外担保时，债权人已经对担保事项经公司股东会或董事会决议通过的事实作出过合理审查（**《合同编通则解释》第 20 条第 1 款**）。当然，前述审查限于形式审查，相对人只需对决议及其内容的真实性、准确性尽到必要注意即可（**《担保制度解释》第 7 条**）［**最高法（2012）民提字第 156 号民判，山东高院（2021）鲁民申 9029 号民裁**］，但在上市公司对外担保情形，相对人应当依上市公司公开披露的关于担保事项已经董事会或股东会决议通过的信息进行审查（**《担保制度解释》第 7 条**）。在涉及意定限制时，法人或非法人组织则须证明相对人知道或应当知道其对法定代表人或负责人的权限存在一般或特别限制，相对人仅在知道或应当知道前述限制时，才须就权限事实已作合理审查负担证明责任（**《合同编通则解释》第 20 条第 2 款**）。

若表见代表成立，则法定代表人或负责人所订立的合同对法人或非法人组织发生效力，即由其承受相应的法律后果。一般而言，若表见代表成立，合同有效；表见代表不成立，合同无效（**《九民纪要》第 17 条**）［**山东高院（2021）鲁民再 527 号民判，山西高院（2023）晋民申 887 号民裁**］。因此，所谓“合同对法人或者非负责人组织发生效力”，就是指法人或者非法人组织应作为合同当事人受合同约束（**第 465 条第 2 款**）。不过，超越代表权限只是法定代表人或负责人所订合同的可能瑕疵之一，若合同尚有其他效力瑕疵，纵然表见代表成立，合同也可能无效。因此，只有在法定代表人或负责人所订合同不存在其他效力瑕疵，且表见代表成立时，相对人才能主张法人或非法人组织承担违约责任（**《合同编通则解释》第 20 条第 2 款第一句**），否则，仍应依照本法第 157 条有关法律行为无效规定处理。

若表见代表不成立，则就本条作反对解释，其后果应为“订立的合同对法人或者非法人组织不发生效力”。“不发生效力”可作两种理解：一是法人或非法人组织不承担与该合同相关的任何责任，包括合同有效与无效时的责任；二是仅不承担有效合同的履行责任，但法人、非法人组织有过错的，其仍需承担合同无效时的相应责任。司法实践采纳后一种理解（**《合同编通则解释》第 20 条第 1 款第一句“但书”**）［**宁夏高院（2021）宁民终 207 号民判，东莞中院（2023）粤 19 民终 10476 号民判，广州中院（2023）粤 01 民终 2319 号民判**］。不过，既然法人或非法人组织仍应承担缔约过失责任，就意味着法定代表人或负责人所订合同仍归属于法人或非法人组织，不因有权或无权（越权）代表而有不同，此正与代表原理相通，亦可证成越权代表仅属合同效力瑕疵而非后果归属障碍事由之结论。从而，无论是否成立表见代表，法人、非法人组织原则上均应对其法定代表人、负责人以其名义订立的合同承担责任。不过，在相对人与法定代表人或负责人恶意串通（**《合同编通则解释》第 23 条第 1 款**）或者法律另有规定（**《担保制度解释》第 9 条第 2 款**）时，法人或非法人组织不承担责任。法人、非法人组织承担表见代表不成立时的赔偿责任以有过错为必要，在组织规章制度不健全、用人失察、对高管人员监管不力、公章管理不善等情形，均可认定法人、非法人组织有过错［**(2019) 最高法民终 267 号民判、(2019) 最高法民终 451 号民判**］。

第五百零五条 【超越经营范围订立的合同效力】当事人超越经营范围订立的合同的效力，应当依照本法第一编第六章第三节和本编的有关规定确定，不得仅以超越经营范围确认合同无效。

本条旨在宣示“不得仅以超越经营范围确认合同无效”，也就是说，“超越经营范围”不是合同无效事由［**吉林高院（2023）吉民申 3424 号民裁**］。“经营范围”也称经营目的，是指从事市场经营的主体经商事登记所确认的从事经营的行业或商品类别、服务项目。市场主体超出其登记的经营范围从事活动，构成超越经营范围的行为。就此有两点需要明确：其一，合同无效须依据本法所规定的无效事由予以判定。本法有关合同无效事由的规定见于“本法第一编第六章第三节和本编的有关规定”。其二，“超越经营范围”本身不构成违法，但法律、法规禁止或限制市场主体从事某种经营活动，或者规定须经特许方可从事某种经营活动，市场主体违反该种规定而从事相关经营活动的，构成违反法律、法规强制性规定的行为，如未取得金融许可证而从事金融活动［**(2017) 最高法民终 647 号民判**］，未取得医疗机构执业许可和执业医师资格而从事医疗美容活动［**湖北高院（2023）鄂民申 9403 号民裁**］；或者构成背俗行为（如开设赌场），应属无效（**第 153 条**）。在这类情形下，合同无效不是因为“超越经营范围”，而是因为合同内容违法、背俗。合同存在其他无效事由的，亦同。因此，若相关经营许可限制不属于法律、行政法规的规定，合同违反该类规定就不构成违法，其效力不因此而受影响［**山西**

高院（2023）晋民申 2906 号民裁]。

第五百零六条 【免责条款无效的特别事由】合同中的下列免责条款无效：

（一）造成对方人身损害的；

（二）因故意或者重大过失造成对方财产损失的。

本条是关于免责条款无效情形的特别规定。免责条款是当事人约定限制或免除因义务违反所产生的损害赔偿责任的合同条款，是当事人基于意思自治而分配合同风险的方式。免责条款和合同其他条款一样，应具备有效条件，因此，除本条规定的情形外，若免责条款存在其他无效原因，如违法或背俗（**第 153 条**）、通谋虚伪（**第 146 条**）或者通过格式条款不合理地减免已方责任（**第 497 条第 2 项第一种情形**），该免责条款也无效。需要注意的是，免责条款是预先免除将来可能发生的民事责任，如果损害已经发生，当事人之间订立的免除相关赔偿责任的约定不属于本条所称的免责条款[**荆门中院（2023）鄂 08 民终 1565 号民判**]。

民事责任的目的在于救济受法律保护的权益，本条依侵害对象不同而作出不同处理：首先，人身权益相对于财产权益具有更高的价值位阶，因此受保护程度也更高，其中，生命、健康权益受到最高程度的保护。为此，对造成他人人身权益损害（**实际应为侵害，第 1164 条及第 1165 条第 1 款**）且满足责任成立要件的行为，行为人都必须承担相应的民事责任[**辽宁高院（2021）辽民申 5488 号民裁**]，该责任不得以订立免责条款的方式被免除，即绝对禁止免责[**湖北高院（2017）鄂民再 51 号民判，沈阳中院（2023）辽 01 民终 5339 号民判**]。其次，财产权益受保护程度低于人身权益，原则上允许当事人约定免责，但是，如果对任何情况下的财产侵害都免除责任人本应承担的民事责任，则会减弱责任人采取措施以避免损失发生的激励，诱致机会主义行为，不利于对受害人权益的保护，甚至纵容加害人的背信行为。这类情况主要发生在加害人对侵害的发生存在故意或重大过失的情形，因此，法律规定因故意或重大过失侵害财产权益造成的损失赔偿责任也不得被免除。换言之，当事人只能通过免责条款免除非因故意或重大过失侵害财产权益的民事责任，也就是仅涉及财产侵害的无过失责任或者一般过失或轻过失情形下的过错责任

[**广东高院（2019）粤民终 1289 号民判**]。

需要说明的是，在医疗、美容服务合同中，在保障了患者或美容者被充分告知相关服务风险的情况下，患者或美容者接受医疗或美容机构的正当医疗或美容服务的，医疗或美容机构不承担因此所生人身伤害的民事责任。在自愿参加体育运动或竞技活动而受害的情形中，也存在类似情况（**第 1176 条第 1 款**）。这些情形下相关主体之所以不承担责任，不是因为存在免责约定，而是因为造成损害的行为在法律上是被认可的，不具有责任引致原因的属性。

第五百零七条　【争议解决条款的独立性】合同不生效、无效、被撤销或者终止的，不影响合同中有关解决争议方法的条款的效力。

争议解决条款是关于当事人就合同争议解决的方式（仲裁或诉讼）、程序及法律适用等事项所作约定的合同条款，包括仲裁条款、协议管辖条款、法律适用条款以及约定检验、鉴定机构的条款等。争议解决条款不创设当事人在合同中的实体权利、义务，只与实体权利、义务纠纷的解决相关，而无关于实体权利、义务本身[**湖北高院（2023）鄂民申 8532 号民裁**]，因此，其效力不受其所属合同的生效、无效、被撤销或终止的影响，能够独立有效[**（2022）最高法知民辖终 234 号民裁，上海高院（2022）沪民辖终 2 号民裁，山东高院（2023）鲁民辖终 51 号民裁**]。当然，争议解决条款作为合同条款，须以合同成立为前提，若合同不成立，则无本条适用余地[**最高法（2015）民二终字第 428 号民裁**]。此外，其本身也应符合法律行为有效要件的规定，如须满足法律行为一般有效要件（**本法第 143 条**），不违反法律、法规的强制性规定（**如《仲裁法》第 17 条、《民诉法》第 34 条及《法律适用法》第 5 条**）等。不过，争议解决条款的效力审查应与合同其他条款的效力审查分别展开。这也是争议解决条款独立性的要求。

第五百零八条　【合同效力援引规定】本编对合同的效力没有规定的，适用本法第一编第六章的有关规定。

尽管本章标题为“合同的效力”，但仅限于合同效力的特殊规定。合同属于法律行为之一种，因此，本法总则编第六章“民事法律行为”有关法律行为的一般规定，亦当然适用于对合同效力的认定，具体包括法律行为或意思表示形式的规定（**第 135、140 条**）、法律行为或意思表示生效的规定（**第 136～139 条**）、意思表示解释的规定（**第 142 条**）、法律行为效力的规定（**第 143～157 条**）［**（2021）最高法民申 3986 号民裁，西宁中院（2023）青 01 民终 4029 号民判**］以及法律行为附款的规定（**第 158～160 条**）。

第四章

合同的履行

第五百零九条 【合同履行的原则】当事人应当按照约定全面履行自己的义务。

当事人应当遵循诚信原则，根据合同的性质、目的和交易习惯履行通知、协助、保密等义务。

当事人在履行合同过程中，应当避免浪费资源、污染环境和破坏生态。

本条第1款规定了合同的全面履行原则。全面履行原则也称"合同严守原则""适当、正确履行原则"等，是指当事人应当严格按照合同约定的标的，数量，质量，履行的期限、地点和方式履行其全部义务，除非依照法律规定或者当事人的变更协议，不得变更履行的内容。合同履行是实现缔约目的的基本手段，在某些情形下甚至是唯一手段，因此，只有严格按照约定的内容履行，而非通过损害赔偿替代履行，才有助于实现当事人的缔约预期。就此，应注意者有二：一是全面履行原则是对合同履行的一般要求，是合同约束力在履行阶段的体现（**第465条第2款**）。违约救济规则（**本编第八章**）系以全面履行原则为基础，未遵守该原则的履行将被认定为违约行为，应依法承担违约责任［**(2022) 最高法知民终481号民判，山东高院 (2022) 鲁民终850号民判**］。二是该原则适用的义务范围应包括合同全部义务，不限于约定义务。合同义务有约定义务、法定义务以及依诚信原则而发生的义务（**本条第2款**）等类型，约定义务构成合同的基本内容，也是其他义务由以产生的前提。本款强调"按照约定"仅为强调该前提，并非意在限制义务范围。

第2款规定了诚信履行原则。诚信原则是民法的基本原则（**第7条**），其自当适用于合同履行。因此，本款规定有两层含义：其一，当事人在合同履行中应当遵循诚信原则履行义务、行使权利。就此而论，诚信原则不仅是对合同义务的履行要求，也是对合同权利的行使要求。违反诚信原则行使权利的行为构成权利滥用（**第132条**），将发生权利行使无效、权利减损甚至损害赔偿等效果。其二，当事人在合同履行中应履行依诚信原则产生的附随义务［**（2022）最高法知民终1297号民判**］。附随义务是伴随合同关系而发生、旨在确保给付目的正常实现或当事人固有利益安全的义务。附随义务并非随合同成立而发生，相同的合同类型也不一定有相同的附随义务，其需要结合合同的性质、目的、交易习惯，根据具体情况而确定。其具体类型主要有通知、协助、保密等。"通知义务"是指当事人将合同履行中影响他方利益的事项予以告知的义务，如买受人标的物瑕疵通知义务（**第621条第1款**）、出租人出卖租赁房屋的通知义务（**第726条第1款**）等，不一而足。"协助义务"是指当事人应配合他方以完成合同履行的义务，如融资租赁中出租人协助承租人向出卖人行使索赔权利的义务（**第741条第二句**）、定作人协助承揽人完成承揽工作的义务（**第778条第一句**）等。"保密义务"是指当事人不得将合同履行中获知对方应予保密的信息予以披露或不当使用的义务，如承揽人对工作成果或技术资料的保密义务（**第785条**）、技术许可合同被许可人的保密义务（**第873条第1款**）等。此外，附随义务还包括其他义务类型，如保护义务（**如第714条规定的承租人的租赁物保管义务**）。

第3款规定了绿色履行原则。绿色原则亦属民法基本原则（**第9条**）。本款规定是该原则在合同履行阶段的具体化。"避免浪费资源"既包括权利行使中对资源的消耗适度的要求，也包括义务履行中节约资源的要求［**山东高院（2021）鲁民终340号民判，广州中院（2022）粤01民终11390号民判**］；避免"污染环境和破坏生态"则系着眼于社会利益之维护目的，倡导当事人在合同履行中注意保护环境或生态。例如，快递物流业者要"使用环保包装材料、对包装材料减量化和再利用"（**《电商法》第52条第3款**），出卖人的回收义务（**第625条**）等均属其例。

第五百一十条 【合同漏洞的协议补充】合同生效后，当事人就质量、价款或者报酬、履行地点等内容没有约定或者约定不明确的，可以协议补充；不能达成补充协议的，按照合同相关条款或者交易习惯确定。

合同漏洞是指合同内容不完备/不完整的情况。合同之所以出现漏洞，可能是因为当事人有意将有关内容留待将来确定，或者根本未预见到相关内容的存在。当合同虽有约定但约定不明时，其效果与没有约定相同，因此，本条将二者同等对待。合同漏洞须以合同成立为前提，而合同成立须当事人就合同必要条款达成合意，因此，合同漏洞涉及的内容主要与非必要条款有关，如质量、价款或者报酬、履行地点等。若合同要素欠缺，则合同不成立，无须进行漏洞补充。

本条第一分句规定，合同漏洞可以由当事人事后协议补充。这表明，当事人不必在合同成立时就其全部内容达成合意，可以在事后协议补充。只要在相关内容（如履行期限或地点）必须明确时，也就是义务履行所必要时，双方达成协议即可，其效果与先前已达成的协议相同［**广州中院（2023）粤 01 民终 32511 号民判**］。由于双方合同已经成立，在磋商事后协议时，任何一方均只能与相对方进行协商。这与合同成立前可以自由选择磋商相对人的情况有别，从而可能存在一方“胁迫”另一方的可能性，因此，在协商时，双方需遵循诚信原则确定未决合同的内容［**(2017) 最高法民申 3087 号民裁**］。但是，事后协议补充仅为合同漏洞补充的方式之一，当事人并无必须达成补充协议的义务。

本条第二分句规定，在当事人不能达成补充协议时，则按照合同的相关条款或交易习惯补充合同漏洞。“按照合同的相关条款确定”也称为“补充的合同解释”方法，其与合同/意思表示的解释（**第 142、498 条**）不同，并不是对合同已有约定的事项通过解释明确其内容，而是通过解释合同相关条款推导出可能的当事人意思以补充缺漏条款。因而，“补充的合同解释”乃是以“假定的当事人意思”补充合同漏洞，也就是裁判者通过当事人已有约定的合同条款，确定当事人可能会有约定的合同条款。因此，此种推导应满足合理性、充分性要求，应考虑合同的性质与目的，补充条款应在效果上与当事人明确约定的条款保持一致，尤其不应依补充的条款修正当事人明确约定的条款，否则，有可能发生以裁判者的意思替代当事人的意思的情况。例如，学区房买卖合同在通常情况下，户口和入学资格（学位）占用情况直接影响房屋交易价值，出卖人应当承担学位保证义务［**厦门思明区法院（2020）闽 0203 民初 18846 号民判**］。“按照交易习惯确定”中的“交易习惯”，既指相关交易所在地或者所处领域、行业中通常采用并为交易双方订立合同时知道或者应当知道的惯常做法（如建设施工合同中施工义务的履行地为建设工程所在地)，也指合同当事人在相互间的多次交易中经常采用的习惯性做法(《合同编通则解释》第 2 条)［龙岩中院(2021)闽 08 民终 1034 号民判］。前一种交易习惯在功能上比较接近于本法第 511 条的任意性规范，其多适用于商人之间的交易，与当事人身份的联系更为紧密；后一种交易习惯在功能上则更接近于“补充的合同解释”。是否存在相关交易习惯，应由主张者负证明责任［丽江中院(2024)云 07 民终 74 号民判］。需要留意者，无论是何种性质的交易习惯，都只有在不违反法律的强制性规定且不违背公序良俗的情况下，才能作为补充合同漏洞的依据，并据此确定合同内容［上海高院(2022)沪民再 12 号民判］。

第五百一十一条 【依任意法规范补充合同漏洞】当事人就有关合同内容约定不明确，依据前条规定仍不能确定的，适用下列规定：

(一) 质量要求不明确的，按照强制性国家标准履行；没有强制性国家标准的，按照推荐性国家标准履行；没有推荐性国家标准的，按照行业标准履行；没有国家标准、行业标准的，按照通常标准或者符合合同目的的特定标准履行。

(二) 价款或者报酬不明确的，按照订立合同时履行地的市场价格履行；依法应当执行政府定价或者政府指导价的，依照规定履行。

(三) 履行地点不明确，给付货币的，在接受货币一方所在地履行；交付不动产的，在不动产所在地履行；其他标的，在履行义务一方所在地履行。

(四) 履行期限不明确的，债务人可以随时履行，债权人也可以随时请求履行，但是应当给对方必要的准备时间。

(五) 履行方式不明确的，按照有利于实现合同目的的方式履行。

(六) 履行费用的负担不明确的，由履行义务一方负担；因债权人原因增加的履行费用，由债权人负担。

依据本条，仅在不能适用前条规定的方法补充合同漏洞时，才适用本条规定加以补充。同时，还应注意，本条为合同通则规定，按照特别规定优先于一般规定的法律适用原则，当合同分则（典型合同）有合同漏洞补充规定时，应优先适用特别规定进行补充。例如，在涉及履行地点的漏洞填补时，本法第 603 条第 2 款、第 627 条第二句、第 628 条第二句的规定就与本条第 3 项的规定有别，在涉及前述事项时，应优先适用前引特别规定。据此，合同漏洞的补充顺序是：首先依协议补充；不能达成协议的，依补充的合同解释或者交易习惯补充；仍然无法补充的，优先依典型合同的任意法规范进行补充（非典型合同参照适用典型合同规定时亦同）；典型合同无相应规定的，依本条的任意性规范补充。在多数情形下，典型合同的规定直接参引本条规定，即无补充顺序问题**（如第 602、616、626 条）**［**西藏高院（2022）藏民终 36 号民判**］。对于典型合同有规定而本条无规定的事项，如本法第 619 条有关标的物包装方式的规定，亦无补充顺序问题。

（1）关于质量要求的确定。当履行质量要求不明确且无法依本法第 510 条规定进行补充时，应优先执行强制性国家标准。就此应指出的是，《标准化法》第 2 条第 3 款第一句规定：“强制性标准必须执行。”因此，只有在当事人约定的质量标准高于强制性标准时，才存在质量约定不明需依强制性标准进行补充的问题。若当事人约定的质量标准低于强制性国家质量标准，该约定无效，与没有约定效果相同，除非当事人重新作出符合规定的质量标准约定，否则应执行强制性国家标准。《标准化法》第 21 条第 1 款规定：“推荐性国家标准、行业标准、地方标准、团体标准、企业标准的技术要求不得低于强制性国家标准的相关技术要求。”由于推荐性国家标准、行业标准等并无强制性，故而，只有没有强制性国家标准且当事人没有约定或约定不明时才可以考虑以之补充质量要求。其补充顺序先是推荐性国家标准，然后是行业标准。本法并未采用《标准化法》规定的其他标准，如地方标准、团体标准或企业标准以补充合同质量条款漏洞。在不能适用前述标准补充时，应按照通常标准或符合合同目的的特定标准补充。“通常标准”是指类似交易的平均履行质量要求，“符合合同目的的特定标准”是指以达成当事人所订立合同的具体目的而确定的质量标准。这两种补充方法之间没有顺序限制。

（2）关于价款或报酬的确定。首先需要明确的是，依照第 2 项第二分句的规定，依法应当执行政府定价或政府指导价的，价格应当依照规定执行。政府定价或政府指导价的执行主体是经营者，其通常为商品或服务的销售或提供方。就这类商品或服务的定价，只允许按照政府价格主管部门或其他部门确定的，或者由其指导经营者确定的价格执行，合同当事人不得另行约定价格［**湖北高院（2021）鄂民申 2631 号民裁，吉安市吉安县法院（2023）赣 0821 民初 1814 号民判**］。就此而言，其实际上是以政府定价或者政府指导价取代当事人约定的合同价格，因而不同于以没有约定或约定不明为前提条件的合同漏洞补充方式。从而，真正的补充标准就是第一分句所规定的市场价格。“市场价格”是不同市场交易者在竞争条件下所形成的平均价格，不同地域、不同时间的市场价格可能发生变化，本条规定以“订立合同时”“履行地”的市场价格确定［**（2021）最高法民申 5079 号民裁**］。

（3）关于履行地点的确定。第 3 项规定的履行地因给付标的不同而有不同。给付货币的，履行地为接受货币一方（债权人）所在地，也就是住所地［**云南高院（2022）云民辖终 39 号民裁**］；交付不动产的，为不动产所在地；其他标的，为履行义务一方（债务人）所在地［**丹东中院（2023）辽 06 民辖终 78 号民裁**］。前述地点在合同订立后发生变更的，应以履行义务时所在地履行，但因变更而增加的履行费用，应由变更地点一方承担。此外，尽管合同未约定履行地点，但当事人实际履行地不同于依前述规则确定的履行地的，应以实际履行地为债务履行地［**山西高院（2021）晋民辖终 71 号民裁**］。在这种情况下，履行地的确定目的不在于义务履行，而在于确定诉讼管辖，故非本项规定适用范围内之事项。

（4）关于履行期限的确定。本条适用不仅要求无法依本法第 510 条确定履行期限，而且要求没有其他特别规定就履行期限作补充规定，如本法第 674 条（借款利息支付期限）、第 721 条（租金支付期限）、第 782 条（承揽合同报酬支付期限）。只有在满足前述前提下，债务人才可以随时履行，债权人才可以随时请求履行，但均应给对方必要的受领或提出履行的准备时间［**甘肃高院（2022）甘民申 170 号民裁，甘肃高院（2023）甘民申 4415 号民裁**］。“必要的时间”依具体债务性质并结合通常情形下的准备时间而确定，如筹备货物或款项、准备存货空间等所需时间。

（5）关于履行方式的确定。履行方式包括一次履行或分期履行、部分履行或全部履行、亲自履行或由第三人代为履行，以及送货方式的选择等，不一而足。在没有约定的情况下，采取何种方式履行原则上由债务人自由决定，但应受诚信履行原则的约束。“合同目的”不仅涉及债权人的目的，也涉及债务人的目的，因此，履行方式的确定应综合考量债权人的目的、债务人的履行负担等因素，并进行合理权衡。例如，依本法第 531 条第 1 款的规定，债权人有权拒绝损害其利益的部分履行，相应地，债务人不得选择部分履行的方式。

（6）关于履行费用的确定。履行费用指为履行债务所作支出，如包装费、运输费用、登记费用等。履行费用原则上属于交易成本范畴，因此，在无约定时应由债务人负担。但是，因债权人的原因而增加履行费用支出的，如债权人要求采取不同于约定或通常标准的特殊包装，改变交货地点或提高履行质量标准，增加的费用应由债权人负担。

第五百一十二条 【电子合同交付商品和提供服务的时间】通过互联网等信息网络订立的电子合同的标的为交付商品并采用快递物流方式交付的，收货人的签收时间为交付时间。电子合同的标的为提供服务的，生成的电子凭证或者实物凭证中载明的时间为提供服务时间；前述凭证没有载明时间或者载明时间与实际提供服务时间不一致的，以实际提供服务的时间为准。

电子合同的标的物为采用在线传输方式交付的，合同标的物进入对方当事人指定的特定系统且能够检索识别的时间为交付时间。

电子合同当事人对交付商品或者提供服务的方式、时间另有约定的，按照其约定。

本条源于《电商法》第 51 条。通过信息网络订立的合同为电子合同，“互联网等信息网络”包括互联网、移动互联网、电信网、物联网等。电子合同标的的给付时间因履行方式不同而不同，本条据此分别规定相应的给付时间，同时允许当事人作不同约定。值得注意的是，本条关于给付时间的确定，其意义主要不在于确定义务的履行时间，而在于确定与给付相关的权利及风险的转移时间。从而，在规范功能上，本条更接近于本法第 604 条及以下关于买卖合同标的物风险移转时间的规定，而与本法第 511 条第 4 项关于履行期限的规定相异。

第 1 款规定了依通常方式履行的给付时间。第一句规定有形商品（动产）且采用快递物流方式交付的，收货人的签收时间为交付时间。“签收时间”是指收货人当面查验快递物流交付的商品后予以签收的时间［**北京互联网法院（2021）京 0491 民初 44066 号民判，成都铁路运输中院（2021）川 71 民终 129 号民判**］。若快递物流企业使用智能快件箱或者驿站等形式进行递送，应以消费者打开快件箱后实际收到商品的时间为签收时间。第二句规定标的为提供服务的，如滴滴打车、通过互联网租车、网上预定旅游路线等服务，以电子商务平台生成的电子凭证或实物凭证载明的时间为提供服务的时间；实际提供服务的时间不同于前述时间的，以实际提供服务的时间为准。

第 2 款规定了通过在线传输方式交付标的物的给付时间。在此情形下，电子合同的标的物为数据电文（如电子购物卡、数字音乐、电子书和计算机软件、音视频节目等无形产品），交付的方式通常是在线传输，合同标的物进入对方当事人指定的特定系统并且能够检索识别的时间为交付时间［**北京互联网法院（2021）京 0491 民初 41405 号民判**］。“指定的特定系统”可以是当事人在订立合同时或交付时指定的系统，也可以是受领方当事人实际使用的接收终端系统；“能够检索识别”是指当事人可以检索并识别对方所交付的数据电文。发出的数据电文未能进入指定的特定系统，或者进入该系统但无法识别的，都不能实现标的物购买方的合同目的，不构成有效交付。

第 3 款规定当事人就电子合同标的的给付方式或时间有不同约定的，按照约定确定给付方式、时间。本款规定是对合同自由原则的贯彻，与本法第 470、510、511 条的规定一致。

第五百一十三条 【执行政府定价或政府指导价的合同】执行政府定价或者政府指导价的，在合同约定的交付期限内政府价格调整时，按照交付时的价格计价。逾期交付标的物的，遇价格上涨时，按照原价格执行；价格下降时，按照新价格执行。逾期提取标的物或者逾期付款的，遇价格上涨时，按照新价格执行；价格下降时，按照原价格执行。

根据《价格法》第 25 条之规定，政府指导价或政府定价的价格水平应根据经济运行情况作相应调整。因此，可能会出现在执行政府定价或政府指导价的合同履行期内，因政府价格调整而发生价格变动。就此，本条第一句规定，在约定的交付期限内发生价格调整的，按照交付时的价格计价。这样的安排可能引发当事人的价格投机行为，因此，本条第二、三句分别就逾期交付标的物或逾期提取标的物或逾期付款的行为规定了价格制裁，即：逾期交付标的物的，遇价格上涨时，按照原价格执行；遇价格下降时，按照新价格执行。逾期提取标的物或者逾期付款的，遇价格上涨时，按照新价格执行［**山西高院（2018）晋民终376号民裁**］；遇价格下降时，按照原价格执行。在侵权赔偿或权益侵害性不当得利返还情形，对返还义务人类推适用此种价格制裁，是否适当，值得关注［**大连中院（2022）辽02民终3711号民判**］。

值得注意的是，执行政府定价或政府指导价的合同不限于交付标的物的情形，还涉及“公益性服务”（**《价格法》第18条第5项**）。服务的提供并非“交付标的物”，但在价值判断上，对两者应作相同处理。据此，宜通过对本条“交付标的物”“提取标的物”作目的性扩张解释，将“提供服务”和“接受服务”纳入其中。

第五百一十四条 【金钱之债的结算币种】以支付金钱为内容的债，除法律另有规定或者当事人另有约定外，债权人可以请求债务人以实际履行地的法定货币履行。

以给付金钱为内容的债被称为金钱之债或货币之债。货币有本国货币（本币）和外国货币（外币）之分，而法定货币是依照法律规定，在特定法域有强制流通效力的货币。原则上，当事人间以何种货币结算由当事人自由决定。但是，依《人民币管理条例》第3条之规定，人民币是中国的法定货币，以人民币支付中国境内的一切公共的和私人的债务，任何单位和个人不得拒收。因此，在中国境内以人民币支付债务的，纵然当事人有不同约定，债权人亦不得拒绝，但可以请求债务人（付款人）承担违约责任。履行地不在中国境内，债权人请求以当地的法定货币履行的，亦应准许，除非当事人另有约定。仅需注意，若合同约定的履行地与实际履行地不同，应以实际履行地为准。并且，除本金外，利息的计算亦以依前述标准确定的币种作为计息基数［**上海金融法**

院（2018）沪74民初1421号民判］。

第五百一十五条 【选择之债中选择权的归属与转移】标的有多项而债务人只需履行其中一项的，债务人享有选择权；但是，法律另有规定、当事人另有约定或者另有交易习惯的除外。

享有选择权的当事人在约定期限内或者履行期限届满未作选择，经催告后在合理期限内仍未选择的，选择权转移至对方。

选择之债是指债的标的有两项以上，债务人仅负担给付其中一项标的之义务的债。若合同虽有多个标的，但以其中一个为给付标的，其余标的仅在预定的给付标的不能履行时，或者债权人另有选择时才以其他标的履行，则不成立选择之债［泸州中院（2021）川05民终2067号民判］，因此，本条关于选择之债的定义涵盖过宽，应予限制。选择之债的多个标的处于同一给付地位，最终应以何者为给付标的须依选择权之行使结果而定。经选择权人行使选择权而确定后，选择之债与仅有单一给付标的的简单之债效果相同。因此，选择之债的核心在于选择权的归属与行使。须注意者，选择权系依合同约定创设的权利，因此，其行使条件应依合同确定，选择权人只有在选择权行使条件具备时才可依法行使选择权［上海二中院（2021）沪02民终1475号民判］。

本条第1款规定了选择权的归属问题。在没有法律相反规定、当事人相反约定以及不同交易习惯的情况下，选择权归属于债务人［广西高院（2019）桂民申2168号民裁］。本款将选择权归属于债务人，主要目的在于便利履行，确保交易顺利实现。当事人约定选择权归属于债权人或者第三人的，从其约定。选择权为形成权，一经行使即发生选择之债的确定。选择权的行使可以明示的方式作出，若选择权归属于债务人，其亦可通过提出履行的方式表明选择权的行使［台州椒江区法院（2022）浙1002民初1424号民判］。

本条第2款规定了选择权的移转问题。选择之债的标的因选择权的行使而确定，因此，当事人可以在合同中约定选择权的行使期限；若未约定行使期限，选择权至少应在债务履行期限届满前行使，否则将影响债务的履行及债权的实现。为此，法律设置选择权转移规则以为应对。

选择权的转移条件有三：（1）选择权人在应当行使选择权的期限内

未行使选择权。未行使选择权的原因是不愿选择还是不能选择，在所不问。(2) 对方当事人已经催告。催告的主体依选择权的归属而有不同：合同一方当事人为选择权人的，催告的主体为另一方当事人；第三人为选择权人的，合同双方均可为催告主体。催告的时间并无限制，在前述期限经过后的任何时间均可。催告为需受领的意思表示，须向选择权人作出且自到达或自其知道时生效（**第137条**）。未经催告，不发生选择权转移［**乌海中院（2022）内03民终492号民裁**］。(3) 选择权人在催告后的合理期限内仍未选择。该合理期限可以是催告中确定的合理期限，也可以是催告生效后的合理期限，该期限由裁判者自由裁量。合理期限为选择权人考虑是否以及如何行使选择权的合理时间。

选择权转移的效果因选择权原始归属不同而不同：若选择权原始归属于合同当事人，则选择权转移给对方；若选择权原始归属于第三人，除非当事人有关于选择权转移的不同约定，选择权应转移给债务人。在选择权转移后享有选择权的主体仍不行使的，依本款规定发生选择权的再次转移。

第五百一十六条 【选择权的行使】当事人行使选择权应当及时通知对方，通知到达对方时，标的确定。标的确定后不得变更，但是经对方同意的除外。

可选择的标的发生不能履行情形的，享有选择权的当事人不得选择不能履行的标的，但是该不能履行的情形是由对方造成的除外。

本条第1款是关于选择权的行使方式和效果的规定。选择权属于形成权，行使选择权需要作出意思表示（通知），该意思表示属于有相对人的意思表示，应当向选择权相对人作出。通知方式依合同约定，口头、书面或其他形式均可［**上海二中院（2021）沪02民终1475号民判**］。选择权人为合同当事人的，相对人为对方当事人；选择权人为第三人的，通知的相对人为合同当事人双方。行使选择权的通知自到达对方时生效，给付标的自此确定（**第1款第一句**）。“及时通知”是指选择权人应当在约定的选择权行使期限内，至少在债务履行期限届满前行使选择权，否则，可能因此而发生选择权的转移（**参见本法第515条评注**）。因迟延通知而导致债务履行迟延的，若选择权人为债务人，则债务人应承担迟延履行的责任；若选择权人为债权人，则债务人不承担迟延履行的责任。若选择权人为第三人，则依合同当事人与第三人的约定处理，债务人不当然承担迟延履行的责任。选择之债的给付标的确定后，债务人仅就该标的承担履行义务，选择权人不得重新选择（变更）。此系选择权之形成权属性使然，否则将致债之关系不确定。但是，若对方当事人同意选择权人重新选择本款但书，基于自愿原则（**第5条**），自无不许之理。

第2款是关于可选择的标的发生不能履行情形的规定。就选择之债的目的而言，若可选择的标的发生不能履行的情形，选择权人不应选择该不能履行的标的。其理甚明，若作此种选择，债务将彻底发生履行不能，从而无法达成当事人订立合同的目的。因此，部分供选择标的发生履行不能的，选择权的范围缩小为剩余可履行的标的；若剩余选择标的仅剩其一，则选择之债转化为简单之债［**福州福清市法院（2021）闽0181民初1191号民判**］。若全部选择标的均履行不能，则发生债之关系整体履行不能，相应发生合同解除及合同终止的清算问题。"不能履行"兼及法律上和事实上不能履行，而不及于"履行费用过高"情形（**参见本法第580条评注**）。但是，如果不能履行的情形是由对方造成的，因此而缩减选择权人的选择范围，将使选择权人承担对方行为之不利后果，有失公平，因此，依本款"但书"规定，此时选择权人仍可选择不能履行的标的为给付标的。由此引发的债务/合同履行不能的后果，则依相关法律规定处理（**如第563条第1款第1项、第580条第1款第1项**）。

第五百一十七条 【按份债权和按份债务】债权人为二人以上，标的可分，按照份额各自享有债权的，为按份债权；债务人为二人以上，标的可分，按照份额各自负担债务的，为按份债务。

按份债权人或者按份债务人的份额难以确定的，视为份额相同。

本条第1款是对按份债权和按份债务的定义性规定。按份之债属于多数人之债的类型，是指两个以上的债权人或者债务人在标的可分情形、按照份额享有债权或承担债务的债之关系。按份之债的成立须满足三项要件：(1) 同一债之关系之当事人至少有一方为两人以上。债权人一方为多数的，为按份债权；债务人一方为多数的，为按份债务。若多个当事人并非基于同一债之关系而负担债务，则不成立按份之债［**山西高院（2023）晋民申 3703 号民裁**］。(2) 标的可分。标的可分是指作为债之关系的给付可被分割为数个独立的部分，且不会导致给付的性质和价值减损。按份之债的多数债权人或债务人按照份额享有债权或债务，实际上构成多个单独给付关系的结合。只有标的可分，才可发生该种效果。(3) 多数债权人或债务人按照份额独立享有债权或负担债务［**(2020) 最高法民申 3510 号民裁**］。尽管理论上认为多数人之债有更多类型，但《民法典》仅规定了按份之债与连带之债两种类型，故而，原则上，只要无法律规定或当事人约定成立连带之债，多数人之债即被推定为按份之债（**第 518 条第 2 款推论**）［**西藏高院（2021）藏民终 134 号民判，广州中院（2023）粤 01 民终 5151 号民判**］。

第 2 款是关于按份之债份额确定的任意性规定。按份之债的份额依法律规定或者当事人的约定加以确定。因份额涉及债权人与债务人之间的关系，故该份额约定是指多数债务人一方与对方的约定，从而，对外的份额约定无须与多数债务人一方内部的份额约定相同。在此情形下，对外承担的份额超出其内部份额的债务人，有权向其他未承担足够份额的债务人追偿；超出份额受领债权的人，亦应按照内部份额约定向其他债权人返还超出部分。当没有法律规定或者当事人约定的份额时，各债权人/债务人的份额视为份额相同，即多数债权人或债务人平均享有债权或分担债务［**广州中院（2023）粤 01 民终 4395 号民判**］。

需要说明的是，按份之债为多个独立给付关系的结合，因某一债权人或债务人的行为所发生的履行迟延、履行不能、受领迟延、债务免除、混同、消灭时效等事项，其他债权人或债务人不受影响。但是，各按份债权或按份债务仍源自同一法律关系，若给付为不可分，则对方在未受全部给付前，仍可就全部给付主张履行抗辩权；多数当事人一方的合同解除权亦应共同行使，不受债权或债务分享或分受的影响。

值得注意的是，本条虽涉及标的可分问题，但本法并未就多数当事人就不可分标的享有债权或承担债务的情形加以规定。此时，在债权人为多数的情形，可成立连带债权（亦有观点主张应成立共同债权，即债务人应向债权人之全体履行，而不得仅向部分债权人履行）；在债务人为多数时，应成立连带债务或协同债务（**参见本法第 518 条评注**）。

第五百一十八条 【连带债权和连带债务的定义与发生原因】债权人为二人以上，部分或者全部债权人均可以请求债务人履行债务的，为连带债权；债务人为二人以上，债权人可以请求部分或者全部债务人履行全部债务的，为连带债务。

连带债权或者连带债务，由法律规定或者当事人约定。

本条第1款是关于连带债权和连带债务的定义性规定。连带之债亦属多数人之债的类型，是指多数债权人或多数债务人可单独或一起主张全部债权或应履行全部债务的债之关系。连带之债的成立须满足两项要件：（1）同一债之关系之当事人至少有一方为两人以上。债权人一方为多数的，为连带债权；债务人一方为多数的，为连带债务。（2）多数债权人或债务人可单独或一起主张全部债权或负担全部债务。在连带债权情形，部分或全部债权人可以要求债务人履行部分或全部债务［**北京高院（2022）京民终647号民裁，新疆高院伊犁哈萨克分院（2023）新40民终238号民判**］，债务人向任一债权人为给付均消灭对其他连带债权人的债务，因此，连带债权实际上是为方便债务履行而作出的制度设计，若部分连带债权人要求债务人向全体债权人履行，自当允许［**上饶中院（2022）赣11民终259号民判**］。在连带债务情形，每一债务人都负担清偿全部债务的义务，只有连带债务人的清偿或与清偿具有同等效果的清偿替代（如抵销、提存等）才消灭债权人对其他连带债务人的债权（**第520条第1款**），连带债务人彼此间承担部分债务人丧失清偿能力的风险，因此，连带债务具有加重各连带债务人的清偿负担以强化债权实现的效果。在给付标的不可分的情形，若连带债务人可单独提出履行，应当然成立连带之债；若须连带债务人共同/协同提出履行，如乐团演奏，理论上称其为协同债务，乃连带债务的特殊情形。

第2款规定了连带之债的发生原因。连带之债的多数债权人或债务人结合为共同关系，要承担其他债权人或债务人的行为风险（**参见本法第520条评注**），因此，对连带之债的范围应予严格限制。本款规定连带之债因法律规定或当事人约定而发生。法律规定的情形多见于连带债务，连带债权较为少见，如本法第67条关于法人分立时的权利和义务由分立后的法人享有连带债权、承担连带债务的规定，第75条关于法人未成立时多个设立人享有连带债权、承担连带债务的规定，第307条关于因共有的不动产或者动产产生的连带债权债务之规定，第552条关于加入债务的第三人与债务人的连带责任之规定［**甘肃高院（2022）甘民终179号民判**］，以及特别法上关于连带责任的规定，如《公司法》第23条关于公司股东对公司债务的连带责任之规定［**河南高院（2023）豫民再648号民判**］，第50条、第88条第2款、第99条关于有限责任公司的其他股东、股权转让人和受让人以及股份公司的其他发起人在出资不足范围内的连带责任之规定，第191条关于董事、高管与公司的连带责任之规定，第192条关于公司的控股股东、实际控制人与损害公司或股东利益的董事、高管人员的连带责任之规定，第223条关于分立后公司的连带责任之规定，以及第240条第3款关于通过简易程序注销公司登记的股东的连带责任之规定等。这些规定为任意性规定，当事人对此可作不同约定，此种约定限于多数债务人一方与债权人之间的约定，而非多数债务人之间的内部约定，内部约定对债权人不具有约束力（**第465条第2款**）［**天水中院（2022）甘05民终1306号民判，鄂州中院（2022）鄂07民终137号民判，聊城中院（2022）鲁15民终1695号民判**］。依当事人约定发生的连带之债无须当事人就连带效果作出明确约定，在多数当事人共同与他人订立合同的情形（共同合同行为），在没有相反约定时应成立连带之债［**湖北高院（2021）鄂民申3108号民裁，西宁中院（2021）青01民终2458号民判**］。在其他情形，如多个保证人在同一份合同书上签章的，也成立连带共同保证，对债权人负连带债务（**《担保制度解释》第13条第2款**）。

本法第178条规定了连带责任，该条第1、2款与本条关于连带债务的效果规定相同。其理在于，责任系从债务发生原因角度着眼，责任之效果仍为债务。因此，连带责任与连带债务的外部效果同一，法律有关连带责任的规定亦可视为对连带债务的规定。但是，连带债务与连带责任的内部效果仍有不同，即在成立连带债务情形，多个债务人原则上均应分担债务（**第519条**），而在连带责任情形，因内部责任的分配按照引发责任的原因而确定，从而可能存在连带责任人最终不分担责任的情形（**如第1203条第2款**）［**广州中院（2022）粤01民终25221号民判**］。这种仅部分责任人负担终局责任的情况多发生于多个责任人因不同责任原因而向同一受害人承担责任的情形，理论上将其称为“不真正连带责任”，但从本法第178条之规定看，连带责任内部并无区分“真正与不真正连带责任”的必要。不过，连带债务也并非绝对地发生所有债务人都分担债务的结果，在连带债务人之间有约定，或者根据连带债务发生的具体情况，部分连带债务人并不最终分担债务时（**参见本法第 519 条评注**），连带债务与连带责任之间的前述差别也不存在。

第五百一十九条 【连带债务人之间的份额确定和追偿权】连带债务人之间的份额难以确定的，视为份额相同。

实际承担债务超过自己份额的连带债务人，有权就超出部分在其他连带债务人未履行的份额范围内向其追偿，并相应地享有债权人的权利，但是不得损害债权人的利益。其他连带债务人对债权人的抗辩，可以向该债务人主张。

被追偿的连带债务人不能履行其应分担份额的，其他连带债务人应当在相应范围内按比例分担。

第 1 款是关于连带债务人内部关系的确定规则。各连带债务人对债权人都负有清偿全部债务的义务，但连带债务人之间仍须按照份额分担债务。若法律有规定，则依其规定，如合伙人参照实缴出资比例分担债务（**第 972 条**）；当事人有约定的，亦从其约定，如加入债务的第三人与债务人有分担约定的情形，或者挂靠协议有相关约定［**雅安中院（2021）川 18 民终 1298 号民判**］。在法律没有规定且当事人没有约定时，则需根据连带债务发生的具体情况加以判断。例如，在债务加入情形，如果加入债务的第三人与债务人没有约定追偿权，且第三人无赠与意思，则第三人在实际承担债务后对债务人享有全额追偿的权利，但债务加入损害债务人利益的除外（**《合同编通则解释》第 51 条第 1 款第二分句**）［**拉萨中院（2023）藏 01 民终 1112 号民判**］。关于第三人追偿的规范基础应类推《民法典》关于第三人清偿代位权之规定（**第 524 条第 2 款**）并适用本条第 2 款第一句之限制规定（**其效果与类推本法第 700 条的规定相同**）；适法无因管理之规定（**第 979 条第 1 款**）亦可适用。司法实践认为，债务加入人可依不当得利之规定追偿（**《合同编通则解释》第 51 条第 1 款第二分句**）［**无锡中院（2022）苏 02 民终 7908 号民判**］，有违不当得利之排除规定（**第 985 条第 3 项**），难谓妥当。当无法排除部分连带债务人之分担责任且难以确定份额大小时，即属于“份额难以确定”的情况，各连带债务人按照相同份额分担债务［**宣城中院（2022）皖 18 民终 2128 号民判，菏泽中院（2022）鲁 17 民终 1826 号民判**］。

第 2 款是关于连带债务人内部追偿权的一般规定。连带债务人的内部追偿权是指承担了超过自己应当承担份额的连带债务人，要求其他连带债务人在其未履行的份额范围内向其补偿的权利。连带债务人内部追偿权的成立条件是：(1) 主张追偿的连带债务人实际承担了债务。"实际承担债务"是指通过清偿或清偿替代的方式（如抵销、提存等）使全体债务人对债权人的债务全部或部分消灭。若连带债务人的履行不适当而未能发生清偿效果，则不构成"实际承担债务"。(2) 主张追偿的连带债务人实际承担的债务超过自己应当分担的份额［**湖北高院（2023）鄂民申 9769 号民裁，朝阳中院（2022）辽 13 民终 912 号民判**］。至于债务是否已获全部清偿，在所不问。(3) 被追偿的连带债务人未向债权人履行与其内部份额相当的债务［**广州中院（2022）粤 01 民终 24433 号民判，孝感中院（2023）鄂 09 民终 2166 号民判**］。"履行"同样包括清偿和替代清偿的方式。已经承担了应分担份额债务的连带债务人不属于被追偿对象。追偿权的行使是否以追偿权人就其通过清偿或清偿替代方式致共同免责的事实通知其他债务人为必要，法无明文规定。从平衡债务人间关系的角度看，其他债务人因不知而向债权人再次清偿的，其既可以主张有效清偿的效果而对抗追偿权人，也可以向重复受偿的债权人主张不当得利返还，但因二者在清偿效果上彼此对立，故权利人不得同时主张。

内部追偿权的法律效果有三：其一，行使追偿权的连带债务人仅在超出其内部份额的债务额范围内对其他连带债务人享有追偿权，被追偿的连带债务人仅在自己应当分担的债务份额范围内承担追偿债务。尚不明确的是，追偿权人是否可以在追偿范围内向部分被追偿的连带债务人进行全额追偿？例如，甲、乙、丙、丁四人共负担 100 万元债务，若甲实际承担了 40 万元，其是否可以就超额部分（15 万元）向乙、丙、丁任何一人进行全部追偿？若肯定，这将事实上成立乙、丙、丁对甲的连带债务，在法律没有明确规定或当事人没有约定的情况下，对这种效果应予否定（**第 178 条第 3 款或第 518 条第 2 款**），被追偿的连带债务人只需按照未履行的份额比例分担被追偿的债务，即乙、丙、丁每人分担 5 万元。此外，由于连带债务人的内部追偿权不以全部清偿债权人的债权为必要，因而可能因追偿权的行使而发生多次追偿的问题。同前例，甲清偿了 40 万元，其可向乙、丙、丁每人追偿 5 万元。其后甲又清偿 30 万元，可再次向乙、丙、丁各追偿 10 万元。后乙承担了剩余 30 万元债务，其可向丙、丁各追偿 10 万元。其二，行使追偿权的连带债务人

"相应地享有债权人的权利"。这表明，连带债务人的清偿或替代清偿行为并不消灭债权人的权利，而是债权人的权利转移给超过份额作出清偿的连带债务人，即发生"清偿代位"的效果，代位权的范围为与超出清偿份额部分相应的债权。这种清偿代位权的法律构造对于保障追偿权的实现具有特殊的意义。在债权人的债权存在担保时，追偿权人得依据"债权受让人取得所让与债权的从权利"之规定（**第547条第1款**），行使该担保权利。但是，清偿代位权的行使不得损害债权人的利益。例如，在前例中，若该债权存在第三人设定价值50万元的抵押权，因甲仅清偿40万元，尚有60万元债务未被清偿，于此际，甲不得在追偿时主张行使抵押权。其三，追偿权以追偿权人享有债权人的相应债权为基础，因而，其他连带债务人对债权人的抗辩权，亦可向行使追偿权的债务人主张［**蚌埠中院（2022）皖03民终657号民判**］。

第3款是关于追偿权的扩张规定，也称之为"二次分摊请求权"。连带债务将部分债务人不能履行的风险由债权人转嫁给其他债务人，如何将这种风险在多个连带债务人之间进行分配，即为本款规定的内容。遵循比例原则的要求，不能追偿部分的债务应由其他债务人共同分担。"不能履行"是指被追偿的部分连带债务人丧失清偿能力，无财产可供执行，或无足够的财产可供执行。有司法观点认为，"不能履行"应指被追偿的连带债务人彻底丧失履行债务能力，未来再无履行债务的可能性［**沈阳中院（2021）辽01民终21147号民判**］。此种观点对追偿权人似嫌过苛。为避免施加给追偿权人过重负担，只要有证据证明被追偿的连带债务人难以履行其应当分担的份额，如被追偿的连带债务人破产，或者死亡或失踪而无财产可供执行，追偿权人即可主张二次分摊。除不能履行其应担份额的连带债务人外的其他连带债务人（包括追偿权人），按照各自原来的分担比例对不能追偿部分进行二次分摊。如甲、乙、丙对100万元连带债务的内部分担比例为5∶3∶2，若甲丧失清偿能力，则乙丙按照3∶2的比例就未能追偿部分的债务进行分摊。

第五百二十条 【连带债务的涉他效力事项】部分连带债务人履行、抵销债务或者提存标的物的，其他债务人对债权人的债务在相应范围内消灭；该债务人可以依据前条规定向其他债务人追偿。

部分连带债务人的债务被债权人免除的，在该连带债务人应当承担的份额范围内，其他债务人对债权人的债务消灭。

部分连带债务人的债务与债权人的债权同归于一人的，在扣除该债务人应当承担的份额后，债权人对其他债务人的债权继续存在。

债权人对部分连带债务人的给付受领迟延的，对其他连带债务人发生效力。

连带债务的涉他效力也称绝对效力，是指部分连带债务人与债权人之间发生的事项也及于其他连带债务人。连带债务性质上为多个独立债务之结合，故就部分债务人所生事项，原则上不对其他债务人发生效力（相对效力）。因此，部分连带债务人所生事项之效力在何种情形亦及于其他债务人，须由法律加以明确规定。

第 1 款规定清偿、抵销与提存的涉他效力。本款如其他部分规定一样，未使用理论上通行的“清偿”概念，而使用“履行”。“履行”本为清偿之过程，“清偿”为“履行”的结果，本款所称“履行”应指债务人因提出符合债务要求的给付而消灭债务的情形，与“清偿”同其意义，而与本法第 490 条所称“履行”含义有别。清偿包括通过以物抵债、第三人代为履行等方式清偿［**菏泽中院（2022）鲁 17 执复 57 号执裁**］。抵销与提存作为清偿替代措施，亦为债务的消灭事由（**第 557 条第 1 款**）。只要部分连带债务人以前述方式使债务消灭，其他连带债务人的债务在相应范围内也消灭（**本条第 1 款第一分句**）［**成都中院（2021）川 01 执异 856 号执裁**］。同时，该债务人对其他债务人可依本法第 519 条第 2、3 款之规定主张内部追偿权（**本条第 1 款第二分句**）。

第 2、3 款规定了免除和混同的涉他效力。尽管两款在规范表述上有所不同，但效果类似，即仅在被免除债务或发生混同的连带债务人应当分担的份额内发生涉他效力，即消灭债权人对其他债务人的债权，对于剩余部分，其他债务人仍应承担连带债务。免除与混同亦属债务的消灭事由（**第 557 条第 1 款**），但是，其与本条第 1 款规定的履行等事由的不同在于，在这类情形下，被免除债务或发生混同的连带债务人并未实际履行债务，因此，不发生对其他债务人的内部追偿问题。就免除尚需说明者，本条第 2 款所称免除应指对连带债务之绝对免除，即连带债务人不对债权承担任何责任，而非仅免除部分债务人“履行全部债务”的责任，只要求在其应承担份额范围内履行债务的情形（**连带后果之免除，参见本法第575条评注**）。故而，后者不适用本条第2款之规定［**四川高院（2017）川执复163号执裁，抚州中院（2022）赣10民终1495号民判**］。就混同而言，连带债务人系因合伙经营事务而承担连带债务，合伙人之一因受让债权而发生混同的，其是否对其他连带债务人享有追偿权，应依合伙协议确定［**绍兴中院（2021）浙06民终2108号民判**］，也即应遵循第519条之规定确定连带债务的内部效果。

本条第4款规定债权人对部分连带债务人受领迟延的涉他效力。债权人有及时受领给付的义务。若债权人无正当理由拒绝受领部分连带债务人的给付，迟延受领的效果（如停止计息）亦对其他连带债务人发生效力。

应留意者，《诉讼时效规定》第15条规定，对连带债权人或连带债务人中的一人发生诉讼时效中断的，对其他连带债权人或债务人也发生诉讼时效中断的效果，即肯定诉讼时效中断的涉他效力。除此之外，在欠缺法律规定的情形，宜否定相关事项的涉他效力。

第五百二十一条 【连带债权的内部关系】连带债权人之间的份额难以确定的，视为份额相同。

实际受领债权的连带债权人，应当按比例向其他连带债权人返还。

连带债权参照适用本章连带债务的有关规定。

第1款是关于连带债权之间的内部份额分配规则。各连带债权人对债务人都有权请求履行并受领全部给付，但对内仍须按照份额分享债权。在法律没有规定且当事人亦无份额约定时，即属于“份额难以确定”的情况，各连带债权人应按照相同份额分享债权［**商丘中院（2022）豫14民终7341号民判**］。

第2款规定了受领给付的连带债权人对其他债权人的返还义务［**遵义中院（2021）黔03民终5058号民判**］。返还义务（返还请求权）以连带债权人已实际受领债权为已足，无须其他要件。这与连带债务人内部追偿权以超出份额部分为必要的情形不同。其原因在于连带债权与连带债务在功能上的差别，连带债权便利债务人而不利于连带债权人，债务人的履行将使部分连带债权人因实际受领处于有利地位。对于实际受领的债权统一按照连带债权人的内部份额加以分享，将有利于缓解前述问题。但是，若受领给付的债权人为多人，返还份额的计算就比较复杂，返还义务的履行也会发生问题。对于此类问题，连带债权人最好通过约定解决。

第 3 款涉及连带债权对连带债务规定的准用。本法第 518 条就连带债权的外部效力已有规定，本条第 1 款就连带债权的份额确定亦有规定，因此，本款规定的"参照适用"（准用）的"有关规定"仅指本法第 520 条有关连带债务涉他效力的规定。具体而言，在因履行、抵销、提存而消灭债务的情形中，该等事项对全体债权人发生效力，即具有涉他效力［**菏泽中院（2022）鲁 17 执复 57 号执裁**］。但是，仅履行及抵销可产生受领债权人或作出抵销的连带债权人对其他债权人的返还义务；在提存情形，除非部分连带债权人实际领取提存的标的物，否则不发生返还义务。在债务免除情形，每个债权人可单独主张和受领全部债权，因此，亦应认其对全部债权有处分权，无参照适用本法第 520 条第 2 款的问题。但是，未经其他连带债权人同意而免除债务的连带债权人，应类推适用本条第 2 款之规定向其他债权人进行补偿。在混同情形，与免除相同，由发生混同的连带债权人类推适用本条第 2 款向其他债权人进行补偿。对部分债权人受领迟延情形，应准用本法第 520 条第 4 款，确认涉他效力。

第五百二十二条 【利他合同】当事人约定由债务人向第三人履行债务，债务人未向第三人履行债务或者履行债务不符合约定的，应当向债权人承担违约责任。

法律规定或者当事人约定第三人可以直接请求债务人向其履行债务，第三人未在合理期限内明确拒绝，债务人未向第三人履行债务或者履行债务不符合约定的，第三人可以请求债务人承担违约责任；债务人对债权人的抗辩，可以向第三人主张。

利他合同，也称为第三人利益合同，是指至少合同一方当事人应向非合同当事人的第三人为给付，第三人或合同对方当事人因而享有给付请求权的合同。本法第 465 条第 2 款规定，依法成立的合同仅对当事人具有法律约束力，但是法律另有规定的除外。本条关于利他合同的规定，即属于该条所说“法律另有规定”的情形，构成所谓合同相对性原则的例外。利他合同存在三方主体，涉及三方关系：一是合同当事人之间的关系，称抵偿关系或补偿关系；二是受益人/第三人与债权人之间的关系，称对价关系；三是受益人与债务人之间的关系，称执行关系。第三人取得利益的正当性依对价关系确定［**银川中院（2023）宁 01 民终 4561 号民判**］，债务人给付义务依补偿关系确定，两者也因而合称为原因关系；执行关系非法律关系，为类似合同的关系。

第 1 款规定简单的或不真正的利他合同。当事人约定债务人向第三人履行债务，但未赋予第三人请求权的，依据本法第 465 条第 2 款之规定，合同仅对当事人具有法律约束力，债务人未向第三人履行或者履行不符合约定的，仅构成对债权人的违约，并因此须向债权人承担违约责任［**上海高院（2021）沪民申 2870 号民裁，大连中院（2022）辽 02 民终 878 号**］。该款从合同相对性的效果着眼进行规定，并非突出本款规定的利他合同性质，即未明确第三人的法律地位。解释上应认为，若债务人依约向第三人适当履行，第三人合法取得该利益，对债务人不构成不当得利，其效果应依其与债权人之间的对价关系确定。债务人依债权人的指示向第三人给付的，亦消灭其对债权人的债务。第三人仅处于单纯受领人的地位，但是，因第三人受益而发生合同效力溢出当事人范围，故严格而言，简单的利他合同仍属合同相对性的例外。

第 2 款规定赋权型或真正的利他合同。与简单的利他合同不同，在赋权型利他合同中，第三人享有对债务人的直接请求权。在这个意义上，第三人也是债务人的债权人。第三人对债务人的债权既可以源自法律规定，也可以源自合同当事人的约定［**宿州中院（2022）皖 13 民终 850 号民判**］。不过，依法律规定产生的第三人请求权和依当事人的约定产生的第三人请求权，依循完全不同的法律原理，本法仅仅因第三人同样享有对债务人的直接请求权而将二者一并处理，并不适当。依法律规定产生的第三人请求权要么基于特定的立法政策，要么基于法定债权移转（如交通事故责任强制保险情形交通事故受害人对保险人的直接请求权，或者货运合同收货人对托运人的交付请求权），第三人请求权的正当性基于法律规定背后的立法政策或价值判断。与之不同，依当事人约定产生的第三人请求权则源自合同当事人授予第三人权利的合同目的，其正当基础在于私法自治。不难发现，本款有关利他合同的效果规定基本仍以依约定产生的利他合同为主要规范对象。简单的利他合同与赋权型利他合同的关键差异在于，第三人是否因合同而享有对债务人的直接请求权。当事人单纯约定债务人向第三人履行还不足以创设第三人对债务人的直接请求权，应当根据合同目的及相关条款，结合合同缔结的具体情况，通过合同解释确定当事人是否具有设定第三人直接请求权的意图［**上海一中院（2021）沪01民终11233号民判**］。

第三人对债务人的直接请求权/债权自当事人之间的合同生效时，或者当事人约定的第三人权利发生时取得，无须第三人为接受表示。但是，由此可能发生第三人被迫受益的问题。为此，本款规定了第三人的拒绝权。原则上，在利他合同生效后、第三人权利存续且未被接受的任何时间，第三人均可拒绝，且无须等待第三人权利取得后再拒绝。本法规定第三人须“在合理期限内明确拒绝”，应限于其已经知晓或收到权利取得通知的情形，在此后的合理期限内未明确拒绝即构成默示接受［**“中国人民财产保险股份有限公司中山市分公司诉中国太平洋财产保险股份有限公司东莞分公司等财产保险合同纠纷案”，《最高法公报》2023年第9期**］。第三人拒绝的，除当事人另有约定者外，第三人的权利回归债权人或根据情况由债权人另行指定受益人，但债务人已经采取提存等方式消灭债务的除外（**《合同编通则解释》第9条第3款第一句**）。

当第三人接受时，第三人对债务人的权利确定。除非合同另有约定或法律另有规定，当事人不得再行撤销或变更（包括通过协议解除合同而消灭）第三人的权利，但当事人享有的法定解除权仍不受限制。债务人未向第三人履行债务或履行债务不符合约定的，债务人应向第三人承担债务不履行责任。本款规定“第三人可以请求债务人承担违约责任”是不正确的，因为，第三人并非合同当事人［**（2017）最高法民申1060号民裁**］，自无从要求债务人向其承担违约责任，而只能要求其采取补救措施、实际履行或赔偿损害，具体可以参照本法有关违约责任的规定（**合同编第一分编第八章**），但不得要求执行违约金或定金约款（当事人就第三人权利的实现专门约定的违约金约款除外），第三人也不得行使只有合同当事人才享有的撤销权、解除权（**《合同编通则解释》第29条第1款**）。现行法上并无第三人可行使撤销权、解除权的例外规定，理论上也没有理由授予作为单纯受益人的第三人此类权利的正当性，因此，前引司法解释规定“但是法律另有规定的除外”并无必要。

在第三人向债务人主张履行请求权时，债务人可向第三人主张其依据基础合同（补偿关系）可对抗债权人的抗辩或抗辩权。在当事人约定第三人权利要承受对价关系中的某些抗辩或抗辩权，或者约定债务人可以根据其他债之关系而享有的对债权人的债权与第三人权利抵销的情况下，债务人也可以主张补偿关系之外的抗辩或抗辩权。

债务人向第三人的履行债务不仅消灭其对第三人的债务，而且同时消灭其对债权人的债务（债务履行的双重效果）。因此，只要债务人以提存等清偿替代方式已经消灭其对第三人债务的，债权人的权利也相应消灭。此外，在补偿关系中，债务人向第三人的履行效果归属于债权人，从而，第三人拒绝受领或者受领迟延的，债务人可以请求债权人赔偿因此造成的损失（**《合同编通则解释》第 29 条第 3 款第二句**），但不可请求第三人赔偿该损失，因第三人并不因受益而对债务人承担法律义务。不过，若在履行中因第三人违反附随义务而造成债务人固有利益或完整利益损失，或者债务人的履行超出其所负担的债务范围，由此产生的损害赔偿责任或不当得利返还责任须在债务人与第三人之间清算，与债权人无关。

当事人依法撤销或者解除合同的，因撤销或解除而产生的清算关系亦须在合同当事人之间进行处理，第三人因债务人的给付而受领的财产，不因合同撤销或解除而受影响，债务人只能就因此所受不利益要求债权人补偿（**第 157 条第一句第二分句，第 566 条第 1 款，《合同编通则解释》第 29 条第 2 款**）。当然，合同系因第三人欺诈、胁迫而被撤销的，应例外允许债务人向第三人主张返还财产（**参照《合同编通则解释》第 5 条**）。

第五百二十三条　【第三人负担合同】当事人约定由第三人向债权人履行债务，第三人不履行债务或者履行债务不符合约定的，债务人应当向债权人承担违约责任。

第三人负担合同是指当事人约定由第三人履行义务的合同。依照本法第 465 条第 2 款的规定，合同仅对当事人具有法律约束力，其既不对第三人授予权利，也不对第三人设定义务，因此，合同当事人在合同中约定由第三人履行债务，该约定对第三人不具有法律约束力。当然，按照自愿原则（**第 5 条**），第三人同意接受为其设定的义务的，自应允许。

第三人同意除具有债务加入或者债务承担的意思外（**参见本法第552条评注**），该同意表示仍不使第三人因此而承担履行义务［**(2020) 最高法民申766号民裁，广东高院 (2022) 粤执复255号民裁，重庆三中院 (2023) 渝03民终2297号民判**］。第三人负担合同虽然对第三人不具有法律约束力，但该合同也并非无效，第三人自愿履行的，仍发生债务清偿的效果，而无本法第524条的适用余地。

若第三人不履行或履行不符合约定，其行为后果应依合同相对性原则确定，由债务人向债权人承担违约责任［**天津二中院 (2021) 津02民终8937民判，银川中院 (2023) 宁01民终3963号民判**］。债务人承担违约责任依本法第577条确定，不以债务人有过失为必要，系属严格责任。从违约责任的承担形式看，因合同约定债务由第三人履行，故债务人没有自为履行的义务，债权人不得请求债务人"实际履行"。不过，若债务无人身专属性，由债务人代为履行亦符合当事人双方的利益，债务人为对履行该债务有合法利益的人（免于违约责任的承担），依诚信原则，债权人不得拒绝。

第五百二十四条 【第三人代为履行】债务人不履行债务，第三人对履行该债务具有合法利益的，第三人有权向债权人代为履行；但是，根据债务性质、按照当事人约定或者依照法律规定只能由债务人履行的除外。

债权人接受第三人履行后，其对债务人的债权转让给第三人，但是债务人和第三人另有约定的除外。

第三人代为履行，亦称第三人清偿，是指第三人代债务人为给付而消灭债务的情形。第三人非合同当事人，本无权以当事人所不接受的方式介入合同关系，但是，毕竟代为履行原则上无害于当事人的利益，若第三人对履行债务具有合法利益，在债务可由第三人代为履行的情况下，法律亦可例外准许。本条所称"第三人"系指合同当事人以外的独立第三人，债务人的代理人或其工作人员以及受托履行债务的人（债务履行辅助人）非属其类。本条旨在确定第三人之代为履行权，若第三人无代为履行权，合同当事人有权拒绝其履行［**广州中院 (2023) 粤01民终22373号民判**］。从而，在第三人无代为履行权而代为履行，或者无加入债务之意愿而表示愿意代债务人履行债务时，仅当合同当事人同意时（通常由债务人或债权人与第三人订立代为履行协议），才能发生代为清偿的效果。无论因何种原因而代为履行，第三人均非债务人，故与债务加入有别［**营口中院（2023）辽 08 民终 1428 号民判**］。

第 1 款规定第三人代为履行权的成立条件。第三人代为履行权为一种资格权，与代理权类似，在第三人享有代为履行权的情况下，债权人不得拒绝受领；债务人在此种情形下的法律地位亦与为第三人利益合同中的受益人不同，无拒绝接受债务清偿效果的权利。

第三人代为履行权的成立要件包括：（1）债务人不履行债务。“不履行”有不同原因：或因债务人有拒绝履行权，或因其不愿或欠缺清偿能力而不能履行。在债务人享有拒绝履行权的情形下，第三人代为履行将有损债务人的利益，在肯定第三人因代为履行而享有清偿代位权（**本条第 2 款**）的情况下，宜否定此种情形下第三人的代为履行权，第三人仍代为履行的，对债务人不发生效力，即不能因代为履行而取得债权人对债务人的权利。在债务人不愿或不能履行时，无论债务人是否已违约，代为履行对债务人均不产生法律上的损害，且有利于债权的实现，故而，在第三人存在合法利益的前提下，应当准许其代为履行。（2）第三人就债务的履行具有合法利益。为避免过度干涉他人事务，对“具有合法利益”的人不应作过于宽泛的理解，主要是指债务履行与否会影响其受保护利益的人，如保证人或者提供物保的第三人［**青岛中院（2023）鲁 02 民终 5940 号民判**］；担保财产的受让人［**北京三中院（2022）京 03 民终 17314 号民判**］、用益物权人或合法占有人；后顺位物上担保权人；对债务人的财产享有合法权益且该权益将因财产被强制执行而丧失的第三人，如已合法占有房屋的买受人；债务人为法人或者非法人组织的，其出资人或者设立人；债务人为自然人的，其近亲属［**北京一中院（2023）京 01 民终 4614 号民判，盐城中院（2023）苏 09 民终 2394 号民判**］；其他对履行债务具有合法利益的第三人，如合法转租的次承租人，或者受债务人委托履行债务的第三人［**广州中院（2023）粤 01 民终 21031 号民判**］（**《合同编通则解释》第 30 条第 1 款**）。（3）债务可以由第三人代为履行。根据债务性质不能代为履行的，如不作为债务、以债务人特定技能或身份为基础的劳务提供等，或者当事人约定或者法律规定只能由债务人亲自履行的，不可由第三人代为履行。第三人就债务人到期不履行及自己对债务履行具有合法利益负证明责任［**大连中院（2023）辽 02 民终 1417 号民判**］。

第 2 款规定代为履行权的行使后果。代为履行权使第三人处于可通过代为履行而清偿债务的地位，当其以为债务人清偿债务之意思而向债权人提出合同约定的给付时，债权人不得拒绝受领，否则，构成债权人受领迟延，同时，第三人也可将标的物提存（**第 570 条第 1 款第 1 项**）。在债权人接受第三人的履行后，债权人对债务人的债权在相应范围内自动转让给第三人［**南通中院（2021）苏 06 民终 59 号民判，浙江高院（2022）浙民终 412 号民判**］，但转让不得损害债权人的利益（**《合同编通则解释》第 30 条第 2 款**），比如，在第三人部分清偿时，其因代为履行而受让的债权上存在担保权利的，其权利劣后于债权人未受偿部分的权利。并且，在转让后，与该债权有关的从权利，如利息请求权或担保权利也一同转移（**第 547 条第 1 款**）。因代为清偿而发生的债权转让在性质上为法定债权转让，故无须通知而对债务人当然发生效力［**新疆高院伊犁哈萨克分院（2022）新 40 民终 1290 号民判**］。但是，若第三人在代为履行后未及时告知债务人，致债务人善意地向债权人再次履行，由此产生的损失应由第三人承担，债务人可拒绝第三人依受让的债权而提出的履行请求，亦可通过向第三人转让其对债权人的不当得利返还请求权而替代履行。此外，若债务人与第三人就前述债权转让另有约定，则从其约定，不发生债权转让效果。

需说明的是，在担保人代为履行债务取得债权后，向其他担保人主张担保权利的，原债权上多个担保人之间的权利实现规则仍应适用，如《担保制度解释》第 13、14 条及第 18 条第 2 款等规定（**《合同编通则解释》第 30 条第 3 款**）。比如，当多个提供担保的第三人之间不存在追偿权时，因代为履行而取得债权的担保人仍不得向其他担保人行使担保权，仅可以行使债权人对债务人享有的担保物权。

第五百二十五条 【同时履行抗辩权】当事人互负债务，没有先后履行顺序的，应当同时履行。一方在对方履行之前有权拒绝其履行请求。一方在对方履行债务不符合约定时，有权拒绝其相应的履行请求。

同时履行抗辩权是指当事人互负对待给付义务且没有先后履行顺序，一方在对方履行前有权拒绝其履行请求的权利。同时履行抗辩权主要适用于双务合同，但可扩张适用于其他双方债务具有牵连性的情形，如合同无效或解除情形下的清算关系。双方债务的牵连性也就是双方给付义务在目的上的相互依赖性，即"我给是为了使你给"。这主要表现在两个方面：一是功能上或履行上的牵连性，即双方的给付义务互为前提，一方不履行，对方亦可不履行，其主要体现在履行顺序的确定及履行顺序抗辩权的情形；二是存续上或消灭上的牵连性，即一方债务因给付障碍而被免除时，另一方的对待债务亦随之消灭，主要表现在合同解除与对待给付义务依法消灭的情形。

1. 同时履行抗辩权的构成要件

(1) 须当事人互负牵连性债务。

"互负债务"是指当事人相互负有债务且债务具有牵连性，即一方债务与对方债务在目的上具有交换性或对待性，因此，同时履行抗辩权通常存在于依同一合同互负对待给付义务的当事人之间。对待性义务通常存在于主给付义务之间，从给付义务或附随义务与主给付义务之间不成立对待关系［**最高法（2006）民二终字第163号民判、最高法（2014）民申字第651号民裁**］。但是，若从给付义务或附随义务不履行将导致对方合同目的不能实现或不能完全实现，同时履行抗辩权仍可在相应范围内成立（**《合同编通则解释》第31条第1款**）［**大连中院（2023）辽02民终11号民判**］。此外，同时履行抗辩权不以有效合同所生给付义务为限，因合同无效或解除而发生相互返还时（**第157条第一句及第566条第1款第二分句**），双方所负返还义务或赔偿义务亦可发生牵连性［**北京高院（2021）京民终51号民判**］。当事人之间因不同合同产生的债务，不成立同时履行抗辩权［**最高法（2015）民提字第220号民判**］。

(2) 须双方债务没有先后履行顺序且均已届期。

双方债务没有先后履行顺序既包括双方没有约定履行顺序，且按照法律规定、合同性质或交易习惯亦不能确定先后顺序的情形，也包括明确约定应当同时履行的情形［**无锡中院（2023）苏02民终457号民判**］。此外，若合同约定的履行期限尚未届至，当事人可直接主张期限抗辩而拒绝履行，而无须依同时履行抗辩权主张拒绝履行，因双方债务无先后履行顺序，一方债务届期，另一方债务也当然届期。但是，虽双方债务履行时间有先后，但若一方义务的届期并不以另一方义务已履行为前提，则在先履行一方迟延而后履行一方债务亦届期的情形，仍可成立同时履行抗辩权。此外，在双方就合同终止达成一致，但就损害赔偿等清算事宜未达成一致意见前，在双方协商期间，应视双方义务为同时履行之义务［**云南高院（2020）云民再38号民判**］。

（3）须一方未履行债务或履行债务不符合约定而请求对方履行。

一方未履行或履行不符合约定而请求对方履行的，即有违双方债务在功能上的牵连性，对方当事人自然可以拒绝。至于请求履行一方因何种原因而不履行，在所不问。若一方未请求履行，对方当无拒绝履行之必要，故同时履行抗辩权须以一方请求对方履行为前提。

2. 法律效果

同时履行抗辩权的效力有行使效果说与存在效果说两种不同立场。行使效果说认为，同时履行抗辩权须经权利人主张才能发生拒绝履行的效力，法官不得主动援引其效果。若被告主张同时履行抗辩权，法院应作出“同时履行判决”，即判决仅在原告作出对待履行时，被告才向原告履行的判决；若被告未主张，即便原告尚未履行自己的义务，法院也应判决被告履行。存在效果说则指，同时履行抗辩权仅因其存在之事实，无须权利人行使即可发挥对抗对方请求的效力。本条第一句采授权规范的形式，逻辑上行使效果说更符合规范文义。权威司法意见也倾向于采行使效果说：负有同时履行义务的一方当事人请求对方履行，对方提出同时履行抗辩的，人民法院应作出同时履行判决，仅在已履行自己的债务后可请求对方履行；但是，一方请求履行，对方提起反诉的，视为双方均已提出同时履行抗辩，人民法院应在本诉和反诉中均作同时履行判决（**《合同编通则解释》第31条第2款**）。生效裁判判决双方均应履行给付义务但未确定履行顺序，一方未履行而申请执行另一方债务时的，执行法院也应遵循同时履行原则，不宜径行执行［**新疆高院（2022）新执复37号执裁，枣庄中院（2023）鲁04执复75号执裁**］。

同时履行抗辩权除延缓对方请求权的实现外，亦排除迟延履行的效力［**大连中院（2022）辽02民终10850号民判**］。同时履行抗辩权既可在诉讼外主张，亦可在诉讼中主张，在诉讼中主张的，原则上应当在一审辩论终结前主张。并且，为避免对权利人过苛，只要其主张拒绝履行，无须明确拒绝履行之理由，法官即可在查明同时履行抗辩权成立事实的前提下作出同时履行判决。

同时履行抗辩权的行使范围受请求履行一方履行情况的限制。若请求履行一方根本未履行或虽有履行但不能实现合同目的（根本违约），则被请求履行方可以拒绝其全部的履行请求；若其履行不符合约定但仍可实现合同目的或部分实现合同目的，则被请求履行方仅得在相应范围内拒绝其履行请求。

第五百二十六条 【先履行抗辩权】当事人互负债务，有先后履行顺序，应当先履行债务一方未履行的，后履行一方有权拒绝其履行请求。先履行一方履行债务不符合约定的，后履行一方有权拒绝其相应的履行请求。

先履行抗辩权，也可称后履行抗辩权，是指双方互负债务且有先后履行顺序，先履行一方未履行或履行不符合约定，后履行一方有权拒绝其相应范围内履行请求的权利。先履行请求权为履行顺序抗辩权，若一方义务的届期以对方义务的履行为前提，则在先履行一方义务未履行时，后履行义务一方可以债务未届期加以抗辩。若双方义务不存在一方义务以对方义务已履行为届期条件，则后履行一方在债务届期前，可基于期限抗辩拒绝履行期在先一方的履行请求；若履行期在后一方的履行期限亦已届至，则其可主张同时履行抗辩权。因此，先履行抗辩权本无独立存在之必要。但是，在法律已有规定的情形下，因前述第一种情形下履行期在后一方可主张期限抗辩（类似于同时履行抗辩权的效力采存在效果说），自无必要主张先履行抗辩权；在最后一种情形下，仅在双方履行期限均已届至时有主张先履行抗辩权之必要（实际为同时履行抗辩权之特殊形式）。现行权威司法意见并未区分前述情形，规定在先履行抗辩权成立时，应当驳回原告（应先履行一方）的诉讼请求（**《合同编通则解释》第 31 条第 3 款**），赋予先履行抗辩权与同时履行抗辩权完全不同的效果，似嫌过于刚性。

1. 构成要件

除履行期限有先后外，先履行抗辩权的构成要件与同时履行抗辩权的其他要件相同：（1）双方互负牵连性债务［**西藏高院（2022）藏民申 257 号民裁**］。与同时履行抗辩权相同，原则上，一方的从给付义务或附随义务与对方的主给付义务之间不属于牵连性债务。一般而言，在买卖合同中，买受人不得以出卖人未开具发票而拒绝付款［**无锡中院（2023）苏 02 民终 2063 号民判**］。但是，若当事人明确将开具发票作为付款的前提，应认为成立牵连性债务，则应肯定付款方的先履行抗辩权［**新疆高**

院伊犁哈萨克分院（2023）新40民终362号民判，相反判决见湛江中院（2022）粤08民终3860号民判，内蒙古高院（2023）内民申495号民裁]。(2) 双方的债务有先后履行顺序且均已届期。若履行期限在后一方债务尚未届期，其自可主张期限抗辩，无须主张先履行抗辩权。(3) 应当先履行一方未履行或履行债务不符合约定而请求后履行一方履行。

2. 法律效果

先履行抗辩权须经主张才发生拒绝履行的效力。在应当先履行一方履行不符合约定时，若其履行根本不能实现后履行一方订立的合同目的，则后履行一方可以拒绝其全部的履行请求；否则，后履行一方仅得在相应范围内拒绝履行自己的债务［**新疆高院（2023）新民申275号民裁**］。后履行一方的先履行抗辩权成立的，其不仅有权拒绝自己的履行，且不承担违约责任［**上海高院（2023）沪民终430号民判**］。

第五百二十七条 【不安抗辩权的适用条件】应当先履行债务的当事人，有确切证据证明对方有下列情形之一的，可以中止履行：

（一）经营状况严重恶化；

（二）转移财产、抽逃资金，以逃避债务；

（三）丧失商业信誉；

（四）有丧失或者可能丧失履行债务能力的其他情形。

当事人没有确切证据中止履行的，应当承担违约责任。

不安抗辩权是指双方互负债务且有先后履行顺序，应当先履行一方有确切证据证明后履行一方有不能履行或到期可能不履行债务的情形，暂停履行自己所负债务的权利。不安抗辩权在性质上亦属于延期的抗辩权，但不以相对方请求为前提，而具有主动防御的特点，与普通抗辩权的消极防御有别。本条规定与原《合同法》第68条规定相同。

第1款规定了不安抗辩权的构成要件。不安抗辩权的成立须满足以下要件。

(1) 双方互负牵连性债务。本款并未明确规定该要件，但由“应当先履行债务”的规范文义可推导得出该要件，其为不安抗辩权成立的当然前提。在先履行一方系负担交付竣工验收资料、图纸等义务情形，该义务与对方的付款义务之间不成立牵连性关系，先履行一方不享有不安抗辩权［**甘肃高院（2021）甘民终659号民判**］。

（2）双方债务有先后履行顺序。此点与先履行抗辩权相同，而与同时履行抗辩权相异。

（3）先履行一方债务已届履行期限。在债务履行期限届满前，应当先履行一方本来就无须履行，自不生中止履行的问题。在履行期限届满后，先履行一方须履行债务，才有中止履行而延期的必要。

（4）后履行一方丧失债务履行能力或有不履行的可能性，即存在本款规定的四种情形之一：经营状况严重恶化（**第1项**）；转移财产、抽逃资金，以逃避债务（**第2项**）；丧失商业信誉（**第3项**）；有丧失或者可能丧失履行债务能力的其他情形（**第4项**）。其中，第1项为履行能力可能丧失的情形，亦属于第4项兜底性规定所规范的事实类型，但只是一时性履行困难即不属于"经营状况严重恶化"［**海口中院（2023）琼01民终12371号民判**］；第2项则属于破坏合同信赖关系、削弱债务履行能力的事实类型，但侧重于前者；第3项属于合同信赖基础遭受严重破坏的情形。因此，不安抗辩权的发生要么是因为合同信赖基础遭受严重破坏或丧失，要么是因为后履行一方丧失或可能丧失债务履行能力。就前一种情形，以本条所列举的事实类型为限；对后一种情形，则因有第4项的兜底性规定，其不限于本条明确列举的事实类型［**重庆一中院（2023）渝01民终12473号民判**］。对不安情事是在缔约前还是缔约后发生，本条未作限制，考虑到合同风险的分配，除非后履行一方能够证明先履行一方在缔约时已明知其履行能力，主张不安抗辩权有违诚信，否则，纵然不安情事在缔约前已经存在，仍不妨碍先履行一方主张不安抗辩权。此外，纵然存在前述情形，在先履行一方主张不安抗辩权之前相关情事已经消除的，也不成立不安抗辩权［**（2022）最高法知民终781号民判，乌鲁木齐中院（2023）新01民终5274号民判**］。

第2款规定了不当行使不安抗辩权的法律后果。依第1款的规定，应当先履行债务一方应就后履行一方存在第1款规定的事实类型负证明责任（本条是本法中少有的明确规定证明责任分配的规范情形），"确切证据"是指能够充分证明法定情形存在的肯定性证据，并不直接反映证明标准。证明标准应采纳民事诉讼一般证明标准，即高度可能性或盖然性标准。先履行一方没有确切证据而中止履行的，构成迟延履行，应承担相应的违约责任［**安徽高院（2022）皖民终38号民判，乌鲁木齐中院（2023）新01民终1637号民判**］。

若在先履行一方有确切证据证明后履行一方存在第1款第2项规定的情形，或者存在第1款第4项第一种情形，即已丧失债务履行能力，其也可以选择主张除本条规定的不安抗辩权之外的其他法律救济措施：依据本法第563条第1款第2项与第4项第二种情形，以及第578条之规定，径行主张解除合同或要求后履行一方承担期前违约的违约责任。但是，即使在这种情形下，不安抗辩权作为延缓已届期债务、排除迟延责任的正当事由，仍有其独立存在的价值。

第五百二十八条 【不安抗辩权的行使及其法律效果】当事人依据前条规定中止履行的，应当及时通知对方。对方提供适当担保的，应当恢复履行。中止履行后，对方在合理期限内未恢复履行能力且未提供适当担保的，视为以自己的行为表明不履行主要债务，中止履行的一方可以解除合同并可以请求对方承担违约责任。

第一句规定行使不安抗辩权的通知义务。为使对方有机会采取补救措施，不安抗辩权的行使虽无须获得对方同意，权利人仍应当毫不迟延地将行使不安抗辩权的意思通知对方（后履行一方）。通知既可以采用口头方式，也可以采用书面方式，但作为需受领的意思表示必须到达对方。纵然成立不安抗辩权，但未及时通知对方的，不发生不安抗辩权的行使效果［**成都中院（2022）川01民终26693号民判，北京二中院（2023）京02民终18924号民判**］。同时，通知应当说明主张不安抗辩权的理由并表达中止履行的意愿，仅仅表达中止履行的意思，不能被认为是有效行使不安抗辩权。权利人主张已行使不安抗辩权的，应就已向对方及时发出通知的事实负证明责任［**呼和浩特中院（2023）内01民终159号民判**］。

第二句规定不安抗辩权的消灭事由，即后履行一方在收到通知后，可以提供适当的担保以排除不安抗辩权。提供担保并非后履行一方的法律义务，而是由其自由决定。担保的形式既可以是人的担保，也可以是物的担保，只要不安抗辩权人接受即可。如果不安抗辩权人不接受，只要提供的担保能够确保其对待给付利益的实现，即构成“适当担保”，自担保权设立时起不安抗辩权消灭，先履行义务一方应当立即恢复履行。若后履行一方未提供适当担保，但采取措施消除了不安情事，如解决了影响履约的罢工问题，或者提供了有效的替代供应货源等，或者重新恢复了履行能力，不安抗辩权的行使条件因不再存在而消灭，先履行一方也须立即恢复履行。

第三句规定不安抗辩权行使后的第二次效力，即解除合同和违约救济效果。第二次效力的成立要件是：(1) 应当先履行一方已经依法行使不安抗辩权（**参见第 527 条及本条第一句评注**）；(2) 后履行一方在合理期限内未恢复履行能力且未提供适当担保。“恢复履行能力”和“提供适当担保”都足以排除不安抗辩权，若二者皆不满足，则不安情事继续存在。因不安抗辩权为延期的抗辩权，其并非旨在立即并终局地解决当事人之间的利益冲突，故而给后履行一方采取措施消除不安情事或者恢复履行能力的机会，将有利于双方合同目的的实现；同时，为避免合同长期处于不确定状态，该期间也不能过长甚至没有期限限制。“合理期限”可以由当事人约定，也可以由不安抗辩权人指定，但应受合理性审查，具体应考虑提供担保的准备时间、采取措施消除不安情事所需时间、恢复履行能力所需合理时间，以及履行期间的延缓对双方合同目的的实现的可能影响等。在满足前述条件下，后履行一方将被“视为以自己的行为表明不履行主要债务”，即构成期前违约（预期违约），中止履行的一方可以解除合同（**第 563 条第 1 款第 2 项**）并可以请求对方承担违约责任（**第 578 条**）［**(2017) 最高法民终 949 号民判，宁波中院 (2022) 浙 02 民初 1376 号民判，佛山中院 (2023) 粤 06 民终 10104 号民判**］。如前所述，在某些成立不安抗辩权的情形下，后履行一方的行为已经满足合同解除或期前违约的构成要件，先履行一方无须主张不安抗辩权而可以直接依相关规定主张权利（**参见本法第 527 条评注**）。因此，本条只是将不安抗辩权的第二次效力与合同解除及期前违约制度相衔接，不安抗辩权与合同解除、期前违约等因各自的功能定位不同，彼此独立而不可相互替代。

第五百二十九条 【债权人变更住所等致债务履行困难时的处理】债权人分立、合并或者变更住所没有通知债务人，致使履行债务发生困难的，债务人可以中止履行或者将标的物提存。

合同履行不仅需要债务人正确适当地履行，也需要债权人予以协助。如果因债权人的原因致债务履行发生困难，则债务人有权中止履行或者将标的物提存。

债务人中止履行或提存的适用条件是：(1) 债权人发生分立、合并或者变更住所等情事。此处的“债权人”不限于债权人本人，还包括其他有权受领债权的人。(2) 债权人未就前述变更情事通知债务人而致债务履行发生困难。债权人的通知义务为不真正义务，其不因未尽通知义务而须向债务人承担责任。此外，须债权人未尽通知义务致债务履行困难，债务人才可中止履行或将标的物提存。若债务人已经知道前述变更情事，或前述情事并不影响债务履行，则无本条之适用余地。所谓“履行债务发生困难”是指，因前述情势变更，债务人无法正常联系债权人受领履行，或者因变更住所既无法在原住所地履行，债务人也不知道债权人的新住所地，导致债务无法正常履行的情况。若前述情事并未造成债务履行困难，而仅仅增加了债务人的履行费用，或者当事人就此没有约定或约定不明（含事后协议），依本法第 511 条第 6 项第二分句之规定，增加的履行费用由债权人负担，亦无本条之适用。

在债务人中止履行后，债权人向其作出通知后或自债务能够正常履行时，债务人应当恢复履行。若债务人就标的物进行提存，则应遵循本法有关提存的相关规定（**第 570 条以下**）。但是，本条属提存的特别规定，功能上与本法第 570 条第 1 款规定相同（为清偿而提存），故第 570 条第 1 款不在适用之列。此外，是中止履行还是提存可以由债务人自由选择，且中止履行后仍可依法提存。

第五百三十条 【提前履行债务】债权人可以拒绝债务人提前履行债务，但是提前履行不损害债权人利益的除外。

债务人提前履行债务给债权人增加的费用，由债务人负担。

本条第 1 款规定债权人对债务人提前履行的拒绝权。根据全面履行原则（**第 509 条第 1 款**），债务人应当按照约定的履行期限履行。在债务履行期限确定的情况下，在该期限届至前履行债务为提前履行。债务人通常就履行期限享有期限利益，其可以拒绝债权人提前履行的请求［**(2020) 最高法民申 4470 号民裁，宜昌中院 (2023) 鄂 05 民申 32 号民裁**］。

但是，履行期限也涉及债权人的计划执行以及费用负担，尤其在提前履行可能产生保管、存储等费用支出，或者需要对原定计划作出重要调整时更是如此，因此，本款规定，债权人可以拒绝债务人提前履行债务。但是，按照诚信履行原则（**第 509 条第 2 款**），债务人提前履行债务不损害债权人利益的，如无息借贷中提前偿还本金，或支付贴息提前还贷等，债权人有接受履行的协助义务，不得拒绝［**吉林高院（2019）吉民申 3231 号民裁**］。在法律规定债务人或第三人有权提前清偿债务的情形（**如第 432 条第 2 款**），亦同。需要注意的是，在双务合同情形中，一方提前履行是否影响对待给付义务的履行，需要分情况处理：若双方债务的履行期限各自单独确定，则一方债务提前履行原则上不影响对方债务的履行期限；若一方债务的履行期限与对方债务履行期限关联（如约定交货后 10 日内付款），一方债务提前履行则可能造成对方债务也需要提前履行。为避免由此产生的不利影响，在双方未就此达成明确约定的情形中，对方仍可主张按照原定债务履行时间履行自己的债务，从而与本条第 2 款的规范旨意协调一致。

第 2 款规定提前履行债务增加的费用负担主体。在债权人同意债务人提前履行时，因提前履行而给债权人增加的费用，如增加的货物保管费或仓储费，应由债务人负担。但是，根据自愿原则（**第 5 条**），当事人有相反约定的，从其约定。与之不同，债务人或第三人因债权人的原因而提前清偿债务的，债务人或第三人不负担前述费用。

第五百三十一条 【部分履行债务】债权人可以拒绝债务人部分履行债务，但是部分履行不损害债权人利益的除外。

债务人部分履行债务给债权人增加的费用，由债务人负担。

部分履行是相对全部一次履行而言的，是指债务人仅就部分债务提出履行的情形。部分履行不同于分期履行，尽管分期履行也涉及债务的非一次履行问题，但部分履行既可以相对于全部债务，也可以就分期履行情形中的某期债务而成立。部分履行仅涉及给付内容，而与履行期限无关，因此，不论是履行期限内还是迟延履行期间，均有部分履行的法律适用问题。为避免部分履行给债权人施加不合理负担（如需要多次接受履行），在当事人没有相反约定或法律没有相反规定的情况下，债务原则上应当一次全部履行。由于部分履行和提前履行已违反全面履行原则（**第509条第1款**），因而对其应采取相同的处理原则。

第1款规定债权人可以拒绝债务人部分履行，除非部分履行不损害债权人的利益［**青岛中院（2022）鲁02民终11309号民判**］。部分履行的债务仅适用于可分债务，如果债务标的不可分，自无可能部分履行。在标的可分情形，若部分履行可以部分实现合同目的，对债权人不产生不合理负担（如部分还款），债权人自不得拒绝［**邵阳中院（2022）湘05民终812号民判**］。在双务合同情形中，若债权人接受部分履行，其同时履行抗辩权或先履行抗辩权的范围也相应缩减（**第525、526条**）。

第2款规定部分履行增加的费用负担主体。除非当事人有相反约定，部分履行增加的费用，如多次提货产生的额外费用，由债务人负担［**上海二中院（2011）沪二中民四（商）终字第953号民判**］。

第五百三十二条　【当事人身份要素的变化不影响合同履行】合同生效后，当事人不得因姓名、名称的变更或者法定代表人、负责人、承办人的变动而不履行合同义务。

本条为宣示性规定。自然人姓名、法人、非法人组织名称只是其区别于其他自然人、法人、非法人组织身份的标识，其变化自无改于合同权利义务的归属［**孝感中院（2023）鄂09民终2967号民判**］。承担合同义务的是法人或非法人组织，法定代表人、负责人或承办人只是代表或代理法人或非法人组织从事民事活动，其因辞职、被开除或死亡等原因而发生变动的，并不改变合同义务的承担主体，不影响合同义务的履行［**宣城中院（2023）皖18民终2070号民判**］。

第五百三十三条　【情势变更制度】合同成立后，合同的基础条件发生了当事人在订立合同时无法预见的、不属于商业风险的重大变化，继续履行合同对于当事人一方明显不公平的，受不利影响的当事人可以与对方重新协商；在合理期限内协商不成的，当事人可以请求人民法院或者仲裁机构变更或者解除合同。

人民法院或者仲裁机构应当结合案件的实际情况，根据公平原则变更或者解除合同。

情势变更制度是在合同成立后，作为合同基础的客观情事发生了当事人在合同订立时无法预见的重大变化，继续履行合同对于一方当事人明显不公平时，允许对合同予以变更或者解除的制度。情势变更制度是对合同必须严守或全面履行原则（**第509条第1款**）的突破，理论上一般认为系诚实信用原则（**第7条**）的具体运用或体现。当事人是以缔约时的客观情事作为配置相互权利、义务的基础或前提，若交易基础发生了非当事人当初所能预料的改变，造成既定的权利义务配置在合同履行时发生了显著失衡，将因此而产生的不利影响加诸当事人一方，要求当事人按照原合同履行就有违公平与诚信，从而有必要对合同效力作出调整。情势变更规则属于体现公平原则与诚信原则的强行规范，当事人事先约定排除该规则适用的，其约定无效（**《合同编通则解释》第32条第4款**）。此外，情势变更规则的适用须以受不利影响一方当事人主张或请求为必要，人民法院或仲裁机构不应主动适用情势变更规则［**山东高院（2020）鲁民终759号民判**］；纵然满足适用条件，不经当事人主张，未经裁决确定，不发生相应效果［**辽宁高院（2023）辽民申10368号民裁**］。

第1款规定了情势变更制度的适用条件和法律效果。依据本款规定，情势变更制度的适用应满足以下要件。

（1）合同的基础条件发生了重大变化。“合同的基础条件”即学理上所称“情势”“情事”或者“法律行为或交易的基础”，包括主观基础和客观基础：主观的法律行为基础，指双方当事人在签订合同时的某种共同预想或认识；客观的法律行为基础，指作为合同缔结前提的某种客观情况，主要是指法律、政策或市场供求关系等［**河南高院（2022）豫知民终404号民判，广州中院（2023）粤01民终24902号民判**］。若非合同基础的客观情况，如影响当事人对合同标的物利用计划的政策或法律状况，纵然发生重大变化，也不得适用情势变更规则［**新疆高院（2023）新民申30号民裁**］。因本款有“消极要件”即“不属于商业风险”的限定，故应认为，立法者预想的“情事”仅指客观情况，包括土地、原材料、劳动力等各类生产成本价格，作为结算标准的货币的币值，以及市场主体正常生产、经营所依赖的社会经济环境、法律政策环境等［**湖北高院**

(2023) 鄂民申8491号民裁]。“重大变化”是指相对于合同订立时的状况合同基础条件发生了明显改变。

(2) 情势变更发生在合同成立后。情势的变更如果发生在合同成立前，当事人可以在订立时将该等变化加以考虑，若其未能关注到这类变化，只能自承风险或者依据重大误解等理由寻求法律救济，而不得依本条主张情势变更的效果[北京高院(2022)京民申4995号民裁]。情势变更处理的是合同履行障碍，因此，若合同已经履行完毕，则亦无情势变更之适用问题。

(3) 当事人在订立合同时无法预见情势的重大变化。如果情势的变更为当事人在合同订立时能够或应当预见到，其自然不得在合同履行时主张情势变更的效果。能否预见依处于相同交易情形下的正常理智之人的标准加以判定。例如，债务人履行能力的变化就属于债权人应当预见的商业风险或交易风险[威海中院(2022)鲁10民终1532号民判]。一般而言，与当事人应当承担的商业风险相关的情势变化就主要涉及重大的情势变化；轻微或一般的交易基础变化，如通常交易情形下的价格小幅波动，应当认定属于当事人应承担的商业风险[新疆高院(2023)新民申1297号民裁]。在仅涉及价格变动的情形，是否属于重大变更，应结合上涨的幅度和速度进行判断[上海高院(2022)沪民终525号民判]。尽管情势的重大变更通常表明当事人不能预见，但并不总是不能预见，对于那些市场属性活跃、价格波动通常较大的大宗商品交易以及股票、期货等风险投资型金融产品交易等，交易参与者都应当预见到交易基础条件可能发生重大变化，不能因变化重大而认为当然不能预见(《合同编通则解释》第32条第1款)[(2017)最高法民终672号民裁]。情势变更只要求无法预见客观情势的重大变化，当事人是否能够克服或避免该种变化后果则非所问。这是情势变更有别于不可抗力之处。但是，两者最重要的区别则在规范效果上：情势变更的基本效果是变更或解除合同，而不可抗力处理的则是责任的免除或合同的解除问题。即使在合同解除方面，二者也仍有不同：不可抗力的情事发生时，仅在该情事致使合同目的不能实现时才产生当事人的合同解除权；而情势变更规则涉及的情事发生时，原则上仅在无法通过变更消除其影响的情形，才产生裁判解除的效果，且情势变更致使合同目的不能实现并非该种效果发生的必要条件[陕西高院(2021)陕民终847号民判]。

(4) 按原合同继续履行对于一方明显不公平。“不公平”主要是指依原合同确定的利益分配结构发生严重失衡，涉及理论上所称的“合同对价障碍"，如货币贬值、原材料价格或融资等生产成本显著上升、标的物或权利价值显著降低等，按照原合同履行会导致债务人经济上遭受重大损失。但是，"不公平"也包括因法律或行政行为致使合同目的落空或履行成本显著上升的情况［**"武汉市煤气公司诉重庆检测仪表厂煤气表装配线技术转让合同、煤气表散件购销合同纠纷案"，《最高法公报》1996年第2期**］，如造成一方当事人履约能力严重不足、履约特别困难、继续履约无利益并对其利益造成重大损害［**（2020）最高法民终629号民判**］。当然，如果因为法律或政策的变化，当事人的履行成为不可能或不合法，则应依履行不能的相关规则处理（**第580条第2款**），不应适用情势变更制度。类似地，非当事人自身的其他原因导致合同目的落空的，如为观看游行典礼而预订座位，但典礼意外被取消，亦应作相同处理。

情势变更的法律后果包括两个层次：第一个层次的后果是产生当事人的重新协商义务。本款并未规定合同当事人的"重新协商义务"，而是规定"受不利影响的当事人可以与对方重新协商"，因此，纵然认定当事人有重新协商的义务，该等义务亦属于不真正义务，当事人不因不履行重新协商义务而承担不利后果。第二个层次的后果是指，若当事人虽经协商，但在合理期限内不能重新达成协议，则任何一方（通常为受不利影响一方）可以请求人民法院或者仲裁机构变更或解除合同。

第2款是人民法院或仲裁机构适用情势变更规则的裁判指引规定，性质上为单纯的裁判规则。本款规定人民法院或仲裁机构应当结合案件的实际情况、根据公平原则适用情势变更制度，就是要求其透彻地把握情势变更的规范意旨，严格掌握和认定其适用条件，避免当事人将情势变更作为逃避合同履行的工具，损害合同效力，扰乱正常的交易秩序。同时，情势变更规则应当依当事人请求而适用，裁判机构不得依职权主动适用情势变更规则判决解除合同［**青海高院（2017）青民再23号民判**］。本条赋予人民法院或仲裁机构依裁判变更合同的权力。在变更合同时，二者既要考虑情势变更对合同均衡关系的影响程度，也要考虑在未发生情势变更时原合同本来的均衡关系，不能简单地依照变化程度调整合同内容，否则就可能将本应由一方承担的商业风险通过情势变更制度的适用不当地转嫁给对方当事人。在可以通过合同变更消除情势变更对一方当事人的不利影响的情况下，原则上不应当裁判解除合同。因此，双方均请求变更合同的，裁判机构不得解除合同；一方请求变更而另一方请求解除合同的，裁判机构应当结合案件的实际情况，根据公平原则判决变更或解除合同（**《合同编通则解释》第 32 条第 2 款**）。当变更合同明显加重对方当事人的履行负担，其不同意变更时，应当解除合同［**甘肃高院（2023）甘民申 2811 号民裁**］。裁判解除并非一方违约所致，因此，不产生违约损害赔偿问题，仅发生恢复原状问题。但是，在依据情势变更规则解除合同后，根据合同性质和履行情况，受有损失的一方可要求合同解除请求方依公平原则承担相应的补偿或赔偿责任［**宁夏高院（2023）宁民终 73 号民判**］。解除是否具有溯及力，与法定解除情形适用相同的处理原则（**参见本法第 566 条评注**）。

在依情势变更规则变更或解除合同时，如果合同已部分履行，除非变更或解除涉及已履行部分（已履行部分与未履行部分结为不可分的整体），变更或解除仅就未履行部分发生效力。因此，合同变更或解除时间的确定具有重要意义。变更或解除的时间应当综合考虑合同基础发生重大变化的时间、当事人重新协商的情况以及因合同变更或解除给当事人造成的损失等因素加以确定（**《合同编通则解释》第 32 条第 3 款**）。

第五百三十四条 【利用合同从事违法行为的监督处理】对当事人利用合同实施危害国家利益、社会公共利益行为的，市场监督管理和其他有关行政主管部门依照法律、行政法规的规定负责监督处理。

民事主体从事民事活动，遵循自愿原则，按照自己的意思设立、变更和终止民事法律关系（**第 5 条**）。通过合同设定权利、义务属于民事主体的行为自由范畴，仅受法律约束，其他组织或个人不得非法干预。本条的规范目的在于维护市场秩序。合同乃市场秩序的组成部分，因此，负有维护市场秩序职责的市场监督管理和其他有关行政主管部门（如工商、价格、质检等部门）对于合同中的违法或不当行为，仍有监督处理的权力。就此需要明确者有二：一是监督处理的对象限于当事人利用合同实施危害国家利益、社会公共利益的行为，仅涉及特定合同当事人之间利益冲突的事项，如当事人因违约发生的纠纷，不属于监督处理的事项。二是相关的监督管理部门应当按照法律、行政法规规定的职责、权限与程序进行监督、处理。

第五章

合同的保全

第五百三十五条 【债权人代位权的成立、行使范围及相对人的抗辩】因债务人怠于行使其债权或者与该债权有关的从权利，影响债权人的到期债权实现的，债权人可以向人民法院请求以自己的名义代位行使债务人对相对人的权利，但是该权利专属于债务人自身的除外。

代位权的行使范围以债权人的到期债权为限。债权人行使代位权的必要费用，由债务人负担。

相对人对债务人的抗辩，可以向债权人主张。

债的保全是指为防止债务人责任财产不当减少影响债权实现，允许债权人代位债务人向第三人行使债务人怠于行使的权利，或者请求法院撤销债务人向第三人不当处分财产的法律行为，包括债权人代位权和撤销权。债的保全使债的效力及于当事人之外的第三人，构成债的相对性之例外。

债权人代位权，是指债务人不积极行使其债权或者与之相关的从权利，致使债权人的到期债权未能实现时，债权人以自己的名义向第三人行使债务人权利的权利。

第1款规定债权人代位权的行使条件。债权人代位权的行使具体包括以下条件。

第一，债权人对债务人享有到期债权［**湖北高院（2023）鄂民申8753号民裁，河南高院（2023）豫民再598号民判**］。只要债权人对债务人享有合法有效的债权，该债权是因何种法律原因而发生，是否已经生效法律文书确认，均不影响债权人代位权的行使。但是，若债权赖以成立的法律关系不成立、无效、被撤销，或者债权未到期或已清偿完毕，债权人代位权就缺乏权源基础。不过，若当事人因无效合同之清算而享有合法债权，该债权仍受本条之保障。债权人对债务人的到期债权无须生效法律文书确认（**《合同编通则解释》第 40 条第 2 款**），期限不确定或无期限的债务经债权人催告后仍未在合理期限内履行的，可认定已到期。债权人代位行使中断诉讼时效或申报破产债权的行为，以及其他旨在保存债务人对相对人债权的行为，并非代位请求相对人向债权人履行债务，不受债权人的债权已到期的限制（**第 536 条**）。

第二，债务人对相对人须享有合法、到期且非专属于债务人的债权或（及）从权利。债务人对相对人享有的到期债权，不限于金钱债权，也包括非金钱债权（如房屋买卖合同中，买受人对出卖人的所有权移转请求权）。对专属于债务人自身的权利，如抚养费、赡养费或者扶养费请求权，人身损害赔偿请求权，未超出债务人及其所扶养家属生活必需费用的劳动报酬请求权，请求支付基本养老保险金、失业保险金、最低生活保障金等保障债务人及其所扶养家属基本生活的权利，以及其他专属于债务人的权利，不得代位行使（**《合同编通则解释》第 34 条**）。对禁止扣押的债权（如应当保留被执行人及其所扶养家属的生活必要费用等），也不得代位行使。债务人对相对人的债权因双方实际抵扣而消灭，债权人向相对人行使代位权的主张不能成立［**最高法（2012）民提字第 29 号民判**］。债务人的债权已被其他债权人采取执行措施而不可执行时，债权人代位权也不成立［**北京四中院（2021）京 04 民初 928 号民判**］。被代位的债权是否经生效裁判确认，债务人与相对人之间的具体债务数额是否确定，均不影响债权人代位权的行使。“与该债权有关的从权利”是指担保物权和保证债权等担保权益，以及孳息收取权（**第 430、452 条**）、违约金或定金请求权、利息请求权等，不包括不具有直接财产价值的买回权、选择权等，依附于债之关系整体的合同解除权、撤销权等也不在其列。为保障债权实现而实施的中断诉讼时效、申请保全、代位申请强制执行等行为，非属债权的从权利，但可由债权人代位实施（**第 536 条**）。请求确认合同无效的权利并非代位权之客体，但是，若能够通过请求确认合同无效而确定债务人对相对人的债权，则仍满足债权人代位权的行使条件［**宜昌中院（2023）鄂 05 民终 940 号民判**］，仅以确认合同无效的权利不属于代位权的客体为由，认为不符合代位权诉讼的起诉条件，尚非无疑［**（2021）最高法民申 7235 号民裁**］。除债权及其从权利之外的其他权利，无论是否与债务人责任财产保全相关，均不得为债权人代位权之客体。例如，债务人的执行异议权利是强制执行法或程序法上的权利，不属于债权人代位权之客体［**北京高院（2022）京民终483号民判**］。再如，债务人享有的所有物分割请求权，也不属于代位权之客体［**辽宁高院（2022）辽民终303号民裁**］。一般而言，债权人并不掌握债务人与相对人之间债权是否到期及履行等情况，因此，债权人只需证明债务人对相对人有债权即可，相对人抗辩未到期的，应当提供证据予以证明［**黑龙江高院（2020）黑民终512号民判**］。

第三，债务人怠于行使对相对人的到期债权或（及）从权利致使债权人的到期债权未能实现。"债务人怠于行使"的判定标准为，"债务人不履行其对债权人的到期债务，又不以诉讼或者仲裁方式向相对人主张其享有的债权或者与该债权有关的从权利"（**《合同编通则解释》第33条**）。债权人就债务人不履行到期债务的事实负证明责任，而债务人对其已经以诉讼或仲裁方式向相对人主张其权利的事实负证明责任。债权人对债务人的债权经生效判决确认且已进入执行程序，债务人对相对人的债权已获胜诉判决支持，但债务人怠于请求相对人履行生效判决，致使债权人的债权未能实现的，亦属"怠于行使"，但是，因相关债权均已取得执行依据，故而，债权人无须另行提起代位权诉讼，而可直接依执行程序提起"代位权执行"［**四川高院（2022）川执监208号执裁**］。"影响债权人的到期债权实现"是指债务人怠于行使权利的行为与债权人的债权未获完全清偿之间具有相当因果关系。部分法院及学者主张，债权人须证明"债务人资不抵债或明显缺乏清偿能力"，或者"债务人现实可控的财产不足以清偿债权人的到期债权"。这种看法加重了债权人的证明负担，而且，在代位权的标的为债务人的非金钱债权等其他权利时，代位权根本不以债务人有无资力为要件，故不应赞同。

债权人代位权须以诉的方式行使：(1) 债权人以自己的名义提起代位权诉讼，相对人为被告。债权人代位权不得以申请仲裁或其他方式为之，债务人与相对人之间的仲裁约定不能排除法院对债权人代位权诉讼的管辖，但是，若相对人已依法在先申请仲裁，债权人代位权诉讼应中止审理，待仲裁裁决发生法律效力后再恢复审理（**《合同编通则解释》第36条**）。债权人起诉债务人后，又提起代位权诉讼的，在起诉债务人的诉讼终结前，代位权诉讼应当中止（**《合同编通则解释》第38条**）。(2) 代位权诉讼由相对人住所地法院管辖，但不得违反专属管辖的相关法律规定（**《民诉法》第34、276条**）。此外，债务人或者相对人不得以就双方之间的债权债务关系订有管辖协议为由提出异议（《合同编通则解释》第35条）。（3）若两个或者两个以上债权人以同一相对人为被告提起代位权诉讼，法院可以合并审理；债权人以相对人为被告提起代位权诉讼，未将债务人列为第三人的，法院可以追加债务人为第三人（《合同编通则解释》第37条）。

第2款规定代位权的行使范围与行使费用负担。债权人行使代位权的范围以相对人对债务人所负债务与所保全债权的范围二者中较小者为限，债务人对超出债权人代位请求数额的债权部分，可以另行起诉相对人，除可与代位权诉讼合并审理的情形外，在代位权诉讼终结前，债务人对相对人的诉讼应当中止（《合同编通则解释》第39条）。因行使代位权所支付的合理的律师代理费、差旅费、保全费用、调查取证费用等必要费用，债权人胜诉的，由债务人负担［北京二中院（2023）京02民申243号民裁］。

第3款规定相对人的抗辩权。在债权人代位权诉讼中，相对人既可主张相对人对债务人的抗辩，如债权不发生或抵销的抗辩、先诉抗辩、同时履行抗辩等，也可主张债务人对债权人的抗辩，还可主张代位权诉讼程序的抗辩，如主管、管辖、保全适当性等抗辩。但是，在债权人提起代位权诉讼后，债务人对相对人债权的处分权能受限制，其既不得接受相对人的履行，也不得对该债权实施抛弃或免除、转让、抵销等处分行为（对比第538条），因此，债务人无正当理由减免相对人的债务或者延长相对人的履行期限，相对人不得以此向债权人抗辩（《合同编通则解释》第41条）。相对人明知债权人提起代位权仍向债务人清偿的，不得以之对抗债权人［荆门中院（2023）鄂08民再22号民判］。

第五百三十六条 【债权到期前债权人的代位权】债权人的债权到期前，债务人的债权或者与该债权有关的从权利存在诉讼时效期间即将届满或者未及时申报破产债权等情形，影响债权人的债权实现的，债权人可以代位向债务人的相对人请求其向债务人履行、向破产管理人申报或者作出其他必要的行为。

本条是关于债权人保全代位权的规定。债权人的债权到期前，债务人的债权或与该债权有关的从权利存在诉讼时效即将届满或未及时申报破产债权等情形的，债权人无须待债权到期后才行使债权人代位权，而可依本条之规定行使债权人代位权，以保全尚未到期的债权。与前条规定的代位权系债权人直接代位行使债务人对相对人的履行请求权不同，本条规定的代位权旨在避免因债务人未及时实施其对相对人债权的保全行为而将来无法行使或实现困难，使相对人履行债务并不在保全目的范围内，相对人的履行不过是保全之后的法律效果而已。鉴于本条规定的代位权与前条规定的代位权在成立要件和法律效果上均有不同，理论上又称本条规定的代位权为“代位保全权”，乃债权人代位权的特殊类型，应予留意。

债权人行使债权到期前的债权人代位权，须具备如下条件：(1) 债权人对债务人的债权尚未到期。债权人的债权未到期包括债权的约定履行期限未届至、未约定履行期限的债权之债权人尚未提出履行请求、附生效条件的债权所附条件尚未成就、附生效期限的债权所附期限尚未届至等。(2) 债务人对相对人享有合法有效的债权或从权利。(3) 债务人的懈怠行为影响债权人的债权实现。债务人怠于行使权利的行为类型包括：债务人对相对人的债权诉讼时效即将届满，债务人未及时主张权利以中断时效；法院受理相对人破产申请后，债务人未及时申报破产债权［**黄冈中院（2021）鄂 11 民初 112 号民判，吉林市中院（2023）吉 02 民初 7 号民判**］；相对人非法转移财产逃避债务，债务人未及时申请财产保全；债务人对相对人的债权已获生效给付判决，债务人的申请执行期限即将届满等。“影响债权人的债权实现”是指，若不及时采取必要行为（保存行为），债务人将丧失或面临权利实现的障碍，并进而影响债权人对债务人将来到期债权的实现。是否影响依假设性条件判断，即在不为必要行为的情况下，债务人在债权人债权将来到期时是否有足够的偿债能力。如果债务人没有足够偿债能力，即应认定为影响债权实现。

债权到期前债权人行使代位权同样以自己的名义，但不以诉讼方式行使为必要。债权人依代位保存行为的不同类型分别以诉讼或非诉方式为之。非诉方式的保存行为包括债权人代位催告相对人向债务人履行债务以中断诉讼时效、代位申报破产债权、代位请求相对人的破产管理人提存债务人未到期或条件未成就的债权之破产分配金额（**《破产法》第 117 条**）等，诉讼方式的保存行为包括代位申请保全相对人的财产、代位申请强制执行债务人的债权给付判决等。

第五百三十七条 【债权人代位权成立的法律效果】人民法院认定代位权成立的，由债务人的相对人向债权人履行义务，债权人接受履行后，债权人与债务人、债务人与相对人之间相应的权利义务终止。债务人对相对人的债权或者与该债权有关的从权利被采取保全、执行措施，或者债务人破产的，依照相关法律的规定处理。

本条第一句规定债权人代位权成立的一般效果。债权人代位权成立的法律后果因债权人代位权的标的不同而有不同。若代位行使的权利系为保存债务人对相对人的将来债权，如中断诉讼时效，因无给付问题，故不发生本条第一句的适用问题。当债权人代位行使的是债务人对相对人的债权（履行请求权）时，本法采取的是债权人直接受偿规则，即债务人的相对人应向债权人履行，债权人有接受相对人履行或申请强制执行的权利［**“中国农业银行汇金支行与张家港涤纶厂代位权纠纷案”，《最高法公报》2004 年第 4 期**］，债务人在债权人代位权行使范围内对相对人无履行请求权，相对人对债务人的履行也不发生清偿效果，债务人的其他债权人也不得请求就该债权受偿。从属于所代位债权的从权利，如担保权益，亦由债权人享有和行使。唯应注意，债权人对相对人享有权利并不当然消灭债权人对债务人的权利，只有在债权人接受履行后，或者说，只有在相对人适当履行，从而产生债务清偿的效果时，债权人与债务人、债务人与相对人之间的权利义务在相对人清偿的范围内才终止，也就是发生“三重清偿效果”。如果在相对人清偿前债务人向债权人作出清偿，则债权人对相对人的履行请求权消灭，债务人对相对人的权利恢复。在这个意义上，债权人代位权成立的效果类似于法定债权质押。在代位权诉讼执行中，因相对人无可供执行的财产而被终结执行程序的，债权人就未实际获得清偿的债权可以另行向债务人主张权利（**指导案例 167 号**）。

就此，还须特别说明的是：（1）本法对于可代位的债权范围并无明确限制，意味着非金钱债权也可以被代位行使。但是，如果为保全金钱债权而代位行使非金钱债权，被代位行使的非金钱债权本身必须是具有市场价值的标的，在接受履行时，应当参照担保权实现程序对该标的进行价值清算，避免因代位权的行使而损害债务人及债务人的其他债权人的利益。(2) 在依本法第536条的规定提前行使债权人代位权时，如涉及债务履行，申报破产债权后有破产财产的分配，债权人是否得依本条第一句的规定直接受偿，存在不同看法。由于在破产程序中仅须对破产债权（也就是债务人对相对人的债权）本身予以审查（当然另外还包括对申报人的资格审查），而不对债权人对债务人的债权予以审查确认，所以，尚难认为债权人可以直接受偿（**参见本条第二句评注**）。(3) 不论受偿范围如何，代位权诉讼之提起均中断债权人对债务人之债权的诉讼时效，原因在于，债权人代位权诉讼是债权人为保全整个债权实现而提起的诉讼，故可发生全部债权诉讼时效中断的效果（**第195条第3项**）。

本条第二句规定代位成立时的特别效果。当债务人对相对人的债权或者与该债权有关的从权利被采取保全、执行措施或者债务人破产时，本条第一句规定的债权人“直接受偿规则”会与前述法律措施或程序发生冲突，因此，本条第二句设置例外规则，即“依照相关法律的规定处理”。具体而言，当债务人破产时，不论债权人代位权诉讼是否已经审结，债权人对债务人的债权都只能依破产程序处理（**《破产法》第16条**），即行使代位权的债权人须与债务人的其他债权人平等受偿［**盐城中院(2021)苏09执467号执裁**］。在债务人未被申请破产但已经陷于资不抵债的情形，是否亦应类推该规定而排除行使代位权的债权人的直接受偿权？司法判决中有持肯定见解者［**新疆高院伊犁哈萨克分院(2022)新40民初29号民裁**］，有其合理性，但债权人代位权本来多为应对债务人资力不足的情形，此种处置与本条第一句规定不符，需谨慎对待。在非债务人破产的其他情形中，行使代位权的债权人和债务人的其他债权人作为普通债权人，就债务人对相对人的债权或其从权利，按照采取财产保全措施和执行中查封、扣押或冻结措施的先后顺序接受清偿，债权人代位权人不再享有对相对人给付的直接或优先受偿权（**《民诉法解释》第514条**）。

需要特别说明的是，在债权人依本法第536条的规定为保全债权的必要行为情形，并不发生普通代位权诉讼的效果，因此，就保全行为所涉财产，包括申报破产债权而获得分配的财产，应属债务人之责任财产，债权人并不当然享有本条规定的直接受偿的效果［**黄冈中院(2021)鄂11民初287号民判**］。第536条关于“债权人可以代位向债务人的相对人请求其向债务人履行”之规定，亦可为佐证。

第五百三十八条 【债务人无偿处分财产或恶意延长到期债权履行期限时的债权人撤销权】债务人以放弃其债权、放弃债权担保、无偿转让财产等方式无偿处分财产权益，或者恶意延长其到期债权的履行期限，影响债权人的债权实现的，债权人可以请求人民法院撤销债务人的行为。

债务人不当处分财产，影响债权人的债权实现的，债权人有权请求人民法院撤销债务人不当处分财产的行为，此即债权人撤销权。债权人撤销权的成立要件因债务人处分财产的行为是有偿还是无偿而有不同，本条是关于债务人无偿处分时债权人撤销权的成立条件规定。

在债务人无偿处分财产或恶意延长已到期债务履行期限时，债权人撤销权的成立要件为：(1) 债权人对债务人的债权有效，无须到期。债权不成立、无效、被撤销的，债权人缺乏撤销权的权源基础，但因无效法律行为之清算而产生的损害赔偿请求权仍受本条保护。若所保全的债权成立在处分行为之后，纵然处分行为的履行会影响债权的实现，债权人也不得主张撤销，因为在先实施的处分行为不可能对其后成立的债权"造成损害"。(2) 债务人实施了无偿处分财产或恶意延长债务履行期限的行为。债务人无偿处分财产的行为包括放弃债权（或免除债务）、放弃债权担保、无偿转让财产等法律行为，投资设立（非）营利性组织的行为属于无偿转让财产行为的，亦属债权人撤销权之对象［**(2017) 最高法民再 92 号民判**］。其中，无偿转让财产的行为包括无法律依据而转让财产的行为［**广州中院（2023）粤 01 民终 6670 号民判**］，以及夫妻双方在离婚协议中通过财产分割方式不当减少一方责任财产，影响其偿债能力，对方知道的情形［**北京一中院（2023）京 01 民终 5478 号民判，北京二中院（2023）京 02 民终 2094 号民判，重庆四中院（2022）渝 04 民终 1100 号民判**］。但是，若债务人放弃部分债权具有正当原因，则不宜仅仅因为放弃债权行为有损债权人利益而予以撤销［**山西高院（2022）陕民申 1816 号民裁**］。恶意延长到期债权履行期限，虽未减少债务人的责任财产，但影响债权人的债权及时实现，故债权人也可以请求法院撤销债务人的行为。在债务人无偿处分财产时，债权人撤销权的行使不因债务人有无"恶意"而不同，故属客观判断；在债务人延长到期债权的履行期限时，债权人撤销权的行使则以债务人逃避债务或妨碍债权实现的主观故意为必要（诈害行为)。之所以对撤销延期行为的适用条件要求更为严格，原因在于其主要影响债权的及时实现，而无偿处分财产行为则可能导致债权无法实现。(3) 债务人的不当处分行为影响债权人的债权实现。只要存在债务人现存有效资产不足清偿到期债务，或不撤销处分行为将使债务人在债权到期时无足够财产清偿债务，即可认定债务人的不当处分行为影响债权人的债权实现，除非债务人能够反证其有足够的偿债能力。到期债务不以行使债权人撤销权的债权人的债权额为限，而以债务人的全部债权人的债权为参照。

债权人撤销权系形成诉权，其行使须以提起撤销权诉讼的方式为之，以债务人和债务人的相对人为共同被告，除依法应当适用专属管辖规定者外（如《民诉法》第 34、276 条），由债务人或者相对人的住所地人民法院管辖。多个债权人以债务人的同一行为提起撤销权诉讼的，人民法院可以合并审理（《合同编通则解释》第 44 条）。

第五百三十九条 【债务人有偿处分财产时的债权人撤销权】债务人以明显不合理的低价转让财产、以明显不合理的高价受让他人财产或者为他人的债务提供担保，影响债权人的债权实现，债务人的相对人知道或者应当知道该情形的，债权人可以请求人民法院撤销债务人的行为。

本条是关于债务人有偿处分财产时债权人撤销权的成立条件规定。在债务人有偿处分财产时，债权人行使撤销权的条件包括以下四项。

(1) 债权人对债务人的债权有效，无须到期。与债权人代位权不同，债权人撤销权不涉及相对人对债权人（撤销权人）的履行义务，因此，只要明确债权人与债务人之间存在债权债务关系即可，无须确定其具体金额［(2022) 最高法民申 78 号民裁］。不过，如果撤销权诉讼不确定债权人对债务人的债权数额，如何以债权人的债权限制撤销权的行使范围（第 540 条第一句）？就此不无疑问。鉴于撤销权诉讼胜诉后相对人可能返还之财产归属于债务人而非债权人，只要债权人提供初步证据表明其对债务人的债权未超撤销权的行使范围即可。

(2) 债务人有偿不当处分财产或为他人债务提供担保。不论债务人是以不合理的低价转让财产，还是以不合理的高价受让他人财产，在效果上都表现为不当地减少了债务人的责任财产；在债务人为他人债务提供担保时，不论是有偿提供还是无偿提供，尽管债务人对他人可以主张追偿权，但一方面因担保责任的承担会减少债务人在特定时间的责任财产，另一方面追偿权也可能无法或难以实现，从而，在明知自己清偿能力不足时仍为他人债务提供担保，仍属不当减少责任财产的行为。对“明显不合理的低价或者高价”，应按照交易地一般经营者的判断，并参考交易地的市场交易价或者物价部门的指导价予以判断［**福建高院（2022）闽民终842号民判**］：转让价格低于交易时交易地的指导价或者市场交易价70%的，一般可视为“明显不合理的低价”［**最高法（2015）民二终字第322号民判，杭州中院（2021）浙01民终8531号民判**］；受让价格高于交易地的指导价或者市场交易价130%（溢价超30%）的，一般可视为“明显不合理的高价”。但是，上述标准并非绝对，考虑交易的其他具体情况，如为回收资金甩卖换季或保质期即将到期产品，市场供给紧张时购进急需产品，或者债务人与相对人之间存在亲属关系或关联关系等，都可能加大偏离正常市场价格的幅度，不受前述参考比例的限制（**《合同编通则解释》第42条**）。就此，当事人对其主张承担举证责任（**《全国法院贯彻实施民法典工作会议纪要》第9条**）［**山东高院（2021）鲁民申9472号民裁，广州中院（2023）粤01民终21499号民判**］。除前述典型财产转让情形外，债务人以明显不合理的价格，以财产互易、以物抵债或租赁财产、知识产权许可使用等行为影响债权实现的，亦应作相同处理（**《合同编通则解释》第43条**）。在为他人债务提供担保的情形下，不论是否有偿，均不涉及前述两种情形下的价格偏离问题，而只需审查债务人是否提供了可能承担担保责任的有效担保即可。如担保设定无效，则无债权人撤销权适用问题。

（3）债务人前述不当行为影响债权人的债权实现［**陕西高院（2022）陕民申1816号民裁，广州中院（2023）粤01民终19045号民判**］（**参见本法第538条评注**）。

（4）相对人知道或应当知道债务人的不当处分行为影响债权人的债权实现［**广州中院（2023）粤01民终21499号民判**］。在以明显不合理的低价或高价进行转让或受让财产的情形中，只要相对人知道或应当知道交易价格明显不合理，通常就可以推定其知道该交易行为“影响债权人的债权实现”，除非相对人能够举证证明其交易价格合理，或者交易时债务人有足够的清偿能力。在为他人债务提供担保的情形，“相对人”为担保权人，只要债权人证明在提供担保时债务人的清偿能力不足，且担保权人明知或应知该情形的，即可推定其明知或应知提供担保的行为“影响债权人的债权实现”，除非其能够提供合理理由。

债务人有偿不当处分财产时债权人行使撤销权的行使方式，与无偿处分财产的相同，均须以提起撤销权诉讼的方式行使（**本法第 538 条评注**），而不得在强制执行程序中径行申请撤销相关行为［**江苏高院（2019）苏执监 637 号执裁**］。

第五百四十条 【债权人撤销权的行使范围和必要费用负担】撤销权的行使范围以债权人的债权为限。债权人行使撤销权的必要费用，由债务人负担。

债权人撤销权的行使范围以债权人的债权为限。“债权人的债权”是指提起债权人撤销权诉讼的债权人的债权，不包括债务人的其他债权人的债权。债权人的债权数额是指债权人的债权可能不能受偿部分，并非债权人的全部债权，如债权上已设立有效的抵押权，债权人行使债权人撤销权时应将与该抵押权担保对应的债权数额予以扣减。当债权人需要保全的债权数额超过债务人不当处分的财产价值时，债权人可以请求就整个处分行为予以撤销；如果低于债务人不当处分的财产价值，当债务人不当处分的财产可分时，只能在前述保全债权的限度内撤销相应部分的处分行为，如果处分的财产不可分，则可以就全部处分行为予以撤销（**《合同编通则解释》第 45 条第 1 款**）［**天津二中院（2023）津 02 民终 7760 号民判**］。

债权人行使撤销权的必要费用是指债权人为行使撤销权所支付的律师代理费、差旅费，以及对涉讼财产的评估费用、保全费用、调查取证费用等，不包括诉讼费用在内（**《合同编通则解释》第 45 条第 2 款**）。在债权人胜诉时，前述必要费用由债务人负担。

第五百四十一条 【债权人撤销权的行使期间】撤销权自债权人知道或者应当知道撤销事由之日起一年内行使。自债务人的行为发生之日起五年内没有行使撤销权的，该撤销权消灭。

债权人撤销权具有形成权的性质，故受除斥期间的限制。债权人撤销权存续的普通期间为1年，自行使债权人撤销权的债权人知道或应当知道撤销事由之日起算（**本条第一句**）。“撤销事由”通常是指债务人实施的影响债权人债权实现的不当处分行为事实。“知道”是指债权人对前述事实知晓或知情；“应当知道”是指尽管债权人事实上不知情，但根据案件的具体情况，一般人能够知晓前述事实的情形［**丽江中院（2023）云07民终876号民判**］。债权人未在该除斥期间内行使债权人撤销权的，其权利消灭。实践中，为保护积极行使权利的债权人，有以法院告知债权人其可以提起债权人撤销权之诉的判决作出之日起算的做法［**最高法（2005）民二终字第172号民判**］。其有损法律的确定性，不应赞同。

由于普通除斥期间以债权人知道或应当知道为起算标准，如其不知也不应知的状态一直存续，会使债务人的处分行为效果长期处于不确定状态。为此，本条第二句规定，自债务人的行为发生时起，债权人在5年内没有行使撤销权的，不论因何原因而没有行使，该债权人撤销权均归消灭。这种期间也被称为撤销权存续的最长期间［**江苏高院（2015）苏民再提字第00118号民判**］。

第五百四十二条　【债权人撤销权成立的法律效果】债务人影响债权人的债权实现的行为被撤销的，自始没有法律约束力。

债权人撤销权针对的是债务人的不当处分行为。该处分行为系法律行为或准法律行为，因此，债权人撤销权行使的效果与法律行为被撤销的效果一致，即该行为自始没有法律约束力，不发生当事人预期的法律效果（**对比第155条**）。该处分财产的行为未履行的，当事人不得再请求履行；已经因履行而取得的财产，应当返还；不能返还或没有必要返还的，折价补偿（**第157条第一句**）。不当处分行为不需要履行即发生效力的，如放弃债权（免除债务）、放弃债权担保、恶意延长到期债权履行期限或不当提供担保，债务人对相对人的债权或担保权恢复，相对人仍应按照原来的债权履行期限承担债务，被撤销的担保行为不发生担保权设定的效果，相对人不得请求实现担保权益。

如果撤销不当处分后不发生相对人对债务人的给付，通常不发生特别问题；若因撤销处分而发生相对人向债务人的财产返还，应当如何处理债权人与债务人、相对人以及债务人的其他债权人之间的关系？因本法并无明确规定，值得讨论。

在撤销权诉讼中，由于受诉法院仅审理债务人与相对人之间的法律关系，并不审理债权人与债务人之间的债权债务（**参见本法第539条评注**），因此，债权人代位权可以产生债权人就债务人对相对人的债权或/及其从权利而直接受偿的效果（**第537条**），但债权人撤销权却不能产生相同效果。由此，对因行使债权人撤销权而应恢复的债务人财产，行使撤销权的债权人应与债务人的其他债权人平等受偿。相应地，因不当处分行为而取得财产的相对人，应当向债务人而非行使撤销权的债权人返还财产［**天津二中院（2022）津02民终6551号民判，信阳中院（2022）豫15民终6773号民判**］、折价补偿、履行到期债务等（**《合同编通则解释》第46条第1款**）。债务人不请求相对人返还财产或恢复财产原状（如需要请求涂销不动产移转或抵押登记）的，债权人可以依债权人代位权之规定另行提起代位权之诉（**第535、536条**），或者就被恢复的债务人责任财产请求强制执行［**（2017）最高法执复27号执裁**］。

前述处理至少会产生如下问题：一方面，债权人需在撤销权胜诉后另行提起代位权诉讼才能最终实现债权，增加讼累；另一方面，也是更为重要者，这会延迟行使撤销权的债权人的债权实现，可能因债务人的其他债权人就债务人对相对人的权利先行采取保全措施或申请强制执行，致其完全丧失受偿机会，减弱债权人行使撤销权的积极性。为避免前述问题，债权人可以在撤销权诉讼中请求一并审理其与债务人之间的债权债务关系，或者在受理撤销权诉讼的法院对该债权债务关系无管辖权时，另行提起诉讼，并在撤销权诉讼中申请对相对人的财产采取保全措施；或者依据其对债务人取得的执行依据和撤销权诉讼产生的生效法律文书，就债务人对相对人的债权采取强制执行程序，从而保障自己的债权实现（**《合同编通则解释》第46条第2款、第3款**）。需要说明的是，由于撤销权诉讼属于典型的形成之诉，且行使撤销权的债权人对相对人无履行请求权，因此，其不能申请对相对人的财产采取保全措施（**《民诉法》第103条第1款**），故前引司法解释的真正意思是，行使撤销权的债权人在与债务人的诉讼中，基于对撤销权胜诉后债务人可能由相对人取得的财产的保全需要，而请求对该可能取得的财产进行保全，并通过受理撤销权诉讼的法院执行该保全措施。此种构造，可谓极尽迂曲。

第六章

合同的变更和转让

第五百四十三条 【协议变更合同】当事人协商一致，可以变更合同。

合同变更是指对合同内容的修改。当事人依协议而变更合同，是自愿原则或意思自治原则（**第5条**）在合同领域的体现。本条旨在对此加以确认。

依协议变更合同须满足以下条件：(1) 当事人之间存在有效的合同关系。合同变更旨在改变因有效合同所生权利、义务，无效合同不具有法律约束力（**第155条**），故无依协议变更的问题。(2) 当事人之间成立变更协议。依法成立的合同对当事人具有法律约束力，非依法律规定或经对方当事人同意，不得擅自变更（**第136条第2款**），经对方同意的变更即为依协议的合同变更。变更协议具有变更既有合同内容且使合同按照新的内容发生效力的双重效果，因此，当事人协议变更的合同内容应当具体明确（**第472条第2项、第544条**），内容不明确的变更协议应认定变更协议不成立，不能产生变更效果。变更协议的当事人原则上为原合同当事人。当事人就同一交易订立多份合同，除非法律、行政法规禁止变更合同内容的，如按照招标程序订立的建设工程合同，当事人不得在中标后变更工程范围、建设工期、工程质量和工程价款等实质性内容（**《施工合同解释一》第2条第1款**），实际履行的后订立合同或未履行但时间在后的合同构成对在先订立合同的变更（**《合同编通则解释》第14条第3款**）。当事人就合同的部分内容事后达成不同协议的，也属于协议变更合同〔**(2022) 最高法知民辖终75号民裁**〕。变更协议无须以明示方式作出，当事人通过变更原定履行和接受履行的方式，也可以默示变更合同〔**(2021) 最高法民申6360号民裁**〕。(3) 变更协议有效。变更协议亦为法律行为/合同，故须满足法律行为/合同的生效条件（**总则编第六章第三节、合同编第一分编第三章规定**）。

合同变更协议自生效要件满足时发生变更合同的效力［**山东高院（2022）鲁民终849号民判**］。如果变更协议未作（明示或默示的）特别约定，变更仅对未履行部分生效。并且，变更协议未作变更的合同内容，仍然继续有效。例如，在当事人对合同的其他内容进行变更，但变更协议未涉及管辖条款时，管辖条款的效力不受影响［**上海高院（2022）沪民辖终2号民裁**］。

第五百四十四条 【合同未变更的推定】当事人对合同变更的内容约定不明确的，推定为未变更。

当事人对合同变更的内容约定是变更协议的当然内容，构成变更协议的必要内容，因此，除非当事人就变更的内容协商一致，否则，应认定变更协议不成立，当然不发生合同变更的效果［**山东高院（2022）鲁民终692号民判**］。当事人就合同变更内容的约定可以明示，也可以默示，沉默仅在有法律规定、当事人约定或者符合当事人之间的交易习惯时，才可以被认定为有同意变更的意思表示（**第140条**）。双方合同约定的内容意思表示明确时，在履行过程中单方变更原约定范围的，在对方事前未明示认可、事后也未明确追认的情况下，不能直接以默示方式推定已经取得对方的同意，应依照变更内容约定不明处理［**云南高院（2020）云民再38号民判**］。

构成本条所谓“合同变更的内容约定不明确的”，主要有以下两种情形：（1）双方当事人对合同是否变更有异议，即一方主张合同内容已变更，另一方主张未变更，可推定为未变更，由主张已变更方当事人负证明责任［**广州中院（2023）粤01民终13583号民判，北京一中院（2023）京01民终2525号民判**］。（2）双方均已同意变更合同，但未约定具体的变更内容或约定的变更内容不明确，可推定为未变更［**乌鲁木齐中院（2023）新01民终1852号民判，蚌埠中院（2023）皖03民终736号民判**］。在前述情形下，涉及变更协议的内容确定或解释问题，如无法确定变更内容且当事人事后无法达成补充协议，应认定变更协议不成立，不发生变更问题［**佛山中院（2023）粤06民终4156号民判**］。合同未变更的，原合同继续有效，当事人应当按照原合同履行。

第五百四十五条 【债权转让】债权人可以将债权的全部或者部分转让给第三人，但是有下列情形之一的除外：

（一）根据债权性质不得转让；

（二）按照当事人约定不得转让；

（三）依照法律规定不得转让。

当事人约定非金钱债权不得转让的，不得对抗善意第三人。当事人约定金钱债权不得转让的，不得对抗第三人。

本条第1款确认了债权转让（让与）自由的原则及其一般限制。债权转让是在不改变债权内容的情况下变更债权人，即由原债权人变更为受让人，故理论上也称债权主体的变更。

债权转让的条件是：(1) 当事人之间存在有效的、可转让的债权。

债权不存在或无效的，因欠缺可转让的标的，债权转让不成立或无效。债权可转让也称为债权具有"可让与性"，是指债权在不同民事主体之间可以流转的法律属性。债权属于财产权，原则上均可被转让，但是，在以下情形，债权不具有可让与性：其一，根据债权性质不得转让。此类债权主要基于特定当事人间的个人因素或信赖关系而产生，若债权人转让债权，会影响债务人的履行，给债务人带来不利或者使合同目的落空。具体而言，包括以下几种情形：1）具有人身专属性的债权，如只对特定债权人提供的专属劳务（进行画像、功课辅导等）［**北京二中院（2021）京02民终10490号民裁**］；2）基于信赖关系而产生的债权，若债权人变更，将会违背债务人订立合同的目的，如委托合同中委托人对受托处理事务的指示权、预约情形中的缔约请求权、承租人的租赁权以及劳动或雇佣合同中雇主对雇员要求提供劳务或服务的请求权等；3）从权利或者某些救济权，如保证债权或停止侵害请求权，基于其附随性质，不得单独转让；4）不作为债权，如竞业禁止请求权等，因其与债权人的人身密切关联，亦不允许转让。其二，按照当事人约定不得转让。债权是特定当事人之间的权利关系，若当事人自愿达成禁止债权让与的约定（"禁止债权让与特约"），应肯定其效力。但是，该种约定的效力，应受本条第2款规定的限制。其三，依照法律规定不得转让。立法机关基于社会政策和交易秩序等公共利益的考量，对某些债权的转让作出了禁止性规定。本条所称“法律”，是指广义的法律。本条是不完全法条，无法单独适用，需要参照其他法条以确定适用范围，如《保险法》第 34 条第 2 款，按照以死亡为给付保险金条件的合同所签发的保险单，未经被保险人书面同意，不得转让或者质押。违反该禁止性规定转让债权的，属于违反法律的效力性强制规定，债权转让无效。

（2）债权让与人与受让人之间达成债权转让协议［**渭南中院（2021）陕 05 执复 75 号执裁**］。转让的债权可以是让与人的现有债权，也可以是其将来取得的债权（将来债权的转让）。所转让的债权必须确定（现有债权的转让）或可确定（将来债权的转让）。但是，转让的债权数额是否明确（或有债权转让），不影响转让协议的效力［**新疆高院（2021）新民申 3150 号民裁，相反判决见海东中院（2023）青 02 民终 438 号民判**］。当事人就债权转让达成合意，转让协议即告成立。受让人取得债权的原因（如因债权有偿或无偿转让、资产或企业并购等）并非债权转让协议的内容，而是债权让与基础关系/原因关系（理论上称为债权转让合同）的内容。债权转让协议作为合同应满足合同的有效条件（**总则编第六章第三节、合同编第一分编第三章规定**）［**宁夏高院（2022）宁民终 189 号民裁**］。对基础关系无效是否影响债权转让的效力，存在不同看法（**参见本法第 546 条评注**）。若非债权人的人与受让人达成债权转让协议，则构成对债权的无权处分，不发生债权转让的效力，但债权人追认或转让人事后取得该债权的除外。若债权人与债务人约定将债权转让给第三人，则构成利益第三人的债权转让协议。如果第三人拒绝接受，则不发生债权转让效果。

自债权转让协议生效时起，受让人取得所转让的债权，原债权人丧失债权［**湖北高院（2023）鄂执复 408 号执裁**］。债权转让经通知债务人后，对债务人亦发生约束力（**第 546 条**）。债权可以全部转让，也可以部分转让。如债之标的可分（如金钱债权），债权部分转让后，原债权人与受让人分别对债务人享有债权；如债之标的不可分，债权人只能转让份额债权，此时，原债权人与受让人形成债权的准共有关系。

本条第 2 款系就“禁止债权让与特约”的效力所作特别规定。如果债权本身具有可让与性，但因当事人约定而被禁止让与，就会产生债权自由转让需要与债务人禁止转让利益之间的冲突问题。金钱债权比非金钱债权对自由转让的需求更高，因此，本款对涉及两种债权的禁止让与特约的效力也作出了不同规定：当事人约定非金钱债权不得转让的，不得对抗善意第三人（可能的受让人）。“善意”是指不知且不应当知道债权人与债务人之间存在禁止债权转让特约。对于金钱债权，禁止转让协议对第三人没有约束力，不论第三人善意与否［**湖北高院（2019）鄂民初13号民判，佛山中院（2021）粤06民终9436号民判，北京一中院（2023）京01民终3986号民判**］。所谓不得对抗，即禁止让与特约对债权受让人无法律约束力，债务人不得以该约定拒绝受让人的履行请求权，债务人就此根本不享有抗辩权，有判决认为债务人可以基于让与特约对抗金钱债权受让人的履行请求权［**天津一中院（2022）津01民终153号民判**］，应属误解。不过，在原债权人与债务人之间，债务人仍可依据禁止债权转让的约定向原债权人主张违约责任，要求赔偿其因此所受损失。

第五百四十六条 【债权转让的通知】债权人转让债权，未通知债务人的，该转让对债务人不发生效力。

债权转让的通知不得撤销，但是经受让人同意的除外。

本条第1款规定了债权转让通知的一般效果。债权转让通知是向债务人告知债权转让的事实，包括债权转让以及受让人等相关情况（包括全部还是部分转让的事实）。债权转让通知为事实通知，又称观念通知，属于准法律行为，无须具备转让债权的效果意思，但可类推适用有关意思表示或法律行为效力的规定（**总则编第六章第二、三节与第七章**）。

债权人是债权转让通知的当然主体，通知是使债权转让对债务人发生约束力的条件，因此通知构成债权人在债权转让合同中负担的主要义务。债权人或其代理人可以口头形式向债务人或其代理人告知债权转让情事，也可以对其作书面通知［**广东高院（2022）粤执复283号执裁**］，或者作成债权转让文书（如经公证的债权转让文书）交付受让人，由其自行提交债务人以代替亲自通知。债务人与债权转让双方共同签订三方协议［**西藏高院（2022）藏民终16号民判，曲靖中院（2024）云03民终390号民判**］，或者在转让协议上签章的［**咸宁中院（2023）鄂12民终592号民判**］，视为已经通知。债权人未通知或拒绝通知债务人，受让人直接起诉债务人请求履行债务，人民法院确认债权转让的，债权转让自起诉书副本送达债务人时发生效力［**甘肃高院（2022）甘民申14号民裁**］；债务人主张因未通知而给其增加的费用或造成的损失从认定的债权数额中扣除的，亦应准许（**《合同编通则解释》第 48 条第 2 款**）。受让人因此而遭受损失的，可依据其与让与人的债权转让合同向让与人主张赔偿（**第 577 条和第 584 条**）。受让人有确切的证据证明债务人已经知道债权转让事实的，依诚实信用原则，债务人不得以未经通知为由拒绝向受让人履行债务［**北京高院（2022）京执复 40 号执裁**］。但是，受让人自行或委托他人告知债权转让的事实并不产生债权转让通知的效果［**河南高院（2021）豫民申 8990 号民裁**］。未经通知的债权转让，"对债务人不发生效力"，即债务人有权拒绝受让人对其提出的履行请求［**广东高院（2021）粤民终 2930 号民裁**］，债务人向原债权人的履行仍发生清偿效果［**青海高院（2022）青民申 220 号民裁**］。尽管债权转让不对债务人发生约束力，但债权转让在让与人和受让人之间仍发生约束力，故认为未通知即不变更债权人［**北京高院（2022）京民申 3202 号民裁**］，应属误解。

债权转让经通知债务人后，债务人须向受让人履行［**大连中院（2022）辽 02 民终 7004 号民判**］，其仍然向让与人履行的，不得对抗受让人，受让人仍可请求债务人向自己履行，但在通知前债务人已向让与人履行的除外（**《合同编通则解释》第 48 条第 1 款**）。债务人接到债权转让通知后，让与人不得以债权转让合同不成立、无效、被撤销或者确定不发生效力为由否认债权转让后果，请求债务人向其履行，但该债权转让通知被依法撤销的除外（**《合同编通则解释》第 49 条第 1 款**）。

让与人将同一债权转让给两个以上受让人，理论上称为"债权双重或多重让与"。从逻辑上讲，在最先与让与人达成债权转让协议的受让人取得债权后，无论是否通知债务人，债权人的债权均消灭，故与多重买卖合同不同，嗣后与让与人达成债权转让协议的受让人不可能再取得所转让的债权。不过，由于债权转让协议不具有公开性，第三人可能并不知晓债权已转让，故而，认为善意债权受让人绝对不可取得债权并不合理，尤其是在债权转让协议的订立时间先后难以确定或有疑问时，单纯的逻辑推论并不适当，法律上仍有必要权衡多个债权受让人之间的利益关系，以及债务人与多个受让人之间的关系。

就债务人与多个受让人之间的关系而论，因债权转让对债务人发生效力的条件是债权转让通知，故债务人向最先通知的受让人履行的，无论多个受让人之间关系如何，债务人均因履行而消灭债务。债务人明知接受履行的受让人不是最先通知的受让人仍然对其履行的，最先通知的受让人有权请求债务人继续向自己履行（**《合同编通则解释》第 50 条第 1 款第--句及第二句第一分句第一种情况**）。也就是说，当多重债权转让有的已通知有的未通知时，债务人只能向已通知的受让人履行；已通知的债权受让人为多人时，除非最先通知的受让人能够证明债务人明知接受履行的受让人不是最先通知的受让人，否则，只要债务人向任何已通知的受让人履行，均发生债务消灭的效果。所谓最先通知的受让人，是指最先到达债务人的转让通知中载明的受让人。当事人之间对通知到达时间有争议的，应当结合通知的方式等因素综合判断，而不能仅根据债务人认可的通知时间或者通知记载的时间予以认定。当事人采用邮寄、通讯电子系统等方式发出通知的，应当以邮戳时间或者通讯电子系统记载的时间等作为认定通知到达时间的依据（**《合同编通则解释》第 50 条第 2 款**）。

就多个债权受让人之间的关系而论，不知道在其受让前债权已转让给其他受让人并实际接受债务人履行的受让人，有权拒绝其他受让人的返还请求。是否知道，由主张返还的其他受让人负证明责任（**《合同编通则解释》第 50 条第 1 款第二句第二分句**）。从而，在债权存在多重转让时，债权原则上归属于实际接受债务人履行的受让人，除非其在受让前知道债权已转让给其他受让人。在债务人尚未履行时，债权归属于最先通知的受让人；均未通知的，债权归属于最先受让债权的人。因债权多重转让而未受偿的受让人，有权依据其与让与人之间的债权转让合同请求后者承担违约责任（《合同编通则解释》第 50 条第 1 款第二句第一分句第二种情况，该规定中的“债权转让协议”系指理论上所称“债权转让合同”）。

本条第 2 款规定非经受让人同意不得撤销债权转让通知。债权转让的通知一经对债务人作出，即依法发生效力，通知义务人（让与人）不得再行撤销［**郴州中院（2021）湘 10 民终 2177 号民判**］。也就是说，即使债权转让合同或基础关系不成立、被撤销或无效，债权转让通知仍独立发生效力。从这个意义上讲，尽管本法并未确认债权转让协议的无因性原则（其效力不受基础关系成立或有效与否的影响），但不准许通知义务人（让与人）单方撤销的规定使债权转让的效果得到确保，达到了与无因性原则相同的效果。撤销债权转让通知的主体原则上应与通知主体一致，但与转让通知不同，撤销通知应得受让人同意。因此，若受让人自己向债务人发出撤销通知，原则上应当允许［**宜昌中院（2022）鄂 05 执复 110 号执裁**］。

第五百四十七条 【从权利随债权一并转让】债权人转让债权的，受让人取得与债权有关的从权利，但是该从权利专属于债权人自身的除外。

受让人取得从权利不因该从权利未办理转移登记手续或者未转移占有而受到影响。

本条第 1 款确立了债权转让的“从随主”原则。“与债权有关的从权利”包括利息请求权［**晋城中院（2021）晋 05 民终 1725 号民判，广州中院（2023）粤 01 民终 20558 号民判**］、违约金或定金请求权、损害赔偿请求权以及抵押权、质权、保证债权等担保权，有奖储蓄存单中与中奖机会相关的权利（奖金请求权或所有权）等；但债权人代位权、撤销权属于保障债权实现的技术性权利，与债权结为一体且其本身无实体利益，不属于本条所称从权利，但债权人将经公证的具有强制执行效力的合同债权依法转让，受让人向公证机构申请取得执行证书并据此申请执行，亦可依本款处理［**福建高院（2023）闽执复 235 号执裁**］。此外，与债权人的整体法律地位相关，如合同解除权、撤销权等，亦不在其列［**大连中院（2022）辽 02 民终 10222 号民判**］。与债权有关的从权利具有附随于债权的性质，故本款规定从权利原则上随债权转让而一并转让。不过，与“从随主”原则在其他情形下的贯彻一样，本款属于任意规范，债权人与受让人约定债权转让时从权利不一并转移的，从其约定。如保证合同中约定禁止债权转让，未经保证人书面同意的，保证人不再承担保证责任（**第 696 条**）。若法律有相反规定，亦同。如在最高额抵押担保的债权确定前，部分债权转让的，最高额抵押权不转让（**第 421 条**）。“专属于债权人自身”的从权利究系何指，尚未明确。理论上认为，合同解除权、撤销权与作为广义债之关系的合同之当事人法律地位相关，并非从属于特定债权，为“专属于债权人自身”的权利。然则，此种解释下的“从权利”是指“从属于当事人法律地位的权利”，与前文所称“从属于所转让债权的权利”显非相同，故难谓妥当。若将此处“但书”所称“从权利”解释与前文保持一致，解释上应仅指与债权人人身密切关联的从权利，如出租人允许承租人自由借阅其私人藏书，范围有限。

本条第 2 款是关于从权利随同移转时权利变动公示的特别规定。涉及从权利变动公示的从权利主要是抵押权、质权等担保物权。按照抵押权或质权的变动要件，原则上应满足登记或交付要件（**第 402、403、429 条等**）。但是，前述公示要件是针对依法律行为发生的权利变动而设，本条第 1 款规定的从权利一并转移，属于从权利的法定转移，因此，相关权利的转移无须满足登记或移转占有的要求。

第五百四十八条 【债权转让中债务人的抗辩】债务人接到债权转让通知后，债务人对让与人的抗辩，可以向受让人主张。

本条是对债权转让中债务人抗辩的规定，旨在保护债务人的利益。因债权转让不需要经过债务人的同意，仅需通知债务人即可对债务人生效，为避免债务人的地位因债权转让而恶化，法律规定债务人在原债权债务关系中享有的抗辩也可以对受让人主张。

本条所谓“抗辩”是指广义上的抗辩，而非狭义上的抗辩权，一切足以对抗债权人的事由均属其类。“抗辩”范围包括债权未发生的抗辩（债权未成立、合同自始无效）、债权消灭的抗辩（债权因清偿、免除、提存、抵销等事由消灭，合同因解除权、撤销权等形成权的行使而消灭）、债权阻止的抗辩（诉讼时效期间届满的抗辩、不可抗力等法定免责事由的抗辩，以及同时履行抗辩权、先履行抗辩权、不安抗辩权等履行抗辩权的抗辩）等［**西藏高院（2022）藏民终 16 号民判，渭南中院（2024）陕 05 民终 333 号民判**］。不过，受让人基于债务人对债权真实存在的确认受让债权后，除受让人知道或者应当知道该债权不存在外，债务人不得以该债权不存在为由拒绝向受让人履行（**《合同编通则解释》第 49 条第 2 款，对比本法第 763 条**）。除前述实体上的抗辩外，还包括程序上的抗辩，如合同当事人有关诉讼管辖或仲裁的约定（**《民诉法解释》第 33 条、《仲裁法解释》第 9 条**）。对于从属于所转让债权的违约金或逾期罚息请求权，债务人也可以请求调减［**河南高院（2021）豫民终 1357 号民判**］。

因债权转让仅在债权转让通知后才对债务人发生约束力（**第 546 条第 1 款**），故债务人也仅在接到债权转让通知后才有向受让人主张抗辩之必要。需要说明的是，与抗辩权需要主张才发生对抗效力不同，狭义之抗辩因其存在即具有对抗效果，无待被请求承担义务者主张（如不得依无效合同主张合同权利）。但是，在债权转让情形，债权发生原因的瑕疵（如不成立或无效）并不当然消灭被转让债权的请求力，故仍须债务人主张方可阻止其效力。受让人因债务人主张抗辩而无法实现其权利的，若构成让与人对受让人在债权转让合同中的瑕疵履行，受让人可要求让与人承担违约责任。

从程序法的角度看，若债务人向受让人主张其对让与人的抗辩，为了便于查明与抗辩相关的事实，人民法院可以追加让与人为第三人（**《合同编通则解释》第 47 条第 1 款**）。在仲裁程序中是否可以作相同处理，因《仲裁法》并无类似的第三人参与仲裁的法律规定，故难参照适用。

第五百四十九条 【债权转让中债务人的抵销权】有下列情形之一的，债务人可以向受让人主张抵销：

（一）债务人接到债权转让通知时，债务人对让与人享有债权，且债务人的债权先于转让的债权到期或者同时到期；

（二）债务人的债权与转让的债权是基于同一合同产生。

本条与前条规定一样，旨在保护债权转让时债务人的利益。债务人并未参与债权转让，原则上仅消极承受债权转让的效果，因此，债务人的法律地位不应因债权转让而削弱。抵销权的行使既是消灭债的方式之一，也是担保债权实现的手段。为平衡债务人与债权受让人的利益，本条特别规定，在债权转让时，债务人原本可以向让与人主张的抵销权亦可向受让人主张。

本条系债务人抵销权的特别规定，因此，其适用时须参引有关抵销权的一般规定（**第 568 条**）。债务人向债权受让人主张其原本可向让与人主张的抵销权的，除须满足法定抵销的一般要件外，尚需满足以下要件之一。

（1）债务人接到债权转让通知时，债务人对让与人享有债权，且债务人的债权先于转让的债权到期或者与之同时到期（**第 1 项**）。这表明，用于抵销的主动债权（债务人对让与人的债权）须成立于债权转让通知到达债务人之前［**北京高院（2023）京执复 256 号执裁，黄石中院（2023）鄂 02 民终 41 号民判**］。因在转让通知到达后，债权转让已对债务人发生法律约束力，债务人在此后对让与人成立的债权与被转让的债权无关，故不得向受让人主张抵销。不过，纵然债务人的债权成立在转让通知到达之前，但债务人对让与人的债权到期时间在被转让的债权之后，若允许其主张抵销，将促使其不按期履行对受让人的债务，有违诚信，故本法予以禁止。

（2）债务人的债权与被转让的债权是基于同一合同产生的（**第2项**）。这种情形实际上属于对前项规定中有关债务人对让与人债权成立时间的例外规定。只要债务人的债权与被转让的债权是基于同一合同产生的，不论其债权取得要件全部满足的时间是在债权转让通知到达之前还是之后，也不论两债权的到期时间先后如何，债务人的抵销权均因同一合同中权利义务的牵连关系而不随权利主体的变化而受影响［**北京二中院（2023）京02执异383号执裁，宁波中院（2023）浙02民终540号民判**］。例如，在债权转让通知到达后，债务人因让与人的违约而对其享有违约赔偿请求权，债务人就该债权可以依抵销规定（**第568条**）向债权受让人主张抵销。

第五百五十条　【让与人负担增加的履行费用】因债权转让增加的履行费用，由让与人负担。

一般而言，债权转让仅变更债权主体，而不改变债权内容，故债权转让通常不会增加债务人的履行费用。但是，债权主体变更可能影响债务的履行地，如当事人约定在债权人所在履行的，债权主体变更就将改变履行地，从而可能增加履行费用。在无相反约定或法律规定时，因债权人原因增加的履行费用，由债权人负担（**第511条第6项第二分句**）。债权转让是债权人对其权利的处分，并不服务于债务人的利益，故因债权转让增加的费用，即属“因债权人原因增加的履行费用”，应由债权人负担。本条之规定，即系前引规定的特别规定。

第五百五十一条　【免责的债务承担】债务人将债务的全部或者部分转移给第三人的，应当经债权人同意。

债务人或者第三人可以催告债权人在合理期限内予以同意，债权人未作表示的，视为不同意。

本条是关于免责的债务承担之规定。债务转移（理论上称为免责的债务承担）是指在不改变债务内容的情况下，由第三人依转让债务的协议取代原债务人而承担债务。债务转移不同于当事人在合同中约定由第三人负担债务（**第523条**）以及第三人代为履行（**第524条**）的情形，后两者中的第三人均不承担应当履行债务的义务（不具有债务人地位）。债务转移与保证也不相同，保证人作为第三人虽然应当依法承担保证责任（其内容可能与债务人所负债务相同），但其本身并非债务人，而是"为他人承担债务"，故保证人享有优于债务承担人的特别保护（**本编第十三章**）。

债务转移的构成要件为：(1) 须存在有效的债务，且该债务具有可转让性。不成立或无效的债务本无法律约束力，自无由他人承担债务之必要或可能。债务如依其性质或法律规定只能由债务人亲自履行，如具有人身性的劳务债务或税法上的纳税义务，则无可转移性。当事人约定债务人必须亲自履行的债务，既不得由他人代为履行，也不具有可转让性。不过，债权人事后同意债务转移的，可视为具有变更该约定的效果。(2) 须债权人或债务人与第三人订立有债务转移的协议。除在法律地位承受情形可发生债务的法定转移外（**第555条、第1159条第一分句**），债务转移须依协议为之［**新疆高院（2023）新民申759号民裁**］。债务转移协议的内容是约定由第三人（债务承担人）承担债务，原债务人不再承担债务。若债务承担协议无转移债务的意思，包括通过意思表示的解释规则（**第142条第1款**）无法确定该意思，不构成本条所指的债务转移协议［**鞍山中院（2023）辽03民终4560号民判**］；纵然第三人有承担债务的意思，也仅成立债务加入约定（**第552条第一种情形**）。转移的债务是否已经确定，不影响债务转移协议的效力［**湖北高院（2021）鄂民申6428号民裁**］。转移债务的协议主要有两种：一是债务人与第三人订立的债务转移协议；二是债权人与第三人订立的债务转移协议。前者是本条适用的预定情形，而后者具有利他合同的性质（利益第三人的处分合同），不适用本条关于同意的规定（或者视为已经同意），但债务人在合理期间内表示拒绝的，该债务转移协议对债务人不发生效力。在债权人、债务人和第三人共同订立合同转移债务的情形，解释上可认为债权人通过订立三方协议对债务人与第三人的债务转移约定表示同意，属于第一种类型的特殊形式。(3) 须经债权人同意。债务人与第三人的债务转移约定，因第三人替代债务主体而影响债权人利益，故须经债权人同意（**本条第1款**）［**广州中院（2021）粤01民终28395号民判，辽源中院（2023）吉

04 民终 577 号民判]。债权人表示同意既可以明示，也可以默示（**第 140 条**）。但是，单纯不作表示，不得视为同意。在此种情况下，债务人或第三人可以催告债权人在合理期限表示同意，该期限届满其仍未作表示的，应视为不同意（**第 2 款**）[**遵义中院（2021）黔 03 民终 3976 号民判**]。主张债务转移者（通常为债务人或债务承担人）对债务转移已取得债权人同意负证明责任[**广州中院（2023）粤 01 民终 22693 号民判**]。

债务转移依协议可以全部或部分转移。在债务全部转移时，第三人替代原债务人承担债务，并就债务不履行或履行不符合约定的后果负责[**辽宁高院（2023）辽民申 9468 号民裁**]，原债务人不再承担债务；债务部分转移的，第三人在所承担的债务范围内替代原债务人承担债务，未转移部分仍由原债务人承担。被转移的债务设定有第三人担保的，除非担保合同另有约定，否则只有经担保人同意，担保人才对被转移的债务继续承担担保责任（**第 391 条、第 697 条第 1 款**）。

第五百五十二条 【并存的债务承担】第三人与债务人约定加入债务并通知债权人，或者第三人向债权人表示愿意加入债务，债权人未在合理期限内明确拒绝的，债权人可以请求第三人在其愿意承担的债务范围内和债务人承担连带债务。

债务加入（理论上称为并存的债务承担），是指第三人加入他人债务关系与原债务人共同承担债务。债务加入与连带责任保证在效果上类似，都表现为债务人与第三人共同向债权人承担债务或不履行的责任，但保证人并非债务人，其享有法律对保证人的特殊保护（如保证期间），因此区分二者具有重要的实践意义。一般而言，除非第三人具有“加入债务”的确定意思，或者具有与他人共同承担债务的意思（**《担保制度解释》第 36 条第 2 款**）[**重庆五中院（2022）渝 05 民终 10060 号民判**]，否则，第三人单纯表示愿意在一定条件下履行他人债务的，应推定为保证（**《担保制度解释》第 36 条第 3 款**）。相反，第三人向债权人作出在一定情况下履行债务的承诺，尽管有“担保”字样，若从其承诺内容不能认定为担保，则应当认定为债务加入[**（2022 最高法执监 6 号执裁**]。

债务加入的成立与债务转移在主要方面相同，区别仅在于债务加入无须满足债权人同意的要件，具体为：（1）须存在有效的债务，且该债务具有可转让性。(2) 须债务人与第三人订立有债务加入协议，或者当事人向债权人表示加入债务，债权人未在合理期限内明确拒绝。由于债务人加入并不使原债务人脱离债务关系，因此，债务人与第三人订立的债务加入协议具有利他合同的属性（**第 522 条第 2 款**）。如果第三人在与债务人的协议中仅同意代为履行而无承担债务的意思，就只成立代为付款允诺，不成立债务加入协议［**西宁中院（2023）青 01 民终 2985 号民判**］。第三人也可以向债权人表示愿意加入债务，因这种表示有利于债权人，故债权人在合理期限内未明确拒绝的，即视为接受［**最高法（2010）民提字第 153 号民判**］。同样，第三人单纯对债权人表示愿意偿还债务人所负债务，还不能认定有加入债务的意愿［**营口中院（2023）辽 08 民终 1428 号民判**］。对加入债务的意愿应当依据合同解释并结合履行的相关情况等予以认定［**辽宁高院（2023）辽民申 9468 号民裁**］。与第三人代为履行不同，第三人对加入债务无须具备“合法利益”，只要取得债权人同意即可［**上海二中院（2021）沪 02 民终 5897 号民判**］。由于债务加入与保证具有类似性，故《公司法》第 15 条有关公司对外担保的限制规定亦适用于债务加入（**《担保制度解释》第 12 条**）［**(2021) 最高法民终 355 号民判，河南高院（2021）豫民终 1357 号民判**］。

第三人加入债务后，在第三人愿意承担的范围内，其与原债务人对债权人承担连带债务［**(2023) 最高法民申 2150 号民裁，荆州中院（2023）鄂 10 民终 671 号民判**］。第三人愿意承担的债务范围依债务加入协议或者第三人向债权人所作加入债务的表示并经解释确定。因债务加入成立的债务人与第三人对债权人的连带债务，在内部关系上与普通连带债务不同（**第 519 条**），应依债务人与第三人之间的约定处理，第三人不因清偿债务而对债务人当然享有追偿权［**(2021) 最高法民申 1642 号民裁**］。债务人与第三人约定了追偿权的，第三人履行债务后可以向债务人追偿（**《合同编通则解释》第 51 条第 1 款第一分句**）；没有约定的，若债务加入不符合债务人真实意思，除非第三人对债务履行具有合法利益（**第 524 条**），第三人对债务人不因代为清偿而享有追偿权（**第 979 条第 2 款**）。不过，第三人加入债务不损害债务人利益，或者第三人不知道也不应当知道债务加入会损害债务人利益的，履行了债务的第三人仍可依不当得利之规定，在其已经向债权人履行债务的范围内请求债务人向其履行（**《合同编通则解释》第 51 条第 1 款第二分句**），但债务人就其对债权人享有的抗辩亦可向加入债务的第三人主张（**《合同编通则解释》第 51 条第 2**

款）。此外，债务加入对加入前已设定的债权担保不生影响（**第 697 条第 2 款**）。

第五百五十三条　【新债务人的抗辩】债务人转移债务的，新债务人可以主张原债务人对债权人的抗辩；原债务人对债权人享有债权的，新债务人不得向债权人主张抵销。

在债务转移的情况下，因新债务人全部或部分承接了原债务人的债务，与该债务相关的原债务人对债权人的抗辩当然可由新债务人主张［**沈阳中院（2020）辽 01 民终 10498 号民裁，常州中院（2022）苏 04 民终 1620 号民判**］。本条所称“抗辩”，与债权转让时债务人的抗辩具有类似性，是指广义上的抗辩，而非狭义上的抗辩权，且不以实体上的抗辩为限，亦包括程序上的抗辩（**参见本法第 548 条评注**）。需说明者，尽管债务人与第三人订立的债务加入协议具有赋权型/真正的利他合同性质，但是，作为新债务人的第三人不得向债权人主张其对原债务人的抗辩［**咸阳中院（2022）陕 04 民终 2874 号民判**］。

债务转让或债务加入仅使第三人成为新债务人，并不使其取得原债务人的全部法律地位，因此，新债务人不得以原债务人对债权人的债权向债权人主张抵销［**重庆高院（2021）渝民辖终 34 号民裁**］。在债务转移情形中，纵然原债务人对债权人享有抵销权，若其在债务转移前未主张抵销，在债务转移后，原债务人已非债务人，则新债务人的抵销主张实际上构成对他人财产的处分，自然不应被允许。在债务加入情形中，虽原债务人仍承担债务，但抵销权与债务并非结为一体，是否主张抵销取决于权利人的意愿，其他共同债务人亦不得代为行使抵销权。

第五百五十四条　【从债务的一并转移】债务人转移债务的，新债务人应当承担与主债务有关的从债务，但是该从债务专属于原债务人自身的除外。

本条是“从随主”原则在债务承担情形的具体规定。从债务是附随于主债务，辅助后者实现债权人利益的债务，因此，一般而言，从债务应与主债务同其命运，随主债务的转移而转移。从债务包括交付从物或移转从权利的债务、交付或提供证明文件的义务、支付利息和违约金的债务等［**信阳中院（2021）豫15民终2310号民判**］。对于到期前已经发生的利息之债以及违约损害赔偿债务，除非当事人在债务转移时有明确约定，新债务人可拒绝承担。若从债务是专属于债务人自身的从债务，如人身性债务，则不产生一并转移的效果。此外，这里所称“从债务”，仅指原债务人所负担的从债务，不包括第三人提供的担保债务在内。

需要说明的是，本条适用于“债务人转移债务”情形。而本法第551条和第552条则分别称“转移债务”和“加入债务”。此种规范措辞是否具有特别意义，非无可究之处，但就本条规范内容与效果而言，应属债务承担的一般规范，统一适用于债务转移和债务加入两种情形。

第五百五十五条 【合同权利义务的概括转移】当事人一方经对方同意，可以将自己在合同中的权利和义务一并转让给第三人。

合同权利义务的概括转移包括两种类型：其一为意定转移，也称合同承受；其二为法定转移。合同承受依当事人一方与第三人之间的合同承受协议而转移，合同的法定转移则适用于法律有特别规定的情形，如“买卖不破租赁”（**第725条**）或法人合并（**如第67条第1款**）等情形。本条是关于合同承受的规定。

合同承受的成立条件是：(1) 须当事人之间的合同成立。如果当事人之间的合同不成立，自无发生合同承受的可能。但是，对合同承受是否以合同有效为必要，理论上存在不同看法。结合本法第556条之规定，解释上似应以合同有效为必要。但是，若当事人明知合同无效仍然缔结转让协议，亦可解释为对无效合同清算后果的概括转移，如转让合同满足有效要件，应无不许之理。(2) 须合同当事人一方与第三人达成合同权利义务一并转让的合意。实践中，往往由原合同当事人双方与第三人共同签署合同。对此，可以认为是合同承受协议与另一方当事人同意表示的结合。需要注意的是，如果当事人只是将合同中的部分权利义务一并转移给第三人，虽然亦属合同权利义务的概括转移，但不成立合同承受。(3) 须合同另一方当事人表示同意［**北京高院（2021）京民终

269 号民判]。因合同承受包含合同义务转移效果，结合本法第 556 条之规定，合同承受协议非经合同另一方当事人的同意不生效力 [**吉林高院（2023）吉民申 1309 号民裁**]。当然，在三方签署的合同承受情形，如前所述，无须合同另一方当事人再另外作出同意表示。

合同权利义务概括转移后，新的合同当事人（承受方）取得原合同当事人的法律地位，故其不仅承担原合同当事人的义务，而且享有其全部合同权利，包括合同解除权和撤销权 [**（2021）最高法民申 4205 号民裁，郴州中院（2023）湘 10 民终 2496 号民判**]。这与单纯合同债权转让不同。

第五百五十六条 【合同权利义务概括转移的法律适用】合同的权利和义务一并转让的，适用债权转让、债务转移的有关规定。

合同的权利义务概括转移同时具有债权让与和债务承担两种效果，自应适用其相应的法律规定，主要是对相关法律效果的规定。具体而言，债权让与部分，应当适用本法第 545 条、第 547～550 条的规定；债务承担部分，应当适用本法第 553～554 条的规定。

第七章

合同的权利义务终止

第五百五十七条 【债权债务关系的终止】有下列情形之一的，债权债务终止：

（一）债务已经履行；

（二）债务相互抵销；

（三）债务人依法将标的物提存；

（四）债权人免除债务；

（五）债权债务同归于一人；

（六）法律规定或者当事人约定终止的其他情形。

合同解除的，该合同的权利义务关系终止。

债权债务关系为债权人、债务人施加约束，故须有终止的可能，否则将永久约束当事人。本条对债权债务关系终止事由的主要类型进行了统一规定。在规范性质上，本条属于请求权消灭规范（防御规范），除当事人另有约定或者法律有特别规定外，债务人可以主张存在本条列举的任一债权债务终止事由，从而提出债权人的请求权已经消灭的抗辩。

本条第1款列举了债权债务终止的一般事由，包括履行和替代履行的四种情形，并设置了一项兜底条款，便于涵盖其他未具体列举的情形。本款所指的“债权债务”，并非指基于广义债之关系而产生的所有债权债务，而是指与成立债权债务关系的目的直接相关的义务，主要是（但不限于）其中的主给付义务，否则就无法解释债权债务关系终止后当事人还应承担其他义务的情形（**如第558条**）。

本条第1款第1项规定的债务已经履行，理论上称为债务清偿［**天水中院（2023）甘05民终834号民判**］。履行与清偿不同，履行强调权利义务的实现，而清偿则强调债务因合乎债务履行原则的履行而消灭的结果。债务人的履行，须依债之本旨进行，在履行内容、方式、时间、地点等方面都要与当事人约定或者法律规定相符，否则不发生清偿效果。而债务之履行是否符合约定或者法律规定，须结合本法本编第四章及本编第二、三分编中的相关辅助规范加以判断。除本编其他地方已有规定者外，此处尚需补充说明者系履行标的问题。原则上，债务人只有依债之本来内容（标的）提出履行，才能产生清偿效果。不过，债务人亦可与债权人约定，以他种履行标的代替原定标的进行履行（代物清偿约定或新债清偿）。实践中，代物清偿常以“以物抵债”的形式出现，但前者的范围要广于后者的，当事人协议以原定给付外的其他给付履行债务的情形均属之，但以物抵债通常限于以其他财产给付抵偿所负金钱债务的情形。“以物抵债”以债务清偿为目的，故其成立须满足两项要件：一是双方达成以物抵债协议；二是协议成立于债务履行期届满后。代物清偿协议的当事人为债权人与债务人或第三人，在由第三人订立代物清偿协议时，其兼有代为履行协议（**参见本法第 524 条评注**）或债务加入表示（**参见本法第 552 条评注**）和代物清偿协议的双重属性。以物抵债协议，为诺成性合同，只要当事人达成合意即可成立，但以物抵债协议以代物清偿为目的，故仅有协议尚非足够，须当事人实际履行该协议后才发生清偿效果。若债务人或第三人未按照约定履行以物抵债协议，经催告后在合理期限内仍不履行，除法律另有规定或者当事人另有约定外，债权人有权选择请求债务人履行原债务或者以物抵债协议［**(2016) 最高法民终 484 号民判**］（**《合同编通则解释》第 27 条第 2 款**）；第三人除有加入债务的意思外，不承担履行义务。第三人加入债务的意思尚需区分是通过以物抵债方式加入还是无条件加入，有疑义时应以前者为准，从而，在第三人经催告后仍不履行时，债权人只能请求债务人而非第三人清偿原债务。此外，以物抵债协议经人民法院（判决或裁定）确认或者人民法院根据当事人达成的以物抵债协议制作成调解书，债务人或第三人不履行的，应当强制执行以物抵债协议（**《民诉法》第 247 条第 2 款**）。但是，该确认书、调解书只具有确认当事人依以物抵债协议所享有的权利义务的效果，不发生相关财产权利变动的效果，故债权人不得主张债务人或第三人的抵债财产自确认书、调解书生效时发生权利变动，或者具有对抗善意第三人的效力（**《合同编通则解释》第 27 条第 3 款**）。债务人或者第三人以自己不享有所有权或者处分权的财产权利订立以物抵债协议，债权人不得请求履行，不发生清偿效果（**检例第52号**），但债务人或第三人履行满足善意取得条件的，仍可发生代物清偿效果（**《合同编通则解释》第27条第4款**）。以债务清偿为目的的以物抵债协议须订立在债务履行届期后，若在债务届期前订立，则其性质较为复杂，要么具有设立债务担保之目的，要么具有债务变更之目的，不发生代物清偿协议的效果（**《合同编通则解释》第28条**）。前述有关以清偿为目的的以物抵债协议的处理原则，亦适用于其他代为清偿情形。

本条第1款第2至5项所列者，为履行外的典型债权债务消灭事由，包括抵销、提存、免除和混同等，亦称清偿代用。与本款第1项一样，此处各项规定在具体适用时，须结合本法第586条以下有关抵销、提存、免除和混同的具体规定，确定相关消灭事由的构成要件，并依本款认定债权债务消灭的法律效果。

本款第6项是兜底性规定，旨在涵盖其他未具体列举的意定或者法定债权债务消灭事由。意定者，如合同双方约定的承包期限或租期届满［**连云港中院（2023）苏07民终1505号民判，武汉中院（2023）鄂01民终6298号民判**］、债权人与债务人订立新债偿旧协议（债的更新）、附解除条件或终期的合同解除条件成就或终期届至［**浙江高院（2022）浙民终40号民判**］。但是，在当事人约定的终期届至后，当事人未主张终止合同，并继续履行合同的，视为双方协议变更了合同存续期间［**北京二中院（2023）京02民终5695号民判**］。法定者，如在免责的债务承担、合同权利义务概括移转等情形中，债务由第三人承担，原债务人对债权人的债务终止。除法定和约定的终止事由外，债之关系不因其他原因（如债务人死亡）而消灭［**东莞中院（2023）粤19民终5293号民判，佛山中院（2023）粤06民终5627号民判**］。

本条第2款规定合同解除是合同权利义务终止的特别事由。合同解除通常为已生效合同的消灭事由，但是，对于未生效合同，若因一方原因致合同无法生效，致使不能实现合同目的的，另一方也可请求解除合同（**《合同编通则解释》第12条第1款**）［**（2021）最高法民申6626号民裁，运城中院（2022）晋08民再23号民判**］。此处所指义务，限于合同原定的给付义务。合同被解除的，合同当事人不得再请求对方履行合同原定的给付义务。但是，合同解除作为合同清算关系的发生事由，会引发与合同权利义务终止后的清算相关的法律后果（**如第566、567条**）。

第五百五十八条 【债权债务终止后的义务】债权债务终止后，当事人应当遵循诚信等原则，根据交易习惯履行通知、协助、保密、旧物回收等义务。

本条规定的当事人在债权债务关系终止后承担的义务，主要见于（但不限于）合同关系，理论上被称为后合同义务。债权债务关系终止后当事人承担义务的目的在于保持合同履行的效果，或维护当事人的其他相关利益，如提供后续维修义务，劳动合同终止后用人单位为劳动者开具离职证明或工作经历证明以及劳动者承担竞业禁止义务，租赁关系终止后允许承租人在适当地方宣告营业地点迁移启事，等等。当事人在债权债务终止后承担的义务是相对于原债权债务关系而言的，故原债权债务不成立或无效，自无所谓债权债务终止后的义务问题。一般认为，债权债务终止后的义务系依诚信原则或交易习惯而产生，故为法定义务。交易习惯不仅包括特定地域、行业或群体范围内为当事人反复实践并为人周知的一般交易惯例，也应包括特定合同当事人之间的惯常性做法。正是在这个意义上，诚信原则成为确定合同终止后义务的规范基础［**上海高院（2013）沪高民二（商）终字第29号民判**］。如果当事人约定一方在合同权利义务终止后还应承担某种义务，如一定期间的竞业禁止义务、提供产品备件的义务、保密义务等，性质上为合同约定的义务，无须适用本条。

依本条规定，债权债务终止后的义务类型具有多种形式，包括通知、协助、保密和旧物回收等。通知义务是指当事人将相关重要事项告知对方当事人的义务，如出租人接收寄送给原承租人的信件并征询后者处理意见，或者征询对方对合同终止后的后续事务处理意见等［**威海中院（2023）鲁10民终718号民判**］；协助义务是配合对方当事人处理后续关系的义务，如提供维修或出具证明文书、办理注销或变更登记等义务［**咸阳中院（2023）陕04民终3669号民判，宣城中院（2023）皖18民终529号民判**］；保密义务是不得泄露在合同履行中获知的与对方有关的秘密信息的义务，如技术秘密或应予保密的经营信息；旧物回收义务是指生产者或销售者依法回收使用年限届满或权利人弃置不用的废旧商品的义务，是本法确定的绿色原则（**第9条**）在债权债务终止后的当事人关系中的贯彻。除前述义务类型外，当事人还可能承担如竞业禁止义务或医疗服务合同中的术后回访等义务。另外，合同解除作为债权债务关系终止的事由，同时引发解除后的法定清算关系，从某种意义上讲，合同当事人因解除清算关系所负义务，也属于“后合同义务”［**青岛中院（2022）鲁02民终13324号民判，盘锦中院（2023）辽11民终31号民判**］。不过，现行法有关合同义务的规定，主要是指合同履行后的义务。

本条仅规定当事人在债权债务终止后应当承担的义务，并未规定违反该种义务的责任。债权债务终止后的合同义务与合同约定的给付或保护利益无关，因此，除非合同另有约定，违反该种义务给对方当事人造成损失的，对方当事人可以请求赔偿实际损失（**《全国法院贯彻实施民法典工作会议纪要》第10条**）。理论上一般认为，对违反后合同义务采取与违反合同义务相同的处理原则。即使将后合同义务作为不同于合同义务的独立义务对待，依本法第468条第二分句之规定，亦可参照本编有关违约责任的规定处理，但义务人无须依原合同约定承担违约金或定金责任［**（2022）最高法知民终1297号民判**］。当然，若义务违反满足侵权责任的成立要件，亦可依侵权责任的相关规定处理（**如第1165条第1款**）［**河南高院（2022）豫知民终683号民判，重庆五中院（2022）渝05民终9352号民判**］。

第五百五十九条 【从权利消灭】债权债务终止时，债权的从权利同时消灭，但是法律另有规定或者当事人另有约定的除外。

债权的从权利是指从属于债权的权利，包括担保权、利息债权、违约金请求权等（**参见本法第547条评注**）。按照“从随主”原则，主权利消灭将导致从权利消灭，故债权债务终止时，与债权相关的从权利也同时消灭［**抚州中院（2021）赣10民终1292号民判，鹤壁中院（2022）豫06民终730号民判**］。与其他“从随主”原则适用情形一样，在法律另有规定或者当事人另有约定时，从权利亦可不随主权利而消灭。

对于债权的从权利不随债权债务同时消灭的例外，有以下两点还须强调：其一，在最高额担保（最高额抵押、质押及保证）情形中，在最高额担保主债权确定前（**第423条**），最高额担保权并不从属于任何单个的主债权，因此，担保范围内特定主债权的消灭，对最高额担保权不生影响。其二，合同解除仅发生消灭合同原定给付义务的效果，并不影响解除权人的违约赔偿请求权（**第566条第2款**），担保人的担保责任亦不受影响，除非担保合同另有约定（**第566条第3款**）。

第五百六十条 【清偿抵充的顺序】债务人对同一债权人负担的数项债务种类相同，债务人的给付不足以清偿全部债务的，除当事人另有约定外，由债务人在清偿时指定其履行的债务。

债务人未作指定的，应当优先履行已经到期的债务；数项债务均到期的，优先履行对债权人缺乏担保或者担保最少的债务；均无担保或者担保相等的，优先履行债务人负担较重的债务；负担相同的，按照债务到期的先后顺序履行；到期时间相同的，按照债务比例履行。

债务人可能对债权人负担数项债务。若数项债务种类相同，且债务人的给付不足以清偿全部债务，则须确定债务人清偿的是何项债务，以判断相应债务是否消灭。债务清偿抵充顺序确定的基本原则是约定优先，债务人指定次之，最后是法定抵充［**山西高院（2020）晋民申2773号民裁，山西高院（2020）晋民申608号民裁**］。

本条第1款是关于意定抵充的规定，包括合意抵充和指定抵充。因债务抵充仅涉及债之关系的私人利益，自应允许当事人就债务清偿效果进行约定。依当事人合意确定清偿债务的顺序或效果，称合意抵充。在无此种合意时，债务人可在清偿时指定其履行的债务。此即指定抵充。债务人的指定行为，是单方法律行为，无须债权人同意。但是，债务人的指定行为，须在清偿时作出，在清偿后作出，且债权人未加以反对的，应构成合意抵充。是否存在合意抵充或指定抵充，由主张者负证明责任［**（2021）最高法民申1525号民裁，湖北高院（2023）鄂民申988号民裁**］。

本条第2款是关于法定抵充的规定。法定抵充以不存在意定抵充为前提。法定抵充顺序的安排体现了立法者特殊的利益衡量。就本款规定来看，总体倾向是优先维护债权人的利益：已经到期的债务优先清偿［**信阳中院（2023）豫15民终1881号民判**］，既是债务履行的应有之义，亦有确保债权人到期债权尽快获得清偿之效果；数项债务均到期的，优先清偿对债权人缺乏担保或者担保最少的债务，乃因相较于有担保的债务，无担保或者担保最少的债务最终不获清偿之风险较高，况且，债务人本可在清偿时指定清偿，其不为指定时应偏向债权人之保护；均无担保或者担保相等的，优先清偿债务人负担较重的债务［**广州中院（2023）粤01民终671号民判，青岛中院（2023）鲁02民终6026号民判**］，这体现了在不损害债权人正当利益的情况下减轻债务人负担的价值取向；负担相同的，按照债务到期的先后顺序履行［**乌鲁木齐中院（2023）新01民终2261号民判**］，这符合一般社会观念，即先到期先清偿；到期时间相同的，按照债务比例履行，以贯彻债权平等原则。到期时间为同一日的，视为到期时间相同。在债务人负担数项债务中，有的明确了履行期限，有的未明确履行期限的，有判决认为应当先履行明确了履行期限的到期债务［**呼和浩特中院（2023）内01民终493号民判**］。不过，未明确履行期限的债务毕竟不同于未到期债务，在清偿抵充情形将其视为已到期的债务，按照本条第2款确定的规则处理，应更为妥当。

第五百六十一条 【费用、利息与主债务的清偿顺序】债务人在履行主债务外还应当支付利息和实现债权的有关费用，其给付不足以清偿全部债务的，除当事人另有约定外，应当按照下列顺序履行：

（一）实现债权的有关费用；

（二）利息；

（三）主债务。

债务人在履行主债务之外，亦可能还须支付利息和实现债权的有关费用，若其给付不足以清偿全部债务，确定何者优先获得清偿，对债权人的利益关系甚巨。依本条规定，实现债权的有关费用、利息和主债务之间的清偿抵充顺序，首先由当事人自行约定。若当事人之间无约定，则依先清偿实现债权的费用，再清偿利息，最后清偿主债务的法定顺序进行清偿抵充［**河南高院（2023）豫民申2728号民裁，河北高院（2023）冀民申9392号民裁，海南高院（2023）琼民终5民判**］。与前条规定抵充的债务处于同一层次不同，本条规定的三种类型的债务处于不同层次。不支出实现债权的费用就无法实现债权，所以其应先于债权而受偿；利息债权派生自主债权，在无相反约定的情况下，先付息再还本，合乎常理，亦属正当。

第五百六十二条 【合意解除和约定解除权】当事人协商一致，可以解除合同。

当事人可以约定一方解除合同的事由。解除合同的事由发生时，解除权人可以解除合同。

合同因履行而消灭为通常状态，但合同未能正常履行，当事人意欲解除合同、摆脱合同约束的情形，亦非少见。依解除事由的不同，合同的解除可分为合意解除、约定解除（通过行使约定解除权的解除）与法定解除（包括行使法定解除权的解除与裁判解除）。本条规范的对象为前两者。

本条第1款是关于合意解除的规定。该款明定当事人协商一致，即可解除合同，本质上为尊重意思自治之宣示［**辽宁高院（2023）辽民申8772号民裁**］。当事人解除合同的合意，以消灭原有合同为目的，理论上称为解除协议。解除协议作为法律行为/合同，成立与生效应依本法总则编及本编第一分编相关规定判断。解除协议成立并生效后，将直接消灭原有合同［**河南高院（2023）豫民再535号民判**］，当事人基于原有合同而负担的义务亦相应消灭（**第557条第2款**），并发生与解除后的清算相关的法律效果。就该效果，当事人在解除协议中也可予以约定，该约定的效力优先于解除的法定效果规定。鉴于合同解除协议的基本效果是合同解除，只要当事人就解除合同协商一致，纵然未对合同解除后的违约责任、结算和清理等问题作出处理，仍不妨碍合意解除发生效力［**吉林市中院（2023）吉02民终1983号民判，温州中院（2024）浙03民终374号民判**］（**《合同编通则解释》第52条第1款**）。在当事人任何一方均无合同解除权，但双方都有解除合同的意愿时，除非一方以对方同意其提出的解除后的清算条件为解除条件，否则，可以成立合意解除（**《合同编通则解释》第52条第2款**）［**上海一中院（2021）沪01民终16356号民判**］。在前述情形下，解除后的清算关系按照法律有关合同解除后果的规定处理（**第566、567条，《合同编通则解释》第52条第3款**）。

本条第2款是关于约定解除权的规定。约定解除是指合同当事人在约定的解除事由出现时，通过行使解除权而解除合同的方式［**甘肃高院（2023）甘民终209号民判，徐州中院（2024）苏03民终1836号民判**］。约定解除与法定解除一样，都是以享有解除权的合同当事人行使解除权的方式解除合同，约定与法定的内容都只是解除权得以产生的事由或法律原因，而不直接针对原有合同的效力。即使出现解除事由，若解除权人不行使权利，合同仍不解除［**保山中院（2023）云05民终1174号民判**］。在这个意义上，约定解除与合同附解除条件的情形明显不同。在合同所附解除条件成就时，合同自动失效，无须当事人作任何积极意思表示（**第158条第三句**）。关于解除事由，当事人既可以在合同订立时作出约定，也可以在合同订立后协议补充。合同当事人因约定解除事由出现而取得的约定解除权，与因法定事由出现而享有的法定解除权，在行使方式及效果方面完全一致（**第556～558条**）。

原则上，当事人可以根据自身需要自由创设合同解除条件，约定解除条件可以比法定解除条件更为宽松［**北京高院（2021）京民申4275号民裁**］，但是，当事人在行使约定解除权时，仍应本着善意和诚信原则，顾及对方的正当利益，否则，纵然合同解除符合合同约定，但仍可能就对方所受损失承担损害赔偿责任［**北京高院（2021）京民终726号民判**］。

第五百六十三条 【法定解除】有下列情形之一的，当事人可以解除合同：

（一）因不可抗力致使不能实现合同目的；

（二）在履行期限届满前，当事人一方明确表示或者以自己的行为表明不履行主要债务；

（三）当事人一方迟延履行主要债务，经催告后在合理期限内仍未履行；

（四）当事人一方迟延履行债务或者有其他违约行为致使不能实现合同目的；

（五）法律规定的其他情形。

以持续履行的债务为内容的不定期合同，当事人可以随时解除合同，但是应当在合理期限之前通知对方。

本条是关于法定解除事由的一般规定。除本条规定外，本法另有法定解除事由的其他规定（**如第 528 条第三句，第 533 条，第 580 条第 2 款，第 610 条，第 632～634 条，第 711 条，第 716 条第 2 款，第 724、754、787、806、816、857、933、946 条，第 948 条第 2 款，第 1022 条**）。这些特别解除规定，有些是对一般法定解除事由规定在典型合同中的具体适用（说明性规定），如第 528 条第三句、第 610、711 条，第 948 条第 2 款，第 1022 条第 1 款；有的则是对其作出的修正性规定，如第 634 条；还有一些则属于一般法定解除事由的补充性规定，如第 533 条，第 580 条第 2 款，第631～633 条，第 716 条第 2 款，第 724、754、787、806、816、857、933、946 条，第 1022 条第 2 款。合同具体情形同时满足本条和其他规定适用条件的，除修正性规定排除本条适用外，其他规定可与本条同时适用，二者不具有排斥关系。

本条第 1 款是关于一般法定解除事由的规定。本款共列举五项法定解除事由，其中第 5 项为参引性规定，即参引前述补充性特别规定，其本身并无规范效果，仅第 1～4 项规定为一般法定解除事由。只要存在任一法定解除事由，合同一方或双方就享有法定解除权。

第一项事由是因不可抗力致使不能实现合同目的。依本项规定取得法定解除权须满足两项要件：（1）存在不可抗力，即不能预见、不能避免且不能克服的客观情况（**第 180 条第 2 款**）。（2）因不可抗力造成合同目的不能实现。例如，林地承包合同因土地确权变更为耕地无法继续履行时，即可解除合同［**黑龙江高院（2022）黑民申 2 号民裁**］。再如，因国家管理规定变化致无法获得合同履行必备前提的审批，亦可依本项规定解除合同［**（2021）最高法知民终 2385 号民判**］。不可抗力之影响因情形而有不同，或造成合同暂时不能履行，或造成合同部分甚至完全不能履行。只有不可抗力引发的履行障碍致合同目的全部或部分不能实现时，当事人才享有法定解除权，可根据情况全部或部分解除合同（**解除效果类推适用本法第 632～633 条**）。非因不可抗力致合同目的不能实现的，依本条规定的其他事由或其他法律规定处理（**如第 754 条第 3 项**）。本项规定与本法第 590 条均与“不可抗力”有关，但后者涉及的是不履行责任问题，与合同解除问题无关。本条与本法第 533 条关于因情势变更解除合同亦有关联，若合同因不可抗力而不能履行致使不能实现合同目的，则无须考虑第 533 条之适用，当事人可径行依本项规定解除合同。依本项规定发生的解除权，当事人双方均可行使。

第二项事由涉及期前违约引致的合同解除，即在履行期限届满前，当事人一方明确表示或者以自己的行为表明不履行主要债务（理论上称为明示毁约和默示毁约），合同对方取得合同解除权。此种解除事由的规范基础在于，违约方的期前行为严重损害合同信赖基础，强求对方坚守合同已无意义，故应赋予其法定解除权，使之能够在履行期到来前就解除合同。尽管现行法并未规定届期后债务人拒绝履行时对方当事人的解除权，但二者涉及的利益状况相似，均严重损害合同信赖基础，债务人在债务到期后拒绝履行的，应作相同处理［**吉林高院（2023）吉民再158号民判**］。

第三项事由涉及迟延履行主要债务的情形。按照合同约定的履行期限提出履行，是合同全面适当履行原则的要求（**第509条第1款**）。依本项规定取得合同解除权须满足以下要件：（1）合同当事人一方迟延履行主要义务。被违反的义务必须是主要债务，也就是主给付义务，从义务或附随义务不在本项规定范围内。履行期限依合同约定，没有约定或约定不明的，可以协议补充或依任意法规范确定（**第510条、第511条第4项**）。当事人迟延履行适用纯粹客观判断，债务人对迟延履行有无过错在所不问。（2）债务人经催告后在合理期限内仍未履行。履行期限虽然影响债权人利益的实现，但并不当然导致其合同目的无法实现。因此，原则上，只有债务人经催告后仍不履行的，对方当事人才可以解除合同。催告为准法律行为，催告表示为需受领的意思通知，其内容为要求债务人在收到通知后合理期限内为履行。合理期限为债务人准备履行的通常期限。若催告通知中并未指定合理期限，则该期限由裁判者确定或认定。不论是否在催告中指明合理期限，对方当事人均可在合理期限经过后解除合同。债务人在催告后明确表明或以自己的行为表明不履行，构成拒绝履行，当事人可以立即解除合同，而无须等待合理期限届满。

第四项则涉及根本违约情形的合同解除。本项解除事由虽然与第二、三项事由一样属于因违约而解除合同的情形，但其不以违约行为严重损害合同信赖基础为规范基点，而以违约行为所致损害后果的严重程度为规范基点，即不论是迟延履行、瑕疵履行还是其他违约行为，只要其致使合同目的不能实现，对方当事人均有权解除合同［**（2021）最高法知民终677号民判，山东高院（2021）鲁民终477号民判，上海高院（2023）沪民终14号民判**］。本项规定的迟延履行与第3项规定的迟延履行的差异在于，本项规定所涉债务履行期限对于合同目的实现具有决定性影响，如预订当日送达的生日蛋糕、中秋月饼等，均属此类。对迟延履行是否影响合同目的实现，可依社会一般观念和当事人的约定予以判断。

本条第2款是关于不定期继续性合同的特别解除事由即预告解除（理论上也称预告终止）的规定。"以持续履行的债务为内容的合同"即理论上所称继续性合同，其典型特点为一方给付总量决定于给付时间，合同内容随给付时间变化而变化，如有息借款合同、租赁合同、使用许可合同、物业服务合同、承包合同［**河南高院（2021）豫民申9386号民裁**］等均属其类。若此类合同没有合同期限（如借款期限、租赁期限、许可使用期限、承包期限等）或合同期限约定不明，将使当事人永久受合同约束，显非妥当，故本款特设解除规定。若当事人约定了继续性合同的期限，而该期限较长，是否允许当事人在期限届满前解除合同，本法并未在本款设置一般规定，仅在具体合同类型中设置有专门规定，如物业服务合同（**第946条第1款**）与肖像许可使用合同（**第1022条第2款**），对此应予留意。此外，不定期继续性合同的解除不同于其他解除情形，解除权人须在合理期限前通知对方［**海南高院（2023）琼民终47号民判**］，即预告解除。"合理期限"需要根据合同类型、履行情况、寻求替代性合同机会的时间等因素综合考虑。对本款规定的解除权，合同双方当事人均可以享有和行使。未在合理期限前通知解除的，合同自合理期限届满后解除。

第五百六十四条 【解除权的行使期限】法律规定或者当事人约定解除权行使期限，期限届满当事人不行使的，该权利消灭。

法律没有规定或者当事人没有约定解除权行使期限，自解除权人知道或者应当知道解除事由之日起一年内不行使，或者经对方催告后在合理期限内不行使的，该权利消灭。

解除权为形成权，仅需解除权人以单方意思表示行使权利，即可消灭当事人之间原定的合同义务。解除权人是否行使该权利，由其自由决定，但在解除权人就是否行使权利作出明确表示前，合同关系处于不确定状态，不利于合同关系的稳定和交易安全的保护［**福建高院（2020）闽民终605号民判**］，故而，与其他形成权情形相同，本法对解除权之行使，设有行使期限的限制。该期限性质上为除斥期间［**最高法（2012）民再申**

字第310号民裁、四川高院（2017）川民再686号民判、贵州高院（2015）黔高民商终字第128号民判］，无中止、中断或延长问题。应留意者，此除斥期间可由当事人约定，与保证期间相类似，非当然为法定期间。

本条第1款规定解除权的法定或约定行使期限限制。本款并未直接规定具体的法定解除权行使期限，故须参引相关法律规定。如《保险法》第16条第3款规定："前款规定的合同解除权，自保险人知道有解除事由之日起，超过三十日不行使而消灭。自合同成立之日起超过二年的，保险人不得解除合同……"当事人亦可约定解除权的行使期限，只要约定有效（**总则编第六章第三节和本编第三章**），即可发生相应效力［**安徽高院（2023）皖民申7634号民裁**］。法定和约定期限届满，当事人仍不行使解除权的，该权利消灭，当事人不得再以同一解除事由主张解除。但是，若其后有新的解除事由出现，当事人仍可以依法行使解除权。

本条第2款系解除权行使期限的任意性规定，也即，仅在没有法律规定或当事人约定的解除权行使期限时，才有本款规定之适用余地。在此种情形下，对解除权的行使期限以两种方式加以限制：一是自解除权人知道或应当知道解除事由之日起1年［**徐州中院（2021）苏03民终3912号民判**］。该事实由主张解除权因行使期限届满而消灭的当事人举证证明。二是相对方催告解除权人后的合理期限。1年的除斥期间自解除权人知道或应当知道解除事由时起算，该期间可能因解除权人之主观原因而无法起算，从而使合同长期处于不确定状态。相对方为避免因这种不确定性而遭受不利，可以主动催告解除权人以结束这种状态。"合理期限"的确定应考虑合同标的和合同类型、合同履行情况、交易习惯等并依诚信原则加以判断。相对方催告后解除权人仍不行使解除权的，解除权在合理期限经过后消灭，不受1年除斥期间的限制。

第五百六十五条 【解除权的行使方式与解除时间】当事人一方依法主张解除合同的，应当通知对方。合同自通知到达对方时解除；通知载明债务人在一定期限内不履行债务则合同自动解除，债务人在该期限内未履行债务的，合同自通知载明的期限届满时解除。对方对解除合同有异议的，任何一方当事人均可以请求人民法院或者仲裁机构确认解除行为的效力。

当事人一方未通知对方，直接以提起诉讼或者申请仲裁的方式依法主张解除合同，人民法院或者仲裁机构确认该主张的，合同自起诉状副本或者仲裁申请书副本送达对方时解除。

合同解除权为合同当事人享有的合同权利，非经行使不发生合同解除的效果［**(2021）最高法知民终716号民判**］。解除权的行使可分为通知解除（诉外解除）和诉讼或仲裁解除（诉内解除）两种方式。

本条第1款是关于诉外解除合同的规定。合同解除以解除权人作出解除的意思表示为前提。解除合同的意思表示为单方需受领的意思表示，解除合同的意思必须明确肯定［**上海二中院（2020）沪02民终562号民判**］，以通知的方式向合同对方作出，其成立与生效的判断，应适用本法总则编意思表示或法律行为的一般规则。本法对意思表示的生效，以到达主义为原则（**第137条第2款**），故解除通知须到达对方时才生效，合同解除的法律效果亦于该时点发生。若解除权人以对话的方式直接告知对方解除合同，仍应依本法第137条第1款关于“相对人知道其内容时生效”的规定，合同亦自该时点解除。原则上，为使法律效果确定，形成权的行使不得附条件或期限，故解除通知仅需明确表达解除合同的意思即为已足，亦不要求所提出之解除原因必须正确［**最高法（2012）民二终字第45号民判**］，但劳动合同解除通知所附解除理由不成立的，不因存在其他可解除事由而发生解除效果［**指导案例180号**］。但是，解除权人在通知中“载明债务人在一定期限内不履行债务则合同自动解除”的，系属附停止条件的解除表示，为期简便，本款第二句第二分句例外规定，如果债务人仍未在该期限内履行债务，则合同在通知载明的期限届满时解除。不过，保险人通过格式条款约定，投保人逾期缴费保险合同即自动解除的，保险人仍须以通知或其他适当方式行使解除权［**(2020）最高法民申3029号民裁**］，不属于前述附条件通知解除的情形。因合同解除权为形成权，一经解除权人有效行使，即发生合同解除的法律效果，故本款第三句规定，“对方对解除合同有异议的，任何一方当事人均可以请求人民法院或者仲裁机构确认解除行为的效力”。这并非指此情形下解除权人的解除行为尚不发生效力，而是仅指相对人可以通过提起诉讼或者申请仲裁的方式确认合同解除行为的效力，裁判确认合同解除的，合同仍自通知到达对方时而非裁判生效时解除。通知解除只是解除权的行使方式，因此，当事人在不享有解除权的情况下发出的解除通知不具有解除合同的法律效力［**(2021) 最高法民申 7812 号民裁**］，通知解除的当事人一方不得仅以对方未在约定的异议期限或者其他合理期限内提出异议为由主张合同已解除（**《合同编通则解释》第 53 条**）［**北京三中院（2020）京 03 民终 373 号民判**］。故而，在对方提出异议时（不论何时），通知解除一方应当就其享有解除权的事实负证明责任。当然，无解除权的一方主张解除合同，对方明示或默示接受的，按照合意解除处理（**第 562 条第 1 款**）。

本条第 2 款是关于诉内解除合同的规定。实践中，解除权人可能并不通过向对方发出解除通知的方式解除合同，而是直接在诉讼或仲裁程序中提出解除合同的诉讼请求或主张。在这种情况下，解除权人主张解除合同的意思表示实际上包含在其诉讼请求或仲裁请求中，通过提起诉讼或申请仲裁的方式向对方作出解除通知，解除效果不因解除方式的差异而与通知解除有所区别［**(2020) 最高法知民终 1587 号民判**］。本款规定，合同自起诉状副本或者仲裁申请书副本送达对方时解除［**(2021) 最高法知民终 855 号民判，河南高院（2021）豫民终 549 号民判**］。值得注意的是，直接以诉讼或仲裁方式解除合同的，须以诉讼原告或仲裁申请人享有合同解除权为前提，否则，本款无适用余地。从这个意义上讲，人民法院或仲裁机构对解除主张作出确认的效果与本条第 1 款第三句关于解除异议的确认裁决相同。此外，对方起诉后一方在应诉过程中表示解除合同的意思亦同［**最高法（2012）民申字第 1542 号民裁**］。当事人以提起诉讼的方式主张解除合同，然后撤诉的，不论当事人是否享有解除权，合同都不因起诉状副本送达而解除；当事人再次起诉解除合同并得到支持的，合同自再次起算的起诉状副本送达对方时解除，但是再次起诉前已通知对方解除合同且该通知已经到达对方的，合同仍自该通知到达时解除（**《合同编通则解释》第 54 条**）。

第五百六十六条 【合同解除的效力】合同解除后，尚未履行的，终止履行；已经履行的，根据履行情况和合同性质，当事人可以请求恢复原状或者采取其他补救措施，并有权请求赔偿损失。

合同因违约解除的，解除权人可以请求违约方承担违约责任，但是当事人另有约定的除外。

主合同解除后，担保人对债务人应当承担的民事责任仍应当承担担保责任，但是担保合同另有约定的除外。

合同解除不仅产生消灭合同原定给付的效力，亦由此产生解除后的清算效果。本条即关于解除后果的一般规定。

本条第1款是关于合同解除的一般法律效果的规定。合同解除的一般法律效果主要涉及解除对合同履行的影响，以及相应的损害赔偿问题。第一分句明确规定，“合同解除后，尚未履行的，终止履行”。这里的“终止履行”与本章所称“合同的权利义务终止”具有相同含义，即合同债务人免于履行，债权人亦不得请求履行。对于已经履行的部分，则“根据履行情况和合同性质”发生不同法律效果。

首先，本法并未如大陆法系国家民法传统那样区分合同解除与合同终止，而是统一称为合同解除。对于已履行的合同，“根据合同性质”，有些合同的解除只能向将来消灭其效力，而不能使已履行部分也消灭效力。这种情况主要是针对继续性合同而言，尤其是在负担继续性给付义务一方已履行义务的情形中，如借款或租赁物已被使用、物业服务已适当提供、被许可使用的技术或肖像等已被使用等，合同解除均不影响这类合同已履行部分的效果［**广州知产法院（2017）粤73民终909号民判，潍坊青州法院（2020）鲁0781民初1819号民判**］。不过，并非所有的继续性合同的解除都不发生溯及效力，如负担继续性义务一方的履行不符合约定，合同解除就应当产生溯及效力。

其次，解除的溯及效力是针对原定给付的履行效果而言的，即使其丧失合同原定效力，受领给付者亦不得以合同为保持给付效果的正当原因，从而发生因给付所取得财产的返还或恢复原状问题。但是，在解除之前，当事人因对方违约所取得的违约赔偿请求权仍可主张（**本条第2款**）。这意味着，在合同因违约而被解除时，解除只是消灭原定给付的履行效果（消灭原级请求权及给付效果的保持原因），而不消灭合同所创设的履行利益（或可得利益）。但是，在非因违约而解除的情形中，除非当事人另有约定或法律另有规定（**如第787条、第806条第3款第一分句及第933条第二句第二种情形**），合同解除不产生履行利益或可得利益的赔偿效果。

再次，与本法第 157 条规定的“返还财产”不同，本款规定的是“恢复原状”，而根据本法第 179 条第 1 款第 4、5 项之规定，二者为不同的民事责任承担方式。尽管如此，合同解除后已履行部分的“恢复原状”无论如何在实践需要上应包括“返还财产”，而本款恰恰对此未作规定，显然不能因为未作规定而认为法律不认可合同解除后有财产返还的需要，因此，对本款所称“恢复原状”应当作目的性扩张，使其包含“返还财产”［**（2022）最高法知民终 1097 号民判，天津高院（2022）津民终 1197 号民判**］。当然，除返还财产之外，还包括涂销登记、移除应返还财产的添附物、恢复房屋或土地的原状等。返还财产以返还原物及其孳息为原则，在不必要或者不能返还原物时，应返还其价值（折价返还）［**最高法（2013）民申字第 928 号民裁**］。但是，在给付标的因质量瑕疵致使不能实现合同目的而解除合同时，标的物毁损、灭失的风险由出卖人承担（**第 610 条第二句**），买受人无折价返还的义务。此外，在确定返还范围时，应当考虑合同履行情况与对方受益情况，确定是否返还以及返还金额［**（2021）最高法知民终 1838 号民判，（2021）最高法知民终 2409 号民判**］。值得注意的是，本款同时规定“采取补救措施”（**对照第 577 条**），是指当事人采取避免因解除造成损失或损失扩大的措施，与违约后采取补救措施具有相同法律意义。

最后，在恢复原状或采取补救措施后，当事人一方因解除仍受有损害的，责任方有损害赔偿义务。就此需要强调：（1）因解除所生损害的赔偿根据解除原因不同而有别。在协议解除情形，损害赔偿原则上由当事人在解除协议中特别约定，如果未作约定，通常不发生损害赔偿问题，但是，因一方违约行为造成的损害，仍须赔偿。在非因违约解除的情形，在情势变更情形下裁判解除及预告解除、任意解除的情形，除法律规定应予赔偿的外（**如第 787 条、第 933 条第二句、第 946 条第 2 款及第 1022 条第 2 款第二句**），不发生损害赔偿的问题；法律明确规定不予赔偿的，更不生赔偿问题（**《保险法》第 16 条第 4、5 款**）。在因违约而解除的情形，根据本条第 2 款规定，仍应依本法有关违约赔偿的规定（**第 577 条、第 584 条**）予以赔偿。（2）在因解除发生损害赔偿时，除法律规定可以要求履行利益或可得利益赔偿外，原则上以信赖损害的赔偿为限，包括因一方应当负责的原因所造成的固有利益损害。但是，在赔偿履行利益时，不得同时主张与合同缔结及履行相关的费用支出（信赖利益）

的损害赔偿。在可以主张履行利益赔偿时，权利人可以选择主张信赖利益的赔偿，但以不超过履行利益为限（固有利益等与履行利益实现无关的损害不在限制之列）。

本条第 2 款是关于合同解除对违约责任的影响的规定。如前所述，合同因违约而解除的，仅合同约定的履行效力消灭，并不消灭有效合同创设的合同利益，因此，合同因违约解除的，已经发生的违约责任不受影响［**(2021) 最高法民申 4918 号民裁，新疆高院（2023）新民再 117 号民判**］。但是，当事人另有约定的，不在此限。这种情形主要发生在一方违约后，双方协议解除的情形。

本条第 3 款是关于合同解除对担保责任的影响的规定。由于合同解除不影响债务人应当承担的民事责任（不论是返还责任还是损害赔偿责任），且因该种责任乃原合同内容的转换，故担保人应承担的担保责任不受影响［**浙江高院（2017）浙民终 77 号民判**］。但是，为贯彻意思自治原则，若担保合同另有约定，则从其约定。

第五百六十七条　【结算、清理条款的效力】合同的权利义务关系终止，不影响合同中结算和清理条款的效力。

合同的权利义务关系终止，仅指合同原定给付关系的终止，但是，合同终止后仍可能要对合同进行结算和清理，因此，当事人在合同中约定的结算和清理条款在合同终止后仍然独立有效，亦符合当事人意思和实际需要［**重庆高院（2022）渝民终 343 号民判**］。“结算条款”是指结算方式的条款；“清理条款”则是处理合同终止后果的相关条款，如涉及清算方式、费用承担或损害赔偿等内容的合同条款。

第五百六十八条　【法定抵销】当事人互负债务，该债务的标的物种类、品质相同的，任何一方可以将自己的债务与对方的到期债务抵销；但是，根据债务性质、按照当事人约定或者依照法律规定不得抵销的除外。

当事人主张抵销的，应当通知对方。通知自到达对方时生效。抵销不得附条件或者附期限。

合同当事人之间可能相互负担同种债务，若要求双方一律相互履行，则徒增成本，亦不利于债权人及时实现债权，故本法允许合同当事人在特定情形下通过抵销来替代履行，取得如同债务被适当履行的效果。抵销除具有清偿功能外，亦是债权人自我实现债权的方式，由此抵销具有债权担保功能，以及对抗相对债权履行请求的抗辩功能。在这个意义上，抵销属债权实现之形式，用于抵销者为债权而非债务。抵销分法定抵销与约定抵销两种方式，本条规定法定抵销，即以行使抵销权进行抵销的方式。

本条第1款是关于抵销权产生的规定。

抵销权的产生需满足以下要件。

（1）当事人之间互负债务或互享债权。抵销涉及的相对债权或债务的当事人应当一致，除非法律另有规定（**第549条，类似效果参见第702条**），至于两项债权是否基于同一法律关系发生，则非所问。相互抵销的两项债权中，作出抵销表示的一方享有的债权为主动债权（诉讼中称反对债权），另一方享有的债权为被动债权（诉讼中称主债权）。债务人主张以第三人所负债务与对方进行抵销的，不满足互负债务的要件，纵然第三人亦是其所负债务的当事人之一，亦无不同［**新疆高院（2022）新民申230号民裁**］。此外，当事人以其尚不确定是否存在，即便存在亦不确定具体数额的或然债权作为主动债权主张抵销的，也不满足抵销条件［**广州中院（2023）粤01民终20417号民判**］。

（2）两项债务或债权的标的物种类、品质相同，即具有同类性。若允许标的物种类不同的债务加以抵销，实具有代物清偿的效果，影响债权原定目的之实现，非经当事人合意，不得单方面为之，而抵销权属于以单方意思消灭债务的形式，故不应允许。所谓种类相同是指标的物在自然属性上相同，而非法律属性相同。如同为金钱之债［**鸡西中院（2023）黑03执复54号执裁**］，但本币债务与外币债务仍非同种类。就标的物品质而言，亦同。相似地，主动债权人尽管不得以其诉讼时效已经届满的债权向对方通知抵销，但若以自己诉讼时效尚未届满的债权抵销对方已过诉讼时效的债权，则应准许（**《合同编通则解释》第58条**）。但是，品质相同的要求旨在保护被动债权人的利益，若主动债权的债权人自愿放弃更优品质而抵销，应无不许之理。品质是否更优，应依社会一般观念加以判定。

（3）对方的债务已到期。这表明，纵然主动债权一方的债务未到期，其仍可自愿放弃期限利益而主张抵销。

（4）用于抵销的债务非属不得抵销的债务。债务或债权不得抵销的情形分为依债务性质、当事人约定或法律规定不得抵销等三种情形。其类型虽与债权让与相同（**对比第 545 条第 1 款**），但因抵销并非转让债权，故不得将二者混淆。根据债务性质不得抵销者，如不作为债权，若允许其抵销，双方债权之创设目的完全丧失，根本无从达到清偿替代的效果。因侵害自然人人身权益，或者故意或重大过失侵害他人财产权益产生的损害赔偿债务，侵权人不得主张抵销（**《合同编通则解释》第 57 条**）。在前述情形下规定不得抵销，旨在避免激励侵权和保护受害人人身权益，故而，仅限制侵权人将其作为被动债权而主张抵销，受害人因侵害而取得的侵权赔偿请求权仍可作为主动债权而通知抵销。此外，公法上的债权，如税收债权、罚款债权等，因其关乎公益，一般亦认为不得抵销。当事人约定不得抵销的，无关公益，自当允许。法律规定不得抵销的，如《破产法》第 40 条规定的债权，此规定旨在避免破产人的债权人滥用债权担保功能，损害其他债权人利益［**(2019) 最高法民终 218 号民判**］。类似避免滥用的禁止规定，也见于司法解释，如依《企业破产规定二》第 46 条第 2 项之规定，债务人股东滥用股东权利或者关联关系损害公司利益对债务人所负的债务不得抵销。

本条第 2 款是关于抵销权行使的规定。

与合同解除权等其他形成权一样，抵销权须经行使才发生相应的法律效果。本款规定抵销权的行使须以意思表示（抵销通知）为之。该意思表示亦为单方需受领的意思表示，自通知到达对方时生效［**(2021) 最高法执监 530 号执裁**］。但根据《九民纪要》第 43 条，抵销权也可以提出抗辩或者提起反诉的方式行使［**(2020) 最高法民终 642 号民判，(2019) 最高法民再 12 号民判**］。为避免法律效果不确定，抵销不得附条件或者附期限。抵销通知为行使权利的意思，不论抵销权是否被有效行使，均产生行使抵销权一方债权的诉讼时效中断的效果。但是，抵销表示并不发生对被动债权的承认或自愿履行的效果，如被动债权无效或者已过诉讼时效而抵销权人不知，仍不发生抵销或清偿替代的效果，抵销权人可以主张非债清偿返还。抵销使双方债务在重叠范围内归于消灭［**广东高院 (2021) 粤执复 655 号执裁**］。不过，行使抵销权的一方负担的数项债务种类相同，但是享有的债权不足以抵销全部债务，当事人因抵销的顺序发生争议的，可以参照本法第 561 条的规定处理；行使抵销权的一方享有的债权不足以抵销其负担的包括主债务、利息、实现债权的有关费用在内的全部债务，当事人因抵销的顺序发生争议的，亦同样处理［**(2019)最高法民再12号民判**］（**《合同编通则解释》第56条**）。本法并未明确抵销是否具有溯及力，即是否自抵销权成立（抵销适状）时就发生双方债务消灭的效果。为避免主动债权人消极懈怠而致被动债权人遭受不利，甚至在主动债权已过诉讼时效后仍可主张，应以否定抵销溯及效力为妥当，即抵销在抵销通知到达对方时生效，双方互负的主债务、利息、违约金或者损害赔偿金等债务在同等数额内消灭（**《合同编通则解释》第55条**）。此外，若相对人对抵销权行使有异议，可以请求人民法院或仲裁机构确认抵销的效力（**类推第565条第1款第三句**）。主张抵销的债权人就抵销权成立（抵销适状）且已行使的事实负证明责任［**(2022)最高法民申141号民裁，青海高院(2021)青执复40号执裁，山东高院(2021)鲁民申8340号民裁**］。

第五百六十九条 【约定抵销】当事人互负债务，标的物种类、品质不相同的，经协商一致，也可以抵销。

与法定抵销系通过抵销权的行使依单方意思而消灭债务不同，约定抵销是依双方的抵销合意或协议而抵销。约定抵销的成立条件为：(1) 当事人双方互负债务或互享债权。因抵销效果取决于双方当事人的合意，故双方债务是否到期，标的物种类或品质是否相同，在所不问。(2) 须双方达成有效的抵销协议。抵销协议由约定抵销的双方债务人订立，其成立和效力均适用本法总则编第六章和本编第二、三章规定。在债务关系双方当事人互负债务的长期交易关系中，如双方约定定期结算、仅支付差额部分，则该约定具有抵销协议的效果，但其包含对将来发生债务的抵销约定，自将来债务发生时产生抵销效果。这与仅针对已发生债务进行抵销的通常抵销协议有所不同。(3) 须非不得抵销的债务。与法定抵销不同，当事人事先约定不得抵销的债务，若事后约定抵销，可视为对先前约定的变更或废止，应无不许之理。但是，债务依其性质或法律规定不得抵销的，仍不许抵销。若当事人将性质上不得抵销的债务加以抵销，只能依情况理解为系对双方债务的免除，不以抵销论之。

约定抵销自抵销协议生效时发生抵销效果，亦即使债务在对等范围内消灭［**甘肃高院（2021）甘民终95号民判**］。除非当事人在协议中另有约定，抵销无溯及效力。当事人对协议抵销有争议的，主张抵销的当事人就抵销协议的事实负证明责任［**烟台中院（2023）鲁06民终8346号民判**］。

第五百七十条 【清偿提存的原因】有下列情形之一，难以履行债务的，债务人可以将标的物提存：

（一）债权人无正当理由拒绝受领；

（二）债权人下落不明；

（三）债权人死亡未确定继承人、遗产管理人，或者丧失民事行为能力未确定监护人；

（四）法律规定的其他情形。

标的物不适于提存或者提存费用过高的，债务人依法可以拍卖或者变卖标的物，提存所得的价款。

提存依其观念主要有清偿提存和担保提存两种类型（**《提存公证规则》第3条**），前者以清偿为目的，后者以担保债务履行为目的。本章规定的提存仅限于清偿提存，但本法亦有涉及担保提存的规定（**如第406条第2款第二句、第433条第二分句、第442条、第443～445条第2款第二句**）。本条是关于清偿提存原因的规定。

本条第1款从正面列举了债务人可以提存的情形，包括：（1）债权人无正当理由拒绝受领。其适用条件为：首先，债权人拒绝受领。拒绝受领以债务人已现实提出给付为前提，未提出给付者原则上不生拒绝受领问题。不过，若债权人于债务人提出履行前已明确表示将拒绝受领，债务人则无须先向债权人提出给付，并待其实际拒绝受领再提存，而是可以直接提存。其次，债权人拒绝受领无正当理由。若债务人履行不符合约定，如提前履行（**第530条第1款**）、履行地点不符合约定、履行质量不符合约定致使不能实现合同目的（**第610条第一句**）、多交标的物（**第629条第二句第二分句**）等，均属债权人有正当理由拒绝受领的情形。有无正当理由，应由债权人负证明责任。（2）债权人下落不明（**对比第40条**）。仅在债务需由债权人亲自受领时，债权人下落不明才是提存原因。债权人指定债务由第三人受领，或者存在其他连带债权人的，债权人本人或部分债权人下落不明，不满足提存原因。(3) 债权人死亡未确定继承人、遗产管理人，或者丧失民事行为能力未确定监护人。债权人死亡后，其债权作为遗产由其继承人继承，并由遗产管理人加以处理（**第 1122 条第 1 款、第 1147 条第 4 项**）。在确定继承人或遗产管理人前，债务人对于死亡债权人的债务将无法履行。在债权人丧失行为能力未确定监护人时，因债权人无行为能力而不能受领债权，故债务人亦只能通过提存而清偿其债务。(4) 法律规定的其他情形。如债权人分立、合并或者变更住所未通知债务人，致使债务履行困难的，债务人可以提存（**第 529 条**）；在运输合同中，收货人不明的，承运人亦可提存（**第 837 条第一种情形**）。

本条第 2 款是对提存标的物的特别规定。提存并不改变债务内容，只是改变债务清偿方式，因此，债务人提存的标的物原则上应当是债之关系原定的标的物。但是，标的物不适于提存，如属于《民诉法解释》第 153 条所列的不宜长期保存的物品或者《提存公证规则》第 14 条第 5 款规定的易腐易烂易燃易爆等物品，或者提存费用过高，如提存费用相对于标的物价值明显不成比例，尤其是提存费用接近甚至超过标的物价值的，不应提存原定标的物，债务人可以根据情况自行变卖或委托拍卖机构拍卖，将所得价款进行提存。但此仅为债务人可得行使之权利，而非其必须履行的义务［**广东高院（2016）粤民终 50 号民判**］。债务人自行变卖的，应承担善良管理人的注意义务，以公平市价作为参考价，否则，须承担债务不适当履行的赔偿责任（**类推第 929 条第一句**）。

第五百七十一条 【提存的成立及效力】债务人将标的物或者将标的物依法拍卖、变卖所得价款交付提存部门时，提存成立。

提存成立的，视为债务人在其提存范围内已经交付标的物。

本条第 1 款规定提存的成立。提存是清偿替代方式，因此其主体须为债务人或其受托人（代理人）。我国目前法律认可的提存部门为公证机构。提存标的物的受领人应为债务履行地或债务人住所地的公证处（**《提存公证规则》第 4 条**）。标的物的交付须在债务人与公证机构之间完成，向第三人交付标的物或其变价所得价款的，提存不成立［**湖北高院**

(2018)鄂民申2424号民裁，平顶山中院（2023）豫04民终3942号民判，相反判决见崇左中院（2021）桂14民终621号民判]。交付的形式限于现实交付，对于不能提交公证处的提存物，由公证处验收或采取封存、委托代管等措施（**《提存公证规则》第14条第1、4款**）。在提存非金钱的标的物时，提存物应当符合债务关系规定的数量、质量，否则不发生提存效果。在债务人将符合要求的提存物（包括提存标的物变价所得价款）交付提存部门时，提存成立。

本条第2款规定提存的效力。提存成立的，视为债务人在其提存范围内已经交付标的物。需要注意的是，提存作为替代清偿方式，主要涉及债务人应交付并向债权人移转所有权等归属权的情形，如果仅涉及使用权移交，提存不得作为清偿替代方式。同时，提存物以动产或有价证券、权利证书等为限，因此，在无相反约定时，交付原则上伴随相关所有权的移转。提存完成后，如涉及提存物权利移转，标的物所有权也随之移转给债权人。在执行过程已经移交法院的案款仍属被执行人财产，故不成立本条所称提存［**北京高院（2023）京执复251号执裁**］。但是，在债权人未履行对债务人的到期债务时，债务人有权取回提存物（**第574条第2款第二句第一种情形**），这可谓为所有权回转的特别规定。

第五百七十二条 【提存通知】标的物提存后，债务人应当及时通知债权人或者债权人的继承人、遗产管理人、监护人、财产代管人。

提存成立，视为债务人已经履行标的物的交付义务，交付义务自提存成立时消灭。提存物为债权的标的物或其替代物，相关利益归属债权人及其权利继受人，因此，债权人或其权利继受人有权向提存部门领取提存物。为此，债务人在完成提存后，应当及时通知债权人或债权人的继承人、遗产管理人、监护人、财产代管人等。

值得注意的是，本条规定的通知主体为债务人。但《提存公证规则》第18条第2、3款规定，办理提存的公证处应当在规定时间内以书面形式或公告形式进行提存通知，因此，应认为在提存成立时，公证处已承担受托通知义务，无须债务人自行通知。通知受领人除本条规定的对象外，还包括其他利害关系人，如运输合同中受害人不明的，应当以托运人为通知受领人；因法人合并、分立致债务难以履行而提存的，应当以合并、分立后的权利主体为通知受领人。

第五百七十三条 【提存的风险负担、孳息归属和费用负担】标的物提存后，毁损、灭失的风险由债权人承担。提存期间，标的物的孳息归债权人所有。提存费用由债权人负担。

依本法第571条第2款的规定，提存成立的，视为债务人在其提存范围内已经交付标的物。本法第604条亦规定，标的物毁损、灭失的风险，在交付后由买受人（债权人）承担。因此，本条规定提存后标的物毁损、灭失的风险由债权人承担。在买卖合同中，交付移转风险负担规则可以由当事人约定排除（**第604条"但书"**）。在存有此种约定时，是否全无本条第一句之适用余地，非无疑问。本法第604条"但书"规定的目的，在于排除交付移转风险负担规则之适用，其相反效果则在于允许当事人约定以所有权转移为风险负担移转条件。很难想象，在以标的物交付和所有权转移为目的的交易情况下，在交付和所有权移转均完成时，仍可允许当事人约定不移转当事人风险负担。从这个角度讲，虽然提存并不当然移转标的物的所有权，但提存物上的利益已归债权人（**本条第二句**），债权人的地位实质上与所有权人无异。因此，基于公平考虑，本条第一句不因当事人约定交付不转移风险负担而被排除适用。

标的物在提存期间可能产生孳息。既然提存通常伴随所有权之移转，依孳息原则上归所有权人之原则（**第321条第1款第一句第一分句**），提存物的孳息亦归债权人（**本条第二句**）。提存系因债权人方面的原因而发生（**参见本法第570条评注**），故提存费用应由债权人负担（**本条第三句**），但债务人取回提存物的，由债务人负担（**第574条第2款第二句**）。

第五百七十四条 【提存物的领取】债权人可以随时领取提存物。但是，债权人对债务人负有到期债务的，在债权人未履行债务或者提供担保之前，提存部门根据债务人的要求应当拒绝其领取提存物。

债权人领取提存物的权利，自提存之日起五年内不行使而消灭，提存物扣除提存费用后归国家所有。但是，债权人未履行对债务人的到期债务，或者债权人向提存部门书面表示放弃领取提存物权利的，债务人负担提存费用后有权取回提存物。

本条第 1 款是关于债权人领取提存物的权利及其限制规定。提存成立后，债务人对债权人交付标的物的义务消灭（替代清偿），提存部门仅对提存物负妥善保管义务并收取提存费用，提存物上的利益仍归债权人所有，因此，债权人有权随时领取标的物。不过，债务人提存的目的，不仅在于通过提存消灭自己对债权人的交付义务，可能亦在于借此避免在与债权人的对待关系中，因债权人行使履行抗辩权而妨碍自己对债权人的权利实现，因此，债务人可以指示提存部门，只有在接到其同意通知的情况下，才能向债权人交付提存物，以避免自己对债权人的对待性到期债权因债权人不为对待履行，或者不提供适当担保而无法实现。就此而言，其效果类似于债务人通过提存部门向债权人主张履行抗辩权（**第 525 条以下**）。如债务人不当指示提存部门行使拒绝权，将构成违约，应向债权人承担违约责任。提存部门违反指示而向债权人交付标的物的，应向债务人承担因此所生损失的赔偿责任。但是，提存部门向债权人交付提存物，仍发生替代清偿的法律效果。

本条第 2 款规定债权人的提存物领取权的存续期间及债务人的取回权。债权人的提存物领取权乃基于其对提存物的所有权，具有请求权属性，原则上无存续期间的限制。但是，若债权人长期不领取提存物，不仅增加提存费用，更造成资源闲置和浪费，故本法设存续期间以资限制，债权人自提存之日起 5 年内不行使提存物领取权的，该权利消灭，同时其对提存物的所有权亦归于消灭，标的物由国家取得所有权。该期间为不变期间，不适用诉讼时效中止、中断或者延长的规定。但是，提存物归属毕竟主要关乎债权人和债务人的私人利益，相比于由国家取得所有权，债务人的正当利益仍应优先得到保护，因此，本款设置两项例外：一是债权人未履行对债务人的到期债务，此时若仍让提存物归国家所有，则债务人一方面未能取得对待给付，另一方面亦面临丧失己方给付的风险，难谓公平，故应允许其在负担提存费用后取回提存物。需注意的是，与债务人不当指示提存部门行使拒绝权不同，在债务人依法行使取回权时，其对债权人的债务仍然消灭，但其对债权人的对待债权也在相应范围内消灭。二是债权人向提存部门书面表示放弃领取提存物的权利，依文义债务人仍可行使取回权。但是，若债务人已经取得债权人的对待给付，债务人的提存行为也发生债务清偿效果，与债权人未履行对待债务不同，债务人此时取得债权人放弃的财产并无正当理由，因此，解释上应对其作目的性限缩解释，将其限制在债务人尚未取得债权人对待给付的情形。债务人行使取回权的，标的物的孳息亦复归债务人所有。

第五百七十五条 【免除】债权人免除债务人部分或者全部债务的，债权债务部分或者全部终止，但是债务人在合理期限内拒绝的除外。

若债权人与债务人达成合意，由债权人免除债务人的债务，依合同自由原则，只要免除合意符合合同成立与生效要件，自当允许。若债权人单方向债务人作出免除债务的意思表示，是否亦能发生债务免除的效果，非无疑问。依本条规范表达逻辑，应解释为允许单方免除债务，因为协议免除不生债务人拒绝的问题。因此，债权人单方作出免除意思表示的，亦可产生债务免除之效果［**(2019) 最高法民终 65 号民判，北京高院 (2021) 京执监 44 号执裁**］。不过，债务不仅关乎债权人的利益，亦与债务人之尊严和自由决定有关，债务人此种非财产上利益并非无关紧要，因此，本条“但书”规定，若债务人在合理期限内拒绝，则债权人的单方免除表示不发生债务终止的效果［**佛山中院 (2022) 粤 06 民终 15120 号民判**］。“合理期限”之判定，依社会一般观念为之。

债权人免除债务的意思表示，是单方需受领的意思表示，其成立、生效须符合本法总则编意思表示的一般规定。尤须注意者，免除须是无须债务人支付对价而终止债务的表示，若“免除表示”施予债务人对待义务，应非免除表示，仅可依合同变更要约而定其效力［**重庆一中院 (2020) 渝 01 民终 6142 号民判**］。当事人就债务免除附条件的，仅在条件成就时才发生免除效果［**广州中院 (2023) 粤 01 民终 17705 号民判**］。债务人的拒绝，系属观念通知，准用意思表示相关规则，亦须在债权人受领后生效。

债权人可以免除全部债务，也可以仅免除部分债务。在连带债务情形中，债权人既可以免除部分连带债务人的债务，在被免除债务的连带债务人应当承担的债务份额范围内，其他连带债务人对债权人的债务也消灭（**第520条第2款**）；债权人也可以单纯免除债务人之间的连带关系（连带之免除），连带债务人由负担连带债务转变为负担按份债务［**六盘水中院（2021）黔02民终186号民判**］。

第五百七十六条 【混同】债权和债务同归于一人的，债权债务终止，但是损害第三人利益的除外。

一般情况下，债权债务分属至少两个不同主体，即债权人和债务人。但是，在特定情形下，债权债务可能同归于一人。典型例子是，因概括继受或者特定继受而使债权转移至债务人处，或者使债务移转至债权人处［**延边中院（2022）吉24民终1342号民判**］。此种原本分属至少两个主体的债权债务同归于一人的情形，即构成混同。混同属于事件，混同事实发生时即发生债权债务终止（消灭）的法律效果，至于引发混同之原因为何，则在所不问。但是，若第三人就混同之债权享有债权质权，债权因混同而消灭将损害第三人利益，本条则例外规定债权不消灭。从而，在质权实现条件具备时，质权人仍可受保护。实际上，除本条规定的例外，在有法律规定的其他情形，债权债务同样不因混同而消灭。如票据债权和票据债务同归于一人的，票据上之权利并不消灭，其目的在于维持票据之流通性。部分连带债务人的债务与债权人的债权同归于一人的，连带债务仅在该连带债务人应当承担的份额内消灭（**第520条第3款**）。

第八章

违约责任

第五百七十七条 【违约责任成立的共同要件】当事人一方不履行合同义务或者履行合同义务不符合约定的，应当承担继续履行、采取补救措施或者赔偿损失等违约责任。

依合同信守原则，当事人在订立合同后，应当依约履行义务。当事人若不履行合同义务或者履行合同义务不符合约定，则应承担相应的不利后果，即违约责任。与因违约解除合同一样，违约责任也是违约救济的方式之一。

本条对于各种违约责任规定的共同构成要件只有违约行为一项。违约行为是违反有效合同所定义务的行为。合同无效或不生效，不产生有效的合同义务，自无违约问题。在违约行为的具体表现形式上，违约行为包括不履行和履行不符合约定两种类型。不履行是指根本未履行或完全不履行，既包括拒绝履行和履行不能造成的不履行，也包括任何其他原因造成的不履行；履行不符合约定也称不完全履行或不适当履行，是指虽有履行，但履行的质量、数量、期限、地点、方式等不符合合同约定（**本编第四章**）。值得注意的是，本法未就履行不能、迟延履行、瑕疵履行等违约形态分别规定相应的违约责任，它们只是违约行为的具体表现形式，对于违约责任的成立与效果并无决定性影响。将各种违约形态抽象为“不履行合同义务或履行合同义务不符合约定”，以具体的责任形式分别建构请求权基础（**参见本法第 579～583 条评注**），有利于涵盖各种违约行为，避免出现规范漏洞和体系冲突，也与比较法上的趋势相符。合同义务依其产生根据分为约定义务、法定义务与诚信义务（**参见本法第 509 条评注**），法定义务与诚信义务的履行标准应依法律规定或诚信原则的要求为断，当事人就此通常无约定。鉴于此，对本条所称“履行合同义务不符合约定"应作扩张解释，使其包括不符合法定标准或诚信原则的违约行为在内，也即所有"履行合同义务不符合履行标准或要求"的行为均属本条所称违约行为（**第582条亦同**）。再者，合同义务按其内容或效果又分为给付义务、附随义务或保护义务与不真正义务，因违反不真正义务不产生违约责任，故本条所称合同义务仅限于给付义务与附随义务或保护义务。

本条明确列举的违约责任形式包括"继续履行""采取补救措施"（也称"补救履行"或"后续履行"）和"赔偿损失"三种。"继续履行"也称"强制实际履行"或"特定履行"，是强制违约方按照债务或义务本来形态和要求实际履行的责任形式，是合同当事人履行请求权的实现方式。就其性质而言，"强制实际履行"属于程序法或执行法上的问题，其并不表现为当事人实体法上的民事权利。但是，因我国现行法已将其作为违约责任形式对待，故从之。"采取补救措施"虽然依据本条而具有"违约责任"的属性，但是，其基本功能在于消除违约对债权人造成的不利影响，或者防止损害的发生。在这个意义上，义务人采取补救措施，如召回瑕疵产品、修理、重作、更换，以及除去权利瑕疵等，既属于其当为且应为的行为，具有民事责任的性质，也是其以最有效方式达成合同预期履行效果的手段，基于诚信原则，违约对方不得拒绝，从而构成违约方的一项权利（"补救权"），不再具有违约责任的属性。就此而言，本条规定的"采取补救措施"仅指违约方应违约对方的请求而进行的补救履行（补救义务）。作为违约责任的补救履行本质上与继续履行相同，为非金钱债务继续履行的特殊形式。"损害赔偿"是指以支付金钱或其等价物的方式填补违约对方所受财产损失或非财产损害的违约责任（**参见本法第179条评注**）。此外，依据本法，违约责任还包括支付违约金（**第179条第1款第9项、第585条第1款**）、双倍返还定金（**第587条第二句第二分句**）、减少价款或报酬（**第582条第二句**）等。

对于各种违约责任形式而言，除须具备违约行为这个共同要件外，并不具有统一的责任成立要件，而是各有自己特殊的成立要件。从规范结构看，本条旨在强调违约行为是各种违约责任形式的统一成立要件，除继续履行和采取补救措施两种责任形式外，不包括其他违约责任形式的全部可能成立要件。例如，某些违约赔偿责任可能需要满足过错要件（**如第662条第2款**），违约金责任需要具备有效违约金协议的前提条件，定金责任须以根本违约为必要，等等。在这个意义上，本条并非所有违约责任的请求权基础规范，违约责任的具体确定，应以本条并本法第579条以下诸条及本编和其他法律有关违约责任的具体规定为依据。当然，本条能够作为继续履行和采取补救措施两种责任形式的基础规范［**(2022) 最高法知民终769号民判**］，并与本法第579～580条、第582条规定形成规范竞合关系。

第五百七十八条 【期前违约】当事人一方明确表示或者以自己的行为表明不履行合同义务的，对方可以在履行期限届满前请求其承担违约责任。

在合同一方债务到期前，合同对方本无权利要求负担债务一方履行，从而也不享有要求其承担违约责任的权利。但是，在合同债务到期前，如果当事人一方明确表示或以自己的行为表明将不履行合同义务，法律仍要求合同相对方继续等待履行期届满，同时须继续准备自己所负债务的履行，则难谓合理，不仅徒增合同相对方的履约成本，亦可能扩大其可能承受的损失。故本法允许合同相对方在此情形下，无须等待合同债务履行期限届满，即可请求期前违约一方承担违约责任［**(2020) 最高法民终708号民判**］。

期前违约（也称预期违约或先期违约）包括明示毁约和默示毁约两种类型［**新疆高院 (2020) 新民申497号民裁**］。明示毁约即期前拒绝履行，是指在履行期限届满前，当事人一方以文字或书面形式明确肯定地表示其将不履行合同义务的违约形态，单纯表示到期后有可能无法履行债务，尚不足以认为其已经作出毁约表示；默示毁约则是指在履行期限届满前，当事人一方以自己的行为表明将不履行合同义务的违约形态，如将合同标的物转售他人或在标的物上设定担保物权，或者中途取回买卖标的物［**庆阳中院 (2023) 甘10民终819号民判**］。不论是何种毁约形态，它们都使对方无法期待其在履行期限届满后会实际依约履行，因此需要将期前违约和实际违约同样对待。但是，期前违约毕竟不等于实际违约，对其救济必须考虑履行期限对双方利益及救济策略选择的影响。除非违约方的行为致其在履行期限届满时不能履行，否则，违约方的履行意愿仍可能随时间延续而发生改变，因此，违约对方可以不采取任何行动，直至履行期限届满后再根据情况请求违约方承担违约责任。原则上，违约对方的等待不违反减损义务（**第591条第1款**），除非情况表明其完全不可期待违约方恢复履行。即使违约对方要立即主张违约救济，尤其是在等待没有意义的情形（如标的物已经转售并交付，或者债务人的行为使其彻底丧失依约定履行的能力），期前违约的救济也不包括主给付义务的实际履行（因为履行不再可能，或者虽然可能但履行期限尚未届满），违约对方只能依法请求采取补救措施（**第580条**）或者主张解除合同（**第563条第1款第2项**）并请求违约损害赔偿。在司法实践中，常将如下情形也视为本条适用情形。如《最高人民法院关于执行和解若干问题的规定》第19条第2项规定，债务人不履行和解协议符合本法第578条规定情形的，即使约定的履行期限尚未届至或者履行条件尚未成就，也可以恢复执行。推而广之，在当事人达成还款协议后未支付到期债务的数额已超出全部债务的一半[**渭南中院（2023）陕05民终1717号民判**]，或者未付金额已超过结算总额的五分之一，且经被上诉人催告后，其仍未履行付款义务[**青岛中院（2023）鲁02民终3843号民判**]，债权人有权要求债务人偿还全部债务。此外，在借款合同中，当事人约定借款人逾期还款，贷款人有权要求合同项下的借款提前到期的，亦与前述情形略同[**红河中院（2023）云25民终833号民判**]。前述金钱债务加速到期实际上属于实际违约的救济措施或制裁措施，与本条规范的期前违约并不相同，不应混淆。

在规范功能上，本条与前条规定一样，仅在强调期前违约与实际违约同样满足违约责任的成立要件，而非独立的请求权基础规范，要确定期前违约的违约责任，须参引相关违约责任的具体规定（**如第584、585、587条**）。

第五百七十九条 【金钱债务的继续履行】当事人一方未支付价款、报酬、租金、利息，或者不履行其他金钱债务的，对方可以请求其支付。

本条是关于金钱债务继续履行的规定，为金钱债务继续履行请求权的基础规范。

金钱债务继续履行请求权的成立要件是：（1）债务人负担有效的金钱债务。所谓金钱债务，即指债务人应向债权人支付一定数量之金钱的债务类型。就合同债务而言，金钱债务的负担以合同有效为前提，如依有效合同所负担的价款、报酬、租金、利息等支付义务。但是，本条的适用不限于基于有效合同产生的金钱债务，还包括基于其他正当法律原因所产生的金钱债务，如合同无效或解除后的金钱返还义务或损害赔偿义务，基于侵权、无因管理、不当得利等原因而发生的“其他金钱债务”。这类金钱债务的不履行亦适用本条规定（**第468条**）。（2）债务人有不履行金钱债务的行为，包括完全不履行或部分不履行［**（2021）最高法民终446号民判**］。与非金钱债务不同，通说认为，金钱债务不存在履行不能问题，因此，金钱债务之债务人，不得以履行不能为由，提出请求权消灭的抗辩。需要注意的是，尽管金钱债务总是可以被请求实际履行，但是，债务人仍可依本法其他规定主张相应的抗辩，如因违约对方没有从事可行的替代交易而减轻赔偿（**第591条第1款**），通过行使任意解除权而免于原定价款或报酬的支付义务而承担损害赔偿义务（**如第787、933条**）。此外，在合同原定的货币因管制原因无法履行时，债务人有权以债务履行地的法定货币履行（**第514条**）。

从本条文义看，“请求其支付”实际包含两种含义：一是诉外请求债务人任意履行。和其他金钱债务一样，债务人既可以支付现金，也可以转账或其他方式支付。二是通过公力强制债务人履行，如依法申请支付令，或者通过诉讼或仲裁方式取得执行依据，再依强制执行程序实现债权。在迟延履行金钱债务时，债务人除须继续履行外，尚须承担其他违约责任，如支付违约金（**第585条**）和赔偿损失（**第583、584条**）。

第五百八十条　【非金钱债务的继续履行】当事人一方不履行非金钱债务或者履行非金钱债务不符合约定的，对方可以请求履行，但是有下列情形之一的除外：

（一）法律上或者事实上不能履行；

（二）债务的标的不适于强制履行或者履行费用过高；

（三）债权人在合理期限内未请求履行。

有前款规定的除外情形之一，致使不能实现合同目的的，人民法院或者仲裁机构可以根据当事人的请求终止合同权利义务关系，但是不影响违约责任的承担。

本条第1款是关于非金钱债务继续履行的规定，为非金钱债务继续履行请求权的基础规范。

非金钱债务继续履行请求权的成立要件是：（1）债务人负担有效的非金钱债务。对本要件的理解与适用，与金钱债务相同（**参见本法第579条评注**）。不过，非金钱债务的种类更加多样，如物的交付及权利移转、劳务或服务的提供等。继续履行在性质上为债权履行请求权能的强制实现，因此，只有在依有效法律原因确定了债务人负担的非金钱债务的情况下，才发生继续履行的问题。（2）债务人不履行非金钱债务或履行非金钱债务不符合约定。和金钱债务的继续履行仅发生在债务人完全不履行（包括部分不履行）情形不同，非金钱债务的继续履行除债务人完全不履行或（可分债务的）部分履行情形外，还包括履行的质量、地点、方式等不符合约定的情形，范围更为广泛。（3）债务可请求继续履行。从债务的性质而言，任何有效债务均应被履行，但并非应履行的债务均可强制实际履行。继续履行请求权以原级履行请求权为前提，原级履行请求权被排除，则继续履行请求权亦被排除，故此，不可请求继续履行的情况属于权利阻止抗辩事由，为继续履行请求权成立的消极要件。

依本款规定，不得请求继续履行的非金钱债务包括三种类型：首先，债务在法律上或者事实上不能履行。法律上不能是指因法律禁令或者其他法律上原因，债务人不能履行或者履行将违反法律禁令，如债务人不享有或不再享有标的物的所有权，或者所转让的技术因法律管制原因被禁止转让等。事实上不能也称物理上不能，是指给付因自然法则而无法履行，如特定物买卖情形，标的物因毁损灭失而无法交付并移转所有权。其次，债务的标的不适于强制履行或者履行费用过高。债务标的不适于强制履行，是指无法强制债务人完成履行行为，且履行行为无法由第三人替代，主要是指具有高度人身依赖性的债务（如劳务或服务的提供）、不作为债务、涉及人格尊严或人格保护的债务（如肖像的许可使用）［**(2019) 最高法民终879号民判**］以及不具有继续履行条件的其他情形［**北京二中院 (2021) 京02民初101号民判**］。履行费用过高，是指履行虽然客观上可能，但是会导致债务人须付出过大的成本或者负担过高的费用，与债权人在履行后所能获得的履行利益不成比例［**北京三中院 (2021) 京03民终18421号民判**］，如破损物品的修复，如果修复费用过巨甚至超过物品本身价值，即属其例。最后，债权人在合理期限内未请求履行。如果债务履行期限届满后，债权人在合理期限内没有请求债务人履行，不仅可以推定继续履行对其没有必要，而且，债务人亦可能信赖其将不会再请求继续履行，从而调整其行为，如果允许债权人不受限制地请求继续履行，将破坏这种信赖及法律状态的稳定，因此，本项抗辩事由旨在敦促债权人及时行使权利，以便尽早结束不确定状态。此处所称合理期限，须根据个案具体情况，考虑交易或债务的性质、目的以及交易习惯等，结合诚信原则，均衡双方的利益来加以确定［**上海一中院（2021）沪01民终2526号民判**］。在债权人同时诉请解除合同和继续履行的情形，因其请求矛盾，在经释明后不作变更的，可认定债权人有放弃请求继续履行的意思。

本条第2款是关于非金钱债务不能继续履行时裁判解除合同的规定。本款规定在立法过程中引发了极大争论，以关于其是否涉及所谓违约方解除权（也称合同僵局）的问题最受关注，而此种争论也必将影响本款的理解与适用。首先必须明确的是，尽管本款可能与违约相关，但本款中裁判解除合同的适用条件并不涉及违约救济问题。本款“但书”易使人产生裁判解除合同与违约救济相关的认识，但此种观点纯属误解。本条第1款所列三种情形，的确可能与非金钱债务一方的违约行为有关，比如，债务人的违约行为（如重复出售并向他人转移权利）使债务在法律上不能履行，或者可归责于债务人的行为造成标的物灭失而使债务事实上不能履行；经济上不能履行的债务以及债权人怠于及时请求履行的债务，并不妨碍债务人主动、自愿履行（债务人未主张抗辩的履行请求权仍受保护），且债务人不履行的行为不因债权人的履行请求权被排除而失其效力，故债务人仍须承担违约责任（**本款“但书”**）。但是，无论如何应当看到，债务人违约仅是债权人继续履行请求权的成立要件之一，而本条第1款关于继续履行请求权的排除事由本身则与债务人违约与否无关。正是因为排除事由与违约无关，本款规定的裁判解除合同亦不以违约为必要。据此，裁判解除合同的适用要件为：（1）非金钱债务的继续履行请求权被排除（**参见本条第1款评注**）；（2）合同目的因继续履行请求权的排除而不能实现［**上海高院（2019）沪民申18号民裁**］；（3）当事人提出解除合同的请求［**青岛中院（2023）鲁02民终2195号民判**］。

一般而言，合同当事人双方利益对立，通常不存在共同的目的，仅合伙合同、投资协议等存在双方共同的目的或利益，因此，本款所称的“合同目的”主要是指当事人各方缔结合同的目的，也就是说，债权人与债务人具有不同的合同目的。在债务人的债务不能被请求继续履行时，若债权人愿意履行自己的对待给付义务，债务人订立合同的目的仍然可以实现。相反，若债务人不履行自己的义务，却可以请求债权人履行对待给付义务，显不合理，故而应当赋予债权人请求解除合同的权利，以排除对方对自己的继续履行请求权。如果继续履行请求权被排除可归因于债务人违约，在这种情况下，债权人本可以依本法第563条第1款第4项规定享有解除权，无须借助裁判解除合同。不过，如果继续履行请求权的排除不可归责于债务人，如因意外发生事实上不能，或者存在经济上不能的情况，除不可抗力外，现行法并未提供其他解除合同的途径，此种情况下，债权人应有权解除合同。这实际上是双务合同中双方义务牵连性的应有之义，裁判解除乃其贯彻形式，也就是说，因一方义务被排除，对方的对待性义务亦被排除，裁判解除不过是确认双方互不负担原级合同义务的方式而已［**北京三中院（2022）京03民终8448号民判**］。与前述情形不同，不论继续履行请求权的排除是否可归因于债务人违约，但债权人既不行使解除权又拒绝履行自己的义务，债务人订立合同的目的也因此而无法实现。此时，合同会发生僵局。这种僵局并不会因为解除权行使期限的限制规定而被消除，因为债权人始终存在基于双方义务牵连性的抗辩权。在这种情况下，为尽早了结纠纷，应例外地赋予债务人请求裁判解除合同的权利［**（2022）最高法知民终2308号民判，上海一中院（2021）沪01民终2526号民判**］。因此，本款规定的裁判解除对于债权人和债务人具有完全不同的意义：对于债权人而言，其实际上创设了债权人享有本法第563条规定外的一般法定解除权，裁判解除仍属于对解除权的确认。有判决认为，债权人依本款规定请求解除的，自起诉状副本或仲裁请求书副本送达对方时合同解除［**（2020）最高法知民终1911号民判**］，其合理性亦在于此。对于债务人而言，是否允许解除应经法院审查是否存在合同因僵局而陷于不能或难以继续履行的情况，因此，债务人请求解除合同只是启动裁判解除的条件，尚不能产生合同因请求而当然解除的效果［**吉林高院（2023）吉民再158号民判**］。尤其是在定期继续性合同的解除情形，人民法院或仲裁机构应当考虑债务人作出明确肯定的终止合同履行之表示的时间，以及债权人寻求替代交易的合理时间确定解除时间（**参照《合同编通则解释》第61条第1款**）。须说明者，违约方诉请解除合同的权利并非基于其违约方地位，而是基于合同因陷于僵局而不能或难以履行，致使合同目的无法实现，因此，要求违约方诉请裁判解除须“违约方不存在恶意违约的情形”（**《九民纪要》第48条**），并不适当，其最多不过是判定合同继续履行成本是否过高的权衡因素而已。

第五百八十一条 【替代履行费用的负担】当事人一方不履行债务或者履行债务不符合约定，根据债务的性质不得强制履行的，对方可以请求其负担由第三人替代履行的费用。

合同履行攸关债权人的利益，若债务人不履行或不适当履行，而债务依其性质不适于强制履行，债权人将无法从债务人的履行中实现其利益。在此种情形，若债权人希望债务被实际履行，且债务履行之效果可以经由第三人替代履行而实现（非债务人须亲自履行的债务），则可考虑由第三人替代履行，并由债务人承担因此而产生的费用，从而达成与继续履行相同的效果。本条构成此情形下债权人要求债务人承担替代履行之费用的请求权基础。替代履行费用求偿权亦可视为损害赔偿请求权的特殊形式，从而，本条亦可视为违约损害赔偿请求权的特别规定。

替代履行费用求偿权的成立要件为：（1）债务人不履行或履行不符合约定。（2）债务因其性质不得强制履行。性质上不得强制履行的债务与“债务标的不适于强制履行”（**第580条第1款第2项第一种情形**）具有相同含义。若债务可以强制履行，如金钱债务、移转标的物所有权之债务等情形，则债权人可直接申请强制执行，无须借助第三人替代履行来实现实际履行的效果。（3）债务由第三人代为履行。与本法第524条规定的第三人代为履行权不同，本条中第三人代为履行是基于债权人的请求（与债权人订立合同），或者有关机关的选定（**如《民诉法解释》第501条关于执行程序中的代为履行的规定**）。在替代履行之第三人的选定上，应结合具体情况，选择与债务人具有同等或近似之技能水平的第三人，避免产生相较于债务人履行成本过高的履行费用。（4）债权人应向或已向代为履行的第三人支付费用。此时，第三人与债务人之间并不成立费用偿付的债务关系，第三人代为履行费用构成替代履行的损害赔偿形式，债务人应向债权人进行赔偿［**吉林高院（2023）吉民申3881号民裁，长春中院（2023）吉01民终1640号民判**］。债权人是否已经向第三人支付，在所不问。

替代履行费用求偿权的法律效果是，债权人可以请求债务人承担由第三人替代履行而产生的费用［**新疆生产建设兵团第六师中院（2021）兵06民终685号民判，滨州沾化法院（2021）鲁1603民初3295号民判**］。代为履行的费用应当合理。该费用是否合理，应综合考虑替代履行的需要、履行的紧迫性、履行费用的市场价格、合同对价关系等因素加以判断。在第三人替代履行费用外，债权人还遭受其他损失的，债务人除负担替代履行费用外，还应赔偿其他损失（**第583条**）。

第五百八十二条 【瑕疵履行违约责任】履行不符合约定的，应当按照当事人的约定承担违约责任。对违约责任没有约定或者约定不明确，依据本法第五百一十条的规定仍不能确定的，受损害方根据标的的性质以及损失的大小，可以合理选择请求对方承担修理、重作、更换、退货、减少价款或者报酬等违约责任。

大陆法传统将违约形态区分为不履行、迟延履行和瑕疵履行三种。但是，本条未采“瑕疵履行”的术语，而采“履行不符合约定”的表述，两者所指实际上基本相同。相较于原《合同法》第111条“质量不符合约定”（瑕疵履行）的表述，“履行不符合约定”（不完全履行）的表述外延更宽，利于涵盖物之瑕疵以外的各种瑕疵情形，如数量不足、交付异种物、安装不当、包装不符等。与本法其他有关违约责任的规定不同，本条特别强调法定违约责任规定的任意性规范属性，允许当事人就不完全履行的违约行为约定违约责任，且约定优先于法定违约责任规定。

本条第一句是关于约定违约责任的规定。根据合同自由原则，只要满足协议生效要件，当事人均可约定违约方应当承担的违约责任，不论具体的违约形态如何。本条就不完全履行专门规定约定违约责任，主要是考虑到，完全不履行时的约定违约责任主要表现为支付违约金［**山东高院（2022）鲁民终140号民判**］、损害赔偿的计算方法与范围［**浙江高院（2023）浙民终32号民判**］，以及接受定金罚则的制裁等，本法对其已有规定（**第585、587条**），而不完全履行时的约定违约责任形式除支付违约金外，更为多样（如出卖方在合同中明确声明，若产品有质量问题，只换不修)，对此，有作专门规定的必要。如果当事人在合同中没有关于违约责任的约定或约定不明确，可以协议补充；达不成补充协议的，可以根据合同有关条款或交易习惯确定（**本条第二句、第 510 条**）。

本条第二句是关于不完全履行时法定违约责任的规定。在基本规范结构上，本句与本法第 577 条的规范结构类似。但是，本句明定受损害方“根据标的性质以及损失的大小，可以合理选择”相关违约救济，规范要素更多。就违约责任形式来看，“修理、重作、更换”为补救措施，“退货”则为合同解除后的财产返还［**青海高院（2022）青民申 809 号民裁**］，“减少价款或者报酬”（减价）为特殊的责任类型（有争议），“等”则包含了其他可能的违约责任形式，如继续履行（**第 580 条**）、违约损害赔偿（**第 584 条**）等。其中，“退货”与实际履行的要件无法以本句为基础规范（要件不全），支付违约金和定金的违约责任亦同；违约损害赔偿仅以“损失”而非“损失的大小”为要件（**第 584 条**），因此，考虑到本句关于“根据标的性质以及损失的大小”之规定，仅涉及不同救济措施的选择与确定，但无关请求权基础，本句规定可为相关请求权基础规范（**如第 584、585 条**）的辅助规范［**贵州高院（2023）黔民申 9721 号民裁**］。但是，“履行不符合约定”已充足采取补救措施和减价两种违约责任形式的成立要件，故本句可为这两种责任形式的请求权基础规范，以下分述之。

1. 采取补救措施

如前所述，作为违约责任形式的补救履行乃继续履行的特殊形式，其成立要件为：(1) 存在有效的债务。原则上，仅非金钱债务存在补救履行问题。(2) 违约方有履行不符合约定的行为。在完全不履行情形，相对方可采取请求违约方继续履行、解除合同并要求损害赔偿的救济方式，无请求采取补救措施的问题；此外，履行数量不足、期限不当、地点不符亦不生补救履行的问题，故而，补救履行主要适用于履行质量不适当（质量瑕疵）、货品不符（品质瑕疵）以及违反从给付义务或附随义务的情形（如安装、说明不当）。(3) 违约可补救。如果违约行为的后果无法通过补救而消除，如标的物因瑕疵造成永久性损害，则无补救可能。在这个意义上，采取补救措施与继续履行具有类似性，均以实际可能为必要（**类推适用第 580 条第 1 款**）。

采取补救措施的基本形式有修理、重作与更换等。修理是指消除标的瑕疵使之符合履行标准，如修补破损房屋、消除所转让或许可之技术的瑕疵等；重作则与提供的服务或劳务存在瑕疵有关，如承揽合同中交付的成果不符合质量要求而应重新加工（**第781条**）；更换是以符合约定的他物替换所提供的不符合约定的物，即返还已给付物、重新提交新物。除此之外，消除安装不当的瑕疵、除去违反约定设定的物上负担等，亦属补救履行。应留意者，“修理、重作、更换”针对不同情况而适用，对当事人的利益影响程度亦有不同，总体上后两者相对更为严重。当事人应根据违约后果与救济需要合理选择适当的补救形式。例如，在能够通过修理消除瑕疵时，原则上不能直接请求重作或更换。不过，也不可强求债权人接受反复多次的修理；并且，在当事人约定“只换不修”的情况下，应遵照约定进行补救。

2. 减价

减价是指减少合同原定给付的价款或报酬。减价救济适用于买卖、租赁、承揽、建设工程、技术合同等各种有偿合同中非金钱债务不履行的情形，是以调整对价关系的方式救济违约后果。减价救济依债权人的意思为之，理论上称债权人享有减价权。对减价权有形成权与请求权的不同立法选择。因减价措施不仅涉及救济方式的选择，还涉及减价效果（内容）的确定，故其与形成权法律效果明确的情况有别；若当事人就减价效果无法达成合意，减价就存在类似损害的认定问题，因此，应将其作为请求权对待，在当事人无法达成协议时须经裁判确定（实质为裁判变更合同价格）。这与本条有关“请求对方承担……”的规范表达文义亦相符。

减价请求权的成立要件为：（1）当事人之间存在有效的有偿合同。（2）负担非金钱债务一方履行不符合合同约定。（3）违约行为减少了履行价值。也就是说，减价救济保护的是债权人的履行利益而非其他利益，因此，若非履行利益受损害，则无适用减价救济之余地。但是，履行利益之减少，不以质量瑕疵为限，品质瑕疵、数量瑕疵等均在其列。

减价请求权的行使须债权人向违约方作出减价的意思表示，该表示应说明请求减价的理由（违约方存在不完全履行情事）［**广西高院（2023）桂民申3657号民裁**］。无论债权人是否已经付款，均不影响减价请求权的行使。如果当事人就减价达成协议，就依约定进行减价；未达成协议的，由法院或仲裁机构确定。确定减价额的具体方法分为绝对差额法和比例减价法两种：绝对差额法是依照合同价减去瑕疵给付的实际价值的差额确定减价额。比如，合同价格为10 000元，标的物实际价值6 000

元，则减价额为 10 000−6 000＝4 000（元）。比例减价法则是按照瑕疵标的物在履行时的价值与适当履行时其应有价值之比例计算减价额。如前例，若在履行时适当给付的价值为 8 000 元（交易贬值），则减价额为 10 000×（8 000−6 000）÷8 000＝2 500（元）；反之，若履行时标的物价值为 12 000 元（交易升值），则减价额为 10 000×（12 000−6 000）÷12 000＝5 000（元）。很明显，比例减价法考虑到合同对价关系因市场等因素而发生变化的情况，更为合理。但是，在交付数量不足的情形，则可以采取绝对减价法，即减价额＝标的物量差×标的物单价。债权人在行使减价请求权后还有其他损失的，如因标的物瑕疵遭受固有利益损失，违约方还应赔偿损失。

第五百八十三条 【继续履行、补救履行后的损失赔偿】当事人一方不履行合同义务或者履行合同义务不符合约定的，在履行义务或者采取补救措施后，对方还有其他损失的，应当赔偿损失。

本条旨在明确继续履行或者采取补救措施与损害赔偿之间的关系，即确认前两项违约救济措施与损害赔偿可以并用。当事人一方不履行合同义务或者履行合同义务不符合约定，除可能造成履行利益无法完全实现外，亦可能造成其他损害，如加害给付情形中造成对方人身、财产等固有利益的损害，债权人因迟延履行而遭受经济损失等。继续履行的救济仅保证履行利益得到实现，但无法避免因迟延履行而造成的损失；采取补救措施仅能消除履行瑕疵，避免因该瑕疵造成新生损害，但是，其无法消除补救后仍然残留的损害，如固有利益的损害，标的物补救后仍残留的损失（如迟延损失或标的物贬值损失）以及补救中造成的损失等。因此，对于这些损失，纵然债务人已经实际履行主债务或采取补救措施，其仍应赔偿［**浙江高院（2022）浙民终 456 号民判**］。这些损失的赔偿在性质上为违约损害赔偿，在涉及固有利益损害时亦可能成立与侵权损害赔偿的竞合关系，当事人可以选择主张何种请求权。

就继续履行或补救履行后的损失赔偿而言，本条的规范结构完整，可作为规定情形下违约损害赔偿的请求权基础［**安徽高院（2023）皖民终 355 号民判**］。损失赔偿的范围，依本法第 584 条确定。

第五百八十四条 【法定违约损害赔偿】当事人一方不履行合同义务或者履行合同义务不符合约定，造成对方损失的，损失赔偿额应当相当于因违约所造成的损失，包括合同履行后可以获得的利益；但是，不得超过违约一方订立合同时预见到或者应当预见到的因违约可能造成的损失。

一般认为，本条是关于违约损害赔偿范围的规定。但是，这种理解不无问题。首先，理论上认为，损害赔偿能够与其他违约救济措施并用（**对违约金调增救济的不同理解可能构成唯一例外，参见本法第 585 条第 2 款评注**）。这意味着，必须存在有关违约损害赔偿请求权的一般规范，但是，本法第 577、581、583 条（**甚至可能被加以利用的第 582 条**）都没有这样的规范功能。因此，关于法定违约损害赔偿责任的一般规范，必须在前述规范外另行探求。其次，本条就违约损害赔偿的成立要件规定完整、充足，仅仅欠缺明确的效果规定，即在“造成对方损失的”之后，欠缺“应当赔偿损失”的规范要素。但是，从其后“损失赔偿额应当……”的规定，结合本法第 577 条，恰恰可以得出其逻辑前提为“应当赔偿损失”这一法律效果的结论。从这个意义上讲，本条看似欠缺的“应当赔偿损失”这一规范要素，不仅暗含于本条规范文义内，而且可以结合本法第 577 条予以揭示。最后，如果将本条单纯理解为违约损害赔偿范围的规定，则在规范表述上，“造成对方损失的”应改为“应当赔偿损失的”。只有这样规范语义才能顺畅，很难想象立法者仅仅为了避免规范表达中两次出现“应当”而作目前方式的规范表达。据此，本条之规范目的，一是确定法定违约损害赔偿的请求权基础规范，二是规定法定损害赔偿范围的确定规则。

1\. 法定违约损害赔偿责任的成立

由于本法第 577 条确立的违约责任为严格责任或无过错责任，因此，根据本条第一分句前半部分并结合第 577 条之规定，违约损害赔偿责任的一般成立要件为：(1) 存在违约行为，即不履行合同义务或履行不符合合同约定（**参见本法第 577 条评注**）。(2) 违约对方受有损失。无损失无赔偿。本法并未规定损害赔偿的一般规范，理论和实践中一般认为，与损害相关的利益必须合法（受害利益的合法性），依有效合同所生利益当然满足此要件；损害还必须确定，即损害能够被证实真实存在（损害的确定性）［**海南高院（2022）琼民终454号民判**］，通常表现为可计量的损害，但不以可精确计量为限。并且，在法律规定的情形，不可计量的损害（如非财产损害）亦属可赔偿损失。对于难以准确计量的损害，通常由裁判机构酌定赔偿（**参照《合同编通则解释》第62条**）［**青海高院（2022）青民申451号民裁，北京高院（2023）京民申1751号民裁**］。此外，损害还必须是依法可请求赔偿的损害（损害的可赔偿性），如在通常违约情形，纵然因对方违约而遭受精神损害，原则上亦不得要求赔偿（**法定例外参见第996条**）。（3）违约行为与损失之间有因果关系，即违约对方所受损失系违约行为所致。（4）无免责事由。本要件为违约损害赔偿请求权的阻止抗辩。如果合同当事人存在有效的免责约定，以及存在法定的免责事由（**如第590条第1款第一句**），则不成立违约损害赔偿责任。

2. 法定违约损害赔偿的范围及其限制

根据本条第一分句后半部分之规定，违约赔偿额相当于违约所造成的损失，理论上称为“完全赔偿原则”。完全赔偿原则包括两方面的含义：一是违约损害赔偿以违约对方因违约所受损失为对象，原则上所有损失均应赔偿，其内容包括物质损失/财产损失和非物质损失/非财产损失。二是排除受害人因违约而获得超出其所受损失的得利，也称禁止债权人得利的原则。

就财产损失而言，其又分为所受损失（积极损失）与所失利益（消极损失）。所受损失是因违约行为造成现有财产减少，如固有利益的损失，费用的支出等［**（2021）最高法民申5949号民裁**］；所失利益则是指本应取得或增加之财产利益未取得或未增加，如可得报酬或转售利润的丧失、资金利息损失、投资收益丧失等［**河南高院（2021）豫民申9016号民裁**］。就损失的性质而言，其可分为信赖利益、履行利益或期待利益以及固有利益的损失。其中，信赖利益损失是因缔结或履行合同而支出的费用，在合同被解除时可获得赔偿。履行利益是合同适当履行时当事人可获得的利益。与履行利益关联的是期待利益，后者不仅包括履行利益，而且包括履行后可获得的增值利益，如转售利润。履行利益或期待利益就是本条所称违约对方在“合同履行后可以获得的利益”，直接称为可得利益（**《合同编通则解释》第60～62条**）。固有利益是指当事人固有的不以合同有效为前提的财产或人身利益，其中，与人身、财产等绝对权益相关的利益也称完整利益。信赖利益与履行利益不得同时获得赔偿，而固有利益与履行利益或信赖利益可以同时获得赔偿。财产损害额的确定通常采差额计算法，即以依约履行时受害人应有财产状况与损害发生时其实有财产状况之差额为财产损害额。不过，损害赔偿计算也可以违约对方具体受害权益或类型分别计算损害额，然后加总计算损害赔偿额，比如，替代履行费用＋迟延损害＋固有利益损失，或者可得利益＋因违约增加支出的费用，或者信赖损失＋固有利益损失等。费用支出或固有利益损失通常以实际发生的损失进行计算，与其他损害赔偿情形的计算方法一致，而可得利益的计算则为违约损害赔偿规则的特殊规则，极其重要。

在我国司法实践中，可得利益的确定主要有三种计算方法：一是利润法，即在扣除非违约方为订立、履行合同支出的费用等合理成本后，按照非违约方能够获得的生产利润、经营利润或者转售利润等计算，也就是以毛利润扣除可变成本的方式计算可得利益，故也称为净利法，利润形式包括生产利润、经营利润或者转售利润等［**浙江高院（2023）浙民终32号民判**］（**《合同编通则解释》第60条第1款**）；二是替代交易法，即以非违约方行使合同解除权并实际实施的替代交易价格与合同价格的差额计算可得利益（**《合同编通则解释》第60条第2款**）；三是市场价格法，即按照违约行为发生后合理期间内合同履行地的市场价格与合同价格的差额计算可得利益（**《合同编通则解释》第60条第3款**）。上述三种方法中，利润法实际上为履行后增值利益的计算方法，要求非违约方以必要的确定程度证明其因违约所受损害，甚至须就公司的经营情况进行更为详细的信息披露以证明自己的损失；属于具体计算方法。替代交易须在满足解除条件的违约行为发生后的合理期间内依合理方式和合理价格实施，在实际实施替代交易后，对合同视为已按照约定的标准履行，故替代交易法实际为依具体的替代交易计算履行利益的方法，也属于具体计算方法。市场价格法则可能同时包含履行利益和增值利益在内，相当于依可能的替代交易价格计算可得利益损失［**最高法（2014）民申字第195号民裁**］，属于典型的抽象计算方法。在适用关系上，利润法、替代交易法和市场价格法原则上不得同时适用，但是，在实施替代交易前可考虑依利润法计算相应可得利益损失；在分期履行仅就已届期部分实施替代交易的情形，仍可就其余部分依市场价格法计算可得利益损失。此外，在依前述方法确定可得利益赔偿后，非违约方还受有其他可赔偿损失（附带损失）的，可以一并要求赔偿。

在定期继续性合同中，一方不履行支付价款、租金等金钱债务，对方请求解除合同，在合同被依法解除的情况下，如果非违约方并未实施替代交易，则可以根据非违约方的主张，参考合同主体、交易类型、市场价格变化、剩余履行期限等因素确定非违约方寻找替代交易的合理期限，并按照该期限对应的价款、租金等扣除非违约方应当支付的相应履约成本确定可得利益损失，不过，标的物闲置期间的使用利益不得扣除［**江苏扬州中院（2013）扬民终字第0437号民判，北京一中院（2022）京01民终9222号民判**］。合同剩余期限短于合理的替代交易期限的，代之以依合同剩余履行期限计算可得利益（**《合同编通则解释》第61条**）。

难以依前述方法计算确定合同履行后可以获得的利益的，裁判机构可以综合考虑违约方因违约获得的利益、违约方的过错程度、其他违约情节等因素，遵循公平原则和诚信原则确定违约赔偿额（**《合同编通则解释》第62条**），理论上称其为酌定赔偿法。

因违约赔偿额"相当于因违约所造成的损失"，为避免赔偿范围过于宽泛，不当加重违约方的责任，本条第二分句"但书"特别规定违约损害赔偿的限制规则之一，即可预见性规则，违约赔偿额不得超过违约一方订立合同时预见到或应当预见到的因违约可能造成的损失［**北京三中院（2020）京03民终3987号民判，宿迁中院（2021）苏13民终2211号民判**］。其适用应当注意者，包括：其一，预见的主体为违约方。非违约方能否预见，在所不问。但是，能否预见之判断并非以违约方的主观认识为准，而是以"理性人"或"正常理智之人"之认识为标准［**（2016）最高法民再351号民判**］：根据当事人订立合同的目的，综合考虑合同主体、合同内容、交易类型、交易习惯、磋商过程等因素，按照与违约方处于相同或者类似情况的民事主体预见到或者应当预见到的损失予以确定［**北京三中院（2023）京03民终19489号民判**］（**《合同编通则解释》第63条第1款**）。违约方在合同订立时已经预见到的因违约可能造成的损失，则以其实际预见的范围为准。其二，预见的基准时点为合同订立时。当事人缔约时所预见或应预见的违约风险会影响合同权利、义务的配置，故对违约方在合同订立时没有也不应预见的违约损失，其不应承担赔偿责任。其三，预见的内容为因违约可能造成的损失，只需能够预见损失之类型或种类即可，无须预见其具体程度或范围［**江门中院（2021）粤07民终1212号民判**］。对于不可预见之违约损失，违约方不承担赔偿责任［**广州中院（2023）粤01民终27590号民判**］。而非违约方的超额利润损失通常会受到可预见性规则更加严格的限制。可预见性规则主要用于限制期待利益（或可得利益）的赔偿范围，信赖利益、固有利益的赔偿不在其列。非违约方请求违约方赔偿其向第三人承担违约责任应当支出的额外费用等其他因违约所造成的损失的，也受可预见性规则之限制（《合同编通则解释》第63条第2款）。

违约损害赔偿除受可预见性规则限制外，亦受减损规则（第591条）、与有过失规则（第592条第2款）及损益相抵规则之限制（《合同编通则解释》第63条第3款）。所谓损益相抵，是指非违约方因违约而获得利益或减少费用支出的，如因违约而另行与他人缔约而获得之利益，或因无须履行而节约履约成本等，应从依可得利益一般计算方法所得损害赔偿额中扣除。应扣除之利益，必须是非违约方在合同适当履行的情况下不可能获得的利益，或者必然支出的费用［(2022)最高法民再105号民判］。例如，在卖方因买方违约而另行出售原拟交付买方的货物并获得利益时，除非有证据证明卖方在向买方交付货物后不可能再出售同样货物，否则，买方不得主张扣除该利益。

第五百八十五条 【违约金】当事人可以约定一方违约时应当根据违约情况向对方支付一定数额的违约金，也可以约定因违约产生的损失赔偿额的计算方法。

约定的违约金低于造成的损失的，人民法院或者仲裁机构可以根据当事人的请求予以增加；约定的违约金过分高于造成的损失的，人民法院或者仲裁机构可以根据当事人的请求予以适当减少。

当事人就迟延履行约定违约金的，违约方支付违约金后，还应当履行债务。

当事人约定违约金条款之目的具有多样性，其既可能基于担保履约之目的而约定违约金，也可能基于违约赔偿之目的而约定违约金。前者体现违约金的担保履约功能，后者体现违约金的违约赔偿功能。违约金在类型上有法定违约金和约定违约金之分，法定违约金依法律规定发生（如逾期还款滞纳金），不适用本条第2款的裁判酌减规定，但第3款仍可适用。本条是关于约定违约金的规定。此外，违约金尚有补偿性违约金和惩罚性违约金、概括性违约金和具体性违约金之分。本条规定的约定违约金以补偿性违约金为原则，但允许具有一定的惩罚性［**（2021）最高法民申 3744 号民裁、宿迁中院（2021）苏 13 民终 3967 号民判**］。概括性违约金适用于任何违约形态，而具体性违约金则仅适用于具体违约形态或特定违约情形，如迟延履行的违约金（**本条第 3 款**）。

本条第 1 款一般性地确认了违约金约定的有效性。本款除规定约定数额的违约金外，还规定了约定因违约产生的损失赔偿额的计算方法。二者之关系，有待澄清。违约金既可以约定一定数额，亦可以基准额（如合同价款或未付款金额）的一定比例确定，还可以约定违约金的计算方法。就我国现行立法和司法实践来看，违约金虽然允许有一定惩罚性，但其仍以补偿性为基本属性定位。除定金外，现行法虽未明确禁止惩罚性违约金，但从民事关系的私法属性看，纯粹惩罚性的制裁仍应以法律明确承认为当。准此以观，虽然约定损害赔偿的计算方法针对的是损害额的确定，但其与违约金之基本属性仍能相容，故宜将其视为违约金的特殊形式。从而，违约金包括约定数额的违约金与约定损失额计算方法的违约金两种基本类型。

违约金协议为主合同的从合同，主合同不成立或无效，则违约金协议亦不生效（或无效）。但是，主合同解除的，违约金协议并不当然终止其效力，在因违约而解除合同时尤然。违约金协议的缔结目的，是使非违约方在违约行为出现后，能够直接依违约金协议向违约方主张支付违约金的违约责任，从而免去非违约方主张法定违约损害赔偿时须证明损害的负担。据此，支付违约金请求权的成立要件为：(1) 存在有效的违约金协议。违约金协议存在于主合同当事人之间，违约金协议的订立与效力认定，适用本法总则编第六章及本编第二、三章相关规定。当事人是否使用“违约金”称谓，如使用支付滞纳金、罚息、没收保证金等其他表述的，不影响违约金协议的性质认定［**广州中院（2023）粤 01 民终 18153 号民判**］。(2) 一方当事人有违约行为。违约金协议是以违约的发生为停止条件的协议，因此，在一方违约时，违约金协议因条件成就而生效。但是，对于具体性违约金而言，仅有违约行为尚非足够，还须存在约定的违约形态或违约情形才能满足本要件。尽管违约金以填补违约损失为其基本定位，但并不排除其具有一定的惩罚性，因此，在违约金协议执行时，既不要求非违约方证明损害的存在（违约金协议本身有转移损失证明负担的效果），违约方也不得单纯以违约未造成损害为由拒绝支付违约金。(3) 违约方依法应当承担违约责任。如果违约行为不满足归责要件（**如第 897 条、第 929 条第 1 款规定的违约损害赔偿责任以过错为要件**），或者存在免责事由，非违约方就不得请求违约方支付违约金。不过，若当事人就归责标准和免责事由另有约定，在满足约定生效条件的情况下，应从其约定判定违约责任是否成立。本要件性质上为阻止权利成立的抗辩事由，不论是否存在过错还是主张有免责事由，均由违约方负证明责任。在满足前述要件下，非违约方可以依约定的数额或损失计算方法所确定的金额，请求违约方支付违约金。

本条第 2 款是关于调整违约金的规定。如前所述，违约金的基本定位为补偿性，例外允许有一定惩罚性。就补偿性而言，违约金被视为当事人对违约损害赔偿额的预定。为此，当约定的违约金与违约实际造成的损失发生偏离时，就有对其加以调整的必要。当事人约定违约金不得调整，或者事先约定放弃请求违约金调整权利的，该约定无效（**《合同编通则解释》第 64 条第 3 款**）。违约金的调整分为调增（**第一分句**）与调减（**第二分句**）两种情形。

违约金调增是指违约金低于违约造成的损失时，裁判机构根据权利人的请求增加违约金。违约金调增的适用条件是：(1) 存在有效的违约金协议，且违约方应当支付违约金（**参见本条第 1 款评注**）。(2) 违约金低于违约造成的损失。既然违约金的基本功能在于补偿违约所造成的损失，当违约金不足以弥补违约所造成的实际损失时，违约对方自可在违约金外补充请求赔偿不足部分。为避免违约金与损害赔偿并用，本法采取增加违约金的方式，非违约方不得同时主张违约金和损失赔偿［**庆阳中院（2023）甘 10 民终 1455 号民判**］。在这种情况下，权利人不请求执行违约金协议，而直接请求违约方承担法定违约损害赔偿责任，应无不可［**新疆高院（2023）新民申 1239 号民裁**］。非违约方请求调增违约金的，应当就违约金低于违约造成的损失负证明责任［**安徽高院（2023）皖民申 9462 号民裁**］。(3) 须申请人民法院或仲裁机构予以增加。违约金调增属于对违约金协议的变更，因此，在当事人不能达成协议时，只能经裁判途径变更。违约金调增应将违约金与违约所造成的损失进行比较，但是，“造成的损失”仍然需要受到因果关系以及可预见性规则的限制（**参见本法第 584 条评注**），只有那些应由违约方承担的违约损失，才能作为违约金调增的参照基础［**(2021) 最高法民申 3744 号民裁**］。是否申请违约金调增由当事人自由决定，非经权利人申请，人民法院或仲裁机构不得主动调整［**新疆高院伊犁哈萨克分院（2021）新40民终2128号民判**］。

违约金调减是指违约金过分高于违约造成的损失时，违约方请求减少违约金。违约金调减的适用条件是：（1）存在有效的违约金协议，且违约方应当支付违约金。（2）违约金过分高于违约造成的损失。与违约金调增不同，违约金调减的正当性强调违约金补偿性的基本功能定位，并避免对违约方过度惩罚。对“过分高于”的判断，应当以本法有关违约损害赔偿一般规定（**第584条**）所确定的损失为基础，兼顾合同主体（是商事主体还是自然人）、交易类型（是商事交易还是民事交易）、合同的履行情况、当事人的过错程度、履约背景等因素，遵循公平原则和诚信原则进行衡量。一般而言，约定的违约金超过造成的损失的30%的，可认定为“过分高于”。但是，这只是参考标准而非绝对标准，人民法院或仲裁机构仍可以根据具体权衡结果突破30%的参照标准（**《合同编通则解释》第65条第1、2款**）［**（2021）最高法民终748号民判、（2022）最高法知民终518号民判**］。同时，违约金本身具有转移损失证明的功能，因此，“过分高于”的相关事实应由违约方负证明责任［**（2021）最高法民申5109号民裁**］；在其已提供合理证明的情况下，非违约方主张约定的违约金合理的，也应当提供相应的证据［**辽宁高院（2021）辽民申8622号民裁**］（**《合同编通则解释》第64条第2款**）。（3）须申请人民法院或仲裁机构予以减少。实践中，常常存在违约金明显畸高，但违约方未请求调减的情况（在缺席审理时尤其严重）。因本法明确要求违约金调整须“根据当事人的请求”而为，故人民法院或仲裁机构不得主动调整［**河南高院（2019）豫民申8760号民裁、辽源中院（2020）吉04民终249号民判**］。但是，可以更加宽松地适用申请启动要件，只要违约方有认为违约金过高的表示，不论是以抗辩、反诉还是单纯否认表示，人民法院或仲裁机构均可根据实际情况认定违约方有申请调减的意思［**新疆高院（2024）新民申233号民裁，荆州中院（2023）鄂10民终3322号民判**］（**《合同编通则解释》第64条第1款**）。例如，当事人以合同不成立、不生效或无效、不构成违约或者不存在损失为由进行抗辩的，若人民法院或仲裁机构认为该抗辩不成立，应当就当事人是否请求调整违约金进行释明，并根据当事人的请求进行相应处理（**《合同编通则解释》第66条**）。与违约金调增不同，违约金调减只是以可赔偿的违约损失为参照，而非以约定的违约金为基准，故调减时应考虑违约损害后果的实际情况（尤其是不可计量的违约后果）、违约方的过错情况。因此，调减后的违约金应该适当高于被证明的可赔偿违约损失额。同时，恶意违约的违约方原则上不得请求减少违约金（**《合同编通则解释》第 65 条第 3 款**），以避免减弱违约金的促进履约担保功能。当然，即使考虑到恶意违约情节，违约金仍然畸高的，仍不妨允许违约方请求调减。不过，当事人违反诚实信用原则不履行和解协议，并在和解协议违约金诉讼中请求减少违约金的，人民法院不予支持（**指导案例 166 号**）。

本条第 3 款是关于迟延违约金与实际履行可以并用的规定。迟延违约金仅补偿了违约行为所造成的迟延损失，并不涉及合同的履行利益，因此，违约方支付迟延违约金后，还应当履行债务［**北京二中院（2021）京 02 民初 101 号民判**］。反之，违约方已经实际履行后，对方仍可要求其支付迟延违约金［**临沂中院（2022）鲁 13 民终 2860 号民判**］。

第五百八十六条　【定金的成立与数额限制】当事人可以约定一方向对方给付定金作为债权的担保。定金合同自实际交付定金时成立。

定金的数额由当事人约定；但是，不得超过主合同标的额的百分之二十，超过部分不产生定金的效力。实际交付的定金数额多于或者少于约定数额的，视为变更约定的定金数额。

本条第 1 款规定定金的性质及定金合同的成立要件。定金是法定债权担保方式之一（**本条第 1 款第一句**）。定金分立约定金、成约定金、解约定金与违约定金等类型［**（2016）最高法民申 994 号民裁，锦州中院（2020）辽 07 民终 946 号民判**］。立约定金乃作为订立合同之担保的定金，成约定金则以定金交付为合同成立或生效特别要件的定金，解约定金以丧失所付定金或双倍返还收取的定金作为行使合同解除权的定金，违约定金乃合同履行担保的定金。从前述四种定金类型来看，仅立约定金和违约定金具有典型担保的功能，解约定金为解除权的行使代价，可视为广义担保的形式，而成约定金只有最弱的广义担保意义（不交付定金导致合同不成立）。理论上还有所谓证约定金，即以交付定金作为合同成立之证据的定金。其功能与前述后三种定金形式交错，独立价值有限，实践中罕见其例。本法关于定金的规定，从其体系位置和法律效果看，以违约定金为规范类型，不涉及其他定金类型，但当事人约定其他定金类型的，仍应允许（**《合同编通则解释》第 67 条第 2～4 款**）。不过，在当事人未约定定金类型或约定不明时，应当解释为违约定金［**楚雄中院（2023）云 23 民终 1914 号民判**］（**《合同编通则解释》第 67 条第 1 款第二句**）。违约定金对给付定金一方而言，具有债权性担保的属性；对接受定金一方而言，则具有物权性担保的效果。

除成约定金外，定金性质通过其效果予以呈现，因此，当事人约定交付“留置金、担保金、保证金、订约金、押金或者订金”，只要约定了定金性质，就仍具有定金性质［**最高法（2006）民一终字第 9 号民判**］；即使约定了“定金”，但并未表明其性质的，仍不构成本条所称定金（**《合同编通则解释》第 67 条第 1 款第一句**）。原则上，当事人在约定定金时应明确定金的法律效果，如成约定金应明确以定金交付作为合同成立或生效条件的效果，解约定金应表明以丧失或双倍返还定金作为合同解除条件的意思，立约定金与违约定金应明确定金罚则的内容。若当事人约定了丧失或双倍返还定金的效果，但对其适用情形约定不明，属于定金类型约定不明的情形，不影响定金合同的成立，推定为违约定金。当事人未明确定金效果，但对定金性质无争议的，仍成立定金合同［**无锡中院（2023）苏 02 民终 235 号民判**］；若存在争议，应由主张定金效果的当事人就存在其所称定金约定的事实负证明责任。

就违约定金而言，其成立条件是：（1）须存在有效的被担保债权。定金担保权从属于所担保的主债权，主债权不成立或无效，定金担保权亦不设定。（2）须当事人之间的定金合同成立。定金合同的当事人为主合同当事人。除定金合意外，定金合同作为要物合同（实践性合同），自定金实际交付时成立（**本条第 1 款第二句**）［**绍兴中院（2020）浙 06 民终 778 号民判**］。以现金作为定金的，现金须被移转占有至受领定金一方；以银行转账、网上电子汇款等方式交付的，账款须到达受领定金一方的账户；以票据交付的，须使对方依法取得票据权利。须注意者，定金给付并不以金钱为限，亦可为其他可代替物。（3）须定金合同有效。定金合同应满足合同的效力要件（**总则编第六章第三、四节及本编第三章**）。主合同无效的，定金合同亦无效（**第 388 条第 1 款第四句**）。有效的定金合同设定当事人的担保权，即非违约方得依法主张适用定金罚则。

第 2 款规定定金数额的确定规则。定金担保为意定担保，定金的数额原则上由当事人自主约定（**本条第 2 款第一句第一分句**）。但是，因定金具有明显的惩罚性，为避免对违约方惩罚过重，在法政策上对其宜加限制。本条第 2 款第一句第二分句明确规定，定金的数额不得超过主合同标的额的 20%，超过部分不产生定金效力［**江门中院（2023）粤 07 民终 4491 号民判，常德中院（2023）湘 07 民终 1313 号民判**］。在前述限额内，如果当事人实际交付的定金多于或者少于约定数额，视为变更约定的定金数额（**本条第 2 款第二句**），以适应定金合同的要物性特征。但是，此种解释规则以当事人对所付金钱的“定金”性质有认识为前提，若当事人对多交付的金钱另有表示（如支付预付款或价款），则不属于本条所称“多交付的定金”，亦不生定金数额的约定变更问题。

第五百八十七条 【违约定金的效力】债务人履行债务的，定金应当抵作价款或者收回。给付定金的一方不履行债务或者履行债务不符合约定，致使不能实现合同目的的，无权请求返还定金；收受定金的一方不履行债务或者履行债务不符合约定，致使不能实现合同目的的，应当双倍返还定金。

违约定金以违约为适用前提，因此，如果债务人依约适当履行了债务，则无定金罚则的适用（定金担保权的行使）问题。此时，已付定金如何处理，由当事人自由协商。如果没有约定，已付定金可用于抵扣给付定金一方应付对方的价款或者由其收回（请求返还）（**本条第一句**）［**乌鲁木齐中院（2023）新 01 民终 2479 号民判**］。值得注意者有二：其一，价款抵扣具有法定抵销之性质，即可由交付定金一方主张，亦可由收取定金一方主张，但应满足抵销之要件（**参见本法第 568、569 条评注**）。其二，尽管债务人存在不履行或履行不符合约定的情形，但若不满足执行定金罚则的条件（**本条第二句**），如其后债务人通过继续履行等方式承担了违约责任，或者债务不完全履行不影响合同目的的实现，则仍然发生定金抵扣价款（或赔偿金）或收回之问题。

定金罚则的适用条件为：（1）当事人之间存在有效的定金合同（**参见本法第 586 条评注**）。（2）债务人不履行债务或者履行债务不符合约定，致使对方不能实现合同目的（成立根本违约）［**山东高院（2021）鲁民终 1697 号民判，沈阳中院（2023）辽 01 民终 20131 号民判**］。若当事人的违约行为轻微，不影响对方合同目的的实现，则无定金罚则的适用［**兰州中院（2023）甘01民终611号民判**］。详言之，若系债务人原因致使债务不能履行或拒绝履行，可适用定金罚则，但拒绝履行后被强制实际履行的，不得适用定金罚则；履行不符合约定致使不能实现合同目的的，可适用定金罚则，否则，债权人仅得请求债务人承担其他违约责任，而不得请求适用定金罚则。就此而言，定金罚则不得与继续履行并用，且在补救履行无果后才能根据情况适用。不过，在双方当事人均具有致使不能实现合同目的的违约行为时，任何一方均不得请求适用定金罚则；仅一方违约为根本违约，另一方仅有轻微违约的，仅轻微违约一方能够请求适用定金罚则（**《合同编通则解释》第68条第1款**）。当事人一方已经部分履行合同且对方接受的，对方只能主张按照未履行部分所占比例适用定金罚则；但部分履行不能实现合同目的的，对方可以主张按照合同整体适用定金罚则（**《合同编通则解释》第68条第2款**）。据此，应交付数物仅其中部分标的物未交付或不符合约定，或者分批交付的标的物仅部分批次标的物未交付或交付不符合约定，致使该部分标的物的合同目的不能实现的，定金罚则仅能按比例适用于该部分标的物；可分物部分交付或交付不符合约定的，亦同。部分标的物不交付或交付不符合约定，致使整个合同目的或后续批次标的物交付亦不能实现合同目的的，当事人可以就合同整体或相应批次标的物请求适用定金罚则。（3）无免责事由。定金罚则的适用不以债务人违约有过错为必要。但是，其作为违约责任的承担方式，若债务人一方存在违约责任免责事由，如因不可抗力致使合同不能履行，则仍不得适用定金罚则（**《合同编通则解释》第68条第3款**）。

定金罚则的适用效果是：给付定金的一方根本违约的，无权请求返还定金（或相应部分定金）；收受定金的一方根本违约的，应当双倍返还定金（或相应部分定金）。

第五百八十八条 【定金与违约金、法定损害赔偿的关系】当事人既约定违约金，又约定定金的，一方违约时，对方可以选择适用违约金或者定金条款。

定金不足以弥补一方违约造成的损失的，对方可以请求赔偿超过定金数额的损失。

本条第1款规定定金与违约金的适用关系。定金和违约金都有担保合同履行的功能，同时也都是违约责任的承担方式。合同当事人为了保障合同履行，合理安排违约责任，可能同时约定违约金和定金。在此情形下，如果发生债务人不履行债务或履行债务不符合约定，且同时满足支付违约金和适用定金罚则的条件，则非违约方可以根据自身利益进行判断，选择适用违约金或者定金条款。因两种违约责任承担方式都具有类似的惩罚和补偿双重功能，故非违约方只能择一主张，而不能主张同时适用［**新疆高院（2023）新民申278号民裁**］。当然，如果只满足违约金条款而不满足定金条款的适用条件，自无非违约方选择适用的问题。在选择权的行使方式上，适用本法有关选择之债当事人选择权的行使规定（**第516条第1款**）。但是，在非违约方作出选择后，是否允许其变更，非无可议。因其效果涉及金钱给付，不同于一般选择之债，在债务人未实际履行，或者诉讼一审或仲裁辩论终结前，似可允许权利人变更。在非违约方未作出选择或同时主张时，裁判机构应予释明。

第2款规定定金与损害赔偿的适用关系。定金虽具有惩罚性，但其作为民事责任之补偿属性仍应维持（此与违约金相同），因此，当违约行为同时满足定金条款和法定违约赔偿的适用条件时，如果违约造成的损失小于或相当于定金数额，则在适用定金罚则后不得再要求损害赔偿［**广州中院（2023）粤01民终14776号民判**］。并且，与违约金情形不同，纵然定金高于违约造成的损失，违约方也不得请求裁判机构调减［**最高法（2015）民二终字第423号民判**］。原因在于，尽管定金相较于违约金具有更强的惩罚性，但法律对于定金数额已有限制，不会发生过度惩罚的问题。但是，当定金不足以弥补违约造成的损失时，与违约金相同，非违约方可请求赔偿超出定金数额的损失［**蚌埠中院（2021）皖03民终691号民判，上海一中院（2020）沪01民终4073号民判**］。此系违约救济之当然效果，定金本系保护非违约方之手段，不得因定金之适用反不利于其权利救济。据此亦可推论，非违约方可不主张适用定金罚则而仅要求法定损害赔偿。此系其对自己权利的处分，应无不许之理。

第五百八十九条　【债权人拒绝受领】债务人按照约定履行债务，债权人无正当理由拒绝受领的，债务人可以请求债权人赔偿增加的费用。

在债权人受领迟延期间，债务人无须支付利息。

债务之履行，不仅需要债务人为给付，也可能需要债权人协助，包括接受债务人的给付（如标的物的交付或服务的提供），债权人的此种协助义务，理论上称受领义务。原则上，债权人拒绝受领的，仅发生其权利减损（**如本条第 2 款**），或者债务人取得提存权的效果（**第 570 条第 1 款第 1 项**），并不发生违约责任之问题，故理论上将其性质确定为不真正义务［**天津高院（2020）津民申 310 号民裁**］。但是，这种定性不无问题。因为债权人拒绝受领阻碍债务的顺利履行，并可能因此造成债务人损失（如履行成本增加），违反债权人依诚实信用原则所应承担的附随义务（**如协助义务，第 509 条第 2 款**），满足违约构成要件，故债权人须承担违约责任［**临沂中院（2021）鲁 13 民终 72 号民判**］。

债权人拒绝受领的成立条件是：（1）有合法有效的债务。无债务无履行，自无拒绝受领问题。（2）债务之履行须债权人受领。无须受领的债务，如不作为债务，无拒绝受领问题。但是，受领不以有体物或权利之受取为限，还包括接受依约提供的服务。（3）债务人按照约定提出履行。若债务人未按照约定的标的数量、质量、地点、期限、方式提出履行，债权人得拒绝受领，除非不符合约定的履行仍能满足给付目的，此时债权人依诚实信用原则不得拒绝受领（**如第 530 条第 1 款及第 610 条**）。（4）债权人拒绝受领，即不接受债务人适当提出的履行。（5）债权人拒绝受领无正当理由。债权人拒绝受领的正当理由或源自债务人，如债务人提供的履行不符合合同约定，不能达到合同目的；或与债务人无关，如债权人因不可抗力原因不能受领。如果不能受领之风险存在于债权人一方，如债权人下落不明、丧失行为能力或死亡等原因致使债务无法履行，是否构成正当理由，有待探讨，以否定为宜（**参照第 605 条**）。债权人就享有拒绝受领的正当理由之事实负证明责任。

当成立债权人无正当理由的拒绝受领时，将产生以下法律后果：首先，债务人有权要求债权人赔偿增加的费用（**本条第 1 款**）。债务人因债权人拒绝受领而增加的费用，包括因此而徒然支出的履行费用，为继续履行而增加支出的保管或仓储费用［**山东高院（2021）鲁民终 1737 号民判**］，为提存而支出的提存费用（**第 573 条第三句**），标的物新增的维护费用等。这些费用在合理限度内，均系因债权人无正当理由拒绝受领所生，债务人有权要求其赔偿。其次，债务人有权提存标的物（**第 570 条第 1 款第 1 项**）。再次，债权人承担迟延受领后标的物意外毁损、灭失的风险（**第 605 条**）。又次，在债权人拒绝受领致使不能实现合同目的时，债务人有权解除合同（**第 563 条第 1 款第 4 项、第 778 条第二句第二分句**）。最后，因债权人受领迟延致使债务未能履行的，债务人免负迟延责任，对应付款项无须支付利息（**本条第 2 款**）［**长春二道区法院（2021）吉 0105 执异 91 号执裁**］。

第五百九十条 【不可抗力的免责事由】当事人一方因不可抗力不能履行合同的，根据不可抗力的影响，部分或者全部免除责任，但是法律另有规定的除外。因不可抗力不能履行合同的，应当及时通知对方，以减轻可能给对方造成的损失，并应当在合理期限内提供证明。

当事人迟延履行后发生不可抗力的，不免除其违约责任。

除法律另有规定外，不可抗力是民事责任的一般免责事由（**第 180 条**），违约责任为民事责任之一种，自不例外。不可抗力免责的成立条件是：（1）须有违约行为（**参见本法第 577 条评注**），即债务人不能依合同约定或债务本来要求履行，即客观上存在违反合同义务的事实。（2）须合同成立后发生不可抗力（**参见本法第 180 条评注**）。若不可抗力发生于合同成立前，则不适用本条规定［**（2019）最高法民终 960 号民判**］。（3）须违约行为系因不可抗力所致［**北京高院（2022）京民终 498 号民判，江门中院（2023）粤 07 民终 4846 号民判**］。不可抗力免责的效果是免除债务人的违约责任，其内容根据不可抗力的影响程度而有不同：不可抗力造成不能实现合同目的的，当事人可以请求解除合同（**第 563 条第 1 款第 1 项**）；不可抗力造成给付失衡的，受不利影响一方可以依情势变更规则请求裁判机构变更或解除合同（**第 533 条第 1 款**）；若不可抗力造成合同义务全部和部分不能履行，则在相应范围内免除债务人的违约责任，但按剩余部分履行不能实现合同目的的，免除债务人的全部责任；如果不可抗力仅造成债务不能如期履行，就延缓履行期限并免除债务人的迟延责任。法律规定不可抗力不免除违约责任的，不发生不可抗力的免责效果，如对因不可抗力造成的保价的给据邮件损失不免除邮政企业的赔偿责任（《邮政法》第 48 条第 1 项）。本条第 2 款关于迟延履行后发生不可抗力的，不免违约责任的规定，亦属其例。

在出现不可抗力导致不能履行合同后，违约方应及时通知对方，以减轻因不履行可能给对方造成的损失。此外，违约方应在合理期限内对不可抗力的发生及其对合同的影响提供证明。此两项义务系基于诚信原则而成立的附随义务，目的是保护债权人之利益。违约方不履行此义务，造成债权人损失的，债务人仍须承担相应的违约责任［**广东高院（2019）粤民申 96 号民裁，新疆生产建设兵团第四师中院（2023）兵 04 民再 2 号民判**］。

第五百九十一条　【减损规则】当事人一方违约后，对方应当采取适当措施防止损失的扩大；没有采取适当措施致使损失扩大的，不得就扩大的损失请求赔偿。

当事人因防止损失扩大而支出的合理费用，由违约方负担。

本条第 1 款规定减损义务及违反义务的后果。减损义务是指非违约方在违约发生后采取适当措施防止损失扩大的义务。该种义务旨在促进相互协作、增进社会效益。因此，减损义务并非针对合同对方当事人的义务，而是具有不真正义务的性质［**江门中院（2020）粤 07 民终 4606 号民判，北京二中院（2020）京 02 民终 9665 号民判**］，既不发生请求履行或强制执行的问题［**上海浦东法院（2013）浦民二（商）初字第 3603 号民判**］，也不发生违反义务的民事责任问题，仅仅发生义务人权利减损或丧失的效果。本条第 1 款与可预见性规则一样，属于违约损害赔偿范围的限制规则。

减损义务发生的唯一要件是，有违约行为发生并有造成损失的可能性。原则上，违约与减损义务相伴而生，有违约即有减损义务。但是，实际要发生减损义务，尚需违约行为有造成损害且该损害能够通过减损措施予以避免或防止。不能避免或防止的损失，无减损问题。减损义务的内容是“采取适当措施防止损失的扩大”，具体表现为：（1）停止履行或履行之准备。但是，因债务人违约时，债权人有请求其继续履行的权利，故而，停止履行作为减损义务应考虑案件的具体情况，从严把握。只有在无法合理期待债务人继续履行时，停止自己的履行或履行准备才属于减损义务的履行方式。(2) 替代交易。如果债权人可以通过合理的替代交易避免违约损害，在债务人明确拒绝履行或不能履行时，债权人有寻求替代交易之机会并从事替代交易之减损义务，如进行转售、重新招租或另寻工作机会等。(3) 其他情形。例如，在发生火灾事故后积极采取措施灭火，发生人身损害事故后积极配合治疗，在解除合同后及时协助收回标的物［**上海二中院（2020）沪 02 民终 3179 号民判**］等。采取的减损措施是否适当，应当考虑违约的具体情况、采取补救措施的可能性、采取措施是否及时、花费是否合理等因素综合判断。非违约方未采取减损措施或采取减损措施不当的，对因此产生的扩大损失无权请求违约方赔偿［**新疆高院（2023）新民申 186 号民裁，甘肃高院（2024）甘民申 4 号民裁**］。相应地，违约方亦可以此抗辩，以缩小其损害赔偿责任的范围。从这个意义上看，如果违约方存在免责事由，纵然非违约方采取了减损措施，亦无减损规则的适用余地。

第 2 款规定非违约方减损费用的赔偿请求权。非违约方就支出的减损费用，可以请求违约方进行赔偿。该请求权的成立条件是：(1) 须发生违约行为。(2) 须非违约方因采取减损措施而支出费用。(3) 须减损措施适当。非违约方采取措施不当而支出的费用不得请求赔偿，措施适当但未发生减损结果的，不影响求偿。该赔偿请求权系违约损害赔偿请求权的延伸，因此，只要费用支出合理，就当然应由违约方赔偿。通常而言，只要措施适当，因此而支出的费用即推定为合理。

第五百九十二条 【双方违约和与有过失】当事人都违反合同的，应当各自承担相应的责任。

当事人一方违约造成对方损失，对方对损失的发生有过错的，可以减少相应的损失赔偿额。

双方违约，是指合同双方都负有义务，且双方均不履行义务或履行义务不符合约定。如果仅一方违约，对方因此而享有相应的抗辩权，如双务合同中的履行抗辩权（**第 525～528 条**），则享有抗辩权的一方不履行合同不构成违约，因为在这种情况下，其义务履行期限视为未届至。如果不属于这种情况，在双方均存在违约行为且满足违约责任的成立要件时，双方应当根据各自的违约行为向对方承担违约责任［**乌鲁木齐中**

院（2023）新01民终6054号民判］。由于双方各自独立承担违约责任，双方违反的义务是否具有牵连性，是否同为给付义务，在所不问。在规范属性上，本条并非主张违约责任的请求权基础，各自的违约责任适用本章相关违约责任的规定（第579～585条、第587条、第588条第2款、第589条）。

与有过失/过错亦称过失相抵或混合过错，是指受害方对于损害的发生也有过错的，相应减少赔偿义务人的赔偿额［（2016）最高法民终266号民判，安徽高院（2023）皖民终355号民判］。这是一项广泛适用于损害赔偿领域的赔偿范围限制规则（如第157条第二句第二分句、第1173条）。债权人对违约损失的发生也有过失的，如对瑕疵产品使用不当、无正当理由拒绝违约方的补救履行、拒绝配合治疗等，让债权人对自己过错造成的损害承担不利后果（无权向违约方请求相应的赔偿），既符合公平原则，防止债权人不当转嫁损害［浦东法院（2019）沪0115民初213号民判，河北张家口中院（2014）张民终字第277号民判］，也有利于避免损害发生，增进社会利益。这里所称“过错”，是指债权人的不当行为与债务人的违约行为共同作用造成债权人同一损害，债权人对该不当行为引发损害存在故意或过失。“相应的损失赔偿额”是指与债权人过错相应的损失额；在具体判断上，往往需要将债权人的过错与债务人的过错进行比较而确定减少赔偿额的程度或范围。但是，在违约责任采严格责任或无过错责任之归责原则时，应当将违约行为与非违约方过错行为引致损失的原因力进行比较。在规范性质上，本条为抗辩规范，违约方主张债权人与有过失的，应当就可认定对方存在过错的事实负证明责任。

第五百九十三条 【因第三人原因违约】当事人一方因第三人的原因造成违约的，应当依法向对方承担违约责任。当事人一方和第三人之间的纠纷，依照法律规定或者按照约定处理。

本法第577条确立了违约责任的一般归责标准为严格责任原则，故当事人一方违约的，都应当向对方承担违约责任，除非存在本法规定的免责事由。本法明确规定的免责事由只有不可抗力（第590条）、免责条款（第506条推论）以及其他法定免责规定（如第710条、第747条第一句）。除此之外，债务人应就任何违约行为依法承担违约责任，包括为第三人原因造成的违约承担违约责任。本条旨在贯彻合同相对性原则，故不允许债务人将非当事人原因引致的违约作为不承担违约责任的抗辩理由［**清远中院（2021）粤18民终5207号民判**］，债权人亦不得直接要求第三人承担违约责任［**（2021）最高法民申2686号民裁**］。但是，因第三人范围及引致违约的情形差异极大，本条之适用极易引发争议。

本条第一句规定债务人应为第三人原因造成的违约承担违约责任，其适用条件是：（1）债务人存在违约行为，即债务人不履行债务或者履行债务不符合约定。若债务人已如约履行债务，即使债权人之债权确实因第三人原因未能实现，亦不构成本句规定的“因第三人的原因造成违约”［**北京一中院（2021）京01民终1475号民判**］。（2）债务人的违约系第三人原因造成。如第三人引诱或阻止债务人履行合同，或者在连环买卖中，因出卖人的上游供货方交付的产品不合格造成出卖人不适当履行，因他人装修原因造成租赁物质量不合格等。这里所称“第三人”非与合同履行无关之一般第三人，主要包括当事人的雇员或工作人员、代理人或受托人（履行辅助人），原材料或零部件供应商、批发商或制造商，其他与合同履行有关的人，如次承租人或分包人、区段承运人等，以及债务人的上级机关。（3）第三人原因非债务人违约责任的免责事由。在债务人应承担的违约责任为严格责任时，若第三人原因构成不可抗力（如劫机行为），或者第三人引致违约的风险不在债务人应当负责的风险范围内，如客运合同中由第三人负担全责的交通事故造成乘客伤害的，债务人均不承担违约责任。当法律已对第三人致害风险作出分配时，如出租人应在租赁期限内保持租赁物符合约定的用途（**第708条**），出租人应对与其无关的第三人原因造成的违约后果承担责任［**广州中院（2023）粤01民终15693号民判**］。不过，前述风险分配应限于给付风险，而不应包括第三人原因造成债权人固有利益损害的风险。正是在这个意义上，本条明确强调，债务人仅需“依法”向对方承担违约责任。这也表明，本法并非债务人承担违约责任的请求权基础规范，相关违约责任的认定，须参引本法其他规定。此外，本句仅规定违约方应依法向对方承担违约责任，对于第三人与违约对方的关系并无规定。若法律有规定，自应适用相关规定（**如第791条第2款第二句、第834条**）。若无相关规定，则在第三人行为满足侵害债权之要件（**第1165条第1款**）时，债权人可向第三人主张侵权责任。

本条第二句规定违约方与第三人之间的关系。对债务人因承担违约责任所受损失，债务人与第三人之间有约定的，从其约定；无约定的，依照相关法律规定（如违约损害赔偿责任或侵权损害赔偿责任等规定）处理。

第五百九十四条 【国际货物买卖合同和技术进出口合同的特殊时效规定】因国际货物买卖合同和技术进出口合同争议提起诉讼或者申请仲裁的时效期间为四年。

本法第 188 条第 1 款规定："向人民法院请求保护民事权利的诉讼时效期间为三年。法律另有规定的，依照其规定。"本条属于该款但书规定的特殊情形。依本条的规定，因国际货物买卖合同和技术进出口合同争议提起诉讼或者申请仲裁的，适用 4 年的较长时效期间。在适用对象上，本条所指的"国际货物买卖合同"可依《国际货物销售合同公约》第 1～3 条确定，"技术进出口合同"可依《技术进出口条例》第 2 条确定。此外，本条规定的诉讼时效之起算、中止、中断等，应适用本法总则编第九章相关规定。

第二分编　典型合同

第九章

买卖合同

第五百九十五条　【买卖合同的定义】买卖合同是出卖人转移标的物的所有权于买受人，买受人支付价款的合同。

本条为买卖合同的定义规范，通过规定合同当事人的主给付义务界定买卖合同。买卖合同中，出卖人的主给付义务为向买受人转移标的物的所有权，由此将买卖合同与以提供劳务为主给付义务的合同，以及不涉及标的物所有权移转的合同，如租赁合同、保管合同、仓储合同等相区分。买受人的主给付义务为支付价款，由此将买卖合同与其他无偿合同相区分。依据本条规定，买卖合同属于双务、有偿、诺成合同。

“转移标的物所有权”的表述表明，本条所规定的买卖合同标的物以有体物为限，包括动产与不动产。权利等无体物的有偿转让，如债权让与、股权转让等，适用法律的特别规定。但是，依照本法第646、647条的规定，权利转让、其他标的的买卖与互易合同等有偿合同可以参照适用买卖合同章的规定。

第五百九十六条　【买卖合同的通常条款】买卖合同的内容一般包括标的物的名称、数量、质量、价款、履行期限、履行地点和方式、包装方式、检验标准和方法、结算方式、合同使用的文字及其效力等条款。

本条属于任意性规范，旨在为当事人订立买卖合同提供示范与参考。根据条款是否影响买卖合同的成立，本条列举的合同条款可分为必要条款（要素）与非必要条款（常素或偶素）。一般来说，当事人名称或者姓名、标的和数量为合同的必要条款。买卖合同中还涉及价款是否为必要条款的问题。由于必要条款的确定必须能够反映相关合同类型最本质的要素，而买卖合同以有偿为特征，获取价款是出卖人订立买卖合同的目的，因此，价款属于买卖合同的必要条款，合同双方当事人必须就价款的给付达成合意，否则买卖合同不能成立〔**石家庄中院（2017）冀01民终6095号民判**〕。但是，合同价款只需在应当履行时能够确定即可，若未约定价款或约定不明，可以协议补充，达不成协议的，可以依照本法第511条第2项确定〔**陕西延安中院（2014）延中民一终字第00549号民判**〕。如果当事人没有约定价款，且无法以前述方法补充的，买卖合同应当认定不成立。

第五百九十七条 【买卖合同的标的物】因出卖人未取得处分权致使标的物所有权不能转移的，买受人可以解除合同并请求出卖人承担违约责任。

法律、行政法规禁止或者限制转让的标的物，依照其规定。

本条是关于出卖人无权处分导致标的物所有权不能转移的法律后果的规定。本条体现了对买卖合同与物权变动效果的区分思想，明确了出卖人对标的物无处分权不影响买卖合同效力的规范意旨。

本条第1款规定了出卖人无权处分致使无法转移标的物所有权时的两种法律后果，即合同解除和违约责任。这两种后果的共同成立要件为，出卖人因未取得处分权致使无法履行买卖合同项下转移标的物所有权的义务（**第598条**）。“出卖人未取得处分权”包括出卖人自始无处分权且嗣后未取得处分权（出卖他人之物）的情形，也包括将来物买卖在履行时无法取得标的物处分权的情形（将来物买卖履行不能），但不包括标的物自始存在、嗣后灭失的情形，这种情形属于风险负担（**第604～608条**）及履行不能（**第580条第1款第1项**）的问题，不涉及出卖人无处分权的问题。依物权法上的区分原则（**第215条及其目的性扩张解释**），债权合同与因该合同履行而发生的物权转让效果应当有所区分。物权不转移，不影响债权合同生效。该买卖合同被认定有效，且让与人已经将财产交付或者移转登记至受让人的，除受让人依据本法第 311 条等规定善意取得该物权外，真正权利人得请求确认财产权利未发生变动或者请求返还财产（**《合同编通则解释》第 19 条第 2 款**）［**银川中院（2023）宁 01 民终 5766 号民判**］。本条第 1 款明定出卖人无处分权的合同能够产生买受人合同解除权与违约责任请求权，即间接确认了买卖合同不因出卖人未取得处分权而无效的法政策立场，避免了原《合同法》第 51 条所引发的理论争论与实践混乱［**最高法（2014）民四终字第 51 号民判**］。

就本条第 1 款规定的两种法律后果来看：（1）合同解除的规定为本法第 563 条关于合同法定解除事由的规定在买卖合同中的具体化，因为，取得标的物所有权是买受人订立买卖合同的主要目的，出卖人无法转移标的物所有权构成根本违约，符合第 563 条第 4 项所规定的情形［**淮安中院（2022）苏 08 民终 2781 号民判**］。（2）违约责任的规定则为本法第 566 条第 2 款的具体化。与合同解除不同，因第 566 条第 2 款本身非请求权基础规范，故本条第 1 款有关违约责任的规定亦属部分参引规定，买受人应依本法有关违约责任的具体规定请求出卖人承担违约责任（**第 584 条、第 585 条、第 587 条、第 588 条第 2 款及第 589 条**）［**上海一中院（2021）沪 01 民终 9268 号民判**］。

本条第 2 款规定了排除前款规则适用的例外情形，即当买卖合同的标的物属于法律、行政法规禁止或者限制转让的物时，买卖合同的效力应当依据特定法律或行政法规而非本条第 1 款判断。“禁止或者限制转让的标的物”是指禁止流通物和限制流通物。禁止和限制该类物品转让的法律、行政法规属于强制性规定，违反该类强制性规定的买卖合同为无效合同（**第 153 条第 1 款**）［**成都中院（2022）川 01 民终 25197 号民判**］。

第五百九十八条 【出卖人的主给付义务】出卖人应当履行向买受人交付标的物或者交付提取标的物的单证，并转移标的物所有权的义务。

出卖人的主给付义务包含交付标的物或者替代单证，以及移转标的物所有权两项义务。交付义务则旨在让买受人取得标的物之占有与经济用益，所有权转移义务旨在使买受人取得标的物的法律归属。

一、交付标的物或者替代单证的义务

本条所谓“交付”是指将标的物的占有转移给买受人，包括现实交付与观念交付。现实交付也可借助第三人完成，第三人可为出卖人或买受人的占有辅助人或占有媒介人。当事人有特别约定时，亦可以观念交付替代现实交付，完成交付义务的履行，具体包括简易交付、占有改定与指示交付（让与返还请求权）三种形式。

依据本条前半句规定，交付义务也可以通过交付仓单、提单等提取标的物的单证的方式履行。有争议的是，此种交付属于现实交付还是替代交付。一般认为：单证交付虽然转移的是返还请求权，但是不应当因此被认定为交付替代。因为仓单、提单等提取标的物的单证系表征动产物权的凭证，此类单证的流转与其项下货物所有权的转移结为一体，交付该单证即产生与现实交付该货物相同的法律后果［**广东高院（2017）粤民终 653 号民判**］。若将提取标的物的单证交付仅视为指示交付，则无法排除承运人或仓储人基于原因关系提起抗辩的可能，显然对买受人不利。因而单证交付实质上是本义交付，仍然应当被纳入现实交付的范畴，第三人仅为占有辅助人。

交付义务虽是出卖人的主给付义务，但自规范目的而言，交付义务规则仍为任意性规范，可依当事人特约作为行为义务或结果义务，也可被合意排除。这种对交付义务的排除主要见于一些特殊情形下的买卖合同中，如基于担保目的的买卖（让与担保与售后回租）［**济南中院（2021）鲁 01 民终 3678 号民判**］，所有权人丧失占有之物的买卖（如沉船所有权人将船舶所有权转让给专业打捞公司，或者丢失物品的买卖）等。

二、所有权转移义务

依据本条后半句规定，出卖人负有向买受人转移标的物所有权的义务。结合本法第 208 条，标的物为不动产时，出卖人需承担协助买受人办理登记的义务；标的物为动产时，出卖人需交付标的物于买受人。

所有权转移是据以确定买卖合同类型的典型给付义务（**第 595 条**），若被排除，就不再成立买卖合同。因此，出卖人转移标的物所有权的义务不能通过特约排除。

三、交付义务与所有权转移义务的关系

交付义务独立于所有权转移义务，交付义务与所有权转移义务无须

同时履行。在不动产买卖中，交付与所有权转移效果截然分离；在动产买卖中，交付与所有权转移虽然在大多数情形下同时发生，但是交付并不必然伴随所有权的转移，当事人可以另行约定所有权转移的时间，如所有权保留买卖等情形。

第五百九十九条 【出卖人的从给付义务】出卖人应当按照约定或者交易习惯向买受人交付提取标的物单证以外的有关单证和资料。

依据本条文义，出卖人承担交付标的物相关单证资料的义务的前提是，存在当事人之间的约定或交易习惯。当事人之间的约定依照意思表示解释规则确定。交易习惯包括两种：第一，交易行为当地通行且当事人应当了解的惯常性做法；第二，双方当事人经常采用的习惯做法。前者具有一般规范意义上的习惯法属性，其确立的从给付义务具有普遍约束力，当事人不得以未约定为由拒绝该义务的履行；后者为仅适用于双方当事人之间的个别规范之习惯，其所确立的从给付义务具有任意性，其存续和内容都由当事人自行决定。

本条规定的“提取标的物单证以外的有关单证和资料”，主要应当包括保险单、保修单、普通发票、增值税专用发票、产品合格证、质量保证书、质量鉴定书、品质检验证书、产品进出口检疫书、原产地证明书、使用说明书、装箱单等（**《买卖合同解释》第4条**）。出卖人具体需要交付哪些单证和资料，应当结合合同的性质、目的、内容、标的物类型等依个案确定。

本条未规定出卖人不履行相关单证交付义务的法律后果，属于不完全法条。交付有关单证资料为出卖人应当负担的从给付义务［**泰安中院（2023）鲁09民终4373号民判**］，违反该义务，买受人得以单独之诉请求其履行，或者主张其承担违约责任，但是买受人一般不享有履行抗辩权（第525～527条）或者合同解除权（**第563条**）。例外的是，若该单证资料，如名马的血统证明的给付对于合同目的的实现具重要意义，出卖人违反该义务致使买受人的合同目的不能实现的，买受人可以解除合同（**《买卖合同解释》第19条**）［**北京二中院（2021）京02民终905号民判**］。

第六百条 【标的物知识产权的归属】出卖具有知识产权的标的物的，除法律另有规定或者当事人另有约定外，该标的物的知识产权不属于买受人。

依照本条规定，除法律另有规定或当事人另有约定外，买受人通过买卖合同不能取得标的物的知识产权。本条旨在区分以转移物的所有权为目的的买卖合同与以知识产权转让为目的的权利转让合同，明确买卖合同本身并不导致知识产权的变动。

出卖具有知识产权的标的物的，该买卖合同的标的物是该项知识产权的载体，而非该项知识产权本身。例如，在买卖书、画的合同中，作为该买卖合同标的物的是书、画之有形载体，而非该书、画作品上的著作权。买卖合同仅转移标的物的所有权，除法律另有规定或者当事人另有约定外，不发生标的物上知识产权的变动。法律另有规定的情形，如《著作权法》第20条第1款规定："作品原件所有权的转移，不改变作品著作权的归属，但美术、摄影作品原件的展览权由原件所有人享有。"依照该条规定，美术、摄影作品的展览权随作品原件所有权的转移而转移。

当事人也可以在买卖合同中同时约定对该标的物上的知识产权进行转让或许可使用。但是，该约定实质上是独立于买卖合同的以知识产权为客体的权利转让或许可使用合同。标的物上的知识产权变动系依照该权利转让合同，而非标的物买卖合同发生。

第六百零一条 【约定交付期限】出卖人应当按照约定的时间交付标的物。约定交付期限的，出卖人可以在该交付期限内的任何时间交付。

根据意思自治原则，出卖人交付标的物的期限可以由双方当事人约定。当事人约定的交付期限既可以是具体的时间点，即期日，如2021年1月5日，也可以是特定的时间段，即期间，如2021年1月。若当事人约定的交付期限为期日，则出卖人应当严格按照约定的期日交付标的物；若当事人约定的交付期限为期间，则出卖人可以在该期间内的任意时间履行交付义务。

在双方当事人约定的交付期限届至前，出卖人不负有实际交付标的物的义务，买受人也不得要求出卖人提前交付。但是，若出卖人愿意抛弃期限利益提前交付，并且该提前交付不损害买受人的利益，则买受人不得拒绝。若出卖人提前交付标的物导致买受人因此多支出了费用，如临时租赁仓库存储标的物等，则增加的费用由出卖人承担（**第530条**）。

本条为不完全法条，仅规定出卖人应当按照约定的期限交付标的物，未规定违反该义务的法律后果。若出卖人未按照约定期限交付标的物，即构成履行迟延，应当适用本章以及本编第七章“合同的权利义务终止”以及第八章“违约责任”的相关规定。

第六百零二条 【交付期限不明或者无约定】当事人没有约定标的物的交付期限或者约定不明确的，适用本法第五百一十条、第五百一十一条第四项的规定。

本条为引用性法条，通过援引适用本法第510、511条的规定，具体确定出卖人的交付期限。依照此两条规定，在当事人对标的物交付期限无约定或者约定不明确时，交付期限依照以下规则确定：第一，当事人可以就交付期限进行补充协议；不能达成补充协议的，按照合同相关条款或者交易习惯确定。第二，依照前项规则仍然不能确定交付期限的，出卖人可以随时履行，买受人也可以随时请求履行，但是应当给对方必要的准备时间。

第六百零三条 【交付地点】出卖人应当按照约定的地点交付标的物。

当事人没有约定交付地点或者约定不明确，依据本法第五百一十条的规定仍不能确定的，适用下列规定：

（一）标的物需要运输的，出卖人应当将标的物交付给第一承运人以运交给买受人；

（二）标的物不需要运输，出卖人和买受人订立合同时知道标的物在某一地点的，出卖人应当在该地点交付标的物；不知道标的物在某一地点的，应当在出卖人订立合同时的营业地交付标的物。

交付地点是买卖合同的履行地点，其对于确定履行费用的承担、债务人是否构成违约、标的物毁损时的风险负担，以及诉讼管辖等，都具有重要意义。本条第1款依照意思自治原则，确认交付地点依当事人约定。若无约定或约定不明的，本条第2款为交付地点的确定提供了补充规则：第一，依据本法第510条的规定确定，即由当事人协议补充，不能达成补充协议的，按照合同相关条款或者交易习惯确定。例如，若合同中有关于“代办托运”“送货上门”“买方自提”等约定的，应当依照该约定确定交付地点。第二，依照第510条不能确定的，区分标的物是否需要运输，分别确定其交付地点。

1. 标的物需要运输时的交付地点

依照本条第2款第1项的规定，标的物需要运输的，出卖人应当将标的物交付给第一承运人以运交给买受人。“标的物需要运输的”是指，“标的物由出卖人负责办理托运，承运人系独立于买卖合同当事人之外的运输业者的情形”（**《买卖合同解释》第8条**）。依照该规定，“承运人”应当是作为独立第三方的运输人。若承运人非为独立的第三方主体，则其或为出卖人的履行辅助人，或为买受人的履行辅助人。故不能以交付作为风险转移的时点。“第一承运人”是指，第一个从出卖人处取得标的物，并负责运输该标的物的承运人。

此外，有关司法解释对“标的物需要运输的”情形作了限缩解释，表明该项规定的重心不在于“需要运输”，而在于确定标的物运输义务在买卖双方内部由谁承担。依债务履行地点的不同，民法理论区分了往取之债、赴偿之债与送付之债三种类型。我国民法以往取之债为原则（**第511条第3项**），即在当事人对合同履行地点没有约定的情形，除货币与不动产等特殊标的物外，债务履行地应当为债务人所在地。相对于该规定，本条第2款第1项是关于标的物需要运输的买卖合同的履行地点的特别规定。依照这两项规定，当事人没有约定交付地点或者约定不明确的，一般应当在出卖人所在地履行，即出卖人无送货义务。标的物需要运输的，出卖人将货物交给第一承运人以运交买受人即可［**青岛中院（2022）鲁02民终8302号民判**］。因此，本条第2款第1项所规定的“标的物需要运输的”并非泛指一切需要运输的买卖合同，而应当被限缩解释为由出卖人代办托运的送付之债，即给付行为地与给付结果地不一致的债。依照本条第2款第1项规定，于此情形，给付行为地为第一承运人处，给付结果地为买受人受领处。直至买受人受领标的物时，给付才完成。出卖人将标的物交付给第一承运人，并未导致所有权转移，但是发生风险转移的效果（**第607条第2款**）。

2. 标的物不需要运输时的交付地点

本条第2款第2项规定了标的物不需要运输时交付地点的确定规则。该规定以往取之债为适用前提。当事人对交付地点未约定或者约定不明的，原则上应当在债务人即出卖人所在地交付，出卖人无送货义务。该项规定区分当事人于订立合同时是否知道标的物所在地，对交付地点的确定规则作了进一步细分：(1) 当事人订立合同时不知道标的物所在地的，依往取之债的一般规则，以出卖人订立合同时的营业地为交付地点。(2) 当事人订立合同时知道标的物所在地的，意味着在合同订立之初给付的标的物就已经特定。于此种情形，买受人多有在该地使用或者处分标的物之意。对此，本条第2款第2项规定以该地点为交付地点，以与当事人的意思相符。

第六百零四条 【交付转移价金风险】标的物毁损、灭失的风险，在标的物交付之前由出卖人承担，交付之后由买受人承担，但是法律另有规定或者当事人另有约定的除外。

本条确立了买卖合同中价金风险转移的一般规则，即交付转移风险的规则，标的物毁损、灭失的风险负担自交付时转移给买受人。依照“但书”的规定，本条属于任意性规范，可以由当事人以特约排除。此外，法律另有规定的，也可排除本条适用（**第605～608、610、640条**）。

一、标的物毁损、灭失的风险

本条规定的“标的物毁损、灭失的风险”在文义上可包含给付风险与对待给付风险，但在本条规定中应当被限缩解释，仅指对待给付风险，即价金风险，处理的是在标的物毁损、灭失情形，买受人是否仍然需要支付价金的问题。

给付风险处理的问题是，不可归责于当事人的原因导致合同给付陷于不能时，出卖人是否仍须再为给付。给付风险的承担规则因特定之债与种类之债而有不同：于特定之债中，合同标的物为特定物，一旦毁损、灭失，出卖人即陷入给付不能而不必继续履行（**第 580 条第 1 项**），因而给付风险始终由买受人承担；在种类之债中，合同标的物为种类物，即使该标的物毁损、灭失，出卖人仍有义务在市场上寻找其他同种类、品质的替代物进行交付，因而种类之债的给付风险原则上由出卖人承担。种类之债通过标的物的特定化，使债务人的给付义务限于被特定化的标的物，自标的物特定化时发生给付风险的移转。由此可见，给付风险并非以交付作为风险移转的时间点。因此可以肯定，本条针对的是价金风险而非给付风险的问题。

价金风险处理的问题是，标的物因不可归责于当事人的原因而毁损、灭失时，买受人是否仍需支付价金。在出卖人履行标的物交付与转移所有权义务前，不论是特定物买卖还是种类物买卖，抑或未履行的原因为何，基于双务合同的牵连性，出卖人均不得请求买受人支付价金。反之，若出卖人已经履行完交付与移转义务，则其合同义务已经履行完毕，履行后发生的标的物毁损、灭失当然不能影响买受人的价金支付义务。因此，真正成问题的是，当出卖人已经履行了标的物交付义务而未履行所有权转移义务（包括因标的物毁损、灭失，所有权转移不可能或没有必要），或者已经履行了标的物所有权转移义务、尚未履行交付义务时，发生了不可归责于当事人的原因，致标的物毁损、灭失的，牵连性原理已无法解决价金支付问题，从而需要借助价金风险规则进行专门处理。在这个意义上讲，本条关于价金风险转移规则的规范文义与牵连性原理存在功能部分重叠的问题。

二、交付转移价金风险

依照本条规定，价金风险在标的物交付之前由出卖人承担，在交付之后由买受人承担。在买卖合同中，交付标的物是出卖人的主给付义务之一，因此，此处的“交付”需包含出卖人为履行买卖合同义务而为交付的意思，但不必包含转移所有权的意思，双方可约定保留所有权的买卖［**四川高院（2016）川民终 887 号民判**］。关于交付作为价金风险转移标准的理由，有管领便利说、交易安全说、风险利益一致说与风险归属说等学说。其中，以风险利益一致说最为有力，即伴随标的物的交付，买受人获得其订立合同所追求的经济效果（**如第630条**），此时享有利益的买受人也应承担相应的风险。

本条规定的“交付”是仅指现实交付，还是也包括观念交付，有待厘清。若以风险利益一致说作为交付转移价金风险的正当性基础，则观念交付形式能否被纳入本条所规定的“交付”范畴，应当依其能否产生将标的物的经济利益移转于买受人的效果判断。在简易交付中，合同订立之前买受人已经占有标的物，合同订立完成即完成交付。此种交付能够使买受人直接占有该标的物，实现经济利益的转移，因而属于本条规定的交付。在占有改定与指示交付中，买受人在物理层面上未取得对标的物的直接占有，其是否承担风险须依经济利益层面的判断：买受人若已经取得标的物经济上的收益权（如买受人将标的物出租于出卖人，或者出卖人移转了租金请求权给买受人），就应承担相应风险。买受人若尚未取得标的物经济上的利益（如出卖人为修缮标的物而继续占有），则不应承担相应风险，出卖人仍然负有义务，使买受人取得对标的物的直接占有。在此之前，不产生风险负担的移转。

三、风险负担的移转以合同有效存在为前提

当合同无效、被撤销或者被解除时，双方互负恢复原状义务（**第157条、第566条第1款**）。标的物在返还前毁损、灭失的，若允许买受人主张所受利益不存在无须返还，而仍能够请求出卖人返还价金，则无异于是由出卖人承担标的物毁损、灭失风险。因此，在合同无效、被撤销或者被解除的情形，除非标的物毁损、灭失是由标的物瑕疵等应当由出卖人负责的事由所导致，否则买受人仍应当承担返还不能的风险，对出卖人为价值补偿。

此外，本条规定的风险负担规则还可能与合同法定解除规则产生竞合。若标的物交付买受人后发生毁损、灭失，导致出卖人所有权转移义务履行不能，买受人依本法第563条第1款规定取得法定解除权。但是，此种情形下买受人若选择解除合同，则可规避风险负担规则，将本应由其承担的风险转嫁给出卖人。因此，在应当由买受人承担风险的情形，即标的物交付后毁损、灭失的，须限制买受人的解除权而适用风险负担规则。

第六百零五条 【因买受人原因标的物未按期交付的风险负担】因买受人的原因致使标的物未按照约定的期限交付的，买受人应当自违反约定时起承担标的物毁损、灭失的风险。

在标的物因买受人原因而不能按期交付的情形，若仍然依照本法第604条的一般规定使出卖人承担延后交付期间的风险，则对出卖人明显不公。因此，本条突破买卖合同风险负担的一般规则，以约定交付的时间作为风险移转时点。本法对债权人原因导致未能按期履行的风险负担的规范还有第608条（买受人迟延受领）、第816条（客运合同旅客迟延）和第881条（技术咨询合同委托人迟延交付必要资料）等。

本条的适用要件分为两项，分别为标的物迟延交付，以及该迟延交付系买受人原因导致。买受人的原因在实践中常常体现为以下情形：第一，买受人违反合同约定未履行自己的对待给付义务，如未给付约定的预付款、迟延支付价金［**宣城中院（2016）皖18民终1535号民判**］，或者未履行约定的报批义务等；第二，买受人无正当理由拒绝受领或者迟延受领，致使标的物未能按期交付［**宜昌中院（2020）鄂05民终1323号民判**］，或者在往取之债中，买受人未按照约定的期限提取标的物［**大连中院（2023）辽02民终10389号民判**］；第三，买受人对出卖人或者标的物实施了侵权行为，致使标的物不能按期交付。此外，买受人的原因不限于买受人有过错的情形，也包括其无过错情形，如买受人因为生病无法受领给付。

本条规定的法律后果是，买受人应当自违反约定时，即自约定的标的物交付时间起，承担标的物毁损、灭失的风险。价金风险提前转移的理由是，出卖人已经尽到了他的义务，标的物不能按期交付是买受人原因导致，为使出卖人处于如同已经按期交付标的物的地位，价金风险应自约定的交付时点移转于买受人。

第六百零六条 【“路货”买卖的风险负担】出卖人出卖交由承运人运输的在途标的物，除当事人另有约定外，毁损、灭失的风险自合同成立时起由买受人承担。

本条规定的是“路货”买卖风险负担规则，即标的物毁损、灭失的价金风险自合同成立时移转至买受人。本条规定属于任意性规范，可以由当事人以特约排除。

“路货”买卖，即运输在途货物的买卖，包括出卖人将货物交由承运人后将标的物卖出，以及在货物运输途中购买标的物的中间商再次将标的物卖出等情形。“路货”买卖合同订立时，由于标的物已经交由第三方承运人运输，并且时刻处于移动的状态，所以合同双方都难以知晓标的物的具体状况。若标的物毁损、灭失，当事人也难以判断其发生的运输阶段。本条规定借鉴《国际货物销售合同公约》第 68 条的规定，将买卖合同成立时间作为标的物毁损、灭失风险移转的时点。有学者认为，本条规定实质上仍然是本法第 604 条关于交付转移价金风险的一般规则的具体化，因为“路货”买卖的标的物已经交由承运人运输，出卖人丧失了对标的物的控制，而买受人可以在收货后及时调查货物毁损、灭失情况。

本条的适用要件为“出卖人出卖交由承运人运输的在途标的物”，包括买卖合同有效成立以及标的物为交由承运人运输的在途货物两项内容。前者为风险负担规则的一般要件，后者为本条适用的特殊要件。若出卖人在订立合同时已经知道标的物毁损、灭失，而未告知买受人的，则价金风险应当由出卖人负担（《买卖合同解释》第 10 条）。

第六百零七条　【寄送买卖情形的风险负担】出卖人按照约定将标的物运送至买受人指定地点并交付给承运人后，标的物毁损、灭失的风险由买受人承担。

当事人没有约定交付地点或者约定不明确，依据本法第六百零三条第二款第一项的规定标的物需要运输的，出卖人将标的物交付给第一承运人后，标的物毁损、灭失的风险由买受人承担。

本条涉及买卖标的物需要运输情形的风险负担规则，应当与本法第 603 条第 2 款第 1 项关于“标的物需要运输的”规定一体解释，适用于出卖人不承担送货义务，仅负责将标的物运送至指定地点交给承运人或者代办托运的送付之债（寄送买卖），而不适用于往取之债与赴偿之债。

本条第1款规定了出卖人依约定须在指定地点交付运输的买卖合同的风险负担。其适用要件包括：(1) 须存在有效的买卖合同；(2) 须合同属于标的物在约定地点交付运输的寄送买卖；(3) 须出卖人将标的物运送至指定地点并交付给承运人。在满足前述要件时，标的物毁损、灭失的风险自货交承运人时由买受人承担。

本条第2款规定了未约定寄送地点的买卖合同的风险负担。其适用要件包括：(1) 须存在有效的买卖合同；(2) 须合同属于寄送买卖（**第603条第2款第1项**），但合同未约定办理寄送的地点或者约定不明确；(3) 须出卖人已将标的物交付第一承运人［**潍坊中院（2022）鲁07民终10246号民判**］。也就是说，不论运输为相继运输（**第834条**）还是多式联运（**第838条及以下**），只要出卖人将货物交付第一承运人，即发生风险转移至买受人的效果。

第六百零八条 【买受人不履行收取标的物义务时的风险负担】出卖人按照约定或者依据本法第六百零三条第二款第二项的规定将标的物置于交付地点，买受人违反约定没有收取的，标的物毁损、灭失的风险自违反约定时起由买受人承担。

本条的适用要件为：(1) 出卖人已将标的物置于交付地点。出卖人将标的物置于交付地点，即意味着出卖人已经现实地提供给付，标的物未能交付是买受人未及时受领的原因导致。此外，出卖人将标的物置于交付地点，使买卖合同的标的物特定化，才有适用本条规定确定价金风险负担的可能。交付地点由当事人约定（包括补充约定），或者依据本法第603条第2款第2项确定，而不适用第511条第3项，应予留意。(2) 买受人违反约定未收取标的物，包括买受人无正当理由拒绝收取标的物，以及迟延受领两种情形［**金昌中院（2023）甘03民终65号民判**］。这两种情形也属于本法第605条规定的"因买受人的原因致使标的物未按照约定的期限交付"。本条是对买受人违反受领义务情形下风险负担的特别规定，相较于第605条的一般规定应当优先适用。若买受人有正当理由，如标的物存在严重质量瑕疵导致不能实现合同目的，而拒绝接受标的物，则标的物毁损、灭失的风险仍然由出卖人承担（**第610条**）。

本条规定的法律后果是，标的物毁损、灭失的风险自违反约定时起由买受人承担。其正当性在于，若非买受人迟延或存在受领障碍，出卖人已完成交付义务，因而应当使出卖人处于如同买受人已经及时受领的地位。

第六百零九条　【未交付单证、资料与风险负担】出卖人按照约定未交付有关标的物的单证和资料的，不影响标的物毁损、灭失风险的转移。

本条规定为说明性规范，旨在明确有关标的物的单证和资料未交付不影响风险负担。本条规定属任意性规范，当事人可以通过特约排除本条的适用。

本条规定主要借鉴了《国际货物销售合同公约》第 67 条第 1 款的规定："……卖方受权保留控制货物处置权的单据，并不影响风险的移转"。该规定主要是解决标的物需要运输的买卖合同，通过交付单据拟制交付的贸易中风险负担的问题。出卖人应当交付的"有关标的物的单证和资料"主要有两类：一类是提取标的物的单证（**第 598 条**），如提单、仓单等；另一类是与标的物有关的辅助单证和资料（**第 599 条**），如商品检验检疫证明、商业发票、说明书、保险单、保修单、进口许可证等。单证和资料交付不改变标的物交付的效果，本条规定即申此意。

第六百一十条　【标的物严重质量瑕疵的效果】因标的物不符合质量要求，致使不能实现合同目的的，买受人可以拒绝接受标的物或者解除合同。买受人拒绝接受标的物或者解除合同的，标的物毁损、灭失的风险由出卖人承担。

本条第一句规定，因标的物不符合质量要求，致使不能实现合同目的的，买受人可以拒绝接受标的物或者解除合同。其适用要件为：(1) 出卖人交付的标的物不符合质量要求。标的物质量要求有约定的依约定，没有约定或约定不明的，依照本法第 510 条及第 511 条第 1 项确定（**第 616 条**）。(2) 标的物质量不合格致使不能实现合同目的。"不能实现合同目的"，是指出卖人已构成根本违约。若标的物质量仅存在轻微瑕疵，尚不影响合同目的的实现，则不适用本句。在满足前述条件的情况下，买受人享有两项法律救济：第一，拒绝接受标的物，即享有拒绝受领权。此时，买受人可以选择要求出卖人承担继续履行，采取重作、更换等补救措施，或者赔偿损失等违约责任（**第 582 条**）。第二，解除合同。本句所规定的要件属于本法第 563 条第 4 项的具体化，买受人依照该规定取得法定解除权。需要注意的是，买受人可以同时主张拒绝受领权和合同解除权，但不得在拒绝受领后请求继续履行的同时主张解除合同。

本条第二句规定了标的物存在严重质量瑕疵情形的风险负担规则。该规定的适用要件为：（1）出卖人交付的标的物不符合质量要求。（2）标的物质量不合格致使合同目的不能实现。（3）买受人拒绝接受标的物或者解除合同［**杭州中院（2017）浙 01 民终 5723 号民判**］。虽然满足前两项要件，但是买受人没有拒绝受领亦未解除合同，表明其仍愿意保有该标的物，则买受人应当承担该标的物毁损、灭失的风险。（4）标的物非因可归责于当事人的原因而毁损、灭失。标的物在交付前发生毁损、灭失的，本条与本法第 604～608 条发生竞合，当事人可以选择适用。标的物在交付后发生毁损、灭失的，不论是在买受人行使拒绝受领权或合同解除权之前还是之后，标的物毁损、灭失的风险均由出卖人承担。

第六百一十一条 【风险负担不影响违约责任】标的物毁损、灭失的风险由买受人承担的，不影响因出卖人履行义务不符合约定，买受人请求其承担违约责任的权利。

本条为说明性法条，旨在明确买受人承担标的物毁损、灭失的风险，不影响其请求出卖人承担违约责任的权利。

依照本条规定，买受人负担风险，不影响有违约行为的出卖人承担违约责任。这是因为，风险负担制度与违约责任制度是两种独立的制度，所处理的问题与适用规则各不相同。风险负担制度是对不可归责于合同当事人的事由导致给付不能时的风险进行分配，不涉及违约行为。违约责任制度则是对债务人未依照约定履行债务时产生的责任进行规定。当事人是否应当负担风险或者承担违约责任，应当分别适用这两项制度的规则进行确定。

除当事人另有约定外，“标的物毁损、灭失的风险由买受人承担的”情形，除出卖人已经将标的物交付买受人的情形（**第604条**）外，还包括买受人的原因导致标的物未能按期交付（**第605条**），“路货”买卖合同成立（**第606条**）时，寄送买卖中出卖人将标的物交付承运人或第一承运人（**第607条**），以及出卖人将标的物置于指定地点，买受人违反约定未收取（**第608条**）等，风险移转于买受人的情形。“出卖人履行义务不符合约定”涵盖的情形非常广泛，如出卖人迟延履行，未严格依照合同约定的方式、地点履行，交付的标的物有质量或者权利瑕疵等〔**山东高院（2018）鲁民终1071号民判**〕。

第六百一十二条 【出卖人的权利瑕疵担保义务】出卖人就交付的标的物，负有保证第三人对该标的物不享有任何权利的义务，但是法律另有规定的除外。

权利瑕疵担保义务是指，出卖人应当确保买受人就买卖标的物取得完整的、无第三人权利负担的所有权。本条属于任意性规范，可以依特约排除。

权利瑕疵是指任何导致买受人无法取得或者行使对标的物的完整所有权的权利负担。即使标的物上并不存在他人的真实权利，只要存在第三人的权利登记，并因此影响买受人对标的物的所有权的取得或行使，也应认定存在权利瑕疵。据此，本条规定的权利瑕疵主要有：其一，标的物的所有权全部或部分属于第三人，如出卖他人之物的买卖合同情形；其二，标的物的所有权的行使受到第三人的他物权或其他权利，如优先购买权、共有权等的限制；其三，标的物的所有权行使将侵犯第三人的人格权或知识产权等权利。第三人的限制债权通常不构成本条所规定的权利瑕疵，但是若该债权的存在使买受人无法获得或者行使标的物所有权的，如标的房屋上存在的第三人租赁权，同样构成权利瑕疵。此外，有无瑕疵的判断基准时应为标的物所有权移转时，从而，只要出卖人在合同约定的所有权移转时间向买受人移转了完整所有权，即为适当履行了合同义务，不违反权利瑕疵担保义务。在这个意义上，本法第614条系有关出卖人权利瑕疵担保义务的特别规定。

出卖人权利瑕疵担保义务的发生条件是：(1) 当事人之间存在有效的买卖合同；(2) 无排除权利瑕疵的事由。排除事由主要包括两项：一是当事人达成排除权利瑕疵的特约，如买受人同意出卖人将标的物用于债务担保。二是法律另有规定的情形（**本条"但书"**）。"法律另有规定"主要是指本法第 613 条规定的除外情形（**详见其评注**）。

本条规范目的仅在于明确买卖合同出卖人履行所有权移转义务（**第 598 条**）的通常效果，并不解决出卖人违反所有权移转义务的法律后果问题，因此，本条并非请求权基础规范，买受人不得依本条向出卖人主张权利。如果出卖人违反本条规定的义务，除本章已有规定者（**如第 614 条**）外，买受人应当依据合同编通则分编有关规定主张权利。

第六百一十三条 【权利瑕疵担保义务的免除】买受人订立合同时知道或者应当知道第三人对买卖的标的物享有权利的，出卖人不承担前条规定的义务。

本条为引用性法条，是对前条规定的出卖人所负权利瑕疵担保义务的例外规定，属于前条"但书"中"法律另有规定的除外"情形的具体规定。若买受人知道或者应当知道标的物上存有第三人的权利，却选择继续订立买卖合同，则表明其对瑕疵标的物的认可，从而可以免除出卖人就该权利负担的瑕疵担保义务。在规范性质上，本条应属意思表示解释规范，因此，若当事人就标的物上第三人的权利已有处置约定的，应从其约定，无本条适用余地。

出卖人的权利瑕疵担保义务免除的要件是：(1) 买受人知道或者应当知道第三人对标的物享有权利。"知道"是指买受人明知，而非仅仅是怀疑。出卖人仅就买受人已知悉的特定第三人的权利不负担保义务。若买受人仅知悉部分瑕疵，则出卖人并不能完全免责，仍须对未知部分负瑕疵担保责任。"应当知道"是指，买受人若尽到合理的注意义务就能够知悉该权利瑕疵，因存在重大过失而未能知道。因合同订立时标的物尚处于出卖人管控下，且权利瑕疵通常较为隐蔽、不易被知悉，故不应当课以买受人过高的注意义务。至于买受人知情与否的判断基准时，因权利瑕疵担保义务涉及当事人就合同权利义务所作约定，故应以合同订立时（成立时）为判断基准时。(2) 须不存在相反约定。若出卖人承诺除去合同订立时标的物上的第三人权利，则其仍应承担权利瑕疵担保义务。

出卖人的权利瑕疵担保义务被免除的，买受人无权因未取得完整所有权而请求出卖人承担违约责任。

第六百一十四条 【买受人的中止付款权】买受人有确切证据证明第三人对标的物享有权利的，可以中止支付相应的价款，但是出卖人提供适当担保的除外。

本条规定的买受人中止付款权在性质上为抗辩权，乃本编通则分编有关履行抗辩权规定（**第525～527条**）的特别规定。当标的物存有权利瑕疵导致买受人可能丧失标的物全部或部分权利时，为避免买受人因此而遭受损失，故赋予其中止支付相应价款的权利。

买受人中止付款权的适用要件为：(1) 须出卖人承担权利瑕疵担保义务（**第612条**）。若出卖人的权利瑕疵担保义务被排除，则买受人不享有本条规定的权利。(2) 买受人有确切证据证明第三人权利的存在。确切证据包括但不限于物权登记或其他权利凭证、租赁合同书、生效判决等证明第三人权利存在的证据。买受人只需对第三人权利的存在承担举证责任，并不要求该权利被实际主张。(3) 出卖人未提供适当担保（**本条“但书”**）。若出卖人提供适当担保，则买受人的合同权益可获得保障，不能再适用中止付款权进行救济。对“适当担保”的判断应当以其是否足以避免买受人因权利瑕疵可能遭受的损失为准，结合第三人权利的具体内容以及买卖合同条款来具体判断。

买受人正当行使中止付款权的，具有阻止因不履行或不完全履行而承担违约责任的效果。需注意，买受人享有中止付款权不以买卖合同中出卖人的所有权转移义务与付款义务是否同时或先后履行为必要，因此，在适用范围上，买受人中止付款权与同时履行抗辩权、先履行抗辩权以及不安抗辩权等都存在交错，但与后者中任何一种都不会重叠。买受人中止付款权会因出卖人提供适当担保而被排除，其与同时履行抗辩权和先履行抗辩权的效果均不相同，而与不安抗辩权的效果相同，因此，应当认为，在权利瑕疵同时满足同时履行抗辩权、先履行抗辩权的适用要件时，应当排除后两种抗辩权的适用；在同时满足不安抗辩权的适用要件时，两种抗辩权在中止履行和因适当担保的提供而被排除方面效果相同，故买受人可以择一行使。但是，不安抗辩权尚能产生其他法律效果（第 **528** 条），故买受人选择主张不安抗辩权应当更有优势。

第六百一十五条 【出卖人的质量瑕疵担保义务】出卖人应当按照约定的质量要求交付标的物。出卖人提供有关标的物质量说明的，交付的标的物应当符合该说明的质量要求。

本条是对本法第 509 条第 1 款关于全面适当履行原则之规定的具体化。出卖人交付的标的物应当符合约定的质量要求，是出卖人之主给付义务的当然内容。“质量要求”主要包括两个方面：一是标的物的品质标准，指向标的物的物理状态，如标的物的新旧、尺寸、规格、成分、性质、有效期限、加工情况、磨损程度等；二是标的物的效用标准，指向标的物的可使用性，如电脑的运行效果、药品的药效等。此外，对“质量要求”的解释不仅应当涵盖标的物自身的属性，也应当包括与标的物在法律上、经济上和事实上存在关联，从而影响标的物的效用与价值实现的因素，如相邻土地的状况、标的物上存在用途或性质的法定限制。

出卖人承担质量瑕疵担保义务应以合同约定的质量要求为标准，采取的是主观标准（**本条第一句**）。出卖人提供的关于标的物的质量说明，是指以广告、产品说明书、标签、样品等方式进行的质量说明。出卖人的质量说明构成对标的物质量的确认或承诺，将引发买受人对标的物符合该质量要求的合理期待，故亦属主观标准（**本条第二句**）。当事人对标的物质量的约定或者质量承诺不能违反法律的强制性规定，不得低于该类标的物质量的国家强制性标准。当主观标准无法确定时，应依本法第 616 条规定的客观标准确定质量要求。

本条为不完全法条。出卖人违反质量瑕疵担保义务的法律后果适用本法第 617 条的规定。

第六百一十六条 【质量要求的认定】当事人对标的物的质量要求没有约定或者约定不明确，依据本法第五百一十条的规定仍不能确定的，适用本法第五百一十一条第一项的规定。

本条为指示参引性法条，当事人对标的物的质量要求没有约定或者约定不明确的，应当援引本法第 510 条、第 511 条第 1 项关于合同内容填补的一般规则确定。首先，由当事人对标的物的质量要求进行协议补充（**第 510 条**）。其次，不能达成补充协议的，则依照第 511 条第 1 项关于质量标准的客观标准确定（**参见其评注**）。

第六百一十七条　【不符合质量要求的违约责任】出卖人交付的标的物不符合质量要求的，买受人可以依据本法第五百八十二条至第五百八十四条的规定请求承担违约责任。

本条规定通过参引条款明确了标的物不符合质量要求时违约责任承担的请求权基础，即本法第 582～584 条。依据本条规定，出卖人交付有质量瑕疵的物被纳入违反合同义务的范畴，统一适用违约责任的规定，并无单独的瑕疵担保责任。比较法上专门规定瑕疵担保责任的重要原因是该责任不以过错为要件，从而与采取过错归责原则的违约责任相区分。在我国民法中，违约责任本就以无过错责任为原则，因而无须单独规定出卖人违反质量瑕疵担保义务的违约责任。

第六百一十八条　【质量瑕疵免责约定的效力排除】当事人约定减轻或者免除出卖人对标的物瑕疵承担的责任，因出卖人故意或者重大过失不告知买受人标的物瑕疵的，出卖人无权主张减轻或者免除责任。

本条是对本法第 506 条关于免责条款无效之规定的具体化。依照自愿原则（**第 5 条**），双方当事人可以约定减轻或免除出卖人对标的物瑕疵承担的责任。但是，在出卖人有故意或者重大过失而不告知瑕疵，如出售明知是劣质产品的产品，或者因重大过失而不知标的物质量瑕疵而未告知等情形，构成违反诚信原则的行为，不应再允许出卖人援引瑕疵免责约款主张减轻或免除责任。

出卖人因故意或者重大过失不告知标的物瑕疵的，买受人不仅可依据本条规定进行抗辩，并可请求出卖人承担相应的违约责任，且不受质量检验异议通知期限（**第621条第3款**）的限制。此外，在出卖人故意不告知标的物瑕疵的情形，买受人亦可主张买卖合同系因受欺诈而订立，从而诉请撤销该合同（**第148条**）。

第六百一十九条 【标的物包装方式】出卖人应当按照约定的包装方式交付标的物。对包装方式没有约定或者约定不明确，依据本法第五百一十条的规定仍不能确定的，应当按照通用的方式包装；没有通用方式的，应当采取足以保护标的物且有利于节约资源、保护生态环境的包装方式。

包装方式主要是指标的物的包装材料以及包装的操作方式。

买卖合同标的物的包装方式应当依照如下标准确定：首先，依照合同约定的包装方式确定［**曲靖中院（2019）云03民终1935号民判**］。但是，当事人的约定不能违反法律的强制性规定。例如，《固体废物防治法》第68条第2款第一句规定："生产经营者应当遵守限制商品过度包装的强制性标准，避免过度包装。"其次，没有约定或者约定不明的，当事人可以就包装方式达成补充协议；不能达成补充协议的，按照合同的相关条款或交易习惯确定（**第510条**）。再次，依照本法第510条规定仍不能确定的，按照通用的方式包装。采用"通用的方式"时应当考虑交易习惯以及标的物的性质，但必须满足保护标的物的最低要求。最后，没有通用方式的，采用足以保护标的物且有利于节约资源、保护生态环境的包装方式。其中，"足以保护标的物"是指该包装方式足以保护标的物在装卸和运输过程中抵御通常的外力冲击而不受损坏［**北京三中院（2019）京03民终16773号民判**］。

第六百二十条 【买受人的检验义务】买受人收到标的物时应当在约定的检验期限内检验。没有约定检验期限的，应当及时检验。

检验是对标的物的品种、型号、规格、质量与数量等进行核定的手段。买受人的检验义务属于不真正义务，出卖人不能请求其履行，买受人违反该义务也不产生违约责任，仅可能会承担不利后果。在标的物事实上存在瑕疵的情形，买受人未及时检验并作出瑕疵通知的，则视为标的物不存在瑕疵，买受人因而不能向出卖人主张相应的违约责任（**第621条**）。买受人应当在检验期内进行检验，以及时解决纠纷，增进社会效益。检验期限由当事人约定；没有约定（包括因约定不明而无法确定检验期限）的，应当“及时”检验，即根据标的物的性质、交易习惯等在合理期限内进行检验。买受人对标的物进行检验是其尽出卖人履行不符合约定的通知义务的一般条件，违反及时检验义务并不单独引发相关法律后果，故本法仅规定了买受人未尽履行不符合约定的通知义务的法律后果（**第621条**）。

第六百二十一条 【履行不符合约定的异议通知义务】当事人约定检验期限的，买受人应当在检验期限内将标的物的数量或者质量不符合约定的情形通知出卖人。买受人怠于通知的，视为标的物的数量或者质量符合约定。

当事人没有约定检验期限的，买受人应当在发现或者应当发现标的物的数量或者质量不符合约定的合理期限内通知出卖人。买受人在合理期限内未通知或者自收到标的物之日起二年内未通知出卖人的，视为标的物的数量或者质量符合约定；但是，对标的物有质量保证期的，适用质量保证期，不适用该二年的规定。

出卖人知道或者应当知道提供的标的物不符合约定的，买受人不受前两款规定的通知时间的限制。

在标的物的数量或者质量不符合约定的情形，买受人应当及时向出卖人作出履行不符合约定的通知。本条明确了买受人异议通知期限的确定方法，旨在敦促买受人及时提出异议，以便出卖人尽早采取补救措施，防止时日久远而证据灭失，纠纷持续，当事人间的法律关系长期处于不确定状态。

一、买受人的通知义务

依照本条规定，买受人对标的物的数量或者质量有异议的，应当在检验期限内通知出卖人。异议通知义务为不真正义务，买受人违反通知义务，即在异议通知期限内未为异议通知，将导致其权利减损或者丧失，即“视为标的物的数量或者质量符合约定”（**本条第1款第二句**），买受人就丧失了相应的违约救济。本条所规定的“通知”为观念通知，类推适用本法总则编第六章第二节有关意思表示的规定。买受人通知的内容只需表明标的物的数量或者质量存在与约定不符的情形，无须准确描述具体细节。此外，买受人的异议通知义务仅限于标的物的数量和质量不符合约定的情形，在出卖人的履行不符合约定的其他情形，如履行的地点、方式、期限不符合约定，则无买受人异议通知之问题。

二、通知期限的确定

学说理论对于买受人异议通知期限的法律性质存在争议，有诉讼时效说、除斥期间说、或有期间说等观点，但是一般都认可该期限为不变期间，不能中止、中断或延长。

异议通知期限按照以下顺序确定：首先，依约定的检验期限确定。本条第1款第一句规定，标的物的数量或者质量不符合约定的，买受人应当在约定的检验期限内通知出卖人［**无锡中院（2023）苏02民终4059号民判**］。因此，检验期限同时也是买受人作出异议通知的期限。其次，未约定检验期限的，依照合理期限确定。“合理期限”是不确定概念，“应当综合当事人之间的交易性质、交易目的、交易方式、交易习惯、标的物的种类、数量、性质、安装和使用情况、瑕疵的性质、买受人应尽的合理注意义务、检验方法和难易程度、买受人或者检验人所处的具体环境、自身技能以及其他合理因素，依据诚实信用原则进行判断”［**《买卖合同解释》第12条，西昌法院（2020）川3401民初4986号民判**］。需要注意的是，该合理期限自买受人“发现或者应当发现标的物数量或质量不符合约定”时起算，买受人对标的物不符合约定的情况是经检验而发现，还是在使用中或出于偶然而发现，均非所问。但是，在未约定检验期时，本法第620条规定的“及时”与本条第2款第二句规定的“合理期限”并不重叠，应当分别适用相关规定确定。简单来说，在此情形下，“应当发现”以“及时”检验期限届满为前提。

异议通知有最长期限的限制。如果异议通知期限完全由当事人自由约定，或者在当事人未约定检验期限时，异议期限被过度延长，将有碍异议通知规范目的的实现。因此，对该期限应设置最长期限的限制，即原则上为“自收到标的物之日起二年”。但是，如果标的物有质量保证期，则质量保证期是出卖人依法或依约定对标的物质量担保的最长期限，因此应优先以该质量保证期为异议通知的最长期限。应注意，在质量保证期内，在买受人正常使用标的物的情况下，标的物存在质量缺陷，导致不能达到使用性能要求或者造成人身、财产损失的，出卖人应当依照合同约定及法律规定承担责任［**(2019) 最高法民终 38 号民判**］。因此，不能将标的物的质量保证期与异议期限等同。对于依照通常检查能够查知的质量瑕疵，买受人仍应在合理期限内及时通知出卖人，而不适用质量保证期的规定［**深圳中院（2020）粤 03 民终 9574 号民判**］。此外，质量保证期仅适用于标的物存在质量瑕疵的情形，对于标的物数量不符合约定的情形，仍应适用 2 年的最长异议期限规定。

三、通知义务的免除

让买受人负担异议通知义务的目的在于告知出卖人所交付的标的物存在不符合约定的情况，便于出卖人及时采取补救措施消除违约影响，及时解决纠纷。若出卖人已经知道或者应当知道提供的标的物不符合约定，则买受人作出异议通知已无必要，出卖人应主动采取补救措施并承担相应的违约责任。

第六百二十二条 【约定检验期限过短】当事人约定的检验期限过短，根据标的物的性质和交易习惯，买受人在检验期限内难以完成全面检验的，该期限仅视为买受人对标的物的外观瑕疵提出异议的期限。

约定的检验期限或者质量保证期短于法律、行政法规规定期限的，应当以法律、行政法规规定的期限为准。

本条第 1 款规定的是约定检验期限过短的一般效果，若约定期限过短导致买受人无法完成全面检验的，该期限仅视为对标的物外观瑕疵的异议通知期限。本款规定区分了标的物的外观瑕疵与隐蔽瑕疵。外观瑕疵存在于标的物表面，属于显而易见或者依照通常标准简单检查就能发现的瑕疵，一般是指外观、品种、型号、规格、花色等瑕疵［**(2020) 最高法民申 2595 号民裁**］。隐蔽瑕疵，指存在于标的物内部，需要经过特殊手段检测或者在使用中才能发现的瑕疵。对标的物外观瑕疵检验所需时间通常较短，对隐蔽瑕疵检验所需时间较长。若当事人约定的检验期限过短，导致买受人难以对标的物全面检验，则该约定期限只应当被视为对外观瑕疵的检验与异议通知期限，否则无异于事实上剥夺了买受人对标的物隐蔽瑕疵检验的权利。当事人约定的检验期限是否过短，应当根据标的物的性质和交易习惯，结合案件具体情况予以确定。

本条第 2 款规定，若约定的检验期限或者质量保证期短于法定期限，应当以法律和行政法规规定的期限为准。我国现行法体系中，《食安法》《药管法》《建筑法》等许多特别法都规定了法定质量保证期。法律强制规定质量保证期的标的物大多涉及与消费者或者公共利益密切相关的领域，旨在保护消费者利益或者维护市场秩序。因此，当事人不能通过约定缩短法定质量保证期，但是如果约定的检验期限或者质量保证期限长于法定期限，可以视为出卖人自愿加重自己的义务，并不违反法律规定，应当适用该约定期限。

第六百二十三条 【对标的物数量和外观瑕疵检验的推定】

当事人对检验期限未作约定，买受人签收的送货单、确认单等载明标的物数量、型号、规格的，推定买受人已经对数量和外观瑕疵进行检验，但是有相关证据足以推翻的除外。

一般而言，标的物的数量、型号、规格等不符合约定的，买受人尽到一般注意义务即可发现，因此，在其签收送货单、确认单的情况下，可以推定其已对标的物的数量和外观瑕疵进行了检验。这一推定与本法第 622 条有关约定检验期限过短的效果规定精神是一致的。

适用本条规定的推定规则应满足以下条件：(1) 当事人对标的物的检验期限未作约定，否则应当适用本法第 620 条与第 621 条第 1 款的规定；(2) 标的物已经交付，且买受人签收了送货单、确认单；(3) 送货单、确认单等证明交付的单据上载明了标的物的数量、型号、规格。若满足前述三项条件，则视为买受人已经完成对标的物的数量和外观瑕疵的检验［**新疆高院（2020）新 40 民终 1935 号民判**］。

本条“但书”表明，买受人对送货单、确认单的签收仅具有推定效力，可以被反证推翻。若买受人能够证明，依照当事人的特别约定或者交易习惯，应当对标的物先签收后检验，则排除本条规定的推定规则的适用。在消费者“网购”交易中，快递服务提供者常常要求买受人先签收后验货，即属这种情况。若签收就视为已经检验对消费者显然不公平。买受人可通过举证证明自己对标的物未作检验，推翻已经检验的推定。

第六百二十四条　【向第三人交付的检验标准】出卖人依照买受人的指示向第三人交付标的物，出卖人和买受人约定的检验标准与买受人和第三人约定的检验标准不一致的，以出卖人和买受人约定的检验标准为准。

本条是对合同相对性原则（**第 465 条**）的具体化。出卖人依照买受人指示向第三人交付标的物的合同属于利他合同（**参见本法第 522 条评注**）。依照合同的相对性原则，出卖人只受其与买受人之约定的拘束，而不受买受人与第三人之约定的拘束［**安庆中院（2020）皖 08 民终 1905 号民判**］。第三人就标的物享有的权利源自买受人根据其与出卖人的买卖合同所享有的权利，因此，出卖人交付的标的物在质量方面只需满足该合同约定即可，而无须考虑买受人与第三人之间的质量标准。检验标准属于标的物质量标准的组成部分，出卖人交付的标的物只要符合其与买受人约定的检验标准（质量标准），即使不符合买受人与第三人约定的检验标准，仍属正确、适当地履行了交付义务。

第六百二十五条　【出卖人的回收义务】依照法律、行政法规的规定或者按照当事人的约定，标的物在有效使用年限届满后应予回收的，出卖人负有自行或者委托第三人对标的物予以回收的义务。

本条确立出卖人的回收义务，旨在避免有害的废弃物品对生态环境造成破坏，促进资源综合循环利用。这是绿色原则在买卖合同领域的贯彻。

本条主要规定了出卖人之回收义务的来源与履行方式。出卖人之回收义务的来源有二：第一，法律、行政法规的规定。《循环经济促进法》第 15 条第 1 款第一分句规定："生产列入强制回收名录的产品或者包装物的企业，必须对废弃的产品或者包装物负责回收……"在生产者负有回收产品义务的情形，不论其是不是产品的直接出卖人，其均有回收义务。但本条关于法定回收义务的规定仅适用于负担产品回收义务的生产者作为出卖人的情形。法律明确规定销售者负责回收的，自当适用其规定。例如，《固体废物防治法》第 68 条第 3 款规定："生产、销售、进口依法被列入强制回收目录的产品和包装物的企业，应当按照国家有关规定对该产品和包装物进行回收。"第二，当事人的约定。当事人可以约定出卖人在标的物的有效使用年限届满后负担回收义务。当标的物的有效使用年限届满时，买卖合同已经终止，故出卖人所负担的回收义务属于后合同义务（**第 558 条**）。

回收义务的履行包括出卖人自行从买受人处回收标的物，以及出卖人委托第三人回收两种方式。对于法律、行政法规规定只能由有资质的机构或企业回收的物品，如废弃电器电子产品等，出卖人应当委托有处理资格的专业机构进行回收。例如，《废弃电器电子产品回收处理管理条例》第 11 条第 2 款规定："回收的废弃电器电子产品应当由有废弃电器电子产品处理资格的处理企业处理。"

第六百二十六条 【价款的数额和支付方式】买受人应当按照约定的数额和支付方式支付价款。对价款的数额和支付方式没有约定或者约定不明确的，适用本法第五百一十条、第五百一十一条第二项和第五项的规定。

本条第一句是出卖人享有价款请求权的规范基础，第二句通过援引本法第 510 条、第 511 条第 2 项和第 5 项，为价款数额与支付方式的确定提供了解释指引。

依照本条规定，买卖合同之价款的数额与支付方式依照以下规则确定：买卖合同当事人对价款数额与支付方式作了明确约定的，依照其约定。确定价格的方法包括约定了参考价格（如市场价格或政府指导价）或计算方法（如成本加约定利润率），也包括约定由第三人确定价格（如鉴定价格）等。未约定或约定不明确时，由当事人协议补充。不能达成补充协议的，应当按照合同的有关条款或者交易习惯确定。如果依照以上方法仍不能确定，则按照有利于实现合同目的的方式履行，按照订立合同时履行地的市场价格支付价款。依法应当执行政府定价或者政府指导价的，依照规定支付价款。

需要说明的是，付款义务是买受人负担的主给付义务，属于买卖合同必须具备的内容。如果当事人未就价款数额或其确定方法达成合意，而标的物不属于政府定价产品，也无法依据本条规定加以补充的，应当认定买卖合同不成立。

第六百二十七条 【价款支付地点】买受人应当按照约定的地点支付价款。对支付地点没有约定或者约定不明确，依据本法第五百一十条的规定仍不能确定的，买受人应当在出卖人的营业地支付；但是，约定支付价款以交付标的物或者交付提取标的物单证为条件的，在交付标的物或者交付提取标的物单证的所在地支付。

依照本条规定，买受人应当在约定的地点支付价款。当事人对支付地点无约定或约定不明确，并且依照本法第 510 条仍不能确定的，应当在出卖人的营业地支付。本条第二句第一分句的规定与第 511 条第 3 项确立的金钱之债履行地点确定规则一致，即金钱之债为赴偿之债。当存在多个营业地时，可以参考《国际货物销售合同公约》第 10 条的规定，以出卖人和买受人签订合同时共同知悉的、与履行合同关系最密切的营业地为支付地点。将出卖人的营业地作为价款支付地点是以商事主体为规范典型，这一规定可以类推适用于民事主体的住所。此外，对于本条没有规定的情形，也可以直接适用第 511 条第 3 项的一般规定，即给付货币的义务履行地为接受货币一方所在地，也包括出卖人的住所。

本条第二句第二分句作为“但书”规定了前述一般规则的例外，即约定支付价款以交付标的物或者交付提取标的物单证为条件的，在交付标的物或者提取标的物单证的所在地支付。此规定中“交付提取标的物单证”是指与实物交付具有同等效力的拟制交付，包括提单、仓单等的交付（**第 599 条**）。从文义上理解，“支付价款以交付标的物或者交付提取标的物单证为条件”包含两种情形：第一，出卖人须先履行交付标的物或者相关单证的义务，买受人后支付价款；第二，出卖人须与买受人同时履行。但是，仅在后一种情形中，买受人为实现与出卖人同时履行，才有必要在标的物或者单证交付地点支付价款。而在第一种情形中，要求在标的物交付地点支付价款既不方便买受人，对出卖人也无实益，并且，比较法上类似的规定如《意大利民法典》第 1528 条第 1 款，都仅仅针对同时履行情形，规定将标的物交付地作为价款支付的履行地，使买卖双方能够同地履行，以实现同时履行。因此，本条“但书”规定的“支付价款以交付标的物或者交付提取标的物单证为条件”，宜被限缩解释为双方当事人应当同时履行而未约定价款支付地点的情形，包括约定同时履行，以及对履行先后顺序没有约定而推定同时履行的情形（**第 628 条**）。

第六百二十八条 【价款支付时间】买受人应当按照约定的时间支付价款。对支付时间没有约定或者约定不明确，依据本法第五百一十条的规定仍不能确定的，买受人应当在收到标的物或者提取标的物单证的同时支付。

依据本条规定，买受人应当按照约定的时间支付价款。对价款支付时间没有约定或约定不明确时，应当由双方当事人协议补充；不能达成补充协议的，按照合同有关条款或者交易习惯确定。根据前述规定仍不能确定价款支付时间的，买受人应当在收到标的物或提取标的物单证的同时支付。

不能确定先后履行顺序的，买卖双方应当同时履行，此为双务合同的当然效果（**第 525 条**）。但是有疑问的是，买卖合同中与买受人支付价款形成对待给付义务的是，出卖人交付标的物与转移所有权的义务。若标的物为动产，出卖人交付标的物通常即转移其所有权，买受人应当同时履行支付价款义务；若在标的物为不动产或者当事人约定保留所有权等特殊情形，仅交付标的物并未完成所有权转移，要求买受人支付全部价款不甚合理。本条主要借鉴了《国际货物销售合同公约》第 58 条第 1 款的规定：“如果买方没有义务在任何其他特定时间内支付价款，他必须于卖方按照合同和本公约规定将货物或控制货物处置权的单据交给买方处置时支付价款……”虽然该条也规定了与交付同时支付原则，但是由于该公约主要调整以动产作为主要标的物的国际货物买卖合同，并且调整对象也限定为买卖合同本身，不涉及所有权变动，将后者交由各国国内法调整，因而规定同时支付具有合理性。然而，公约的这一限定因素在我国法中并不存在。作为补救，在标的物为不动产或者当事人约定保留所有权等特殊情形，可以依照交易习惯解释买受人应当在收到标的物或者提取标的物单证的同时支付部分价款。此外，在标的物所有权转移前，买受人还可行使同时履行抗辩权（**第525条**），拒绝支付与出卖人不完全履行相应部分的价款。

第六百二十九条 【多交标的物的处理】出卖人多交标的物的，买受人可以接收或者拒绝接收多交的部分。买受人接收多交部分的，按照约定的价格支付价款；买受人拒绝接收多交部分的，应当及时通知出卖人。

“多交标的物”是指出卖人交付的标的物数量超过当事人约定的数量。对于出卖人多交的标的物原则上应当依照不当得利规则处理。对此本条规定赋予买受人选择权，买受人可以选择接收或者拒绝。买受人接收则意味着双方当事人合意变更了标的物的数量。出卖人交付多出部分的标的物构成要约，包含了以原合同约定的条件出售多交部分标的物的意思，买受人接收则构成承诺，因此出卖人有权要求买受人按照约定价格支付多交付部分的价款。买受人接收作为意思表示，既可以明示方式作出，也可以默示方式作出，如买受人接收多交付的标的物后进行了实际使用［**株洲中院（2020）湘02民终589号民判**］，或将多交部分的标的物转让给他人［**上海普陀法院（2014）普民二（商）初字第710号民判**］，或对全部货款进行结算［**遵义中院（2019）黔03民终295号民判**］。但是，买受人单纯地受领、占有标的物并不能被认定构成接收。但是，买受人收到多交的标的物后在合理期间未作表示的，应当认定为买受人接收。

买受人也可以选择拒绝接收该部分的标的物。出卖人多交标的物是以双方当事人间存在买卖合同为前提，因而不同于非订而寄的现物要约。买受人若拒绝接受多交的标的物，仍然应当基于诚实信用原则承担相应的附随义务。依照法律规定，买受人由此承担的附随义务主要有两项：第一，通知义务。买受人应当将多交的标的物的情形及时通知出卖人。通知系准法律行为，为观念通知，可参照适用意思表示规则。通知的目的是让出卖人知道标的物多交的事实，以便其尽快取回或者作其他安排，避免损失。若出卖人已经知道或者买受人直接将标的物寄回，则买受人无须再通知。第二，保管义务。买受人拒绝接收多交部分标的物的，可以代为保管多交部分标的物，并承担保管期间因故意或者重大过失造成的损失（**《买卖合同解释》第3条**）［**沈阳中院（2022）辽01民终7890号民判**］。

第六百三十条 【标的物孳息的归属】标的物在交付之前产生的孳息，归出卖人所有；交付之后产生的孳息，归买受人所有。但是，当事人另有约定的除外。

依照本条规定，买卖合同中标的物孳息的归属确定以交付为准：交付之前产生的孳息归出卖人所有，交付之后产生的孳息归买受人所有。在学理上一般认为，将交付作为确定标的物孳息归属的时间点，是基于风险与利益一致原则，其与本法第604条关于风险负担规则的规范理由一致，通常被一体考察。因而，本条规定中的“交付”应当与第604条规定的“交付”等同。基于风险与利益一致说，判断各种交付形式能否被纳入本条所规定的“交付”范畴，应当依其是否能够产生将标的物的经济利益移转于买受人的效果而定。具体而言，现实交付与简易交付都属于本条规定的交付。于占有改定与指示交付情形，买受人在物理层面上未取得直接占有，故在此两种情形下应当作实质性判断，即依照当事人是否有将标的物的经济利益移转于买受人的意思（如出卖人移转了租金请求权）确定孳息的归属：若有此意思，则孳息归属于买受人；若无此意思，或者当事人无约定或者约定不明，则由出卖人取得标的物的孳息。

本条关于买卖合同标的物之孳息归属的规定，与本法第321条关于孳息归属的一般规定（区分天然孳息与法定孳息，分别规定由原物所有权人取得或者依照交易习惯取得）构成竞合。涉及买卖合同标的物之孳息的归属确定时，应当依照特别法优先的规则优先适用本条规定［**岳阳中院（2022）湘06民终996号民判**］。

本条为任意性规定，当事人可通过特约排除其适用。

第六百三十一条　【因标的物主物或从物不符合约定而解除的效力范围】因标的物的主物不符合约定而解除合同的，解除合同的效力及于从物。因标的物的从物不符合约定被解除的，解除的效力不及于主物。

标的物“不符合约定”属于不完全履行的情形，涉及的情形广泛，包括标的物的质量、数量、型号、规格、等级等不符合约定。本条规定旨在限定因标的物不符合约定而解除合同的效力范围，未涉及合同解除事由本身，对合同解除事由的规范主要为本法第563条与第610条。除不可抗力导致的合同解除情形（**第563条第1款第1项**）外，前述两条规定都将违约行为导致“不能实现合同目的”作为解除权行使的条件。当主物不符合约定导致买受人订立合同的目的无法实现而行使解除权时，其解除的效力辐射至整个合同，当然也及于从物。而从物只是辅助主物发挥效用的物，其若不符合约定虽会导致其辅助主物的功能无法实现，从而影响标的物的整体性能，但是通常不会导致根本违约。例如，遥控器坏了会影响电视机整体使用，但不会导致整个合同目的不能实现。因此，本条对因从物不符合约定而解除的效力进行了限定，即因从物不符合约定而解除的效力不及于主物，仅使合同部分解除。部分解除既可以被理解为对解除效力的限制，也可以被理解为对法定解除权的限制，即在从物不符合约定时，买受人仅对与从物相关部分享有解除权，而不能对整个合同行使解除权。

本条规定对因从物不符合约定而解除的效力予以限定的基础是，主物与从物的独立性，以及由此形成的两者给付上的可分性。但是，本条第二句适用的前提是，从物的瑕疵程度不影响整个合同目的的实现，否则，应当适用本法第632条“但书”规定，或者第563条第4项关于合同法定解除的一般规定，解除整个合同［**武汉中院（2016）鄂01民申29号民裁**］。

本条规定是任意性规定，当事人可通过特约排除其适用。

第六百三十二条　【数物买卖因部分物不符合约定而解除的效力范围】标的物为数物，其中一物不符合约定的，买受人可以就该物解除。但是，该物与他物分离使标的物的价值显受损害的，买受人可以就数物解除合同。

数物买卖是指以多个独立之物组合成的集合物为标的物的买卖。“一物不符合约定”，指当标的物为数物时，其中部分标的物不符合约定。此处的“一物”为例示性说明，是指由数物形成的标的物总体中的部分物。依据本条第一句的规定，一物不符合约定导致的是合同部分解除，即解除的效力仅涉及给付不符合约定的标的物，其他部分不受影响［**绍兴越城法院（2019）浙 0602 民初 10715 号民判**］。与本法第 631 条的规范理由相同，部分解除是基于数物的给付可分。但是，本条规范的数物之间不具有主从关系，否则应当适用第 631 条的规定。

本条“但书”规定，不符合之物与他物分离会使标的物的价值显受损害的，买受人可以就数物整体解除合同［**北京三中院（2019）京 03 民终 12967 号民判**］。本条第一句和第二句虽然都规定了买受人“可以”就瑕疵物或者数物解除，但是这两者之间并非并列关系，任由买受人选择行使部分解除权或者整体解除权。基于维护数物的整体价值考虑，本条“但书”应当被理解为对第一句规定的部分解除权的限制。在有瑕疵的物与他物分离使标的物的价值显著受损的情形，买受人享有对合同整体的解除权，从而排除第一句规定的部分解除权的适用［**北京二中院（2019）京 02 民终 3455 号民判**］。

第六百三十三条 【分批交付买卖因部分批次违约而解除的效力范围】出卖人分批交付标的物的，出卖人对其中一批标的物不交付或者交付不符合约定，致使该批标的物不能实现合同目的的，买受人可以就该批标的物解除。

出卖人不交付其中一批标的物或者交付不符合约定，致使之后其他各批标的物的交付不能实现合同目的的，买受人可以就该批以及之后其他各批标的物解除。

买受人如果就其中一批标的物解除，该批标的物与其他各批标的物相互依存的，可以就已经交付和未交付的各批标的物解除。

分批交付是指合同标的物的交付不是一次完成，而是出卖人根据约定的时间、数量、方式、地点等，分数次向买受人履行交付标的物的义务。分批交付标的物的合同属于分期给付合同，其给付总量自始确定，不随时间延续而增加，因而不同于继续性给付合同。本条三款均为完全法条，分别规定了分期给付合同中三种情形下解除的效力范围。

本条第1款的适用要件为：(1) 部分批次标的物不交付或交付不符合约定。同前条，“一批”属于例示性说明，应被解释为部分批次；(2) 违约批次标的物不能实现该批标的物的合同目的。法律后果为买受人仅得就该批标的物解除［**长沙中院（2020）湘01民终12841号民判**］。对该批标的物解除的后果适用本法第565条的规定。

本条第2款的适用要件为：(1) 一批标的物不交付或交付不符合约定；(2) 该批次违约导致之后各批标的物的交付不能实现合同目的。法律后果为买受人得就该批及之后各批标的物解除，之前已经交付的标的物不受影响。但是，若买受人依照本条第1款规定仅解除该批货物给付，因其为对自己利益的处分，应当允许。

本条第3款的适用要件为：(1) 买受人对其中一批标的物享有解除权。(2) 该批标的物与其他各批标的物相互依存。这是允许买受人整体解除合同的关键要件。仅当不同批次的标的物在功能上彼此关联，服务于共同的使用目的，需要作为一个整体共同发挥物的效用，某一批标的物违约将导致整个合同的履行无法完成或者丧失意义时，才允许买受人就已经交付与未交付的全部标的物整体解除。例如，买卖一套大型机器设备的合同约定出卖人分批交付，之前交付的组件都没有问题，但是有一批组件不合格，导致整个设备无法正常安装使用，故买受人有权解除整个合同。

第六百三十四条 【分期付款买卖合同】分期付款的买受人未支付到期价款的数额达到全部价款的五分之一，经催告后在合理期限内仍未支付到期价款的，出卖人可以请求买受人支付全部价款或者解除合同。

出卖人解除合同的，可以向买受人请求支付该标的物的使用费。

本条分两款规定了分期付款买卖中，出卖人对价款支付期限的单方变更权与合同解除权，以及合同解除情形下出卖人享有标的物使用费请求权。

本条第 1 款规定了分期付款买卖中买受人迟延履行时出卖人的价款支付期限单方变更权与合同解除权。本条为完全法条，适用要件为：(1) 当事人订立的是分期付款买卖合同。“分期付款”是指买受人将应付的总价款在一定期限内至少分三次向出卖人支付（**《买卖合同解释》第 27 条第 1 款**）。实践中，也有法院认为：不能仅凭合同约定“分三次以上支付价款”就当然将其认定为“分期付款合同”。分期付款买卖作为特种买卖的特殊性体现为信用买卖，其隐含的要件是标的物须先行交付，“只有在将标的物交付给买受人的情形下，出卖人才面临较大的交易风险，法律才赋予出卖人‘要求买受人支付全部价款或者解除合同’的权利，以保障出卖人利益”［**四川高院（2014）川民提字第 554 号民判**］。分期付款买卖的出卖人须先交付标的物，而买受人可以分期支付价款而享有期限利益。并且，若买受人不履行支付价款义务，出卖人也无法通过合同履行抗辩权来救济，故才需要对出卖人特别救济。本条第 2 款实际暗含交付要件，与此观点相合，故这种看法值得赞同。(2) 未支付到期价款的数额达到全部价款的 1/5。该规定是本法第 563 条第 1 款第 3 项规定的“一方迟延履行主要债务”要件在分期付款买卖中的具体化。“五分之一”为法定最低限度，当事人得约定更高额度作为出卖人取得解除权或变更权的条件，但不得约定更低的额度（**《买卖合同解释》第 27 条第 2 款**）。(3) 出卖人进行了催告。此处的“催告”程序应当与第 563 条第 1 款第 3 项中的催告作相同解释。(4) 买受人经催告后在合理期限内仍未支付。关于合理期限可以依当事人的约定或者出卖人指定的时间确定。无约定的，适用法律法规与司法解释的规定，如《商品房买卖合同解释》第 11 条第 1 款规定，催告后买受人在 3 个月的合理期限内仍未支付的，出卖人可行使解除权。若无法律规定，应当考虑交易习惯、当事人的利益、需支付的价款额度、价款到期时间等因素依个案确定合理期限。

若满足上述要件，则发生如下法律效果：第一，出卖人取得价款支付期限的单方变更权。依据本条第 1 款后半句的规定，出卖人可以请求买受人支付全部价款。该规定实质上赋予出卖人单方变更价款支付期限的权利，剥夺买受人原本享有的期限利益。价款支付期限变更权为形成权，出卖人单方行使即可使买受人剩余价款加速到期。出卖人请求支付全部价款，只是剥夺了买受人的期限利益，并没有解除合同，合同效力不受影响。第二，出卖人取得合同解除权。解除权的行使以及其法律后果应当适用本编第一分编的相关规定（**第565、566条**）。但是，从体系解释的角度，分期付款买卖中当买受人已经支付价款75%以上时，应当排除出卖人合同解除权的行使。因为《买卖合同解释》第26条第1款对所有权保留买卖中出卖人取回权的行使作了限制性规定，以保护买受人取得标的物的合理期待。依该条规定，当买受人已经支付价款75%以上时，排除出卖人的取回权。所有权保留买卖中，该限制应当同样适用于合同解除权，否则出卖人可以通过行使解除权规避取回权行使限制，从而架空该条规定。由于所有权保留条款常见于分期付款买卖合同，而无论当事人是否约定有保留所有权条款，分期付款买卖合同的解除规则应当一致。

依照本条第1款的文义，出卖人对价款支付期限的变更权与合同解除权可以择一行使［**南通通州法院（2018）苏0612民初5640号民判**］。此两项权利均为形成权，一旦行使即发生形成效力，出卖人选择后无变更可能。具体而言，若出卖人选择行使解除权，则不存在请求买受人支付全部价款的可能［**河北邯郸中院（2014）邯市民一终字第18号民判**］。若出卖人选择行使支付期限变更权，则分期付款买卖合同转变为普通买卖合同，若买受人仍不支付价款，则出卖人可依本法第563条第1款第3项解除合同。此时出卖人行使的并非本条规定的解除权。

本条第2款规定，合同解除后，出卖人有标的物使用费请求权。使用费是对标的物使用利益的补偿。出卖人请求支付使用费并不以买受人实际使用标的物为要件，只要买受人有使用的可能即为已足。使用费标准由当事人约定，未约定的，可以参照当地同类标的物的租金标准确定（**《买卖合同解释》第28条第2款**）。对于不可出租或者没有租赁市场的标的物，应按其通常价值估定折旧价值。

本条是否可准用于其他分期付款的合同（**第646条**），尚待观察。以分期付款的股权转让合同为例：对其可否参照适用本条规定，实践中就存在分歧。"指导案例67号"持否定观点，主要理由是股权转让合同不同于一般以消费为目的的买卖合同，关涉股权登记、股东间的信任、公司经营管理的稳定性等多个方面，不宜轻易解除。但是，也有裁判观点认为，可以参照或者部分参照适用分期付款买卖合同规定。如有判决认为，"'指导案例67号'只是表明基于股权转让合同解除应更加谨慎，不宜简单适用该法条规定的合同解除权。而本案中，出卖人并非要求解除合同，而是主张支付全部价款……认为出卖人无权要求贾页强支付全部价款的理由不充分”［**四川高院（2019）川民申 70 号民裁**］。

第六百三十五条 【凭样品买卖合同】凭样品买卖的当事人应当封存样品，并可以对样品质量予以说明。出卖人交付的标的物应当与样品及其说明的质量相同。

凭样品买卖又称货样买卖，为特种买卖合同。其特殊性体现为依样定质，即约定标的物的质量以货物样品的质量为标准。因此，凭样品买卖合同除要满足一般买卖合同的构成要件外，还须包含凭样品条款，即以样品确定标的物质量标准的条款［**无锡中院（2021）苏 02 民终 6674 号民判**］。当有争议时，应当由买受人举证合同为凭样品买卖合同。样品可以由任何一方当事人或者第三人提供，可以是现货中的货品，也可以是专门制作的。样品并不必须在合同订立时就已经确定，也可以在合同订立后提供。

本条第一句前半句规定，当事人应当封存样品。样品是确定标的物质量标准的关键，要求当事人封存样品，旨在避免人为干扰或者保存不当等致其品质变化。封存样品应当属于不真正义务。在当事人就标的物质量是否符合样品质量产生争议时，承担证明责任的一方当事人若不能提供样品，将承担举证不能的不利后果［**昌平法院（2022）京 0114 民初 9538 号民判**］。样品的封存须由双方实施，封存的具体方式可以由当事人约定。若封存的多个样品质量不一致，当事人不能达成合意的，视为当事人对标的物质量约定不明，适用本法第 616 条的规定。

为避免对以实物形式呈现的样品的品质存在理解分歧，本条第一句后半句规定当事人可以对样品质量予以说明，以进一步明确样品品质。“可以”表明对样品质量予以说明并非义务，只是提示当事人得从事该行为。样品质量与质量说明不一致，当事人就质量标准产生争议的，若样品在封存后外观和内在品质没有发生变化，应当以样品为准［**广州中院（2020）粤 20 民终 499 号民判**］；若样品发生变化或者当事人对样品是否发生变化有争议，则以质量说明为准（**《买卖合同解释》第 29 条**）。

本条第二句规定出卖人交付的标的物应当与样品及其说明的质量相

同。凭样品买卖合同并非附条件的买卖合同，若出卖人交付的标的物与样品及其说明的质量不一致，属于瑕疵履行。本条第二句为辅助性规范，辅助说明本法第 617 条规定的“出卖人交付的标的物不符合质量要求”这一要件是否构成。

第六百三十六条 【凭样品买卖合同的隐蔽瑕疵处理】凭样品买卖的买受人不知道样品有隐蔽瑕疵的，即使交付的标的物与样品相同，出卖人交付的标的物的质量仍然应当符合同种物的通常标准。

在凭样品买卖的买受人不知道样品有隐蔽瑕疵的情形，不适用本法第 635 条关于依照样品标准确定标的物质量要求的规定，而应当适用本条规定，依照同种物的通常标准确定标的物的质量要求。本条规定的适用要件包括两项：（1）样品存在隐蔽瑕疵。隐蔽瑕疵与外观瑕疵相对，是通过一般的检查不易发现的品质缺陷。（2）买受人不知道样品有隐蔽瑕疵。若买受人知道隐蔽瑕疵的存在仍然与出卖人订立合同，应认为其统一免除了出卖人的质量瑕疵担保义务（**第 615 条**）。若买受人不知道该瑕疵，依据诚信原则，不能认为买受人有免除意思，不论出卖人是否知道该瑕疵都是如此，因为质量瑕疵担保义务是出卖人通常负担的合同义务。

依照本条后半句的规定，即使交付的标的物与样品相同，出卖人交付的标的物的质量仍然应当符合同种物的通常标准。“同种物的通常标准”与本法第 511 条第 1 项关于“通常标准”的理解一致，即在没有强制性国家标准的情况下，直接按照通常标准确定标的物质量，无须考虑参照其他标准。依照本条规定的文义来理解，标的物的质量应当同时满足样品的质量要求和同种物的通常标准［**黄冈中院（2020）鄂 11 民终 2057 号民判**］。具体而言，若必须将样品的隐蔽瑕疵与其他部分作为整体来确定样品的质量标准，则标的物的质量应当符合同种物的通常标准；若可以分开考量样品的隐蔽瑕疵与其他部分，则“通常标准”应当仅被用来确定隐蔽瑕疵部分的质量标准，标的物其他部分的质量仍然应当依样品的质量标准确定。

第六百三十七条 【试用买卖的试用期限】试用买卖的当事人可以约定标的物的试用期限。对试用期限没有约定或者约定不明确，依据本法第五百一十条的规定仍不能确定的，由出卖人确定。

试用买卖又称试验买卖、检验买卖，是指当事人双方约定，出卖人于合同成立时将标的物交付买受人试验或者检验，以买受人对标的物的承认作为生效要件的买卖合同。通说认为，试用买卖为附停止条件的买卖合同，条件为买受人对试用标的物的承认。在买受人承认时条件成就，买卖合同生效。但是，买受人的承认受试用期限的限制，本条即对试用期限加以规定。

试用期限依照如下方式确定：首先由双方当事人约定；没有约定或者约定不明确的，当事人可以协议补充，不能达成补充协议的，按照合同有关条款或者交易习惯确定；依照前述方法仍不能确定的，则由出卖人确定。

第六百三十八条 【试用买卖合同的订立】试用买卖的买受人在试用期内可以购买标的物，也可以拒绝购买。试用期限届满，买受人对是否购买标的物未作表示的，视为购买。

试用买卖的买受人在试用期内已经支付部分价款或者对标的物实施出卖、出租、设立担保物权等行为的，视为同意购买。

本条第 1 款第一句明确了试用买卖合同的性质。通说认为，试用买卖合同是附条件合同，以买受人承认为停止条件。该条件是否成就并非取决于标的物客观上是否符合买受人的目的，而完全取决于买受人的任意，故其为纯粹随意条件。因此，当当事人约定标的物经过试用或者检验符合一定要求，或者经第三人试验认可时，买受人应当购买标的物的，不属于试用买卖合同（**《买卖合同解释》第 30 条第 1、2 项**）。买受人的承认或拒绝均为意思表示，适用意思表示规则。承认或拒绝不仅指向标的物，而且也包含了是否欲使买卖合同发生效力的效果意思，产生权利变动的效果，因而其属于形成权。若买受人承认，则该试验买卖合同溯及自合同成立时生效。

本条第 1 款第二句与第 2 款分别规定了法律拟制买受人承认的两种情形。本条第 1 款第二句规定，买受人在试用期限届满时未作表示的，视为购买。“视为”表明该规定是将买受人的单纯沉默拟制为承认。法律拟制的理由是，买受人在试用期限届满前未退还标的物或者拒绝购买，使出卖人能够合理信赖买受人愿意购买。为保护出卖人的信赖，应当将该情形限定为试用标的物交付于买受人的情形，而不包括在出卖人处试用的情形，因为后一情形下出卖人不产生此种信赖。本条第 2 款规定，买受人在试用期内已经支付部分价款或者对标的物实施出卖、出租、设立担保物权等行为的，视为同意购买。本款规定为不完全列举，还包括其他超出试用目的的必要行为程度与范围的情形。例如，“王冬兰与王立忠买卖合同纠纷案”〔**沧州中院（2016）冀 09 民终 5231 号民判**〕中，法院判决认为，“王立忠驾驶涉案挖掘机至南陈屯拆迁现场是进行收益的有偿劳动行为，已经超越了试用行为……故应认定王立忠同意购买涉案挖掘机”。

第六百三十九条　【试用买卖的使用费】试用买卖的当事人对标的物使用费没有约定或者约定不明确的，出卖人无权请求买受人支付。

本条规定旨在排除试用买卖出卖人的标的物使用费请求权，为抗辩规范。本条为任意性规范，可由当事人以特约排除适用。

试用买卖中对标的物使用费无约定或者约定不明确的，将试用期间标的物的使用利益分配给买受人的理由是，在试用买卖中，出卖人负有容许买受人试用标的物的从给付义务，其中包含了容许买受人无偿取得试用期间标的物使用利益的意思。此外，本条规定仅排除出卖人对标的物使用费的请求权，并未涉及试用费用。后者是指因试用标的物所产生的交通、通信、材料等费用，应由买受人承担。

第六百四十条　【试用期间的风险负担】标的物在试用期内毁损、灭失的风险由出卖人承担。

本条规定的“风险”本应当与本法第604条规定的“风险”作一体解释，均指向价金风险，但是，试用买卖合同为附生效条件的合同，在条件成就前，买受人并不负价款支付义务，仅在买受人同意购买的情形才涉及价金风险的负担问题。若标的物在试用期内发生毁损、灭失，鲜见买受人仍然愿意购买的情况。即使买受人同意购买，试用买卖合同因条件成就而生效，出卖人为试用进行的交付转化为为履行合同主给付义务所作的交付，从而应当适用本法第604条的规定，风险负担依交付转移，而无本条规定适用余地。因此，将本条规定的“风险”理解为返还不能风险更为妥适，即在买受人负有返还标的物义务的情形，若标的物在试用期内毁损、灭失，买受人是否仍须进行价值返还。依据本条规定，标的物在试用期内毁损、灭失的，买受人无须进行价值返还［**东莞一院（2020）粤1971民初3295号民判**］。本条规定为任意性规定，可被当事人的特约排除适用。

第六百四十一条 【所有权保留及其登记】当事人可以在买卖合同中约定买受人未履行支付价款或者其他义务的，标的物的所有权属于出卖人。

出卖人对标的物保留的所有权，未经登记，不得对抗善意第三人。

本条第1款为定义性规范。所有权保留买卖是指买受人虽然先行占有、使用标的物，但标的物的所有权须在买受人支付全部价款或者履行其他义务后才移转给买受人的买卖。本条规定未明确所有权保留买卖的适用范围。因依法律行为发生的不动产所有权变动以登记为要件，未登记则所有权仍属于出卖人，并不存在适用保留所有权特约的空间（**《买卖合同解释》第25条**），因此，所有权保留仅适用于动产买卖。

本条第2款明确了保留所有权的登记对抗效力。只要双方当事人在买卖合同中达成了所有权保留合意，无须登记，即发生出卖人对标的物保留所有权的效果；但是未经登记的，当事人就所有权保留的特约不得对抗善意第三人。所有权保留旨在担保出卖人价款债权的实现，因此，其保留的所有权仅具担保功能，而不具有一般所有权的完全权能。因此，保留所有权的登记在功能上与一般动产抵押登记具有相同效果（参见第 403 条第二分句评注)。尤其是，在涉及买受人转让标的物时，未经登记的保留所有权不得对抗标的物的善意买受人[**广西高院(2018)桂民终 11 号民判**]。此外，“第三人”还包括标的物的承租人、对标的物申请保全或强制执行的债权人[**烟台中院(2024)鲁 06 民终 716 号民判**]、受让人破产情形下的其他债权人等(**《担保制度解释》第 67、54 条**)。但是，若第三人为标的物的抵押权人，或者其他可以登记的担保物权人，则担保权人即使知道所有权保留的情况，不属于“善意第三人”，出卖人对标的物保留的所有权也不得对抗该担保权人，而应当依照本法第 414 条规定的多个抵押权的效力顺序规则实现权利。此外，出卖人保留的所有权纵然经过登记，其亦不得对抗在正常经营活动中的买受人(**第 404 条，《担保制度解释》第 56 条第 2 款**)。

第六百四十二条 【取回权及其行使】当事人约定出卖人保留合同标的物的所有权，在标的物所有权转移前，买受人有下列情形之一，造成出卖人损害的，除当事人另有约定外，出卖人有权取回标的物：

(一)未按照约定支付价款，经催告后在合理期限内仍未支付；

(二)未按照约定完成特定条件；

(三)将标的物出卖、出质或者作出其他不当处分。

出卖人可以与买受人协商取回标的物；协商不成的，可以参照适用担保物权的实现程序。

取回权制度是出卖人就标的物实现价款担保目的的特别程序，出卖人可以不经解除合同而直接取回标的物。出卖人取回权的成立要件，除包括出卖人保留标的物所有权的特约(积极要件)，以及当事人没有作出排除取回权的约定(消极要件)外，还包括以下情况之一。

(1)未按照约定支付价款，经催告后在合理期限内仍未支付。该规定未明确买受人未按照约定支付价款应达到的程度，且相关司法解释也仅规定当买受人已经支付标的物总价款的 75%以上时，出卖人不享有取回权(**《买卖合同解释》第 26 条第 1 款**)。对此问题有待明确。实践中，所有权保留常常与分期付款买卖并用。分期付款买卖出卖人解除合同的要件是，买受人未支付到期价款达到全部价款的 1/5（**第 634 条第 1 款**）。取回在法律效果上弱于合同解除，因而取回权的行使条件不应当高于分期付款买卖的解除条件；但是，当事人另有约定的除外。

（2）未按照约定完成特定条件。本项规定的"特定条件"属于本法第 641 条规定的"其他义务"，即当事人约定的除支付价款外的其他条件，如对标的物购买保险或提供担保等。若当事人约定须完成数项特定条件，则须全部完成还是完成部分即可，应通过对当事人约定的解释加以确定。

（3）将标的物出卖、出质或者作出其他不当处分。其他处分既包括事实上的处分也包括法律上的处分，可以是损坏标的物的行为、抛弃对标的物的占有、在标的物上设定抵押权等。但是，在买受人出卖、出质标的物的情形下，若第三人已经善意取得标的物所有权或者其他物权，则出卖人不享有取回权（**《买卖合同解释》第 26 条第 2 款**）。此外，在标的物与其他物形成添附的情形下，出卖人的取回权也因标的物所有权消灭而不能行使［**浙江高院（2017）浙民终 585 号民判**］。

在满足成立要件的情况下，出卖人可以行使取回权。出卖人行使取回权只是实现其担保权的手段，并不导致合同解除，因此，买受人可以在回赎期内回赎标的物（**第 643 条**）。

本条第 2 款为参引性规范，规定了双方当事人对取回权的行使程序协商不成时，参照适用担保物权的实现程序。但是，取回权行使的目的主要是使出卖人重新取得对标的物的占有，而担保物权的实现程序主要是通过对担保物的强制变价来清偿债务。对取回权的行使参照适用担保物权的实现程序，可能导致对取回效果的不当否定。在当事人就取回标的物协商不成，且买受人以抗辩或者反诉的方式主张拍卖、变卖标的物以清偿债务时，人民法院应当支持（**《担保制度解释》第 64 条第 2 款**）。因此，只有在出卖人主张取回而买受人也未主张拍卖、变卖标的物时，取回标的物的效果才与担保物权的实现不同。

第六百四十三条 【回赎权和转卖权】出卖人依据前条第一款的规定取回标的物后，买受人在双方约定或者出卖人指定的合理回赎期限内，消除出卖人取回标的物的事由的，可以请求回赎标的物。

买受人在回赎期限内没有回赎标的物，出卖人可以以合理价格将标的物出卖给第三人，出卖所得价款扣除买受人未支付的价款以及必要费用后仍有剩余的，应当返还买受人；不足部分由买受人清偿。

本条第1款规定，在出卖人取回标的物情形，若满足买受人在回赎期内消除出卖人取回权行使事由的条件，则发生买受人取得回赎权的法律后果。本款的适用要件包括：第一，须买受人消除导致取回标的物的事由，即消除本法第642条规定的三种情形。具体是指：(1) 未按照约定支付价款的，应向出卖人支付价款以及迟延利息；(2) 未按照约定完成特定条件的，应当实现约定条件，并赔偿出卖人因此所遭受的损失；(3) 买受人将标的物出卖、出质或者作出其他不当处分的，应当停止和消除对标的物的不当处分。第二，须导致取回标的物的事由在回赎期内消除。回赎期可由当事人约定，约定不成则由出卖人指定。但是，依据诚实信用原则，出卖人指定的期间不得短于合理期限，否则应延长至合理期限。

本条第2款规定了出卖人的转卖权以及转卖所得价款的分配。买受人在回赎期限内未回赎标的物，出卖人即取得转卖权，即无须经买受人同意而将标的物再次出售。但是，出卖人再次出卖情形下的转售，与依法行使合同解除权后再出售标的物效果不同。在本款规定的转售情形，转售所得价款归属于买受人而非出卖人，而在合同解除后的转售情形，再次出售所得价款归属于出卖人而非买受人。因此，在出卖人取回后的转卖情形，转卖所得价款用于清偿买受人所欠价款及必要费用。这里的"价款"包括价款本金及其利息，"必要费用"则指取回期间发生的保管费以及为转卖而支出的费用等。出卖人是否对转卖所得价款享有优先受偿权，应依动产担保物权的相关规定处理（**第414～416、456条**）。若转卖所得不足以清偿全部欠款和费用的，买受人仍应承担继续清偿的义务；若清偿欠款和费用后还有剩余的，出卖人应当返还给买受人。

第六百四十四条 【招标投标买卖】招标投标买卖的当事人的权利和义务以及招标投标程序等，依照有关法律、行政法规的规定。

本条为参引性规范。招标投标买卖为特种买卖，其特殊性主要体现为交易方式的竞争性。招标投标买卖采取数个投标人竞争性报价的方式，由招标人选择给出最合适的报价和条件的投标人，并与之订立合同。采取招标方式订立合同，合同自中标通知书到达中标人时成立。合同成立后，当事人拒绝签订书面合同的，人民法院应当依据招标文件、投标文件和中标通知书等确定合同内容（**《合同编通则解释》第 4 条第 1 款**）。

通常仅在涉及公共利益以及利用国家财政资金采购的情形，如特定类型工程建设项目重要设备、材料等的采购，政府采购合同等，法律才要求通过招标投标买卖订立合同。在这些领域，为避免交易过程中的寻租行为，法律需要对招标投标买卖合同的订立进行严格规范，例如规定招标投标买卖须依照法定程序（一般分为招标、投标、中标三个阶段）进行，须采取书面形式订立等；并对合同的订立方式与程序作了较多限制，以保障招标投标买卖公开、公平、公正的实现。为此，我国颁行了专门的《招投标法》对招标投标活动进行规范。鉴于招标投标买卖的特殊性，关于买卖当事人的权利义务以及招标投标程序等，应当优先适用相关法律、行政法规的规定，仅在特别法没有规定时才适用本法的相关规定。

第六百四十五条 【拍卖】拍卖的当事人的权利和义务以及拍卖程序等，依照有关法律、行政法规的规定。

本条为参引性规范。拍卖是出卖人同时与多个竞买人交涉，采取公开竞价方式缔约的竞争买卖。采取拍卖方式订立合同的，合同自拍卖师落槌、电子交易系统确认成交时成立。但是，产权交易所等机构主持拍卖、挂牌交易，其公布的拍卖公告、交易规则等文件公开确定了合同成立需要具备的条件，合同自该条件具备时成立。拍卖合同成立后，当事人拒绝签订成交确认书的，人民法院应当依据拍卖公告、竞买人的报价等确定合同内容（**《合同编通则解释》第 4 条第 2、3 款**）［**泰安中院（2023）鲁 09 民终 3485 号民判**］。

由于拍卖合同在拍卖程序、当事人意思表示的认定、合同成立规则以及当事人权利义务规范方面具有特殊性，故其法律适用应当优先适用

《拍卖法》或者其他相关法律和行政法规的规定。仅在特别法无规定时，适用本法规定。

第六百四十六条　【其他有偿合同的法律适用】法律对其他有偿合同有规定的，依照其规定；没有规定的，参照适用买卖合同的有关规定。

有偿合同是给付具有对价性的合同，如租赁、有息借款、承揽、建设工程、运输、仓储等合同。此外，权利等无体物的有偿转让合同，如以债权、股权、知识产权、土地经营权等为客体的转让合同，也属于有偿合同。互易合同也属于有偿合同，但是其参照适用买卖合同规定的依据是本法第 647 条。

买卖合同是有偿合同的典型，其他有偿合同（包括有名合同与无名合同）在法律没有规定的情形，得参照适用买卖合同的规定，如关于瑕疵担保、风险负担、无处分权不影响合同效力等的规定。本条规定的“参照适用”究竟是指适用要件的参照还是指法律效果的参照，应当依具体情形确定。此外，对买卖合同规定的参照适用应当在该种有偿合同的性质许可范围内。

第六百四十七条　【互易合同的法律适用】当事人约定易货交易，转移标的物的所有权的，参照适用买卖合同的有关规定。

本条规定将互易合同限定为易货交易，即互易人相互交换标的物，转移标的物所有权的合同，因而排除了以劳务互换的合同，以及权利互易合同，如股权置换合同、土地使用权置换合同等。对于后一种交易合同可以依据本法第 646 条的规定，参照适用买卖合同规定。互易合同在性质和内容上与买卖合同最为接近，除价款支付内容以外，一般均可参照适用买卖合同的规定，如关于交付义务、移转所有权义务、标的物受领义务、验收义务、瑕疵担保义务、孳息归属、风险负担、费用负担等的规则。

第十章

供用电、水、气、热力合同

第六百四十八条 【供用电合同的定义及强制缔约义务】供用电合同是供电人向用电人供电，用电人支付电费的合同。

向社会公众供电的供电人，不得拒绝用电人合理的订立合同要求。

本条第1款是关于供用电合同的定义规定。供用电合同是供电人向用电人供电，用电人支付电费的合同。“电”是民法上特殊的物，供用电合同实际上是一种特殊的买卖合同，因其具有特殊性，合同编“典型合同”分编将其作为有别于买卖合同的独立合同类型加以规定。

供用电合同的特殊性主要体现于四个方面：其一，供电主体为供电企业，其他任何单位和个人都不得作为供电人。供电企业按照供电营业区供电，供电营业区由电力管理部门会同同级有关部门核准并发给“电力业务许可证”（**《电力法》第25条第3款**）。用电人的范围则十分广泛，包括自然人、法人以及非法人组织。其二，合同的标的物为电力。民法上的“物”是指除人的身体外，能够为人力所支配，独立满足人类社会生活需要的有体物及自然力。现代技术的发展使支配电力成为现实，电成为民法上“物”的范畴。其三，供用电合同为继续性供给合同。供电人在供电设备正常运转的情况下，负有连续提供电力的义务；用电人享有随时用电的权利。非基于法定事由，合同履行不得中断。用电人按用电量和计费标准支付电费。其四，电力价格实行统一定价（**《电力法》第35条第2款**）。供电企业非经核准，不得擅自变更电价。

本条第2款规定了供电人的强制缔约义务，是本法第494条第3款关于强制承诺义务规定的具体化。电力供应与人们的基本生活、生产经营息息相关，加之供电企业因国家对电力行业的监管而取得垄断地位，社会大众与供电企业形成一定依赖关系，因而，本法规定了供电人强制缔约的义务。只要用电人的用电需求是合理的，供电人即负有缔结合同并供电的义务。

需要注意的是，供电企业须在经批准的供电营业区内向用户供电，因此，供电企业负担强制缔约义务的对象仅限于本营业区内的用电人。营业区范围外的用电人提出用电请求的，供电人可以拒绝。此外，根据本法第656条，供用水、供用气、供用热力合同中的供水人、供气人、供热力人，同样负有强制缔约义务［**抚顺中院（2021）辽04民终2504号民判**］。

第六百四十九条 【供电合同的主要内容】供用电合同的内容一般包括供电的方式、质量、时间，用电容量、地址、性质，计量方式，电价、电费的结算方式，供用电设施的维护责任等条款。

供电方式、质量、时间、用电性质及电价等是供用电合同的重要内容。除一般合同包括的条款外（**第470条**），本条所列事项为供用电合同特有，但其亦有要素和常素之分。供用电合同一般采用格式条款订立，双方当事人使用供用电企业事先拟定的格式条款订立合同。供用电合同的内容受法律、行政法规以及部门规章等的管制较多，但本条列举的内容通常由当事人自由协商确定。

一、供电的方式、质量、时间，用电容量、地址

供电方式是供电人向用电人供应电能的方式，包括主供电源（在电力系统正常运行的方式下供电人向用电人提供电力的电源）、备用电源（主供电源不能满足用电人需求时供电人向用电人供电的其他电源）、保安电源（在正常供电存在故障的情况下为了保证用电人重要负荷能连续供电的电源）以及委托转供电（未经供电人同意，用电人不得擅自向第三人转供电力）。供电质量包括电压质量、频率和供电可靠性等指标，应按照《供电营业规则》与《供电监管办法》等相关规定执行。供电时间是指供电的起止时间，影响用电人的用电。因此，当事人应在合同中

进行具体约定，非因法定原因，供电人不得中断供电。用电容量是指供电人核定的用电人受电设备的总容量。用电地址是指用电人使用电力的地址。

二、用电的性质、计量方式、电价与电费的结算方式

目前用电性质分为工业用电、农业用电、经营性用电及生活用电等。我国执行分类电价，电价以用电性质为依据，并实行统一定价。计量方式是指按照不同电价分别确定电量并计算电费。用电企业应按照电价类别，在用电人的受电点内安装用电计量装置。电费的结算方式由双方协商确定，有预付制或用电后定期结算等方式；可以采取现金结算，也可以采取转账或代收代付等方式。

三、供用电设施的维护责任

当事人可以协商确定供用电设施的维护责任。没有约定或约定不明的，可以按照产权分界划分标准确定维护责任：电源侧供电设施由供电人维护，而负荷侧供电设施则由用电人负责维护。

除前述条款外，供用电合同还可包括合同的有效期限、违约责任以及双方共同认为应当约定的其他条款（**《电力条例》第 33 条**）。

第六百五十条 【供电合同的履行地】供用电合同的履行地点，按照当事人约定；当事人没有约定或者约定不明确的，供电设施的产权分界处为履行地点。

履行地点由供用电合同双方当事人约定。当事人可以在订立供用电合同时约定履行地点，也可以在合同生效后协议补充。在当事人没有约定或者约定不明，且无法达成补充协议时，以供电设施的产权分界处为履行地点。本条第二分句的规定作为任意性规定，与本法第 511 条第 3 项的规定存在差异。根据后者，电力作为“其他标的”，本应在履行义务一方即供电人所在地履行。但是，电力有其独特性，需要通过供电网络完成电力供给，因此，供电设施的产权分界处应作为无约定时的供电义务履行地点。

供用电合同的履行地点既是确定供电方案的依据，也是在出现擅自迁址、非法转供电等情况时，用于判别用电人是否属于违章用电的主要凭据；还是在发生用电事故或侵权事件时，判断合同双方责任界限、确定损害赔偿义务人或维修义务人的重要依据［**最高法（2015）民申字第1767号民判**］。

第六百五十一条 【供电人的安全供电义务】供电人应当按照国家规定的供电质量标准和约定安全供电。供电人未按照国家规定的供电质量标准和约定安全供电，造成用电人损失的，应当承担赔偿责任。

供电人按照国家规定和约定标准安全供电是其承担的主给付义务，也是全面、适当履行原则的具体化。如果供电人供电不符合质量标准与安全要求造成用电人损失的，用电人对其享有损害赔偿请求权。

用电人的损害赔偿请求权的成立要件为：（1）供电人违反安全供电义务。供电人安全供电应符合两方面要求：一是全面供电。供电人按照合同约定的供电方式、质量、时间、地点向用电人供电。如合同约定提供三相交流50hz电源，供电人却只提供了家用单相电，导致用电人养殖的渔产缺氧死亡，就属于供电人未全面供电［**溧阳中院（2023）苏0481民初29号民判**］。除有正当理由限电、停电外，供电人还应保证持续供电。二是安全供电。供电人应定期检查、维护供电设备，保障电力设施的安全性。同时，应加强对重要用户（如大型生产企业）的供电管理，必要时提供安全用电知识咨询服务。对违反安全用电规范、存在安全隐患的用户，应及时告知用户采取必要措施消除隐患，保障供电安全。供电人若未能满足上述两方面要求，则构成违反安全供电义务。（2）供电人违反安全供电义务造成用电人损失。用电人的损失包括直接损失（如财产、人身损害），也包括可得利益损失（如停业造成的营业损失）。

供电人因违反供用电合同对用电人所承担的违约损害赔偿责任，适用合同编通则分编关于违约责任的相关规定（**主要为第582～585条**）［**信阳中院（2023）豫15民终2049号**］。在造成用电人固有利益损失的同时成立侵权责任的，还应适用本法关于违约责任和侵权责任竞合的规定（**第186条**）。

第六百五十二条 【供电人的通知义务】供电人因供电设施计划检修、临时检修、依法限电或者用电人违法用电等原因，需要中断供电时，应当按照国家有关规定事先通知用电人；未事先通知用电人中断供电，造成用电人损失的，应当承担赔偿责任。

本条第一分句规定了供电人在中断供电时的通知义务。供用电合同虽为继续性供给合同，但由于电力的供给涉及国家电力行业技术水平、电力资源科学配置等综合因素，用电人需对供电人的履行负有一定的容忍义务。在有正当理由的情形下，应允许供电人中断供电。中断供电包括中止供电和停止供电两种情形，后者实际上为供用电合同的解除。因供电设施检修、依法限电或者用户违法用电等原因中断供电的，均属正当理由（**《电力法》第 29 条**），用电人应予容忍。但是，供电人决定实施断电时，应事先通知用电人，以使用电人能够采取应对措施，避免或减少中断供电造成的生产经营损失。此种通知义务，“系供电方在履行合同过程中的从合同义务”［**最高法（2014）民申字第 1606 号民裁**］。履行通知义务的时间根据不同情况而有不同：因供电设施计划检修需要停电时，供电人应当提前 7 天通知用户或进行公告；因供电设施临时检修需要停止供电时，供电人应当提前 24 小时公告停电区域、停电线路和停电时间（**《供电监管办法》第 13 条**）。因发电、供电系统发生故障需要停电、限电，或者因用户违法用电而中断供电的，也应当在合理期间前进行通知，如对停止供电的用户，应在停电前 3 天～7 天内将通知送达用户，在停电前 30 分钟，将停电时间再通知用户一次，方可在规定时间内停电（**《供电营业规则》第 67 条**）。

本条第二分句规定了供电人违反事先通知义务，造成用电人损失时的损害赔偿责任。该种责任的成立要件是：(1) 供电人有正当理由而中断供电。如果供电人无正当理由而中断供电造成用电人损失的，应依本法第 651 条之规定承担损害赔偿责任，不适用本条。(2) 供电人违反事先通知义务。供电人既可能根本未通知，也可能通知不及时，不论是何种原因，均构成对通知义务的违反。(3) 用电人遭受了损失。(4) 用电人的损失是供电人违反通知义务造成的。供电人根据本条第二分句规定须赔偿的用电人损失，仅指假设用电人获得断电通知后本可采取减损措施避免的损失［**遵义中院（2022）黔03民终1110号民判，哈密中院（2022）新22民终2号民判**］。履行中断供电通知义务后依然会发生的损失，应被排除在外。同理，若用电人在发现断电后，本可采取减损措施而未采用（如有备用电源而未及时开启），导致损失扩大的部分，也不应构成供电人未履行事先通知义务所造成的损失［**河北高院（2019）冀民再161号民判**］。

第六百五十三条 【供电人的抢修义务】因自然灾害等原因断电，供电人应当按照国家有关规定及时抢修；未及时抢修，造成用电人损失的，应当承担赔偿责任。

本条第一分句规定了供电人在因自然灾害原因断电时的及时抢修义务。自然灾害等不可抗力原因导致断电的，供电人不承担违约责任，但应承担及时抢修义务。若断电事由是用电人自身原因或者第三人原因造成的，是否仍有本条之适用，不无疑问。在解释上，不论是何种原因导致断电，供电人作为专业组织，由其负担抢修义务在技术上合理，在经济上可行，在社会效果上可欲。对于人为原因引发的断电事故，可通过其他相关规定（包括民事、行政或刑事的制裁措施）处理，不应影响供电人的抢修义务。在断电不仅仅影响特定个人或组织的用电需求时尤应如此。例如，在因老鼠触碰致断电的情形，也可认定为因自然灾害等原因断电［**广州中院（2022）粤01民终15907号民判**］。

关于供电人进行电力设施抢修的具体时间要求，应根据自然灾害的性质、造成破坏程度具体判断。供电企业应当建立完善的报修服务制度，公开报修电话，保持电话畅通，24小时受理供电故障报修。供电企业应当迅速组织人员处理供电故障，尽快恢复正常供电。供电企业工作人员到达现场抢修的时限，自接到报修之时起，城区范围不超过60分钟，农村地区不超过120分钟，边远、交通不便地区不超过240分钟。因天气、交通等特殊原因无法在规定时限内到达现场的，应当向用户作出解释（**《供电监管办法》第14条**）。司法实践中，法院对供电人抢修义务履行情况的认定，重点放在其是否及时开展抢修工作［**宿州中院（2020）皖13民终4158号民判**］。如果供电人是“一直对案涉线路进行抢修”，一般会认定其履行了抢修义务［**衡阳中院（2021）湘04民终425号民判]。可见，何时恢复供电，并非供电人的抢修义务关注的重点。

本条第二分句规定了供电人违反及时抢修义务的损害赔偿责任。其成立要件为：(1) 自然灾害等原因导致断电。(2) 供电人违反及时抢修义务。(3) 用电人遭受了损失。(4) 用电人的损失是供电人违反及时抢修义务造成的。供电人承担赔偿责任的范围，是供电人违反及时抢修义务致用电人因断电所遭受的扩大损失。

第六百五十四条 【用电人支付电费义务】用电人应当按照国家有关规定和当事人的约定及时支付电费。用电人逾期不支付电费的，应当按照约定支付违约金。经催告用电人在合理期限内仍不支付电费和违约金的，供电人可以按照国家规定的程序中止供电。

供电人依据前款规定中止供电的，应当事先通知用电人。

本条第1款第一句规定了用电人支付电费的义务。用电人按照国家规定的电价和合同约定，在约定的期限内以规定的方式支付电费，是其承担的主给付义务。我国电价实行统一定价和分类、分时定价，不同用电类型、不同用电时间和用电量都存在不同的电价，因此，用电人应对按照合同约定的计费标准支付电费。

本条第1款第二句规定了用电人逾期不支付电费的违约金责任。供用电合同通常采取格式条款订立，违约金条款一般也依照相关法规和规章拟定。这种形式的违约金具有法定违约金性质，其设置了对用电人的违约行为的可能制裁限度，因此，当事人可约定低于而不得约定高于该限度的违约金。《电力条例》第39条规定，逾期末交付电费的，供电企业可以从逾期之日起，每日按照电费总额的1‰至3‰加收违约金，具体比例由供用电双方在供用电合同中约定。《供电营业规则》第98条则对前述规定进一步细化，规定：电费违约金从逾期之日起计算至交纳日止。每日电费违约金按下列规定计算：(1) 居民用户每日按欠费总额的1‰计算；(2) 其他用户：1) 当年欠费部分，每日按欠费总额的2‰计算；2) 跨年度欠费部分，每日按欠费总额的3‰计算。电费违约金收取总额按日累加计收，总额不足1元者，按1元收取。

本条第1款第三句规定了供电人的中止供电权。中止供电是对供电人依约连续供电义务的短期豁免（具有抗辩权性质），并不赋予其解除合同、停止供电的权利，体现了供电人和用电人之利益的平衡。除专用供电外，向社会公众供电的供电人，依法承担强制缔约义务，因此，与普通双务合同不同，这类供电人不得因为用电人逾期不支付电费而单方面解除供用电合同而停止供电。

供电人的中止供电权的成立要件为：(1) 用电人逾期不支付电费和违约金；(2) 供电人已对用电人进行了催告；(3) 用电人在催告后的合理期限内仍不支付电费和违约金。“合理期限”的时长，供用电合同中有约定的，以约定的期限为准。若合同未作约定，则自逾期之日起计算超过30日，经催交仍未交付电费的，供电企业可以按照国家规定的程序停止供电（**《电力条例》第39条**）。可以发现，前述要件与迟延履行时的合同解除权条件相似（**第563条第3项**），反映出法律对中止供电制裁的严格限制态度。供电人未催告便停电，或者催告后未经过“合理期限”便停电，导致用电人损失的，需承担赔偿责任［**甘肃庆阳中院(2014)庆中民终字第593号民判**］。

供电人中止供电的，应严格按照国家规定的程序办理，即按照省电网经营企业制定的批准权限和程序报请本单位负责人批准；对重要用户停电的，应将停电通知书报送同级电力管理部门。这类程序属于供电企业内部的管理程序，涉及中止供电权的行使问题，违反该类程序中止供电，是否发生中止供电无效的问题，有待明确。供电人经合法程序决定中止供电的，不再承担继续供电义务。此外，供电人中止供电的，应当事先通知用电人（**本条第2款**）。本款规定的通知义务，是本法第652条规定的通知义务的具体化，遵循同样的要求。

在供电人中止供电后，用电人仍应继续承担原应承担的违约责任。在用电人缴付逾期电费及违约金后，供电企业应在3日内恢复供电（**《供电营业规则》第69条**）。

第六百五十五条 【用电人依规依约用电义务】用电人应当按照国家有关规定和当事人的约定安全、节约和计划用电。用电人未按照国家有关规定和当事人的约定用电，造成供电人损失的，应当承担赔偿责任。

第三编 合同

本条第一句规定了用电人的依规依约用电义务。用电人用电不仅仅涉及自身权益实现，因电力供应具有特殊性，不同用电人通过电力系统用电时，相互影响，特定用电人是否安全、合理用电，关涉电力系统运行安全，关乎公共安全，因此，安全用电既是用电人承担的约定义务，也是其应负的法定义务（**《电力法》第32条**）。电力作为公共资源，其供给有限，为保证用电安全与用电效益，节约电力资源，贯彻绿色环保理念（**第9条**），用电人还应承担节约和计划用电的义务。

本条第二句规定了用电人违反依规依约用电义务的损害赔偿责任。该种赔偿责任的成立要件为：（1）用电人用电违反国家有关规定和供用电合同的约定。（2）供电人遭受损失，例如，违规用电造成供电设施被烧毁。（3）供电人所受损失系用电人违规用电所致。一般而言，供电人的损失与用电人是否节约用电无关，通常也与是否按计划用电无关，而一般只与安全用电有关。所以，若非用电人违反安全用电义务造成的损失，供电人无权依本条第二句规定要求用电人赔偿，而只能请求用电人依照合同约定承担相应责任〔**中山中院（2023）粤2072民初720号民判**〕。

用电人未依约依规用电时，供电人还有权当场中止供电，以消减该扰乱供电、用电秩序的行为造成的安全隐患〔**重庆高院（2020）渝行终467号行判**〕。

第六百五十六条 【同类合同的参照适用】供用水、供用气、供用热力合同，参照适用供用电合同的有关规定。

本条为准用性法条，系将供用电合同的有关规定扩展适用于供用水、气或热力合同〔**沈阳中院（2023）辽01民终8657号民判，西安新城区法院（2022）陕0102民初3791号民判**〕。

供用电合同规定准用于其他三种合同，其基础在于它们之间的相似性，主要表现在：（1）供用方的垄断性。这四种合同的供用方通常都是依法取得特定营业资格的公用事业单位，尤其是对电、水、气和热力的供应，为保证供给效率，通常按照地域或营业区域实行垄断供给，未经许可，其他任何单位和个人不得作为供用方。（2）合同的公共性。这四种供用合同的使用人主要是社会公众。水、气、热力、电力作为生活与生产必需品，关乎社会民生与社会稳定与、经济安全，因此，这类合同都存在国家干预较多的特点，主要体现在两个方面：其一，供给企业不以营利为主要目的。合同标的价格的计量方式和计量标准一般由国家统一规定。其二，水、气、热力、电力为有限的能源资源，使用人故负有规范、合理、节约使用的义务。此外，供用人通常都依法承担强制缔约义务（**第 494 条第 3 款**）。(3) 合同履行的持续性。供水、供气、供热、供电系统是生产传输和能源供应的闭环网络系统，具有发、供、用同时性。供应方在合同履行期内，应持续、不中断地向使用人供应，因而该义务履行具有持续性。相应地，使用人享有随时连续使用的权利。(4) 合同的有偿性。因此，在供用电合同没有明确规定时，它们还可以同时准用本法关于买卖合同的相关规定（**第 646 条**）。

第十一章

赠与合同

第六百五十七条 【赠与合同的定义】赠与合同是赠与人将自己的财产无偿给予受赠人，受赠人表示接受赠与的合同。

本条是关于赠与合同的定义性规定。赠与合同是无偿给予财产的合同。赠与合同的标的物为“财产”。此处所称“财产”并不限于有体物的所有权，还包括股权、债权、知识产权等；不仅包括现已取得的财产，还包括将来可取得的财产。赠与人赠与的须是“自己的财产”，亦即赠与人须对赠与财产享有所有权或处分权，或者正常情形下赠与人在将来能够取得该财产的所有权或处分权，如赠与开发在建的房产，可待建成后转移所有权［**(2016) 最高法民终 51 号民判**］。不过，赠与人对非自己的财产进行赠与，不因此而影响赠与合同的成立与生效，仅赠与合同不能作为所赠财产权利变动的合法保持原因［**吉林高院（2023）吉民申 2990 号民裁**］。这与买卖合同中出卖人出卖他人之物不影响合同效力是相同的。与买卖合同不同，赠与人并非为获得对价而给予他人财产，而是无偿给予受赠人财产。受赠人对于赠与人无偿给予的财产有接受或拒绝的权利，因此，除非受赠人接受，否则赠与合同不成立。就此可见，赠与的基本结构是：其一，给予财产的合意；其二，无偿给予的合意。当事人一方只是将相关财产交付对方占有［**山西高院（2023）晋民申 2896 号民裁**］，或者将财产登记在一方名下［**广州中院（2023）粤 01 民终 33062 号民判**］，不能推定有赠与合意存在，主张成立赠与的当事人应就赠与合意的存在负证明责任［**吉林高院（2023）吉民申 845 号民裁**］。赠与的无偿性与无正当原因的财产给予（如清偿赌债、性交易中的给付）有别，后者仍表现为要求“清偿原因”的交易形态。虽然对情妇或救命恩人的财产给予宜作为赠与处理，但对受雇者给付奖励金或向服务生给付小费则不宜作相同认定。为补偿对方在合作关系的投入和付出而“赠与”股份，也因欠缺无偿性而不成立赠与［**新疆高院（2023）新民申 1983 号民裁**］。

需要注意的是，赠与合同是无偿合同的典型，但其代表性限于无偿转移财产权益的情形，其规则并不准用于其他无偿合同，如无息借贷合同、借用合同、无偿保管合同、无偿委托合同以及担保合同等。此外，单纯放弃财产取得，如放弃继承、免除债务等，也不能作为赠与处理。在前述情形下不会发生赠与无效的返还问题，只会引起对与之相关的原有义务是否可以重新请求履行的问题。因此，买卖合同是有偿合同的规范典型，但赠与合同却不是无偿合同的规范典型。

第六百五十八条　【赠与人的任意撤销权】赠与人在赠与财产的权利转移之前可以撤销赠与。

经过公证的赠与合同或者依法不得撤销的具有救灾、扶贫、助残等公益、道德义务性质的赠与合同，不适用前款规定。

本条第 1 款规定赠与人的任意撤销权，第 2 款规定赠与人任意撤销的例外情形。赠与合同具有无偿性，受赠人并无对待给付义务，因此，一般而言，赋予赠与人任意撤销权并不损害受赠人的利益，还可适当平衡双方之间的利益。但是，如允许赠与人在任何情形都得行使其任意撤销权，也可能助长背信行为，损害受赠人的正当信赖利益，故法律须对赠与人的任意撤销权作必要限制。

赠与人之任意撤销权的成立要件为：（1）赠与合同已经成立并生效。赠与合同为诺成性合同，只要当事人就无偿给予财产达成合意，不论赠与财产的权利是否移转，只要不存在无效事由，赠与合同就成立并生效。赠与合同无须受赠人在赠与合同成立或生效时具有行为能力，甚至生存或存在，只要在赠与财产移转时受赠人取得民事主体资格即可。此外，赠与的标的物必须合法，以法律禁止流通的财产赠与，或者赠与违反公序良俗的，赠与合同均属无效。（2）赠与人尚未转移赠与财产的权利［**白山中院（2023）吉 06 民申 27 号民裁**］。不同赠与财产的权利移转有不同要求，如动产应交付，不动产应办理过户登记，股权、知识产权、债权等需要有移转合意，原则上应同时办理相应登记（赠与股权或知识产权）或对债务人进行通知（赠与债权）。在赠与财产的权利移转后，赠与人只能基于其他法定理由撤销赠与（**第663条**），不享有本条规定的撤销权［**泰州中院（2023）苏12民终2227号民判，青岛中院（2023）鲁02民终5492号民判**］。（3）不存在不得撤销之事由。根据本条第2款，经过公证的赠与，或者具有救灾、扶贫、助残等公益、道德义务性质的赠与，均不得撤销［**渭南中院（2024）陕05民终48号民判**］。与赠与未经公证不同，赠与经过公证反映出赠与人在作出赠与时经过慎重考虑，受赠人也具有更强信赖，因此有更强理由维持其法律约束力。对于具有救灾、扶贫、助残等公益、道德义务性质的赠与，因其目的的特殊性，不允许赠与人任意撤销，有助于促进相关公益事业的健康发展，抑制违反诚信的诈捐或虚假赠与行为。此外，在涉及慈善捐赠时，赠与人通过广播、电视、报刊、互联网等媒体公开承诺捐赠的，也不得任意撤销捐赠（**《慈善法》第41条第1款第1项**）。实践中，夫妻双方在离婚协议中约定将房屋赠与未成年子女的，因该种赠与与解除婚姻关系、子女抚养等互为前提，构成了一个整体，为保护未成年子女的权益，即便房屋并未过户，法院也不支持赠与人的任意撤销权［**韶关中院（2021）粤02民终3209号民判，重庆五中院（2022）渝05民终5671号民判**］。

赠与人行使任意撤销权的，赠与合同自始不发生法律约束力，受赠人既不得请求赠与人移转赠与财产的权利，也不得向赠与人主张信赖利益的损害赔偿。赠与人履行部分义务，对未履行部分仍可行使任意撤销权［**荆州中院（2021）鄂10民终3001号民判**］。但是，在赠与人自始无赠与意图，违背诚信与受赠人订立合同，事后撤销赠与造成受赠人信赖损失的，受赠人可以类推适用缔约过失责任规定（**第500条**）要求赠与人承担损害赔偿责任，或者要求赠与人承担侵权赔偿责任（**第1165条第1款**）。此外，任意撤销权原则上由赠与人本人享有，在赠与人死亡后，除非其有撤销赠与的真实意思，否则，赠与人之继承人不得依本条行使任意撤销权［**北京二中院（2022）京02民终14874号民判**］。

第六百五十九条 【需要办理登记等手续的赠与】赠与的财产依法需要办理登记或者其他手续的，应当办理有关手续。

赠与合同是赠与人无偿将自己的财产权利移转于受赠人的合同。为履行赠与合同，对于法律专门规定需要办理登记等手续才可移转财产权利或产生对抗善意第三人效力的赠与，当事人需要办理相关手续。在未办理相关手续前，受赠人不能取得相关财产权利，或者其权利不得对抗善意第三人［**浙江高院（2020）浙执复84号执裁，武汉中院（2022）鄂01民终139号民判，青岛中院（2023）鲁02民终3579号民判，相反判决见潍坊中院（2022）鲁07民终10308号民判**］。“依法需要办理登记”的赠与财产主要包括：（1）不动产。不动产权利移转，须经登记后生效（**第209条**）；但是，法律另有规定的除外，如土地承包经营权的赠与（**第335条**）；（2）机动车等特殊动产。船舶、航空器、机动车等特殊动产，未经登记，不得对抗善意第三人（**第225条**）。（3）股权、知识产权等权利。例如，有限责任公司股权的移转，未经登记，不得对抗第三人；专利申请权或者专利权的转让自登记之日起生效（**《专利法》第10条第3款**）。“需要办理……其他手续”的情形主要是指在赠与财产权利移转需要办理批准等手续的情形，如商标权转让经商标局核准后生效（**《商标法》第42条第4款**）。

在应当办理登记等手续的情形，赠与人有协助办理的义务。但是，协助义务原则上以赠与人不享有任意撤销权或其他可据以拒绝履行赠与义务的权利为必要。具体而言，在赠与人负有移转赠与财产权利的义务时，其应当协助办理权利移转或者保持权利移转效果的登记等手续；在其不负有移转赠与财产权利的义务时，如其已实际交付或移交财产，按照诚信原则，其亦应负担完善所移转财产权利效力的协助义务，即办理能够对抗第三人的权利转移登记手续。在其他情形，若赠与人拒绝履行，应认为其有行使任意撤销权的意思，不得强制其履行协助义务。例如，在赠与普通债权情形，赠与人在通知债务人前仍有权撤销赠与。

第六百六十条 【受赠人交付财产请求权】经过公证的赠与合同或者依法不得撤销的具有救灾、扶贫、助残等公益、道德义务性质的赠与合同，赠与人不交付赠与财产的，受赠人可以请求交付。

依据前款规定应当交付的赠与财产因赠与人故意或者重大过失致使毁损、灭失的，赠与人应当承担赔偿责任。

本条第1款规定了不得任意撤销之赠与的受赠人对赠与人的财产交付请求权，乃本法第580条之规定的具体化。赠与合同是移转财产权的合同，为达到赠与的目的，赠与人除应将赠与财产的权利转移给受赠人外，如果需要交付才能实现赠与财产的经济利益，赠与人还应当交付。若赠与标的为动产，则交付与权利转移通常一致；若赠与标的为不动产，则交付与权利转移不一致；在赠与股权等其他财产权情形，根本无须交付。因此，对于可任意撤销的赠与而言，权利转移后不得撤销，但可能残留交付问题（如赠与不动产）。因本条仅适用于不得任意撤销之赠与，故前述情形下赠与人交付义务的履行，依第 580 条处理。此外，不得任意撤销之赠与的受赠人之转移财产请求权的实现，若需办理登记等手续形（如赠与不动产），适用本法第 659 条，无本条适用之余地。

受赠人交付财产请求权的成立要件为：（1）赠与合同经过公证，或者为依法不得撤销的具有救灾、扶贫、助残等公益、道德义务性质的赠与合同［**广州中院（2021）粤 01 民终 16239 号民判**］。若公证存在《公证法》第 39 条规定的情形，当事人可主张撤销公证书。但是，公证书撤销并不代表赠与合同一并撤销，其效果是回复赠与人的任意撤销权［**云南高院（2020）云民申 3814 号民裁**］。（2）赠与人不交付赠与财产。如果赠与财产无须交付，如赠与知识产权或债权，则无本款之适用。只有赠与人依法应当交付而不交付时才可强制其交付。受赠人行使交付请求权的法律效果是，赠与人应当依照赠与合同的约定交付赠与财产。交付的对象除赠与财产之本体外，还包括证明提取标的物的单证或其他权利证书（如票据或债权凭证）等。交付除指转移占有外，还包括随交付而转移标的物上的财产权。此外，因赠与财产的无偿性与单务性，赠与人应享受必要优待，故无须就迟延交付承担损害赔偿责任。

本条第 2 款规定了应交付的赠与财产毁损、灭失时受赠人的赔偿请求权。该赔偿请求权的成立条件为：（1）赠与合同属于不得任意撤销的赠与合同（**第 658 条**）。（2）赠与人尚未交付赠与财产。如果赠与财产已经交付，不论其财产权利是否已经转移，均无本款之适用。但是，若赠与财产权利已转移但标的物未交付，是否亦有本款之适用，不无疑问。有观点认为，赠与财产的权利转移后，该财产已归属受赠人，因赠与人过错而赠与财产毁损、灭失的，赠与人均应承担侵权赔偿责任，故不以本款规定的赠与人有故意或重大过失为限。但是，这种明显基于逻辑的推断与赠与合同之性质尚难谓完全契合，仍有进一步讨论的必要。赠与人移转赠与财产权利与交付赠与财产均为其因赠与合同负担的合同义务，在义务不履行的归责标准上应保持一致。（3）赠与财产发生毁损、灭失。

(4) 赠与人对赠与财产的毁损、灭失存在故意或重大过失。若赠与人只有轻微过失或一般过失，则不满足本款所规定的赔偿责任归责标准。在满足前述要件时，赠与人应当承担违约赔偿责任。但是，与本法第584条规定的违约赔偿责任不同，本款规定的赠与人赔偿责任的范围仅限于赠与财产本身的价值，而不包括受赠人的可得利益在内。当然，若受赠人不请求赔偿赠与财产的价值，而请求赠与人赔偿其因信赖赠与合同的履行所遭受的信赖损失，应无不许之理，但其范围不得超过赠与财产的价值。

第六百六十一条 【附义务的赠与】赠与可以附义务。

赠与附义务的，受赠人应当按照约定履行义务。

本条第1款确认了赠与附义务的合法性。附义务的赠与，也称附负担赠与，是指受赠人在接受赠与时，需负担向赠与人或第三人为一定行为的赠与。赠与所负“义务”，以一定行为为内容，作为与不作为均可，是否具有财产价值并非所问，且在义务人不履行时，根据情况可以请求其实际履行。但是，受赠人在不履行所附义务时，不承担不履行义务的损害赔偿责任。这是该种义务与普通合同义务的根本差异。赠与所附义务是当事人在赠与合意外的特别约定，因此，义务约定有无效力不影响赠与合同的效力。所附义务违法（如侵害受赠人或他人的合法权益）或者背俗（如以维持婚外同居关系为目的的赠与），均属无效。此种约定也反映出赠与的目的违法或背俗，故赠与合同整体无效。不过，附义务赠与和目的赠与不同，后者指赠与人为达成一定目的或结果而为的赠与。因现行法上无目的赠与之规定，有判决将目的赠与作为附义务赠与认定［**山西高院(2022)晋民申3365号民裁，威海中院(2022)鲁10民终2861号民判，盘锦中院(2023)辽11民终143号民判**］，也有判决区分了目的赠与和附义务赠与［**宣城中院(2022)皖18民终2314号民判**］。赠与所附义务虽然亦反映了赠与人的特定意图，但其不当然与赠与本身的目的相关，如约定受赠图书须向社会公众开放借阅，为附义务而赠与非目的赠与。当附义务赠与的受赠人不履行所附义务时，赠与人或者其他请求权人可以请求履行，赠与合同并不因受赠人不履行而失其效力，故附义务赠与和附解除条件的赠与有别；因所附义务乃受赠人为一定行为，附义务赠与亦和附期限赠与根本不同。

本条第2款规定了受赠人应当履行赠与所附义务。受赠人履行赠与所附义务的条件是：(1) 赠与合同为附义务赠与合同。赠与人对附义务的约定以及义务的具体内容承担举证责任，否则默认赠与合同不附义务。(2) 附义务赠与合同有效。这既指赠与合同本身有效，也指附义务约定有效。赠与合同本身或所附义务约定违法、背俗或存在其他无效情形的，受赠人无须履行所附义务。(3) 须受赠人不履行赠与所附义务。(4) 须所附义务可以履行。若所附义务不可请求继续履行（**第 580 条第 1 款第 1、2 项**），则该义务无须实际履行。

受赠人应当按照赠与合同的约定履行所附义务。对于因其性质不适合强制履行的义务，受赠人应主动履行，但不因未履行而承担损害赔偿责任。受赠人履行义务的对象不以赠与人为限，亦可是第三人。履行义务的标准，适用本法有关合同义务的履行规定（合同编第四章）。所附义务应在赠与财产的权利移转前还是移转后履行，由当事人自由约定。如无约定或约定不明，因附义务赠与既适用于可任意撤销的赠与，也适用于不可任意撤销的赠与，为避免受赠人因赠与人撤销赠与而遭受不利，原则上在赠与财产权利移转后，受赠人才应当履行所附义务。基于赠与合同的性质，若所附义务的履行费用超出赠与财产的价值，则受赠人仅在受赠财产的限度内负担履行义务。

本法对于可请求受赠人履行赠与所附义务的主体范围并无明确规定。赠与人应属当然的请求权主体，无论其是否为所附义务的受益对象。在赠与人死亡或终止后，赠与合同不能再因受赠人不履行所附义务而被撤销（对第 663 条的反对解释），为期全面实现赠与合同的目的，应认为因赠与所附义务履行而受益的特定主体有履行请求权；若受益者为社会一般公众，则民政部门或检察机关等可以请求受赠人履行。

第六百六十二条 【赠与财产瑕疵】赠与的财产有瑕疵的，赠与人不承担责任。附义务的赠与，赠与的财产有瑕疵的，赠与人在附义务的限度内承担与出卖人相同的责任。

赠与人故意不告知瑕疵或者保证无瑕疵，造成受赠人损失的，应当承担赔偿责任。

本条第 1 款规定了赠与人的瑕疵担保责任。赠与合同具有无偿性，受赠人获得赠与财产无须支付对价，因此，赠与人原则上亦不负担赠与财产瑕疵担保义务。无论赠与合同是否可任意撤销，均无不同。但是，在赠与附义务的情形下，虽然所附义务并非获得赠与财产之对价，但是，在利益关系上具有相似效果，因此，为期公允，赠与人须在附义务的限度内承担与出卖人相同的责任，包括权利瑕疵担保责任（**第612条**）与质量瑕疵担保责任（**第615、616条**）。“附义务的限度”是赠与人承担瑕疵担保责任的最高限度，通常以所附义务的财产价值为限。需要注意者，本款规定的瑕疵担保责任旨在保证受赠人所获财产利益不低于所附义务的财产价值［**沈阳中院（2021）辽01民终18131号民判**］，并不涉及赠与财产瑕疵所致受赠人其他损失，后者应依本条第2款处理。

本条第2款规定了赠与人因赠与财产瑕疵而致受赠人损害时的赔偿责任。该赔偿责任的成立要件为：（1）赠与财产有瑕疵。赠与财产的瑕疵须在交付前即已存在，若瑕疵发生在交付后，则赠与人不承担责任。（2）受赠人因赠与财产瑕疵而遭受损失。受赠人所受损失非指履行利益的损失（适用本条第1款），而是指固有利益损失，包括财产损失和人身损害。（3）赠与人故意不告知瑕疵或保证无瑕疵。“故意不告知瑕疵”是指赠与人明知赠与财产有瑕疵而故意对受赠人隐瞒；“保证无瑕疵”是指赠与人明确保证赠与财产没有瑕疵。对于这两种情形，受赠人负有举证责任［**湖南高院（2017）湘民申3573号民裁**］。如果赠与人因过失而未告知瑕疵，受赠人亦未保证无瑕疵，则赠与人不对受赠人因瑕疵所受损害负责。这种归责标准的提高，仍和赠与合同的无偿性与情谊基础有关。本款规定的损害赔偿对象为受赠人的固有利益损失，因此该赔偿责任的承担不以赠与合同有效为前提，从而有别于一般违约责任。赠与人赔偿责任的范围与瑕疵所造成的实际损失相当，且不受可预见性规则（**第584条**）以及赠与所附义务限度（**本条第1款**）的限制。

第六百六十三条 【赠与人的法定撤销权】受赠人有下列情形之一的，赠与人可以撤销赠与：

（一）严重侵害赠与人或者赠与人近亲属的合法权益；

（二）对赠与人有扶养义务而不履行；

（三）不履行赠与合同约定的义务。

赠与人的撤销权，自知道或者应当知道撤销事由之日起一年内行使。

赠与人法定撤销权是赠与人在赠与合同生效后，依法撤销赠与而消灭其效力的权利。其成立要件为：(1) 须赠与不得任意撤销。若赠与为可任意撤销的赠与，则赠与人可以无须理由而任意撤销赠与，自无本条适用必要。在赠与财产的权利已移转，或者赠与属于不得任意撤销的赠与（**第 658 条**），非有法定理由，赠与人不得消灭其效力。就后者而言，赠与财产是否已交付或转移权利，在所不问。(2) 须存在法定撤销事由。具体而言，包括本条第 1 款规定的三种情形：其一，受赠人严重侵害赠与人或者赠与人近亲属的合法权益。受赠人侵害行为的受害人既可以是赠与人，也可以是其近亲属，包括赠与人的配偶、子女、父母、兄弟姐妹、祖父母与外祖父母、孙子女、外孙子女等（**第 1045 条第 2 款**）。侵害后果是否严重，依社会一般观念判断，如造成赠与人或其近亲属残疾或严重精神伤害，或者近亲属死亡等。若侵害行为造成赠与人死亡或丧失行为能力，应依第 664 条撤销，不适用本条。依规范文义，受赠人对侵害行为是否存在故意、过失，原则上不予考虑，但是本条第 1 款第 1 项规定之适用，仍宜结合过失之有无或过错程度作综合考量。其二，受赠人对赠与人有扶养义务而不履行。对受赠人所负扶养义务，应作广义解释，不仅包括同辈间的扶养义务（**第 1059、1075 条**），而且包括不同辈分亲属间的赡养义务与抚养义务（**第 1067、1069、1074 条**）［**厦门中院（2022）闽 02 民终 3102 号民判，新疆高院（2023）新民申 1178 号民裁**］。扶养义务的履行以义务人有扶养能力为前提，若受赠人因无扶养能力而未尽扶养义务，则赠与人不得撤销赠与。作为赠与人的受赡养人拒绝接受作为受赠人的赡养义务人的照料、关心的，赠与人也不得依本条撤销赠与［**北京一中院（2022）京 01 民终 8371 号民判**］。其三，受赠人不履行赠与合同约定的义务。该种情形仅适用于附义务赠与，而不适用于其他赠与。“不履行”包括完全不履行和不完全履行两种情形。在受赠人不履行时，赠与人或其他权利人若请求受赠人实际履行所附义务，不得同时依本条第 1 款请求撤销赠与。在受赠人履行不符合约定时，除非根本不能实现所附义务的目的，否则赠与人只应在相应范围内撤销赠与。赠与人主张撤销赠与的，应就存在法定撤销事由负证明责任［**白山中院（2022）吉 06 民终 586 号民判**］。

赠与人的撤销权为形成权，一旦赠与人作出的撤销赠与的通知达到受赠人时，赠与合同即告撤销，其效力溯及于成立时消灭。并且，与其他撤销权一样，赠与人的法定撤销权亦受除斥期间之限制，自赠与人知道或者应当知道撤销事由之日起 1 年内不行使即告消灭［**吉林高院（2018）吉民申 1488 号民裁**］。

第六百六十四条 【赠与人的继承人或法定代理人的法定撤销权】因受赠人的违法行为致使赠与人死亡或者丧失民事行为能力的，赠与人的继承人或者法定代理人可以撤销赠与。

赠与人的继承人或者法定代理人的撤销权，自知道或者应当知道撤销事由之日起六个月内行使。

赠与人因受赠人的违法行为而死亡或丧失行为能力时，事实上无法再行使撤销权，但受赠人的行为严重侵害了赠与人的利益，因此，法律赋予赠与人的继承人或法定代理人对赠与的法定撤销权。赠与人的继承人或法定代理人的法定撤销权的成立条件为：（1）须赠与合同有效。与赠与人的法定撤销权不同，其继承人或法定代理人的法定撤销权不以赠与合同不得任意撤销为必要，因为任意撤销权的权利人是赠与人，在本条规定情形下，若不允许赠与人的继承人或法定代理人撤销，则有违本条规范意旨。（2）须受赠人的行为致使赠与人死亡或丧失行为能力。赠与人的继承人或法定代理人须就其中的因果关系负举证责任。（3）须受赠人的行为具有违法性。这里的违法行为是指违反法秩序造成侵害他人受保护权益的行为，但存在阻却违法事由的除外，如因意外事件或者正当防卫造成赠与人死亡的，不构成本条规定的撤销事由。赠与人的继承人或法定代理人的法定撤销权与本法第 663 条规定的赠与人撤销权除行使权利的主体不同外，在撤销权的性质、行使方式以及效果上完全一致。但是，该种撤销权的除斥期间期限更短，自知道或者应当知道撤销事由之日起 6 个月，逾期不行使，撤销权消灭。

第六百六十五条 【撤销权人的财产返还请求权】撤销权人撤销赠与的，可以向受赠人请求返还赠与的财产。

赠与被撤销的，自成立时起就没有法律约束力，因此，在赠与财产已交付的情况下，产生财产返还的效果，撤销权人对受赠人享有赠与财产返还请求权。撤销权人的赠与财产返还请求权的成立要件为：(1) 赠与人或其继承人或法定代理人依法撤销了赠与。本条所指撤销权包括赠与人的任意撤销权（**第 658 条第 1 款**）和法定撤销权（**第 663 条第 1 款**），以及赠与人的继承人或法定代理人的法定撤销权（**第 664 条第 1 款**）。(2) 赠与人已向受赠人移转赠与财产的权利或交付了赠与财产。赠与财产的权利是全部移转还是部分移转，赠与财产是全部交付还是部分交付，在所不问。

赠与撤销后的财产返还与合同无效或被解除后的返还具有相同效果：返还的内容不仅包括已转移的赠与财产的权利，还包括赠与财产的单纯占有返还；不仅包括赠与财产本身，还应包括因履行赠与合同所交付的单证；除包括赠与财产原物外，还包括孳息。在赠与财产无法返还时，应折价返还。但是，在因行使任意撤销权而发生返还的情形，对于非因其过失发生的返还不能，受赠人不承担责任。

第六百六十六条 【赠与人的穷困抗辩权】赠与人的经济状况显著恶化，严重影响其生产经营或者家庭生活的，可以不再履行赠与义务。

赠与合同是无偿的施惠行为，若赠与人在赠与合同成立后陷入经济困窘，仍要求赠与人继续履行，将和赠与之伦理性相违。因此，本法赋予赠与人拒绝履行权，即穷困抗辩权。赠与人行使穷困抗辩权的条件为：(1) 须为不得任意撤销之赠与，否则，赠与人可任意撤销赠与而无须履行赠与义务，无必要依本条主张抗辩权。(2) 须赠与财产的权利尚未移转或赠与财产尚未交付。如赠与财产的权利已经移转或者赠与财产已经交付，自无主张拒绝履行的可能性。但是，如果赠与财产的权利虽已移转但尚未交付，是否允许赠与人拒绝交付，不无疑问。从实现本条规范意旨来看，应以允许赠与人拒绝交付为宜。(3) 须赠与人经济状况显著恶化，继续履行赠与将严重影响其生产经营或者家庭生活。赠与人经济状况显著恶化是指其资产状况恶化，包括债务显著增加或收入明显减少而影响经济负担能力。“严重影响生产经营”主要是指赠与人作为从事商业经营的法人或非法人组织（包括个体工商户），因经济状况恶化而无法或难以正常从事生产经营［**北京一中院（2022）京 01 民初 72 号民**

判]；“严重影响家庭生活”是指作为赠与人的自然人，因经济状况显著恶化而影响其自己或家庭成员的正常家庭生活［**贵州高院（2023）黔民申4729号民裁**］。相关影响是否“严重”，应根据赠与人的资产状况、经营状况、社会地位、引起经济状况恶化的原因等，参酌一般社会观念予以判断［**天津高院（2017）津民申1858号民裁，四川高院（2019）川民申5160号民裁**］。原则上，赠与人对经济状况显著恶化并产生严重影响的后果是否具有可责难性，应非所问，如因其错误的经营决策或过于冒险的投资活动，甚至因赌博等行为而经济状况显著恶化，均不影响本条之适用。但是，赠与人为逃避赠与义务而转移财产的，则不属于本条规定的穷困情境，赠与人不得拒绝履行赠与义务。

穷困抗辩权是一种抗辩权，只有在受赠人提出履行请求时，赠与人才需要以穷困抗辩权对抗其请求。若受赠人放弃履行请求，赠与人自无需主动行使穷困抗辩权。赠与人在主张穷困抗辩权时应说明理由，并就其经济状况显著恶化，继续履行将严重影响其生产经营或家庭生活的事实负证明责任［**广州中院（2017）粤01民终14289号民判**］。

第十二章

借款合同

第六百六十七条 【借款合同的定义】借款合同是借款人向贷款人借款，到期返还借款并支付利息的合同。

借款合同是以金钱本身为标的的合同，是指出借人将一定数量的货币交给借款人使用，借款人按照约定，定期或不定期向贷款人返还同等数量的货币并依约支付利息的合同。在过去相当长一段时期内，出于对金融风险的防范，我国的借款合同主要由金融机构作为贷款人，立法上也主要规制金融借贷。1981 年的《经济合同法》和 1996 年的《贷款通则》，均明确贷款人仅为金融机构，除承认自然人之间的借贷（主要为无息借贷）外，明确禁止企业间借贷。1999 年的《合同法》在立法和实践的基础上，增加了自然人间借款的内容，使自然人间借款合同的具体规则，可以参照适用金融借款合同的有关规定。2015 年，最高法出台《民间借贷规定》，就自然人、法人、其他组织之间及其相互之间的民间借贷纠纷案件的审理，提供了指导意见。该司法解释有条件地认可了企业间借款合同的效力，明确了民间借贷合同在成立、生效、履行等方面的事项，构成合同编中借款合同有关规定的重要补充。

本章采用了以金融借贷合同为主的立法思路，可以看出在合同的形式、内容，利息的确定、合同的展期、提前还款等方面，实际上参照了金融借款合同的实践经验和规范要求。民间借贷合同参照适用金融借款合同的有关规定，对于规范民间借款秩序，防止纠纷发生，具有积极意义。但是，民间借贷，尤其是自然人之间的借贷，具有不同于金融借贷的特殊性，本法也对其作出了特别规定（**第 679、680 条**）。

第六百六十八条　【借款合同的形式和内容】借款合同应当采用书面形式，但是自然人之间借款另有约定的除外。

借款合同的内容一般包括借款种类、币种、用途、数额、利率、期限和还款方式等条款。

本条第1款明确了借款合同一般应当采取书面的形式。借款合同的要式化，有利于借贷关系的认定、借款合同的履行，防止并妥善解决因借款产生的纠纷。一般认为，金融借款必须采用书面形式（**《商业银行法》第37条**）。自然人间的借款，若未采取书面形式，出借人起诉借款人的，应当提供借据、收据、欠条等债权凭证，以及其他能够证明借贷法律关系存在的证据（**《民间借贷规定》第2条第1款**）。贷款人仅依据金融机构的转账凭证提起民间借贷诉讼，被告抗辩转账系偿还双方之前借款或者其他债务的，被告应当对其主张提供证据证明。被告提供相应证据证明其主张后，原告仍应就借贷关系的成立承担举证责任（**《民间借贷规定》第16条**）[**（2021）最高法民申7362号民裁**]。因此，民间借贷，包括自然人间借贷与企业间借贷，虽不以书面形式为必要，但当事人需就借贷关系存在及借款合同的内容负举证责任，并承担举证不能的不利后果[**（2021）最高法民申5058号民裁**]。

本条第2款列举了借款合同的主要条款。除一般合同包括的条款外（**第470条**），本款所列事项为借款合同特有，亦有要素和常素之分。对于金融借贷，一般有较完整、详细的借款合同。至于民间借贷，因不以书面形式为必要，往往出现未作约定或约定不明的事项。此时，可依本法第510、511条处理。此外，对于借款合同中的履行地、利息、逾期利率等事项未作约定或约定不明的，《民间借贷规定》第3、24、28条也明确了相关处理规则。

第六百六十九条　【借款人的信息提供义务】订立借款合同，借款人应当按照贷款人的要求提供与借款有关的业务活动和财务状况的真实情况。

在借款合同中，贷款人需要了解借款人的业务活动和财务状况，以决定是否借款或确定还款期限、利率等。在金融借贷中，贷款人在贷款审批前，应当根据借款人提供的材料，对其进行信用等级评估和贷款调查（《贷款通则》第 26、27 条）；商业银行作为贷款人的，还应根据借款人提供的信息对其借款用途、偿还能力、还款方式等情况进行严格审查（《商业银行法》第 35 条）。在民间借贷中，对借款人有关情况进行审核是贷款人的权利而非义务，但其也有权要求借款人提供有关信息。一经要求，借款人便应提供并确保所提供信息的真实性。此外，可要求借款人提供的信息，并不限于与借款合同有关的“业务活动”或“财务状况”，借贷双方可协商确定具体范围。

本法并未明确借款人违反信息提供义务的法律后果。从金融贷款人的角度看，金融机构在发放贷款过程中负有审核借款人贷款资质的法定义务，但此种义务规定为管理性规范，金融机构违反此类规定，并不影响借款合同的效力［最高法（2007）民二终字第 36 号民判］。借款人故意提供虚假信息构成贷款欺诈的，贷款人可依本法总则编的规定撤销合同。借款人未如实提供有关信息严重影响借款安全的，贷款人可请求解除合同并要求承担违约责任，或按照约定要求借款人提前归还本金及利息［最高法（2014）民一终字第 38 号民判］。

第六百七十条 【禁止预先扣除利息】借款的利息不得预先在本金中扣除。利息预先在本金中扣除的，应当按照实际借款数额返还借款并计算利息。

本条第一句明确规定借款利息不得预先扣除。在实践中，有的贷款人在给付本金时就预先扣除利息，俗称“砍头息”。预先扣除利息，一方面违背了按照实际借用的本金计收利息的借款合同本质，侵犯了借款人的根本利益，有违公平；另一方面，它实际上变相提高了贷款利率，规避国家利率管制规定，扰乱市场管理秩序。因此，本法明确予以禁止。

本条第二句规定了预先扣收利息的法律后果。贷款人预先扣收利息的，借款人按照实际借款数额返还借款并计算利息，即将实际出借的金额认定为本金并以之为基础计算利息（《民间借贷规定》第 26 条）。在实践中，有的贷款人为规避本条禁止性规定，约定在贷款人给付借款后，借款人于第二天便需给付部分利息或返还部分本金。此种做法，实质上仍是在本金中扣除借款利息，从而应当依照本条处理［**(2020) 最高法民终 140 号民判**］。依本条规范意旨，任何形式的未实际使用即计收利息的做法均属于违反禁止预先扣收利息之规定的行为。

第六百七十一条 【按照约定提供与收取借款】贷款人未按照约定的日期、数额提供借款，造成借款人损失的，应当赔偿损失。

借款人未按照约定的日期、数额收取借款的，应当按照约定的日期、数额支付利息。

本条第 1 款规定了贷款人按照约定提供借款的义务，第 2 款规定了借款人适当受领借款的义务。因自然人之间的借款合同，自贷款人提供借款时成立，且对“提供”的判断以借款人实际获得借款为标准（**第 679 条**），故本条不适用于自然人之间的借款合同。

借款的“提供”和“收取”，都需要依据合同约定并结合交易习惯认定。例如，对于金融借贷而言，一般以转账方式进行，需要借款人在金融机构（不必是贷款的金融机构）开立账户，借款通过转账计入借款人账户，即完成借款的提供和收取。若借款合同约定由贷款人向第三人发放借款的，在贷款人按约定将借款转账或支付给第三人时，应认定为其已履行借款提供义务。若以现金方式发放借款，则以现金提取或支付完成时为借款提供和收取时。此外，当事人还可以约定的任何其他方式履行该等义务。比如，在以新贷偿还旧贷时，在贷款人按照约定完成内部账务处理时即视为提供了新贷合同下的借款。

贷款人未依约提供借款，并给借款人造成损失的，贷款人应当赔偿损失；借款人未依约受领的，应按照约定日期、数额支付利息，这与通常应自实际使用借款时起息不同。这种损害赔偿或利息的支付，在性质上属于承担迟延履行所生的违约赔偿责任。并且，在未依约提供或收取借款的情况下，相对方有权催告违约方及时履行，仍不履行的，相对方可依法解除合同并要求违约方承担违约责任。

第六百七十二条 【贷款人对借款使用情况的监督权】贷款人按照约定可以检查、监督借款的使用情况。借款人应当按照约定向贷款人定期提供有关财务会计报表或者其他资料。

借款的实际用途、使用进度等关系借款及其利息能否顺利收回，对于政策性借款而言，还关系借款目的的实现。因此，对于金融借贷而言，金融机构有对借款人的借款使用情况进行监督的法定权利和法定职责（《贷款通则》第19条第2项、第31条）。但是，除非涉及政策性贷款等特殊情形，贷款人对借款使用情况的检查、监督权应以合同存在相关约定为基础，否则，借款人有权拒绝。在贷款人依约享有检查、监督权时，借款人有义务配合贷款人的相关行为，主要是按照约定提供有关财务会计报表以及财务状况说明书、统计表、资金使用计划等能够反映其借款使用情况的其他材料。贷款人对借款使用情况的监督，应当遵循诚实信用原则，在必要范围和限度内进行，不得干预借款人的正常生产经营或管理秩序，侵犯借款人的商业秘密。

借款人提供相关资料并配合贷款人检查、监督的义务，在性质上为从给付义务与附随义务，借款人拒绝或不配合贷款人按照约定进行检查、监督的，构成违约。在金融借贷中，法律有明确规定：借款人拒绝接受贷款人对其使用信贷资金情况和有关生产经营、财务活动监督的，由贷款人责令改正。情节特别严重或逾期不改正的，由贷款人停止支付借款人尚未使用的贷款，并提前收回部分或全部贷款（《贷款通则》第72条）。民间借贷可以参照适用该规定。贷款人通过检查、监督，发现借款人未按照约定情况使用借款的，可依本法第673条追究借款人违约责任。需要注意的是，虽然《贷款通则》明确了金融机构对借款使用情况进行监督的职责，但金融机构未履行该项职责的，并不导致保证人保证责任的免除［最高法（2013）民提字第51号民判］。

第六百七十三条 【未按约定用途用款的法律后果】借款人未按照约定的借款用途使用借款的，贷款人可以停止发放借款、提前收回借款或者解除合同。

借款用途，是贷款人决定是否订立借款合同的重要考虑因素，也是金融借款合同的必备事项（**《商业银行法》第37条**），商业银行在贷款时应当对借款人的用途进行严格审查（**《商业银行法》第35条第1款**）。金融借贷中强调按照约定用途使用借款，原因在于：一是保证借贷收益的可预期性，降低贷款风险。借款人擅自改变借款用途，可能增加贷款人收回借款及利息的风险。二是部分借款依国家宏观经济政策和信贷政策发放，借款人按照约定用途使用借款，也是落实国家政策的必要环节。在民间借贷中，虽然借款用途并非借款合同的必备事项，但若借贷双方有约定，同样应适用本条。

借款人未按照约定用途使用借款的，构成违约，贷款人可以采取的救济措施包括停止发放借款、提前收回借款和解除合同等。停止发放借款，主要适用于分期、分批发放借款的情形，即贷款人停止发放尚未发放部分的借款其在性质上属于中止履行抗辩权。提前收回借款，在金融借款合同中较为常见，又称为"加速到期条款"，即贷款人可以将尚未到期的借款提前收回。停止发放或提前收回借款，是独立的违约救济方式，并不等于合同解除［**湖南高院（2018）湘民初25号民判**］。在贷款人提前收回借款时，借款人是按照实际用款时间支付利息，还是应当按照约定支付全部利息对此存在不同看法。因本法明确区分"借款"与"利息"（**第667条**），因此，在提前收回借款时，借款人只需按照实际用款时间支付利息。解除合同则是终止合同权利义务的方式（**第557条第2款**），关于借款人违反约定的用途使用借款的事实是否足以确立贷款人的解除权，也存在不同看法，原则上应结合本法关于合同解除权的一般规定（**第563条第1款第4项**）处理，须以违反约定用途使用借款是否影响合同目的的实现作为判断标准。因此，除非当事人约定违反用途使用借款为解除事由，或者借款用途反映了借款合同的订立目的，否则，只有借款人未按约定使用借款的行为严重危及合同目的的实现时，贷款人才有权要求解除合同。此外，在有担保的情形下，借款人改变借款用途的，并不影响担保责任的承担［**最高法（2007）民二终字第33号民判，甘肃高院（2023）甘民申3085号民裁**］。

第六百七十四条 【利息支付期限】借款人应当按照约定的期限支付利息。对支付利息的期限没有约定或者约定不明确，依据

本法第五百一十条的规定仍不能确定，借款期间不满一年的，应当在返还借款时一并支付；借款期间一年以上的，应当在每届满一年时支付，剩余期间不满一年的，应当在返还借款时一并支付。

支付利息，是借款人的主给付义务之一，也是贷款人签订借款合同的主要目的。利息的支付期限，一般应由借贷双方在借款合同中明确约定。对于金融借贷，借款合同的内容一般比较齐全，会对利息的支付等事项作出明确规定。但部分金融借贷以及不少民间借贷，往往未约定利息的支付期限。此时，借贷双方应遵照本法第 510 条规定处理，即：可先通过协议补充，不能达成补充协议的，按照合同相关条款或者交易习惯确定。若仍无法确定，则根据合同约定的借款期间分别处理：借款合同期间在一年以内的，在返还借款时一并支付利息；借款合同期间在一年以上的，在每届满一年时支付，剩余期间不满一年的，在返还借款时一并支付利息。

第六百七十五条 【还款期限】借款人应当按照约定的期限返还借款。对借款期限没有约定或者约定不明确，依据本法第五百一十条的规定仍不能确定的，借款人可以随时返还；贷款人可以催告借款人在合理期限内返还。

借款的还款期限，关系着本金和利息的收回以及利息的计算期限。借款合同应当明确约定借款期限，以确定借贷双方，尤其是借款人的主给付义务的履行期限。金融借款合同一般均会明确还款期限，但是对于民间借贷而言，未订立书面借款合同或合同中缺少主要条款的情形在实践中较为常见，也是实践中围绕借款合同产生纠纷的原因之一。鉴于此，本条特别强调借款人应当按照约定期限返还借款，并明确了未约定或约定不明时的处理方式：首先应当按照本法第 510 条的处理规则，通过协商后达成补充协议，无法达成补充协议的，按照合同相关条款或交易习惯确定。依前述方法仍不能确定的，借款人可以随时返还，贷款人也可以催告借款人在合理期限内返还。“合理期限”由司法机关根据案件事实相应判断。在司法实践中，有的人民法院将借款人收到诉讼材料视为贷款人送达了催告还款的意思表示［**广东高院（2017）粤 01 民终 19985 号民判**］，到开庭时，若借款人仍未返还借款，则可认定为“在合理期限内仍未返还”［**海淀法院（2017）京 0108 民初 49587 号民判**］。此种裁判思路，具有一定的合理性。

第六百七十六条 【逾期利息】借款人未按照约定的期限返还借款的，应当按照约定或者国家有关规定支付逾期利息。

借款人未按照约定期限返还借款，属于违约行为，借款人需要承担支付逾期利息的违约责任。本条特别强调借款人应当按照约定或国家有关规定支付逾期利息，原因有二：一是通过支付逾期利息，惩罚借款人的违约行为。二是在金融借款中，金融机构往往会通过同业拆借方式缓解资金周转问题，但同时也会支付高于贷款利息的拆借利息。借款人支付的逾期利息，可以被看作是对贷款人拆借利息的弥补。

本条中的“国家有关规定”，既包括关于需要支付逾期利息的规定，也包括关于逾期利息计算方式的规定。对于金融借贷，《贷款通则》第 32 条中规定，贷款人对不能按借款合同约定期限归还的贷款，应当按规定加罚利息。《中国人民银行关于人民币贷款利率有关问题的通知》第 3 条“关于罚息利率问题”规定：“逾期贷款……罚息利率由现行按日万分之二点一计收利息，改为在借款合同载明的贷款利率水平上加收 30％－50％……”（第 1 款），“对逾期或未按合同约定用途使用借款的贷款，从逾期或未按合同约定用途使用贷款之日起，按罚息利率计收利息，直至清偿本息为止。对不能按时支付的利息，按罚息利率计收复利。”（第 2 款）对于民间借贷，根据《民间借贷规定》第 28 条第 2 款，借贷双方未约定逾期利率或者约定不明的，人民法院可以区分不同情况处理：既未约定借期内利率，也未约定逾期利率，借款人自逾期还款之日起，参照当时一年期贷款市场报价利率标准计算的利息承担逾期还款违约责任；约定了借期内利率但是未约定逾期利率，借款人自逾期还款之日起，按照借期内利率支付资金占用期间的利息。

逾期利息应不超过合理限额。对于金融借贷，在实践中，人民法院会主动审查金融机构对逾期利息的约定是否超过前述规范性文件中的有关规定［**最高法（2013）民二终字第98号民判**］。对于民间借贷，则是不超过合同成立时一年期贷款市场报价利率4倍（**《民间借贷规定》第28条第1款**）；出借人与借款人既约定了逾期利率，又约定了违约金或者其他费用时，出借人可以选择主张逾期利息、违约金或者其他费用，也可以一并主张，但是总计不得超过合同成立时一年期贷款市场报价利率4倍（**《民间借贷规定》第29条**）。

第六百七十七条 【借款人提前还款】借款人提前返还借款的，除当事人另有约定外，应当按照实际借款的期间计算利息。

借款合同未约定还款期限或约定不明的，依照本法第675条的规定，首先应按照第510条确定，无法确定的，借款人可以随时返还。因此，本条适用于定期借款合同。定期借款合同中，借款人提前还款，涉及能否提前还款以及如何计算利息的问题。对于借款人能否提前还款，依据本法第530条规定，债权人可以拒绝债务人提前履行债务，但是提前履行不损害债权人利益的除外。因此，若借款合同未约定利息或据本法第680条第3款视为没有利息，借款人自然可提前还款，本条也无适用余地。若借款人需支付利息，应根据是否有相关约定分情况处理：一是约定借款人可提前还款，并对利息计算作出约定的，依约定处理。实践中，部分借款合同，尤其是金融借款合同，会约定借款人提前还款需支付违约金或补偿金，人民法院也会予以支持［**广东肇庆中院（2015）肇中法民四终字第282号民判**］。二是约定借款人可提前还款，但对利息计算未作出约定的，依本条按实际借款的期间计算利息。三是未约定能否提前还款的。本条无法得出“借款人有权提前还款”的解释，《贷款通则》第32条第5款也强调，“借款人提前归还贷款，应当与贷款人协商”。此时应适用本法第530条，贷款人可以利息损失为由拒绝提前还款。但若根据借款合同对于利息支付的安排，提前还款不会导致利息损失，或借款人愿意按照合同约定全额支付利息，贷款人不得拒绝提前还款。四是约定借款人不可提前还款，或须经贷款人同意，而贷款人不同意提前还款的。此时，应从约定，借款人不得提前还款。

第六百七十八条　【借款展期】借款人可以在还款期限届满前向贷款人申请展期；贷款人同意的，可以展期。

借款展期即借款期限的延长，属于借款期限的变更。在借款合同履行过程中，借款人因生产经营或生活需要的变化，可能有延长借款期限的需求。为此，根据本法第543条之规定，借贷双方经协商一致可以延长还款期限。

借款合同的展期，应当在还款期限届满前提出，并以贷款人同意为必要条件。但是，在有第三人保证的情况下，还需取得保证人的同意，未取得其书面同意的，依原借款期限确定保证期间（第695条第2款）。展期期限由双方协商，但金融借贷展期的期限，尚有限制：短期贷款展期期限累计不得超过原贷款期限；中期贷款展期期限累计不得超过原贷款期限的一半；长期贷款展期期限累计不得超过3年。国家另有规定者除外（《贷款通则》第12条第2款第一、二句）。展期的期限不符合此规定的，若不存在其他违反法律、行政法规等导致合同无效的情形，可认定展期协议有效，但展期期限超过前述规定的部分无效（《关于展期贷款超过原贷款期限的效力问题的答复》）。展期申请未获贷款人同意的，借款人应按约定期限还本付息，在金融借贷中，贷款人的贷款从到期日次日起，转入逾期贷款账户（《贷款通则》第12条第2款第三句）。

第六百七十九条　【自然人之间借款合同的实践性】自然人之间的借款合同，自贷款人提供借款时成立。

本条是关于自然人之间借款合同成立的特殊规定。若借款合同任意一方并非自然人，而是法人或非法人组织，则不适用本条规定。

自然人之间的借款合同具有下列情形之一的，可以视为贷款人已经提供了借款：(1) 以现金支付的，自借款人收到借款时；(2) 以银行转账、网上电子汇款等形式支付的，自资金到达借款人账户时；(3) 以票据交付的，自借款人依法取得票据权利时；(4) 出借人将特定资金账户支配权授权给借款人的，自借款人取得对该账户实际支配权时；(5) 出借人以与借款人约定的其他方式提供借款并实际履行完成时（《民间借贷

第三编　合同

规定》第9条）。需要注意，对于需借款人受领才能视为贷款人提供借款的，借款人并无收取义务，应循诚实信用原则及时撤销要约或提醒贷款人取回。但通过转账、汇款等方式提供借款的，因事实上无须借款人收取，借款合同已告成立，应按照约定计算利息。此外，自然人之间借款合同的实践性，不可通过协议予以排除［**最高法（2014）民一终字第278号民判**］。

第六百八十条 【借款利率与利息】禁止高利放贷，借款的利率不得违反国家有关规定。

借款合同对支付利息没有约定的，视为没有利息。

借款合同对支付利息约定不明确，当事人不能达成补充协议的，按照当地或者当事人的交易方式、交易习惯、市场利率等因素确定利息；自然人之间借款的，视为没有利息。

本条第1款是关于禁止高利放贷的规定。该规定适用于所有类型的借款合同。对是否为高利放贷依据借款利率是否超过国家有关规定予以认定。具体而言，对于金融借贷，自2019年8月20日起，贷款人应当在借款合同中采用贷款市场报价利率作为定价基准，但存量贷款的利率仍按原合同约定执行。对于民间借贷，虽然双方可约定超过市场报价的利率，但仍不得超过合同成立时一年期贷款市场报价利率的4倍（**《民间借贷规定》第25条第1款**）。实践中，贷款人为实现高利放贷的非法目的，会伪造顾问协议或咨询协议，向借款人收取顾问费、管理费、咨询费等。法院可结合顾问协议或咨询协议签订时间、费用收取时间与贷款发放时间的间隔情况，判断是否构成变相收取利息，从而明确借款合同的真实利率［**（2017）最高法民终329号民判**］。

本条第2款是关于无息借款推定的规定。借款利息是借款人使用借款的对价，是否需要支付利息以及如何确定利息，应当由借贷双方在借款合同中明确，以避免纠纷。在金融借贷中，因其经营活动的商业性和规范性，双方当事人往往会签订书面借款合同，并在合同中就利息的数额或计算方式作出明确约定；在民间借贷，尤其是自然人之间的借贷中，当事人由于多种原因可能未约定利息事项。值得注意的是，本条将无利息借款的推定统一适用于金融借贷和民间借贷，而不限于自然人之间的借款。

本条第 3 款是关于借款合同对支付利息约定不明确时利息的确定及推定规则。从文义来看，“对支付利息约定不明确”既包括对于是否需要支付利息约定不明确，也包括对于利息的计算方式或利息的数额约定不明确。对于前者，应按照没有支付利息的约定处理，即适用本条第 2 款。对于后者，可能存在利息计算方式不甚明确，或者同一份借款合同有两种不同的利息计算方式的情况。此种情况表明当事人存在支付利息的合意，仅就利息支付的标准或方式等约定不明，故须补充确定：首先应当通过协议补充，无法达成补充协议的，则根据交易方式、交易习惯和市场利率等因素确定利息。其中，关于“市场利率”的认定，先前司法实践中是参照合同履行地的商业银行同期同类贷款利率计算利息，自 2019 年 8 月 20 日之后，则应参照贷款市场报价利率（LPR）计算利息。不过，自然人之间的借款通常金额不大且属临时性借用，对于少数大额借贷当事人通常会就利息作明确约定，所以，在当事人没有约定利息或就利息支付约定不明时，依法推定为没有利息。此为特别规定，应予留意。故而，本条第 3 款第一分句有关补充确定利息的规定仅适用于非自然人之间的借款合同。

第十三章

保证合同

第一节　一般规定

第六百八十一条　【保证合同的定义】保证合同是为保障债权的实现，保证人和债权人约定，当债务人不履行到期债务或者发生当事人约定的情形时，保证人履行债务或者承担责任的合同。

保证属于担保中的人保，是指债务人以外的第三人即保证人以自己的全部责任财产担保债务的履行，在债务人不履行到期债务时，债权人可以要求第三人代为清偿债务或者承担责任。相较于抵押、质押等物的担保，保证的劣势在于，债权人无法打破债的平等性，就保证人的财产主张优先受偿权。需要注意的是，虽然保证通常意味着第三人以自己的全部责任财产担保债务的履行，但是，当事人不妨约定以特定财产提供保证［**(2019) 最高法民申2680号民裁**］。这种特殊保证方式可以被称为有限保证，因为保证人将其保证责任限定于特定财产的价值范围内。

保证合同的当事人为保证人和债权人。因为保证是以特定人的责任财产担保债务履行，所以保证人只能由债务人之外的第三人充任，否则无法产生担保债务履行的效果。第三人提供保证，或基于其与债务人之间的商业关系，例如第三人系债务人的关联公司、控股股东，或基于其与债务人之间存在的特殊人情关系，例如第三人系债务人的亲属或者朋友。当然，第三人亦有可能是依法设立的以担保为主营业务的担保公司。保证人与债务人之间通常构成委托合同关系或者无因管理关系。依合同相对性原则，保证人与债务人之间存在何种关系，对保证合同不生影响。

保证债务的承担形式为履行债务或者承担责任。此之所谓“履行债务”，是指保证人向债权人履行债务人依据主债权债务合同负担的债务。当然，不适于代为履行的专属性债务如劳务之债除外。此之所谓“承担责任”，是指保证人承担债务人在不履行债务时应负的赔偿责任。保证人承担何种形式的保证债务，由当事人在合同中约定。

第六百八十二条 【保证的从属性以及保证合同无效的法律后果】保证合同是主债权债务合同的从合同。主债权债务合同无效的，保证合同无效，但是法律另有规定的除外。

保证合同被确认无效后，债务人、保证人、债权人有过错的，应当根据其过错各自承担相应的民事责任。

依本条第1款第一句的规定，保证合同是主债权债务合同的从合同。此即保证的从属性。保证的从属性体现为：（1）发生上的从属性：保证以主债权债务的有效存在为前提。保证合同因主债权债务合同无效而无效；如果主债权债务合同不成立或被撤销，保证债务亦无从发生。虽然保证具有发生上的从属性，但这并不影响为将来债务提供保证［**最高法（2015）民申字第2671号民裁**］。（2）范围上的从属性：保证债务的范围随主债务变动，并以此为限度。保证债务不得超过主债务，否则应缩减至主债务的程度。（3）履行上的从属性：保证人可以主张债务人对债权人的抗辩（**第701条**）。（4）移转上的从属性：主债权让与时，债权人对保证人的保证债权原则上亦一并转移（**第547条第1款**）。（5）消灭上的从属性：当主债务因清偿、提存、抵销、免除、混同及其他原因而消灭时，保证债务亦随之消灭。本条第1款第二句规定，保证合同因主债权债务合同无效而无效，“法律另有规定的除外”。这就意味着，从属性系保证的本质特征，当事人不能通过约定对其加以排除。保证合同约定其效力独立于主债权债务合同的，该有关保证独立性的约定无效（**《担保制度解释》第2条第1款**）。现行法上被唯一认可的独立保证是由银行或者非银行金融机构开立的独立保函。

本条第2款规定了保证合同无效的法律后果。保证合同无效，保证人自然不承担保证合同约定的保证责任。但是，这并不意味着保证人不承担任何责任。债务人、保证人、债权人有过错的，应当根据其过错各自承担相应的民事责任。在主合同有效而保证合同无效的情形，债权人与保证人均有过错的，保证人承担的赔偿责任不应超过债务人不能清偿部分的二分之一；保证人有过错而债权人无过错的，保证人对债务人不能清偿的部分承担赔偿责任；债权人有过错而保证人无过错的，保证人不承担赔偿责任（**《担保制度解释》第17条第1款**）。在主合同无效导致保证合同无效的情形，保证人无过错的，不承担赔偿责任；保证人有过错的，其承担的赔偿责任不应超过债务人不能清偿部分的三分之一（**《担保制度解释》第17条第2款**）。

第六百八十三条 【保证人资格】机关法人不得为保证人，但是经国务院批准为使用外国政府或者国际经济组织贷款进行转贷的除外。

以公益为目的的非营利法人、非法人组织不得为保证人。

依本条第1款的规定，机关法人原则上不得为保证人。机关法人的财产和经费来自中央或地方财政拨款，用于维持机关法人的公务活动和日常开支，保障机关法人履行职责。如果允许机关法人担任保证人，则债务人不履行债务时机关法人就必须将财产和经费用于承担保证责任。这样势必会影响机关法人履行职责。但是，为使用外国政府或者国际经济组织贷款进行转贷，经国务院批准，机关法人可以担任保证人。之所以作出此种例外规定，是因为此种贷款主要是投入交通运输、能源、邮电通讯、环境保护、城市建设等基础建设项目，资金数量巨大，盈利有限，且还款期限较长，一般的法人、非法人组织或者自然人没有能力也不愿意提供保证，只能由地方政府或相关部门委托其计划财务管理部门向中央政府提供还款担保，保证向中央政府偿还所借款项。

依本条第2款的规定，以公益为目的的非营利法人、非法人组织不得为保证人。以公益为目的的非营利法人、非法人组织，其财产或活动经费主要来自财政拨款或者捐助，允许其担任保证人显然与其公益目的不相符。

需要注意的是，虽然居委会、村委会也不得为保证人，但是依法代行村集体经济组织职能的村委会，依照村委会组织法规定的讨论决定程序对外提供保证的除外（《担保制度解释》第 5 条第 2 款）。

本条规定为强制性规定，其列明的主体违反本条规定提供保证的，保证合同无效（《担保制度解释》第 5 条第 1 款、第 6 条 1 款），并根据本法第 682 条第 2 款的规定承担责任。

第六百八十四条　【保证合同的内容】保证合同的内容一般包括被保证的主债权的种类、数额，债务人履行债务的期限，保证的方式、范围和期间等条款。

本条旨在为当事人订立保证合同提供指引。除一般合同包括的条款外（第 470 条），本条所列事项为保证合同特有，亦有要素和常素之分。所谓"被保证的主债权的种类"，是指保证合同担保的究竟是基于哪一项法律事实而产生的债权。就此，本法并未规定针对当事人意思不备的补充性条款。如果保证合同没有约定被保证的主债权种类，意味着保证担保的对象将无从确定，保证合同自无法成立。一旦被担保的主债权种类已经确定或可得确定，其数额即相应确定。因此，"被担保的主债权的数额"并非保证合同的必备条款［（2018）最高法民申 5994 号民裁］。至于"债务人履行债务的期限"，本法第 510 条、第 511 条第 4 项规定了针对当事人意思不备的补充性条款。至于"保证的方式、范围和期间"，第 686 条第 2 款、第 691 条、第 692 条第 2 款规定了针对当事人意思不备的补充性条款。

第六百八十五条　【保证合同的书面形式与订立方式】保证合同可以是单独订立的书面合同，也可以是主债权债务合同中的保证条款。

第三人单方以书面形式向债权人作出保证，债权人接收且未提出异议的，保证合同成立。

保证合同必须采取书面形式订立，故而，保证合同属于要式合同。通常认为，保证合同具有单务性、无偿性，采取书面形式可以促使保证人慎重考虑，避免第三人未经深思熟虑即提供保证。就此而言，保证合同的要式性有利于保护保证人。当然，除具有此种警告功能外，保证合同采取书面形式也有利于证据保存。未采取书面形式订立保证合同的，应认定合同不成立（**第 490 条第 2 款**）。

订立保证合同有三种方式。(1) 单独的书面保证合同：债权人与保证人可以通过单独的书面保证合同方式订立保证合同。此亦为通常情形。(2) 主债权债务合同中的保证条款：由于保证合同具有从属性，当事人可以直接在主债权债务合同中加入保证条款，而不需要单独订立保证合同。如果主债权债务合同中含有保证条款，则只要第三人在主债权债务合同中签名或盖章并表明其保证人身份，即意味着其同意其中的保证条款。此时自可成立保证合同。(3) 第三人单方以书面形式向债权人作出保证：第三人单方以书面形式向债权人作出保证的行为相当于要约。由于保证具有单务性和无偿性，保证合同的成立并不会损害债权人的利益，故而可以将债权人接收且未提出异议的行为视为承诺，保证合同成立。

本条只是列举了实践中最常见的三种保证合同订立方式，并不是说只能以这三种方式订立保证合同。只要足以表征第三人提供保证的内心真意，具体采用何种书面形式在所不问［**(2018) 最高法民申 2884 号民裁**］。

第六百八十六条 【保证的方式】保证的方式包括一般保证和连带责任保证。

当事人在保证合同中对保证方式没有约定或者约定不明确的，按照一般保证承担保证责任。

保证的方式包括一般保证和连带责任保证（**本条第 1 款**）。采取何种保证方式，由当事人在保证合同中自由约定。当事人在保证合同中对保证方式没有约定或者约定不明确的，推定为一般保证（**本条第 2 款**）。判断当事人对保证方式是否“没有约定或者约定不明确”，需要对保证合同进行解释（**第 142 条第 1 款**）。只有在穷尽意思表示解释之后依然无法探知当事人关于保证方式的约定究竟为何时，才可以适用本条规定的推定规则。

需要注意的是，不得以当事人未在保证合同中明确使用“一般保证”或者“连带责任保证”的措辞为由，径直认定当事人没有约定保证方式或者约定不明确。

第六百八十七条 【一般保证】当事人在保证合同中约定，债务人不能履行债务时，由保证人承担保证责任的，为一般保证。

一般保证的保证人在主合同纠纷未经审判或者仲裁，并就债务人财产依法强制执行仍不能履行债务前，有权拒绝向债权人承担保证责任，但是有下列情形之一的除外：

（一）债务人下落不明，且无财产可供执行；

（二）人民法院已经受理债务人破产案件；

（三）债权人有证据证明债务人的财产不足以履行全部债务或者丧失履行债务能力；

（四）保证人书面表示放弃本款规定的权利。

当事人在保证合同中约定，债务人不能履行债务时，由保证人承担保证责任的，为一般保证。故而，一般保证人承担保证责任以主债务人“不能履行债务”为前提。“不能履行债务”系指就债务人的财产依法强制执行仍无法清偿债务，也就是指债务人客观上缺乏履行能力，而非债务人主观上缺乏履行意愿。当事人在保证合同中约定，保证人在债务人不能履行债务或者无力偿还债务时才承担保证责任等类似内容，具有债务人应当先承担责任的意思表示的，成立一般保证（**《担保制度解释》第25条第1款**）。需要注意的是，即便债务人尚有财产，但是其财产严重不方便执行的，也可以认定债务人不能履行债务［**(2017) 最高法执复38号执裁**］。

一般保证人享有先诉抗辩权。先诉抗辩权又称检索抗辩权，是指保证人在债权人就主债务人之财产强制执行仍不能履行债务前，对于债权人得拒绝清偿的权利。先诉抗辩权是保证之补充性的最鲜明体现，属于一般保证人的专属抗辩权。保证人是否享有先诉抗辩权，构成一般保证和连带责任保证的根本区别。在性质上，先诉抗辩权为实体法上的抗辩权，且是需要主张的抗辩权，可在诉讼中或诉讼外行使。鉴于一般保证人享有先诉抗辩权，债权人在就主合同纠纷提起诉讼或者申请仲裁之前，不得仅起诉一般保证人，否则人民法院应当驳回起诉；债权人一并起诉债务人和一般保证人的，人民法院可以受理，但是在作出判决时，除存在排除先诉抗辩权的例外情形外，应当在判决书主文中明确，保证人仅对债务人财产依法强制执行后仍不能履行的部分承担保证责任；债权人未对债务人的财产申请保全，或者保全的债务人的财产足以清偿债务的，债权人不得申请对一般保证人的财产进行保全（**《担保制度解释》第 26 条第 3 款**）。

先诉抗辩权可基于以下法定排除事由被排除：（1）债务人下落不明，且无财产可供执行。债务人“下落不明”，意味着债权人要求其履行债务将面临极大困难，“无财产可供执行”则意味着债权人要求其履行债务丧失实际意义。（2）人民法院已经受理债务人破产案件。人民法院受理破产申请后，债务人对个别债权人的债务清偿无效（**《破产法》第 16 条**）。此时，债务人的全部债权人只能通过破产程序从破产财产中获得公平清偿。如果允许保证人行使先诉抗辩权，则对债权人不公平。（3）债权人有证据证明债务人的财产不足以履行全部债务或者丧失履行债务能力。如果债权人有证据证明债务人的财产不足以履行全部债务或者丧失履行债务能力，自无必要再要求债权人先起诉债务人并申请强制执行。（4）保证人书面表示放弃先诉抗辩权。先诉抗辩权具有保护一般保证人的作用，保证人放弃先诉抗辩权必须采用书面形式（**本条第 2 款**），以避免保证人轻率作出放弃先诉抗辩权的决定。保证人放弃先诉抗辩权却未采取书面形式，不发生放弃的效力。

第六百八十八条 【连带责任保证】当事人在保证合同中约定保证人和债务人对债务承担连带责任的，为连带责任保证。

连带责任保证的债务人不履行到期债务或者发生当事人约定的情形时，债权人可以请求债务人履行债务，也可以请求保证人在其保证范围内承担保证责任。

当事人在保证合同中约定保证人和债务人对债务承担连带责任的，为连带责任保证。因保证合同对保证方式没有约定或者约定不明确的，推定为一般保证（**第 686 条第 2 款**），故连带责任保证的成立以当事人有明确约定为前提。相较于一般保证人，连带责任保证人不享有先诉抗辩权，无论债务人是出于主观原因还是客观原因不履行债务，也不论其财产是否能够清偿债务，债权人均可在主债务履行期限届满后直接请求保证人承担保证责任。

如果当事人明确约定保证方式为“连带责任保证”，或者约定保证人对主债务承担连带责任，就可认定成立连带责任保证。如果没有明确约定，司法实务中普遍认为，区分一般保证与连带责任保证的关键在于，当事人是否明确约定了保证人享有先诉抗辩权，即债权人是否必须先行对债务人主张权利，并经强制执行仍不能得到清偿时，才能要求保证人承担保证责任。当事人在保证合同中约定了保证人在债务人不履行债务或者未偿还债务时即承担保证责任、无条件承担保证责任等类似内容，不具有债务人应当先承担责任的意思表示的，应当将其认定为连带责任保证（**《担保制度解释》第 25 条第 2 款**）。保证合同约定债务人“不能按期/如期”履行债务，保证人就承担保证责任的，应认定为连带责任保证［**(2019) 最高法民申 3260 号民裁**］。

连带责任保证人与债务人对债权人负连带责任，因此，在债务人不履行到期债务，或者发生当事人约定的情形时，债权人可以请求债务人履行债务，也可以请求保证人在其保证范围内承担保证责任。当然，债权人也可以一并请求债务人与保证人履行债务。

第六百八十九条 【反担保】保证人可以要求债务人提供反担保。

债务人为保证人提供的反担保，依相应担保形式的规定处理（**参见本法第 387 条评注**）。

第六百九十条 【最高额保证合同】保证人与债权人可以协商订立最高额保证的合同，约定在最高债权额限度内就一定期间连续发生的债权提供保证。

最高额保证除适用本章规定外，参照适用本法第二编最高额抵押权的有关规定。

最高额保证与最高额抵押仅存在担保方式的不同，在其他方面并无二致，因此，最高额保证除适用本章规定外，参照适用物权编最高额抵押权的有关规定。在最高额保证中，保证合同对保证期间有约定的，自然从其约定。没有约定或者约定不明的，被担保债权的履行期限均已届满的，保证期间自债权确定之日起开始计算；被担保债权的履行期限尚未届满的，保证期间自最后到期债权的履行期限届满之日起开始计算（**《担保制度解释》第30条第2款**）。

第二节 保证责任

第六百九十一条 【保证的范围】保证的范围包括主债权及其利息、违约金、损害赔偿金和实现债权的费用。当事人另有约定的，按照其约定。

保证范围是指保证人承担保证责任的范围，也就是保证债务的范围。

首先，当事人可以在保证合同中约定保证范围（**本条第二句**）。当事人既可以约定对全部主债权承担保证责任，也可以约定仅对部分主债权承担保证责任，还可以约定仅就利息或违约金等承担保证责任。如果当事人约定了保证范围，自当从其约定。但是，当事人对担保责任的承担约定了专门的违约责任，或者约定的担保责任范围超出债务人应当承担的责任范围的，基于保证合同的从属性，担保人可以主张仅在债务人应当承担的责任范围内承担责任（**《担保制度解释》第3条第1款**）。

其次，在当事人未约定保证的范围时，保证人在法定保证范围内承担责任。总的来说，保证的范围以主债务范围为准，具体包括：(1）主债权。在保证合同未明确约定仅对部分主债权提供保证担保之时，保证范围及于全部主债权。(2）利息。利息分为法定利息和约定利息。保证人是否知悉债权人与债务人关于利息的约定并无影响，只要该利息约定在保证合同成立之时已经存在即可。(3）违约金，即债权人与债务人约定的，当债务人逾期不履行债务时，由债务人向债权人支付的一定比例或一定数额的金钱。违约金债权从属于主债权，属于保证范围。保证人是否知道主债权债务合同存在违约金条款，并不影响将违约金纳入保证范围。(4) 损害赔偿金，即因债务人不履行或不完全履行债务给债权人造成损害而产生的赔偿责任。在个案中，违约金和损害赔偿金是否均属于保证范围，取决于违约金与损害赔偿金能否并用。(5) 实现债权的合理费用。实现债权的费用是从属于主债权的必要负担，因此也应在保证范围之内。一般认为，债权人为了实现债权而支出的费用，包括诉讼费、仲裁费、拍卖费、通知保证人的费用，以及其他一切为了实现债权而支出的合理费用。除非债务人依照主债权债务合同约定或法律规定负担律师费，或者保证合同约定的保证范围包括律师费，否则债权人支出的律师费不属于保证范围。

第六百九十二条 【保证期间】保证期间是确定保证人承担保证责任的期间，不发生中止、中断和延长。

债权人与保证人可以约定保证期间，但是约定的保证期间早于主债务履行期限或者与主债务履行期限同时届满的，视为没有约定；没有约定或者约定不明确的，保证期间为主债务履行期限届满之日起六个月。

债权人与债务人对主债务履行期限没有约定或者约定不明确的，保证期间自债权人请求债务人履行债务的宽限期届满之日起计算。

保证期间是确定保证人承担保证责任的期间（**本条第1款**）。如果债权人未在保证期间内主张权利，则保证人不再承担保证责任，保证责任消灭（**《担保制度解释》第34条第2款第一句**）。这意味着，保证期间旨在限制保证人承担保证责任的风险。就此而言，保证期间具有保护保证人的作用。关于保证期间的性质，学界一直争讼不断，迄今尚未形成通说。不过，因保证期间不发生中止、中断和延长，故以除斥期间说可采。这也是司法实务中的共识，即保证期间在性质上为除斥期间［**最高法（2013）民申字第756号民裁**］。由此，在债权人要求保证人承担保证责任时，即便保证人未提出保证期间已过的抗辩，人民法院也应当依职权主动审查（**《担保制度解释》第34条第1款**）［**福建高院（2016）闽民申1596**

号民裁〕。

与除斥期间通常为法定期间不同，保证期间可以由债权人与保证人约定（**本条第 2 款**）。并且，债权人与保证人没有约定保证期间或者约定不明的，保证期间为主债务履行期限届满之日起 6 个月。如果当事人约定的保证期间早于主债务履行期限或者与主债务履行期限同时届满的，属于“没有约定”保证期间。保证合同约定保证人承担保证责任直至主债务本息还清时为止等类似内容的，视为约定不明，保证期间为主债务履行期限届满之日起 6 个月（**《担保制度解释》第 32 条**）。

债权人与债务人对主债务履行期限没有约定或者约定不明确的，保证期间自债权人请求债务人履行债务的宽限期届满之日起计算（**本条第 3 款**）。本法第 511 条第 4 项规定，“履行期限不明确的，债务人可以随时履行，债权人也可以随时请求履行，但是应当给对方必要的准备时间”。此规定中“必要的准备时间”即所谓的“宽限期”。因此，即便不规定本条第 3 款，亦不影响法律适用的结果。也即该款规定仅具提示意义。

第六百九十三条 【保证期间经过的法律效果】一般保证的债权人未在保证期间对债务人提起诉讼或者申请仲裁的，保证人不再承担保证责任。

连带责任保证的债权人未在保证期间请求保证人承担保证责任的，保证人不再承担保证责任。

一般保证的债权人未在保证期间内对债务人提起诉讼或者申请仲裁的，保证人不再承担保证责任（**本条第 1 款**）。立法者之所以将债权人主张权利的相对人限定为“债务人”，将主张权利的方式限定为“提起诉讼或者申请仲裁”，是因为一般保证人享有先诉抗辩权，只有就债务人的财产依法强制执行仍然不能实现债权时，保证人才需要承担保证责任。与“提起诉讼或者申请仲裁”具有同样效果的是，一般保证的债权人取得对债务人赋予强制执行效力的公证债权文书，在保证期间内向人民法院申请强制执行（**《担保制度解释》第 27 条**）。一般保证的债权人在保证期间内对债务人提起诉讼或者申请仲裁后，又撤回起诉或者仲裁申请，债权人在保证期间届满前未再行提起诉讼或者申请仲裁的，保证人可以主张不再承担保证责任（**《担保制度解释》第 31 条第 1 款**）。

连带责任保证的债权人未在保证期间对保证人主张承担保证责任的，保证人不再承担保证责任（**本条第 2 款**）。因连带责任保证人并无先诉抗辩权，故债权人主张权利的相对人限于“保证人”，主张权利的方式则无限定，债权人固然可以提起诉讼或者申请仲裁，以诉讼外方式主张权利亦无不可。债权人在保证期间内以公告方式向保证人主张权利，应符合三个前提条件：一是保证人下落不明，二是公告的内容需有主张权利的意思表示，三是公告的媒体应当是国家级或者在保证人住所地省级有影响的媒体。不符合上述条件的债权人采取公告方式主张权利的，不产生主张权利的法律效果［**(2017) 最高法民再 178 号民判**］。连带责任保证的债权人在保证期间内对保证人提起诉讼或者申请仲裁后，又撤回起诉或者仲裁申请，起诉状副本或者仲裁申请书副本已经送达保证人的，应当认定债权人已经在保证期间内向保证人行使了权利（**《担保制度解释》第 31 条第 2 款**）。

需要注意的是，即使保证合同无效，亦有保证期间的适用，即：债权人未在约定或者法定的保证期间内依法行使权利，保证人可以主张不承担赔偿责任（**《担保制度解释》第 33 条**）。至于共同保证，债权人不得以其已经在保证期间内依法向部分保证人行使权利为由，主张已经在保证期间内向其他保证人行使权利（**《担保制度解释》第 29 条第 1 款**）。

第六百九十四条 【保证债务的诉讼时效】一般保证的债权人在保证期间届满前对债务人提起诉讼或者申请仲裁的，从保证人拒绝承担保证责任的权利消灭之日起，开始计算保证债务的诉讼时效。

连带责任保证的债权人在保证期间届满前请求保证人承担保证责任的，从债权人请求保证人承担保证责任之日起，开始计算保证债务的诉讼时效。

一般保证债务的诉讼时效起算的前提是，债权人在保证期间届满前对债务人提起诉讼或者申请仲裁。如果债权人在保证期间届满前未以诉讼或者仲裁方式向债务人主张权利，则保证人不再承担保证责任（**第 693 条第 1 款**）。一般保证债务的诉讼时效，从保证人拒绝承担保证责任的权利消灭之日起开始计算。该时点应为一般保证人先诉抗辩权消灭的时间点，即债权人就债务人的财产依法强制执行仍不能履行债务之时，通常为人民法院终结执行裁定送达债权人之日（**《担保制度解释》第28条第1款第1项**）。但是，如果债权人举证证明存在排除一般保证人先诉抗辩权的情形，保证债务的诉讼时效自债权人知道或者应当知道该情形之日起开始计算（**《担保制度解释》第28条第2款**）。

与一般保证债务不同，连带责任保证债务的诉讼时效从债权人请求保证人承担保证责任之日起开始计算。这是因为，连带责任保证人不享有一般保证人享有的先诉抗辩权，主债务履行期限届满之时，即为债权人可得请求保证人承担保证责任之时（**第688条第2款**）。诉讼时效期间自权利人知道或者应当知道权利受到损害以及义务人之日起开始计算（**第188条第2款第一句**），因而，连带责任保证债务的诉讼时效自应从债权人请求保证人承担保证责任之日起开始计算。

至于保证债务的诉讼时效期间，本条未设置特别规定，自应适用普通时效规定（**第188条第1款**），即保证债务的诉讼时效期间为3年。

第六百九十五条 【主债权债务合同变更对保证责任的影响】债权人和债务人未经保证人书面同意，协商变更主债权债务合同内容，减轻债务的，保证人仍对变更后的债务承担保证责任；加重债务的，保证人对加重的部分不承担保证责任。

债权人和债务人变更主债权债务合同的履行期限，未经保证人书面同意的，保证期间不受影响。

由于保证具有从属性，如果主债权债务合同变更的效力一概及于保证人，保证人通过保证合同限制自己责任的预期可能落空，保证人可能完全无法预估自己将承担的责任风险，故需根据主债权债务合同变更对保证人影响之不同进行区分处理（**本条第1款**）：如果主债权债务合同变更在结果上加重债务，则非经保证人书面同意，保证人对加重的部分不承担保证责任。也即保证人只对变更前的债务承担保证责任。如果主债权债务合同变更在结果上减轻债务，则保证人对变更后的债务承担保证责任，不以经其书面同意为必要。关于主债权债务合同内容的变更是否“加重债务”，进而加重了保证责任，可以从以下两个方面进行判断：其一，保证的范围是否可能因主债权债务合同内容变更而扩大。例如，增加贷款额度或提高贷款利率，就将导致保证的范围扩大。其二，保证人承担保证责任的可能性是否因主债权债务合同内容变更而提高。例如，主债权债务合同原本约定债务人仅就重大过失承担违约责任，嗣后变更为债务人就轻微过失也要承担违约责任。此种变更显然导致保证人承担保证责任的可能性提高。

主债权债务合同履行期限变更本来也属于主债权债务合同内容的变更，不过，立法者对二者设置了不同的规则。债权人和债务人变更主债权债务合同的履行期限，未经保证人书面同意的，保证期间不受影响（**本条第2款**）。

本条规定保证人的同意必须采取书面形式，与保证要式规定（**第685条**）在规范意旨上一致，均为保护保证人，促其审慎行事。不无疑问的是：保证合同当事人能否以特约排除本条规定的适用？由于此种特约导致保证债务的从属性彻底丧失或者被严重限制，保证几乎沦为独立担保，所以宜认定此种约定无效［**最高法（2010）民提字第30号民判**］。在此种约定为格式条款时，可以认为其构成“提供格式条款一方不合理地……加重对方责任”（**第497条第2项**），从而认定无效。

第六百九十六条 【债权转让对保证责任的影响】债权人转让全部或者部分债权，未通知保证人的，该转让对保证人不发生效力。

保证人与债权人约定禁止债权转让，债权人未经保证人书面同意转让债权的，保证人对受让人不再承担保证责任。

由于债权转让仅导致债权人变更，债务人并没有发生变化，而影响保证人是否承担保证责任、承担保证责任后能否顺利追偿的是债务人的资力和信用，债权转让通常并不会加重保证人的风险，故而，债权转让生效不以保证人同意为必要。然而，如果保证人不知道债权已经转让，仍可能导致其遭受不测之损害。因此，未经通知，债权转让对保证人不发生效力（**本条第1款**）。这与债权转让未经通知，对债务人不发生效力的规定（**第546条第1款**）一致。所谓“该转让对保证人不发生效力”，是指保证人不必对债权受让人承担保证责任。

在保证人与债权人约定禁止债权转让的情形，未经保证人书面同意，债权人转让债权的，保证人不再承担保证责任（**本条第2款**）。应当指出的是，如果债权人违反其与债务人之间禁止债权转让的约定，转让债权，债权转让是否生效与保证人是否书面同意并无关系，而应独立进行判断。

债权人转让债权，通知了保证人或者征得其书面同意的，保证人对债权受让人继续按照以前保证合同的约定承担保证责任，即债权受让人取得保证合同债权人的地位，故保证人对债权受让人可以主张其对债权让与人的抗辩。

第六百九十七条 【债务转移对保证责任的影响】债权人未经保证人书面同意，允许债务人转移全部或者部分债务，保证人对未经其同意转移的债务不再承担保证责任，但是债权人和保证人另有约定的除外。

第三人加入债务的，保证人的保证责任不受影响。

保证人是否需要承担保证责任、承担保证责任后能否成功向债务人追偿，均与债务人的资力和信用密切相关。因此，保证人提供保证往往以对债务人存在信赖为基础。而在免责的债务承担，债务人发生了变化，如果未经保证人同意，意味着保证人可能面临不测之风险。故而，未经保证人书面同意，保证人于免责的债务承担情形免除保证责任（**本条第1款**）。

在债务加入的场合，债务人并未脱离债的关系，而是与加入债务的第三人对债权人负担连带债务（**第552条**）。由此可见，债务加入不仅没有增加保证人的风险，反而对其有利。因此，第三人加入债务不影响保证责任的承担，保证人不得以未经其同意为由主张免责（**本条第2款**）。

第六百九十八条 【一般保证人的免责事由】一般保证的保证人在主债务履行期限届满后，向债权人提供债务人可供执行财产的真实情况，债权人放弃或者怠于行使权利致使该财产不能被执行的，保证人在其提供可供执行财产的价值范围内不再承担保证责任。

一般保证人享有先诉抗辩权，但先诉抗辩权的行使只能起到延期履行的作用。如果债权人未及时起诉债务人并申请强制执行债务人的财产，有可能导致债务人最终无法清偿债务。在这种情况下，先诉抗辩权就无法充分保护一般保证人，其承担保证责任的风险加重。因此，在主债务履行期限届满后，一般保证人发现债务人可供执行的财产的，可以将有关情况告知债权人，以避免财产流失。如果债权人放弃或者怠于行使权利致使该财产不能被执行的，一般保证人在其提供可供执行财产的价值范围内不再承担保证责任。

一般保证人依据本条规定主张免责，需满足以下条件：(1) 一般保证人须向债权人提供了债务人可供执行财产的真实情况。(2) 一般保证人须于主债务履行期限届满后向债权人提供债务人可供执行财产的信息。(3) 债权人须放弃或者怠于行使权利，致使财产不能被执行。所谓"怠于行使权利"，是指债权人在收到一般保证人提供的债务人可供执行财产的信息后的合理期间内，未及时采取措施控制财产、就财产行使权利。判断债权人是否"怠于行使权利"，应以一般理性人为标准，遵循诚信原则，结合个案情况综合考量。债权人未在诉讼时效期间内起诉债务人，未在执行期间内申请强制执行，自然属于"怠于行使权利"。"放弃或怠于行使权利"强调债权人具有可归责性，因而如果债权人是因客观原因无法行使权利，则不能认定其"放弃或怠于行使权利"。所谓"不能被执行"，是指财产毁损、灭失、被他人合法取得等导致债权人无法就该财产受偿的情形。债权人放弃或者怠于行使权利的行为与该财产不能被强制执行应当具备因果关系。如果债权人能够证明，即便自己及时行使权利，也无法就一般保证人提供的债务人财产信息指向的财产受偿，则一般保证人不能主张相应免责。

一旦满足上述免责条件，一般保证人即可在其提供可供执行财产的价值范围内不再承担保证责任。可供执行财产的价值一般为财产的市场价格。不过，一般保证人可以免责的范围为债权人可就该财产受偿的范围。例如，债务人的财产已经被设定抵押的，抵押权人就此财产优先受偿后的剩余价值额，才是一般保证人可以主张的免责范围。

第六百九十九条 【共同保证】同一债务有两个以上保证人的，保证人应当按照保证合同约定的保证份额，承担保证责任；

没有约定保证份额的，债权人可以请求任何一个保证人在其保证范围内承担保证责任。

共同保证，是指两个或者两个以上的人为同一债务提供保证。共同保证的保证人须为两个或两个以上，被保证债务须系同一债务。共同保证的成立，并不要求数个保证人同时签订同一份保证合同，数个保证人可以同时或先后分别签订同一份或者数份保证合同。数个保证人彼此之间是否存在意思联络，也在所不问。按照保证人是否与债权人约定了各自的保证份额，可以将共同保证区分为按份共同保证与连带共同保证。

按份共同保证，是指保证人与债权人约定按份额承担保证责任的共同保证。由于按份共同保证的各个保证人均与债权人约定了保证份额，因此，债权人只能分别要求各个保证人在其保证份额的范围内承担保证责任。各个保证人之间没有任何法律上的关系，任何一个保证人在保证份额的范围内承担保证责任后，只能向债务人追偿，而不能向其他保证人追偿。

连带共同保证，是指多个保证人均约定对全部债务承担保证责任或者未约定保证份额的共同保证。基于意思自治，当事人自可通过约定成立连带共同保证。在没有约定的情况下，推定为连带共同保证，债权人可以请求任何一个保证人在其保证范围内承担保证责任。连带共同保证中的“连带”区别于连带责任保证中的“连带”：前者系保证人之间连带，以区别于按份共同保证；后者则系保证人与债务人之间连带，旨在表明保证人不享有先诉抗辩权。连带共同保证人是否享有先诉抗辩权，取决于各个保证人与债权人之间成立的是一般保证还是连带责任保证。共同保证人之间约定承担连带共同保证的，各保证人按照比例分担向债务人不能追偿的部分（**《担保制度解释》第 13 条第 1 款**）。

第七百条 【保证人的追偿权与代位权】保证人承担保证责任后，除当事人另有约定外，有权在其承担保证责任的范围内向债务人追偿，享有债权人对债务人的权利，但是不得损害债权人的利益。

保证人的追偿权，是指保证人承担保证责任后，向债务人请求偿还的权利。该权利是保证人基于其与债务人之间的基础法律关系而享有的权利。保证人依本条规定向债务人追偿，须满足以下要件：（1）须保证人已经承担保证责任。在特殊情形下，保证人即便尚未承担保证责任，也可以行使追偿权。此即保证人追偿权的预先行使。例如，《破产法》第 51 条第 2 款规定："债务人的保证人或者其他连带债务人尚未代替债务人清偿债务的，以其对债务人的将来求偿权申报债权。但是，债权人已经向管理人申报全部债权的除外。"（2）须债务人因此而对债权人免责，即保证人承担保证责任导致债务人因此而对债权人免责。（3）须保证人履行保证债务无过错。如果保证人承担保证责任后并未通知债务人，导致债务人因不知情而再次对债权人进行清偿，则保证人不得向债务人追偿，只能要求债权人返还不当得利。债务人本可对债权人主张抗辩，而保证人未主张此种抗辩的，保证人在承担保证责任后即无追偿权可言。（4）须保证人无赠与之意思。保证人如以赠与的意思为债务人提供保证，则对债务人无追偿权。保证人的追偿权在性质上属于债权请求权，因此同样适用本法关于诉讼时效的规定。由于保证人的追偿权是保证人对债权人履行保证债务后新产生的权利，因此其诉讼时效期间应当从保证人承担保证责任之日起开始计算，则适用 3 年普通诉讼时效期间的规定（**第 188 条第 1 款**）。

保证人的代位权，是指保证人承担保证责任后，因承受债权人对债务人的债权，而行使债权人之权利的权利。保证人承担保证责任后，消灭的系自己对债权人的保证债务，债权人对债务人的主债权并未因此而消灭，而是移转于保证人处。保证人代位权旨在确保追偿权的实现。没有追偿权就没有代位权，保证人只能在行使追偿权的限度之内代位行使债权人的权利。保证人的代位权与追偿权构成请求权竞合，保证人可以择一行使，行使一项权利达到目的之后，另一项权利即告消灭。保证人行使代位权"不得损害债权人的利益"，其意义主要体现于保证人部分承担保证责任的情形。此时，债权人与保证人均对债务人享有债权，债权人的债权应优先于保证人的债权。如果主债权之上存在担保物权，则债权人有权优先于保证人就担保物受偿。保证人代位行使的是债权人对债务人的债权，其诉讼时效期间不因保证人行使代位权而重新计算。此与保证人的追偿权判然有别。

因保证人的追偿权和代位权目的仅在于确保保证人对债务人之追偿利益的实现，故保证人与债务人可以约定排除或者限制保证人的追偿权和代位权。

第七百零一条 【保证人的抗辩权】保证人可以主张债务人对债权人的抗辩。债务人放弃抗辩的，保证人仍有权向债权人主张抗辩。

保证人可以主张债务人对债权人的抗辩（**本条第一句**），这体现了保证债务的从属性，旨在限制保证人的风险，避免保证人的负担超过债务人的。所谓“抗辩”，系保证人可以主张的债务人对债权人的抗辩，即债务人的抗辩，并不包括保证人基于保证合同关系对债权人的抗辩，即保证人自己固有的抗辩。本条规定的“抗辩”范围包括：（1）权利阻却抗辩，即否认权利的产生，例如，主张主债权债务合同不成立、无效或不生效、被撤销。（2）权利消灭抗辩，即主张权利虽然曾经产生，但是已经消灭，例如，主张主债务因清偿、抵销、提存、免除等原因归于消灭。（3）权利阻止抗辩，即承认权利已经产生且尚未消灭，但是主张有权拒绝履行，例如，主张债务人享有的同时履行抗辩权、先履行抗辩权、不安抗辩权和诉讼时效抗辩权。当然，保证人并非在任何情况下均可主张债务人对债权人的抗辩，例如，保证人明知主债务已过诉讼时效依然提供保证的，相当于放弃债务人对债权人享有的时效抗辩权，保证人嗣后不得主张时效抗辩权（**《担保制度解释》第35条第一分句**）。

债务人放弃抗辩的，保证人仍有权向债权人主张抗辩（**本条第二句**）。在债务人放弃抗辩的情形，如果不允许保证人继续主张抗辩，会造成权利保护的失衡，亦可能导致道德风险。本条所谓“放弃”必须是债务人基于自己的内心意思主动放弃行使抗辩权，不包括债务人因某种原因丧失抗辩权的情形。“放弃”既可以明示方式为之，亦可以默示方式进行［**（2018）最高法民终907号民判**］。当然，如果债务人未放弃抗辩，则保证人必须主张债务人对债权人的抗辩，否则其在承担保证责任后将无法向债务人追偿（**《担保制度解释》第35条第二分句**）。

第七百零二条 【保证人的可抵销与可撤销抗辩权】债务人对债权人享有抵销权或者撤销权的，保证人可以在相应范围内拒绝承担保证责任。

债务人对债权人享有抵销权的，是否行使抵销权，应系债务人可自由决定之事项，保证人不宜越俎代庖。不过，一旦债务人在保证人承担保证责任后行使抵销权，保证人将只能基于不当得利要求债权人返还给付。如此，则可能对保证人造成不利益。因此，至少应赋予保证人在相应范围内拒绝承担保证责任的抗辩权。保证人依据本条主张可抵销抗辩权，须债务人对债权人享有抵销权（**第 568 条第 1 款**），且抵销权尚未消灭。债务人已经行使抵销权的，主债务于抵销的范围内消灭，基于保证债务的从属性，保证债务亦于相应范围内消灭，保证人自可主张主债权已消灭的抗辩。如果保证人不知道债务人对债权人享有抵销权而承担了保证责任，除非债务人嗣后行使了抵销权，否则，保证人不得基于不当得利要求债权人返还给付。

同理，债务人对债权人享有撤销权的，保证人可以在相应范围内拒绝承担保证责任。此即保证人的可撤销抗辩权。保证人依据本条主张可撤销抗辩权，须债务人对债权人享有撤销权，且撤销权尚未消灭。本条所谓的"撤销权"系指债务人因主债权债务合同存在效力瑕疵而享有的撤销权，必须满足总则编规定的可撤销法律行为的要件（**第 147～151 条**）。如果撤销权因除斥期间经过而消灭（**第 152 条**），自无本条之适用。如果债务人已经行使撤销权，则主债权债务关系自始无效，保证人自可主张主债权未发生的抗辩。与债务人对债权人享有抵销权的情形一样，如果保证人因不知情而承担了保证责任，除非债务人嗣后行使撤销权，否则保证人不得基于不当得利要求债权人返还给付。在债务人对债权人享有解除权的情形中，亦存在与债务人对债权人享有撤销权的情形相同的利益状况，故而本条规定可类推适用于债务人对债权人享有解除权的情形。

需要注意的是，如果债务人放弃行使抵销权或者撤销权，保证人不得依本条向债权人主张可抵销或者可撤销抗辩权。

第十四章

租赁合同

第七百零三条 【租赁合同的定义】租赁合同是出租人将租赁物交付承租人使用、收益，承租人支付租金的合同。

在租赁合同中，承租人以取得租赁物的使用、收益，而非取得租赁物的所有权为直接目的，故出租人不必是租赁物的所有权人或处分权人。在租赁有效期内，承租人可以对租赁物占有、使用、收益而不能处分租赁物。当租赁合同期满时，承租人须将租赁物返还给出租人。因此，租赁物须为非消耗物，能够多次使用而不改变其形态和价值。租赁物须是有形的财产，无形财产不作为租赁合同的标的物，权利租赁在我国现行法上被归类为许可使用合同，如专利权或商标权许可使用合同。

在租赁合同中，出租人与承租人均享有权利并承担义务：承租人取得租赁物的使用权，负有妥善保管租赁物并按约定向出租人支付租金的义务；出租人取得租金债权，负有将租赁物交付承租人并保证租赁物符合约定的使用状态的义务。因此，租赁合同为典型的双务、有偿合同。并且，出租人负担的容忍使用义务以及承租人负担的租金支付义务都随租赁期限而变化，随给付时间延长而增加，故租赁合同亦属典型的继续性合同。

根据是否约定有租赁期限，租赁可分为定期租赁和不定期租赁：合同约定有租赁存续期限的为定期租赁，否则为不定期租赁。根据租赁物的种类、性质，租赁可以分为动产租赁和不动产租赁。相比动产租赁，不动产租赁一般有登记、备案等特殊要求。

第七百零四条 【租赁合同的主要内容】租赁合同的内容一般包括租赁物的名称、数量、用途、租赁期限、租金及其支付期限和方式、租赁物维修等条款。

本条为指导性规范，提示一般情形下租赁合同应当具备的主要条款。其结合租赁合同的特点对本法第470条加以具体化。租赁合同的主要条款包括：有关租赁物的条款（租赁物的名称、数量、用途），有关租赁期限的条款，有关租金的条款，有关租赁物维修的条款。其中，租赁物的名称、数量条款为影响租赁合同关系的必要条款（要素）；有关租赁物的用途、租赁期限、租金及其支付期限和方式、租赁物维修等条款（常素）虽不影响合同的成立，但对租赁合同当事人的利益仍有重大影响。若欠缺上述条款，需要予以补充，但不会影响租赁合同关系的成立。

除上述合同内容外，当事人还可以根据需要订立其他合同条款，如是否允许承租人对租赁物进行改善或者增设他物、是否允许承租人转租、违约责任、解决争议的方式以及解除合同的条件等。

第七百零五条 【租赁期限的限制】租赁期限不得超过二十年。超过二十年的，超过部分无效。

租赁期限届满，当事人可以续订租赁合同；但是，约定的租赁期限自续订之日起不得超过二十年。

租赁期限是租赁合同的存续期间，在性质上属于民事法律行为所附终期。法律并未规定租赁关系的最短期限，只要能够实现承租人使用租赁物的目的并且不违背出租人的意愿，无论期限多短，法律概不干预。在通常情形下，当事人会根据租赁物的性质和承租人的使用目的等因素确定租赁期限的长短。如果租赁期限过长，会过度限制租赁物的所有权，使租赁权具有类似物权的效果，与其债权特征有所背离，因此，法律对最长租赁期限设置限制规定。

租赁期限最长不得超过20年的规定为强制性规定，违反该规定将导致约定无效（**第153条第1款**）。但是，租期超过20年的，仅超过部分无效（**本条第1款第一句**），其余部分仍然有效［**新疆高院（2023）新民申2726号民裁**］，由此导致租赁期限被缩短为20年［**北京高院（2023）京民申505号民裁**］。不过，若租赁合同当事人在20年租期届满时，仍然希望保持租赁关系，则可以选择以下两种方式继续租赁：一是在租期届满后，承租人继续使用租赁物，出租人不提出异议，从而在当事人之间成立新的不定期租赁关系。此谓租赁合同的“法定更新”（**第 734 条第 1 款**）。二是在原合同届期后，双方续订租赁合同。此谓租赁合同的“约定更新”（**本条第 2 款**）。

实践中，为规避租赁期限限制规定，当事人在租赁合同中约定，租赁期限为 20 年，到期后“自动续期二十年”或无限自动续期等，或者直接订立两份租赁期限前后衔接的租赁合同，这些约定都应当被认定为无效，即自动续期约定或后一份租赁合同无效。

第七百零六条 【租赁合同登记备案手续对合同效力的影响】当事人未依照法律、行政法规规定办理租赁合同登记备案手续的，不影响合同的效力。

本条确认未办理登记备案不影响租赁合同的效力。只有当法律、行政法规规定登记备案作为合同生效条件时，登记备案才对合同的效力产生影响（**第 502 条第 2 款**）。虽然《房地产法》第 54 条规定房屋租赁需要进行登记备案，但主要服务于行政管理的目的，其并未规定登记备案为合同生效要件；其他法律也无有关登记备案为租赁合同生效要件的规定，因此，当事人未办理登记备案手续的，租赁合同的效力不受影响。

第七百零七条 【租赁合同的形式要求与合同期限的关系】租赁期限六个月以上的，应当采用书面形式。当事人未采用书面形式，无法确定租赁期限的，视为不定期租赁。

租赁合同原则上为不要式合同，其成立不需要采用书面形式或其他形式。但是，本条将租赁合同的书面形式与租赁期限直接关联。

（1）对于租赁期限不满 6 个月的租赁合同，当事人可以自由选择采用口头形式或者书面形式。采取口头形式的租赁合同一般涉及使用时间较短、租赁物价值低、租金金额不大、内容简单的短期租赁，因此，强制要求采取书面形式意义不大。

（2）对于租赁期限在 6 个月以上的租赁合同，应当采用书面形式（**本条第一句**）。租期长的合同中往往租赁物价值较高，租金较多，当事人之间的权利、义务关系通常也更为复杂。若以书面形式将双方的权利义务明确，在将来发生争议时有据可查，易于解决纠纷。但此处的书面形式与要式合同中的书面形式在性质上并不完全相同，它并不是租赁合同的生效要件，应当被理解为倡导性规范，而非法律对租赁合同的书面形式所作的强制性规范。

(3) 租赁期限为 6 个月以上的，当事人没有采用书面形式，无法确定租赁期限的，视为不定期租赁（**本条第二句**）。只要在前述三项要件全部满足时，租赁合同才被视为不定期租赁，当事人可以随时解除合同［**北京高院（2021）京民申 4709 号民裁，沈阳中院（2023）辽 01 民终 7406 号民判**］。若租赁合同为 6 个月以上而未采取书面形式，但当事人对租赁期限并无争议，或者一方能够举证证明租赁期限，则租赁合同不得因未采取书面形式而被认定为不定期租赁［**河南高院（2020）豫民再 34 号民判**］。

第七百零八条 【出租人交付租赁物和适租保持义务】出租人应当按照约定将租赁物交付承租人，并在租赁期限内保持租赁物符合约定的用途。

出租人交付租赁物和保持租赁物符合约定用途是其依租赁合同承担的主要义务。交付是指出租人将租赁物的占有转移至承租人。出租人既可以自己向承租人移转租赁物的占有（现实交付），也可以指示占有租赁物的第三人向承租人实际移转租赁物的占有（指示交付）。若租赁物为不动产，只需出租人向承租人移交对租赁物的控制权（如交付房屋钥匙）即视为交付。若承租人在租赁合同订立时已实际占有租赁物，合同成立时即为租赁物交付时（在手交付）。因承租人缔结租赁合同的目的在于取得租赁物的使用、收益，故占有改定形式的交付与该合同目的不符，不满足租赁物交付要求。

出租人应当按照约定交付租赁物，包括按照约定的质量、数量、方式、时间和地点进行交付（**第 646、598、601、602 条及第 603 条第 1 款**）。不论出租人有无故意或过失，其均须依法承担瑕疵担保责任（**第 646、615～617 条**）［**山东高院（2021）鲁民申 104 号民裁**］。如果交付的租赁物不符合约定，造成承租人的合同目的不能实现，承租人有权解除合同并要求出租人承担违约责任［**(2020) 最高法民申 276 号民裁**］。

除交付租赁物外，在租赁期限内，出租人还负有保持租赁物符合约定用途的义务，也称适租保持义务。租赁合同系继续性合同，承租人在租赁合同存续期间，有权连续地占有、使用与收益租赁物。出租人在将符合约定的租赁物交付给承租人之后，不仅须容忍且不妨碍承租人使用与收益，而且须积极地保持租赁物符合约定的用途，使承租人对租赁物能够圆满地使用与收益［**新疆高院伊犁哈萨克分院（2023）新 40 民终 2710 号民判**］。“符合约定的用途”不仅指租赁物应具有其通常应有的使用功能，而且指符合当事人约定的租赁物在功能性外的其他用途［**四川高院（2020）川民终 45 号民判**］。出租人不仅在交付租赁物的当时负有瑕疵担保责任，而且在租赁关系存续期间同样承担确保租赁物符合约定用途的义务［**山东高院（2020）鲁民申 1351 号民裁，湖北高院（2023）鄂民申 8968 号民裁**］。出租人的适租保持义务主要涉及两个方面的内容：其一，在租赁期限内，若租赁物非因可归责于承租人的原因而损坏或者不能正常使用，出租人应依约履行维修义务（**第 712 条**）。其二，在租赁期限内，出租人应担保租赁物不因第三人主张权利而使承租人无法正常使用、收益（**第 723 条**）。

在租赁期限内，因租赁物不符合约定用途而使承租人无法正常使用、收益的，不论是否系标的物本身的瑕疵所致，承租人均有权请求减少租金、延长租期或不支付相应租金。在发生租赁物不符合约定用途的情况时，承租人应当及时通知出租人（**第 509 条第 2 款**）。对于承租人未及时通知而发生的损失，出租人不承担责任。

第七百零九条 【承租人按约定使用租赁物的义务】承租人应当按照约定的方法使用租赁物。对租赁物的使用方法没有约定或者约定不明确，依据本法第五百一十条的规定仍不能确定的，应当根据租赁物的性质使用。

租赁物的使用方法不仅关乎承租人合同目的的实现，也关乎租赁物的价值与安全，从而影响出租人的利益，因此，承租人负有按照约定的方法使用租赁物的义务。所谓“按照约定的方法使用”，首先是指按照约定的租赁物用途使用。例如，合同约定租赁房屋用来居住，则承租人不能将该房屋用于商业性使用。其次是指合同约定的具体使用方式、利用手段等。承租人如果违反了按照约定使用租赁物的义务，需要承担相应的违约责任［**最高法（2012）民申字第1055号民裁，金昌中院（2023）甘03民终184号民判**］。

若租赁合同当事人未就租赁物的使用方法进行约定或约定不明确，则承租人不能任意使用租赁物，应当就租赁物的使用方法与出租人进行再协商；双方不能达成补充协议的，按照合同有关条款或交易习惯确定；仍不能确定的，则承租人应当按照租赁物的性质使用。所谓租赁物的性质，是指租赁物本身的属性或功能。无论对使用方法有无明确约定，承租人在使用租赁物的过程中，均应尽善良管理人的注意义务，避免出租人因不当使用租赁物而遭受损害［**江门中院（2021）粤07民终4176号民判，苏州中院（2019）苏05民终10460号民判**］。

第七百一十条 【租赁物的合理损耗】承租人按照约定的方法或者根据租赁物的性质使用租赁物，致使租赁物受到损耗的，不承担赔偿责任。

获得租赁物的使用、收益权是承租人订立合同的根本目的，但使用租赁物必然导致租赁物发生损耗，包括租赁物的功能效用降低或者使用寿命缩短。租赁物损耗分合理损耗与不合理损耗。合理损耗也称正常损耗，是指租赁物的正常磨损、挥发、氧化或者其他功能的退化或者降低情形；反之，则为非合理损耗。判断损耗是否合理，主要考虑当事人约定的使用方法和租赁物自身性质或其特殊的使用或操作规程。承租人按照合同约定的方法或租赁物的性质或操作规程使用租赁物时，即使因此发生租赁物损耗，也是出租人应当承担的后果，因为，既然损耗是约定使用必定发生的后果，那么出租人收取的租金就包含了租赁物损耗的补偿。故而，承租人不应对正常损耗承担赔偿责任，否则将使出租人获得双重补偿。对于非合理损耗所造成的损失，应当根据形成损失的原因由出租人或/和承租人负担［**晋中中院（2023）晋07民终2842号民判**］。出租人对损失系非合理损耗承担证明责任［**威海中院（2022）鲁10民终2919号民判，昌吉中院（2023）新23民终403号民判**］。

第七百一十一条 【承租人未按照约定使用租赁物的责任】承租人未按照约定的方法或者未根据租赁物的性质使用租赁物，致使租赁物受到损失的，出租人可以解除合同并请求赔偿损失。

本条与前条规定的情形正好相反，是关于承租人非合理使用致租赁物损失时出租人的救济措施的规定。承租人未按照约定方法或租赁物的性质使用租赁物，致租赁物收到损失的，出租人享有以下救济手段。

（1）解除合同。本条规定的适用条件只有“承租人未按照约定的方法或者根据租赁物的性质使用租赁物”，未见其他条件。承租人不合理使用租赁物对出租人的影响，在不同情况下有轻有重，如果不分情形一概赋予出租人解除权，显然有失公平。因此，出租人依本条规定主张解除合同的，须同时结合合同编通则分编相关规定（**第563条及以下**）加以处理。具体而言，出租人依本条规定解除合同须满足以下要件：1）须承租人有未按照约定的方法或者未根据租赁物的性质使用租赁物的违约行为。非合理使用除包括使用方法不当外，还包括违反约定对租赁物进行改造、装饰装修等。如承租人擅自变动房屋建筑主体和承重结构或者扩建，就属于本条所称未按约定使用租赁物的情形［**新疆高院伊犁哈萨克分院（2024）新40民终9号民判**］。2）须承租人经出租人要求在合理期限内仍不改正，或者租赁物因不合理使用遭受严重损坏或毁灭，无法苛求出租人继续信赖承租人合理使用（**本法第563条第1款第3、4项，《房屋租赁解释》第6条**）［**西宁中院（2023）青01民终4300号民判**］。这里的损失不仅包括经济损失，也包括无法精确计量的无形损失（如磨损），甚至包括单纯的受损风险，也即不以实际损失为限。在满足前述条件时，出租人享有合同解除权，可单方解除合同。

（2）损害赔偿。出租人因承租人不合理使用而享有的损害赔偿请求权的成立要件为：1）须承租人有未按照约定的方法或者未根据租赁物的性质使用租赁物的违约行为。2）须租赁物因不合理使用而遭受损失，包括损毁、功能性损害以及价值贬损等［**日照中院（2023）鲁11民终1219号民判**］。3）须租赁物所受损失与承租人不合理使用之间存在因果关系。至于承租人是否存在故意或过失，在所不问。损失赔偿的范围包括租赁物维修费用（租赁物遭受可修复损坏）、价值损失（租赁物毁灭或遭受不可修复损坏）、修复后的贬值损失等，在合同解除时，还可能包括剩余租赁期限内的租金损失。出租人对于租赁物损失的发生亦有过错的，按照双方过错大小分担损失［**福建高院（2023）闽民申6075号民裁**］。

应当注意的是，出租人依本条规定享有的损害赔偿请求权不以合同解除为必要。

第七百一十二条 【出租人的维修义务】出租人应当履行租赁物的维修义务，但是当事人另有约定的除外。

出租人的维修义务是出租人的适租保持义务所衍生的义务（**参见本法第708条评注**），是指维修物出现不符合约定的使用状态时，出租人对该租赁物进行修理与维护，以保证承租人能够正常使用该租赁物的义务。出租人维修义务的发生须具备以下要件。

（1）租赁物有维修的必要。有维修的必要是指租赁物已出现影响正常使用、发挥效用的情况，不进行维修就不能使用。对必要性的认定，应根据当事人的约定、合同目的、交易观念等加以判断。

（2）有维修的可能。维修的可能是指租赁物毁坏后能够将其修复以达到正常使用状态。维修是否可能，不能仅将物理上或技术上是否可能作为判断标准，还应从社会一般观念或者经济成本加以考虑（**参见本法第580条第1款评注**）。维修不能通常包括事实上的不能与经济上的不能：前者是指租赁物的损坏已经达到客观上不能修复的程度，在技术上或物理上已不可能实现修缮，如承租人承租的房屋倒塌；后者是指维修租赁物在事实上虽然可能，但在经济上或交易上耗费过巨，或者维修所获效果不足以弥补修缮费用，均不宜再期待出租人维修，因此无论是事实上的不能还是经济上的不能，出租人均不再负有租赁物的维修义务。维修不能还可分为全部不能与部分不能两种情况：全部不能时，出租人显无维修义务；而当部分不能时，若租赁关系存续，则就剩余部分，出租人仍负有维修义务。

（3）租赁物的瑕疵不能归责于承租人（**第713条第2款**）。维修义务是出租人依约负担的原级义务，不以出租人违约为必要。一般是在承租人按约定正常使用租赁物的情况下出现租赁物因损耗而无法使用时，或者是由租赁物的性质所要求的对租赁物的正常的维护［**广州中院（2023）粤01民终18134号民判**］。在租赁物瑕疵或损坏是由承租人原因造成的情况下，应当由承租人负责维修；出租人代为维修的，可要求承租人赔偿由此支出的修理费。

（4）当事人无相反的约定。本条规定属于任意性规范，当事人可以通过相反约定排除其适用，因此，若租赁合同约定出租人不承担维修义务，则依约定处理［**重庆二中院（2020）渝02民终1596号民判，锦州中院（2024）辽07民申6号民裁**］。

在出租人负担维修义务的情况下，经承租人通知后，出租人应当及时维修。因维修所生损失，按照引发维修需要的原因不同而相应处理（**参见本法第713条评注**）。

第七百一十三条 【出租人维修义务的履行】承租人在租赁物需要维修时可以请求出租人在合理期限内维修。出租人未履行维修义务的，承租人可以自行维修，维修费用由出租人负担。因维修租赁物影响承租人使用的，应当相应减少租金或者延长租期。

因承租人的过错致使租赁物需要维修的，出租人不承担前款规定的维修义务。

在租赁物存在维修需要时，承租人有权请求出租人及时维修。是否请求维修，根据物之瑕疵或损坏是否影响租赁物的正常使用加以判断。正常使用不仅指使用功能的正常发挥，也包括通常的使用便捷或舒适度。比如，住宅墙皮大面积脱落影响房屋居住舒适度，根据租金水平出租人应保持墙面整洁的，其应负担维修义务。原则上，是否请求维修由承租人自行决定，但是，如果不维修可能造成损害扩大的，承租人应告知出租人并容忍其适当维修，否则构成对附随义务的违反。承租人请求维修的，出租人应当在合理期限内维修，包括在合理期限内着手和完成维修。这是因为，不仅是否维修会影响承租人对租赁物的使用、收益，而且维修行为本身也会干扰或妨碍承租人对租赁物的使用，故不能不合理拖延。至于“合理期限”要综合考虑物的损坏程度、维修需要的紧迫程度，以及出租人的维修能力等因素确定。

承租人向出租人提出维修要求后，出租人未在合理期限内履行维修义务的，承租人可以自行维修。“出租人未履行义务”包括出租人拒绝维修、迟延维修，甚至虽已维修但未修复等情况；并且，不要求出租人就此存在过错。只有在出租人未在合理期限内履行维修义务的，承租人才能自行维修。这是因为：一方面，出租人通常相较于承租人有更强的维修能力；另一方面，出租人维修也因无须向他人支付维修费用而在经济成本上对其更为有利。承租人自行维修包括承租人自己亲自维修，也包括承租人将标的物交由第三人维修的情形。无论是承租人亲自维修还是交由第三人维修，维修费用均应由出租人承担［**长春中院（2023）吉 01 民终 7939 号，泰州中院（2024）苏 12 民终 350 号民判**］。不过，若维修系可归责于承租人的原因所致，则出租人不负担维修义务，从而也不承担维修费用。在出租人未履行维修义务时，承租人可以自行维修（包括交由第三人维修）而未自行维修，可能构成违反减损义务的行为，对因此发生的扩大损失承租人无权要求出租人赔偿［**江西高院（2019）赣民再 51 号民判**］。

维修义务的履行需要承租人协助的，如维修时留人看守或停止租赁物的使用等，承租人有协助义务（**第 509 条第 2 款**）。承租人不配合导致出租人无法履行维修义务的，出租人不承担责任。在出租人承担维修义务的情况下，因维修而影响承租人对租赁物的使用的，不论维修原因是否可归责于出租人，其均应承担相应的不利后果，即根据维修影响租赁物使用的情况而减少租金或延长租期。如果维修并未影响租赁物的使用，仅仅是给其使用带来暂时或轻微的不便，承租人通常也不得请求减少租金或延长租期。“减少租金”和“延长租期”在救济效果上具有同质性，因此，承租人只能择一主张。出租人迟延履行维修义务致使承租人无法实现合同目的的，其有权解除合同（**第 563 条第 4 项**）［**鞍山中院（2023）辽 03 民终 4449 号民判**］。

第七百一十四条 【承租人对租赁物的妥善保管义务】承租人应当妥善保管租赁物，因保管不善造成租赁物毁损、灭失的，应当承担赔偿责任。

承租人的妥善保管义务源自承租人对租赁物享有占有、使用权，承租人作为租赁物的实际占有人，在租赁物的保管和维护方面相较于出租人更具优势，既能保持租赁物符合约定的用途，也能保证出租人在租赁期限届满后，能够收回符合应有状态的租赁物。在义务履行方面，承租人的妥善保管义务与有偿保管情形下保管人的妥善保管义务一致（**参见本法第 892 条评注**）。

承租人未尽妥善保管义务的，出租人对其享有损害赔偿请求权。该请求权的成立要件为：（1）承租人违反妥善保管义务，即未按照约定的方式保管租赁物，或者未根据租赁物本身的种类与性质对其加以保护、照看、清洗与必要的保养等。（2）租赁物发生毁损、灭失。（3）租赁物毁损、灭失系保管不善所致。在司法实践中，在认定系承租人保管不善导致租赁物毁损、灭失时，往往采用排除法，除非承租人能够证明系出租人的原因，或者租赁物自身缺陷导致租赁物毁损、灭失，否则，承租人就需要承担保管不善的赔偿责任［**山东高院（2019）鲁民申 1491 号民裁**］。损害赔偿责任的承担适用合同编通则分编的规定处理（**如第 584、591 条及第 592 条第 2 款等**）。应当注意的是，在承租人对毁损、灭失的租赁物给与赔偿的情况下，无须再支付剩余期限内该部分租赁物的租金［**河南高院（2023）豫民再 853 号民判**］。同时，租赁物毁损、灭失的，构成对出租人的租赁物所有权的侵害，可能因此而发生违约责任与侵权责任的竞合，若竞合成立，则出租人可选择某一项向承租人主张赔偿。

第七百一十五条 【承租人对租赁物进行改善或增设他物】承租人经出租人同意，可以对租赁物进行改善或者增设他物。

承租人未经出租人同意，对租赁物进行改善或者增设他物的，出租人可以请求承租人恢复原状或者赔偿损失。

承租人为使用目的，可能对租赁物进行改善或增设他物。“改善”是指在不改变租赁物的外观、形状等情况下，改良其性能，从而使租赁物的状况更适合实现使用目的；“增设他物”是指在原租赁物的基础上，添加他物，如在租赁土地上修建设施，在租赁房屋中安装空调或安防设施等。

按照本条第 1 款的规定，承租人对租赁物进行改善或增设他物，应当征得出租人的同意。改善或增设都是可能造成租赁物价值发生变化的行为，进而对出租人的权益产生影响，因此，承租人原则上仅在经得出租人同意的情况下，才能实施改善或增设他物的行为。出租人在收到承租人征询其意见的通知后未作表示的，承租人可以催告，经催告后出租人仍未表示的，应视为拒绝。不过，出租人知道承租人实施改善或增设他物的行为而未及时提出异议的，依据诚信原则，应视为默示同意。

承租人经出租人同意后，对租赁物进行改善或增设他物，在租赁期限届满后，承租人要求给予补偿的，如果双方就此有约定的，按照约定处理；没有约定的，出租人无补偿义务（**《房屋租赁解释》第10条**）［**山东高院（2023）鲁民申11943号民裁**］，但承租人有权取回增设物，但同时负有恢复租赁物原状的义务（**《房屋租赁解释》第8条**）。不过，在出租人拒绝与享有优先承租权的承租人续租的，对承租人改建投入的损失应予补偿［**鹤壁中院（2023）豫06民终308号民判**］。在租赁合同无效时，当事人就因改善或增设行为有处理约定的，按照约定处理；没有约定的，出租人在实际获利范围内对承租人给予补偿；出租人不愿补偿的，承租人有取回权，但同时有恢复原状的义务。导致合同改善、增设行为而支出的费用，在现值损失范围内双方按照各自的过错分担（**《房屋租赁解释》第7条**）。在合同解除时，亦可按当事人的约定处理；如果达不成协议，承租人有取回权且负担恢复原状的义务（**第566条第1款第二分句第一种情形，《房屋租赁解释》第8条**）。无法或未实际恢复原状的，或者因恢复原状而遭受与改善、增设相关的费用损失的，根据租赁合同解除原因分别处理：因出租人违约而解除的，承租人有权在剩余租期的残值范围内请求出租人补偿；因承租人违约而解除的，出租人不承担补偿责任［**武汉中院（2016）鄂01民终4103号民判**］，但自愿补偿的除外；因不可归责于双方的事由而解除的，由双方按照公平原则分担［**《房屋租赁解释》第9条，怀化中院（2017）湘12民终332号民判**］。

本条第二句规定了出租人在承租人未经其同意而对租赁物进行改善或增设他物情形的救济权利，包括恢复原状请求权和损害赔偿请求权。承租人未经同意的改善、增设他物行为属于违约行为，其自应承担采取补救措施（**第577条**）与损害赔偿的违约责任（**第584条**），损害赔偿包括增设物拆除时无法恢复原状所产生的损失［**（2017）最高法民申101号民裁**］。就因改善、增设他物而发生的费用，出租人无补偿义务。应当注意的是，出租人依本条第二句享有的救济权利不受合同效力状况（包括无效、解除、租期届满）的影响。

第七百一十六条 【转租】承租人经出租人同意，可以将租赁物转租给第三人。承租人转租的，承租人与出租人之间的租赁合同继续有效；第三人造成租赁物损失的，承租人应当赔偿损失。

承租人未经出租人同意转租的，出租人可以解除合同。

转租是指承租人在租赁期限内将租赁物交付第三人使用、收益，第三人向承租人支付租金的行为。原租赁合同的承租人是转租人，第三人为次承租人。承租人通过出让租赁物的使用权益获取租金收益，承租人与出租人的租赁关系也仍然存续。转租行为本身并不会导致出租人的物权变动，也未损害出租人收取租金的权利，但出租人难以了解第三人对租赁物的使用情况，出租人与第三人之间不能建立起人身信赖关系，出租人无法对使用其物的人加以选择，因此，转租获得出租人同意有助于对出租人利益的保护。

出租人与承租人可以在订立租赁合同时，对承租人是否享有转租权进行明确约定（事先同意）。如果租赁合同未约定承租人享有转租权，则承租人只有经出租人同意才可转租（**本条第1款第一句**）。出租人同意为准法律行为，可以采取明示的方式，也可以采取默示的方式。出租人知道承租人转租仍接受第三人（次承租人）直接给付的租金而未提出异议，应当认定出租人同意转租［**河南高院（2020）豫民申7970号民裁**］。

承租人经出租人同意转租的，其与出租人之间的租赁合同不受影响，其仍应向出租人承担原租赁合同中包括支付租金在内的承租人义务（**本条第1款第二句第一分句**）［**西宁中院（2023）青01民终2780号民判**］。出租人与第三人（次承租人）之间并无直接的法律关系，但因第三人对租赁物的占有、使用依附于承租人的权利，因此，第三人在出租人同意转租时对租赁物的占有为有权占有，出租人不得要求其返还租赁物。因第三人原因造成租赁物损失的，不论承租人或第三人对所生损失有无过错，承租人均须向出租人承担赔偿责任。承租人在向出租人承担赔偿责任后，可以依照其与第三人之间的租赁合同向第三人主张损害赔偿。

承租人未经出租人同意而转租的，严重破坏了出租人对承租人的信赖，出租人因而依法享有解除权。本条规定的是特别解除事由，只要存在承租人未经同意的转租行为，出租人即可解除合同。出租人解除合同须向承租人发出解除通知，通知自到达承租人时发生效力（**第565条第1款第一句、第二句第一分句**）。合同解除原则上无溯及力，仅向将来发生终止合同的效力。但是，出租人主张合同解除自承租人违法转租时发生效力的，与本条规范意旨相符，应当允许。租赁合同解除后，第三人不得以其与承租人之间的转租合同对抗出租人的返还租赁物请求权。当然，租赁合同解除并不导致转租合同无效［**浙江高院（2021）浙民终1754号民判，新疆高院（2022）新民再137号民判**］，仅发生履行不能的问题，第三人与承租人之间的关系依转租合同处理。出租人与承租人之间因合同解除而发生的清算关系，依本法相关规定处理（**如第566、584条**）。

附带说明的是，承租人擅自转租不具有合法性，关于对因转租获得的租金差额收益（如有），在出租人行使解除权后如何处理，实务中存在争议。一种观点认为，该差价构成不当得利，应当返还第三人；另一种观点认为，因转租合同并非无效，承租人收取租金有合同依据，并非不当得利，不应返还［**吉林高院（2014）吉民申字第536号民裁**］。因承租人擅自转租在出租人解除合同后转化为不法管理他人事务的行为，即不法管理行为，出租人可依不真正无因管理规定向承租人主张租金差额利益（**参见本法第980条评注**）。

第七百一十七条 【转租期限】承租人经出租人同意将租赁物转租给第三人，转租期限超过承租人剩余租赁期限的，超过部分的约定对出租人不具有法律约束力，但是出租人与承租人另有约定的除外。

经出租人同意转租的，转租合同的履行就有了可靠的保障。但是，出租人同意转租不等于出租人受承租人与第三人之间的转租合同的约束，因此，转租期限超过承租人剩余租赁期限的，超期部分的约定对出租人不具有法律约束力。“对出租人不具有约束力”并非否定转租合同的租期约定的效力，而是指在出租人于租期届满要求承租人返还租赁物时，承租人或者第三人不得以转租已获出租人同意为由拒绝返还［**湖北高院（2021）鄂民终438号民裁**］。第三人拒绝返还的，出租人有权基于所有权要求其支付占有使用费［**北京三中院（2021）京03民终10512号民判**］。在第三人返还租赁物的情况下，将发生转租合同履行不能的问题，对其相应后果依承租人与第三人之间的转租合同处理，与出租人无关。出租人如果对转租超期部分明确表示同意，既可以在同意转租时加以表示，也可以在租期届满时加以表示。这实际上构成出租人和承租人对租赁合同期限的协议变更，符合自愿原则（**第5条**），自应允许。

第七百一十八条 【出租人不同意转租的异议义务】出租人知道或者应当知道承租人转租，但是在六个月内未提出异议的，视为出租人同意转租。

本条是本法第140条有关单纯沉默效果的具体规定。出租人同意转租的表示将使转租效果确定，影响到出租人、承租人和第三人的利益。本条规定的期限与默示同意情形下不同：默示同意是指出租人以自己的行为表明同意的意思，如知道转租时继续接受承租人支付的租金，或者接受第三人代付租金。出租人未提出异议的单纯沉默行为，属于"内容空白"的行为，从中无法推断其意思为何，因此，只能根据法律规定、当事人的约定以及当事人之间的交易习惯加以确定。本条施予出租人在知道或应当知道转租后表示异议的义务，如果其未表示异议达到6个月，则依法视为其同意转租［**吉林高院（2023）吉民再158号民判，广州中院（2023）粤01民终27590号民判**］。异议既可以明示方式作出，也可以默示方式作出，如拒绝收取转租后的租金。"六个月"异议期属于除斥期间，不适用有关诉讼时效中止、中断和延长的规定（**第199条第一句**）。异议期限届满而未异议的，视为出租人同意转租。

需要注意的是，异议期限与出租人解除权行使期限（**第564条**）是并行计算还是相继计算。异议期限届满而出租人未表示异议的，视为出租人同意转租，从而，出租人不得再以承租人转租未经其同意为由主张解除合同。在这个意义上，异议期限对出租人的解除权将发生限制效果。出租人在异议期内表示异议的，并不发生租赁合同解除的效果，只是发生转租对出租人不发生法律约束力的效果。只有在出租人以承租人未经其同意转租为由而主张解除合同时，租赁合同才解除。在这个意义上，出租人解除权的行使期限与出租人对转租的异议期限在规范功能或目标上并不相同，因此，应当各自单独计算。这意味着，若出租人在转租异议期内主张解除合同的，即视为其同时主张异议；在其单纯异议而未表示解除合同时，仅发生转租异议的效果。

第七百一十九条 【次承租人代为清偿权】承租人拖欠租金的，次承租人可以代承租人支付其欠付的租金和违约金，但是转租合同对出租人不具有法律约束力的除外。

次承租人代为支付的租金和违约金，可以充抵次承租人应当向承租人支付的租金；超出其应付的租金数额的，可以向承租人追偿。

承租人是否依约支付租金或违约金，不仅影响到租赁合同当事人的利益，而且影响到次承租人的利益，因为，次承租人对租赁物的占有、使用依附于出租人与承租人之间的租赁合同的履行状况，租赁合同发生履行障碍，可能使转租合同随之发生履行障碍。故而，本条突破合同相对性原则（**第465条第2款**），赋予次承租人代为支付租金和违约金的权利，亦属本法第524条规定的具体化。次承租人代为清偿权的成立要件为：(1) 须转租合同对出租人具有法律约束力。具体包括出租人同意转租（**第716条第1款第一句**）和视为同意转租（**第718条**）两种情形。次承租人代为清偿的目的是维持租赁合同的效力，在转租合同对出租人不具有法律约束力的情形，次承租人代为清偿并无意义。(2) 承租人欠付租金或者应向出租人支付违约金。若承租人有正当理由拒付租金，不构成"欠付"，即迟延支付，则无本条之适用余地。"欠付"会引起出租人对承租人对采取何种违约救济措施，承租人对欠付是否有过错，均非所问。

代为清偿权为次承租人的权利而非义务，出租人或承租人均无权请求其代为清偿。次承租人自愿代为清偿后，发生与承租人自行清偿相同的效果，出租人不得再行主张与未付租金或违约金相关的法律救济权利［**北京一中院（2022）京01民终5515号民判**］。但是，次承租人代付的租金或违约金以承租人应向出租人支付的金额为限，而非以次承租人应向承租人支付的租金或违约金为限。因此，若次承租人并未代为清偿承租人的全部债务，出租人仍可主张相应的违约救济。此外，次承租人在出租人已经依法作出解除通知，或者已与承租人达成协议解除合同后表示愿意代为清偿的，对合同解除不生影响［**黄石中院（2022）鄂02民终1971号民判**］。

在次承租人代为清偿后，其既可以主张出租人对承租人的权利（**第**

524条第2款），也可以所付款项充抵次承租人应当向承租人支付的租金（**本条第2款第一分句**）。对于超出部分，次承租人可向承租人追偿（**本条第2款第二分句**）；对于不足部分仍需向承租人补充支付。

第七百二十条　【租赁物收益的归属】在租赁期限内因占有、使用租赁物获得的收益，归承租人所有，但是当事人另有约定的除外。

占有、使用、收益是承租人通过租赁合同想要实现的目的，也是出租人收取租金所需付出的代价或对价，因此，在当事人无相反约定时，在租赁期限内因占有、使用租赁物而获得的收益当然归属于承租人。因租赁物的占有、使用而获得的收益，既包括因合法转租所获得的租金差额收益，也包括利用租赁物从事经营、生产所获得的利益，如利用租赁的土地种植获得的农作物收益，利用租赁的汽车从事运输获得的运输收入，利用租赁的设备制造产品获得的收益等［**朝阳中院（2021）辽13民终3975号民判**］。这些收益具有多种来源，但其中包含了因租赁物的占有、使用所获得的收益。本条所指收益仅限于租赁期限内因占有、使用租赁物所获得的收益。在租赁物交付前或者租期届满后所获得收益，原则上归属于出租人。

因租赁物的占有、使用所获得的收益，不等于租赁物的占有、使用本身，因此，对占有、使用租赁物所获得的收益，当事人可以作出不同于本条规定的约定，主要是约定因占有、使用租赁物所获的收益部分或全部归属于出租人，如出租人可提成部分收益。此外，当事人也可就租赁开始前或租期届满后获得的收益之归属，如租期届满后成熟的作物收成或果实归承租人。这种约定只要不存在效力瑕疵（**如第146～151、153、154条**），即对当事人具有法律约束力。

第七百二十一条　【支付租金的期限】承租人应当按照约定的期限支付租金。对支付租金的期限没有约定或者约定不明确，依据本法第五百一十条的规定仍不能确定，租赁期限不满一年的，应当在租赁期限届满时支付；租赁期限一年以上的，应当在每届满一年时支付，剩余期限不满一年的，应当在租赁期限届满时支付。

租金是承租人使用、收益租赁物的对价，支付租金是承租人承担的主要合同义务。租金一般以金钱形式支付，但并不限于金钱形式，当事人亦可约定以金钱外的其他物作为租金。本条对支付租金的期限的规定区分了两种情形：一是租赁合同中约定了支付租金期限，二是租赁合同中未约定支付租金期限或虽然进行了约定但约定不明。

租金支付期限条款是保证出租人及时收取租金的依据，因此属于租赁合同的主要条款，双方当事人应当尽量作出明确约定。关于租金的支付期限并无统一标准，合同当事人可以自由选择支付租金的周期和方式，承租人应严格按照合同约定的期限支付租金，否则即构成迟延履行［**和田中院（2023）新32民终391号民判**］。

当租赁合同对支付租金的期限没有约定或约定不明时，应按照本法第510条的规定来确定支付期限，即当事人可以协议补充；不能达成补充协议，则按照合同相关条款作补充性解释或依交易习惯确定。使用前述方式仍不能确定租金的支付期限的，则按照租赁期限的不同而分别处理：租赁期限不满一年的，承租人应当在租赁期限届满时支付；租赁期限为一年以上的，承租人应当在每届满一年时支付，剩余期限不满一年的，则最后一期租金应当在租赁期限届满时支付。

需要注意的是，租金可能需要根据情况分期支付。在分期支付租金的情况下，是否应从最后一期租金的支付期限届满之日起开始计算全部欠付租金的诉讼时效期间，不无疑问。本法第189条规定："当事人约定同一债务分期履行的，诉讼时效期间自最后一期履行期限届满之日起计算。"倘若认定分期支付的租金属于"同一债务"，则应从最后一期租金应予支付时，也就是租赁期限届满之时，开始计算诉讼时效；倘若认定分期支付的租金不属于"同一债务"，各期租金的支付具有独立性，则每期租金支付请求权的诉讼时效期间应自该期租金的支付期限届满之时起分别开始计算。应当认为，虽然各期租金的支付具有一定的独立性，但尚不足以否认同一租赁合同项下租金债务的整体性，如果分别计算各期租金请求权的诉讼时效期间，将导致债权人因担心其债权超过诉讼时效而频繁地主张权利，动摇双方之间的互信，背离诉讼时效制度的价值目标，因此，各期租金的诉讼时效期间宜一并计算，只要最后一期租金的诉讼时效期间尚未届满即可［**最高法（2011）民提字第304号民判**］。

第七百二十二条 【承租人违反租金支付义务的法律后果】承租人无正当理由未支付或者迟延支付租金的，出租人可以请求承租人在合理期限内支付；承租人逾期不支付的，出租人可以解除合同。

承租人按期、足额支付租金是其依租赁合同承担的主要合同义务。承租人没有正当理由而未支付或迟延支付租金的，构成违约，出租人可催告其支付，且可依法行使合同解除权。该解除事由规定系本法第563条第1款第3项规定的具体化。

在承租人违反租金支付义务时，出租人行使合同解除权的要件如下：(1) 须承租人无正当理由未付租金或迟延支付租金。正当理由包括承租人可主张有效抗辩的一切事由，如因租赁维修、毁损而无法正常使用、收益，或者交付的租赁物不符合约定的性能或品质，或者承租人因特殊情事（如疫情影响）依法享有延期支付租金的权利等。(2) 须出租人已催告承租人在合理期限内支付租金。催告为准法律行为，即出租人要求承租人按约支付租金的意思表示，且出租人应当给承租人留下必要的准备时间。催告通知中未指明期限，或者指明的期限不合理的，由裁判机构根据情况确定合理期限。催告是出租人的权利，同时是其因承租人违约支付租金而行使解除权的必要条件，未经催告的，出租人不享有本条规定的解除权。(3) 须承租人经催告后在合理期限内仍未支付。承租人在与出租人就欠付租金的支付形成协议后未依约履行的，出租人有权解除合同［**新疆高院（2021）新民申 3018 号民裁**］。

出租人依本条解除合同的，适用合同编通则分编的相关规定（**第564～566条**），合同原则上自解除通知到达承租人时无溯及力地解除。

第七百二十三条 【承租人减少或不支付租金的权利】因第三人主张权利，致使承租人不能对租赁物使用、收益的，承租人可以请求减少租金或者不支付租金。

第三人主张权利的，承租人应当及时通知出租人。

在租赁合同关系中，承租人订立租赁合同的目的是取得对租赁物的使用、收益，如果租赁物因第三人主张权利而被追夺，承租人订立租赁合同的目的就难以实现。因此，出租人有确保租赁物在租赁期间不被第三人追夺的义务。当出租人因第三人主张权利而无法将租赁物的使用、收益权完整地授予承租人时，承租人有权据此请求减少租金或不支付租金。这是因为，出租人移转租赁物的使用、收益权给承租人，与承租人支付租金之间成立对待关系，当租赁物存在权利瑕疵而致使承租人不能使用、收益时，双方之间的给付即失去对价均衡。

承租人因租赁物瑕疵而请求减免租金的权利应满足如下要件。

（1）须有第三人主张权利。在实践中，因第三人主张权利而限制承租人的使用、收益权的情形多样，如出租人将无权处分的标的物租赁给承租人，权利人就标的物主张权利；租赁物上存在第三人受优先保护的用益物权或担保物权或者债权。

（2）须承租人因第三人主张权利而不能对租赁物使用、收益。只有第三人主张权利对承租人的使用、收益实际造成消极影响，出租人才承担权利瑕疵担保责任。倘若第三人对租赁物享有权利但并未主张，或者虽然主张但并未影响承租人对租赁物的使用、收益，则出租人也无须承担权利瑕疵担保责任［**新疆高院（2023）新民申 280 号民裁**］。例如，出租人在订立租赁合同后将租赁物出卖或抵押于第三人，根据本法第 725 条的“买卖不破租赁”的规定以及第 405 条的“抵押不破租赁”的规定，原租赁关系不受所有权变动、抵押权设立的影响，从而不发生出租人承担权利瑕疵担保责任的问题。承租人就其因第三人主张权利而不能使用、收益负有举证责任［**（2019）最高法民申 4520 号民裁**］。

本条规定的法律效果是承租人可以请求减少租金或者不支付租金。承租人请求减少的租金或不支付租金的范围按照其使用、收益遭受影响的程度确定［**北京高院（2022）京民申 1394 号民裁**］。如果第三人主张权利造成承租人根本无法使用，则自该事实发生时起，承租人即可不支付租金。这种效果与租赁合同的双务合同性质相符，不因承租人在订立合同时是否知道第三人权利的存在而不同。但是，出租人对权利瑕疵担保义务的违反，还可能引发损害赔偿等违约责任的承担问题。在这种情况下，如果承租人在订立合同时知道或应当知道第三人权利的存在，则出租人不承担相应的违约责任（**第 646 条及第 613 条**）［**宁夏高院（2021）宁民终 122 号民判**］。不过，第三人主张权利致使承租人的合同目的无法实现的，承租人仍有权主张解除租赁合同（**第 580 条第 2 款**）。

在第三人向承租人主张对租赁物的权利时，为使出租人能够及时应对，采取相应的补救措施，尽快解决纠纷，承租人应及时将第三人主张权利的事实通知出租人。因该通知的意义在于避免损害的发生，因此，不以第三人主张权利已经造成承租人不能使用、收益为必要。该通知义务为不真正义务，承租人未及时通知的，并不引发出租人对承租人的违约责任请求权，仅产生承租人权利减损的效果而已，即对因怠于通知而产生的本可避免的损失，出租人对承租人不承担赔偿责任。

第七百二十四条 【承租人的法定解除权】有下列情形之一，非因承租人原因致使租赁物无法使用的，承租人可以解除合同：

（一）租赁物被司法机关或者行政机关依法查封、扣押；

（二）租赁物权属有争议；

（三）租赁物具有违反法律、行政法规关于使用条件的强制性规定情形。

承租人对租赁物的使用是其订立租赁合同的目的所在，因此，在该合同目的因特定原因而不能实现时，承租人即取得解除合同的权利。据此，本条规定的承租人解除权成立应满足以下要件：(1) 须存在法定事由。本条规定的法定事由有三项：一是租赁物被司法机关或者行政机关依法查封、扣押。根据查封机关的不同，查封分为司法查封与行政查封。司法查封主要见于《民诉法》第 106 条、《行诉法》第 101 条（财产保全参照适用《民诉法》的相关规定），《刑诉法》第 102、141、142、145 条等以及相关司法解释规定的情形；行政查封主要见于《行政强制法》第 9、12、22～28、46、62、63 条等规定的情形。二是租赁物权属有争议。权属争议会导致第三人主张权利而使承租人无法使用租赁物，因此与出租人的权利瑕疵担保义务相关（**第 723 条**）。三是租赁物具有违反法律、行政法规关于使用条件的强制性规定的情形，比如，未经验收或者验收不合格的建筑工程不得交付使用（**《建筑法》第 61 条第 2 款**）；公众聚集场所未经消防救援机构许可的，不得投入使用、营业（**《消防法》第 15 条第 4 款**），农地建设须经批准（**《土地法》第 44 条第 1 款**）［**辽宁高院（2023）辽民申 10632 号民裁**］等。(2) 须承租人因前述法定事由发生而无法使用租赁物。承租人的合同目的仅在于取得对租赁物的使用，前述法定事由的发生并不当然导致其无法使用租赁物。例如，查封在实践中存在“活封”和“死封”之分。“活封”是指仅限制行为人处分标的物而不限制对标的物的使用；“死封”则指将标的物贴上封条或者直接扣押或交于被指定人保管，被查封人丧失使用、管理和处分标的物的权利。因此，仅在“死封”或对租赁物进行扣押时，承租人对租赁物的使用才会受到妨碍［**沈阳中院（2023）辽01民终7661号民判**］。租赁物的权属争议通常也不会妨碍承租人的使用，只有租赁物因权属争议而被查封、扣押或者追夺时，承租人才可能因此而无法使用。与前两种情形不同，在第三种情形下，承租人的继续使用都将违法，因此，只要使用不符合强制性使用条件，即应认为满足解约条件。但是，出租人采取补救措施了，如通过补办竣工验收或消防验收手续，消除该事由的，承租人不得再依本条主张解除合同。在因承租人使用需要而应办理消防许可等手续，且合同约定由承租人办理的，承租人不得因未办理消防许可而无法使用租赁物主张依本条解除合同［**北京一中院（2023）京01民终3263号民判**］。此外，还需说明者，本条规定的承租人法定解除权不以出租人违约为必要，也不因承租人在订立合同时是否知道相关情形而不同。

承租人依本条享有的解除权，其行使与解除效果适用合同编通则分编的规定（**第565、566条**）。

第七百二十五条 【买卖不破租赁】租赁物在承租人按照租赁合同占有期限内发生所有权变动的，不影响租赁合同的效力。

出租人处分租赁物的，租赁物所有权的变动不影响已经占有租赁物的承租人的租赁权，也即承租人得继续占有、使用租赁物，并且在租赁物所有权变动后，受让人依法承受该租赁合同的出租人地位。“买卖不破租赁”规则强化了租赁权的保护效力，理论上通常将其作为“债权物权化”的典型，但被强化保护的租赁仍是债权，其效力仅优先于其后成立的物权而已。

“买卖不破租赁”规则的适用要件为：（1）须租赁合同有效且租赁期限尚未届满。“买卖不破租赁”规则旨在维持承租人对租赁物的合法占有、使用权，只有租赁期限未届满的有效租赁合同与此规范的旨意相符。(2) 须承租人已占有租赁物。若承租人尚未取得租赁物的占有，纵然其与出租人之间存在有效的租赁合同，也无对其法律地位强化保护的需要，因为，只有事实上的占有、使用关系才具有更强的保护价值。(3) 须租赁物在租赁期限内发生所有权变动。本条并未对租赁物所有权发生变动的原因加以明确，故其既可能是基于出租人出卖或赠与等转让所有权的行为，也可能是因为出租人在租赁物上设定了担保物权，担保权人为依法实现担保物权而拍卖或变卖担保物（租赁物），甚至可以是基于法定原因如继承或者强制执行而发生所有权的变动。但是，所有权的变动结果必须发生在承租人取得租赁物的占有之后，但不要求所有权变动原因（如买卖合同）亦成立在该时点之后。作为例外，房屋在出租前已被人民法院依法查封的，尽管所有权未发生变动，嗣后取得租赁物占有的承租人也不得依本条规定对抗依该查封后的处分取得所有权的人（**《房屋租赁解释》第 14 条第 2 项**）。但是，承租人在人民法院查封之前已签订合法有效的书面租赁合同并占有使用该不动产的，有权请求在租赁期内阻止向受让人移交占有被执行的不动产（**《办理执行异议和复议案件规定》第 31 条第 1 款**）[**(2021) 最高法民申 3676 号民裁，辽宁高院（2022）辽民终 611 号民判**]。此外，若租赁权的保留影响担保物权的实现，担保权人在拍卖或变卖标的物时可以请求除去租赁权负担，从而不发生“买卖不破租赁”规则的适用 [**(2020) 最高法民申 6952 号民裁**]。如果所有权变动发生在承租人取得占有之前，则出租人对租赁物占有的移转构成出租他人之物的行为，承租人因此取得的占有权自然无法对抗第三人的所有权。但是，本条并未将租赁物限于不动产，因此，动产租赁中亦有本条规定的适用。据此，若动产所有权变动在承租人取得租赁物的占有之前，但承租人不知道且不应当知道租赁物所有权已变动的，仍有本条适用的可能。

在满足前述要件时，自租赁物所有权发生变动时起，受让人取得原出租人在租赁合同中的法律地位（合同法定承受），原租赁关系在承租人与受让人之间继续存在，受让人成为租赁合同新的出租人，并依据原租赁合同享有出租人的权利、承担出租人的义务 [**北京高院（2022）京民申 6838 号民裁**]。但是，在所有权变动前承租人已经预付租金的，对受让人仍然有效；欠付的租金如何支付，依原出租人与受让人的约定处理，除存在债权让与外，承租人仍应向原出租人承担支付欠付租金的义务［甘肃高院（2023）甘民申1710号民裁］。

第七百二十六条 【房屋承租人的优先购买权】出租人出卖租赁房屋的，应当在出卖之前的合理期限内通知承租人，承租人享有以同等条件优先购买的权利；但是，房屋按份共有人行使优先购买权或者出租人将房屋出卖给近亲属的除外。

出租人履行通知义务后，承租人在十五日内未明确表示购买的，视为承租人放弃优先购买权。

房屋承租人的优先购买权是指，出租人在租赁期限内出卖租赁房屋的，承租人在出租人和第三人交易的同等条件下优先于第三人购买该房屋的权利。本条规定的承租人优先购买权与前条规定的“买卖不破租赁”规则同样是为了强化承租人的法律地位，但后者是通过保持租赁关系的方式，而本条则是以使承租人优先取得租赁物的方式，且适用范围也更为狭窄，仅限于房屋租赁情形。

房屋承租人优先购买权的成立要件包括以下几项。

（1）须存在有效且尚未终止的房屋租赁合同。与“买卖不破租赁”规则不同，本条并未规定承租人已经取得租赁房屋的占有。因我国法律不承认承租人的优先购买权的物权属性（**参见本法第728条评注**），似不以取得占有为必要，但司法实践则持相反看法（**《办理执行异议和复议案件规定》第31条第1款**）［**青岛中院（2022）鲁02执异418号执裁**］。若房屋租赁合同已合法终止，承租人对租赁物已无受保护的合法利益，自无再赋予其优先购买权的理由。但仅仅租期届满尚非已足，因为租期届满后承租人继续使用租赁物，出租人未予异议的，租赁合同继续有效（**第734条第1款**）。租赁物仅限于房屋，其他标的物的租赁不在本条规定的范围内。

（2）须出租人向第三人出卖租赁物。如果出租人尚未与第三人达成意向性交易，而直接询问承租人是否购买，则除非承租人明确表示放弃优先购买权［**北京二中院（2023）京02民终6230号民判**］，否则，出租人的咨询结果不影响承租人事后依法行使优先购买权。为避免出租人因承租人行使优先购买权而向第三人承担违约责任，出租人与第三人的买卖合同通常附加承租人不行使优先购买权的延缓条件，或者附加行使优先购买权的解除条件。但是，“出卖”仅限于买卖合同的必要条款，尤其是价格条款已经达成，出租人是否已向第三人移转所有权则在所不问。

（3）须不存在排除优先购买权行使的情况。这些情况主要包括，房屋按份共有人行使优先购买权，或者出租人将房屋出卖给近亲属的。从逻辑上看，按份共有人的优先购买权的对象仅限于共有物份额，而不包括物自体，因此，按份共有人的优先购买权与出租人的优先购买权不可能发生冲突，但是，若不赋予按份共有人在此种情形下的优先购买权，其对份额的优先购买权实际上被排除了，因此，本条具有扩展适用按份共有人的优先购买权的效果。需要注意的是，在承租人只是租赁部分房屋而非全部待售房屋时，如果承租人承租的部分房屋与房屋的其他部分是可分的，使用功能相对独立，则承租人的优先购买权仅及于其承租的部分房屋，不得对全部待售房屋主张优先购买权［**泰州中院（2021）苏12民终200号民判，天津三中院（2019）津03民终1515号民判**］，但部分出售影响出租人房产整体出售，且承租人承租的部分房屋占出租人出卖的全部房屋一半以上的，除非承租人对全部房屋行使优先购买权，否则也应排除其优先购买权。如果承租人承租的部分房屋与房屋的其他部分是不可分的，使用功能整体性较明显，则其对出租人所卖全部房屋享有优先购买权（**《最高人民法院关于承租部分房屋的承租人在出租人整体出卖房屋时是否享有优先购买权的复函》，〔2004〕民一他字第29号**）［**吉安中院（2021）赣08民终810号民判**］，而不得仅对所承租部分房屋主张优先购买权。

（4）须承租人经出租人通知后同意以同等条件购买。首先，出租人在与第三人就标的房屋的买卖达成合意后，其应将该合同的交易条件告知承租人。“在出卖之前的合理期限内通知”，旨在使承租人知晓租赁房屋出卖的情况，以充分考虑是否行使优先购买权，并为购买做必要准备。该期限之长短应考虑房屋的类型、交易额大小以及交易习惯等确定。由于本条规定承租人在收到通知后15日内未明确表示是否购买，视为放弃优先购买权，因此，若出租人与第三人之间对交易尚未达成合意，则此种通知并不发生本条所规定的效力。因此，只有在出租人亦与第三人就租赁房屋的买卖达成合意之后，在出卖前的合理期限内通知承租人，才发生本条所规定的效果。不过，以拍卖方式出卖时为其例外（**第727条**）。其次，承租人须表示愿以与出租人和第三人的交易同等的条件进行购买，否则，不得行使该权利。“同等条件”即相同条件，主要指价格条件，包括交易价格、支付期限与支付方式等；仅要求条件实质相同即可，不要求完全相同［**江苏高院（2019）苏民申 4356 号民裁，广州中院（2020）粤 01 民终 23388 号民判**］。

关于房屋承租人的优先购买权的法律性质，有请求权说与形成权说之争，本法并未加以明确。因承租人行使优先购买权将排除出租人与第三人的交易的履行，对出租人的利益影响甚大，故不应允许承租人在表示行使权利后再表示放弃，也无须其在行使权利后再与出租人就交易条件另行协商，因此，应以采纳形成权说为当：承租人一经表示行使优先购买权，即在其与出租人之间成立租赁房屋的买卖合同，其交易条件与出租人和第三人之间的交易条件相同。

第七百二十七条 【拍卖租赁物时承租人的优先购买权】出租人委托拍卖人拍卖租赁房屋的，应当在拍卖五日前通知承租人。承租人未参加拍卖的，视为放弃优先购买权。

拍卖是以公开竞价的方式，将特定物品或财产权利转让给出价最高者的买卖形式。如果允许承租人在拍卖时也按照通常方式主张优先购买权，势必减少应买人，导致拍卖无法进行，影响出租人的利益。但是，房屋承租人的优先购买权对承租人具有特殊价值，因出租人选择以拍卖方式出卖而剥夺承租人的优先购买权，亦非妥当。因此，本条对此加以特别规定，明确承认出租人拍卖租赁房屋时承租人仍可行使优先购买权，但对行使权利的方式等存在特别要求。

出租人委托拍卖租赁房屋的，其亦承担通知承租人的义务（**本条第一句**）。本条第一句将通知时间明确规定为“拍卖五日前”，也就是在拍卖人发布拍卖公告后进行通知（**《拍卖法》第 45 条**）。该项通知使承租人有必要的时间考虑和准备是否参与竞买、行使优先购买权［**湖北高院（2016）鄂民再 25 号民判**］。承租人在经通知后未参加拍卖的，视为弃权（**本条第二句**）。“未参加拍卖”不仅包括未按照拍卖公告的要求进行竞买登记、未交纳竞买保证金等未取得竞买资格的情形，也包括虽经有效登记但未实际参加竞买的情形。

本条规定承租人须以参加拍卖程序的方式行使优先购买权。也就是说，承租人须与其他竞买人一起参加竞买，且在出现最高出价时，其须在拍卖规则规定的考虑时间内作出是否愿意以该价格购买的表示。如果其不作表示，则在拍卖师落锤时，由出价最高者竞得标的物，承租人不得再行使优先购买权。出租人未通知承租人致使后者未参加拍卖程序的，在拍卖成交后承租人亦丧失优先购买权［**(2022）最高法执监 229 号执裁，沈阳中院（2023）辽 01 民终 6356 号民裁**］。

值得注意的是，本条以出租人委托拍卖为适用条件，并不适用于其他拍卖情形。在司法拍卖情形下，是否仍有本条之适用，不无疑问。此外，在承租人放弃优先购买权的情形，仍可能有"买卖不破租赁"规则的适用余地。

第七百二十八条 【出租人妨害优先购买权的法律后果】出租人未通知承租人或者有其他妨害承租人行使优先购买权情形的，承租人可以请求出租人承担赔偿责任。但是，出租人与第三人订立的房屋买卖合同的效力不受影响。

房屋承租人的优先购买权具有强化承租人法律地位的功能，使承租人与租赁房屋的使用关系稳定地获得保持，因此，其属于受法律保护的民事权益。出租人在出卖租赁房屋时，未对承租人履行通知义务或有其他妨害行为，侵害房屋承租人的优先购买权的，承租人就取得损害赔偿请求权。该赔偿请求权的成立条件是：(1) 承租人享有优先购买权。如果承租人非属房屋承租人，或者其优先购买权被依法排除（**第 726、727 条**），均无本条适用余地。(2) 须出租人存在未尽通知义务或者其他妨害承租人行使优先购买权的行为。这既包括出租人未尽通知义务致使承租人因行使权利增加支出的情形，也包括出租人已将房屋过户给第三人，致承租人行使优先购买权无意义的情形，还包括出租人与第三人串通，抬高交易条件，诱使承租人放弃优先购买权的情形等。

承租人该项赔偿请求权的范围，包括承租人另行购买房屋多支出的价款损失（依类似交易条件的房屋价格确定），或者标的房屋的增值损失，以及另寻房屋所支出的调查、搬迁等费用损失［**青岛中院（2021）鲁 02 民终 10541 号民判，北京二中院（2022）京 02 民终 11967 号民判**］。

承租人的优先购买权是其取得租赁房屋所有权的手段，其能否阻止出租人与第三人的交易，尤其是能否使出租人依其与第三人的交易行为向后者转移租赁房屋的所有权，是理论上和实践中争议较大，在比较法上也有不同做法的问题。本法明确规定，出租人与第三人订立的房屋买卖合同的效力不受承租人的优先购买权的影响，从而也就否定了承租人的优先购买权对抗第三人的效力或物权效力，使其仅具有针对出租人的债权效力。这意味着，即使第三人在与出租人交易时明知交易行为妨害了承租人的优先购买权，该交易行为的效力也不因此而受影响。所谓“不受影响”，是指交易行为（如买卖合同）不因其妨害承租人的优先购买权而有瑕疵，承租人不得请求确认交易行为无效。

第七百二十九条 【租赁物毁损、灭失时承租人的权利】因不可归责于承租人的事由，致使租赁物部分或者全部毁损、灭失，承租人可以请求减少租金或者不支付租金；因租赁物部分或者全部毁损、灭失，致使不能实现合同目的的，承租人可以解除合同。

当租赁物非因可归责于承租人的原因而部分或全部毁损、灭失时，承租人依租赁合同对租赁物的使用、收益权也部分或全部无法实现，因此，基于双务合同的牵连性原则，承租人当然享有请求减少租金或者不支付租金的权利（**类似情形参见第723条**）。该权利的成立要件为：(1) 租赁物发生毁损、灭失。“毁损”是指租赁物发生毁坏或损坏的情形，如租赁的机动车因事故被撞毁或者撞坏；“灭失”是指租赁物在物理上不存在，如租赁的土地因山洪而消失，也包括物理上存在，但出租人或承租人丧失了对其控制的可能性，在社会观念上与物理上与灭失等同视之的情形，如租赁物被盗且无法破案追获，或者租赁的物件沉入大海等。毁坏主要指使用功能丧失，灭失则主要指在物理上或社会观念上失去控制的可能性。(2) 租赁物的毁损、灭失不可归责于承租人。所谓“不可归责于承租人的事由”，主要包括：一是不可抗力，如承租人在租赁房屋期间发生自然灾害，致使房屋部分或全部毁损。二是不可归责于承租人的第三人行为，如第三人纵火烧毁租赁物。三是可归责于出租人的事由，如出租人未及时对租赁物进行维修、维护造成租赁物毁损、灭失，等等。如果租赁物的毁损、灭失可归责于承租人，承租人不仅应自负不能使用、收益的风险，而且还要因此而对出租人承担相应的违约责任。在满足前述要件时，承租人有权根据其对租赁物的使用、收益所受妨碍的程度请求减少或不支付相应租金［**广东高院（2019）粤民再 429 号民判**］。

在租赁物发生毁损、灭失时，承租人还可以依法享有合同解除权。其成立要件包括：(1) 租赁物发生毁损、灭失。(2) 租赁物的毁损、灭失不可归责于承租人。(3) 因租赁物毁损、灭失承租人不能实现合同目的［**辽源中院（2023）吉 04 民终 369 号民判**］。租赁物发生部分或全部毁损、灭失的，并不当然导致承租人的合同目的不能或完全不能实现。比如，在租赁物发生损坏情形，经修复租赁物仍然可以使用的，或者部分租赁物损毁、灭失，但其余部分仍然能够全部或部分实现承租人的租赁目的的，则承租人不能解除合同，或者不能解除整个合同［**宁德中院（2023）闽 09 民终 207 号民判**］。也就是说，承租人解除合同的范围应当视毁损、灭失的具体影响确定［**湖北高院（2023）鄂民申 1582 号民裁**］。此外，合同解除权的行使和法律效果，应依合同编通则分编的相关规定（**第 565、566 条**）处理。

需要注意的是，在因租赁物灭失解除合同时，因灭失后果不可归责于承租人，因此，承租人不再承担解除后返还租赁物的义务。但是，租赁物毁损仍有残值的，承租人仍应负担返还义务。此外，若租赁物毁损、灭失系因出租人违约所致，则合同解除不影响承租人向出租人主张违约责任（**第 566 条第 2 款**）。

第七百三十条　【租赁期限没有约定或约定不明的法律后果】当事人对租赁期限没有约定或者约定不明确，依据本法第五百一十条的规定仍不能确定的，视为不定期租赁；当事人可以随时解除合同，但是应当在合理期限之前通知对方。

本条规定实际上为本法第 563 条第 2 款之规定的具体化。当事人对租赁期限没有约定或约定不明，事后也未达成补充协议，且无法依合同有关条款或交易习惯确定租赁期限的，视为当事人之间成立不定期租赁。本条关于不定期租赁的规定，与本法第 707 条规定的租赁期限超过 6 个月的租赁，因未采取书面形式而无法确定租赁期限的，以及第 734 条规定推定续租的，视为不定期租赁，具有相同的价值考量，即将无法确定租赁期限的租赁一律作为不定期租赁处理［**广州中院（2023）粤 01**

民终 18153 号民判，武汉中院（2023）鄂 01 民终 8410 号民判〕。由于租赁合同是以持续履行的债务为内容的继续性合同，因此，不定期租赁的合同当事人双方均享有预告解除权，只需在合理期限之前通知对方解除合同即可（参见本法第 563 条评注）。

第七百三十一条 【租赁物危及承租人安全或健康时承租人的解除权】租赁物危及承租人的安全或者健康的，即使承租人订立合同时明知该租赁物质量不合格，承租人仍然可以随时解除合同。

出租人负有提供符合约定用途的租赁物的合同义务（第 708 条），因此，当出租人提供的租赁物质量不合格，致使租赁合同目的不能实现时，承租人就依法享有合同解除权（第 563 条第 1 款第 4 项）。但是，若承租人在订立合同时明知租赁物质量不合格，则应认为当事人系以租赁物现状订立租赁合同的，承租人嗣后不得再以租赁物质量不合格为由主张解除合同。但是在租赁物存在危及承租人安全或者健康的特殊缺陷的情形下，本条例外赋予承租人解除权。

本条规定的承租人解除权成立的唯一要件是，租赁物存在"危及承租人的安全或者健康"的特殊缺陷。所谓"危及"是指租赁物现实存在但尚未实际损害承租人安全或健康的特别危险。这种危险必须是实际存在的，而非假想的［西安中院（2022）陕 01 民终 749 号民判，广州中院（2023）粤 01 民终 15623 号民判］。若租赁物之安全隐患已实际造成承租人的生命健康损害的，依举轻明重之解释原则，更应允许承租人依本条解除合同［"江卫民诉南京宏阳房产经纪有限公司房屋租赁合同纠纷案"，《最高法公报》2022 年第 11 期］。并且，危险可能损害的对象是"承租人的安全或者健康"，但不限于承租人的人身安全或健康，还应包括承租人的财产安全在内。此外，"承租人"的范围也不限于承租人自己，还应包括承租人须顾及其安全或健康的其他使用人，如承租人的受雇人或者近亲属等。相关危险是不是紧迫的，应非必要，如果危险可以通过出租人维修解决，且因维修妨碍承租人的使用而不会导致其合同目的不能实现，则应排除本条之适用（第 712、713 条及第 563 条第 1 款第 4 项）。因此，通常仅在危及承租人安全或健康的租赁物质量缺陷是租赁物固有的，或者经通常维修无法排除，或者等待维修会影响承租人合同目的实现等情形，承租人才可以依本条解除合同。应当注意的是，本条为强化对承租人安全和健康的保护，明确将承租人在订立合同时明知质量缺陷排除于出租人的抗辩事由外。

在前述情形下，承租人享有随时解除合同的权利，自解除通知到达出租人时合同解除（**第565条第1款第二句第一分句**）。依本条规定解除合同的，原则上无溯及力，合同权利义务自解除时终止，承租人应向出租人返还租赁物。如果承租人在订立合同时不知该租赁物的缺陷，出租人应向承租人承担违约责任（**第566条第2款**）。承租人明知租赁物质量不合格的，出租人不承担违约责任。

第七百三十二条 【房屋租赁合同的法定承受】承租人在房屋租赁期限内死亡的，与其生前共同居住的人或者共同经营人可以按照原租赁合同租赁该房屋。

房屋租赁合同的法定承受是指，承租人在房屋租赁期限内死亡，与其具有利害关系的特定人可以依法承受其承租人地位，按照原租赁合同继续租赁该房屋。房屋租赁合同法定承受的成立要件是：(1) 须房屋租赁合同有效且租赁期限尚未届满。如果租期已经届满，就欠缺合同承受的法律基础。本条旨在保护共同居住或经营的人对房屋的使用，因此，若租赁物非为住宅或者经营用房，亦无本条适用余地。(2) 须作为承租人的自然人死亡，包括自然死亡与被宣告死亡。承租人死亡尽管并非租赁合同终止的事由，但会影响租赁关系的正常存续。为保证共同居住人或共同经营人的利益，合同承受是避免障碍的有效途径。(3) 须共同居住人或共同经营人要求按照原租赁合同租赁该房屋。“共同居住的人”是指实际上与承租人共同居住、使用房屋的人［**广州中院（2022）粤01民终26107号民判**］，而非可能共同居住的人，因此，已经搬离了租赁房屋的人不在其内。“共同经营的人”是指与承租人存在合伙或类似关系（如多人投资举办的个体工商户），且以所租赁房屋为经营或办公场所的人［**北京高院（2022）京民申6838号民裁**］。同时，本条规定在性质上为赋权性规定，只有在与承租人共同居住的人或者共同经营的人作出愿意承受合同的意思表示时，才发生合同承受的效果，即合同承受效果并非当然、自动发生。共同居住人或共同经营人决定继受租赁合同的，应当在合理期限内通知出租人，自该通知到达出租人时，即发生合同承受的效力，无须另外签订书面租赁合同。未在合理期限内作出继续租赁的表示的，视为放弃继续租赁。因法定承受而租赁房屋的，续租期为原合同的剩余租赁期；若原合同已到期而继续租赁的，除非另有约定，否则为不定期租赁［**天津二中院（2022）津02民终2358号民判**］。

第七百三十三条　【承租人期满返还租赁物的义务】租赁期限届满，承租人应当返还租赁物。返还的租赁物应当符合按照约定或者根据租赁物的性质使用后的状态。

租赁期限届满，包括合同约定的租赁期限届满以及租赁合同提前终止时，承租人负有返还租赁物的义务（**本条第一句**）。不过，在租赁物因毁损、灭失而无法返还时，承租人无返还租赁物原物的义务，且仅当租赁物灭失可归责于承租人时，承租人才承担折价返还或赔偿损害的责任（**参见本法第729条评注**）。

承租人除须返还租赁物原物外，还须按照租赁物应有状态予以返还。因承租人对租赁物正常损耗不承担赔偿责任（**参见本法第710条评注**），因此，其仅需按照“符合按照约定或者根据租赁物的性质使用后的状态”，也即当事人就租赁物返还方式有明确约定的，依照约定［**荆门中院（2023）鄂08民终630号民判**］；没有约定或约定不明的，则按照承租人正常使用产生合理耗损后的应有状态［**北海中院（2019）桂05民终1144号民判**］返还租赁物。在房屋租赁情形，承租人在返还时应当将房屋清扫干净，否则应承担相应的清理费用［**贵州高院（2023）黔民申807号民裁**］。若承租人对租赁物实施了改善或增设他物等行为，应当依照当事人约定或法律规定处理（**参见本法第715条评注**）。

第七百三十四条　【默示续租和房屋承租人的优先承租权】租赁期限届满，承租人继续使用租赁物，出租人没有提出异议的，原租赁合同继续有效，但是租赁期限为不定期。

租赁期限届满，房屋承租人享有以同等条件优先承租的权利。

本条第1款是关于默示续租的规定。在租赁合同到期后，当事人可以重新签订租赁合同，或者约定按照原合同继续双方的租赁关系。如果双方并无明确的续租表示，租赁关系并非当然终止，有可能根据情况继续存续，此即默示续租［**海南高院（2023）琼民终47号民判**］。默示续租的成立要件是：（1）须当事人之间存在有效的租赁合同且租赁期限已经届满。因默示续租依附于原租赁关系，因此，若原租赁合同无效，自无默示续租的问题。（2）须承租人继续使用租赁物。租期届满后，承租人有返还租赁物的义务（**第733条**），其不予返还，表明有继续与出租人维持租赁合同关系的意愿，否则，不发生默示续租的问题。（3）须出租人未表示异议。租赁期限届满，无论是出租人还是承租人都无义务继续维持租赁关系。在承租人有续租意愿时，出租人有表示同意或拒绝的权利。因双方已有租赁关系，因此，本法施予出租人表示异议的义务。出租人的异议须以明确的意思表示作出，未作表示的，视为同意续租（**本条结合第140条**）。并且，依据诚信原则，出租人的异议表示还须在合理期限内作出（**第509条第2款**）。对于合理期限考虑租赁合同的具体情况，依社会一般观念加以判断。实践中，在出租人继续收取租金且未及时异议时，可推定其同意续租。在默示续租情形下，若当事人对租期有明示或默示约定的，仍为定期租赁［**新疆高院（2022）新民申146号民裁**］。不过，当事人通常对新的租赁关系的租赁期限无具体约定，在这种情况下，本法将其规定为不定期租赁［**宁夏高院（2023）宁民申946号民裁**］。

本条第2款是关于房屋承租人享有优先承租权的规定。优先承租权是指，在租赁期限届满时，若出租人仍出租该房屋，则原承租人享有在同等条件下相较于其他承租人优先租赁该房屋的权利。房屋承租人的优先承租权的成立要件包括：（1）须当事人之间存在有效的房屋租赁合同。（2）须租期届满后出租人继续出租该房屋。（3）须出租人与第三人就租赁该房屋已达成合意。如不满足该要件，则不产生“优先”承租问题。（4）须承租人表示愿以同等条件优先承租。“同等条件”应当是租赁合同的核心事项，如租赁物的用途、租金、租期、支付方式等，与优先购买权情形的同等条件作相似判断［**柳州中院（2022）桂02民终380号民判**］。

与房屋承租人的优先购买权一样（**参见本法第727条评注**），房屋承租人的优先承租权为形成权，在其作出行使权利的通知到达出租人时，即在其与出租人之间成立以出租人和第三人的租赁合意为相同条件（合同内容）的租赁合同。

值得注意的是，本法并未像规定房屋承租人的优先购买权一样规定出租人的通知义务、承租人表示行使权利的期限以及出租人侵害优先承租权的法律效果等。考虑二者的规范价值具有相似性，应当认为，本法有关房屋承租人的优先购买权的相关规定可类推适用于房屋承租人的优先承租权。

第十五章

融资租赁合同

第七百三十五条 【融资租赁合同的定义】融资租赁合同是出租人根据承租人对出卖人、租赁物的选择，向出卖人购买租赁物，提供给承租人使用，承租人支付租金的合同。

本条规定融资租赁合同的定义。应注意的是，本条规定的仅系融资租赁中的直接租赁，即出租人根据承租人对出卖人、租赁物的选择，向出卖人购买租赁物，提供给承租人使用。依《融资租赁解释》第 2 条的规定，承租人为了实现融资目的，将其自有物的所有权转让给出租人，再从出租人处租回该物，并按期向出租人支付租金的售后回租，亦构成融资租赁。

是否成立融资租赁法律关系，应结合标的物的性质、价值、租金的构成以及当事人的合同权利和义务进行判断（**《融资租赁解释》第 1 条第 1 款**）。适格的租赁物必须同时满足以下特征：其一，标的物不属于禁止流通物。其二，标的物为非消耗物。其三，标的物的所有权和使用权可以分离。准此，不动产、可以特定化的生物资产、未来财产均可以叙做融资租赁，而无法单独取得所有权的构筑物（道路、桥梁、隧道等）、无形资产（知识产权等）则不宜叙做融资租赁。

第七百三十六条 【融资租赁合同的内容和形式】融资租赁合同的内容一般包括租赁物的名称、数量、规格、技术性能、检验方法，租赁期限，租金构成及其支付期限和方式、币种，租赁期限届满租赁物的归属等条款。

融资租赁合同应当采用书面形式。

本条规定融资租赁合同的内容与形式。第 1 款属于提示性规定。除必备条款（要素）外，融资租赁合同并不因缺乏其中某一条款而不成立或无效。租赁物属于融资租赁合同的必备要素。合同未约定租赁物或者约定无法使租赁物特定化的，应依本法第 737 条认定融资租赁合同无效。

本条第 2 款规定融资租赁合同应当采用书面形式。未采用书面形式的，合同应视为不成立（**第 490 条第 2 款**）。

第七百三十七条 【虚构租赁物对融资租赁合同效力的影响】当事人以虚构租赁物方式订立的融资租赁合同无效。

本条规定虚构租赁物对融资租赁合同效力的影响。融资租赁旨在通过融物实现融资，若无租赁物，仅有资金空转，则不能构成融资租赁。

本条所指的“虚构租赁物”，至少应当包括以下两种情形：其一，租赁物客观上自始不存在，且出租人对此明知或者因重大过失而不知。其二，租赁物低值高买，严重背离商业逻辑。表面上此种情形仅影响出租人利益，实际上有规避监管之嫌。

依本条规定，虚构租赁物的融资租赁合同无效。可以认为本条构成本法第 146 条第 1 款（通谋虚伪表示无效）的特别规定。在实践中，虚构融资租赁物通常是名为融资租赁，实为借贷。对于借贷合同，自应适用《民间借贷规定》的相关规则，尤其是效力规则和利率管制规则。若融资租赁合同存在第三方担保人且借贷合同有效，原则上第三人不承担担保责任，除非其对虚构租赁物明知或者应当知道。因为，为租金提供担保所承担的风险相较而言要低一些。承租人不支付租金的，出租人应先就租赁物的变价款受偿，不够清偿的方可请求第三人承担担保责任（**参照本法第 392 条**）。

在实务中，承租人往往主张虚构租赁物，而出租人予以否认。依举证责任原理，出租人应举证证明租赁物真实存在。即使当事人在诉讼中并未就是否存在虚构租赁物发生争议，法院也应当依职权主动进行审查确定。因为，法院审理融资租赁合同纠纷，首先需要对合同进行定性，而租赁物的价值是进行定性需要予以考量的法定因素（**《融资租赁解释》第 1 条第 1 款**）。

第七百三十八条 【租赁物经营许可对合同效力的影响】依照法律、行政法规的规定，对于租赁物的经营使用应当取得行政许可的，出租人未取得行政许可不影响融资租赁合同的效力。

本条规定行政许可对融资租赁合同效力的影响。承租人系租赁物的使用人。法律、行政法规要求租赁物经营使用应当取得行政许可的，自然不应以出租人未取得相应的行政许可为由认定融资租赁合同无效。

当然，即便承租人未取得租赁物经营使用的行政许可，也不宜认定融资租赁合同无效。因为，由承租人承担行政责任往往足以实现规范目的。

第七百三十九条 【承租人的标的物受领权】出租人根据承租人对出卖人、租赁物的选择订立的买卖合同，出卖人应当按照约定向承租人交付标的物，承租人享有与受领标的物有关的买受人的权利。

本条规定承租人受领标的物的权利。租赁物由承租人使用，且承租人通常比出租人更了解租赁物，买卖合同通常约定出卖人向承租人交付标的物。依本法第 741 条，承租人对出卖人享有索赔权，该买卖合同宜定性为真正利益第三人合同，本法第 522 条第 2 款、《合同编通则解释》第 29 条应予适用。出卖人负有向承租人交付标的物的义务，承租人则享有与受领标的物有关的买受人的权利。例如，承租人可以请求出卖人交付标的物、可以对标的物进行检验，但是承租人无权解除买卖合同。

应予指出的是，本条之规定并不意味着出租人不再享有任何买受人的权利［**(2018) 最高法民申 145 号民裁**］。例如，出卖人交付的标的物严重不符合约定，承租人依本法第 740 条拒绝受领的，出租人可以解除买卖合同。

第七百四十条 【承租人拒绝受领租赁物的权利】出卖人违反向承租人交付标的物的义务，有下列情形之一的，承租人可以拒绝受领出卖人向其交付的标的物：

（一）标的物严重不符合约定；

（二）未按照约定交付标的物，经承租人或者出租人催告后在合理期限内仍未交付。

承租人拒绝受领标的物的，应当及时通知出租人。

本条规定承租人拒绝受领租赁物的权利。出卖人应当按照约定向承租人交付标的物，承租人享有与受领标的物有关的买受人的权利（**第739条**）。在以下情形，承租人自然可以拒绝受领标的物：其一，标的物严重不符合约定。只有当租赁物的瑕疵足以影响正常的生产经营，承租人无法使用该租赁物实现合同目的时，才可以认为标的物严重不符合约定。其二，未按照约定交付标的物，经承租人或者出租人催告后在合理期限内仍未交付（**本条第1款**）。承租人无正当理由拒绝受领租赁物，造成出租人损失的，出租人也可以向承租人主张损害赔偿（**《融资租赁解释》第3条**）。

承租人拒绝受领标的物的，应当及时通知出租人（**本条第2款**）。承租人怠于履行通知义务给出租人造成损失的，出租人可以向承租人主张损害赔偿（**《融资租赁解释》第3条**）。

第七百四十一条 【承租人对出卖人的约定索赔权】出租人、出卖人、承租人可以约定，出卖人不履行买卖合同义务的，由承租人行使索赔的权利。承租人行使索赔权利的，出租人应当协助。

本条第一句规定承租人对出卖人的索赔权。承租人并非买卖合同的当事人，对出卖人并不当然享有索赔权。承租人行使索赔权的前提是出租人、出卖人、承租人三方对此存在约定。如果仅买卖合同约定承租人的索赔权，此时相当于存在一个利益第三人的约定，只要承租人未在合理期限内明确拒绝，承租人即可向出租人行使索赔权（**第522条第2款**）。如果仅融资租赁合同约定承租人的索赔权，此时相当于存在一个索赔权让与的特约，只要出租人或者承租人履行了通知出卖人的义务，承租人即取得索赔权（**第546条第1款**）。本条所谓的索赔权，泛指出卖人不履行买卖合同义务时买受人享有的请求权。

本条第二句规定出租人的协助义务。出租人的协助义务主要包括帮助联络、寻找出卖人，提供有关证据材料等。出租人违反协助义务，导致承租人索赔失败的，出租人应承担赔偿责任（**第743条第1款**）。

第七百四十二条 【索赔权与租金给付义务】承租人对出卖人行使索赔权利，不影响其履行支付租金的义务。但是，承租人依赖出租人的技能确定租赁物或者出租人干预选择租赁物的，承租人可以请求减免相应租金。

本条规定承租人向出卖人索赔不影响其支付租金。依本法第747条的规定，出租人原则上不承担租赁物的瑕疵担保责任。在租赁物不符合约定或者不符合使用目的时，承租人只能向出卖人索赔，不得以此为由要求减免租金（**本条第一句**）。但是，在承租人依赖出租人的技能确定租赁物或者出租人干预选择租赁物的例外情形，承租人对出卖人索赔的同时，可以向出租人请求减免相应租金（**本条第二句**）。例外情形通常包括：出租人在承租人选择出卖人、租赁物时，对租赁物的选定起决定作用；出租人干预或者要求承租人按照出租人意愿选择出卖人或者租赁物；出租人擅自变更承租人已经选定的出卖人或者租赁物（**《融资租赁解释》第8条第1款**）。

承租人依据本条但书同时向出卖人索赔和向出租人请求减免租金的，索赔额和减免租金额相加，不得超过承租人的实际损失，出租人则可在减免租金的相应范围内向出卖人追偿。

第七百四十三条 【出租人的赔偿责任】出租人有下列情形之一，致使承租人对出卖人行使索赔权利失败的，承租人有权请求出租人承担相应的责任：

（一）明知租赁物有质量瑕疵而不告知承租人；

（二）承租人行使索赔权利时，未及时提供必要协助。

出租人怠于行使只能由其对出卖人行使的索赔权利，造成承租人损失的，承租人有权请求出租人承担赔偿责任。

本条第1款规定承租人索赔失败时出租人的赔偿责任。在承租人享有索赔权的情形，承租人请求出租人承担赔偿责任的条件为：其一，出租人违反告知义务或者协助义务，即出租人明知租赁物有质量瑕疵而不告知承租人，或者出租人未及时提供必要协助。其二，出租人违反义务导致承租人行使索赔权利失败，即出租人的义务违反行为与承租人对出卖人行使索赔权利失败之间存在因果关系。

本条第2款规定出租人怠于索赔时的赔偿责任。在出租人享有索赔权的情形，承租人请求出租人承担赔偿责任的条件为：其一，融资租赁合同或者买卖合同约定，只能由出租人对出卖人行使索赔权利。其二，出租人怠于行使索赔权利。其三，出租人怠于行使权利的行为造成承租人损失。此种责任的性质当为违约责任。

第七百四十四条 【出租人变更买卖合同的限制】出租人根据承租人对出卖人、租赁物的选择订立的买卖合同，未经承租人同意，出租人不得变更与承租人有关的合同内容。

本条规定出租人变更买卖合同的限制。出卖人、租赁物由承租人选择的，未经承租人同意，出租人不得变更与承租人有关的合同内容。所谓“与承租人有关的合同内容”，应当主要包括买卖合同的出卖人、标的物及其交付时间、地点和方式等。对本条进行反对解释，似乎可以认为，如果出卖人和租赁物是出租人选择的，出租人不经承租人同意即可变更与承租人有关的合同内容。但是，出租人签订买卖合同前必然得到了承租人对于出卖人和租赁物的认可。因此，反对解释的结论并不妥当。即使在出卖人和租赁物由出租人选择的情形，本条依然应当适用。

应予指出的是，出租人擅自变更承租人已经选定的租赁物，导致出卖人交付的标的物严重不符合变更之前的约定的，承租人可以拒绝受领标的物，并通知出租人解除合同。因此给承租人造成损失的，承租人还可以请求出租人赔偿损失。如果承租人已经受领，则承租人可以要求出租人承担租赁物的瑕疵担保责任（**第747条**）。

第七百四十五条 【租赁物所有权的登记对抗】出租人对租赁物享有的所有权，未经登记，不得对抗善意第三人。

本条规定租赁物所有权的登记对抗效力。就经济实质而言，出租人对租赁物享有的所有权通常仅在于担保租金的支付。本条表明，立法者受功能主义担保观影响，已将出租人对租赁物享有的所有权定性为担保权。就此而言，本条与本法第403条（动产抵押未经登记不得对抗善意第三人）在规范构造上相同。故而，本条不得对抗善意第三人的范围，应与第403条作同样解释，包括：自承租人处受让租赁物的善意买受人；自承租人处承租租赁物的善意承租人；保全或执行债权人，即承租人的其他债权人向人民法院申请保全或者执行租赁物，人民法院已经作出财产保全裁定或者采取执行措施；承租人破产时的破产债权人或者破产管理人（**《担保制度解释》第54、67条**）。基于同样的逻辑，融资租赁在不与其性质相冲突的范围内应适用有关担保的规则（**《担保制度解释》第1条第二句**），例如正常经营买受人规则（**《担保制度解释》第56条第2款**）、价款优先权规则（**《担保制度解释》第57条，售后回租除外**）。租赁物上存在其他担保物权时，应参照适用本法第414条确定权利顺位。

不无疑问的是，承租人破产时，出租人可以主张行使取回权，抑或仅可行使别除权呢？出租人对租赁物的所有权虽然被定性为担保权，但是依然保有所有权的若干特性。例如，出租人在诸多情形被赋予解除合同、收回租赁物的权利，对此种权利显然无法通过担保权进行解释。因此，与担保性所有权定性更为契合的处理应当是，允许出租人行使取回权，但是出租人应履行清算义务。

第七百四十六条 【租金构成】融资租赁合同的租金，除当事人另有约定外，应当根据购买租赁物的大部分或者全部成本以及出租人的合理利润确定。

本条规定租金的确定。租金原则上由出租人的成本与合理利润组成。成本不仅包括出租人购买租赁物支付的价款，还包括运输费、保险费、为购买租赁物向第三人融资的费用，以及经营过程中支出的人员工资、办公费、差旅费等费用。出租人的利润是否合理，一般应参照行业平均利润水平确定。

本条允许当事人另行约定，但是从降低中小企业融资成本角度出发，应对租金进行合理限制。例如，若合同约定的租赁期限短于租赁物的折旧期限，且合同约定租赁期限届满后租赁物归出租人所有或者承租人须再支付一部分价款方可取得租赁物的所有权，则合同约定的租金不得覆盖全部成本。对于合同约定的各种名目的费用，如服务费、咨询费、手续费等，应根据提供服务的实际情况确定应否支付或者酌减相关费用（**参照法〔2019〕254 号第 51 条**）。应予指出的时，民间借贷利率管制规则于此并无适用余地（**法释〔2020〕27 号**）。

租金的构成是认定融资租赁合同关系的考量因素之一（**《融资租赁解释》第 1 条第 1 款**）。如果约定的租金数额显著高于租赁物的购置成本及出租人的合理利润，合同可能被认定为，名为融资租赁实为借贷。

第七百四十七条　【出租人瑕疵担保责任的免除及例外】租赁物不符合约定或者不符合使用目的的，出租人不承担责任。但是，承租人依赖出租人的技能确定租赁物或者出租人干预选择租赁物的除外。

本条规定出租人对租赁物的瑕疵不承担瑕疵担保责任。租赁物不符合约定或者不符合使用目的的，原则上应由出卖人承担瑕疵担保责任，出租人不承担责任（**本条第一句**）。然而，在承租人依赖出租人的技能确定租赁物或者出租人干预选择租赁物的例外情形（**参见本法第 742 条评注**），出租人应承担瑕疵担保责任（**本条第二句**）。是否存在本条但书规定的例外情形，应由承租人承担举证责任。

第七百四十八条　【租赁物的平静占有】出租人应当保证承租人对租赁物的占有和使用。

出租人有下列情形之一的，承租人有权请求其赔偿损失：

（一）无正当理由收回租赁物；

（二）无正当理由妨碍、干扰承租人对租赁物的占有和使用；

（三）因出租人的原因致使第三人对租赁物主张权利；

（四）不当影响承租人对租赁物占有和使用的其他情形。

在租赁期内能够不受干扰地占有和使用租赁物，是承租人实现其利益的根本保障，因此，出租人应当保证承租人对租赁物的占有和使用，这也是其负担的主要义务（**本条第1款**）。一方面，出租人自己不得不当影响租赁物的占有和使用；另一方面，出租人不得因自己的原因致使第三人对租赁物主张权利。

出租人违反前述义务造成出租人损失的，承租人有权请求损害赔偿（**本条第2款**）。损害赔偿的范围，依本编有关违约赔偿责任的规定处理（**如第584条**）。当然，因出租人的原因致使承租人无法占有、使用租赁物的，承租人可以请求解除融资租赁合同（**《融资租赁解释》第6条**）。

第七百四十九条 【租赁物致人损害的责任承担】承租人占有租赁物期间，租赁物造成第三人人身损害或者财产损失的，出租人不承担责任。

本条规定租赁物造成第三人损害时出租人免责。出租人最主要的义务是提供购买租赁物的资金，而租赁物根据承租人的选择购的，租赁物也由承租人占有和使用。根据风险承担的一般原理，谁最有能力控制风险，就应当由谁来承担风险发生后的责任。因此，在承租人占有租赁物期间，租赁物造成第三人人身损害或者财产损失的，出租人不承担责任，而应由承租人承担责任。承租人承担责任的条件是：其一，租赁物造成第三人损害，包括人身损害和财产损害。其二，租赁物造成损害发生于承租人占有租赁物期间。其三，租赁物造成损害符合侵权责任的构成要件。

当然，租赁物在承租人受领时即存在缺陷且因该缺陷造成第三人损害的，承租人对第三人承担责任后，有权依本法第741条向出卖人追偿。

第七百五十条 【租赁物的保管、使用和维修】承租人应当妥善保管、使用租赁物。

承租人应当履行占有租赁物期间的维修义务。

本条规定承租人对租赁物的保管、使用与维修义务。租赁物的价值直接决定租赁物能否起到担保租金债权实现的作用。因此，承租人应当妥善保管、使用租赁物，在必要时对租赁物进行维修，以避免租赁物的价值不当减损，影响出租人的利益。所谓“妥善保管”，是指承租人应当以善良管理人的标准保管租赁物。所谓“妥善使用”，是指承租人应当按照租赁物的性质和通常使用方法进行使用（**参见本法第709条评注**）。维修义务产生的条件为，依合同目的或者社会一般观念，租赁物有维修的必要性和可能性。承租人因未尽维修义务而无法正常占有、使用租赁物的，其支付租金的义务不受影响。当然，如果租赁物的瑕疵在承租人受领时即已存在，承租人可依本法第741条请求出卖人维修，但是不得以此为由请求出租人减少租金（**第742条**）

第七百五十一条 【租赁物毁损灭失的风险负担】承租人占有租赁物期间，租赁物毁损、灭失的，出租人有权请求承租人继续支付租金，但是法律另有规定或者当事人另有约定的除外。

本条规定租赁物毁损、灭失的风险负担。融资租赁的本质在于融资，出租人对租赁物的所有权实质上起担保作用，当租赁物因不可归责于任何一方的事由毁损、灭失时，由承租人负担风险有其正当性。本条在文义上虽未将租赁物毁损、灭失的事由限定为不可归责于任何一方，但是就风险负担的内涵而言，此属当然之理。

由于本条明确要求“承租人占有租赁物期间”，因而应以承租人受领租赁物的时间作为风险转移的时点。承租人受领前，租赁物即因不可归责于任何一方的事由毁损、灭失的，风险由出卖人负担，意味着出租人无权依据本条请求承租人支付租金，只能请求出卖人返还价款及其利息。

第七百五十二条 【承租人违反租金支付义务的救济】承租人应当按照约定支付租金。承租人经催告后在合理期限内仍不支付租金的，出租人可以请求支付全部租金；也可以解除合同，收回租赁物。

本条规定承租人逾期支付租金时出租人的救济权利。出租人行使本条赋予的权利，以承租人经催告后在合理期限内仍不支付租金为前提。本条第二句并未对承租人欠付的租金从期数或者数额方面进行任何限制。但是，依《融资租赁解释》第5条第2项，合同对于欠付租金解除合同的情形没有明确约定，但承租人欠付租金达到两期以上，或者数额达到全部租金15%以上，经出租人催告后在合理期限内仍不支付的，出租人可以解除合同。

依本条规定，出租人只能择一请求：或者请求支付全部剩余租金，或者解除合同、收回租赁物，不得同时主张。不过，出租人请求支付全部剩余租金，人民法院判决支持后承租人未予履行的，出租人可以再行起诉请求解除合同、收回租赁物。

若出租人请求支付全部剩余租金，可同时主张以拍卖、变卖租赁物所得的价款受偿。当事人也可以请求参照民事诉讼法“实现担保物权案件”的有关规定，以拍卖、变卖租赁物所得价款支付租金（**《担保制度解释》第65条第1款**）。此时，出租人可以请求承租人支付合同约定的逾期利息、违约金等，计算基数应为到期未付的租金。

若出租人解除合同、收回租赁物，则其负有清算义务，在扣除承租人全部未付租金及其他费用后，将剩余的部分返还给承租人。当然，若合同约定租赁期限届满租赁物归出租人所有或者承租人须再支付一定价款方可取得租赁物所有权，则尚应将租赁期限到期时租赁物的残值予以扣除。

第七百五十三条 【承租人擅自处分租赁物的法律后果】承租人未经出租人同意，将租赁物转让、抵押、质押、投资入股或者以其他方式处分的，出租人可以解除融资租赁合同。

本条规定了承租人不当处分租赁物时出租人的法定解除权。既然出租人对租赁物享有的所有权本质上在于担保租金支付，则对承租人处分租赁物的行为不加区分地进行否定评价，赋予出租人法定解除权似有不妥。更为妥当的也许是，只有承租人处分租赁物可能对出租人产生不利影响，即导致租赁物担保租金支付的作用有无法实现之虞时，出租人方可行使解除权。若承租人处分租赁物对出租人而言并未产生此种不利影响，则出租人解除合同的行为应视为滥用权利，不生合同解除之效力。依本法第745条，出租人对租赁物的所有权未经登记，不得对抗善意第三人。若融资租赁交易已经登记，承租人转让租赁物或者投资入股的，第三人无从善意取得租赁物的所有权，出租人可以请求第三人返还租赁物；承租人抵押、质押租赁物的，出租人可以主张就租赁物的变价款优先于第三人受偿。由此可见，在融资租赁交易已经登记的情形，出租人不得主张享有本条规定的合同解除权。

第七百五十四条 【融资租赁合同的解除】有下列情形之一的，出租人或者承租人可以解除融资租赁合同：

（一）出租人与出卖人订立的买卖合同解除、被确认无效或者被撤销，且未能重新订立买卖合同；

（二）租赁物因不可归责于当事人的原因毁损、灭失，且不能修复或者确定替代物；

（三）因出卖人的原因致使融资租赁合同的目的不能实现。

本条规定了出租人或者承租人可以解除融资租赁合同的三种情形，在性质上宜认定为强制性规定。即使当事人在融资租赁合同中约定排除本条三种情形下一方或双方的解除权，该约定亦应归于无效。因为，预先排除本条规定的法定解除权，无异于强行将当事人束缚在一个根本无法履行的合同关系中，构成对经济自由的不合理限制，有违公序良俗。

应予指出的是，在本条第二种情形发生时，若承租人依本条主张解除合同，而出租人依本法第751条请求承租人继续支付租金，双方的主张会产生冲突，因为支付租金的前提是合同继续存续。支持承租人抑或出租人的主张，将对双方产生明显不同的法律效果：承租人继续支付租金时，其仍享有期限利益，而依本条第756条给予补偿，原则上应当一次性支付；在数额上，租金通常高于补偿。消除此种冲突的解释论方案大致有二：其一，将第751条的适用范围限缩于合同未被解除的情形；其二，于本条第二种情形仅赋予出租人一方解除权。后一种方案更为妥当。因为，本条规定的合同解除规则实为本法第563条一般法定解除规则在融资租赁合同领域的具体化，并未考虑融资租赁的特性，而第751条设定的风险负担规则充分考虑了融资租赁的特性，可以认为体现了立法者的特殊考量。若允许承租人依本条解除合同，则将导致立法目的落空。

第七百五十五条　【融资租赁合同因买卖合同而解除的法律后果】融资租赁合同因买卖合同解除、被确认无效或者被撤销而解除，出卖人、租赁物系由承租人选择的，出租人有权请求承租人赔偿相应损失；但是，因出租人原因致使买卖合同解除、被确认无效或者被撤销的除外。

出租人的损失已经在买卖合同解除、被确认无效或者被撤销时获得赔偿的，承租人不再承担相应的赔偿责任。

依本法第 754 条第 1 项，出租人与出卖人订立的买卖合同解除、被确认无效或者被撤销，且未能重新订立买卖合同的，出租人与承租人均可解除合同。合同一旦被解除，意味着出租人无权请求承租人继续支付租金。而在出卖人和租赁物由承租人选择的场合，由于出租人支付租赁物价款并提供给承租人占有、使用的义务已经履行完毕，此种结果将对出租人异常不利。因此，如果买卖合同因不可归责于出租人的原因解除、被确认无效或者被撤销，承租人应赔偿出租人因此遭受的损失（**本条第 1 款**）。

出现本条第 1 款规定的情形，意味着出租人既可以请求承租人赔偿损失，也可以请求出卖人承担违约责任。此时，承租人与出卖人对出租人承担不真正连带责任。出卖人已经赔偿出租人损失的，承租人自然在相应范围内免责（**本条第 2 款**）。

第七百五十六条　【融资租赁合同因租赁物毁损灭失而解除的法律后果】融资租赁合同因租赁物交付承租人后意外毁损、灭失等不可归责于当事人的原因解除的，出租人可以请求承租人按照租赁物折旧情况给予补偿。

承租人占有租赁物期间，租赁物毁损、灭失的，出租人有权请求承租人继续支付租金（**第 751 条**）。在租赁物因不可归责于当事人的原因毁损、灭失，且不能修复或者确定替代物的情况下，一旦承租人依法解除融资租赁合同（**第 754 条第 2 项**），出租人就丧失了要求承租人继续支付租金的可能性，因为支付租金以合同继续存续为前提。此时，出租人将处于极其不利的境地，也与承租人原则上负担租赁物毁损、灭失风险的规则相抵牾。故而，本条规定，出租人此时可以请求承租人按照租赁物的折旧情况给予补偿。应予注意的是，若合同约定租赁期限届满租赁物归承租人所有，应将租赁期限届满时租赁物的残值在补偿时予以扣除。

第七百五十七条 【租赁期限届满时租赁物的归属】出租人和承租人可以约定租赁期限届满租赁物的归属；对租赁物的归属没有约定或者约定不明确，依据本法第五百一十条的规定仍不能确定的，租赁物的所有权归出租人。

本条规定租赁期限届满时租赁物的归属。基于意思自治，出租人和承租人当然可以约定租赁期限届满时租赁物的归属。在实践中，如果租赁期限相当于租赁物的经济寿命，一般约定租赁期限届满租赁物归承租人所有；如果租赁期限并没有覆盖租赁物的经济寿命，一般约定租赁期限届满租赁物归出租人所有，此时通常会约定承租人可以留购或者续租。所谓留购，即租赁期限届满，由承租人支付相当于租赁物残值的价款以获得租赁物的所有权；所谓续租，即租赁期限届满，承租人与出租人签订新的融资租赁合同，延续租赁关系。考虑到出租人订立融资租赁合同的目的不在于获得租赁物，且租赁物的选择具有很强的特定性，故在租赁期限届满后，租赁物对出租人而言的剩余价值并不高，即使出租人收回租赁物，再将之出卖或出租也有一定难度，因而当事人大多会选择留购的方式。

在当事人对租赁物的归属缺乏约定或约定不明的情况下，首先依据本法第 510 条的规定确定租赁物的归属，即当事人先自行协议补充，不能达成协议的，按合同相关条款或交易习惯确定。如果依然无法确定，则推定租赁物的所有权归出租人。因为出租人是租赁物的买受人，即使承租人在租赁期间实际占有、使用租赁物，也不能改变出租人是租赁物所有权人的事实。所以，在当事人没有对租赁物归属作出安排的情况下，推定租赁物的所有权归出租人更为适当。

第七百五十八条 【租赁物价值返还和租赁物不能返还的补偿】当事人约定租赁期限届满租赁物归承租人所有，承租人已经支付大部分租金，但是无力支付剩余租金，出租人因此解除合同收回租赁物，收回的租赁物的价值超过承租人欠付的租金以及其他费用的，承租人可以请求相应返还。

当事人约定租赁期限届满租赁物归出租人所有，因租赁物毁损、灭失或者附合、混合于他物致使承租人不能返还的，出租人有权请求承租人给予合理补偿。

当事人约定租赁期限届满租赁物归承租人所有，意味着租赁期限届满时将由承租人获得租赁物的残值。如果出租人因承租人无力支付部分租金而解除合同收回租赁物，承租人势必无法获得租赁物的残值，此时若收回的租赁物的残值超过承租人欠付的租金以及其他费用，显然将导致出租人获得超过合同正常履行所得到的利益，对承租人而言难谓公平。故而本条第 1 款规定承租人享有请求出租人返还超额价值的权利。至于租赁物的残值，应依《融资租赁解释》第 12 条和《担保制度解释》第 65 条第 2 款确定。

应予注意的是，本条第 1 款将承租人的权利限于当事人约定租赁期限届满租赁物归承租人所有且承租人已经支付大部分租金的情形，而《担保制度解释》第 65 条第 2 款却彻底放弃了此种限制。这可能是基于出租人对租赁物的所有权本质上系担保权、出租人无论如何均应负清算义务的考虑。但是，此种一刀切的处理方式将有可能导致作为违约一方的承租人获得租赁物的升值利益。在当事人约定租赁期限届满租赁物归出租人的情形，此种结果委实令人难以接受。故而，应对《担保制度解释》第 65 条第 2 款进行限缩解释，仅在当事人约定租赁期限届满租赁物归承租人所有时方得适用。鉴于出租人对租赁物的所有权本质上系担保权，对承租人已付租金的比例则不必作出要求。

当事人约定租赁期限届满租赁物归出租人所有的，租赁期限届满后，承租人应将租赁物返还给出租人。租赁物毁损、灭失或者附合、混合于他物致使不能返还的，出租人自然有权请求承租人给予合理补偿，该请求权的性质为不当得利请求权，不以承租人有过错为前提。补偿的金额原则上应与租期届满时租赁物的残值相当。

第七百五十九条 【约定象征性留购价款时租赁物的归属】当事人约定租赁期限届满，承租人仅需向出租人支付象征性价款的，视为约定的租金义务履行完毕后租赁物的所有权归承租人。

在实践中，融资租赁合同往往约定了留购条款，即租赁期限届满，承租人可以选择支付一定价款以取得租赁物的所有权。如果承租人在租赁期限届满之时未行使该选择权，则租赁物的所有权归出租人。但是，如果当事人约定承租人仅需支付象征性价款即可取得租赁物的所有权，出租人在计算租金时已经将租赁期限届满后租赁物的残值计算在内，此时应视为双方于订立合同时已经约定租赁期限届满后租赁物归承租人所有。应予注意的是，除满足当事人约定象征性留购价款条款这一条件外，仅在承租人已经支付全部约定租金的情形下，租赁期限届满后租赁物的所有权才归承租人。至于承租人是否依照约定支付象征性留购价款，对于租赁物所有权归承租人这一结果则并无影响。当然，如果承租人未依照约定支付象征性留购价款，出租人可以请求承租人依照约定支付。

第七百六十条 【融资租赁合同无效时租赁物的归属】融资租赁合同无效，当事人就该情形下租赁物的归属有约定的，按照其约定；没有约定或者约定不明确的，租赁物应当返还出租人。但是，因承租人原因致使合同无效，出租人不请求返还或者返还后会显著降低租赁物效用的，租赁物的所有权归承租人，由承租人给予出租人合理补偿。

本条规定了融资租赁合同无效时租赁物所有权的归属。依本法第157条，于融资租赁合同无效的情形，承租人理应将租赁物返还给出租人。但是，融资租赁合同有其特殊性，租赁物是出租人按照承租人的选择购买的，由承租人实际占有和使用，对出租人来说，租赁物的作用主要在于担保租金债权的实现，出租人并无获得租赁物的意愿。因此，就融资租赁合同无效情形下租赁物的归属，应当允许当事人进行特别约定。只有在没有约定或者约定不明时，租赁物才应当返还出租人。基于同样的逻辑，在因承租人原因致使融资租赁合同无效时，本条第二句赋予出租人选择权：可以请求返还租赁物，也可以选择不请求返还租赁物，此时租赁物归承租人所有，而由承租人给予合理补偿（**本条第二句第一种情形**）。如果租赁物归承租人所有更能发挥租赁物的经济效用，从物尽其用的角度来说，即便因承租人原因致使合同无效，也有必要排除出租人请求返还租赁物的权利，确定租赁物的所有权归承租人（**本条第二句第二种情形**）。

应予注意的是，本条第二句应视为第一句两种情形的但书。即使当事人约定了融资租赁合同无效时租赁物归出租人所有，出租人亦可选择不请求承租人返还。

第十六章

保理合同

第七百六十一条 【保理合同的定义】保理合同是应收账款债权人将现有的或者将有的应收账款转让给保理人，保理人提供资金融通、应收账款管理或者催收、应收账款债务人付款担保等服务的合同。

保理合同的当事人为保理人和应收账款债权人。保理人目前主要为商业银行和依法设立的商业保理公司。不得将无保理经营资质的民事主体签订的保理合同认定为民间借贷合同。由于当前并无法律、行政法规规定保理业属于国家特许经营或者限制经营的范围，该合同原则上有效，民事主体无保理经营资质却以保理为常业的除外。

保理合同的核心要素在于应收账款的转让。没有应收账款转让，自然不构成保理合同。然而，仅有应收账款转让，尚无法构成保理合同。在应收账款转让之外，保理人尚应提供资金融通、应收账款管理或者催收、应收账款债务人付款担保等服务中的至少一项服务。

保理合同转让的标的为现有的或者将有的应收账款。所谓“应收账款”，是指权利人因提供一定的货物、服务或者设施而获得的要求债务人付款的权利，包括现有的和未来的金钱债权及其收益，但不包括因票据或其他有价证券而产生的付款请求权。所谓“将有的应收账款”，又称未来应收账款，是指保理合同订立时尚未产生的应收账款。通常认为，未来应收账款叙作保理的前提条件是，其必须具备可期待性与可确定性。所谓可期待性，是指虽然保理合同订立时该未来应收账款尚未产生，但于保理合同确定的未来时点其将会产生，保理人对该应收账款有合理期待［**上海高院（2016）沪民申2374号民裁**］。所谓可确定性，是指在该未来应收账款产生时，其可被直接确定为属于保理合同所转让的债权范围。有基础法律关系的将有应收账款，原则上应视为符合要求。无基础法律关系的将有应收账款则应具体判定。若未达到可期待性与可确定性的要求，应依《担保制度解释》第 53 条的规定认定保理合同不成立。以将有应收账款为标的物的保理合同于应收账款实际产生时生效。

第七百六十二条　【保理合同的内容与形式】保理合同的内容一般包括业务类型、服务范围、服务期限、基础交易合同情况、应收账款信息、保理融资款或者服务报酬及其支付方式等条款。

保理合同应当采用书面形式。

本条第 1 款属于提示性规定，欠缺其列举的内容并不必然导致保理合同不成立。

本条第 2 款系强制性规定，违反该规定的，应依据本法第 490 条第 2 款认定保理合同不成立。

第七百六十三条　【虚构应收账款】应收账款债权人与债务人虚构应收账款作为转让标的，与保理人订立保理合同的，应收账款债务人不得以应收账款不存在为由对抗保理人，但是保理人明知虚构的除外。

本条所谓虚构应收账款的典型情形是，债权人与债务人基于共同的故意，通过伪造基础交易合同单据的方式虚构应收账款。债权人单方虚构应收账款，而债务人对应收账款的真实性予以确认的，也应认为构成本条所指的虚构应收账款。应收账款债务人在应收账款转让通知回执上签字，是否构成对应收账款真实性的确认，应视应收账款转让通知是否请求应收账款债务人确认应收账款的真实性而定。

虚构应收账款的行为构成通谋虚伪表示，基础交易合同因而无效。基础交易合同与保理合同虽然存在一定的关联，但是二者之间并不存在主从关系，保理合同并不因此而无效。依本条规定，即使基础交易合同因通谋虚伪表示而无效，非明知的保理人依然可以依据保理合同请求应收账款债务人付款。本条但书仅规定保理人明知虚构的除外，与《合同编通则解释》第 49 条第 2 款（一般债权让与中受让人知道或者应当知道的除外）有所不同，不得由此认为存在立法漏洞，将保理人应当知道的情形也作为排除债务人责任的事由。因为，即使保理人因重大过失而不知道，相较于虚构应收账款的债权人与债务人所具有的欺诈故意，保理人的主观恶意也明显更轻［**(2019) 最高法民申 2994 号民裁**］。但是，保理人将应收账款转让给第三人的，善意第三人方可主张本条规定的保护。

保理人明知甚至积极参与虚构应收账款的，应将保理合同认定为借款合同。保理人、应收账款债权人与债务人三方虚构应收账款的，在无证据证明债务人有为借款提供增信的明确意思表示时，债务人的行为仅属于配合保理人与债权人实现以保理方式借款的目的，相应的风险应由保理人自行承担，债务人不承担任何责任。

本条但书规定可以视为立法在保理合同中设定了通谋虚伪表示无效不得对抗善意第三人的例外。例外规则原则上不得类推适用，故而不得以本条规定为依据认为本法确立了通谋虚伪表示无效不得对抗善意第三人的一般规则。

第七百六十四条 【保理人通知应收账款债务人的权利与相应义务】保理人向应收账款债务人发出应收账款转让通知的，应当表明保理人身份并附有必要凭证。

债权转让是保理合同的核心要素。在本章无特别规定时，自当适用本法关于债权转让的一般规则。故而，依本法第 546 条第 1 款的规定，应收账款转让未通知债务人的，对债务人不发生效力。依本条，保理人系应收账款转让通知的适格主体。应予注意的是，应收账款债权人当然为通知的适格主体。二者通知时间不一致的，应收账款转让对债务人生效的时间为在先通知到达债务人之时。保理人或者债权人未通知债务人的，即便债务人通过其他途径获悉应收账款转让情事，依然作未通知债务人处理。

对通知的方式不应作过于严格的要求，通过短信通知亦无不可。关键是，通知客观上应使债务人充分知悉应收账款已经转让给保理人之事实。唯需注意的是，保理人仅在动产融资统一登记公示系统完成保理登记的，不得视为有效通知，否则无异于对债务人课以登记查询义务。依《合同编通则解释》第 48 条第 2 款的规定，保理人起诉债务人请求履行债务的，也属于有效通知，应收账款转让自起诉状副本送达时对债务人发生效力。为了避免增加债务人审核应收账款转让真实性的负担，本条要求保理人在通知时表明保理人身份并附必要凭证。所谓“必要凭证”，是指能够证明应收账款债权人将其应收账款转让给保理人的相关材料，如保理合同、基础交易合同、发货单、发票等的复印件。

本条未规定保理人通知应收账款债务人的法律效果。依《合同编通则解释》第 48 条第 1 款的规定，自通知到达债务人之日起，应收账款转让对债务人生效。债务人于通知到达前已向债权人付款的，保理人只能向债权人主张权利；通知到达后，债务人应当向保理人履行付款义务，若其仍向债权人付款，则不能免责。

需要提及的是，债务人于接到应收账款转让通知后对此予以确认的，并不必然意味着债务人同时放弃其基于基础交易合同可得主张的抗辩权或者抵销权等权利［**(2018) 最高法民终 31 号民裁**］。

第七百六十五条 【基础交易合同变更的影响】应收账款债务人接到应收账款转让通知后，应收账款债权人与债务人无正当理由协商变更或者终止基础交易合同，对保理人产生不利影响的，对保理人不发生效力。

本条所谓“基础交易合同”，是指应收账款债权人与债务人签订的据以产生应收账款的有关销售货物、提供服务或出租资产等的交易合同及其全部补充或者修改文件。应收账款转让给保理人的，作为基础交易合同当事人的债权人与债务人依然有权协商变更或终止合同，但是对保理人产生不利影响的，对保理人不发生效力，即此种变更或者终止导致的变动仅在债权人与债务人之间发生效力，保理人依然可以根据保理合同签订之时应收账款所处的状态请求债务人付款。

依本条规定，应收账款债权人与债务人协商变更或者终止基础交易合同，对保理人不发生效力的前提条件是：其一，变更或者终止基础交易合同发生于应收账款转让通知到达应收账款债务人之后。在此之前债权人与债务人协商变更或者终止基础交易合同，即便对保理人产生不利影响，也应对保理人生效［**(2018) 最高法民再 129 号民判**］，保理人只能要求债权人承担违约责任。其二，变更或者终止基础交易合同是由债权人与债务人协商一致达成的。如果变更或者终止基础交易合同是债务人基于法律规定或者合同约定单方面行使权利造成的，即便对保理人产生不利影响，也应对保理人生效，因为债务人的法律地位不应因应收账款的转让而弱化。最典型的情形是，由于债权人严重违约，债务人行使法定解除权。其三，债权人与债务人协商变更或者终止基础交易合同并无正当理由。除保理人同意外，正当理由限于基础交易合同的履行中出现的客观事由，即不可抗力或者情势变更。其四，变更或者终止基础交易合同在结果上对保理人产生不利影响。是否对保理人产生不利影响，主要看是否导致应收账款价值的减损，可以根据金额、账期等因素进行综合判断。最典型的情形是延长履行期、债权人免除债务人债务、合意抵销。

第七百六十六条 【有追索权保理】当事人约定有追索权保理的，保理人可以向应收账款债权人主张返还保理融资款本息或者回购应收账款债权，也可以向应收账款债务人主张应收账款债权。保理人向应收账款债务人主张应收账款债权，在扣除保理融资款本息和相关费用后有剩余的，剩余部分应当返还给应收账款债权人。

本条规定的是有追索权保理。有追索权保理又称回购型保理，是指当债务人未按期偿付应收账款时，保理人有权要求债权人返还保理融资款本息或回购应收账款。在有追索权保理中，保理人不承担应收账款不能收回的商业风险，即保理人不承担坏账风险。此时，应收账款转让的意义主要在于担保保理人回收其融资款本息。就此而言，有追索权保理具有担保的功能［**(2020) 最高法民终 155 号民判**］，在性质上为担保性债权让与。循此逻辑，本条第二句规定，在应收账款债务人向保理人支付应收账款后，保理人应当履行清算义务，即在扣除保理融资款本息和相关费用后有剩余的，剩余部分应当返还给应收账款债权人。

本条第一句规定，保理人可以向应收账款债权人主张返还保理融资款本息或者回购应收账款债权，也可以向应收账款债务人主张应收账款债权。依《担保制度解释》第 66 条第 2 款的规定，保理人可以选择起诉应收账款债权人或者债务人，也可以一并起诉二者。由此可见，应收账款债权人与债务人对保理人承担连带责任。

一旦保理人向债权人行使追索权，且债权人履行了其返还融资款本息或者回购应收账款的义务，已经转让给保理人的应收账款即自动反转让给债权人。此时，债权人自可请求应收账款债务人向其履行应收账款债务（**《担保制度解释》第 66 条第 3 款**）。

第七百六十七条 【无追索权保理】当事人约定无追索权保理的，保理人应当向应收账款债务人主张应收账款债权，保理人取得超过保理融资款本息和相关费用的部分，无需向应收账款债权人返还。

本条规定的是无追索权保理。无追索权保理又称买断型保理，是指应收账款在无商业纠纷等情况下无法得到清偿的，由保理人承担应收账款的坏账风险。由此可见，与有追索权保理实质上为担保性债权让与不同，无追索权保理是真正的债权让与，在本质上属于应收账款债权买卖。因此，当事人约定无追索权保理的，保理人只能向应收账款债务人主张应收账款债权，不得再向债权人主张返还保理融资款本息或回购应收账款。也正是因为如此，当事人约定无追索权保理的，保理人不负担清算义务，即保理人取得超过保理融资款本息和相关费用的部分，无须向应收账款债权人返还。当然，保理合同在约定无追索权保理的同时可以约定保理人负有清算义务。如果应收账款债权人在签订无追索权保理合同后又向保理人承诺在债务人不清偿时对应收账款债权承担回购责任，不能视为双方重新约定了有追索权的保理合同，而应视为保理人将应收账款债权附条件再次转让给应收账款债权人，当所附条件成就时，保理人不再享有对债务人主张还款的权利，而只能向应收账款债权人主张［**（2017）最高法民申 132 号民裁**］。

应予注意的是，无追索权保理并非意味着在任何情形下保理人对债权人均无追索权。保理人无追索权的前提是，债务人未及时全额付款系源于其自身的信用风险，即债务人客观上丧失支付能力或者主观上不愿意履行付款义务。如果债务人未及时全额付款是因商业纠纷造成的，即便约定无追索权保理，保理人也可以向债权人行使追索权。所谓的商业纠纷，一般指债务人因不可抗力而无法支付，或者债务人因主张基于基础交易合同所生的抗辩权、抵销权等而拒绝付款。

第七百六十八条　【多重保理的优先顺位】应收账款债权人就同一应收账款订立多个保理合同，致使多个保理人主张权利的，已经登记的先于未登记的取得应收账款；均已经登记的，按照登记时间的先后顺序取得应收账款；均未登记的，由最先到达应收账款债务人的转让通知中载明的保理人取得应收账款；既未登记也未通知的，按照保理融资款或者服务报酬的比例取得应收账款。

本条规定多重保理的优先顺位。在功能主义担保的立法理念之下，保理已被作为非典型担保物权来对待。因此，同一应收账款多重保理的处理，应当遵循本法第 414 条的立法精神。故而，在同一应收账款存在多重保理的情况下，首先以有无登记以及登记的先后确定顺位，其次在均未登记的情况下，以通知先后确定顺位，最后在既未登记也未通知的情况下，则按照保理融资款或者服务报酬的比例确定取得应收账款的比例。需要注意的是，如果一个保理交易已经登记但是尚未通知债务人，而另外一个保理交易虽然尚未登记但是已经通知债务人，此时如果债务人已经向未登记的保理人付款，则已登记的保理人不得再要求债务人向其付款，因为登记虽然具有对抗效力，但是这是就保理人之间的关系而言，对于债务人来说，通知是应收账款转让对其生效的必要条件。

此外，按照《担保制度解释》第 66 条第 1 款的规定，同一应收账款同时存在保理、应收账款质押和债权转让的，按照本条规定确定优先顺位。在同一应收账款同时存在保理和应收账款质押时，该规定可堪赞同，因为应收账款质押与保理均可以登记，且登记被赋予法定的效力。然而，一般的债权转让缺乏登记能力，一刀切地以登记先后确定三者竞合时的优先顺位，对一般债权转让中的受让人殊为不利，其正当性存疑。

第七百六十九条 【债权转让规定的适用】本章没有规定的，适用本编第六章债权转让的有关规定。

保理合同的核心要素是应收账款的转让。因此，本章没有特别规定的，理当适用本法合同编第六章关于债权转让的一般规定。不无疑问的是，本法合同编第六章若没有规定而本章有相应规定，例如第 761 条、第 763 条～第 765 条，能否在一定范围内类推适用于一般的债权转让？因保理合同规则在债权让与的意义上属于债权转让的特别规则，依特别规定不得类推适用的一般原理，似应对此持否定意见。

此外，依《担保制度解释》第 1 条第二句的规定，保理涉及担保功能发生的纠纷，适用该解释的有关规定。据此，在不与其性质相冲突的范围内，有追索权保理应当适用该解释关于担保物权的相关规定。

第十七章

承揽合同

第七百七十条 【承揽合同的定义】承揽合同是承揽人按照定作人的要求完成工作，交付工作成果，定作人支付报酬的合同。

承揽包括加工、定作、修理、复制、测试、检验等工作。

承揽合同包括两项主给付义务：一是承揽人按照要求完成承揽工作，交付工作成果；二是定作人支付相应报酬。承揽工作的内容包括加工、定作、修理、复制、测试、检验等（**本条第 2 款**）。因此，承揽合同是双务、有偿合同，可参照适用本法关于买卖合同的规定（**第 646 条**）。

承揽合同与买卖合同都有交付标的物的内容，但其差异在于：买卖合同以财产所有权的转移为目的，而承揽以完成承揽工作为主要目的。由于承揽合同也涉及成果交付，而买卖合同也可蕴含调试、测试、安装等内容，故两者的区分也可能存在一定困难。在实践中，某一合同是承揽合同，还是买卖合同，应综合考量诸多因素，如当事人的真实意思、材料的提供人、交付物是否是可替代物、交付物是否批量生产、债权人对生产或制造过程的控制力、费用或价款的支付方式等，不应仅凭合同名称来认定合同性质［**最高法（2013）民申字第 2171 号民裁，广西高院（2023）桂民终 245 号民判，甘肃高院（2021）甘民终 501 号民判**］。名为购销合同，但当事人一方依合同所交付的标的物须符合对方要求的特定规格参数的，应认定该合同为加工承揽合同［**（2019）最高法知民终 859 号民判**］。

承揽合同与雇佣合同都有提供服务的内容，二者的差异在于：承揽合同中的承揽人不仅应完成承揽工作，也应交付工作成果（如有），而且，承揽人应独立完成承揽工作。雇佣合同则以被雇佣人提供约定劳务为内容，且受雇人需服从雇佣人的指示。由于性质不同，当事人在责任承担上存在显著差别：定作人原则上不对承揽人的行为负责，而雇佣人原则上需要对受雇人的行为负责（**第1191条**）。在认定某一合同是承揽合同还是劳务合同时，应当考虑工作场所、技能要求、工具与材料的提供者、当事人之间是否存在支配与从属关系、债务人是否要求完成特定结果、报酬的支付方式等因素［**吉林高院（2023）吉民申1536号民裁，河北高院（2022）冀民申1946号民裁，德州中院（2019）鲁14民终3301号民判**］。承揽合同与委托合同的区分与认定，大体亦是如此。

本法合同编第十八章规定的“建设工程合同”，实际上为特殊的承揽合同。鉴于类型特殊与实践需求，该合同被分离出来，作为独立的典型合同。本法合同编第十八章对于建设工程合同没有特别规定的，可参照适用“承揽合同”章的规定（**第808条**）。需注意的是，家庭装饰装修合同并非建设工程合同，而是承揽合同，故即便装饰装修人欠缺相应的资质，所涉合同也非无效［**上海一中院（2017）沪01民终13460号民判**］。

第七百七十一条 【承揽合同的主要内容】承揽合同的内容一般包括承揽的标的、数量、质量、报酬，承揽方式，材料的提供，履行期限，验收标准和方法等条款。

本条规定承揽合同的主要内容，旨在为当事人订立承揽合同提供指引。除一般合同包括的条款外（**第470条**），本条所列部分事项是承揽合同的特有事项，且有要素和常素之分。根据本条的规定，承揽合同一般包括承揽的标的、数量、质量、报酬，承揽方式，材料的提供，履行期限，验收标准和方法等。承揽合同的成立不要求必须包括前列全部内容。

第七百七十二条 【承揽人完成主要承揽工作的义务】承揽人应当以自己的设备、技术和劳力，完成主要工作，但是当事人另有约定的除外。

承揽人将其承揽的主要工作交由第三人完成的，应当就该第三人完成的工作成果向定作人负责；未经定作人同意的，定作人也可以解除合同。

本条是一个任意性规定，明确了承揽合同的人身属性。承揽人应当以自己的设备、技术和劳力完成主要承揽工作（**本条第1款**）。何为承揽的“主要工作”，需结合承揽工作的质与量等因素予以综合判断［**江苏高院（2018）苏民申5495号民裁**］。亲自完成主要工作是承揽人的主要义务，承揽人将主要工作交由第三人完成的行为构成根本违约，除非当事人另有约定（**本条第1款**）。

承揽人违反前款规定的义务的，定作人享有如下救济。一是请求承揽人继续履行承揽合同，即要求定作人亲自完成主要工作。二是定作人接受第三人完成主要工作的成果，并要求其对第三人完成的工作成果负责。承揽人对第三人完成的工作成果负责，不因该行为是否经定作人同意而有不同。当然，若承揽人经定作人同意，其行为不构成违约。若第三人完成主要工作同样实现了合同目的，工作成果符合要求，那么应依诚实信用原则限制承揽人请求继续履行合同的权利。三是解除合同。该解除权的取得条件是：（1）承揽人将其承揽的主要工作交由第三人完成。如果承揽人将非主要工作交由第三人完成，则定作人不得解除合同。（2）承揽人的前述行为未经定作人同意。该项解除权的行使及其后果，适用本法本编通则分编的相关规定（**第564～566条**）。

第七百七十三条 【承揽人对辅助工作的责任】承揽人可以将其承揽的辅助工作交由第三人完成。承揽人将其承揽的辅助工作交由第三人完成的，应当就该第三人完成的工作成果向定作人负责。

本条是本法第772条的协同条款，明确承揽人有权将辅助工作交由第三人完成（**本条第一句**）。辅助工作是指主要工作之外的工作。关于辅助工作的具体判断，需结合整个承揽工作的质与量等因素。承揽人仅将辅助工作交由第三人完成的，定作人不得以此为由请求解除合同，只能要求承揽人承担违约责任［**北京三中院（2016）京03民终10928号民判**］。

承揽人将辅助工作交由第三人完成的，亦需就该工作成果向定作人负责（**本条第二句**），这也是前条第2款第一分句规定的当然推论。承揽人在承担责任后，其与第三人的关系可依二者之间的合同处理（**第593条第二句**）。

本条亦属任意性规定，当事人可以约定排除其适用，要求承揽人亲自完成辅助工作。当事人有相反约定，但承揽人依旧将辅助工作交由第三人完成的，不构成根本违约，定作人不得因此而主张解除合同，但有权请求承揽人继续亲自履行辅助工作，采取补救措施，并赔偿相应的损失（**第583条**）。

第七百七十四条 【承揽人提供材料时的义务】承揽人提供材料的，应当按照约定选用材料，并接受定作人检验。

本条规定了“包工包料”情形中，承揽人依约提供材料的从给付义务。承揽人应当按照合同约定的时间、质量、数量等选用材料，并且选用的材料应当接受定作人的检验。当事人未就选用材料的质量、数量、提供时间和提供方式等作出约定的，应依本法第510条规定处理。承揽人选用的材料既可能是主要材料，也可能是辅助材料。对于材料的选用，承揽人负有通知义务，定作人应当在合理期限内检验。承揽人尽到了通知义务，但定作人未及时检验的，视为定作人放弃检验权。

本条是一个不完全条款。承揽人未依约选用材料，或者拒绝定作人检验所选材料的，构成违约，适用本法关于违约责任的规定（**第577条**）。承揽人拒绝提供材料或者使用不符合约定的材料完成承揽工作的，定作人得请求其继续依约提供材料、更换材料、重作、采取补救措施、解除承揽合同、减少报酬、赔偿损失（**第577、582、584条**）。

材料的提供可能会影响定作物的归属。承揽人既完成承揽工作，又提供主要材料的，定作物所有权由承揽人取得，工作成果经交付才归定作人所有；故承揽人陷入破产的，定作人并无取回权［**浙江高院（2014）浙民申字第1409号民裁**］。反之，则工作成果即便未交付，也归定作人所有，除非承揽行为的增值利益超过主要材料的价值［**武汉海事法院（2014）武海法商字第00342号民判**］。从经济实质角度看，定作人提供款项，由承揽人采购材料的，应认定材料由定作人提供，且需接受定作人检验。同理，定作人提供材料，但同时允许承揽人以其同质、等量的材料代替的（所谓“不规则承揽”），也应认定材料系由定作人提供。

第七百七十五条 【定作人提供材料时的义务】定作人提供材料的，应当按照约定提供材料。承揽人对定作人提供的材料应当及时检验，发现不符合约定时，应当及时通知定作人更换、补齐或者采取其他补救措施。

承揽人不得擅自更换定作人提供的材料，不得更换不需要修理的零部件。

定作人提供材料（所谓“来料加工”）的，应按照约定的时间、方式、质量、数量等提供材料（**本条第1款第一句**）。当事人未有具体约定的，应当依照本法第510条等规定予以明确。提供材料是定作人基于合同负担的从给付义务。定作人拒绝提供材料的，承揽人有权请求其继续依约提供材料（**第580条第1款**）。对于定作人提供的材料，承揽人应当及时检验，并在发现不符合约定时，及时通知定作人更换、补齐或者采取其他补救措施（**本条第1款第二句**）。定作人未依照约定提供材料，影响承揽工作的，承揽期限顺延。定作人拒绝依约提供材料，导致承揽合同目的不达的，承揽人有权解除合同（**第563条第1款第4项**）。不过，承揽人未及时告知定作人补齐材料，擅自在工作成果中添加其他材料的，也构成违约［**绥化中院（2019）黑12民申73号民裁**］。

定作人对提供的材料享有所有权，承揽人不得擅自更换定作人提供的材料，也不得更换无须修理的零部件（**本条第2款**）。承揽人违反本款义务的，构成违约，需承担重作、修理、损害赔偿等违约责任。不过，要是所涉材料或零部件是种类物，承揽人用同类型材料或零部件擅自更换定作人提供的材料或零部件，但不影响工作成果效用与功能的，定作人未遭受损害，不能要求承揽人承担违约责任。需要注意的是，承揽人擅自更换构成侵权行为的，承揽人还需负担侵权责任。对此，依照违约责任和侵权责任竞合的规定处理（**第186条**）。

定作人提供材料的，工作成果一般应归其所有，除非承揽工作的增值利益超过了材料价值。关于这一点，参见前条评注。

第七百七十六条 【定作人要求不合理时的义务】承揽人发现定作人提供的图纸或者技术要求不合理的，应当及时通知定作人。因定作人怠于答复等原因造成承揽人损失的，应当赔偿损失。

定作人提供的图纸或技术要求应当合理。是否“合理”，应当结合承揽人的技术能力、加工经验等因素予以综合判断。承揽人一旦发现定作人的要求不合理，应当及时通知定作人，以便双方进一步协商，变更承揽要求（**本条第一句**）。承揽人未及时通知定作人，造成工作成果不符合约定的，构成违约行为，应当承担相应的违约责任（**本条第二句**）。承揽人发现图纸或技术要求与合同附件不符，但未就此提出异议的，应视为其认可图纸工程量与合同约定相符［**吉林高院（2015）吉民再终字第6号民判**］。因承揽人的个人技术或经验导致定作人的要求无法得到满足的，定作人可以解除合同，并请求承揽人负担违约责任。

定作人收到承揽人的异议通知时，负有及时答复的义务（**本条第二句**）。定作人未及时答复或者拒绝答复的，承揽人就因此遭受的损失有权请求定作人赔偿（**本条第二句**）。因定作人怠于答复导致承揽工作无法继续进行的，承揽人可以解除合同（**第563条第1款第4项**）。

第七百七十七条 【定作人变更承揽工作要求的责任】定作人中途变更承揽工作的要求，造成承揽人损失的，应当赔偿损失。

定作人有权中途变更承揽工作的要求，且无须提供理由。变更承揽工作要求的适格期间，始于合同成立时，终于完成承揽工作或交付工作成果（如有）时。承揽人完成工作或交付工作成果后，定作人不得请求变更。定作人的变更权为形成权，以需受领的单方意思表示为权利行使方式，无须承揽人同意。定作人变更的意思表示达到承揽人时，承揽合同即发生相应的变更。但是，因定作人变更要求致使承揽人无法完成承揽工作的，应视同定作人行使任意解除权（**第787条**）。

因变更承揽工作要求导致承揽人损失的，定作人应当予以赔偿。承揽人的损失主要是指承揽人为了完成新的承揽工作而额外支出的费用或遭受的不利。具体而言，这些额外负担和不利主要涉及以下几个方面：一是承揽人完成部分工作的，新的承揽工作使该部分工作变得没有意义；二是承揽要求的变更提高了承揽工作难度；三是承揽人提供材料的，新的承揽工作使之前使用的材料变得没有价值；四是承揽要求的变更需要承揽人提供额外的材料。承揽人依本条请求损失赔偿时，应当对损失的发生和范围负担举证责任。

需附带说明的是，定作人中途变更承揽工作，承揽人的负担因此减轻的，如果定作人尚未支付报酬或者未交付材料，其有权在相应范围内减免报酬或减少材料；如果定作人已经支付了报酬或者交付材料，其有权在相应范围内请求承揽人返还报酬（**第985条**）和材料。

第七百七十八条　【定作人的协助义务】承揽工作需要定作人协助的，定作人有协助的义务。定作人不履行协助义务致使承揽工作不能完成的，承揽人可以催告定作人在合理期限内履行义务，并可以顺延履行期限；定作人逾期不履行的，承揽人可以解除合同。

定作人的法定协助义务，是其依诚实信用原则负担的附随义务，其内容依据承揽工作的内容、交易习惯等予以确定。第三人影响承揽工作，且第三人与定作人具有特殊关系，定作人有义务排除妨碍的，属于履行协助义务的特殊形式［**(2017)最高法民申4464号民裁**］。因定作人怠于提供协助，致承揽人遭受损害的，承揽人有权请求定作人予以赔偿（**第577条、第584条**）。

定作人怠于履行协助义务，致使承揽工作不能完成的，承揽人可以要求定作人在合理期限内提供相应协助，承揽工作的履行期限顺延（**本条第二句第一分句**）。何谓“合理期限”？依协助的内容等因素综合判断。定作人经催告后在宽限期内仍不履行协助义务的，承揽人可以解除合同。如果定作人怠于提供协助的事实不影响承揽工作的完成，承揽人不得解除合同，而只能主张损害赔偿。

第七百七十九条　【定作人对承揽工作的监督检验】承揽人在工作期间，应当接受定作人必要的监督检验。定作人不得因监督检验妨碍承揽人的正常工作。

为确保承揽工作的质量，定作人享有监督、检验的权利，但行使该权利仅限于必要（**本条第一句**）。“必要的监督检验”的具体内容，应依据当事人关于监督检验的约定以及承揽工作的性质予以认定。监督检验有别于指导，后者一般属于雇佣关系的内容。监督检验是定作人的法定权利，而接受监督检验是承揽人负担的法定义务，承揽人不得以合同未有约定而拒绝。承揽人拒绝定作人监督检验的，构成违约。定作人因此遭受损害的，承揽人应当承担损害赔偿责任。

定作人在监督检验时，不得妨碍承揽人的正常工作（**本条第二句**）。定作人的监督检验会妨碍承揽人正常工作的，承揽人有权予以拒绝。定作人的监督检验已经妨碍承揽人正常工作的，承揽人有权要求顺延履行期限，并在遭受损失时请求定作人予以赔偿，在支出额外费用时要求定作人予以补偿。

第七百八十条 【承揽人交付工作成果的义务】承揽人完成工作的，应当向定作人交付工作成果，并提交必要的技术资料和有关质量证明。定作人应当验收该工作成果。

交付工作成果是承揽人的主给付义务（**第770条及本条第一句**）。本句中的“交付”与本法物权编中的“交付”（**第224、226～228条**）有所不同。当工作成果表现为有体物的，自可适用物权编的交付规定。交付的具体方式由当事人约定。当工作成果表现为无形利益时，如装修或设计之完成、管道之疏通等，“交付”则是指交由定作人享用工作成果。此外，承揽人还须提交必要的技术资料和有关质量证明等。

承揽人交付的工作成果是否符合合同的约定，需要定作人验收后确定，因此，定作人负有验收工作成果的义务（**本条第二句**）。验收义务是一项不真正义务，定作人怠于验收的，视为成果符合约定，事后不得再主张质量异议［**陕西高院（2014）陕民二申字第00141号民裁**］。定作人知晓承揽人擅自更换原材料类型及未按合同约定履行义务，却未在合理期限内提出质疑或在验收时及时提出异议，仍然向承揽人支付剩余尾款的，可认为双方在实际履行中就原材料类型的变更达成一致意见［**四川高院（2019）川民申594号民裁**］。关于工作成果的检验期限以及承揽人的异议期限，准用买卖合同的相关规定（**第646条并第620～621条**）［**浙江高院（2019）浙民申969号民裁**］。定作人检验后发现工作成果不符合合同要求的，有权拒绝受领，并请求承揽人承担违约责任（**第781条**）。承揽人应对制造、安装的设备调试合格后交付定作人的，虽然承揽人进行了多次调试，但双方既未办理设备验收手续，也无其他证据证明已将设备调试合格的，不能仅以定作人已陆续支付设备款的行为主张定作设备已调试合格［**“吉林冶金设备厂诉烟台冶金研究所加工承揽合同纠纷案”，《最高法公报》2004 年第 6 期**］。

关于工作成果的风险负担，应区分讨论。工作成果在交付前已归定作人所有的（比如修理承揽），应由定作人负担风险。反之，则可参照买卖合同的规定执行（**第 646 条及第 604～610 条**），即除非当事人另有约定，以交付作为风险转移的时点。在交付之前，工作成果因不可归责于当事人的事由而毁损或灭失的，承揽人应当在毁损范围内减少报酬或者无权请求支付报酬，已经支付的报酬应当部分返还或者全部返还。在交付之后，工作成果因不可归责于当事人的事由而毁损或灭失的，定作人继续负担报酬支付的义务。因工作成果不符合合同约定，定作人拒绝受领的，工作成果的风险由承揽人负担。

在交付之前，工作成果的归属值得探讨。在某些情形（比如修理），承揽人在定作人财产的基础上开展工作，且财产未丧失同一性，所涉财产自然归定作人享有。但是，在加工制造的情形，制作物的归属首先依当事人的约定处理；没有约定或约定不明时，则取决于主材料的来源。主材料由定作人提供或者用其提供的资金而购置的，工作成果在交付前归定作人所有［**武汉海事法院（2014）武海法商字第 00342 号民判**］，除非承揽工作的增值利益超过材料的价值；主材料由承揽人提供或者用其自有资金购得的，工作成果在交付前归承揽人所有［**上海一中院（2012）沪一中民四（商）终字第 1425 号民判、浙江高院（2014）浙民申字第 1409 号民裁**］。

第七百八十一条 【工作成果不符合质量要求时的违约责任】承揽人交付的工作成果不符合质量要求的，定作人可以合理选择请求承揽人承担修理、重作、减少报酬、赔偿损失等违约责任。

本条是本法第 582 条规定的具体化（**参见其评注**）。承揽人交付的工作成果不符合质量要求的，构成违约，定作人可以要求承揽人承担违约责任。违约责任的具体形式取决于定作人的选择和质量瑕疵的情况，有些责任形式定作人只能择一主张，如修理与重作或减少报酬；有些则可以同时主张，如请求修理、重作与损害赔偿。定作人的选择应当“合理”，不得违反诚实信用原则。例如，修理能够让工作成果符合质量要求的，原则上应当优先适用［**上海徐汇法院（2001）徐经初字第1622号民判**］。除本条规定的违约责任外，因工作成果不符合质量要求，导致承揽合同目的难以实现的，定作人还有权解除合同（**第563条第1款第4项**）。

在举证责任上，定作人主张工作成果不符合质量要求的，应当对此负担举证责任。承揽人主张工作成果不符合质量约定的原因是第三人提供的材料存在瑕疵的，应当对该事实负担举证责任［**（2017）最高法民申457号民裁**］。

第七百八十二条 【定作人支付报酬的时间】定作人应当按照约定的期限支付报酬。对支付报酬的期限没有约定或者约定不明确，依据本法第五百一十条的规定仍不能确定的，定作人应当在承揽人交付工作成果时支付；工作成果部分交付的，定作人应当相应支付。

定作人按照合同约定向承揽人支付报酬，是定作人承担的主给付义务（**第770条**）；除须按照约定的金额支付报酬外，定作人还应当按照约定的时间支付报酬（**本条第一句**）。合同对报酬支付时间没有约定或约定不明的，当事人可以协议补充；达不成协议的，根据合同有关条款或者交易习惯确定；仍然无法确定的，定作人应当在承揽人交付工作成果时支付报酬；承揽人仅交付部分工作成果的，定作人也应当支付相应的报酬（**本条第二句**）。定作人在收到工作成果后，经验收发现不符合合同约定，并将工作成果送回交由承揽人重作的，承揽人不得请求支付报酬［**江苏高院（2018）苏民申573号民裁**］。本条仅规定了定作人支付报酬的期限。关于支付报酬的币种、汇率、地点、方式等问题，应当按照当事人的约定与本法相关规定（**如第511条第3项**）处理。

第七百八十三条 【承揽人的留置权与留置抗辩权】定作人未向承揽人支付报酬或者材料费等价款的，承揽人对完成的工作成果享有留置权或者有权拒绝交付，但是当事人另有约定的除外。

本条关于承揽人留置权的规定是本法物权编留置权之规定（**第447条**）的具体化。由于承揽人不仅先行完成了给付行为，面临定作人怠于履行的风险，而且增益了材料的价值，故其可享有留置权。承揽人的留置权应当满足以下要件：(1) 须工作成果为动产，不动产上不能成立留置权。建设工程价款的优先受偿权（**第807条**）具有类似功能。(2) 留置对象仅限于归定作人所有的工作成果。工作成果需在交付前非属承揽人所有（**参见本法第780条评注**），否则其作为所有权人无法留置自己的动产，但其可"拒绝交付"工作成果。若工作成果属于第三人，承揽人仍可取得留置权（**《担保制度解释》第62条第1款**）。承揽人留置权的对象只能是承揽人完成的工作成果，承揽人对定作人的原材料或者工具等不享有留置权［**(2017) 最高法民申1941号民裁**］。(3) 定作人未向承揽人支付全部报酬或承揽人垫付的全部材料费用。(4) 承揽合同无排除承揽人留置权的约定。留置权是法律为平衡定作人和承揽人利益而赋予后者的权利，其作为民事权利，在无损于第三人利益的情况下当然可以被事先放弃。在承揽合同有排除承揽人留置权的特约时，承揽人不得行使留置权。承揽人的留置权同时适用本法物权编第十九章的相关规定（**第449～457条**）。

本条还规定了承揽人的留置抗辩权，即拒绝交付工作成果的权利，属于同时履行抗辩权的特殊形式。在不能成立留置权的情形，如工作成果不表现为动产，或者工作成果虽为动产，但在交付前归承揽人所有，承揽人享有留置抗辩权。留置抗辩权的成立要件为：(1) 定作人未向承揽人支付报酬或承揽人垫付的材料费用。(2) 拒绝交付的对象为承揽人完成的工作成果。留置的工作成果归第三人所有的，承揽人依旧有权拒绝交付（**类推适用《担保制度解释》第62条第1款**）。(3) 承揽合同无排除承揽人留置抗辩权的约定。当事人之间存在此种约定的，应予尊重。

承揽人的留置权和留置抗辩权的主要差异在于，前者为担保物权，有优先受偿效力，而后者则为合同履行抗辩权，无优先受偿效力。

第七百八十四条　【承揽人的保管义务】承揽人应当妥善保管定作人提供的材料以及完成的工作成果，因保管不善造成毁损、灭失的，应当承担赔偿责任。

承揽人应当妥善保管定作人提供的材料，其范围不仅包括定作人直接提供的材料，还包括定作人提供价款而由承揽人代为购得的材料。并且，承揽人还应当妥善保管完成的工作成果，既包括交付前归承揽人享有的工作成果，也包括交付前归定作人享有的工作成果。承揽人妥善保管义务是承揽合同的从给付义务，有别于保管合同中保管人的妥善保管义务，后者乃是保管人负担的主给付义务。并且，承揽人的保管义务是其基于承揽合同负担的义务，不构成无偿保管，因此，其应承担与有偿保管人相同的妥善保管义务，并承担因保管不善造成的材料及工作成果毁损、灭失的赔偿责任（**参见第 897 条第 1 款评注**）。承揽人依法行使留置权的，不影响其继续承担妥善保管义务，承揽人由于未能及时实现留置权，致留置物超过保质期的，应当赔偿定作人因此所遭受的损失［**黑龙江高院（2014）黑监民再字第 9 号民判**］。因定作人的缘故导致承揽工作临时中断的，承揽人妥善保管材料的义务不受影响［**贵州高院（2023）黔民申 9347 号民裁**］。

材料、工作成果非因可归责于当事人的缘故而灭失的，涉及风险负担问题。材料由定作人提供的，风险应由定作人（所有权人）负担；承揽人提供材料的，风险由承揽人负担，即其需继续完成承揽工作。工作成果的风险负担应以交付为准：交付前归承揽人负担，交付后归定作人负担。当然，工作成果在交付前已归定作人享有，比如修理合同的情形，那么所涉风险在交付前也归定作人负担。

需要注意的是，对定作人提供的材料以及在交付前由定作人享有所有权的工作成果，因承揽人保管不善造成毁损、灭失的，可同时成立承揽人的侵权责任（**第 1165 条第 1 款**），发生违约责任与侵权责任的竞合（**第 186 条**）。对于交付前由承揽人享有所有权的工作成果，因承揽人保管不善造成毁损、灭失而无法交付，或者需要重作而延期交付的，承揽人依法承担违约责任（**如第 577、584 条**）。

第七百八十五条　【承揽人的保密义务】承揽人应当按照定作人的要求保守秘密，未经定作人许可，不得留存复制品或者技术资料。

承揽人保守秘密的义务是其应当承担的从给付义务或附随义务。保守秘密的内容、范围以及方式等方面，应当依据定作人的要求确定，并经合同的订立而被纳入合同，成为合同内容的组成部分。根据承揽人与定作人之间的交易习惯或者所属行业的交易惯例，承揽人也应对某些事项承担保密义务［**北京一中院（2014）一中知行初字第451号民判**］。承揽人从缔约磋商开始经合同履行直至合同终止后，都应当按照定作人的要求以及所获信息的性质，依照诚信原则承担保密义务。承揽人不得泄露或者作不正当使用根据承揽合同所获的定作人的技术资料。在完成承揽工作后，承揽人应当将相关技术资料返还给定作人，且不得留存工作成果或技术资料的复制品。

承揽人违反保密义务，未经定作人同意留存复制品或者技术资料的，构成违约，应当承担相应的违约责任（**如第577、580、582、584、585条**）。此外，承揽人未按照定作人要求保守秘密，构成侵权的（**第1165条第1款**），还会产生违约责任与侵权责任的竞合（**第186条**）。

第七百八十六条 【共同承揽人的连带责任】共同承揽人对定作人承担连带责任，但是当事人另有约定的除外。

多个承揽人共同完成承揽工作的，成立共同承揽。共同承揽中多个承揽人完成的工作具有整体性，且共同对定作人负责。定作人与多个承揽人分别订立内容不同的承揽合同，不构成共同承揽。承揽人将主要工作交由第三人完成（**第772条第1款**），或者将辅助工作交由第三人完成的（**第773条**），仅承揽人对定作人负责，也不构成共同承揽。不过，定作人与公司承揽人签订合同，同时要求公司法定代表人亲自完成承揽工作的，法定代表人与公司为共同承揽人［**江西高院（2017）赣民终294号民判**］。

共同承揽人均是承揽合同当事人，故对定作人负担连带债务（**第518条第1款第二分句**），从而须承担连带责任（**第178条第1款**）。因此，定作人有权请求部分或者全部承揽人承担履行债务，并承担不履行或不适当履行的违约责任。关于共同承揽人的内部责任分摊和追偿，适用本法第178条第2款。

本条是任意性规范，当事人可约定排除共同承揽人的连带责任。承揽人主张当事人之间具有排除连带责任之约定的，应当对此事实负担举证责任。

第七百八十七条 【定作人的任意解除权】定作人在承揽人完成工作前可以随时解除合同，造成承揽人损失的，应当赔偿损失。

承揽合同是为了实现定作人对工作成果的特殊需要而订立的，且定作人有权随时变更对承揽工作的要求（**第 777 条**）。在订立合同后，如果定作人因主、客观原因的变化，不再需要预定的工作成果，不允许其及时终止承揽工作的权利，将强使定作人作不必要的支出，如为完成工作而购置材料或支出其他费用，工作成果也会因非属所需而被放弃，造成社会资源的浪费。在无损于承揽人利益的情况下，赋予定作人任意解除权，将能够有效避免前述问题。本条规定的解除权乃系定作人的法定权利，其系强制性规范，当事人不得约定排除，否则约定无效［**湖州中院（2023）浙 05 民终 117 号民判**］。然当事人可就本条所涉解除权的行使方式与期限达成约定，比如“提前一个月书面通知”［**（2016）最高法民申 994 号民裁**］。

定作人任意解除权无须特别的成立要件，只需要定作人在承揽人完成工作前通知解除合同即可。承揽人已完成承揽工作，即便未交付，定作人也不得随意解除合同［**广东高院（2019）粤民申 3679 号民裁**］。倘若已经交付，即便当事人就工作成果质量存在争议，定作人也不得依本条解除合同［**北京二中院（2023）京 02 民终 7266 号民判**］。将该权利的行使限制在“承揽人完成工作前”，能够与确立该种权利的规范目的保持一致。因为，如果承揽人已经完成工作，定作人解除合同不会在避免徒然支出与资源浪费等方面取得任何效果。

唯需注意者，定作人的任意解除权虽有其正当性，但不能成为损害承揽人依成立合同所享有利益的理由。因此，承揽人因定作人行使任意解除权而遭受损失的，可以要求定作人赔偿，具体包括：对已完成工作请求按照合同约定支付相应报酬，对于未完成工作部分相应的期待利益（报酬）也可以请求赔偿［**常德中院（2017）湘 07 民终 2045 号民判**］。但是，定作人可以请求扣除承揽人因合同解除而获得的利益，如因此节省的开支，或者另行承接工作任务而获取的利益。对于后者，定作人须就该利益的取得与本承揽合同的解除有因果关系负证明责任（**本法第 646 条并参照《买卖合同解释》第 23 条**）。此外，承揽人亦应采取措施避免合同解除后损失的扩大，否则，不得就扩大的损失请求定作人赔偿（**第 591 条第 1 款**）[**最高法（2015）民再申字第 1 号民裁，河南高院（2006）豫法民三终字第 36 号民判**]。承揽人对于损失的发生有过错的，可减少定作人的赔偿额（**第 592 条第 2 款**）[**（2019）最高法民申 2471 号民裁**]。但是，定作人因承揽人违约而解除合同的，不承担损害赔偿责任 [**北京二中院（2016）京 02 民终 10573 号民判**]。此外，定作人承担赔偿责任是其行使任意解除权所产生的后果，并非其行使任意解除权的条件。

此外，有关承揽合同解除的其他效果，依本法第 566 条规定处理 [**温州中院（2017）浙 03 民终 720 号民判，北京三中院（2017）京 03 民终 9028 号民判，重庆高院（2013）渝高法民终字第 00112 号民判**]。

第十八章

建设工程合同

第七百八十八条 【建设工程合同的定义及种类】建设工程合同是承包人进行工程建设，发包人支付价款的合同。

建设工程合同包括工程勘察、设计、施工合同。

建设工程合同，是承揽合同的特殊形态。其特殊之处主要体现在：一是合同主体需要有特殊资质。从事建筑活动的建筑施工企业、勘察单位、设计单位、工程监理单位，在取得相应等级的资质后，方可在其资质等级许可的范围内从事建筑活动（**《建筑法》第13条**）。二是合同具有计划性和程序性要求。建筑工程需要经过立项、审批后方可施工，国家通过对建设工程用地的规划许可、工程规划许可进行一定的计划干预，保证建筑工程的实施符合国家经济、生态环境政策与计划。建设工程从立项到完工，需要经历一个很长的周期，工程各个阶段之间具有严密的程序要求，以确保工程按期保质完成。三是合同的签订及履行受到国家的监督管理。建设工程合同涉及社会公共利益和人民群众生命财产安全，因此国家制订了一系列监督和管理制度。如部分工程项目必须通过招投标的方式确定承包人（**《招投标法》第3条**）；在城市、镇规划区内进行的工程建设应先申请办理建设工程规划许可证（**《城乡规划法》第40条**）。

本条第1款明确了建设工程合同法律关系的构成。建设工程合同的客体为建设工程，包括土木建筑工程和建筑业范围内的线路、管道、设备安装工程的新建、扩建、改建以及大型的建筑装修装饰活动，主要包括房屋、铁路、公路、机场、港口、桥梁、矿井、水库、电站、通信线路等。建设工程合同的主体为发包人和承包人。发包人一般是投资建设工程的单位，通常称为“业主”。但是，在一些特殊建设工程合同中，发包人不是建设单位，如在国家重大项目建设工程合同中，发包人往往是专门成立的项目法人。此外，建设工程实行总承包的，总承包单位经发包人同意，在法律规定的范围内对部分工程项目进行分包的，工程总承包单位即成为分包工程的发包人。建设工程合同的承包人，即实施建设工程的勘察、设计、施工等业务的单位，包括对建设工程实行总承包的单位、勘察单位、设计单位、施工单位和承包分包工程的单位。建设工程合同的内容，对承包人来说，是按照约定质量和日期完成工程的勘察、设计、施工任务；对发包人来说，则是按照约定支付工程价款。

本条第 2 款明确了建设工程合同的主要类型。根据工程建设的不同阶段，建设工程合同可分为勘察合同、设计合同、施工合同。勘察合同，是指发包人与勘察人就完成建设工程地理、地质状况的调查研究工作而达成的协议；设计合同，是指发包人与设计人就完成建设工程设计工作而达成的协议，一般包括方案设计、初步设计以及施工图设计；施工合同，是指发包人与施工单位就完成建设工程的施工活动而达成的协议，主要包括建筑和安装两方面的内容。

第七百八十九条 【建设工程合同的形式】建设工程合同应当采用书面形式。

建设工程合同给付内容复杂、价格高、工期长，为保证建设工程安全、顺利地完成，明确双方的权利义务，避免不必要的纠纷，有必要采取书面形式。国家相关部门发布了建设工程合同示范文本，向全国建筑行业推荐使用，并根据建筑业的发展变化而不断修订。其内容包括合同协议书、通用合同条款、专用合同条款三个部分，适用于房屋建筑工程、土木工程、线路管道和设备安装工程、装修工程等建设工程的施工承发包活动。但需注意，该示范文本为非强制使用的合同文本。

实践中，如果当事人之间未订立书面的建设工程合同，但存在事实上的建设工程关系，不应仅因未签订书面合同而认定合同无效。不过，除部分标的额不大、工程量较小的工程外，未签订书面合同的情况常见于违法转包或分包情形，对此应依照本法第 793 条规定处理［**新疆高院（2016）新民终 470 号民判**］。此外，对于建筑工程施工中变更施工主体却未签订书面合同的情形，若原施工单位完全退出施工，发包方认可新的施工方且直接与其发生合同约定的权利义务关系的，可视为对合同主体变更的默认，该种变更有效［**最高法（1999）民终字第130号民判**］。

第七百九十条 【建设工程招投标的原则】建设工程的招标投标活动，应当依照有关法律的规定公开、公平、公正进行。

本条明确了建设工程招投标活动的原则，同时也表明招投标是建设工程合同订立的重要形式。

在我国境内进行的下列工程建设项目的勘察、设计、施工、监理以及与工程建设有关的重要设备、材料等的采购，必须进行招标：(1) 大型基础设施、公用事业等关系社会公共利益、公众安全的项目；(2) 全部或者部分使用国有资金投资或者国家融资的项目；(3) 使用国际组织或者外国政府贷款、援助资金的项目；(4) 法律或者国务院规定的其他必须招标的项目（**《招投标法》第3条**）。建设工程必须进行招标而未招标或者中标无效的，所订立的建设工程合同应当依据本法第153条第1款的规定，认定无效（**《施工合同解释一》第1条**）。非必须招标的建设工程通过招标投标方式订立合同的，也应当严格按照中标合同履行。招标投标活动除应公开、公平、公正外，还应当遵循诚实信用的原则（**《招投标法》第5条**）。

招标人和中标人应当自中标通知书发出之日起30日内，按照招标文件和中标人的投标文件订立书面合同。招标人和中标人不得再行订立背离合同实质性内容的其他协议（**《招投标法》第46条第1款**）。背离中标合同实质内容另行签订的合同，不能作为履行和工程价款结算的依据［**江苏高院（2016）苏民终1151号民判**］。

第七百九十一条 【建设工程的发包、承包和分包】发包人可以与总承包人订立建设工程合同，也可以分别与勘察人、设计人、施工人订立勘察、设计、施工承包合同。发包人不得将应当由一个承包人完成的建设工程支解成若干部分发包给数个承包人。

总承包人或者勘察、设计、施工承包人经发包人同意，可以将自己承包的部分工作交由第三人完成。第三人就其完成的工作成果与总承包人或者勘察、设计、施工承包人向发包人承担连带责任。承包人不得将其承包的全部建设工程转包给第三人或者将其承包的全部建设工程支解以后以分包的名义分别转包给第三人。

禁止承包人将工程分包给不具备相应资质条件的单位。禁止分包单位将其承包的工程再分包。建设工程主体结构的施工必须由承包人自行完成。

本条是关于建设工程合同发包、承包和分包应当遵守的基本原则的规定。同时，该条与《建筑法》第 24、28、29 条关于建设工程合同发包、承包和分包的基本原则和相关规定一致。该条内容为强制性规定，违反该规定将导致所订立的建设工程合同无效。

本条第 1 款规定了建设工程发包的基本原则。该款第一句明确了建设工程合同发包的两种方式：总承包方式和单项工程承包方式。总承包是指发包人将建设工程的勘察、设计、施工等工程建设的全部任务一并发包给一个具备相应的总承包资质的承包人，由该承包人负责工程的全部建设工作，直至工程竣工，并向发包人交付经验收合格的建设工程的发包方式。单项工程承包则是发包人将建设工程中的勘察、设计、施工等不同工作任务，分别发包给勘察人、设计人、施工人等，并与其签订相应的承包合同的发包方式。该款第二句明确了支解发包禁止原则。即发包人不得将应当由一个承包人完成的建设工程支解成若干部分发包给几个承包人。是否属于应当由一个承包人完成的建设工程，应当考虑工程性质和技术联系等因素予以判断。发包人将应当由一个承包人完成的建设工程支解成若干部分发包给几个承包人的，该建设工程合同无效。

本条第 2 款规定了建设工程分包的条件。同承揽合同一样，建设工程的承包人原则上应当亲自完成工程建设。但是，本款第一句明确规定了例外，即承包人可将承包的部分工作交由第三人。其条件是：(1) 只能对部分工程进行分包，且必须是非主体结构的施工（**见本条第 3 款第三**

句)；(2) 分包人应当具有相应资质；(3) 经过发包人同意。对于未经发包人同意的分包合同效力，实务中存在不同裁判意见，但大部分持无效观点。关于发包人同意的方式，一般以分包前的书面同意为准，但发包人的事后付款也可能构成对分包的认可［**(2017) 最高法民申 1182 号民裁**］。本款第二句明确了合法分包的法律后果：就第三人分包的工程内容，承包人与分包人一起向发包人承担连带责任。因建设工程质量发生争议的，发包人可以以总承包人、分包人和实际施工人为共同被告提起诉讼（**《施工合同解释一》第 15 条**）。分包合同依附于承包合同，总承包合同解除的，分包合同同步解除，分包人应即撤离项目场地［**(2016) 最高法民再 53 号民判**］。本款第三句明确禁止转包。转包包括承包人将其承包的全部建设工程交由单个第三人完成的情形，也包括将全部建设工程支解后以分包名义交给多个第三人完成（支解分包）的情形。承包人转包属于严重违法行为，除需承担违约责任外，还会受到责令改正、没收违法所得、并处罚款、责令停业整顿、降低资质等级等行政处罚（**《建筑法》第 67 条**）。

本条第 3 款主要规定建设工程分包的禁止事项，包括禁止承包人将工程分包给不具备相应资质的单位，或者分包人再分包的，违反该禁止规定所签订的建设工程合同无效［**最高法 (2014) 民申字第 1603 号民裁**］。关于分包的禁止事项，住房和城乡建设部的《建筑工程施工发包与承包违法行为认定查处办法》第 12 条有更为详细的规定，包括分包给个人、非专业分包单位将非劳务作业部分再分包、专业作业承包人将劳务再分包等。本款第三句规定承包人应亲自完成建设工程的主体结构。据此，在总承包情形，总承包人不得将所承包工程的主体结构的施工内容予以分包，否则对其作与违法转包相同的处理，即分包无效。

第七百九十二条 【国家重大建设工程合同的订立程序】国家重大建设工程合同，应当按照国家规定的程序和国家批准的投资计划、可行性研究报告等文件订立。

国家重大建设工程，又称国家重点建设项目，指从下列国家大中型基本建设项目中确定的对国民经济和社会发展有重大影响的骨干项目：

(1) 基础设施、基础产业和支柱产业中的大型项目；(2) 高科技并能带动行业技术进步的项目；(3) 跨地区并对全国经济发展或者区域经济发展有重大影响的项目；(4) 对社会发展有重大影响的项目；(5) 其他骨干项目（**《国家重点建设项目管理办法》第 2 条**）。

国家重大建设工程合同的订立应当遵守国家规定的程序：主体工程的设计、施工、监理、设备采购，由建设项目法人依法公开进行招标，择优选定中标单位；但是，按照规定经批准可以议标、邀请招标的除外（**《国家重点建设项目管理办法》第 13 条第 1 款**）。国家重大建设工程合同应当按照国家批准的投资计划、可行性研究报告等文件订立。在实践中，国家重大建设工程在事先应当进行可行性研究，对工程的投资规模、建设效益进行论证分析，并编制可行性研究报告，然后申请立项。在立项批准后，再根据立项进行投资计划并报有关国家计划部门批准。在投资计划被批准后，有关建设单位根据工程的可行性研究报告和国家批准的投资计划，遵照国家规定的程序进行发包，与承包人订立建设工程合同。

第七百九十三条 【合同无效时对承包人的补偿】建设工程施工合同无效，但是建设工程经验收合格的，可以参照合同关于工程价款的约定折价补偿承包人。

建设工程施工合同无效，且建设工程经验收不合格的，按照以下情形处理：

（一）修复后的建设工程经验收合格的，发包人可以请求承包人承担修复费用；

（二）修复后的建设工程经验收不合格的，承包人无权请求参照合同关于工程价款的约定折价补偿。

发包人对因建设工程不合格造成的损失有过错的，应当承担相应的责任。

本条是关于建设工程施工合同无效时对承包人的补偿规定。一般来说，合同无效的，当事人不能取得预期的合同利益，仅对有过错的对方当事人享有损害赔偿请求权。但是，建设工程施工合同的履行过程是承包人将劳务及建筑材料物化到建设工程的过程，建设工程施工完成会有建筑物等不动产的产生。基于这一特殊性，合同无效时，发包人既无须向承包人返还建设工程，也无法向承包人返还已经付出的劳务和使用的建筑材料，因此只能根据所完成的建设工程的实际情况，分别处理。

本条第1款规定建设工程施工合同无效但建设工程经验收合格时对承包人的补偿标准。虽然建设工程合同无效，但建设工程经验收合格，则发包人已获得其依有效合同能够获得的利益，而法律关于合同无效的规定意图避免的损害也未实际发生，故参照合同约定的工程价款补偿承包人是合理的。“参照”是指授权裁判机关根据案件的实际情况，以约定的工程价款为基准，考虑工程造价成本和适当的利润水平、无效原因等因素确定补偿额。需要注意，依据“任何人不得从其违法行为中获利”的原则，“参照”后折价补偿的数额不能高于合同约定的工程价款，否则会导致合同当事人反而因合同无效获得额外利益［**最高法（2013）民提字第59号民判**］。此外，“参照”的对象主要指有关工程款计价方式和计价标准的约定，一般不包括付款条件、付款时间、付款方式等内容［**最高法（2013）民一终字第93号民判**］。需要注意的是，建设工程合同无效，但是就债权债务达成的清理协议，具有独立于建设施工合同的性质，并不必然无效［**（2016）最高法民终733号民判**］。

本条第2款规定建设工程施工合同无效且建设工程经验收不合格时的处理。在建设工程合同无效时，若承包人完成的建设工程经验收不合格，但是经过修复验收合格的，虽然发包人仍应依本条第1款之规定对承包人参照合同约定的工程价款进行补偿，但除承包人自负费用修复者外，发包人有权请求从应付补偿费中扣减修复费用。承包人原则上应主动修复，否则发包人无依前述规定进行补偿的义务。若经修复仍验收不合格，承包人无权请求参照约定工程价款给予补偿。

本条第3款规定发包人有过错时的损害赔偿责任。建设工程施工合同无效且建设工程不合格的，发包人应按照本法第157条的原则承担合同无效时的损害赔偿责任，在这个意义上，本款是该条有关损害赔偿责任规定的具体化，发包人与承包人双方应结合各自的过错程度、过错与损失之间的因果关系等因素进行损失分担（**《施工合同解释一》第6条第2款**）。

第七百九十四条 【勘察、设计合同】勘察、设计合同的内容一般包括提交有关基础资料和概预算等文件的期限、质量要求、费用以及其他协作条件等条款。

勘察、设计合同，是指勘察人、设计人完成工程勘察、设计任务，发包人支付勘察、设计费用的合同。所谓勘察，是指勘察人对工程的地理状况进行调查研究，包括对工程进行测量，对工程建设的地址、水文等进行调查等工作。所谓设计，是指设计人对工程结构进行设计、对工程价款进行概预算。

勘察、设计合同的主给付义务，是勘察人、设计人交付有关基础材料和概预算等文件，发包人给付价款。勘察、设计文件往往会影响到建设工程的开展进度，因此在勘察、设计合同中应当约定勘察人、设计人履行主给付义务的期限。勘察、设计的质量，除应依照合同约定外，还应当符合国家规定的强制性标准。勘察、设计文件应当符合有关法律、行政法规的规定和建筑工程质量、安全标准、建筑工程勘察、设计技术规范以及合同的约定。设计文件选用的建筑材料、建筑构配件和设备，应当注明其规格、型号、性能等技术指标，其质量要求必须符合国家规定的标准（**《建筑法》第56条**）。此外，勘察、设计合同双方还应承担协助义务。如发包人需要为勘察人、设计人提供必要的工作条件和生活条件，勘察人、设计人应当配合工程建设的施工，进行设计交底，解决施工中的有关设计问题，负责变更设计和修改预算，参加测试考核和工程验收等。

除本条列举的内容外，勘察、设计合同还包括履行地点和履行方式、违约责任、解决争议的方法等条款。

第七百九十五条 【施工合同】施工合同的内容一般包括工程范围、建设工期、中间交工工程的开工和竣工时间、工程质量、工程造价、技术资料交付时间、材料和设备供应责任、拨款和结算、竣工验收、质量保修范围和质量保证期、相互协作等条款。

本条是关于施工合同主要内容的规定。

其中，工程范围是指施工的界区，是施工人进行施工的工作范围。工程范围是施工合同的必备条款。建设工期是指施工人完成施工任务的期限。中间交工工程，是指施工过程中的阶段性工程。为保证工程各阶段的交接，顺利完成工程建设，当事人应当明确中间交工工程的开工和竣工时间。

工程质量是指工程的等级要求，是施工合同中的核心内容，是施工合同的必备条款。工程质量往往通过设计图纸和施工说明书、施工技术标准加以确定。工程质量必须符合国家有关建设工程安全标准的要求。建设单位不得以任何理由，要求建筑设计单位或者建筑施工企业在工程设计或者施工作业中，违反法律、行政法规和建筑工程质量、安全标准，降低工程质量。建筑设计单位和建筑施工企业对建设单位违反有关规定提出的降低工程质量的要求，应当予以拒绝（**《建筑法》第 54 条**）。若施工合同中关于工程质量、施工材料的约定不符合国家规定的标准，应当依法认定无效。

工程造价是指施工建设该工程所需的费用，包括材料费、施工成本等费用。拨款是指工程款的拨付；结算，是指在工程交工后，计算工程的实际造价以及与已拨付工程款之间的差额。拨款和结算条款是施工人请求发包人支付工程款和报酬的依据。

技术资料主要是指勘察、设计文件以及其他施工人据以施工所必需的基础资料。材料和设备供应责任是指确定提供工程建设所必需的原材料以及设备义务的合同条款。

竣工验收是工程交付使用前的必经程序，也是发包人支付价款的前提。在建设工程竣工后，发包人应当根据施工图纸及说明书、国家颁发的施工验收规范和质量检验标准及时进行验收。

质量保修范围，通常包括地基基础工程、主体结构工程、屋面防水工程和其他工程以及电气管线、上下水管线的安装工程，供热、供冷工程等项目。质量保证期，是指工程各部分正常使用的期限，在实践中也称质量保修期。质量保证期的长短应当与工程的性质相适应，但不得低于国家规定的最低保证期限。

双方相互协作条款一般包括双方当事人在施工前的准备工作，施工人及时向发包人发出开工通知书、提供施工进度报告书，对发包人的监督检查提供必要的协助等。

实践中，当事人一般参照国家相关部门发布的建设工程合同示范文本订立建设工程合同，前述内容均包含在该合同范本中。

第七百九十六条 【建设工程监理】建设工程实行监理的，发包人应当与监理人采用书面形式订立委托监理合同。发包人与监理人的权利和义务以及法律责任，应当依照本编委托合同以及其他有关法律、行政法规的规定。

建设工程监理是指由具有法定资质条件的工程监理单位，根据发包人的委托，依照法律、行政法规及有关的建设工程技术标准、设计文件和建设工程合同，对承包人在施工质量、建设工期和建设资金使用等方面，代表发包人对工程建设过程实施监督的专门活动。由具有工程建设方面的专业知识和实践经验的人员组成的专业化的工程监理单位，接受发包人的委托，代表发包人对工程的质量、工期和投资使用情况进行监督，不仅有利于维护发包人的利益，保证工程质量，而且有利于协调发包人与承包人之间的关系，规范建设市场秩序。对建设工程是否实行监理，原则上应由发包人自行决定。但下列建设工程，发包人必须实行监理：（1）国家重点建设工程；（2）大中型公用事业工程；（3）成片开发建设的住宅小区工程；（4）利用外国政府或者国际组织贷款、援助资金的工程；（5）国家规定必须实行监理的其他工程（**《工程质量条例》第 12 条**）。

本条第一句明确了委托监理合同的要式性，即应当采用书面形式。因其本质上属于委托合同，故应适用本法关于委托合同的相关规定。就此而论，监理费用不属于建设工程款，监理单位无权主张建设工程价款优先受偿权［**北京一中院（2010）一中民初字第 3323 号民判**］。此外，委托监理合同应同时适用其他有关法律、法规的规定，主要是指《建筑法》（**第四章“建筑工程监理”部分**）、《工程质量条例》（**第五章“工程监理单位的质量责任和义务”部分**）等的规定。比如，委托监理的受托人，即监理单位的主体资格依法受到限制，其应当依法取得相应等级的资质证书，并在其资质等级许可的范围内承担工程监理业务（**《工程质量条例》第 34 条**）。

第七百九十七条 【发包人的检查权】发包人在不妨碍承包人正常作业的情况下，可以随时对作业进度、质量进行检查。

在承揽合同中，定作人有权随时检查承揽人的工作情况（**第 779 条**）。作为特殊的承揽合同，发包人同样可以随时检查承包人的作业进度与质量。发包人对建设工程进行检查主要通过两种方式：（1）委派具体管理人员作为驻工地代表；（2）发包人委托监理人对工程建设过程进行检查。发包人对承包人建设施工进行检查，应当“在不妨碍承包人正常作业的情况下”进行。如果发包人或其驻工地代表、监理人的不当检查行为致使承包人无法进行正常施工作业，承包人有权要求顺延工期。造成承包人停工、返工、窝工等损失的，承包人还有权要求发包人承担损害赔偿责任。

第七百九十八条 【隐蔽工程隐蔽前的检查】隐蔽工程在隐蔽以前，承包人应当通知发包人检查。发包人没有及时检查的，承包人可以顺延工程日期，并有权请求赔偿停工、窝工等损失。

隐蔽工程是指地基、电气管线、供水供热管线等需要覆盖、掩盖的工程。隐蔽工程有其自身特点，一旦隐蔽并进入之后的工序，如果存在问题需返工，则会对后面的施工造成破坏，引发损失并延长施工时间。在隐蔽工程完成后，发包人需及时检查，否则承包人有权停止施工，待发包人对隐蔽工程验收通过后再进行下道工序的施工，以避免损失扩大［**青岛中院（2020）鲁 0211 民初 373 号民判**］。发包人对隐蔽工程的检查，既是其权利，也是其义务，这区别于本法第 797 条规定的发包人对承包人施工情况的检查。

本条第一句规定承包人在隐蔽工程隐蔽以前通知发包人检查的义务。承包人在隐蔽工程完工后，应当在隐蔽以前，通知发包人检查，经发包人检查合格的，承包人方可进行隐蔽工程的隐蔽施工［**（2017）最高法民申 3347 号民判**］。发包人经检查发现隐蔽工程条件不合格的，有权要求承包人在一定期限内返工修复，承包人应当返工，对隐蔽工程进行修复或者重装、重作等，并在完工后、隐蔽前通知发包人检查，在检查合格后重新进行隐蔽。承包人没有通知发包人检查，就自行进行隐蔽工程的隐蔽施工的，发包人有权要求对已隐蔽的工程进行检查。此时承包人应当按照发包人的要求，对隐蔽工程进行剥露，供发包人检查，由此增加的费用或延误的工期均由承包人承担。需要注意，对隐蔽工程的检查和验收，并不免除工程竣工后的竣工验收程序，也不排除对隐蔽工程的质量鉴定。

本条第二句规定发包人的及时检查义务和违约责任。发包人没有及时检查隐蔽工程的，承包人应当催告发包人在合理期限内进行检查。在此期间，承包人有权暂停施工。承包人可以按发包人迟延检查的时间，将合同约定的完成工程日期往后推延，并有权要求发包人赔偿其停工、窝工等损失，包括停（窝）工人员人工费、机械设备窝工费和因窝工造成的合理利润损失、资金占用收益、设备租赁费等。

第七百九十九条 【建设工程的竣工验收】建设工程竣工后，发包人应当根据施工图纸及说明书、国家颁发的施工验收规范和质量检验标准及时进行验收。验收合格的，发包人应当按照约定支付价款，并接收该建设工程。

建设工程竣工经验收合格后，方可交付使用；未经验收或者验收不合格的，不得交付使用。

建设工程的竣工验收，是发包人按照合同约定支付价款的前提条件，是确定建设工程是否符合法定或约定质量标准的环节，也是对工程质量进行控制的最后一个环节。

本条第1款规定发包人在竣工后及时验收并接收建设工程的义务。发包人在收到建设工程竣工报告后，应及时验收。验收的内容主要包括：（1）验收该工程是否符合规定的建设工程质量标准，包括依照法律、行政法规规定的国家强制性标准、行业标准、国家颁发的施工验收规范标准以及合同中约定的该项建设工程特殊的质量标准。（2）验收承包人是否提供了完整配套的工程技术经济资料，主要包括建设工程合同、建设用地批准文件、工程设计图纸及其他有关文件，工程所用主要建设材料、构配件和设备的出厂检验合格证明与进场检验报告，申请竣工验收的报告书及有关工程建设的技术档案等。(3) 验收承包人是否持有建设工程质量检验书。在工程竣工交付使用后，承包人应当按规定提供建设工程质量保修证书作为书面凭证，以在一定期限内对其施工的建设工程质量承担保修责任。(4) 验收该工程是否符合国家规定的其他竣工条件。

发包人未及时验收的，按照如下方式处理：(1) 建设工程施工合同有约定的，从其约定。若当事人约定，发包人收到竣工结算文件后，在约定期限内不予答复，视为认可竣工结算文件的，人民法院可支持承包人的工程价款结算请求（**《施工合同解释一》第 21 条**）。(2) 建设施工合同未约定的，承包人可催告发包人及时验收，在合理期限内发包人未及时验收的，可以承包人提交验收报告之日为竣工日期（**《施工合同解释一》第 9 条第 2 项**）。(3) 承包人可请求发包人返还工程质量保证金（**《施工合同解释一》第 17 条第 1 款第 3 项**）。(4) 给承包人造成损失的，应由发包人承担。

建设工程竣工验收后，发包人应当按照约定支付价款，并接收该建设工程。发包人无正当理由，在收到结算报告后延迟办理结算的，应当承担相应的违约责任。但在因承包人的原因造成建设工程质量不符合约定时，发包人可要求承包人进行修理、返工或改建，若承包人拒绝修理、返工或者改建，发包人可请求减少支付工程价款的（**《施工合同解释一》第 12 条**）。

本条第 2 款规定建设工程非经验收合格不得交付使用的原则。若发包人擅自使用未经竣工验收的建设工程，应当承担相应的法律后果［**（2023）最高法民申 3328 号民裁、（2022）最高法民终 49 号民判**］，具体包括：(1) 建设工程未经竣工验收，发包人擅自使用的，以转移占有建设工程之日为竣工日期（**《施工合同解释一》第 9 条第 3 项**）。(2) 建设工程未经竣工验收，发包人擅自使用后，事后不得以使用部分质量不符合约定为由主张权利，即本法第 801 条中的请求无偿修理或者返工、改建等；但是，在此情况下，承包人仍然应当在建设工程的合理使用寿命内对地基基础工程和主体结构质量承担民事责任（**《施工合同解释一》第 14 条**）。此外，发包人未经竣工擅自使用工程，并不直接免除承包人的保修义务。保修的范围，一是以竣工日期产生的质量问题为限，二是以法定（**《建筑法》第 62 条**）或约定的保修范围为准。

第八百条 【勘察人、设计人的质量责任】勘察、设计的质量不符合要求或者未按照期限提交勘察、设计文件拖延工期，造成发包人损失的，勘察人、设计人应当继续完善勘察、设计，减收或者免收勘察、设计费并赔偿损失。

建设工程的勘察人应当按照现行的标准、规范、规程和技术条例，开展工程测量、勘测工程地质和水文地质等工作，并按照合同约定的进度及时提交符合质量要求的勘察成果。建设工程的设计人，应当根据技术经济协议文件，设计标准，技术规范、规程、定额等提出勘察设计要求和进行设计，并按照合同约定的进度及时提交符合质量要求的设计文件（包括概预算文件、材料设备清单）。

建设工程的勘察人、设计人未及时提交符合质量要求的勘察、设计文件的，将构成迟延履行或瑕疵履行。勘察人或设计人是否构成迟延履行，以其是否按照约定期限提交勘察、设计文件判断。勘察人或设计人的瑕疵履行，既指勘察、设计的质量不符合勘察、设计合同中的约定要求，也包括不符合有关管理法规和规章中的质量要求［**北京高院（2020）京民终225号民判**］。这些管理法规和规章，包括但不限于《建设工程勘察设计管理条例》《铁路建设工程勘察设计管理办法》《建设工程勘察质量管理办法》等。

建设工程的勘察人、设计人迟延履行或瑕疵履行的，需要承担违约责任。勘察人、设计人迟延提交勘察、设计文件的，发包人可催告勘察人、设计人提交，若在合理期限内仍未提交，发包人可解除勘察、设计合同。勘察人、设计人提交的勘察报告或者设计报告质量不符合要求，发包人有权请求勘察人、设计人重新进行勘察、设计，重新提交质量合格的勘察报告、设计报告。勘察人、设计人提交的勘察、设计报告质量不合格导致建设工程施工延后的，应当承担赔偿责任。若勘察报告或者设计报告质量不符合要求，发包人、监理人、施工人未及时发现，导致建设工程质量不合格的，也应赔偿因此产生的拆除、维修、返工等损失以及工期延后产生的损失，发包人有权扣付或者拒付勘察费、设计费。如果勘察人、设计人提交的勘察报告或者设计报告质量不符合要求，导致工程质量安全事故或其他事故，勘察人、设计人应当采取补救措施，通过所投工程勘察或者设计责任保险向发包人承担赔偿责任，或者根据损失大小向发包人支付赔偿金。

第八百零一条 【施工人建设工程质量责任】因施工人的原因致使建设工程质量不符合约定的，发包人有权请求施工人在合理期限内无偿修理或者返工、改建。经过修理或者返工、改建后，造成逾期交付的，施工人应当承担违约责任。

向发包人交付质量合格的建设工程，是承包人的核心给付义务，也是建筑施工企业的法定义务（**《建筑法》第58条**）。建设工程质量不合格既可能是因发包人的原因，如提供的勘察、设计文件存在瑕疵，提供的建筑材料质量不合格等，也可能是因施工人的原因，如未按照勘察、设计文件施工，或者质量管理不到位、偷工减料等。只有由于施工人原因导致的工程质量不符合约定，才应由施工人承担违约责任。

本条规定的施工人责任性质上为补救履行责任，为本法第582条规定的具体化。据此，在因施工人原因致使工程质量不符合约定时，发包人可通过如下途径进行救济：(1) 请求施工人在合理期限内无偿修理或返工、改建（**本条第一句**）。此种救济途径是建立在建设工程有修复可能的基础上的，施工人应在合理期限内尽快完成修理或返工、改建。不过，若施工人拒绝修理、返工或改建，或者修理返工、改建后仍不合格的，发包人也可以委托第三方对建筑工程进行修复［**江苏高院（2012）苏民终字第0238号民判**］。(2) 如果工程经过修理、返工或改建后达到质量要求，但逾期交付，施工人仍应承担迟延履行的违约赔偿责任（**本条第二句**）。(3) 拒付或少付工程价款。建设工程质量不合格而修理或返工的，所产生的费用应当由承包人承担。但是，如果建设工程质量瑕疵无修复可能，但尚未达到致使合同目的无法实现程度，发包人有权请求减少支付工程价款。如果工程因质量问题而不能实现合同目的，发包人有权解除合同并拒付建设工程价款。实践中，建设工程质量纠纷往往伴随承包方诉请发包方给付工程价款，发包方据本条提出反诉。对于此种情形，人民法院可以合并审理（**《施工合同解释一》第16条**）。

第八百零二条 【承包人加害给付责任】因承包人的原因致使建设工程在合理使用期限内造成人身损害和财产损失的，承包人应当承担赔偿责任。

承包人对建设工程质量承担担保责任，此种担保责任，既体现在交付建设工程时应确保质量符合约定和国家强制质量标准，也体现为建设工程交付后、在合理使用期限内的质量保证。本条所规定的承包人是广义上的承包人，包括总承包人、分包人、勘察人、设计人和施工人。本条中遭受人身损害和财产损失的主体，既包括发包人及其成员，也包括建设工程承包合同之外因建设工程质量原因而受害的第三人。

承包人承担建设工程致害损害赔偿责任的构成要件包括：(1) 建设工程造成了他人人身和财产损害。如果是因建设工程外的其他原因致害的，不适用本条。(2) 建设工程致害系因承包人的原因。本条规定的建设工程致害责任是因建设工程缺陷或质量问题所致损害的赔偿责任，因此，仅在建设工程缺陷或质量问题可归责于承包人时，如勘察人未能准确提交有关工程地质资料，设计人未能依照有关规范完成设计，施工人未达到法定或约定施工质量标准、使用不合格建筑材料、偷工减料等，才应由承包人承担因此所生损害的赔偿责任。(3) 损害发生在建设工程合理使用期限内。任何建设工程均有一定的使用期限，只有在合理使用期限内的缺陷致害，才应由承包人负责。相对而言，《建筑法》第 80 条规定："在建筑物的合理使用寿命内，因建筑工程质量不合格受到损害的，有权向责任者要求赔偿。""合理使用期限"可参照"合理使用寿命"，结合有关法律规定理解。需要注意的是，与建设工程质量有关的期间还有缺陷责任期和保修期：前者是指承包人按约定承担缺陷修复义务、发包人有权预留质量保证金的期限，自建设工程实际竣工之日起算，一般为 1 年，最长不超过 2 年；后者是指承包人按约定对建设工程承担无偿保修责任的期限，从建设工程竣工验收合格之日起算。这两种期间均与本条规定的"合理使用期限"无关。保修期满免除的仅是施工人的保修责任，施工人仍应承担质量瑕疵担保责任。对于过了保修期限的建设工程，承包人仍应依据本条承担赔偿责任 [**淮安中院 (2023) 苏 08 民终 4184 号民判**]。赔偿责任的内容可以参照本法侵权责任编第四章的规定确定。

此外，建设工程质量缺陷致害还可以同时成立建筑物致害的侵权责任（**第 1252 条第 1 款**）。

第八百零三条 【发包人未依约提供物资或资料的违约责任】发包人未按照约定的时间和要求提供原材料、设备、场地、

资金、技术资料的，承包人可以顺延工程日期，并有权请求赔偿停工、窝工等损失。

建设施工合同可以约定，由发包人提供原材料、设备、场地、资金、技术资料等。“原材料、设备”是指与工程建设相关的建筑材料、施工设备等；“场地”是指承包人施工、操作、运输、堆放材料、放置设备的场地以及建设场地或通道等；“资金”主要是指约定的购置材料或设备的资金，尤其是工程预付款或进度款；“技术资料”是指勘察、设计、施工所需要的相关材料，尤其是与设计有关的地勘资料、设计要求或说明，与施工有关的勘察、设计文件或图纸以及说明书等。发包人提供这些物资或资料，区别于支付工程价款的主给付义务，系其负担的从给付义务或协助义务，构成承包人完成工程的重要条件。发包人未按照约定时间和要求提供物资及施工条件，致使承包人无法施工的，承包人可以顺延工程日期。同时，承包人应催告发包人提供相关物资，发包人经催告且在合理期限内仍未履行，致使合同目的无法实现的，承包人可请求解除建设工程施工合同［**本法第563条第1款第4项和原《关于审理建设工程施工合同纠纷案件适用法律问题的解释》（法释〔2004〕14号）第9条**］。因发包人未按约定提供物资，导致停工、窝工的，承包人有损失赔偿请求权。但是，承包人需要就损失的存在，以及发包人的违约行为与停工、窝工之间的因果关系承担举证责任［**南通如皋法院（2016）苏0682民初9757号民判**］。

第八百零四条 【因发包人原因致工程停建、缓建时的责任】因发包人的原因致使工程中途停建、缓建的，发包人应当采取措施弥补或者减少损失，赔偿承包人因此造成的停工、窝工、倒运、机械设备调迁、材料和构件积压等损失和实际费用。

本条规定在因发包人的原因造成工程停建、缓建时发包人的责任。“因发包人的原因”，除本法第803条中未按照约定的时间和要求提供原材料、设备、场地、资金、技术资料外，还包括发包人未及时进行隐蔽工程隐蔽前的检查［**《八民纪要（民事部分）》第32条**］，以及不履行告知变更后的施工方案、施工技术交底、完善施工条件等协作义务，致使承包人停（窝）工，以致难以完成工程项目建设［**《八民纪要（民事部分）》第33条**］等。在发生前述情况时，可约定发包人采取措施弥补或减少损失，如及时纠正相关不当行为，排除履行障碍，使承包人能够尽快恢复建设工作，并避免造成损失扩大。在法律性质上，发包人采取的前述措施属于补救履行，不因其是否可责难而有不同。在因前述原因致使工程无法正常进行时，承包人可以停建、缓建或顺延工期，由此而发生停工、窝工、倒运、机械设备调迁、材料和构件积压等损失或费用支出的，承包人有权要求发包人赔偿。除了要求发包人承担相关损失和费用，承包人一般也可根据合同约定，要求顺延工期、按实际开工日期顺延竣工日期。

值得注意的是，在发生本条规定的情形时，承包人也应根据情况承担通知（**第509条第2款**）或防止损失扩大的义务（**第591条第1款**）。比如，承包人在发现设计文件错误时应立即停止相关施工，并及时通知发包人更正。如果没有采取合理措施避免损失扩大，承包人就扩大的损失不得要求发包人承担赔偿责任［**上海一中院（2013）沪一中民二（民）终字第582号民判**］。

第八百零五条 【因发包人原因致勘察、设计返工、停工或修改设计时的责任】因发包人变更计划，提供的资料不准确，或者未按照期限提供必需的勘察、设计工作条件而造成勘察、设计的返工、停工或者修改设计，发包人应当按照勘察人、设计人实际消耗的工作量增付费用。

本条规定的承包人责任与前条规定的发包人责任属于同一性质，二者仅在适用范围上不同，即前条适用于建设工程施工合同，而本条适用于勘察、设计合同。在履行勘察、设计合同时，发包人除需给付价款外，还应依据合同约定、法律规定或行业习惯履行其他合同义务，包括提供相关资料、工作条件等义务。发包人应当提供的资料，对勘察人而言，一般是指开展工程勘察所需的图纸及技术资料（如总平面图、地形图、已有水准点和坐标控制点等）、地下埋藏物的资料和图纸等；对设计人而言，则包括项目立项报告和审批文件、设计任务书、地质勘察报告、工程所在地地形图等。发包人应当提供的条件，主要包括：（1）硬件条件，包括勘察人、设计人开展勘察、设计工作所需的工作条件和生活条件。(2) 软件条件,即为勘察人、设计人的勘察、设计工作提供适宜的外部条件,以及合规条件,即按照合同约定和法律规定及时履行相关项目的审批手续等。

发包人变更工作计划,或未及时、充分、正确履行提供资料或必需的工作条件等从义务或附随义务,造成勘察、设计的返工、停工或修改的,会增加勘察人、设计人勘察、设计的工作量,对增加的工作量,发包人应当增付费用。此外,发包人的行为影响工期的,勘察人、设计人也有权请求发包人延长工期。

第八百零六条 【建设工程合同的法定解除】承包人将建设工程转包、违法分包的,发包人可以解除合同。

发包人提供的主要建筑材料、建筑构配件和设备不符合强制性标准或者不履行协助义务,致使承包人无法施工,经催告后在合理期限内仍未履行相应义务的,承包人可以解除合同。

合同解除后,已经完成的建设工程质量合格的,发包人应当按照约定支付相应的工程价款;已经完成的建设工程质量不合格的,参照本法第七百九十三条的规定处理。

本条规定了建设工程合同中承包人、发包人的法定解除权,及解除后工程价款的支付和补偿。

本条第 1 款规定承包人将建设工程转包、违法分包时发包人的合同解除权。承包人转包、违法分包的行为属于严重违约行为,因此,本法特别赋予发包人在这种情形下的合同解除权。但是,发包人的合同解除权仅影响发包人与承包人之间的建设工程合同关系,不涉及承包人与第三人之间因转包、违法分包所订合同,因此,在审理发包人请求解除其与承包人之间的合同纠纷时,法院不可依职权主动宣告承包人签署的转包、违法分包合同无效[**最高法(2006)民一终 42 号民判**]。

本条第 2 款规定发包人不履行从义务或协助义务时承包人的合同解除权,与承揽合同中承揽人在类似情形下的合同解除权(**第 778 条**)具有相同规范基础,属于合同解除权的特别事由,该种情形下承包人解除权的取得条件是:(1) 发包人提供的主要建筑材料、建筑构配件和设备不符合强制性标准或者不履行协助义务,从而构成发包人违约。(2) 须前述行为致使承包人无法施工。如果发包人的违约行为并不影响承包人继续施工，则无本条适用余地。(3) 经承包人催告后，发包人在合理期限内仍不补救。发包人的前述违约行为原则上可以补正，并不当然导致合同目的不能实现，因此，只有在经承包人催告后在合理期限内仍不补救的，如不重新提供符合要求的建筑材料或配件、设备，不实际履行协助义务等，发包人的行为才构成对合同信赖基础的严重破坏，从而产生承包人的合同解除权。承包人行使解除权，应遵照本法合同编通则的相关规定（**第564、565条**）。本条第2款是在原《最高人民法院关于审理建设工程施工合同纠纷案件适用法律问题的解释》第9条的基础上制定。除了本条第2款中的两种情形，后者还明确承包人未按约定支付工程价款、经催告后仍未在合理期限内履行的，承包人也可法定解除。之所以如此，可能原因是，实践中的建设工程合同均会参照示范合同，约定此种情形下承包人有约定解除权。若条件成就，承包人可据此解除合同［**(2021) 最高法民终885号民判**］。

本条第3款规定建设工程合同解除后的法律后果。在承包人已经完成全部或部分建设工程时，合同解除后不宜或无法恢复原状的，应视已经完成的建设工程质量情况作相应处理：如果已经完成的建设工程质量合格，发包人应当按照约定支付相应的工程价款。所谓“按照约定”，即指建设工程合同中的结算、清理条款。此类条款效力不受合同解除影响（**第567条**）。若已经完成的建设工程质量不合格，依本法第793条的规定，根据修复情况确定补偿标准或方式，即修复后可使质量合格的，发包人按照约定的工程款进行相应补偿，但可以要求承包人承担修复费用；无法经修复使工程质量合格的，承包人无权请求参照约定的工程款加以补偿，但可以在发包人因完成部分的建设工程所受利益的限度内要求给予相应补偿（**第985条**）。

第八百零七条 【建设工程价款优先受偿权】发包人未按照约定支付价款的，承包人可以催告发包人在合理期限内支付价款。发包人逾期不支付的，除根据建设工程的性质不宜折价、拍卖外，承包人可以与发包人协议将该工程折价，也可以请求人民法院将该工程依法拍卖。建设工程的价款就该工程折价或者拍卖的价款优先受偿。

本条赋予承包人就建设工程折价或者拍卖的价款享有优先受偿的权利。承包人的建设工程价款优先受偿权的基础有二：一是承包人的工程价款以其所完成的建设成果为基础，即其付出的原材料、劳务、技术等都结晶在建设工程中，其享有优先受偿权对发包人的其他债权人一般不会造成不公平的影响。二是通过保护承包人的建设工程价款债权，可以达到间接保护建筑工人权益的目的。就此而言，只有建设工程施工合同的承包人才享有本条规定的建设工程价款优先受偿权，建设工程的勘察人、设计人，其工作成果并不直接体现为建设工程的成果，因此，勘察费、设计费等不属于本条所保护的建设工程价款。相反，装饰装修工程的承包人，可以享有建设工程价款优先受偿权（**《施工合同解释一》第37条**）。此外，原则上，只有与发包人订立建设工程施工合同的承包人才享有建设工程价款优先受偿权。不过，在发包人欠付转包人或违法分包人价款范围内，实际施工人就其享有的工程价款债权也可代位行使承包人的建设工程价款优先受偿权（**《施工合同解释一》第44条**）。建设工程价款债权转让的，债权受让人仍可主张建设工程价款优先受偿权［**最高法（2007）民一终字第10号民判**］。

承包人建设工程价款优先受偿权的成立条件为：(1) 须发包人逾期支付建设工程价款。支付建设工程价款是发包人依有效的建设工程合同所负义务，以建设工程质量合格为支付条件（**第799条第1款第二句**）。在建设工程合同无效时，若工程质量合格，发包人应参照合同关于建设工程价款的约定补偿承包人（**第793条第1款**），但对价款和补偿款性质上应作相同评价。所以，只要建设工程质量合格，不论建设工程合同是否有效，承包人均可主张建设工程价款优先受偿权（**《施工合同解释一》第38条**）。建设工程价款可以是整体工程竣工验收合格后的应付价款，也可以是未竣工的质量合格工程的应付价款（**《施工合同解释一》第39条**）。(2) 须发包人经承包人催告后在合理期限内仍未支付。虽然承包人在合理期限经过后才能行使优先受偿权，但根据最高人民法院判例，其优先受偿权的保护期限从双方结算协议约定的次日起算［**（2017）最高法民再389号民判**］。(3) 须建设工程依其性质可以折价、拍卖。一方面，质量不合格的建设工程原则上不宜或不得折价或拍卖；另一方面，不能进入市场进行交易的建设工程，如大型基础设施、公用事业等关系社会公共利益、公众安全的项目，也不得折价或拍卖。

承包人享有的建设工程价款优先受偿权优于抵押权和其他债权

(《施工合同解释一》第36条)，但劣后于商品房消费者的房屋交付请求权和价款返还请求权(《最高人民法院关于商品房消费者权利保护问题的批复》第2条、第3条)。承包人建设工程价款优先受偿权所保护的建设工程价款范围，依照国务院有关行政主管部门关于建设工程价款范围的规定予以确定，主要包括成本(直接成本、间接成本)、利润(酬金)、税金三部分。职工的社保费、公积金费虽系承包人的经营开支，但也属于工程成本，应受优先受偿权保护［(2018)最高法民再42号民判］。逾期支付建设工程价款的利息、违约金、损害赔偿金等，则不包括在内(《施工合同解释一》第40条)。

发包人与承包人约定放弃或者限制建设工程价款优先受偿权，损害建筑工人利益的，该种弃权约定无效(《施工合同解释一》第42条)。

关于优先受偿权的除斥期间。承包人应当在合理期限内行使建设工程价款优先受偿权，但最长不得超过18个月，且自发包人应当给付建设工程价款之日起算(《施工合同解释一》第41条)。

第八百零八条 【对承揽合同的参照适用】本章没有规定的，适用承揽合同的有关规定。

建设工程合同实质上是一种特殊的承揽合同，因此，本章没有规定的，可以参照适用承揽合同的有关规定。例如，对本法有关承揽人和定作人提供材料的规定(第774、775条)，有关承揽人的通知义务(第776条)、材料保管义务(第784条)及保密义务(第785条)等规定，本法建设工程合同章没有规定的，可以参照适用。

但是，本法有关承揽人留置权的规定(第783条第一种情形)则不得参照适用于建设工程合同，其原因在于，留置权以动产为限，建设工程为不动产，故无参照适用余地。不过，该条有关承揽人的拒绝交付权(第783条第二种情形)，与同时履行抗辩权性质相同(均为履行抗辩权)，仍可根据情况参照适用于建设工程合同。

第十九章

运输合同

第一节　一般规定

第八百零九条　【运输合同的定义】运输合同是承运人将旅客或者货物从起运地点运输到约定地点，旅客、托运人或者收货人支付票款或者运输费用的合同。

运输合同是承运人将旅客或者货物从起运地点运输到约定地点，旅客、托运人或者收货人支付票款或者运输费的合同。因此，运输合同是双务、有偿合同，分客运合同与货运合同两种基本类型。

本条中的承运人包括实际承运人与缔约承运人（**《民航法》第137条与《海商法》第42条第1～2项**）。实际承运人不是缔约人的，不受运输合同的约束（**本法第465条第2款**）。但是，在法律另有特别规定时，其仍需承担运输合同的责任。例如，航空运输中实际承运人应就其进行的运输负责，缔约承运人对全部运输负责（**《民航法》第138条**）；《海商法》关于承运人责任的规定，也适用于实际承运人（**《海商法》第61条**），即缔约承运人与实际承运人在一定范围内承担连带责任［**最高法（2013）民提字第6号民判**］。承运人的资质可能会影响运输合同的效力。国内沿海内河运输属于国家许可经营项目，承运人未取得国内水路货物运输经营资质的，其所签订的运输合同无效［**（2021）最高法民申92号民裁、武汉海事法院（2023）鄂72民初48号民判**］。运输工具挂靠对外经营时，登记的经营人并非当然成为合同的承运人；其是否能成为适格的责任主体，仍应结合合同订立、履行过程中体现的当事人意思表示以及其他客观事实进行认定［**广东高院（2014）粤高法民四终字第162号民判**］。两承运公司与同一工作人员存在密切联系，公示备案的地址、邮箱、电话相同，并在货物运输过程中出具的发票、开具提单等事项存在高度关联；托运人无法通过邮箱地址、联系电话及公司使用的名称对两公司进行区分，且有理由相信同一员工同时代表两公司与其联系业务的，应认定两公司为案涉海上货物的共同承运人［**(2021) 最高法民申 6714 号民裁**］。提单抬头名称不构成识别承运人的绝对依据，法院应结合订舱过程、提单签发及流转过程、运费支付等具体情况，综合认定具体的承运人［**大连海事法院 (2021) 辽 72 民初 638 号民判**］。

本条中的旅客、托运人或者收货人一般是缔约当事人，享有合同权利，并承担合同义务。当其非为合同当事人时，仅在法律有规定时才承担合同义务或享有合同权利。例如，托运人订立合同，由作为第三人的收货人支付运输费用的，当收货人拒绝支付费用时，承运人有权要求托运人承担违约责任，并留置所运货物（**第 836 条**）。

运输合同具有服务合同的性质，即承运人提供运输服务，但与雇佣合同存在差异。运输合同与雇佣合同之区分认定，应考虑服务提供者是否为自然人、运输工具由谁提供、费用如何结算、运输过程是否受到相对人管控等因素［**福建高院 (2018) 闽民申 162 号民裁**］。债务人仅单纯的提供劳务，并未提供交通工具的，所涉合同乃是劳务合同，尽管当事人签订的协议冠以“运输合同”［**重庆高院 (2020) 渝民申 1482 号民裁**］。债务人使用自己的交通工具进行运输，价格按照货物重量计算，且其还为他人提供类似服务的，双方无所谓支配或隶属关系，故所涉合同乃是运输合同［**荆州中院 (2016) 鄂 10 民终字第 868 号民判**］。

快递服务合同是特殊的货运合同。快递服务合同应优先适用《邮政法》第六章“快递业务”的规定与《快递暂行条例》，并在无特别规定时，存在适用本法“运输合同”章之余地。于司法实践中，不乏裁判依本章规定调整快递服务合同中的货物贬损、丢失问题［**哈尔滨中院 (2022) 黑 01 民终 10680 号民判，北京一中院 (2021) 京 01 民终 9779 号民判**］。然依《民事案件案由规定》(2020 年修订)，快递服务合同纠纷乃是服务合同纠纷的具体案由之一，而服务合同纠纷则是独立于运输合同纠纷的一类案由。

运输合同并非运输代理合同。于客运合同中，客运站提供客源组织、售票、检票、发车、运费结算等服务，乃系典型的客运代理行为，其并非客运合同的承运人。于货运合同中，被告仅负责为原告订舱、目的国清关和拖运、拆箱、派送、垫付海运费、税费等，并未向原告签发提单的，双方并无货运合同关系，而系货运代理关系［**南京海事法院（2020）苏72民初940号民判**］。

调整运输合同的法律规范，除本法外，还有诸多特别法，如《民航法》《海商法》《铁路法》等。当特别法规定与本法规定不一致时，应优先适用特别法的规定。但由于《海商法》（1992年）等部分特别法系旧法，故所涉规范是否当然应优先适用，尚属特殊情形，值得细究。除此之外，客运合同往往还构成消费合同，故《消保法》也存在适用空间。

第八百一十条 【承运人的承诺义务】从事公共运输的承运人不得拒绝旅客、托运人通常、合理的运输要求。

本条是本法第494条第3款的具体化，适用的主体是从事公共运输的承运人。公共运输是指在固定路（航）线定期或不定期，为社会公众提供服务的运输。所涉运输是否具有公共性，应结合下列因素予以判断：是否具有固定路（航）线、固定时间、固定价格；是否具有垄断性与公益性；运输价格是否受到管制，以及其他因素。国际海上集装箱班轮运输是服务于国际贸易的商事经营活动，不属于公用事业，欠缺公益性和垄断性，故不属于公共运输［**最高法（2010）民提字第213号民判**］。

在旅客或者托运人发出要约时，公共运输人有接受该要约的义务，除非运输要求异常或者不合理。运输要求是否通常、合理，应结合一般社会观念与交易习惯予以认定。例如，承运人能够以天气恶劣和保护旅客安全为由，拒绝订立运输合同；乘客具有某些非理性行为，影响运输安全的，承运人有权拒绝与该乘客签订客运合同［**北京二中院（2010）二中民终字第8432号民判**］。公共运输人违反承诺义务的，应当承担实际履行（即订立运输合同）、赔偿损失等民事责任（**参见本法第494条评注**）。

第八百一十一条 【承运人的及时、安全、准确运输义务】

承运人应当在约定期限或者合理期限内将旅客、货物安全运输到约定地点的。

本条规定了承运人运输义务的三项具体内容，即及时、安全与准确运输的义务。当事人未约定运输期限的，承运人应在合理期限内履行运输义务。合理期限依一般社会观念和商业习惯认定，综合考虑运输的货物性质、天气因素和运输条件等。安全运输是指保障旅客的人身与财产不受损害，保障运输货物不受损毁。准确运输是指将旅客或者货物准确运输至约定的地点。运输义务是结果之债，承运人未将旅客或货物运送至约定地点的，构成违约。

在约定期限或者合理期限内，承运人未将旅客安全运送到约定地点的，旅客或托运人、收货人可以依法要求承运人承担违约责任。本章客运合同与货运合同就此有专门规定，如第823条、第832条。此外，承运人未尽到安全输运义务，造成旅客或者货物毁损的，还可能构成侵权，旅客或者托运人可要求承运人承担侵权责任［**安徽铜陵中院（2012）铜中民二终字第00053号民判**］。应留意者，除本法外，特别法对承运人的运输义务以及责任承担有特别规定的（**比如《民航法》第124～136条、《海商法》第46～65条、《铁路法》第16～18条**），应予优先适用。例如，因不可抗力或者其他不能归责于承运人和托运人的原因，致使船舶不能在合同约定的目的港卸货的，除合同另有约定外，船长有权将货物在目的港邻近的安全港口或者地点卸载，视为已经履行合同（**《海商法》第91条第1款**）。

第八百一十二条 【承运人合理运输义务】承运人应当按照约定的或者通常的运输路线将旅客、货物运输到约定地点。

承运人应当按照约定路线完成旅客或货物的运输，并在没有约定路线时按照通常路线完成运输。“通常”运输路线依一般社会观念和商业习惯，以及运输距离、运输时间、运输费用等因素加以确定。例如，船舶在海上为救助或者企图救助人命或者财产而发生的绕航或者其他合理绕航，不违反合理运输义务（**《海商法》第49条第2款**）。还如，承运人有合理依据判断货物不适合安全运输的，承运人为船舶、船员和货物运输的共同安全考虑采取的合理绕航［**最高法（2015）民申字第1896号民裁**］。

本条是不完全条款，并未明确承运人违反合理运输义务的法律后果。承运人未按照约定路线或通常路线运输旅客或货物，导致其违反前条中的及时、安全、准确运输义务的，应承担相应的违约责任。因承运人不合理绕航，导致其迟延交付货物的，因此产生的损害赔偿并不适用《海商法》第57条关于迟延交货的赔偿限额之规定［**辽宁高院（2019）辽民终663号民判**］。因绕道等原因造成运输费用增加的，承运人不得收取额外费用（**第813条**）。因不可抗力导致承运人无法按照约定或者通常路线运输，采用其他路线的，应当免除或者减轻承运人的责任（**第590条第1款**）。

第八百一十三条 【票款或费用支付义务】旅客、托运人或者收货人应当支付票款或者运输费用。承运人未按照约定路线或者通常路线运输增加票款或者运输费用的，旅客、托运人或者收货人可以拒绝支付增加部分的票款或者运输费用。

旅客、托运人或收货人应支付票款或者运输费用（**本条第一句**）。至于票款或者运输费用的额度、币种，支付的主体、方式、期限、地点等，依据合同约定与相关法律规定确定（**第510～511条**）。义务人未依合同约定或法律规定支付票款或运输费用的，承运人可拒绝运输或者解除合同（**第563条第1款第2～3项**），并要求义务人承担违约责任。收货人并非缔约主体，若不履行合同约定的费用支付义务，承运人可依法行使留置权（**第836条**）。

承运人未按照约定路线或者通常路线运输旅客或者货物的，不得请求支付增加的票款或运费（**本条第二句**）。换言之，旅客、托运人或收货人仅需支付原票款或者原运费。当然，旅客或者托运人同意增加票款或者运输费用的，自应允许。

第二节 客运合同

第八百一十四条 【客运合同的成立时间】客运合同自承运人向旅客出具客票时成立，但是当事人另有约定或者另有交易习惯的除外。

客运合同是以旅客运输为内容的运输合同。客票是客运合同成立的凭证，具有证据效力（**《海商法》第110条、《民航法》第111条第1款**）。出具客票是指签发和交付客票的行为。客票以电子形式签发的，以到达旅客为“交付”时间（**第482条第三句**）。客票出具后，客运合同即告成立，不受旅客事后丢失客票的影响（**第815条第2款**）。

但是，在当事人另有约定或者另有交易习惯时，客运合同不必在出具客票时才成立。例如，出租车司机在乘客上车前通过打车软件接受订单，则运输合同在订单接受时成立〔**上海浦东新区法院（2014）浦民一（民）初字第11047号民判**〕。而依交易习惯，在出租车运输和公交车运输中，乘客通常是先上车（船）再购票，客运合同自旅客登上交通工具时成立〔**中山中院（2016）粤20民终393号民判**〕。公交车停稳并打开车门和乘客准备上车，是缔结运输合同的准备过程，承运人负有先合同义务，有义务保护与救助倒地的乘客〔**厦门中院（2010）厦民终字第1344号民判**〕。

第八百一十五条 【旅客依约乘坐的义务】旅客应当按照有效客票记载的时间、班次和座位号乘坐。旅客无票乘坐、超程乘坐、越级乘坐或者持不符合减价条件的优惠客票乘坐的，应当补交票款，承运人可以按照规定加收票款；旅客不支付票款的，承运人可以拒绝运输。

实名制客运合同的旅客丢失客票的，可以请求承运人挂失补办，承运人不得再次收取票款和其他不合理费用。

旅客依约乘坐的义务（**本条第1款第一句**），实际为其负担的受领义务或不真正义务。旅客有接受承运人提供的交通工具，在有效客票载明的时间、班次和座位号乘坐的义务，否则，其构成对受领义务的违反，应承担相应的不利后果（**如第816条**）。在旅客无票乘坐情形，除按照规定免票或者经承运人许可搭乘的无票旅客外（**第823条第2款推论**），从事公共运输的承运人因负有强制缔约义务（**第810条**），其不得拒绝运输，在旅客同意补票时，承运人应当接受；在旅客拒绝补票时，可认定旅客无缔约意思，承运人可以拒绝运输。在旅客“超程乘坐、越级乘坐或者持不符合减价条件的优惠客票乘坐”时，若承运人为公共运输承运人，旅客在合理期限内补交票款的，可视为旅客的变更要约，承运人除非有合理理由，否则不得拒绝。若旅客未在合理期限内补交票款，则旅客构成违约，承运人有权按照规定加收票款，加收的票款具有法定违约金的性质。若旅客拒绝支付票款（包括加收票款在内），承运人可以请求旅客按照实际乘坐情况支付票款（**第 579 条**），同时可以拒绝继续运输（**本条第 1 款第二句**）。由于拒绝运输通常发生在运输过程中，因此，拒绝运输有拒绝缔约的效果（在无票乘坐时），或者解除运输合同（合同终止）的效果。承运人拒绝运输的，有权在适当地点请求旅客离开交通工具（**《海商法》第 112 条第二分句**）。也就是说，承运人即便有权拒绝运输，也不得随意要求旅客离开交通工具，将其置于危险境地，否则构成权利滥用（**第 132 条**）。

客票为旅客合同成立的凭证，也是旅客依约乘坐的证明。在实名制客运合同中，客票除记载普通客票信息外，还记载了乘客的姓名、身份证号等个人信息，只有客票所载明的旅客有权乘坐交通工具。因此，实名制客运合同的旅客丢失客票的，可以请求承运人挂失和补办客票（**本条第 2 款**）。挂失的效果是原客票失去效力；补办的效果是按照原客运合同的内容出具新客票，旅客可持新客票乘车/船/机。挂失客票不导致原客运合同终止，补办客票也并非订立新的客运合同。在补办、挂失过程中，原客运合同始终有效（**《民航法》第 111 条第 2 款**）。由于旅客已经支付票款，故而，承运人挂失和补办的，不得再次收取票款。承运人挂失、补办义务乃其承担的法定义务，不得向旅客收取手续费等不合理费用。

第八百一十六条 【旅客的任意解除权和变更权】旅客因自己的原因不能按照客票记载的时间乘坐的，应当在约定的期限内办理退票或者变更手续；逾期办理的，承运人可以不退票款，并不再承担运输义务。

客运合同服务于旅客运送目的，故旅客有自由决定是否接受运送的权利。所谓“旅客因自己的原因”，是指应由旅客负责的原因，如旅客因突发疾病或者改变了出行计划，不再需要乘坐或者需要变更乘坐时间。承运人的原因、第三人原因或者不可抗力等致使旅客不能按期乘坐的，旅客虽仍可能有退票或变更乘坐时间的需要，但不属于本条调整范围。就法律效果而言，“退票”实际是指解除客运合同，“变更”也称

"改签"，仅指变更乘坐时间，其他变更（如升舱或升级座位）不在本条调整范围内。依本条第一分句规定，旅客退票无须经承运人同意，只需在约定的期限内办理退票手续并承担相关费用即可，故可认为旅客享有客运合同的任意解除权。但是，"变更"乘坐时间或达到地点将影响承运人运输计划，受制于运输能力，因此，承运人不应也不能接受旅客无条件的任意变更。对公共承运人而言，结合旅客退票自由和承运人承诺义务，应认为旅客有任意变更权，承运人非有正当理由不得拒绝；若承运人非为公共承运人，则变更应经得承运人同意。

本条并未直接规定"退票""变更"的具体效果，仅规定旅客应在约定的期限内办理相关手续。在实践中，铁路运输、航空运输等均有办理改签及退票手续的详细规定，在车票载明的格式条款中提示旅客按照相关规定办理，故这些规定内容因此而被纳入合同中，作为"约定"内容。通常而言，退票时可以退回全票款或部分票款，并可能按照情况收取退票费、手续费等费用。在改签时，旅客可能还需要按照改签时出售或预售的客票价补交差额。在无类似规定的客运合同情形，则需要根据情况确定退票或改签的费用承担等具体事宜。

若旅客未在约定的期限内办理退票或变更手续，承运人有权拒绝退还票款，且免于承担继续运输的义务（**本条第二分句**）。这意味着，本条第一分句关于旅客在约定的期限内办理退票或变更手续的义务并非真正的义务，对其的违反仅仅产生本条第二分句的失权效果。换言之，旅客未按照客票记载的时间乘坐且未在约定的期限办理退票或变更手续的，承运人依法被免除运输义务（"不再承担运输义务"），票款作为承运人应得的合同履行利益而无须返还。这是因为，一方面，旅客未办理退票或改签手续意味着承运人需要依客票保留座位，从而得与已履行作相同处理；另一方面，纵然承运人偶然地将客票座位再次出售，旅客怠于办理相关手续也应被视为弃权，由此可避免就相关事宜（如承运人是否出售客票座位）作不必要的调查或查明。

需要说明的是，本条所称"变更"在规范逻辑上仅限于乘坐时间的变更，但实践中一般对到达地点的变更也做同样的处理。此外，本条中的任意解除权与变更权是旅客享有的法定权利，原则上不得预先约定排除。航空公司在打折机票上注明"不得退票，不得转签"，只是限制购买打折机票的旅客由于自身原因而退票和转签，不能据此剥夺旅客在支付票款后享有的乘坐航班按时抵达目的地的权利（**指导案例51号**）。

第八百一十七条 【旅客依约携带行李的义务】旅客随身携带行李应当符合约定的限量和品类要求；超过限量或者违反品类要求携带行李的，应当办理托运手续。

客运合同中承运人负担的主要义务是将旅客运送至约定地点，但旅客通常需要携带一些行李，以方便出行与保障安全，因此，为旅客携带的行李提供运输服务符合客运惯例，也是承运人应当承担的运输义务。旅客携带的行李分为“随身携带行李”与“托运行李”两类。随身携带的行李是指旅客自行携带、保管或者放置在客舱中的行李，承运人免费运输；托运行李则是交由承运人专门存放运输的行李，托运包括免费托运和收费托运两种形式，收费托运既有仅对超过约定重量或规格的行李收取运费的，也有对全部托运行李都收取运费的，具体按照合同约定处理。区分两类行李的最主要意义在于承运人责任不同（**参见本法第 824 条评注**）。

随身携带的行李应符合约定的限量和品类要求（**本条第一分句**）。“限量”是指限定数量和重量。不同的运输方式存在不同的要求，如国内航空运输中允许旅客随身携带不超过 5 千克、不超过 20 厘米×40 厘米×55 厘米的行李。“品类”是指品种或类别。本法第 818 条规定的物品当然被禁止随身携带。被禁止随身携带的行李可以依照规定办理托运，如一定量的酒类、可能危害航空安全的刀具等危险物品。超限行李应当办理托运（**本条第二分句**）；旅客不同意办理托运的，承运人可拒绝其随身携带行李登载交通工具。

第八百一十八条 【禁止旅客携带危险物品与违禁物品】旅客不得随身携带或者在行李中夹带易燃、易爆、有毒、有腐蚀性、有放射性以及可能危及运输工具上人身和财产安全的危险物品或者违禁物品。

旅客违反前款规定的，承运人可以将危险物品或者违禁物品卸下、销毁或者送交有关部门。旅客坚持携带或者夹带危险物品或者违禁物品的，承运人应当拒绝运输。

危险物品或违禁物品因其特殊的危险性，可能危及承运人运输安全以及旅客人身、财产安全，故禁止旅客随身携带或者在行李中夹带该类危险物品或违禁物品（**本条第 1 款**）。危险物品是指本身具有高度危险性的物品，如易燃、易爆、有毒、有腐蚀性、有放射性的物品；违禁物品是本身危险性为中性，可能被用于危害运输工具上人身或财产安全的物品，如特定规格的锐器或钝器等。危险物品与违禁物品的具体认定，应依相关规定，如《民航旅客禁止随身携带和托运物品目录》。

对于旅客随身携带或交付托运的行李中的危险品或违禁品，承运人可以将其卸下、销毁或者送交有关部门（**本条第 2 款第一句**）。“可以”，表明本规定为授权性规定，即承运人有权根据情况选择卸下、销毁或者送交有关部门，例如：在旅客随身携带违禁品或危险品登载交通工具时，承运人可以要求卸下或拒绝其登载；在旅客已经交付托运或运输途中发现危险品或违禁品时，承运人有权卸下、销毁或转交有关部门，并及时采取其他安全处置措施。承运人采取处置措施所产生的费用，由旅客承担（**第 828 条第 2 款**）。承运人因采取前述措施致旅客损害的，承运人不承担赔偿责任（**《海商法》第 113 条第 2 款**）。旅客因携带危险品或违禁品而造成承运人或其他旅客损害的，依法承担违约或侵权责任（**第 577、584、1239 条等**）。

旅客坚持携带或夹带的，承运人“应当”拒绝运输（**本条第 2 款第二句**）。“拒绝运输”在开始运输前表现为拒绝履行运输义务，在开始运输后表现为解除运输合同。由此产生何种效果，参照旅客因自己的原因退票或逾期退票的规定处理（**第 816 条**）。“应当”意味着，拒绝运输不仅是承运人针对携带或夹带危险品或违禁品的旅客享有的合同权利，而且是承运人承担的法定义务（**比较第 815 条第 1 款第二句第二分句**），是承运人安全运输义务（**第 811 条**）的具体化。承运人知道旅客携带或夹带危险品或违禁品而未拒绝运输的，构成承运人违反安全运输义务的行为，应承担由此所生损害的赔偿责任（**第 823、824 条**）。

第八百一十九条 【承运人的安全运输义务与旅客的协助义务】承运人应当严格履行安全运输义务，及时告知旅客安全运输应当注意的事项。旅客对承运人为安全运输所作的合理安排应当积极协助和配合。

本条第一句规定了承运人的安全运输义务和及时告知义务。安全运输是承运人的主给付义务（**第 811 条**），但限于保障行车安全。在普速列车上设置吸烟区、摆放烟具的行为，虽不违反该项义务，但违反向旅客提供良好乘车环境的从合同义务［**北京铁路法院（2017）京 7101 民初 875 号民判**］。客运合同中的安全运输注意事项应由承运人明确、及时地告知旅客，无须旅客主动询问承运人，承运人在未明确告知病残旅客乘坐特殊规定和要求的情况下直接拒载的，构成违约［**昆明官渡法院（2011）官民一初字第 3207 号民判**］。当然，旅客对于损害发生亦有过错的，应减轻承运人的赔偿责任（**第 592 条第 2 款**）。旅客因自身原因遭受损害，且承运人尽到了安全告知义务的，承运人不承担责任。

本条第二句规定旅客的积极协助和配合义务。积极协助和配合是一项法定附随义务。至于安排是否“合理”，应考量所涉具体情形，并依一般社会观念与交易习惯认定。旅客未积极协助和配合，致承运人遭受损害的，应承担相应的民事责任（**第 577 及 584 条**）；旅客自己遭受损害的，应根据情况自承损害或者减轻承运人的赔偿责任（**第 592 条第 2 款**）。

第八百二十条 【承运人依约运输的义务】承运人应当按照有效客票记载的时间、班次和座位号运输旅客。承运人迟延运输或者有其他不能正常运输情形的，应当及时告知和提醒旅客，采取必要的安置措施，并根据旅客的要求安排改乘其他班次或者退票；由此造成旅客损失的，承运人应当承担赔偿责任，但是不可归责于承运人的除外。

本条是本法第 811 条及第 509 条第 1 款规定的具体化。本条第一句是第 815 条第 1 款第一句的相对规定，即旅客和承运人均应按照有效客票记载的时间、班次和座位号乘坐或运输。客票是合同的凭证，承运人主张运输合同内容不同于客票的，应就此负担举证责任。例如，航空公司在打折机票上注明“不得退票，不得签转”，仅限制了旅客由于自身原因而退票和签转，但不能据此剥夺旅客按时抵达目的地的权利（**指导案例51 号**）。

根据本条第二句第一分句，承运人迟延运输或者有其他不能正常运输情形的，不论无法正常运输的原因是否可归责于承运人，其均需负担三项义务：一是及时告知和提醒旅客的义务；二是采取必要安置措施的义务；三是根据旅客的要求安排改乘其他班次或者退票。安排改乘其他班次属于本法第 577 条中的“采取补救措施”，且以能够实现合同目的为限。退票则导致客运合同解除。对于改乘与退票，旅客有权择一主张。

根据本条第二句第二分句，旅客因不能正常运输遭受损失的，承运人应当负担赔偿责任。承运人此种赔偿责任的成立要件为：(1) 须承运人迟延运输或者有其他不能正常运输情形。(2) 旅客因迟延运输或不能正常运输而遭受损失。“旅客损失”包括两个方面：一是旅客因迟延运输或不能正常运输而遭受的损失；二是旅客因承运人未尽本条第二句第一分句的义务而遭受的损失。这两种损失在范围上交错，但并不重叠，因此旅客可以根据情况同时主张。在迟延运输或不能追偿运输本身不可归责于承运人时，前述损失的区分价值就尤为凸显。(3) 损害的发生须不可归责于承运人。“不可归责于承运人”是指因旅客自己的原因或者不可抗力等导致迟延运输或无法正常运输的情形，以及承运人（包括其雇员或代理人）已经为避免损害采取了合理措施。承运人迟延运输或不能正常运输系因其班次调配等自身原因所致，或者迟延运输不可归责于承运人，但因其未尽提醒、安置或安排改乘等义务而致旅客损害的，承运人均应负责。承运人负担前述责任的范围，依本法第 584 条确定。

第八百二十一条 【承运人依标准服务的义务】承运人擅自降低服务标准的，应当根据旅客的请求退票或者减收票款；提高服务标准的，不得加收票款。

客运合同是承运人提供运输服务的合同，其不仅有按照约定的运输工具将旅客准时、安全运送到约定地点的义务，而且应按照客票载明的等级提供相应的服务。如铁路客运中有硬座与软座、硬卧与软卧，航空客运中有头等舱、公务舱或经济舱等不同等级的区分，价格差异也体现在服务质量的差异上。因此，承运人擅自降低服务标准的构成瑕疵履行，旅客有权请求退票或者减收票款（**本条第一分句**）。退票意味着解除合同，故本分句构成本法第 563 条第 1 款第 5 项中的“法律规定的其他情形”。旅客在解除合同后有权请求退还费用，并在遭受损失时请求赔偿（**第 566 条第 2 款**）。减收票款是承担违约责任的方式，属于本法第

582 条中的“减少价款”。针对退票和减收票款，旅客有权择其一主张。

与降低服务标准不同，承运人未经旅客同意而提高服务标准的，不得加收票款（**本条第二分句**）。提高服务标准通常与客票超售或错售有关，旅客并非自愿受益，因此，承运人不得主张加收票款（**对比第 815 条第 1 款第二句第一分句**）。承运人提高服务标准有利于旅客，故依诚信原则，旅客不得请求退票或要求其他补偿。

第八百二十二条 【承运人的救助义务】承运人在运输过程中，应当尽力救助患有急病、分娩、遇险的旅客。

承运人的救助义务是其承担的安全运输义务（**第 811、819 条**）的延伸和补充，性质上应为附随义务（**第 509 条第 2 款**）。旅客在运输途中患有急病、分娩或者遭遇危险的，承运人负有尽力救助义务。“运输过程”始于旅客登上交通工具，终于旅客离开交通工具。本条规定的承运人尽力救助义务限于所列三类情形，即旅客患有急病、分娩、遇险。急病与分娩由旅客自身原因引发，遇险既可能由旅客自身原因导致，也可能由第三人或自然原因导致。“尽力救助”表明救助义务为手段义务而非结果义务，只要承运人采取了合理的救助措施进行救助，即使救助无果，承运人也不承担责任。承运人的救助是否“尽力”，应结合具体情形和一般社会观念加以判断。例如，旅客在列车上突然发病，列车工作人员及时广播寻医，且联系就近车站处置的，不因列车上未配备专业医护人员、药品和设备而被认为未尽救助义务［**北京铁路法院（2014）京铁民初字第 602 号民判**］。

承运人未履行尽力救助义务的，应就旅客的损害负担违约责任（**第 577、584 条**）。在违约责任范围认定上，如果旅客患有疾病、分娩或者因自身原因或自然因素导致自己遇险，承运人可依本法第 592 条第 2 款请求减轻赔偿责任，仅承担部分责任［**来宾中院（2016）桂 13 民终 25 号民判**］。在此情形，承运人因履行本条规定的义务而迟延到达约定地点的，不构成迟延履行，承运人无须向其他旅客负担违约责任。此外，承运人未履行尽力救助义务，亦可构成不作为侵权的，受害旅客可要求承运人负担相应的侵权责任（**第 1165 条第 1 款**）。由此引发责任竞合的，依本法第 186 条处理。

第八百二十三条 【承运人对旅客人身伤亡的赔偿责任】承运人应当对运输过程中旅客的伤亡承担赔偿责任；但是，伤亡是旅客自身健康原因造成的或者承运人证明伤亡是旅客故意、重大过失造成的除外。

前款规定适用于按照规定免票、持优待票或者经承运人许可搭乘的无票旅客。

根据本条第1款第一分句，旅客在运输过程中遭受伤亡的，承运人应当负担赔偿责任。“运输过程中”包括旅客在交通工具上或者在上、下交通工具的过程中，甚至包括旅客按照承运人的安排中途暂时离开车厢的情形［**濮阳中院（2018）豫09民终1650号民判**］。乘客乘坐地铁出站转乘自动扶梯，不属于运输过程，故不适用承运人承担无过错责任，但提供安全的电梯系地铁公司的从给付义务，旅客亦负有谨慎使用义务，故在使用中发生事故时，由双方依各自过错分担责任［**上海宝山区法院（2011）宝民一（民）初字第2651号民判**］。在前述过程中发生旅客伤亡事故的，不论是基于旅客自己或其他旅客的原因，还是承运人或其他第三人的原因甚至自然原因，除非存在本款“但书”规定的免责事由，否则，承运人均应承担赔偿责任。可见，本款确立的赔偿责任是无过错或严格责任，不以承运人具有过错为前提。不过，在海上客运合同中，承运人仅就自己或其受雇人、代理人在受雇或者受委托的范围内的过失引起的事故承担责任（**《海商法》第114条第1款**），故按照特别法优先适用的原则（**第11条**），本款规定不适用于海上客运合同。换言之，海上旅客运输合同履行过程中造成旅客人身伤亡或者行李灭失、损坏的，应由提出索赔请求的人对承运人的过失承担举证责任［**（2021）最高法民申5819号民裁**］。

根据本条第1款第二分句，承运人具有两项免责事由：一是伤亡是旅客自身健康原因造成的（**也见《民航法》第124条、《海商法》第115条第2款**）；二是伤亡是旅客故意或重大过失造成的（**也见《海商法》第115条第2款**）。在此情形中，旅客的伤亡与运输行为欠缺因果关系，故承运人不承担责任。不过，在旅客虽无故意或重大过失，但具有一般过失时，承运人虽不得请求免责，仍可请求减轻责任（**第592条第2款、《海商法》第115条第1款、《民航法》第127条第1款**）［**长沙铁路运输法院（2021）湘**

8601 民初 61 号民判]。旅客请求承运人赔偿，承运人主张存在本款规定的免责事由，应负担举证责任。此外，在运输过程中旅客遭受第三人不法侵害时，承运人尽到安保义务的，不承担责任［广安法院（2018）川1602 民初 4670 号民判］；承运人未尽到安保义务的，第三人承担侵权责任，承运人则承担违约责任，承运人赔偿损害后，有权向第三人追偿［广东东莞中院（2008）东中法民二终字第 121 号民判］。

根据本条第 2 款，前款规定的赔偿责任适用于免票、持优待票或者经承运人许可搭乘的无票旅客。免票是指旅客按照规定无须购票即可乘坐的情形；持优待票是指对特定旅客按照规定减收票款的情形；搭乘是指经承运人同意而无票乘坐的情形。由此可见，承运人依本条第 1 款规定承担的赔偿责任不因旅客是否支付票款而有不同。但是，对于未经承运人允许而搭乘的，承运人不承担本款规定的赔偿责任。不过，正常登载交通工具但尚未补票的无票乘客，以及超程乘坐的乘客不应视为未经允许而搭乘的无票旅客。

确定损害赔偿的范围时，除须依照本法有关损害赔偿的一般规定（如第 584 条及侵权责任编第二章规定）外，在法律对于损害赔偿的限额有特别规定时，还应适用该特别规定。例如，在海上旅客运输中，旅客人身伤亡的赔偿责任限额适用《海商法》第 117 条第 1 款第 1 项（即 46666 计算单位），但国内港口之间的旅客运输不适用该限额规定（该条第 4 款）；除此之外，因承运人的故意或者明知可能造成损害而轻率地作为或不作为，造成旅客人身伤亡的，也不适用《海商法》第 117 条第 1 款的责任限额（《海商法》第 118 条）。

本条可能与本法侵权责任编的相关规范产生竞合。承运人未尽到安全运输义务，构成侵权行为的，旅客还可以请求承运人承担侵权责任。例如，承运人对于旅客负有安全保障义务，旅客因第三人原因伤亡，承运人未尽到安全保障义务的，应当承担相应的损害赔偿责任［重庆五中院（2015）渝五中法民终字第 05958 号民判］。

第八百二十四条 【承运人对旅客财产损害的责任】在运输过程中旅客随身携带物品毁损、灭失，承运人有过错的，应当承担赔偿责任。

旅客托运的行李毁损、灭失的，适用货物运输的有关规定。

本条第 1 款仅适用随身携带的物品在运输过程中发生毁损或灭失的情形。随身所携物品因不可抗力事由或物品自然性质而毁损或灭失的，承运人无过错，不负担赔偿责任（**《民航法》第 125 条第 2 款、《铁路法》第 18 条**）。第三人毁损旅客随身携带的财产的，承运人仅在过错范围内承担相应的补充责任，且在承担责任后有权向第三人追偿（**类推适用第 1198 条第 2 款**）。

本条第 2 款是参引性规定。旅客的托运行李发生毁损或灭失的，应适用货物运输的相关规定，即本法第 832 条。根据该条，承运人对运输过程中货物的毁损、灭失承担赔偿责任，但承运人证明货物的毁损、灭失是因不可抗力、货物本身的自然性质或者合理损耗以及托运人、收货人的过错造成的，不承担赔偿责任。

其他法律就旅客行李赔偿限额和免责有特别规定的，应予优先适用（**第 11 条**）。例如，在海上客运合同中，承运人对旅客的货币、金银、珠宝、有价证券或者其他贵重物品所发生的灭失、损坏，不负赔偿责任，除非旅客与承运人约定将此类贵重物品交由承运人保管（**《海商法》第 116 条**）。再如，海运旅客行李发生毁损、灭失的，赔偿责任限额适用《海商法》第 117 条；民用航空运输中的赔偿责任限额，则适用《民航法》第 129 条。

第三节　货运合同

第八百二十五条　【托运人的申报义务】托运人办理货物运输，应当向承运人准确表明收货人的姓名、名称或者凭指示的收货人，货物的名称、性质、重量、数量，收货地点等有关货物运输的必要情况。

因托运人申报不实或者遗漏重要情况，造成承运人损失的，托运人应当承担赔偿责任。

本条第 1 款规定托运人的如实申报义务。货运合同的目的是将货物送交合同约定的收货人，所以，托运人应准确提供收货人的姓名、名称或者凭指示的收货人等，以使承运人能够在货物运输到达后通知收货人提货；此外，有关所运输货物的相关情况是承运人安排货物装卸方式、确保货物运输安全以及收取运费的基本依据，因此，承运人在办理托运时也应将货物的名称、性质、重量、数量，收货地点等货物运输的必要信息准确提供。一般情况下，托运人办理托运需要按照要求填写托运单，其需要如实填报。“必要情况”是有利于货物安全、准确、顺利送达的其他相关情况，如运输的是对运输、装卸、保管有特殊要求的特种货物，这种情况根据具体运输情况亦需申报。

本条第 2 款规定托运人违反义务的法律后果，即对承运人的损害赔偿责任。该种赔偿责任的成立要件为：(1) 托运人申报错误或者遗漏重要情况。申报错误是指申报的信息不实，而遗漏重要情况则是指申报的信息不完整。申报不实的后果应由托运人负责（**《民航法》第 117 条第 1 款**），其是有意抑或无意，在所不问。(2) 承运人受有损失。承运人因货物运输受有损失的情况多样，如因托运人夹带危险品致运输工具或其他货物发生污损、腐蚀、毁坏，造成人身伤害等；因收货人信息错误或者收货地点错误导致承运人发生保管、转运等费用损失；等等。(3) 承运人损失与申报不实之间有因果关系。一般而言，对于托运人填报的货物信息，承运人有权进行查验（**《铁路法》第 19 条**）。托运人申报错误或不完整的，知情或者应当知情的承运人应当及时询问核实。承运人未尽到该义务的，应减轻托运人的损失赔偿责任（**第 592 条第 2 款**）[**南京中院 (2015) 宁商终字第 1106 号民判**]。托运人赔偿责任的范围，依本法第 584 条并参照本法侵权责任编第二章相关规定确定。托运人未尽到如实申报或完整申报义务，货物因此遭受损失的，若可归责于托运人的过错，则托运人不得请求承运人赔偿（**第 832 条**）。

第八百二十六条 【托运人提交相关手续文件的义务】货物运输需要办理审批、检验等手续的，托运人应当将办理完有关手续的文件提交承运人。

为顺利运输货物，托运人需要向承运人提交已办理完相关手续的文件。关于托运人应当办理的运输所需相关手续范围，除本条列举的“审批、检验”手续外，还包括报关、检疫等其他相关手续（**如《海关法》第 32 条第 2 款、《动物防疫法》第 52 条第 1 款等**）。《海商法》第 67 条第一分句规定，“托运人应当及时向港口、海关、检疫、检验和其他主管机关办理货物运输所需要的各项手续，并将已办理各项手续的单证送交承运人”。当事人约定或者法律规定由承运人办理相关审批、检验等手续的，托运人应当提供必需的资料和文件（**本法第509条第2款**）。并且，除法律、行政法规另有规定外，承运人没有就托运人提交的资料或者文件进行检查的义务（**《民航法》第123条第2款**）。

本条为不完全法条，未规定托运人违反文件提交义务的法律后果。就此，在特别法有相关规定时，适用该特别规定。例如，在航空货运或海上货运情形，托运人未提交有关资料、文件或提交资料、文件不及时、不完备或者不正确致承运人损害的，托运人应当承担赔偿责任（**《民航法》第123条第1款第二分句、《海商法》第67条第二分句**）。在其他情形，托运人应当依本法本编通则分编的规定承担赔偿责任（**第577、584条**）。

第八百二十七条 【托运人包装货物的义务】托运人应当按照约定的方式包装货物。对包装方式没有约定或者约定不明确的，适用本法第六百一十九条的规定。

托运人违反前款规定的，承运人可以拒绝运输。

本条第1款规定托运人包装货物的义务。货物运输涉及运输和装卸等环节，包装是确保货物运输安全的处置措施。货物包装由托运人负责，其有义务按照约定的方式包装货物；如果合同对包装方式没有约定或约定不明，则应当参照买卖合同标的物包装要求处理，即当事人可以协议补充；达不成补充协议的，按照合同有关条款或交易习惯确定；仍无法确定的，则按照“通用的方式”包装；在没有通用包装方式时，应当采取足以保护标的物且有利于节约资源、保护生态环境的包装方式。通用方式之认定，应当结合货物性质与运输方式等因素，这是运输包装不同于产品包装之处。危险品的包装应适用本法第828条之规定。须说明者，本款为任意性规定，当事人可以约定由承运人承担货物包装义务。

本条第2款规定托运人违反包装义务时承运人有权拒绝运输。“拒绝运输”在性质上为履行抗辩权的行使，在托运人依约定包装前承运人有权暂停运输。托运人继续拒绝包装货物的，承运人可以解除合同，不再承担运输义务。若因托运人包装不当造成自身货物或承运人运输的他人货物或者承运人人身、财产损失的，托运人应当承担相应的赔偿责任（第577、584条，《海商法》第66条第1款）。在运输中发现包装无法满足运输要求的，承运人应当根据情况采取加固或重新包装措施（第509条第2款），由此发生的费用，由托运人承担。

须说明者，若承运人明知包装不符合约定或法律规定，仍然进行运输，由此造成损害的，承运人也有过错，应减轻托运人的赔偿责任，除非托运人坚持要求运输，且愿意承担相应的责任或风险（第592条第2款）［上海二中院（2019）沪02民终7613号民判］。货物因承运人未尽安全运输义务和托运人包装不良而毁损、灭失的，承运人和托运人应当各自承担相应的责任（第592条第1款）。此时，承运人应证明货物包装不符合约定或法律规定，托运人应就承运人未尽安全运输义务负担举证责任。托运人没有证据证明承运人对集装箱照管不当导致货物泄漏的，应认定是包装不良导致货物泄漏［山东高院（2019）鲁民终1097号民判］。

第八百二十八条　【托运人依法托运危险品的义务】托运人托运易燃、易爆、有毒、有腐蚀性、有放射性等危险物品的，应当按照国家有关危险物品运输的规定对危险物品妥善包装，做出危险物品标志和标签，并将有关危险物品的名称、性质和防范措施的书面材料提交承运人。

托运人违反前款规定的，承运人可以拒绝运输，也可以采取相应措施以避免损失的发生，因此产生的费用由托运人负担。

本条第1款规定托运人在托运危险物品时应履行的义务。托运易燃、易爆、有毒等危险物品时，对其他货物或承运人人身、财产安全以及运输过程中的周围环境都具有不同于普通货物的高度危险，因此，托运人对此类货物的包装、标示及防险说明等的标准也高于通常标准。一方面，托运人应当按照国家有关危险物品运输的规定，妥善包装危险物品，并作出危险物品标志和标签；另一方面，托运人应向承运人提交有关危险物品的名称、性质和防范措施的书面材料，以利承运人在运输中采取相关的安全运输或危险应对措施。认定托运人是否已履行危险货物的通知义务，应从形式要件、实质要件、补充要件等三个方面进行分析：形式要件要求采取书面形式，非书面通知不能视为通知；实质要件要求，通知内容应包括危险货物的正式名称和性质及应当采取的预防危害的措施等；补充要件指的是因危险货物的运输均须经相关部门审批，故托运人向承运人通知时应提交相应审批手续，否则也将影响通知义务履行情况的认定［**天津高院（2015）津高民四终字第9号民判**］。

本条第2款规定托运人未尽义务时承运人的权利。首先，承运人有权拒绝运输，这与本法第827条第2款规定相同。不过，承运人也可以继续运输，但需要采取相应措施以避免损失的发生，这主要是指承运人在运输途中发现托运货物是危险品，或者托运的危险品未按照法定方式包装和标记的，可以自主采取措施以避免危险品造成损害，如对危险物品按照要求妥善包装并作出危险物品标志或标签，或者对危险物品采取卸货或者销毁措施（**参照适用第818条第2款、《海商法》第68条第1款第一句第二分句**），由此产生的费用，承运人有权要求托运人偿还。承运人已采取相应措施避免损失的，除非采取的措施不合理，否则，其对因此造成的货物损毁不负赔偿责任［**浙江高院（2011）浙海终字第101号民判**］。其次，托运人未按照规定包装或标记造成承运人因运输此类货物遭受损失的，应当承担赔偿责任（**《海商法》第68条第1款第二句**）。承运人明知托运的货物是危险物品，但未拒绝运输且未采取其他措施的，可以减轻托运人的责任（**第592条第2款**）。因第三人瞒报，托运人不知托运危险物品属性而未向承运人通知，承运人因此遭受损失的，托运人仍应向承运人承担责任，并在承担责任之后可向第三人追偿［**上海海事法院（2007）沪海法商初字第534号民判**］。需注意的是，即便托运人未尽到本条规定的通知义务，承运人的妥善、谨慎管货义务也不受影响［**天津高院（2015）津高民四终字第9号民判**］。

第八百二十九条 【托运人解除和变更合同的权利】在承运人将货物交付收货人之前，托运人可以要求承运人中止运输、返还货物、变更到达地或者将货物交给其他收货人，但是应当赔偿承运人因此受到的损失。

根据本条，托运人享有要求中止运输、返还货物、变更到达地点、变更收货人等四项权利。中止运输是指暂停货物运输，在相关事由终止或一定期限届满后再继续运输货物。中止运输、变更到达地点与变更收货人都导致运输合同的变更。本条规定托运人享有该三项合同变更权。返还货物即是将货物运回给托运人，通常伴随着运输合同的解除。因此，本条承认了托运人的任意解除权。托运人的要求不能实现的，承运人应立即通知托运人（《民航法》第 119 条第 2 款）。本条规定的合同变更权与任意解除权，仅适用于货物交付给收货人之前。交付一旦完成，合同履行完毕，托运人不得再变更或者解除。

变更权或者解除权的行使以通知方式进行（第 565 条第 1 款第一句），通知是需受领的单方意思表示，以托运人变更或解除的意思表示到达承运人时生效，且合同同时发生变更或者解除。承运人因此遭受损失的，托运人应予赔偿。托运人的任意变更权与任意解除权受到公平原则的限制（第 6 条）。在海上货物运输合同中，在承运人将货物交付收货人之前，托运人享有要求变更运输合同的权利，但双方当事人仍要遵循公平原则确定各方的权利和义务；托运人行使此项权利时，承运人也可相应地行使一定的抗辩权；如果变更海上货物运输合同难以实现或者将严重影响承运人正常营运，承运人可以拒绝托运人改港或退运的请求，但应及时告知托运人不能变更的原因（指导案例108 号）。

法律对于托运人任意解除合同有特别规定的，应优先适用。例如，根据《海商法》第 89 条，托运人在开航前解除合同的，应向承运人支付约定运费的一半；如果货物已经装船，托运人还应当负担装货、卸货和其他与此有关的费用；当事人另有约定的除外。再如，在航空货运情形，在货物到达目的地点，并在收货人缴付应付款项和履行航空货运单上所列运输条件后，托运人的权利即告终止，此时，托运人不得再行使任意解除权或变更权（《民航法》第 119 条第 4 款及第 120 条）。

第八百三十条 【收货人及时提货的义务】货物运输到达后，承运人知道收货人的，应当及时通知收货人，收货人应当及时提货。收货人逾期提货的，应当向承运人支付保管费等费用。

根据本条第一句，在货物到达目的地后，承运人知道收货人的，负有及时通知其提货的义务。在接到承运人的收货通知后，收货人应及时提货。通知与提货是否“及时”，应依一般社会观念与交易习惯予以判断。本条中的“知道收货人”不仅是指承运人依据本法第 825 条知道“收货人的姓名、名称或者凭指示的收货人”，而且是指知道收货人的通信地址或者联系方式，能够发出提货通知。承运人因未及时通知收货人提货造成损失的，承运人应依本法第 522 条向托运人（**该条第 1 款**）或者收货人（**该条第 2 款**）承担违约责任。但是，本句是任意性规范，托运人可以指定放货时间。例如，承运人未按照托运单“听通知放货”的约定，在未收到托运人指示放货的情况下，直接将货物交付收货人，致使托运人无法顺利收取货款的，承运人应向托运人赔偿货款损失〔**北京二中院（2015）二中民（商）终字第 03697 号民判**〕。

根据本条第二句，收货人不得逾期提货，否则应向承运人支付保管费等费用。本句中的“逾期”的判断标准有二：一是接到提货通知的收货人应及时提货，否则构成逾期；二是未接到提货通知的收货人应当在约定时间内提货，否则构成逾期。尽管本句明文规定收货人应当向承运人支付保管费等费用，但囿于合同相对性原理，作为第三人的收货人不应负担该义务〔**辽宁高院（2020）辽民终 378 号民判**〕，除非其表示同意。收货人拒绝支付保管费等费用的，承运人可以主张留置权（**第 836 条**）。在逾期提货期间，承运人对货物负有妥善保管义务。承运人违反该义务的，应向托运人（**第 522 条第 1 款**）或收货人（**第 522 条第 2 款**）承担赔偿责任。收货人怠于办理进口与报检手续，导致货物长期滞留卸货港，而承运人也未尽到妥善管理义务的，双方均对货损存在过错，故应减轻承运人的责任〔**山东高院（2020）鲁民终 3159 号民判**〕。根据本法第 646 条与第 608 条，收货人逾期提货的，货物因不可抗力遭受的毁损或者灭失的风险应由收货人负担。

第八百三十一条 【收货人检验货物的义务】收货人提货时应当按照约定的期限检验货物。对检验货物的期限没有约定或者约定不明确，依据本法第五百一十条的规定仍不能确定的，应当在合理期限内检验货物。收货人在约定的期限或者合理期限内对货物的数量、毁损等未提出异议的，视为承运人已经按照运输单证的记载交付的初步证据。

根据本条第一句，收货人在提货时应当按照约定的期限检验货物。根据本条第二句，当事人未约定检验期限或检验期限约定不明的，可以补充协议（**第510条第一分句**）；不能达成补充协议的，应当按照相关合同条款和交易习惯确定检验期限（**第510条第二分句**）；仍不能确定检验期限的，收货人应当在合理期限内检验货物（**本条第二句**）。合理期限的具体认定应结合货物的种类、数量、性质，检验的难易程度，收货人的具体情况等因素综合考虑。如果案涉货物在交付时存在外观瑕疵，收货人应当在签收货物时就对货物进行检验；如果案涉货物在交付时存在隐蔽瑕疵，则收货人应当在合理期限内检验货物［**四川高院（2019）川民申5072号民裁**］。

根据本条第三句，收货人在约定的期限或者合理期限内对货物的数量、毁损等未提出异议的，视为承运人已按照运输单证的记载交付的初步证据。《海商法》第81条第1款与《民航法》第134条第1款就此作了相同的规定。本句中的“约定的期限”不仅包括当事人事先约定的期限，而且包括补充约定的期限，以及按照相关合同条款和交易习惯确定的检验期限。本句中的“视为……初步证据”乃是法律推定，收货人可以通过提出相反证据推翻该推定。因此，收货人未及时提出异议，但货物确不符合运输单证内容的，收货人应当对承运人未按照运输单证的记载交付货物，负担举证责任。

应注意者，本条第三句规定与本法第621条第1款之规定明显有别，因此，无依本法第646条准用该条之余地。

第八百三十二条 【承运人对货物损毁的责任】承运人对运输过程中货物的毁损、灭失承担赔偿责任。但是，承运人证明货物的毁损、灭失是因不可抗力、货物本身的自然性质或者合理损耗以及托运人、收货人的过错造成的，不承担赔偿责任。

根据本条第一句，货物在运输过程中发生毁损或灭失的，承运人应当承担赔偿责任。运输过程始于货物交由承运人接管或者装载至交通工具，终于货物交付或者卸载于交通工具（**《海商法》第46条第1款**）［**西安铁路中院（2008）西铁中民终字第21号民判**］。受托人应当就损害发生在承运人的责任期间，即运输过程中，负有举证责任［**山东高院（2021）鲁民**

终964号民判]。收货人“取样检测”合格后发现货物损毁的，若货损存在多项原因、区间，而收货人无从证明货损发生在承运人责任期间，那么其无权请求承运人赔偿损害[**(2021)最高法民申306号民裁**]。本句规定的赔偿责任是严格责任，承运人只能在证明存在本条第二句规定的免责事由时方可免责，不得仅以自己对货物毁损、灭失无过错而拒绝承担责任。本句并未规定赔偿请求权主体，解释上赔偿请求权主体可以是托运人或者收货人。但是，由于收货人与托运人在利益归属上存在对立关系，因此，原则上，在收货人权利优先于托运人权利的情况下，如收货人为货运单或提单的持有人时，收货人是优先的赔偿请求权人，托运人亦可依运输合同要求承运人向收货人赔偿；在收货人不行使索赔权利时，托运人可以单独主张赔偿请求权；在其他情形下，只有托运人为赔偿请求权人。

本条第二句规定了承运人可主张的四项免责事由。其中，不可抗力是指“不能预见、不能避免且不能克服的客观情况”(**第180条第2款**)，若承运人已采取合理措施应对恶劣天气等自然灾害的影响仍无法避免损害，其不承担赔偿责任[**(2021)最高法民申2888号民裁、福建高院(2007)闽民终字第170号**]，否则，承运人不得以不可抗力主张免责[**辽宁高院(2019)辽民终1665号民判**]。在货物因其自然性质毁损、灭失或合理损耗的情形中，货物的毁损、灭失与承运人对货物的管控无关，承运人自无须承担赔偿责任。至于耗损是否合理，应考虑货物的性质、运输的方式以及运输的期限长度等因素加以判断。托运人或收货人过错导致货物毁损、灭失的，承运人也无须承担责任。例如，因托运人未尽告知义务，承运人无法知晓货物运输的安全性，承运人按照一般货物运输的注意义务进行运输的，不应承担赔偿责任[**湖北高院(2019)鄂民终547号民判**]。还如，涉案货物由托运人负责装箱、箱内积载、绑扎、系固并铅封的，若其未进行有效的绑扎、系固而造成货损，承运人不负担赔偿责任[**最高法(2014)民申字第577号民裁**]。再如，海关查验期间产生的货损仍属于承运人责任期间，但若货物在收货人或其代理人负责搬移、开拆和重封查验的过程中遭遇雨淋湿，那么损失乃系收货人过失所致，故承运人可免责[**上海海事法院(2020)沪72民初437号民判**]。不过，若承运人未尽安全运输义务也是货物发生毁损、灭失的原因，应减轻承运人的赔偿责任(**第592条第2款、《海商法》第54条**)。此外，因第三人原因导致货物毁损、灭失的，承运人仍需承担赔偿责任(**第593条**)。

本条系任意性规范，当事人可就但书规定达成特别约定，比如要求承运人对“被遗失、损坏淋湿等意外事故”负担责任［**(2018) 最高法民申 163 号民裁**］。法律对承运人免责事由有不同于本条的特别规定的，应优先适用该特别规定（**《海商法》第 51 条第 1 款、第 52 条第一句，《民航法》第 126 条**）。

第八百三十三条 【货物损灭赔偿额的确定】货物的毁损、灭失的赔偿额，当事人有约定的，按照其约定；没有约定或者约定不明确，依据本法第五百一十条的规定仍不能确定的，按照交付或者应当交付时货物到达地的市场价格计算。法律、行政法规对赔偿额的计算方法和赔偿限额另有规定的，依照其规定。

本条第一句规定货物赔偿额确定的一般方法。当事人约定了货物损灭的赔偿额的，应从其约定。在保价运输情形，无法证明实际损失的，承运人应当按照保价额进行赔偿（**《铁路法》第 17 条**）。货运合同没有约定或约定不明的，当事人可以协议补充约定；不能达成补充协议的，应当依照合同相关条款或者交易习惯予以认定（**第 510 条**）；仍不能确定的，应当按照交付或者应当交付时货物到达地的市场价格计算（**本条第一句**）。在货物到达地无市场价格的，可以参照货物的评估价格或者其他合理标准加以确定。此外，当事人预先约定的赔偿额（比如保价）是最高限额，与实际损失可能存在差异。在这种情形中，承运人仅在实际损失范围内负担赔偿责任（**第 584 条、《铁路法》第 17 条**）；在无法证明实际损失时，则按照保价额进行赔偿（**《民航法》第 129 条第 2 项**）。

本条第二句为参引性规范，在法律、行政法规对赔偿额的计算方法和赔偿限额另有规定时，应依照其规定（**《铁路法》第 17 条、《海商法》第 56 条第 1 款、《民航法》第 128、129 条**）。

需注意者，本条仅涉及货物损灭时货物本身赔偿额的确定，未涉及收货人或者托运人遭受的其他损失。例如，除货物本身的损失外，对于收货人或者托运人支付的货损保险费、因处置受损货物而支付的费用等，承运人也应予以赔偿。

第八百三十四条 【单式联运的责任承担】两个以上承运人以同一运输方式联运的，与托运人订立合同的承运人应当对全程运输承担责任；损失发生在某一运输区段的，与托运人订立合同的承运人和该区段的承运人承担连带责任。

本条适用的情形是单式联运，即多个承运人以同一运输方式相继将货物运输至目的地的情形，也称相继运输。实践中的转车、转机、转船运输等属于单式联运，其特征是“一票到底”。在认定某一运输是单式联运，还是多式联运（**第838条**）时，交通运输工具的性质并非唯一决定性标准，所涉运输方式适用的法律也具有重要意义。例如，《海商法》第四章仅适用于国际海上运输合同，不适用于国内港口间的海上货物运输（**《海商法》第2条第2款**）。因此，国际海上运输与国内港口间运输的结合不构成单式联运［**武汉海事法院（2015）武海法商字第00307号民判**］。在单式联运中，与托运人订立合同的承运人（常为第一承运人，即第一运输区段的承运人）是全程承运人，其他承运人是区段承运人。全程承运人既可能参与实际运输，负责某个区段的运输，也可能不参与实际运输。区段承运人并非运输合同当事人，只是实际承担某区段运输任务的承运人。据此，相继运输与连续运输不同。在连续运输情形，每个承运人就其根据合同办理的运输区段作为运输合同的订约一方，也就是说，连续运输是多个区段运输合同的结合形式，但发生货物毁灭、遗失、损坏或者延误的运输区段的承运人与第一承运人对托运人，或者前者与最后承运人对收货人承担连带责任（**《民航法》第136条**）。

根据本条第一分句，全程承运人应当对全程运输承担责任。这一规定是合同约束力的体现（**第465条第2款**），也在体系上契合了本法第523条。在运输合同中，托运人与全程承运人约定由第三人承运部分区段的，属于本法第523条规定的第三人履行债务。根据本条第二分句，货物损失发生在某一区段的，全程承运人应与该区段承运人承担连带责任。这一规定突破了合同相对性，属于本法第465条第2款中的“法律另有规定”。需要注意的是，承担连带责任的承运人是全程承运人与发生损害的特定运输区段的承运人，而非其他区段的承运人。因此，在货物损灭的运输区段不明时，托运人或收货人仅能要求全程承运人承担责任。

第八百三十五条 【承运人运费请求权的消灭】货物在运输过程中因不可抗力灭失，未收取运费的，承运人不得请求支付运费；已经收取运费的，托运人可以请求返还。法律另有规定的，依照其规定。

货物灭失是指货物在物理形态上消灭或者在经济层面丧失价值，包括全部灭失与部分灭失。货物在运输过程中因不可抗力灭失的，承运人不承担赔偿责任（第832条），承运人亦不得收取运费；已经收取的，托运人可以请求返还（本条第一句）。需要说明的是，就本句文义来看，只要货物在交付收货人前因不可抗力灭失，不论运输完成情况如何，承运人都丧失全部运费请求权。然而，在运输合同中，运费与运输服务构成对价关系，如果承运人已经完成部分或全部运输服务，或者仅部分货物灭失，令承运人丧失全部运费请求权，是否公平，非无可议。当然，若收货人迟延收取货物，在迟延期间货物因不可抗力灭失的，则承运人仍可收取运费（结合第646条，类推第605条）。

根据本条第二句，法律另有规定的，仍依照其规定。例如，在海上货物合同中，船舶在装货港开航前，因不可抗力致使合同不能履行的，双方均可以解除合同，并互相不负赔偿责任；除合同另有约定外，运费已经支付的，承运人应当将运费退还给托运人（《海商法》第90条）。该条规定与本法本条规定在效果上并不一致，其允许当事人就不可抗力致合同履行不能的后果进行约定。因此，在海上货运合同中，当事人约定货物因不可抗力灭失时，承运人仍可请求支付全部或部分运费的，该约定有效。

第八百三十六条 【承运人的留置权】托运人或者收货人不支付运费、保管费或者其他费用的，承运人对相应的运输货物享有留置权，但是当事人另有约定的除外。

承运人留置权与保管人留置权（第903条）、行纪人留置权（第959条）合称商事留置权，前者旨在担保承运人对运费等费用收取权的实现，其成立要件为：(1) 须托运人或收货人迟延支付运费、保管费或者其他费用。即承运人享有合法到期债权，且托运人或收货人应当支付而未支付。相关费用应由托运人抑或收货人支付，不影响承运人留置权的行使。即便在应由托运人支付而未支付相关费用的情形，承运人仍有权在收货人提货时主张适用本条。(2) 承运人须合法占有货物（**参照适用第447条第1款**）。只要承运人是基于托运人依运输合同向其交付货物而取得占有即为已足，标的物是否属于债务人所有或者债务人是否有处分权，在所不问（存在不同观点）。这与本法第447条规定的一般留置权有别。(3) 留置的货物须与所担保的费用债权属于同一法律关系，但托运人和承运人之间均为企业的除外（**第448条**）。同一法律关系不以运输合同关系为限。实际承运人与托运人无合同关系的，亦不影响其享有留置权［**海南高院（2011）琼民三终字第34号民判**］。(4) 须当事人无不得留置的约定，承运人预先放弃留置权的，亦同［**厦门中院（2021）闽02民终4613号民判**］。此外，特别法关于留置权成立需要满足的条件，亦应具备。如在海上货物合同中，仅当托运人或收货人未提供适当担保时，承运人才有权在合理限度内留置货物（**《海商法》第87条**），这与一般留置权以及本条适用的一般情形均有不同。

关于承运人留置权的法律效果，在无特别法规定时，适用本法物权编第十九章的相关规定（**如第450～457条**）。例如，在海上货物合同中，承运人留置货物后，自船舶抵达卸货港的次日起满60日无人提取的，承运人可以申请法院裁定拍卖；货物易腐烂变质或者货物的保管费用可能超过其价值的，可以申请提前拍卖（**《海商法》第88条**）。承运人已因留置权而获得了妥当保护，故其若选择退运货物，应事先通知并取得托运人同意，或可证明该减损措施的合理性，否则无权要求托运人赔偿因其擅自退运而产生的费用［**上海海事法院（2009）沪海法商初字第817号民判**］。

第八百三十七条 【承运人提存货物的权利】收货人不明或者收货人无正当理由拒绝受领货物的，承运人依法可以提存货物。

承运人提存货物是其依法替代履行交货义务的方式。“收货人不明”是指承运人不知道收货人的姓名、名称等信息，或者收货人下落不明

（第570条第1款第2项），或者存在多个收货人，且难以明确谁享有提货权（第570条第1款第3项）。在收货人不明的情形，承运人承担合理调查的附随义务（第509条第2款）。收货人无正当理由拒绝受领货物主要是指，收货人无正当理由明确表示不受领货物，或者不合理地拖延受领货物（第570条第1款第1项），如收货人因与托运人之间的其他纠纷（如货物买卖纠纷），或者单纯以货物迟延达到为由而拒绝提货。但是，承运人通知的提货地点与合同约定的目的地不符，承运人要求提前提货等，属正当理由。

本条中的"依法可以提存"表明本条为参引性规范，承运人应依本法第570条第2款（变价提存）、第571条第1款（提存的成立）与第572条（提存人的告知义务）提存货物。提存的法律效果应适用本法第571条第2款（债务履行效果）、第573条（风险负担、孳息分配和费用负担）、第574条（收货人随时提货权）。在海上货物运输的情形，在卸货港无人提取货物或者收货人迟延、拒绝提取货物的，船长可以将货物卸在仓库或者其他适当场所，由此产生的费用和风险由收货人承担（《海商法》第86条）。

第四节 多式联运合同

第八百三十八条 【多式联运中的责任承担】多式联运经营人负责履行或者组织履行多式联运合同，对全程运输享有承运人的权利，承担承运人的义务。

多式联运是指同一运输合同的履行，涉及两种或两种以上运输方式（《海商法》第102条第1款），相对于本法第834条中的单式联运。运输方式的认定，不应仅以交通工具为准，而且应考虑适用的法律制度。利用同类交通工具运输，但适用不同法律的，也构成多式联运。例如，所涉运输包括内河货物运输和海上货物运输，需要转船，非江海直达，属于内河货物运输与海上货物运输相结合的多式联运［武汉海事法院（2015）武海法商字第00307号民判］。在多式联运的情形，签订合同的当事人是多式联运经营人，区段承运人负责各区段的运输。多式联运经营人往往负责某一区段的运输，也可能不参与实际运输。多式联运合同有别于运输代理，运输代理是指代理人接受旅客或者托运人的委托，以后者名义与承运人签订承运合同。多式联运合同是旅客或者托运人与联运经营人签订的合同，区段承运人不受该合同的约束，也不得请求旅客或者托运人支付票款或者运费（**第465条第2款**）。

依本条规定，多式联运经营人应对全程运输负责。在货物多式联运中，全程运输是指从承运人接收货物到货物交付收货人的整个运输期间。由于多式联运经营人是合同当事人，所以就全程运输享有承运人权利，承担承运人义务（**也见《海商法》第104条第1款**）。从本条文义来看，多式联运中的区段承运人无须向旅客或托运人负责，故既有别于相继运输（**第834条**），也有别于实际承运人（**《海商法》第61、63条**）。因此，要求区段承运人与多式联运经营人承担连带责任，欠缺法律依据，不符合合同相对性原则［**广东中山中院（2009）中中法民二终字第76号民判**］。而在海上货运合同中，区段承运人并非《海商法》第63条意义上的实际承运人，故无须与承运人承担连带责任［**广州海事法院（2011）广海法初字第632号民判**］。但是，从体系上看，区别对待相继运输与多式联运中的区段承运人，区分对待区段承运人与实际承运人难谓合理。当然，区段承运人的运输行为构成侵权的，旅客或者托运人也有权直接要求其承担侵权责任。

第八百三十九条 【多式联运中的责任分担】多式联运经营人可以与参加多式联运的各区段承运人就多式联运合同的各区段运输约定相互之间的责任；但是，该约定不影响多式联运经营人对全程运输承担的义务。

根据本条第一分句，多式联运经营人可以与各区段承运人就各区段运输的责任分担作出内部约定。这是当事人意思自治的体现。当事人没有约定的，因多式联运经营人与区段承运人往往存在委托运输合同，区段承运人违反合同约定的，应当向多式联运经营人承担违约责任。根据本条第二分句，多式联运经营人与各区段承运人的责任分担约定，不影响多式联运经营人就全程运输向旅客或托运人承担的义务（**也见《海商法》第104条第2款**）。这一规定符合合同相对性原则（**第465条第2款**）。

第八百四十条 【多式联运单据】多式联运经营人收到托运人交付的货物时，应当签发多式联运单据。按照托运人的要求，多式联运单据可以是可转让单据，也可以是不可转让单据。

本条第一句规定了多式联运经营人在收货时签发多式联运单据的义务，由此也表明本条仅适用于多式联运货物合同。多式联运单据是运输合同的证明（**《海商法》第44条第一句**）、交付货物的依据（**《海商法》第71条**）、收取货物的凭证。多式联运单据还是一种债权性有价证券，即单据的转让具有让与交货请求权的效力（交付的效力），并非物权凭证。例如，提单持有人是否因受领提单的交付而取得物权以及取得何种类型的物权，取决于合同的约定；开证行根据其与开证申请人之间的合同约定持有提单时，人民法院应结合信用证交易的特点，对案涉合同进行合理解释，确定开证行持有提单的真实意思表示（**指导案例111号**）。

多式联运经营人知道或者有合理依据怀疑多式联运单据所记载的信息没有准确反映实际接管货物的状况的，多式联运经营人应当在单据上作出保留，标明不符合之处以及怀疑的理由（**《海商法》第75条**）。签发多式联运单据虽然仅是多式联运经营人承担的从义务，但欠缺该单据即难以收货，运输的目的难以实现。因此，多式联运经营人拒绝签发单据的，托运人有权请求经营人出具单据，并在遭受损害时请求赔偿（**第577、584条**）。

本条第二句规定了多式联运单据的两种类型，即可转让单据和不可以转让单据。不记名多式联运单据的转让以交付为要件，指示多式联运单据的转让则以背书和交付为要件（**《海商法》第79条第2～3项**）。不记名或指示单据经转让之后，受让人有权提取货物。记名多式联运单据不可转让，承运人应当向记名的收货人交付运输的货物（**《海商法》第79条第1项**）。记名提单不可转让，但收货人可委托第三人提货。不过，收货人仅在提单后加盖印章，不足以构成其委托第三人提货的有效授权，否则记名提单将与指示提单无异［**湖北高院（2020）鄂民终2号民判**］，但第三人人持有提单，并提供了记名收货人委托其代为提货授权的，可构成有效授权［**天津高院（2019）津民终303号民判**］。虽然记名提单不得转让，但记名提单权利人在其遭受损害时，可将该提单项下的索赔权利让与第三人，由后者向承运人请求赔偿［**上海海事法院（2013）沪海法商初字第 1588 号民判、大连海事法院（2021）辽 72 民初 48 号民判〕。多式联运经营人应当依据托运人的要求，签发可转让或不可转让的单据。

第八百四十一条　【托运人的过错责任】因托运人托运货物时的过错造成多式联运经营人损失的，即使托运人已经转让多式联运单据，托运人仍然应当承担赔偿责任。

根据本条，托运人在托运货物时具有过错，多式联运经营人因此遭受损失的，托运人应向多式联运经营人承担赔偿责任。例如，托运人负担如实全面申报的义务、提交相关手续文书的义务、依约包装货物的义务、依法托运危险品的义务（第 825～828 条），托运人未履行前述义务的，除非证明自己没有故意或过失，否则，应向遭受损失的多式联运经营人承担赔偿责任。因托运人的过错造成其他区段承运人损失的，其他区段承运人不得请求托运人予以赔偿；在此情形中，其他区段承运人应当依据其与多式联运经营人的合同请求救济，后者在承担责任后再依据本条向托运人请求赔偿。

根据本条，即使托运人已经转让多式联运单据，仍需承担赔偿责任。多式联运单据表征了收货权或货物交付请求权，多式联运单据的转让仅涉及该权利的让与，不会导致承运合同权利义务的概括转让。因此，多式联运单据转让后，托运人与承运人的运输合同继续存在，因托运人的过错导致多式联运经营人遭受损失的，后者仍有权请求其承担赔偿责任。

第八百四十二条　【赔偿责任和限额的准据法】货物的毁损、灭失发生于多式联运的某一运输区段的，多式联运经营人的赔偿责任和责任限额，适用调整该区段运输方式的有关法律规定；货物毁损、灭失发生的运输区段不能确定的，依照本章规定承担赔偿责任。

本条第一分句采纳了“网状责任制”，即货物的毁损或灭失发生于多式联运的某一运输区段的，应当依照该区段的有关法律规定确定多式联运经营人的赔偿责任和责任限额（**也见《海商法》第105条**）。至于损害赔偿的其他方面（如诉讼时效），应当适用本法或者其他法律的相关规定［**（2018）最高法民再196号民判**］。本条第二分句则补充或修正了前述规则，即货物毁损、灭失发生的运输区段不能确定的，依照本法本章规定承担赔偿责任。但是，其他法律有不同的规定的，应优先适用其特别规定（**《海商法》第106条**）。对于赔偿责任的其他方面，应当适用本法或者其他法律的相关规定。在举证责任上，由主张按照特定运输区段的法律规定确定赔偿责任和责任限额的人承担证明责任。

在涉外多式联运合同的情形，当事人有权选择准据法（**《法律适用法》第41条第一句**）。因此，当事人就运输合同约定了准据法的，自应优先适用该准据法。若依当事人或最密切联系规则，我国法是涉外多式联运合同的准据法，那么本条仍有适用空间，进而可能依国外法确定赔偿责任与限额［**宁波海事法院（2014）甬海法商初字第639号民判**］。

第二十章

技术合同

第一节 一般规定

第八百四十三条 【技术合同总括性定义】技术合同是当事人就技术开发、转让、许可、咨询或者服务订立的确立相互之间权利和义务的合同。

本条为说明性法条，其规定表明技术合同是一个集合性概念，包含多种具体技术合同类型：其既可能是与技术相关权利的移转或许可使用等权利移转或权利使用型合同，也可能是以提供特定技术服务为内容的服务类合同。在传统民法中，技术合同并非典型合同，其各具体类型本来可归入其他有名合同（如委托、买卖、承揽）或者根据混合合同原理予以类型识别或处理。本法继续在我国民法体系中确立“技术合同”这一有名合同类型，一方面使其区别于其他典型合同，另一方面通过确定技术合同的内涵和外延，便于法院、合同登记机构把握技术合同的类型和范围，以识别某一涉及技术的合同是否为技术合同及其具体类型（**参见《技术合同解释》第42条**），从而有利于案件管辖、业务分工的明确（**《技术合同解释》第43条、第45条**）和法律的正确适用。

本条对原《合同法》第322条增加“许可”之表述，将技术合同的具体类型扩展为技术开发合同、技术转让合同、技术许可合同、技术咨询合同和技术服务合同。这些具体的技术合同类型既然构成一个个有名合同，那么在司法实践中，自然要对案涉合同进行具体的类型认定，以分别适用本章第2～4节的相应规定；而本节规定事实上相当于各类具体技术合同的一般性规则。此处需注意者有二：（1）依特别规范优先适用之法理，只有在第 2～4 节未特别规定时，才适用本节规定；（2）由于各具体技术合同类型也可被识别为其他典型合同，故在第 2～4 节无特别规定时，可类推适用其他典型合同的相应规定（**适例可参见本法第 844 条、第 851 条评注**）。

相较其他有名合同，作为集合性概念的技术合同具有以下特性：（1）本条虽未限定技术合同的当事人，但通常而言，其当事人至少一方是掌握一定技术且能从事技术开发、转让、许可、咨询或服务的个人或组织，故技术合同的当事人既具广泛性也有特定性，这可能导致实践中发生不具有民事主体资格但有科研能力的组织（如法人或非法人组织内部从事技术研发等活动的课题组、工作室）对外订立技术合同的问题。显然，此类合同经法人或非法人组织授权或认可的，视为法人或非法人组织订立的合同；未经其授权或认可的，由该科研组织成员共同承担责任，而法人或非法人组织因合同受益的，应在受益范围内承担相应责任（**《技术合同解释》第 7 条第 1 款**）。（2）技术合同的标的往往具有无形性，由此导致其生效和履行也具有特殊性。通常而言，某些技术合同会伴随专利权、技术秘密等相关权利的转移，故技术合同除受本法规范外，还受专利法等特别法的调整。例如，依《专利法》第 10 条第 3 款，转让专利申请权或专利权的，当事人应订立书面合同，并向国务院专利行政部门登记，由该行政部门予以公告；专利申请权或专利权的转让自登记之日起生效。再如，技术的实施可能需要生产审批或行政许可，那么在合同的履行中，未办理生产审批或未获得行政许可虽不影响技术合同效力，但在当事人就办理义务未予约定或约定不明时，应由实施技术的一方负责（**《技术合同解释》第 8 条**）。

第八百四十四条 【订立技术合同应遵循的原则】订立技术合同，应当有利于知识产权的保护和科学技术的进步，促进科学技术成果的研发、转化、应用和推广。

本条主要是关于技术合同之订立原则的说明性法条，其内容最早见于《技术合同法》第 3 条，经增删后形成原《合同法》第 323 条，在本法中则主要在“有利于”的目的项中增加“知识产权的保护”。这一修订历程，表明本条实质上是仅适用于技术合同的特别法原则。由此，当事人订立技术合同时，固然应遵循平等、自愿、公平、诚信、遵守法律等民法基本原则，但在缔约目的上更须兼顾知识产权保护和科学技术进步。也就是说，当事人在订立技术合同时，应从保护知识产权、推动科学技术进步出发，妥善确定缔约各方的权利义务；在对合同内容有疑义时，须结合技术合同的二个根本缔约目的定之。甚至，所订立的技术合同“妨碍技术进步”的，依原《合同法》第329条当属无效。虽然该表述在本法第850条中被删除，但依本条之反对解释，仍不难得出“妨碍技术进步”以及“不利于知识产权保护”的技术合同无效这一结论。

本条后半句的规范意义，在于确认技术合同乃以科学技术成果的研发、转化、应用和推广为本质属性。所以，尽管技术合同的各种具体类型依传统民法可归入其他典型合同，但它仍因通过技术成果的研发、转化、应用和推广来实现科学技术的进步，而在我国民法体系中独立为一类典型合同。显然，此类典型合同的核心识别要素就是何谓技术成果，这不同于其他典型合同系以主给付义务作为识别要素。依《技术合同解释》第1条，技术成果是指利用科学技术知识、信息和经验作出的涉及产品、工艺、材料及其改进等的技术方案，包括专利、专利申请、技术秘密、计算机软件、集成电路布图设计、植物新品种等。

第八百四十五条 【技术合同的内容】技术合同的内容一般包括项目的名称，标的的内容、范围和要求，履行的计划、地点和方式，技术信息和资料的保密，技术成果的归属和收益的分配办法，验收标准和方法，名词和术语的解释等条款。

与履行合同有关的技术背景资料、可行性论证和技术评价报告、项目任务书和计划书、技术标准、技术规范、原始设计和工艺文件，以及其他技术文档，按照当事人的约定可以作为合同的组成部分。

技术合同涉及专利的，应当注明发明创造的名称、专利申请人和专利权人、申请日期、申请号、专利号以及专利权的有效期限。

合同的内容本应尊重当事人的意思自治，但鉴于我国科技法律普及程度不高，且技术合同的内容较为专业，本条以列举的方式提示技术合同的内容，引导当事人正确设定合同权利、义务。本条作为说明性条款，较为详尽地规定了技术合同的主要内容。除一般合同包括的条款外（**第470条**），本条所列事项为技术合同所特有，但其亦有要素（必要条款）和常素（非必要条款）之分。故在司法实务中，本条也被作为技术合同是否成立的判断依据［**郑州中原法院（2019）豫0102民初4534号民判**］。

具体来说，影响技术合同成立的必要条款（要素）包括：（1）明确、具体的项目名称；（2）明确的技术合同标的以及根据标的的不同明确标的的技术范围和技术指标。据此，本条第3款规定，技术合同内容涉及专利的，应注明发明创造的名称、专利申请人和专利权人、申请日期、申请号、专利号以及专利权的有效期限。

除上述条款外，本条第1款列举的履行计划、地点和方式、技术信息和资料的保密、技术成果的归属和收益的分配方法、验收标准和方法、名词和术语的解释等技术合同一般包括的条款，即使有很强的专业性要求，也不宜认定为必要条款而影响合同的成立。这些条款作为技术合同的常素，在当事人有约定时自然从其约定，而在当事人约定不明或未约定时，往往可依本法第510条和相应的任意性规范阐明或补充之。例如在未约定技术成果的归属和收益的分配方法时，可依第847～848条、第859～861条、第875条、第885条分别定之。

至于本条第2款列举的与履行合同有关的技术背景资料、可行性论证和技术评价报告、项目任务书和计划书、技术标准、技术规范、原始设计和工艺文件以及其他技术文档，甚至不属于技术合同的常素，但可依当事人的约定作为合同的组成部分，对当事人产生约束力。

第八百四十六条 【技术合同价款、报酬或使用费的支付方式】技术合同价款、报酬或者使用费的支付方式由当事人约定，可以采取一次总算、一次总付或者一次总算、分期支付，也可以采取提成支付或者提成支付附加预付入门费的方式。

约定提成支付的，可以按照产品价格、实施专利和使用技术秘密后新增的产值、利润或者产品销售额的一定比例提成，也可以按照约定的其他方式计算。提成支付的比例可以采取固定比例、逐年递增比例或者逐年递减比例。

约定提成支付的，当事人可以约定查阅有关会计账目的办法。

技术合同的价款、报酬或使用费及其支付方式，在原《合同法》第324条中本来也是技术合同的主要条款，该内容虽然在本法第845条中被删除，但依本条仍然属于技术合同的重要条款。一般认为，技术成果是一种知识形态的特殊商品，其价值衡量取决于技术在形成过程中所使用的资金、耗费的人类劳动，尤其是运用的科学知识、信息、经验、技能，以及其产生的经济效益和社会效益，所以难有统一的市场价格，也不宜执行政府定价或政府指导价；技术合同的价款、报酬和使用费的具体种类和数额只能由当事人自由协商、逐项定价，法律至多在支付方式上作出提示。由此，价款、报酬或使用费似为技术合同的必要条款，未予约定或约定不明将影响合同的成立。然依《技术合同解释》第14条，对技术合同的价款、报酬和使用费，当事人未约定或约定不明的，法院可区分技术开发、转让、许可合同，以及技术咨询、服务合同的属性，参酌其列举的各种考量因素合理确定。这表明此等条款为技术合同的常素，当事人约定不明或未约定并不影响合同的成立。

本条貌似仅就技术合同价款、报酬或使用费的可能支付方式，提示当事人为自由约定，但其内容事实上包括价款、报酬或使用费的构成及支付时间。故在合同未予约定或约定不明时，应依本法第510条、第511条第2项和第5项定之。本条言及的支付方式有：(1) 定额支付，包括一次总算、一次总付和一次总算、分期支付。前者即一方当事人依合同的约定，在合同成立后将全部价款、报酬或使用费一次性算清并支付给对方；后者系当事人依约定将全部价款、报酬和使用费一次性算清，但不要求一次性支付，而是在合同成立后数次付清款项。(2) 提成支付，包括单纯提成和“入门费＋提成”。前者即一方当事人在合同成立后依约定的比例，从合同履行所产生的收益中提取一部分作为价款、报酬或使用费。后者是当事人一方依约定在合同成立后先预付部分价款、报酬或使用费作为入门费，其余部分则按约定的时间和比例提成支付。依本条第2款和第3款，当事人约定提成支付的，可按产品价格、实施专利和使用技术秘密后新增的产值、利润或产品销售额的一定比例提成，也可依约定的其他方式计算。提成支付的比例可采固定比例、逐年递增比例或逐年递减比例。同时，由于这种支付方式存在计算、监督、检查等复杂问题，故当事人可在合同中约定查阅有关会计账目的方法（**第3款**）。

第八百四十七条 【职务技术成果及其财产权属】职务技术成果的使用权、转让权属于法人或者非法人组织的，法人或者非法人组织可以就该项职务技术成果订立技术合同。法人或者非法人组织订立技术合同转让职务技术成果时，职务技术成果的完成人享有以同等条件优先受让的权利。

职务技术成果是执行法人或者非法人组织的工作任务，或者主要是利用法人或者非法人组织的物质技术条件所完成的技术成果。

有观点认为，本条第1款确认了职务技术成果的使用权、转让权等财产性权利属于法人或非法人组织。但事实上，本款并未承袭原《技术合同法》第6条直接规定此类成果归属于单位，而是在第一句将“职务技术成果的使用权、转让权属于法人或非法人组织”设计为“法人或者非法人组织可以就该职务技术成果订立技术合同”这一权能规范的条件，以表明技术成果完成人也有获得职务成果相关权利的可能。《技术合同解释》第2条第2款与此呼应，规定法人或非法人组织与其职工就职工在职期间或离职以后所完成的技术成果的权益有约定的，法院应依约定确认。《专利法》第6条更是在第1款规定职务发明创造申请专利的权利和经批准后的专利权归属于单位后，于第3款承认单位与发明人或设计人可针对利用本单位的物质技术条件完成的发明创造，就其申请专利的权利和专利权的归属另行约定。由此可见，作为特殊商品的职务技术成果依其性质原则上属于成果完成人所在的法人或非法人组织，但双方可约定归完成人享有或双方共有。

不过，本条第1款的规范重心不在第一句之权能规范，而在第二句赋予职务技术成果的完成人优先受让权，盖法人或非法人组织若享有职务技术成果的使用权、转让权，则其就该成果订立技术合同系当然之理，无待立法者赘言；相反，第二句赋予职务技术成果完成人优先受让权，则以第一句之权能规范实现为条件，即在法人或非法人组织行使其依第一句的权利之时，方有职务技术成果完成人享有优先受让权问题。

然而，对于优先受让权的性质、其行使条件及效力如何，学理上迄无讨论，实务中也罕有案例；在本法合同编制定之时，甚至有学者建议删除这一规定。如此现实，使本款规定的优先受让权自原《合同法》第 326 条之时起就几成鸡肋。

本法第 844 条将技术成果作为技术合同的核心识别要素（**参见该条评注**），本条第 2 款则定义了职务技术成果的两种类型：一是执行法人或者非法人组织的工作任务所完成的技术成果；二是主要利用法人或者非法人组织的物质技术条件所完成的技术成果。前者以职务为标准，其所谓工作任务既包括本职工作任务，也包括法人或非法人组织委派的工作任务，核心在于是否体现了法人或非法人组织的意志，是否为了法人和非法人组织的利益［**南京鼓楼法院（2012）鼓知民初字第 184 号民判**］。《技术合同解释》第 2 条第 1 款则对“执行法人或者非法人组织的工作任务”进行了目的性扩张：履行法人或非法人组织的岗位职责或者承担其交付的其他技术开发任务；离职后 1 年内继续从事与其原所在法人或非法人组织的岗位职责或者交付的任务有关的技术开发工作，但法律、行政法规另有规定的除外。后者以资源利用为标准，其所言“物质技术条件”包括资金、设备、器材、原材料、未公开的技术信息和资料等。依《技术合同解释》第 4 条，判断职务技术成果的关键在于物质条件。

第八百四十八条 【非职务技术成果的财产权归属】非职务技术成果的使用权、转让权属于完成技术成果的个人，完成技术成果的个人可以就该项非职务技术成果订立技术合同。

本条直接确定非职务技术成果的财产权归属于完成技术成果的个人，系权利归属规范。而完成技术成果的个人有权就该技术成果订立合同，乃其当然规范意义，无须赘言。本条所谓非职务技术成果，依本法第 847 条第 2 款对职务技术成果这一概念的定义，当指非执行法人或非法人组织的工作任务，或者未利用法人或非法人组织的物质技术条件所完成的技术成果。其所称“个人”，依《技术合同解释》第 6 条，包括对技术成果单独或者共同作出创造性贡献的人，也即技术成果的发明人或设计人。法院在认定创造性贡献时，应分解所涉技术成果的实质性技术构成。设计实质性技术构成并由此实现技术方案的，即谓作出创造性贡献。提供资金、设备、材料、试验条件，进行组织管理，协助绘制图纸、整理资料、翻译文献等人员，不属于完成技术成果的个人。完成人利用本职工作中学习的知识技能而创作的技术成果，属于非职务技术成果。如果当事人之间事先约定，完成人可利用法人或非法人组织的物质条件进行技术开发，那么该技术成果亦为非职务技术成果。科研时间并非认定非职务技术成果的考量因素。

第八百四十九条 【技术成果的人身权】完成技术成果的个人享有在有关技术成果文件上写明自己是技术成果完成者的权利和取得荣誉证书、奖励的权利。

技术成果的财产权归属依职务技术成果和非职务技术成果而有所区分，但技术成果的取得与完成人的人身密不可分，故本条规定的技术成果之署名权以及取得荣誉和奖励的权利作为人身性权利，不问其是否为职务技术成果，一律专属于完成技术成果的个人。关于署名权在《专利法》等特别法中已有明文，而在本法合同编中再予规定，有叠床架屋之嫌。至于取得荣誉证书、奖励（实质上是荣誉的物质利益表现形式）的权利，在本法第 1031 条中亦有体现，但可否谓之权利及其救济方式如何，学理上和实务中实有争议（**参见该条评注**）。

第八百五十条 【技术合同无效】非法垄断技术或者侵害他人技术成果的技术合同无效。

本条关于技术合同无效的特别规定，系本法第 153 条规定的具体化。由于其包括完整的事实要件和法律效果，故属完全法条。《技术合同解释》第 10 条兼顾维护合同效力的原则和制止非法垄断技术，将作为事实要件之一的非法垄断技术限定为 6 种情形：（1）限制当事人一方在合同标的技术基础上进行新的研究开发或者限制其使用所改进的技术，或者双方交换改进技术的条件不对等，包括要求一方将其自行改进的技术无偿提供给对方、非互惠性转让给对方、无偿独占或共享该改进技术的知识产权；（2）限制当事人一方从其他来源获得与技术提供方类似技术或与其竞争的技术；(3) 阻碍当事人一方根据市场需求，依合理方式充分实施合同标的技术，包括明显不合理地限制技术接受方实施合同标的技术生产产品或提供服务的数量、品种、价格、销售渠道和出口市场；(4) 要求技术接受方接受并非实施技术必不可少的附带条件，包括购买非必需的技术、原材料、产品、设备、服务以及接收非必需的人员等；(5) 不合理地限制技术接受方购买原材料、零部件、产品或者设备等的渠道或来源；(6) 禁止技术接受方对合同标的技术知识产权的有效性提出异议或对提出异议附加条件。

对于侵害他人技术成果的技术合同是否一律使其归于无效，学理上多有争议。通说认为应根据缔约的不同情形，依本法第155～157条的规定处理；对于部分技术合同如技术转让、许可合同，不妨类推适用本法第597条第1款关于无权处分之买卖合同的规定，在肯定技术合同本身效力的同时，依合同解除和违约责任规则予以处理。司法实务中法院对此类技术合同较少认定无效，法官一般认为此类纠纷案件的审理应兼顾技术成果权利人的利益和社会公共利益，对其效力不能一概而论。《技术合同解释》第12～13条仅针对“侵害他人技术秘密的技术合同”，规定其“被确认无效”后，除法律、行政法规另有规定的以外，善意取得该技术秘密的一方当事人可在其取得时的范围内继续使用该技术秘密，但应向权利人支付合理的使用费并承担保密义务；继续使用技术秘密但又拒不支付使用费的，可依权利人的请求判令使用人停止使用。此所谓“善意取得”不同于本法第311条之善意取得规则，并不以有偿为要件，且因技术秘密的特殊性，即使其被“善意取得”，也不影响原权利人继续使用该技术成果或行使其权利。

第二节 技术开发合同

第八百五十一条 【技术开发合同的定义、类型、形式及适用范围】技术开发合同是当事人之间就新技术、新产品、新工艺、新品种或者新材料及其系统的研究开发所订立的合同。

技术开发合同包括委托开发合同和合作开发合同。

技术开发合同应当采用书面形式。

当事人之间就具有实用价值的科技成果实施转化订立的合同，参照适用技术开发合同的有关规定。

本法第 844 条以技术成果作为技术合同的核心识别要素（**参见其评注**），本条第 1 款则在技术合同项下，以技术成果的“研究开发”这一主给付作为识别要素定义了技术开发合同，使之区别于技术合同的其他子类型。此处“研究开发”的对象，指向的是“新技术、新产品、新工艺、新品种或者新材料及其系统”，即当事人在订立合同时尚未掌握的产品、工艺、材料及其系统等技术方案，不包括对技术上没有创新的现有产品的改型、工艺变更、材料配方调整以及对技术成果的验证、测试和使用（**《技术合同解释》第 17 条**）。要之，“技术开发”应同时符合研发目标明确而具体、技术方案在缔约时尚未掌握、预期成果有创新内容三个要素（**《技术合同认定规则》第 21 条**），三者缺一不可。而对于技术转化合同，即当事人之间就具有实用价值但尚未实现工业化应用的科技成果包括阶段性技术成果，以实现该科技成果工业化应用为目标，约定后续试验、开发和应用等内容的合同（**《技术合同解释》第 18 条**），其虽不涉及新技术、新产品等的开发，但在成果转化的过程中会涉及后续开发并实现产业化应用，故立法者在本条第 4 款授权类推适用技术开发合同的规定。

本条第 2 款将技术开发合同再分为委托开发合同和合作开发合同，并以主给付（研究开发）是单方义务还是双方共同义务为其识别要素：前者仅受托的当事人一方进行技术开发，后者则是双方当事人都参与技术开发。所以，委托开发合同和合作开发合同性质上分属承揽（或委托）合同和合伙合同。准此，在本节对委托开发、合作开发合同未作特别规定时，可分别整体类推适用承揽（或有偿委托）合同、合伙合同的有关规定。对于委托开发合同，法院更多地准用有偿委托合同的相关规定，但当事人约定交付特定成果的，会类推适用承揽合同的相应规定。如在某委托开发合同纠纷案中，法院事实上类推适用了本法第 782 条的规定，即受托人对产品开发已付出相应劳动的，委托人应为相应支付［**（2021）最高法知民终 1798 号民判**］。

技术开发合同内容复杂、履行周期长，且往往涉及重大技术问题与国家安全问题，故本条第 3 款明确其要式性，要求采书面形式。但依本法第 490 条第 2 款，当事人未采书面形式而一方已履行主要义务且对方接受的，技术开发合同成立。法院据此认定“双方存在技术开发合同关系，委托方应当支付相应的研发费用”［**(2022) 最高法知民终 411 号民判**］。

第八百五十二条　【委托开发合同委托人的义务】委托开发合同的委托人应当按照约定支付研究开发经费和报酬，提供技术资料，提出研究开发要求，完成协作事项，接受研究开发成果。

本条规定的委托开发合同委托人之主要义务，同时是此类合同区别于合作开发合同的识别要素，具体包括：(1) 委托开发合同是双务有偿合同，委托人负有按照约定的数额，在约定的期限内以约定的支付方式向开发人支付研究开发经费和报酬的义务［**广东高院 (2018) 粤民终 1900 号民判**］。研发经费是履行研发义务所必需的费用支出，如购买设备、研究资料、试验材料，收集相关情报资料等所需花费。在当事人没有约定，且无法依本法第 510 条的规定确定时，可类推适用第 921 条的规定 **(参见本法第 851 条评注)**，委托人应预付研发经费。对于报酬，如果当事人未在研究开发经费外另行约定报酬，则推定报酬已包括在约定的研发经费中。(2) 委托人应依约定及时向开发人提供技术研究开发所需且真实有效的技术资料，并就技术要求给出明确、具体的指示，如委托研究开发的技术类型、功能、效果、机理等具体内容，确保委托开发合同的可履行性。此外，委托人还须根据开发需要和具体情况提供必要的协助与支持，保证委托研究开发工作有序进行。此等义务是委托人负担的从给付义务与附随义务，并不意味着其“分工参与”研究开发 (**参见本法第 855 条评注**)。(3) 接受研究开发成果的义务。依通说，此义务为不真正义务，即研究开发人不得请求委托人接受研究开发成果，但委托人不接受的，应承担成果灭失的风险，且不得主张损害赔偿。

第八百五十三条　【委托开发合同研究开发人的义务】委托开发合同的研究开发人应当按照约定制定和实施研究开发计划，合理使用研究开发经费，按期完成研究开发工作，交付研究开发成果，提供有关的技术资料和必要的技术指导，帮助委托人掌握研究开发成果。

本条规定的研究开发人的义务，也同时是委托开发区别于合作开发的识别要素，主要包括：(1) 依合同约定和研究开发要求，制定研究开发的具体方案和实施计划，包括设计研究开发的基本步骤、时间安排等，确保技术研究与开发工作有序开展。(2) 合理使用研究开发经费。研究开发经费服务于研究开发目的，研究开发人应按约定，在研究开发的正当范围内“合理使用”，即不仅应专款专用，不得将经费挪作他用，也要节约开支，不得作不必要的支出。(3) 按期完成研究开发工作并交付研究开发成果。由研究开发人单方承担此项义务，是委托开发合同区别于合作开发合同的关键识别要素（**参见本法第 851 条评注**）。法院一般“根据涉案合同关于双方权利义务的约定”，主要是受托人单方“承担了涉案项目的实际研发工作”，应在约定的期限内“交付研发成果以及相关设备资料”，认定涉案合同为委托开发合同而非合作开发合同〔**(2022) 最高法知民终 709 号民判**〕。(4) 研究开发人应按约定、交易惯例和实际需要，向委托人提供实施技术成果所需的技术资料，并提供必要的技术指导，帮助委托人掌握或实施研究开发成果，以实现委托开发合同的订立目的〔**山东高院 (2018) 鲁民终 1638 号民判**〕。此为研究开发人承担的从给付义务与后合同义务。

第八百五十四条 【委托开发合同当事人的违约责任】委托开发合同的当事人违反约定造成研究开发工作停滞、延误或者失败的，应当承担违约责任。

本条为完全法条，系关于委托开发合同当事人违约责任的特别规定。相对于本法第 577 条规定的一般违约责任而言，其特殊性主要表现在构成要件上，即当事人不仅未履行合同义务或者履行合同义务不符合约定，而且造成研究开发工作停滞、延误或失败〔**重庆五中院 (2021) 渝 05 民初 298 号民判**〕。结合本法第 852 条和第 853 条而为体系解释，这类情形包括：委托人未及时支付研究开发经费、提供技术资料、提出研究计划，或者完成协作事项，导致研发工作停滞、延误或失败；受托人因不合理使用研究开发经费造成研究经费不足，或者未安排足够胜任研发工作的技术人员，未按照研究计划实施研究开发工作等，影响研发工作进度或者导致研究开发失败。

本条所言“违约责任”并不明确，而依本编通则分编的规定，自应包括继续履行、采取补救措施与赔偿损失、违约金等形式。对此，司法实务虽然更鼓励采取补救措施、继续履行合同，但在违约责任之外也审慎承认当事人有权解除合同。例如，有法院通过强调违约方“甚至未能交付符合第一阶段‘功能验收通过’的样品”，来认定对方“有权根据合同约定行使解除权”〔**(2022) 最高法知民终 39 号民判**〕。总之，对于研究开发工作的停滞、延误或失败的后果，须依其原因和缔约目的确定具体的违约责任〔**嘉兴中院 (2022) 浙 04 民终 3391 号民判**〕。

第八百五十五条　【合作开发合同当事人的义务】合作开发合同的当事人应当按照约定进行投资，包括以技术进行投资，分工参与研究开发工作，协作配合研究开发工作。

本条作为说明性法条，通过描述合作开发合同当事人的合同义务，来提炼此类合同区别于委托开发合同的识别要素。此识别要素有二：(1) 双方按照约定共同投资。“投资”既包括资金、设备、场地等物质形式，也包括技术资料、技术成果、技术性劳务等形式，具有类型多元的特点〔**甘肃高院 (2015) 甘民三终字第 37 号民判**〕。(2) 分工参与并协作配合研究开发工作。所谓“分工参与研究开发工作”，包括当事人按约定的计划和分工，共同或分别承担设计、工艺、试验、试制等工作(**《技术合同解释》第 19 条**)。由此可见，合作开发合同的双方当事人均有投资和参与研究开发的义务。如果只有一方提供资金、设备、材料等物质条件，另一方单独承担研究开发任务，则不成其为合作开发合同，而属于委托开发合同。实际上，合作开发合同更接近于合伙合同的构造，这也就意味着在当事人对合作开发合同有关事项未约定或约定不明时，可参照适用合伙合同的规定(**参见本法第 851 条评注**)。

第八百五十六条　【合作开发合同当事人的违约责任】合作开发合同的当事人违反约定造成研究开发工作停滞、延误或者失败的，应当承担违约责任。

本条为完全法条，是关于合作开发合同当事人违约责任的特别规定。相对于第577条规定的一般违约责任而言，其特殊性也表现在构成要件上，即当事人不仅未履行合同义务或者履行合同义务不符合约定，而且造成研究开发工作停滞、延误或失败。显然，与第854条的规范逻辑一致，本条也将违约行为及其产生的消极后果作为承担违约责任的前提。结合第855条而为体系解释，合作开发合同当事人的违约行为主要表现为未依约进行投资，未完成所承担的合作开发工作，或者未依约协作配合等，导致研究开发工作停滞、延误或失败。以专利或非专利技术出资的，若因该技术的权利瑕疵导致研发工作停滞、延误或失败，也属本条所言的违约行为。相较于委托开发合同，合作开发合同当事人的合同义务类似于合伙合同当事人的义务，是以开发工作的特点、各当事人的投资与工作能力等为基础进行分配的，故应以当事人约定形成的合同框架与义务分配为基础，具体认定应承担违约责任的当事人［**成都中院(2017)川01民初3647号民判**］。

第八百五十七条 【技术开发合同当事人的合同解除权】作为技术开发合同标的的技术已经由他人公开，致使技术开发合同的履行没有意义的，当事人可以解除合同。

本条规定了技术开发合同解除的特别事由，属于本法第563条第1款规定的法定解除事由中的“法律规定的其他情形”。本条系完全法条，其规定的技术开发合同解除权的行使条件是：(1) 技术开发合同标的技术已由他人公开，包括他人已将标的技术申请专利，或者标的技术已由他人以某种可自由查阅的方式公开，或者技术产品已在市场上进行转让等。(2) 须他人公开技术致使本技术开发合同的履行没有意义。他人公开技术并不必然会使技术失去新颖性，如果存在合同当事人拥有专利申请优先权，或者公开的技术成果并不完整，或者根据其技术细节尚无法完成产业转化等，进行技术开发工作就仍有意义。要求他人公开技术须致技术开发合同履行无意义，与《专利法》的技术公开基本规范，以及《竞争法》中商业秘密权保护要件的规定保持了协调一致。依此解除事由发生的合同解除权，双方当事人均可行使。并且，因本条解除非以当事人一方违约为前提，故可依本法第566条第1款的规定进行处理。对于因解除所遭受的损失，则不妨视其为研发风险的一种而准用本法第858条的规定。盖此处所谓损失和研发失败风险，皆因技术开发本身的特性和不确定性而生，不宜对其适用违约责任或不可抗力免责规则；而就第858条的适用作目的性扩张，符合其立法宗旨。

第八百五十八条 【研发失败的风险分担与减损规则】技术开发合同履行过程中，因出现无法克服的技术困难，致使研究开发失败或者部分失败的，该风险由当事人约定；没有约定或者约定不明确，依据本法第五百一十条的规定仍不能确定的，风险由当事人合理分担。

当事人一方发现前款规定的可能致使研究开发失败或者部分失败的情形时，应当及时通知另一方并采取适当措施减少损失；没有及时通知并采取适当措施，致使损失扩大的，应当就扩大的损失承担责任。

技术开发活动本身具有明显的不确定性，研发成功与否难以完全预测。本条旨在对研发失败风险分担加以规定，并促使当事人及时采取适当措施减少损失。其第1款所言技术开发的风险，乃指合同履行过程中，虽经当事人一方或双方努力，却因现有科技水平、认知能力和实验条件限制，面临无法克服的技术困难，致使研发失败或部分失败而可能发生的损失。所以，如果只是“无法确定能否研发成功，而非确定研发失败”，那么将因合同仍“具有履行可能性”而被认定为违约［**东莞一院（2021）粤1971民初38401号民判**］。在这里，“无法克服”强调的是其客观的一面，即在国内外现有技术水平下是否达到足够难度，以至于研发失败合理发生；当事人在研发工作中的主观努力程度，可作为失败是否合理的考量因素。而研发者研发方案不当或投入不足导致的失败，往往是可归责于当事人一方或双方的违约行为，应由其承担违约责任。所以，有法院认定“涉案合同的实现和履行并不存在无法克服的困难”，某公司“迟延履行且最终未按合同约定完成开发工作，依法应承担违约责任”［**北京知识产权法院（2016）京73民终134号民判**］。司法实务中，对于是否存在无法克服的技术困难或失败是否合理，可依《民诉法》第82

条听取该领域专家的意见后酌定。

技术开发失败除导致当事人订立技术开发合同的目的无法实现外，还造成当事人投入研发的物力、劳力等资源损失。但研发风险不同于不可抗力，亦非违约行为，故本条第 1 款对其导致的损失既不按不可抗力也不按违约处理。合同中对这类损失有明确约定的，自然依其约定；若未约定或约定不明，则依本法第 510 条确定，即由当事人事后协议补充，达不成补充协议的，依合同相关条款或交易习惯予以确定。依前述方法仍无法确定的，考虑失败原因、投入情况等，由当事人合理分担［**最高法（2012）民二终字第 43 号民判**］。

依本条第 2 款，当事人一方在发现可能致使研发失败或部分失败的情形时，应及时通知另一方当事人，以便其采取相关补救措施或防止损失扩大的适当措施；并且，除尽通知义务外，该方当事人应同时采取适当措施减少损失。此通知义务属于本法第 509 条第 2 款规定的附随义务，系真正义务；减损义务则为第 591 条言及的不真正义务。也就是说，违反通知义务的，构成违约，应就因此造成对方当事人遭受的扩大损失承担赔偿责任；违反减损义务者，无权就扩大的损失要求对方分担。

第八百五十九条 【委托开发完成的发明创造的专利申请权归属】委托开发完成的发明创造，除法律另有规定或者当事人另有约定外，申请专利的权利属于研究开发人。研究开发人取得专利权的，委托人可以依法实施该专利。

研究开发人转让专利申请权的，委托人享有以同等条件优先受让的权利。

本条第 1 款第一句本质上为任意性规范，即仅在当事人无相反约定时，就委托开发完成的发明创造申请专利的权利才属于研究开发人。此规定与《专利法》第 8 条一致，即在接受委托完成发明创造的情形，除另有协议的以外，申请专利的权利属于完成的单位或个人。需注意的是，《专利法》第 6 条第 1 款针对职务发明创造，专门规定其专利申请权属于完成人所在单位而非其本人，此应为本条第 1 款所谓“法律另有规定”之所指。但即便如此，依《专利法》第 6 条第 3 款，完成人与其所在单位也无妨另行约定职务发明创造之专利申请权和专利权的归属。

就本条第1款第二句而言，委托人使用开发完成的技术成果是其订立委托开发合同的目的所在，既然研究开发人可依第一句申请专利并取得专利权，那么由第二句赋予委托人依法实施专利的权利，自然契合委托开发的本意。此规定需注意者有二：(1) 本条将原《合同法》第339条第1款中的“免费实施”修改为“依法实施”，其实强调的是此实施权的法定属性。也就是说，“依法”意味着委托人无须获得研发人的同意或与之订立书面的许可合同，也无须在研发经费和报酬之外另行支付使用费，即可无期限地实施该专利；但此项专利实施权不具独占性，委托人也无权许可他人实施。当然，若因委托人不具备独立实施该专利的条件，而以普通许可方式许可他人实施或使用，也应准许（**《技术合同解释》第21条**）；因许可他人获得的许可费收入，则由委托人单独享有。在此情形，委托人仅得许可一次，而不能向多人作多次许可使用。(2) 此规定依其表述属于授权性规范，但司法实务中更多地表现为委托人的抗辩，即委托人无须主动援引本规定申明其有权实施专利，而是在研究开发人主张其实施专利的行为构成侵权时，以其行为系“合法授权”为抗辩理由，法院会据此认定其“实施涉案专利权的行为”不构成侵权［**宁波中院（2016）浙02民初463号民判**］。

由于委托开发合同的委托人为技术开发提供经费支持，并向研究开发人支付报酬，因此，为期利益平衡，本条第2款作为授权性规范，在取得专利申请权的研究开发人转让其申请权时，赋予委托人法定的优先受让权。作为行使优先受让权之实质条件的所谓“同等条件”，当指价格条件无疑，即受让价格、支付方式、期限等。但对于如何行使优先受让权以及行使效力如何，本款规定并不明确。有学者认为此优先受让权性质上为形成权，一经委托人主张，即在委托人与研究开发人之间成立专利申请权转让合同，其内容和研究开发人与第三人的交易条件相同。但反对者认为，由于欠缺适当的公示方法，第三人往往无从知晓委托人的存在及其享有优先受让权，故其优先受让权不应具有对抗善意第三人的效力。较为务实的观点则认为，为避免发生价值判断矛盾，应类推适用本法第306条尤其是第726～728条的规定。具体而言，研发人转让专利请求权的，应在合理期限内通知委托人，未经通知致委托人优先受让权遭受妨害的，研发人应向委托人承担赔偿责任，但研发人和第三人订立的专利申请权合同的效力不受影响；委托人收到通知后未在合理期限内作出表示的，视为放弃优先受让权。与单纯学理讨论形成鲜明对照的是，如同本法第 847 条第 1 款规定的职务技术成果完成人之优先受让权，本款在司法实务中也鲜见案例，由此导致以解决重大实务争议为宏旨的《技术合同解释》的“沉默”，个中缘由值得深思。

第八百六十条 【合作开发完成的发明创造的专利申请权归属】合作开发完成的发明创造，申请专利的权利属于合作开发的当事人共有；当事人一方转让其共有的专利申请权的，其他各方享有以同等条件优先受让的权利。但是，当事人另有约定的除外。

合作开发的当事人一方声明放弃其共有的专利申请权的，除当事人另有约定外，可以由另一方单独申请或者由其他各方共同申请。申请人取得专利权的，放弃专利申请权的一方可以免费实施该专利。

合作开发的当事人一方不同意申请专利的，另一方或者其他各方不得申请专利。

本条第 1 款第二句的但书表明，本款系任意性规范，即仅在当事人无相反约定时，就合作开发完成的发明创造申请专利的权利才属于合作开发当事人共有；而且，在共有的情形，对于非转让其共有的专利申请权的当事人，本款虽赋予其以同等条件优先受让的权利，但也可通过约定予以排除。关于本款规定的专利申请之共有，依本法第 310 条的规定应属于准共有的范畴（**参见本法第 310 条评注**）；而本款第一句所述的“当事人一方转让其共有的专利申请权”，显然属于本法第 305 条中按份共有之份额转让的情形，即专利申请权之共有份额的转让，故其所谓共有当属准按份共有无疑。准此，本款规定的优先受让权无异于本法第 305 条规定的优先购买权，其行使可依第 306 条为之。

本条第 2 款第一句依其文义亦为任意性规范，即除非当事人另以约定排除其适用，合作开发的当事人一方声明放弃其共有的专利申请权的，由另一方单独申请（他方为单独一人的情形），或者其他各方共同申请（他方有多人的情形）。此规则本为当然法理而无须立法者赘言，故在本款中，第一句毋宁被视为第二句之授权性规范所预设的特殊要件事实。也就是说，正是在当事人一方声明放弃专利申请权这种情况下，另一方单独申请或其他各方共同申请专利并取得专利权的，放弃的一方被赋予免费实施该专利的权利。此时，放弃方取得的专利实施权与本法第 859 条第 1 款第二句中委托人的专利实施权（**参见该条评注**）并无不同。

因专利申请涉及发明创造成果的公开，影响合作开发当事人的利益，且合作开发合同在构造上类似于合伙合同，而合同型合伙缺乏主体资格，其意志端赖全体合伙人的共同意志来体现，合伙事务应由全体合伙人共同决定（**第 970 条第 1 款**），故本条第 3 款规定，合作开发的当事人一方不同意申请专利的，另一方或其他各方不得申请专利。这实际上是就申请专利的事务采全体一致同意的特别决策机制，其决定当属本法第 134 条第 2 款规定的决议行为。有学理将本款规定归纳为单方否认权并视其性质为形成权，有失妥当。

第八百六十一条 【技术开发完成的技术秘密成果的归属与收益分享】委托开发或者合作开发完成的技术秘密成果的使用权、转让权以及收益的分配办法，由当事人约定；没有约定或者约定不明确，依据本法第五百一十条的规定仍不能确定的，在没有相同技术方案被授予专利权前，当事人均有使用和转让的权利。但是，委托开发的研究开发人不得在向委托人交付研究开发成果之前，将研究开发成果转让给第三人。

本条所称技术秘密，是指不为公众所知悉、具有商业价值并经权利人采取相应保密措施的技术信息（**《技术合同解释》第 1 条第 2 款**）。在技术开发合同的标的物为技术秘密成果时，对于这种技术成果的使用权、转让权以及因利用所获得的收益的分配，本条规定相对于本法第 847 条和第 848 条而言系特别法规范，应予优先适用。不过，本条本质上又是补充任意性规范。具体而言，在本条设定的情形，技术秘密成果的权利归属与收益分配方法依本法第 845 条第 1 款虽系技术开发合同的主要条款，但属非必要条款（**参见该条评注**），一般由当事人自由约定；在当事人没有约定或约定不明时，因其为常素而并不影响技术开发合同的成立，故当事人可以协议补充，达不成协议时则依本法第510条规定的合同解释及漏洞补充规则进行确定（**参见该条评注**）；仍然不能确定的，依本条规定补充当事人意思表示的不足，即在没有相同技术方案被授予专利权前，合同当事人均有依法使用和转让的权利。此所谓"当事人均有使用和转让的权利"，包括当事人均有不经对方同意而自己使用或以普通使用许可的方式许可他人使用技术秘密，并独占由此所获利益的权利。但当事人一方将技术秘密成果的转让权让与他人，或者以独占或排他使用许可的方式许可他人使用技术秘密，未经对方当事人同意或追认的，应认定其行为无效（**《技术合同解释》第20条**）。需注意的是，一方当事人单独转让或许可他人使用的，受让人或被许可使用人相对于其他合同当事人或其权利继受人均不享有排他或独占使用权。此外，若自行使用技术秘密的合同当事人不具备独立使用的条件，其可以一个普通许可的方式许可他人使用该技术秘密（**《技术合同解释》第21条**）。

本条第二句针对委托开发合同，以但书形式限制研究开发人的转让权。此规定显系不完全法条，即研发人在向委托人交付技术秘密成果前若将其转让给第三人，其法律后果如何并无法律明文。就委托开发合同中研发人而言，其主给付义务乃交付技术秘密成果，如果其在转让后再予交付，则宜认定其构成瑕疵履行而应承担相应的违约责任（如减少报酬、赔偿损失）。除此之外，基于合同相对性原则，转让行为的效力应不受影响。

第三节 技术转让合同和技术许可合同

第八百六十二条 【技术转让合同和技术许可合同的定义】

技术转让合同是合法拥有技术的权利人，将现有特定的专利、专利申请、技术秘密的相关权利让与他人所订立的合同。

技术许可合同是合法拥有技术的权利人，将现有特定的专利、技术秘密的相关权利许可他人实施、使用所订立的合同。

技术转让合同和技术许可合同中关于提供实施技术的专用设备、原材料或者提供有关的技术咨询、技术服务的约定，属于合同的组成部分。

原《合同法》第 342 条采广义的技术转让合同概念，包括技术转让与技术许可两类合同。本条作为说明性法条，则在第 1 款和第 2 款区分并定义狭义的技术转让合同和技术许可合同。由此立法变化可知，本条定义的二类具体的技术合同具有共性，此为其共同区别于其他技术合同的识别要素：(1) 其标的均指向“现有特定的”专利（专利申请）、技术秘密的相关权利，从而区别于技术开发合同所指向的尚待研发的“新”技术成果（**参见本法第 851 条及其评注**）。因此，就尚待研发的技术成果或者不涉及专利、专利申请或技术秘密的知识、技术、经验和信息所订立的合同，不属于技术转让或技术许可合同（**《技术合同解释》第 22 条第 1 款**）。(2) 转让人或许可人的主给付义务都是“让与”现有特定的专利（或专利申请）、技术秘密的相关权利，其区别仅表现为后文所分析的技术转让合同与技术许可合同的第二个不同之处。因此，在合同权利义务的构造上，技术转让类似于买卖，技术许可则本质上属于租赁，即所谓无形财产或权利的租赁（**参见本法第 703 条评注**）；在本节无特别规定时，可依其性质分别准用关于买卖和租赁的规定。例如，专利实施许可合同签订后，作为合同标的的专利仍可转让，但让与人和受让人订立的专利权、专利申请权转让合同，不影响在合同成立前让与人和他人订立的相关专利实施许可合同的效力（**《技术合同解释》第 24 条第 2 款**），此应为准用本法第 725 条买卖不破租赁之规定的结果。(3) 本条要求让与人、许可人均须为“合法拥有技术的权利人”（原《合同法》第 342 条无此要求），其出发点应和原《合同法》第 132 条第 1 款如出一辙。问题在于，本法第 597 条第 1 款已修改原《合同法》的该规定，不再要求出卖物属于出卖人所有或其有权处分，而本条却反向而行，增加“合法拥有技术的权利人”之要求，令人深思。一般而言，合同当事人并非合同类型的识别要素，任何具备民事主体资格的法人、非法人组织或自然人均可订立任何类型的合同，只不过在移转标的物所有权或让与权利的合同中，未拥有权利之人负有权利瑕疵担保责任（**第 870 条**），他要么涤除权利瑕疵以履行其合同义务，要么因履行不能而承担相应的违约责任，对方当事人亦可解除合同。在司法实务中，当事人就已申请专利但尚未授权的技术订立专利实施许可合同的，法院不会以此为由认定其无效（**《技术合同解释》第 29 条第 2 款**），间接说明合法拥有权利并非此等合同有效要件的规范立场。(4) 本条在定义技术转让和技术许可合同时，并未说明受让人或被许可人的主给付义务为支付转让费或使用费；

而且，本法第 867 条和第 869 条仅针对专利实施许可合同、技术秘密转让和使用许可合同，明定受让人或被许可人支付转让费、使用费的义务，第 873 条也只规定了被许可人未支付使用费的违约责任。这为专利权转让和专利申请权转让合同是否须支付转让费留下解释空间。但尽管如此，既然合同价款、报酬或使用费是所有技术合同的常素（**参见本法第 846 条评注**），那么表明本法对所有类型的技术转让和技术许可合同也作有偿之推定。并且，此有偿性表现为转让费、使用费作为权利让与的对价，系技术转让合同、技术许可合同类似于买卖合同或租赁合同而区别于其他合同的识别要素。例如，名为技术入股但技术入股人不参与经营管理，且以保底条款形式约定支付技术价款或使用费的，依《技术合同解释》第 22 条第 3 款，应为技术转让或技术许可合同而非联营（合伙）合同。

技术转让合同与技术许可合同的不同之处在于：(1) 专利申请权只能转让，不能予以许可。其原因在于专利申请权本质上是一种资格权，无法予以许可。此不同之处并非识别这二种技术合同的要素。(2) 移转的权能范围不同。此为识别技术转让和技术许可的核心要素。具体而言，前者是将专利、专利申请、技术秘密的全部权能转移给受让人；后者则只是将其中部分权能，主要是实施权和使用权转移给被许可人，权利人仍保有处分、收益甚至使用（独占许可除外）的权能。正因为如此，在订立专利权转让或专利申请权转让合同前，让与人自己已实施该技术成果的，在合同生效后，除非当事人另有约定，受让人可要求让与人停止实施（**《技术合同解释》第 24 条第 1 款**）。

技术转让合同和技术许可合同中关于提供实施技术的专用设备、原材料或者提供有关的技术咨询、技术服务的约定，因其服务于技术转让或技术许可的目的，而被本条第 3 款认定为技术转让合同或技术许可合同的组成部分。不过，被认定为其组成部分并未改变此种合同的混合合同性质。即使依《技术合同解释》第 22 条第 2 款，由此产生的纠纷应按技术转让合同的有关规定处理，也不妨碍在无技术转让合同的相关规定时，依本法第 467 条而参照适用本法或其他法律最相类似合同（如买卖合同）的规定。当然，如果约定的是提供无关技术实施的专用设备、原材料，或者提供无关的技术咨询、技术服务，则构成典型的混合合同，应区分其为类型结合还是类型融合而适用相应典型合同的规定。

第八百六十三条　【技术转让合同和技术许可合同的类型及形式】技术转让合同包括专利权转让、专利申请权转让、技术秘密转让等合同。

技术许可合同包括专利实施许可、技术秘密使用许可等合同。

技术转让合同和技术许可合同应当采用书面形式。

本条第1款和第2款按让与和许可的标的不同，对技术转让合同和技术许可合同进行再分类，其实不具裁判规范的意义。而且，这种再分类在本法第862条已通过列举其标的的方式来完成，此处赘言似无必要。唯需注意的是，第862条系完全列举，而本条第1、2款中的“等”似乎表明其对技术转让、技术许可合同具体类型的列举并不完全。但在中文中，“等”字可用于列举未尽，也可用于列举煞尾；而在本条中，依前后二个条文之体系解释，“等”宜理解为列举煞尾，即列举已穷尽。

如同本法第851条第3款，本条第3款对技术转让合同和技术许可合同也明确其要式性，即要求当事人采取书面形式订立合同。同样，依本法第490条第2款，在当事人未采书面形式但一方已履行主要义务，对方接受时，技术转让合同和技术许可合同仍然成立。

第八百六十四条　【实施专利或使用技术秘密的范围及其限制】技术转让合同和技术许可合同可以约定实施专利或者使用技术秘密的范围，但是不得限制技术竞争和技术发展。

依《技术合同解释》第28条第1款，本条所称“范围”主要包括实施专利或使用技术秘密的期限、地域、方式以及接触技术秘密的人员等。因此，若以实施或使用范围为标准，技术许可可分为三种：(1) 独占许可，即许可人在一定期限、一定区域内，将专利或技术秘密仅许可一个被许可人实施或使用，许可人自己也不得实施或使用。(2) 排他许可，即许可人在一定期限、一定区域内许可被许可人独家实施或使用，不得再许可其他人实施或使用，但许可人保留实施或使用的权利。需注意的是，许可人不具备独立实施其专利的条件，以一个普通许可的方式许可他人实施专利的，除非当事人另有约定，可认定为许可人自己实施专利（**《技术合同解释》第 27 条**）。(3) 普通实施许可，即许可人在一定期限、一定区域内许可他人实施或使用，且可自行实施或使用（**《技术合同解释》第 25 条第 1 款、第 3 款**）。

结合本条之前半句和《技术合同解释》的有关规定可知，实施专利或使用技术秘密的期限、地域、方式等方面的约定，系技术许可合同中的常素：当事人有约定的，从其约定；当事人未约定或约定不明的，可依本法第 510 条和相应的任意性规范阐明或补充之。具体而言，就期限未约定或约定不明的，受让人、被许可人实施专利或使用技术秘密不受期限限制（**《技术合同解释》第 28 条第 2 款**）；就实施专利或使用技术秘密的地域约定不明或未约定的，应视为可在全国范围内实施或使用。当事人对专利实施或技术秘密使用方式没有约定或约定不明的，认定为普通实施许可（**《技术合同解释》第 25 条第 2 款**）。

本条后半句的规范目的，是为了避免缔约优势方利用其优势地位迫使对方当事人接受于己不利的条件，损害缔约自由原则或因技术垄断阻断社会进步发展，对约定的范围应进行限制。但是，既然本法第 850 条已就所有的技术合同作出这一方面的禁止性规定，那么本条“但书”部分的作用仅仅在于，违反该规定的合同条款无效，但其他条款的效力不受影响［**河北高院（2012）冀民三终字第 131 号民判**］。至于何谓“限制技术竞争和技术发展”，应和第 850 条中的“非法垄断技术”作同一解释，盖前者为目的，后者系手段或具体表现形式，更适合于以列举式阐明（**参见《技术合同解释》第 10 条**）。

颇为可疑的是：本条规定也适用于技术转让合同，但技术转让是将专利、技术秘密的全部权能转移给受让人（**参见本法第 862 条评注**），又何需约定受让人实施或使用的范围？即便是在技术转让合同中约定让与人保留实施权或使用权及其范围，也应理解为技术转让和技术许可之结合的混合合同，即在转让技术的同时，受让人也许可让与人在约定范围内实施专利或使用技术秘密。查诸立法史，本条源于原《合同法》第 343 条，而该法采用的是广义技术转让合同概念，于是，既然本法区分技术许可和狭义的技术转让（**参见本法第 862 条评注**），本条也就将原《合同法》第 343 条中的“技术转让合同”简单地对应修改为“技术转让合同和技术许可合同”，而未觉察到在本法所指的（狭义）技术转让中实无约定实施或使用范围的余地。综上，对本条宜作目的性限缩，使之仅适用于技术许可合同。

第八百六十五条 【专利实施许可合同的有效期限】专利实施许可合同仅在该专利权的存续期限内有效。专利权有效期限届满或者专利权被宣告无效的，专利权人不得就该专利与他人订立专利实施许可合同。

本条第一句系半强制性规范，即专利实施许可合同的当事人可以在专利权存续期的限度内自由约定专利实施许可的期限，超出部分无效。而依我国《专利法》第 42 条，发明专利权的期限为 20 年，实用新型专利权的期限为 10 年，外观设计专利权的期限为 15 年，均自申请日起计算。因此，专利实施许可合同仅在从合同生效之日起到专利保护期限届满之日止的期间内有效［**广东高院（2013）粤高法民三终字第 252 号民判**］。本条第二句因欠缺法律效果的规定而为不完全法条。依文义，在其规定的专利权有效期届满或被宣告无效情形，专利权人仍和他人订立的专利实施许可合同其实都在本条第一句的规范射程之内，其超出专利权存续期的部分归于无效。此规范意旨在于，让与人因专利权有效期满或被宣告无效而不再享有专利权，任何人均可实施，就该专利订立的合同已无法律保护之必要。但是，专利权若因其权利人的原因而失效，被许可人也会因此丧失依合同取得的专属实施利益，故在专利实施许可合同有效期间，专利权人应负维持专利有效性之义务。此义务属本法第 870 条规定的权利瑕疵担保责任的范畴，包括依法缴纳专利年费和积极应对他人提出宣告专利权无效的请求（**《技术合同解释》第 26 条**）。专利权人因违反此项义务导致专利权失效，进而影响合同剩余期间的效力的，应向被许可人承担违约责任。

第八百六十六条 【专利实施许可合同许可人的主要义务】

专利实施许可合同的许可人应当按照约定许可被许可人实施专利，交付实施专利有关的技术资料，提供必要的技术指导。

专利实施许可本质上属于权利租赁（**参见本法第 703 条评注**），由此决定许可人也类似于出租人，其主给付义务其实就是本法第 708 条规定的“交付租赁物”并在“租赁期限内保持租赁物符合约定的用途”。但由于专利的非物质性，故本条规定的“按照约定许可”包括以下几层含义：（1）虽然专利因其非物质性和公开性而并不像租赁物一样需要物理上的交付使用，但为保证专利的正常实施，许可人仍应依约及时向被许可人交付实施专利所必需的技术资料，包括记载标的技术内容的全部专利文件、工艺流程文件、设备清单等，具体范围根据当事人的约定以及缔约目的加以判断。此外，许可人应按约定或基于合同目的，向被许可人提供必要的技术指导，如协助实施专利、解决技术问题、培训人员、协助进行设备安装及调试等［**山东高院（2015）鲁民三终字第 17 号民判**］。（2）许可人应保证已取得专利权及许可处分权，并负有在合同有效期内维持专利权有效的义务（**参见《技术合同解释》第 26 条**），此系本法第 870 条规定的许可人之权利瑕疵担保责任。（3）许可人应保证被许可人能正常行使权利。为保证被许可人正常行使专利实施权，许可人不得将已被排他许可的专利实施权许可给第三人；不得将已被独占许可的专利实施权许可给第三人，亦不得自行实施；应积极制止他人的侵权行为等。

第八百六十七条　【专利实施许可合同被许可人的主要义务】

专利实施许可合同的被许可人应当按照约定实施专利，不得许可约定以外的第三人实施该专利，并按照约定支付使用费。

专利实施许可为权利租赁的一种，被许可人类似于承租人。准此，本条规定的被许可人的主给付义务，也基本对应于承租人按照约定的方法使用租赁物并支付租金这二项主要义务。具体到本条，被许可人第一项主给付义务“按照约定实施专利”是指，被许可人应按约定的期限、地域以及方式等实施专利。鉴于本法第 864、865 条已具体描述此项义务，可参见该二条评注，此不赘述。需要补充的是，关于专利产品的制造、使用、许诺销售、销售、进口等权能，只有合同中明确授予被许可人，被许可人才能实施。此外，专利技术本身不像租赁物一样在占有、使用上有天然的排他性，从而可为多人实施使用，而专利权又具有法律上的独占性和排他性，其实施许可系专属于专利权人的处分权。因此，被许可人许可约定以外的第三人实施该专利技术的，如同转租应征得许可人同意；且除非当事人另有约定，再许可应被认定为普通实施许可（《技术合同解释》第25条第2款）。擅自再许可的，被许可人构成侵权和违约之竞合，第三人则可能构成侵权。实务中，应区分再许可与委托第三人实施或受托为第三人实施的情形。委托第三人实施是指，被许可人委托第三人制造、使用、销售专利技术或专利产品；受托为第三人实施是指第三人设计好产品后，委托被许可人借助专利技术制造产品。这两种情形均包含在专利权人的许可范围内，不构成侵权或违约。

本条规定被许可人有“按照约定”支付使用费的义务，于是在当事人未约定使用费时，似为无偿许可留下解释空间。但正如第846条评注所指出的，价款、报酬、使用费的支付系技术合同内容中的常素，这表明本法所规范的技术合同均被推定为有偿。具体到专利实施许可合同，当事人约定使用费的，被许可人自应按约定的数额、时间、地点以及方式等支付使用费，否则应承担相应的违约责任。而在未约定或约定不明时，依《技术合同解释》第14条第1款，应根据该专利的研发成本、先进性、实施转化和应用的程度，当事人享有的权益和承担的责任，以及专利的经济效益等合理确定使用费。当然，当事人如若明确约定无偿许可，则上述推定被推翻，但此时许可的性质属赠与无疑，应适用赠与合同的相应规定。

第八百六十八条 【技术秘密的让与人和许可人的主要义务】技术秘密转让合同的让与人和技术秘密使用许可合同的许可人应当按照约定提供技术资料，进行技术指导，保证技术的实用性、可靠性，承担保密义务。

前款规定的保密义务，不限制许可人申请专利，但是当事人另有约定的除外。

本条第1款规定的技术秘密之让与人和许可人的主给付义务，均依此技术的非物质性、秘密性、经济性和实用性等特点而设，具体而言：(1) 技术秘密具有非物质性，虽然在其让与或许可中不像买卖或租赁那样需要移转标的物的占有，但该技术因权利人采取相应保密措施而处于其控制之下，故让与人和许可人须按约定提供技术资料。技术资料的具体范围应依当事人的约定以及合同目的予以确定。当事人对应提供的技术资料未予约定或约定不明确、不完整的，可以实施技术秘密所必需的技术资料为限加以确定。同时，让与人和许可人应保证所提供的技术资料真实、可靠。(2) 和专利的实施一样，技术秘密具有一定的专业性，获得技术资料并不意味着能顺利实施技术秘密，其运用往往需要相关的辅助技术予以支持。为保障合同目的的实现，技术秘密让与人和许可人应按约定向受让人和被许可人提供必要的技术指导，包括协助实施技术秘密、解决技术问题、培训人员、协助进行设备安装及调试等。(3) 当事人签订技术秘密转让或使用许可合同的目的，是通过实施技术秘密获得经济利益。因此，其让与人和许可人应保证技术秘密能为受让人或被许可人所运用并带来相应的经济价值，即具有实用性。同时，其还应保证在一定时间和条件下，该技术能通过重复实验达到预期的效果，即具备可靠性［**衡水中院（2019）冀 11 知民初 3 号民判**］。此义务与第 870 条规定的瑕疵担保责任部分重叠，系技术秘密转让、许可合同中技术瑕疵担保责任的特别规定，但实践中法院经常跳过本条而直接适用第 870 条，或同时适用此二条规定［**青岛中院（2021）鲁 02 知民初 19 号民判**］。

尤值一提的是，就技术秘密而言，秘密性是保有其价值最重要的特性，也是技术秘密转让和使用许可的基础，故依本条第 1 款和本法第 869 条，在合同的缔约、履行以及履行完成后的全过程中，无论是技术秘密的让与人、许可人，还是其受让人、被许可人，均负保密义务。此义务系技术秘密让与人、许可人以及受让人、被许可人的主要义务，而非本法第 509 条第 2 款所指的附随义务。盖附随义务伴随合同关系而随机发生，并非随合同成立而发生，且相同的合同类型也不一定有相同的附随义务（**参见本法第 509 条评注**），而保密义务在技术秘密转让和使用许可合同中必要且固有，否则技术秘密不再具有经济价值。此外，这种保密义务具有相对独立性，即便合同期限届满或合同因某种原因而无效、变更或终止，此义务也不当然免除。保密义务涉及保密的内容、期限、方式等：保密的内容既包括未公开的技术信息，也包括在技术秘密实施过程中产生的新信息；保密期限由当事人约定，未约定或约定不明的，一般认为应持续到该技术公开时止；保密方式包括对技术资料和涉密人员的管理。

本条第 2 款规定实际上是对保密义务范围的法定限缩，即技术秘密使用许可合同的许可人申请专利被排除在其保密义务范围之外，但当事人可作相反约定，明确禁止许可人申请专利。本款未规定法律后果，系不完全法条。就此而言，一方面，许可人申请专利的行为不违反保密义务，依本法第577条自然无须承担违约责任；另一方面，若仅因许可人申请专利致使技术秘密公开而终止该合同，并不符合本条第2款的规范宗旨和合同法上的鼓励交易原则，故《技术合同解释》第29条第1款因应技术秘密因许可人申请专利而公开化的过程，区分不同阶段的合同性质，以适用相应合同类型的相关规定：申请公开前，仍按技术秘密使用许可合同的相关规定确定当事人之间的权利义务；在申请公开后授权前，技术已失去其秘密性但又未转化为专利，故应参照适用专利实施许可合同的相关规定；在授权后，原合同转化为专利实施许可合同，应适用后者的相关规定。

第八百六十九条 【技术秘密受让人和被许可人的主要义务】

技术秘密转让合同的受让人和技术秘密使用许可合同的被许可人应当按照约定使用技术，支付转让费、使用费，承担保密义务。

本条系说明性法条，描述了技术秘密转让和使用许可中受让人和被许可人的三项主给付义务：(1) 按约定使用技术秘密，即按照约定的范围、方式、期限等来实施、使用技术秘密（**第864条和《技术合同解释》第25、28条**）。(2) 按约定支付转让费、使用费，在技术秘密转让合同乃指转让费，本质上即买卖合同中的价款；在技术秘密使用许可合同中则指使用费，类似于租赁合同中的租金。转让费、使用费及其支付方式，应依第846条并参酌《技术合同解释》第14条列举的有关因素定之。(3) 至于保密义务，在本质上和本法第868条规定的保密义务并无二致，其并非附随义务且具相对独立性（**详见本法第868条评注**），此不赘述。

有疑问的是，本条规定的技术秘密之受让人和被许可人的三项主给付义务，显系其对让与人和许可人的对待义务。但就技术秘密转让合同而言，其权利义务构造类似于买卖合同（**参见本法第862条评注**），这就意味着技术秘密的权利被整体转让，受让人完全可依自己的意志使用技术，何来“按照约定使用技术”这一主给付义务？而且，对让与人“承担保密义务”也不合逻辑，因为其作为技术秘密的受让人，即使公开技术秘密，也属于其处分权限。即便在技术秘密转让合同中明确约定受让人有按照约定使用技术秘密、保密的义务，也应认定其名为转让实为使用许可，盖其转让的并非技术秘密的全部权利，受让人实质上仅取得其使用权（**参见本法第 862 条评注**）。总之，本条规定的三项主给付义务，对于技术秘密的受让人宜限缩解释为支付转让费一项。

第八百七十条 【技术的让与人和许可人的权利瑕疵担保义务】

技术转让合同的让与人和技术许可合同的许可人应当保证自己是所提供的技术的合法拥有者，并保证所提供的技术完整、无误、有效，能够达到约定的目标。

本条前半句规定的是技术让与人和许可人的权利瑕疵担保义务。其要求让与人和许可人为“所提供的技术的合法拥有者”，和第 862 条第 1、2 款恰成呼应，由此印证该规定和本条一样，系权利瑕疵担保义务之规定（**参见本法第 862 条评注**）。此表述较为简单，其权利瑕疵担保义务的范围在文义上仅限于保证让与人和许可人为合法拥有技术的权利人。但技术转让和许可合同系权利移转型合同，本条规定的权利瑕疵担保责任不过是本法第 612 条的特别规定，其特殊性仅表现在标的物是已权利化的无形财产，故让与人和许可人应保证技术上权利的存在；除此之外，技术让与人、许可人应如同出卖人，依第 612 条而“负有保证第三人对该标的物不享有任何权利的义务”。经此目的性扩张，本条所言权利瑕疵可被类型化为四类：(1) 技术上的权利自始或嗣后不存在，即技术在合同订立之时或履行过程中已进入公有领域，如专利被宣告无效、技术秘密因未采取保密措施而失去秘密性等。在此等情形，若技术提供方进行技术指导、传授技术知识，为对方解决特定技术问题符合约定条件，则按技术服务合同处理，约定的技术转让费、使用费被视为提供技术服务的报酬和费用（**《技术合同解释》第 34 条第 1 款**）。而依《专利法》第 47 条第 1 款，被宣告无效的专利权视为自始不存在，但依其第 2、3 款，此法律效果对已履行的专利实施许可合同和专利权转让合同不具追溯力，即被许可人或受让人无须返还专利使用费、专利权转让费，仅在明显违反公平原则时，应予全部或部分返还。（2）欠缺转让或许可之处分权限，反面言之即此等处分权全部或部分属于第三人。在此种情形，可准用第 597 条第 1 款的规定。（3）存在妨碍或限制让与人和许可人实施、使用技术的第三人权利。在实务中，以专利权的让与和实施许可为例，如专利权受质权约束，在先许可和在后许可发生冲突产生的权利瑕疵，有先用权的存在，有强制实施许可的存在，属于在有利于其他竞争者的情况下授予的专利实施许可，有被政府采取“计划许可”的情形，等等。（4）实施、使用技术侵犯他人合法权益，如实施许可的行为侵犯他人专利权。对此权利瑕疵，本法第 874 条明定其法律后果（**参见其评注**），在一定程度上弥补了本条对权利瑕疵定义过窄的缺陷。

本条后半句规定让与人和许可人的技术质量瑕疵担保义务，系第 615 条的特别规则，故有关证明责任由让与人和许可人承担［**河南高院（2021）豫知民终 191 号民判**］。其所言完整是指技术的让与人和许可人应保证技术的整体性，完整地出让或许可技术的整套方案或技术资料，不可隐瞒技术的关键点或要点；无误是指转让或许可的技术应准确，没有误差；有效是指转让或许可的技术可以在实践层面切实地解决问题，可以达到该行业公认的技术标准。但是，就买卖标的物而言，其所谓“质量要求”中的品质标准指向标的物之物理状态（**参见本法第 615 条评注**），而本条所指技术乃无形财产，无法通过描述其物理状态设定品质标准，所谓技术的完整、无误、有效，归根结底表现为效用（有效性）标准，不宜苛求技术资料的完备无缺。例如在药品技术转让纠纷中，法院认为技术提供方虽认可其某些临床试验数据不规范、不完整，但技术接受方未提供证据证实这些缺陷对各项试验结果的真实有效或对涉案技术的完整、无误、有效造成影响，故无法认定转让的技术存在瑕疵［**南宁中院（2017）桂 01 民初 323 号民判**］。依本条文义，效用标准应结合约定欲达成的目标判断。若当事人未约定目标或约定不明，可依第 510 条、第 511 条第 1 项定之。需说明的是，虽然本条规定了技术让与人应保证提供的技术能达到约定的目标，但由于阻却性专利的存在、技术的完善程度、商业可行性的因素，难免合同中即便明确约定受让技术的目的，也不能完全保证技术实施的效果或实现商业化实施。因此，本条的实质含义是指通常情况下能应用出让或许可的技术达成约定目标，并获得特定的经济效益。一般而言，宜遵循诚信原则、符合市场惯例原则、利于技术转化和应用的原则加以判断。实务中，法院通常会认定合同目的要求受让方必须能生产出合格产品［**最高法（2013）民申字第718号民裁、山东高院（2021）鲁民终447号民判、山东高院（2022）鲁民申3878号民裁**］，但这与产品能否上市销售、是否适销对路、有否利润空间并非一事，故在未明确约定时，不应将产品商业化认定为技术合同的目的，否则将阻滞技术向生产力的转化［**（2016）最高法民再251号民判**］。

第八百七十一条 【技术的受让人和被许可人的保密义务】

技术转让合同的受让人和技术许可合同的被许可人应当按照约定的范围和期限，对让与人、许可人提供的技术中尚未公开的秘密部分，承担保密义务。

依本法第869条，技术秘密的受让人和被许可人负有保密义务，而本条所言保密义务指向的是技术中尚未公开的秘密部分，依体系和文义解释，其义务主体应为专利技术的受让人和被许可人。就专利技术而言，要求公开的内容以所属技术领域技术人员能实现为已足（**参见《专利法》第26条第3款**），并不排除很多和专利相关的技术细节和具体实施方案仍被出让人或许可人通过保密措施当作技术秘密进行保护。例如，某个药品专利中，会把35～37℃之间作为专利的技术细节进行公开，但在这一温度区间的某个精确温度才能取得最佳技术效果，则可作为技术秘密来保护。以此观之，本条不过是针对专利转让和专利实施许可中的技术秘密，为受让人、被许可人设定的保密义务，本质上是第869条的延伸，故其理解和适用可参见该条评注，此不赘述。

第八百七十二条 【技术合同许可人和让与人违约之救济】

许可人未按照约定许可技术的，应当返还部分或者全部使用费，并应当承担违约责任；实施专利或者使用技术秘密超越约定的范围的，违反约定擅自许可第三人实施该项专利或者使用该项技术秘密的，应当停止违约行为，承担违约责任；违反约定的保密义务的，应当承担违约责任。

让与人承担违约责任，参照适用前款规定。

本条第1款对应第866条、第868条、第870条关于技术合同许可人主给付义务的规定，就其违约行为设立具体的请求权基础。细言之，许可人三项义务的违反均导致其违约责任的产生和对方相应请求权的成立，但违反者的具体责任形式，须结合本法关于违约责任乃至《专利法》等特别法的相关规定方可确定。(1) 许可人未按约定许可技术，依第866、868、870条乃指不交付有关的技术资料、不提供必要的技术指导等，许可的技术不符合约定如违反瑕疵担保义务等，此等违约行为分别构成不履行和瑕疵履行，对方当事人依第577条、第580条、第582条和第583条分别取得（继续）履行请求权、权利瑕疵除去请求权、减价请求权、损害赔偿请求权等。(2) 依第864条，当事人可约定技术许可为普通许可、排他许可或独占许可，那么在普通许可或排他许可的情形，许可人自己实施、使用该专利、技术秘密超越约定范围的，或者在排他许可、独占许可的情形，擅自许可第三人实施的，其违约行为构成不履行和瑕疵履行，对方当事人直接依本款取得不作为（停止违约行为）请求权，并可依第577条、第580条、第582条和第583条分别取得权利瑕疵除去请求权、减价请求权、损害赔偿请求权等。(3) 违反约定的保密义务的，对方当事人依第577条、第580条、第583条分别取得履行（保密义务）请求权、损害赔偿请求权等。(4) 在本款规定之外，许可人的违约行为若构成第563条第1款第2、3、4项规定的解除事由，且对方依第565条解除合同的，自然发生合同解除的效力。具体而言，合同尚未履行的，终止履行；已履行的，依履行情况和合同性质，违约对方取得恢复原状请求权、损害赔偿请求权。其中恢复原状包括返还财产，属于合同解除所生请求权的范畴（**详见本法第566条评注**）。由此可见，本款第一分句中的"应当返还部分或者全部使用费"，在合同解除的情形属于恢复原状的范畴［**河南高院（2021）豫知民终191号民判**］；在未解除的情形，则对应于减价请求权，返还数额应依当事人的约定以及违约程度加以确定。(5) 在上述各情形，依第591条亦产生违约对方应否就损失扩大承担不真正义务的问题［**郑州中院（2019）豫01民再244号民判**］。

本条第2款为参引性法条，技术合同让与人构成违约的，在可参照适用第1款的范围内亦形成请求权基础。所以，既然技术转让合同中并无普通许可、排他许可和独占许可之说，那么对让与人也就无所谓准用本条第1款第二分句而请求其承担相应违约责任。

第八百七十三条 【技术合同被许可人和受让人违约之救济】被许可人未按照约定支付使用费的，应当补交使用费并按照约定支付违约金；不补交使用费或者支付违约金的，应当停止实施专利或者使用技术秘密，交还技术资料，承担违约责任；实施专利或者使用技术秘密超越约定的范围的，未经许可人同意擅自许可第三人实施该专利或者使用该技术秘密的，应当停止违约行为，承担违约责任；违反约定的保密义务的，应当承担违约责任。

受让人承担违约责任，参照适用前款规定。

本条第 1 款对应第 867 条、第 869 条、第 871 条关于技术合同被许可人主给付义务的规定，就其违约行为设立具体的请求权基础。被许可人违约行为无疑导致其违约责任的产生和对方相应请求权的成立，但其具体责任形式也须结合本法关于违约责任乃至《专利法》等特别法的相关规定方可确定。(1) 被许可人不支付使用费、少支付使用费，或者不按约定的时间、地点和方式支付使用费，均属违反付费之主给付义务的行为。本款第一分句对此违约行为设立具体的请求权基础，系第 579 条（金钱债务的继续履行）和第 585 条的重复规定，许可人可据此直接请求被许可人补交并按约定支付违约金。被许可人仍不补交使用费或支付违约金的，可能构成第 563 条第 1 款第 2、3 项规定的解除事由，对方若依第 565 条解除合同，则发生解除的效力。这就意味着合同发生权利义务终止的效果，被许可人无权继续实施专利或者使用技术秘密，否则构成违约和侵权之竞合；已履行的，依履行情况和合同性质，违约对方取得恢复原状请求权、损害赔偿请求权。其中，恢复原状包括返还财产、交还技术资料等。(2) 被许可人自己实施、使用该专利、技术秘密超越约定范围的，或者未经许可人同意，擅自许可第三人实施的，其违约行为构成不履行和瑕疵履行，对方当事人直接依本款取得不作为（停止违约行为）请求权，并得依第 577 条、第 583 条请求被许可人采取补救措施并赔偿损失；在被许可人擅自再许可的情形，许可人尚可依第 186 条选择请求其承担违约责任或侵权责任。(3) 和第 872 条第 1 款一样，被许可人违反约定的保密义务的，对方当事人依第 577 条、第 580

条、第 583 条分别取得履行（保密义务）请求权、损害赔偿请求权等。

本条第 2 款为参引性法条。技术合同受让人构成违约的，在可参照适用第 1 款的范围内亦形成请求权基础。而依第 869 条评注所述，该条规定的三项主给付义务，对于技术秘密的受让人宜限缩解释为支付转让费一项，故本条第 1 款对受让人的准用空间也仅限于其未按约定支付转让费而应承担的违约责任。

第八百七十四条 【技术实施、使用侵权之权利瑕疵担保责任】受让人或者被许可人按照约定实施专利、使用技术秘密侵害他人合法权益的，由让与人或者许可人承担责任，但是当事人另有约定的除外。

本条由事实要件和法律后果构成，系完全法条，但其对让与人或许可人承担责任的性质语焉不详，在学理、实务上引发争议。依其文义，本条似在第三人和让与人、许可人之间直接设立基于侵权的请求权基础，即由让与人、许可人对权益受到侵害的第三人承担侵权责任，而受让人或被许可人则可以此为防御规范，在第三人要求自己承担侵权责任时对抗之。但如第 870 条评注所述，本条其实将技术受让人或被许可人按约定实施专利、使用技术秘密侵害第三人的合法权益，视为权利瑕疵的一种。在发生此项权利瑕疵时，让与人、许可人违反了其担保义务，应依本条对受让人、被许可人因承担侵权责任所受损失负权利瑕疵担保责任。也就是说，受让人或被许可人按约定实施专利、使用技术秘密侵害第三人合法权益的，须对该第三人承担外部的侵权责任；而本条规定的让与人或许可人承担的责任，系其对受让人、被许可人承担的违约损害赔偿责任［**扬州中院（2017）苏 10 民终 1938 号民判**］。此外，本条但书表明其为任意性规范，即当事人可以特约排除让与人、许可人承担责任这一法律后果的适用，而侵权责任在满足第 1165 条规定的一般要件时即告成立，不得以非当事人之间的特约予以排除，这说明本条规定的责任只能是合同当事人得以约定排除的权利瑕疵担保责任。

让与人、许可人权利瑕疵担保责任的发生，须满足如下要件：(1) 因实施专利或使用技术秘密而侵害他人合法权益，即须他人受法律保护的合法权益因专利的实施或技术秘密的使用而遭受侵害。若不满足此因果关系，则让与人或许可人的权利瑕疵担保责任无从谈起。(2) 受让人或被许可人按约定实施专利、使用技术秘密。如果受让人或被许可人并未按约定实施专利或使用技术秘密，则会阻断让与人或许可人与他人权益侵害之间的因果关系，故不应令其承担责任［**江苏高院 (2019) 苏民申 4540 号民裁**］。(3) 受让人或被许可人于缔约之时为善意。虽然本条并未规定这一要件，但技术转让、许可合同皆为有偿合同，依本法第 646 条有参照适用第 613 条的必要，即受让人、被许可人在订立合同时知道或应当知道第三人对所转让的技术享有权利的，让与人、许可人不对该权利瑕疵承担担保责任，此恶意之证明责任由让与人或许可人负担。在受让人或被许可人为恶意的情形，甚至应由其与让与人或许可人共同对第三人承担侵权责任［**四川高院 (2005) 川民终字第 237 号民判**］。

第八百七十五条 【技术合同中后续改进技术成果的分享】

当事人可以按照互利的原则，在合同中约定实施专利、使用技术秘密后续改进的技术成果的分享办法；没有约定或者约定不明确，依据本法第五百一十条的规定仍不能确定的，一方后续改进的技术成果，其他各方无权分享。

本条所言后续改进，是指在技术许可合同有效期内，亦即当事人一方或双方按约定实施专利、使用技术成果的期间，对作为合同标的的该技术成果作出的革新和改良，实务中通常要求是实质性的改进［**济南中院 (2020) 鲁 01 民初 249 号民判**］。改进后的技术成果既包含原技术创造方的智力成果，又包含后续改进方的智力成果；而且，无论是技术许可人还是被许可人，都有改进技术的可能。但由于改进后的技术不在许可合同标的的范围内，故在许可人改进的情形，会发生该技术能否被对方分享的问题；而在被许可人后续改进时，其实质是对他人技术的“加工”，意味着原技术成果和后续改进的技术成果在归属和分享上可能产生争议。为避免此类争议动摇技术进步之能愿，本条对后续改进技术成果的归属和分享，首先采任意性规范，确立约定优先原则，以充分尊重当事人经由合意的自治；在没有约定或约定不明时，尚可依第 510 条（**参见其评注**）确定之。继而，本条以权能规范的形式，规定在依第 510 条仍然无法确定后续改进技术成果的归属和分享时，其他各方对该技术成果无权分享，其反面即赋予改进人独占性的权利，从而达到鼓励技术创新的规范目的。需指出的是，本条所言“互利的原则”并非经济考量的要求，而是指向第 850 条“非法垄断技术”的认定。细言之，《技术合同解释》第 10 条第 1 项将“双方交换改进技术的条件不对等”列为非法垄断技术的情形之一，那么要求一方将其自行改进的技术无偿提供给对方、非互惠性转让给对方，无偿独占或共享该改进技术的知识产权，均构成合同无效的原因。以此观之，即便本条对改进技术的归属和分享采约定优先原则，其真正的规范目的仍然是通过规制限制性条款激发技术进步的能愿。

第八百七十六条　【其他知识产权的转让和许可】集成电路布图设计专有权、植物新品种权、计算机软件著作权等其他知识产权的转让和许可，参照适用本节的有关规定。

本条为参引性法条。依同类解释规则，除本条列举的集成电路布图设计专有权、植物新品种权、计算机软件著作权外，“其他知识产权”还包括其他同类性质的知识产权。此所谓同类性质，应参酌《技术合同解释》第 1 条对技术成果的定义定之（**参见本法第 844 条评注**）。所以，并不涉及产品、工艺、材料及其改进等技术方案的知识产权，不包括在内。例如，商标只是用以识别和区分商品或服务来源的标志，其转让和许可应依本法第 646 条优先适用《商标法》相关规定，在该法无规定时可参照适用本法关于买卖合同的规定，而本节规定对其准用空间有限。再如，《著作权法》第 3 条中除计算机软件外，其列举的其他受著作权保护的作品也不涉及技术方案，故不属于同类性质的知识产权。

第八百七十七条　【技术进出口、专利、专利申请合同的法律适用】法律、行政法规对技术进出口合同或者专利、专利申请合同另有规定的，依照其规定。

本条所指法律或行政法规，主要包括《专利法》《出口管制法》《对外贸易法》《技术进出口条例》《知识产权对外转让有关工作办法（试行)》《外商投资安全审查办法》《国家秘密技术出口审查规定》等。这些法律或行政法规往往基于保护国家安全和社会公共利益等目的，对技术进出口合同或专利、专利申请合同作出特别规定。依本法第 11 条确认的原则，在法律适用时，应优先适用特别法。在此意义上，本条不过是第 11 条的重申，有提示、指引法律适用之裁判功效。本条所言技术进出口，是指通过贸易、投资或者经济技术合作的方式跨境转移技术的行为，具体包括专利权转让、专利申请权转让、专利实施许可、技术秘密转让、技术服务和其他方式的技术转移（**《技术进出口条例》第 2 条**）。因以知识产权为法律表现形式的技术在经济安全、文化安全、科技安全、信息安全等新安全形态中占据关键位置，故出于国家安全的考虑，对技术进出口出台法律或行政法规予以特别规制，实有必要。唯技术进出口在私法属性上仍属技术转让、许可合同的范畴，若非基于国家安全等公共目的设置特别法规范，恐引致法价值体系矛盾。例如，《技术进出口条例》原第 27 条、第 29 条针对技术进口合同之技术改进作出的规定，与原《合同法》第 354 条（**本法第 875 条前身**）体现的意思自治和互利原则不一致。美国政府据此在 WTO 争端解决机构提出指控，认为我国区别技术许可方的国籍而采两种立法体例，构成“歧视”，从而违反“国民待遇”原则。我国国务院遂于 2019 年 3 月删除了该条例第 27 条和第 29 条。

第四节 技术咨询合同和技术服务合同

第八百七十八条 【技术咨询合同和技术服务合同的定义】

技术咨询合同是当事人一方以技术知识为对方就特定技术项目提供可行性论证、技术预测、专题技术调查、分析评价报告等所订立的合同。

技术服务合同是当事人一方以技术知识为对方解决特定技术问题所订立的合同，不包括承揽合同和建设工程合同。

本条系定义技术咨询、服务合同的说明性法条。依第 1 款，技术咨询合同中的主给付是当事人一方以技术知识为对方的特定技术项目提供可行性论证、技术预测、专题技术调查、分析评价报告等咨询服务。其所谓“特定技术项目”，主要包括有关科学技术与经济社会协调发展的软科学研究项目，如科技发展战略（规划）研究、技术政策与技术选择的研究等，以及促进科技进步和管理现代化、提高经济效益和社会效益等运用科学知识和技术手段进行调查、分析、论证、评价、预测的专业性技术项目，如重大工程项目的可行性分析、技术成果的评估、对技术产品和工艺的分析、技术方案的比较（**《技术合同解释》第 30 条**）。依第 2 款，技术服务合同中的主给付，则是当事人一方以技术知识为对方解决特定技术问题。“特定技术问题”是指，需要运用科学技术知识解决的专业技术工作中与改进产品结构、改良工艺流程、提高产品质量、降低产品成本、节约资源能耗、保护资源环境、实现安全操作、提高经济效益和社会效益等有关的问题（**《技术合同解释》第 33 条**）。

概括地说，技术咨询、技术服务合同的主给付义务，都是当事人一方以技术知识为对方完成一定的工作，对方支付报酬，本质上均为承揽合同，迥异于性质上属买卖、（权利）租赁的技术转让和技术许可合同。就此而言，虽然其主给付和技术委托开发一样，均为完成一定工作，但后者所指的工作乃缔约时未知技术的研发，此项工作因其不确定性而允许研发失败，故在不可归责于研发人的情形，失败风险依约定负担或在无法依约定确定时合理分担（**参见本法第 856 条、第 858 条及其评注**）；而在技术咨询和服务合同中，其主给付指向的工作并非新技术的开发，故要求有完成之结果，即不问其原因如何，凡不能按期完成工作者，均须承担违约责任。此外，研发的技术成果本身虽属无形财产，但仍可借有体物予以形体化，如图形处理器（GPU）、高速光模块等；而技术咨询、服务系为特定技术项目提供咨询意见或解决特定技术问题，即提供技术性劳务。这种技术性劳务在技术咨询和服务合同中的内容有所不同：前者的内容为运用科学知识和技术手段进行分析、论证、评价和预测，最终的工作成果往往表现为咨询报告和意见；后者的内容为专业的技术工作，目标（合同标的）是运用专业技术知识、经验和信息解决特定技术问题，故其工作成果有具体的质量或数量指标（**详见《技术合同认定规则》第 40 条**）。需指出的是，本条第 2 款之所以明确将建设工程合同和承揽合同排除在技术服务合同的范围外，是因为技术服务合同系建设工程合同和承揽合同的特殊类型，应优先适用本节相应规定；如果只是运用技术知识解决承揽或建设工程中的常规问题（如广告设计、测绘、标准化测试），自属承揽或建设工程合同的范畴，应适用本编第十七章和第十八章的规定。判断某一合同为技术服务合同还是承揽、建设工程合同，应结合合同标的、工作（服务）内容、工作成果综合判断〔**浙江高院（2022）浙民终948号民判、天津二中院（2022）津02民初623号民裁**〕。

第八百七十九条 【技术咨询合同委托人的义务】技术咨询合同的委托人应当按照约定阐明咨询的问题，提供技术背景材料及有关技术资料，接受受托人的工作成果，支付报酬。

本条系说明性法条。技术咨询乃承揽的特殊类型，此所谓委托人性质上为定作人，故在本条就委托人的主给付义务有特别规定时应优先适用之，在无特别规定时则依其特性准用承揽合同的相应规定。依文义，委托人按约定阐明咨询的问题系其主给付义务之一。但在技术咨询合同中，委托人提出并阐明所要咨询的问题，属于第845条规定的技术合同“标的的内容、范围和要求”的范畴，涉及的是技术合同必要条款问题（**参见该条评注**）。易言之，咨询问题的阐明并非委托人的合同义务，其在缔约时未被阐明的，将影响技术咨询合同的成立；而合同一旦成立，其所阐明的内容反而成为受托人是否履行其工作义务的判断基准。准此，本条描述的委托人的义务仅包括：（1）提供技术背景材料及技术资料，以便受托人以此为基础展开调查、论证和评价。此义务由委托人履行后，若受托人发现其提供的资料、数据等有明显错误或缺陷，应于合理期限内通知委托人，否则视为认可；委托人在接到通知后未在合理期限内答复并予补正的，发生的损失由委托人承担（**《技术合同解释》第32条**）。（2）接受受托人的工作成果即咨询报告或意见。此义务不仅意味着工作成果的接收，更指委托人应及时验收，确认其是否达到约定的要求。此受领义务非给付义务，系债权人依诚信原则所应承担的协助义务（**参见本法第589条及其评注**）。（3）支付报酬。此为委托人的主给付义务。技术咨询合同中对报酬有约定的，依其约定；未约定或约定不明的，应根据有关咨询服务工作的技术含量、质量和数量，以及已经产生和预期产生的经济效益等合理确定（**《技术合同解释》第14条第1款第2项**）。至于报酬的支付方式，则依本法第846条定之。

第八百八十条　【技术咨询合同受托人的义务】技术咨询合同的受托人应当按照约定的期限完成咨询报告或者解答问题，提出的咨询报告应当达到约定的要求。

本条系说明性法条。受托人性质上为承揽合同中的承揽人，故应在约定期限内交付工作成果，即提交咨询报告或意见，此为受托人的主给付义务。由于咨询报告所提供的仅仅是建议、意见，是否采纳由委托人决定，故咨询报告是否达到约定的要求，应考察其形式、份数以及报告内容是否符合约定，不宜以通过验收为标准。司法实务中，若合同中未约定必须通过评审，且委托人未能举证证明存在国家或行业强制性规定，那么“通过评审”不是此类合同的必要条款，委托人不能以咨询报告未通过评审为由主张受托人违约［**四川高院（2011）川民终第130号民判**］。但这不排除法院从受托人是否在信息收集、利用自己的知识和经验综合分析和预测等方面已尽勤勉义务的角度，对咨询报告内容作实质判断。尤其是受托人不顾国家土地管理法律法规规定，提出改变用地性质之补充意见，被法院认定为脱离实际，不符合合同约定［**最高法（2011）民申第396号民判**］。

第八百八十一条　【技术咨询合同双方当事人的违约责任】

技术咨询合同的委托人未按照约定提供必要的资料，影响工作进度和质量，不接受或者逾期接受工作成果的，支付的报酬不得追回，未支付的报酬应当支付。

技术咨询合同的受托人未按期提出咨询报告或者提出的咨询报告不符合约定的，应当承担减收或者免收报酬等违约责任。

技术咨询合同的委托人按照受托人符合约定要求的咨询报告和意见作出决策所造成的损失，由委托人承担，但是当事人另有约定的除外。

本条第1款、第2款以完全法条的形式，分别确认了委托人和受托人的两种具体违约行为及相应法律后果。(1) 本条第 1 款呼应第 879 条，其规定的委托人第一种违约行为系资料提供方面的不履行、瑕疵履行或迟延履行，此违约行为因违反的是协助义务（**参见本法第 879 条评注**），故需达到“影响工作进度和质量”的程度，方产生违约责任。委托人第二种违约行为，性质上属于拒绝受领（工作成果）或受领迟延。对于委托人的违约行为，本款设立了特别的违约责任，即已支付的报酬不得追回，未支付的报酬应当支付。此违约责任不同于本编第八章规定的各种违约责任形态。在本款设定的违约情形，“支付的报酬不得追回”之表述，说明本款有防御规范的一面；而受托人可主张尚未支付的报酬，又表明其建立了一个特别的请求权基础。(2) 本条第 2 款呼应第 880 条规定了受托人的两种违约行为及相应后果。受托人未按期提供咨询报告，或其提供的咨询报告不符合约定，系对其主给付义务的履行迟延或不完全履行，而本款规定的违约责任即受托人应减收或免收报酬，对委托人而言就是本法第 582 条规定的减价请求权。(3) 本条第 1、2 款既然是分别针对委托人和受托人的两种具体违约行为规定其具体的违约责任，那么并不排除其依本编第八章关于违约责任的一般规定承担其他违约责任。

本条第 3 款规定了决策风险负担规则。其但书表明本款系任意性规范，即当事人对技术咨询所涉决策风险的后果承担有约定的，从其约定；当事人未作约定的，受托人对委托人实施咨询报告或意见所造成的损失，不负赔偿责任。这是因为，受托人交付的工作成果仅仅是为委托人决策提供参考的报告或意见［**最高法（2011）民申第 396 号民判**］，此乃技术咨询合同的主要特征。故受托人的主给付义务只是提供符合要求的咨询报告或意见，至于委托人是否采纳，由其自行决定。

第八百八十二条 【技术服务合同委托人义务】技术服务合同的委托人应当按照约定提供工作条件，完成配合事项，接受工作成果并支付报酬。

技术服务亦为承揽的特殊类型，其所谓委托人性质上为定作人，故在本条就委托人的合同义务有特别规定时应优先适用之，在无特别规定时则依其特性准用承揽合同的相应规定。本条描述的委托人的义务主要包括：(1) 为受托人提供工作条件，并配合受托人工作。“提供工作条件”不仅包括通常理解的场地等物质条件，还包括提供相关数据、图纸、资料样品等。提供工作条件和配合的义务乃委托人的协助义务，属于第 509 条规定的附随义务的范畴。因附随义务原则上不构成对待给付，故不适用本法第 525～526 条规定的履行抗辩规则（**参见其评注**）。司法实务中，法院则以委托人违反此项义务相比其履行合同主要义务而言较为轻微为由，不认为受托人有先履行抗辩权［**北京高院(2016) 京民终 178 号民判**］。需注意的是，受托人发现委托人提供的资料、数据、样品、材料、场地等工作条件不符合约定，未在合理期限内通知委托人的，视为其对委托人提供的工作条件予以认可；委托人在收到通知后未于合理期限内答复并补正的，发生的损失由委托人承担（**《技术合同解释》第 35 条**）。(2) 接受受托人的工作成果。作为委托人的受领义务，此所谓“接受”义务依第 780 条第二句，应解释为包括依技术指标“验收”在内。验收为不真正义务，委托人在收到工作成果后，未在约定的异议期提出否定意见，可认定其认可该成果［**北京高院 (2012) 高民终 1769 号民判**］；或者未组织验收或鉴定，也未提出质量异议的，若该成果已投入使用，则不得再以质量问题要求鉴定［**福建高院 (2012) 闽民终 698 号民判**］。(3) 支付报酬。和技术咨询合同一样，支付报酬亦为技术服务合同之委托人的主给付义务。至于报酬的数额、支付方式等，也依本法第 846 条和《技术合同解释》第 14 条第 1 款第 2 项定之，此不赘述。唯依第 782 条，工作成果部分交付的，委托人也应支付相应报酬。

第八百八十三条 【技术服务合同受托人的义务】技术服务合同的受托人应当按照约定完成服务项目，解决技术问题，保证工作质量，并传授解决技术问题的知识。

运用专业技术知识、经验和信息解决特定技术问题，是技术服务合同受托人的主给付义务，同时也是此类合同区别于其他技术合同，尤其是技术咨询合同的核心识别要素（**参见本法第 878 条评注**）。受托人的此项义务在本条被具体描述为：(1) 按照约定完成服务项目，解决技术问题。一般来说，只要受托人解决了合同涉及的特定技术问题，即认为技术服务项目已经完成。(2)保证工作质量。所谓“工作质量”，一般以特定技术问题的解决是否达到合同约定的要求为标准。通常，技术服务合同对其成果会约定具体、详尽的技术参数或指标，如设备性能指标、产量指标、排放指标或原料适应性指标等［**北京高院（2016）京民终 177、178 号民判**］；未明确约定验收标准的，可依第 511 条第 1 项适用国家标准、行业标准乃至地方标准及企业标准（包括受托人自己的相关技术标准）。就性质而言，保证工作质量属于受托人对工作成果的质量瑕疵担保义务。(3)传授解决技术问题的知识。此义务为从给付义务，有辅助主给付义务之功效，其目的在于确保委托人交易目的能最大限度地实现。实务中受托人履行此项义务的方式有：交付技术文件，如产品设计图、工艺编制方案等；提供其他服务项目，如对复杂生产线的调试，设备、仪器的试制；委托人员工接受培训、指导。如此等等，不一而足。

第八百八十四条 【技术服务合同双方当事人的违约责任】

技术服务合同的委托人不履行合同义务或者履行合同义务不符合约定，影响工作进度和质量，不接受或者逾期接受工作成果的，支付的报酬不得追回，未支付的报酬应当支付。

技术服务合同的受托人未按照约定完成服务工作的，应当承担免收报酬等违约责任。

本条第 1 款、第 2 款以完全法条的形式，分别确认了技术服务合同之委托人和受托人的具体违约行为及相应法律后果。(1)本条第 1 款在规范构造甚至表达上和第 881 条第 1 款并无实质区别，故解释适用上可参见该款评注，此不赘述。唯需指出的是，本款系呼应第 882 条，规定了委托人的二种具体违约行为。准此，委托人“不履行合同义务或者履行合同义务不符合约定”中的合同义务，应特指其依约提供工作条件并完成配合事项的义务。(2)本条第 2 款呼应第 883 条，规定了受托人违反其主给付义务即完成服务工作的违约责任。受托人未按约定完成服务工作，包括未提供技术服务以及提供的服务不符合约定两种情形。在受托人违约时，虽然本款仅列举其免收报酬的违约责任，但依同类解释规则，这并不排除受托人应依合同约定或具体情况承担减收报酬、支付违约金或赔偿损失等违约责任。例如，在受托人交付的工作成果不符合质量要求，从而违反其质量瑕疵担保义务（**参见本法第 883 条及其评注**）时，委托人可合理选择请求其承担修理（补正）、重作、减少报酬、赔偿损失等违约责任。

值得注意的是，本条虽未涉及技术服务合同当事人其他违约行为的违约责任，但不妨依本编第八章有关违约责任的一般规定甚至准用第十七章的有关规定处理。

第八百八十五条 【新技术成果的归属】技术咨询合同、技术服务合同履行过程中，受托人利用委托人提供的技术资料和工作条件完成的新的技术成果，属于受托人。委托人利用受托人的工作成果完成的新的技术成果，属于委托人。当事人另有约定的，按照其约定。

本条所言新的技术成果是指，技术咨询或服务合同的当事人在履行合同义务之外派生完成的或后续开发的技术成果：其可能是委托人在利用受托人交付的工作成果的基础上，后续开发的新技术成果；也可能是受托人基于委托人提供的有关背景材料、技术资料、数据、样品和工作条件等，开发的新技术成果。对于此等新技术成果的权利归属，本条贯彻意思自治原则，通过任意性规范（但书条款）的设置，承认当事人特别约定的优先适用。只有在当事人没有约定或约定不明时，才适用本条确立的权属规则。虽然本条所言“新的技术成果”和职务技术成果一样，都是在利用他人提供的技术资料或工作条件的基础上完成的新技术成果，但其权利归属规则有所不同：尽管职务技术成果的权利归属也首先贯彻意思自治原则，但因该成果由法人或非法人组织的职工完成，即完成人和法人或非法人组织具有劳动关系或聘用关系，故在无特别约定时，其使用权与转让权依本法第 847 条归法人或非法人组织享有［**南京鼓楼法院（2012）鼓知民初第 184 号民判**］；而技术咨询、服务合同的委托人和受托人之间并无劳动关系或雇佣关系，其派生完成或后续开发的新技术成果的产生方式也有所区别，所以应适用本条确认的“谁完成，谁拥有”之权利归属规则。

第八百八十六条 【技术咨询合同、技术服务合同履行费用的负担】技术咨询合同和技术服务合同对受托人正常开展工作所需费用的负担没有约定或者约定不明确的，由受托人负担。

本条系新设的任意性规范。易言之，在技术咨询、服务合同中，受托人正常开展工作所需费用的负担，遵循“有约定依约定，无约定由受托人负担”的规则。这是因为，技术咨询或服务合同的委托人应为受托人完成的技术工作或提供的服务支付报酬，而后者正常开展工作所需费用属于第 511 条第 6 项规定的履行费用的范畴，在合同对此没有约定或约定不明时，自应由作为债务人的受托人负担。需指出的是，本条强调受托人负担的履行费用是其正常开展工作所需费用，表明此规则仅适用于固有的履行费用，即履行债务必要的开支。而因债权人或债务人的原因增加的履行费用，依第 511 条第 6 项第二分句和第 531 条第 2 款，应分别由委托人或受托人承担。

第八百八十七条 【技术中介合同、技术培训合同的法律适用】法律、行政法规对技术中介合同、技术培训合同另有规定的，依照其规定。

依立法者原意，本条和原《合同法》第 364 条一样，系考虑到技术培训合同、技术中介合同和技术服务合同内容上的相似性、实践中纠纷的复杂性，最终选择将此二者的“特殊规则”留待日后进一步考察而设置的权宜法条。唯依《技术合同解释》第 38 条对技术中介合同的定义，此合同类型除强调“当事人一方以知识、技术、经验和信息”和为另一方与第三方订立“技术合同”之外，并未在核心识别要素上使其区别于本编第二十六章规定的中介合同。而其第 36 条定义的技术培训合同，强调的是“对指定的学员进行特定项目的专业技术训练和技术指导”，实践中往往不以独立的合同形式出现，而是在技术转让、技术开发或技术服务合同中约定相应培训内容。须知立法上对合同类型的典型化并非以细密为原则，而应以当事人意定权利义务的辅助形成和缺省设置为必要。准此，于技术中介和培训合同而言，若中介合同等有名合同已足可助成当事人意思自治，则无必要假技术合同特殊性之名另行设置新的典型合同类型。事实上，从《技术合同解释》的相应规定来看，其仅以三个条文对技术培训和技术中介的合同内容、违约责任进行缺省配置，本身就支撑不起此二种合同典型化的必要性，遑论其内容大多是相应典型合同中已有规定者。再者，本法第 11 条既已规定特别法优先适用原则，则本条仅就技术中介、培训合同的法律适用而重复之，显然赘余。

第二十一章

保管合同

第八百八十八条 【保管合同的定义】保管合同是保管人保管寄存人交付的保管物，并返还该物的合同。

寄存人到保管人处从事购物、就餐、住宿等活动，将物品存放在指定场所的，视为保管，但是当事人另有约定或者另有交易习惯的除外。

保管合同涉及保管人和寄存人两方主体，保管人是指负责保管保管物的一方，寄存人是指寄存保管物的一方。保管合同的标的是保管或寄托行为，保管人的主要义务是保管寄存人交付其保管的物品。保管合同的标的物是保管物，其范围包括种类物和特定物。依本法第 901 条的规定，保管标的物为货币或者其他可替代物的，保管人仅需返还相同数量的同种货币或同品质的替代物即可，无须返还原货币或原物。保管物通常为动产，是否亦可为不动产，本法未予明示，衡诸现实情况，似可肯定。

保管合同具有以下特征：(1) 保管合同为要物合同，自保管物交付时成立，但当事人另有约定的除外（**第 890 条**）。保管人接受保管物并将其置于自己的有效控制之下，妥善、安全地保管保管物，同时在寄存人解除（终止）保管合同或者保管期限届满时返还保管物于寄存人。(2) 保管合同为不要式合同，既可以口头约定，也可以是书面合同。(3) 保管合同为继续性合同。保管义务非一次履行即可实现合同目的，而是需要保管人持续地实施保管行为。(4) 保管合同既可以是无偿合同，也可以是有偿合同。通常只有在当事人有约定或者交易习惯有特别规定时，保管合同才是有偿合同。(5) 普通保管合同不转移保管物所有权与使用权，仅转移占有权，但消费保管（**第 901 条**）转移保管物所有权。

实践中，消费者前往购物商场、饭店、宾馆等从事购物、就餐、住宿等活动时，在物品丢失后，主张权利救济的法律依据常生争议，本款将此类纠纷统一纳入保管合同的规制范畴内［**湘潭中院（2020）湘 03 民终 411 号民判**］。但是，作为扩张保管合同适用范围的规定，本款以“从事购物、就餐、住宿等活动”为限，并不以实际实施消费为必要，如到商场购物但最终并未实际购买任何物品，仍允许本款之适用。此外，还需寄存人将物品存放在经营者或管理人指定的场所，但无须向场所经营者或管理者实际移交标的物占有，此与普通保管有别，应当留意。若寄存人将物品置于其他场所，无本款适用余地。此外，若当事人另有约定，如场所经营者明确声明不负保管义务，或者按照交易习惯［**广州中院（2021）粤 01 民终 21004 号民判**］，如对消费者入场消费时随身携带之物，场所经营人或管理人均不负保管义务。

第八百八十九条 【保管费】寄存人应当按照约定向保管人支付保管费。

当事人对保管费没有约定或者约定不明确，依据本法第五百一十条的规定仍不能确定的，视为无偿保管。

保管合同分为有偿合同和无偿合同两类。在有偿保管合同中，寄存人负有向保管人支付保管费的义务。保管费的数额由当事人约定。但是，需要注意的是，保管费是保管人因保管行为应得的报酬，不同于“因保管所生费用”。后者是指保管人为了实现保管目的，用以维持保管物原状而支出的必要费用，包括为防潮、防火、防腐、重新包装等支出的费用，或者为保管而支出的场地费、电费、水费等，属于保管人应当偿付的“其他费用”（**第 903 条**）。不论保管合同是有偿还是无偿的，寄存人均应当向保管人支付因保管保管物而支出的必要费用。

如果当事人没有约定或者约定不明确，应依本法第 510 条之规定，由当事人协议补充；不能达成补充协议的，则按照合同有关条款或者交易习惯确定。为此，应结合当事人之前的交易行为（如有）、保管人是否为保管业者，以及社会一般观念加以判断。如果当事人先前存在保管交易，其为有偿、无偿可作为确定系争保管交易有偿或无偿之因素，以保管或寄存为业者所提供的保管或寄存服务，除非有相反约定，否则应认定为有偿。若依前述方法仍不能确定的，保管合同应认定为无偿合同［**漯河中院（2020）豫11民终909号民判、永州中院（2022）湘11民终2928号民判**］。

第八百九十条 【保管合同的成立时间】保管合同自保管物交付时成立，但是当事人另有约定的除外。

原则上，保管合同为实践性合同。保管合同的成立不仅要求双方当事人就保管达成合意，而且寄存人应将保管物交付给保管人。仅当保管物实际交付时，保管合同才成立［**南京中院（2020）苏01民终894号民判**］。此处的“交付”既可以由寄存人直接交给保管人，也可以是由第三人以指示交付的方式交付给保管人，还可以直接由保管人以简易交付的方式继续保管保管物［**新疆高院（2023）新民申488号民申**］。当然，如果双方当事人有例外约定，如约定双方意思表示一致时合同即告成立，则以合意达成时为保管合同的成立时间。

第八百九十一条 【保管凭证】寄存人向保管人交付保管物的，保管人应当出具保管凭证，但是另有交易习惯的除外。

保管凭证，是寄存人与保管人之间已经订立保管合同的表现形式及证据资料，也是寄存人据以领取保管物的凭证［**温州中院（2019）浙03民终4123号民判**］。作为保管人履行义务和寄存人保障权利的依据，保管凭证是在发生保管合同纠纷时确定保管物交付的时间、地点，保管物的种类、性质以及保管期限等事项的重要参考文件。

出具保管凭证并非保管合同成立的形式要件，保管凭证仅仅是已成立保管合同的证明。如果寄存人和保管人另有约定，或者按照交易习惯无须出具保管凭证的，也可以不出具该保管凭证。例如，某些宾馆、商场外的停车场，未出具保管凭证并不影响双方保管合同的成立，宾馆、商场方仍需履行安全保管义务［**广西百色中院（2012）百民再字第41号民判、广州中院（2022）粤01民终1484号民判**］。

第八百九十二条　【保管人的妥善保管义务】保管人应当妥善保管保管物。

当事人可以约定保管场所或者方法。除紧急情况或者为维护寄存人利益外，不得擅自改变保管场所或者方法。

保管人应尽到妥善保管保管物的义务。所谓“妥善保管”，是指采取妥善、切实有效的保管措施，为保管物提供合适的保管场所，保护保管物不被他人窃取、抢夺、抢劫或者损坏，并防止保管物因自然原因发生毁损、灭失［**广州中院（2020）粤01民终5441号民判**］。至于保管方法、措施以及保管人的注意义务标准，应当根据保管物的性质、合同约定以及交易习惯等加以判断［**海东中院（2023）青02民终789号民判**］。为充分保护消费者权益，特定场合下的保管合同应认定其有偿性，例如商业活动场所对顾客寄存物品的保管合同。在这种情况下，不论就保管是否单独收费，商业活动场所保管人都应当尽妥善保管义务。

作为保管人妥善保管保管物义务的具体要求，保管场所或者方法允许当事人自由约定。当事人没有约定的，依保管物的性质、合同的目的以及交易习惯、诚实信用原则等加以确定。经确定的保管场所或方法不得未经寄存人同意加以变更。但是，当出现紧急情况或者为维护寄存人的利益，在保管物存在毁损、灭失风险时，允许保管人不经寄存人同意而变更保管场所或方法。例如，保管场所因地震遭受破坏，保管人就应及时将保管物转移至别处予以保管。在改变保管场所或方法后，保管人应当将相关情况告知寄存人。

第八百九十三条　【寄存人的主动告知义务】寄存人交付的保管物有瑕疵或者根据保管物的性质需要采取特殊保管措施的，寄存人应当将有关情况告知保管人。寄存人未告知，致使保管物受损失的，保管人不承担赔偿责任；保管人因此受损失的，除保管人知道或者应当知道且未采取补救措施外，寄存人应当承担赔偿责任。

寄存人对保管人负有的主动告知义务主要包括两种情形：一是保管

物有瑕疵。所谓保管物有瑕疵，是指保管物存在可能造成保管物自身或者其他财产毁损、灭失之风险的缺陷。二是因保管物的性质特殊需要采取特殊保管措施。保管物的性质特殊是指保管物为易燃、易爆、有毒、有腐蚀性、有放射性等危险物品或者易挥发、易破碎、易腐烂等特殊物品的情形。

寄存人未履行告知义务的法律后果，亦可分为两个层次。首先，因寄存人未尽告知义务而导致保管物自身受损失的，保管人不承担赔偿责任［**中卫中宁法院（2020）宁 0521 民初 1689 号民判**］。其次，因寄存人未尽告知义务而导致保管人遭受损失的，比如因保管物引发火灾或发生爆炸等造成保管人人身或财产损失的，寄存人应当承担赔偿责任。不过，要是保管人知道或者应当知道保管物瑕疵或特殊性质，且能够及时采取补救措施避免损失发生，而没有采取补救措施的，寄存人对因此发生的损害不承担责任（**本条第二句第二分句**）。需附带说明的是，寄存人违反告知义务而保管人知道有关情况的，保管人依诚实信用原则，负有及时将发现的情况通知寄存人，要求寄存人取回保管物，或者更换保管场所或者采取其他特殊的保管方法等义务（**第 509 条第 2 款**），否则，保管人亦应对保管物因此所生损害承担赔偿责任。当然，此时存在寄存人与有过失的问题，应当减少保管人的赔偿责任（**第 592 条第 2 款**）。

第八百九十四条 【保管人的亲自保管义务】保管人不得将保管物转交第三人保管，但是当事人另有约定的除外。

保管人违反前款规定，将保管物转交第三人保管，造成保管物损失的，应当承担赔偿责任。

保管合同的订立是基于寄存人对保管人的信任，因此，保管人应当亲自保管保管物。亲自保管，既属诚信原则的要求，也是寄存人的合理期待，充分体现了保管合同的人身属性。亲自保管包括由保管人本人履行保管义务，也包括保管人在其辅助人、雇员的协助下履行保管义务两种情形。如果保管人将保管物交由独立于保管人的第三人加以保管，除非保管合同对此有明确约定，或事后经得寄存人的同意，否则，即构成违反亲自保管义务的行为。

如果保管人违反约定将保管物转交第三人保管，造成了保管物损失，即使保管人或者第三人对于损失的发生没有过错，保管人仍应向寄存人承担赔偿责任［**郑州中院（2020）豫01民终1608号民判、郑州中院（2022）豫01民终287号民判**］。当事人约定允许保管人转交第三人代为保管的，保管人仅就第三人的选任和指示过失承担赔偿责任。

不过，在紧急情况下或者为维护寄存人的利益，保管人如不转托保管将导致保管物毁损、灭失，却又无法及时联系寄存人、征得其同意的，亦可突破本条的限制，将保管物转交给第三人保管（**第892条**）。

第八百九十五条 【禁止使用保管物】保管人不得使用或者许可第三人使用保管物，但是当事人另有约定的除外。

在保管合同中，寄存人通常只转移保管物的占有权，保管物的使用、收益权并不发生转移。一般情况下，保管人仅需维持保管物的现状，并在保管期限届满时将该原物归还寄存人，并无使保管物升值的义务，但负有尽量避免减损保管物价值的义务。若允许保管人随意使用保管物，则容易造成保管物折旧，甚至可能造成保管物毁损、灭失。因此，在寄存人交付保管物后，直至寄存人取回保管物的保管期间，保管人均不得自己使用或者许可第三人使用保管物［**乐山沙湾法院（2019）川1111民初389号民判、武汉海事法院（2023）鄂72民初903号民判**］。

但是，经寄存人同意，或者保管人与寄存人之间有特别约定，以及基于保管物的性质需要使用才能尽到妥善保管义务等三种情况下，不适用禁止使用保管物的规定。对于经寄存人同意使用保管物的，或者寄存人事后许可的，此时的保管合同便转化为借用合同。这里所称“基于保管物的性质需要使用”的情形，是指使用保管物属于保管保管物的措施或方法的情况。在此情形下，保管人使用保管物不仅不违反法律的规定，也不构成违约，而是其应当承担的保管义务。例如，保管电视机、小汽车等，需要间歇性地使用才能维持保管物原有的性能。此外，本条不适用于货币或者其他可替代物的消费保管，消费保管的保管人只需返还相同种类、品质、数量的货币或替代物即可，故不存在使用禁止的问题。

如果保管人擅自使用或者允许第三人使用保管物，保管人均应当向寄存人支付相应的报酬。保管人和寄存人约定保管人可以使用或者根据保管物性质必须使用的，保管人可以使用保管物，但不必支付报酬。

第八百九十六条 【保管人返还保管物及危险通知的义务】第三人对保管物主张权利的，除依法对保管物采取保全或者执行措施外，保管人应当履行向寄存人返还保管物的义务。

第三人对保管人提起诉讼或者对保管物申请扣押的，保管人应当及时通知寄存人。

保管人向寄存人返还保管物是保管人的基本义务。即便是出现第三人对保管物主张权利的情况，保管人仍然负有向寄存人返还该保管物的义务，除非该保管物依法被采取保全或者执行措施［**最高法（2014）民申字第1900号民判、枣庄山亭法院（2021）鲁0406民初615号民判**］。这是因为，结合本条第2款规定看，本条第1款所称“第三人对保管物主张权利”，是指向寄存人主张就保管物的权利，并非向保管人要求返还。由于保管合同具有相对性，仅在保管人和寄存人之间产生法律关系，保管人只应对寄存人履行返还保管物的义务，与第三人无涉。将保管物返还寄存人，也有利于在维护寄存人合法权益的基础上妥善解决与第三人的纠纷。

在保管期间，如果第三人对保管人提起诉讼或者对保管物申请扣押，会因此而危及保管人向寄存人返还义务的履行，损害寄存人的利益，而寄存人有可能不知道该情况。此时，保管人应尽危险通知义务，及时将该情况告知寄存人，使其及时采取有效措施保护自身权益。保管人未尽该通知义务，导致保管物不能返还的，应当赔偿相应的损失［**深圳中院（2019）粤03民终19522号民判**］。

第八百九十七条 【保管物毁损、灭失时的保管人责任】保管期内，因保管人保管不善造成保管物毁损、灭失的，保管人应当承担赔偿责任。但是，无偿保管人证明自己没有故意或者重大过失的，不承担赔偿责任。

保管人负有妥善保管保管物的义务（**第892条第1款**），因保管人保管不善而导致保管物毁损、灭失的，应由保管人承担赔偿责任。不过，保管人责任的承担因保管合同的有偿或无偿而有不同。有偿保管合同属于商业行为，保管人理应承担更高的注意义务，即保管人应当以“善良管理人”的行为标准妥善保管保管物，包括依适当的方法、在适当场所亲自保管，且不得违约使用等，不论保管人违反义务是因故意还是过失，都应承担保管物毁损、灭失的赔偿责任［**广州白云法院（2020）粤0111民初8927号民判、丰台法院（2021）京0106民初38211号民判**］。

与有偿保管合同不同，无偿保管合同主要基于社会成员间的相互协助而订立，不应对保管人苛以过重的注意义务，只要保管人尽到一般注意义务即可。因此，在无偿保管合同中，保管人只对故意或者重大过失情形下造成的保管物毁损、灭失承担赔偿责任，对于一般过失的则不承担赔偿责任。此处的“重大过失”是指，保管人明知保管物可能毁损、灭失而轻率地作为或者不作为。“没有故意或者重大过失”的证明责任由保管人本人承担，即保管人应证明其已尽到符合一般注意标准的保管义务。

第八百九十八条 【寄存人的声明义务】寄存人寄存货币、有价证券或者其他贵重物品的，应当向保管人声明，由保管人验收或者封存；寄存人未声明的，该物品毁损、灭失后，保管人可以按照一般物品予以赔偿。

当寄存人提供的保管物是货币、有价证券或者其他贵重物品时，寄存人应当告知保管人该保管物为不同于一般物品的贵重物品。寄存人的声明内容包括保管物的种类、性质、价值或者数量。声明的方式可以在保管合同或者保管凭证中注明，也可以用其他使保管人知晓的方式注明，只要在保管合同订立前使保管人知晓即可。规定寄存人的声明义务，一方面，是为了使保管人与寄存人的权利义务对等。如果寄存人不事先声明该保管物为贵重物品，保管人会按照一般保管物收取保管费用并采取一般保管措施，当出现毁损、灭失时，若要求保管人承担巨额赔偿责任，则显然会造成双方主体权利义务的失衡；另一方面，是为了让保管人合理预判其承担的风险和责任，提示保管人更加谨慎注意。通常来说，寄存贵重物品的保管费用要高于寄存一般物品的费用。贵重物品的保管人在收取高额保管费的同时会承担更高的风险，需要采取比一般物品更严密的保管措施，并承担更谨慎的注意义务。

寄存人声明该保管物为贵重物品后，保管人应当对保管物验收或者封存。此处的“验收”是指对寄存人提供的保管物进行清点，确保实际交付的物品与寄存人声明的性质、价值或者数量相符合；“封存”是指清点完毕贵重物品后将其封闭包装后保存。不过，对于货币而言，除非当事人另有约定，保管人亦可不予封存，只要返还相同种类、数量的货币即可（**第901条**）。

寄存人未履行声明义务，造成保管物毁损、灭失的，保管人只需要按照一般物品予以赔偿［**哈萨克伊宁法院（2020）新4002民初1725号民判、台州椒江法院（2022）浙1002民初5739号民判**］。

第八百九十九条　【保管期限】寄存人可以随时领取保管物。

当事人对保管期限没有约定或者约定不明确的，保管人可以随时请求寄存人领取保管物；约定保管期限的，保管人无特别事由，不得请求寄存人提前领取保管物。

不论保管合同是有偿还是无偿，也不论寄存人与保管人之间是否约定了保管期限，寄存人均享有随时领取保管物的权利，也意味着保管人负有随时向寄存人返还保管物的义务［**宜春中院（2020）赣09民终1031号民判、西安雁塔法院（2021）陕0113民初27460号民判、怒江兰坪法院（2021）云3325民初1744号民判**］。本规定的理由在于，保管合同的目的在于使保管人妥善保管保管物，当寄存人认为其保管目的已经达成时，不应受保管期限是否届满的限制，可以直接提前领取保管物。

相反，保管人的保管义务仍应遵循债务履行期限的一般规定，否则会影响保管合同目的的实现。若寄存人与保管人没有约定保管期限或者约定不明确，保管人可以随时终止保管合同，请求寄存人领取保管物［**武汉中院（2016）鄂01民终8254号民判**］。不过，在保管人终止合同时，其应当遵守本法有关不定期继续性合同预告终止的规定（**第563条第2款**），即需在合理期限之前通知寄存人。

若当事人约定了保管期限，则只有在存在特别事由的情况下，保管人才可以请求寄存人提前领取保管物。此处的“特别事由”，既包括保管人主观上不具备继续履行保管合同的能力的情形，如保管人患病、丧失行为能力等；也包括保管人周围环境已不具备保管条件，如因地震、洪灾等不可抗力使保管人不能继续履行合同的情形。

第九百条　【保管物及其孳息的返还】保管期限届满或者寄存人提前领取保管物的，保管人应当将原物及其孳息归还寄存人。

当保管期限届满或者寄存人要求提前领取保管物时，保管人均负有归还保管物原物及其孳息给寄存人的义务［成都中院（2020）川01民终4131号民判、江门开平法院（2023）粤0783民初353号民判］。除法律有特别规定或者当事人有特别约定外，孳息归属于原物的所有人（第321条）。保管合同只移转保管物的占有权，所有权并不发生转移，因此，保管人不能取得孳息的所有权。当寄存人领取保管物时，保管人必须在保管物原物以外，一并将保管物的孳息交还寄存人。但是，保管人返还原物及其孳息的义务不适用于消费保管情形（第901条）。

第九百零一条　【消费保管】保管人保管货币的，可以返还相同种类、数量的货币；保管其他可替代物的，可以按照约定返还相同种类、品质、数量的物品。

消费保管是指当保管物为可替代物时，保管人只需返还同种类、品质、数量的货币或其他物品，而无须返还原物的保管形式。消费保管合同与一般保管合同的区别主要体现在以下三方面。

一是消费保管合同的保管物为种类物。一般情况下，寄存人交付的保管物通常是特定物，保管人负有在保管期限届满或者寄存人提前领取保管物时，返还该特定物的义务。相反，消费保管的标的物为货币等可替代物。对于特殊形式的货币，如作为收藏品的货币或错币，与普通货币不同，原则上应以特定物对待。此外，封金亦同（第898条）。

二是消费保管合同须移转保管物的所有权于保管人。保管货币或者其他可替代物的，根据具体情况及合同当事人的约定，交付保管货币或者其他可替代物时可转移所有权。在此情形下，保管人当然享有占有、使用、收益和处分等所有权的各项权能，同时保管物意外毁损、灭失的风险亦由保管人承担。

三是消费保管合同中保管人只需返还相同种类、数量的货币，或者相同种类、品质和数量的物品即可，无须返还寄存人交付的原物［**阳江中院（2020）粤 17 民终 621 号民判、朝阳法院（2021）京 0105 民初 75441 号民判**］。

第九百零二条 【保管费的支付期限】有偿的保管合同，寄存人应当按照约定的期限向保管人支付保管费。

当事人对支付期限没有约定或者约定不明确，依据本法第五百一十条的规定仍不能确定的，应当在领取保管物的同时支付。

在有偿的保管合同中，寄存人向保管人支付保管费（报酬）是其基本义务（**第 889 条**）。报酬的形式依当事人的约定，若无约定，通常给付金钱；报酬的数额也应依当事人的约定加以确定，若无约定，可按价目表给付；若无价目表，按照交易习惯确定。

寄存人支付保管费的期限，有约定的依约定（**本条第 1 款**）；没有约定或者约定不明确的，由当事人协议补充；若不能达成补充协议的，则按照合同的相关条款或者交易习惯确定（**第 511 条第 4 项**）。依据前述方法仍然不能确定的，领取保管物时应同时支付保管费［**韶关乐昌法院（2020）粤 0281 民初 420 号民判、昌都八宿法院（2022）藏 0326 民初 50 号民判**］。因此，保管人虽然不得以寄存人未付保管费为由拒绝履行保管义务，但是，可就保管费的支付与保管物的返还主张同时履行抗辩权。

第九百零三条 【保管人的留置权】寄存人未按照约定支付保管费或者其他费用的，保管人对保管物享有留置权，但是当事人另有约定的除外。

寄存人不仅负有按照有偿保管合同的约定向保管人支付报酬的义务，而且负有按照保管合同履行的实际情况，向保管人偿付其为保管而支出的必要费用的义务（**参见本法第 889 条评注**）。不论是何种支付义务，均属因保管所生的债务，与保管物的占有之间存在牵连关系，从而成立保管人对保管物的留置权。寄存人未按照约定支付保管费或者其他费用的，保管人有权以保管物折价或者以拍卖、变卖保管物的价款优先受偿［**宜宾南溪法院（2019）川 1503 民初 1059 号民判、武汉经开法院（2022）鄂 0191 民初 1267 号民判**］。应当注意的是，除本条规定外，保管人留置权应适用本法有关留置权的其他规定（**第 448～457 条**）。

第二十二章

仓储合同

第九百零四条 【仓储合同的定义】仓储合同是保管人储存存货人交付的仓储物，存货人支付仓储费的合同。

仓储合同是指专门从事仓储保管业务的保管人储存存货人交付的仓储物，存货人支付仓储费的合同。仓储合同涉及两方主体：提供货物交付存储，并支付仓储费的一方为存货人，与保管合同中寄存人的地位相当，其对仓储物享有所有权或其他财产权益；为他人提供储存条件，接受仓储物并予以堆藏和保管的一方为保管人或者仓管人［**舟山中院（2024）浙09民终29号民判**］。仓储合同的客体是仓储物，即保管人保管、存储的货物。在仓储合同中，存货人向保管人支付仓储费是其负担的主要义务，也决定了仓储合同的有偿合同性质。存货人向保管人支付的费用由仓储费和其他费用两部分组成。仓储费主要是指保管人因存货人储存仓储物而获得的对价，又称为报酬；其他费用是指因仓储需要而支出的有关检验费、运输费、包装费等必要费用。

仓储合同从本质上讲属于特殊的保管合同，但又与保管合同存在区别［**枣庄中院（2022）鲁04民终2225号民判**］。

首先，仓储合同的保管人须具备相应的营业资质。保管人须为有仓储设施或设备并专事仓储保管业务的商事主体，即仓库营业人。所谓仓储设施或设备是指能够满足保管或储藏货物需要的设施或设备，包括房屋、仓库等建筑物及冷冻柜等其他设备，也包括可供堆放木材、石料等货物的场地。所谓专事仓储保管业务，是指专门从事经营业登记确认的仓储保管业务。对于从事易燃、易爆、腐蚀性、放射性特种物品仓储业务者，有专门的经营范围许可，无相应资格或者资质的主体，不能从事相应的仓储保管活动。一般保管合同的保管人则无类似资质要求。

其次，仓储合同的保管对象为动产，不动产不能成为仓储合同的保管对象。

再次，仓储合同为诺成、双务有偿合同。仓储合同经当事人意思表示一致即可成立，这与原则上为实践性合同的保管合同不同。仓储合同成立后，双方互负对待给付义务：保管人有义务提供仓储保管服务，存货人有给付报酬和其他费用的义务，双方的给付义务有对价关系、相互对应。

又次，仓储合同为不要式合同。虽然保管人在接受储存保管的货物时，应当给付存货人仓单或其他凭证，但是出具仓单是保管人合同义务的履行，而非合同订立的书面形式。仓储合同的订立并不要求采取书面形式，可以是口头形式或者其他形式。

最后，仓储合同为继续性合同。储存保管服务在仓储合同有效期间持续进行，保管人对仓储物须持续不断地保管照护，以维持仓储物的原状。

第九百零五条 【仓储合同的成立时间】仓储合同自保管人和存货人意思表示一致时成立。

仓储合同是典型的诺成合同。保管人和存货人意思表示一致时仓储合同即告成立［**成都中院（2020）川01民终1097号民判、松原中院（2023）吉07民终1063号民判**］。仓储合同的诺成性，是由仓储合同的商事合同性质决定的。一方面，仓储合同的保管人是专门从事仓储保管业务的商事主体，仓储保管具有专业性和营利性，在保管的货物入库前，保管人必然要为履行合同而准备，如准备可以储存相应仓储物的仓库，或者采购相应的设施或者设备，招聘相应的保管人员甚至对其进行专门技术培训等，由此会开支一定的费用。若按照实践性合同设计仓储合同，就意味着若存货人在交付货物前改变意愿，保管人将无法获取预期的仓储收益，影响其经营计划。相反，在法律承认仓储合同为诺成合同的情况下，保管人的期待利益将更好地得到保护。另一方面，在仓储合同中存货人一般也为商事主体或者营利性法人，若法律规定仓储合同为实践合同，则在存货人交存货物前仓储合同不成立，若保管人拒绝按约定计划接收货物，可能造成货物因未及时安全存放而发生毁损、灭失，这对存货人也不利。据此，承认仓储合同的诺成性，有利于当事人双方依合同获得保护。

第九百零六条 【危险物品和易变质物品的储存】储存易燃、易爆、有毒、有腐蚀性、有放射性等危险物品或者易变质物品的，存货人应当说明该物品的性质，提供有关资料。

存货人违反前款规定的，保管人可以拒收仓储物，也可以采取相应措施以避免损失的发生，因此产生的费用由存货人负担。

保管人储存易燃、易爆、有毒、有腐蚀性、有放射性等危险物品的，应当具备相应的保管条件。

当仓储物为易燃、易爆、有毒、有腐蚀性、有放射性等危险物品或者易变质物品时，需要具备特殊的储存条件，并采取特殊的储存方式。存货人储存上述特殊物品的，负有向保管人说明危险物品和易变质物品性质的义务，同时应提供有关保管、储存、运输等的技术资料，既便于保管人结合自身的保管条件和技术能力，衡量是否有能力妥善保管好仓储物，也有利于保管人进一步了解该特殊货物的性质，结合其特殊性质采取合适的储存方式，为储存该特殊货物作必要的准备［**通州法院（2021）京 0112 民初 30498 号民判**］。存货人的说明义务为法定义务，无论仓储合同是否约定了上述说明、提供有关资料的义务，存货人都负有这种义务（**对比第 893 条第一句**）。

如果存货人未尽上述说明或提供有关资料的义务，保管人在入库验收时，发现标的物是危险物品或者易变质物品的，保管人有权拒收此类货物或者解除合同；保管人在接收仓储物后发现是危险物品或者易变质物品的，应及时通知存货人，同时采取相应措施以避免损失的发生，因此产生的费用由存货人负担。存货人未对危险物品的性质作出说明并提供有关资料，以致给保管人的财产或者其他存货人的货物造成损失的，存货人应当承担赔偿责任；存货人未对易变质物品作出说明而导致该仓储物变质损坏的，保管人不承担赔偿责任（**参照第 893 条第二句**）。

相应地，保管人储存易燃、易爆、有毒、有腐蚀性、有放射性等危险物品的，也应当具备相应的堆藏和保管条件，应当按照国家标准或者仓储合同规定的要求操作和储存［**深圳中院（2018）粤 03 民终 8610 号民判**］。在堆藏和保管过程中不得损坏货物的包装物，如因保管或操作不当致使包装发生毁损的，保管人应当负责修复或按价赔偿。

第九百零七条 【保管人的验收义务】保管人应当按照约定对入库仓储物进行验收。保管人验收时发现入库仓储物与约定不符合的，应当及时通知存货人。保管人验收后，发生仓储物的品种、数量、质量不符合约定的，保管人应当承担赔偿责任。

仓储合同是诺成合同，保管人应当按合同的约定，对存货人交付的仓储物进行验收。对仓储物进行验收既是保管人的义务，也是保管人的权利，有利于其更好地履行保管义务，并在仓储物出现瑕疵时合理划分责任。保管人应当按照国家有关规定、行业惯例和仓储合同的具体约定对标的物进行验收。

通常情况下，保管人的验收项目包括货物品名、规格、数量、外包装状况以及无须开箱拆包即可直观辨别的质量情况，保管人没有开拆包装进行检查、检验的义务。散装货物按照国家有关规定和合同约定进行验收。保管人的验收方式主要有全部验收和按比例抽样验收。具体采用何种形式由当事人进行约定，有约定的按约定，没有约定的依照交易习惯确定，仍无法确定的则由保管人自行选择。仓储物的验收期限自仓储物和验收资料全部送达保管人之日起，至验收报告送出之日止。保管人应在约定的验收期限内完成验收。

保管人在验收时发现入库仓储物与约定不符合的，应当妥善暂存，并在有效验收期间内及时通知存货人处理，暂存期间所发生的一切损失和费用由存货人负担。双方当事人可以协商修改合同条款、变更合同内容，保管人也有权退回不符合约定的货物。

仓储物经过验收，保管人未提出异议的，视为存货人交付的仓储物品种、数量、质量符合合同约定，此后发生仓储物不符合合同约定的，保管人应当承担赔偿责任［**（2017）最高法民终 430 号民判、烟台中院（2023）鲁 06 民终 7719 号民判**］。

第九百零八条 【保管人出具仓单、入库单的义务】存货人交付仓储物的，保管人应当出具仓单、入库单等凭证。

存货人交付仓储物的，保管人应当向存货人出具仓单、入库单等凭证（**对比第 891 条**）。仓单、入库单是保管人收到仓储物后向存货人出具的表明其收到仓储物的凭证，也是存货人提取仓储物的凭证。在仓储实践中，仓储物入库后，保管人有签发仓单、入库单两单的，也有只签发入库单的。“仓单”语义是“进仓单”，故“仓单”“入库单”具有相同规范意义。

仓单、入库单的规范意义体现在以下三个方面：首先，它们是保管人已经接收到仓储物的证明。保管人一经填发仓单、入库单，就表明已经收到了仓储物。其次，它们也是存货人或者仓单持有人提取仓储物的凭证［**烟台中院（2019）鲁 06 民终 7436 号民判、烟台中院（2023）鲁 06 民终 5844 号民判**］。仓单、入库单为物权证券，是仓储物所有权及其交付请求权的表彰。持有仓单、入库单，意味着享有请求保管人交付仓储物的权利。最后，它们是仓储合同存在的证明。仓储合同为不要式合同，仓单、入库单是存货人和保管人之间存在仓储保管关系的证明。

需要说明的是，仓单不等同于仓储合同，二者的区别主要体现在：（1）仓储合同是诺成性合同，存货人交付货物或者保管人出具仓单、入库单等凭证都不是仓储合同的成立要件，而是仓储合同双方当事人承担的合同义务。因此，不能将仓单的出具时间认定为仓储合同的成立时间。实际上，仓储合同从双方当事人意思表示一致时便开始成立并生效，在保管人仓单出具之前进行的如送货、验货、收货等均是为履行合同所做的准备，直至仓单出具后才正式进入合同的履行阶段。（2）仓单只是仓储合同存在的证明，尽管其中记载了仓储合同的主要内容，但仓单仍然只是仓储合同的组成部分，不能只凭借仓单来认定仓储合同关系。（3）仓储合同也不能替代仓单。仓单一经签发，存货人就不能只凭借仓储合同来主张对仓储物的权利。仓单作为一种有价证券，一旦发生转移，仓储物的所有权也发生转移。存货人可以在仓单上背书并经保管人签名或者盖章后转移提取仓储物的权利，但仓储合同的主体并不发生变更，仅凭借仓储合同主张仓储物的所有权并要求提取并不可行。

第九百零九条 【仓单的记载事项】保管人应当在仓单上签名或者盖章。仓单包括下列事项：

（一）存货人的姓名或者名称和住所；

（二）仓储物的品种、数量、质量、包装及其件数和标记；

（三）仓储物的损耗标准；

（四）储存场所；

（五）储存期限；

（六）仓储费；

（七）仓储物已经办理保险的，其保险金额、期间以及保险人的名称；

（八）填发人、填发地和填发日期。

保管人在仓单上签名或者盖章是对保管人签发仓单的法定要求，也是仓单真实性的保证，据此确认其已经验收并保管仓单记载的仓储物。仓单上必须有保管人的签字或者盖章，否则不产生仓单的法律效力［**菏泽中院（2022）鲁17民终1153号民判**］。

仓单是要式和文义证券，立法规定了其应当包括的多项内容。

一是存货人的姓名或者名称和住所。仓单是记名指示证券，应当明确记载存货人的姓名或者名称和住所。

二是仓储物的品种、数量、质量、包装及其件数和标记。仓单必须明确清楚记载仓储物的详细情况，仓单一经背书并产生所有权移转的效力，直接关系到保管人、存货人以及仓单持有人间的权利义务关系。明确、清楚地记载上述事项，有利于作为在发生争议时的直接证据。

三是仓储物的损耗标准。仓储物在堆藏和保管过程中有可能发生自然损耗，在仓单中明确规定仓储物的损耗标准，可以合理界定该损耗是否由保管人保管不善所致。同时，它也是保管人处理仓储物数量、质量、保管人义务履行以及违约责任界限的争议和尽可能避免当事人之间发生相关纠纷的关键。

四是储存场所。储存场所是判断妥善保管储存的依据，也是决定提取仓储物地点的根据。仓单上明确记载储存场所，便于被背书人明确仓储物的所在位置。

五是储存期限。储存期限是保管人为存货人储存货物的起始和终止时间，不仅是保管人履行妥善保管义务的起止时间，也是存货人或仓单持有人提取仓储物的时间节点。仓单中明确储存期限，便于存货人或者仓单持有人及时提取仓储物［**青岛中院（2020）鲁02民终2490号民判**］。

六是仓储费。仓单上应载明仓储费的有关事项，如支付金额、支付方式、支付时间、支付地点等，以使存货人或者仓单持有人明确仓储费支付义务的履行。如果仓储合同约定提取仓储物时支付仓储费，仓单又经背书转让的，仓单持有人在提取仓储物时就应当支付仓储费。

七是仓储物已经办理保险的，其保险金额、期间以及保险人的名称。仓单中记载保险相关事宜，便于存货人或者仓单持有人明确仓储物的保险情况和在出险情况下主张保险权益。存货人转让已投保险的仓储物的，保险费可以计入成本。

八是填发人、填发地和填发日期。保管人在填发仓单时，记载自己的姓名或者名称，以及填发仓单的地点和时间，有利于形成完整的债权和物权凭证［**辽宁高院（2016）辽民终376号民判**］。

有价证券的记载事项分为必要记载事项和非必要记载事项，欠缺必要记载事项的有价证券无效。就本条所列举的事项，除第3、7项属非必要记载事项外，其余各项性质如何，不无疑义。不过，实践中通常采取固定格式的仓单，因欠缺相关记载事项而发生纠纷的情况较为少见。

第九百一十条 【仓单的性质和转让】仓单是提取仓储物的凭证。存货人或者仓单持有人在仓单上背书并经保管人签名或者盖章的，可以转让提取仓储物的权利。

仓单是存货人或其他仓单持有人提取仓储物的凭证，故其具有债权凭证的属性（**本条第一句**）。同时，仓单作为有价证券，还具有以下特征：(1) 仓单是物品证券。仓单是以表彰一定物品为标的的，实质上是表彰物品的所有权，故为物权性证券。仓单持有人享有该仓单所载物品的所有权，交付该仓单相当于交付该物品，仓储物的所有权随之移转。保管人未经存货人出具仓单即放货，造成仓储物损失的，应承担相应的赔偿责任［**(2018) 最高法民再230号民判、平凉浪庄法院(2022) 甘0825民初1192号民判**］。(2) 仓单是要式、记名证券（**第909条**）。(3) 仓单是文义证券。仓单所产生的权利义务，依照仓单上所载文义来确定，即使记载与当事人的真实意思不符，也不得在文义之外另行补充或变更，更不得以未记载的文义对抗善意第三人。(4) 仓单是无因证券。仓单转让时，即使其基础关系无效或者被撤销，也不应当影响仓单转让的效力。(5) 仓单是自付证券。仓单由保管人自己填发，并由自己负担给付义务。(6) 仓单是缴回证券。仓单持有人请求保管人交付仓储物时，应将仓单缴还，以避免保管人为多重给付，从而确保交易安全。

仓单的转让发生提取仓储物权利的转让。仓单转让以后，仓单持有人成为所有权人，可以凭借仓单提取仓储物，实际上发生物权变动的效力［**徐州中院(2020) 苏03民终2049号民判**］。仓单的转让需要满足以下要件：(1) 仓单已由保管人签发并交付给存货人。(2) 存货人或者仓单持有人在仓单上背书，并保证背书的连续性。(3) 仓单应有保管人的签名或者盖章。仓单的背书转让必须告知保管人，并且取得保管人的同意。如果只有转让背书而未经保管人签名或者盖章，即使交付了仓单，也不发生所有权转让的效力。(4) 仓单已交付于受让人。仓单背书转让的，仓单持有人需要将仓单交付给新的权利人，从而达到转移仓单占有的目的，并产生仓储物所有权转移的效力。

第九百一十一条 【保管人的容忍义务】保管人根据存货人或者仓单持有人的要求，应当同意其检查仓储物或者提取样品。

在仓储合同中，虽然保管人实际占有管理仓储物，但仓储物的所有权并未发生转移，所有权仍然归属于存货人或者仓单持有人。因此，存货人或者仓单持有人提出检查仓储物或者提取样品的要求是其行使权利的表现，接受并配合检查也是保管人的义务。要求保管人同意并配合存货人或者仓单持有人的检查，有利于督促保管人妥善保管好仓储物；同时，当存货人或者仓单持有人有意愿向第三人转让仓储物时，同意其检查便于向第三人展示仓储物的基本情况，促进当事人尽快完成交易。

保管人对存货人或者仓单持有人的容忍义务主要包括容许检查仓储物和容许提取样品两项内容。容许检查仓储物是指容许存货人或者仓单持有人检查、清点仓储物，如检查仓储物有无变质、数量有无短少等〔**广州荔湾法院（2019）粤0103民初1420号民判、贺州中院（2022）桂11民终1253号民判**〕。因此，当存货人或者仓单持有人有意愿与他人签订买卖合同、设立质权时，他人与存货人或者仓单持有人均有权进入仓储场所检查仓储物。容许提取样品是指容许存货人或者仓单持有人提取仓储物的样本，如抽取油样、提取米样等。检查仓储物或者提取样品应当在保管人通常的营业时间进行。存货人或者仓单持有人检查的方法、程度和范围，应当根据存储设施、设备的具体状况以及行业习惯确定。因检查或提取样本而支出的费用，除仓储合同另有约定外，应由存货人或者仓单持有人负担。

第九百一十二条 【保管人的异状通知义务】保管人发现入库仓储物有变质或者其他损坏的，应当及时通知存货人或者仓单持有人。

所谓“仓储物有变质或者其他损坏”，是指仓储物出现异状，仓储物的数量减少或者价值降低等情况。保管人负有按照仓储合同约定的保管条件和要求妥善保管仓储物的义务，若因其保管不善造成仓储物有变质或者其他损坏的，应承担赔偿责任。入库仓储物是在符合合同约定的保管条件和要求下进行保管，却因仓储物自身性质、包装不符合约定或者超过有效储存期等原因，而发生变质或者其他损坏的，保管人尽管无须承担赔偿责任〔**西宁中院（2023）青01民终1510号民判**〕，但仍然负有及时通知存货人或者仓单持有人的法定义务〔**平凉中院（2019）甘08民终996号民判**〕。此外，保管人发现入库仓储物有变质或者其他损坏危险的，也应当及时通知存货人或者仓单持有人〔**渭南中院（2022）陕05民终2392号民判、东丽法院（2021）津0110民初2988号民判**〕。

本条规定的异状通知义务是本法第509条第2款规定的具体化，让存货人或者仓单持有人在知悉仓储物实际情况后，尽早采取补救措施，以避免遭受更大的损失，体现了民法秉承的诚实信用原则，也是保管人应尽善良管理人注意义务的具体表现。

第九百一十三条 【保管人的催告义务和紧急处置权】保管人发现入库仓储物有变质或者其他损坏，危及其他仓储物的安全和正常保管的，应当催告存货人或者仓单持有人作出必要的处置。因情况紧急，保管人可以作出必要的处置；但是，事后应当将该情况及时通知存货人或者仓单持有人。

当入库仓储物有变质或者其他损坏，并危及其他仓储物的安全和正常保管时，保管人发现该等情况时应催告存货人或仓单持有人作出必要的处置。保管人是仓储作业者，其仓库中通常存储不同存货人的物品，前述危险不仅危及其他存货人物品安全，也影响到保管人履行对其他存货人所负担的安全和正常保管的义务。但是这种危险虽然源自某存货人的仓储物，但因其不占有标的物，所以，保管人应依仓储合同负有向该存货人告知危险的义务。但是，由于危险影响到多数人的利益，单纯通知存货人处置尚非足够，保管人有催告义务，即不仅应当告知其仓储物危险情况，而且应敦促其及时处置。所谓“必要的处置”，是指为消除危险所必要的措施，如将变质或损坏的货物移出仓库，或者采取预防措施防止危险发生造成损害等，依危险的具体情况而有不同。如果只是仓储物发生变质或损坏，保管人只需告知存货人即可（**第912条**）。催告义务是保管人承担的附随义务，兼有不真正义务的性质。违反该义务造成存货人或者仓单持有人损失的，保管人应当承担与其过错相当的赔偿责任［**潍坊中院（2022）鲁07民终792号民判**］。保管人自己因此而遭受损害的，无权要求存货人赔偿。

如果情况紧急，来不及等候存货人或者仓单持有人亲自处置，不论是因为保管人无法催告存货人或者仓单持有人，还是因为虽已催告存货人或者仓单持有人，但存货人或者仓单持有人没有及时采取必要的处置措施，只要不及时处置将因危险而造成损害的，保管人对仓储物都享有紧急处置权。紧急处置权是指在紧急情况下，保管人可以在未经存货人或者仓单持有人知情或者同意的情况下，直接对仓储物进行必要的处置。如入库油料开始渗漏，保管人在情况紧急时，可以立即修复、更换包装，并可以转移油料，防止其污染其他仓储物。保管人不当行使紧急处置权造成仓储物损害的，保管人应当承担相应的赔偿责任［**淄博中院（2019）鲁03民终4483号民判**］。保管人在对仓储物进行必要处置后，仍应当及时通知存货人或者仓单持有人。对于保管人紧急处置仓储物发生的费用，应由存货人或者仓单持有人承担。此外，还应当注意的是，对仓储物在紧急情况下的必要处置，既是保管人的权利，也是其义务［**漯河中院（2022）豫11民终232号民判**］。这种义务的基础是保管人依仓储合同负担的安全保管义务。

第九百一十四条　【储存期限不明时仓储物的提取】当事人对储存期限没有约定或者约定不明确的，存货人或者仓单持有人可以随时提取仓储物，保管人也可以随时请求存货人或者仓单持有人提取仓储物，但是应当给予必要的准备时间。

本条系本法第563条第2款关于不定期继续性合同预告解除权的具体化。在仓储合同中，保管人只对该仓储物享有占有权，仓储物的所有权人始终归存货人或者仓单持有人，保管人的占有权亦以存货人或仓单持有人的所有权为基础。在当事人对储存期限没有约定或者约定不明确的情况下，存货人或者仓单持有人可以根据自己的意愿随时提出提取仓储物的要求［**（2018）最高法民终402号民判、舟山中院（2024）浙09民终29号民判、荆门掇刀法院（2023）鄂0804民初2238号民判**］，保管人同样也可以根据自身的储存能力和业务需要，随时要求存货人或者仓单持有人提取仓储物［**杭州淳安法院（2022）浙0127民初1806号民判、盐城中院（2021）苏09民终6817号民判**］。不过，无论是存货人或者仓单持有人还是保管人，要求提取仓储物的，都应当给予对方必要的准备时间［**嘉兴中院（2019）浙04民终3320号民判、渭南中院（2022）陕05民终111号民判**］。虽然“必要的准备时间”包括保管人协助存货人或仓单持有人提货的准备时间，但主要是指存货人或仓单持有人提取货物的准备时间，不仅要考虑提取货物本身的准备时间，而且要考虑存货人或仓单持有人处置货物（如为转存而另寻仓储场所）所需的合理时间，后一方面的因素尤其重要，应根据具体情况作合理认定。在依本条提取仓储物的情况下，仓储费按照实际存储期限计收。

第九百一十五条 【储存期限届满仓储物的提取】储存期限届满，存货人或者仓单持有人应当凭仓单、入库单等提取仓储物。存货人或者仓单持有人逾期提取的，应当加收仓储费；提前提取的，不减收仓储费。

到期提货既是存货人或仓单持有人的权利，也是其义务，本条第一句确认存货人或仓单持有人到期提取仓储物的义务。存货人或者仓单持有人逾期提取的，保管人可以加收仓储费［**潍坊中院（2022）鲁07民终9496号民判、宝山法院（2023）沪0113民初9698号民判、朝阳法院（2022）京0105民初21594号民判**］。因为，逾期提取仓储物会增加仓储保管人的保管成本，打乱保管人的经营计划，因仓库等储存地被占用而丧失与其他主体交易的机会，故保管人可以加收仓储费。仓储费加收的标准既可以参照原合同约定的仓储费标准，也可以参照通常的仓储费标准确定，保管人有权选择其一主张。存货人或仓单持有人提前提取仓储物的，保管人应当允许其提取，但是不减收仓储费［**泉州德化法院（2022）闽0526民初1201号民判**］。因为，仓储保管人是以营利为目的的商业组织，其按照经营计划及仓储合同经营仓储保管业务，存货人或者仓单持有人提前提取仓储物往往会造成存储空间闲置，影响其预期收益。不过，不论是“加收”还是“减收”，都是保管人的权利而非其义务，故本条使用“应当加收”“不减收”的表述属于表达不当。

第九百一十六条 【保管人的提存权】储存期限届满，存货人或者仓单持有人不提取仓储物的，保管人可以催告其在合理期限内提取；逾期不提取的，保管人可以提存仓储物。

到期提取仓储物是存货人或仓单持有人的义务（**第915条**），同时，相应涉及保管人返还或协助提取仓储物的义务履行（**参照第900条**）。因此，如果储存期限届满，存货人或者仓单持有人不提取仓储物，保管人有权对仓储物进行提存［**平凉庄浪法院（2022）甘0825民初370号民判**］。

保管人行使提存仓储物的权利须满足以下条件：（1）储存期限届

满。仓储合同约定了储存期限的，“储存期限届满”是指该期限已届满；仓储合同没有约定存储期限或约定不明的，是指保管人通知存货人或仓单持有人提取货物的合理期限已届满。（2）存货人或仓单持有人不提取仓储物。这既包括权利人拒绝提取仓储物的情形，也包括因仓单转手导致主体变更、权利人下落不明等而无法确定或无法联系权利人的情形。（3）仓储物适于提存。若标的物不适于提存或者提存费用过高，保管人依法可以拍卖或者变卖标的物，提存所得的价款（**第570条第2款**）。（4）经保管人催告后仍不提取。提存会增加存货人或仓单持有人的花费，甚至致其丧失仓储物的所有权，权利人未提取仓储物可能只是暂时忘记，或者因突发情况未能及时提取。因此，单纯到期不提取尚非足够，保管人应向其进行催告、提醒存货人或仓单持有人尽快提取仓储物，待催告期限届满方可提存。

保管人依法将仓储物提存的，视为保管人向仓储物权利人交付了仓储物，仓储合同的债权债务终止，存货人或仓单持有人应向提存机构领取货物并支付保管费用［**通州法院（2022）京0112民初18592号民判、松江法院（2019）沪0117民初17044号民判**］。有关提存的其他效果，应适用本法合同编通则分编的规定（**第571～574条**）。

第九百一十七条 【保管人的赔偿责任】储存期内，因保管不善造成仓储物毁损、灭失的，保管人应当承担赔偿责任。因仓储物本身的自然性质、包装不符合约定或者超过有效储存期造成仓储物变质、损坏的，保管人不承担赔偿责任。

保管人有妥善保管仓储物的义务，违反义务造成仓储物毁损、灭失的，存货人或仓单持有人有权请求损害赔偿。本条规定的存货人或仓单持有人赔偿请求权的成立要件为：（1）保管人违反妥善保管义务。在存储期内，保管人应当按照仓储合同约定的储存条件和保管要求，尽“善良管理人”的注意义务，妥善保管仓储物（**参见本法第897条评注**）。仓储保管人应当对仓储设施、设备进行日常保养和维护，对仓储物进行例行巡视和检查，注意防火、防潮、防盗抢。保管人储存易燃、易爆、有毒、放射性、腐蚀性等危险物品的，应当具备相应的保管条件和资质，并按照法律、法规规定和合同约定的要求操作、储存和保管。保管人不得擅自将仓储物交由第三方管理，应当亲自保管仓储物。同时，在因第三人或其他非保管人原因造成仓储物发生毁损的，保管人应当采取必要、合理的处置措施，避免或减少损害的扩大。违反前述义务即属“保管不善”。（2）须发生仓储物毁损、灭失。仓储物所有权归属于存货人或者仓单持有人，因保管人违反妥善保管义务造成仓储物毁损、灭失的，构成对所有权的侵害。本条规定的保管人为违约责任，故不以满足侵权责任要件为必要，只要仓储物毁损、灭失与保管不善之间有因果关系即为已足［**(2017) 最高法民终 712 号民判**］。（3）须仓储物的毁损、灭失非因其自然性质、包装不符合约定或者超过有效储存期所致。如因仓储物的自然性质、包装不符合约定或者超过有效储存期致使仓储物毁损、灭失，保管人减轻或不承担赔偿责任［**北京金融法院（2023）京 74 民终 1841 号民判、咸阳中院（2021）陕 04 民终 2321 号民判**］。非因上述原因发生仓储物短少、灭失、损坏、变质、污染的，即构成违约，保管人应当承担赔偿责任［**广州中院（2023）粤 01 民终 13749 号民判、广州中院（2022）粤 01 民终 23055 号民判、海南二中院（2021）琼 97 民终 3075 号民判**］。此外，如果存在不可抗力等非保管不善的其他原因造成仓储物毁损、灭失，如因地震、台风、洪灾等不可抗力所致的毁损、灭失，保管人亦可依法免责（**第 180 条第一句**）。

保管人依本条承担的赔偿责任范围，依本法合同编通则分编的有关规定处理（**如第 584、591、592 条**）。

第九百一十八条 【仓储合同补充适用保管合同的规定】本章没有规定的，适用保管合同的有关规定。

仓储合同为有偿保管合同的特殊类型，因此，在本章就仓储合同没有规定的事项，可适用保管合同的有关规定处理。具体情形主要包括：（1）存货人支付仓储费义务的规定（**第 889 条第 1 款和第 902 条**）［**宁波余姚法院（2024）浙 0281 民初 964 号民判、葫芦岛中院（2023）辽 14 民终 891 号民判**］；（2）保管人妥善保管仓储物义务的规定（**第 892 条**）［**青岛中院（2021）鲁 02 民终 12788 号民判**］；（3）存货人主动告知义务的规定（**第 893 条**）；（4）保管人返还仓储物与危险通知义务的规定（**第 896 条**）［**延安宝塔法院（2022）陕 0602 民初 1351 号民判、汉中汉台法院（2021）陕 0702**

民初 7728 号民判]；(5) 保管人亲自保管义务（**第 894 条**）；(6) 禁止使用仓储物的规定（**第 895 条**）；(7) 保管人留置权的规定（**第 903 条**）[**广州中院（2023）粤 01 民终 13749 号民判、开封中院（2023）豫 02 民终 2154 号民判、北京三中院（2022）京 03 民终 9482 号民判**]。

第二十三章

委托合同

第九百一十九条 【委托合同的定义】委托合同是委托人和受托人约定，由受托人处理委托人事务的合同。

民事主体通过委托合同将事务交由他人处理，可弥补其时间、精力或知识能力等方面的局限，扩展其民事活动领域。本条通过对委托合同的界定，明确其构成要素，使之与相似制度得以区分。

委托合同的标的为受托人处理委托人事务。委托事务并无种类上的限制，委托事务的内容既可是法律行为，如委托卖出或买入标的物、委托担任债务保证人；也可是事实行为，如委托探望医院病人。委托事务的内容既可是财产行为，亦可是非财产行为；既可是实体法上的行为，也可是程序法上的活动，如委托律师处理诉讼事务。但是，下列事务非委托事务：(1) 违法行为之事务，如委托他人销售假酒、毒品、淫秽物品等。(2) 性质上不能由他人处理之事务。通常情形，身份行为不能委托他人处理，如结婚、离婚、收养、遗嘱、遗赠扶养等只能由个人亲自处理。(3) 不作为之事务。委托处理的事务以积极作为为内容，不作为的事务不在其列。

第九百二十条 【委托范围】委托人可以特别委托受托人处理一项或者数项事务，也可以概括委托受托人处理一切事务。

受托人的主给付义务为处理事务，而处理事务的范围即为委托范围。依委托范围的不同，委托分为特别委托和概括委托。特别委托是指受托人受托处理一项或数项事务。所谓一项事务是指一项内容具体的委托事务。根据常识和习惯，若委托事务的内容确定且不能或不宜细分，则该委托事务属于一项事务，如为委托人缴纳购房契税款［**南昌青云谱法院（2018）赣0104民初1878号民判**］，为委托人领取赔偿款［**江苏盐城滨海法院（2015）滨民初字第0066号民判**］。数项事务则是数项内容确定且不能或不宜细分的委托事务。

概括委托是指受托人处理一切事务。根据常识和习惯，若委托事务包含各种可能发生的事项，当事人在缔约时并未列举也未确定此类事项，而由受托人在处理事务时自主决定其处理方式，则该委托事务因内容概括抽象而属于一切事务。例如，与催收借款有关的一切事务［**南京中院（2017）苏01民终9155号民判**］，或与进口货物相关的一切事务［**山东高院（2015）鲁民提字第361号民裁**］。

对于委托人概括委托受托人处理一切事务，学说上认为，一切事务不包括不动产的出卖或设定负担、赠与、和解、起诉和仲裁等事务，由于此类事务与委托人有极大利害关系，即使在委托人概括委托受托人处理一切事务时，委托人仍需特别委托此类事务。对此，有立法例明文规定此类事务须经委托人特别委托。虽然本条未采纳此种立法例，但学说上一般对此予以承认。

第九百二十一条　【委托人费用支付义务】委托人应当预付处理委托事务的费用。受托人为处理委托事务垫付的必要费用，委托人应当偿还该费用并支付利息。

受托人为委托人利益处理事务，不因处理事务而受有利益或不利益，同样也不应承担处理事务所需的费用，故委托人负有向受托人支付费用的义务。根据支付时间的不同，费用支付义务包括两种形式：（1）费用预付义务（**本条第一句**）。在受托人处理事务前，委托人向受托人预付处理事务的费用。如果当事人在委托合同中已约定预付费用，则委托人按约定的数额预付费用。如果当事人未约定，则委托人按处理事务的具体情况预付费用。在委托事务处理完毕后，预付费用若有剩余，受托人应将之返还给委托人。（2）费用偿还与利息支付义务（**本条第二句**）。在受托人处理事务后，委托人偿还由受托人垫付的必要费用。在委托人未预付费用时，或者在预付费用不足时，受托人为使事务处理顺利进行可垫付费用。在一般情形，必要费用限于客观上确有必要者，如受托人在处理事务时支出的差旅费、运输费、报关费或仓储费、文件制作费、手续费等。因受托人没有垫付费用的义务，故在垫付费用后，受托人可请求支付垫付费用的利息。

委托人的费用支付义务与报酬支付义务（**第928条**）不同。在有偿委托和无偿委托情形，受托人处理事务均可能支出一定费用，委托人均负担费用支付义务。与此不同，报酬是受托人因处理事务所获得的对价，无偿委托的委托人无须支付报酬，而有偿委托的委托人负有支付报酬义务［**乐山中院（2018）川11民终1269号民判**］。

第九百二十二条 【受托人遵守指示与变更指示】受托人应当按照委托人的指示处理委托事务。需要变更委托人指示的，应当经委托人同意；因情况紧急，难以和委托人取得联系的，受托人应当妥善处理委托事务，但是事后应当将该情况及时报告委托人。

本条第一句规定受托人遵守指示的义务。由于委托人系其利益的最佳判断者，且承受委托事务处理的利益或不利益，所以受托人应当遵守委托人对委托事务作出的指示。委托人指示是委托合同的重要组成部分，委托人可以在订立委托合同时作出指示，也可以在处理事务过程中随时作出指示。在法律实践中，委托人指示主要表现为价格指示、缔约条件指示、履约方式指示等。如果受托人未遵守指示，属于未按照债的本旨为给付，应当承担违约责任（**第929条**）。

本条第二句第一分句规定受托人在非紧急情况变更指示。在受托人处理事务过程中，可能会发生委托人在作出指示时未曾预料的新情况，若受托人仍遵守指示将无法完成委托事务或损害委托人利益。此时，受托人在经委托人同意后可变更指示。经委托人同意受托人变更指示的，在本质上属于委托人根据受托人建议所作出的新指示。受托人未经委托人同意变更指示，且造成委托人损失的，受托人应承担损害赔偿责任（**第929条**）。

本条第二句第二分句规定受托人在紧急情况下有权自行变更指示。受托人不经委托人同意而自行变更指示，应符合两个条件：（1）情况紧急。所谓情况紧急是指客观情况发生紧急变化，受托人若继续遵守委托人指示，将不能妥善处理委托事务。如因股票行情发生重大变化，若不抛售将造成委托人巨大损失。（2）受托人难以和委托人取得联系。在发生紧急情况后，受托人来不及或不可能联系委托人，或者无法获得委托人的及时答复。如委托人遇交通事故讯号中断，而货物又急需处理。虽然受托人自行变更指示旨在维护委托人利益，但毕竟未取得委托人同意，在变更指示并妥善处理事务后，受托人应及时向委托人报告，并等待委托人作出指示。

第九百二十三条 【受托人亲自处理与转委托】受托人应当亲自处理委托事务。经委托人同意，受托人可以转委托。转委托经同意或者追认的，委托人可以就委托事务直接指示转委托的第三人，受托人仅就第三人的选任及其对第三人的指示承担责任。转委托未经同意或者追认的，受托人应当对转委托的第三人的行为承担责任；但是，在紧急情况下受托人为了维护委托人的利益需要转委托第三人的除外。

本条第一句规定受托人的亲自处理委托事务的义务。委托人因信赖受托人而将委托事务交由其处理，对第三人则无此种信赖，所以受托人应亲自处理事务，而不能将委托事务交由第三人代为处理。为履行亲自处理义务，受托人须独立执行事务，自主决定处理事务的方式和措施。

本条第二句规定转委托。为避免亲自处理事务带来的不便，应允许受托人转委托，以最大限度地实现委托人利益。转委托是指受托人与第三人成立的委托合同。根据转委托，第三人代为处理全部或部分委托事务。但是，受托人并未将事务处理义务移转于第三人，委托人和受托人之间的委托关系仍存在。此时存在两个委托关系：委托人和受托人之间的委托关系；受托人和第三人之间的转委托关系。根据合同相对性原理，受托人与第三人缔结委托合同，无须以他人同意为成立或生效条件。基于此，委托人同意不是转委托的前提条件。

本条第三句和第四句规定受托人的责任。由于受托人转委托而将委托事务交由第三人代为处理，第三人处理委托事务将直接影响委托人利益。既然转委托将影响委托人利益，而受托人对委托人又负有亲自处理事务的义务，在转委托时就涉及受托人对委托人的责任承担问题。此种责任因委托人是否同意或追认而不同，在转委托经委托人同意或追认时，受托人仅就第三人的选任及其对第三人的指示承担责任（**本条第三句**）；在转委托未经委托人同意或追认时，受托人应当对转委托的第三人的行为承担无过错责任（**本条第四句第一分句**）。不过，如果是因情况紧急来不及取得委托人同意，为了维护委托人的利益需要转委托第三人的，应与委托人同意转委托作相同处理（**本条第四句第二分句**）。

第九百二十四条 【受托人报告义务】受托人应当按照委托人的要求，报告委托事务的处理情况。委托合同终止时，受托人应当报告委托事务的结果。

受托人报告委托事务的处理情况和结果，是委托人了解事务处理以维护自身利益的手段。从义务性质看，受托人的报告义务属于从给付义务，具有辅助处理事务义务实现的功能。根据发生时间的不同，本条规定了受托人的两种报告义务。

本条第一句规定受托人处理事务过程中的报告义务。在委托合同存续期间，受托人应按照委托人要求报告委托事务的处理情况。如果委托合同中约定了受托人的报告义务，受托人应按照合同约定的时间和方式报告。但此种报告义务系受托人的法定义务，不以委托合同中有约定为必要［**成都中院（2018）川01民终176号民判**］。即使委托人未要求以及合同未约定，如果在事务处理过程中出现需要报告的情形，受托人仍应依诚信原则主动报告。

本条第二句规定受托人在委托合同终止时的报告义务。在委托合同终止时，受托人应当报告委托事务的结果。在实践中，此种报告义务经常表现为，受托人向委托人提供各种账目及其清单、发票等，使委托人知悉委托事务的处理始末。这种报告义务在委托合同终止时即告发生，无须委托人请求。此种报告义务不仅有利于委托人及时接收和核算事务处理结果，还有助于委托人请求受托人转交财产（**第927条**），以及要求受托人承担损害赔偿责任（**第929条**）等。

第九百二十五条 【隐名代理】受托人以自己的名义，在委托人的授权范围内与第三人订立的合同，第三人在订立合同时知道受托人与委托人之间的代理关系的，该合同直接约束委托人和第三人；但是，有确切证据证明该合同只约束受托人和第三人的除外。

代理依效果标准分为直接代理和间接代理，发生代理归属效果为直接代理，不发生代理归属效果者为间接代理（**第926条**）。直接代理依名义标准又分为显名代理和隐名代理，前者系代理人以被代理人名义行事（**第162条**），后者系代理人以自己名义行事（**第925，即本条**）。除代理权要素外，直接代理的归属效果还要求代理公开要素，显名代理的代理人以被代理人名义行事，从而主动向第三人公开代理关系；隐名代理的代理人以自己名义行事，虽未主动向第三人公开代理关系，但因第三人知道代理关系也就满足代理关系向第三人公开的要求。本条因发生代理归属效果而属于直接代理，且因受托人以自己名义行事而属于隐名代理。

本条规定了隐名代理的四项构成要件：（1）受托人以自己的名义订立合同。（2）受托人在授权范围内订立合同。受托人应在委托人的授权范围内订立合同。虽然本条位于民法典合同编的委托合同章，但本条在规范性质上属于隐名代理，其规定的授权范围就是指代理法上的代理权限。（3）第三人知道代理关系。对于委托人和受托人之间的代理关系，第三人应在订立合同时知道。为避免本条的隐名代理被滥用，第三人知道应仅限于明知。（4）合同非仅约束受托人和第三人。本项要件为消极要件，只有“有确切证据证明该合同只约束受托人和第三人”，才阻碍隐名代理的成立。例如，交易情况表明受托人为自己利益缔约且独立履行合同，则可排除隐名代理［**福建高院（2014）闽民终字第388号民判**］；第三人仅具有与受托人缔约的意思，也不成立隐名代理［**上海金山法院（2015）金民二（商）重字第1号民判**］。

第九百二十六条 【间接代理】受托人以自己的名义与第三人订立合同时，第三人不知道受托人与委托人之间的代理关系的，受托人因第三人的原因对委托人不履行义务，受托人应当向

委托人披露第三人，委托人因此可以行使受托人对第三人的权利。但是，第三人与受托人订立合同时如果知道该委托人就不会订立合同的除外。

受托人因委托人的原因对第三人不履行义务，受托人应当向第三人披露委托人，第三人因此可以选择受托人或者委托人作为相对人主张其权利，但是第三人不得变更选定的相对人。

委托人行使受托人对第三人的权利的，第三人可以向委托人主张其对受托人的抗辩。第三人选定委托人作为其相对人的，委托人可以向第三人主张其对受托人的抗辩以及受托人对第三人的抗辩。

虽然受托人同样是以自己的名义与第三人订立合同，但与隐名代理不同，间接代理中第三人在订立合同时不知道受托人与委托人之间的代理关系。间接代理不发生直接约束委托人和第三人的代理归属效果，仅在特定条件下才可能发生委托人与第三人之间的关系，其条件是委托人行使介入权或第三人行使选择权。

本条第 1 款规定委托人的介入权。委托人行使介入权的要件为：(1) 受托人以自己的名义与第三人订立合同，第三人不知道受托人与委托人之间的代理关系。(2) 受托人因第三人的原因对委托人不履行义务。其中，因第三人的原因主要是指第三人对受托人违约，如第三人未向受托人转交财产，导致受托人对委托人不履行义务［**广东高院 (2005) 粤高法民四终字第 15 号民判**］。(3) 受托人向委托人披露第三人。委托人行使介入权以知道第三人的身份和违约事实为前提，受托人应披露此类事实。在法律实践中，受托人经常通过将合同权利凭证转交给委托人，以达到披露第三人的目的［**成都中院 (2019) 川 01 民终 1065 号民判**］。(4) 不存属于第三人与受托人订立合同时如果知道该委托人就不会订立合同的情形。鉴于委托人行使介入权发生债权让与的效果，此消极要件实际上发挥了禁止债权让与的功能。此外，委托人介入权是形成权，委托人可依其单方意思与第三人建立权利义务关系。如果委托人不行使介入权，则三方当事人之间的关系依合同相对性原理处理。如果委托人行使介入权，则发生债权让与效果，受托人对第三人的合同权利转让给委托人。

本条第2款规定第三人的选择权。第三人选择权的成立要件为：(1) 受托人以自己的名义与第三人订立合同，第三人不知道受托人与委托人之间的代理关系。(2) 受托人因委托人的原因对第三人不履行义务。也就是说，因委托人对受托人违约，导致受托人对第三人违约［**广东高院（2014）粤高法审监民提字第22号民判**］。(3) 受托人向第三人披露委托人。第三人选择权为形成权，通过其单方意思就可与委托人建立债权债务关系。在第三人选定相对人时，选择权便已消灭，第三人无权再作选择［**山东烟台中院（2015）烟商二终字第103号民裁**］。在第三人选择委托人主张权利时，受托人对第三人的合同债务移转给委托人，成立法定的债务承担。

本条第3款规定第三人和委托人的抗辩。(1) 第三人的抗辩。依债权让与原理，债务人对让与人的抗辩可向受让人主张（**第548条**）。鉴于委托人行使介入权的效果为债权让与，第三人对受托人的抗辩可向委托人主张。其理由在于，委托人因行使介入权所取得的权利，不应超过受托人享有的权利。(2) 委托人的抗辩。依债务承担原理，新债务人可以主张原债务人对债权人的抗辩（**第553条**）。鉴于第三人选择委托人的效果为债务承担，委托人可以主张受托人对第三人的抗辩。此外，委托人并非自愿承担债务，而因第三人选择而成为新债务人，其法律地位不应较之前更为不利，故委托人还可对第三人主张其对受托人的抗辩。

第九百二十七条 【财产转交义务】受托人处理委托事务取得的财产，应当转交给委托人。

在委托关系中，受托人不因处理事务而受有利益或不利益，即处理事务所生的利益或不利益均由委托人承受。如果受托人因处理事务而垫付费用，可请求委托人偿还（**第921条**）。同样，如果受托人因处理事务取得财产，应将财产转交委托人。因此，本条规定，受托人负有转交财产的义务，以防受托人侵害委托人利益。

受托人处理事务取得的财产，指受托人从委托人处和第三人处取得的财产。受托人不论以委托人名义还是以自己名义取得财产，均应转交委托人。在处理委托事务的过程中，受托人取得财产有两种途径。

(1) 受托人从委托人处取得财产。例如，委托人将一批电脑交由受托人出卖，在委托关系终止后，受托人应将剩余的电脑转交给委托人。同样，对于委托人向受托人预付的费用（**第921条**），受托人也应依本条将剩余费用返还给委托人。(2) 受托人从第三人处取得财产，如受托人为委托人购买的电脑。

第九百二十八条 【报酬支付义务】受托人完成委托事务的，委托人应当按照约定向其支付报酬。

因不可归责于受托人的事由，委托合同解除或者委托事务不能完成的，委托人应当向受托人支付相应的报酬。当事人另有约定的，按照其约定。

委托合同以无偿为原则，以有偿为例外。有偿委托是双务合同，作为受托人处理事务的对待给付，委托人负有向受托人支付报酬的义务。根据受托人是否完成委托事务，委托人支付报酬义务分为三种情形。

首先，委托事务完成时报酬的支付（**本条第1款**）。在受托人完成委托事务后，委托人有义务按照约定支付报酬。根据委托合同的性质，如果不要求受托人取得特定工作成果，委托人不能以受托人未取得特定工作成果为由拒绝支付报酬，如委托人不能因律师败诉而拒绝支付报酬。

其次，委托事务未完成时报酬的支付（**本条第2款第一句**）。因不可归责于受托人的事由，委托合同解除或委托事务不能完成，委托人应向受托人支付相应的报酬。所谓因不可归责于受托人的事由，包括因可归责于委托人的事由或其他事由。例如，受托人不同意委托人另行委托而解除合同；委托人未按照约定预付处理委托事务的费用，导致受托人不能完成委托事务；因不可抗力、意外事件或第三人原因等致合同解除或委托事务不能完成。由于受托人的主给付义务为处理委托事务，而非提供特定的工作成果，所以，受托人在未完成委托事务时仍提供了劳务，委托人应对此部分劳务支付相应报酬。

最后，另有约定时报酬的支付（**本条第2款第二句**）。对于委托合同解除或委托事务不能完成的情形，当事人可对报酬另作约定。例如，在法律实务中，较常见的情形为当事人约定委托人不支付任何报酬［**河北**

邯郸中院（2012）邯市民一终字第851号民判]。

第九百二十九条 【受托人的损害赔偿责任】有偿的委托合同，因受托人的过错造成委托人损失的，委托人可以请求赔偿损失。无偿的委托合同，因受托人的故意或者重大过失造成委托人损失的，委托人可以请求赔偿损失。

受托人超越权限造成委托人损失的，应当赔偿损失。

依委托合同，委托人将委托事务托付给受托人处理，受托人应为委托人利益处理事务，不仅负有处理义务，而且负有亲自处理义务、报告义务、转交财产义务等。如果受托人违反合同义务，且因其过错致委托人损失，应承担损害赔偿责任。受托人应在委托合同约定的权限范围内处理事务，如果受托人超越权限致委托人损失，也应承担损害赔偿责任。

首先是受托人处理事务有过错时的损害赔偿责任（**本条第1款**）。在为委托人处理事务时，受托人对于因其过失造成的委托人损失，应当承担损害赔偿责任，但因委托有偿或无偿而有不同。对于有偿委托，受托人在处理事务时只要具有过错，即应对委托人承担损害赔偿责任。对于无偿委托，受托人仅在处理事务时具有重大过失或故意的，才应承担损害赔偿责任。区别对待的理由在于，有偿委托系双务合同，受托人处理事务可获得报酬，受托人的注意义务较重，负有善良管理人的注意义务；无偿委托的受托人处理事务不能获得报酬，故不应承担与有偿委托相同的注意义务。

其次是受托人超越权限的损害赔偿责任（**本条第2款**）。根据委托合同，委托人授予受托人对委托事务的处理权，受托人依处理权有权处理委托人的事务。为维护委托人利益，受托人必须在权限范围内处理事务，否则就属于超越权限行事。例如，受托人违反价格指示，以低价出租委托人的房屋［**浙江嘉兴中院（2012）浙嘉民终字第397号民判**］；受托人违反事务处理方式，未先向委托人报告便擅自与第三人结算并支付工程款［**内蒙古呼伦贝尔中院（2014）呼商终字第3号民判**］。如果受托人超越权限造成委托人损失，应当赔偿因此所生损失。

第九百三十条　【受托人的损害赔偿请求权】受托人处理委托事务时，因不可归责于自己的事由受到损失的，可以向委托人请求赔偿损失。

受托人为委托人利益而处理事务，故对因此所遭受的损失有权请求委托人赔偿。受托人的该种赔偿请求权的成立要件为：(1) 须受托人因处理事务遭受损失。受托人所受损失可以是财产损失，也可以是人身损害，但不限于完整利益所受损失。但是，受托人所受损失必须与处理委托事务之间有因果关系，否则，不适用本条。(2) 须致害事由不可归责于受托人自己。不可归责于受托人是指，受托人对损害的发生没有过错，即受托人对其人身、财产权益尽到了注意义务。在注意程度上，受托人仅需尽到一般人处理自己事务的注意义务即可。不可归责于受托人的事由包括三种情形：可归责于委托人的事由，如委托人指示不当致受托人遭受损失；可归责于第三人的事由，如受托人为委托人管理房屋时因第三人侵权而遭受人身损害；不可抗力等客观情况，如受托人处理事务时遇山洪而遭受人身损害。需要注意的是，损害的发生虽可归责于受托人，但受托人的过错仅是损害发生的部分原因的，对于不可归责于受托人的部分损害，受托人仍可请求委托人赔偿［**安庆中院（2017）皖08民终224号民判**］。因受托人所受损失一般为固有利益的损失，故损害赔偿的范围可参照本法侵权责任编第二章的规定处理。

委托人的赔偿责任属于无过错责任。受托人为委托人利益处理事务而遭受损失，不论委托人是否有过错，委托人均须承担损害赔偿责任。此点也是委托合同不同于承揽合同之处。在委托合同中，受托人依委托人指示处理事务，其劳务自主性或独立性较弱，所以委托人对受托人遭受损害承担无过错责任。相反，在承揽合同中，承揽人的自主性与独立性较强，法律不要求定作人承担此种损害赔偿责任。

第九百三十一条　【另行委托】委托人经受托人同意，可以在受托人之外委托第三人处理委托事务。因此造成受托人损失的，受托人可以向委托人请求赔偿损失。

在委托合同成立后，委托人对其事务仍有决定权，可另行委托第三人处理事务（**本条第一句**）。在成立另行委托后，委托人与受托人之间的委托关系仍然有效，两个委托关系并存，即委托人将委托事务分别交由受托人与第三人处理。

如果另行委托造成受托人损失，受托人可请求委托人赔偿（**本条第二句**）。在未经受托人同意时，另行委托通常会造成受托人损失。在有偿委托中，受托人处理委托事务的范围会因另行委托受到限制或分割，受托人的报酬也会相应减少。在无偿委托中，虽然受托人并无报酬，但仍可能遭受其他损失。例如，委托人先后委托两人办理同一事务，两人都完成委托事务，致使在先受托人无法取得单独受托的报酬而遭受损失，此种损失系因委托人另行委托造成，受托人可以请求委托人赔偿［**（2017）最高法民申4456号民裁**］。

第九百三十二条 【共同委托】两个以上的受托人共同处理委托事务的，对委托人承担连带责任。

共同委托包括两项要件。(1) 受托方为多人。委托人委托两个以上受托人共同处理事务，多个受托人一起作为受托方。如果委托人通过先后两个合同将事务交由两个受托人处理，则不构成共同委托，而系另行委托（**第931条**）。(2) 多个受托人共同处理同一事务。如果在委托合同中约定多个受托人各自独立处理事务，并约定各受托人处理事务的分工，则不成立共同委托，而在委托人与多个受托人之间成立多个独立的委托合同。

共同委托的后果为各受托人对委托人承担连带责任。在多个受托人共同处理事务时，各受托人在共同处理事务过程中应当协力配合，保证顺利完成委托事务。为强化各受托人之间的协力配合关系，只要出现单个或数个受托人不履行债务，所有受托人对委托人都应承担连带责任［**昆明中院（2014）昆民一终字第211号民判**］。

第九百三十三条 【委托合同任意解除权】委托人或者受托人可以随时解除委托合同。因解除合同造成对方损失的，除不可

归责于该当事人的事由外，无偿委托合同的解除方应当赔偿因解除时间不当造成的直接损失，有偿委托合同的解除方应当赔偿对方的直接损失和合同履行后可以获得的利益。

委托合同当事人之间关系具有人身信赖基础，尤其是基于委托人对于受托人专业能力和可靠性等的信赖，且受托人是为委托人处理事务，自不得强使委托人接受其不再需要的事务处理结果；受托人提供服务工作，若其不愿继续处理，亦无强求其实际履行之理（**第580条第1款第1项**），故而，委托合同双方均可享有解除合同的权利（**本条第一句**）。但是，为适当限制解除权的行使以及平衡双方当事人的利益，对于因合同解除造成对方当事人的损失的，解除方应承担损害赔偿责任（**本条第二句**）。

因行使任意解除权所生损害的赔偿请求权的成立要件包括：(1) 须委托合同当事人一方行使任意解除权而解除合同。任意解除权的行使以通知方式作出，合同自通知达到对方时解除（**第565条第1款**）。(2) 须合同对方因解除合同而遭受损失。损失系因合同解除所致，限于财产损失，包括因处理事务所支出的费用（所受损失），以及本可期待获得的报酬或收益（所失利益）等。(3) 非不可归责于行使任意解除权人的事由。所谓"不可归责于该当事人的事由"，是指解除原因不可归责于行使解除权的当事人，例如，解除系因对方当事人的原因，如受托人能力不足，委托人变更指示致超出受托人能力和工作计划；或者因其他客观原因致委托事务处理不必要，如委托处理事务的目的已因其他原因实现或无法实现。

因行使任意解除权所生损害的赔偿，因委托之有偿与无偿而不同。在无偿委托中，解除方赔偿对方因解除时间不当所遭受的直接损失。所谓"解除时间不当"是指在受托人已开始处理或准备处理委托事务之后，或者在委托人已经为事务处理支出相关费用或实施相关处置计划后主张解除合同，解除时间的不当性也就是其致害可能性。所谓"直接损失"，在受托人解除合同时，委托人的损失主要表现为因合理信赖委托合同得以持续履行而受到的信赖利益损失，包括缔约费用、为准备履行而支出的费用以及准备受领而支出的费用等。在委托人解除合同时，受托人的直接损失主要表现为前期投入的损失［**达州中院（2017）川17民终978号民判**］。

在有偿委托情形，解除方的赔偿范围为直接损失和可得利益。在受托人解除合同时，委托人的可得利益是在合同履行后委托人能够获得的利益。例如，受托人解除商品代销合同，导致委托人货物积压以及资金不能及时回笼，受托人应酌情赔偿委托人若将货物售出可得的利益［**株洲芦淞法院（2020）湘 0203 民初 5996 号民判**］。在委托人解除合同时，受托人既可以要求委托人赔偿其遭受的直接损失，如因处理委托事务而支出的费用［**广州番禺法院（2021）粤 0113 民初 679 号民判**］；也可以要求其赔偿受托人在完成委托事务时的预期可得利益［**滁州中院（2020）皖 11 民终 3990 号民判**］。

应当留意的是，在委托合同当事人依本条请求损害赔偿时，减损规则（**第 591 条**）、与有过失规则（**第 592 条第 2 款**）以及损益相抵规则（**本法第 646 条、《买卖合同解释》第 23 条**）等亦应适用。

第九百三十四条 【委托合同的终止】委托人死亡、终止或者受托人死亡、丧失民事行为能力、终止的，委托合同终止；但是，当事人另有约定或者根据委托事务的性质不宜终止的除外。

委托合同以当事人的相互信任为基础，强调当事人的身份、能力和资质，具有鲜明的人格专属性。此种信任关系在当事人死亡或者终止时以及在受托人丧失行为能力时不复存在，委托合同便应终止。委托合同终止属于当然终止，即不经当事人主张，委托合同自动终止，双方当事人不再受委托合同的约束（**本条第一分句**）。

但是，在下列情形，委托合同例外不终止（**本条第二分句**）：(1) 当事人约定排除合同终止。例如，当事人可约定委托合同仅在委托事务处理完毕后才终止；或者约定委托合同不因受托人丧失行为能力而终止。(2) 因委托事务的性质不宜终止。此种委托事务主要是指，委托事务的处理并非专为委托人利益，而是兼为受托人或第三人利益。例如，受托人代收租金以抵偿委托人对受托人负担的债务，委托合同终止将影响受托人的利益。

第九百三十五条 【受托人继续处理事务的义务】因委托人死亡或者被宣告破产、解散，致使委托合同终止将损害委托人利益的，在委托人的继承人、遗产管理人或者清算人承受委托事务之前，受托人应当继续处理委托事务。

在委托人死亡或者被宣告破产、解散时，委托合同因赖以成立的信任关系不复存在而归于终止。在委托合同终止时，受托人从合同义务的束缚中解放出来，不再负有处理委托事务的义务。然而，在委托人的继承人、遗产管理人或者清算人承受委托事务之前，委托事务处于无人处理状态，这极可能损害委托人利益。为避免此种利益损害，自委托人死亡或者被宣告破产、解散时起，至委托人的继承人等承受委托事务时止，受托人负有继续处理委托事务的义务，在受托人与委托人的继承人、遗产管理人或者清算人之间产生继续处理委托事务之债。此项债务属于法定之债，但其内容与原委托合同的内容相同，受托人负担继续处理委托事务的义务，而委托人的继承人、遗产管理人、清算人负担支付费用和报酬的义务。

第九百三十六条 【受托人的继承人等通知和采取措施的义务】因受托人死亡、丧失民事行为能力或者被宣告破产、解散，致使委托合同终止的，受托人的继承人、遗产管理人、法定代理人或者清算人应当及时通知委托人。因委托合同终止将损害委托人利益的，在委托人作出善后处理之前，受托人的继承人、遗产管理人、法定代理人或者清算人应当采取必要措施。

本条第一句规定受托人的继承人等的通知义务。在受托人死亡、丧失行为能力或者被宣告破产、解散时，委托合同因赖以成立的信任关系不复存在而终止，但委托人可能不知情。为避免委托事务无人处理而损害委托人利益，受托人的继承人、遗产管理人、法定代理人或者清算人有义务及时通知委托人和采取必要措施。

本条第二句规定受托人的继承人等的采取必要措施义务。在委托人获知受托人死亡、丧失行为能力或者被宣告破产、解散后，其对委托事务作出善后处理需要相应时间，所以受托人的继承人等在此之前有义务采取必要措施以待委托人作出明示。

第二十四章

物业服务合同

第九百三十七条 【物业服务合同的定义】物业服务合同是物业服务人在物业服务区域内，为业主提供建筑物及其附属设施的维修养护、环境卫生和相关秩序的管理维护等物业服务，业主支付物业费的合同。

物业服务人包括物业服务企业和其他管理人。

物业服务合同系双务、有偿、诺成、继续性的合同。物业服务人提供物业服务的义务，与业主支付物业费的义务构成对待给付义务。物业服务合同内容复杂多元，既包括委托型服务，如对物业服务区域内环境卫生与安全秩序等的日常维护管理；也包括承揽型服务，如对公共设施的维护修理；还包括介于两者之间的中间形态的服务。

物业服务合同的当事人是业主和物业服务人。业主即建筑物区分所有权人，指取得建筑物专有部分所有权的主体。此外，“基于与建设单位之间的商品房买卖民事法律行为，已经合法占有建筑物专有部分，但尚未依法办理所有权登记的人”也可以认定为业主（**《建筑物区分所有权解释》第1条第2款**）。物业服务人包括具有法人资格的物业服务企业（**《物业条例》第32条**），以及其他管理人，如管理单位住宅的房管机构，或者根据业主委托处理物业服务事项的组织或者自然人等。

第九百三十八条 【物业服务合同的内容与形式】物业服务合同的内容一般包括服务事项、服务质量、服务费用的标准和收取办法、维修资金的使用、服务用房的管理和使用、服务期限、服务交接等条款。

物业服务人公开作出的有利于业主的服务承诺，为物业服务合同的组成部分。

物业服务合同应当采用书面形式。

本条第1款属任意性规范，旨在为当事人订立物业服务合同提供示范与参考。除一般合同包括的条款外（**第470条**），本款所列事项为物业服务合同所特有，且亦有要素和常素之分。

本条第2款扩张了物业服务合同内容，旨在强化对业主利益的保障。将物业服务人的承诺纳入合同须满足以下要件：（1）承诺系由物业服务人作出。房地产销售方所作承诺，如赠送阁楼、地下室、减免物业费等，除非经物业服务人同意或者追认，否则不能作为物业服务合同内容。（2）承诺有利于业主，以保护业主利益。未经业主同意，将不利承诺纳入合同约束业主，则有悖于本款规范目的。（3）承诺系公开作出，通过服务告示、服务承诺书、服务细则等公开形式作出，或者在物业服务区域内予以公示，表明物业服务人有受其承诺拘束的意思，业主是否实际知悉该承诺内容，在所不问。

依据本条第3款，物业服务合同为要式合同。未采用书面形式，但是物业服务人已经按照合同约定提供物业服务，业主接受的情形，物业服务合同成立（**第490条第2款**）。

第九百三十九条 【物业服务合同对业主的约束力】建设单位依法与物业服务人订立的前期物业服务合同，以及业主委员会与业主大会依法选聘的物业服务人订立的物业服务合同，对业主具有法律约束力。

本条规定为强制性规范，旨在明确物业服务合同对业主的法律约束力。无论业主有无直接参与缔约，仍应受到物业服务合同的约束。物业服务合同包括两类：一为建设单位与物业服务人订立的前期物业服务合同，二为业主委员会、业主大会与物业服务人订立的普通物业服务合同。

前期物业服务合同是在物业建成初期，物业服务区域内的业主大会成立前，由建设单位与其选聘的物业服务人订立的物业服务协议。本条规定中的“依法”主要指行政法规规定的程序条件，即建设单位应当通过招投标方式，或者经行政主管部门批准采用协议方式选聘物业服务人（**《物业条例》第 24 条**）。该规定旨在促使建设单位选择优质物业服务人，以保障业主利益，系管理性规范。建设单位若未采用招投标程序选聘物业服务人，不影响物业服务合同的效力［**韶关中院（2020）粤 02 民终 1538 号民判**］。

关于前期物业服务合同对业主具有约束力的法律基础，学理上主要有委托代理说与合同转让说两种观点。委托代理说认为，建设单位是受未来业主的委托与物业服务人订立合同，业主作为被代理人直接受该合同约束。合同转让说则认为，建设单位与业主订立房屋买卖合同时，包含了将前期物业服务合同的权利义务概括移转给业主的意思表示；同时，物业服务人在与建设单位订立合同时已默认同意业主的概括承受。合同转让说逻辑上更合理，对不同阶段物业服务合同主体的认定更为清晰。《物业条例》也采取此种立场，规定“建设单位与物业买受人签订的买卖合同应当包含前期物业服务合同约定的内容”（**《物业条例》第 25 条**）。业主基于同意概括承受物业服务合同的当事人地位。

普通物业服务合同由业主委员会与业主大会依法选聘的物业服务人订立。业主委员会虽然是缔约主体，但其作为业主的执行机关，是“代表业主与业主大会选聘的物业服务企业签订物业服务合同”（**《物业条例》第 15 条第 2 项**），并非合同当事人。物业服务人由业主大会依法选聘（**第 278 条**）。单个业主无论有无实际参与物业服务合同订立，都受业主大会决议约束，成为物业服务合同当事人，受该合同约束［**北京一中院（2019）京 01 民终 3023 号民判**］。

业主委员会未获授权，如未经业主大会依法作出选聘物业服务人的决议，或者伪造业主大会决议，与物业服务人订立物业服务合同。该合同应当适用关于无权代理（**第 171 条**）的效力规定，未经业主大会追认则无效。业主大会或业主委员会的决议存在效力瑕疵并不直接影响物业服务合同的效力，仅合法权益受侵害的业主可诉请撤销该决议。即使该决议嗣后被撤销，若物业服务人此前已经尽到审查义务，不知也不应当知道决议存在瑕疵，则构成表见代理情形，业主委员会与物业服务人订立的物业服务合同有效（**第 172 条**）。

第九百四十条 【前期物业服务合同的法定终止】建设单位依法与物业服务人订立的前期物业服务合同约定的服务期限届满前，业主委员会或者业主与新物业服务人订立的物业服务合同生效的，前期物业服务合同终止。

本条规定前期物业服务合同终止的法定事由，即业主委员会或者业主与新物业服务人订立的物业服务合同生效。该规定旨在保障业主共同管理权利的实现，使业主能够按照自己的意愿选聘物业服务人进行管理。

导致前期物业服务合同期前终止后果的适用条件是：（1）业主委员会或业主与新物业服务人订立物业服务合同。即订立物业服务合同的主体必须为业主委员会或者全体业主。新物业服务人由业主大会依法选聘（第278条）。（2）新物业服务合同生效［北京高院（2018）京民再171号民判］。以新合同生效时间作为前期物业服务合同终止时间，有利于保障物业服务的连续性，避免因物业服务合同更新导致物业服务中断，损害业主利益。

第九百四十一条 【物业服务转委托及其限制】物业服务人将物业服务区域内的部分专项服务事项委托给专业性服务组织或者其他第三人的，应当就该部分专项服务事项向业主负责。

物业服务人不得将其应当提供的全部物业服务转委托给第三人，或者将全部物业服务支解后分别转委托给第三人。

本条第1款规定，物业服务人可以部分转委托，将物业服务区域内的部分专项服务事项委托给专业性服务组织或者其他第三人。物业服务人原则上应当亲自处理物业服务事项，但是为优化服务质量或者降低成本，应当允许物业服务人将部分事项转委托，以保障业主利益更好地实现。本款未规定转委托须经业主同意，即物业服务人部分转委托不以业主同意为要件。因为，物业服务人转委托是由物业服务人与第三人订立委托合同。该合同成立或生效不以业主同意为要件。并且，该委托合同独立于物业服务人与业主的物业服务合同。第三人依照物业服务人的转委托处理部分服务事项，但并不承担物业服务合同项下的义务。就转委托事项的履行，仍应当由物业服务人依照物业服务合同的约定向业主承担责任［**深圳中院（2016）粤03民终10213号民判**］。

本条第2款规定，物业服务人不得将物业服务事项整体或者支解后全部转委托给第三人。本款规定与建设工程合同领域中禁止承包人将其承包的建设工程全部转包（**第791条第2款**）的规范目的类似，旨在防止物业服务人通过转包套利，破坏物业服务市场秩序，以保障业主的利益不受损害。物业服务人将全部物业服务事项转委托他人订立的合同无效［**北京二中院（2022）京02民终7870号民判**］。

第九百四十二条　【物业服务人的一般义务】物业服务人应当按照约定和物业的使用性质，妥善维修、养护、清洁、绿化和经营管理物业服务区域内的业主共有部分，维护物业服务区域内的基本秩序，采取合理措施保护业主的人身、财产安全。

对物业服务区域内违反有关治安、环保、消防等法律法规的行为，物业服务人应当及时采取合理措施制止、向有关行政主管部门报告并协助处理。

本条第1款规定物业服务人的合同义务，主要包括三类：（1）对物的管理维护义务，即对业主共有部分妥善维修、养护、清洁、绿化和经营管理的义务；（2）对人的管理服务义务，即为业主提供服务，对业主滥用权利，损害其他业主利益的行为等进行管理，维护物业服务区域秩序的义务；（3）安全保障义务，即通过对物业服务区域内公共设施与公共秩序的维护，对小区内可能出现的安全隐患，如危墙积雪、高空抛物等进行排除或者防范，以保障业主的人身与财产安全。

本条第2款规定物业服务人对违法行为的制止、报告义务。报告违法行为与协助执法并非私法义务，物业服务人违反该义务应承担相应的行政责任。物业服务人所能采取的合理措施只能是在业主授权范围内，对违法行为采取合理措施制止，并可行使相应的物权请求权，对妨碍甚至侵害业主权利行使的行为，如占用公共通道堆放杂物、威胁建筑物安全的房屋装修行为等，请求排除妨碍、恢复原状等（**“顾然地诉巨星物业**

排除妨碍、赔偿损失纠纷案"，《最高法公报》2003 年第 6 期）。

物业服务人履行义务应当依照合同约定和物业的使用性质。判断物业服务人是否构成瑕疵履行，应当区分该物业服务事项为手段债务或者结果债务，并综合考虑物业服务人的防范成本与损害发生之间的比例，以及物业服务人本身的风险防控能力等因素具体确定［南京江宁法院（2011）江宁民初字第 04404 号民判］。物业服务人不履行或者瑕疵履行合同义务构成违约，应依照本法合同编第八章规定承担违约责任。物业服务人若违反安全保障义务造成他人损害，应当承担侵权责任（第 1254 条第 2 款）。构成责任竞合的，受害人可就违约责任请求权或者侵权责任请求权择一行使。

第九百四十三条 【物业服务人的信息公开与报告义务】物业服务人应当定期将服务的事项、负责人员、质量要求、收费项目、收费标准、履行情况，以及维修资金使用情况、业主共有部分的经营与收益情况等以合理方式向业主公开并向业主大会、业主委员会报告。

为保障业主知情权的实现，本条规定物业服务人的信息公开与报告义务，具体规范内容包括：（1）履行对象。物业服务人应当就物业服务相关事项向全体业主信息公开，并向业主大会、业主委员会报告；（2）履行时间。信息公开与报告义务应当定期履行，具体期限可由当事人约定。（3）履行方式。信息公开应当以合理方式，如通过公告栏、微信群、公众号等有利于业主便捷获取信息，但不至于对物业服务人形成过重负担的方式公开。（4）信息公开与报告的内容，主要涉及：第一，物业服务情况，包括服务事项、负责人员、质量要求以及具体履行情况等；第二，物业费收取情况，包括收取物业费的项目、标准等；第三，维修资金使用情况、业主共有部分的经营与收益情况等［长沙望城法院（2021）湘 0112 民初 45 号民判］。

信息公开义务与报告义务是物业服务人的法定义务。物业服务人违反该义务，业主可以单独提起诉讼请求其履行，并可以请求其承担违约责任。

第九百四十四条 【业主支付物业费的义务】业主应当按照约定向物业服务人支付物业费。物业服务人已经按照约定和有关规定提供服务的，业主不得以未接受或者无需接受相关物业服务为由拒绝支付物业费。

业主违反约定逾期不支付物业费的，物业服务人可以催告其在合理期限内支付；合理期限届满仍不支付的，物业服务人可以提起诉讼或者申请仲裁。

物业服务人不得采取停止供电、供水、供热、供燃气等方式催交物业费。

本条第1款规定物业服务合同中业主的主给付义务，即支付物业费。除另有约定外，业主支付物业费的义务应当始于物业专有部分的交付（**《物业条例》第41条第2款**）。业主与物业使用人约定由物业使用人交纳物业服务费用的，从其约定，业主承担连带责任（**《物业条例》第41条第1款**）。因物业专有部分转让导致业主变更，受让人概括继受原业主在物业服务合同中的法律地位，但是其对原业主欠付的物业费不承担清偿义务［**福州中院（2021）闽01民终647号民判**］。因为，新业主继受的是管理规约所规定的权利义务，如交纳物业费的义务本身，并不及于转让人积欠的物业费。

第1款第二句规定“未接受或无需接受相关物业服务”不能作为业主的抗辩事由。基于物业服务与支付物业费义务之间的对待给付关系，一旦物业服务人已经适当履行自己的主给付义务，业主就应当履行自己的对待给付义务［**青岛中院（2021）鲁02民终4038号民判**］。若物业服务存在瑕疵，单个业主不能行使抗辩权或者主张减价，因为物业服务义务面向全体业主，具有不可分性，与全体业主支付物业费的义务形成对待给付关系。

本条第2款规定当业主违反支付物业费义务时，物业服务人的救济途径。本款未明确催告与提起诉讼或者申请仲裁的关系。但是，在业主已经迟延履行构成违约情形，若将催告作为提起诉讼或申请仲裁的前置程序，将导致对物业服务人诉权的不当限制。并且，本款规定物业服务人在业主迟延履行时“可以”催告其支付，也表明催告并非法定义务。

物业服务人可以选择催告或者直接提起诉讼或者申请仲裁；若催告则导致诉讼时效中断（**第195条**）。物业费请求权的诉讼时效应当对每一期物业费单独计算，自该期物业费履行期限届满之日起算。因为，物业费的支付是定期履行的给付，并非分期履行一个数量自始既已确定的给付，不适用本法第189条关于分期履行债务诉讼时效的规定［**北京二中院(2024)京02民终283号民判**］。

本条第3款规定旨在明确，物业服务人无权以停止供电、供水、供热、供燃气等方式催交物业费。因为，业主与物业服务人之间的物业服务合同，以及业主与相关企业之间的供用电、水、气、热力合同，为两个彼此独立的合同。若业主不履行物业费支付义务，物业服务人仅能行使物业服务合同中的权利，无权通过阻碍社会公用部门对业主供水供电服务的方式抗辩［**襄阳老河口法院(2021)鄂0682民初206号民判**］。

第九百四十五条　【业主的告知、协助义务】业主装饰装修房屋的，应当事先告知物业服务人，遵守物业服务人提示的合理注意事项，并配合其进行必要的现场检查。

业主转让、出租物业专有部分、设立居住权或者依法改变共有部分用途的，应当及时将相关情况告知物业服务人。

本条第1款规定业主装饰装修房屋情形的附随义务。业主装饰装修房屋是对其专有部分的权利行使，该权利行使不得危及建筑物的安全，不得损害其他业主的合法权益（**第272条**）。为配合协助物业服务人履行其管理义务，业主负有相应的附随义务，即事先告知；同时应遵守物业服务人提示的合理注意事项，并配合其进行必要的现场检查［**郑州巩义法院(2020)豫0181民初7265号民判**］。

本条第2款规定业主处分专有部分或者改变共有部分用途时的告知义务。业主转让、出租物业专有部分、设立居住权会导致业主变更，或者业主与物业使用人不一致的情形，业主应当及时告知物业服务人。业主改变共有部分的用途，如将小区内的空地用于修建停车场等，须由全体业主依照法定程序共同决定（**第278条**），并及时告知物业服务人，以便于其提供服务和管理，维护全体业主的共同利益。

业主违反本条规定的附随义务的，物业服务人不能单独诉请履行。

但是，业主违反该附随义务造成物业服务人损失的，应当承担侵权责任。

第九百四十六条 【业主的合同任意解除权】业主依照法定程序共同决定解聘物业服务人的，可以解除物业服务合同。决定解聘的，应当提前六十日书面通知物业服务人，但是合同对通知期限另有约定的除外。

依据前款规定解除合同造成物业服务人损失的，除不可归责于业主的事由外，业主应当赔偿损失。

本条规定业主的任意解除权及其损害赔偿责任。赋予业主任意解除权的合理性在于，物业服务合同主要是为业主的利益订立，并建立在业主对物业服务人的信赖基础上。因此，即使物业服务合同有服务期限的规定，业主仍然可以依据本条，无须特别理由地解除合同。但是，和其他情形下的任意解除权（**如第 787、933 条**）不同，业主依本条解除合同应满足两项要件：(1) 须业主全体依照法定程序作出解聘物业服务人的决定。任意解除权的行使应当由全体业主共同决定，不能由单个业主行使。“依照法定程序”是指，依照本法第 278 条规定召开业主大会，由专有部分面积及人数占比均达 2/3 以上的业主参与表决，并经参与表决专有部分面积与参与表决人数均过半数的业主同意［**郑州中原法院(2020) 豫 0102 民初 8516 号民判**］。(2) 须在一定期限前书面通知物业服务人。业主行使解除权应当采书面形式。通知期限为任意性规定，仅当无约定或约定不明时，适用本款规定的 60 日。但是，本条第 2 款已经规定行使任意解除权不影响承担损失赔偿责任，若再对业主课加提前通知义务，将对其解除权的行使构成过分限制。因此，业主若未依照法定或者约定期限提前通知，并不导致解除权行使无效，仅影响本条第 2 款规定的损害赔偿效果。

业主任意解除权是为业主利益而被赋予的法定权利，但是，基于公平原则（**第 6 条**），物业服务人因此而遭受损失的，业主应当赔偿其损失。物业服务人的赔偿请求权成立要件包括：(1) 物业服务合同依业主共同决定被提前解除。(2) 物业服务人因合同解除而遭受了损失，如物业服务人预期可获得的物业费减少等。(3) 物业服务人所受损失非不可归责于业主的事由所致。“不可归责于业主的事由”是指，合同解除是因不可抗力、物业服务人的违约行为等导致的情形。其中，就前两项积极要件事实，由物业服务人负担证明责任；就最后一项消极要件事实，由业主负担证明责任。损失赔偿的范围包括直接损失和可得利益损失。

第九百四十七条 【物业服务合同的续订】物业服务期限届满前，业主依法共同决定续聘的，应当与原物业服务人在合同期限届满前续订物业服务合同。

物业服务期限届满前，物业服务人不同意续聘的，应当在合同期限届满前九十日书面通知业主或者业主委员会，但是合同对通知期限另有约定的除外。

本条第1款规定业主依法共同决定续聘的，应当在物业服务合同期限届满前续订合同。此处的“应当”并非“必须”的意思，为倡导性规定，倡导业主在原合同期限届满前续订合同，以保障物业服务的连续性。

本条第2款规定物业服务人对续订合同的拒绝权，即推定物业服务人同意续聘为一般情形，不同意续聘为例外。这主要是考虑到物业服务人通常为专业性公司或者其他组织，对服务对象无特别要求。物业服务人拒绝续聘的，应当以书面形式提前通知业主或者业主委员会。通知期限可由当事人约定，无约定则适用本款规定的90日。期前通知义务属法定的附随义务。物业服务人违反该义务，业主或者业主委员会不能单独诉请履行。仅在物业服务人违反该义务给业主造成损失的情形，如业主因未能及时选聘新的物业服务人，而不得不支出更高的费用，委托他人处理保洁和垃圾清理等物业服务事项，业主就因此所遭受的损失可向物业服务人请求赔偿。

第九百四十八条 【不定期物业服务合同】物业服务期限届满后，业主没有依法作出续聘或者另聘物业服务人的决定，物业服务人继续提供物业服务的，原物业服务合同继续有效，但是服务期限为不定期。

当事人可以随时解除不定期物业服务合同，但是应当提前六十日书面通知对方。

依据本条第 1 款，物业服务合同法定更新的适用要件为：(1) 物业服务期限届满；(2) 业主没有作出续聘或者另聘物业服务人的决定；(3) 物业服务人继续提供服务。符合前述要件，物业服务合同就发生法定更新，即原物业服务合同继续有效，但变更为不定期合同［**威海中院(2021) 鲁 10 民终 253 号民判**］。

本条第 2 款规定不定期物业服务合同的预告解除权，是本法第 563 条第 2 款的规定在物业服务合同中的具体化。行使预告解除权的主体负有提前通知的义务，即提前 60 日通知对方，以给对方合理准备时间另作安排。提前通知义务不得被约定排除。若当事人未提前 60 日通知，该解除权的效力不受影响，但须等待法定期限届满后才发生解除效力。与任意解除权不同，当事人不因行使预告解除权而承担损害赔偿责任。

第九百四十九条 【物业服务人的移交义务及法律责任】物业服务合同终止的，原物业服务人应当在约定期限或者合理期限内退出物业服务区域，将物业服务用房、相关设施、物业服务所必需的相关资料等交还给业主委员会、决定自行管理的业主或者其指定的人，配合新物业服务人做好交接工作，并如实告知物业的使用和管理状况。

原物业服务人违反前款规定的，不得请求业主支付物业服务合同终止后的物业费；造成业主损失的，应当赔偿损失。

物业服务合同终止时，物业服务人应承担三项义务：(1) 退出义务。物业服务人应当及时退出物业服务区域并返还原物。若超出合理期限未搬离，继续占有公共部分及其附属设施就构成无权占有。(2) 返还义务。本款规定的物业服务人应当返还的标的物为例示说明，其他如预付的物业费、垃圾清运费、装修保证金等也应当结算后返还给业主。(3) 交接义务。这是物业服务人依照诚实信用原则应当承担的附随义务。交接事项包括两类：一类是实物性交接，指物业服务用房、相关设施、物业服务所必需的相关资料的交接；另一类是物业服务信息的告知交接，包括设施运行状况、维修保养状况、维修基金的使用状况等信息的交接。

物业服务人违反前款规定义务的，将产生以下法律后果：（1）物业费支付请求权被排除。物业服务人在合同终止后继续提供服务，违背业主意愿，构成强迫得利，不得请求支付物业费［**北京三中院（2017）京 03 民终 11948 号民判**］。（2）损害赔偿责任。物业服务人在合同终止后继续占有使用物业服务用房等构成无权占有，业主除可要求其返还原物外，还可基于不当得利请求权请求其返还占有使用利益。物业服务人在占有期间造成业主损失的，还应当承担侵权损害赔偿责任。

第九百五十条 【合同终止后物业服务人的继续服务义务】物业服务合同终止后，在业主或者业主大会选聘的新物业服务人或者决定自行管理的业主接管之前，原物业服务人应当继续处理物业服务事项，并可以请求业主支付该期间的物业费。

物业服务人在合同终止后继续提供服务，有助于保障物业服务的连续性。对于物业服务人继续服务义务的法律性质，有学说认为属于后合同义务。但是，该义务与物业服务合同的主给付义务内容相同，已经超出后合同义务的范畴。并且，新物业服务人或者业主接管的时间并不确定，物业服务人无法预期义务履行期限，因此，为协调本条规定的继续服务义务与前条规定的义务，在新物业服务人或者业主接管前，本条明确肯定物业服务人有权收取继续服务期间的物业费。物业费标准依照当事人的约定确定；若未特别约定，参照原物业服务合同规定的标准执行。

第二十五章

行纪合同

第九百五十一条 【行纪合同的定义】行纪合同是行纪人以自己的名义为委托人从事贸易活动，委托人支付报酬的合同。

本条是一个说明性条文，旨在通过明确行纪合同的主给付义务，界定该合同之内涵，划定本章的适用范围。在行纪合同中，接受委托的一方为行纪人，负有为委托人办理买卖或其他商事交易的义务；另一方为委托人，负有给付报酬的义务。行纪人从事的贸易行为具有商事性与专业性，其经营往往需要经过国家有关部门的审批或登记。但是，即便行纪人欠缺相应的资格，也不妨碍本章规定的参照适用［**云南大理宾川法院（2015）宾民初字第568号民判**］，或者认定当事人间的行纪合同仍可构成委托合同［**北京一中院（2009）一中民终字第18511号民判**］。行纪合同之标的是行纪人以自己的名义，为委托人从事贸易活动，其主要形式是买卖，类型包括商品交易、房地产买卖、证券交易、期货交易和信托等。行纪人收取报酬是行纪合同的要素之一，故其为双务、有偿合同。当事人未在行纪合同中明确约定报酬的，不影响合同有效成立，法院应酌情认定报酬［**浙江温州中院（2014）浙温商终字第1247号民判**］。因此，行纪合同在欠缺特别规定时，参照适用买卖合同的有关规定（**第646条**）。无偿的“行纪”不适用本章规定，而需适用本法关于无偿委托的相关规定。行纪合同具有诺成性，属于不要式合同。

行纪合同衍生于委托合同，但二者有别。行纪人以自己的名义从事贸易行为，而受托人原则上应当以委托人名义与第三人订立合同（**第925条**）。在与第三人进行商事交易过程中，行纪人为该交易所生权利、义务的主体，其后果间接转归委托人。行纪合同与行纪人和第三人之间的合同，属于两个不同的法律关系，第三人不得要求委托人承担连带责任［**上海二中院（2021）沪 02 民终 7909 号民判**］。不论是第三人的原因抑或委托人的原因，导致行纪人不能履行义务，委托人或第三人只能各自向行纪人主张权利，再由行纪人向第三人或委托人主张权利。值得注意的是，受托人以自己名义与第三人签订合同，第三人不知道代理关系的（**第 926 条**），委托合同与行纪合同之区别殊为不易。对此，需要根据委托内容和相关法律规定，结合其他有关因素加以综合分析［**河南三门峡中院（2013）三民再字第 34 号民判、沈阳中院（2021）辽 01 民终 15277 号民判**］。

行纪合同并非中介合同。后者系受委托人之委托，向后者提供缔约机会或缔约媒介服务的合同（**第 961 条**）。中介合同中的中介人并不参与合同之订立，委托人自己作出意思表示。因此，受托人不仅提供缔约机会，而且亲自参与磋商，并明确买卖价款、亲自交付标的物的，所涉行为乃系行纪行为，而非中介行为［**滁州中院（2018）皖 11 民终 1388 号民判**］。车主将车辆交付给二手车经营者对外出售，二手车经营者以自己名义与购车人签订二手车买卖合同，购车人并不知晓实际出售方，实际出售方也不知晓买受人，并且经营者直接承担合同的权利和义务的，实际出售方与经营者之间成立行纪合同，而非中介合同［**泰安中院（2021）鲁 09 民终 4080 号民判**］。

在代销行纪的情形，行纪合同可能与买卖合同难以区别。从司法实践来看，代销（寄售）与买卖的差异主要有三：一是所涉产品是否可以退回，二是市场销售风险由谁承担，三是是否约定代销人的报酬［**最高法（2006）民二终字第 226 号民判、益阳中院（2010）益法民二终字第 167 号民判**］。换言之，仅当事人一方有“代销”之名，不足以说明行纪合同成立。

第九百五十二条 【行纪人自负费用的义务】行纪人处理委托事务支出的费用，由行纪人负担，但是当事人另有约定的除外。

行纪活动具有营业性，行纪人的业务内容系为委托人从事交易活动，因行纪事务引发的费用属于营业成本，并且支出高额费用也是处理事务过程中的营业风险，故行纪费用原则上由行纪人负担。本条中的

"费用"包括税款，寄售中的行纪人不得以委托人未支付税款为由，拒绝向委托人支付代销款［**广州中院（2020）粤01民终7334号民判**］。

本条是任意性规范，当事人可通过约定将其排除适用。当事人以格式条款，约定行纪人负担委托事务费用的，属于"加重对方责任"的情形，应当接受合理性检测（**第497条第2项**）。如果双方当事人约定由委托人负担全部或部分费用，而委托人怠于支付，行纪人有权请求委托人支付相应的费用（**第579条**）。此等费用并非委托人的主给付义务（主要债务），行纪人不得以委托人未支付该项费用为由，直接解除行纪合同，但该违约导致行纪合同目的无法实现的除外（**第563条第1款第4项**）。当事人约定由委托人支付费用的，行纪人在处理委托事务时必须遵循诚信原则，明显不合理的事务费用应由行纪人自己负担（**第509条第2款**）。行纪人主张合同对行纪费用作出特别约定时，应就此负举证责任，并证明行纪费用确已产生。

第九百五十三条 【行纪人保管委托物的义务】行纪人占有委托物的，应当妥善保管委托物。

本条中的"委托物"不限于普通物品，还包括金钱和权利凭证等物。从委托物的来源看，其既包括委托人交付给行纪人的物（卖出行纪），也包括行纪人为委托人购入的物（买入行纪）。"占有"不限于行纪人直接占有，其也可以将委托物交由第三人保管。不论如何，行纪人的占有属于有权占有（**第458条**）。当然，因第三人原因导致行纪人未履行妥善保管义务的，行纪人仍应承担相应的责任（**第593条**）。"委托物"不以有体物为限，无形财产也可类推适用本条。

本条规定行纪人负有妥善保管义务。因行纪人应具有较高的专业能力，且向委托人收取报酬，故应就委托物保管负担较高的注意义务，即有偿保管人所负善良管理人的注意义务：行纪人应当选择对委托人最有利的条件，采取最有利于委托物的保管措施。例如，行纪人在管理并对外出租车辆时，未尽审查及管理义务，致使委托人的汽车被骗而造成损失的，应当承担赔偿责任［**海南高院（2016）琼民申1345号民裁**］。在委托物意外灭失的情形，只要行纪人已尽到善良管理人的注意，可不负责任，否则应就此承担赔偿责任［**武汉中院（2017）鄂01民终4569号民判**］。

此外，纵然委托物灭失并非因行纪人保管不善所致，若委托人已指示行纪人就委托物办理保险，行纪人却未予保险时，构成违反委托人的指示（**第922条第一句**），行纪人仍应对委托物的毁损、灭失负担相应责任。

本条属于不完全法条，并未规定行纪人违反妥善保管义务的法律后果。妥善保管义务是行纪人负担的法定义务，违反该义务即构成违约，行纪人需依损害的形态，承担相应的违约责任，如修理、更换、减少报酬与损害赔偿（**第582、584条**）［**新疆高院（2016）新民终354号民判**］。此外，行纪人不履行保管义务损害委托人的所有权（如卖出行纪的情形），委托人还可依本法第1165条第1款规定，请求行纪人承担侵权责任。

本条并未规定委托物的归属。于卖出行纪的情形中，委托物仍归委托人所有，但行纪人取得依约处分委托物的权利。商贸公司将货物交由超市出卖的情形构成寄售，但商品所有权仍归商贸公司所有，否则将可能构成买卖［**南宁兴宁法院（2010）兴民二初字第420号民判**］。当事人主张行纪合同成立，所涉之物属于寄售之物，不能被查封执行的，应就此负担举证责任［**福建漳州中院（2007）漳民终字第57号民判**］。即便在买入行纪的情形，委托人将款项汇至行纪人的专门账户，后者也未取得资金所有权，故其债权人不得保全账户资金，委托人可以请求解除冻结或排除强制执行［**《关于交通部公路科研所请求解除其外购设备款冻结措施问题的请示的答复》（2002年5月31日〔2001〕民二他字第30号）**］。

第九百五十四条 【行纪人处分委托物的义务】委托物交付给行纪人时有瑕疵或者容易腐烂、变质的，经委托人同意，行纪人可以处分该物；不能与委托人及时取得联系的，行纪人可以合理处分。

本条仅适用于委托人未事先授权处分的场合。委托人向行纪人交付委托物时，若知道委托物有瑕疵或者容易腐烂、变质，一般会明示或默示地允许行纪人进行处分，甚至明确要求行纪人尽快进行处分。这一具体场合往往无须适用本条，行纪人依合同进行处分即可。

本条中的交付既包括委托人将委托物交付给行纪人的情形，也包括第三人将委托物交付给行纪人的情形。在后一情形（买入行纪），虽然行纪人有义务受领、保管委托物，并将其及时交付给委托人（**第957条**

第1款），以实现行纪合同的目的，但要是委托物出现本条规定的情形，亦不妨适用本条，以维护委托物的价值，保护委托人的利益。委托物有瑕疵或者容易腐烂、变质的情形须在交付时即存在，若在交付后才出现，则往往可归因于行纪人未尽妥善保管义务，应由行纪人承担相应的损害赔偿责任（**第953条**）。

在委托物具有瑕疵或容易腐烂、变质的情况下，行纪人应当及时通知委托人，并按照委托人指定的方式处分该物。行纪人未及时通知委托人的，应当承担相应的违约责任。行纪人未及时通知委托人，即擅自处分委托物的，也构成违约，不论该处分是否构成本条第二分句中的“合理处分”。行纪人得到委托人的指示或者同意后，怠于处分委托物，或者未依指示处分委托物的，同样构成违约。委托人获得通知后，拒绝处分的，行纪人应当继续妥善保管委托物，但对委托物因未及时处理所生损失不负责任。本条中的“处分”不限于物权性处分，还包括事实性处分以及债法上的处分（比如出租）。

在不能与委托人及时取得联系时，行纪人可以合理处分委托物。所谓“不能与委托人及时取得联系”，包括无法与委托人取得联系或无法及时联系两类情形。行纪人虽能与委托人取得联系，但委托人怠于处理委托物，未提供指示的，行纪人也可行使紧急处分权［**东莞中院（2021）粤19民终4919号民判**］。

从文义来看，本条第二分句中的“可以”是授权性规范之表达，但当委托物出现瑕疵或者容易腐烂、变质时，为保护委托人的利益，行纪人应负有合理处分委托物的义务。该义务不仅派生于行纪人的保管义务，也符合行纪合同的立法目的。同时，行纪人采取的处分应当“合理”，即根据委托物的实际情况决定处分的方式和价格等，尽量减少委托人的损失。处分不合理的，行纪人应当承担补偿差价损失等违约责任［**襄阳中院（2021）鄂06民终1513号民判**］。

第九百五十五条 【行纪人依照委托人指定价格买卖的义务】行纪人低于委托人指定的价格卖出或者高于委托人指定的价格买入的，应当经委托人同意；未经委托人同意，行纪人补偿其差额的，该买卖对委托人发生效力。

行纪人高于委托人指定的价格卖出或者低于委托人指定的价格买入的，可以按照约定增加报酬；没有约定或者约定不明确，依据本法第五百一十条的规定仍不能确定的，该利益属于委托人。

委托人对价格有特别指示的，行纪人不得违背该指示卖出或者买入。

本条第1款处理行纪人低价卖出或高价买入的情况。行纪人以低于委托人指定的价格卖出委托物时，委托人的利润会降低，其甚至会遭受亏损；行纪人以高于委托人指定的价格买入委托物时，会提高委托人购买委托物的成本，给委托人造成损失。因此，在这种情况下，行纪人应征得委托人同意。但是，在行纪人补偿其差额后，委托人未遭受任何损失，故其不得拒绝承认行纪人的活动，买卖对委托人发生效力，委托人应承担受领义务（**第957条**）与报酬支付义务（**第959条**）。“补偿其差额”既包括实际补偿其差额，也包括允诺补偿其差额，但是，在受托人要求委托人受领委托物或者要求支付报酬时，须实际履行差额补偿义务。行纪人未经委托人同意，以不利于委托人的价格卖出或者买入，且拒绝（足额）补偿差额的，构成违约。就卖出行纪而言，委托人有权要求行纪人赔偿差额［**江苏高院（2014）苏商终字第0071号民判**］。但是，行纪人对委托人的赔偿主张得以紧急处分权（**第954条**）抗辩［**襄阳中院（2021）鄂06民终1513号民判**］。就买入行纪而言，委托人可以拒绝受领高价买入之物，并可拒绝支付报酬。

本条第2款处理行纪人高价卖出或低价买入的情况。如果行纪人以高于委托人指定的价格卖出，或者低于委托人指定的价格买入，将会使委托人增加收入或减少开支，有利于委托人，故无须征求委托人的同意。就这一有利于委托人的价格调整，当事人约定行纪人可以请求增加报酬的，应当遵从该约定。若行纪合同无约定或约定不明，则可以协议补充；不能达成补充协议，且按照合同相关条款或交易习惯仍无法确定的，额外利益应归属于委托人。行纪人主张当事人达成该等约定，或者存在该等交易习惯的，应当就此负担举证责任［**上海二中院（2005）沪二中民四（商）初字第24号民判**］。“利益属于委托人”是指，在卖出行纪中，行纪人应将全部价款交付给委托人；在买入行纪中，行纪人应当退还差额价款，或者委托人仅有义务向行纪人支付实际价款。

本条第 3 款是针对前两款的例外规定，即委托人对价格有特别指示时，行纪人不得违反该指示而调整交易价格。这里所称“特别指示”的价格系命令价格，有别于前两款中的训示价格。如若行纪人愿意负担差额，训示价格可被调整，行纪活动能够对委托人生效（**本条第 1 款**）。命令价格则具有刚性，不得被突破。交易价格不利于委托人的，行纪人不得依本条第 1 款，通过负担差额，排除委托人的拒绝权。即便交易价格有利于委托人，行纪人也无权进行交易。例如，行纪人不得以高出命令价格卖出委托物（卖出行纪），也不得以低于命令价格买入委托物（买入行纪）。于此，行纪人违反命令价格之指示的，行纪活动对委托人不生效力，也不发生差额利益由委托人取得的问题。

第九百五十六条 【行纪人的介入权】行纪人卖出或者买入具有市场定价的商品，除委托人有相反的意思表示外，行纪人自己可以作为买受人或者出卖人。

行纪人有前款规定情形的，仍然可以请求委托人支付报酬。

行纪人原则上应依照委托人的委托，以自己名义与第三人进行交易，但鉴于行纪人是便于监管的具有特定资质的人，法律并不禁止行纪人作为委托物的买受人或出卖人。这有利于减少交易环节、降低交易成本，且无损委托人的利益。行纪人一旦行使介入权，即作为买卖合同的一方当事人，另一方当事人为委托人，而非行纪人本人。因为，行纪人同时为买受人与出卖人，在法律上欠缺可行性。行纪人的介入权使其区别于代理人，法律禁止后者自己代理（**第 168 条第 1 款**）。本款是一项任意性规定，委托人可通过相反意思表示，排除行纪人的介入权。

行纪人的介入权会产生“自我交易”的结果，行纪人对委托买入或卖出商品的价格具有选择权和决定权。为避免行纪人滥用介入权，其成立要件为：(1) 委托物须属于具有市场定价的商品。本要件由行纪人负举证责任。“市场定价”是根据市场行情形成，能够为一般市场参与者所知晓的价格，并非个别交易的成交价格。如果有标准化定价（如交易所定价），参照该价格确定；如果有价格浮动区间，行纪人应在该区间内给予委托人优惠价格，或者参照行纪人与其他人从事同类交易的价格确定。确定市场价格的参照时间以行纪人行使介入权的通知到达时为准，参照地为交易行为发生地，通常也就是行纪人所在地。(2) 行纪合同无排除介入权的相反约定。行纪合同就此有约定的，自无不可。有疑问者在于，行纪合同成立后，委托人能否单方面排除介入权。从文义来看，本条中的“委托人有相反的意思表示”应包括单方意思表示，委托人可嗣后单方面排除行纪人的介入权，但是，委托人排除介入权的意思表示需在行纪人行使介入权之前作出。本要件为消极要件，应由行纪人承担证明责任。

介入权为形成权，出卖人一旦行使介入权，委托人和行纪人之间即成立买卖合同。行纪人行使介入权原则上应当明示，即向委托人作出自为买受人或出卖人的意思表示，最迟应在将委托物移交委托人（购入行纪）或者与委托人结算价款（卖出行纪）时，将自为买卖合同当事人的情事告知委托人。当然，行纪人在行使介入权时，应当遵守委托人指定价格的规定（**第955条**），尽到善良管理人的义务，以合理的价格卖出或买入委托物。行纪人未尽到善良管理人义务的，委托人可请求损害赔偿。

介入是实施行纪活动的一种特殊方式，行纪人虽介入买卖合同，但不丧失行纪人身份。基于行纪合同，委托人应依约向行纪人支付报酬；基于买卖合同，行纪人与委托人之间须适用关于买卖合同的相关规定。由此，在购入行纪情形，委托物在交付委托人之前，毁损灭失风险由行纪人负担，交付后由委托人负担；在卖出行纪情形，由于行纪人通常已预先占有委托物，故当行使介入权的通知到达委托人时，风险转移至买受人（行纪人）。在此之前，行纪人仅负有妥善保管义务（**第953条**），不负担委托物风险。

第九百五十七条 【委托人受领义务和行纪人提存权】行纪人按照约定买入委托物，委托人应当及时受领。经行纪人催告，委托人无正当理由拒绝受领的，行纪人依法可以提存委托物。

委托物不能卖出或者委托人撤回出卖，经行纪人催告，委托人不取回或者不处分该物的，行纪人依法可以提存委托物。

本条第1款涉及买入行纪中的受领与提存。在买入行纪情形，委托人有义务及时受领买入的委托物（**第1款第一句**）。受领义务成立的前提是买入的委托物符合约定，否则委托人有权拒绝［**珠海中院（2016）粤04民终75号民判**］。行纪人未依行纪合同约定的方式购入委托物，不构成为履行行纪合同而买入标的物，委托人也有权拒收［**江苏高院（2014）苏商再提字第 0004 号民判**］。“及时”的判断应依不同情形作具体分析：当事人就履行期限有约定，但行纪人提前交付委托物的，除提前履行不损害委托人利益外，委托人有权拒绝（**第 530 条**）。当事人没有约定履行期限或约定不明的，依照本法合同编通则分编规定处理（**第 510～511 条**）。委托人迟延受领的，行纪人可请求赔偿增加的费用（**第 589 条第 1 款**）。

当委托人未及时受领时，行纪人享有提存权（**第 1 款第二句**）。行纪人的提存权成立要件为：（1）委托人未及时受领行纪人购入的委托物。（2）委托人经催告后在合理期限内仍不受领。委托人迟延受领时，催告是前置程序，有别于一般提存（**第 570 条第 1 款第 1 项**）。催告不以书面方式为限，口头等其他方式亦可。合理期限可由行纪人与委托人约定；未有约定的，应依委托物性质等因素综合判断。委托物有瑕疵或者容易腐烂、变质，催告委托人会造成其价值贬损的，行纪人可依法对其做合理处分（**第 954 条第二分句**），提存处分所得（**第 570 条第 2 款**）。（3）委托人不受领欠缺正当理由（**参见本法第 570 条评注**）。行纪人依法提存的，即发生提存的相应法律后果（**第 571～573 条**）。

本条第 2 款涉及卖出行纪中的取回与提存。委托物不能卖出的，行纪人首先负有报告义务（**第 509 条第 2 款**），让委托人知晓行纪活动情况。委托人撤回出卖的，委托人应当及时取回或处分委托物。委托人怠于取回或处分的，行纪人有义务继续妥善保管委托物（**第 953 条**），并就额外产生的费用，请求委托人予以赔偿。行纪人为免于承担继续保管义务，可行使提存权。此种情形下的行纪人提存权的成立要件为：（1）须委托物不能卖出或者委托人撤回出卖。“不能卖出”是指在约定的卖出期限或者在合理期间内，委托物未被成功出卖的情形。委托人撤回出卖的，须以意思表示通知行纪人。（2）须委托人经行纪人催告后仍不取回或不做处分。是否已经催告，应由行纪人承担举证责任［**最高法（2014）民申字第 262 号民裁**］。委托人有无正当理由，不予考虑。

第九百五十八条 【行纪人的直接履行义务】行纪人与第三人订立合同的，行纪人对该合同直接享有权利、承担义务。

第三人不履行义务致使委托人受到损害的，行纪人应当承担赔偿责任，但是行纪人与委托人另有约定的除外。

本条第1款是关于行纪人与第三人合同效果的规定。行纪会引发两层法律关系，一是行纪人与委托人之间的行纪合同，二是行纪人与第三人之间的合同。行纪人以自己的名义与当事人订立合同，其法律后果由行纪人直接享有权利和承担义务，与委托人无关。第三人违约的，行纪人有权要求其承担违约责任。这是对合同相对性原则的贯彻（**第465条第2款**），也使行纪合同区别于委托代理以及中介合同［**（2021）最高法民申5366号民裁**］。即便行纪人向第三人透露其行纪人身份，委托人也并不因此成为合同当事人，无须承担合同责任［**张掖中院（2022）甘07民终1607号民判**］。行纪人不履行对第三人的债务，影响行纪合同目的实现的，委托人有权作为第三人，履行该债务（**第524条第1款**）。

本条第2款是关于行纪人和委托人关系的特别规定。第三人不履行义务，导致行纪人无法履行行纪合同，委托人因此而遭受损害的，委托人无权请求第三人承担责任（**本条第2款**），而只能依行纪合同，向行纪人主张救济［**河南三门峡中院（2013）三民再字第34号民判**］。该规定属于合同编通则分编关于当事人因第三人原因违约应承担违约责任规定的具体化（**第593条**）。但是，行纪人与委托人可以在行纪合同中排除行纪人在前述情形下的赔偿责任，该种排除约定具有免责约款的性质，应满足约款有效要件的规定（**如第506条及第497条第2、3项规定**）。

第九百五十九条　【行纪人的报酬请求权及留置权】行纪人完成或者部分完成委托事务的，委托人应当向其支付相应的报酬。委托人逾期不支付报酬的，行纪人对委托物享有留置权，但是当事人另有约定的除外。

行纪合同为双务、有偿合同，委托人有向受托人支付报酬的义务（**本条第一句**）。“相应的报酬”是指委托人根据行纪人完成委托事务的情况向其支付相应数额的报酬。具体来说，行纪人按照委托人的指示和要求，完成全部委托事务的，有权请求委托人支付全部报酬；行纪人部分完成委托事务，且对委托人具有价值的，委托人应按完成部分的比例支付报酬。“完成委托事务”是指行纪人向委托人移交事务处理成果，而非仅指行纪人与第三人的合同履行完毕。当然，委托事务仅系行为之完成的，报酬请求权自应取决于所涉行为是否完成。原则上，行纪人只有在完成或部分完成委托事务时才享有报酬请求权，从而委托人得享有相应的合同抗辩权（**第 525～527 条**）。不过，因不可归责于行纪人的事由，委托事务不能完成的，行纪人仍可以请求支付相应的报酬（**第 960 条并第 928 条第 2 款第一句**）。至于具体额度，应当依据所涉具体情形进行综合考量，如行纪人与第三人是否已经订立了合同、行纪人为执行委托事务付出的费用等。

委托人逾期不向行纪人支付报酬时，行纪人有权留置委托物（**本条第二句**）。行纪人的留置权须具备以下三个条件：(1) 须行纪人已合法占有委托物；(2) 须委托人没有正当理由逾期支付报酬；(3) 须行纪合同未约定行纪人不得留置。委托人主张合同存在除外约定的，应就此负担举证责任［**广东高院（2015）粤高法民二申字第 178 号民裁**］。关于行纪人留置权的其他法律效果，适用物权编担保物权分编相关规定（**第 450～457 条**）。

第九百六十条 【参照适用委托合同】本章没有规定的，参照适用委托合同的有关规定。

“参照适用”包括两层意思：一是参照适用以不违反行纪合同的性质为限。因委托合同与行纪合同存在区别，委托合同的有关规定不能当然适用。例如，关于处理委托事务的费用承担规定（**第 921 条**）、委托人的介入权和第三人的选择权规定（**第 925、926 条**）等，皆不能适用。再如，行纪合同是有偿合同，故无偿委托合同的规定（**第 929 条**）也不能适用。二是不能直接适用。行纪合同当事人发生纠纷，需适用委托合同章的相关规定的，人民法院不能直接适用该规定，而应首先引用本条，再引用委托合同的有关规定。行纪合同参照适用委托合同的有关规定，主要涉及受托人服从指示义务的规定（**第 922 条**）、受托人报告义务的规定（**第 924 条**）以及委托合同当事人任意解除权的规定（**第 933 条**）。

第二十六章

中介合同

第九百六十一条 【中介合同的定义】中介合同是中介人向委托人报告订立合同的机会或者提供订立合同的媒介服务，委托人支付报酬的合同。

本条是说明性条款，界定了中介合同的概念，明确了中介合同的主给付义务，划定了本章的适用范围。从本条规定来看，中介合同性质上为服务合同。中介人系服务提供者，委托人是服务接受者，服务表现为促成委托人与其相对人订立合同。因此，中介人不是所订合同的当事人。同时，中介合同是有偿合同、诺成合同和非要式合同。

中介人提供的服务有两种形式，即报告订立合同的机会或者提供订立合同的媒介服务，据此可将中介合同分为报告中介和媒介中介两种类型。所谓报告订立合同的机会，是指中介人接受委托人的委托，寻觅、搜索相关交易信息报告委托人，从而为其订立合同提供基础。此种中介人被称为“报告中介人”或“指示中介人”。所谓提供订立合同的媒介服务，是指中介人不但要向委托人报告订立合同的机会，还要进一步努力促成其合同成立。此种中介人被称为“媒介中介人”。报告中介与媒介中介之主要区别在于债之标的，即中介人提供服务的内容，以及中介合同当事人的构成。在报告中介中，中介人通常仅受一方委托，而在媒介中介中，中介人多受欲订约之双方当事人委托。两种中介合同类型在中介事务完成、中介报酬请求权、费用请求权等方面均有所差异。在实践中常见的婚姻中介，不涉及本条规定的中介合同，因为缔结婚姻并非“订立合同”。

委托人负有支付报酬的义务，由此决定了中介合同作为有偿合同的性质。无偿提供中介服务，不构成中介合同，而应依其情形适用无偿委托的相关规定（**如第 929 条第 1 款第二句**）。报告中介合同的委托人多为一方缔约当事人，后者应向中介人负担报酬支付义务。媒介中介合同的委托人多为缔约双方当事人，后者应平均分担向中介人应支付之报酬，除非合同另有约定。当事人主张中介合同成立，要求另一方履行相关债务的，应就中介合同成立的事实以及该债务存在的事实负担举证责任（**《民诉法解释》第 91 条第 1 项**）。

中介合同有别于委托合同以及行纪合同。首先，中介人并非为委托人利益而行为，仅向后者提供一定的订约机会报告服务与媒介服务，并不像委托代理人那样，以本人的名义作出意思表示，直接参与合同的订立［**新疆高院（2020）新民终 391 号民判；河南高院（2020）豫民申 6559 号民判**］。当然，合同当事人之间能够同时存在中介关系与委托关系［**上海二中院（2011）沪二中民一（民）终字第 2268 号民判**］，或者中介关系与其他服务关系［**“蒙帝公司与大中华公司居间服务合同纠纷案”，《商事审判研究（2004 年卷）》**］。房屋中介机构参与房屋买卖，约定代理双方收付款的行为的，应被视为代理合同当事人而行为，而非单纯的中介行为［**江苏无锡中院（2005）锡民终字第 341 号民判**］。在这种情形，法律适用取决于当事人关系的性质。其次，中介人不同于行纪人，后者以自己的名义为委托人参与贸易，成为所涉合同的当事人，而中介人并不作出独立的意思表示［**福州中院（2008）榕民终字第 389 号民判**］。当然，当事人订立行纪合同之后，行纪人在实际履行中仅为委托人联系客户，未直接参与销售合同的，应认定行纪合同变更为中介合同［**张掖中院（2022）甘 07 民终 1607 号民判**］。

第九百六十二条 【中介人如实报告义务】中介人应当就有关订立合同的事项向委托人如实报告。

中介人故意隐瞒与订立合同有关的重要事实或者提供虚假情况，损害委托人利益的，不得请求支付报酬并应当承担赔偿责任。

本条第 1 款规定中介人对于委托人的如实报告义务。如实向委托人报告订约事项是中介人承担的法定义务。关于报告的对象，本款并未区分报告中介和媒介中介，而一概规定为“委托人”。但是，在媒介中介中，无论中介人是同时接受合同当事人双方的委托，还是仅接受一方委托，其都负有向双方报告的义务。报告的具体内容主要取决于中介人所欲促成的合同，且报告内容应当具有客观性与充分性。无论报告中介抑或媒介中介，中介人均应就其所知，将所有可能影响到委托人订立合同的相关事项（如人之信用、资力，物之价值、效用、品质、瑕疵等），据实报告给各当事人。报告的方式以合同约定的为准；当事人没有约定的，应以"有利于实现合同目的的方式"履行义务（**第511条第5项**）。中介合同约定中介人"对其提供的建议或工作不承担责任"的，依中介合同之目的、交易习惯及诚信原则，该约定应被解释为对中介服务所针对的交易结果不承担责任，而不宜认定中介人对履行包括如实报告义务在内的各项约定及法定义务均不承担责任〔**（2019）最高法民终402号民判**〕。

本条第2款规定中介人恶意违反如实报告义务的法律后果。如果中介人故意隐瞒与订立合同有关的重要事实，或故意提供虚假情况，构成恶意违反如实报告义务，会产生两项并存的法律后果：一是中介人不得请求支付报酬；二是中介人应当赔偿委托人的利益损失。"不得"指向失权规范，而非履行抗辩权规范，因此，委托人已支付报酬的，中介人应予返还（**第985条**）〔**上海二中院（2014）沪二中民二（民）终字第2427号民判、厦门中院（2014）厦民终字第2034号民判**〕。中介人丧失报酬请求权不以其恶意违约行为实际造成委托人损害为必要，只要有引致损害的现实可能即为已足。基于本条失权规定的惩罚性，委托人支付"从事中介活动支出的必要费用"的义务（**第964条第二分句**）也应被排除。

若委托人进一步要求中介人承担损害赔偿责任，则须就其遭受的损失以及中介人的故意行为负担举证责任〔**昌吉中院（2021）新23民终778号民判**〕。通常而言，赔偿范围包括因中介人违反如实报告义务所造成的全部损失，包括合同履行后可以获得的利益，仅受可预见性规则的限制〔**西宁城北法院（2023）青0105民初5807号民判**〕。不过，中介人违反如实报告义务造成的损失，既包括合同未成功订立造成委托人的信赖损失，也包括因所订立合同对方当事人违约所造成的损失，而这种损失在中介人如实报告时，委托人本来可以避免。因此，需要在确定违反如实报告义务与损失之间的因果关系基础上，"结合可预见性规则、各方过错程度等因素"〔**北京三中院（2018）京03民终5264号民判**〕确定赔偿范围。在特殊情形，结合"过错程度和实际情况"，中介人可能仅需承担"补充赔偿责任”［**宿迁中院（2024）苏13民终338号民判**］。中介人违反如实报告义务导致购房人因房屋交易税收政策变化产生的税费损失，中介人应承担相应的赔偿责任，而具体赔偿金额应考虑购房人实际损失、双方过错程度、对损害后果的原因力大小、居间协议的实际履行情况、中介人收取的佣金金额等因素后予以判定［**上海二中院（2022）沪02民终5071号民事判决民判**］。

附带说明的是，若中介人对于未尽如实报告义务仅存在过失（含重大过失），不存在本条适用之余地，但中介人可因其违约行为所致委托人损失承担赔偿责任（**第966条并第929条第1款第一句**）。当然，委托人对于损失的发生或扩大也有过失的，应当减轻中介人的责任（**第592条第2款**）。

第九百六十三条 【中介人的报酬请求权】中介人促成合同成立的，委托人应当按照约定支付报酬。对中介人的报酬没有约定或者约定不明确，依据本法第五百一十条的规定仍不能确定的，根据中介人的劳务合理确定。因中介人提供订立合同的媒介服务而促成合同成立的，由该合同的当事人平均负担中介人的报酬。

中介人促成合同成立的，中介活动的费用，由中介人负担。

中介人促成合同成立的，有权请求委托人支付约定的报酬（**本条第1款第一句**）。“中介人促成合同成立”系报酬请求权的成立要件，中介人虽然实施中介活动，但委托人与第三人之间的合同并未成立的，中介人不得请求支付报酬。委托人与第三人之间的合同由中介人促成，并不要求中介行为是促成合同成立的唯一原因。不过，中介人要获取全额报酬，应证明其在合同成立中起到“决定性”作用，证明其具备相应的中介能力［**上海二中院（2013）沪二中民一（民）终字第483号民判**］。若合同成立的主要原因并非中介人的中介行为，后者仅起到“辅助和次要的作用”，中介人只能请求委托人支付与其中介行为“价值大小相应的报酬”［**江苏高院（2003）苏民二终字第005号民判，北京二中院（2021）京02民终12398号民判**］。中介人对促成合同订立的事实承担证明责任［**湖南高院（2020）湘民终1409号民判**］。合同成立后被宣告无效、撤销或者解除的，除非无效、撤销或解除的事由系因可归责于中介人的原因所致，否则不影响中介人报酬请求权的成立［**重庆高院（2017）渝民申15号民裁**］。合同成立后，一方当事人违约的，也不影响中介人的报酬支付请求权［**上海高院（2023）沪民申2723号民裁**］。

委托人应付的报酬，依合同确定。当事人未就中介人的报酬达成约定，或者约定不明确的，当事人可以协议补充，不能达成补充协议的，按照合同相关条款或者交易习惯确定（**第510条**）。依上述方式仍不能确定的，根据中介人的劳务，考虑中介人所付出的物力、财力、人力，中介事务的难易程度，中介活动对合同成立所起到的作用大小，中介服务的质量和效果，同类或相似中介服务的报酬水平和当地的习惯等因素合理确定（**本条第1款第二句**）。在媒介中介中，因媒介中介而订立合同的双方当事人均从中介活动中受益，因此，双方平均负担中介人的报酬。换言之，委托人就中介人的报酬承担等额的按份之债（**本条第1款第三句**）。不过，该规定属任意性规范，当事人另有约定的，依其约定。如当事人可与中介人约定分担比例，或者约定仅由部分委托人支付报酬，也可以约定委托人对报酬支付承担连带责任。

因中介活动的费用乃取得中介报酬应付出的代价，所以，在中介人促成合同成立而享有报酬请求权的情形，中介活动的费用自应由中介人自行负担（**本条第2款**）。

第九百六十四条 【中介活动必要费用支付请求权】中介人未促成合同成立的，不得请求支付报酬；但是，可以按照约定请求委托人支付从事中介活动支出的必要费用。

中介人未促成合同成立的，委托人不负担支付报酬的义务，此为前条第1款第一句之反面效果，应予确认（**本条第一分句**）。中介人未促成合同成立，而委托人预先支付报酬的，中介人应当返还已受领的报酬［**咸阳中院（2020）陕04民终2682号民判**］。不过，该规定系属任意性规范，当事人可约定排除其适用。当事人是否具有排除的意思，乃系合同约定和解释的问题。当事人可以约定，在中介人未促成合同订立时，委托人仍须支付中介人从事中介活动支出的费用。依自愿原则（**第5条**），费用补偿范围由当事人自由约定，法律不加干预。若当事人虽约定委托人应承担中介人从事中介活动的费用，但未约定其范围或范围约定不明的，则以必要费用为限。“必要费用”是指中介人为开展中介活动而必需且合理支出的费用，如差旅费、通信费等。劳务费具有报酬的性质，不属于必要费用。中介人应当就必要费用的发生负担举证责任［**肇庆中院（2021）粤12民终1993号民判**］，而必要费用具体数额的认定，需要考虑案件具体情况加以确定［**山东高院（2018）鲁民申7510号民裁、上海一中院（2020）沪01民终11081号民判、上海二中院（2020）沪02民终7848号民判**］，由中介人负担证明责任［**福建高院（2022）闽民申6495号民裁**］。

第九百六十五条 【委托人“跳单”的法律后果】委托人在接受中介人的服务后，利用中介人提供的交易机会或者媒介服务，绕开中介人直接订立合同的，应当向中介人支付报酬。

委托人在接受中介人的服务后，利用中介人提供的交易机会或者媒介服务，绕开中介人直接与第三人订立合同，或者另行委托其他中介人订立合同的行为，俗称委托人“跳单”。“跳单”行为是委托人严重的背信行为，侵害中介人的报酬请求权，因此，中介人虽形式上未促成合同订立，但实质上促成了合同订立，从而仍可对委托人行使报酬请求权。

委托人“跳单”是中介人行使本条规定的报酬请求权的唯一要件，其须满足如下构成要件：(1) 须委托人接受中介人的服务。如果委托人与中介人之间并未订立中介合同，委托人仅仅从中介人在缔约过程中披露的信息而推断出相关交易信息，不能认为委托人接受了中介人的服务［**呼和浩特中院（2023）内01民终2564号民判**］。只有在中介合同有效缔结，且中介人据此向委托人告知交易机会或提供其他媒介服务时，才能认定委托人接受了中介人的服务。(2) 须委托人与第三人订立了与中介服务所指向的交易机会相同的合同。如果委托人根本未与第三人订立合同，或者所订立的合同与中介服务所提供的交易机会根本不同，均不构成“跳单”问题。(3) 须委托人系利用中介人提供的交易机会或者媒介服务与第三人订立合同。委托人完全依靠自己促成合同成立，未利用中介服务的，不构成“跳单”［**杭州中院（2018）浙01民终2910号民判**］。若中介人系接受独家委托，委托人除非能够证明其并未利用中介人提供的交易机会或媒介服务订立合同，否则应肯定“跳单”成立［**龙岩中院**

(2022) 闽 08 民终 1697 号民判]。就此，委托人应就未实质性接受或利用中介人的信息、机会或服务等进行举证，或者就订立合同之关键事实与中介人的服务不存在因果关系等事实进行举证。反之，若委托人与多个中介人订立中介合同，委托人利用其中部分中介人提供的交易机会或者媒介服务而订立合同，针对其他中介人不构成“跳单”（**指导案例1号**）。委托人利用其他中介公司与出卖人订立（房屋买卖）合同，属于消费者正常选择交易机会的行为，其交易机会来源正当合法，委托人行为不符合“跳单”违约的典型特征［**常德中院（2023）湘 07 民终 2429 号民判**］。当然，在不构成“跳单”时，未获报酬的中介人有权依本法第 964 条请求委托人支付必要的中介活动费用［**青岛中院（2022）鲁 02 民终 4730 号民判**］。

委托人构成“跳单”的，须向中介人支付报酬。报酬支付义务的确定，适用第 963 条之规定。同时，亦应考虑中介服务对于合同成立的原因力大小。合同成立的原因主要归于委托人本人或其他第三人的，中介人仅能请求支付相应的部分报酬。在多人中介的场合，委托人利用多个中介人提供的交易机会或媒介服务而订立合同的，应按照每个中介人的贡献支付相应比例的报酬［**深圳中院（2019）粤 03 民终 22397 号民判**］。

在司法实践中，当事人约定“委托人跳单禁止”条款的，该条款有效（**指导案例1号**）。当事人就“跳单”行为约定了违约金的，该约定可优先适用［**南京中院（2015）宁民终字第 3770 号民判**］。所约定违约金畸高的，法院可予以调整［**北京一中院（2023）京 01 民终 10809 号民判**］。中介人主张违约金之后，不得再依本条请求委托人支付报酬。若中介人以格式条款形式，禁止委托人与其他中介人签订中介合同，该条款损害委托人的自主选择权，违反本法第 497 条第 2 项之规定，该格式条款无效［**上海二中院（2011）沪二中民二（民）终字第 1102 号民判**］。此种格式条款无效，不影响本条之适用。

第九百六十六条 【准用规定】本章没有规定的，参照适用委托合同的有关规定。

参照适用的前提有二：一者，本法“中介合同”一章欠缺相关规定；二者，被参照适用的“委托合同”一章的条款不违背中介合同的性质。某一混合合同既包括中介关系，又包括委托关系的，应区分法律关系之内容，分别直接适用“中介合同”章与“委托合同”章的有关规定［**上海二中院（2011）沪二中民一（民）终字第2268号民判**］。中介合同可参照适用委托合同的规定主要有：委托范围的规定（**第920条**）、受托人服从指示的义务规定（**第922条**）、受托人亲自处理委托事务以及报告义务的规定（**第923、924条**）、受托人的财产转交义务（**第927条**）、受托人连带责任的规定（**第932条**）、任意解除权的规定（**第933条**）以及委托合同终止及其处理方式的规定（**第934～936条**）。

第二十七章

合伙合同

第九百六十七条 【合伙合同的定义】合伙合同是两个以上合伙人为了共同的事业目的，订立的共享利益、共担风险的协议。

合伙合同是所有合伙设立的基础。依组织性强弱，合伙可分为组织性弱的合同型合伙与组织性强的组织型合伙（典型如合伙企业）。合同型合伙是本章主要规范的对象。合伙合同也是合伙企业成立的基础（《合伙企业法》第14条），主要涉及合伙人间的内部关系，故本章规定也适用于合伙企业。不过，合伙企业是非法人组织（**第102条第2款**），故适用本法第103～108条。更为重要的是，《合伙企业法》专门就合伙企业作了详细规定，本章规定与本法第103～108条以及《合伙企业法》的规定存在冲突时，应当优先适用后者。

合伙合同具有三项要素特征。首先，合伙人须为两人以上。“合同”为双方关系，应有两人以上自属当然，但合伙合同与普通交换合同当事人的关系不同，非仅为利益对立方，而具有利益共享、风险共担之特点，故本条特别强调当事人为两人以上，包括两人（**第1259条**）。合伙人既可为法人，也可为自然人或非法人组织。国有独资公司、国有企业、上市公司以及公益性的事业单位、社会团体，不得以普通合伙人的身份，成为企业性合伙合同当事人（**《合伙企业法》第3条**），否则，合伙合同无效（**第153条第1款**）。合伙人应具有完全民事行为能力。无民事行为能力人与他人签订合伙合同，虽未经法定代理人事前同意或事后追认，但因存在法定代理人代理其与他人共同投资、共同经营的事实，应当认定双方之间存在事实上的合伙关系［**最高法（2015）民申字第1223号民裁**］。其次，合伙合同以经营共同事业为目的。“共同事业”，即全体合伙人追求的共同利益，营利性（如合伙开设小吃店等）或非营利性（包括公益事业和成员互益性事业）均可。最后，合伙人应当共享利益、共担风险。合伙目的事业的共同性决定了合伙人奉行合伙经营的利益共享、风险共担原则。合伙人通常约定根据出资比例进行合伙经营的损益分配，但当事人可以另行约定其他分配标准（**第 972 条**）。

因此，合伙合同约定部分合伙人只享受合伙利益、不承担合伙风险，则因与合伙本质相悖，应根据具体情况认定该约定无效，或者按照其他类型合同（如土地使用权转让合同、房屋买卖合同、借款合同或租赁合同等）进行处理［**(2018) 最高法民再 216 号民判、湖南高院（2014）湘高法民三终字第 28 号民判、重庆高院（2015）渝高法民提字第 00057 号民判**］。合伙合同并非劳动（务）合同，两者的区分主要在于是否存在出资、是否受到支配、是否存在隶属关系等。即便合伙人因执行事务而获得本法第 971 条规定的报酬，执行事务的合伙人也与合伙无劳动关系可言［**广州中院（2022）粤 01 民终 12657 号民判、重庆一中院（2021）渝 01 民终 2143 号民判**］。相反，即便当事人以“合作经营”等为名订立协议，但若协议约定的权利义务内容、实际履行情况等符合劳动关系认定标准，那么也应认定当事人之间存在劳动关系，但劳动者不得以用人单位未订立书面合同为由请求支付两倍工资［**指导案例179 号**］。除此之外，合作开发房地产合同适用《国有土地使用权合同解释》的相关特别规定，并不构成合伙合同［**(2021) 最高法民申 5719 号民裁、内蒙古高院（2023）内民申 827 号民裁**］。

需要注意的是，合伙人所负的共同给付义务，不同于双务合同当事人之间的对待给付义务。由此，本法以双务合同为原型构建的合同编通则规范，不能完全适用于已成立并开展经营的合伙，包括有关合同效力瑕疵后果、出资义务的履行抗辩权等。例如，合伙合同不成立、无效或被撤销的，不能溯及既往地否定合伙已成立的事实，否则将无法保护与合伙开展交易的善意第三人［**云南高院（2015）云高民一终字第 174 号民判**］。换言之，合伙连带责任（**第 973 条第一句**）仍应被肯定。再如，因合伙合同的组织性及合伙人义务的非交换性，合伙人的出资义务不能直接适用双务合同履行抗辩权制度（**第 525～528 条**），而其中部分合伙人违反合伙协议，其他合伙人解除合伙合同的权利也受到一定限制。除此之外，合伙具有较强的人合性，故合伙人转让合伙合同权利、义务，故不完全适用债的概括转移规则（**第 555、556 条**）。合伙人一致同意某合伙人转让合伙财产份额的，仅系合伙人的身份变更，且在合伙企业情形中，为实现合伙目的及保护第三人信赖，退伙人与入伙人均须对此前的合伙债务负连带责任（**《合伙企业法》第44条第2款、第53条**）。第三人加入合伙合同的，应经全体合伙人同意（**《合伙企业法》第43条第1款**）［**长沙中院（2021）湘01民终13073号民判**］。

合伙合同并非要式合同，不要求合伙人设立书面协议。即便当事人并无书面合伙合同，且无原《民通意见》第50条规定的“两个以上无利害关系人证明有口头合伙协议”，合伙关系也可依其他相关事实而成立［**（2016）最高法民申1279号民裁**］。

第九百六十八条 【合伙人的出资义务】合伙人应当按照约定的出资方式、数额和缴付期限，履行出资义务。

本条与《合伙企业法》第17条第1款相契合。合伙人的出资是实现共同目的的事业的基础，也是确定合伙人资格及合伙损益分配的根据（**第972条**）。合伙合同原则上形式自由，合伙人的出资方式、出资数额和缴付期限由合伙人以口头或书面方式约定。未经全体合伙人同意，任一合伙人不得增加或减少出资［**重庆三中院（2019）渝03民终404号民判**］。

“出资方式”即合伙人向合伙投入资本的形式，法律未禁止且各合伙人认可的财产或非财产利益均可，如货币、实物、知识产权、土地使用权或者其他财产权利（如股权、债权、信托受益权、矿产资源开发权、林地使用权等）、劳务、合伙人的信用、商业秘密、不为营业竞争且具有财产利益的单纯不作为等［**吉安中院（2019）赣08民终177号民判**］。非以货币财产出资的，依照法律、行政法规的规定，需要办理财产权转移手续的，应当依法办理，否则构成未履行出资义务（**《合伙企业法》第17条第2款**）。于设立合伙企业的情形，普通合伙人得以劳务出资（**《合伙企业法》第16条**）。即便未设立合伙企业，合伙人也能以劳务出资［**湖北高院（2021）鄂民终418号民判**］，但其应区分于当事人实为设立劳动（务）合同的情形。“出资数额”即合伙人出资标的的财产价值额，由合伙人自主协商或委托法定评估机构评估（**《合伙企业法》第16条第2、3款**）。“缴付期限”即合伙人缴付出资给合伙的期限，出资可实缴或认缴，但应依约定期限缴付。缴付期限未约定或约定不明的，适用本法第511条第4项确定。

合伙人未履行或未适当履行出资义务，如部分履行了出资义务，或出资缴付的物或权利存在瑕疵的，其他合伙人或执行合伙人均有权要求其履行补缴出资、除去出资瑕疵等义务（**第579、580条**），并承担相应的违约责任（如赔偿给其他合伙人造成的损失）（**第582～585条**），也可要求重新确定瑕疵出资合伙人的出资比例（**类推适用第582条中的“减少价款”**）。合伙人未出资或未适当出资，符合约定或法定解除条件的，其他合伙人可解除合伙合同，合伙合同解除的，合伙合同的权利义务终止（**第557条第2款**），并依本法第978条规定的合伙合同终止的清算程序处理。已履行出资义务的合伙人不得以其他合伙人未履行出资义务，请求返还其已经投入的款项，而需进行合伙财产的清算［**苏州中院（2023）苏05民终8974号民判**］。于清算中，其他未履行出资义务的合伙人实际享有了已出资合伙人投入的财产利益，故应予适当补偿［**广州中院（2023）粤01民终999号民判**］。

第九百六十九条 【合伙财产】合伙人的出资、因合伙事务依法取得的收益和其他财产，属于合伙财产。

合伙合同终止前，合伙人不得请求分割合伙财产。

合伙财产是由动产、不动产或知识产权等组成的集合财产。合伙财产相对独立于合伙人，系由各合伙人组建的共同共有体。合伙财产是有体物的，成立共同共有（**第299条**）。合同型合伙具有一定的独立性和团体性，共同共有制度的资产分割功能区隔了合伙财产与合伙人个人财产，使其彼此相对独立。

合伙财产包括两种类型：一是合伙人的出资，二是因合伙事务依法取得的收益和其他财产（**本条第1款**）。“合伙人的出资”包括已履行的出资和尚未履行的出资。合伙人的出资若为依法应予登记取得财产权的财产，须移转至全体合伙人名下成为合伙财产；若为其他财产，由一名合伙人代表全体合伙人以合伙财产名义持有。合伙人尚未履行出资义务，执行合伙人有权代表合伙对其行使出资请求权，该出资请求权及相应的违约请求权亦构成合伙财产。具有人身属性的合伙人出资（如劳务、信用及其他能力），缺乏可转让性和可执行性，但具有一定的经济价值。此类出资是否属于财产，值得进一步研究。“因合伙事务依法取得的收益和其他财产”，包括因合伙经营依法取得的收入、债权及合伙财产所生孳息，受赠财产，政府奖励，政府补贴，合伙财产毁损、灭失等或被征收所获得的赔偿金、保险金或补偿金等其他财产。“合伙事务”是指合伙存续期间实现合伙事业目的所为之一切事务，包括合伙经营管理、合伙财产处分、入伙和退伙、合伙期限延长、合伙解除和终止等合伙事务。对合伙事务性质的认定，遵循实质重于形式原则，该财产是否以全体合伙人名义取得，则非所问。

合伙财产的独立、稳定是合伙共同事业目的实现及合伙团体人合性维持之必要保证，故本条第2款特别规定，在合伙合同终止前，合伙人不得请求分割合伙财产。“合同终止”包括合同关系整体终止，也包括部分合伙人退出合伙，其他合伙人仍维持合伙关系两种情形。合伙合同终止是“共有的基础丧失”情形，故合伙人可分割共同共有财产。合伙合同终止前，合伙人不得行使合伙财产分割请求权。基于合伙财产分割禁止规则，合伙人既不得在合伙存续期间请求其他合伙人返还出资，除非其退伙［**浙江高院（2021）浙民终629号民判**］，也不得以合伙项目停滞为由请求返还出资［**山东高院（2021）鲁民申10602号民裁**］。然本条第2款应作目的性限缩适用：虽然利润也是合伙财产，但合伙人可约定在合伙存续期间“阶段收益分成”，假如合伙项目确实存在盈余［**（2021）最高法民申4792号民裁**］。

第九百七十条 【合伙事务的决定、执行与监督】合伙人就合伙事务作出决定的，除合伙合同另有约定外，应当经全体合伙人一致同意。

合伙事务由全体合伙人共同执行。按照合伙合同的约定或者全体合伙人的决定，可以委托一个或者数个合伙人执行合伙事务；其他合伙人不再执行合伙事务，但是有权监督执行情况。

合伙人分别执行合伙事务的，执行事务合伙人可以对其他合伙人执行的事务提出异议；提出异议后，其他合伙人应当暂停该项事务的执行。

合同型合伙是具有一定组织性的特殊共同共有团体，合伙意志相对独立于合伙人意志，须依合伙治理机制来实现。本条规定了合伙事务的决定、执行、监督与异议。其中，合伙事务的执行包括共同执行（**本条第 2 款第一句**）与委托执行（**本条第 2 款第二句第一分句**）。

根据本条第 1 款，合伙事务由全体合伙人共同决定。合同型合伙缺乏主体资格，合伙意志须通过全体合伙人的共同意志来体现，合伙事务的决策当由全体合伙人共同决定。因合伙具有高度人合性，合伙事务决定采全体一致同意的特别机制。不过，该规定为任意性规范，合伙人可以约定排除该条之适用，比如适用多数决机制。合伙事务的决定违反本款规定的无效。此外，合伙人决定通过决议行为作出，属于本法总则编规定的决议行为（**第 134 条第 2 款**），应根据其性质适用总则编第六章的相关规定。

本条第 2 款中的委托执行是指，由一名或数名合伙人依合伙合同约定或全体合伙人的决定执行合伙事务。合伙合同未约定，且未经全体合伙人决定的，合伙事务应当共同执行。合伙事务也可委托合伙人之外的第三人执行，并受本法委托合同规定调整。合伙事务执行人在权限范围内执行合伙事务，其行为效果归属于全体合伙人。合伙事务执行人对合伙负有信义义务，执行合伙事务须勤勉尽责，不得违背诚实信用原则，不得擅自超越执行权限，否则须对因此造成的损失，向其他合伙人承担赔偿责任［**嘉兴中院（2021）浙 04 民终 2005 号民判、南京中院（2017）苏 01 民终 10177 号民判**］。合伙事务执行人擅自处分合伙房产的行为构成无权处分，第三人存在善意取得之可能，但执行人需向其他合伙人承担责任［**广东高院（2016）粤民终 1642 号民判**］。然有判决认为，合伙财产因为事务执行人经营管理不善而灭失的，合伙人在未请求解除合伙关系、未对合伙财产进行清算的情况下，无权要求负责执行事务的合伙人承担赔偿责任［**最高法（2015）民申字第 158 号民裁**］。这一裁判值得检讨。盖即便合伙财产未予清算，存在过错的合伙人也应向合伙本身承担损害赔偿责任，且该赔偿构成合伙财产的一部分。合伙合同或合伙决定虽可限制合伙事务执行人的执行权限，但因缺乏公示外观，不得对抗善意第三人［**遵义习水法院（2021）黔 0330 民初 3588 号民判**］。合伙事务执行人越权或欠缺执行权的，善意第三人还可主张适用表见代理规则（**第 172 条**）［**锦州中院（2021）辽 07 民终 2463 号民判**］。

本条第 2 款中的共同执行，是指全体合伙人共同执行合伙事务，合伙人享有平等的执行权。合伙人未就合伙事务执行达成特别约定的，全体合伙人均享有执行的权利［**河南高院（2021）豫民终 522 号民判**］。

本条第 2 款规定，未执行合伙事务的合伙人享有监督权。于共同执行的情形，监督权并不重要。但在委托执行的情形，非执行事务的合伙人享有监督权，如要求合伙事务执行人定期或不定期报告执行情况、查阅合伙财务会计报告、了解合伙财产状况等，以确保合伙事务的正确执行，维护全体合伙人的利益。与股东、合伙企业中的合伙人相似，合同型合伙中的合伙人不仅享有监督权，而且享有与之相关的查阅、复制财务资料等知情权［**杭州中院（2023）浙 01 民终 11643 号民判**］。

本条第 3 款旨在化解合伙事务执行人之间的“权利冲突”。合伙人分别执行合伙事务的，合伙事务执行人有权对其他合伙事务执行人有损合伙利益的行为提出异议。该异议权并非本条第 2 款中的监督权，后者由未执行事务的合伙人享有。异议的效果是，其他合伙事务执行人应暂停该项事务的执行。至于暂停之后如何处理，本款未置一词。出于合伙事务执行效率之考量，事务执行人在其权限范围内可单独行为，但若多名事务执行人存在不同意见，那么不妨由其共同决定。事务执行人无法达成一致意见的，可交由全体合伙人决定。于合伙企业的情形中，两名合伙事务执行人就是否起诉第三人发生分歧，最高法认为该争议乃是合伙企业的重大经营事项，应依《合伙企业法》第 31 条交由全体合伙人进行表决［**“芜湖华融兴商投资合伙企业（有限合伙）与黄山市黄山区名人国际艺术家庄园置业有限公司等借款合同纠纷案”，《最高法公报》2023 年第 11 期**］。

第九百七十一条 【合伙事务执行人的报酬请求权排除及例外】合伙人不得因执行合伙事务而请求支付报酬，但是合伙合同另有约定的除外。

本条属任意性规范，合伙事务执行人不得请求支付报酬，但全体合伙人可另行约定排除该规范的适用。因合同型合伙与全体合伙人之间并无类似组织性合伙与全体合伙人一样的双重主体资格，合伙事务为全体合伙人的共同事务，共同执行合伙事务乃全体合伙人的权利与应尽义务，且劳务出资的合伙人须以其劳动执行合伙事务，故原则上合伙人不得以执行合伙事务为由请求支付报酬。合伙合同约定或全体合伙人共同决定，向合伙事务执行人支付报酬的，亦应允许。即便当事人约定向合伙事务执行者提供报酬，其间也无劳动关系，报酬乃系对作为事务执行者的合伙人的“补偿”，属于合伙费用的范畴［**广州中院（2022）粤01民终12657号民判、重庆一中院（2021）渝01民终2143号民判**］。

本条并未禁止合伙事务执行人对执行合伙事务所发生的必要费用的偿付请求权。若发生必要费用的，执行人有权请求其他合伙人予以偿付［**最高法（2013）民申字第852号民裁**］。合伙人执行合伙事务，因不可归责于自身的事由遭受人身或财产损害的，除可向侵权行为人主张损害赔偿之外，还有权请求其他合伙人予以补偿，否则有违合伙人共享利益、共担风险的原则［**永州中院（2022）湘11民终3813号民判**］。

第九百七十二条 【合伙利润分配与亏损分担】合伙的利润分配和亏损分担，按照合伙合同的约定办理；合伙合同没有约定或者约定不明确的，由合伙人协商决定；协商不成的，由合伙人按照实缴出资比例分配、分担；无法确定出资比例的，由合伙人平均分配、分担。

合伙的利润分配和亏损分担属于合伙内部关系的核心事项。合伙的利润是指合伙关系存续中所取得超出其出资的收益。利润分配既可发生在合伙存续期限内（阶段性利润分配）［**（2021）最高法民申4792号民裁**］，也可发生在合伙合同终止时。合伙存续过程中，是否分配利润，属于合伙事务的范畴，应由合伙合同约定或者全体合伙人决定。合伙的亏损则是指合伙关系存续中遭受的财产损失，亏损分担并不意味合伙人有填补亏损的义务，而是指合伙人应承受合伙存续中产生的不利后果。亏损分担既可能发生在合伙存续期限内（阶段性亏损分担），也可能发生在合伙合同终止时。

合伙的利润分配和亏损分担，应按照合伙合同的约定确定（**本条第一分句**）。合伙合同约定将全部利润分配给部分合伙人或由部分合伙人承担全部亏损的，因违背“共享利益，共担风险”的合伙合同本质属性要求，应认定无效。合伙合同没有约定或约定不明确的，由合伙人协商决定（**本条第二分句**）。值得注意的是，如果合伙合同仅就利润分配与损失分担其中一项进行约定，在合伙人就另一事项发生争议时，基于损益一致的原理，应依相同标准处理。合伙人协商不成的，则按照实缴出资比例确定损益分配（**本条第三分句**）。这一规则有利于督促合伙人及时履行合伙出资义务，且契合公平原则。在分期出资的情形，利润分配不受实缴出资时间点的影响，依出资到位时间分期计算合伙利润分配，有失公允，且难以操作［**最高法（2015）民申字第78号民裁**］。因此，合伙人虽未履行出资义务，若出资缴付期限尚未届至，则并未违背出资义务，不得按照实际缴纳的出资比例确定合伙损益分配［**韶关中院（2016）粤02民终1075号民判**］。采取以上方式仍无法确定合伙人出资比例的，按照合伙风险共担原则，应由全体合伙人平均分配合伙损益（**本条第四分句**）［**江西高院（2014）赣民提字第11号民判**］。不过，由于劳务也可作为合伙人的“出资”，故本条中的“出资”不限于金钱性财产出资。合伙人均未投资，且未就利润分配达成协议的，应考量各合伙人投入的劳务与技能、在先分配盈余的惯例、合伙人吸收的客户资金在投资服务事项中所起的作用等因素，公平合理地明确利润分配比例［**湖北高院（2021）鄂民终418号民判**］。

于举证责任上，请求分配利润的合伙人应当举证证明合伙确实存在利润以及利润的数额等，但若财务资料在其他合伙人处保管，其他合伙人拒绝提供或账簿丢失导致无法确定利润，由其他合伙人承担举证不能的不利后果［**(2017)最高法民申2112号民裁**］。

第九百七十三条 【合伙债务的连带责任及追偿权】合伙人对合伙债务承担连带责任。清偿合伙债务超过自己应当承担份额的合伙人，有权向其他合伙人追偿。

合伙人对合伙债务承担并存的连带责任，而非补充的连带责任（**本条第一句**）。据此，合伙债务以合伙财产及合伙人的财产清偿，且合伙人负全部清偿责任，合伙债权人可选择以合伙财产或合伙人的财产先予清偿。此责任为法定责任，合伙人不得以约定排除，也不得以合伙债务内部分担约定对抗合伙债权人。当然，合伙人与债权人另有约定的，自应依约定处理。若合伙属于组织型合伙，则合伙人对合伙债务仅承担补充的连带责任（**本法第104条，《合伙企业法》第38～39条**）。因此，本条仅适用合同型合伙。"合伙债务"乃因经营合伙事业所生且应由合伙承担的债务，包括合同之债、侵权之债、无因管理之债等。由于合伙人需对合伙债务承担连带责任，故合伙债务又构成连带债务，应按照本法合同编通则分编关于连带债务对外效果的规定（**第520条**）。合伙人为执行合伙事务而对外签订协议，即便其他合伙人并非协议的"显名"当事人，也应就此承担连带责任［**(2018)最高法民再289号民判**］。若合伙人的利益因此遭受损害，其可请求其他合伙人承担相应的责任［**湖北高院(2023)鄂民申5817号民裁**］。

超额清偿合伙债务的合伙人，有权向其他合伙人进行追偿（**本条第二句**）［**(2017)最高法民申4434号民裁**］。合伙人内部承担合伙债务的比例，应依本法第972条予以确定。相对于第519条第1款，第972条构成特殊规范，应予优先适用。但是，关于追偿的具体内容，本法第519条第2～3款应予适用。然需注意的是，本条规定的"追偿"一般有别于本法第972条中的"亏损分担"。前者乃系单笔合伙债务的内部分担，而后者并不指向具体债务，而系阶段性的亏损分担或者合伙合同终止时的亏损分担。即便存在单笔合伙债务的超额清偿与内部分担，也不必然产生亏损问题，甚至合伙人可能盈利。

第九百七十四条 【合伙人对外转让财产份额】除合伙合同另有约定外，合伙人向合伙人以外的人转让其全部或者部分财产份额的，须经其他合伙人一致同意。

本条属任意性规范，合伙人可否对外转让其全部或者部分合伙财产份额，实行"约定优先"的原则。合伙人之间具有信赖关系，新加入合伙的人的偿债能力强弱关涉合伙债务偿还能力及合伙共同的事业目的的实现。是故，合伙人不得向合伙人以外的人转让全部或部分合伙份额，除非其他合伙人一致同意。"财产份额"是指合伙人针对合伙财产整体享有的份额，而非针对单一的合伙财产享有的份额。合伙人对单一财产形成共同共有关系，并无份额可言。本条仅适用于"向合伙人以外的人"转让，合伙人之间的财产份额转让不适用本条，无须经其他合伙人同意［**最高法(2012)民抗字第23号民判**］。不过，合伙合同明确约定合伙人之间转让合伙财产份额需经全体合伙人一致同意的，该约定也可有效，并在其他合伙人表示同意前，合伙财产份额并未转让［**(2021) 最高法民申 2253 号民裁**］。本条虽仅提及“转让”，但也可类推适用至财产份额之质押。转让人主张存在“另有约定”的，应就其主张负担举证责任。

合伙财产份额的有效转让将产生如下效果：一是转让人退出合伙关系；二是受让人加入合伙；三是退伙的转让人仍需对转让前的合伙债务负担连带责任，这一效果符合本法第 551 条第 1 款的旨趣以及《合伙企业法》第 53 条的规定；四是受让人不仅需对转让后的合伙债务承担连带责任，且在合伙企业情形中，还需对转让前的合伙债务负担连带责任（**《合伙企业法》第 44 条第 2 款**）。虽然合伙财产份额之转让具有出让人退伙的实际效果，但其并非真正意义上的退伙或合同部分解除，故不会引起合伙财产清算问题。

值得注意的是，本条并未规定合伙人对外转让合伙份额时，其他合伙人享有优先购买权。因为，其他合伙人欲阻止第三人加入合伙，无须借助优先购买权制度，其拒绝同意即可。在合伙企业这一特殊情形中，《合伙企业法》第 23 条明确规定了其他合伙人的优先购买权，除非合伙人另有约定。虽然本条未规定优先购买权，但不妨碍合伙人通过合同创设该权利。不过，合伙合同约定合伙人对外转让合伙份额时，其他合伙人享有优先购买权的，该约定仅具对内效力，不能对抗善意受让合伙份额的第三人。

第九百七十五条 【合伙人债权人代位权的限制】合伙人的债权人不得代位行使合伙人依照本章规定和合伙合同享有的权利，但是合伙人享有的利益分配请求权除外。

合伙关系具有显著的人合性。债权人不得代位行使专属于债务人的权利（**第 535 条第 1 款**）。合伙人的权利包括合伙事务的决定权、执行权、异议权、监督权等人身性权利，以及合伙利益、剩余合伙财产分配请求权等财产性权利。后一类权利仅以财产给付为内容，代位行使该权利并不会让第三人介入合伙关系。是故，本条后半句明确规定，“利益分配请求权”可代位行使。本条所谓“利益分配请求权”乃系合伙人享有的一项权能，其本身尚非权利。合伙人作出利润分配决定或合伙合同终止时，合伙人才享有相应的债权。当合伙人享有债权时，其债权人才有权代位行使该债权。本条的“不得”系权能性规范，即合伙人的债权人欠缺代位权。合伙人的债权人代位行使前列人身性权利，不发生代位权行使效果。

本条仅规定了债权人的代位权，并未明确合伙人的债权能否强制执行合伙人的合伙财产份额。为兼顾债权人与其他合伙人的利益，应允许其强制执行合伙人的合伙财产份额，适用本法第 974 条并类推适用《合伙企业法》第 42 条：法院强制执行合伙人的财产份额时，应当通知全体合伙人，其他合伙人可行使优先购买权、代为清偿合伙人债务或允许对外转让该合伙财产份额，且代为清偿的后果依本法第 524 条处理；其他合伙人未购买、也不代为清偿合伙人债务且不同意对外转让合伙财产份额的，依法为该合伙人办理退伙结算或削减相应财产份额的结算。

本条也未规定合伙人的债权人能否强制执行合伙财产，以清偿合伙人的个人债务。合伙财产属全体合伙人的共同共有财产，而依《查封扣押冻结财产规定》第 12 条，合伙人的债权人可申请法院查封、扣押、冻结合伙财产；合伙人协议分割合伙财产并经债权人认可的，法院可认定有效，查封、扣押、冻结的效力及于协议分割后作为被执行人的合伙人享有份额内的财产，并裁定解除对其他共有人享有份额内的财产查封、扣押、冻结；合伙人的债权人作为申请执行人，可代位提起合伙财产析产诉讼。合伙人的债权人申请强制执行合伙财产的，法院只能强制执行该合伙人依其份额享有的财产，其他合伙人在其份额范围内的利益不受影响［**(2017) 最高法民申 4499 号民裁**］。合伙财产关系具有相对独立性，允许合伙人的个人债务人强制执行合伙财产，会影响合伙债权人的利益。因此，当合伙人个人财产不足以清偿个人债务时，只有在合伙债权人已得到满足，合伙人共有财产还有剩余的情况下，合伙人的个人债权人才能执行该合伙人在其份额范围内享有的合伙财产［**四川高院 (2019) 川民再 659 号民判**］。

第九百七十六条 【不定期合伙合同及其预告解除】合伙人对合伙期限没有约定或者约定不明确，依据本法第五百一十条的规定仍不能确定的，视为不定期合伙。

合伙期限届满，合伙人继续执行合伙事务，其他合伙人没有提出异议的，原合伙合同继续有效，但是合伙期限为不定期。

合伙人可以随时解除不定期合伙合同，但是应当在合理期限之前通知其他合伙人。

一、不定期合伙合同及其解除

依合伙期限确定与否，合伙合同分为定期合伙合同与不定期合伙合同。不定期合伙合同包括两种情形：一种是合伙合同没有约定合伙期限或者约定不明，合伙人不能协议补充，也不能依合伙合同相关条款或者交易习惯确定合伙期限的，视为不定期合伙（**本条第1款**）。另一种是合伙期限届满后，合伙人继续执行合伙事务，其他合伙人无异议的，认定原合伙合同继续有效且成立不定期合伙（**本条第2款**）［**(2016）最高法民再138号民判**］。“合伙事务”指合伙期限届满后围绕合伙目的事业开展的新合伙事务，不包括执行原合伙期限内发生但尚未了结的事务。若仅部分合伙人对合伙期限届满后的合伙事务执行提出异议，发生合伙合同对该部分合伙人终止的效力，该部分合伙人有权请求退还其应予分配的合伙财产；未提出异议的合伙人与执行合伙事务的合伙人成立不定期合伙。

本条第3款是本法第563条在合伙合同中的具体化。合伙合同是典型的继续性合同，因此，不定期合伙合同的当事人享有预告解除权，即可以无须任何理由地随时解除不定期合伙合同，仅需在合理期限前通知其他合伙人即可。“合理期限”须依诚实信用原则并结合合伙性质、合伙目的及合伙人的信赖关系等因素综合判定。合伙人除非有正当事由，不得在不利于合伙的期间内解除合同。合伙合同解除后的财产清算，依照本法第978、972条的规定处理。

二、其他合伙合同的解除

除本条规定的合伙合同解除外，还存在其他解除之可能。首先，合伙人能合意解除合同。经全体合伙人同意，合伙合同可全部终止或部分终止（部分合伙人退伙，仍存在两名以上合伙人）。当事人签订退伙协议的，即便协议带有“草签”字样，但各方在协议中对合伙项目的盈余分配、支付方式、债务承担、合伙终止等事项及各方的权利、义务和违约责任，均作出了实质性的约定；对合同履行过程中可能出现的不确定情况均作了相应的处理约定，且未附生效条件，从内容上看并不存在履行上的法律或事实障碍的，无论合同名称如何，均应视为可以履行的正式合同［**(2019) 最高法民申829号民裁**］。

其次，虽然合伙合同并非典型意义的双务合同，但也存在单方解除的可能性。三名合伙人中的两名提出退伙申请，实为诉请解除合伙合同，因为不存在只有一名主体的合伙；对于该解除请求，若合伙事务因未获得相应的行政许可而难以继续执行，且合伙事务因此处于毫无进展的状态的，合伙合同可因目的不达而被解除［**(2017) 最高法民再228号民判**］。合伙合同成立后，因合伙人违约、怠于参与合伙事务等缘故，导致合伙人丧失了信任、合作基础，且该合伙合同已实际履行不能的，合伙人可解除合同［**黑龙江高院（2016）黑民终532号民判、遂宁中院（2020）川09民终156号民判**］。倘若多数合伙人均主张解除合伙合同，仅有一名合伙人拒绝解除，那么可认定各合伙人缺乏继续合作的基础，故合伙合同可被解除［**福州中院（2021）闽01民终10325号民判、宁波中院（2009）浙甬商终字第729号民判、台州中院（2017）浙10民终1393号民判**］。即便在两方合伙的情形中，一方坚持要求解除合伙合同，或者双方已无法就合伙事务达成共识的，双方丧失了自愿合作的基础，故合伙合同可予解除［**(2016) 最高法民申972号民裁、青岛中院（2022）鲁02民终9034号民判**］。三方合伙合同中，其中两方怠于履行出资义务，第三方有权以根本违约为由，请求解除合伙合同［**河南高院（2021）豫民申8986号民裁**］。

合伙合同解除，有完全解除与部分解除之分。所谓部分解除，乃是退伙。部分合伙人退伙的，需进行合伙财产的清算，但剩余合伙人之间的合伙关系不受影响［**最高法（2015）民抗字第27号民判**］。

第九百七十七条　【合伙合同的法定终止】合伙人死亡、丧失民事行为能力或者终止的，合伙合同终止；但是，合伙合同另有约定或者根据合伙事务的性质不宜终止的除外。

合伙人死亡、丧失民事行为能力，或合伙人终止时，合伙的人合性无法维续，合伙合同应当终止（**本条第一分句**）。合伙人死亡、丧失民事行为能力仅针对自然人合伙人。其中，“死亡”包括宣告死亡（**第46条**）；“丧失民事行为能力”，不仅包括完全丧失民事行为能力，而且包括成为限制民事行为能力人的情形。合伙人终止则指法人或非法人组织因解散、被宣告破产及其他原因而终止的情形。前列三项事由乃系合伙合同终止的法定事由，合伙合同还可因解除而终止（**见本法第 976 条评注**）。

但是，在两种情形下，即便发生本条第一分句的事由时，合伙合同也不终止（**本条第二分句**）。一是合伙合同约定，即便出现前述事由，合伙合同继续有效，由原合伙人的权利义务继受人（如继承人、法定代理人、清算人、破产管理人等）作为新合伙人，或者原合伙人退出合伙关系，合伙合同在其他合伙人之间继续有效。根据自愿原则（**第 5 条**），应无不许之理。在发生前述事由时，其他合伙人一致同意原合伙人的权利义务继受人承接其法律地位的，亦同［**陕西高院（2022）陕民终 125 号民判**］。合伙人的法定继承人实际参与合伙事务，其他合伙人并未拒绝的，应视其他合伙人愿意接受法定继承人为新的合伙人［**陕西高院（2022）陕民终 125 号民判**］。二是合伙合同"根据合伙事务的性质不宜终止"。根据合伙事务的性质，合伙事务执行的终止将严重损害合伙利益，合伙合同并不因前述事由而当然终止，合伙合同继续存在，合伙人的权利义务继受人（如继承人、遗产管理人、法定代理人、清算人、破产管理人）及其他合伙人须依诚信原则继续执行合伙事务。

本条所谓"合伙合同终止"乃系自动终止，既包括完全终止，也包括部分终止。若部分合伙人出现本条规定的事由，则其丧失合伙人资格，但其他合伙人的合伙关系不受影响，除非仅剩一名合伙人。若因部分合伙人出现本条规定的事由，导致合伙事务难以进行、合伙合同目的不达，那么其他合伙人可请求解除合伙合同。合伙合同终止仅导致相关合伙人丧失合伙人资格，但其仍享有或其继承人取得合伙财产份额［**常德中院（2021）湘 07 民终 2695 号民判**］，进而需进行合伙财产清算（**第 978 条**）。

第九百七十八条 【合伙合同终止后合伙财产的处理】合伙合同终止后，合伙财产在支付因终止而产生的费用以及清偿合伙债务后有剩余的，依据本法第九百七十二条的规定进行分配。

合伙合同的终止，包括合伙合同的法定终止（**第 977 条**）与因解除而终止（**第 976 条**）。合伙合同终止后，全体合伙人须清理合伙财产、处理尚未了结的合伙事务、清偿合伙债务和分配剩余合伙财产，合伙清算程序完结后，合伙关系才消灭。合伙合同终止的清算程序遵循“先偿债、后分配”原则，合伙财产支付清算费用及清偿合伙债务仍有剩余的，方可分配给合伙人。

首先，支付合伙清算费用，包括清算人的报酬，合伙财产的保管、评估、变卖等必要费用，清理债权债务所发生的诉讼费用、仲裁费用、律师费用及必要的差旅费用等。其次，清偿合伙债务。合伙对第三人及合伙人的债务均属合伙债务，因合伙并非纳税主体，合伙事务所生的欠缴税款属合伙人的个人债务。合伙合同终止时，合伙债务尚未到期或处于争议中的，可以从合伙财产中预留清偿债务所必需的数额，由合伙人自行保管或交由第三方保管。即便合伙已解散，合伙财产已分割完毕，但仍存在合伙债务的，原合伙人仍应就此承担连带责任〔**(2020) 最高法民申 2314 号民裁**〕。最后，分配剩余合伙财产。剩余合伙财产的分配，依本法第 972 条执行。合伙财产之分配乃系对共同共有财产之分配，故合伙人无权直接请求其他合伙人返还其投入的资金〔**(2017) 最高法民再 228 号民判、福建高院 (2023) 闽民申 5422 号民裁**〕。

需要注意的是，全体合伙人即使提前分配了合伙财产，因合伙人对合伙债务的连带责任并未被免除，该分配行为仍然有效。合伙人诉请分割合伙财产，须承担合伙财产已清算的举证责任，否则，不得请求分割〔**(2017) 最高法民申 2112 号民裁、上海高院 (2016) 沪民申 233 号民裁**〕。但是，若因合伙账务资料原因无法完成清算，那么基于公平原则，在扣除合伙相应费用支出后，仍可对合伙现有财产进行酌定分配〔**(2019) 最高法民申 3369 号民裁、(2019) 最高法民再 78 号民判**〕；若之后有证据证明确实存在应予扣除的其他合伙债务的，合伙人可另行主张〔**(2019) 最高法民申 3369 号民裁**〕。合伙人在合伙合同终止后无法自行清算的，法院应基于合伙人的诉请，组织双方当事人对账、确定合伙盈亏，直接对剩余合伙财产进行分配，裁判强制进行清算〔**最高法 (2014) 民申字第 1137 号民裁**〕。

第三分编 准 合 同

第二十八章

无因管理

第九百七十九条 【适法无因管理】管理人没有法定的或者约定的义务，为避免他人利益受损失而管理他人事务的，可以请求受益人偿还因管理事务而支出的必要费用；管理人因管理事务受到损失的，可以请求受益人给予适当补偿。

管理事务不符合受益人真实意思的，管理人不享有前款规定的权利；但是，受益人的真实意思违反法律或者违背公序良俗的除外。

本条规定了适法无因管理人必要费用偿还请求权与损失补偿请求权。在内容上，本条第 1 款第一分句虽与本法第 121 条规定基本相似，但依本条第 2 款第二分句的反面解释，本人（受益人）意思真实须作为必要费用偿还请求权、损失补偿请求权的成立要件，故应优先适用本条。管理人与本人之间产生的债务关系虽列入“准合同”分编下，但与作为合意之债的合同截然有别，属法定债务关系的范畴。鉴于必要费用偿还请求权与损失补偿请求权仅为适法无因管理人可以主张的权利，故需先对适法无因管理的共通构成要件进行界定，再分述必要费用偿还请求权与损失补偿请求权的特别法律效果。

（一）适法无因管理的构成要件

（1）管理人无法定或约定义务。法定或约定义务下的事务管理关系依特别法规定或合同约定即可，前者如基于监护的事务管理，后者如基于委托的事务管理，无须借助无因管理制度。管理人虽负有法定或约定义务，但在履行义务的过程中超出义务范围管理了他人的事务的，仍可构成无因管理；在事务管理之初，管理人虽负有义务，但该义务在管理事务过程中消灭的，对其后的事务管理，也可构成无因管理。对管理人法定或约定义务的判断，应依客观社会意义的标准确定，不受管理人主观认知错误的影响：若管理人负有义务但误认为自己无义务，不发生无因管理的效果；反之，若管理人无义务而误认为有义务，仍属无义务的范畴。

（2）管理人管理了他人事务。"事务"指涉有关人们社会生活利益的一切事项，包括法律行为与事实行为，但如下事项不属于无因管理的对象：违法的事项；不能发生债之关系的事项，如纯粹宗教的、道德的和属公益性质的事项；依照法律规定必须经本人授权才能办理的事项；必须由本人亲自办理的事项，如结婚登记；不作为事项等。"管理"表明管理人支出了一定的劳务给付。一般而言，除非存在错误或擅自管理的情形，客观他人事务的管理自然产生管理利益归属的效果，如为他人修理房屋；但在客观中性事务（也称主观他人事务）的管理中，如为他人采购物品，由于事务是否可归属于本人尚不确定，尚需借助管理意思的明示或推定才能实现管理效果的归属。故而，因他人事务类型的不同，管理人就管理利益的归属效果负有不同的举证责任：在客观他人事务的管理中，由于管理意思可被当然推定，这导致管理人仅就客观他人事务的管理事实负举证责任即可；但在客观中性事务的管理中，为实现管理利益的转嫁，管理人还需对管理意思负进一步的举证责任。

（3）管理人具有为他人的管理意思。管理意思系将管理效果转嫁于本人处、为本人谋取利益的抽象意思。谋取利益的形式既包括帮助本人避免或减少损失使其间接受益，也包括使本人取得某种权益而直接受益。由于管理意思为管理人的主观心理状态，其毋需表示也无须受领，不易判别，在实践中往往需要借助一定的外在判断标准，如管理人对外的意思表示。对于管理意思的判断标准，包含本人对其事务的管理要求、事务管理的社会常识和管理人所具有的管理知识水平等三项因素。管理人在为本人谋利益的同时，也为他人管理了事务，如某一个住户为整个小区修建了公共设施，这种情形被称为"混合事务"，在"混合事务"中，同样能认定管理人具有管理意思［**宁波中院（2009）浙甬商终字第1054号民判**］。

（4）不违反本人真实意思（**本条第2款第一分句**）。这是费用偿还请求权与损失补偿请求权的成立抗辩事由。“真实意思”包括本人明示的意思，如本人对外明确的宣称；也包括本人虽未明示，但可得推知的意思，如房屋失火时对他人救助的需要。在判断本人可得推知的意思时，是否符合本人客观利益，是重要的参考因素。本人可推知意思的探明，应以必要为前提，原则上限于本人不能自行管理、也无法及时征求本人意见的情形。若管理人尚可与本人联系，管理人应通知本人，候其指示，不得径依“可推知意思”干涉他人事务。但是，当本人意思违法或背俗时，可不予考虑（**本条第2款第二分句**）。例如，当拯救自杀之人时，即便拯救者违反了本人想要自杀的真实意思，该拯救行为仍被法秩序所认可。实践中类似的情形还包括代为履行本人强化的公益义务（如法定扶养义务、赡养义务）或履行本人的公法义务（如代缴税款）等情形［**北京三中院（2017）京03民终201号民判**］，在这些情形中，即便本人明确拒绝履行义务，鉴于该意思无须尊重，事务管理行为仍属适法。

（二）管理人对本人基于适法无因管理的请求权

（1）必要费用偿还请求权。必要费用系指事务管理过程中自愿支出且必须支出的花费项目，其内涵较为广泛，物品的消耗、金钱的支出、负担的减轻均为必要费用的表现形式［**（2020）最高法民申3032号民裁、淄博中院（2023）鲁03民终898号民判**］。为避免劳务的强制交易，对于管理人一般性的劳务不作必要费用的评价。但是，专业人员或职业人员的劳务给付通常需要作价，此时的劳务等同于报酬。例如，在紧急情形下，医院的紧急救助行为显然需要受助人的事后付费（第1220条）。必要费用的评价采纳管理人支出之时的客观判断标准，不受本人主观价值判断的影响。在文义上，必要费用不必然包含管理人为本人主动增益的“有益费用”。由于是否为“有益管理”还需要本人意思的评判，所以，在解释上，可将“有益费用”纳入必要费用的评价范围。因费用支出可自然归属于本人，在必要费用支出之日起，还会产生利息，利息的多少依金钱债务的法定利率计算。管理人在事务管理过程中也可能主动负担债务，债务负担作为面向未来的费用支出形式，同样需要由本人承受。

（2）损失补偿请求权。事务管理中除管理人主动支出的费用外，管理人也可能遭受非自愿的损失。与必要费用的完全赔偿不同，“适当补偿”意味着管理人仅能获得本人的部分补偿。然而，如果管理人的损失是典型风险行为伴随的损失，或者无论如何都不能避免的损失，损失补偿的效果就接近于全部赔偿。因此，即便是管理人非自愿的损失，也存在完全赔偿的可能。从体系上看，无因管理中本人的损失补偿规则与本法第183条在基本价值取向上一致。在部分补偿责任中，具体补偿份额的考量因素包括事务管理的紧迫程度、执行事务的具体类型、管理人的过错、受益人受益的多少及其经济状况等［**江苏镇江中院（2011）镇民终字第128号民判**］。例如，当见义勇为人因救助他人生命，而导致自身伤亡时，法院一般会结合各种因素综合考量后，认定损失补偿份额［**河南南阳中院（2004）南民一终字第75号民判**］。

第九百八十条 【不适法管理与不真正无因管理的特别效果】管理人管理事务不属于前条规定的情形，但是受益人享有管理利益的，受益人应当在其获得的利益范围内向管理人承担前条第一款规定的义务。

本条杂糅了反面规定与引致规定的立法技术，导致本条作为请求权基础的构成要件与法律效果并不清晰。依文义解释，本条中“前条规定”系前条“适法无因管理”的情形，事务管理既可能因此而构成无管理意思而管理他人事务的不真正无因管理，也可能构成虽有管理意思但不满足本人真实意思要求的不适法无因管理，二者在构成要件与法律效果上需要区分。

（一）本人对管理人的请求权

1. 不适法无因管理中本人的管理利益请求

在不适法无因管理中，管理人虽欲转嫁管理所生效果，但因违反本人意思而不获承认。若管理利益仍保留在管理人处，毋需法律介入调整；若管理利益已被本人事实上享有，由于管理意思违反本人意思，这导致本人不愿意享有管理利益，因此，在原物返还可能时，管理人可向本人请求返还原物；在原物返还不能时，管理人需依不当得利请求权向本人请求返还所得利益，无借助本条规范效果调整的必要。本条后半句关于“前条第一款规定的义务”指向管理人的必要费用偿还义务与损失补偿义务，显示出本条在法效果上仍在无因管理法的框架下［**西城法院（2021）京0102民初22537号民判**］。故本条“享有管理利益”不仅指本人事实上享有了管理利益，而且包括本人在事后继续愿意保有管理利益。

由于不适法无因管理人本就想转移管理利益，本人继续享有管理利益实乃本人矫正自身意思的方式。若本人未获得想要的管理利益，尚需借助本法第 983 条的管理人移交义务才能完成管理利益的转移。不同于本法第 984 条追认适用委托合同的规定，本条规定本人享有管理利益的实质效果，使管理人与本人关系仍处于无因管理法的调整范围。

受益人承担义务的前提是管理人已经向其移交管理利益。当然，为避免本人遭受适法无因管理中费用与损失大于利益的不利风险，本条规定受益人仅在受益范围内承担费用偿还与损失补偿义务。“在受益范围内”意味着：本条确立的管理人请求权，在适用条件上以产生“管理结果”为前提，在义务范围上以本人有现存得利为限；如果本人在管理中并无得利，则免于其费用偿还的义务，这与适法无因管理中本人需承担费用支出失败风险并不相同。

2. 不真正无因管理中的管理利益请求

不真正无因管理的前提是，管理人在无管理意思的情形下，管理了一项客观的他人事务。具体而言，管理人或可误认他人事务为自己事务，其行为构成误信管理；或明知为他人事务而擅自管理，其行为构成不法管理。若管理人无将管理利益转移交本人的管理意思，将管理人的劳务给付、管理能力等增值利益一概交由本人享有，则暗含了管理利益的剥夺效果。在不法管理中，管理人明知他人事务而擅自管理，其本质为侵权，鉴于管理人主观上具有恶意，剥夺其管理利益所得，可达到惩罚、震慑故意侵权的效果。在误信管理中，管理人的错误认知源于自身过失，仅因过失就剥夺管理人的劳务给付与管理付出，在价值上难谓妥当，但考虑到误信管理中仍然存在管理利益的归属判断，在过失利用他人排他性权益取得营利利润等情形中，既然将管理利益分配给误信管理人在结果上并不妥当，故应允许其在一定程度上也能够适用本条。与前述情形相似，因管理他人事务产生的管理利益既可保留在管理人之处，亦可保留于本人之处。当管理人实时享有管理利益的，本人可继续保有管理利益的现实归属状态。当管理利益尚保留在管理人处的，可类推适用本法第 983 条中管理人移交取得财产的请求权，实现对管理人处所得管理利益的剥夺。

（二）管理人对本人的请求权

本条在法律效果上指向了本法第 979 条第一款规定中管理人对本人

的请求权，也即，本人享有管理利益后，需按照前述规定承担相应的费用偿还与损失补偿义务［**德州中院（2021）鲁14民终2887号民判、金昌中院（2023）甘03民终366号民判**］。考虑到管理人管理行为的不适法或者不适当，即便允许管理人向本人主张权利，但亦需对管理人可得主张的请求权进行一定的限制，故本条仅仅允许本人在受益的范围内向管理人承担费用偿还与损失补偿义务。相比于适法无因管理中费用偿还请求权不要求管理后果，该限制赋予了本人在管理无效果时的优遇，从而使得本条更具有得利法的一般特征。

第九百八十一条　【管理人适当管理义务】管理人管理他人事务，应当采取有利于受益人的方法。中断管理对受益人不利的，无正当理由不得中断。

本条第一句通过行为规范的形式确立了管理人的适当管理义务。管理方法"有利于受益人"系对管理实施的妥当性要求。只有在管理符合本人意思的基础上才有管理实施妥当与否的评价，这是区分事务管理之承担与事务管理之实施的意义所在。若事务管理之承担本身已违反本人意思（不适法无因管理），管理人自需对本人的损害承担赔偿责任（第980条）。若管理人承担事务管理符合本人意思，但未采取有利于本人的方法且对本人造成损害的，管理人是否承担债务不履行的损害赔偿责任，尚需引入对管理人主观归责方面的评价。因管理实施不当造成本人损害的，在紧急管理中，管理人被赋予一定的责任优遇，即非因故意或重大过失，管理人不承担损害赔偿责任，其处理原则趋近或等同于本法第184条确立的责任优遇；在非紧急管理中，损害因系管理人主动介入他人事务引发，其可归责性不应高于紧急管理与无偿委托中的责任优遇，故管理人对管理方法不当承担过失责任，是否让管理人享有轻过失不承担责任的优遇，可应依据个案情形进行具体裁量［**通辽中院（2021）内05民终2900号民判**］。

本条第二句确定了管理人的继续管理义务。管理人的主动介入行为触发了管理人对本人利益的持续保护义务，"不得中断"在文义上虽系禁止规定，实质上为管理人设定了行为标准。若管理人中断管理义务导致本人利益受损的，系事务管理实施不当，管理人需按本条前述第一句中的归责原则承担义务不履行的责任。

第九百八十二条　【管理人通知、听候指示的义务】管理人管理他人事务，能够通知受益人的，应当及时通知受益人。管理的事务不需要紧急处理的，应当等待受益人的指示。

本条第一句规定了管理人的通知义务。管理人的通知义务应当在管理人开始管理时向本人或其代理人为之。通知义务以能够通知为前提，客观上不能通知的事由可免予管理人的通知义务，例如，管理人不知本人的具体身份与行踪，因交通断绝而无法通知。通知义务属积极作为义务，若管理人违反通知义务造成本人损害扩大的，应按照本法第 981 条承担债务不履行责任［**广州天河法院（2020）粤 0106 民初 6224 号民判**］。

本条第二句规定了管理人通知本人后的听候指示义务。除有急迫事尚需继续管理外，管理人在通知本人后应等待本人的指示。在接到管理人通知后，若本人指示管理人不再继续管理，管理人应遵循本人意思退出事务管理。若管理人违反本人指示仍为管理，该管理系违反本人意思的不适法无因管理，对于因其管理所生的损害，管理人即应承担介入他人事务的赔偿责任。若本人指示管理人继续管理，该指示实则为本人对管理人管理事务的追认，双方当事人的关系依本法第 984 条规定，自管理事务开始时适用委托合同的有关规定。当本人接到通知后未为指示时，若退出管理有损于本人利益，管理人仍负有继续管理的义务（**第 981 条第二句**）。管理人未尽继续管理义务造成损害的，按照本法第 981 条确立的归责原则承担赔偿责任。

第九百八十三条 【管理人报告、移交管理利益的义务】管理结束后，管理人应当向受益人报告管理事务的情况。管理人管理事务取得的财产，应当及时转交给受益人。

本条第一句规定了管理人的报告义务。在事务管理终止时，管理人应将管理事务的始末状况如实报告给本人。报告可采书面形式，也可采口头或其他形式。报告的内容必须真实，不得欺瞒。因报告产生的必要费用，属于管理人有权请求本人偿还之必要费用的组成部分。报告义务系妥善管理义务的要求，需管理人积极为之，违反报告义务造成本人利益受损的，需按照本法第 981 条承担损害赔偿责任。

本条第二句规定了管理人转交取得财产的义务。管理人在事务管理时可将管理利益自然归属于本人，也可暂时保有管理利益。“财产”形式应作广义理解，它包括物、金钱、权利、权属证书等各种有形和无形财产。财产“取得”的来源既包括从本人处“取得”，如临时保管本人的物；也可指从第三人处取得，如以自己名义购买了物品；更包括管理人自身原始取得的财产，如制作了新物。就此，转交请求权的本质既能涉及占有关系的恢复，也可能涉及所有权的实质变动请求。管理人虽然具有将管理利益归属于本人的管理意思，但这并不意味着本人可当然取得或享有管理利益，其仍需借助移交请求权实现管理利益的正当归属〔**濮阳中院（2021）豫 09 民终 2944 号民判，淄博中院（2022）鲁 03 民终 2118 号民判**〕。

第九百八十四条 【管理人追认及其效力】管理人管理事务经受益人事后追认的，从管理事务开始时起，适用委托合同的有关规定，但是管理人另有意思表示的除外。

本人事后可以对管理行为加以追认。追认对象仅限于真正无因管理，其包括适法与不适法无因管理；由于不真正无因管理中管理人仅为自己利益而管理，无本人追认的适用空间。追认系管理人的单方行为，具有形成权属性。追认需向管理人作出。追认的形式原则上为明示，单纯的主张管理利益不在其内。不过，真正无因管理人本就负有妥善管理与继续管理义务、通知与听候指示义务以及报告义务，因此，本人请求管理人履行上述义务的行为，不足以构成默示追认。另外，本人请求管理人移交管理利益，不构成默示追认。

经本人追认后，适法无因管理与不适法无因管理均适用委托合同的规定。就不适法无因管理而言，因追认而溯及地适用委托合同规定，自始即具备法律上原因且阻却违法，这排除了不当得利返还与侵权责任的适用。鉴于追认实则是本人对管理人管理行为的概括承认，追认后不应使管理人的待遇较追认前更差，准此，需逐一检讨追认的具体法律效果。

在适法无因管理中，经追认，适法管理人费用偿还请求权（含利息）的规范基础转换为本法第 921 条第二句。与第 979 条第 1 款内容类似，第 921 条第二句将费用限于“必要费用”，故将有益费用的解释包含在必要费用的解释之中，可有效统一无因管理法与委托合同在费用偿还上的规范效果［**温州永嘉法院（2023）浙 0324 民初 7188 号民判**］。管理人基于赠与意思而为无因管理，系自愿放弃费用偿还请求权，不受本人追认的影响。经追认后，适法管理人得否请求报酬，仍依无因管理的规定判断。若追认后双方重新约定报酬，依本法第 928 条第 1 款处理。适法管理人的损失补偿原则上为部分补偿，但包括完全赔偿的可能。若管理人具有过失，可减少本人补偿的数额（**第 979 条第 1 款**）；在委托合同中，当受托人的损失不可归责于自身时，委托人需全部赔偿（**第 930 条**）；若损失可归责于受托人自身，可适用与有过失规则减少委托人的赔偿数额（**第 468 条并参照第 592 条第 2 款**）。在完全赔偿层面，委托合同中原则上适用全部赔偿的规则对管理人更为有利；在部分赔偿层面，委托合同与适法无因管理的规则趋于一致，故经本人追认后应适用本法第 930 条的损失赔偿原则。在无因管理法下，除紧急管理外，适法无因管理人对本人造成损害的需承担过错责任；但经追认后，适法无因管理人享有无偿委托中受托人非因故意或重大过失不承担责任的优遇。

在不适法无因管理中，受益人追认后不适法管理人的地位与委托合同中受托人地位保持一致，故管理人依本法第 921 条第二句享有委托合同项下的必要费用偿还请求权，依第 930 条享有非归因于自身的损失赔偿请求权。不适法无因管理经追认后适用委托合同的规定，管理人享有受托人的待遇，承担受托人的妥善事务处理义务。具体而言，管理人（受托人）可随时中断管理（解除委托合同），但中断时间不当的，需按照本法第 933 条的规定承担赔偿责任；在特别情形下，管理人依本法第 935 条负继续管理义务。听候指示义务的规范依据转换为第 922 条；报告义务的规范依据转换为第 924 条第二句；管理利益移交义务适用第 927 条。就管理人未尽妥善管理义务造成本人损失的，本法第 929 条第 1 款区分了有偿委托与无偿委托中受托人的注意义务，因管理人通常不得请求报酬，可适用无偿委托中受托人的责任减轻规则；若管理人为专业管理或职业管理且获得报酬，需适用有偿委托中受托人的过错赔偿规则。

此外，依本条后句规定，管理行为经追认后，适用委托合同规定的效力溯及事务管理开始之时。同时，为避免法定债务关系向意定债务关系的不适当转换，本条后半句除外规定仍遵循管理人的意思自治，其适用情形有二：一是管理人不愿受法律行为的拘束，其明确表示自身不愿成为委托合同的受托人。该情形下即便本人主动追认，也只适用无因管理法的相关规定。二是管理人虽愿受法律行为之拘束，但不愿与本人成立委托合同关系，如管理人明确表示即便本人追认，也只能成立承揽合同关系。此时本人应视是否愿意与管理人成立其他类型的合同关系，再决定是否追认。

第二十九章

不当得利

第九百八十五条 【不当得利返还的一般规定】得利人没有法律根据取得不当利益的，受损失的人可以请求得利人返还取得的利益，但是有下列情形之一的除外：

（一）为履行道德义务进行的给付；

（二）债务到期之前的清偿；

（三）明知无给付义务而进行的债务清偿。

1. 不当得利返还请求权的成立

本条前半句系不当得利返还请求权的基础规范。由于不当得利旨在实现不正当利益变动后正当财产归属秩序的恢复，故不当得利返还请求权的成立须满足以下条件：(1) 得利人受有相应的财产利益，精神利益不包括在内。“取得”的内涵是对标的物具有实际控制力。受有财产利益的形态多样，具体可包括积极财产的增加、拘束的解脱（消极财产的减少）以及对他人权利、劳务、财物的利用等形式。(2) 相对人因得利人得利而遭受了损失。不当得利旨在矫正不当的利益变动，通过返还效果恢复正当的财产归属秩序，因此，只要得利人的利益源自失利人，就可以认定失利人遭受了损失［**喀什中院（2024）新 31 民终 1288 号民判**］。例如，得利人擅自使用他人之物，即便所有权人根本就不会使用该物，仍然可认为遭受了损失。因此，这里所称损失实为失利人的规范性损失，而非实际的损失。(3) 失利人的规范损失与得利人得利之间存在直接因果关系。例外地，在第三人无偿取得利益时，可以在失利人与第三人之间成立不当得利。(4) 得利人取得利益没有法律根据。“没有法律根据”就是指财产变动欠缺正当的法律原因，包括自愿给付的目的欠缺或无法实现，以及因其他行为、事件等导致得利人不当受益。它既包括自始欠缺法律上的原因，也包括嗣后法律根据不存在。

前述不当得利请求权的构成系采统一说的进路，这也为我国司法实践所采纳［**“江苏百锐特贸易有限公司诉张月红不当得利纠纷案”，《最高法公报》2018 年第 5 期；乌鲁木齐中院（2020）新 01 民初 392 号民判**］。但是，对不当得利的具体判断仍需根据不同发生原因进行具体化。为此，理论上通常将不当得利分为给付型和非给付型两种类型（“非统一说”）。在给付型不当得利中，得利人系基于给付关系而受有利益，无法律根据具体表现为给付目的无法实现。在非给付型不当得利中，得利的来源较为复杂，具体可包括自然事件、法律规定以及人的行为。在基于行为的非给付型不当得利中，不当得利既可能是因得利人的侵害或其他行为而发生，也有可能是因失利人自己的行为而发生，还可能因第三人的行为所致，这导致在非给付型不当得利中，还可以进一步细分出权益侵害型不当得利、费用支出型不当得利等子类。除权益侵害型不当得利外，其他非给付型不当得利的抽象化程度较低。坚持“非统一说”的另一原因在于证明责任的不同。在给付型不当得利中，债权人欲消除给付行为后果，需就“得利无法律上的依据”负证明责任；而在权益侵害型不当得利之中，债权人只要证明存在权益本归属于自己、得利人得利、存在权益侵害行为，即可推定得利无法律上原因，除非得利人提供反证证明自己得利存在法律上的依据。

本条除外情形系给付型不当得利请求权的成立抗辩。首先，为履行道德义务进行的给付不得请求返还。道德义务应以当下的社会观念加以认定，亲戚间错误扶养、红白事礼包、救助情形下的报酬等乃典型道德义务下的给付。其次，债务到期前的清偿不得请求返还。债务届期前，债权人无权请求债务人进行清偿，若债务人提前清偿，债权人有权受领给付并保有该给付利益。不过，债务人提前清偿系自愿而为，若债务人误认债务届期而予提前清偿，则本项规定仍然适用。最后，明知无给付义务而进行债务清偿的，债务人不得请求返还利益。无债务而清偿债务成立非债清偿，属于给付型不当得利的基本类型，与之不同，本项情形特设例外情形明知无债务而给与，实际上成立无偿给与，允许返还将有违诚信。本项例外的适用，除客观上要求当事人之间不存在债务关系外，在主观上还要求清偿人“明知”无债务而仍以清偿目的进行给付。

2. 不当得利的一般返还效果

当不当得利返还请求权成立要件获得满足时，相对人可以请求得利人返还所取得的利益，包括原物返还及价额返还。“原物”系得利人取得利益原始形态的统称，包括物、权利等得利客体。由于我国法上物权变动采“有因”的物权变动模式，当合同无效或被撤销时，原权利人仍然保有原物的所有权，此时的“原物返还”在本质上是基于所有权的返还请求权，与“无因”的物权变动模式下系针对所有权本身请求返还不同；当然，如果将占有视为一种利益，原权利人还可主张基于占有他人之物的不当得利返还请求权。换言之，只要原得利客体存在且能够返还时，得利人就可主张返还原得利客体。但是，得利为金钱的，原则上只需返还等额同种货币即可，无须返还原货币。此外，基于原物产生的用益，包括原物的孳息及使用利益也要返还。用益返还范围限于得利人实际收取的用益，对于未实际收取的用益不得要求返还，仅在得利人非善意时，受损失的人可依本法第987条请求赔偿损失［**眉山中院（2021）川14民终995号民判**］。

在原物及用益返还不能时，需要返还基于原物或用益产生的代位物。代位物首先包括基于权利的所得利益。例如，得利人无法律原因而受有债权，当得利人因该债权被清偿而受有利益时，需返还的客体扩及基于清偿债权而获取的财产利益。其次，代位物在形式上既可表现为新物，也可表现为一项权利。例如，在原物发生毁损、消耗或灭失后，得利人可能取得一项新物，也可能因原物毁损灭失后自第三人处取得保险金、赔偿金、补偿金以及不当得利请求权，对于该类代位物及代位利益，得利人均应返还给债权人。最后，代位物的返还不能无限制，对于得利人基于法律行为而产生的交易利益，原则上不得要求返还，得利人仅需承担原物返还不能时的价额偿还义务。原物、用益以及代位物的返还方法依照其相应财产的转移方法进行返还。

在原物或用益返还不能，且无代位物或代位物返还不能时，得利人产生价额偿还义务。在给付型不当得利中，本法第157条第一句规定不能返还或者没有必要返还的，应当折价补偿，即为此义。在具体适用上，“返还不能”首先包括依取得利益的性质而不能返还的情形，例如，劳务给付、物之消耗等；其次包括原物或代位物返还不能的其他情形，如原物灭失、遗失、被盗、因添附丧失所有权，或者得利人将所得物无偿转让、赠与他人而失去所有权等。偿还价额的计算通常以原物或代位物的客观价值为判断标准，计算时间点为价额偿还义务成立时。价额偿还的范围与得利人的主观状态密切相关，善意得利人与恶意得利人的价额偿还范围存在差异（**第 986、987 条**）。

第九百八十六条 【善意得利人的得利丧失抗辩】得利人不知道且不应当知道取得的利益没有法律根据，取得的利益已经不存在的，不承担返还该利益的义务。

得利人需承担不当得利返还责任，但为保护善意得利人不因不当得利而受不利影响，本条规定善意得利人毋需承担利益返还义务。在满足不当得利构成要件时，得利人欲取得善意得利人之抗辩效果，还需满足“善意”与“取得的利益已经不存在”两个额外要求。

善意得利人的认定标准包含两层要素：一是要求得利人不知道取得的利益无法律根据［**上饶中院（2018）赣 11 民终 1540 号民判**］；二是要求对得利人不知得利无法律依据不可责。因此，“善意”的判断不能仅从得利人主观上不知情出发，还要结合客观上其是否具有过失的情况进行评价，仅在不知且不可苛责时才构成“善意”。不论是代理人还是本人知情均否定得利人的善意；但当得利人为无行为能力或限制行为能力人时，则应以法定代理人的主观状态为判断标准，对得利人是否知晓得利、有无根据不予考虑。

“取得利益”与“利益是否存在”的判断标准并不相同。不当得利人原则上需返还取得的利益（**第 985 条**）；但判断利益是否存在是以得利人的整体财产情况为判断标准：只要得利人整体财产有所增加，他便不得主张利益不复存在。取得利益不存在的情形包括利益的毁损、灭失、被盗、无偿赠与等。利益不存在包括利益全部丧失或部分丧失两种情形，在部分丧失的情形，对未丧失部分的利益，善意得利人仍需返还。

“取得的利益已经不存在”除要求原物不存在外，同时要求不存在原物的转化利益，唯此善意得利人才不承担返还责任［**（2017）最高法民再 287 号民判**］。得利人依自己的意思处置利益后获得的相应价款或其他利益，虽不属于代位物范畴，但也不是“利益已经不存在”的情形，得利人通常需在取得利益的客观价值内负价额偿还义务。当取得的利益为货币时，原则上不允许得利人主张利益不再存在的抗辩，除非得利人能够证明，该货币有特别明显的特定化标识，且已将该特定货币赠与他人。

除利益丧失毋需返还外，在返还现存利益时，得利人因管理利益发生的必要费用支出，如必要保管费、维护或维修费用等，也可以进行相应的扣减（**第460条第二分句**）。当善意得利人因信赖所得利益毋需返还而无偿处分自身类似财产时，如获得新物后而将旧物捐赠给福利机构，因旧物遭受的损失原则上可得扣减。因取得物本身性质或瑕疵造成的损害，因物之损害与得利人的善意信赖之间没有法律关系，不适用本条善意得利人损失扣减的抗辩，得利人遭受损害赔偿应当参照侵权行为规定加以救济。因返还所支出的费用，如为返还财产所支出的运输费、登记费等，若得利人得利系债权人因自身原因（错误给付）或不可归责于双方的原因（自然事件）导致，该费用本应由债权人承担，善意得利人也得主张扣减。

双务合同无效、被撤销或确定不生效力时，可能产生当事人互为返还的问题（**第157条**）。要是合同一方所得利益已经灭失，而另一方所得利益仍然存在，会产生一方在主张得利丧失抗辩而免予承担返还义务的同时，有权请求对方返还的情况。在双务合同中，由于一方获得利益是以放弃对待给付为代价的，所以，在放弃的对待给付范围内，不得准许本应承担利益灭失风险的当事人主张得利丧失抗辩，而仅允许其在超出对待给付范围的差额内免予返还。应当注意的是，利益灭失风险的承担与导致合同无效的原因密切相关，若得利人因欠缺行为能力或遭受欺诈、胁迫而获利，即便取得的利益在欠缺行为能力人处或被欺诈人、被胁迫人处灭失，后者原则上也不承担利益灭失的风险，其仍可向相对人主张利益丧失抗辩。

第九百八十七条 【恶意得利人的返还义务】得利人知道或者应当知道取得的利益没有法律根据的，受损失的人可以请求得利人返还其取得的利益并依法赔偿损失。

本条中的“知道或者应当知道”与本法第986条中的“不知道且不应当知道”系相对概念，其意指得利人对取得利益有无法律根据这一事实的主观恶意认知状态。恶意得利人只需知道取得的利益欠缺或可能欠缺法律依据即可，不要求其知晓整体法律关系的全貌。“应当知道”包含了对得利人主观过错的评价。为使“知道”与“应当知道”获同等对待，因一般过失而不知的状态不应归于“应当知道”的情形，得利人只有因重大过失而不知时，才构成主观上的“恶意”。对“恶意”的认定，债权人负有证明责任。

恶意得利人应返还其所取得的全部利益［**内蒙古包头昆都仑法院（2014）昆民初字第1028号民判**］。在利益不存在或因不可抗力而灭失时，恶意得利人仍承担返还义务，其不得以取得利益不存在或者对利益灭失无过错为由进行抗辩。具体而言，当取得的利益依其性质或其他情形而发生返还不能时，如原物毁损、灭失、被盗等，恶意得利人需承担返还无条件的价额偿还义务。当取得的利益虽未灭失，但在客观价值上存在贬值，恶意得利人除返还现存利益外，对取得利益价值丧失的部分需进行价额补偿。本条未规定恶意得利人应否返还取得利益的利息。当取得利益为金钱利益时，计算利息并无困难［**贺州昭平法院（2021）桂1121民初1296号民判**］；但当所受领利益为非金钱利益时，在原物返还尚且可能时，不应对非金钱利益一并计算利息。特别是在存在用益时，为避免利息与用益的双重计价，不应认定利息的返还。

除返还义务加重外，本条还规定了恶意得利人“依法赔偿损失”的义务。该损失赔偿义务因具体返还情形不同而不同。在因占有而导致的返还中，当存在原物返还的可能时，恶意得利人除返还原物外，对原物造成损失的，还需按照本法第459条承担损害赔偿责任；在原物因毁损、灭失而获得保险金、赔偿金或者补偿金等代位物时，恶意得利人除返还代位物外，若代位物价值不足以弥补权利人损失的，还需依照本法第461条承担损失赔偿责任。利害关系人隐瞒真实情况，致使他人被宣告死亡而取得财产的，除应当返还财产外，也需要对由此造成的损失承担赔偿责任（**第53条**）。在价额返还责任中，恶意将影响评价纳入价额的计算，典型者为本法第157条规定，有过错的一方应当承担对方因此而受到的损失。恶意得利人除承担返还原物与价额偿还责任外，对超出原物自身价值的可得利益损失，需依照特别法规定进行赔偿。例如，得利人在处分相对人财产时，发生了导致财产价值嗣后增加的事由，如价格大涨，恶意得利人需就权利人所失利益承担赔偿责任。因此，本条中的“依法”系引致规范规定，具体损失赔偿效果与返还客体形态密切相关，在损失超出原物自身价值时，其体现出独立的请求权基础特性。

恶意得利人可在应返还的得利数额中扣除必要费用。必要费用系事务归属关系的当然效果，只要必要费用支出增加了取得利益的客观价值，无论是依据适法无因管理，还是不适法或不真正无因管理，得利人均可主张费用扣减。对于恶意得利人为改良标的所支出的有益费用，原则上可纳入必要费用的解释范围；为与本法第 980 条的价值评判一致，恶意得利人于其现存增加价值范围内，可主张扣除相应的必要费用。在恶意得利人为恶意占有人时，本法第 460 条排除了恶意占有人必要费用请求权，价值评判有失妥当。

此外，自始恶意得利人与嗣后恶意得利人（又称中途恶意得利人）的返还责任存在差异。若得利人在取得利益时即已知晓取得利益无根据，得利人自始就需承担恶意得利人的责任；相反，若得利人在取得利益当时不知、嗣后才知晓得利欠缺法律根据，在知晓前，得利人可主张本法第 986 条中的得利丧失抗辩；在得利人由善意转变为恶意后，应当承担恶意得利人的加重返还责任，在其不足以填补权利人损失时，权利人还可要求赔偿损失。

第九百八十八条 【无偿受让利益的第三人之返还义务】得利人已经将取得的利益无偿转让给第三人的，受损失的人可以请求第三人在相应范围内承担返还义务。

在得利人将所得利益无偿转让给第三人，如赠与或遗赠等时，善意得利人因所得利益不存在而免负返还义务，第三人得利虽非不当得利，但让第三人继续保有利益，让相对人因善意得利人抗辩而遭受损失，在利益衡量上有失偏颇，故第三人在相应范围内需承担得利人的返还义务［**邢台平乡法院（2023）冀 0532 民初 628 号民判**］。在恶意得利人将取得利益无偿转让给第三人时，由于恶意得利人的返还责任不因现存利益存在与否而不同，既然前述加重的返还责任已对权利人构成足够保护，不宜也毋需再引入第三人的返还义务。需注意的是，若存在原物返还的可能，无论得利人善意或者恶意，权利人都可以依据本法第 235 条主张原物返还，进而排除对本条的适用。在得利人将财物无偿转让给第三人时，因第三人因未满足本法第 311 条善意取得的要件，权利人可直接向第三人主张基于所有权的原物返还请求，毋需借助本条规定。

本条中的“无偿转让”指第三人从得利人处无偿取得利益，常见方式为赠与、遗赠。如果第三人在取得利益时支付了对价，则不构成“无偿”的适用前提。“相应范围”是指第三人从得利人处无偿取得的利益范围，该范围也是善意得利人因无偿转让行为而免予承担返还责任的范围。由于第三人的返还义务是基于善意得利人的返还，故第三人的地位不得劣于善意得利人，其享有本法第986条中的得利丧失抗辩。本条隐藏的前提是，第三人能从得利人的转让行为中取得相应的利益，为保障第三人能够取得相应利益，这要求得利人的处分行为须为有权处分，通常包括因添附而取得原物的所有权、因原物返还不能而取得代位物的处分权、因票据权利无因性而取得票据权利等。需注意者，若第三人在无偿获取利益时已知晓取得利益无法律依据，如接收恶意得利人的无偿赠与，第三人也应依本法第987条承担恶意得利人的加重返还责任（包括损失赔偿义务）。若善意得利人处分原物获取金钱后，又将该金钱购买的物品赠与了第三人，由于得利人取得的利益已属原物返还不能，故得利人应以价额偿还的形式返还不当得利，基于此，第三人也应以价额偿还的方式进行返还。

第四编　人　格　权

如本评注在本法总则编第五章的说明，人格权的独立成编其实也是以本法第 109～111 条之活页环功能为基础的（**参见该章引言和相应条文评注**）。同样，为在活页环和活页之间建立具体的关联，本编自第二章起的诸多条文也通过定义的方式描述各种具体人格权的积极权能，或通过罗列具体的侵权情形划定其边界。对于这些定义式的说明性法条，若其无裁判规范的意义，本书仅作简单评注。

第一章　一般规定

第九百八十九条　【本编调整对象】本编调整因人格权的享有和保护产生的民事关系。

本条系本法第 2 条（**参见其评注**）关于民法调整平等主体之间人身关系的规定在本编中的具体化。本法单设人格权编，被视为《民法典》编纂体例的重大创新。本条之所设，即在于明确本法不仅在侵权责任编为人格权受到侵害提供一般的侵权责任救济，亦通过列举、定义各种具体人格权甚至侵权方式，积极宣示权利享有的内容、边界和行使方式。就侵权责任之救济而言，本法第 1164 条表明人格权之保护亦为其调整范围，故本编诸多规范（**如第 994～1000 条、第 1025～1028 条**）事实上构成侵权责任编乃至总则编相关规范的特别规定，从而作为特别法规范应予优先适用。

第九百九十条 【人格权的定义和类型】人格权是民事主体享有的生命权、身体权、健康权、姓名权、名称权、肖像权、名誉权、荣誉权、隐私权等权利。

除前款规定的人格权外，自然人享有基于人身自由、人格尊严产生的其他人格权益。

本条几乎重复本法第 109、110 条规定，系对具体人格权和一般人格权的类型化再定义。相较于第 110 条，本条第 1 款使用“民事主体”一词，模糊了第 110 条以两款规定分别列举自然人和法人、非法人组织各得享有的具体人格权类型；且其未列举第 110 条第 1 款中的“婚姻自主权”，其原因已在第 110 条评注中说明，此不赘述。和本法第 109 条比较，本条第 2 款添加“基于……产生的其他人格权益”之表述，使作为一般人格权的人身自由和人格尊严成为产生其他人格权益的价值基础，并使之更具有框架性权利的开放性和动态性。除此之外，本条之规范意义，概可参见第 109 条和第 110 条评注；只是作为分编规则，在本编的调整范围内，其适用优先于总则编上述两条规定。

第九百九十一条 【人格权受法律保护】民事主体的人格权受法律保护，任何组织或者个人不得侵害。

本条规定系本法第 3 条在人格权保护上的具体化，其规范意义可参见其评注。本条中的“法律”包括本法在内的私法以及行政法、刑法等，但宪法因其基本法的属性，不宜降格为对人格权保护的具体适用依据，故不属于本条“法律”的范围。

对人格权的法律保护，一般以侵权责任之救济的方式为之；但对于标表性人格权（如肖像权、名称权）的保护，也可能适用侵权法以外的法律规定。有判决认为，对于存在（许可使用）合同关系的当事人来说，超越授权使用他人的肖像，既属于违约行为，也构成侵权，肖像权人有权选择最有利于自己的请求权基础进行诉讼［**江苏高院（2006）苏民终字第 109 号民判**］。

第九百九十二条 【人格权不得放弃、转让、继承】人格权不得放弃、转让或者继承。

人格权具有个人专属性，其题中之义是不得放弃、转让或继承。在本法新设本条规定之前，司法实践即已确认其此项属性：(1) 民事主体以法律行为放弃人格权的，均属无效。有判决认为，患者的知情权及决定权既系自然人生命权、健康权等健康利益的延伸，亦是自我决定的人格尊严权利，二者均系自然人所享有并不得放弃和转让的人身权利［**丰台法院（2020）京 0106 民初 6611 号民判**］。在部分国家和地区，此原则也存在例外，法律允许在特定条件下通过实施“安乐死”来放弃生命权。对此，我国法律和司法实践并未承认。有判决认为，目前安乐死在我国尚未被完全接受，且家属要求放弃治疗濒临死亡病人的做法不符合人之伦理常情，违背了社会中一般的道德观念［**北京海淀法院（2002）海民初字第 5097 号民判**］。(2) 民事主体以法律行为部分或全部转让人格权的，亦为无效。应予区别的是，对于标表性人格要素（人格标识）如姓名、名称、肖像等，权利人得许可他人使用，但许可使用并非让与人格权本身，而是就人格标识建立许可使用之债的关系（**第 993 条**）。有判决认为，有一定影响的姓名，包括笔名、艺名、译名等，具有一定的商业利用价值，可以为权利人及其授权的主体进行商业开发和商业使用；但姓名权本身是自然人享有的人格权之一，一般仅依附于权利主体，不得转让［**北京高院（2020）京行终 1707 号行判**］。(3) 人格权不得继承。依本法第 1122 条，唯有自然人的合法财产能被继承。而人格权具有非财产性，并与特定的自然人密不可分，他人自然无法通过继承取得［**北京高院（2020）京行终 1706 号行判**］。

人格权的个人专属性，是其与财产权主要区别之一。并且，侵害人格权所生的非财产损害金钱赔偿（精神损害抚慰金）请求权，也不得转让或继承，但以金钱赔偿的请求权已予起诉或依合同予以承诺的，不在此限。有判决认为，根据法律规定残疾赔偿金以及由伤残引起的精神损害抚慰金，赔偿损害的请求权主体是被侵害人本人，该权利具有人身专属性和依附性，不得转让，不得继承，在被侵权人死亡后随之消灭［**唐山中院（2020）冀 02 民终 4758 号民判**］。但是，侵害人格权所生的财产上损害赔偿请求权（**如第 1179 条规定的治疗费用、因误工减少的收入**）并非个

第四编 人格权

人专属，可以转让或继承；姓名、肖像等人格标识许可使用合同所生的费用支付请求权，以及其他人格权上的财产利益，其继承性亦逐步被承认。

第九百九十三条 【人格标识的许可使用】民事主体可以将自己的姓名、名称、肖像等许可他人使用，但是依照法律规定或者根据其性质不得许可的除外。

人格权非财产权，本以体现人的尊严价值的精神利益为其保护客体，此项精神利益不包含任何财产价值，也不能以金钱加以计算。但随着时代的发展，姓名、肖像等人格标识的商业化利用（以营利为目的）屡见不鲜，标表性人格权上的财产利益逐渐被承认，即人格标识本身具有财产价值，且个人对其人格标识得为商业上的使用，获得一定经济利益。在此意义上，本条之立法目的，不仅在于权利人对自己的姓名、名称、肖像等人格标识有非商业地许可他人使用的权限，更意味着其可以为商业性利用。因此，对人格标识的使用许可，无论是否为商业性的，概为本条所规范。只不过本条规范重心，乃使人格标识之商业性许可使用成为可能。由此，民事主体得以合同许可他人商业性使用其人格标识，从而与之形成契约关系；对于未经许可或超越许可范围（期限）的利用，权利人则因遭他人强制商业化，而有权主张适当的许可费用或获利剥夺。本法颁行前，法院裁判已就此达成高度一致［**江苏高院（2006）苏民终字第109号民判、北京三中院（2016）京03民终588号民判、上海一中院（2017）沪01民初1211号民判**］。

本条所谓许可使用主要采合同形式，其成立、生效、解释和履行自应适用本法总则编第六章和合同编第一分编的相关规定。但本条以及本法第1021～1023条事实上已将肖像等人格标识的许可使用合同有名化，从而构成此类合同的特别法规范，故其适用具有优先性。

至于本条许可使用之客体，尽管其使用“等”之表述在文义上具有开放性，也应解释为以人格标识为限。首先，本条列举的三种具体人格要素在种类上均属人格标识，宜将未穷尽列举的其他客体也限缩解释为同一种类。其次，本法仅在第1021～1023条承认肖像、姓名、声音等人格标识的许可使用，依体系解释应对本条许可使用之客体作相应限缩。最后，本条之立法目的，主要是为适于商业化利用的人格标识之许可使用提供法律依据，而其他非标表性人格要素甚至标表性人格要素的许可使用，在性质上或法政策上通常不被允许。此立法目的，已表现为本条但书规定的除外情形：（1）依性质不得许可使用者。生命、健康等物质性人格要素，本身不可能许可他人使用，即便在例外情形，身体或其构成部分可以许可他人使用，如授权他人实施基因检测，也不得进行商业化利用；纯粹精神的人格权，如名誉权、荣誉权等，从维系人格尊严、公序良俗的角度出发，不得许可他人使用。（2）依法律规定不得许可使用的。因此，即便是人格标识，也有被禁止许可使用者，如依《广告法》第 21、24、25、27 条的规定，特定广告不得使用特定人的名义或形象作为推荐、证明。

第九百九十四条 【死者人格利益的间接保护】死者的姓名、肖像、名誉、荣誉、隐私、遗体等受到侵害的，其配偶、子女、父母有权依法请求行为人承担民事责任；死者没有配偶、子女且父母已经死亡的，其他近亲属有权依法请求行为人承担民事责任。

人格权是否因人的死亡而消灭这一问题，依本法第 13 条关于自然人权利能力起止的规定以及第 992 条人格权不得继承之规定，其答案自然是肯定的。但是，依本条规定，遗属既然可在死者姓名等人格利益受到侵害时提起诉讼，则人格权之专属性似乎又被修正。由此，与其认为本条乃关于死者人格利益保护的规定，毋宁将其定性为对遗属虔敬之情的保护，即在死者人格利益被侵害时，由遗属主张系其自己对故人虔敬之情的人格利益遭受侵害而请求救济，从而间接保护死者人格利益。这一定性也决定了遗属受保护的利益范围及救济方法（主张何种具体民事责任）：（1）受害人（遗属）得以自己的人格利益受侵害为由，主张本法第 995 条规定的、不适用诉讼时效的侵害停止、侵害除去及侵害防止请求权；（2）对于死者人格利益的保护，虽因人既已亡故，不生精神痛苦情事，而无以死者名义主张抚慰金的余地，但遗属若以自己对故人的精神利益遭受损害而主张赔偿，则依本条规定，不无空间（**《精神损害赔偿解释》第 3 条**）；（3）至于死者人格标识上的财产利益（如对死者姓名、肖像的商业化使用)，比较法上有承认其由遗属继承的法例和判例，如美国法上的公开权和德国联邦法院对 Marlene 案的判决（BGHZ 143, 214），而本条中对遗属的救济方式既采“民事责任”之概括表述，也不排除遗属可据此就其财产利益主张损害赔偿或不当得利返还。

本条规范内容实为法官造法的结晶，且死者人格利益保护的方式和性质，以及本条“民事责任”的具体化，仍可借此前司法解释和典型判例予以阐明。有判决认为，继承人不能直接继承姓名权，但对有一定商业价值的姓名，可享受其所延伸出的财产性利益，故在侵权行为人侵犯死者姓名利益并延伸出财产权的情形，其应停止侵权并承担赔偿责任，但对精神损失费和赔礼道歉之诉请不予支持［**长沙中院（2013）长中民一终字第 02518 号民判**］。还有判决更为直接地指出，被告未经许可以营利为目的使用死者的姓名和肖像，不仅一定程度上损害了原告对死者的情感利益，而且直接损害了其应当享有的经济利益［**苏州中院（2019）苏 05 民终 7188 号民判**］。

本条中的请求权主体被限定为近亲属，其具体所指自依本法第 1045 条第 2 款确定。其中，配偶、子女、父母为第一顺位；在没有此等近亲属或其已死亡时，其他近亲属方可行使请求权。有判决即以死者一尚有子女“未确定去世”以及原告中并无死者二的近亲属为由，认定诸原告诉讼主体不适格［**新乡中院（2021）豫 07 民终 1610 号民裁**］。

第九百九十五条 【人格权保护请求权】人格权受到侵害的，受害人有权依照本法和其他法律的规定请求行为人承担民事责任。受害人的停止侵害、排除妨碍、消除危险、消除影响、恢复名誉、赔礼道歉请求权，不适用诉讼时效的规定。

本条所言“本法”，主要指本编关于侵害人格权民事责任的特别规定和侵权责任编关于侵权责任的一般规定；“其他法律”则指单行法中关于侵害人格权民事责任的特别规定。本条第一句系不完全法条，不具备完整的构成要件和法律效果，其意义是就构成要件指示参照另一法条，从而适用其法律效果。其中，通过指示参照而确定构成要件，与法律后果被指示参照的相应的法律规范的构成要件，存在某些要素的相似性，此等要素需要依其功能和地位而被同等看待。具体而言，本条首先指向本法第 1165 条规定的一般侵权责任，即人格权侵权责任也须满足一般过错侵权的构成要件；或者，在法律有明文规定的情形，如侵权责任编第八章规定的高度危险责任，则须满足第 1166 条所言的无过错责任的侵权要件。此外，“其他法律”中规定的侵权请求权之条文，也可成为本条所参照的对象。如依《道交法》第 76 条，若机动车交通事故造成死亡、伤害等侵害生命权、健康权的后果，则侵权人须就交强险不能赔偿的部分，负损害赔偿责任。再如，《消保法》第 49～51 条分别规定了经营者造成消费者或其他受害人人身伤害、侵害消费者人格尊严、人身自由等情形下的损害赔偿责任以及相应的精神损害赔偿责任。

本条第二句规定的不适用诉讼时效的人格权保护请求权中，前三种系对第 196 条第 1 项的再次确认，因为其类似于物上请求权，目的均为消除持续的侵权状态：只要此等状态持续，自无适用诉讼时效的余地；在侵害状态不复存在时，法院也会基于侵权人已停止侵害的事实“不再另行判决”[**苏州中院（2019）苏 05 民终 7188 号民判**]，此时也无诉讼时效适用问题。而消除影响、恢复名誉、赔礼道歉请求权乃行为给付请求权，其不同于以财产给付为内容的债权请求权，系目的为恢复人格权圆满状态的手段性权利，属于本法第 196 条第 3 项规定的不适用诉讼时效的“其他请求权”。除此之外，侵害人格权而生的损害赔偿等请求权，本质上是以财产给付为内容的债权请求权，应适用本法第 188 条第 1 款规定的 3 年普通诉讼时效。

第九百九十六条 【违约责任不影响精神损害赔偿】因当事人一方的违约行为，损害对方人格权并造成严重精神损害，受损害方选择请求其承担违约责任的，不影响受损害方请求精神损害赔偿。

我国此前立法就精神损害赔偿采纯侵权责任的制度设计，但在违约情形也可能存在受害人遭受精神损害的问题，这尤其发生在旅游、客运等合同中。在违约行为亦造成对方严重精神损害时，对于受害人能否同时请求精神损害赔偿这一问题，学界曾有针锋相对的意见。最高法在原《审理旅游纠纷案件适用法律若干问题的规定》第 21 条中持否定态度，但新修改的司法解释未保留此规定。在司法实践中，因受损害方主张违约责任而否定其精神损害赔偿之诉请的判决屡见不鲜［**杭州中院（2017）浙01民终1064号民判、长春中院（2019）吉01民终4036号民判、连云港中院（2018）苏07民终1741号民判**］。法院否认在违约之诉中提起精神损害赔偿请求的原因，不仅与违约损害赔偿的可预见性规则有关，还与法院对原《合同法》第122条责任竞合规定的理解有关。不过，实践中也有法院支持在违约之诉中同时主张精神损害赔偿，认为受害人既可依合同追究对方当事人的违约责任，也可根据合同直接追究当事人的侵权责任［**德州中院（2018）鲁14民终1451号民判**］。对于可预见性问题，有法院认为在一些特别的合同中，人身损害以及精神损害的后果是可以预见的［**毕节中院（2017）黔05民终1084号民判、四川绵阳中院（2015）绵民终字第2756号民判**］。在这些案件中，法院实质上认定了精神损害本身可以包含在违约所致的损害范围内。

本条在法政策上明确了违约责任不影响精神损害赔偿，突破了原《合同法》第122条（**第186条**）关于违约责任与侵权责任竞合的规定。并且，相对于既有司法实践，本条适用范围不仅包含上述旅游、运输等具有一定人身利益内容的合同，也扩及所有其他合同类型。这表明合同法不再仅仅具有财产权益创设的功能，还具有人格权益保护的功能。所以，本条之适用不仅要求存在合同关系的一方当事人构成违约，同时也须其损害对方人格权并造成严重精神损害（**参照第1183条**）。须注意者有二：其一，在适用本条规定时，即便违约责任之承担无须违约方存在过错，但精神损害赔偿责任之成立，仍须侵害人故意或有过失；其二，本条应作目的性扩张，精神损害包括本法第1183条第2款规定的情形，例如承运人因重大过失损坏旅客具有人身意义的特定物造成其严重精神损害。

在法律后果方面，受损害方自可在主张违约责任之外，一并主张精神损害赔偿，其具体数额可依本法侵权责任编的相关规定予以确定。

第九百九十七条　【人格权侵害禁令】民事主体有证据证明行为人正在实施或者即将实施侵害其人格权的违法行为，不及时制止将使其合法权益受到难以弥补的损害的，有权依法向人民法院申请采取责令行为人停止有关行为的措施。

本条规定的人格权侵害禁令，实为《民诉法》第103条规定的行为保全制度在人格权保护中的具体化。所以，此禁令也可分为诉前禁令与诉中禁令，如在“人格权侵害禁令首案”（**最高法官方微信号“小案大道理 时代新风尚”栏目**）中，广州互联网法院的裁定就是比照诉中行为保全程序处理的。并且，人格权侵害禁令的失效情形也应包括：在诉前禁令中，申请人未在法定期间内提起诉讼；法院依法撤销禁令；法院作出终局的生效裁判。

人格权侵害禁令的申请条件，与行为保全的申请条件一致。其一，须行为人正在实施或即将实施具有违法性的行为。若其行为具备合法性，比如属于本法第999条规定的人格标识之合理使用的情形，则即便可能对权利人的人格利益造成一定影响，亦因其具备违法阻却性，而不成为行为保全的对象。其二，不及时制止行为人的行为将对权利人造成难以弥补的损害。从本条措辞和立法目的来看，此适用条件强调损害的严重性、不可修复性和不可逆转性，即法院不发布禁令制止行为人的侵权行为，将对申请人造成不可逆的损失，且该损失很难通过金钱赔偿进行弥补。比如在互联网时代，威胁在网上公布他人不雅视频、发表对他人名誉有严重损害的评论，等等。同时，是否作出禁令涉及对申请人人格权与他人行为自由之间的平衡保护，为此需参考本法第998条规定的法益衡量，尤其是当事人身份、行为的目的、方式与后果等因素。如在上述“人格权侵害禁令首案”中，法院认为，尽管双方对文章描述的有关事实是否属实存在争议，但该言论属购房者对购房体验和感受的主观描述，出于维权目的而发布的可能性较大，不同于故意捏造事实、恶意诽谤，禁令申请人某房地产公司作为房地产开发商，对此应予以必要的容忍。此等申请条件之证明责任，依本条文义当由申请人负担。至于申请人提供证据应达到何种证明程度，一般认为只须证明行为人的行为可能造成损害即可。

第九百九十八条　【认定人格权侵害之民事责任的主要因素】认定行为人承担侵害除生命权、身体权和健康权外的人格权的民事责任，应当考虑行为人和受害人的职业、影响范围、过错程度，以及行为的目的、方式、后果等因素。

生命权、身体权和健康权为直接依附于人体，并以物质性之身体为载体的人格权。此等权利受侵害往往也表现为物质性的或有形的损害，故本法第 1179 条对其赔偿责任范围作出了明确规定，法官在裁判时可直接据此确定行为人的赔偿范围和数额，无须再考虑行为人和受害人的其他因素。对于除此之外的其他人格权，由于其以维护非物质的精神利益为主旨而权利边界并不清晰，常常面临着和其他法益甚至宪法价值相冲突的可能性，如侵害名誉权与言论自由的关系问题，所以要求法官在认定其民事责任的具体形态和范围时，须依比例原则，综合考量本条规定的各种因素而为判断。在此意义上，本条为直接约束裁判者的规范，即裁判者认定人格权侵害之民事责任时应遵循的规则。

本条列举的各项具体考量因素，久为司法实务所践行。(1) 行为人和受害人职业之考量，往往表现在名誉权、隐私权侵权之诉中。在行为人一面，法院会结合其职业，如是否属于新闻、传媒行业工作者，来认定其言论自由的限度和范围，甚至作为其是否构成侵权的认定标准［**广东高院（2009）粤高法审监民提字第 266 号民判**］。就受害人而言，法院对其职业或身份的关注，一般是为了实现社会利益与个人利益的平衡，要求其承受更大的容忍义务。比如，公务员之于普通公民，前条述及的“人格权侵害禁令首案”中的房地产开发商之于被诉的业主。(2) 影响范围。结合本法第 1000 条，影响范围大小通常与行为人的行为方式联系在一起，准确厘清两者的关系，对于确定行为人应如何承担、在何种范围内承担消除影响、恢复名誉、赔礼道歉等民事责任至关重要［**海南高院（2019）琼民申 85 号民裁**］。(3) 过错程度。一般而言，行为人主观过错程度越高，对人格权侵权所承担的责任也越重。在明显恶意的情形，法院判决的责任更重［**广东高院（2014）粤高法民一提字第 70、71 号民裁**］。相应地，在认定行为人的民事责任时亦应考虑受害人的过错程度［**山东高院（2015）鲁民一终字第 3 号民判**］，这其实也是本法第 1173 条的要求。(4) 行为目的、行为方式和行为后果。在具体案件中，考虑行为人使用他人人格要素是出于新闻报道、舆论监督等正当事由，抑或出于泄愤、报复等不正当事由，对于确定行为人是否应承担民事责任具有重要参考价值。司法实践中，有法院即以侵害人的目的正当性否定了受害人的诉讼请求［**浙江高院（2016）浙民申 1216 号民裁**］。(5) 其他因素。由于社会生活变动不居，立法者难以列举穷尽行为人承担人格侵权责任需要考虑的全部因素，故设此兜底规定。

第九百九十九条 【标表性人格要素的合理使用】为公共利益实施新闻报道、舆论监督等行为的，可以合理使用民事主体的姓名、名称、肖像、个人信息等；使用不合理侵害民事主体人格权的，应当依法承担民事责任。

本条承接本法第998条规定，就生命权、健康权和身体权之外的其他人格权益保护，在第993条规定的许可使用之外，以公共利益为标准界分标表性人格要素的合理使用与不合理使用，并使合理使用成为阻却此等行为之违法性的事由。因此，本条第一分句系授权性规范，第二分句依反对解释，则构成行为人对民事责任成立的抗辩事由。易言之，只要新闻报道、舆论监督等行为系为公共利益之目的，则无须权利人许可即有权合理使用他人的姓名、名称、肖像、个人信息等，此等行为因违法性阻却而不构成侵权。本条规则早在“南方都市报与南方日报社、汪万里肖像权纠纷、名誉权纠纷、隐私权纠纷案”［**广东中山中院（2005）中中法民一终字第1003号民判**］等判例中，即由法官造法而确立。至于何为“公共利益”，学界和实务界并无统一认识。一般认为，为实现不特定多数人利益的公共事务，即可界定为公共利益。

本条第二分句之正面表达，系以不合理使用姓名、名称、肖像、个人信息等为要件，对行为人课以侵权责任。此所谓“使用不合理”，应依比例原则，考量本法第998条规定的各项因素定之。

第一千条 【以行为给付为内容的民事责任的执行】行为人因侵害人格权承担消除影响、恢复名誉、赔礼道歉等民事责任的，应当与行为的具体方式和造成的影响范围相当。

行为人拒不承担前款规定的民事责任的，人民法院可以采取在报刊、网络等媒体上发布公告或者公布生效裁判文书等方式执行，产生的费用由行为人负担。

本条规定的消除影响、恢复名誉、赔礼道歉等民事责任形态，乃以行为给付为内容的手段性救济方式，其目的是借此恢复人格权的圆满状态。此三种救济手段应与行为的具体方式和造成的影响范围相当，亦即应依行为人给当事人造成不良影响的大小，采取程度不同的救济措施。否则，不适当的责任承担方式会造成扩大损害的后果。例如，对于在互联网上造成的损害，要求行为人在纸质媒体上刊登声明难以消除影响；在地方性报刊上进行诽谤，不宜要求行为人在全国性报刊上消除影响；对于隐私权的侵害，要求行为人在公开场合致歉或发表致歉声明，只会适得其反。在“甘肃莫高实业发展股份有限公司与甘肃紫轩酒业有限公司、甘肃紫轩酒业销售有限公司兰州分公司名誉权纠纷案”［**甘肃高院（2013）甘民二初字第20号民判**］中，法院在尚无本条规定作为裁判依据时，即谨慎判决相应的行为给付之民事责任，殊值肯定。

与损害赔偿等财产性责任方式不同，消除影响、恢复名誉、赔礼道歉等以行为给付为内容的责任方式，不仅不适于通过强制执行实现救济目的，甚或有侵犯行为人基本权利之嫌。为避免强制赔礼道歉致生违宪问题，比较法上可资借鉴的经验是：以替代发布公告或公布裁判要旨等方式，间接实现强制执行的效果。本条第2款即依托《民诉法》第266条，规定行为人拒不执行此类生效判决的，法院可在报刊、网络等媒体上发布公告或者公布生效裁判文书等，以替代强制执行措施，因此产生的费用由行为人负担。

第一千零一条 【身份权保护准用人格权保护规定】对自然人因婚姻家庭关系等产生的身份权利的保护，适用本法第一编、第五编和其他法律的相关规定；没有规定的，可以根据其性质参照适用本编人格权保护的有关规定。

本条在本法中的体系性作用，已初步说明于本法第110条的评注。但本条所言的“身份权利”，应包括但不限于第110条列举的婚姻自主权。准此，对基于亲属关系产生的亲属权、夫妻之间的配偶权以及基于父母子女关系产生的亲权或监护权等因婚姻家庭关系产生的身份权利的保护，在本法婚姻家庭编和其他法律没有规定时，均可依其性质准用本编关于人格权保护的规定。本条之适用，须澄清者有二：(1) 因投资、劳动关系等形成的身份性权利是否为本条所指身份权利？股东等基于财产关系建立的身份权利本质上不同于人格权，例如股东行使股东权利而形成相关决议及公司使用股东的姓名，并不产生加害其个人人格权的法律后果［**成都中院（2016）川01民终11212号民判**］。在“吴文荣与鱼台县人力资源和社会保障局、鱼台县卫生局等姓名权纠纷案”［**山东济宁中院（2014）济民再终字第77号民判**］中，法院认为所谓的“在编干部身份权”与自然人的人格并无直接关系，不属于身份权。总之，本条既已明确其适用对象为自然人因婚姻家庭关系等产生的身份权，自应排除因投资或者劳动关系等形成的身份性权利。(2) 即便自然人因婚姻家庭关系产生的身份权不同于人格权本身，但其仍在一定程度上根植于人格权，是人格权在身份权益中的派生和扩张。自然人在对身份权行使的过程中，也可能对另一方的人格权造成限制，比如夫或妻均享有性自主权，一方可能侵害对方的人格权。此故，本条所言“根据其性质”，乃指根据此等身份权利的人格权属性。

本条所涉身份权利，包括本法总则编和婚姻家庭编规定的如下身份权：第110条及其派生规则（**如第1042条**）规定的婚姻自主权，基于婚姻关系产生的夫妻忠实义务（**第1043、1091条**），夫妻姓名权（**第1056条**），平等就业权（**第1057条**）等［**北京一中院（2020）京01民终1517号民判**］。“其他法律”则指《未成年人法》《妇女保障法》《老年人法》等法律的规定。只有在这些法律对此等身份权利没有规定时，基于其与人格权的密切关系以及相似程度，本条允许参照适用人格权编的相关规定。

第二章

生命权、身体权和健康权

第一千零二条　【自然人的生命权】自然人享有生命权。自然人的生命安全和生命尊严受法律保护。任何组织或者个人不得侵害他人的生命权。

自然人的生命终于死亡，其死后不再有生命特征，故侵害尸体当然不由本条规范，仅发生本法第994条规定的死者人格利益保护问题。就胎儿而言，依本法第16条规定，仅在涉及遗产继承、接受赠与等胎儿利益保护时，胎儿视为具有民事权利能力，故侵害孕妇致其流产或其他致胎儿死亡的情形，不构成对胎儿生命权的侵犯，而是对孕妇健康权的侵害。

本条第二句使其成为说明性法条。除生命安全之传统内容外，该句为生命权增加了“生命尊严”的内容，一定程度上为“安乐死”的合法性提供了解释空间，甚至为其立法奠定了基础。盖生命尊严的核心不仅在于生的尊严，更在于死的尊严。此规定意味着生命权不仅仅是消极的防御权，也是一种积极的处分权。

第一千零三条　【自然人的身体权】自然人享有身体权。自然人的身体完整和行动自由受法律保护。任何组织或者个人不得侵害他人的身体权。

原《民通》只是在第98条规定了自然人的生命健康权，别无身体权之谓。本条所设，系学理尤其是法官造法的成果。首先，正是在司法实务中，身体权才成功地从生命健康权中界分出来。前者主要是保护身体的完整性，生命健康权则偏向于对“身体机能”的保护。本法施行前最新的判例坚持这种区分［**承德中院（2020）冀 08 民终 2043 号民判**］，有的法院甚至吹毛求疵般地把案由由健康权纠纷纠正为身体权纠纷［**韶关中院（2020）粤 02 民终 1793 号民判、洛阳中院（2020）豫 03 民终 6126 号民判**］。其次，身体权的客体乃人的身体，而现代生物科技的发展，使“身体”的概念逐渐在司法实务中扩展至植入人体的人工装置（如人工假体或心脏瓣膜等）以及与人体分离的器官组织。如果说对于前者，尚可以能否自由装卸抑或是否须由专业人士装卸为标准来区分是否属于身体的话，那么，对于和人体分离的器官组织（如毛发、指甲），在民法上通常构成“物”，为原权利人所有，可作为交易的对象。唯在分离部分与权利人的人格利益具有密切关系（如器官）甚至高度密切关系（如精子、卵子）时，不得视其为“物”，更不能成为交易的客体。在“刘某、Markus Heldt 等与广东省第二人民医院医疗服务合同纠纷案”［**广州越秀法院（2021）粤 0104 民初 525 号民判**］中，法院重申国内首例“冷冻人体胚胎案”［**江苏无锡中院（2014）锡民终字第 1235 号民判**］的法理，认为“涉案两枚胚胎是由原告刘某的卵子和原告 Markus Heldt 的精子结合而产生的”，“不能否认两原告在生命伦理上与涉案两枚胚胎具有最密切的联系，是理所当然的权利人，享有保管、处置胚胎的民事权益”。

本条规定身体权的内涵包括自然人的身体完整和行动自由，这亦由判例发展而来，并继续被判例精细化。例如，有法院将身体权定义为“公民维护其身体完整并能自由支配其身体各个组成部分的权利”［**韶关中院（2020）粤 02 民终 1793 号民判**］。根据本条以及一些法院判决，“身体完整”细分为“实质性完整”和“形式性完整”［**格尔木法院（2020）青 2801 民初 3152 号民判**］：前者为身体的物理完整性，如强行断人毛发、强迫他人献血；后者为身体不得非法触摸，如本法第 1011 条规定的非法搜查他人身体。至于行动自由，则为人身自由在身体权领域的具体化；非法拘禁、非法强制医疗，均属于侵害他人行动自由的行为［**宜春上高法院（2018）赣 0923 民初 316 号民判**］。

第一千零四条　【自然人的健康权】自然人享有健康权。自然人的身心健康受法律保护。任何组织和个人不得侵害他人的健康权。

本条规定的意义仅在于，其明确健康权的客体为“身心健康”（生理健康和心理健康）。本条终结了学界和司法实务中关于健康权客体是否包括心理健康的争议；但不难预见，相较于生理健康，心理健康的保护标准和范围将成为聚讼渊薮。一般而言，心理健康受损有精神性疾病、心理痛苦和精神创伤之分。其中，精神性疾病严重影响身体机能的正常运转，且有《中国精神障碍分类与诊断标准》（第三版）之医学标准，其侵权责任较易认定。但对于心理痛苦和精神创伤，往往未伴生对身体机能正常运转的损伤，以何种标准认定属于侵害健康权的范围并不明确，由此会影响权益保护和行为自由之间的平衡：若保护失之过宽，将极大限制人的行为自由；如果对此类精神痛苦不予保护，本条将健康权保护对象扩展到心理健康的意义又不彰显。在“陶莉萍诉吴曦道路交通事故人身损害赔偿纠纷案”［**四川德阳广汉法院（2001）广汉民初字第832号民判**］中，法院认为健康权客体仅指生理健康的观点，虽在立法上已被本条否定，但其如下裁判要旨对于本条之适用仍不乏判例指导意义：“原告嘴唇裂伤，亲吻不能或变成一种痛苦的心理体验，属于情感上的利益损失，当属精神性人格利益。但利益不等于权利，利益并非都能得到司法救济。被告不是以故意违反公序良俗的方式加以侵害，纯因过失而偶致原告唇裂，故本院对原告不能亲吻的利益损失赔偿精神损害抚慰金10 000元的请求不予支持。”

第一千零五条 【对生命权、身体权、健康权的法定救助义务】自然人的生命权、身体权、健康权受到侵害或者处于其他危难情形的，负有法定救助义务的组织或者个人应当及时施救。

本条并未就自然人的生命权、身体权和健康权的保护，为任何组织或个人设置法定救助义务。事实上，法定救助义务往往是针对从事特定职业的人而由特别法设定，如《人民警察法》第21条规定了警察在公民人身、财产安全受到侵害时的救助义务。此义务的违反，首先构成对法定职责（多为公法上的职责）的不履行［**浙江台州中院（2014）浙台行终字第32号行判**］。本条之设立，更多的是为充分保护自然人的生命权、身体权和健康权，在私法上对负有法定救助义务的人课以不作为的侵权责任。因此，其保护的客体不应扩大解释到其他民事权利尤其是财产权的保护。同时，本条就法定救助义务构建的不作为侵权责任，在适用要件上有不同于一般侵权责任之处。具体而言，本条规定的特定主体只要未“及时施救”，其不作为即具有不法性且应推定其有过错；在本法第1165条规定的其他事实要件也成立时，该主体应承担侵权责任。此“及时施救”强调施救的事实，至于成功与否，概非所问［**枣庄中院（2020）鲁04民终3184号民判**］。

就法定救助义务的主体而言，本条为参引性规范。依民事主体于法律关系中所处身份的不同，本条可参引的法律所规定的救助义务主体包括：(1) 基于特定职业的要求而负有法定救助义务者，如警察、救生员等。(2) 基于特定关系而规定其有救助义务者。其中，基于身份关系而发生者主要指监护关系，基于财产关系发生者则依主体所处具体法律关系而由法律明确规定之，最为典型的是本法第822条规定的客运合同的承运人。该条承自原《合同法》第301条，司法实务中不乏依此裁判者［**酒泉中院（2020）甘09民终1103号民判、广州中院（2020）粤01民终24679号民判**］。此外，本法第1198条规定经营场所、公共场所的经营者、管理者或者群众性活动的组织者有安全保障义务，其中当然包括救助义务。上述主体所负救助义务确属法定，而依约定或基于所谓先行行为产生救助义务者，则当别论。易言之，未履行约定救助义务者，应承担的是违约责任；而对制造或增加自然人之生命、身体或健康被侵害的风险，且为社会所不容许的先行行为，即便行为人被法院认定负有救助义务，并因此被课以侵权之责，也已超出本条“法定”的文义范围。在本法颁行前，法院或考量原、被告之间的关系，以及被告是否实施劝酒或恶意灌酒的行为等因素，综合判定同饮者是否承担救助义务［**巴中中院（2020）川19民终521号民判**］；或基于共同吸毒行为形成的侵权法上之“特殊关系”［**浙江衢州衢江法院（2015）衢民初字第236号民判**］，甚至基于原、被告之间先前吵架行为致使原告突发疾病的事实［**北京三中院（2020）京03民终13163号民判**］，认定被告有救助义务。这些所谓的法定救助义务，系由法院依具体事实要素形成的特殊关系个别认定，是适用原《侵权法》第6条第1款和第7条的结果。本条之设，貌似在立法上肯定了法官造就的这些“法定”救助义务，但实质上未形塑承运人、公共场所经营者那样剥离具体身份的抽象义务主体，其适用仍须法院参引本法第1165条第1款的规定，综合行为人和受害人因先行行为形成的特殊关系而具体判断行为人是否负有救助义务。

第一千零六条 【人体组成部分和遗体的捐献】完全民事行为能力人有权依法自主决定无偿捐献其人体细胞、人体组织、人体器官、遗体。任何组织或者个人不得强迫、欺骗、利诱其捐献。

完全民事行为能力人依据前款规定同意捐献的，应当采用书面形式，也可以订立遗嘱。

自然人生前未表示不同意捐献的，该自然人死亡后，其配偶、成年子女、父母可以共同决定捐献，决定捐献应当采用书面形式。

本条整合了《器官捐献移植条例》第 8 条和第 9 条的内容，只是把适用对象从人体器官扩大到人体细胞、人体组织和遗体。但是，此规则入典，并未改变其特别法规范的属性，这就决定了本条应依该条例而为体系解释，且解释结论须符合特定的法政策目的。准此，本条所列人体细胞、人体组织和人体器官，依特别法的立法宗旨，仅指即便与身体分离仍与自然人生理机能和人格利益密切关联的人体组成部分，其范围小于本法第 1003 条所述的身体组成部分，后者尚包括毛发等与身体分离即成为"物"的人体组成部分；所谓"捐献"，虽然也是以意思表示为之，但非本法第 133 条定义的法律行为，亦非本法合同编第十一章规定的赠与，不适用本法关于法律行为和合同的规定；年满 16 周岁、以自己的劳动收入为主要生活来源的未成年人，尽管依本法第 18 条第 2 款被视为完全行为能力人，也不属于本条规定的适格捐献人（**《器官捐献移植条例》第 10 条**）；捐献者可随时撤销其捐献人体组成部分或遗体的意思表示（**《器官捐献移植条例》第 9 条第 1 款**）；活体器官的接受人限于活体器官捐献人的配偶、直系血亲或者三代以内旁系血亲，或者有证据证明与活体器官捐献人存在因帮扶等形成亲情关系的人员（**《器官捐献移植条例》第 11 条**）；如此等等。

需澄清的是，此处的无偿捐献不等于不能有任何物质奖励。基于人道主义的考虑，同时也是为了鼓励捐献，我国立法尤其是司法实务从来不排斥适当的补助或奖励。只要不构成捐献之对价，这种补助或奖励在活体捐献中归于捐献人，在遗体捐献中则属于近亲属共有，而非遗产［**河南开封中院（2012）汴民终字第 325 号民判、周口扶沟法院（2017）豫 1621**

民初 1238 号民判］。

第一千零七条 【禁止买卖人体组成部分和遗体】禁止以任何形式买卖人体细胞、人体组织、人体器官、遗体。

违反前款规定的买卖行为无效。

本条属于禁止性规定，是本法第 1006 条规范内容的反面规定。首先，本条所称“买卖”，并非本法第 595 条定义的买卖合同，而是指在当事人之间存在对价关系的一切有偿交易，其认定取决于当事人之间是否有互负对待给付义务之意思表示。在“哈尔滨医科大学附属第一医院、史某峰医疗损害责任纠纷案”中，法院认为原告为肾源提供者及其家属给付营养费及交通费的行为，系出于其自身意思表示的无偿赠与，不构成买卖器官的对价［**哈尔滨中院（2020）黑 01 民终 4176 号民判**］。其次，依本条第 2 款，“买卖”人体细胞、组织、器官以及遗体的行为自始、当然、绝对无效。此无效的法律后果，可区分交易对象为遗体还是活体组成部分，参照适用本法第 157 条的规定。但在活体组成部分或尸体器官已植入受体的情形，由于其已构成受体的一部分而受其身体权保护，依其性质不能“原物”返还，故可比照本法第 1179 条规定的人身损害赔偿范围计算利益之返还。

第一千零八条 【人体临床试验的行为准则】为研制新药、医疗器械或者发展新的预防和治疗方法，需要进行临床试验的，应当依法经相关主管部门批准并经伦理委员会审查同意，向受试者或者受试者的监护人告知试验目的、用途和可能产生的风险等详细情况，并经其书面同意。

进行临床试验的，不得向受试者收取试验费用。

《药管法》《伦理审查办法》《药物临床试验规范》等法律法规，就新药、医疗器械、新的预防和治疗方法的研发和临床实验，构建了一个特别法规范体系。本条实为转介条款，系从保护自然人生命、身体、健康权的角度，于此等特别法中提炼关于人体临床试验的一般准则，从而在民法规范和特别法之间建立起关联。一方面，本条中临床试验、相关主管部门、伦理委员会、知情同意之所指及构成，须援引相关特别法规范予以明确。例如：在新药临床试验中，“相关主管部门”依《药管法》第 19 条应为“国务院药品监督管理部门”；伦理委员会之构成，须符合《伦理审查办法》第 9 条规定；《伦理审查办法》第 35～37 条对知情同意的内容有具体要求。另一方面，本条之设，也意味着人体临床试验在法律后果上可准用民法规定。有判决认为，受试者与试验的申办者之间成立药物临床试验合同关系，申办者提供给受试者的知情同意书等文件内容属于格式条款，应适用格式条款解释规则；申办者未依《药物临床试验规范》（旧）第 43 条与知情同意文件为受试者购买保险用于补偿的，应承担违约责任［**广州法院医疗纠纷诉讼情况白皮书（2015—2017）暨典型案例之八**］。此外，本条的关联作用，不仅表现在对特别法之管制性规范的转介，亦体现为对其保护性规范的引入。例如，本条第 2 款仅规定临床试验不得向受试者收取试验费用，但依本条立法目的，人体临床试验也应适用《伦理审查办法》第 18 条和《药物临床试验规范》（新）第 39 条中关于经济补偿和依法赔偿的规定。

第一千零九条 【人体医学和科研活动须遵守公序良俗】从事与人体基因、人体胚胎等有关的医学和科研活动，应当遵守法律、行政法规和国家有关规定，不得危害人体健康，不得违背伦理道德，不得损害公共利益。

人体基因既作为人体组织受身体权保护，亦作为人的“遗传密码”受隐私权保护，与其相关的医学和科研活动涉及复杂的伦理和法律难题，我国“基因歧视第一案”即为典型［**广东佛山中院（2010）佛中法行终字第 381 号行判**］。而对人体胚胎在现代医学和科研活动中的不当利用，也引发了关于体外胚胎和代孕的伦理合法性争议。本条其实只是针对与人体基因、人体胚胎等有关的医学和科研活动，把公序良俗原则在自然人生命权、身体权、健康权的保护领域具体化、类型化。于是，通过其转介功能，单行法律、行政法规和国家有关规定中的管制性规定可被引入本法，并与公序良俗原则本身的补充功能一起，在自然人身体权、健康权乃至隐私权保护的场域，发挥其审查法律行为效力、判断侵权行为之违法性的作用（**参见本法第 8 条评注**）。早在本条诞生之前，就有法院诉诸公序良俗原则，否定以代孕为内容的服务合同之效力［**深圳中院（2018）粤 03 民终 9212 号民判**］，其在立法缺失时求助于公序良俗原则，以彰显生命伦理的至上，颇值肯定。

第一千零一十条 【性骚扰之规制】违背他人意愿，以言语、文字、图像、肢体行为等方式对他人实施性骚扰的，受害人有权依法请求行为人承担民事责任。

机关、企业、学校等单位应当采取合理的预防、受理投诉、调查处置等措施，防止和制止利用职权、从属关系等实施性骚扰。

性骚扰之规制的核心不在于对行为本身进行违法性评价（即不合道德要求），而是这种带有性本质的行为违背了受害人关于性交流的自主决定自由，向受害人施加了令人讨厌的性要求，此时才会将该行为在法律上评价为不法。因此，已有裁判指出性骚扰侵害的是受害人“保持自己与性有关的精神状态愉悦的性权利”［**周口中院（2019）豫 16 民终 4647 号民判**］。可见，性骚扰的规制本有其独立的权益保护内容，本条之所以被安排在生命权、身体权和健康权一章，是因为性骚扰往往同时发生侵害身体权、健康权的结果。但即便如此，这也只是性骚扰侵害性权利所产生的第二次后果，或曰二者的竞合，自可依竞合理论解决其法律适用问题。

本条第 1 款规定了性骚扰的构成要件，能作为独立的请求权基础而无须援用本法侵权责任编的一般性规定，但其具体的法律后果仍须参引本法其他条文。既然本款确认性骚扰属于人格侵权行为，其构成自应依侵权行为的要件框架分析：（1）行为人违背他人意愿实施了以性为内容的骚扰行为。本款列举了性骚扰的诸侵害方式，但其判断标准应为该行为是否超越了一般的性交流界限。基于此，“违背他人意愿”这一要件的判断不仅要考虑受害人的主观感受，同时应兼及客观的“诚实善意受害人”标准，例如受害人为女性时，应依一个“诚实善意女性”的观点进行判断。（2）行为人主观方面应为故意，出于过失不能成立性骚扰。（3）对骚扰行为不要求结果的严重程度。基于人格权的防御功能，即便未产生严重的损害后果，受害人仍能主张行为人承担停止侵害、赔礼道歉的民事责任。(4) 侵害行为和损害后果之间存在因果关系。

本条第 2 款规定了单位的性骚扰防治义务，但未规定违反此义务的法律效果，性质上仍属不完全法条。与第 1 款不同，本款的规范内容并非性骚扰本身所造成的人格侵权，而是基于职场、单位性骚扰的特点，即性骚扰可能与受害人的工作、学习利益减损发生关联，对单位课以防治的法定义务，以切断骚扰行为与工作、学习利益之间的有害联系，阻止因此引发对受害人工作、学习利益的损害。而且，本款确认的单位之性骚扰防治义务有别于本法第 1198 条第 1 款的安全保障义务，其基于劳动条件保障之附随义务或教育保护等产生，保护对象仅及于单位所属成员：如果单位未能采取合理的事前预防、事中介入以及事后处置措施，导致受害人有形的工作利益损害或无形的敌意工作环境形成，则单位应依其过错程度承担补充责任。

第一千零一十一条 【限制行动自由和非法搜身】以非法拘禁等方式剥夺、限制他人的行动自由，或者非法搜查他人身体的，受害人有权依法请求行为人承担民事责任。

本条规定的行动自由也被规定在本法第 1003 条身体权项下，而“非法搜查他人身体”侵害的是该条规定的他人身体之“形式性完整”(**参见本法第 1003 条评注**)。除描述性地定义两种具体侵犯身体权的行为外，本条并未新设任何特别侵权要件和法律后果，其规范意旨不甚了了，在法律适用上徒增找法负担。而且，本条以及本法第 1003 条规定的行动自由，与第 109 条、第 990 条第 2 款规定的“人身自由”，在立法结构上盘根错节，以致有叠床架屋之嫌。

第三章

姓名权和名称权

第一千零一十二条 【自然人姓名权的范围】自然人享有姓名权，有权依法决定、使用、变更或者许可他人使用自己的姓名，但是不得违背公序良俗。

本条为说明性法条。一方面，本条之姓名仅指涉户籍登记的正式姓名，至于对笔名、化名等非正式姓名的保护，须借由本法第 1017 条之准用性规范而适用本条之法律效果；另一方面，本条确认了自然人对姓名的自主决定权，包括姓名决定、变更、使用以及许可使用。值得注意的是，此权能表述上向“许可使用”的积极转变，仅限于姓名权和肖像权之标表性人格权，故其仅为特别规定而非人格权的一般特征。并且，使用权人不因此成为姓名权的主体，仅被授权行使姓名权人之使用姓名的权利。盖姓名权的积极利用亦受人格权伦理性价值的约束，其处分限于使用处分，而不能进行归属上的移转，此为其不可让与的一面。此外，本条“依法”之表述亦表明其为引用性法条，姓名权的范围须依相关法律规范予以确认。

姓名包括姓氏和名。姓氏的确定当依本法第 1015 条规定。相对于姓氏来说，名之确定和变更则有较大的自治空间。依《居民身份证法》第 4 条第 1 款，规范汉字、符合国家标准的数字符号均能构成自然人的名字内容，即便该名的排列组合不符合通常情形，但只要不妨碍社会管理以及最低限度的公共道德，即属当事人的自治范畴［**江西鹰潭月湖法院 (2008) 月行初字 001 号行判**］。此“社会管理以及最低限度的公共道德”，即为本条但书中的“不得违背公序良俗”。

本条系从描述的角度规定姓名权的许可使用之权能，而本法第 993 条系对包括姓名权在内的此权能之行使的具体展开，它完全可以独立于本条而被适用。

第一千零一十三条 【法人和非法人组织的名称权】法人、非法人组织享有名称权，有权依法决定、使用、变更、转让或者许可他人使用自己的名称。

法人、非法人组织本质上非人格权主体。法律赋予此等组织体部分人格权，属于立法拟制之技术性手段，以满足其对自然人的工具性价值。因而，法人、非法人组织不可能成为本法第 990 条第 2 款规定的一般人格权主体，仅享有法律明确规定的部分具体人格权，如本条标识其身份名义的名称权。名称权的赋予确保了法人主体的独立性，使其能排他地以自己的名义实施活动。在此意义上，名称同自然人姓名一样发挥身份特征的标识功能。但与之不同的是，名称欠缺专属于自然人人格的伦理性要素，其亦为法人等组织体（主要是营利性组织体）的财产性构成，整体呈现出财产权属性。据此，对名称除一般意义上的决定、使用、变更、许可使用外，尚得单独或以概括性承继的方式予以转让；同理，《精神损害赔偿解释》第 4 条也正确地指出，此等组织体名称权受侵害的，救济方式主要是财产赔偿，不适用精神损害赔偿。

第一千零一十四条 【侵害姓名权或名称权的具体情形】任何组织或者个人不得以干涉、盗用、假冒等方式侵害他人的姓名权或者名称权。

本条为不完全法条：一方面，即便没有本条规定，姓名权亦可通过本法侵权责任编的规定得到保护；另一方面，尽管有本条之规定，是否构成以此等方式侵害他人姓名权或名称权，仍须依侵权责任的一般构成要件认定。例如，在行为人为逃脱还款义务而冒他人之名向银行等金融机构贷款，因未偿还借款而导致被冒名人出现不良征信记录的情形，此前虽无本条规定，法院也认定冒名人的行为依侵权法的相应规定当然构成对他人姓名权的侵害；而金融机构基于其审查义务的过失，为行为人侵害他人姓名权提供了机会和条件，符合本法第 1172 条（**原《侵权法》**

第 12 条）的情形，也应依其过错承当相应责任［**厦门中院（2019）闽 02 民终 655 号民判**］。

尽管本条规定源自原《民通》第 99 条第 1 款而非新设，但干涉权利人姓名自决的案型在实践中并不多见。一则自然人一出生往往由父母或其他监护人代为命名，生活中不常见行使姓名自决的必要，二来频繁变更姓名反而破坏姓名与个人身份之间的同一性。在姓名权侵害案件中，真正常见的是因盗用、假冒所发生的识别混淆。而且，只要存在具有标识功能的规范制度，实践中就有可能产生识别混淆问题，进而发生不同识别制度（**如《著作权法》第 53 条第 8 项、《竞争法》第 6 条第 2 项、《广告法》第 33 条、《商标法》第 9 条**）之间的相互影响，而在此影响中，明晰姓名权的适用范围和条件为其重要议题。例如在著作权上，与姓名权较为类似的是署名权的问题。《著作权法》第 53 条第 8 项规定“制作、出售假冒他人的署名的作品”为侵权行为，且规定按第 52 条的规定承担民事责任，而后者规范的行为类型均为知识产权侵害，尤其是该条第 3 项规定“没有参加创作、为谋取个人名利，在他人作品上署名的”系侵害署名权，此时第 53 条第 8 项规定的侵权性质从其文义上就显得模糊，从而使人容易误将其等同于第 52 条规定的侵害署名权的情形，典型者如“吴冠中诉上海朵云轩等出售假冒其署名的美术作品纠纷案”（**《最高法公报》1996 年第 2 期**）。

与原《民通》第 99 条第 1 款不同的是，本条采用开放性列举的方式，故结合本法第 1012 条但书之规定，它为以背俗方式不正当使用他人姓名这一侵权行为留下解释空间。而依反对解释，则权利人对他人在合理限度内使用其姓名负有容忍义务，例如在纯粹的文学艺术作品中为评论或客观描述而利用其姓名。须注意的是，若行为人故意以背俗的方式使用他人姓名，如给他人取贬损人格的诨名，权利人可主张名誉权而非姓名权之侵权责任，此乃行为人主观目的并非引起身份误认，而是实施侮辱行为之故。生活中常见的情形，是部分商家在一些产品推介中以名人姓名的谐音作为产品名称，如“泻停封”牌止泻药、“粥绝伦”食品、“莫闻味”牌臭豆腐等。显然，商家的行为是企图利用名人影响力吸引消费群体的关注，受众也自然会联想到有关名人，但客观上并不会造成公众误认该名人对其姓名改造有所授权，也不会造成名人为其代言的印象，故该行为不构成对姓名权的侵害，而在发生其社会评价降低之损害后果时，可认定为侵害名誉权。

第一千零一十五条 【自然人姓氏的确定】自然人应当随父姓或者母姓，但是有下列情形之一的，可以在父姓和母姓之外选取姓氏：

（一）选取其他直系长辈血亲的姓氏；

（二）因由法定扶养人以外的人扶养而选取扶养人姓氏；

（三）有不违背公序良俗的其他正当理由。

少数民族自然人的姓氏可以遵从本民族的文化传统和风俗习惯。

本条源自2014年全国人大常委会《关于〈中华人民共和国民法通则〉第九十九条第一款、〈中华人民共和国婚姻法〉第二十二条的解释》的规定，其立法原意在于："在中华传统文化中，'姓名'中的'姓'，即姓氏，体现着血缘传承、伦理秩序和文化传统，公民选取姓氏涉及公序良俗。公民原则上随父姓或者母姓符合中华传统文化和伦理观念，符合绝大多数公民的意愿和实际做法。同时，考虑到社会实际情况，公民有正当理由的也可以选取其他姓氏。"由此可见，随父姓或母姓为自然人姓氏确定的原则。实践中，姓氏纠纷多发生于父母离婚后未成年子女的姓氏变更。本条对此虽未规定，但依本法第35条规定的监护原则，并参考此前最高法多个司法解释（**《关于子女姓氏问题的批复》、《关于变更子女姓氏问题的复函》、原《关于人民法院审理离婚案件处理子女抚养问题的若干具体意见》**），抚养责任的分配不决定子女姓氏的变更，对离婚后未成年子女姓氏的决定，应尊重未成年人意志并最大化保护未成年人利益。若子女虽未成年，但有意思表示能力，父母离婚后欲变更子女姓氏的，须征求并尊重子女本人的意见；在子女无意思表示能力时，夫妻任何一方不得擅自变更离婚前子女的姓名。

本条但书列举了可以选取父姓或母姓之外姓氏的情形。其中"其他直系长辈血亲"所指清晰，代数也无限制。且依体系解释，该表述也限定了本条之父或母应仅指有血缘关系的生父母，而养子女姓氏的确定须适用第1112条而非本条规定。至于继父母，其与继子女间本无法定抚养关系，若其履行抚养义务，则不妨被认定符合本条但书第2项规定的情形［**河北保定清苑法院（2015）清民初字第1034号民判**］。当然，此处所谓"法定扶养人以外的人扶养"，尚应包括第1107条所指的抚养，但依本条规范意旨及上下文，此情形应限缩为长辈的抚养。最后，本条但书中的“有不违背公序良俗的其他正当理由”，乃指符合“中华传统文化和伦理观念”和社会管理之公共政策，其规范意旨在于规制“既未选取父姓母姓，亦未选取其他直系长辈血亲和法定抚养人以外的抚养人姓氏，具有明显的随意性”［**北京高院（2018）京行申1432号行裁**］。

本条第2款系针对少数民族自然人姓氏选取的特别法规范，故其有优先于前款规定而予适用的效力。

第一千零一十六条　【姓名、名称之决定、变更及转让的程序和效力】自然人决定、变更姓名，或者法人、非法人组织决定、变更、转让名称的，应当依法向有关机关办理登记手续，但是法律另有规定的除外。

民事主体变更姓名、名称的，变更前实施的民事法律行为对其具有法律约束力。

本条第1款为引用性法条，其表明姓名、名称的决定、变更或转让，是否需要以及如何完成登记手续，应遵循《居民身份证法》《户口登记条例》《企业名称登记管理规定》等法律及行政法规的相关规范。而第2款规定在功能甚至表述上与本法第532条雷同，不免赘余。

第一千零一十七条　【姓名与名称之扩展保护】具有一定社会知名度，被他人使用足以造成公众混淆的笔名、艺名、网名、译名、字号、姓名和名称的简称等，参照适用姓名权和名称权保护的有关规定。

本条为引用性法条，在姓名与名称之扩展保护的构成要件和法律效果上均须参引有关法律的规定。其“有关规定”，系指本法第993、999条以及第1012～1014条等规定；其他法律（**如《竞争法》《著作权法》《商标法》等**）对本条保护的客体亦有规范其识别混淆之相应规定的，从其规定。由此，在案件事实符合《竞争法》等有关保护知名身份标识规定的责任构成要件时，应适用此等法律的相关规定解决之［**最高法（2010）**

民提字第 113 号民判〕；在案件事实不满足这些特别法的责任构成要件时，对他人笔名、艺名、网名、字号、姓名和名称的简称等的使用符合本条所参引法条之适用要件的，则在法律效果上亦准用本法的相应规定〔参考上海二中院（2000）沪二中民终字第 2162 号民判、周口中院（2016）豫 16 民终 1414 号民判〕。

笔名、艺名、网名、译名、字号、姓名和名称的简称等非正式姓名或名称，若被持续用于社会交往并起到标识特定主体的作用，也就具有了和正式姓名、名称同样的识别功能，进而可通过本条成为姓名权和名称权扩展保护的对象。本条并未对所有非正式姓名和名称提供扩展保护，只有那些具有一定社会知名度的才被纳入其保护范围。而从“被他人使用足以造成公众混淆”这一表述看，所谓一定社会知名度实指较高知名度，即被公众广泛认知为特定主体的身份标识。迄今的司法实践一般也是如此认定，其考量的因素包括公众对该标识的知晓程度，主体稳定、持续的使用时间，媒体或宣传工作的持续时间、程度和地理范围等等〔北京朝阳法院（2013）朝民初字第 37679 号民判、南昌经济技术开发区法院（2016）赣 0192 民初 447 号民判〕。

第四章

肖像权

第一千零一十八条　【肖像权和肖像的定义】自然人享有肖像权，有权依法制作、使用、公开或者许可他人使用自己的肖像。

肖像是通过影像、雕塑、绘画等方式在一定载体上所反映的特定自然人可以被识别的外部形象。

本条为说明性法条。依第 1 款文义，所谓肖像之制作、使用、公开、许可他人使用之权能，描述的是肖像制作权和使用权这两项积极权能。肖像权的这两项积极权能，首先体现的是对肖像权之精神利益的保护，而使用权之具体权能的列举（使用、公开、许可他人使用），意味着肖像这一人格标识可被用于商业用途，尤其是通过授权他人使用肖像，使得肖像权的财产利益之属性得以彰显。在体系上，可以说本条系对肖像权之精神利益的保护，对肖像权的商业利用，则有本法第 993 条作为规范依据（**参见本法第 993 条评注**）。

本条第 2 款对肖像的定义，使用了“外部形象”一词。究竟何谓“外部形象”，学理和实务有“面貌说”和“体貌说”之争。依“面貌说”，肖像须“能反映特定人相貌的综合特征”，只有含有自然人面部特征的形象，才成其为肖像（**“叶璇诉安贞医院、交通出版社广告公司肖像权纠纷案”，《最高法公报》2003 年第 6 期**）。“体貌说”则认为，肖像乃指人的外观形象，不应仅通过面部特征加以判断，倘若身体其他部分具有可识别性，也应认定为肖像。此前实务多采“体貌说”［**海淀法院（2018）京 0108 民初 5972 号民判、海淀法院（2016）京 0108 民初 19866 号民判、北京一中院（2019）京 01 民终 6350 号民判**］。从文义上看，本条第 2 款并未就此盖棺定论，但可以肯定的是，可识别性才是肖像的本质构成要素。至于可识别性的判断，迄今的司法实务多采社会一般人标准［**南京江宁法院（2017）苏 0115 民初 8451 号民判、深圳龙岗法院（2017）粤 0307 民初 3335 号民判、北京东城法院（2002）东民初字第 6226 号民判**］，但也不乏采其他标准如权利人标准者［**广州荔湾法院（2017）粤 0103 民初 4469 号民判**］。由此可见，无论其对特定自然人的形象采何种视觉再现形式，即便是漫画或卡通形象，只要依社会一般人标准其具有可识别性，即为本条第 2 款定义的肖像［**北京一中院（2016）京 01 民终 496 号民判**］。但表演者形象系主体塑造的区别于自身的角色，在功能上和肖像截然不同，应为著作权保护的对象。有判决即认为，将“六小龄童版孙悟空”作为饰演者本人的肖像予以保护，难谓妥当［**北京一中院（2013）一中民终字第 05303 号民判**］。

第一千零一十九条 【侵害肖像权的方式】任何组织或者个人不得以丑化、污损，或者利用信息技术手段伪造等方式侵害他人的肖像权。未经肖像权人同意，不得制作、使用、公开肖像权人的肖像，但是法律另有规定的除外。

未经肖像权人同意，肖像作品权利人不得以发表、复制、发行、出租、展览等方式使用或者公开肖像权人的肖像。

本法第 1018 条既已规定肖像权权能，则从侵权角度试图进一步明确其边界，在立法技术上似为多余。但单设本条第 1 款的意义，一方面在于，它相较于原《民通》第 100 条而言，不再将“以营利为目的”作为肖像权之侵权责任的成立要件之一；另一方面，其规范重点也不在于肖像权侵权责任之具体构成，而是在第二句规定了其违法性阻却事由，即肖像权人的同意以及法律规定无须肖像权人同意的情形。后者就是但书所谓“法律另有规定的”，主要指本法第 999 条尤其是第 1020 条规定的肖像之合理使用。法律适用上比较有疑问的，应该是本款第一句规定。无论是以歪曲、污损，还是利用信息技术手段伪造等方式侵害他人的肖像，例如将他人照片悬挂在厕所门口，或用电脑技术合成照片，涉及的问题可能都是在法律效果上是否构成请求权聚合［**广州中院（2016）粤 01 民终 6927 号民判**］。不过，究竟是基于肖像权抑或名誉权获得救济，则需结合案情具体分析。

本条第2款基于肖像权的权能，就肖像作品权利人因行使著作权（如发表、发行、复制等）而侵害肖像权作出了规定。依反对解释，对于本款所禁止的肖像作品权利人行使其著作权的行为，得因肖像权人的同意而阻却其违法性。就同意的范围而言，在无明确约定时，应依意思表示之解释方法而定，不得推定肖像权人乃以默示的方式表达［**“人体模特缪燕诉徐芒耀、辽宁美术出版社侵犯肖像权案”，《人民法院案例选》（2004年民事专辑）（总第48辑），人民法院出版社2005年版**］。

第一千零二十条 【肖像的合理利用】合理实施下列行为的，可以不经肖像权人同意：

（一）为个人学习、艺术欣赏、课堂教学或者科学研究，在必要范围内使用肖像权人已经公开的肖像；

（二）为实施新闻报道，不可避免地制作、使用、公开肖像权人的肖像；

（三）为依法履行职责，国家机关在必要范围内制作、使用、公开肖像权人的肖像；

（四）为展示特定公共环境，不可避免地制作、使用、公开肖像权人的肖像；

（五）为维护公共利益或者肖像权人合法权益，制作、使用、公开肖像权人的肖像的其他行为。

本法第1019条规定，肖像权人的同意可以阻却制作、使用、公开他人肖像之行为的违法性。而在本条规定的五种情形，此等行为纵使未获肖像权人同意，也不具有不法性。因此，和第1019条一样，本条也是产生抗辩事由的防御规范，其是否成立由被告负举证责任。

本条“合理”之谓，其实是通过五个抗辩事由的具体构成界定的。就第一个事由而言，立法者首先对“必要范围”进行目的性限制，亦即只有列举的“个人学习、艺术欣赏、课堂教学或者科学研究”这些目的，才属于使用的必要范围。而且，即便他人基于此等目的，也仅限于使用已公开的肖像。盖肖像在制作、公开之前对于肖像权人而言亦为隐私，除非基于新闻报道、国家机关履行法定职责以及其他维护公共利益或肖像权人合法权益的目的，其制作和公开必须经肖像权人的同意，此为其隐私权保护的当然内容。也正因为如此，本条第 2 项、第 3 项和第 5 项才将基于公共利益的利用他人肖像作为行为人的抗辩事由，并且此利用包括制作、使用和公开。在此意义上，此三项抗辩事由，与其说是对肖像权的限制，不如说是对隐私权或个人信息权的限制（**《使用人脸识别技术规定》第 5 条**）。但即便如此，行为人也应参照本法第 1035、1036 条的规定，恪守新闻报道或公务行为的底线和原则，在利用肖像时遵循必要性或比例原则，维护肖像权人的信息隐私权。

准此，本条第 2 项中所谓“不可避免”，应指肖像在该当报道中具备不可替代性，不制作、使用或公开此肖像将妨害新闻报道的真实性、完整性和准确性。并且，新闻媒体在使用他人肖像时，应采用合理手段，必要时须对肖像进行技术性处理。手段的合理性可结合使用目的、内容、范围、方法等因素综合判定。同理，本条第 3 项规定的国家机关之职务行为，如为悬赏、抓捕而公开犯罪嫌疑人照片，亦因违法性阻却而不构成侵害他人肖像权。结合本法第 1039 条规定，本项适用之核心考量因素有二：一是对职务行为的判定，即必须是国家机关及其工作人员为履行职能所实施的行为；二是对“必要范围”的理解。“必要范围”须和国家机关的职务行为具备相关性，其利用肖像的行为应在国家机关的职权范围内、履行职权的过程中，且应遵循比例原则，以对肖像权人最小的权利侵害获得最大的社会效益。在我国司法实务中，新闻媒体常因配合公权力机关致生此类纠纷，典型者如“李某峰等诉叶集公安分局、安徽电视台等侵犯名誉权、肖像权纠纷案”（**《最高法公报》2007 年第 2 期**）。该案中，法院在立法阙如时依本条之法理认定公安分局和电视台构成侵权，具有重要意义。

至于本条第 4 项规定的抗辩事由，并非基于新闻自由或公共利益的目的，实为法益平衡的结果。该项所谓“特定公共环境”，系指风景名胜或公园、集会等其他公共场所。在此场合，他人入镜在所难免，若须事先一一征得同意，实有困难。所以，在法益衡量上虽应认其为侵害他人肖像权，但属不可避免者，得以本项规定予以抗辩。当然，若作为背景一部分的人物被单独放大，或就照片客观整体印象而言其已占据中心位置，并被公开，则构成对肖像权的侵害。

第一千零二十一条　【有利于肖像权人的合同解释规则】当事人对肖像许可使用合同中关于肖像使用条款的理解有争议的，应当作出有利于肖像权人的解释。

本条新设合同解释的特殊规则——有利于肖像权人的解释，这被视为我国人格权立法的一大创举。其立法目的，据说是就许可使用的范围、期限等，在肖像权人和许可使用人之间进行利益平衡，实现对肖像权人的优先保护。但此种优先本质上是将肖像权人的意思凌驾于相对人的意思之上，在民事主体地位平等和意思自治原则下，其正当性颇为可疑。诚然，对于格式条款或者消费者合同，各国普遍承认不利于格式条款提供方或有利于消费者的合同解释规则，本法第498条（**原《合同法》第41条**）和我国《保险法》第30条亦是如此。但此种特殊解释规则，仅适用于当事人之间在磋商能力上发生结构性差异的合同类型（如格式合同、消费者合同、保险合同）；就肖像许可使用合同而言，肖像权人若对其肖像有能力进行商业化利用，往往在磋商能力上处于优势地位，而在约定不明时一概让相对人受制于肖像权人的意志而承受不利的解释后果，不尽合理。当然，本条既已确立有利于肖像权人的解释规则，则只能在适用时依体系解释予以限缩：在当事人对肖像使用条款的理解有争议时，首先应诉诸本法第142条第1款、第466条第2款解释之，只有在对合同条款有两种以上解释时，方可依本条作出有利于肖像权人的解释；其次，本条所谓“有利于肖像权人”，非指作为个别、具体的合同当事人的肖像权人，而应建立抽象的、一般的肖像权人标准，以防止其个人意志的恣意。

第一千零二十二条　【肖像权许可使用合同之解除】当事人对肖像许可使用期限没有约定或者约定不明确的，任何一方当事人可以随时解除肖像许可使用合同，但是应当在合理期限之前通知对方。

当事人对肖像许可使用期限有明确约定，肖像权人有正当理由的，可以解除肖像许可使用合同，但是应当在合理期限之前通知对方。因解除合同造成对方损失的，除不可归责于肖像权人的事由外，应当赔偿损失。

在体系上，本法第563条（**原《合同法》第94条**）为合同解除的一般规范，本条为特别规范，因而具有优先适用性；在性质上，本条属强制性规范，当事人不得通过约定排除其适用。

本条第1款其实是就不定期肖像权许可使用合同赋予当事人任意解除权。如果说消费许可使用合同当然是“以持续履行的债务为内容”，且本款所谓“期限没有约定或者约定不明确”无疑是指不定期的话，那么本款的规范构成与本法第563条第2款并无二致。因此，二者在要件构成和法律效果上并无区别，故本款之解释适用自可参见本法第563条第2款的评注。

对于定期合同，第563条并未赋予双方当事人任意解除权，本条第2款对定期的肖像许可使用合同，亦持同样立场。其区别仅在于，前者第1款列举了法定解除的五种事由，而本款则仅对肖像权人的法定单方解除权设置了“正当理由”这一概括的行使条件。事实上，如果把本款规定视为第563条第1款第5项所述的“法律规定的其他情形”，则依体系解释，对于定期的肖像许可使用合同，其法定解除的事由不仅包括第563条第1款前四项列举的不可抗力导致合同目的不能实现、迟延履行、根本违约等情形［**浙江湖州中院（2010）浙湖民终字第458号民判**］，而且可通过解释本条规定的“正当理由”，发现专属于此类合同的法定解除事由。本条既然仅赋予肖像权人这一特别的单方解除权，其目的自然是维护其人格利益，故此处的“正当理由”应解释为影响肖像权人人格尊严的因素，或被许可人的行为侵犯了权利人的一般人格权。当然，为避免因解释过于主观和宽泛而消解正当理由作为限制条件的功能，未来司法实践可尝试对其进行类型化归纳。此外，本条第2款第二句规定的解除权人之赔偿责任，本质上也是对肖像权人单方解除权的限制。

第一千零二十三条 【其他标表性人格要素之许可使用的参照适用】对姓名等的许可使用，参照适用肖像许可使用的有关规定。

对自然人声音的保护，参照适用肖像权保护的有关规定。

本条为引用性法条。标表性人格权要素如肖像、姓名、名称等原则上均得许可他人使用。在本法第993条针对所有标表性人格要素设立许可使用制度后，本条第 1 款所指示参引的法条也就仅仅指向关涉肖像许可使用合同的本法第 1021、1022 条之规定。但对于自然人声音的保护，本条第 2 款规定的参照适用之指向性明显不同。关于自然人声音的性质，本有“权利说”和“人格利益说”之分；依本条文义，立法者系采后一学说。但无论何种学说，均承认自然人的声音虽具有弱于肖像的唯一性和可识别性，但经技术处理以物质承载后（如录音）其也有表征人格的功能，故对其保护可以准用肖像权保护的所有规则。

第五章

名誉权和荣誉权

第一千零二十四条 【名誉权和名誉的定义】民事主体享有名誉权。任何组织或者个人不得以侮辱、诽谤等方式侵害他人的名誉权。

名誉是对民事主体的品德、声望、才能、信用等的社会评价。

本条第1款第一句为授权规定，系授予包括自然人、法人和非法人组织在内的所有民事主体以名誉权。应予区别的是，自然人的名誉权主要保护其在品德、声望和才能等方面的社会评价，法人或非法人组织的名誉权则注重保护与其财产价值相联系的对组织经营、商业信用等经济能力的评价，由此决定了二者在侵害方式、与财产的联系程度、损害后果和救济手段等方面也有差异。例如，对于自然人名誉权，如果行为人侵害行为较为严重，主观恶性较高，在消除影响、恢复名誉后仍不能填补权利人损害的，法院尚可依具体情况，要求行为人承担精神损害赔偿的责任［**北京二中院（2009）二中民终字第5603号民判、北京高院（2010）高民终字第411号民判**］；对法人名誉则不存在精神损害问题，对其名誉权的损害主要是财产损害［**天津高院（2014）津高民一终字第0028号民判、青海高院（2016）青民终字第153号民判**］。

本条第2款为说明性法条，只是单纯地对名誉给予定义性说明，因而具有不完全性。但此不完全法条比较详细地描述了名誉权之客体的构成要素，对于依其他法条认定名誉权之侵权责任具有基础性作用。(1) 本款定义之名誉，乃指客观名誉，是社会对民事主体的客观评价，不包括名誉感之类的主观名誉。司法实务中一般不接受对名誉感的保护，甚至强调“社会评价应以一般社会主体普遍判断为标准，并非以个别当事人的主观感受定性”［**（2019）最高法民申1481号民裁**］。但在确定精神抚慰金时，不妨斟酌受害人的名誉感所受侵害程度，而为相当金额的赔偿。（2）此社会评价不同于第1032条第2款定义的个人隐私。例如，甲散布消息称乙为瘾君子且已感染艾滋病，则在此消息属实时，其虽不侵害乙的名誉权，但构成对其隐私权的侵害。我国法院对于发布隐私信息者，一般会认定其同时构成对隐私权和名誉权的侵害［**湖南湘潭中院（2012）潭中民一终字第46号民判**］。（3）社会对民事主体任何特质的评价，都构成其名誉的一部分，本款列举的品德、声望、才能只是最为典型者，而其将“信用”评价特别纳入名誉的范畴，意味着信用权可经由名誉权得到保护。（4）本款所指民事主体系针对特定主体而言，由此对名誉的贬损也必须是针对特定的个人或团体，对于不特定的集体之人则不成立名誉侵害，如泛指某省人不讲诚信、僧尼不守清规等。若行为人虽无明确指向，但其描述内容足以让他人认定为具体个人的，则其行为也构成对其名誉权的侵害［**北京一中院（2017）京01民终6788号民判**］。

如同立法者从积极权能的角度描述各种具体人格权一样，本条第2款也是从积极要素的角度定义名誉的，亦即此名誉应该是积极的社会评价。但司法实践往往从名誉贬损这一消极要件来认定社会评价的内容，在贬损事实发生之前是否就特定的主体存在具体的社会评价，并非所问。因此，司法实务其实是无须就社会评价是否降低进行社会调查或前情对比的，只要行为人散布不实信息［**北京一中院（2014）一中民终字9328号民判**］或对他人有侮辱性言论［**北京二中院（2016）京02民终6271、6272号民判**］，就会被直接认定为产生了社会评价降低的事实。我们可以把这些侵害他人名誉的行为区分为事实陈述和意见表达；当然，生活中不乏二者的混合，如言称他人为恋童者并斥其为畜生。一般来说，名誉侵权在构成要件方面的特殊性，就表现为行为的此类型化。比较法上，实务案例多属事实陈述问题，盖事实真假（如骚扰异性、伪造学历证书）对名誉影响甚大，而意见评价（如误人子弟、牲畜不如之谩骂）是否构成侵权，尚有争议余地，案件较少。相应地，对于事实陈述，只要行为人能证明其陈述为真实的，则其违法性被阻却而不构成侵权；对于意见表达，则依合理评论原则定之，行为人是否善意、意见评论是否属于可受公评之事等等，均为考量因素。在我国，尽管司法实务不太注重表达这种区分，但就本条第1款第二句列举的名誉权之侵害方式而言，侮辱属于意见表达，诽谤则为虚假事实陈述，概无疑问。只是此种列举并未穷尽事实陈述和意见表达的全部情形，实务中不妨通过解释予以扩张并进一步类型化，例如将虚假陈述从诽谤等故意的虚假陈述扩张至过失的不实陈述。

第一千零二十五条 【新闻、舆论和名誉侵权】行为人为公共利益实施新闻报道、舆论监督等行为，影响他人名誉的，不承担民事责任，但是有下列情形之一的除外：

（一）捏造、歪曲事实；

（二）对他人提供的严重失实内容未尽到合理核实义务；

（三）使用侮辱性言辞等贬损他人名誉。

对于是否需要规定独立的新闻侵权制度，曾存在很大争议。本法承继了原《侵权法》的立法思路，将所谓新闻侵权规定在名誉权项下。事实上，这也是对司法惯例的遵从，因为有关新闻侵权的司法解释（如原《关于审理名誉权案件若干问题的解答》）和裁判实务［**上海一中院（2014）沪一中民四（商）终字 2186 号民判、北京三中院（2016）京 03 民终 4131 号民判**］，也大多被置于名誉权保护的名下。

一方面，本条首先针对新闻报道和舆论监督等行为，建立了基于公共利益的免责事由。在本条的语境下，此公共利益和新闻报道、舆论监督具有含义上的同一性。也就是说，新闻报道以及舆论监督都属于公共事务范畴，出于其向社会公众传播社会异动、表达社会关注的"公共性"特征，其本身就具有"公共利益"的指向性。有判决认为，"被告以'鸿茅药酒广告'为例，探讨相关部门在广告管理方面的问题，系对加强食药品广告审查监督的意见和建议，是对食药品安全之公共利益的关注"［**闵行法院（2018）沪 0112 民初 9577 号民判**］。此外，相对于一般的事实陈述和意见表达，新闻报道主要是对各类社会现象的事实陈述，对其客观性判断需从整体上看是否做到基本属实，但不苛求"新闻报道要做到完全客观全面"［**北京一中院（2006）一中民终字 328 号民判**］；舆论监督系对公共事务或公众人物的意见表达，司法实务中重点在于评判舆论监督行为的正当性与合理性。

另一方面，本条又以但书的方式，规定了新闻报道和舆论监督（即便是基于公共利益）中三种当然的名誉侵权情形。其中，行为人捏造、歪曲事实和使用侮辱性言辞等贬损他人名誉，分别对应于前条第1款列举的虚假事实陈述（诽谤）和侮辱类意见表达，它们均为主观恶意较大的故意行为；而第2项规定的“对他人提供的严重失实内容未尽到合理核实义务”，则属有过失的不实陈述，是否已尽合理核实义务则依次条规定。由此，在前条第1款之外，本条再次肯定了事实陈述和意见表达的认定对于新闻报道之名誉侵权的构成也意义重大。

第一千零二十六条 【合理核实之考量因素】认定行为人是否尽到前条第二项规定的合理核实义务，应当考虑下列因素：

（一）内容来源的可信度；

（二）对明显可能引发争议的内容是否进行了必要的调查；

（三）内容的时限性；

（四）内容与公序良俗的关联性；

（五）受害人名誉受贬损的可能性；

（六）核实能力和核实成本。

本条系不完全法条，旨在明确前条第2项所谓“合理核实义务”在司法实践中的考量因素。合理核实义务之履行与否系行为人是否存在过失的认定基准，若行为人依本条所列考量因素尽到合理核实义务，则其不满足过错要件而无须承担前条规定的名誉权侵权责任。

本条所列考量因素概为司法实践之结晶。(1) 内容来源的可信度。信息来源渠道的权威性是内容可信度的重要判断依据，提供者的身份对信息可信度具有重要影响。例如，来源于政府部门信息的可信度高于普通网站信息。(2) 对明显可能引发争议的内容是否进行了必要的调查。内容具有明显的争议性应理解为，信息本身具有重大不确定或对特定主体的利益影响重大；内容的争议性越大，意味着侵权风险更大，行为人需就此承担更重的核实义务。(3) 内容的时效性。新闻报道和舆论监督的主要社会价值在于为公众提供及时、准确的信息。对于关乎社会公众的重大利益或需要立即作出反应的报道，为保障公众及时获得信息，可适当降低行为人合理核实义务的标准。(4) 内容与公序良俗的关联性。新闻报道和舆论监督中行为人的核实义务，应以公序良俗的维护为衡量标准：对于可能影响公序良俗的，行为人的核实义务就较高；对于行为的目的在于维护公序良俗的，行为人的核实义务则应适当降低。(5) 受害人名誉受贬损的可能性。预见损害发生的可能性，本来就是对行为人主观过失的认定标准之一。行为人若对提供的内容损害他人名誉权的后果有明显的预见可能性，则其应负担更为严格的核实义务（**“徐良诉《上海文化艺术报》、赵伟昌侵害名誉权纠纷案”，《最高法公报》1990 年第 4 期**）。(6) 核实能力和核实成本。核实能力取决于行为人自身的客观实际，不同类型主体的核实能力当然存在差异，个体运营的自媒体核实能力显然不及从事媒体行业的法人。使行为人负担超过其能力的核实义务，或支付沉重的核实成本，会阻碍信息传播与交流。例如，有法院认为“面对网络海量信息，网络服务提供者客观上没有能力对每条信息进行审查”[**杭州中院 (2013) 浙杭民终字 3232 号民判**]。需注意的是，本条虽然规定了上述六项考量因素，但不意味着司法实务中对其必须逐一检索；同时，法院在为判断时亦不应局限于所列因素，此外尚可考虑诸如新闻媒体行业存在的多源核实等因素。

第一千零二十七条 【作品与名誉权侵害】行为人发表的文学、艺术作品以真人真事或者特定人为描述对象，含有侮辱、诽谤内容，侵害他人名誉权的，受害人有权依法请求该行为人承担民事责任。

行为人发表的文学、艺术作品不以特定人为描述对象，仅其中的情节与该特定人的情况相似的，不承担民事责任。

文学、艺术作品源于生活、高于生活，行为人对于作品的写实和虚构往往需要借助特定的人物原型及事件展开，由此极有可能对他人名誉造成影响，故而需要立法、司法在艺术表达自由与名誉权保护之间作出平衡。本条规定源于原《关于审理名誉权案件若干问题的解答》第 9 条，其本质是本法第 1024 条规定对文学、艺术作品的具体适用，即若文学、艺术作品符合本条第 1 款所述的“以真人真事或特定人为描述对象”，就已经满足第 1024 条对名誉权主体之特定性的要求（**参见本法第 1024 条评注**），从而可以适用该条的规定；而本款所谓“含有侮辱、诽谤内容”，也显然对应于第 1024 条第 1 款列举的侮辱、诽谤之名誉侵权行为，分别属于意见表达和虚假事实陈述的范畴，行为人理应承担侵权责任。反之，本条第 2 款的规定表明，其设定的“作品不以特定人为描述对象”之适用条件，乃因不满足第 1024 条对受害人的特定性要求而导致行为人无须承担侵权责任。因此，本条第 2 款在性质上系构成要件欠缺导致侵权责任不成立之抗辩。

由此可见，本条之适用，关键在于对“特定人”指向之认定。此前的司法实践多遵循“身份特征＋特定经历”的判断标准，作品中的角色和原告姓名相同［**新疆高院（2001）新民终字 88 号民判**］、姓同名近并体貌相似（**“胡骥超、周孔韶、石述成诉刘守忠、《遵义晚报》社名誉权纠纷案”，《最高法公报》1992 年第 2 期**）、社会关系相似［**浙江金华中院（1999）金中民终字 524 号民判、云南高院（2000）云高民终字 115 号民判**］、个人经历相似者［**哈尔滨中院（2017）黑 01 民再 2 号民判、长沙浏阳法院（2017）湘 0181 民初 3597 号民判**］，只要达到足以排他地联想到现实中特定人的程度，就会被认定指向明确。如果指向性尚存争议，如本条第 2 款列举的“仅其中的情节与该特定人的情况相似”，则从保护创作自由的角度，不宜轻易认定。

第一千零二十八条 【名誉权消极防御请求权】民事主体有证据证明报刊、网络等媒体报道的内容失实，侵害其名誉权的，有权请求该媒体及时采取更正或者删除等必要措施。

报刊、网络等媒体的传播力和影响面巨大，其陈述的内容失实对名誉的损害更大，故本条借鉴《出版管理条例》第 27 条规定，在本法第 995 条之外针对媒体的名誉侵权创设了特殊的排除妨碍请求权。这就意味着，此请求权除依第 995 条不适用诉讼时效的规定外，在法律效果上更可由请求权人针对媒体侵权的具体情形，主张本条列举的更正或删除等必要措施。例如，报刊等媒体侵权的，应停止继续出版发行或销毁相应刊物；网络媒体侵权的，应采取删除、屏蔽、断开链接等技术手段清除错误报道及网络痕迹［**江门中院（2016）粤 07 民终 1720 号民判、深圳中院（2019）粤 03 民终 18693 号民判**］。恢复名誉之救济，则特别要求媒体在近期刊物或相关网络平台发表以更正性内容为基础的赔礼道歉等。被请求的媒体是否及时采取行动，应考虑核查证据和采取必要措施需要的合理时间。未及时采取行动的媒体对扩大的损失存在过错，在后续名誉侵权诉讼中也无法再依本法第 1025 条第 2 项规定，以尽到合理核实义务作为抗辩事由。

此请求权的成立要件，包括须有报刊、网络等媒体报道和内容失实两个方面。一般而言，媒体报道可能包括事实陈述和意见表达，但由于只有事实陈述存在失实与否的问题，而且本条列举的更正措施一般也是针对事实陈述而言，而意见涉及的是作者自己的主观意见表达，只能以合理与否加以评判，故本条所言媒体报道应仅指其事实陈述部分。就第二个要件而言，内容失实不同于第 1025 条中的“捏造、歪曲事实”。后者不仅仅强调内容的虚假，更要求行为人主观上的故意甚至恶意，而前者仅强调内容的虚假，至于主观上为故意抑或过失，在所不问。甚至，媒体即使如第 1025 条第 2 项所要求已尽合理审核义务，在主观上并无任何过错，但只要其报道内容客观上失实，此特殊请求权亦告成立。在此意义上，本条请求权类似于物上请求权，请求权人仅须证明媒体报道的存在和内容客观上不真实，即为已足。

至于本条所言“侵害其名誉权的”，不应视其为此特殊请求权的成立要件。这是因为，报刊、网络等媒体的报道具有传播的瞬时性和影响的广泛性，不实报道一经发布即构成对被报道主体名誉权的侵害。将其视为请求权成立要件，不啻要求受害人承担过于严苛的证明责任，并间接降低了媒体的合理核实义务。

第一千零二十九条 【信用评价之救济】民事主体可以依法查询自己的信用评价；发现信用评价不当的，有权提出异议并请求采取更正、删除等必要措施。信用评价人应当及时核查，经核查属实的，应当及时采取必要措施。

依本法第 1024 条第 2 款规定，信用属于名誉的一部分。但信用毕竟因其明显的财产属性，很难被完全纳入名誉权的保护范围，此或为本条规定的信用评价之救济虽与前条规范结构相近，但仍被独立为一条的原因。事实上，在本法颁行前，法院一般依据《征信业条例》的有关规定，就征信机构对他人的信息加工和信用评价行为，作出是否构成名誉权侵害的判决［**赣州中院（2019）赣 07 民终 3365 号民判**］。而本条系对《征信业条例》第 17 条和第 25 条的整合，为信用评价的救济补充了和前条性质相似的请求权基础。这意味着，对于评价人（征信机构）的不当信用评价，民事主体可以直接依本法第 1024 条规定主张名誉权侵权损害赔偿，亦可依本条规定提出异议，并主张和第 1028 条相同的更正、删除等特殊排除妨碍请求权（**参见本法第 1028 条评注**）。当然，在信用评价人认为异议不合理，或信用评价并无不当时，亦可不对信用评价进行更改、删除［**焦作中院（2016）豫 08 民终 2149 号民判**］。

本条各请求权的对象均指向“信用评价”，即信用信息处理者（参见次条评注）对企业和个人在偿债能力、金融信贷、履约情况等方面的信用信息进行采集、整理、加工和评价，不涉及对其道德、品行等方面的评价。依历史解释，立法者在本法草案阶段将《人格权编（草案）》二审稿和三审稿中的“信用评价错误”改为“信用评价不当”，系认为信用评价不仅包括客观的信用信息（事实陈述），也包括征信机构据此做出的主观评价（意见表达）。有鉴于此，就查询权而言，其对象系信用评价之全部内容；就异议权和订正请求权等而言，不当的信用评价包括错误的信用信息（如事实上未被法院列入失信被执行人名单、不良信贷记录的张冠李戴等）和事实依据不充分的主观评价［**赣州中院（2019）赣 07 民终 3365 号民判**］。

第一千零三十条 【个人信息保护之规定的准用】民事主体与征信机构等信用信息处理者之间的关系，适用本编有关个人信息保护的规定和其他法律、行政法规的有关规定。

本条系引用性法条，其不完全性主要表现在，法院处理民事主体与征信机构等信用信息处理者之间的关系时，须从本法本编第六章关于个人信息保护的规定和其他法律、行政法规中去寻找裁判依据。本条所谓信用信息处理者，主要是指包括中国人民银行征信中心和经批准成立的市场信用评价机构在内的征信机构；除此之外，尚包括《征信业条例》规定的“信息提供者、信息使用者”等。民事主体和信用信息处理者之间的关系，则指后者在收集、存储、使用、加工、传输、提供、公开此等信息的过程中与权利人形成的法律关系。最后，本条所述的“其他法律、行政法规的有关规定”，是指关于信用信息保护的其他民事特别法、行政法规，如《征信业条例》《个人信用信息基础数据库管理暂行办法》

《征信机构管理办法》等。

第一千零三十一条 【荣誉权】民事主体享有荣誉权。任何组织或者个人不得非法剥夺他人的荣誉称号，不得诋毁、贬损他人的荣誉。

获得的荣誉称号应当记载而没有记载的，民事主体可以请求记载；获得的荣誉称号记载错误的，民事主体可以请求更正。

从原《民通》第102条到本条，荣誉权一直是我国民法特有的一种精神性人格权。作为此权利之客体的荣誉，与名誉的界分历来就是剪不断、理还乱，由此形成“评价说”和“奖励说”两种观点。前者认为荣誉与名誉一样，都是社会对特定民事主体的一种评价，但其区别在于，荣誉是依一定程序由特定组织授予特定人的积极评价；“奖励说”则认为荣誉是民事主体所获得的褒扬或奖励。司法的态度更为务实，一般将荣誉限定为特定民事主体因在社会生活、社会活动中有突出表现或突出贡献，政府、单位团体或其他组织对其所给予的积极评价［**深圳福田法院（2019）粤0304民初12469号民判**］；荣誉权则是公民、法人所享有的，因自己的突出贡献或特殊劳动成果而获得的荣誉称号或其他荣誉权利［**上海一中院（2020）沪01民终5947号民判**］。而且，单纯侵害荣誉权的案件在司法实践中并不多见，大多数涉及荣誉权的案件要么被归于侵害名誉权的名下，要么依最高法《关于张自修诉横峰县老干部管理局是否侵害荣誉权》的意见，被认定为侵害具有人身意义的特定纪念物（**参见第1183条第2款及其评注**）。余下的案型主要涉及荣誉撤销、记载错误、荣誉归属纠纷等；至于荣誉获得纠纷，法院通常会以不属于民事案件受理范围为由裁定驳回起诉，因为荣誉授予是相关组织的权利，而非义务，荣誉权并非民事主体必然可以获得的权利，只有实际获得荣誉之后其才能成为权利人［**深圳中院（2002）深中法民终字3753号民判、绵阳中院（2016）川07民终1066号民判**］。

显然，本条规定系在总结司法经验的基础上，将侵害荣誉权的具体行为严格限定为非法剥夺（撤销）他人荣誉和诋毁、贬损他人荣誉二种，并在第2款仅针对记载遗漏和错误的情形，赋予请求记载和错误更正的权利。如此一来，本条所指荣誉，就只能是特定主体所授予的荣誉称号或褒奖，而非社会一般评价，否则何来非法剥夺（撤销）或记载遗漏、记载错误之说？但是，对于诋毁、贬损他人荣誉之侵权，迄今的司法实践并不执着或纠结于其和名誉损害的界分；相反，法院更倾向于通过名誉权给予受害人救济（**“彭家惠诉《中国故事》杂志社名誉权纠纷案”，《最高法公报》2002 年第 6 期；“曾云侵害英烈名誉案”，《最高检公报》2019 年第 2 期**）。所以，除了刻意将荣誉权从名誉权的条文中分离出来，本条无意于精分荣誉权和名誉权。

第六章

隐私权和个人信息保护

隐私权的保护范围包括个人生活私密领域的方方面面；在现代信息社会，其核心为信息隐私。在此背景下，现代法对隐私权的规范重心为信息自主，亦即建立一个以个人信息自主权为中心的隐私权保护体系。本章规范体系的安排虽然体现了这一规范意旨，但对个人信息的全方位保护，端赖刑法、行政法的协力配合，而作为特别民法的《个人信息法》的出台恰逢其时。

第一千零三十二条 【隐私权和隐私的定义】自然人享有隐私权。任何组织或个人不得以刺探、侵扰、泄露、公开等方式侵害他人的隐私权。

隐私是自然人的私人生活安宁和不愿为他人知晓的私密空间、私密活动、私密信息。

本条在规范模式上和本法第 1024 条如出一辙。其第 1 款第一句首先赋予自然人以隐私权，表明隐私权和其他人格权一样，并非天赋；第二句则以反面规定的方式，通过列举几种典型侵害隐私权的方式，间接表达隐私权的积极权能。本条第 2 款则通过对其保护对象隐私的定义，明确了隐私权的保护内容。总之，本条作为不完全法条，虽未规定隐私权之侵权责任的构成，也未规定其损害赔偿的法律后果，但这些描述性的规定，有助于配合本法第 1165 条以下关于侵权责任的构成及法律后果的条款，实现完整保护隐私权的目的。因此，隐私权之侵权责任的构成，自应满足第 1165 条规定的诸要件，但本条规定的隐私概念和隐私权的保护范围、对隐私权的侵害及其态样以及隐含于本条和后续条文中的违法性及其阻却，对此责任的构成和免除更为关键。

本条第2款虽然列举了隐私的几种类型，但其真正的构成要素有二：私人空间、生活和信息在客观上处于隐秘状态以及权利人主观上不愿公开。故此，就第1款后句所述的刺探、侵扰、泄露、公开等侵害名誉权的行为而言，阻却其违法性的事由均为隐私权人的同意或许可，此举证责任由行为人负担；而对于已被公开的隐私内容，如果行为人只是进一步扩大其传播范围，则其可抗辩不构成对隐私的侵害，法院通常会予采纳［**杭州西湖法院（2010）杭西民初字506号民判**］。此外，本条第1款列举的具体侵权情形，在司法实务中仅有细微的辨识需求。例如，泄露和公开均系行为人未经隐私权人许可，将其掌握的隐私内容让他人知悉的行为；其区别仅在于，前者通常是故意或过失地让特定的或不特定的人知悉，后者则是主观上故意使不特定的社会公众知晓。此区别仅仅说明，行为人的过失抑或故意对侵权责任的构成影响不大，但法院在酌定救济方式以及责任范围时，不妨予以考量。

需要指出的是，隐私权虽然保护自然人的生活安宁和独处的权利，但自然人不可能完全脱离社会关系和交往而生活，故除非权利人明确反对，对于社会日常交往范围内的行为，不宜认定为侵害他人隐私。甚至，对于和公共安全或他人权益有关的行为，纵使权利人明确反对，也不应认定为侵害隐私权［**北京朝阳法院（2008）朝民初字29276号民判、上海一中院（2013）沪一中民一（民）终字798号民判、北京三中院（2016）京03民终9992号民判**］。

第一千零三十三条 【隐私权的侵害方式】除法律另有规定或者权利人明确同意外，任何组织或者个人不得实施下列行为：

（一）以电话、短信、即时通讯工具、电子邮件、传单等方式侵扰他人的私人生活安宁；

（二）进入、拍摄、窥视他人的住宅、宾馆房间等私密空间；

（三）拍摄、窥视、窃听、公开他人的私密活动；

（四）拍摄、窥视他人身体的私密部位；

（五）处理他人的私密信息；

（六）以其他方式侵害他人的隐私权。

本条为说明性法条，是对前条列举的隐私权侵害行为及其定义的隐私所作的例示性描述。本条的意义更在于其除外规定明确了违法性阻却（免责）事由，即“法律另有规定”和“权利人明确同意”两种情形。前者如《刑诉法》第150条针对严重危害社会的案件，规定可以采取技术侦查措施。至于权利人的同意，依“明确”之文义仅限于权利人或其监护人以书面或口头方式表达的明确而具体的允诺，且其同意应以相对人充分告知其行为内容为前提。

第一千零三十四条 【个人信息的定义】自然人的个人信息受法律保护。

个人信息是以电子或者其他方式记录的能够单独或者与其他信息结合识别特定自然人的各种信息，包括自然人的姓名、出生日期、身份证件号码、生物识别信息、住址、电话号码、电子邮箱、健康信息、行踪信息等。

个人信息中的私密信息，适用有关隐私权的规定；没有规定的，适用有关个人信息保护的规定。

本条至本法第1039条的规定，系本法第111条作为活页环所转致勾连的对象。对于个人信息的保护，在本法出台之前主要是受隐私权之荫庇。法院经常认为，自然人的姓名、年龄、住址、电话、身份证号码等个人信息，属于自然人的隐私［**绵阳涪城法院（2018）川0703民初3754号民判**］。在本法颁行后，最高法基于第111条以及本条规定，修正了《民事案件案由规定》，新增个人信息保护纠纷案由。这充分表明，个人信息的保护脱胎于隐私权之保护，却已超越隐私权的传统意义，发展为一个以个人信息自主权为核心的法律体系，故本条第1款所言“法律”，不仅包括本法，更指公私法协力的《个人信息法》等法律、法规。

本条第2款系对个人信息进行定义的说明性法条。和单纯的抽象定义以及纯粹的列举不同，此定义一方面通过直接或间接可识别性的认定，体现个人信息这一概念的根本特征，另一方面通过例示性列举指导司法的具体适用。依其文义，个人信息的可识别性，乃指通过这些信息能单独（直接）或者与其他信息结合（间接）识别特定自然人。准此，考勤信息包含上班时间、下班时间、GPS定位信息，能直接确认本人的行踪和作息时间，也属于个人信息［**杭州中院（2020）浙01民终1040号民判**］。而此等信息以何种形式记录并不重要，只不过本条的表述更突出信息的电子表现形式，回应了互联网时代个人信息储存和处理的特色。总之，本款定义的个人信息外延极其广泛，任何与某个具体自然人相关的信息均可被纳入其中。

依本条第2款，个人信息仅强调其是否能通过直接或间接的可识别性和特定自然人发生联系，至于这些信息是否处于隐秘状态，以及其主体是否不欲为人所知，概非所问。但是，如果个人信息符合本法第1032条对隐私的定义，则构成该定义下的私密信息，自应依本条第3款适用关于隐私权保护的规定。由此可见，本条第3款的规定，其实是借助私密信息的概念及其法律适用来界分隐私和个人信息。于是，为会议联系的需要，在会议手册上印制自然人姓名、电话、电子邮件和联系单位等必要个人信息的行为，不构成对隐私权的侵害［**北京一中院（2015）一中民终字第06880号民判**］。

第一千零三十五条 【个人信息处理】处理个人信息的，应当遵循合法、正当、必要原则，不得过度处理，并符合下列条件：

（一）征得该自然人或者其监护人同意，但是法律、行政法规另有规定的除外；

（二）公开处理信息的规则；

（三）明示处理信息的目的、方式和范围；

（四）不违反法律、行政法规的规定和双方的约定。

个人信息的处理包括个人信息的收集、存储、使用、加工、传输、提供、公开等。

依本条第2款，个人信息的“处理”，包括收集、存储、使用、加工、传输、提供、公开等涵盖个人信息流转的所有活动。本款为不完全列举，其所描述的类型不限于此七种类型；实践中如删除、销毁等行为，亦可被涵盖于其规范语义之下。

一、个人信息处理的原则

本条第1款首先规定了个人信息的处理原则。（1）合法性原则，是指收集个人信息必须符合相关法律法规的规定，不违反法律的禁止性规定。此所谓“合法”，应理解为合乎法律、行政法规的规定（**《使用人脸识别技术规定》第1条第1款**）。(2) 依正当性原则，处理个人信息的目的和手段必须正当。(3) 必要性原则又称最小化或信息最小化原则，是指在从事个人信息处理活动时，应以实现处理目的所需个人信息的最低限度，作为处理个人信息的最低标准。易言之，信息使用程度应以最小化利用为限，且处理个人信息的方式应当是对个人权益影响最小的方式（**《个人信息法》第6条**）。事实上，此原则系比例原则在个人信息处理中的要求，其追求的目的是“不得过度处理”他人的个人信息。

本质上，个人信息处理的三大原则契合总则编的公序良俗原则，故其功能与适用场域也一方面表现在法律行为效力领域，对与个人信息处理相关的法律行为的内容发挥审查作用，对违反行为的效力作出否定性评价，另一方面更在侵权法等场域作为侵害个人信息行为之违法性的判断基准，释放补充法律强制性规定不足的功效（**参见本法第8条评注**）。

二、个人信息处理的条件

对自然人个人信息处理的正当性基础，要么是信息主体的同意（当然的正当性），要么是为维护社会公共利益所必须（需评价的正当性）。前者即信息自决，其在本法中最直接的表现，就是本条规定的所谓处理个人信息的条件。依此规定，自然人或其监护人的同意（**本条第1款第1项**），是处理行为之合法性、正当性的唯一依据；而第2项、第3项和第4项规定，不过是保证当事人同意有效的条件。有鉴于此，作为意思表示的同意，首先应符合法律行为成立和生效的规定；诸如以捆绑服务、捆绑授权等方式强迫或变相强迫自然人同意的，不被法院支持（**《使用人脸识别技术规定》第4条、《个人信息法》第16条**）。而且，如果个人信息处理者要将其处理的个人信息提供给他人，则除非该信息是经过加工无法识别特定个人且不能复原，否则需要再次取得自然人或其监护人的同意（**参见第1038条第1款**），此即“双重同意”甚至“三重同意”（**《个人信息法》第23条**）。例如，有判决认为，第三方通过Open API获取用户信息时，应坚持“‘用户授权’＋‘平台授权’＋‘用户授权’的三重授权原则”［**北京知产法院（2016）京73民终588号民判**］。

其次，在处理尤其是收集个人信息时，只有要求处理者将信息处理的目的、范围、方式等充分而明确地告知信息主体（**《个人信息法》第**

14 条)，才能保障其同意符合意思自治的要求而真实有效。本条第 1 款第 2 项规定的公开处理信息的规则，以及第 3 项的目的、方式和范围之“明示”要求，正是保证当事人同意之有效性的前提，否则其同意不应被认定为有效。显然，信息处理者和信息主体之间的这种“告知+同意”之意思表示结构，实为契约的规范模式；就公开处理规则这一要求而言，所要公开的“规则”主要是指信息处理的一般性规则如隐私政策等，实践中往往通过格式条款的方式告知，故其效力和解释还应遵守《个人信息法》第 17 条和本法第 496～498 条的规定。这一合同视角的分析框架或裁判进路，在“人脸识别第一案”(郭某诉杭州野生动物世界有限公司服务合同纠纷案）中，已由一、二审法院展示得淋漓尽致。而《使用人脸识别技术规定》却兼采两种进路：(1) 其在第 2 条采侵权责任的视角，直接把“未公开处理人脸信息的规则或者未明示处理的目的、方式、范围”“违反信息处理者明示或者双方约定的处理人脸信息的目的、方式、范围等”，直接认定为侵权行为，定性上颇值商榷；(2) 第 10 条至第 12 条，则从物业服务、格式条款效力、违约责任等合同的角度对生物识别信息的处理予以回应。

最后，本条第 1 款第 4 项的规定，既是信息处理之合法性原则的体现，也是对第 1 项规定的补充，其所谓“双方的约定”本质上就是自然人同意的内容。

第一千零三十六条 【处理个人信息的免责事由】处理个人信息，有下列情形之一的，行为人不承担民事责任：

(一) 在该自然人或者其监护人同意的范围内合理实施的行为；

(二) 合理处理该自然人自行公开的或者其他已经合法公开的信息，但是该自然人明确拒绝或者处理该信息侵害其重大利益的除外；

(三) 为维护公共利益或者该自然人合法权益，合理实施的其他行为。

如果说前条主要是从法律行为或合同的视角，规定处理他人个人信息之行为的生效要件的话，那么本条其实是从侵权责任的角度，为处理个人信息的行为设定免责事由。不可否认，依前条规定告知并征得自然人或其监护人同意，实质上是为处理个人信息的行为提供了合意的正当性基础；而未经同意处理他人个人信息，本身已经构成对个人信息自主权的侵害，即便是法律基于公共利益等理由规定了免责事由，也只是信息自决原则的例外，其范围不宜扩大。易言之，只有在有本条规定的三种情形之一时，未经同意而处理他人个人信息的行为，才因违法性被阻却而不构成侵权。也正是在这种意义上，最高法在《使用人脸识别技术规定》中（**该《规定》第5、6条**），将此等免责事由解释为个人信息处理者主张不承担侵权责任的抗辩事由，并规定由其负担举证责任。

本条第1项并未把自然人或其监护人的同意列为免责事由。这是因为，依本法第1035条第1款第1项的规定，只要获得自然人或其监护人的同意，个人信息之处理行为已当然具有合法性，又何来免责？所以，此项规定的免责事由，强调的是在同意的范围内"合理"实施处理行为，否则仍然构成侵权。此所谓"合理实施"，应以第1035条规定的正当性尤其是必要性原则为判断标准，处理个人信息应该以实现处理目的所必须收集为范围。

已经公开的信息已进入社会公共领域，在某种意义上已具有公有物的性质。在司法实践中，也认为如若当事人处理的为公开的个人信息，则其所涉风险较小。所以，对公开的个人信息或公共场合收集的个人信息的处理［**北京高院（2016）京民申1418号民裁**］，或者非私有领域收集的个人信息［**嘉兴中院（2016）浙04民终155号民判**］，即便未征得信息主体的同意，也因违法性阻却而不被认定为侵权。此免责事由亦被本条第2项肯认，但个人信息和传统意义上的隐私不同之处在于，即便其已公开，权利人仍有权控制对该信息的利用，故信息主体明确拒绝他人使用的，行为人也不得以已公开作为免责抗辩。此外，如果行为人对已被公开的个人信息的利用侵害信息主体的重大利益，其违法性当然不能被阻却。

本条第3项之所由设，在于即便违背自然人信息自决原则，公共利益之维护也已赋予信息处理正当性。只不过公共利益属于不确定概念，需在具体案例中具体评价。最高法在《使用人脸识别技术规定》的第5条第1项至第3项仅仅列举了突发公共卫生事件、公共安全、新闻报道和舆论监督等公共利益事项，表明了其谨慎立场。但这并不意味着司法实务中可以关闭评价之门，法院仍可依诸如《信息安全技术　个人信息安全规范》（GB/T 35273—2020）第5.6条的规定，去判断具体案例中的其他公共利益。颇有疑问的是，本条第3项将维护"该自然人合法权益，合理实施的其他行为”并列为免责事由，以至于行为人可仅以此为由，不经权利人同意而处理其信息，难免引发“多管闲事的”好撒玛利亚人之问。而依《信息安全技术　个人信息安全规范》（GB/T 35273—2020）第 5.6 条 e 项规定，维护个人信息主体或其他人的生命、财产等重大合法权益，并不足以使行为人无视权利人的意愿而处理其信息的行为具有免责的正当性，此外尚须满足“很难得到本人授权同意”之要件。对此，《使用人脸识别技术规定》第 5 条第 1 项表述的“紧急情况下为保护自然人的生命健康和财产安全所必需”，更为准确、妥帖。

第一千零三十七条　【个人信息查阅、更正和删除请求权】

自然人可以依法向信息处理者查阅或者复制其个人信息；发现信息有错误的，有权提出异议并请求及时采取更正等必要措施。

自然人发现信息处理者违反法律、行政法规的规定或者双方的约定处理其个人信息的，有权请求信息处理者及时删除。

第四编　人格权

本条规范的表达结构，和本法第 1029 条几近雷同；只是这两条规定的请求权，分别基于个人信息自主权和名誉权而发生。由此，对于错误的个人信息，因其仅涉及客观数据的记载，故不同于“不当”信用评价之救济（**参见本法第 1029 条评注**），而仅可由信息主体提出异议并主张更正。但在本条第 2 款规定的情形，信息处理者已涉嫌损害自然人的个人信息自主权，权利人可依第 995 条主张其承担停止侵害、侵权损害赔偿、违约责任等民事责任，也可依本款规定请求及时删除之。本条以及第 1028、1029 条规定的更正、删除请求权，属于特殊的排除妨碍请求权；其成立要件虽各有不同，但在法律效果上大致相当，都具有侵害除去的功能。

第一千零三十八条　【个人信息安全保护】信息处理者不得泄露或者篡改其收集、存储的个人信息；未经自然人同意，不得向他人非法提供其个人信息，但是经过加工无法识别特定个人且不能复原的除外。

信息处理者应当采取技术措施和其他必要措施，确保其收集、存储的个人信息安全，防止信息泄露、篡改、丢失；发生或者可能发生个人信息泄露、篡改、丢失的，应当及时采取补救措施，按照规定告知自然人并向有关主管部门报告。

本条第1款貌似规定的是信息处理者对个人信息的安全保护义务，但此义务的违反，其实是违反本法第1035条第1款规定的自然人同意规则的逻辑结果。易言之，信息处理者加工或向他人提供特定自然人个人信息的，依本法第1035条第1款的规定，须经自然人或其监护人再次同意，否则构成本条第1款规定的安全保护义务之违反。由此可见，此“双重同意”规则甚至“三重同意”规则，内含于第1035条中（**参见其评注**），它在本条第1款只是被借以强调信息处理者对外的安全保护义务。本款但书中的所谓“经加工无法识别特定个人且不能复原”，是指个人信息的匿名化（**《个人信息法》第73条第4项**）；经匿名处理的个人信息由此失去其可识别性的本质特征，不再属于本法第1034条第2款定义的法律保护对象。

第四编 人格权

本条第2款就信息处理者违反安全保护义务构成侵权的要件和法律后果作出了规定，性质上为完全法条。其第一分句规定的信息处理者之信息安全保护义务，主要是要求义务人为信息存储和处理提供必要的安全环境和风险防控措施（**《个人信息法》第51条**）；信息处理者在提供技术措施和其他必要措施方面不作为或懈怠的，本身即被视为存在监管漏洞（违法性）且有过错［**朝阳法院（2018）京0105民初9840号民判**］。依其第二句文义，只要个人信息发生泄露、篡改、丢失或有此可能，则不问信息处理者是否已履行本款第一分句规定的义务，均应由其承担及时采取补救措施之民事责任。此补救措施包括但不限于本法第1195条第1款规定的删除、屏蔽、断开链接等，以及所有可能减少损失的合理措施。由此可见，本款第二分句为信息处理者单独设立了一种预防性侵权责任；当然，在其行为同时也构成本法第995条规定的人格权之侵害时，其亦要承担相应的民事责任。

第一千零三十九条　【国家机关、准行政机构及其人员的保密义务】国家机关、承担行政职能的法定机构及其工作人员对于

履行职责过程中知悉的自然人的隐私和个人信息，应当予以保密，不得泄露或者向他人非法提供。

本条第一层的规范意义，其实是说明国家机关、准行政机构及其工作人员在其履职过程中通过收集或其他行为获悉自然人隐私和个人信息的，此等行为在其履行法定职责所必需的范围和限度内具有正当性（《个人信息法》第34条和第37条）。在此意义上，本条隐含着防御规范，即必需范围和限度内的公职之履行成为阻却其行为不法性的抗辩事由，此抗辩事由的证明责任由公职机构或其工作人员负担。本条第二层的规范意义，才是强调国家机关、准行政机构及其工作人员的保密义务。但违反此项义务而承担的责任属于民事责任还是公法上的责任，有待明确。显然，就民法上的效果而言，对于本条所指泄露或向他人非法提供隐私或个人信息的行为，适用本法第1032条第1款和第1038条的规定就足以认定其构成侵权，本条之适用似为画蛇添足。因此，本条在本法中之单设，一方面是基于第一层的规范意义的考虑，但更重要的原因在于，国家机关及其工作人员的保密义务不仅是其对权利人负担的私法义务，也是其就国家政治管理职能承担的公法义务。公职机构及其工作人员泄露其在履职过程中知悉的自然人之隐私和个人信息的行为，可能导致民事责任、行政责任乃至刑事责任的聚合。

第五编　婚姻家庭

第一章

一般规定

第一千零四十条　【婚姻家庭编的调整范围】本编调整因婚姻家庭产生的民事关系。

婚姻家庭并非法律调整的结果，法律只调整部分婚姻家庭关系。本编调整基于婚姻家庭形成的民事法律关系，即身份法律关系。相对于财产法律关系，身份法律关系具有高度的伦理性。从内容来看，婚姻家庭关系既包含纯粹的身份关系，也包含身份财产关系。虽然本编仍以源于财产法的概念作为调整工具，但未严格遵守财产法的逻辑，尤其在纯粹身份法领域，这些概念的使用场域严格受限。纯粹身份性权利与义务往往是同一事物的两个面向，例如，父母抚养子女，既是权利又是义务。

本编调整对象的特殊性，决定了其在本法中的相对独立性。一方面，本编并不排除本法其他编规则可能适用于婚姻家庭关系。(1) 虽然总则编主要是财产法律关系抽象的结果，但它不是财产法总则，自可适用于婚姻家庭关系。(2) 本法第 464 条第 2 款指示有关身份关系的协议参照适用合同编的规定。(3) 本法第 1001 条指示身份权保护可参照适用人格权编的规定。(4) 由于身份财产关系与物权密切相关，其可能涉及对物权编规范的适用。(5) 对于保护某些具有绝对权性质的身份权，亦有侵权责任编有关规范的适用空间。但另一方面，本编的规定毕竟具有适用上的优先性，并且适用或类推适用其他编规则，仍需受制于本编确立的客观价值秩序。

当然，婚姻家庭关系具有相当程度的社会性，调整此等关系的规范并不局限在私法领域，亦可能被包含在社会法中。《未成年人法》《老年人法》《妇女保障法》等法律，均涉及对婚姻家庭关系的调整。

第一千零四十一条 【基本原则】婚姻家庭受国家保护。
实行婚姻自由、一夫一妻、男女平等的婚姻制度。
保护妇女、未成年人、老年人、残疾人的合法权益。

民法基本原则在本编虽也有适用空间，但本条确认的基本原则乃婚姻家庭法领域所专有。婚姻家庭受国家保护原则，是《宪法》第 49 条在民法中的体现。一方面，本原则中的婚姻家庭是指法律意义上的婚姻家庭，即只有本编调整的婚姻家庭类型，才受国家保护。例如，未登记的事实婚姻或事实收养不受保护（根据当时的法律受保护的除外）。另一方面，婚姻家庭受国家保护，不仅意味着国家负有不过度干涉婚姻家庭的消极义务，也意味着国家负有积极保护自然人婚姻家庭权利免受侵害的义务，甚至国家有义务通过积极行为，如制定社会福利政策，支持婚姻家庭。故而，本原则不仅仅是私法层面的原则；但与《宪法》第 49 条不同，本条可作为法官裁判的依据。

依本法第 110 条，自然人享有婚姻自主权之具体人格权。本条确认的婚姻自由原则即为婚姻自主权的本质要求，并和本法第 1042 条第 1 款所规定者相对应。此原则包括结婚自由和离婚自由。本法第 1052 条规定的胁迫结婚、第 1053 条规定的隐瞒重大疾病结婚，都属于对婚姻自由的侵害。当然，结婚自由与离婚自由皆非绝对，都受法律限制。只有法律才能限制婚姻自由，自然人放弃婚姻自由的允诺或约定无效。

一夫一妻原则涉及公序良俗，与第 1042 条第 2 款规定的禁止重婚原则相呼应。违反一夫一妻原则即构成重婚。重婚在私法效果上受民法规范，同时可能构成刑法上的重婚罪。作为例外，在少数民族自治地区特定时间之前形成的一夫多妻或一妻多夫应受保护。

男女平等原则是指夫妻双方平等享有权利、平等承担义务，但这并不意味着其权利、义务均等，也不意味着绝对的形式平等。本编存在若干旨在保护妇女，以实现实质平等的规范。例如，根据本法第 1087 条第 1 款第二分句，离婚财产分割应适用照顾女方的原则。

妇女、未成年人、老年人和残疾人在家庭中往往处于弱势地位，保护其合法权益的原则体现了弱者保护理念，反映了社会主义核心价值观。依最高法《关于深入推进社会主义核心价值观融入裁判文书释法说理的指导意见》第 4 条第 3 项的规定，涉及老年人、妇女、儿童、残疾人等弱势群体以及特殊群体保护，诉讼各方存在较大争议且可能引发社会广泛关注的案件，应强化运用社会主义核心价值观释法说理。在处理婚姻家庭纠纷时，尤应注重保护这些弱势主体。对本原则的理解应结合《妇女保障法》《未成年人法》《老年人法》《残疾人保障法》的具体规定。

第一千零四十二条 【婚姻家庭的禁止性规定】禁止包办、买卖婚姻和其他干涉婚姻自由的行为。禁止借婚姻索取财物。

禁止重婚。禁止有配偶者与他人同居。

禁止家庭暴力。禁止家庭成员间的虐待和遗弃。

本条属于禁止性规定，与本法第 1041 条密切关联。但本条系不完全法条，确定违反这些禁止性规定的效果，须结合本编及其他编的具体规定。

一、禁止干涉婚姻自由

干涉婚姻自由的最典型行为包括包办婚姻和买卖婚姻。包办婚姻是指父母或其他亲属违背当事人的意愿，胁迫或变相胁迫其与特定的人结婚。买卖婚姻是指违背当事人意愿，将婚姻作为交易标的。包办、买卖婚姻往往与借婚姻索取财物密切相关，但包办婚姻不一定涉及财物，可能表现为换亲等其他形式。除这两种典型类型外，干涉婚姻自由行为还包括其他形态，比如子女干涉父母婚姻，不准父母再婚（**第 1069 条**）。干涉婚姻自由的行为不仅可能导致婚姻可被撤销，还构成侵害婚姻自主权，受害人可要求干涉方承担相应民事责任。

二、禁止借婚姻索取财物

禁止借婚姻索取财物，是指在不干涉婚姻自由的情况下，借婚姻索取财物的行为。与前述买卖婚姻不同，此处所涉婚姻由双方自愿形成。借婚姻索取财物的行为将婚姻物化，不符合当今社会倡导的结婚新风尚。但考虑到我国一些地区至今仍然存在彩礼风俗，司法解释并未完全否认彩礼，而是对借婚姻索取财物和彩礼进行了区分。借婚姻索取财物必然包含收取财物方的索取行为。在实践中，由于索取行为的界限较为模糊，区分彩礼和借婚姻索取财物存在较大的难度。依《彩礼纠纷规定》第3条，人民法院在审理涉彩礼纠纷案件中，可以根据一方给付财物的目的，综合考虑双方当地习俗、给付的时间和方式、财物价值、给付人及接收人等事实，认定彩礼范围。彩礼的认定需要综合考虑前述因素。

依《彩礼纠纷规定》第2条，一方以彩礼为名借婚姻索取财物，另一方要求返还的，人民法院应予支持。此种返还为全额返还，不存在动态调整的空间。如果不属于借彩礼之名索取财物，则应结合《家庭编解释一》《彩礼纠纷规定》确定返还范围。依《家庭编解释一》第5条，当事人请求返还按照习俗给付的彩礼的，如果查明属于以下情形，人民法院应当予以支持：(1) 双方未办理结婚登记手续；(2) 双方办理结婚登记手续但确未共同生活；(3) 婚前给付并导致给付人生活困难。适用上述第2项、第3项的规定，应以双方离婚为条件。依《彩礼纠纷规定》第5条，双方已办理结婚登记且共同生活，离婚时一方请求返还按照习俗给付的彩礼的，人民法院一般不予支持。但是，如果共同生活时间较短且彩礼数额过高的，人民法院可以根据彩礼实际使用及嫁妆情况，综合考虑彩礼数额、共同生活及孕育情况、双方过错等事实，结合当地习俗，确定是否返还以及返还的具体比例。人民法院认定彩礼数额是否过高，应当综合考虑彩礼给付方所在地居民人均可支配收入、给付方家庭经济情况以及当地习俗等因素。根据该规定第6条，双方未办理结婚登记但已共同生活，一方请求返还按照习俗给付的彩礼的，人民法院应当根据彩礼实际使用及嫁妆情况，综合考虑共同生活及孕育情况、双方过错等事实，结合当地习俗，确定是否返还以及返还的具体比例。

三、禁止重婚

民法上的重婚，是指存在两个及以上同时被法律认可的婚姻。而依《家庭编解释一》第7条，1994年2月1日《婚姻登记管理条例》公布实施以前，男女双方已符合结婚实质要件的，按事实婚姻处理。因此，如果已存在一段被法律所承认的事实婚姻，又与他人登记结婚的，亦属重婚。

依本法第1051条，重婚属于导致婚姻无效的典型情形。因其违反公序良俗，依《家庭编解释一》第 9 条的规定，除当事人及其近亲属外，基层组织亦可请求确认婚姻无效。本法第 1079 条规定，夫妻一方与他人重婚构成离婚的法定情形。无过错方可依本法第 1091 条主张离婚损害赔偿。

四、禁止有配偶者与他人同居

有配偶者与他人同居属于严重违背婚姻忠实义务的行为，是指在婚姻关系存续期间，一方又与配偶以外的其他异性持续、稳定地共同生活。与重婚相同，此行为构成第 1079 条规定的法定离婚情形，行为人之配偶亦可依第 1091 条主张离婚损害赔偿。

五、禁止家庭暴力

家庭暴力是指家庭成员之间以殴打、捆绑、残害、限制人身自由以及经常性谩骂、恐吓等方式实施的身体、精神等侵害行为（**《反家庭暴力法》第 2 条**）。家庭暴力属于侵害自然人人格权的行为，行为人应依人格权编和侵权责任编的规定承担相应民事责任，而亲密关系并不成为阻却其违法性的事由。实施家庭暴力构成离婚的法定事由（**第 1079 条第 3 款第 2 项**），也是无过错方主张离婚损害赔偿的法定情形（**第 1091 条第 3 项**）。

六、禁止家庭成员间的虐待和遗弃

虐待是指长期侵害家庭成员身心健康的行为，包括打骂、限制自由、捆绑等形式。依《家庭编解释一》第 1 条，持续性、经常性的家庭暴力构成虐待。遗弃是指负有扶养义务的家庭成员拒不履行其义务，情节恶劣的行为。虐待和遗弃都属于严重的违法行为，其受害人往往是处于弱势地位的妇女、未成年人、老人、残疾人等。虐待、遗弃家庭成员构成离婚的法定事由（**第 1079 条第 3 款第 2 项**），也是无过错方主张离婚损害赔偿请求权的法定情形（**第 1091 条第 4 项**）。与重婚、有配偶者与他人同居、家庭暴力等相同，虐待和遗弃亦构成本法第 1087 条所言的过错，无过错方在分割财产时可主张给予适当照顾。

第一千零四十三条 【婚姻家庭的倡导性规定】家庭应当树立优良家风，弘扬家庭美德，重视家庭文明建设。

夫妻应当互相忠实，互相尊重，互相关爱；家庭成员应当敬老爱幼，互相帮助，维护平等、和睦、文明的婚姻家庭关系。

本条彰显家庭道德，体现了婚姻家庭法的强伦理性。然依《家庭编解释一》第 4 条，当事人仅以本条为依据提起诉讼的，人民法院不予受理；已受理的，裁定驳回起诉。本条因此不能作为请求权基础，但不妨碍法院引其作为说理依据。

本条第 1 款仅抽象地规定了包括家风、家庭美德和家庭文明在内的家庭建设之道德要求，而第 2 款相对具体地规定了家庭成员在家庭关系中的行为准则。对于解释、确定家庭成员权利和义务，该些准则具有重要意义。第 2 款第一句首先规定了夫妻之间相互忠实的义务。相互忠实是婚姻的内在要求。虽然本法仅列举部分严重违反忠实义务的行为及其法律后果，如重婚、与他人同居皆为离婚的法定事由，但其他违反行为仍可作为确定感情破裂的理由。然夫妻忠诚协议不宜被认定为有效，否则会将道德问题过度法律化，违反婚姻以感情为基础这一基本理念。夫妻互相尊重、互相关爱是夫妻行使权利，承担义务的基本准则，反映了夫妻协力的理念。本款第二句规定了家庭成员间的行为准则。敬老爱幼是中华民族的传统美德，与前述弱者保护原则相关；互相帮助体现了家庭团结的理念，是家庭人伦亲情的反映；平等、和睦、文明的婚姻家庭关系是家庭建设的目标，也是处理家庭成员间关系，解决家庭纠纷的基本原则。

第一千零四十四条 【收养的基本原则】收养应当遵循最有利于被收养人的原则，保障被收养人和收养人的合法权益。

禁止借收养名义买卖未成年人。

一、最有利于被收养人原则

最有利于被收养人原则，是保护未成年人合法权益原则在收养领域的反映，是收养最为重要的原则。《联合国儿童权利公约》第 21 条规定："凡承认和（或）许可收养制度的国家应确保以儿童的最大利益为首要考虑。"该原则不仅贯穿收养的成立，亦体现于收养的效力和解除。法律通过设置收养的条件、收养评估程序等方式，切实保护被收养人的利益。在判断何为最有利于被收养人利益时，除法律明确规定的客观不利情形外，亦需考量被收养人的意愿（**第 1104、1114 条**）、被收养人的生活学习以及成长环境，进行综合评估。

二、保障收养人的合法利益原则

收养关系成立后，收养人的合法利益亦应得到保护。首先，收养产生拟制血亲关系，收养人与被收养人之间适用本编关于父母子女关系的规定。其次，送养人和被收养的人解除权受到限制。除法定原因外，送养人不能随意要求解除收养关系（**第 1114 条**）。除存在养父母虐待、遗弃被收养子女的情形外，收养人可要求送养人适当补偿收养期间支出的抚养费。被收养人虽可在成年后通过诉讼方式解除收养关系，但在收养人缺乏劳动能力和生活来源时，其负有给付生活费的义务。被收养人成年后，有虐待、遗弃收养人等过错行为的，收养人还可要求被收养人支付补偿（**第 1118 条**）。最后，为保障收养人利益，本法第 1110 条还特别规定："收养人、送养人要求保守收养秘密的，其他人应当尊重其意愿，不得泄露。"

三、禁止借收养买卖未成年人

本条第 2 款实质上规定了收养生效的消极要件。借收养名义买卖未成年人与收养目的相悖，属于本法第 1113 条第 1 款规定的"违反本编规定的收养行为"，依该条第 2 款规定自始无效。对于民间的借送养之名出卖亲生子女与民间送养行为，《关于依法惩治拐卖妇女儿童犯罪的意见》第 17 条确立的区分标准是，行为人是否具有非法获利的目的。法院应审查将子女"送"人的背景和原因、有无收取钱财及收取钱财的多少、对方有无抚养目的及抚养能力等事实，综合判断行为人是否有此目的。下列情形甚至可被直接认定为出卖亲生子女，以拐卖妇女、儿童罪论处：（1）将生育作为非法获利手段，生育后即出卖子女；（2）明知对方不具有抚养目的，或者根本不考虑对方是否具有抚养目的，为收取钱财将子女"送"给他人；（3）为收取明显不属于"营养费""感谢费"的巨额钱财将子女"送"给他人；（4）其他足以反映行为人具有非法获利目的的"送养"行为。非出于非法获利目的，但迫于生活困难，或受重男轻女思想影响，私自将没有独立生活能力的子女送给他人抚养，即便收取少量"营养费""感谢费"，也属民间送养行为，不以拐卖妇女、儿童罪论处。

第一千零四十五条 【亲属、近亲属及家庭成员】亲属包括配偶、血亲和姻亲。

配偶、父母、子女、兄弟姐妹、祖父母、外祖父母、孙子女、外孙子女为近亲属。

配偶、父母、子女和其他共同生活的近亲属为家庭成员。

本条是说明性法条，是对亲属、近亲属以及家庭成员的定义。其中，亲属是指具有亲缘关系的自然人，描述的是一种人与人之间的关系。依本条第1款，亲属包含三种类型：(1) 配偶描述的是夫妻之间的相互关系，故夫妻互为配偶。配偶身份的形成，以合法有效的婚姻关系为前提。(2) 相互具有血缘关系的人为血亲，包括自然血亲和拟制血亲。前者是指出自共同祖先，在血缘上具有联系的两人，如父母与子女、兄弟姐妹、祖孙、伯叔姑与侄子女、舅姨与甥、甥女等。不分父系、母系，无论是婚生或非婚生，也无论是全血缘（同父同母）的或半血缘（同父异母、同母异父）的，均属自然血亲。自然血亲仍以法律的承认为必要；在特定情形中，与子女有血缘关系的生父并非法律上的血亲。例如，子女婚生推定的法律上的父在否认亲子关系之前，与子女有血缘关系的生父不能取得法律上的父之身份。拟制血亲是指虽无自然血缘关系，但通过法律拟制而形成的血缘关系。在本编中，拟制血亲包括两类：一是养父母与养子女以及养子女与养父母的其他近亲属；二是在事实上形成了抚养教育关系的继父母与继子女。(3) 姻亲是指除配偶外，通过婚姻关系形成的亲属，通常也包括三类：血亲的配偶，即己身血亲的配偶，如儿媳、女婿、姐夫、妹夫等；配偶的血亲，即己身配偶的血亲，如公婆、岳父母、夫或妻的兄弟姐妹等；配偶的血亲的配偶，即己身与配偶的血亲的配偶，如妯娌、连襟等。姻亲之间通常不具备法律上的权利义务关系，但近姻亲关系在涉及回避的领域具有特殊意义（**如《公务员法》第74条、《法官法》第23条**）。

近亲属是法律中经常使用的概念，不过公法与私法对于近亲属的界定存在一定差异。本条第2款定义的近亲属之间具有紧密的法律联系，尤其反映在扶养方面。本编第三章调整的家庭关系即指近亲属关系，包括夫妻关系、父母子女关系和其他近亲属关系三类。除配偶外，其他近亲属均为血亲。除法律另有规定外，本条对近亲属的界定可适用于整个私法（**如《保险法》第31条**）及社会法（**如《老年人法》第26条**）领域。

家庭成员区别于户的成员（**如《农地承包法》第16条**），是相较于近亲属更为亲密的关系。本条第 3 款在定义家庭成员时意在强调共同生活，但配偶和父母子女即使未在一起共同生活，也当然属于家庭成员。而其他近亲属要成为家庭成员，须满足共同生活的要件。共同生活意指长期、稳定的共同生活，其要素包括永久同居之意思和同居事实。此外，共同生活并不以共财为要件，仅须“为同一家计”，形式上是否编入同一户籍，则非所问。所谓同一家计，即成员收入、消费在家庭生活需要范围内纳入共同会计中统筹。除法律另有规定外，本条关于家庭成员的界定可适用于整个私法（**如《保险法》第 62 条**）与社会法（**如《老年人法》第 13 条**）领域。

第二章

结　婚

第一千零四十六条　【结婚自愿】结婚应当男女双方完全自愿，禁止任何一方对另一方加以强迫，禁止任何组织或者个人加以干涉。

结婚属于身份行为，亦需尊重意思自治原则。意思自治原则在婚姻法中表现为婚姻自由原则，结婚自愿要件正是贯彻该原则的结果。结婚属于高度人身性的法律行为，对意思自治原则的强调尤为必要。被胁迫结婚属于严重违背结婚自愿要件的行为，属于意思表示不自由的行为，会导致婚姻处于可撤销状态（**第 1052 条**）。

妨碍自愿结婚的情形包括一方强迫另一方结婚以及第三人进行不当干涉。强迫或者干涉男女双方自愿结婚的行为，属于对婚姻自主权的侵害，该行为人依本法人格权编和侵权责任编的规定尚应承担相应的民事责任。

本条与本法第 1041 条、第 1049 条等条文还蕴含了结婚的性别要件，即必须是异性之间缔结婚姻，我国法律历来不承认同性婚姻［**长沙中院（2016）湘 01 行终 452 号行判**］。

第一千零四十七条　【法定结婚年龄】结婚年龄，男不得早于二十二周岁，女不得早于二十周岁。

年龄属于结婚的实质要件，男女双方都必须符合本条规定的结婚年龄。依本法第 1051 条的规定，未到法定婚龄的人缔结的婚姻无效。但依《家庭编解释一》第 10 条，若在提起婚姻无效诉讼时，男女双方已符合法定结婚年龄，则无权再以此为由要求法院确认婚姻无效。婚姻的效力从男女双方符合本条规定的法定结婚年龄以及其他实质要件时起算。同样，依该解释第 6 条，男女双方依本法第 1049 条规定补办结婚登记的，婚姻效力的起算，亦需满足本条规定的婚龄要件。

婚龄的确定系法政策判断的结果，涉及公共利益。结婚虽属法律行为，但其涉及身份地位的创设，为避免行为人草率结婚，适当将婚龄设定高于 18 周岁存在一定的合理性。

依《立法法》第 85 条的规定，民族自治地方对于法定婚龄可作变通规定。通常，男性婚龄被调低至 20 周岁，女性婚龄被调低至 18 周岁，如《西藏自治区施行〈中华人民共和国婚姻法〉的变通条例》第 1 条、《新疆维吾尔自治区执行〈中华人民共和国婚姻法〉的补充规定》第 2 条、《玉树藏族自治州施行〈中华人民共和国民法典〉结婚年龄的变通规定》第 2 条。

第一千零四十八条 【禁止结婚的亲属范围】直系血亲或者三代以内的旁系血亲禁止结婚。

禁止特定范围内的血亲结婚，主要出于社会伦理和优生优育的考虑。本条是关于结婚实质要件的规定，属于不完全法条；违反此禁止性规定的法律效果须适用本法第 1051 条，即婚姻归于无效。然若在结婚时存在禁止结婚的血亲障碍，但嗣后该血亲障碍因拟制血亲关系的解除而消灭，则依《家庭编解释一》第 10 条的规定，当事人不能再以此为由要求法院确认婚姻无效，婚姻的效力从双方血亲障碍消灭时起算。

本条禁止结婚的范围包括直系血亲和三代以内的旁系血亲。就前者而言，无论其亲等范围多少，均不允许结婚。对于旁系血亲，法律则将其限定在三代以内。按照我国世代法的计算方法，三代以内的旁系血亲包括兄弟姐妹、表兄弟姐妹、堂兄弟姐妹、姨、舅、外甥、外甥女、姑、叔、伯、侄子、侄女等；至于半血缘抑或全血缘，在所不问。

在被他人收养的情形，即便法律上的血亲关系归于消灭，自然血亲关系也不会消灭，故本条规定范围内的自然血亲之间，仍然存在疾病遗传风险，不得结婚。对于因收养建立的拟制血亲关系，父母子女之间虽然可能不存在疾病遗传风险，但因其不符合社会伦理要求，仍应适用本条规定。但在收养关系被解除后，拟制血亲消灭，此时他们之间既无社会伦理障碍，亦无子女疾病遗传障碍，自可不适用本条规定。在继父母因抚养教育继子女而形成拟制血亲关系时，他们之间同样存在社会伦理障碍，亦在本条禁止之列。但继子女与继父母的其他亲属之间乃不属于血亲的姻亲关系，其婚姻不为本条禁止。

第一千零四十九条 【结婚登记】要求结婚的男女双方应当亲自到婚姻登记机构申请结婚登记。符合本法规定的，予以登记，发给结婚证。完成结婚登记，即确立婚姻关系。未办理结婚登记的，应当补办登记。

有效的婚姻除需满足前述实质要件外，还需满足登记这一形式要件。结婚登记具有强制性，未登记的婚姻不成立。作为法不溯及既往原则的体现，《家庭编解释一》第 7 条规定，1994 年 2 月 1 日民政部《婚姻登记管理条例》公布实施以前，男女双方已经符合结婚实质要件的，按事实婚姻处理，产生婚姻的法律效果。在此时点之后，未办理结婚登记而以夫妻名义共同生活的，应按照非婚同居关系处理。结婚登记具有一定的公示公信力，第三人可以信赖婚姻登记状态。易言之，即使婚姻登记状态与当事人的真实婚姻状况不符，亦不能对抗善意第三人。

结婚登记同时具有民法上和行政法上的意义。在民法上，它是婚姻的成立要件。在行政法上，它是行政登记行为。是故，涉及结婚登记的纠纷，有民事纠纷与行政纠纷之别。从民法的角度来看，结婚登记的实质是男女双方到婚姻登记机构处作出结婚意思表示。这构成本法第 135 条意义上的特定形式要求。在无特别规定时，违反法定的强制形式将导致法律行为不成立。需注意的是，考虑到当事人的实体权益，即便婚姻登记程序存在一定瑕疵，也不能据此撤销婚姻登记［**“祝东勇诉辽宁西丰县陶然乡人民政府婚姻登记案”，《中国行政审判案例》（第 3 卷），中国法制出版社 2013 年版，第 148 页**］。

在冒用他人名义（包括使用伪造的身份）登记结婚的情形下，双方虽然存在结婚的意思表示，但该意思表示未在婚姻登记机构处作出，不符合法律规定的形式，故婚姻不成立。对于姓名被冒用的人而言，由于其并未作出结婚的意思表示，婚姻同样不成立（《关于婚姻登记行政案件原告资格及判决方式有关问题的答复》）。此时，当事人能以结婚登记程序存在瑕疵为由，主张撤销结婚登记，申请行政复议或提起行政诉讼（《家庭编解释一》第 17 条第 2 款）[**宁波慈溪（2014）甬慈行初字第 2 号行判**]。然行政复议申请期限和行政诉讼时效均较短，相关期限届满后，当事人面临婚姻登记难以撤销的困境。依《行政复议法》第 9 条，公民、法人或其他组织认为具体行政行为侵犯其合法权益的，可以自知道该具体行政行为之日起 60 日内提出行政复议申请；但法律规定的申请期限超过 60 日的除外。因不可抗力或其他正当理由耽误法定申请期限的，申请期限自障碍消除之日起继续计算。又根据《行诉法》第 46 条，公民、法人或其他组织直接向人民法院提起诉讼的，应当自知道或应当知道作出行政行为之日起 6 个月内提出。法律另有规定的除外。因不动产提起诉讼的案件自行政行为作出之日起超过 20 年，其他案件自行政行为作出之日起超过 5 年提起诉讼的，人民法院不予受理。对于此困境，有法院认为应当直接排除行政诉讼时效的规定[**南川（2020）渝 0119 行初 120 号行判、临沂高新区法院（2020）鲁 1391 行初 15 号行判**]；也有法院认为相关期限应从当事人申请婚姻登记机构履行其撤销冒名婚姻登记职责时起算[**北京顺义法院（2012）顺行初字第 83 号行判、阜康法院（2020）新 2302 行初 3 号行判**]。

双方应“亲自”到婚姻登记机构申请登记，表明结婚的意思表示属于高度人身性的意思表示，不得代理。由于结婚行为涉及公共利益，不可附条件和期限。双方在婚姻登记机构处完成结婚之意思表示，婚姻登记机构工作人员完成登记，婚姻即成立。婚姻成立于完成登记而非发给结婚证之时，取得结婚证的时间并非婚姻成立的时点。

作为一项例外规则，婚姻可补办登记。依《婚姻登记条例》第 8 条，男女双方补办结婚登记的，适用该条例结婚登记的规定。补办结婚登记产生婚姻的溯及力，即婚姻效力从双方均符合本法规定的结婚实质要件时起算（**《家庭编解释一》第 6 条**）。不过，此效力的溯及既往不能对抗第三人。例如，夫妻一方在双方未补办结婚登记时处理了婚后工资购买的、登记在其名下的不动产，另一方不能因补办登记的溯及力而主张该处分属于无权处分。

第一千零五十条 【男女双方互为家庭成员】登记结婚后，按照男女双方约定，女方可以成为男方家庭的成员，男方可以成为女方家庭的成员。

本条首先体现了男女平等原则。男女双方约定成为对方广义上的家庭成员后，理应享有相应的权利，承担相应的义务，不因其女婿或儿媳身份受到任何歧视。例如，无论是到男方家生活的出嫁妇女，还是到女方家生活的入赘女婿，都属于《农地承包法》第 16 条所称的农户之家庭成员，依法平等享有承包土地的各项权益。但本条不意味着男女双方通过约定，可以成为本法第 1045 条意义上的家庭成员。易言之，无法基于姻亲关系成为家庭成员。盖家庭成员的类型具有法定性，双方不得通过约定的方式形成。

其次，本条规定是婚姻住所的确定方式之一。本法虽未明确特别规定婚姻住所的法律地位，但其仍具有一定的意义。例如，在判断双方是否处于分居状态时，一方是否离开婚姻住所是其中一项重要标准。不过，婚姻住所之确定不构成夫妻的婚姻义务，双方并非一定要依本条规定选择婚姻住所。

第一千零五十一条 【婚姻无效的情形】有下列情形之一的，婚姻无效：

（一）重婚；

（二）有禁止结婚的亲属关系；

（三）未到法定婚龄。

本条规定的三种情形均属于结婚的实质要件。是否存在这些情形，应以结婚为时点来判断。根据《家庭编解释一》第 10 条的规定，当事人向法院请求确认婚姻无效，法定的婚姻无效情形在提起诉讼时已经消失的，法院不予支持。此时，婚姻的效果应从无效情形均消失时起算。对于重婚而言，因其涉及公益，根据《家庭编解释二》第 1 条，在提起诉讼时合法婚姻当事人已经离婚或者配偶已经死亡，后一婚姻并不会在离婚或者配偶死亡时自动转为有效。即使后一婚姻当事人属于善意，亦不能以其善意作为婚姻有效的抗辩，只能通过本法第 1054 条第 2 款要求重婚的当事人赔偿。后一婚姻的当事人需要在前一婚姻消灭后，重新办理结婚手续。

婚姻无效情形具有法定性，仅限于本条列举的重婚、有禁止结婚的亲属关系和未到法定婚龄三类，当事人不能以其他理由请求确认婚姻无效（《家庭编解释一》第 17 条）。因此，双方即使通谋虚伪结婚，亦不能依本法第 146 条第 1 款主张婚姻无效。在本条列举的三种无效事由中，重婚是指同时存在两段法律认可的婚姻。存在重婚时，后婚无效，而后婚配偶是否善意，概非所问。值得注意的是，在某些少数民族自治地区特定时间段内既已形成的一夫多妻或一妻多夫仍受法律保护，不构成无效婚姻。本法第 1047 条和第 1048 条分别规定了结婚的年龄和禁止结婚的亲属关系，本条是违反该两条规定的法律效果。

需注意的是，在本法颁布之前，司法实践多将不能辨认或不能完全辨认自己行为的情形，作为“患有医学上认为不应当结婚的疾病”（原《婚姻法》第 7 条）而认定婚姻无效。然本法已将“患有医学上认为不应当结婚的疾病”从结婚要件和无效婚姻事由中删除，以致即使视上述情形为“重大疾病”而准用本法第 1053 条规定，其缔结的婚姻也只是可撤销。对此，有意见认为当事人仍无法获得有效保护，故对已达婚龄但不能辨认或不能完全辨认自己行为的人所缔结的婚姻，不妨依本法第 144 条、第 145 条认定其效力。此解释虽有其合理之处，但若婚姻依此被认定为无效，则与《家庭编解释一》第 17 条第 1 款不无龃龉。

婚姻无效不同于一般民事法律行为的无效，需要履行法定的确认程序。在法定的无效确认程序完成前，婚姻有效。申请确认婚姻无效的主体，包括婚姻当事人和利害关系人（《家庭编解释一》第 9 条）。其中，利害关系人又因无效事由的差异而存在不同。相比于其他情形，重婚与公序良俗的联系更加紧密，故其所言利害关系人不仅包括当事人的近亲属，还包括基层组织。在后两种导致婚姻无效的情形，利害关系人仅限于近亲属。一方或者双方死亡后，生存一方或者利害关系人仍有权请求确认婚姻无效（《家庭编解释一》第 14 条）。同样，即使双方已经离婚，当事人及利害关系人仍有权申请确认婚姻无效。

第一千零五十二条 【受胁迫婚姻的撤销】因胁迫结婚的，受胁迫的一方可以向人民法院请求撤销婚姻。

请求撤销婚姻的，应当自胁迫行为终止之日起一年内提出。

被非法限制人身自由的当事人请求撤销婚姻的，应当自恢复人身自由之日起一年内提出。

胁迫结婚违反本法第 1046 条规定的结婚自愿规定，侵害了受胁迫方的精神自由。但与前条无效情形不同，此种情况主要涉及受胁迫方本人的私益，是否继续维持婚姻效果，应由其本人决定，其他主体无权请求撤销，故本条第 1 款将申请撤销的主体限定于受胁迫方。婚姻撤销权是形成权。由于该形成权具有高度人身性，不能由第三人代为行使，即使受胁迫方丧失行为能力，其法定代理人亦不能请求撤销，只能代为提起离婚诉讼。受胁迫方只能通过形成之诉的方式行使撤销权。

胁迫是针对特定法益未来危害的预告。胁迫针对的法益不限于受胁迫方的法益，而且包括其近亲属的法益。然行为人以损害自身利益（如自杀）相要挟，不构成胁迫。此处的法益不仅包括财产性法益，亦包含人身性法益（如生命、身体、健康、名誉）（**《家庭编解释一》第 18 条**）。值得注意的是，行为人只以不履行债务相要挟，不构成胁迫。盖此时相对人的权利并未受到损害，其仍有权请求对方履行，并诉请法院强制履行。

胁迫行为与结婚行为之间需具备因果关系，受胁迫人才能主张撤销婚姻。亦即，受胁迫人基于胁迫而陷入恐惧，并基于恐惧而违背真实意愿作出结婚的意思表示。如果威胁的内容明显不能实现（如利用迷信鬼神恐吓），那么因果关系不成立。本条所称胁迫不限于相对人实施的胁迫，亦包括第三人实施的胁迫。

受胁迫方需在法定的除斥期间内行使撤销权。除斥期间应从胁迫行为终止之日起算。受胁迫人被限制人身自由的，无法向法院请求撤销婚姻，存在权利行使的客观障碍，故除斥期间从其恢复人身自由时起算。与其他形成权一样，本条第 3 款规定的除斥期间不适用诉讼时效中止、中断和延长的规定（**第 199 条**）。此外，考虑到身份关系的特殊性，《家庭编解释一》第 19 条第 2 款规定婚姻撤销不适用本法第 152 条第 2 款，即该撤销权的行使不受 5 年最长期间的限制。

第一千零五十三条 【重大疾病如实告知义务】一方患有重大疾病的，应当在结婚登记前如实告知另一方；不如实告知的，另一方可以向人民法院请求撤销婚姻。

请求撤销婚姻的，应当自知道或者应当知道撤销事由之日起一年内提出。

行为人的重大疾病如实告知义务属于先协议义务，源于诚信原则。患有重大疾病不如实告知，属于欺诈，损害了另一方的结婚决定自由。与胁迫一样，在欺诈情形中，是否继续维持婚姻属于当事人私益范畴，应由其自由决定，故该行为仅产生婚姻可撤销之效果。受欺诈方只能通过形成之诉的方式行使撤销权。

重大疾病的判断存在客观和主观两种视角。所谓客观视角，即从疾病本身是否重大的社会观念出发，确定某项疾病是否重大。此时，疾病是否重大与具体的婚姻共同生活无关，判断标准可参照中国保险行业协会与中国医师协会联合发布的《重大疾病保险的疾病定义使用规范（2020 年修订版）》。所谓主观视角，即从相对人的角度判断疾病是否重大，而不考虑社会普遍观念。事实上，判断是否属于重大疾病，应从该疾病所影响的事项是否对婚姻具有重要意义出发。《重大疾病保险的疾病定义使用规范（2020 年修订版）》列举的重大疾病会显著影响扶养义务的履行，一般应认定为本条所言重大疾病。除此之外，其他对婚姻而言具有重大意义的疾病，亦应被纳入其中，如传染病、性功能障碍和精神疾病。如若疾病对于婚姻不具重大意义，则另一方不能据此主张撤销，只能通过离婚解决问题。

本条第 1 款第二分句的“不如实告知”，既包括故意告知未患有重大疾病，也包括故意隐瞒患有重大疾病。与胁迫结婚一样，欺诈结婚之撤销也以存在因果关系为前提：受欺诈方因此陷入错误认识，并作出违背其真实意愿的结婚意思表示。如果受欺诈方原本知道另一方患有重大疾病，却仍愿与之结婚，则不能主张撤销。值得探讨的是，如果第三人对此实施积极欺诈，相对人因此陷入错误认识，那么是否应适用本法第 149 条的规定。《家庭编解释一》未将重大误解作为婚姻的可撤销事由，欺诈规则重点调整行为人故意违反告知义务的行为。是故，如果行为人不知其患有重大疾病，则相对人无权依本条主张撤销。在第三人实施积极欺诈的场合，如果患有重大疾病的一方对此知情，其应予以澄清，否则违反告知义务。如果患有重大疾病的一方不知晓第三人实施欺诈，亦对自身疾病不知情，则无本条之适用空间。可见，通过解释本条规定即可解决第三人欺诈问题，无须援引本法第 149 条。《家庭编解释一》关于婚姻可撤销事由的规定具有封闭性，仅限于胁迫和相对人欺诈。

与胁迫相同，根据本条行使撤销权的除斥期间为 1 年，从知道或者应当知道撤销事由时起算。在证明责任的分配上，应推定患有重大疾病的一方对此知情。如患病方否认相对方的撤销权，则应证明其对重大疾病不知情，或相对人在结婚前已知道其患有重大疾病。

第一千零五十四条　【婚姻无效或被撤销的法律后果】无效的或者被撤销的婚姻自始没有法律约束力，当事人不具有夫妻的权利和义务。同居期间所得的财产，由当事人协议处理；协议不成的，由人民法院根据照顾无过错方的原则判决。对重婚导致的无效婚姻的财产处理，不得侵害合法婚姻当事人的财产权益。当事人所生的子女，适用本法关于父母子女的规定。

婚姻无效或者被撤销的，无过错方有权请求损害赔偿。

本条规定婚姻被确认无效或者被撤销后的法律后果。在依法定程序被法院确认无效或撤销之前，无效婚姻与可撤销婚姻均属于有效状态。无效婚姻与一般无效法律行为不同，其并非当然无效，而是有赖于法院确认。

一、夫妻法律关系溯及既往消灭

经法定程序被确认无效或被撤销的婚姻，溯及既往地发生效力，当事人自始不具有夫妻关系，自然亦不享有夫妻的权利和义务。双方可能形成非婚同居关系，但在人身关系上不具有任何权利义务。在财产关系上，一方有权请求另一方返还其支付的扶养费。然若所涉支出属于双方共同生活中的合理小额消费支出，则支出人无权以不当得利为由主张返还［**乐山中院（2018）川11民终410号民判**］。在财产方面，双方不再适用婚后所得共同制，积极财产规范与债务规范皆不适用。但当事人不能以所涉婚姻自始没有约束力为由，请求确认已发生的财产处分为无权处分，或否认已形成的债务为夫妻共同债务。易言之，本条第1款第一句不能产生对抗善意第三人的效果。作为例外，家事代理权规范不是为了保护善意第三人，即使善意第三人也不能在婚姻无效或被撤销情形下，继续主张发生家事代理的效果。

需要注意的是，在婚姻被确认无效或被撤销后，当事人同居期间所获财产应按共同共有处理，但有证据证明为当事人一方所有的除外（**《家庭编解释一》第22条**）。该规定实际上确定了此种情形下的共同共有推定规则。然其他类型的非婚同居关系不适用该推定规则，而应适用《家庭编解释二》第 4 条。该条规定，双方均无配偶的同居关系析产纠纷案件中，对同居期间所得的财产，有约定的，按照约定处理；没有约定且协商不成的，人民法院按照以下情形分别处理：（1）各自所得的工资、奖金、劳务报酬、知识产权收益，各自继承或者受赠的财产以及单独生产、经营、投资的收益等，归各自所有；（2）共同出资购置的财产或者共同生产、经营、投资的收益以及其他无法区分的财产，以各自出资比例为基础，综合考虑共同生活情况、有无共同子女、对财产的贡献大小等因素进行分割。从该条司法解释不难看出，同居无法产生婚姻的效果，同居关系本身并不会产生共同财产。对于性质不明的财产，也不能当然推定为共同共有，除非具有合伙等关系。只有在处理共同出资购置财产或者共同生产、经营、投资的收益以及其他无法区分的财产时，才以出资比例为基础，综合其他因素进行分割。

当然，双方当事人可协议处理这些财产。如双方无法就共有财产的分割达成协议，应由法院依据照顾无过错方的原则进行分割。在一方当事人重婚的情况下，财产分割不得损害合法婚姻当事人对于夫妻财产的合法利益。

由于身份关系溯及既往消灭，依托于夫妻身份的夫妻财产协议、离婚财产分割协议等其他法律行为亦丧失基础。如所涉法律行为依其情形无法转换为另一有效法律行为，则不生效力。同样，即使继承已经结束，夫妻身份的消灭也会导致一方对另一方的财产继承丧失依据，继承方应返还所取财产。

二、父母子女关系不受影响

依本法第 1071 条，非婚生子女与婚生子女享有同等的权利，在婚姻被确认无效或被撤销后，父母子女关系不受影响。当事人不能主张婚生推定的基础消灭，进而否定父母与子女的关系。在此情形下，父母对子女的抚养方式可能发生变化，形成与离婚后子女抚养相似的状态，即原则上由一方直接抚养，他方给付抚养费并享有探望子女的权利。

三、无过错方的损害赔偿请求权

在婚姻无效或者被撤销情形中，一方可能侵害另一方的婚姻自主权（如胁迫、隐瞒重大疾病、重婚），并给其造成财产损失。婚姻自主权属于人格权（**第 110 条**），侵害人应依本法人格权编和侵权责任编的有关规定承担民事责任，尤其是向另一方支付精神损害赔偿。如果双方均有过错，精神损害赔偿不能成立。财产损害问题可在缔约过失责任或侵权责任的框架内解决。在前一框架内，缔约过失责任的基础在于对本法第157条的直接适用与对本法第500条的参照适用。本条第2款仅规定了当事人违反先协议义务的典型形态，其他违反诚信原则的行为亦可引发缔约过失责任。财产损害的赔偿范围应包含信赖利益（如为筹办婚礼、拍摄婚纱照等支出的费用）以及特定情形中的履行利益。履行利益包括根据婚姻效果与依托夫妻身份达成的协议所能取得的利益，但不含因离婚和继承所取得的利益。

第三章

家庭关系

第一节　夫妻关系

第一千零五十五条　【夫妻地位平等】夫妻在婚姻家庭中地位平等。

本条系本法第 4 条以及第 1041 条第 2 款在婚姻家庭领域中的具体化和重申，反映了《宪法》第 48 条第 1 款确立的男女平等原则。本条亦与《妇女保障法》第 2 条第 1 款相呼应，不仅具有宣示意义，亦具有一定的裁判功能。

地位平等首先指双方人格平等，即夫妻一方不能支配另一方。双方均具有民事权利能力。地位平等还意味着双方在享有权利和承担义务上的平等。夫妻双方应当平等协商，共同处理婚姻家庭事务。夫妻双方应当互相尊重，互谅互让，夫妻一方不能不当干涉他方的人身自由以及参与生产、工作、学习和社会活动的权利。

地位平等并不意味着双方权利、义务的均等，也不排斥特别保护处于弱势地位的妇女。家庭义务的具体承担需考虑夫妻双方的具体状况。

第一千零五十六条　【夫妻姓名权】
夫妻双方都有各自使用自己姓名的权利。

本条规定夫妻婚后姓名权。姓名权是自然人享有的重要人格权，第

1012条、第1014～1017条，规定了该项具体人格权。本条并非婚姻的法律效果，其旨在强调婚姻不会影响自然人的姓名，既不会形成婚姻姓氏，也不会影响名字。事实上，自然人亦无权将自己的姓氏变更为配偶的姓氏。不过，有地方户籍管理规定允许将涉外婚姻作为姓氏变更的事由［《淄博市公安机关办理户口工作规范》第三部分，《哈尔滨市公安局户籍政策业务办理工作规范》第7条］。

第一千零五十七条 【夫妻参加各种活动的自由】夫妻双方都有参加生产、工作、学习和社会活动的自由，一方不得对另一方加以限制或者干涉。

本条规定夫妻的人身自由。夫妻人身自由同夫妻人格独立以及地位平等密切相关。人格独立和地位平等是夫妻双方人身自由的前提和基础。婚姻经历了从一体主义到别体主义的转变。在别体主义的理念下，婚姻不产生人格吸收，双方仍然享有各项人格权。因此，本条旨在强调婚姻并不消解人身自由，此非婚姻的法律效果。

一、夫妻双方享有人身自由

本条列举了生产、工作、学习和社会活动四个典型领域。除此之外，人身自由还存在于其他领域。不过，婚姻所生义务依其本质会排除某些自由。例如，处于婚姻关系中的自然人不再享有结婚自由或与第三人同居的自由。

本条规定的生产、工作自由指向职业自由。夫妻外出从事职业活动通常是家庭经济的来源。从事职业活动是履行家庭扶养义务的重要方式。学习和社会活动与自然人的人格自由发展密切相关，属于一般人格权的范畴。

二、禁止一方限制或者干涉另一方

婚姻虽然不会一般性地排除一方人身自由，但会产生一系列法律义务。这些义务会对前述自由形成一定限制，尤其重要的是，自然人在参加生产、工作、学习和社会活动时，应充分考虑其承担的家庭义务。法律并不强制界定夫妻在家庭事务中的角色，而是鼓励由双方合意确定家庭义务的具体分担方式。该合意不属于本条所称限制或干涉。然此合意欠缺法效意思，非属法律行为。夫妻一方不能依据双方合意，强制要求他方承担特定的家庭角色，而仍应考虑对方和家庭的具体情况。婚姻在夫妻间引发一般性的体谅和照顾义务。夫妻一方在外出参加生产、工作、学习和社会活动时，应考虑他方以及家庭的情况。然若一方根据该合意形成了信赖，这种信赖应受保护。一方多次违反双方对家庭分工的安排的，可作为双方感情破裂的证据。

本条所称限制或者干涉另一方人身自由的行为，系指侵害后者的人身自由。受害方可根据情形主张适用人格权编或侵权责任编的规定，获得相应救济。如果夫妻一方限制、干涉另一方人身自由的行为构成家庭暴力，则可作为感情破裂的离婚法定事由以及离婚损害赔偿的法定情形。如果一方只是不履行家庭义务，从而间接妨碍了另一方参加生产、工作、学习和社会活动的自由，则该行为不属于本条意义上的限制或者干涉。即使配偶一方不履行家庭义务或不考虑他方配偶及家庭的情况，实质上导致另一方人格自由发展受限制，后者也不能据此主张损害赔偿。

第一千零五十八条 【夫妻抚养、教育和保护子女的权利义务平等】夫妻双方平等享有对未成年子女抚养、教育和保护的权利，共同承担对未成年子女抚养、教育和保护的义务。

本条规定夫妻对子女的抚养、教育和保护。之所以在夫妻关系部分而非在父母子女关系部分作此规定，意义在于从夫妻内部视角理解其与子女的关系。对本条的理解，应结合本法第 26 条、第 1068 条和第 1084 条的规定。本条亦可类推适用于不能独立生活的成年子女。

一、平等享有抚养、教育和保护的权利

纯粹身份权通常是权利义务的复合体。本条前半句即是从抚养、教育和保护的权利维度出发。抚养不仅意指金钱性抚养费之给付，更指向对子女实际的人身照顾。抚养是父母子女关系的核心。教育是指通过合理的方式促进子女身心的健康发展，帮助其掌握必要的知识和技能，塑造正确的人生观、世界观和价值观。教育亦包含对教育费用的承担。保护则指向对子女人身和财产的恰当保护，避免其利益遭受不法损害。三者密切相连。从权利维度理解父母子女关系，并不意味父母对子女享有

支配权或子女是父母权利的客体。与此相对，权利维度指向的是第三人，而非子女。父母对子女的权利具有排他性和对世性。

父母双方均享有对子女的权利，且享有的权利是平等的，这亦体现了男女平等原则。但平等享有权利非指双方权利均等，除受未成年人利益最大化原则的约束外，亦需考虑双方的具体情况。从父母内部关系来看，双方在行使与子女相关的权利时，皆须虑及对方的权利。法律鼓励夫妻双方就涉及子女的事务进行平等协商。除涉及未成年子女的日常事务外，其他重大事项均应由双方协商确定。

二、共同承担抚养、教育和保护的义务

虽然夫妻双方对共同的未成年子女都负担抚养、教育和保护的义务，但该义务的承担并不是孤立的，具体义务的承担往往具有牵连性。对于其中涉及财产性义务的部分，尤其是抚养费给付，可从连带之债的角度来理解。对于其中非财产性义务的承担，尤其是具体的人身照顾，应由夫妻双方共同协商确定，以最有利于未成年子女利益的形式共同承担这些义务。易言之，双方可以协商分工，承担不同的具体任务。这实际上表明，夫妻具体义务的内部承担并非绝对均等。

第一千零五十九条 【夫妻相互扶养义务】夫妻有相互扶养的义务。

需要扶养的一方，在另一方不履行扶养义务时，有要求其给付扶养费的权利。

夫妻间扶养是婚姻共同生活形成的基础，是婚姻的核心法律效果。本条规定具有强制性，双方不能约定排除本条的适用。合法有效的婚姻关系是夫妻间扶养义务的前提。本条规定不能类推适用于非婚同居。在婚姻被确认无效或被撤销时，扶养义务的基础消灭，已发生的财产性给付应按不当得利规则处理。但双方处于分居状态不会导致扶养义务消灭。同样，扶养义务与夫妻财产制相分离，夫妻财产制的变化不会导致扶养义务消灭。

夫妻间的扶养泛指经济上的扶养、生活上的照料和精神上慰藉，不限于本条第 2 款规定的扶养费给付。婚姻产生一般性的照顾和保护义务。扶养义务的履行既可体现为事实上的人身照顾，也可体现为扶养费

的给付。履行的具体方式应依婚姻的本质以及双方的具体情况确定。生活上的照料与经济上的扶养之间存在一定的关联。如一方已经进行生活上的照料，则对其扶养费给付义务应予相应减轻或免除。扶养中涉及的人身性义务，如生活上的照料，不能被强制执行。扶养义务对应扶养请求权，其在性质上属于不完全之债。

本条第 2 款规定的扶养费给付，以夫妻一方有扶养需求以及另一方不履行扶养义务为要件。扶养需求之判断不能完全参照本法第 1075 条的规定，采纳缺乏劳动能力与生活来源之标准。夫妻一方的扶养需求往往并非因其缺乏劳动能力，而是其因照顾家庭等特殊事由无法就业获得收入以维持自己的生活。扶养需求的确定，应采与父母子女扶养相同的标准，即生活保持标准。本条中的扶养需求区别于祖父母、外祖父母与孙子女、外孙子女之间，兄、姐与弟、妹之间的生活扶助义务。据此，夫妻间的扶养义务不以配偶有扶养能力为要件。实践中，有法院认为即使配偶失业无其他收入，亦应给付一定的扶养费［**河东法院（2016）津0102 民初 3012 号民判**］。至于不履行扶养义务，系指不履行除扶养费给付以外的其他义务。

扶养费的具体确定需综合考虑扶养一方的经济状况和被扶养一方的扶养需求。当地年均生活消费支出仅是诸多参酌因素之一，并不具有绝对性。扶养费的给付既可采金钱方式，亦可以用其他方式，比如提供住房等实物的方式。给付既可是一次性给付，亦可为定期给付。本条并不排斥夫妻双方达成的高于法定标准的扶养协议。如果抚养费数额超出生活保持标准，可将超出部分认定为具有道德性质的赠与，即扶养义务人不能请求返还。

扶养费给付请求权具有强烈的人身属性，涉及公共利益和生存利益，不能处分、继承、代位或者抵销。又根据本法第 196 条的规定，扶养费给付请求权不适用诉讼时效的规定。

第一千零六十条 【日常家事代理权】夫妻一方因家庭日常生活需要而实施的民事法律行为，对夫妻双方发生效力，但是夫妻一方与相对人另有约定的除外。

夫妻之间对一方可以实施的民事法律行为范围的限制，不得对抗善意相对人。

家事代理是婚姻的法律效果，虽然其事实上产生了保护债权人的效果，但保护债权人并非本条的规范目的。本条旨在促进家庭团结，并提升无收入一方的经济自由。家事代理与夫妻双方实行何种财产制无关，即使双方实行分别财产制，仍应适用本条。家事代理并非直接代理，亦非间接代理，不应适用代理的相关规范，其为民法上特殊的法律构造。

一、家事代理的要件及法律效果

家事代理以合法有效的婚姻为前提。然而，由于家事代理本属于对第三人的额外保护，故除法律明文规定外，第三人不能成为信赖保护之对象。如前所述，信赖利益保护并非本条规范目的。在婚姻被撤销或被确认无效的情形，第三人不能主张类推适用表见代理，获得外观信赖保护。由于法律并未规定分居相对于常态婚姻的特殊法律效果，故即使夫妻双方处于分居状态，本条亦有适用空间。

家事代理局限于“家庭日常生活需要”范畴。家庭日常生活需要系指以满足家庭日常生活运转为目的的适当消费需求，典型者如衣食住行、必要的医疗开支、娱乐开支、教育开支。生活需求的判断并不是完全客观的，必须结合家庭的具体状况。客观标准，如当地人均消费支出，仅是诸多参酌因素之一。不动产交易、与家庭经济水平不相符合的大额交易、金融投资行为等，通常应被排除在外。此外，具有人身专属性的法律行为（如收养）应由本人亲自实施，不适用家事代理。从文义看，本条仅适用于法律行为，但是在准法律行为场合亦可类推适用。然为避免家事代理制度被架空，充分发挥本条规范目的，不应将行使形成权的行为纳入本条的适用范围。由于家事代理并非代理，无须满足公开（显名）要求，行为人既无须以配偶名义，亦无须以双方名义实施法律行为。

就家事代理的法律效果而言，本条所称对夫妻双方发生效力，系指夫妻双方与第三人形成连带债权债务关系，相应地适用本法关于连带债权债务的规定。即使双方排除婚后所得共同制，连带债务亦可依本条发生。唯家事代理所形成的连带债权债务具有一定的特殊性，夫妻一方承担债务清偿责任后，不能当然依本法第 178 条第 2 款和第 519 条第 2 款向另一方追偿。这是因为家事代理系扶养义务的外化，双方份额的承担应考虑具体的扶养义务。家事代理的效果并不及于财产的直接归属。婚后所得共同制下的财产性质划分规范，才是判断财产性质的最终规范。认可家事代理的共同共有效果，不仅会增加教义上的复杂性，而且会破坏我国财产变动体系。此外，家事代理的另一效果是，日常生活范围内的共同财产处分构成有权处分。

二、家事代理的排除与限制

广义的家事代理限制包括家事代理的排除和限制。家事代理的排除包括两种情形。第一种情形是行为人与第三人直接约定该行为不对其配偶发生效力。如果夫妻一方仅在实施法律行为时，明确向相对人表示该行为不对其配偶发生效力或仅对其配偶发生效力，亦应承认该约定的效力，因为此时相对人未受任何不利。换言之，排除家事代理的单方通知，具有法律效力。第二种情形是本条第 2 款规定的夫妻约定排除。除此之外，对于夫妻一方单方通知他方排除其家事代理的，亦应承认其效力。此时，欠缺家事代理权的配偶仍可主张相应的扶养费。家事代理的限制亦包括约定限制和通知限制两种类型。不过，对内限制或排除应以第三人知道或应当知道为前提。此规定系避免夫妻倒签约定，引发道德风险。

第一千零六十一条 【夫妻相互继承权】夫妻有相互继承遗产的权利。

本条规定夫妻间有相互继承的权利，该权利并非婚姻的法律效果，因为在夫妻一方死亡时，婚姻关系已经终止。但婚姻形成的配偶身份在一方死亡后仍然存在，另一方可成为第一顺序法定继承人。本条实为不完全法条，相互继承应具体适用继承编的相关规定。本条所称相互继承并不是指夫妻之间存在继承法律关系，因为配偶的继承人地位，以存在先后死亡顺序为先决条件。只有在婚姻关系合法有效存续期间，夫妻一方死亡的，另一方才享有继承权。只要一方死亡时，合法有效的婚姻关系仍然存续，另一方即具有继承人身份。至于是否分居或者提起离婚诉讼，在所不问。如果夫妻双方同时死亡或被推定为同时死亡，则彼此不发生继承。故而，相互继承遗产的权利系指双方均生存时的继承期待权。

第一千零六十二条 【夫妻共同财产】夫妻在婚姻关系存续期间所得的下列财产，为夫妻的共同财产，归夫妻共同所有：

（一）工资、奖金、劳务报酬；

（二）生产、经营、投资的收益；

（三）知识产权的收益；

（四）继承或者受赠的财产，但是本法第一千零六十三条第三项规定的除外；

（五）其他应当归共同所有的财产。

夫妻对共同财产，有平等的处理权。

婚后所得共同制是我国的法定夫妻财产制，是婚姻在财产方面最为重要的效力。夫妻共同财产与个人财产的性质划分是婚后所得共同制的核心内容。本条与本法第 1063、1064、1066、1089、1092 条等规范共同构成我国法定夫妻财产制。

法定夫妻财产制的适用以合法有效的婚姻关系为前提。婚姻被确认无效或被撤销的，不应适用本条，而应依《家庭编解释一》第 22 条处理。根据该条规定，当事人同居期间所获财产属共同共有，但有证据证明为当事人一方所有的除外。

本条通过列举加兜底的方式确定了夫妻共同财产的范围及双方对共同财产的权利和义务。本条规定的“所得”并不指向占有，而是财产的抽象归属。不同财产的归属规则存在差异，应根据财产法的规则具体判断。财产法上的抽象归属判断是家庭法上财产性质划分的前提和基础，但后者不以登记或占有状态为标准。以股权为例，依据《家庭编解释二》第 10 条，夫妻以共同财产投资有限责任公司，并均登记为股东，双方对相应股权的归属没有约定或者约定不明确，离婚时，一方请求按照股东名册或者公司章程记载的各自出资额确定股权分割比例的，人民法院不予支持；对当事人分割夫妻共同财产的请求，人民法院依照民法典第 1087 条规定处理。对于夫妻以共同财产购买登记在未成年子女名下的大额财产，不能当然推定为赠与。父母在以法定代理人身份处分该财产后，不能以损害未成年子女利益为由，主张该行为无效（**《家庭编解释二》第 15 条**）。

一、夫妻共同财产的典型形态

（一）工资、奖金和其他劳务报酬

工资、奖金和其他劳务报酬的取得以夫妻一方的人力资本投入为基础，是最典型的夫妻共同财产。工资、奖金和其他劳务报酬的表现形态呈现多样化趋势，泛指一切通过职业活动取得的具有确定价值的财产性权益，如特定情形下的股票期权［**广东高院（粤高法民一复字〔2009〕5号）批复；杭州中院（2015）浙杭民终字第392号民判**］。当然，具有人身专属性的财产除外。

（二）生产、经营、投资的收益

生产、经营、投资的收益反映了人力资本与物质资本的典型结合。虽然一方在生产、经营和投资中投入的物质性资本可能源于婚前个人财产，但只要其投入了人力资本，如脑力或者体力劳动，那么就应认定所获收益为夫妻共同财产。是否有人力资本的投入，是区分本条第1款此项与《家庭编解释一》第26条所涉孳息和自然增值的关键。值得注意的是，该解释第26条规定的“孳息”不同于本法第321条规定的孳息。前者专指未进行人力资本投入或者人力资本投入可以忽略不计，而以个人财产为基础取得的收益。

（三）知识产权的收益

依《家庭编解释一》第24条，本条第1款此项所称“知识产权的收益”，是指在婚姻关系存续期间，实际取得或者已经明确可以取得的财产性收益。如果创造活动在婚前已完成，只是权利或收益在婚姻关系存续期间取得，则仍应认定其为个人财产。是故，司法解释规定的财产性收益，仅指创造活动在婚姻关系存续期间完成，并因此实际取得或已明确可以取得的财产性收益。

（四）继承或者受赠的财产

本条第1款此项中的继承或者受赠，往往与人力资本投入无关，属于协力劳动所得原则的例外。此处所称继承的财产指实际已经取得的遗产，而非继承权。继承权不属于夫妻共同财产。《家庭编解释二》第11条规定，夫妻一方以另一方可继承的财产为夫妻共同财产、放弃继承侵害夫妻共同财产利益为由主张另一方放弃继承无效的，人民法院不予支持，但有证据证明放弃继承导致放弃一方不能履行法定扶养义务的除外。

遗赠所得财产可以参照适用该项规定。夫妻一方取得的保险金是否属于夫妻共同财产需要区分情形，不能当然参照该项规定。根据《八民纪要（民事部分）》第4条，婚姻关系存续期间以夫妻共同财产投保，投保人和被保险人同为夫妻一方，离婚时处于保险期内，投保人不愿意继续投保的，保险人退还的保险单现金价值部分应按照夫妻共同财产处理；离婚时投保人选择继续投保的，投保人应当支付保险单现金价值的一半给另一方。又根据《八民纪要（民事部分）》第5条，婚姻关系存续期间，夫妻一方作为被保险人依据意外伤害保险合同、健康保险合同获得的具有人身性质的保险金，或者夫妻一方作为受益人依据以死亡为给付条件的人寿保险合同获得的保险金，宜认定为个人财产，但双方另有约定的除外。婚姻关系存续期间，夫妻一方依据以生存到一定年龄为给付条件的具有现金价值的保险合同获得的保险金，宜认定为夫妻共同财产，但双方另有约定的除外。

除非被继承人或赠与人作出相反的意思表示，否则所涉财产就应被认定为夫妻共同财产。至于是否确定只归一方，系意思表示解释问题。

就实践中争论较大的父母出资为子女购房的问题，《家庭编解释一》第29条规定：当事人结婚前，父母为双方购置房屋出资的，该出资应当认定为对自己子女个人的赠与，但父母明确表示赠与双方的除外；当事人结婚后，父母为双方购置房屋出资的，依照约定处理；没有约定或者约定不明确的，按照民法典第1062条第1款第4项规定的原则处理。此规定实将这一问题完全置于法律确定的财产性质判断框架之中。如果一方父母出资购买房屋并且只登记在自己子女名下，可以从中推知父母存在只将财产赠与给自己子女的意思，系“赠与合同中确定只归一方”，故父母出资部分及其增值为子女的个人财产。

《家庭编解释二》第8条对于婚姻关系存续期间父母出资购买房产的权属及清算规则进行了修改。依据该条司法解释第1款，婚姻关系存续期间，夫妻购置房屋由一方父母全额出资，如果赠与合同明确约定只赠与自己子女一方的，按照约定处理；没有约定或者约定不明确的，离婚分割夫妻共同财产时，人民法院可以判决该房屋归出资人子女一方所有，并综合考虑共同生活及孕育共同子女情况、离婚过错、对家庭的贡献大小以及离婚时房屋市场价格等因素，确定是否由获得房屋一方对另一方予以补偿以及补偿的具体数额。

依据该条司法解释第2款，婚姻关系存续期间，夫妻购置房屋由一方父母部分出资或者双方父母出资，如果赠与合同明确约定相应出资只赠与自己子女一方的，按照约定处理；没有约定或者约定不明确的，离婚分割夫妻共同财产时，人民法院可以根据当事人诉讼请求，以出资来源及比例为基础，综合考虑共同生活及孕育共同子女情况、离婚过错、对家庭的贡献大小以及离婚时房屋市场价格等因素，判决房屋归其中一方所有，并由获得房屋一方对另一方予以合理补偿。

二、夫妻共同财产的判断基准

本条第 1 款第 5 项规定了其他应当归共同所有的财产，属于兜底条款。根据《家庭编解释一》第 25 条的规定，以下财产属于其他应当归共同所有的财产：一方以个人财产投资取得的收益；男女双方实际取得或者应当取得的住房补贴、住房公积金；男女双方实际取得或者应当取得的基本养老金、破产安置补偿费。其第一种类型实际上是本条第 1 款第 2 项规定的投资的收益中的一种亚类型。基于本条第 1 款第 1 项之宽泛解释，第二种和第三种类型实际上可被纳入该项规定。

结合本条文义以及所列类型，夫妻共同财产的判定应当符合两项标准：一为时间标准，即在婚姻关系存续期间取得财产；二为来源标准，即判断夫妻双方有人力资本投入。按照夫妻协力的理论，婚后的人力资本实际上“归属于”夫妻共同体。本条第 1 款第 4 项的规定只是例外情形，不应将其一般化。

三、夫妻对共同财产的权利

夫妻共同财产在性质上属于共同共有或者准共同共有。夫妻双方据此根据其共同共有人身份，对共同财产享有相应的权利。双方的权利义务及其与第三人的关系，应适用物权编第八章关于共同共有的规定。由于夫妻之间存在家事代理权，故在家庭日常生活范畴内，夫妻还享有超越一般共同共有人的权利，例如处分共同财产。

《家庭编解释一》第 28 条还规定了一方擅自处分共有房屋的情况。根据该司法解释第 28 条的规定，一方未经另一方同意出售夫妻共同所有的房屋，第三人善意购买、支付合理对价并已办理不动产登记，另一方主张追回该房屋的，人民法院不予支持。在内部关系，夫妻一方擅自处分共同所有的房屋造成另一方损失，离婚时另一方请求赔偿损失的，人民法院应予支持。对于设定抵押等其他处分行为，亦应适用善意取得规则。

对于实践中出现的夫妻一方为重婚、与他人同居以及其他违反夫妻忠实义务等目的，将夫妻共同财产赠与他人或者以明显不合理的价格处分夫妻共同财产的行为，需要区分处分行为和负担行为分别评价。在处分行为层面，未经合法配偶的同意，另一方实施的超越家事代理权的处分行为属于无权处分，前者有权请求返还。在负担行为层面，根据《家庭编解释二》第 7 条第 1 款的规定，夫妻一方为重婚、与他人同居以及其他违反夫妻忠实义务等目的，将夫妻共同财产赠与他人或者以明显不合理的价格处分夫妻共同财产，另一方主张该民事法律行为违背公序良俗无效的，人民法院应予支持并依照民法典第 157 条规定处理。

对于股权等其他财产的处分，同样应区分负担行为和处分行为分别评价。在负担行为层面，根据《家庭编解释二》第 9 条，夫妻一方转让用夫妻共同财产出资但登记在自己名下的有限责任公司股权，另一方以未经其同意侵害夫妻共同财产利益为由请求确认股权转让合同无效的，人民法院不予支持，但有证据证明转让人与受让人恶意串通损害另一方合法权益的除外。质言之，夫妻一方是否有处分权不影响作为负担行为的股权让与合同效力。对于处分行为，是否构成无权处分有不同观点。支持有权处分的实质理由在于交易安全和效率（最高法二巡 2020 第 3 次法官会议纪要），但这一观点实际上难以立足，夫妻共同财产作为实质出资来源，对非显名方配偶利益的保护不应低于对隐名股东的保护。根据《公司法解释三》第 25 条的规定，经实际出资人同意处分股权构成无权处分，相应参照适用本法第 311 条善意取得规则。据此，夫妻一方擅自处分名下股权的行为同样应参照适用善意取得规则进行处理。

第一千零六十三条 【夫妻个人财产】下列财产为夫妻一方的个人财产：

（一）一方的婚前财产；

（二）一方因受到人身损害获得的赔偿或者补偿；

（三）遗嘱或者赠与合同中确定只归一方的财产；

（四）一方专用的生活用品；

（五）其他应当归一方的财产。

本条规定夫妻个人财产。本条与本法第 1062 条共同组成婚后所得共同制下的财产性质划分规范。共同财产与个人财产之间存在互斥关系。除时间标准外，个人财产的划分还包含其他标准，如财产用途。本条同样采用列示加兜底的方式，为将来司法解释和司法实践发展其类型预留了空间。依《家庭编解释一》第 31 条，夫妻一方的个人财产，不因婚姻关系的延续而转化为夫妻共同财产，但当事人另有约定的除外。易言之，个人财产性质的划分具有终局性和恒久性。

一、一方的婚前财产

婚前取得的财产在性质上属于夫妻一方的个人财产。一方的婚前个人财产还应包括婚前已经确定取得，但因登记程序等事由尚未实际取得的财产。相应地，对一方的婚前财产在婚后产生的收益是否属于共同财产的判断，需考量是否有相当程度的人力资本投入。基于婚前财产且婚后欠缺相当人力资本投入的收益，可表现为《家庭编解释一》第 26 条规定的孳息和自然增值，属于个人财产。

二、具有人身专属性的财产

具有人身专属性的财产，泛指本条第 2 项、第 3 项和第 4 项所指财产。其中，第 2 项规定的人身损害赔偿或补偿与受害人的生存利益相关，具有人身专属性，不宜被认定为共同财产。赔偿或补偿不限于依私法规范获得的赔偿或者补偿，其他如工伤赔偿、国家赔偿亦应涵盖在内。此外，即使夫妻一方以共同财产购买了商业保险，因人身损害所获之保险金虽不属于狭义上的赔偿和补偿，但其主要用于受害人的治疗、生活等，具有人身专属性，亦应被认定为个人财产［**江苏高院《家事纠纷案件审理指南（婚姻家庭部分）》第 43 条、北京高院《关于审理婚姻纠纷案件若干疑难问题的参考意见》第 14 条**］。需要注意的是，人身损害赔偿或补偿所含因误工减少的收入以及残疾赔偿金与人力资本相关，应被认定为夫妻共同财产。然残疾赔偿金应参照《家庭编解释一》第 71 条（涉及军人复员费和自主择业费的处理）处理。与本项类似，《家庭编解释一》第 30 条规定，军人的伤亡保险金、伤残补助金、医药生活补助费属于个人财产。

本条第 3 项规定的是遗嘱或赠与合同确定的具有人身专属性的财产。对于其他使夫妻一方纯获利益的行为，如在保险或信托中指定夫妻一方为受益人，即使第三人未明确该利益只归夫妻一方，亦应认定其为个人财产。盖只有在法律明确规定时，才能偏离婚后劳动共同所得的基本原则。至于赠与人或者遗嘱人是否存在明确只归一方的意思，乃意思表示解释问题。

本条第 4 项规定的“一方专用的生活用品”系用途上具有专属性的财产。此处的生活用品仅限于动产，常见的形态如衣物、化妆品、饰品等。至于是否考虑所涉物品的价值，法院裁判存在分歧。对此，宜根据家庭经济状况对本项的适用进行一定的限制。当然，一方以共同财产取得该生活用品，他方明示或默示同意的，应直接认定其属个人财产，而无须考虑其价值。

三、其他类型的个人财产

由于共同财产与个人财产之间存在互斥性，对于法律未规定的财产类型，应参照本条列举的类型和前述共同财产的判定基准。

第一千零六十四条 【夫妻共同债务】夫妻双方共同签名或者夫妻一方事后追认等共同意思表示所负的债务，以及夫妻一方在婚姻关系存续期间以个人名义为家庭日常生活需要所负的债务，属于夫妻共同债务。

夫妻一方在婚姻关系存续期间以个人名义超出家庭日常生活需要所负的债务，不属于夫妻共同债务；但是，债权人能够证明该债务用于夫妻共同生活、共同生产经营或者基于夫妻双方共同意思表示的除外。

本条规定夫妻共同债务。夫妻债务性质划分是婚后所得共同制的重要组成内容。夫妻共同债务在民法的多数人之债体系中属于连带债务。在婚姻关系存续期间，连带债务与夫妻共同债务可以语义互换。在实践中，应先依财产法规则判断所涉债务是否属于连带债务；如不属于，再依本条判断。本条未设兜底条款，故某债务在不能被解释为本条规范所列共同债务的具体类型时，在性质上应被认定为夫妻个人债务。

一、共同意思表示所负的债务

共同意思表示所负的债务，又称共债共签，包括双方直接共同作意思表示或者一方事后追认等形式。夫妻一方以他方名义与第三人实施法律行为，结合相关具体情形，可被认定为与第三人另有约定，不属于本条规定的共同意思表示。实际上，根据共同意思表示形成的连带债务，只是夫妻依财产法规范形成的连带债务中的一种亚类型，可具体表现为并存的债务加入等形式。夫妻连带债务还存在其他类型，如双方在共同实施侵权行为时承担的连带责任（**第1168条**）。需要注意的是，夫妻身份不能当然导致默示的意思表示，不能单纯从知情中推断出同意或者追认。本类型夫妻共同债务的举证责任，应根据具体的财产法规范分配。

二、家庭日常生活需要所负的债务

家庭日常需要所负的债务之法理基础系家事代理权。依本法第1060条，夫妻一方在家事代理权范围内实施的法律行为，其效果归属于双方，由此形成本条规定的夫妻共同债务。然而，即使夫妻一方以双方名义实施属于日常生活需要范围内的行为，仍应将其认定为夫妻共同债务。

三、债权人能够证明用于夫妻共同生活、共同生产经营的债务

与家庭日常生活需要所负的债务不同，本类型夫妻共同债务虽然也采用途标准，但在证明责任的分配上存在差异。对于前一类型的夫妻共同债务，只要在家庭日常生活需要范围内，即可推定为夫妻共同债务；对于本类型的夫妻共同债务，则由债权人负举证责任。家庭日常共同生活是婚姻关系之本质，本条所言“共同生活”系超出“家庭日常生活需要”的部分，司法实践中其通常指向较高额债务［**丽水中院（2019）浙11民终333号民判**］，并佐以其他要素进行具体判断［**温州中院（2019）浙03民终134号民判、温州中院（2019）浙03民终5055号民判**］。夫妻共同生活、共同生产经营均指向家庭之共同利益。对于共同生产经营的判断，关键是一方从事的活动可能给家庭带来经济上的增益，而是否实际增益，在所不问。准此，即使另一方未参与生产经营活动，亦有可能因此被认定为夫妻共同债务。考察能否给家庭带来经济利益，不能落脚于单个行为，而应着眼于整个生产经营活动。是故，为自己所控股或者独资的公司提供保证，或在生产经营活动中实施侵权行为，亦有可能致生夫妻共同债务。

第一千零六十五条 【夫妻约定财产制】男女双方可以约定婚姻关系存续期间所得的财产以及婚前财产归各自所有、共同所有或者部分各自所有、部分共同所有。约定应当采用书面形式。没有约定或者约定不明确的，适用本法第一千零六十二条、第一千零六十三条的规定。

夫妻对婚姻关系存续期间所得的财产以及婚前财产的约定，对双方具有法律约束力。

夫妻对婚姻关系存续期间所得的财产约定归各自所有，夫或者妻一方对外所负的债务，相对人知道该约定的，以夫或者妻一方的个人财产清偿。

夫妻约定财产制体现了对夫妻意思自治的尊重，具有排斥（或者说优先于）法定财产制的效果。本条虽然规定了各自所有、共同所有或部分各自所有、部分共同所有三种模式，但并非选择式立法模式，而是自由约定式，因为法律未规定每种模式下的具体权利义务，双方可自由配置相关权利义务。

夫妻财产制约定应采用书面形式，以发挥其证据功能和警示功能。不符合书面形式的夫妻财产制约定不成立。夫妻财产制约定应适用总则编关于双方法律行为的一般性规定，并参照适用合同编的相关规定。从约定时间来看，夫妻财产制约定可早于婚姻缔结或在婚姻存续中订立，然其以合法有效的婚姻关系为要件。婚前成立的财产制约定自婚姻缔结时生效，婚后成立的财产制约定自约定成立时生效。

夫妻间赠与、给予和夫妻财产制约定有别。概括式约定属于后者，自无争议。如系针对个别财产的约定，则应区分具体的情形。实践中，常见的形态是直接让与财产、约定共有或者准共有。对于这种约定，应区分其是赠与还是给予，相应适用不同的规则。如果是前者，应适用赠与合同的规定。如果是后者，则应适用或者参照适用《家庭编解释二》第5条的规定。区分的关键在于财产让与（包括份额的让与）是否包含婚姻目的，即“让与方期望婚姻关系将持续存在，并且他在这个共同体中将继续分享该财产价值及其收益”［BGHZ 142，137］。需要注意的是，针对婚内既有个别财产的约定分割既不属于给予也不属于赠与。

相对于赠与，给予对双方具有约束力，不能任意撤销。除此之外，给予还适用特殊的清算规则。根据《家庭编解释二》第5条，婚前或者婚姻关系存续期间，当事人约定将一方所有的房屋转移登记至另一方或者双方名下，离婚诉讼时房屋所有权尚未转移登记，双方对房屋归属或者分割有争议且协商不成的，人民法院可以根据当事人诉讼请求，结合给予目的，综合考虑婚姻关系存续时间、共同生活及孕育共同子女情况、离婚过错、对家庭的贡献大小以及离婚时房屋市场价格等因素，判决房屋归其中一方所有，并确定是否由获得房屋一方对另一方予以补偿以及补偿的具体数额。婚前或者婚姻关系存续期间，一方将其所有的房屋转移登记至另一方或者双方名下，离婚诉讼中，双方对房屋归属或者分割有争议且协商不成的，如果婚姻关系存续时间较短且给予方无重大过错，人民法院可以根据当事人诉讼请求，判决该房屋归给予方所有，并结合给予目的，综合考虑共同生活及孕育共同子女情况、离婚过错、对家庭的贡献大小以及离婚时房屋市场价格等因素，确定是否由获得房屋一方对另一方予以补偿以及补偿的具体数额。从这两款规定中不难看出，无论给予的房屋所有权是否移转，均存在清算可能。在房屋未转移登记情况下，婚姻关系存续时间是最为重要的考量因素。在房屋已经转移登记情况下，婚姻关系存续时间较短且给予方无重大过错是前置要件，只有符合该要件方能主张清算。

即使是财产给予，也可能因意思表示瑕疵而被撤销，或者因忘恩负义而被撤销。对于前者，该条司法解释第 3 款仅规定了欺诈和胁迫两种情形，但这并不表明给予不可能存在重大误解，如给予对象的错误。给予不同于双务合同，通常不存在乘人之危致显示公平的情形。需要注意的是，对不离婚或者婚姻长久续存的承诺不构成欺诈，涉及“婚姻自主权”的欺诈是合法的。威胁离婚不构成胁迫，这不是一种未来的不利预告，是否离婚由法院进行审查。对婚姻会长期存续的认识属于动机，不构成错误，不能作为撤销的基础。对于意思表示瑕疵的撤销，应适用本法第 157 条的规定，而非本条司法解释前两款进行清算。

就忘恩负义的行为而言，本条司法解释第 3 款所含规定实际上参照本法第 663 条第 1 款规定，在除斥期间上仍应参照第 663 条第 2 款，婚姻存续不影响除斥期间起算。在效果上，可以参照本法第 665 条规定，而不是适用本条司法解释前两款规定。

在给予人死亡情况下，不能参照适用本条司法解释前两款规定，因为给予人的期待并没有落空。而在受给予方先死亡的情况下，给予人的目的存在落空可能，存在参照适用本条司法解释前两款规定的空间。

关于夫妻约定财产制的效力，本条规定其对双方具有约束力。然其究竟为债权约束力抑或具有财产权变动效力，存在一定的争议。依体系解释，约定财产制与法定财产制应具有相同的财产权变动效力，但出于保护善意第三人之必要，当前者未满足法律规定的公示形式（如登记、交付）时，不得对抗善意第三人。

本条第 3 款蕴含的法理在于，夫妻约定财产分别所有的，即使其未同时约定债务由各自承担，但从财产归属约定中可以推定出债务由各自承担之意思表示；唯该意思表示并不当然约束第三人：仅在相对人知道或应当知道存在该约定时，夫或妻才能主张各自以其个人财产清偿对外所负债务。

第一千零六十六条 【婚姻关系存续期间夫妻共同财产的分割】婚姻关系存续期间，有下列情形之一的，夫妻一方可以向人民法院请求分割共同财产：

（一）一方有隐藏、转移、变卖、毁损、挥霍夫妻共同财产或者伪造夫妻共同债务等严重损害夫妻共同财产利益的行为；

（二）一方负有法定扶养义务的人患重大疾病需要医治，另一方不同意支付相关医疗费用。

在婚姻关系存续期间，夫妻双方可在维持夫妻共同财产制的情况下，分割共同共有的财产。根据本法第 303 条，共同共有的动产或不动产的分割存在如下情形：一是共有人协议分割；二是在共有基础丧失或者存在重大理由时，单方请求分割。本条实为基于重大理由分割共有财产在婚后所得共同制中的细化。易言之，除本条规定外，夫妻一方原则上不能要求分割共有财产（**《家庭编解释一》第 38 条**）。依《查封扣押冻结财产规定》第 12 条第 3 款，夫妻一方或其债权人可例外地针对共同共有财产，代位提起析产之诉。

损害共同财产行为，表现为“隐藏、转移、变卖、毁损、挥霍夫妻共同财产或者伪造夫妻共同债务”。这些行为在主观上仅限于故意，在程度上需严重损害夫妻共同财产利益。除所列典型形态外，其他严重损害行为亦构成单方请求分割的理由。根据《家庭编解释二》第 6 条，夫妻一方超出其家庭一般消费水平，严重损害夫妻共同财产利益的属于“挥霍夫妻共同财产”。又根据《家庭编解释二》第 7 条的规定，夫妻一方为重婚、与他人同居以及其他违反夫妻忠实义务等目的，将夫妻共同财产赠与他人或者以明显不合理的价格处分夫妻共同财产，另一方以该方存在转移、变卖夫妻共同财产行为，严重损害夫妻共同财产利益的属于“转移夫妻共同财产”。

夫妻一方对其近亲属依本编规定承担法定的扶养义务。给付医疗费是履行其法定扶养义务的重要内容。通常情形下，给付扶养费属于日常家事代理的范畴，无须征得他方同意，由此形成的债务亦属夫妻共同债务。然由于重大疾病涉及的医疗费数额往往较高，故一方只能以处分共同财产的方式来获取资金，但若另一方不同意处分，则扶养义务人能依本条请求析产。

共同财产的分割既可指向作为集合财产的共同财产，亦可指向单个财产。具体的分割方式应根据本法第 304 条，并考虑家庭的特殊状况定之。共同财产的分割不会导致法定财产制的转变，如双方未依本法第 1065 条约定其他财产制，仍应适用婚后所得共同制。

第二节 父母子女关系和其他近亲属关系

第一千零六十七条 【父母的抚养义务和子女的赡养义务】父母不履行抚养义务的，未成年子女或者不能独立生活的成年子女，有要求父母给付抚养费的权利。

成年子女不履行赡养义务的，缺乏劳动能力或者生活困难的父母，有要求成年子女给付赡养费的权利。

抚养和赡养是父母子女关系的核心内容。依本法第 26 条，父母对未成年子女负有抚养、教育和保护的义务，成年子女对父母负有赡养、扶助和保护的义务。给付抚养费和赡养费只是履行前列义务的一种形式。然法律不能强制实现具有人身性的身心照料，只能要求给付抚养费和赡养费。根据本法第 196 条第 3 项的规定，支付抚养费和赡养费请求权不适用诉讼时效。无论是父母对子女的抚养费给付义务，还是子女对父母的赡养费给付义务，均处于第一顺位。于存在同顺位的扶养义务人时，应综合考虑扶养义务的情况，确定分担比例。

一、子女的抚养费给付请求权

子女的抚养费给付请求权包括两个要件。一为父母不履行抚养义务，即父母不履行除给付抚养费以外的其他抚养义务。父母双方不能协议排除父母对子女的抚养义务。二为子女尚未成年或者成年后不能独立生活。根据《家庭编解释一》第 41 条的规定，尚在校接受高中及其以下学历教育，或者丧失、部分丧失劳动能力等非因主观原因而无法维持正常生活的成年子女，可以被认定为第 1067 条规定的“不能独立生活的成年子女”。此外，如果子女年满 16 周岁，有稳定的劳动收入能够维持当地一般生活水平的，父母亦无须向其给付抚养费（**《家庭编解释一》第 53 条第 2 款**）。

需要注意的是，对于已经与继父母形成抚养教育关系的未成年继子女，在其继父母与其生父母婚姻关系终止时，继父母对其实际上并无抚养义务，自无抚养费给付义务（**《家庭编解释一》第 54 条**）。但是，继父母的自愿抚养应受肯认和保护。

抚养费给付请求权不受父母婚姻状态的影响，即使在父母婚姻关系存续期间，亦可被主张（**《家庭编解释一》第 43 条**）。父母双方可以协商确定子女的抚养费承担，但是不能影响未成年子女的成长（**《家庭编解释一》第 52 条**）。离婚协议中关于一方直接抚养未成年子女或者不能独立生活的成年子女、另一方不负担抚养费的约定，对双方具有法律约束力（**《家庭编解释二》第 16 条**）。

二、父母的赡养费给付请求权

父母的赡养费给付请求权亦包含两项要件：一是成年子女不履行赡养义务；二是父母缺乏劳动能力或生活困难。与前述抚养费给付请求权相似，这里的不履行赡养义务是指子女不履行其他赡养义务。赡养以父母有赡养需求为前提，赡养需求表现为缺乏劳动能力或者生活困难，二者满足其一即可。在解除收养关系后，虽然成年养子女对缺乏劳动能力又缺乏生活来源的养父母应给付生活费（**第 1118 条**），但其在性质上不属于赡养费。《家庭编解释二》第 19 条规定，继父母子女关系解除后，缺乏劳动能力又缺乏生活来源的继父或者继母请求曾受其抚养教育的成年继子女给付生活费的，人民法院可以综合考虑抚养教育情况、成年继子女负担能力等因素，依法予以支持，但是继父或者继母曾存在虐待、遗弃继子女等情况的除外。这同样不属于赡养费。

三、抚养费和赡养费的具体确定和变更

抚养费和赡养费数额的确定标准皆非客观划一，而需综合考量扶养

需求和赡养能力。当地一般生活水平仅具参照意义。抽象而言，数额的确定应采生活保持标准。根据《家庭编解释一》第 49 条的规定，抚养费的数额可以根据子女的实际需要、父母双方的负担能力和当地的实际生活水平确定。有固定收入的，抚养费一般可以按其月总收入的 20%～30%的比例给付。负担两个以上子女抚养费的，比例可以适当提高，但一般不得超过月总收入的 50%。无固定收入的，抚养费的数额可以依据当年总收入或者同行业平均收入，参照上述比例确定。有特殊情况的，可以适当提高或者降低上述比例。抚养费的给付可以以现金方式进行，在特定情况下也可以用财物折抵（**《家庭编解释一》第 51 条**）。给付方式可以是一次性给付，也可以是定期给付（**《家庭编解释一》第 50 条**）。赡养费的确定可以参照上述规定。

即使父母就子女的抚养费达成协议，或者父母与子女之间达成赡养费协议，或者法院已对此作出相关判决，仍不妨碍父母或子女在生活收入等情况发生变化时，请求增加或者减少抚养费或赡养费。

第一千零六十八条 【父母教育、保护未成年子女的权利义务】父母有教育、保护未成年子女的权利和义务。未成年子女造成他人损害的，父母应当依法承担民事责任。

本条与本法第 26 条相对应。父母是教育、保护未成年子女的第一责任人。对本条的理解，应结合《未成年人法》《教育法》《义务教育法》等规定。

父母教育、保护未成年子女，既是权利又是义务。教育是指通过合理的方式促进子女身心的健康发展，帮助其掌握必要的知识和技能，塑造正确的人生观、世界观和价值观。教育亦包含教育费用的承担。保护则指向对子女人身和财产的恰当保护，避免其利益遭受不法损害。若父母未适当履行其教育、保护义务，则会导致国家公权力的介入，具体表现为本法第 36 条规定的监护人资格的撤销。从权利视角来看，本条第一句意味着第三人不能不当干涉父母对未成年子女的教育和保护。

本条第二句为引用性条款，指向本法第 1188 条。其所言父母是指具有监护人身份的父母。如果父母已被剥夺监护人资格，则不存在适用本条的空间。关于第 1188 条所涉责任的性质，理论上存在替代责任说和自己责任说，前者更为合理。除侵权责任外，父母亦可能替代未成年子女承担其他民事责任。

第一千零六十九条 【子女对父母婚姻权利的尊重】子女应当尊重父母的婚姻权利，不得干涉父母离婚、再婚以及婚后的生活。子女对父母的赡养义务，不因父母的婚姻关系变化而终止。

本条内容均须结合其他条文进行理解，尤其是本法第110条的婚姻自主权、第1041条的婚姻自由原则以及第1042条的禁止干涉婚姻自由。婚姻自主权是自然人享有的重要人格权，子女亦有尊重的义务。如子女侵害父母婚姻自主权，父母可依本法人格权编和侵权责任编的相关规定要求子女承担民事责任。

依本法第26条第2款和第1067条第2款，赡养义务以及赡养费给付义务均不受父母婚姻状况的影响。子女不得因父母结婚、离婚或再婚拒绝承担赡养义务。

第一千零七十条 【父母与子女间的相互继承权】父母和子女有相互继承遗产的权利。

父母子女间的相互继承并非亲子法律关系的规范内容，只不过父母子女身份是认定其继承人资格的前提；父母子女继承的具体问题在继承编有详细规定。依本法第1127条第1款第1项，子女、父母互为第一顺序法定继承人。依第1127条第3款，继承编所称子女，包括婚生子女、非婚生子女、养子女和有抚养关系的继子女；其所称父母，包括生父母、养父母和有扶养关系的继父母。故而，相互之间产生第一顺位法定继承人资格的父母子女关系，包括法律承认的生父母子女关系、养父母子女关系以及有扶养关系的继父母子女关系三种类型。值得注意的是，在子女被养父母收养时，其与生父母的法律关系立即消灭；如果其赡养了生父母，虽可分得适当的遗产（**《继承编解释一》第10条**），但该请求权并非继承权，而是酌分请求权。与这种情形不同，与继父母形成扶养关系的继子女和其生父母之间仍然存在父母子女关系，仍享有继承权（**《继承编解释一》第11条**）。

继承权包含继承期待权和继承既得权两种含义，本条所称相互继承遗产的权利系指继承期待权。父母或子女很可能因继承权丧失、存在遗嘱或遗赠扶养协议等原因，无法实际取得遗产。

第一千零七十一条 【非婚生子女的权利】非婚生子女享有与婚生子女同等的权利，任何组织或者个人不得加以危害和歧视。

不直接抚养非婚生子女的生父或者生母，应当负担未成年子女或者不能独立生活的成年子女的抚养费。

非婚生子女是指父母在无婚姻关系情况下所生育的子女。其典型形态包括父母未婚同居所生育子女，婚姻被撤销或被确认无效所生育子女，双方既未结婚也未同居而是通过人类辅助生殖技术所生育子女。按照通说，孕出者为母，非婚生子女的母亲较易确定。由于欠缺婚生推定，非婚生子女的父亲需要以血缘为基础，并按照本法第1073条以及《家庭编解释一》第39条的规定确定亲子关系。

非婚生子女与婚生子女享有同等的权利，是指二者的法律地位平等。父母和其他民事主体都不能危害或者歧视，损害非婚生子女的人格尊严。无论是本章、继承编，还是其他法律中所称的子女，均包括非婚生子女。

父母对非婚生子女的抚养存在一定的特殊性，实践中经常出现非婚生子女只由一方父母抚养的情况，此时可类推适用离婚后子女抚养的相关规定：一方面依最有利于未成年子女的原则确定直接抚养权，另一方面赋予不直接抚养子女的生父母探望权，但其应给付相应的抚养费。

第一千零七十二条 【继父母与继子女间的权利义务关系】继父母与继子女间，不得虐待或者歧视。

继父或者继母和受其抚养教育的继子女间的权利义务关系，适用本法关于父母子女关系的规定。

传统观点认为，继父母与继子女的关系是夫妻一方与其配偶在前婚所生子女的关系。但这一界定无法涵盖非婚生的继子女。在“罗某某与陈某扶养纠纷案”［**上海一中院（2015）沪一中少民终字第56号民判**］后，主流观点认为应扩展这一概念。继父母与继子女的关系泛指夫妻一方与另外一方与第三人所生育或者收养子女的关系。

在未形成扶养教育关系的继父母与继子女之间，存在一种姻亲关系。该姻亲关系在家庭法中并不包含任何权利义务。针对实践中出现的虐待或者歧视非婚生子女情况，本条第1款作了禁止性规定，不过这并非继父母负担的特定私法性义务，因为任何民事主体均负有不得损害非婚生子女合法权益的义务。然在刑法上，继父母可成为虐待罪的犯罪主体，但不能成为遗弃罪的犯罪主体，因为其对继子女并无抚养义务。

在已经形成抚养教育关系的继父母与继子女之间，存在拟制血亲关系。对于抚养教育关系的认定应当以共同生活时间长短为基础，综合考虑共同生活期间继父母是否实际进行生活照料、是否履行家庭教育职责、是否承担抚养费等因素（**《家庭编解释二》第18条**）。

通过抚养教育拟制形成的父母子女关系，不仅适用本法关于父母子女关系的规定，亦在无相反规定时，应适用其他法律关于父母子女关系的规定。继父母对继子女的抚养教育，并不会在继子女与继父母近亲属之间形成法律关系，他们仅具有姻亲关系。除非继父母的近亲属对其进行了扶养，例如继兄、姐实际扶养了继弟、妹（**《继承编解释一》第13条**）。需注意的是，本法未明确规定形成拟制血亲的继父母子女关系的解除问题。主流观点认为，继父母与生父母婚姻关系终止，并不当然导致已形成的拟制血亲关系消灭。依《家庭编解释一》第54条，生父与继母离婚或者生母与继父离婚时，对曾受其抚养教育的继子女，继父或者继母不同意继续抚养的，仍应由生父或者生母抚养。依《家庭编解释一》第19条，生父与继母或者生母与继父离婚后，当事人主张继父或者继母和曾受其抚养教育的继子女之间的权利义务关系不再适用民法典关于父母子女关系规定的，人民法院应予支持，但继父或者继母与继子女存在依法成立的收养关系或者继子女仍与继父或者继母共同生活的除外。

第一千零七十三条 【亲子关系异议之诉】对亲子关系有异议且有正当理由的，父或者母可以向人民法院提起诉讼，请求

确认或者否认亲子关系。

对亲子关系有异议且有正当理由的，成年子女可以向人民法院提起诉讼，请求确认亲子关系。

亲子关系的异议包括亲子关系的否认或者确认。除本条规定的主体外，其他主体原则上不能提起亲子关系异议之诉。

本条第1款规定了父或母之确认或者否认之诉。此所谓父或母，不仅包括法律上的父或母，也包括潜在的生父或生母。但后者的亲子关系确认请求，劣后于对既有合法父母子女关系的保护。例如，根据婚生推定而取得法律上父亲身份的一方，未主动否认亲子关系时，子女的生父不能仅依血缘而主张确认亲子关系。同理，母亲不能仅以不存在血缘为由，否认已取得法律上父亲身份一方的地位。前列限制均可被“正当理由”所涵盖。又根据《家庭编解释一》第39条的规定，父或母向法院起诉请求否认亲子关系，并已提供必要证据予以证明，另一方无相反证据又拒绝做亲子鉴定的，法院可认定否认亲子关系一方的主张成立。父或母请求确认亲子关系，并提供必要证据予以证明，另一方无相反证据又拒绝做亲子鉴定的，法院可认定确认亲子关系一方的主张成立。必要证据是指能使裁判者产生亲子关系可能存在的合理确信的证据，该要件具有过滤诉讼、维护既有婚姻家庭关系稳定的功能［**北京三中院（2016）京03民再68号民判**］。

本条第2款规定成年子女的确认之诉。有疑问的是，未成年子女能否以自己名义提起确认之诉。通常情况下，未成年人的监护人为其父母，与父母直接提起确认之诉并无二致。但在未成年人的监护人为其他人，且其生父母不愿确认父母子女关系这一特殊情形，从保护未成年人利益的角度出发，应承认未成年人本人的诉讼主体资格，但可由其监护人作为法定代理人参加诉讼。成年子女不能提起亲子关系否认之诉，以逃避对父母的赡养义务。即使其法律上的父母并非其生父母，父母子女关系也应予维持。同样，成年子女请求确认亲子关系亦应满足“正当理由”和“必要证据”两项要求。依《家庭编解释一》第39条第2款，成年子女请求确认亲子关系，并提供必要证据予以证明，另一方无相反证据又拒绝做亲子鉴定的，法院可认定确认亲子关系一方的主张成立。

第一千零七十四条 【祖父母、外祖父母的抚养义务和孙子女、外孙子女的赡养义务】

有负担能力的祖父母、外祖父母，对于父母已经死亡或者父母无力抚养的未成年孙子女、外孙子女，有抚养的义务。

有负担能力的孙子女、外孙子女，对于子女已经死亡或者子女无力赡养的祖父母、外祖父母，有赡养的义务。

祖孙之间的扶养具有弥补社会保障之不足、保护弱势家庭成员的功能。本条与本法第 1067 条、第 1075 条共同构成血亲扶养制度。其中，父母对子女的抚养义务、配偶间的扶养义务以及成年子女对父母的赡养义务，处于第一顺位。本条规定的扶养义务与第 1075 条规定兄弟姐妹之间的扶养义务，处于第二顺位。

一、祖父母、外祖父母对孙子女、外孙子女的抚养义务

本条中的祖父母、外祖父母包括自然血亲祖父母、自然血亲外祖父母、养祖父母、养外祖父母，不包括因继父母扶养教育继子女形成的拟制血亲，继子女与继父母的父母为姻亲关系。依本条第 1 款文义，抚养对象仅限于“未成年”孙子女、外孙子女。然本款可类推适用于无独立生活能力的成年孙子女、外孙子女。

祖父母、外祖父母对孙子女、外孙子女的抚养义务须具备以下两个要件：一是祖父母、外祖父母有负担能力；二是孙子女、外孙子女未成年，且父母已经死亡或无力抚养。不同于夫妻、亲子之间的生活保持义务，祖父母、外祖父母与孙子女、外孙子女之间的扶养义务属于生活扶助义务。若祖父母、外祖父母提供抚养会明显降低自己的生活水平，则应认定其欠缺负担能力。“父母已经死亡”包括自然死亡和宣告死亡；“父母无力抚养”是指父母客观上无抚养能力，不包括主观上不抚养的情形。父母主观上不履行抚养义务时，事实上履行了抚养义务的祖父母、外祖父母可依本法第 979 条向父母主张抚养费偿还。

二、孙子女、外孙子女对祖父母、外祖父母的赡养义务

孙子女、外孙子女对祖父母、外祖父母的赡养义务，须具备以下两个要件：一是孙子女、外孙子女有负担能力，二是祖父母、外祖父母的子女已经死亡或无力赡养。对孙子女、外孙子女负担能力的判断，同样

需要遵循生活扶助标准。实践中，“子女已经死亡或者子女无力赡养”是指祖父母、外祖父母的全部子女均死亡或均无赡养能力。然若祖父母、外祖父母在其子女死亡时，已通过继承法规则取得足以确保其生活的财产，那么孙子女、外孙子女不承担赡养费给付义务，但仍应承担其他形态的赡养义务，如身心照料。此外，由于孙子女、外孙子女的赡养义务处于扶养顺位体系中的第二顺位，如果祖父母、外祖父母尚有第一顺位的配偶扶养，亦不能主张孙子女、外孙子女的赡养。

第一千零七十五条 【兄弟姐妹间的扶养义务】有负担能力的兄、姐，对于父母已经死亡或者父母无力抚养的未成年弟、妹，有扶养的义务。

由兄、姐扶养长大的有负担能力的弟、妹，对于缺乏劳动能力又缺乏生活来源的兄、姐，有扶养的义务。

不同于父母子女间的无条件扶养，兄弟姐妹之间的扶养义务是有条件的。后一扶养义务在扶养顺位体系中处于第二顺位，劣后于父母子女之间的扶养、配偶之间扶养，与本法第 1074 条规定的祖孙间扶养处于同一顺位。本条所谓兄弟姐妹，是指具有血亲关系的兄弟姐妹。继兄弟姐妹属于姻亲关系，他们之间本身并无扶养义务，但其自愿通过事实扶养形成的法律关系应受保护。例如，受继兄、姐扶养长大的继弟、妹应参照本条第 2 款规定，承担对继兄、姐的扶养义务。

一、兄、姐对弟、妹的扶养

兄、姐对弟、妹的扶养义务须具备两个要件：一是兄、姐有负担能力，二是未成年弟、妹的父母已经死亡或无力抚养。与祖孙之间的扶养类似，对兄、姐负担能力的判断应采生活扶助标准。此处的“父母已经死亡或者父母无力抚养”应与本法第 1074 条作相同理解。父母死亡是指父母自然死亡或者已经被宣告死亡。如果父母被宣告死亡后又重新出现，兄、姐可依无因管理的规定主张扶养费偿还。

需注意的是，本条所言未成年弟、妹，不包括 16 周岁以上不满 18 周岁，以其劳动收入为主要生活来源，并能维持当地一般生活水平的弟、妹。依《家庭编解释一》第 53 条第 2 款，处于第一顺位的父母在此时即可停止给付抚养费，遑论处于第二顺位的兄、姐。本条可类推适用于无独立生活能力的成年弟、妹。

二、弟、妹对兄、姐的扶养

弟、妹对兄、姐的扶养义务须具备三个要件：一是弟、妹由兄、姐扶养长大，二是弟、妹具有负担能力，三是兄、姐缺乏劳动能力又缺乏生活来源。第一项要件是指兄、姐主要承担了对弟、妹的扶养。如果只是一般性的照顾和关心，在程度上尚不构成扶养长大。对扶养能力的判断同样应采生活扶助标准。在对扶养需求的判断上，本条第 2 款规定了需要同时满足“缺乏劳动能力”和“缺乏生活来源”两项标准，区别于本法第 1067 条第 2 款中成年子女对父母赡养条件中的择一关系。之所以作此严格的限制，乃因弟、妹对兄、姐的血亲扶养处于补充地位。

第四章

离　　婚

第一千零七十六条　【协议离婚的条件】夫妻双方自愿离婚的，应当签订书面离婚协议，并亲自到婚姻登记机构申请离婚登记。

离婚协议应当载明双方自愿离婚的意思表示和对子女抚养、财产以及债务处理等事项协商一致的意见。

协议离婚以双方存在合法有效的婚姻为前提。如果双方结婚登记未在中国内地办理，不能适用协议离婚（**《婚姻登记条例》第 12 条**）。协议离婚的要件可分为实质要件和形式要件。

一、实质要件：夫妻双方达成离婚的合意

协议离婚以双方已形成离婚合意为前提，离婚合意表现为离婚协议。关于离婚合意应如何判断，存在实质意思说和形式意思说两种观点。两种观点之适用场域主要是通谋虚伪的离婚，即如何评价双方虚伪表示背后隐藏的真实意思。司法实践采形式意思说，着重保护稳定的婚姻秩序［**河南驻马店西平法院（2013）西民初字第 690 号民判、北京三中院（2015）三中民终字第 09403 号民判**］。1979 年的《关于陈建英诉张海平"假离婚"案的请示报告的复函》即采纳了形式意思说。即使双方在离婚后仍以夫妻名义共同生活，亦不能被认定为夫妻，而应按照同居关系处理，但双方可能因同居关系形成连带债务［**天津滨海新区法院（2014）滨功民初字第 1012 号民裁、天津二中院（2015）二中保民终字第 176 号民判、天津高院（2016）津民申 526 号民裁**］。《家庭编解释二》第 2 条明确，夫妻登记离婚后，一方以双方意思表示虚假为由请求确认离婚无效的，人民法院不予支持。

离婚合意必须由当事人本人亲自作出，当事人需具备完全民事行为

能力。如果当事人部分或完全丧失民事行为能力，那么其不能实施协议离婚，只能由其法定代理人提起诉讼离婚（**《家庭编解释一》第 62 条**）。离婚合意有别于离婚协议中对子女抚养、财产以及债务处理等事项的约定。离婚协议中的其他内容应采实质意思说，即双方存在通谋虚伪的表示时，应以隐藏的意思为准（**第 146 条第 2 款**）。事实上，除离婚合意外的对子女抚养、财产以及债务处理等事项的约定，可一般性地适用总则编关于意思表示瑕疵的规定。对于财产分割协议，《家庭编解释一》第 70 条有明确规定。夫妻双方协议离婚后就财产分割问题反悔，请求撤销财产分割协议的，人民法院应当受理。法院审理后，未发现订立财产分割协议时存在欺诈、胁迫等情形的，应驳回当事人的诉讼请求。此处的欺诈，是指行为人虚构或故意隐瞒可能会对双方财产分割产生影响的事实，典型形态如隐瞒自己婚内出轨［**北京二中院（2018）京 02 民终 9119 号民判、武汉中院（2019）鄂 01 民终 1532 号民判**］、女方隐瞒所生子女与男方无血缘关系［**重庆高院（2015）渝高法民申字第 01263 号民裁**］、夫妻一方隐瞒夫妻共同财产［**河南许昌中院（2013）许少民终字第 42 号民判**］。除该条明确规定的欺诈、胁迫外，亦可适用第 147 条关于重大误解的规定［**宿迁中院（2019）苏 13 民终 2024 号民判**］。当事人行使撤销权的期间应适用第 152 条和第 199 条的规定。

在夫妻双方通过虚假离婚来恶意逃避债务时，夫妻一方的债权人虽然以恶意串通为由请求确认离婚无效，但可以此为理由确认离婚中的财产分割条款无效。但在实践中，债权人证明恶意串通的难度较大。根据《家庭编解释二》第 3 条，夫妻一方的债权人有证据证明离婚协议中财产分割条款影响其债权实现，请求参照适用民法典第 538 条或者第 539 条规定撤销相关条款的，人民法院应当综合考虑夫妻共同财产整体分割及履行情况、子女抚养费负担、离婚过错等因素，依法予以支持。易言之，即使夫妻双方不存在恶意串通行为或者通谋虚伪行为，夫妻一方的债权人也可以主张撤销，只不过在判断时需要考虑离婚协议的特殊性，不能简单将一方放弃夫妻共同财产份额的约定当然认定为无偿。

如果离婚协议遗漏子女抚养、财产以及债务处理等事项，双方仍可在离婚后协商解决或通过诉讼解决（**《家庭编解释一》第 83 条**），故事项遗漏并不导致离婚要件的欠缺。同样，如果双方在子女抚养、财产以及债务处理上存在一定分歧，但双方同意先行协议离婚，嗣后再解决分歧，则仍然满足协议离婚的要件。

（二）协议离婚的形式要件

协议离婚的形式要件包括两个方面：一是离婚协议应采用书面形式；二是双方应亲自到婚姻登记机构申请离婚登记。就书面形式而言，不限于当事人亲自书写，亦可委托第三人书写或打印；双方应现场在离婚协议上签名（**《婚姻登记规范》第 56 条**）。离婚属于高度人身性行为，双方应亲自到婚姻登记机构进行登记，不得由第三人代理。即使双方达成离婚协议，但未到婚姻登记机构进行登记的，该协议也不生效，当事人可以反悔（**《家庭编解释一》第 69 条**）。完成法定的离婚登记程序时，离婚协议才生效。即使双方提交了离婚申请，但尚处于离婚冷静期未最终完成离婚登记，当事人仍可单方撤回申请，离婚协议不发生效力。

同结婚登记一样，离婚登记同时具有民法和行政法上的意义。在民法上，离婚登记属于离婚的法定形式要件；在行政法上，离婚登记属于行政行为。在发生纠纷时，应依不同情形分别适用民法和行政法上的救济程序。一种典型情形是，第三人冒称夫妻一方与另一方办理了离婚登记。此时，由于夫妻一方并未作出同意离婚的意思表示，法律行为不成立。对于已办理的离婚登记，应通过行政复议或行政诉讼解决。如果他方已和第三人结婚登记，则因存在重婚，应撤销后婚登记［**江苏泰州中院（2013）泰中行终字第 0061 号行判**］。如第三人善意，可依本法第 1054 条主张损害赔偿。然作为行政行为的离婚登记即使存在一定的程序瑕疵，也不能被径行撤销，以免对当事人的民事权益产生重大不利。

第一千零七十七条 【协议离婚冷静期】自婚姻登记机构收到离婚登记申请之日起三十日内，任何一方不愿意离婚的，可以向婚姻登记机构撤回离婚登记申请。

前款规定期限届满后三十日内，双方应当亲自到婚姻登记机构申请发给离婚证；未申请的，视为撤回离婚登记申请。

离婚冷静期之设置，旨在敦促当事人深思熟虑，避免冲动离婚。依本条第 1 款，离婚冷静期为 30 日，从婚姻登记机构收到离婚登记申请之日起算。婚姻登记机构在收到离婚登记申请后，应就此进行审查，不得受理不符合离婚登记申请条件的申请（**《落实〈民法典〉婚姻登记规定通知》**）。因此，离婚冷静期实际起算点为婚姻登记机构收到离婚登记申请，并向当事人发放《离婚登记申请受理回执单》之时。

在离婚冷静期其内，夫妻任何一方可向受理机关撤回其离婚申请，且无须说明理由。撤回将导致已经经过的期间丧失效力；双方如意欲离婚，需再次申请离婚登记。在离婚冷静期内，双方的婚姻关系仍然存续。如果一方在离婚冷静期内死亡，则婚姻关系终止，但双方仍具夫妻身份，可作为继承人参与继承。离婚冷静期是类似于离婚诉讼期间的特殊期间；一方在此期间强行与另一方发生性关系的，可以强奸罪论处。离婚冷静期属于不可变期间，不适用诉讼时效中止、中断或延长的规定。

离婚冷静期届满后30日内，双方应共同到婚姻登记机构签署《离婚登记声明书》，申请发给离婚证。该期间属于可变期间。如一方在该期间内不愿离婚，那么在30日期间经过后，届满的离婚冷静期失效。双方须再次提起离婚登记申请或提起诉讼离婚。

婚姻登记机构依《婚姻登记规范》和《落实〈民法典〉婚姻登记规定通知》，进行形式审查。离婚申请符合条件的，登记机构应进行离婚登记，并发给离婚证。双方婚姻关系从完成离婚登记时解除。

无论离婚登记申请、离婚登记申请撤回，还是离婚证申请，都属于具有高度人身性的行为，不得由他人代理。在此过程中，其中一方丧失行为能力的，协议离婚程序终止。

第一千零七十八条 【协议离婚的审查】婚姻登记机构查明双方确实是自愿离婚，并已经对子女抚养、财产以及债务处理等事项协商一致的，予以登记，发给离婚证。

本条规定了婚姻登记机构应查明双方是否符合离婚的条件，并规定了其审查的两项内容：一为当事人是否存在离婚合意，二为当事人对子女抚养、财产以及债务处理等事项是否形成合意。如前所述，即使当事人在离婚协议中对子女抚养、财产以及债务处理等事项存在遗漏或者协商嗣后处理，亦不影响协议离婚的效力。根据《婚姻登记条例》、《婚姻登记规范》以及《落实〈民法典〉婚姻登记规定通知》的相关规定，婚姻登记机构应审查的事项包括双方当事人的身份、证明婚姻关系的材料（如结婚证、结婚登记档案复印件）、婚姻登记机构是否具有管辖权、双方是否具有民事行为能力、是否形成包含离婚合意以及子女抚养、财产以及债务处理等事项协商一致意见的离婚协议书。然而，由于婚姻登记机构并非司法机关，对于当事人是否具有民事行为能力等事项并无实质审查能力，故其审查标准为形式审查。例如，如果婚姻登记机构违反了《婚姻登记条例》第 13 条以及《婚姻登记规范》第 56 条、第 59 条规定的询问程序，则婚姻登记程序存在瑕疵［**河南南阳中院（2012）南行终字第 119 号行判**］。询问程序是在形式上确定当事人是否具备民事行为能力的重要步骤。

然离婚登记程序即使存在瑕疵，法院确认离婚登记违法，也不应径直撤销登记。在离婚登记实质要件具备时，仅因登记程序存在一定瑕疵就直接撤销离婚登记，可能影响第三人（尤其是后婚配偶）的利益。此时应考虑适用《行诉法》第 74 条的规定，认定离婚登记轻微违法，对原告权利不产生实际影响。如果离婚登记实质要件不具备，如一方被第三人冒名协议离婚或在只有一方出席时办理离婚登记［**西城法院（2017）京 0102 行初 462 号行判、北京东城法院（2014）东行初字第 708 号行判、河南周口中院（2009）周行终字第 78 号行判**］，那么原告的权利会受影响。于此，即使存在善意的后婚配偶，对离婚登记仍应予以撤销。以实践中较为典型的民事行为能力欠缺为例，即使婚姻登记机构的形式审查不存在问题，但因不符合离婚的实质要件，欠缺有效的离婚合意，对离婚登记仍应予以撤销［**江西上饶中院（2010）饶中行终字第 29 号行判、宿迁中院（2016）苏 13 行终 49 号行判、重庆永川法院（2014）永法行初字第 00073 号行判**］。如存在后婚且后婚配偶善意，其可依第 1054 条请求损害赔偿。

第一千零七十九条 【诉讼离婚】夫妻一方要求离婚的，可以由有关组织进行调解或者直接向人民法院提起离婚诉讼。

人民法院审理离婚案件，应当进行调解；如果感情确已破裂，调解无效的，应当准予离婚。

有下列情形之一，调解无效的，应当准予离婚：

（一）重婚或者与他人同居；

（二）实施家庭暴力或者虐待、遗弃家庭成员；

（三）有赌博、吸毒等恶习屡教不改；

（四）因感情不和分居满二年；

（五）其他导致夫妻感情破裂的情形。

一方被宣告失踪，另一方提起离婚诉讼的，应当准予离婚。

经人民法院判决不准离婚后，双方又分居满一年，一方再次提起离婚诉讼的，应当准予离婚。

夫妻双方不能形成离婚合意，并就子女抚养、财产以及债务处理等事项协商一致的，可以提起诉讼离婚。夫妻一方即便欠缺民事行为能力，无作出离婚意思表示的能力，仍可为维护自身利益提起诉讼离婚。

（一）离婚调解

本条第 1 款规定的诉讼外调解并非法定的离婚程序，当事人不能通过诉讼外调解解除婚姻关系。当事人在诉讼外调解中形成的维持婚姻的和解协议，对双方皆无法律约束力，当事人仍可起诉离婚。诉讼外调解可由调解委员会、村委会、居委会、妇女联合会等组织主持。诉讼外调解既非启动离婚诉讼的必经程序，则夫妻一方可直接向法院提起离婚诉讼。

不同于诉讼外离婚调解，本条第 2 款规定的诉讼中离婚调解，是离婚诉讼必经的法定程序。《民诉法解释》第 145 条第 2 款亦规定，法院在审理离婚案件时应当进行调解，但不应久调不决。又依该解释第 147 条第 2 款，离婚案件当事人确因特殊情况无法参加调解的，除本人不能表达意志的以外，应出具书面意见。法院的调解结果包含两种：一是双方经过调解和好，此时法院可以不制作调解书（**《民诉法》第 101 条**）；二是双方经过调解形成离婚合意，并就子女抚养、财产分割和债务承担等事项形成一致意见，此时应制作离婚调解书。与其他民事调解书一样，如一方不履行离婚调解书确定的财产给付义务，另一方可申请法院强制执行。

（二）判决离婚的标准

调解无效的，法院应依本条规定的判决离婚标准，就双方是否离婚作出判决。本条第 3～5 款分别规定了应当判决离婚的三种情况。依其文义，我国采绝对主义，即存在所列三种情形的，法院应判决离婚，其无自由酌定之余地。法院不得以提起离婚诉讼的当事人是过错方为由，判决不准离婚（《家庭编解释一》第63条）。判决离婚的标准采感情破裂主义。不过，由于感情破裂系当事人心理状态，往往难以查知，仍需通过外在行为或事实状态予以确证。

本条第3款以列举加兜底的方式，规定了感情破裂的标准。该款所列四种情形属于具体离婚原因。前三项属于有责主义下的过错离婚原因。在这三项情形中，法院无须进一步查明双方感情是否破裂，就能不可反驳地推定双方感情已经破裂。法院在此并无自由裁量权。具体而言：（1）就重婚或与他人同居属于严重违背婚姻忠实义务的行为而言，与他人同居是指长期与其他异性共同生活，而是否以夫妻名义，并非所问。仅与其他异性发生性关系，而未共同生活，不构成同居，但可根据情况认定为其他导致夫妻感情破裂的情形。例如，妻子与第三人发生性关系，并欺诈丈夫导致对子女的错误抚养。（2）实施家庭暴力或虐待、遗弃家庭成员，属于严重侵害家庭成员人身权益的行为。此等行为之对象不限于配偶，亦包括本法第1045条第3款规定的配偶的家庭成员。（3）赌博、吸毒等恶习会严重影响婚姻家庭义务的履行，亦属法定过错情形，但非本法第1091条规定的重大过错。除过错行为本身外，恶习需同时满足屡教不改要件。本项并非封闭规定，还包括其他与赌博、吸毒过错相当的情形，如卖淫、嫖娼。

因感情不和分居满2年，是感情破裂的典型情形。分居是指双方当事人客观上未共同生活。因一方就医、工作等非感情不和事由分居，并不构成离婚的法定理由。质言之，作为离婚具体理由的分居需要同时满足心素和体素两项要件。

其他导致夫妻感情破裂的情形系抽象离婚原因，法院就此具有相当程度的裁量权。《家庭编解释一》第23条规定，夫妻双方因是否生育发生纠纷属于这一典型情形。法院应综合考量双方的婚姻基础、婚后感情、离婚原因、夫妻关系的现状、有无和好可能等方面，确定所处理的具体案件是否属于感情破裂的情形。就此而言，核心标准是双方感情已无可挽回地破裂。

本条第4款将一方被宣告失踪作为离婚的法定理由。与宣告死亡不同，宣告失踪并不导致婚姻关系消灭。然因被宣告失踪人长期未与配偶联络，夫妻关系名存实亡。若配偶诉请离婚，表明其已无维持婚姻的意愿。至于宣告失踪是否由配偶申请，在所不问。又依《民诉法解释》第217条，“夫妻一方下落不明，另一方诉至人民法院，只要求离婚，不申请宣告下落不明人失踪或者死亡的案件，人民法院应当受理，对下落不明人公告送达诉讼文书”。此时，法院仍应查明双方感情是否破裂，或者是否已满足宣告失踪的实质条件。

本条第 5 款规定了双方关系破裂的另一种典型情形，即法院判决不准离婚后，双方又分居满 1 年。适用本款规定需满足前后两次离婚诉讼均由同一方提起的条件。如果非由同一方提起，法院仍应查明双方感情是否已经破裂。

第一千零八十条 【婚姻关系解除时间】完成离婚登记，或者离婚判决书、调解书生效，即解除婚姻关系。

因离婚的方式不同，婚姻关系的解除时间存在一定差异。若双方协议解除婚姻关系，则以完成离婚登记时间为婚姻关系消灭的时间。离婚登记与发给离婚证之间可能会存在时间差，后者的发生时间并非婚姻关系消灭的时点。如果离婚证的记载时间与婚姻登记系统不一致，则以后者为准。

如果双方通过诉讼离婚解除婚姻关系，则婚姻关系消灭的时间为离婚判决书、调解书生效时，而非法律文书作出时。调解书和二审判决书从双方当事人签收之日起生效。对于宣告离婚判决，法院须告知当事人在判决生效前不得另行结婚（《民诉法》第 151 条第 4 款）。当事人对于解除婚姻关系的生效判决与调解书，不得申请再审（《民诉法》第 213 条）。即使法院对其中涉及的子女扶养、财产分割或债务承担等事项进行再审，亦不影响既已发生的婚姻关系解除之效果。

第一千零八十一条 【军婚的保护】现役军人的配偶要求离婚，应当征得军人同意，但是军人一方有重大过错的除外。

本条适用的情形是非军人方配偶向军人方配偶提起离婚，保护的是后者的利益。本条仅保护现役军人，不保护预备役人员和退役人员。如果夫妻双方均为现役军人，不适用本条规定。同样，如果是现役军人一方向非现役军人一方提起离婚，也不适用本条。现役军人的判断时点是提起离婚之时。然若在离婚程序中，军人方丧失现役军人身份，同样不适用本条规定。

军人方同意离婚的，经军队政治机关审查同意，双方可办理协议离婚或在就子女抚养、财产分割或者债务承担等存在分歧时，提起诉讼离婚。军人一方不同意离婚的，军队政治部门和法院应审查其是否存在本条规定的重大过错。依《家庭编解释一》第 64 条，本条中的“重大过错”，可依本法第 1079 条第 3 款前 3 项规定及军人有其他重大过错导致夫妻感情破裂的情形予以判断。其他重大过错的确定，在程度上需与本法前述 3 项的规定相当。

第一千零八十二条 【对男方离婚诉权的限制】女方在怀孕期间、分娩后一年内或者终止妊娠后六个月内，男方不得提出离婚；但是，女方提出离婚或者人民法院认为确有必要受理男方离婚请求的除外。

女方在怀孕期间、分娩后 1 年内或者终止妊娠后 6 个月内，身心往往处于虚弱状态。本条旨在通过限制男方提出离婚，保护处于前列特殊期间中的女方。怀孕期间是指从女方受孕到分娩或者终止妊娠的期间。受孕、分娩、终止妊娠均包含自然和人工两种形态。在这些法定期间内，男方提出离婚的，法院应驳回起诉。然若女方同意离婚或女方主动提出离婚，则不受本条限制。除此之外，法院亦可在女方存在严重过错时，支持男方的离婚诉请。典型的过错形态如女方怀孕系其违反忠实义务，与第三人发生性关系所致［**滨州中院（2016）鲁 16 民终 1383 号民判、株洲中院（2019）湘 02 民终 238 号民裁**］，女方存在严重侵害婴儿利益的行为（如虐待、遗弃、杀害）。于此，重大过错的判断应严于本法第 1079 条第 3 款列举的情形。

第一千零八十三条 【复婚登记】离婚后，男女双方自愿恢复婚姻关系的，应当到婚姻登记机构重新进行结婚登记。

复婚是指离婚后的双方再次结婚。即使夫妻双方离婚后未分割夫妻共同财产，以夫妻名义共同生活，甚至因混合等事由取得共有财产，负担连带债务［**黄石西塞山法院（2018）鄂 0203 民初 252 号民判、厦门集美法院（2018）闽 0211 民初 3635 号民判**］，也无法形成法律上的婚姻关系。双方如欲复婚，必须满足本法本编第二章规定的结婚实质条件和形式条件。双方婚姻关系从再次完成结婚登记时起算，不溯及至离婚时。离婚时的财产分割协议对双方仍有法律约束力，双方由此取得的财产为个人财产［**陕西汉中中院（2009）汉中民终字第 256 号民判**］。

第一千零八十四条 【离婚后的父母子女关系】父母与子女间的关系，不因父母离婚而消除。离婚后，子女无论由父或者母直接抚养，仍是父母双方的子女。

离婚后，父母对于子女仍有抚养、教育、保护的权利和义务。

离婚后，不满两周岁的子女，以由母亲直接抚养为原则。已满两周岁的子女，父母双方对抚养问题协议不成的，由人民法院根据双方的具体情况，按照最有利于未成年子女的原则判决。子女已满八周岁的，应当尊重其真实意愿。

父母子女关系不因父母婚姻关系的消灭而消灭。即使父亲身份源于婚生推定，也不受离婚的影响。父亲与子女之亲子关系的否认，需依本法第 1073 条另行提起诉讼。父母的婚姻状态仅影响行使对子女权利、承担对子女义务的具体形式。父母双方在离婚协议中约定断绝亲子关系的，该约定无效［**河北沧州新华法院（2015）新民初字第 1037 号民判**］。父母双方可约定由一方承担全部抚养费用，但此约定不得损害未成年子女的利益；必要时，未成年子女仍可要求另一方承担抚养费用。

夫妻离婚后，虽然本法第 1058 条无法继续适用，但他们并不因此丧失父母身份，对子女的抚养、教育和保护的权利与义务并不因此消灭。在权利和义务的具体行使与承担上，由于离婚后父母通常不共同生活，无法直接共同行使权利、承担义务，往往需要由父母之一方直接行使权利、承担义务，另一方间接行使权利、承担义务。在涉及子女抚养、教育、保护的重大事项上，父母双方仍应协商讨论，共同决定。

直接抚养权原则上归属于父母之一方，例外情况下由父母双方轮流享有。由于未成年子女需要相对稳定的学习和生活环境，轮流直接抚养可能不利于其成长，故轮流直接抚养需以有利于保护子女利益为前提（《家庭编解释一》第48条）。对于直接抚养权归属的确定，最重要的原则是未成年子女利益原则。无论是双方协议确定，还是在存在争议时由法院确定抑或嗣后变更，均应遵守该原则。子女未满8周岁的，利益评估主要基于客观评估，考量父母双方的抚养能力。抚养能力的判断涉及多个方面，如经济能力，教育能力，可提供的生活和教育环境，是否存在违法犯罪史，是否存在虐待、遗弃或者家庭暴力情况。在必要时，可引进家事调查员［《关于进一步深化家事审判方式和工作机制改革的意见》（试行)］。子女年满8周岁但未成年的，应采用主客观相结合的判断方法，尊重其真实意愿。

对于未满2周岁的未成年子女，考虑到其需要母亲的哺乳和直接照顾，应推定母亲直接抚养对其有利，但存在一些例外情形（《家庭编解释一》第44条）。例如，母亲患有久治不愈的传染性疾病或其他严重疾病，不宜与子女共同生活。又如，母亲有抚养条件不尽抚养义务，而父亲要求子女随其生活。当然，父母双方协议不满2周岁的子女由父亲直接抚养，且对子女健康成长无不利影响的，亦应准许（《家庭编解释一》第45条）。

对于年满2周岁的未成年子女，首先应由父母双方协商确定直接抚养人，但协商结果对未成年子女明显不利的，不应认可其效力。如果父母双方无法协商一致，均要求直接抚养，应由法院结合具体情况，按照有利于未成年子女利益的原则判决。《家庭编解释一》第46、47条列举了一些应予考量的因素：一方已做绝育手术或因其他原因丧失生育能力；子女随其生活时间较长，改变生活环境对子女健康成长明显不利；一方无其他子女，而另一方有其他子女；子女随其中一方生活，对子女成长有利，而另一方患有久治不愈的传染性疾病或者其他严重疾病，或者有其他不利于子女身心健康的情形，不宜与子女共同生活；父母抚养子女的条件基本相同，双方均要求直接抚养子女，但子女单独随祖父母或者外祖父母共同生活多年，且祖父母或者外祖父母要求并且有能力帮助子女照顾孙子女或者外孙子女的，可以作为父或者母直接抚养子女的优先条件。值得注意的是，上述考量因素并非绝对，仍应首先考虑未成年子女的利益。

《家庭编解释二》第 14 条进一步规定，离婚诉讼中，父母均要求直接抚养已满 2 周岁的未成年子女，一方有下列情形之一的，人民法院应当按照最有利于未成年子女的原则，优先考虑由另一方直接抚养：实施家庭暴力或者虐待、遗弃家庭成员；有赌博、吸毒等恶习；重婚、与他人同居或者其他严重违反夫妻忠实义务情形；抢夺、藏匿未成年子女且另一方不存在本条第 1 项或者第 2 项等严重侵害未成年子女合法权益情形；其他不利于未成年子女身心健康的情形。

作为一种特殊情形，在离婚诉讼期间，双方均拒绝抚养子女的，法院可暂时裁定由其中一方直接抚养（**《家庭编解释一》第 61 条**）。就和继子女存在抚养教育关系的继父母而言，由于其并无法定的抚养义务，在其不愿意抚养时，应由继子女的生父母抚养（**《家庭编解释一》第 54 条**）。但是，如果继父母愿意继续抚养，法院可判决由其直接抚养继子女［**西安临潼法院（2018）陕 0115 民初 1129 号民判**］。

另外一种特殊情形是，夫妻分居期间，一方或者其近亲属等抢夺、藏匿未成年子女，致使另一方无法履行监护职责，另一方请求行为人承担民事责任的，人民法院可以参照适用本条规定，暂时确定未成年子女的抚养事宜，并明确暂时直接抚养未成年子女一方有协助另一方履行监护职责的义务（**《家庭编解释二》第 13 条**）。

在双方协议或法院判决确定子女直接抚养方后，父母仍然有权要求变更子女直接抚养关系（**《家庭编解释一》第 55 条**）。为确保子女成长环境的稳定性，原则上不应进行变更，除非存在特殊理由。例如，与子女共同生活的一方因患严重疾病或者因伤残无力继续抚养子女；与子女共同生活的一方不尽抚养义务或有虐待子女行为，或者其与子女共同生活对子女身心健康确有不利影响；已满 8 周岁的子女，愿随另一方生活，该方又有抚养能力。此外，双方亦可协议变更子女抚养关系（**《家庭编解释一》第 57 条**）。

直接抚养关系确定后，非直接抚养方应协助直接抚养方行使权利、承担义务。如非直接抚养方拒绝交出未成年子女，直接抚养方可申请强制执行，但应尽可能调解。于此，法院可依《民诉法》第 114 条的规定采取强制措施。因此给直接抚养方造成财产损失的，非直接抚养方应予赔偿。如果非直接抚养方父母或者其近亲属等抢夺、藏匿未成年子女，直接抚养方父母有权向人民法院申请人身安全保护令或者参照适用民法典第 997 条规定申请人格权侵害禁令。抢夺、藏匿未成年子女一方以直接抚养方父母存在赌博、吸毒、家庭暴力等严重侵害未成年子女合法权益情形，主张其抢夺、藏匿行为有合理事由的，人民法院应当告知其依法通过撤销监护人资格、中止探望或者变更抚养关系等途径解决（《家庭编解释二》第12条）。

第一千零八十五条 【离婚后子女抚养费的负担】离婚后，子女由一方直接抚养的，另一方应当负担部分或者全部抚养费。负担费用的多少和期限的长短，由双方协议；协议不成的，由人民法院判决。

前款规定的协议或者判决，不妨碍子女在必要时向父母任何一方提出超过协议或者判决原定数额的合理要求。

父母离婚后，对子女仍有抚养义务。此义务的履行因直接抚养和间接抚养之区分，而有所差异。直接抚养子女的一方往往需要具体照顾子女的身心，而非直接抚养方履行抚养义务的主要形态是给付抚养费。抚养费给付义务不仅可能发生在离婚后，也可能发生在婚姻关系存续期间（《家庭编解释一》第43条）。在此之外，非直接抚养方自应充分关心子女的成长。

抚养费泛指与抚养子女相关的费用，典型者如子女生活费、教育费、医疗费（《家庭编解释一》第42条）。抚养费的具体数额可以由双方在离婚协议中确定，也可以离婚后协商确定。有关子女扶养费的协议，尤其是仅由其中一方承担抚养费的约定，不能明显损害未成年子女的利益（《家庭编解释一》第52条）。如果双方约定了违约金条款，实践就该条款之效力存在一定分歧。持支持意见的法院认为，违约金条款属于双方真实意思表示，且违约方可以预见［重庆一中院（2017）渝01民终1500号民判、江苏扬州中院（2015）扬民终字第1353号民判］。持反对意见的法院认为，抚养费的给付并非基于合同，而是基于父母的法定义务，且该法定义务的履行仅受法律约束，故不宜承认违约金条款，更不能让抚养人据此从子女的抚养费中获利［"博小某诉博某抚养费纠纷案"，《婚姻家庭案件审判指导》，法律出版社2016年版，第375页］。本法颁布后，对此种协议的法律适用已经有了更为明确的指引。依本法第464条，婚姻、收养、监护等有关身份关系的协议，适用有关该身份关系的法律规定；没有规定的，可根据其性质参照适用本法合同编规定。抚养费给付约定属于身份财产性约定，其相对于纯粹身份关系的约定，更趋近于财产法，原则上应参照适用合同编关于违约金的规定，支持当事人的违约金之请求。即使双方未约定违约金，亦应参照适用违约责任的其他规定。例如，直接抚养方父母可据此主张逾期给付利息损失。但子女扶养费给付的约定并非第三人利益协议，不能参照适用本法第522条的规定。在非直接抚养方违反抚养费给付义务时，其并非向直接抚养方承担违约责任，而是向子女承担违约责任［**东莞中院（2016）粤19民终3441号民判、佛山中院（2016）粤06民终2282号民判**］。父母双方关于子女抚养费给付的约定，实为直接抚养方作为子女的法定代理人与非直接抚养方达成的约定。《家庭编解释二》第17条第1款规定，离婚后，不直接抚养子女一方未按照离婚协议约定或者以其他方式作出的承诺给付抚养费，未成年子女或者不能独立生活的成年子女请求其支付欠付的抚养费的，人民法院应予支持。

如果子女已经成年并能够独立生活，直接抚养子女一方有权请求另一方支付欠付的费用（**《家庭编解释二》第17条第2款**），其实质依据在于前者代后者给付，抚养债权在子女成年并能独立生活后已转给前者。

如双方无法达成协议，应根据生活保持标准确定抚养费。具体而言，可根据子女的实际需要、父母双方的负担能力和当地的实际生活水平确定。非直接抚养方有固定收入的，抚养费一般可按其月总收入的20%～30%的比例给付。负担两个以上子女抚养费的，比例可以适当提高，但一般不得超过月总收入的50%。无固定收入的，抚养费的数额可以依据当年总收入或者同行业平均收入，参照上述比例确定（**《家庭编解释一》第49条**）。有特殊情况的，可以适当提高或者降低上述比例。抚养费的给付可采现金方式，在特定情况下也可用财物折抵（**《家庭编解释一》第51条**）。给付方式可以是一次性给付，也可以是定期给付（**《家庭编解释一》第50条**）。抚养费应给付至子女成年。作为特例，16周岁以上不满18周岁，以其劳动收入为主要生活来源，并能维持当地一般生活水平的，父母可以停止给付抚养费（**《家庭编解释一》第53条**）。当然，对于不能独立生活的成年子女，父母仍有义务给付抚养费（**第1067条**）。

在特定情况下，当事人可要求增加或减少已经确立的抚养费。其中，要求增加抚养费的典型正当理由包括：直接抚养子女一方经济状况发生变化导致原生活水平显著降低或者子女生活、教育、医疗等必要合理费用确有显著增加。此时，法院需要综合考虑离婚协议整体约定、子女实际需要、另一方的负担能力、当地生活水平等因素，确定抚养费的数额（**《家庭编解释二》第16条**）。同样，如果父母一方自身的抚养能力明显下降，其可以请求适当降低抚养费。

第一千零八十六条 【父母的探望权】离婚后，不直接抚养子女的父或者母，有探望子女的权利，另一方有协助的义务。

行使探望权利的方式、时间由当事人协议；协议不成的，由人民法院判决。

父或者母探望子女，不利于子女身心健康的，由人民法院依法中止探望；中止的事由消失后，应当恢复探望。

父母与未成年子女保持接触和交往，有利于未成年人的成长。父母约定排除另一方的探望权的，该约定无效。父母当然享有对未成年子女的探望权，而其他亲属则仅在有限情形下享有探望权，且须证明这种探望有利于未成年人的成长［**江苏无锡中院（2015）锡民终字第01904号民判**］。当然，从子女的角度来看，父母亦有主动与子女保持联系和交往，关心其成长的义务。父母的探望权是父母子女关系的重要组成内容，不限于夫妻双方离婚情形。即使父母存在婚姻关系，在分居状态下未与未成年人共同生活的父母，同样享有探望子女的权利。是否享有探望权的关键是父母是否与子女共同生活。在绝大多数情况下，子女在父母离婚后只由其中一方直接抚养，随其共同生活，另一方只能通过行使探望权与子女保持联系和接触。即使当事人未在离婚协议中约定，或者法院在离婚判决、调解书中未明确间接抚养方的探望权，它也客观存在。间接抚养方父母，有权就探望权问题单独提起诉讼（**《家庭编解释一》第65条**）。探望权诉讼不受一事不再理规则的约束，即使存在生效裁判文书，当事人亦可再次提起诉讼。

探望权的核心是父母与子女保持交流，其内容不限于父母与子女直接会面，亦包括其他形式的有限时间接触，如电话、书信、电子邮件、即时通信软件等。探望权的具体行使方式和频率应先由父母双方协商，并在协商不成时，由人民法院判决确定。法院判决确定探望权的行使方式和频率，应首先考虑未成年人的具体情况，尤其是其生活学习环境。

例如，未直接抚养子女的一方父母通常不能主张在未成年人上学期间进行探望。在未成年子女年满8周岁以后，还应听取子女本人的意见。此外，法院还应考虑父母双方的具体情况，尽量减少探望给双方带来的不便。直接抚养子女的一方父母有义务按照双方的约定或者法院的判决书、调解书履行其协助义务。对于拒不协助另一方行使探望权的父母，可由法院依法采取拘留、罚款等强制措施，但不能对子女的人身、探望行为进行强制执行（**《家庭编解释一》第68条**）。如果由此给另一方造成财产损失（如未在合理期间内提前通知对方无法探望，导致对方支付的交通费用），直接抚养方应当承担赔偿责任。如果父母双方在离婚协议或单独协议中约定了不履行协助义务的违约责任，司法实践就该约定之效力存在意见分歧。持反对意见者认为，关于探望权行使的约定不属于合同关系，不应适用违约责任［**广州中院（2020）粤01民终6214号民判、延庆法院（2016）京0119民初641号民判**］。亦有法院认为，违约责任的约定因违背探望权的法律规定而无效［**青岛李沧法院（2018）鲁0213民初2295号民判**］。依第464条第2款，此种协议可以根据其性质参照适用合同编的规定。不能仅因其为身份关系协议就当然排除违约责任规定的适用。虽然当事人可以请求法院调整探望权的约定，但并不能据此否认此种约定的效力以及背后值得保护的预期和信赖。要求直接抚养方履行的协助义务，并不等同于对子女人身的直接强制。是故，原则上应承认此种违约责任约定的效力。对违约损害的判断应以实际财产损失为基准。例如，约定的违约金过高的，可申请法院予以调整。

在探望与子女的利益明显相悖时，未成年子女、直接抚养子女的父或母以及其他对未成年子女负担抚养、教育、保护义务的法定监护人，有权向法院提出中止探望的请求（**《家庭编解释一》第67条**）。法院在决定中止探望时，需遵循比例原则。除非存在急迫情势，否则应首先考虑限制探望次数和时间，或者限制直接探望，转为第三人在场陪同探望或非会面式联络。中止事由消失后，法院可依当事人的申请恢复探望。

第一千零八十七条 【离婚后夫妻共同财产的分割】离婚时，夫妻的共同财产由双方协议处理；协议不成的，由人民法院根据财产的具体情况，按照照顾子女、女方和无过错方权益的原则判决。

对夫或者妻在家庭土地承包经营中享有的权益等，应当依法予以保护。

在法定的婚后所得共同制下，夫妻双方对个别财产会形成共同共有或准共同共有。离婚导致共有基础消灭，属于共同共有人可主张分割的事由（第 303 条）。除本编存在特殊规定外，共同共有物的分割应依财产的性质适用或类推适用物权编的相关规定。与其他情形下的共同共有物分割一样，离婚情形下的共同财产分割，应首先尊重当事人的意思自治。当事人可在离婚协议中约定分割，也可以嗣后达成分割协议。当事人在离婚协议中的分割约定对于双方具有约束力，仅在存有法定的可撤销情形时，一方才能主张撤销（《家庭编解释一》第 69、70 条）。在一方不履行分割协议时，另一方可以请求强制履行，并请求前者承担其他违约责任。

如果夫妻双方在离婚协议中将部分或者全部夫妻共同财产给予子女，该约定属于为第三人利益约定，离婚后，给予方在财产权利转移之前不享有任意撤销权。给予方不履行该约定义务的，另一方有权请求其承担继续履行或者因无法履行而赔偿损失等民事责任。如果双方在离婚协议中明确约定子女可以就约定中的相关财产直接主张权利，给予方不履行离婚协议约定的义务，子女有权请求参照适用民法典第 522 条第 2 款规定，由该方承担继续履行或者因无法履行而赔偿损失等民事责任。离婚后，给予方有证据证明签订离婚协议时存在欺诈、胁迫等情形，有权请求撤销该约定。如果当事人同时请求分割该部分夫妻共同财产的，应依照本条规定处理（《家庭编解释二》第 20 条）。

在双方无法就共同财产分割达成协议时，除须考虑财产的具体性质外，还应适用本法确定的特殊分割规则，即照顾子女、女方和无过错方权益。是否照顾以及如何照顾，应结合具体案情确定，但分割不能超过合理比例。“照顾”不一定体现在财产分割的份额上，亦包括分割的形式。例如，考虑到女方无其他住房，而男方尚有其他住房的情况，将共同共有的房屋判归女方。“照顾”的确定需要从体系上综合考量本条规范与本法离婚经济补偿规范（第 1088 条）、离婚经济帮助规范（第 1090 条）、离婚损害赔偿规范（第 1091 条）以及特殊过错少分财产规范（第 1092 条）之间的关系，避免双重评价或者多重获益。

《家庭编解释一》第71～78条细致规定了实践中常见的特殊类型财产的分割。就发放到军人名下的复员费、自主择业费等一次性费用的分割而言，应以夫妻婚姻关系存续年限乘以年平均值，所得数额为夫妻共同财产。年平均值是指将发放到军人名下的上述费用总额按具体年限均分得出的数额，而具体年限为人均寿命70岁与军人入伍时实际年龄的差额。

就共同财产中的股票、债券、投资基金份额等有价证券以及未上市股份有限公司股份的分割而言，在协商不成或按市价分配有困难的，可根据数量按比例分配。就夫妻共同财产中以一方名义在有限责任公司的出资额分割而言，如果另一方不是该公司股东的，应根据不同情形分别处理：夫妻双方协商一致将出资额部分或者全部转让给该股东的配偶，其他股东过半数同意，并且其他股东均明确表示放弃优先购买权的，该股东的配偶可以成为该公司股东；夫妻双方就出资额转让份额和转让价格等事项协商一致后，其他股东半数以上不同意转让，但愿意以同等条件购买该出资额的，可以对转让出资所得财产进行分割。其他股东半数以上不同意转让，也不愿意以同等条件购买该出资额的，视为其同意转让，该股东的配偶可以成为该公司股东。

就夫妻共同财产中以一方名义在合伙企业中的出资的分割而言，另一方不是该企业合伙人的，当夫妻双方协商一致，将其合伙企业中的财产份额全部或部分转让给对方时，应按不同情形分别处理：其他合伙人一致同意的，该配偶依法取得合伙人地位；其他合伙人不同意转让，在同等条件下行使优先购买权的，可以对转让所得的财产进行分割；其他合伙人不同意转让，也不行使优先购买权，但同意该合伙人退伙或削减部分财产份额的，可分割结算后的财产；其他合伙人既不同意转让，也不行使优先购买权，又不同意该合伙人退伙或削减部分财产份额的，视为全体合伙人同意转让，该配偶依法取得合伙人地位。

就夫妻以个人名义设立的个人独资企业中的共同财产的分割而言，应根据不同情形分别处理：一方主张经营该企业的，对企业资产进行评估后，由取得企业资产所有权一方给予另一方相应的补偿；双方均主张经营该企业的，在双方竞价基础上，由取得企业资产所有权的一方给予另一方相应的补偿；双方均不愿意经营该企业的，按照《独资企业法》等有关规定办理。

就共同共有的房屋的分割而言，在双方对房屋价值及归属无法达成协议时，应按照不同情形予以处理：双方通过竞价取得房屋所有权；一方主张房屋所有权的，由评估机构按市场价格对房屋作出评估，取得房屋所有权的一方应当给予另一方相应的补偿；双方均不主张房屋所有权的，根据当事人的申请拍卖、变卖房屋，就所得价款进行分割。如果离婚时双方对尚未取得所有权或尚未取得完全所有权的房屋有争议且协商不成，法院不宜判决房屋所有权的归属，应根据实际情况判决由当事人使用。在取得房屋取得完全所有权后，有争议的，可另行向法院提起诉讼。在夫妻一方婚前签订不动产买卖合同，以个人财产支付首付款并在银行贷款，婚后用夫妻共同财产还贷，不动产登记于首付款支付方名下时，离婚时该不动产由双方协议处理。不能达成协议的，法院可判决该不动产归登记一方，尚未归还的贷款为不动产登记一方的个人债务。双方婚后共同还贷支付的款项及其相对应财产增值部分，离婚时应依本条第 1 款的规定，由不动产登记一方对另一方进行补偿。

本条第 3 款系引用性法条，主要就夫或妻离婚后土地承包经营权益的保护指向对《农地承包法》的适用。夫妻离婚并不导致其土地承包经营权消灭。《农地承包法》第 16 条第 2 款规定，农户内的家庭成员依法平等享有承包土地的各项权益。又依该法第 31 条，妇女离婚或丧偶，仍在原居住地生活或不在原居住地生活但在新居住地未取得承包地的，发包方不得收回其原承包地。即使离婚后分户，亦应保障其相应的承包权益。

第一千零八十八条 【离婚经济补偿】夫妻一方因抚育子女、照料老年人、协助另一方工作等负担较多义务的，离婚时有权向另一方请求补偿，另一方应当给予补偿。具体办法由双方协议；协议不成的，由人民法院判决。

无论夫妻双方实行何种财产制，本条均有适用空间。本条适用情形是，夫妻一方主要负责抚育子女、照料老年人等家务或者实施了超越婚姻义务的工作协助。在婚后所得共同制或者一般共同制下，本条规定之补偿的合理性在于：夫妻一方因承担家务或协助他方工作，致其自身发展机会丧失；通过共同财产的分割，也只能以一定财产补偿其婚内的劳务支出，无法弥补其机会丧失。最为典型的情形是，夫妻一方因全职承担家务，逐渐丧失外出就业能力，离婚后在就业市场处于不利地位。不过，倘若其在配偶开办的企业工作，领取相应的劳动报酬，不应适用本条规定。

补偿应在离婚时一并提出，不能嗣后再行主张。双方可以协商确定补偿数额，其就离婚经济补偿达成的约定对双方具有约束力。在不能达成协议时，法院应结合具体情形进行判断。其考量因素包括但不限于：负担相应义务投入的时间、精力和对双方的影响以及给付方负担能力、当地居民人均可支配收入（**《家庭编解释二》第21条**）。

第一千零八十九条　【离婚时夫妻共同债务的清偿规则】离婚时，夫妻共同债务应当共同偿还。共同财产不足清偿或者财产归各自所有的，由双方协议清偿；协议不成的，由人民法院判决。

夫妻共同债务在性质上为连带债务，除本编有特别规定外，应适用合同编关于连带债务清偿的规定。夫妻共同债务的清偿不仅发生在离婚时，也可能发生在婚姻关系存续期间或婚姻关系因死亡而消灭时（**《家庭编解释一》第36条**）。与一般连带债务清偿不同，夫妻共同债务的清偿存在责任财产顺位，即应先以夫妻共同财产清偿，再以夫妻各自的个人财产清偿。债权人要求一方先以个人财产清偿的，后者可主张该顺位抗辩。除责任财产清偿顺序上的特殊性外，夫妻间的内部追偿规则亦存在一定特殊性。对于因家庭日常生活需要所负债务的内部追偿，应根据双方对家庭扶养义务的承担情形来确定。如一方外出就业，另一方操持家务，原则上应由外出就业方承担家庭生活费用，其在清偿债务后不能向操持家务方追偿。

夫妻双方可在离婚协议或其他协议中约定其对共同债务的清偿比例，但该约定不能对抗债权人。同样，生效判决、裁定调解书确定的债务承担比例仅具对内效力，不能对抗债权人。但一方超过该比例履行债务的，可在超出范围内向另一方追偿（**《家庭编解释一》第35条**）。

第一千零九十条　【离婚时的经济帮助】离婚时，如果一方生活困难，有负担能力的另一方应当给予适当帮助。具体办法由双方协议；协议不成的，由人民法院判决。

本条规定与夫妻双方在婚姻关系存续期间实行何种财产制无关。在婚姻关系存续期间，夫妻双方有相互扶养的义务（第 1059 条）。我国不承认离婚后扶养义务，故该扶养义务在离婚后消灭。然若离婚时一方经济困难，无法在离婚后独立生活，仍有权请求对方给予一定的经济帮助。离婚经济帮助需要同时满足两个条件：一方生活困难，另一方有负担能力。前者是指一方在离婚时，仅依靠个人财产和从共同财产中分得的财产无法维持当地的基本生活水平。对生活困难的判断应采客观标准，即夫妻一方因客观原因（如年老、残疾、重疾）陷入困难（《家庭编解释二》第 22 条）。如果夫妻一方生活困难系因其主观上好逸恶劳导致，不适用本条规定。

判断是否生活困难的时点是离婚之时。生活困难的一方仅得在离婚时主张经济帮助，不能在离婚后提起。夫妻双方可在离婚协议中约定经济帮助，该约定具有法律约束力。在双方无法达成约定时，法院应根据双方的具体情况进行裁判，尤其应考虑生活困难一方的需求和另一方的负担能力。经济帮助原则上应一次性给付，特殊情况下可分期给付。除金钱给付外，帮助亦可采取提供住房等方式。不过，经济帮助一旦确定，生活困难一方嗣后不能主张增加。

第一千零九十一条 【离婚损害赔偿】有下列情形之一，导致离婚的，无过错方有权请求损害赔偿：

（一）重婚；

（二）与他人同居；

（三）实施家庭暴力；

（四）虐待、遗弃家庭成员；

（五）有其他重大过错。

关于本条所称之损害，究竟为离婚损害还是离因损害，在理论及实务上均存在分歧。损害性质之认定，直接影响其法律适用。如将其定性为离因损害，即离婚原因（如家庭暴力）所致损害，则必须处理本条规范与侵权法相关规范的竞合关系；本条规范属性为特别法，在适用上具有优先性［青岛中院（2015）青民五终字第 281 号民判、重庆五中院（2010）渝五中法民终字第 4234 号民判］。若将其界定为离婚损害，即离婚本身导致的损害，则本条规范与侵权法相关规范构成聚合关系，可被同时主张

［**浦东法院（2016）沪 0115 民初 69329 号民判**］。本条中的损害宜被认定为离婚损害，否则很难解释为何过错方实施虐待、遗弃家庭成员的行为时，无过错方的人身权益实际上未受损害，但仍有权主张离婚损害赔偿。故而在本条规定的损害赔偿之外，遭受其他人身损害的一方还可另依本法侵权责任编的相关规定主张损害赔偿。

本条所列四种法定过错情形，与本法第 1079 条第 3 款前 2 项所列判决离婚事由完全相同，其理解适用（**参见本法第 1079 条评注**）自无不同。至于本条规定的“其他重大过错”这一兜底情形，系指与前述四种法定过错情形程度相当的行为。

本条所称损害赔偿，包括物质损害赔偿和精神损害赔偿。实践中，主要的损害赔偿形态为精神损害赔偿，即因离婚产生的精神痛苦；精神损害赔偿适用《精神损害赔偿解释》的有关规定（**《家庭编解释一》第 86 条**）。物质损害是指因离婚导致的财产损害，如离婚搬家费用。物质损害的范围不包括婚姻继续有效情形下的履行利益。前述损害与重大过错行为应具有因果关系。损害赔偿主体仅限于有过错之配偶，不包括第三人（**《家庭编解释一》第 87 条**）。即使第三人与配偶重婚或同居，亦不承担离婚损害赔偿责任。双方均有过错的，不符合本条适用要件（**《家庭编解释一》第 90 条**）。

本条适用的前提是双方离婚，故对于法院判决不准离婚的案件，当事人提起离婚损害赔偿的，法院应不予受理；当事人不起诉离婚而单独提起离婚损害赔偿的，法院不予支持（**《家庭编解释一》第 87 条**）。法院在审理离婚案件时，应释明本条项下权利。原告若为无过错方，其须在提起离婚诉讼时一并提出离婚损害赔偿请求。如果被告系无过错方，其不同意离婚也不提起离婚损害赔偿请求的，可以单独提起诉讼。如果其在一审时未提起离婚损害赔偿请求，在二审期间提出的，法院应进行调解；调解不成的，告知其另行起诉，双方同意二审法院一并审理的，二审法院可一并裁判（**《家庭编解释一》第 88 条**）。如果双方协议离婚，无过错方嗣后仍有权单独提出损害赔偿请求，但其在离婚协议中明确放弃该项请求权的除外（**《家庭编解释一》第 89 条**）。

第一千零九十二条　【夫妻一方侵害另一方财产权益的行为及法律后果】夫妻一方隐藏、转移、变卖、毁损、挥霍夫妻共同

第五编　婚姻家庭

财产，或者伪造夫妻共同债务企图侵占另一方财产的，在离婚分割夫妻共同财产时，对该方可以少分或者不分。离婚后，另一方发现有上述行为的，可以向人民法院提起诉讼，请求再次分割夫妻共同财产。

夫妻一方在婚姻关系存续期间或离婚时，可能实施侵害另一方财产利益的行为。该行为的形态包括以隐藏、转移、变卖、毁损、挥霍夫妻共同财产的形式，直接侵害另一方在夫妻共同财产中的利益，或者通过伪造夫妻共同债务的方式间接侵害另一方的财产利益。直接侵害另一方在夫妻共同财产中的利益情形更为常见。例如，根据《家庭编解释二》第 6 条的规定，夫妻一方超出其家庭一般消费水平，严重损害夫妻共同财产利益的属于“挥霍夫妻共同财产”。又例如，根据《家庭编解释二》第 7 条的规定，夫妻一方为重婚、与他人同居以及其他违反夫妻忠实义务等目的，将夫妻共同财产赠与他人或者以明显不合理的价格处分夫妻共同财产，另一方以该方存在转移、变卖夫妻共同财产行为，严重损害夫妻共同财产利益的属于“转移夫妻共同财产”。伪造夫妻共同债务不仅可能侵害另一方在共同财产中的利益，而且可能侵害另一方在个人财产中的利益。在婚姻关系存续期间，夫妻双方均有权利了解对方的财产状况。在离婚清算时，夫妻双方也应如实向对方报告自己的财产状况。同时，夫妻双方均负有照顾对方财产权益的义务。夫妻一方的上述不当行为严重违反了此两项义务。行为人实施上述行为即满足本条规定的要件，不需实际造成夫妻共同财产或另一方个人财产的损失。但主观上行为人须为恶意，故过失导致财产灭失不适用本条规定。本条是封闭性规定，其他侵害配偶财产权益的行为不适用本条规定，受害人只能单独主张侵权损害赔偿。

行为人实施上述行为的后果是在分割时少分或不分财产。法院应根据行为人的主观恶意、侵害财产权益的数额等情况，决定不分或少分的具体比例。在共同财产被转移、变卖时，另一方得以无权处分或恶意串通为由，请求第三人返还财产。返还的财产应依本条规定进行分割。如行为人的行为导致财产灭失或无法返还，另一方有权要求其赔偿损失。在离婚财产纠纷中，对损害赔偿和财产分割问题应予一并处理。在直接侵害共同财产的场合，不分或少分财产的范围仅限于上述行为涉及的财产。伪造夫妻共同债务不直接涉及特定范围的财产，故应将整个夫妻共同财产纳入不分或少分的范围，但此时需考虑行为人伪造债务的数额等情节［**杭州西湖法院（2019）浙 0106 民初 5383 号民判**］。

根据本条第二句，如一方在离婚后才发现上述行为，可再次要求分割夫妻共同财产。需要注意的是，该句适用的情形是发现行为人的行为，而非发现夫妻共同财产。若只存在后一情形，那么仅涉及遗漏财产的分割。请求再次分割夫妻共同财产的诉讼时效期间为 3 年，从另一方发现上述行为之日起算（**《家庭编解释一》第 84 条**）。

第五章

收　　养

第一节　收养关系的成立

收养关系的成立，恒以收养之法律行为为之。收养作为法律行为的一种，自应遵守关于法律行为的一般规定。但收养行为是具有高度人身性的双方法律行为，本节因此就收养的对象、送养和收养的主体资格等作出特别限定或要求；就收养行为而言，这些特别规定具有优先适用的效力。

第一千零九十三条　【被收养人的范围】下列未成年人，可以被收养：

（一）丧失父母的孤儿；

（二）查找不到生父母的未成年人；

（三）生父母有特殊困难无力抚养的子女。

本条规定了收养关系成立的实质要件之一：可被收养的未成年人之范围。一方面，我国民法不承认收养成年人；另一方面，舐犊之情通常存于自然的亲子之间，故在生父母健在、可予查明时，本法仅在例外情形下允许收养未成年人。有鉴于此，本条规定的可被收养的未成年人仅为三类。就第 1 项规定而言，孤儿之谓本身意味着其生父母双亡。从最有利于被收养人的原则看，此所谓死亡，不仅指自然死亡，其生父母依本法总则编的规定被宣告死亡者，亦包括在内。第 2 项规定了查找不到生父母的未成年人，其利益状况与前一情形相似。唯生父母查找不到，可通过各种证据予以积极证明，或在依法发布公告未果后予以推定。民政部与公安部联合印发的《关于开展查找不到生父母的打拐解救儿童收养工作的通知》，建立了公安机关出具查找不到生父母或其他监护人的证明、社会福利机构送养的机制。而本法为保障生父母权益，也于第1105条第2款规定了民政部门负有在收养登记前予以公告的义务。

本条第3项规定的其实是例外情形。换言之，未成年人生父母健在或可得而知者，原则上不得收养该未成年人，除非其生父母有特殊困难无力抚养。因此，生父母送养人具有完全行为能力及劳动能力者，不符合此法定送养条件［**吉林市船营区法院（2016）吉0204民初2005号民判**］。《民政部关于规范生父母有特殊困难无力抚养的子女和社会散居孤儿收养工作的意见》将“生父母有特殊困难无力抚养子女”细化为以下四种情形：(1) 生父母有重特大疾病；(2) 生父母有重度残疾；(3) 生父母被判处有期徒刑或无期徒刑、死刑；(4) 生父母存在其他客观原因无力抚养子女，经乡镇政府、街道办证明的。但此规范性文件不可直接作为裁判依据，司法实务可在裁判说理中参照之，无须奉其为圭臬。

第一千零九十四条 【送养人的范围】下列个人、组织可以作送养人：

（一）孤儿的监护人；

（二）儿童福利机构；

（三）有特殊困难无力抚养子女的生父母。

送养人的概念表明，本法所谓收养行为是送养人和收养人之间的双方法律行为，而不像其他一些国家或地区的立法，确定收养系收养人和被收养人之间的身份行为。本条一方面通过列举的方式界定送养人的范围，另一方面又赋予这些自然人或组织送养资格（权限）。在此意义上，本条既为说明性法条，亦属授权规范。由此决定，不在本条限定范围内的自然人或组织不具送养资格，其成立的收养行为无效。

依本条被赋予送养资格者，其送养对象分别对应于前条列举的三种被收养人。首先，本条第1项中所谓的孤儿，即前条第1项规定的父母双亡或被宣告死亡的未成年人，而其监护人乃依本法总则编监护规则合法确定的监护人。其次，虽然依《儿童福利机构管理办法》第2条和第9条，儿童福利机构是指民政部门设立的、主要收留抚养由民政部门担任监护人的未满 18 周岁儿童的机构，其收留抚养对象包括前条所列所有可被收养之未成年人，但依体系解释，本条所言儿童福利机构的送养对象应以“查找不到生父母的未成年人”为限。孤儿或生父母有特殊困难无力抚养之未成年人，即便由此等机构收留抚养，其送养人也只能分别是作为监护人的民政部门或生父母。最后，本条第 3 项所指生父母，亦对应于前条第 3 项所谓有特殊困难无力抚养子女者。在此意义上，前条所述有特殊困难无力抚养子女之认定标准，尤其是前条评注中民政部规范性文件列举的 4 种具体情形，对本条第 3 项亦有适用空间。须指出的是，本项虽然强调生父母才被赋予送养资格，但养父母有特殊困难无力抚养养子女的，不妨与养子女的生父母协商解除收养关系，由生父母继续抚养子女或再行送养。

第一千零九十五条 【监护人送养未成年人的特别规定】未成年人的父母均不具备完全民事行为能力且可能严重危害该未成年人的，该未成年人的监护人可以将其送养。

本条系对前条规定的补充，其在前条所列情形之外，规定未成年人的监护人被赋予送养资格的三项要件：首先，未成年人的父母均不具备完全民事行为能力。此时未成年人的父母无法承担监护人职责，需通过选任的监护人抚养、教育和保护未成年人。其次，未成年人的父母可能严重危害该未成年人。对此，可能的情形是，选任的监护人虽可履行监护职责，但因无法脱离空间和时间的限制，不能使未成年人免受其父母可能造成的严重危害。此时，监护人的监护并不能实现对该未成年人利益的最大化保护，故需寻求其他途径保障其最大利益。最后，送养人须是该未成年人的监护人，非监护人无权送养。

违反本条规定的法律后果，和前条并无不同。

第一千零九十六条 【监护人送养孤儿的特别规定】监护人送养孤儿的，应当征得有抚养义务的人同意。有抚养义务的人不同意送养、监护人不愿意继续履行监护职责的，应当依照本法第一编的规定另行确定监护人。

就未成年人的利益保护而言，最自然且最理想的状况是由其父母为之。父母既是未成年人的抚养义务人（**第26条第1款、第1067条第1款**），又是其监护人（**第27条第1款、第1068条第一句**）。在未成年人父母双亡成为孤儿时，其抚养义务人与监护人可能是不同主体。此时，未成年人的抚养义务人可能是有负担能力的祖父母、外祖父母，或有负担能力的兄、姐（**第1074条第1款、第1075条第1款**）。相应地，未成年人的监护人也在某种程度上考虑了抚养义务人的范围。在未成年人的父母已经死亡时，祖父母、外祖父母，以及兄、姐为第一、二顺位监护人，第三顺位监护人才是其他愿意担任监护人的个人或者组织，且须经未成年人住所地的居委会、村委会或者民政部门的同意（**第27条第2款第1～3项**）。此外，监护人也可能由父母通过遗嘱指定（**第29条**）。

在抚养义务人与监护人非同一主体时，前者基于其与未成年人的亲属关系，更能保护未成年人（孤儿）的权利。后者送养未成年人（孤儿）会创设新的亲子关系，切断抚养义务人与该未成年人实际的亲情和法律上的亲属关联，对于未成年人和抚养义务人均意义重大。故而，监护人送养孤儿的，应征得抚养义务人同意。例如，祖父母、外祖父母都是抚养义务人，而祖父母为监护人时，送养孤儿须征得外祖父母同意；未成年人仅有兄、姐为抚养义务人，而监护人为父母通过遗嘱指定的朋友，该监护人送养该未成年人的，须征得未成年人的兄、姐同意。在抚养义务人不同意送养，而监护人不愿意继续履行监护职责时，为保护未成年人的最大利益，应及时另行确定监护人。具体监护人的选任，依本法第27条第2款、第30条及以下诸条为之。

第一千零九十七条 【生父母共同送养及例外】生父母送养子女，应当双方共同送养。生父母一方不明或者查找不到的，可以单方送养。

原则上，生父母俱在而送养子女，应由双方共同为之，父或母不能单方送养，否则侵犯了另一方平等抚养、教育和保护未成年子女的权利（**第1058条前句、第26条第1款**）。生父母一方未经另一方同意将所生子女送养他人的，送养行为当然无效［**山西运城中院（2014）运中民终字第767号民判、吉林高院（2017）吉民申191号民裁**］。生父母一方仅仅因为精神上具有疾病、因精神受刺激住院短暂治疗（比如住院两月有余）的，另一方也无权单方送养子女［**湖南郴州中院（2014）郴民一终字第284号民判**］。仅在生父母一方不明（不能被确认是谁）或者（经过一定期间和程序）查找不到的情形下，父母双方共同送养实不可能，才例外地准许单方送养。父母一方正在服刑，不属于生父母一方不明或者查找不到的情形，另一方不得单方送养［**广东阳江江城法院（2015）阳城法民一初字第957号民判**］。生父母一方死亡的，当然亦可单方送养［**徐汇法院（2022）沪0104民初15970号民判**］。

第一千零九十八条 【收养人的条件】收养人应当同时具备下列条件：

（一）无子女或者只有一名子女；

（二）有抚养、教育和保护被收养人的能力；

（三）未患有在医学上认为不应当收养子女的疾病；

（四）无不利于被收养人健康成长的违法犯罪记录；

（五）年满三十周岁。

本条规定的收养人应同时具备的五个条件，为收养关系成立的实质要件。

（1）无子女或者只有一名子女。结合本法第1100条第1款可知，本条第1项所指“子女”，在文义上包括收养人已有的亲生子女和收养子女。继父或继母与受其抚养教育的继子女之间，只是依本法第1072条第2款的规定准用本法关于父母子女关系的规定，本质上仍为姻亲关系而非拟制的亲子关系，故继子女不宜计算为收养人的已有子女。在本法施行前的司法实务中，因收养人不符合原《收养法》第6条第1项“无子女”规定而致收养无效的，通常对收养人已有子女的计算均指向亲生子女［**昆明中院（2007）昆民一终字第42号民判、重庆一中院（2018）渝01民终8065号民判**］；有法院甚至指出，由于收养人在收养时已有6个亲生女儿，尽管彼时原《收养法》尚未实施，其收养关系也因违反计划生育相关规定而不能成立［**徐州中院（2017）苏03民终3391号民判**］。由此可见，本条和原《收养法》之所以要求收养人无子女或仅有1名子女，都是为了控制“生育”子女，而非控制对未成年人的收养。相反，为有效动员潜在的收养人，发挥收养制度的家庭新建功能，在依本项确认收养条件时，不妨将收养子女不计算为收养人的已有子女，但在收养子女数量上受本法第 1100 条第 1 款的限制。比如收养人收养 1 名子女又生育 1 名子女的，收养的该子女不计算为其已有子女，故其依本法第 1100 条第 1 款，得且仅得再收养 1 名子女。

（2）有抚养、教育和保护被收养人的能力。这也对应于法律要求父母对子女应承担的义务（**第 1058 条、第 26 条第 1 款**）。从 2012 年起，民政部为回应“完善儿童收养政策，建立收养评估制度”之要求，决定在上海、江苏、湖北、广东、重庆等地开展收养评估试点工作，为被收养儿童寻找更为适合的收养家庭。收养评估是对收养人抚养教育被收养人能力的综合评定。除收养人的收养动机、经济状况、婚姻状况、家庭状况、身体健康状况、学历学识、品德品行等指标外，还要考量被收养人情况、影响收养人抚养教育被收养人能力的其他因素（**《民政部关于开展收养评估试点工作的通知》**）。收养评估期间，收养评估小组或受委托的第三方机构不仅评估收养申请人，还应评估与其共同生活的家庭成员的情况，就特定危险情形应当向民政部门报告，以防被收养人受到潜在的侵害。就危险情形之认定，《收养评估办法（试行）》第 11 条第 1 款有详细规定。

（3）未患有在医学上认为不应当收养子女的疾病。此项规定为概括性规定，在实践中需要具体化。收养人所患疾病是否属于医学上认为不应收养子女的疾病，应以医学上的专业判断为准。

（4）无不利于被收养人健康成长的违法犯罪记录。收养人曾有过买卖、性侵、虐待或者遗弃、非法送养未成年人行为的，即不满足该项条件。

（5）年满 30 周岁。此项条件旨在尽可能让收养人在经济能力、心智完善程度方面达到一定标准，确保其具备承担抚养被收养人之义务的能力，保障被收养人的最佳利益。收养人未满 30 周岁的，收养法律行为无效［**山西长治中院（2015）长民终字第 00356 号民判**］。对此有裁判持不同观点：在患有先天性兔唇残疾的被收养人出生 48 天时，生父母共同将其送养给收养人，收养人在此后被收养人的成长过程中尽到了全部的抚养义务，虽然收养人在收养时时年 27 岁，亦不妨碍收养关系之成立［**山西高院（2020）晋民申 3266 号民裁，类似裁判参见陕西高院（2013）陕民二申字第 01946 号民裁**］。此种认定，虽与文义有悖，但合乎规范意旨，值得赞同。继父或继母收养继子女时，经继子女的生父母同意即可，不受本条规定的限制（第1103条）。

第一千零九十九条 【收养三代以内旁系同辈血亲子女的条件豁免】收养三代以内旁系同辈血亲的子女，可以不受本法第一千零九十三条第三项、第一千零九十四条第三项和第一千一百零二条规定的限制。

华侨收养三代以内旁系同辈血亲的子女，还可以不受本法第一千零九十八条第一项规定的限制。

三代以内旁系同辈血亲，是指兄弟姐妹、堂兄弟姐妹、表兄弟姐妹。从亲属关系的相对稳定性、亲情联系以及未成年人的最佳利益保障而言，三代以内旁系同辈血亲的收养往往能为未成年人提供更为接近原生家庭的父母子女关系的状态，生父母更易了解未成年人被收养后的成长状况，监督对被收养人的抚养、教育和保护，故法律为此种收养规定了更加宽松的条件。依本条第1款，收养三代以内旁系同辈血亲的子女，不受生父母有特殊困难无力抚养子女之限制；无配偶者收养异性子女的，亦不受年龄相差40周岁以上的限制。依本条第2款以及本法第1098条第1项规定，华侨收养三代以内旁系同辈血亲的子女，还不受无子女或只有一名子女的限制。

第一千一百条 【收养子女的数量】无子女的收养人可以收养两名子女；有子女的收养人只能收养一名子女。

收养孤儿、残疾未成年人或者儿童福利机构抚养的查找不到生父母的未成年人，可以不受前款和本法第一千零九十八条第一项规定的限制。

我国收养制度对收养子女数量的限制，因应计划生育政策的变动而变动。在本法制定之时，我国计划生育政策发生重大变化，原《收养法》第8条（收养人仅可收养一名子女）被本条第1款修改。结合本法第1098条第1项可知，收养人的已有子女在文义上包括亲生子女和收养子女。但随着计划生育政策的松动，对与之捆绑的收养子女数量之限制，也不妨从宽解释。例如，收养的子女一方面可不计算为第 1098 条第 1 项和本条第 1 款所述的收养人之已有子女，另一方面也不宜计入计划生育的限制名额。

依本条第 2 款规定，对于孤儿、残疾未成年人或者儿童福利机构抚养的查找不到生父母的未成年人，收养人不受有无子女以及子女数量的限制。该规定旨在动员潜在的收养人资源，维护上述未成年人的最大利益，使其尽快步入正常家庭，重新得到父母关爱。由此可见，现代收养制度已摒弃传宗接代之传统的家族本位思想，与生育制度的关联也日益减弱。

第一千一百零一条 【夫妻共同收养】有配偶者收养子女，应当夫妻共同收养。

本条规定的共同收养，实指夫妻双方对收养的共同意思表示。当然，配偶一方为收养而另一方同意的，亦属共同收养。本条之设，是因为若以夫妻单方收养为原则，会出现一方违背配偶意愿收养一名或两名子女的情形，这不但限制另一方的生育权，而且会使其增加诸如抚养、教育和保护被收养子女等法律上或事实上的负担。因此，在实务中，夫妻一方未经配偶同意或不顾配偶反对而收养子女的，配偶不承担抚养被收养子女的法律义务［**西安新城法院（2002）新民初字第 1169 号民判、重庆三中院（2014）渝三中法民申字第 00009 号民判、江苏泰州中院（2014）泰少民初字第 0017 号民判**］。这就意味着，仅夫妻一方为收养者，收养关系固然因不符合本条规定而不成立，但无妨认为其对被收养人有抚养的意思表示，此表示不因配偶不同意或明确反对而无效，只是配偶不受此意思表示约束。

第一千一百零二条 【无配偶者收养异性时的年龄差】无配偶者收养异性子女的，收养人与被收养人的年龄应当相差四十周岁以上。

本条是为了防止无配偶收养者对被收养异性实施性侵害。违反本条所要求的年龄差，收养行为一般会被法院确认无效［**山西吕梁中院（2014）吕民一终字第555号民判**］。而收养会产生拟制的父母子女等身份关系和附随的财产关系，本条规范宗旨仅在于保护被收养人免受收养人之性侵害，故其适用应依立法目的限缩于被收养人之人身利益保护的范围。例如，与被收养人争夺收养人之遗产的继承人，不得援引本条提起确认收养无效之诉。况且，收养行为效力的确认是身份之诉，应依法律程序确认；提出确认收养关系无效之诉的主体，应当是与收养关系有直接权利义务关系的收养人、被收养人、送养人，而不应作扩张解释［**涪陵法院（2022）渝0102民初1670号民裁、江苏徐州中院（2014）徐民终字第1784号民裁**］。

第一千一百零三条 【继父母收养继子女的条件】继父或者继母经继子女的生父母同意，可以收养继子女，并可以不受本法第一千零九十三条第三项、第一千零九十四条第三项、第一千零九十八条和第一千一百条第一款规定的限制。

依本条规定，继父或继母经继子女的生父母同意而收养继子女的，无须生父母有特殊困难无力抚养子女，不受收养子女最多为两名的数量限制，也不受本法第1098条规定的收养人须同时满足五项条件的限制，如年满30周岁、无子女或只有一名子女等。然为保护被收养的未成年人之最大利益，继父或继母收养继子女的，仍须满足“未患有在医学上认为不应当收养子女的疾病”以及“无不利于被收养人健康成长的违法犯罪记录”两项要件（**参见本法第1098条评注**）。

第一千一百零四条 【收养自愿原则，被收养人的同意】收养人收养与送养人送养，应当双方自愿。收养八周岁以上未成年人的，应当征得被收养人的同意。

本条第一句规定了送养方之送养自愿和收养方之收养自愿。因在未成年人的生父母俱在时，须双方共同送养子女（**第1097条第一句**），故此时的自愿须是生父和生母的自愿，父母一方自愿尚为不足。母亲单方送养子女时，未征得其父亲的同意，不满足自愿送养的前提条件［**韶关南雄法院（2018）粤 0282 民初 25 号民判**］。因有配偶者收养子女，应夫妻共同收养（**第 1101 条**），故收养自愿亦为夫妻双方自愿，夫妻一方之自愿并不足够。收养人在收养时未获配偶同意的，不满足自愿收养的前提条件，收养关系不成立［**广西靖西法院（2015）靖民一初字第 1206 号民判**］。

鉴于收养旨在实现被收养之未成年人的最大利益，故在其达到一定年龄（8 周岁），具有相当程度的辨识自身利益、作出意思表示的能力时，应当尊重其意愿，收养应征得其同意。该同意需由收养登记机构受领，系具有高度人身性质的单方意思表示，不得附期限和条件。收养未满八周岁的未成年人，由其法定代理人作出同意。结合本法第 1113 条，创设收养关系时，收养人或送养人不自愿，收养行为无效；收养时未获得被收养的 8 周岁以上的未成年人同意的，收养行为也无效。收养 8 周岁以下未成年人，无须被收养人的同意。但被收养人并非收养协议之客体，而是收养协议之主体。被收养人未出生时，收养人与送养人双方自愿达成收养协议，法院认其有违公序良俗而应认定其为无效［**安康汉滨法院（2023）陕 0902 民初 2476 号民判**］。不过，若从被收养人为收养协议之主体角度观察，此种情况下因协议之被收养一方不存在而无经由法定代理人达成合意之可能，既然无收养协议，自无从也不必考察收养协议之效力。

第一千一百零五条 【收养登记、收养公告、收养协议、收养公证、收养评估】收养应当向县级以上人民政府民政部门登记。收养关系自登记之日起成立。

收养查找不到生父母的未成年人的，办理登记的民政部门应当在登记前予以公告。

收养关系当事人愿意签订收养协议的，可以签订收养协议。

收养关系当事人各方或者一方要求办理收养公证的，应当办理收养公证。

县级以上人民政府民政部门应当依法进行收养评估。

收养除需满足前述实质要件外，还需满足登记这一形式要件。收养登记属于强制性规定；依本条第 1 款之反对解释，未办理登记的收养关系不成立。适用本条第 1 款需注意者有二：（1）根据法不溯及既往原则，如果收养行为发生时，当时的法律和司法解释有不同规定，应适用其规定。首先，依《关于学习、宣传、贯彻执行〈收养法〉通知》第 2 条，收养行为发生在原《收养法》生效之日，即 1992 年 4 月 1 日之前，当事人没有办理收养手续的，按当时的相关规定处理。其次，1992 年生效的原《收养法》只在第 15 条第 1 款规定了“收养查找不到生父母的弃婴和儿童以及社会福利机构抚养的孤儿的，应当向民政部门登记”［**但亦有法院认为该规定并非效力强制性规定，不能据此否定弃婴收养的效力。参见常州钟楼法院（2020）苏 0404 民初 4269 号民判**］，1999 年 4 月 1 日生效的《全国人大常委会关于修改〈收养法〉决定》才将登记作为收养的一般性成立条件。是故，在 1992 年 4 月 1 日至 1999 年 4 月 1 日，除前述特殊情形外，登记并非收养的成立要件。（2）户籍登记、离婚判决以及独生子女证均不能替代收养登记［**广西高院（2019）桂民申 1620 号民裁、重庆二中院（2020）渝 02 民终 409 号民判**］。但有法院在涉及第三人的人身损害中缓和登记形式强制，保护已经办理公证和户口登记、具有一定公示性的事实收养关系［**乐山中院（2019）川 11 民终 1514 号民判、宿州中院（2021）皖 13 民终 1076 号民判**］。

收养登记同时具有民法和行政法上的意义。在民法上，它是收养的成立要件；在行政法上，它是行政登记行为。故而，对于涉及收养登记的纠纷，需要区分其为民事纠纷还是行政纠纷。从民法角度来看，收养登记的实质是收养法律行为的形式。即使收养登记程序存在一定瑕疵，也并不能当然否定作为民事法律行为的收养行为之效力。从行政法角度来看，收养登记行为是县级政府民政部门的具体行政行为。该行政行为的效力应依《中国公民收养登记办法》《收养登记工作规范》《民政部关于规范生父母有特殊困难无力抚养的子女和社会散居孤儿收养工作的意见》等行政法规和部门规章具体判断。不能仅因保护未成年人的必要，就认可存在严重程序违法的收养登记［**昭通中院（2017）云 06 行终 90 号行判、昭通中院（2021）云 06 行终 20 号行判**］。只有在程序瑕疵符合《行诉法》第 74 条的规定时，才可只确认违法，不撤销行政行为。

依本条第 2 款，收养查找不到生父母之未成年人的，还应依法履行公告程序；60 日公告期满，弃婴、儿童的生父母或其他监护人未认领的，视为查找不到生父母的弃婴、儿童（**《中国公民收养登记办法》第 7 条第 2 款**）。未履行公告程序属于收养程序违法，应撤销收养登记［**池州石**

台法院（2019）皖1722行初2号行判］。如果被收养人的生父母并非不能查找，则即使履行了公告程序，也不属于查找不到生父母的未成年人之情形。易言之，公告不能替代查找。此外，有法院认为，即使公告程序存在一定瑕疵，也不能当然据此否定收养的效力［浙江金华永康法院（2012）金永行初字第19号行判］。

本条第3款所言收养协议并非收养的成立条件。此协议属于有关身份关系的协议，依本法第464条第2款的规定，可参照适用合同编的规定。收养协议的内容不得违反法律的强制性规定，提前放弃将来解除收养关系之权利的约定无效。同样，本条第4款规定的收养公证亦非收养的成立要件；只有在当事人要求办理公证时，才应办理公证。依据本条第5款，收养评估是收养的必经程序，依《收养评估办法（试行）》进行；未履行收养评估程序属于程序违法，可产生收养登记被撤销的法律后果。

第一千一百零六条　【被收养人的户口登记】收养关系成立后，公安机关应当按照国家有关规定为被收养人办理户口登记。

收养关系是否成立，应依本法规定的条件判断。依法成立的收养关系受法律保护，公安机关应当依法履行户口登记职责，为被收养人办理户口登记。在民政机关撤销收养登记之前，公安机关不得以找到亲生父母为由，拒绝为被收养人办理户口登记；收养是否合法，应由民政部门判断［上海二中院（2011）沪二中行终字第32号行判］。

第一千一百零七条　【生父母的亲属、朋友的抚养】孤儿或者生父母无力抚养的子女，可以由生父母的亲属、朋友抚养；抚养人与被抚养人的关系不适用本章规定。

生父母的亲属、朋友的抚养，旨在为孤儿或者生父母无力抚养的子女，提供一种事实上的、替代性的完整家庭生活和教育环境，而非在抚养人与被抚养人之间创设新的身份法律关系。所以，抚养人与被抚养人的关系并非收养关系，后者并不因此成为前者的子女，双方各自与其亲属的关系也不发生变更，抚养人没有法定抚养义务。本条后一分句否定生父母的亲属、朋友的抚养构成收养，因而全面否定适用收养之规定。在要件方面，抚养人无须受本法第 1098 条的限制，比如可以有两名子女，可以不满 30 周岁，等等，有配偶者抚养孤儿也不必由夫妻共同抚养。在效力方面，本条规定的抚养不产生收养的效力，抚养关系解除后不产生身份的恢复问题等，但可能产生继承法上的酌分请求权（**第 1130 条第 2 款**）。

第一千一百零八条 【死亡一方的父母的优先抚养权】配偶一方死亡，另一方送养未成年子女的，死亡一方的父母有优先抚养的权利。

本法第 1097 条规定了生父母送养子女应双方共同送养的原则，但在生父母一方不明或查找不到时，另一方可单方送养。在配偶一方死亡（包括宣告死亡）的情形下，自不能要求双方共同送养，只能允许另一方送养未成年子女。但是，此种情形又与生父母一方不明或者查找不到的情形略有差别：在本条调整的情形下，配偶一方死亡是确定的，但其父母健在，与未成年的孙辈有一定的（事实上的、血缘的、情感的）联系，且在该未成年人之在世的父母亲一方无力抚养子女时，死亡一方的父母可能是该未成年人的抚养义务人（**第 1074 条第 1 款**），比起收养人更应负担抚养、教育和保护未成年人的职责。从有利于未成年子女的抚养、成长精神出发，死亡一方的父母的优先抚养权并非绝对。死亡一方的父母有心却无能力抚养未成年人的，或其条件与收养人有较大差距的，并不当然享有优先抚养权［**云南西双版纳中院（2013）西行终字第 8 号行判**］。

有疑问的是，生存配偶一方送养亲生子女时应否通知死亡一方的父母。若未通知，是否因侵害死亡一方的父母的优先抚养权而影响收养效力？现行法对此并无明确规定。有法院认为：生存一方送养未成年子女前通知死亡一方的父母行使优先抚养权，而死亡一方的父母未及时领回未成年子女抚养的，并不立即失去优先抚养之权利；在生存一方办理送养之时，尚未完成收养登记之前，死亡一方的父母（尚）可行使其优先抚养权［**湘西凤凰法院（2017）湘 3123 民初 269 号民判**］。已完成收养登记，且该收养关系有利于被收养之未成年人的成长的，生存配偶一方未通知优先抚养权人之事实，并不影响收养的效力［**云南西双版纳中院（2013）西行终字第8号行判**］。

第一千一百零九条 【涉外收养】外国人依法可以在中华人民共和国收养子女。

外国人在中华人民共和国收养子女，应当经其所在国主管机关依照该国法律审查同意。收养人应当提供由其所在国有权机构出具的有关其年龄、婚姻、职业、财产、健康、有无受过刑事处罚等状况的证明材料，并与送养人签订书面协议，亲自向省、自治区、直辖市人民政府民政部门登记。

前款规定的证明材料应当经收养人所在国外交机关或者外交机关授权的机构认证，并经中华人民共和国驻该国使领馆认证，但是国家另有规定的除外。

本条第1款为引用性法条。外国人在中国收养子女，符合相应规定的，产生相应的收养效力。此款所谓之“法”，包括形式和实质意义上的、与收养相关的国内和国际法律规范，特别是指涉外收养相关法律规范。例如，本章有关收养条件、程序和效力的规定，《法律适用法》相关规定，《外国人在中华人民共和国收养子女登记办法》的程序性规定，以及我国2005年批准加入的《跨国收养方面保护儿童及合作公约》之相关规定。

依本条第2款、第3款，外国人在我国收养子女，应经其所在国主管机关依照该国法律审查同意。结合《外国人在中华人民共和国收养子女登记办法》第4条第2款第7项，此审查同意实为收养人所在国主管机关同意其跨国收养子女的证明。换言之，外国人应获得其所在国主管机关关于其适于收养中国人子女的证明，类似于中国人收养子女时应满足的条件，如有抚养、教育和保护被收养人的能力，无不利于被收养人健康成长的违法犯罪记录，等等。若其未获其所在国主管机关之法律审查同意，则当参照适用本法第1098条及以下诸条，因收养人未满足收养条件而不成立收养关系。

第一千一百一十条 【保守收养秘密义务】收养人、送养人要求保守收养秘密的，其他人应当尊重其意愿，不得泄露。

本条旨在保护收养人与送养人的收养秘密，确保被收养人与原家庭分离，在收养的家庭中不受打扰地健康成长。参与收养程序的机构尤负保守收养秘密的义务，比如民政部门的收养登记机构、抚养照顾未成年人的儿童福利机构和涉及收养关系确认或变更之诉的法院（**第 1039 条**）。个人也不得以刺探、侵扰、泄露、公开等方式侵害仅涉及私人利益的收养秘密（**第 1032 条**）。在所有涉及当事人的官方或私人声明中，收养人须被注明为父母。收养人和送养人针对公开或调查收养秘密有不作为请求权，还可基于侵犯一般人格权主张其他请求权。

第二节 收养的效力

第一千一百一十一条 【收养的拟制效力和排除效力】自收养关系成立之日起，养父母与养子女间的权利义务关系，适用本法关于父母子女关系的规定；养子女与养父母的近亲属间的权利义务关系，适用本法关于子女与父母的近亲属关系的规定。

养子女与生父母以及其他近亲属间的权利义务关系，因收养关系的成立而消除。

本条第 1 款规定了收养的拟制效力。自收养关系成立之日起，养父母与养子女间的权利义务关系以及养子女与养父母的近亲属间的权利义务关系，分别适用关于父母子女关系以及子女与父母之近亲属关系的规定。所适用的规范主要位于本法总则编第二章中“监护”一节、婚姻家庭编（**第 1067 - 1075 条、第 1084 - 1086 条**）和继承编。本条第 2 款明确了收养的排除效力。收养关系成立，养子女与养父母及其他近亲属间的权利义务关系产生，养子女与生父母及其他近亲属间的权利义务关系随之消灭，诸如无赡养义务、继承资格等［**宜宾叙州法院（2021）川 1521 民初 459 号民判、南通崇州法院（2020）苏 0602 民初 4713 号民判、南阳南召法院**

(2021) 豫 1321 民初 1168 号民判、济南历下法院 (2021) 鲁 0102 民初 108 号民判]。

第一千一百一十二条 【养子女的姓氏】养子女可以随养父或者养母的姓氏，经当事人协商一致，也可以保留原姓氏。

自然人选取姓氏时，原则上应随父姓或母姓，例外情形下可选取父姓和母姓之外的姓氏；依本法第 1015 条，可选取的其他姓氏限于三种情形：一是选取其他直系长辈血亲的姓氏，二是因法定扶养人以外的扶养而选取扶养人姓氏，三是有不违背公序良俗的其他理由；少数民族自然人的姓氏从其民族的文化传统和风俗习惯（**参见本法第 1015 条评注**）。本法第 1015 条为自然人选取姓氏之一般规定，而本条为养子女姓氏选择专门规定，得优先适用。本条赋予养子女的姓氏选取一定的自由，其精神与本法第 1015 条之内核一致。就养父母为拟制的父母而言，养子女可随养父或养母之姓氏，与子女随生父姓或生母姓之原则相对应。除养父母之姓氏以外，养子女之姓氏选择也有本法第 1015 条第 1 款第 1—3 项之选项，比如养父母之其他直系长辈血亲的姓氏亦为备选项。结合本法第 1104 条之规定，为保护未成年人之利益，就决定是否保留原姓氏之当事人协商而言，应听取 8 周岁以上被收养当事人的意见，得其同意。

第一千一百一十三条 【无效收养行为】有本法第一编关于民事法律行为无效规定情形或者违反本编规定的收养行为无效。

无效的收养行为自始没有法律约束力。

收养行为的核心是当事人基于自己的意思表示，追求其欲达到的特定法律效果，因此其自应遵从法律行为的一般规则，同时，收养行为关涉利益重大，法律特为其规定一定的形式和条件要求，以保障各方当事人利益，尤其是维护未成年人的最大利益。故本条第 1 款重申收养行为应遵循的双重规范集合：本法总则编中关于法律行为无效之规定，具体为第 144 条（无行为能力人）、第 146 条第 1 款（虚伪意思表示）、第

153 条（违反强制性规定和公序良俗）；婚姻家庭编第 1044 条第 2 款（禁止借收养名义买卖未成年人），以及第 1093－1105 条、第 1108 条和第 1109 条（收养关系的成立要件）。总则编中关于可撤销法律行为之规定不适用于收养行为。具体而言，收养无效的原因大致如下：

（1）送养人、收养人无意思能力或者在无意识或精神错乱中所为的收养行为，应为无效（**第 144 条**）。被收养人年满 8 周岁，在作出同意时陷于无意识或者精神错乱的，其同意应为无效，收养行为不生效力。

（2）收养人与送养人须有真实的意思表示，以虚假的意思表示实施的收养行为无效（**第 146 条第 1 款**）。以虚假意思表示实施的收养行为，比如：违背计划生育政策之父母，将计划外出生的子女送给他人收养，而被收养人实际未与收养人共同生活［**江津法院（2022）渝 0116 民初 2533 号民判、河南平顶山汝州法院（2015）汝民初字第 2247 号民判**］；被收养人仍与亲生父母共同生活，未与收养人共同生活［**泰州泰兴法院（2023）苏 1283 民初 8600 号民判、巴南法院（2023）渝 0113 民初 3044 号民判**］；为了使被收养人具备招工报名资格而办理收养公证的［**重庆沙坪坝法院（2013）沙法民初字第 11369 号民判**］。

（3）收养行为违反法律、行政法规的强制性规定而无效。比如，违反本法第 1044 条第 2 款以收养名义行买卖未成年人之实者，收养行为无效。违反本法第 1105 条第 1 款登记规定之收养行为，似应认定收养行为无效［**梁平法院（2024）渝 0155 民初 45 号民判、泰州泰兴法院（2023）苏 1283 民初 8600 号民判**］。但实务中也有相反之判决认定收养行为为有效，有法院认为：亲生父母共同送养 2004 年刚出生之幼女于收养人，具备收养的形式条件，并在公安部门为该幼女办理了户口登记，户口簿上体现孩子与收养人夫妻为父母子女关系，且收养人夫妇二人 18 年来一直较好地抚育了孩子，孩子与生父母关系已经消除；虽然双方就孩子的收养未在民政部门进行登记，但可以认定收养人夫妻已与孩子形成了事实收养关系，通过孩子的户口登记可以说明前述两人与孩子间的收养关系已被认定［**西安长安法院（2022）陕 0116 民初 6913 号民判**］。

（4）违背公序良俗的收养无效。例如，收养长辈亲属为养子女的行为无效。

本条第 2 款完全遵循本法第 155 条确立的法效逻辑，即无效法律行为自始无法律约束力。有疑问的是，收养法律行为无效是否发生财产法上的效果。实践中，法院判决生父母（送养人）或成年养子女补偿养父母收养期间的抚养费，或依公平原则［**邯郸中院（2016）冀04民终2511号民判**］，或未援引法条［**莆田涵江法院（2021）闽0303民初1331号民判**］，或直接适用与本法第1118条内容相应的原《收养法》第30条［**石家庄深泽法院（2014）深民一初字第00348号民判**］。收养法律行为作为高度人身性行为，其无效后的附从效力应优先类推适用本法第1118条，而不适用第157条。依此路径，收养关系被确认无效后，养父母对成年养子女享有补偿收养期间支出的抚养费之请求权，也可在其缺乏劳动能力又缺乏生活来源时，请求成年养子女给付生活费。在确认收养无效时，被收养人尚未成年的，养父母可请求生父母适当补偿收养期间支出的抚养费，但因养父母虐待、遗弃养子女的除外。

第三节　收养关系的解除

第一千一百一十四条　【收养关系的协议解除与诉讼解除】收养人在被收养人成年以前，不得解除收养关系，但是收养人、送养人双方协议解除的除外。养子女八周岁以上的，应当征得本人同意。

收养人不履行抚养义务，有虐待、遗弃等侵害未成年养子女合法权益行为的，送养人有权要求解除养父母与养子女间的收养关系。送养人、收养人不能达成解除收养关系协议的，可以向人民法院提起诉讼。

为维护被收养的未成年人利益，在其成年以前原则上应维持现有收养关系的稳定，收养人不得解除收养关系。收养人在被收养人成年以前解除收养关系的，解除无效，因收养而形成的权利义务关系（**第1111条第1款**）不受影响。收养人仍应履行其作为养父母负担的抚养、教育和保护义务。但在被收养人成年以前，立法者准许收养人、送养人通过磋商协议解除该收养关系。因为此种处理，基本妥善安排了被收养人的未成年人的未来生活。同时，鉴于被收养人之利益保护，养子女八周岁以上的，已有相当的判断自身利益的辨识能力和意思表示能力，故就是否解除收养关系，应征得被收养人同意。在协议解除收养关系时未征得该被收养人同意的，协议解除无效。实践中有法院认为：收养人与送养人双方协议解除收养关系的，是双方的真实意思表示，并未违反法律的规定，但未经年满15周岁的被收养人同意，故该协议属效力待定的协议；在被收养人不同意解除收养关系的情况下，该协议对其不发生法律效力，双方的收养关系不能因此消灭［**广东佛山中院（2004）佛中法民一终字第807号民判**］。不过，本条第1款以及本案中的未成年人对解除协议的同意，虽类似于限制行为能力人与他人从事某些法律行为时必要的法定代理人之同意，但未获得被收养的未成年人之事先同意，经催告亦未得其事后追认的，解除协议应为确定的无效，而非效力待定。

实践中也有收养人与非送养人的第三人（被收养人的生物学父亲）协议解除收养关系的情形，就此本条第1款可予类推适用。在该案中，虽然收养人收养被收养人时，后者之生物学父亲并非送养人，但被收养人生父、收养人双方均同意解除收养关系，被收养人也明确表示愿意随其生父一起生活的，综合其生父的经济收入、身体健康状况、生活习惯、家庭负担等情况，从有利于被收养人身心健康成长的角度出发，法院认为被收养人生父、收养人双方解除收养关系的意思表示不违反法律、行政法规的强制性规定，也不违背社会公序良俗、损害社会公共利益，故应尊重双方解除收养关系的意思表示［**重庆九龙坡法院（2014）九法民初字第09106号民判。另可见德阳绵竹法院（2017）川0683民初1876号民判**］。

本条第2款规定了收养人不履行抚养义务侵害未成年养子女合法权益时，送养人的收养关系解除权。此时须存在虐待、遗弃之类的侵害行为。单纯的出于教育目的的轻微罚站等合理适度的训诫行为，不构成本款规定的侵害行为。送养人主张解除收养关系，但未提供收养人不履行抚养义务，存在虐待、遗弃等侵害被收养人合法权益行为的证据的，应承担举证不能的法律后果［**六安中院（2017）皖15民终1117号民判**］。本条第2款第二句指明了未成年人收养关系在协议解除不成时的救济途径，即诉讼解除。

第一千一百一十五条 【养子女成年后解除收养关系】养父母与成年养子女关系恶化、无法共同生活的，可以协议解除收养关系。不能达成协议的，可以向人民法院提起诉讼。

本条与前条的区别在于，本条专门针对成年养子女与养父母的收养关系之解除。在此情形下，无论是协议解除抑或诉讼解除，都以养父母与成年养子女关系恶化、无法共同生活为前提条件。若不满足此要件，则不发生解除收养关系之效力。就何谓养父母与成年养子女关系恶化、无法共同生活，本法未作明确规定。实践中存在下述情形：养女长大后，与养父虽有一定往来，但并未实际履行养女的义务，没有真正关心和照顾养父，在养父生病住院期间，养女也仅看望而未实际照顾和护理养父，庭审中养女要求继续照顾养父，但养父拒不同意，法院认为此系不能恢复养父和养女的关系，致使关系恶化，无法共同生活［**成都简阳法院（2018）川0180民初5050号民判**］。对于成年养子女由于工作性质等客观原因，对养父母缺少关心与照顾，但已尽到主要的照顾扶养义务的，且养子女目前不同意解除收养关系，愿意尽赡养义务的情形，法院认为养父母与养子女间的关系并未恶化［**崇明法院（2016）沪0230民初8515号民判**］。对于继母收养继子女而建立收养关系，在建立收养关系后并未长期共同生活在一起，嗣后养母与生父已经法院判决离婚，养母与继子女之间亦鲜有沟通联络，拟制血亲关系难以维持的，法院认为构成养父母与成年养子女关系恶化［**上海二中院（2021）沪02民终2943号民判**］。养父母一方认为双方关系恶化、无法共同生活，亦可因构成关系恶化、无法共同生活而得解除收养关系。限制行为能力人可独立为解除收养关系之意思表示。有法院认为：为限制行为能力人之年老养父与养女未再共同生活，且养父多次明确表示拒绝养女的探望，不再要求养女对其履行赡养等义务，亦多次表示无法与养女共同生活，双方关系恶化，上述意愿系对一般日常生活事实的判断，养父虽为限制民事行为人，但不影响其作出与其行为能力相适应的意思表示，亦无证据证实养父受要挟或胁迫而作出上述意思表示，故法院尊重老人的意思表示，解除双方收养关系［**上海二中院（2021）沪02民终1178号民判**］。养父两次诉至法院要求解除其与养女间的收养关系，可为双方关系恶化、无法共同生活的表征，有法院考虑到双方在上一次诉讼后关系并无明显改善，经调解无果，支持收养关系之解除［**北京一中院（2023）京01民终3006号民判**］。

第一千一百一十六条 【协议解除收养关系的登记】当事人协议解除收养关系的，应当到民政部门办理解除收养关系登记。

与婚姻关系的结束类似，收养关系的结束也存在协议解除与诉讼解除两种可能。协议解除收养关系应到民政部门办理相应登记。依《中国公民收养登记办法》第10、11条，协议解除收养关系的登记部门为被收养人常住户口所在地的收养登记机构，当事人应共同办理解除登记。从收养登记机构为当事人办理解除收养关系的登记，并发给解除收养关系证明时起，收养关系正式解除，产生相应的法律效果（**第1117条及第1118条等**）。当事人协议解除收养关系，但未到收养登记机构办理登记的，解除收养关系之协议不发生效力。实践中法院遵从之［**四川雅安中院（2015）雅民终字第469号民判、滨州邹平法院（2016）鲁1626民初709号民判、徐州泉山法院（2020）苏0311民初2678号民判**］。

第一千一百一十七条 【收养关系解除的身份效果】收养关系解除后，养子女与养父母以及其他近亲属间的权利义务关系即行消除，与生父母以及其他近亲属间的权利义务关系自行恢复。但是，成年养子女与生父母以及其他近亲属间的权利义务关系是否恢复，可以协商确定。

本条第一句和第二句分别针对未成年人、成年人养子女的收养关系解除，规定了不同的身份效果。在未成年人收养关系解除时，不论是收养人、送养人发起的协议解除收养关系，还是送养人因收养人侵害被收养人权益主张解除收养关系，未成年养子女与养父母以及其他近亲属间的权利义务关系即行面向将来消灭，与生父母以及其他近亲属间的权利义务关系则自行恢复。此时，原生家庭及其亲属对该未成年人负担抚养、教育和保护的责任（**第1067条及以下各条，第26条及以下各条**）。在被送养的未成年人为孤儿或查找不到生父母的未成年人时，由送养人（孤儿的监护人、儿童福利机构）承担监护职责，在必要的情况下选任监护人，或启动新的收养程序；在送养人为有特殊困难无力抚养子女的生父母时，送养人仍须承担其抚养职责，实在有特殊困难无力抚养子女的，参考未成年子女的年龄阶段，寻找抚养人、选任监护人或者启动新的收养，保障未成年子女的最大利益。

成年养子女已具有完全行为能力，且可能已有独立的经济能力，与原生家庭的联系或强或弱。是故，是否在身份上回归原生家庭的亲属关系，法律应当尊重成年养子女与生父母之意愿。实践中有法院认为：恢复养子女与生父母之间的权利义务关系，必须满足一定的形式要件，即以书面方式表明双方一致同意恢复双方的权利义务关系；被收养人成年后与养父母解除收养关系之后，虽然与生父母有断断续续的来往，但该基于血缘亲情的来往，并不满足已独立生活的成年被收养人恢复同其生父母之间权利义务关系的形式要件，故不能在其与生父母之间产生法律上父母子女间权利义务关系恢复的效果［**江苏常州中院（2015）常民终字第2401号民判**］。成年养子女与养父母解除收养关系之前，其生父已死亡，并发生继承开始的事实，成年养子女与其生父之间的权利义务关系无法自行恢复，收养解除对收养各方当事人身份和财产的法律效果不具有溯及力，故而养子女无权继承生父的遗产［**杨浦法院（2022）沪0110民初5375号民判**］。

第一千一百一十八条 【收养关系解除后的生活费、抚养费的给付】收养关系解除后，经养父母抚养的成年养子女，对缺乏劳动能力又缺乏生活来源的养父母，应当给付生活费。因养子女成年后虐待、遗弃养父母而解除收养关系的，养父母可以要求养子女补偿收养期间支出的抚养费。

生父母要求解除收养关系的，养父母可以要求生父母适当补偿收养期间支出的抚养费；但是，因养父母虐待、遗弃养子女而解除收养关系的除外。

收养关系为拟制的父母子女关系，其权利义务关系适用父母子女关系的规范，两类关系存在相同的利益状况。在子女未成年之时，父母尽其抚养、教育和保护义务，投入心血与物质，保障未成年子女健康成长（**第1067条第1款**）；子女成年之后，在父母缺乏劳动能力、生活困难之时，自有赡养义务（**第1067条第2款**）。养父母与成年养子女解除收养关系的，前者已履行其应尽的义务，而受其抚养长大的成年养子女不应因拟制的父母子女关系结束，不再负担其本应于未来承担的赡养义务，也即不应当单方受益。基于权利义务的统一性与利益平衡，养父母缺乏劳动能力又缺乏生活来源时，正是成年养子女回馈、赡养养父母之时。

本条第1款第一句中的“应当给付生活费”应作广义解释，包括给付养父母之医疗费、护理费用［**西安中院（2019）陕01民终242号民判**、

红河中院（2019）云 25 民终 226 号民判]。给付的生活费由法院综合考虑养父母之年龄、生活来源之缺乏程度、当地生活水平以及养子女之给付能力等酌定之［**湘潭中院（2021）湘 03 民终 2592 号民判、北京三中院（2021）京 03 民终 10581 号民判**]。生活费可一次性给付［**“冯某刚、周某诉冯某伟解除收养关系案”，最高人民法院公布 10 起婚姻家庭纠纷典型案例（河南）之四，养父母养育养子 20 多年，解除收养关系时，法院判决养子一次性给付生活费和教育补偿金 20 万元**]，也可（按月）定期给付［**湘潭中院（2021）湘 03 民终 2592 号民判、深圳中院（2020）粤 03 民终 13262 号民判**]。养子女成年后虐待、遗弃养父母导致收养关系解除的，养父母可以主张补偿收养期间支出的抚养费。这既是基于权利义务相统一原则，又是对实施上述行为的养子女的一种合理惩戒。养父母要求养子女补偿收养期间支出的抚养费的，须证明养子女存在虐待、遗弃行为［**西安中院（2019）陕 01 民终 242 号民判**]。就未成年被收养人而言，生父母主张解除收养关系，若非出于养父母虐待、遗弃养子女之类的重大过错行为，生父母自然也应适当补偿养父母对养子女的养育付出；养父母虐待、遗弃养子女导致收养关系解除的，养父母无权受到补偿，以对其施加合理惩罚。上述应当补偿养父母的抚养费也应作广义解释，还应涵盖医疗费［**玉林陆川法院（2016）桂 0922 民初 1882 号民判**]。

关于对本条第 1 款第一句中的养父母“缺乏劳动能力”“缺乏生活来源”的理解和生活费的标准，应适用成年子女赡养父母之标准（**参见本法第 1067 条评注**）。关于本条第 1 款第二句和第 2 款中的“虐待”“遗弃”之理解，可参考本法第 1091 条评注。还应注意的是，本法第 1091 条规定了实施家庭暴力、有其他重大过错等过错行为，但本条仅列举了“虐待”和“遗弃”两种情形。然为周全保护养父母或养子女之利益，具有类似性质的其他重大过错行为（侵害行为）也应被同等对待，应承认本条之类推适用。

第六编　继　　承

第一章

一般规定

第一千一百一十九条　【继承编的调整范围】本编调整因继承产生的民事关系。

本编规范因继承这一法律事实所形成的法律关系。继承所形成的法律关系，并不局限于本编所规定的遗嘱继承关系和法定继承关系，而是泛指各类民事主体因取得死者遗产所形成的诸民事关系。因继承所产生的民事关系之主体，并不包括被继承人。即使存在被继承人的遗嘱处分，由此形成的遗嘱继承或遗赠法律关系之主体，也不包括被继承人。实质上，此时在法定继承人和遗嘱继承人、受遗赠人之间形成法定的债权债务关系。本编仅调整财产继承关系，不包括身份继承。死亡赔偿金、丧葬费等财产虽与被继承人的死亡相关，但不属于遗产的范围［**最高法（2004）民一他字第26号**］，故不受本编调整。

因继承所产生的关系不仅可能适用本编的规定，也可能适用本法其他编或者其他法律的规定。例如，继承人共同体之间形成的共同共有关系，应适用本法物权编关于共同共有的相关规定。但本编亦有规定时，适用上具有优先性，故适用或类推适用其他编或者其他法律的规定时，应考虑继承产生的民事关系的特殊性。

第一千一百二十条　【自然人的继承权】国家保护自然人的继承权。

《宪法》第13条第2款规定，国家依照法律规定保护公民的私有财产权和继承权。自然人继承受保护，意味着不得禁止财产的继承，但可依法律规定设置一定限制。自然人享有私有财产权意味着其有遗嘱处分的自由，遗嘱处分并不属于对继承权的侵害。本条从私法角度对继承权进行了规定，与本法第124条相呼应。

继承权这一概念通常在两层含义上使用：一是继承开始前的继承期待权（**如《继承编解释一》第13条**），二是继承开始后的继承既得权（**如《继承编解释一》第32、35条**）。对于前者，通说认为并非权利，其实质系一种资格，如确定代位继承（**第1128条**）。在继承开始前，继承期待权不能被处分，也不存在被侵害的可能，亦不可能受侵权法的保护。在继承开始后，继承权成为真正的权利，性质上为绝对权，放弃继承即意味着权利的抛弃。此时，继承权亦可被第三人侵害，常见的形态如冒称继承人而占有遗产，或其他继承人超过应继承份额而占有遗产。在继承权被侵害时，权利人除主张侵权损害赔偿外，亦可主张继承回复请求权。包括本法在内，我国虽从未在立法中明确规定回复请求权，但学界多予肯认，实践中亦有不少法院采纳［**厦门海沧法院（2013）海民初字第319号民判、嘉兴中院（2019）浙04民终3154号民判、青岛中院（2022）鲁02民终5514号民判**］。继承回复请求权独立存在的价值在于：继承为财产的概括继承，并不指向具体的财产，继承人到底能分得哪项动产或不动产存在不确定性，而继承权被侵害的继承人欲依本法第235条规定主张原物返还时，需指向特定的动产或不动产，这往往使其依原物返还请求权主张继承权之救济目的难以实现。此外，继承回复请求权还具有确认继承人资格的意义。

原《继承法》第8条规定了继承权纠纷的特别诉讼时效。本法删除了该规定，显有使之适用本法第188条关于普通诉讼时效的立法意图。但就继承回复请求权而言，若对方主张此项时效抗辩，受侵害的权利人不妨以此项请求权类似于原物返还请求权为由，主张类推适用本法第196条第2项规定，以排除第188条之诉讼时效的适用。

第一千一百二十一条 【继承的开始时间】继承从被继承人死亡时开始。

相互有继承关系的数人在同一事件中死亡，难以确定死亡

时间的，推定没有其他继承人的人先死亡。都有其他继承人，辈份不同的，推定长辈先死亡；辈份相同的，推定同时死亡，相互不发生继承。

被继承人的死亡时间即继承开始的时间。继承开始的时间，是确定遗产范围的时间点、遗嘱生效的时间点、放弃继承期间的起算时间点、放弃继承效力的溯及时间点，以及继承人资格的确认时间点，在继承法上具有关键意义。本条所称死亡，包括自然死亡和宣告死亡，其死亡时点或日期应分别依本法第 15 条和第 48 条确定。在宣告死亡被撤销的场合，依本法第 53 条（**参见其评注**）处理。

本条第 2 款就相互有继承关系的数人在同一事件中死亡，难以确定死亡时间时，如何确定各自死亡时间的问题作出了特殊规定。这一规定仅适用于继承领域，且即使在该领域，此规定与其他法律存在冲突时（**如《保险法》第 42 条第 2 款**），后者应优先适用。依本款规定，应先判断死亡的人是否有继承人，即除同一事件中死亡的人外，是否还存在其他继承人。如果都有继承人，那么不考虑死者年龄，直接按照辈份规则确定。推定长辈先死亡后，推定后死亡的晚辈继承人的继承人发生转继承（**第 1152 条**）；如辈份相同，则彼此不发生继承，亦不发生代位继承。

就遗赠而言，如果被继承人和受遗赠人在同一事件中死亡，确定谁先死亡并无实际意义。即使推定被继承人先死亡，由于死亡的受遗赠人无法作出接受遗赠的意思表示，也应视为其放弃遗赠。

第一千一百二十二条 【遗产的范围】遗产是自然人死亡时遗留的个人合法财产。

依照法律规定或者根据其性质不得继承的遗产，不得继承。

遗产属于总括性概念，泛指除法律规定或依其性质不得继承的财产外的一切个人合法财产。遗产须具有财产价值。即使某项财产包含一定的人身因素，亦不妨碍其成为遗产，典型者如专利权、著作权等。但其人身权部分（如著作人身权、专利人身权）不能继承。有限责任公司的股权、合伙企业中的财产份额虽因公司或企业本身的人合性而具有不同程度的人身属性，但同样可成为遗产（**《公司法》第 90 条、《合伙企业法》第 50 条**）。此时需优先考虑其他法律规定以及相关章程的约定。

就土地承包权而言，需要区分承包收益和土地承包权本身。前者可归入遗产（**《农地承包法》第 32 条第 1 款**）。承包人死亡时尚未取得承包收益的，可以将死者生前对承包所投入的资金和所付出的劳动及其增值和孳息，由发包人或接续承包人合理折价、补偿，价款与补偿款可作为遗产（**《继承编解释一》第 2 条**）。就土地承包权本身而言，由于其以具备农村集体经济组织成员身份为前提，不能当然继承。但林地承包权（**《农地承包法》第 32 条第 2 款**）以及通过招标、拍卖、公开协商等方式取得的土地经营权（**《农地承包法》第 54 条**）可以继承。就宅基地而言，其上房屋无疑可以成为继承客体。按照房地一体原则，宅基地使用权亦可继承，但宅基地使用权本身不能单独继承（**《自然资源部对十三届全国人大三次会议第 3226 号建议的答复》**）。

某些权利虽然具有一定的财产价值，但法律明确将其排除在遗产范围外。例如，依本法第 369 条，居住权不得继承。同样，即使是可商品化的人格权，亦应适用本法第 992 条的规定，不得成为继承的对象，但特定的近亲属可依法请求侵权人承担民事责任（**第 994 条**）。除此之外，具有人身专属性的权利亦不得继承，如扶养费请求权、部分因委托产生的权利、精神损害赔偿请求权、信托文件规定不得继承的信托受益权。对于虚拟财产而言，如其中包含被继承人的隐私信息且不可分离，应首先尊重被继承人的遗嘱指示，如无遗嘱指示，原则上可成为继承客体。

第一千一百二十三条 【法定继承、遗嘱继承、遗赠和遗赠扶养协议的效力】继承开始后，按照法定继承办理；有遗嘱的，按照遗嘱继承或者遗赠办理；有遗赠扶养协议的，按照协议办理。

无论是遗嘱还是遗赠扶养协议，均形成债权，相关权利人不直接享有物权。依本法第 1159 条先清偿债务再分割遗产的规则，法定继承所形成的遗产分割请求权处于最后顺位。这反映了被继承人的死因处分优先于法定继承规则。需要注意的是，遗嘱继承人在依遗嘱取得遗产后，仍有权参加法定继承（**《继承编解释一》第 4 条**）。

在遗嘱继承、遗赠和遗赠扶养协议内部，遗赠扶养协议因其有偿性，相应形成的遗赠债权在清偿顺序上优先于普通的遗赠和遗嘱继承所形成的债权。遗嘱继承和遗赠形成的债权，处于同一清偿顺位。若二者针对同一财产，则应依后遗嘱撤回前遗嘱的规则（**第1142条**）处理。

第一千一百二十四条 【继承的接受和放弃】继承开始后，继承人放弃继承的，应当在遗产处理前，以书面形式作出放弃继承的表示；没有表示的，视为接受继承。

受遗赠人应当在知道受遗赠后六十日内，作出接受或者放弃受遗赠的表示；到期没有表示的，视为放弃受遗赠。

放弃或接受继承、遗赠的权利具有人身专属性，不能成为继承的客体。但由于放弃或接受继承、遗赠的意思表示不产生身份法上的效果，故可通过代理人作出。放弃或接受继承、遗赠，均为其意思表示需相对人受领的单方法律行为，但不得附条件和期限。

就继承的放弃而言，其对象是继承权，故不能部分放弃，但继承人可放弃最后分得的遗产（**上海高院《对贯彻最高人民法院关于执行继承法若干意见的意见》第15条**）。而且，不管是法定继承还是遗嘱继承，继承人意欲放弃继承的，需以书面形式明确作出意思表示。表示之相对人包括其他继承人、遗产管理人或者法院。放弃继承的意思表示只能采用书面形式，在诉讼中可采口头形式，但放弃人应在笔录上签字（**《继承编解释一》第33、34条**）。继承人放弃继承的期间，是继承开始后、遗产分割前（**《继承编解释一》第35条**）。这是因为在继承开始前，继承权并非实质意义上的权利，不能成为处分的对象。而在遗产分割后，各继承人已实际取得所有权或其他具体的财产权，此时放弃继承者实际上放弃的是其最后分得的遗产。此时，若其对其他继承人同时为赠与表示，自应遵循本法关于赠与合同的规定；但其未明确为此意思表示的，不妨依目的性扩张而适用本法第1160条的规定，使遗产归国家所有，用于公益事业。

继承人因放弃继承权，致其不能履行法定义务的，放弃行为无效（**《继承编解释一》第32条**）。此解释源自原《继承法解释》第46条，其所谓法定义务，典型者如继承人依法应承担的法定抚养义务、依法应缴纳的税款等债务。此前的司法实务认为，法定义务不限于扶养等债务，亦包含与身份关系无关的其他债务［**成都青羊法院（2007）青羊民初字第1247号民判、成都中院（2008）成民终字第1129号民判**］。对此，需澄清者有三：(1)“法定义务”应限定为和身份关系相关的法定义务以及公法上的债务；致使其他债务不能履行的，放弃行为并不因此当然无效，此时的核心问题应该是债权人能否就放弃行为行使撤销权。依本法第538条，撤销权的行使以债务人“无偿处分财产权益”为要件，而继承权之放弃显然不是无偿处分“财产权益”，故否定说更具解释力。(2)在本法通过后，仍有法院将管理遗产和在遗产范围内清偿债务作为此处的法定义务［**巫山法院（2020）渝0237民初3951号民判、大连中院（2020）辽02民终6007号民判**］，实属不妥。盖本法第1145条已明确规定遗产管理人的产生规则，即使继承人放弃继承，仍有后顺位的遗产管理人。(3)夫妻一方在婚姻关系存续期间放弃继承，导致夫妻共同财产未增加，另一方不能据此主张该放弃行为导致不能履行法定义务，因为婚后所得共同制并未产生此等法定义务。放弃继承的行为亦不构成损害夫妻共同财产的行为（**浙江高院民一庭《关于审理婚姻家庭案件若干问题的解答》第18条**）。

放弃继承的意思表示原则上不能反悔，除非存在客观的正当理由，且行为人应在遗产分割完毕前提出反悔（**《继承编解释一》第36条**）。例如，继承人罹患疾病或收入难以维持生活［**淄博桓台法院（2021）鲁0321民初488号民判**］。如果行为人明确作出接受继承的意思表示，原则上不宜再承认其有权反悔。接受继承的意思表示无须采用书面形式，亦可从其行为中推定其接受了继承，例如以法定继承人身份参与遗产管理［**韶关始兴法院（2020）粤0222民初1512号民判**］。依诚信原则，接受者嗣后原则上不能反悔。

从法律效果看，放弃继承的效力溯及至继承开始时（**《继承编解释一》第37条**）。易言之，放弃继承的，从继承开始时继承人的继承权即不存在，其他同一顺位的继承人的继承份额相应增加。如无同一顺位继承人，则由后一顺位继承人继承。如无后一顺位继承人，则遗产归国家或集体所有。但继承人在此期间实施的行为，并不完全归于无效，尤其是那些需以继承人身份被动受领的行为。例如，其他继承人、受遗赠人向其作出放弃继承或接受遗赠的意思表示；又如，合同相对人在遗产管理人确定之前，向其作出催告或者解除合同的通知。这些受领行为是有效的。然此时债务人原则上不应在明确遗产管理人之前向继承人清偿，而应依本法第570条的规定进行提存。债务人贸然向继承人清偿，继承人嗣后又放弃继承权的，不发生债务消灭的效果。由于继承人放弃继承，之前的遗产管理行为相应成为无因管理，处分行为相应成为无权处分。但是，紧急情况下的处分不构成无权处分。

由于继承权源于继承人和被继承人之间的特定身份关系，原则上前者是后者的近亲属，故本条第1款以拟制性法条的方式，对继承的接受没有要求须积极为意思表示，只要继承人未在遗产处理前表示放弃，即推定其接受继承。与此不同的是，依本条第2款，遗赠的接受和放弃应在继承开始且知道受遗赠后60日内作出；受遗赠人未在此期间内作出意思表示的，则推定其拒绝遗赠。法律之所以作此相反推定，是因为受遗赠人并非被继承人的近亲属。与放弃继承意思表示所要求的书面形式不同，接受或放弃遗赠也不需要采书面形式，口头形式亦可。接受遗赠的意思表示可以向继承人、遗产管理人作出，或在诉讼中向法院作出。受遗赠人提起诉讼要求获得遗赠所涉财产，本身即表明其有接受遗赠的意思表示。在相对人受领接受遗赠的意思表示后，遗赠债权形成。此时，受遗赠人的继承人可以继承该债权（《继承编解释一》第38条）。

第一千一百二十五条 【继承权的丧失和恢复】继承人有下列行为之一的，丧失继承权：

（一）故意杀害被继承人；

（二）为争夺遗产而杀害其他继承人；

（三）遗弃被继承人，或者虐待被继承人情节严重；

（四）伪造、篡改、隐匿或者销毁遗嘱，情节严重；

（五）以欺诈、胁迫手段迫使或者妨碍被继承人设立、变更或者撤回遗嘱，情节严重。

继承人有前款第三项至第五项行为，确有悔改表现，被继承人表示宽恕或者事后在遗嘱中将其列为继承人的，该继承人不丧失继承权。

受遗赠人有本条第一款规定行为的，丧失受遗赠权。

继承权丧失是对继承人不法行为的私法规制。此不法行为可能发生在继承开始前，也可能发生在继承开始后。本条所称继承人亦包括代位继承人。根据所涉行为是否导致继承权终局丧失，继承权的丧失分为绝对丧失和相对丧失。

继承权的绝对丧失，系指无论受损害的被继承人或其他继承人是否宽宥继承人的违法行为，继承权均消灭。其具体情形包括两种：故意杀害被继承人；为争夺遗产而杀害其他继承人。只要继承人实施上述犯罪行为即符合继承权绝对丧失的要件，是否既遂（**《继承编解释一》第7条**）、中止，是否为正犯，在所不问。行为人故意伤害并导致被继承人或其他继承人死亡，不构成杀害，不导致继承权消灭。然若故意伤害被继承人同时构成虐待，且导致死亡这一严重后果，则行为人丧失继承权。此外，继承人即使被免予刑事处罚，亦丧失继承权。正当防卫行为缺乏故意杀害被继承人或其他继承人之犯罪目的，无须承担刑事责任，不会导致继承权的丧失。需要注意的是，不管因何动机杀害被继承人均导致继承权的丧失，而故意杀害其他继承人则须以争夺遗产为目的。为争夺遗产杀害代位继承人或非同一顺位的继承人，亦导致继承权丧失。

继承权的相对丧失，系指继承人虽然存在不当行为，但其嗣后有悔改行为且得到被继承人宽宥，则不丧失继承权。本条第1款第3～5项为继承权的相对丧失情形，这些情形相对于前两种行为较为轻微。就虐待、遗弃被继承人而言，只有满足情节严重的要件，才会导致继承权丧失。所谓情节严重，可从实施虐待行为的时间、手段、后果和社会影响等方面认定，但不以追究刑事责任为前提（**《继承编解释一》第6条**）。遗弃情节是否严重，可参照该规定。就伪造、篡改、隐匿或者销毁遗嘱而言，同样需满足情节严重之要件。典型的情形如继承人伪造、篡改、隐匿或者销毁遗嘱，侵害了缺乏劳动能力又无生活来源的继承人的利益，并造成其生活困难（**《继承编解释一》第9条**）。就以欺诈、胁迫手段迫使或者妨碍被继承人设立、变更或者撤回遗嘱而言，同样需要满足情节严重的要件。情节是否严重，需从继承人行为的恶劣程度以及对被继承人遗嘱自由的损害程度来判断。

在继承权相对丧失的场合，继承人不丧失继承权需满足两项要件：继承人有悔改表现；被继承人在嗣后宽宥。悔改表现是指继承人认识到自己行为的错误性，并实施了相关的悔改行为，如道歉、积极履行扶养义务等。被继承人的宽宥行为属于准法律行为中的感情表示，需要被继承人具备行为能力，但无须不当行为人受领，亦无须采用遗嘱形式。被继承人嗣后为遗嘱处分时，仍将行为人列为继承人的，可以推定被继承人有宽宥意思。

就继承权丧失的效果而言，我国采当然丧失主义。当事人如对此有争议，法院可判决确认其是否丧失继承权（**《继承编解释一》第 5 条**）。根据不当行为发生的时间，此处所称继承权丧失既包括继承资格的丧失，也包括继承既得权的丧失。前者从继承人实施该不当行为时丧失，后者溯及至继承开始之时。由于我国代位继承采代位权说（**《继承编解释一》第 17 条**），继承权丧失亦会导致代位继承权丧失。继承权的丧失一体适用于法定继承和遗嘱继承。行为人存在本条第 1 款前两项所规定的行为，而被继承人仍将其列为继承人的，法院可确认遗嘱无效，并确认该继承人丧失继承权（**《继承编解释一》第 8 条**）。据此，继承人丧失继承资格后，亦不能将后来所立遗嘱转换为遗赠。

在遗赠的情形下，如受遗赠人存在第 1 款规定的行为，同样会丧失受遗赠权，遗赠债权自始不存在。但因受遗赠人与被继承人之间并不存在近亲属身份，不能类推适用本条第 2 款的规定。即使受遗赠人确有悔改表现，被继承人也表示宽恕，被继承人此时也只能重新订立遗嘱，以该受遗赠人为遗赠对象。

第二章

法定继承

第一千一百二十六条 【男女平等享有继承权】继承权男女平等。

本条针对实践中出现的不当剥夺女性继承权的现象，确认继承权不因男女性别而有所差异。无论女性是否出嫁、是否再婚，其继承权均不受影响；女性享有与同一顺位男性相同的继承权。但本条规定并不妨碍被继承人订立遗嘱，仅将遗产留给男性继承人，被继承人也没有义务在男女两性继承人间平均分配遗产。易言之，被继承人订立的遗嘱并不因此无效。

第一千一百二十七条 【法定继承人的范围及继承顺序】遗产按照下列顺序继承：

（一）第一顺序：配偶、子女、父母；

（二）第二顺序：兄弟姐妹、祖父母、外祖父母。

继承开始后，由第一顺序继承人继承，第二顺序继承人不继承；没有第一顺序继承人继承的，由第二顺序继承人继承。

本编所称子女，包括婚生子女、非婚生子女、养子女和有扶养关系的继子女。

本编所称父母，包括生父母、养父母和有扶养关系的继父母。

本编所称兄弟姐妹，包括同父母的兄弟姐妹、同父异母或者同母异父的兄弟姐妹、养兄弟姐妹、有扶养关系的继兄弟姐妹。

法定继承建立在亲属身份关系上，故应依亲属的亲疏远近确定继承人的范围及顺序。本条规定的法定继承人均为近亲属，与被继承人存在较为紧密的联系。其中，第一顺位法定继承人与被继承人关系最为密切，包括二代以内的直系血亲（父母、子女）及配偶，他们均系本法第1045条第3款规定的当然家庭成员。第二顺位继承人虽亦为近亲属，但与被继承人的关系相对较远。故仅在无第一顺位继承人时，才由第二顺位继承人继承。“没有第一顺序继承人”，包括在继承开始时不存在第一顺位继承人，第一顺位继承人全部丧失继承权或全部放弃继承权。被继承人可通过遗嘱调整本条规定的继承顺序。

本条所称配偶，是指在被继承人死亡时，与其具有合法婚姻关系的另一方。即使已启动登记离婚或诉讼离婚程序，但尚未取得离婚登记或生效裁判文书的，在世的一方仍有权参与继承。与婚姻家庭编相同，本编规定的子女包括婚生子女、非婚生子女、养子女以及有扶养关系的继子女。与此相应，本编规定的父母包括生父母、养父母和有扶养关系的继父母。只要父母子女关系得到法律承认，父母和子女均互为继承人。就形成扶养关系的继父母子女而言，继子女既与其生父母互为继承人，也与对其进行扶养的继父母互为继承人；同样，继父母继承了继子女的遗产，不影响其继承生子女的遗产（**《继承编解释一》第11条**）。

本编所称兄弟姐妹包括全血缘兄弟姐妹（同父母的兄弟姐妹）、半血缘兄弟姐妹（同父异母或同母异父的兄弟姐妹）、养兄弟姐妹、有扶养关系的继兄弟姐妹。就收养而言，由于收养不仅在被收养人和收养人之间形成法律关系，而且在被收养人和收养人近亲属之间形成法律关系，故在养子女和生子女之间、养子女和养子女之间，会形成法律认可的兄弟姐妹关系。又因收养关系成立后，被收养人与生父母及其近亲属的关系消灭，被收养人与亲兄弟姐妹之间的关系亦消灭（**第1111条**），他们不能互为继承人（**《继承编解释一》第12条**）。就有扶养关系的继兄弟姐妹的判断而言，关键在于他们之间是否存在事实上的扶养关系。如果只是其生父母扶养了继兄弟姐妹，其自身并未扶养，那么虽然继父母与继子女互为继承人，继兄弟姐妹也仅有姻亲关系，不能互为继承人。继兄弟姐妹之间相互继承了遗产的，不影响其继承亲兄弟姐妹的遗产（**《继承编解释一》第13条**）。

第一千一百二十八条 【代位继承】被继承人的子女先于被继承人死亡的，由被继承人的子女的直系晚辈血亲代位继承。

被继承人的兄弟姐妹先于被继承人死亡的，由被继承人的兄弟姐妹的子女代位继承。

代位继承人一般只能继承被代位继承人有权继承的遗产份额。

代位继承发生在血亲继承场合，包括两种情形：被继承人的子女先于被继承人死亡；被继承人的兄弟姐妹先于被继承人死亡。代位继承仅适用于法定继承，不适用于遗嘱继承。如果遗嘱继承人先于被继承人死亡，遗嘱不生效力。

就第一种情形而言，具有继承资格的子女先于被继承人死亡的，由被继承人的子女的直系晚辈血亲代位参加继承。代位继承人不受辈数的限制，被继承人的孙子女、外孙子女、曾孙子女、外曾孙子女都可代位继承（**《继承编解释一》第14条**）。被继承人的养子女、已形成扶养关系的继子女的生子女，可代位继承；被继承人亲生子女的养子女，可代位继承；被继承人养子女的养子女，可代位继承；与被继承人已形成扶养关系的继子女的养子女，也可代位继承（**《继承编解释一》第15条**）。

就第二种情形而言，具有继承资格的兄弟姐妹先于被继承人死亡的，由被继承人的兄弟姐妹的子女代位参与继承。与第一种情形不同，此时的代位继承人仅限于兄弟姐妹的子女，不包括其他直系晚辈血亲。易言之，诸如兄弟姐妹的孙子女、外孙子女等直系晚辈血亲，不能作为代位继承人参与继承。

关于代位继承之性质，有固有权说和代位权说两种观点。从本条第2款以及《继承编解释一》第17条的规定来看，我国采后一观点。代位继承人一般只能继承被代位继承人有权继承的遗产份额。易言之，代位继承人一般只能继承被代位继承人的应继份额。但代位继承人缺乏劳动能力又没有生活来源，或者对被继承人尽过主要赡养义务的，可在分配遗产时多分（**《继承编解释一》第16条**）。继承人丧失继承权的，其直系晚辈血亲不得代位继承。如该代位继承人缺乏劳动能力又没有生活来源，或者对被继承人尽赡养义务较多的，可依本法第1131条适当分得遗产（**《继承编解释一》第17条**）。

第一千一百二十九条　【丧偶儿媳、丧偶女婿的继承权】丧偶儿媳对公婆，丧偶女婿对岳父母，尽了主要赡养义务的，作为第一顺序继承人。

依本法第 1127 条，继承人均为近亲属，而儿媳与公婆、女婿与岳父母并非近亲属，他们只具有姻亲关系，故不能互为继承人。儿媳对公婆、女婿对岳父母，亦无法定的赡养义务，但为鼓励儿媳、女婿赡养公婆、岳父母，法律作此规定，体现了权利义务一致原则。

儿媳和女婿成为公婆、岳父母的第一顺序继承人需同时满足两项条件：首先，儿媳、女婿的配偶已去世。如其配偶仍然在世，即使其事实上赡养了公婆、岳父母，由于其配偶属于第一顺序法定继承人，其不能同时作为第一顺序法定继承人。其次，儿媳、女婿在其配偶去世后，仍事实上赡养公婆、岳父母，且该赡养占据主要地位。对被继承人生活提供了主要经济来源，或在劳务等方面给予了主要扶助的，应认定其尽了主要赡养义务或主要扶养义务（**《继承编解释一》第 19 条**）。如果儿媳或女婿仅偶尔照顾或帮助公婆、岳父母，则不能成为第一顺序继承人。

丧偶儿媳、女婿的继承人身份是独立的，即使其直系晚辈血亲作为代位继承人参加了继承，亦不妨碍其独立参加继承。其是否再婚，不影响继承资格的判断（**《继承编解释一》第 18 条**）。

第一千一百三十条　【遗产分配的原则】同一顺序继承人继承遗产的份额，一般应当均等。

对生活有特殊困难又缺乏劳动能力的继承人，分配遗产时，应当予以照顾。

对被继承人尽了主要扶养义务或者与被继承人共同生活的继承人，分配遗产时，可以多分。

有扶养能力和有扶养条件的继承人，不尽扶养义务的，分配遗产时，应当不分或者少分。

继承人协商同意的，也可以不均等。

本条第 1 款确认，同一顺序继承人的应继份额原则上均等。如果遗嘱继承只是调整了继承顺序，而未明确具体的继承财产和份额，多数遗嘱继承人之间的应继份额同样均等。继承人即使先通过遗嘱继承取得部分遗产，亦不影响其在法定继承中的应继份额（《继承编解释一》第4条）。本条第2～5款规定的例外情形，分为法定的不均等情形和约定的不均等情形。

法定的不均等情形，分为弱者照顾和权利义务相一致两类。就前者而言，继承人需同时满足生活有特殊困难以及缺乏劳动能力两项要件。生活有特殊困难，是指继承人欠缺独立的生活来源，或其财产不足以维持基本生活水平。继承人虽然自身没有财产或收入，但有除被继承人以外的其他人扶养，通常不属于本款规定情形。缺乏劳动能力，是指继承人因年幼、年迈、疾病等原因，全部或部分丧失劳动能力。第3～4款分别从正反两面反映了权利义务相一致原则，旨在弘扬养老敬老的传统美德。对被继承人尽了主要扶养义务，是指对被继承人生活提供了主要经济来源，或在劳务等方面给予了主要扶助（《继承编解释一》第19条）。与被继承人共同生活，照顾被继承人的日常起居，是继承人尽主要扶养义务的典型形态。然与被继承人共同生活的继承人也可能不尽扶养义务，此时可少分或不分遗产（《继承编解释一》第23条）。

继承人少分遗产，需要满足下述要件：继承人有扶养能力和扶养条件，却不尽扶养义务。继承人有扶养能力和扶养条件，愿尽扶养义务，但被继承人因有固定收入和劳动能力，明确表示不要求其扶养的，在分配遗产时，一般不应据此降低其继承份额（《继承编解释一》第22条）。不分或少分遗产的比例，应依具体情形酌定。如果继承人不尽扶养义务已构成遗弃，则其丧失继承权，本条并无适用空间。即使其嗣后存在悔改表现且得到被继承人宽宥，而不丧失继承权，在分割遗产时亦应考虑其之前不尽扶养义务的情形。

作为意思自治原则的体现，继承人共同体当然可以约定不进行均等分割，且此等约定对所有继承人发生效力。约定不均等分割，有别于继承权的放弃，后者只能针对整个继承权而不能针对部分应继份额。与放弃继承权不同，内部约定不均等分割遗产，不能减少或免除继承人对第三人的债务清偿责任。

第一千一百三十一条 【酌情分得遗产权】对继承人以外的依靠被继承人扶养的人，或者继承人以外的对被继承人扶养较多的人，可以分给适当的遗产。

本条旨在照顾弱者，褒奖继承人以外的人抚养被继承人。其规定的两类酌情分得遗产人，分别是受被继承人扶养的人和扶养被继承人的继承人以外的人。后一类主体非指本法第 1127 条及第 1129 条规定的所有法定继承人以外的人，而是泛指未参与继承的法定继承人以外的人。易言之，第二顺序的法定继承人未参与继承，但其依靠被继承人扶养或对被继承人扶养较多，亦可依本条主张遗产酌分请求权。所谓依靠被继承人扶养，是指被继承人对其具有法定扶养义务，或虽无法定扶养义务，但与其形成了长期稳定的扶养关系，典型者如被收养的子女对其生父母尽了较多的扶养义务（**《继承编解释一》第 10 条**）。所谓对被继承人扶养较多的人，是指对被继承人生活提供了较多的经济来源，或在劳务等方面给予了较多的扶助。即使该主体负有法定扶养义务，亦不妨碍其主张本项权利。易言之，遗产酌分请求权人对被继承人有法定扶养义务，并不影响该请求权成立。但如其本身无任何扶养义务，则在酌分遗产份额时可考虑多给。

在确定依靠被继承人扶养的人的酌分遗产具体份额时，应结合遗产的具体数额、参与继承人的具体情况、依靠被继承人扶养的人的扶养需求、当地生活水平等因素综合考量。遗产酌分请求权虽为涉及生存利益的债权，在清偿顺序上处于优先地位，但在确定具体份额时仍需考虑继承人的情况，尤其是继承人中是否同样存在依靠被继承人扶养的人。在确定对被继承人扶养较多的人的酌分遗产具体份额时，需综合考量遗产的具体数额、参与继承人的具体情况、遗产酌分请求权人对被继承人的扶养情况等因素。总体而言，酌分遗产的具体份额可能高于也可能低于继承人的应继份额（**《继承编解释一》第 20 条**）。

第一千一百三十二条 【继承处理方式】继承人应当本着互谅互让、和睦团结的精神，协商处理继承问题。遗产分割的时间、办法和份额，由继承人协商确定；协商不成的，可以由人民调解委员会调解或者向人民法院提起诉讼。

继承人通常为亲属，遗产处理涉及家庭和睦。鉴于此，本条第一句规定了互谅互让、和睦团结这一处理继承问题的倡导性原则，以尽量避免出现纠纷。本条鼓励继承人自行协商确定遗产的分割时间、办法和份额，协商确定的结果对全体继承人具有约束力。继承人就继承问题出现的纠纷，可由调解委员会调解。经调解达成调解协议的，当事人可依《人民调解法》第 33 条，自调解协议生效之日起 30 日内共同向法院申请司法确认，法院应及时对调解协议进行审查，依法确认调解协议的效力。调解并非解决继承纠纷的必经程序，当事人也可依《民诉法》的规定直接向法院提起诉讼。

第三章

遗嘱继承和遗赠

第一千一百三十三条 【遗嘱处分个人财产】自然人可以依照本法规定立遗嘱处分个人财产，并可以指定遗嘱执行人。

自然人可以立遗嘱将个人财产指定由法定继承人中的一人或者数人继承。

自然人可以立遗嘱将个人财产赠与国家、集体或者法定继承人以外的组织、个人。

自然人可以依法设立遗嘱信托。

自然人可通过遗嘱处分财产，这体现了私法上的意思自治。遗嘱系意思表示无须受领的单方法律行为，但其具有高度的人身性，不得代理。遗嘱系死因法律行为，与被继承人通过生前法律行为（如附死亡条件的赠与合同、生前信托）所作财产处分存在明显区别。本条虽然使用了“处分”一词，但其在性质上不同于作为生前法律行为子类型的处分行为。在本条确定的类型之外，本法第 371 条还规定了以遗嘱方式设立居住权。遗嘱不仅指向财产处分，亦包括与财产处分相关的行为，如指定遗产管理人、遗嘱管理指示等。除此之外，本法第 29 条规定了遗嘱设定监护。遗嘱具有部分或全部排除相关法定规则（如法定继承规则、遗产管理人产生的法定规则或者确定监护人的法定规则）的效力。

一、自然人可以指定遗嘱执行人

本条第 1 款明确遗嘱人在依法设立遗嘱的同时，可以指定遗嘱执行人。依本法第 1145 条规定，继承开始后，遗嘱执行人为遗产管理人。易言之，遗嘱执行人在遗产管理人的顺位上具有优先性。当然，被继承人可在不立遗嘱处分财产的情况下，仅仅指定遗产管理人。由此指定的遗产管理人，并非本条意义上的遗嘱执行人。被继承人亦可指定多名遗嘱执行人，由其共同担任遗产管理人。同样，被继承人还可确定某一或某些遗嘱执行人的职责，此为遗嘱自由的应有之义。

至于被继承人指定何人为遗嘱执行人，在所不问；继承人、受遗赠人或其他利害关系人均无不可。但遗嘱执行人须履行遗产管理人职责，故其需具备完全行为能力。遗嘱执行人至迟于继承开始时需要具备完全行为能力，否则遗嘱指定不生效力，应依本法第 1145 条确定遗产管理人。

关于遗嘱执行人地位的性质，学理上应采职责说。虽然遗嘱执行人由遗嘱确定，但其并非被继承人或继承人的代理人，具有独立的法律地位。

二、遗嘱继承和遗赠

对于遗嘱继承和遗赠的区分，现行法并未采用比较法上较为通行的标准，而是以受益人为区分标准。亦即：如果受益人为法定继承人，则为遗嘱继承；如果受益人为法定继承人之外的其他人，则为遗赠。至于其处分的形态是个别处分还是概括处分，并非所问。本条第 2 款所称法定继承人包含所有法定继承人，并不限于特定的顺位。对公婆尽到主要赡养义务的丧偶儿媳、对岳父母尽到主要赡养义务的丧偶女婿，亦包含在内。此外，本法第 1128 条规定的代位继承人，亦属法定继承人。本条第 3 款规定的遗赠对象，则包括国家、集体或者法定继承人以外的组织或自然人。

三、遗嘱信托

遗嘱信托，是指被继承人基于对受托人的信任，通过遗嘱的方式将财产权委托给后者，由其以自己的名义为受益人的利益或特定目的，进行财产管理或处分的行为。遗嘱信托为本法新增规定，与《信托法》第 13 条相呼应。依《信托法》第 8 条第 2 款，适格的遗嘱信托须满足遗嘱的书面形式要件。相对于其他信托，遗嘱信托的设立具有特殊性。依《信托法》第 13 条第 2 款，此特殊性表现在：如果遗嘱指定的人拒绝或者无能力担任受托人，应由受益人另行选任受托人；受益人为无行为能力人或限制行为能力人，由其监护人代行选任。当然，遗嘱可就此另行规定。

第一千一百三十四条 【自书遗嘱】自书遗嘱由遗嘱人亲笔书写，签名，注明年、月、日。

自书遗嘱无须遗嘱见证人或公证机构的协助，具有较好的私密性，是最为常见的遗嘱形式。自书遗嘱与其他形式遗嘱一样，须遵守严格的形式要求，否则所立遗嘱无效。严格的形式要求具有多方面的功能：(1) 证明功能。因为在遗嘱生效时，遗嘱人已经死亡，其死因处分的真意往往难以查明，只能通过形式强制在一定程度上解决该问题。法律设定亲自书写要求的目的在于，根据书写的特征差异确定遗嘱人身份，并确保遗嘱内容真实。(2) 警示功能。形式强制有助于督促遗嘱人在慎重思考后订立遗嘱。形式强制并不意味着证据法上的书证原件，即使自书遗嘱嗣后非因遗嘱人的原因灭失，法院仍可依《民诉法解释》第 111 条的规定，结合其他证据和案件情况，认定复印件的效力。

自书遗嘱的核心特征在于遗嘱的内容完全由遗嘱人亲自书写，由此区别于代书遗嘱、公证遗嘱和打印遗嘱。因此，如果遗嘱人自身没有书写能力或无法理解所书写文字的意义，不能订立自书遗嘱。自书遗嘱的全部内容均应由行为人亲自书写。遗嘱包含的非遗嘱人亲笔所写的内容，不适用自书遗嘱规则。

本条所称签名仅指手写签署名字，不包括加盖名章以及捺印。签名不仅具有表征身份的功能，亦具有额外警示之功能。相对于加盖名章和捺印，签名更能印证行为人的表示意思。是故，这一形式要求不存在缓和余地。如果遗嘱存在涂改或增删，遗嘱人应在涂改或增删处额外签名，以确保此涂改或增删是由其本人所为。如遗嘱为多页，则每页页末都应签名。之所以在页末签名，是为了表明遗嘱人已经完成遗嘱。签名的重要意义在于其具有身份识别功能，故别名、笔名、艺名均无不可。如不能识别其身份，则所立遗嘱无效。最为典型的情况是，遗嘱人第一次使用一种从未使用过或公开过的别名。

遗嘱须注明日期，即具体到年、月、日（一般情形下为公历日期）。遗嘱有时虽未载明具体日期，但在可通过“50 岁生日”等表述予以推断时，宜认定为有效。如遗嘱人在书写完遗嘱后，嗣后补签日期，应以补签的日期为遗嘱的订立时间。遗嘱之所以要求载明订立时间，首先是为了判断遗嘱人在订立遗嘱时是否具有行为能力。依《继承编解释一》第 28 条的规定，遗嘱人在立遗嘱时须具有完全行为能力。无行为能力人或限制行为能力人所立遗嘱为无效遗嘱，即使其嗣后具有完全行为能力。相反，遗嘱人立遗嘱时具有完全行为能力，嗣后成为无行为能力人或限制行为能力人的，不影响遗嘱的效力。其次，遗嘱的订立时间对于确定是否存在遗嘱撤回或变更，至关重要。依本法第1142条，立遗嘱后，遗嘱人实施与遗嘱内容相反的法律行为的，视为撤回遗嘱相关内容。立有数份遗嘱，内容相抵触的，以最后的遗嘱为准。

确定自书遗嘱效力的关键不在于遗嘱人所书遗嘱的外在形式，而在于确定遗嘱人死因处分之意思。即使遗嘱人没有使用“遗嘱”的表达，在自书遗嘱所要求的全部形式要件得到满足时，亦应认定为自书遗嘱。因此，《继承编解释一》第27条规定，自然人在遗书中涉及死后个人财产处分的内容，确为死者的真实意思表示，有本人签名并注明了年、月、日，又无相反证据的，可按自书遗嘱对待。同样，遗嘱人在其书写的信件中明确表达了死因处分之意思，且满足签名和注明年、月、日要件的，亦应认定为自书遗嘱。

第一千一百三十五条 【代书遗嘱】代书遗嘱应当有两个以上见证人在场见证，由其中一人代书，并由遗嘱人、代书人和其他见证人签名，注明年、月、日。

代书遗嘱不限于遗嘱人无法订立自书遗嘱的情形。根据遗嘱自由原则，遗嘱人有选择遗嘱形式的自由。相对于自书遗嘱，代书遗嘱的伪造和篡改风险更高，故其形式要件更为严格。

一、见证人见证

为保证代书遗嘱的真实性，法律将两类主体排除在遗嘱见证人之外：(1) 客观上不具备遗嘱见证能力的人。依本法第1140条第1项，这类主体包括无行为能力人、限制行为能力人以及其他不具有见证能力的人。其他不具有见证能力的人，是指虽具有行为能力，但欠缺见证的客观能力，如聋哑人或欠缺阅读书写能力的人。(2) 利害关系人。依本法第1140条第2项与《继承编解释一》第24条，利害关系人包括但不限于继承人、受遗赠人以及二者的债权人、债务人，共同经营的合伙人。至于遗嘱人是否知晓其欠缺见证人资格，在所不问。

见证人在场见证，系指见证人须全程参与代书遗嘱的订立，以确保遗嘱人口述、代书人代书以及见证人见证在时空上同步。见证人不能脱离遗嘱人完成遗嘱见证的后续步骤［**上海二中院（2020）沪02民终6268号民判**］。即使遗嘱上有见证人签名，但其未全程参与遗嘱人终意表达、代书人书写、遗嘱人确认签名等过程的，遗嘱也因不符合法律规定的在场见证要件而无效。

二、遗嘱代书

遗嘱代书应由适格的遗嘱见证人进行。遗嘱见证人应完整书写遗嘱人的终意，并记载足以识别遗嘱人、见证人的身份信息。如见证人未书写而是打字，则遗嘱不符合代书遗嘱的要件而为打印遗嘱。本条虽规定由见证人中一人代书，但代书若由两个及以上见证人完成，也应承认其效力。

代书人完成代书后，通常应向遗嘱人及其他见证人宣读、讲解遗嘱。尤其在遗嘱人缺乏文字阅读能力时，代书人的宣读、讲解尤为关键，以确保所代书遗嘱符合遗嘱人的真意。

三、签名和注明日期

代书遗嘱须由遗嘱人、代书人和其他见证人签名，以表明其认可遗嘱内容。存疑的是，其能否通过捺印等方式代替签名。我国司法实践多承认在特定情形下，能以捺印替代签名。有法院结合立遗嘱录像，认为遗嘱人在尝试签名失败的情况下，以语言表达认可并以摁手印方式确认代书遗嘱是合理的，符合形式要件［**北京二中院（2020）京02民终7088号民判**］。亦有法院认为，遗嘱继承的关键是确定遗嘱人的真实意思表示，因遗嘱人的特殊情况未能订立完全符合法定形式要件的遗嘱，并不能机械认定遗嘱无效［**山东高院（2020）鲁民申2766号民裁**］。代书遗嘱的一项重要功能，是向自书存在困难的表意人提供表意机会。在此情形下，遗嘱人往往不能亲自书写遗嘱，只要通过捺印可识别其遗嘱意愿即可。同样，见证人未签名而通过其他形式表明身份的，实践中也未绝对否定代书遗嘱效力［**日照中院（2019）鲁11民终2035号民判**］。总之，在特定情形下，如果存在其他足以印证遗嘱系遗嘱人真意或符合见证人在场要件的证据，签名要件可在一定程度上被缓和。

注明日期的作用在于化解多份遗嘱效力的问题，并确认遗嘱人的遗嘱能力。与自书遗嘱相同，其他可以明确具体日期的表述亦应有效。但是，“遗嘱人、代书人、见证人均需在遗嘱上注明年、月、日”的要求过于严苛，且其并不能确保代书遗嘱的时空一致性。故而，除非存在相反证据，应承认仅一人注明年、月、日之遗嘱的效力。不过，遗嘱人与代书人或其他见证人注明的日期若不相同，则不符合代书遗嘱要求的时空一致性，此代书遗嘱无效。

第一千一百三十六条 【打印遗嘱】打印遗嘱应当有两个以上见证人在场见证。遗嘱人和见证人应当在遗嘱每一页签名，注明年、月、日。

在本法颁布前，打印遗嘱的效力在实践中存在一定争议，承认其效力者多将其作为代书遗嘱处理。在本法颁布后，从体系解释以及与其他遗嘱形式的要件区分来看，打印遗嘱为独立的遗嘱形式。由于打印遗嘱通过输入计算机后打印的方式制作，有别于亲笔书写，被伪造或篡改的风险较高，故形式要求较为严格，原则上不宜缓和此形式强制。

与代书遗嘱相同，打印遗嘱亦需两名以上适格见证人见证。“在场见证”表明打印遗嘱见证人的见证过程亦需满足时空一致性原则，即见证人应在场见证打印遗嘱生成的全过程。打印遗嘱的制作通常包括计算机文字录入和打印两个步骤。见证人应全程见证录入和打印环节；仅录入而未打印的，即使存在电子签名亦不符合打印遗嘱的要件。需要注意的是，录入和打印既可由遗嘱人本人完成，亦可由见证人或第三人完成。打印完成后，见证人应向遗嘱人宣读和讲解打印的遗嘱，以确保遗嘱符合其真意。

打印与代写不同，不存在可供鉴定的笔迹，伪造较为容易，故前者在签名要件上更为严苛。本条明确规定，遗嘱人和见证人应在打印遗嘱的每页单独签名，并注明年、月、日；日期的注明亦应书写，而非打印。

第一千一百三十七条 【录音录像遗嘱】以录音录像形式立的遗嘱，应当有两个以上见证人在场见证。遗嘱人和见证人应当在录音录像中记录其姓名或者肖像，以及年、月、日。

相对于原《继承法》第 17 条第 4 款，本条除增设录像遗嘱形式外，还强化了其要件，规定了见证人亦应在录音录像中记录其姓名或肖像以及年、月、日。

虽然录像遗嘱中一般包括录音，但录音遗嘱和录像遗嘱分属不同的遗嘱形式，其表明身份的方式亦有差异。依本条文义，“遗嘱人和见证人应当在录音录像中记录其姓名或者肖像”亦表明姓名和肖像不需要被同时记录，进而肯定了录音遗嘱与录像遗嘱之区分。姓名或肖像表征旨在确定遗嘱人及见证人的身份。对于录音遗嘱而言，遗嘱人及见证人应由本人口述其姓名；在录像遗嘱中，见证人应在录像中出现或本人口述其姓名。

与代书遗嘱、打印遗嘱相同，录音录像遗嘱亦需两名以上见证人在场见证，全程参与录音录像遗嘱的制作。虽然见证人不一定全程出现在录音录像中，但必须在场见证其制作，以确保其时空一致性。录音录像可由遗嘱人本人进行，亦可由见证人或第三人进行。遗嘱人应在录音录像中完整陈述其终意。录音录像遗嘱的制作应当连续、完整，不得嗣后剪辑、拼接或进行其他加工制作，不得从原始存储载体上转移。

遗嘱人或见证人应在录音录像中，表明录音录像遗嘱制作的具体年、月、日。

第一千一百三十八条 【口头遗嘱】遗嘱人在危急情况下，可以立口头遗嘱。口头遗嘱应当有两个以上见证人在场见证。危急情况消除后，遗嘱人能够以书面或者录音录像形式立遗嘱的，所立的口头遗嘱无效。

口头遗嘱没有物质载体，其真实性难以考证，故法律仅在极为特殊的情形下承认其效力。本条所言危急情况，是指遗嘱人订立其他形式的遗嘱存在严重客观障碍，如遗嘱人重病、生命垂危或者发生地震等自然灾害。如果遗嘱人尚有可能订立其他形式的遗嘱，则不应承认口头遗嘱的效力。

既然口头遗嘱不依托于物质载体，只能通过见证人的证人证言予以证明，则见证人之见证尤为关键。与代书遗嘱、打印遗嘱和录音录像遗嘱一样，口头遗嘱亦需两名以上适格见证人在场见证。见证人在场见证需满足时空一致性要求。口头遗嘱本属例外，不宜进一步放宽在场要件，而短信等非对话形式难以查明终意是否为遗嘱人本人作出，故不能作为有效遗嘱。依《关于民事诉讼证据的若干规定》第 86 条第 1 款，当事人对口头遗嘱事实的证明，法院确信该待证事实存在的可能性能够排除合理怀疑的，应认定其存在。这一证明标准较“高度盖然性标准”更为严格，正是基于口头遗嘱的特殊性。

口头遗嘱的订立属特殊情形，其极易伪造、篡改，且见证人易转述失实却难以查证。是故，危急情况消除后，遗嘱人应嗣后选择其他有固定物质载体的遗嘱形式。法律虽未明确规定口头遗嘱失效的具体时间，但无妨法院综合考察相关情形确定合理期间。超过合理期间，若遗嘱人仍未订立其他形式的遗嘱，口头遗嘱失效。

第一千一百三十九条 【公证遗嘱】公证遗嘱由遗嘱人经公证机构办理。

遗嘱公证，是指公证机构依照公证程序、办证规则以及国务院司法行政部门制定的行业规范对遗嘱人的终意予以证明。公证遗嘱是最为严格的遗嘱形式，可确保遗嘱人以符合法律规定的形式清晰表达其终意。公证遗嘱须符合《公证法》、《遗嘱公证细则》和《公证程序规则》的规定。

依《公证法》第26条，遗嘱的公证须由遗嘱人亲自办理，不可委托他人代为办理。《遗嘱公证细则》第5条第2款亦明确，遗嘱人亲自到公证处有困难的，可以书面或口头形式请求有管辖权的公证处指派公证人员到其住所或临时处所办理。强调遗嘱人本人亲自在场，目的在于保证遗嘱的真实性。故而，公证机构须着重审查遗嘱人的身份及其是否具有遗嘱能力。且依《公证法》第23条第3项，公证员不得为其本人及近亲属办理遗嘱公证，或办理与本人及近亲属有利害关系的遗嘱公证。

依《遗嘱公证细则》第7条第2款、第12条第2款、第14条和第18条，为确保遗嘱系遗嘱人真实意思，遗嘱人应同时在相应文书上签名（此等文书包括有修改、补充的遗嘱草稿，遗嘱人提供的遗嘱，公证申请表，公证人员代为起草的遗嘱，谈话笔录，打印的公证遗嘱等。）；签名存在困难时，可以盖章或捺印等方式替代。

依《遗嘱公证细则》第6条第1款和《公证程序规则》第53条第1、2款，遗嘱公证应由两名公证人员共同办理。特殊情形下只有一名公证员时，需要一名适格见证人在场，且见证人应在遗嘱和笔录上签名。办理公证的人员须符合时空一致性要求，全程亲自办理，不得由其他人代为办理。

公证遗嘱须经公证处审批。在公证处审批前，遗嘱人死亡或丧失行为能力的，公证处应终止办理遗嘱公证。此时，公证遗嘱未成立，存在遗嘱人所作意思表示如何处理的问题。依《遗嘱公证细则》第 19 条第 2 款，在遗嘱人自书或由公证人员代书、录制的遗嘱符合相应形式的遗嘱要求时，公证处可将其复印件存入档案，便于查阅。对于已作出的意思表示，应判断其是否符合其他遗嘱形式，进而保护遗嘱人的真实意愿。

公证遗嘱订立后，可能因违反程序规定而被撤销。依《遗嘱公证细则》第 23 条，公证遗嘱生效后有证据证明其部分违法的，经调查属实时，公证处应撤销违法部分的公证证明。公证遗嘱因公证程序瑕疵被撤销后，公证遗嘱丧失效力，但遗嘱人的终意仍可能发生效力。公证遗嘱制作过程中保管的相关材料可依其形态，被认定为自书遗嘱、代书遗嘱、录音录像遗嘱或打印遗嘱（**北京高院《关于审理继承纠纷案件若干疑难问题的解答》第 21 条**）。

第一千一百四十条 【遗嘱见证人资格的限制性规定】下列人员不能作为遗嘱见证人：

（一）无民事行为能力人、限制民事行为能力人以及其他不具有见证能力的人；

（二）继承人、受遗赠人；

（三）与继承人、受遗赠人有利害关系的人。

见证人对证明遗嘱人的真实遗嘱意愿具有重要意义。在代书遗嘱、打印遗嘱、录音录像遗嘱和口头遗嘱的订立过程中，均需见证人在场见证遗嘱订立的全过程，公证遗嘱中公证人员亦受本条规定的限制。遗嘱见证人只能是自然人，不能是其他民事主体。本条从反面规定了不能担任遗嘱见证人的情形，包括客观上欠缺见证能力以及因具有利害关系可能影响遗嘱见证两类。

遗嘱见证能力，是指确认遗嘱人是否具有遗嘱能力以及遗嘱内容是否真实的能力。此处的真实，非指遗嘱内容与遗嘱人真意完全相符，亦可能存在表示与真意不一致的情况。与公证不同，遗嘱见证无须专业方面的任职资格，非专业人士亦可担任遗嘱见证人，但无专业能力要求并不代表遗嘱见证无任何要求。首先，无行为能力人、限制行为能力人无法完全辨别自己的行为，而遗嘱见证事关重大，故宜将此类自然人排除在外。其次，还存在其他客观上欠缺见证能力的情形。不同遗嘱形式对见证人的听、说、读、写能力有不同的要求，须依具体情形判断见证人是否适格、是否具备相应的文化知识水平。例如，在代书遗嘱或打印遗嘱中，若见证人缺乏文字阅读能力，无法理解代书或打印遗嘱的含义，即明显欠缺遗嘱见证能力。又如，在代书遗嘱中，见证人存在听力障碍，无法听清遗嘱人口述，同样欠缺遗嘱见证能力。

本条将利害关系人排除在遗嘱见证人之外。依第 2～3 款，利害关系人包括继承人、受遗赠人本人以及与二者有利害关系的人。依据《继承编解释一》第 24 条的规定，继承人、受遗赠人的债权人、债务人，共同经营的合伙人，也应视为与继承人、受遗赠人有利害关系，不能作为遗嘱的见证人。利害关系判断的关键在于，遗嘱是否会直接影响这些人的利益。因其与遗嘱存在利害关系，则无法客观公正证明遗嘱，并可能妨碍或诱导遗嘱人的意愿表达。除本条及司法解释明确规定的利害关系人外，还应包括与继承人、受遗赠人存在近亲属关系的人，即其配偶、子女、父母、兄弟姐妹、祖父母、外祖父母。至于其他请求权人是否属于利害关系人，应予具体分析。例如，本法第 1131 条规定的遗产酌分请求权的实现不受遗嘱影响，故遗产酌分请求权人可作为遗嘱见证人。

在遗嘱见证中，如部分见证人欠缺资格，剩余适格见证人人数仍符合法律规定的两人以上要求时，遗嘱效力不受影响。唯在代书遗嘱场合，如代书人欠缺资格，是否应以此为由否定遗嘱效力，不无疑问。从体系解释出发，既然法律认可打印遗嘱之效力，则法律关注的重点实非何人书写，而是适格见证人的见证，故不应以此为由否定遗嘱效力。

第一千一百四十一条 【必留份】遗嘱应当为缺乏劳动能力又没有生活来源的继承人保留必要的遗产份额。

与比较法上的特留份制度不同，本条规定并非旨在确保法定的家庭继承，而是为了充分发挥家庭扶养功能。必留份规定事实上限制了遗嘱人的遗嘱自由。

一、必留份权利人的范围

依本条文义，必留份权利人首先必须是继承人，故其与本法第 1131 条规定的遗产酌分请求权人相区分。继承人范围的判断应依据本法第 1127 条。然在有第一顺位继承人时，如果缺乏劳动能力又没有生活来源的继承人处于第二顺位，是否应将其排除在必留份权利人之外，则不无疑问。必留份权利人此时并未继承遗产，故与其顺位无关。必留份的本质乃死后扶养，适用于法定继承和遗嘱继承，在体系上与第 1127 条相对应，同属遗产债务。因必留份涉及生存利益，故在遗产债务的清偿上处于优先顺位。

必留份权利人须同时满足“双缺乏”标准：既缺乏劳动能力，又缺乏生活来源。前者是指因年龄或身体原因等客观情形，不具备或不完全具备劳动能力；后者是指缺乏维持生活的财产来源。继承人有其他扶养人，是否属于缺乏生活来源的情形，实践就此存在一定分歧。有法院认为，没有生活来源是指继承人本人无合法收入，不包括近亲属对其进行的赡养、扶养或抚养，故必留份权区别于受扶养权［**贺州中院（2017）桂 11 民终 576 号民判**］。亦有法院认为，案涉继承人虽为未成年人，但其除遗嘱人之外仍有抚养人，不属于缺乏劳动能力又没有生活来源的继承人［**北京二中院（2020）京 02 民终 1903 号民判**］。多数法院持后一观点［**湛江中院（2019）粤 08 民终 419 号民判、北京二中院（2019）京 02 民终 9943 号民判、中山中院（2019）粤 20 民终 4583 号民判、泸州中院（2020）川 05 民终 377 号民判**］。如将必留份之本质理解为死后扶养，那么关键在于遗嘱人是否有义务扶养继承人。即使存在其他扶养义务人，如果这些扶养义务人与遗嘱人处于同一顺位或处于劣后顺位，则仍应承认继承人的必留份。当然，若继承人本已通过继承获得足够保障其生活的财产，则不宜再将其认定为必留份权利人。另外，缺乏劳动能力的人有一定经济收入，但该收入不足以使其达到当地平均生活水平的，也视为没有生活来源［**贺州中院（2017）桂 11 民终 576 号民判**］。

依《继承编解释一》第 25 条第 2 款，继承人是否缺乏劳动能力又没有生活来源，应依遗嘱生效时该继承人的具体情况确定。即使必留份权利人在遗产分割时生活状况改善，其权利并不因此消灭。因为必留份权利产生于遗产分割之前，生活状况改善不应作为阻却权利产生或权利消灭的事由。

二、必留份数额的确定

本条未明确“必要的遗产份额”的数额标准。司法实践长期以来亦未就此形成定论，多依具体情形进行判断。这些情形包括但不限于继承人的生活状况、当地生活水平、遗产状况［**漯河中院（2016）豫 11 民终 412 号民判**］。法院应综合考量这些因素进行判断。

第一千一百四十二条 【遗嘱之撤回或变更】遗嘱人可以撤回、变更自己所立的遗嘱。

立遗嘱后，遗嘱人实施与遗嘱内容相反的民事法律行为的，视为对遗嘱相关内容的撤回。

立有数份遗嘱，内容相抵触的，以最后的遗嘱为准。

遗嘱系死因法律行为。遗嘱人死亡前，遗嘱尚未生效，遗嘱人可以撤回其订立的遗嘱。遗嘱的作出无须他人受领，他人利益也不因遗嘱人的撤回而受损害，故遗嘱人可自由撤回其遗嘱。而所谓“变更”，实际上是对遗嘱部分内容的撤回。“撤回”与“变更”均产生既有终意消灭的效果，只不过“变更”遗嘱必然包含新的终意。如直接通过作出意思表示的方式明示撤回遗嘱，应符合遗嘱的形式；至于前后形式是否一致，在所不问。

除通过意思表示明示撤回外，本条第 2 款规定了遗嘱的推定撤回。亦即，从遗嘱人实施的与遗嘱内容相反的法律行为中，推定遗嘱人具有撤回已立遗嘱的意思，但此推定可被反驳。本款规定的相反法律行为不限于处分行为，亦包括其他法律行为。相反法律行为本身无须满足遗嘱的形式强制。典型的相反法律行为是对遗嘱所处分的特定财产进行生前处分。除了典型的财产处分行为，相反法律行为还包括离婚、解除收养等身份行为。如果相反法律行为附条件或期限，则应根据条件和期限的具体类型进行讨论。对始期和停止条件而言，如果在继承开始前条件成就或期限届至，无疑会产生遗嘱撤回之效果。如果在继承开始后条件成就或期限届至，遗嘱已生效，无撤回可能。如所附条件为解除条件或所附期限为终期，则应进一步区别讨论。倘若在继承开始前条件成就，遗嘱人在实施相反法律行为时对条件是否成就实际上欠缺合理预期，宜推定其缺乏维持遗嘱处分的意思，发生推定撤回效果。如果在继承开始前终期届至，则与条件成就不同，遗嘱人在实施相反法律行为时已有合理的预期，不宜推定其有撤回之意思。与始期和停止条件相同的是，遗嘱在继承开始后已经生效，无撤回可能性。

相反法律行为由法定代理人作出的，由于遗嘱人已丧失行为能力，推定的基础不存在，故不应作推定。相反法律行为系意定代理人作出的，则需结合授权范围，确定是否存在常态性联系，是否属于本款规定的相反法律行为。在法律行为无效时，需依具体无效类型，确定行为人是否存在实施该行为的真意。如存在，则即使行为无效，仍应作相反法律行为处理。在法律行为可撤销情形中，如行为人主动撤销之，则不宜推定其有撤回意思。

本款亦可类推适用于针对遗嘱所处分财产的某些事实行为（如对遗嘱处分物的损毁）和准法律行为（如对遗嘱所处分债权对应债务人进行催告而产生生前清偿），以及针对遗嘱的某些事实行为（如毁弃遗嘱）。

本条第3款规定的前后遗嘱内容相抵触包括两种情形：一者，遗嘱内容全部抵触，导致前遗嘱被完全撤回；二者，前后遗嘱内容部分抵触，导致前遗嘱部分内容被撤回。至于前后遗嘱是否采用同一形式，在所不问。如两份遗嘱为同一日期，无法区分其先后顺序，则不应适用本款规定。

第一千一百四十三条 【遗嘱无效】无民事行为能力人或者限制民事行为能力人所立的遗嘱无效。

遗嘱必须表示遗嘱人的真实意思，受欺诈、胁迫所立的遗嘱无效。

伪造的遗嘱无效。

遗嘱被篡改的，篡改的内容无效。

本条列举了四种遗嘱无效情形，但遗嘱无效情形不限于本条规定，尚包含其他情形。遗嘱行为属法律行为，原则上可适用本法总则编关于法律行为无效的规定。例如，依本法第153条第1款，若遗嘱内容违反法律、行政法规的强制性规定，遗嘱无效。本法第1134～1139条规定的遗嘱形式即属于强制性规定，违反此等规定遗嘱无效。同样，如果遗嘱违背公序良俗原则，亦会导致遗嘱处分无效。在“黄某与蒋某某追索财物案”中，法院即以违背公序良俗为由，确认遗嘱无效［**四川泸州纳**

溪法院（2002）纳溪民初字第594号民判]。不过，此时的审查对象已非遗嘱内容本身，而是遗嘱动机，故应避免过度道德化；仅当遗嘱具有让受益人维持不正当性关系等目的时，才应否认其效力。此外，《继承编解释一》第26条规定，遗嘱人以遗嘱处分国家、集体或他人财产的，应认定该部分遗嘱无效。

本条第1款表明，有效遗嘱以完全行为能力为要件。依《继承编解释一》第28条，行为能力判断的时间点是遗嘱人立遗嘱时。无行为能力人或限制行为能力人所立遗嘱，即使其本人后来具有完全行为能力，仍属无效遗嘱。遗嘱人立遗嘱时具有完全行为能力，后来成为无行为能力人或限制行为能力人的，不影响遗嘱的效力。

本条第2款规定受欺诈、胁迫所立遗嘱为无效遗嘱，由此区别于本法第148～150条关于欺诈、胁迫导致法律行为可撤销的规定。之所以作此规定，是因为遗嘱效力争议往往发生在继承开始以后，而遗嘱人此时已经死亡，无从请求撤销。并且，欺诈、胁迫属于严重妨碍遗嘱自由的行为，应受法律规制。如果以欺诈、胁迫手段迫使或妨碍被继承人设立、变更遗嘱情节严重，依本法第1125条的规定，继承人的继承权和受遗赠人的受遗赠权丧失。由于本条未将欺诈、胁迫的主体限于受益人，故何人实施欺诈、胁迫，在所不问。由于受益人通常纯获利益，不值得特别保护，故即使第三人实施欺诈、胁迫，且受益人并不知情，亦不妨碍将遗嘱作无效评价。本款虽未规定遗嘱人错误的法律效果，但从前半句来看，亦应对此作否定性评价。不过，此时应适用本法第147条关于重大误解以及第152条关于撤销权消灭的规定。

伪造的遗嘱以及遗嘱被篡改的部分，均非被继承人的真实意思表示，同样损害被继承人的遗嘱自由。伪造是指冒用被继承人名义订立不属于被继承人终意的遗嘱；篡改遗嘱则指未经遗嘱人同意，擅自改动其已订立的遗嘱。至于伪造、篡改的主体，在所不问。依本法第1125条，继承人或受遗赠人若伪造或篡改遗嘱情节严重，则丧失继承权和受遗赠权。

第一千一百四十四条 【附义务的遗嘱】遗嘱继承或者遗赠附有义务的，继承人或者受遗赠人应当履行义务。没有正当理由不履行义务的，经利害关系人或者有关组织请求，人民法院可以取消其接受附义务部分遗产的权利。

遗嘱可为遗嘱继承人或受遗赠人创设义务。虽然该义务与遗产的取得存在牵连，但并不因此形成双务合同。继承人接受继承或受遗赠人接受遗赠并非承诺，但系本条适用的前提。遗嘱还可单独为某个法定继承人创设义务；同样，本条可类推适用于遗嘱信托。此等义务在本质上为负担，不同于条件；其是否履行，不影响遗嘱本身的效力。

义务可表现为作为或不作为，但并非任何义务都对应特定的受益人。例如，遗嘱人为受遗赠人设定下述义务：连续 10 年每年向年收入 1 万元以下的 50 名贫困人员各资助 1 000 元。所设义务须不违反法律的强制性规定和公序良俗。例如，遗嘱人不能设定受遗赠人 10 年内不得再婚的义务，因为该义务侵害婚姻自主权，违反法律的规定。同样，依限定继承原则，义务所对应的利益不得超过所受利益。接受继承或遗赠，并不意味着继承人或受遗赠人愿意承担超过其受益范围的义务。由于此处的义务实际上并未为受益人创设请求权，受益人不能依本法合同编的规定主张债务不履行责任。

义务的履行与继承或遗赠之间存在牵连。为贯彻遗嘱人的意思，需通过一定的法律程序督促继承人或受遗赠人履行其义务。当然，如果继承人或受遗赠人有正当理由，则免予履行。正当理由主要是对继承人或受遗赠人而言，义务在客观上不能履行（**《继承编解释一》第 29 条**）。亦即，对于无法履行所附义务，继承人或受遗赠人不存在可归责性。然而，继承人或受遗赠人不履行义务并不导致遗嘱失效，也不导致继承人或受遗赠人的资格消灭。在此情形下，利害关系人或有关组织可请求法院相应取消其接受附义务部分遗产的权利。依《继承编解释一》第 29 条的规定，受益人或其他继承人为请求权主体。此处的受益人，是指从继承人或受遗赠人的给付中间接获益的人。除受益人和继承人外，还应承认其他主体的资格，如遗产管理人、所负义务涉及公共利益时的村委会和民政部门等组织。法院可根据情况，按比例取消继承人或受遗赠人的利益。相应地，由提出请求的继承人或受益人负责按遗嘱人的意愿履行义务，接受遗产。然若遗嘱人设立的义务具有高度人身性，无法替代给付，则此时应类推适用本法第 663 条的规定，赋予遗嘱执行人撤销权。

第四章

遗产的处理

第一千一百四十五条 【遗产管理人的产生】继承开始后，遗嘱执行人为遗产管理人；没有遗嘱执行人的，继承人应当及时推选遗产管理人；继承人未推选的，由继承人共同担任遗产管理人；没有继承人或者继承人均放弃继承的，由被继承人生前住所地的民政部门或者村民委员会担任遗产管理人。

遗产管理人在继承程序中具有重要地位。无论是否存在遗嘱，均需产生遗产管理人，只不过其产生方式存在差异。遗产管理人的产生，应先尊重被继承人的指示。被继承人可在遗嘱处分时一并确定遗产管理人，也可在遗嘱处分之外单独确定遗产管理人。同样，被继承人可不为遗产处分，而单独指定遗产管理人。被继承人可就遗嘱执行人的职责作出特殊指示，在其未作出特殊指示或限定时，应解释为遗嘱执行人为单独遗产管理人，承担本法第 1147 条规定的全部职责。被继承人若对遗嘱执行人的职责范围作出特殊指示，则未指示部分仍应由依本条规定的其他方式产生的遗产管理人履行。被继承人确定的遗产管理人可以是自然人、法人，也可以是非法人组织。至于其是否为继承人或存在利害关系，并非所问。然若遗嘱指定的执行人拒绝担任遗产管理人，则应依本条第二、三分句的规定确定遗产管理人。

在被继承人未选任遗嘱执行人时，享有继承既得权的同一顺位继承人应推选遗产管理人，所推选的遗产管理人可以是继承人之外的第三人。此处的推选，指全体继承人就此形成一致意见。如果继承人未推选，则默认由所有继承人共同担任遗产管理人。各继承人的管理职责与其继承份额无关，所有管理人应共同行使管理职责。在无继承人、继承人均丧失继承资格或均放弃继承时，则应根据被继承人的生前居住情况确定遗产管理人。如果被继承人生前住所地为城镇，则由民政部门担任遗产管理人；如果生前住所地为农村，则既可由民政部门也可由村委会担任遗产管理人。

继承人放弃继承适用本法第 1124 条的规定，即继承人在遗产处理前可以放弃继承。又依《继承编解释一》第 37 条，放弃继承的效力追溯到继承开始时。在本法施行前，司法实践中多认为继承人不能当庭放弃继承，逃避义务［**福州中院（2020）闽 01 民终 701 号民判、七台河中院（2020）黑 09 民终 12 号民判、洛阳中院（2019）豫 03 民申 212 号民裁、天津一中院（2020）津 01 民终 1842 号民判**］。此系当时无确定遗产管理人的规范所致。在本法生效后，法律未限制继承人在遗产分割前放弃继承，且放弃继承会导致其管理人地位溯及既往地消灭。然若继承人未放弃继承，且已开始履行管理人职责，那么基于诚信原则，不能据此否认其已实施的管理行为的效力。继承人不能在拒绝履行管理人职责的同时，又拒不放弃继承，否则应承担违反管理人职责的相关民事责任。

第一千一百四十六条　【遗产管理人的指定】对遗产管理人的确定有争议的，利害关系人可以向人民法院申请指定遗产管理人。

在依本法第 1145 条确定遗产管理人时，如果利害关系人对某遗产管理人的身份存有争议，可提起诉讼确认或否认其遗产管理人身份。法院的指定并非取得遗产管理人身份的必经程序。此处的利害关系人，泛指对遗产管理和处理具有直接利益的人，如遗赠扶养人、受遗赠人、继承人、债权人、债务人、遗嘱所指定的执行人等。法院在指定遗产管理人时，应考虑被继承人的意愿、遗产的现状、潜在管理人的管理能力等因素。当然，利害关系人还可起诉请求更换违反职责的遗产管理人或限制其管理职责。遗产管理人亦可请求辞去遗产管理人的身份，但原则上应经法院的许可。法院对遗产管理人的调整不具有溯及力，不影响已实施的管理行为的效力。

第一千一百四十七条　【遗产管理人的职责】遗产管理人应当履行下列职责：

（一）清理遗产并制作遗产清单；
（二）向继承人报告遗产情况；
（三）采取必要措施防止遗产毁损、灭失；
（四）处理被继承人的债权债务；
（五）按照遗嘱或者依照法律规定分割遗产；
（六）实施与管理遗产有关的其他必要行为。

对于遗产管理人的地位，学理上有代理说、法定职责说、受托人说等多种学说，我国立法采法定职责说。遗产管理人不是继承人或被继承人的代理人，其行为并非单纯维护继承人的利益。遗嘱虽可对遗产管理人的职责作出特别指示，但不能免除所有遗产管理人依本条负担的义务。同样，虽然遗产管理人有义务向继承人报告遗产情况，但继承人不能像对待被代理人那样直接撤销遗产管理人，只能申请法院予以撤销或进行职责限制。

遗产管理人围绕遗产处理程序的清算目的展开管理，不得实施超出遗产清算目的范围的行为。遗产管理人在管理职责范围内实施的行为，法律效果归属于继承人。在继承人为复数时，遗产管理人实施管理行为的效果及于全体继承人；无继承人时，遗产管理人实施管理行为的效果及于国家或集体所有制组织。在多数情形下，继承人虽为名义上的财产权利人，但财产处分权已被法定让渡给遗产管理人；即使全体继承人一致同意处分财产，亦构成无权处分。

遗产管理人在职责范围内实施的遗产管理行为，可表现为事实行为、法律行为或准法律行为。此外，遗产管理人还享有诉讼法上的权能。就法律行为而言，遗产管理人既可在职责范围内处分财产，亦可实施负担行为。如果遗产管理人超越法定职责为财产处分，则属无权处分。遗产管理人可以自己实施上述行为，亦可聘请必要的工作人员协助。

遗产管理人的职责大体可区分为财产清理保管、债权债务处理以及遗产分割三大类。(1) 财产清理是前提和基础，包括查清被继承人的全部财产和债务状况，并据此制作遗产清单，向继承人递交遗产清单；在无继承人的情形下，向国家或集体所有制组织递交遗产清单。存有遗产的人原则上应向遗产管理人移交财产，尤其是动产。被继承人的债务人应向遗产管理人清偿债务。然若善意债务人向不属遗产管理人的继承人为清偿，亦应承认其清偿效果。遗产管理人还负有向继承人报告遗产状况的义务，因为继承人是管理行为的最终承受者，遗产状况也是其决定是否接受继承的基础。就财产保管而言，遗产管理人应自己妥善保管或委托他人保管。保管行为的核心在于维持财产的价值，不包括利用遗产投资，除非被继承人在遗嘱中另有指示。如果被继承人在遗嘱中授权遗产管理人以自己的名义投资，并将投资收益向继承人给付，其本质是设立了遗嘱信托。(2) 遗产管理人应按债务清偿顺序清偿债务。除本法有明确规定外（**第1159、1162、1163条**），具体清偿顺序原则上可参考《破产法》的相关规定：继承费用和共益债务处于第一顺位，涉及生存利益的债务处于第二顺位，附担保债务处于第三顺位，普通债务处于第四顺位，遗赠、遗赠扶养协议处于第五顺位。除继承费用和共益债务可被随时清偿外，在遗产不足以清偿全部债务时，遗产管理人不能实施偏颇清偿行为。(3) 遗产管理人在清偿遗产债务后，才能分割遗产。遗产管理人明知存在债务未清偿而进行遗产分割的，应依本法第1148条的规定承担相应民事责任。

第一千一百四十八条 【遗产管理人违反管理职责的民事责任】遗产管理人应当依法履行职责，因故意或者重大过失造成继承人、受遗赠人、债权人损害的，应当承担民事责任。

遗产管理人违反管理职责，可能损害继承人、受遗赠人或债权人的利益，还可能在无人继承情形下损害国家或集体所有制组织的利益。本条规定未言明具体民事责任的性质及形态，需结合具体的法律关系进行判断。

就继承人而言，继承人共同体为遗产名义上的所有人，遗产管理人的行为可能侵害其财产权，故继承人共同体当然可以请求侵权损害赔偿，并要求不法侵占遗产的遗产管理人返还遗产。不过，遗产管理人通常属于有权占有。如果遗产管理人和被继承人、继承人共同体之间存在委托关系，继承人则可依合同关系主张违约责任。即使合同由被继承人和遗产管理人订立，继承人亦可根据其继受的地位主张违约责任。在缺乏基础合同时，例如遗产管理人由法院或被继承人指定，其和继承人之间存在法定的债权债务关系，可准用委托合同的规定。

就受遗赠人而言，其与其他债权人一样，可能因遗产管理人的不当管理遭受损害，即债权无法得到有效实现。例如，在特定物遗赠与特定物买卖合同的情形下，遗产管理人的不当管理行为导致该特定物毁损、灭失的，受遗赠人和买受人不能主张侵权损害赔偿，因为债权原则上不属于侵权法的保护客体。一种可能的构造是在债权无法实现时，债权人可代位行使继承人对遗产管理人的权利。但该构造亦不合理。一方面，遗产管理人的不当管理行为可能并未损害继承人的利益；另一方面，遗产管理人本身即负有维护受遗赠人或其他债权人利益的义务。准此，债权人宜主张债务不履行的损害赔偿责任，因为遗产管理人与其存在法定的债权债务关系。

值得注意的是，本条规定遗产管理人仅就其故意或重大过失承担民事责任，应予限缩解释。本条规定的注意标准仅适用于下述情形：遗产管理人为无偿管理，且被继承人无特殊指示或继承人与其无特殊约定。遗产管理人为有偿管理的，应类推适用本法第 929 条的规定，由其对抽象过失（违反善良管理人的注意义务）承担责任。如果被继承人、继承人共同体与遗产管理人达成委托合同，增加了遗产管理人的注意义务，或者被继承人对此作出单独指示，亦应承认其效力。不过，继承人共同体之委托所确定的注意义务，对受遗赠人以及其他债权人不发生效力。被继承人与继承人皆不能降低本条规定的注意义务，事前免责约定无效，其法理与本法第 506 条相同。

第一千一百四十九条 【遗产管理人的报酬请求权】遗产管理人可以依照法律规定或者按照约定获得报酬。

遗产的管理需要管理人付出相当的时间与精力，管理人在违反职责时还可能承担民事责任，故其获得报酬无可非议。遗产管理人报酬之确定，优先依据约定或遗嘱指示。被继承人可在其生前与管理人订立委托合同并提前给付报酬，亦可约定在完成遗产管理事务后给付报酬。被继承人亦可在遗嘱指示中确定报酬；同意担任遗产管理人，即应认定其认可该报酬之指示。继承人推选遗产管理人时，亦可约定报酬。在各方对管理人存在争议时，法院在指定管理人的同时应确定报酬。如果约定或指示明确规定管理系无偿，则遗产管理人不能嗣后主张报酬。管理人的报酬属于共益债务，应优先于遗赠以及其他一般债务清偿。如前条评注所述，遗产管理人是否享有报酬请求权，对其注意义务影响甚巨。遗产管理人的报酬有别于管理费用。无论管理是否有偿，遗产管理人可以主张费用偿还，或者依其管理人身份从遗产中随时支取。管理费用在清偿顺序上优先于报酬。

第一千一百五十条 【继承开始后的通知义务】继承开始后，知道被继承人死亡的继承人应当及时通知其他继承人和遗嘱执行人。继承人中无人知道被继承人死亡或者知道被继承人死亡而不能通知的，由被继承人生前所在单位或者住所地的居民委员会、村民委员会负责通知。

依据本条规定，继承开始后负有通知义务的主体是知道被继承人死亡的继承人。这是因为继承人与被继承人往往共同生活，或者最了解被继承人的情况。此处的“知道”，应扩张解释为明知以及应当知道。通知的内容为被继承人死亡的事实，而死亡既包括自然死亡，也包括宣告死亡。通知的对象为其他继承人和遗嘱执行人，但以负有通知义务的继承人知道或应当知道其存在为限。无继承人知道被继承人死亡，或者继承人知道被继承人死亡而由于客观原因无法履行通知义务的，被继承人生前所在单位以及住所地的居委会、村委会负有通知义务。

本条未规定违反通知义务的法律后果，系不完全法条，但这不妨碍相应主体须承担损害赔偿责任。例如，继承人明知被继承人死亡而故意不通知其他继承人，导致后者丧失参与继承程序的机会，并因此蒙受损失的，后者可要求负有通知义务的继承人承担损害赔偿责任。又如，继承人未及时通知遗嘱执行人导致遗产灭失，损害其他遗嘱继承人利益的，同样应承担损害赔偿责任。唯须注意的是，虽然继承人和单位、居委会、村委会均可能有通知义务，但考虑到各自义务形成的基础不同，不宜科以相同的注意标准。对于继承人而言，存在过错即应承担民事责任；对于单位、居委会、村委会而言，只有其存在故意或重大过失时，才应承担民事责任。

第一千一百五十一条 【遗产的保管】存有遗产的人，应当妥善保管遗产，任何组织或者个人不得侵吞或者争抢。

在继承开始时，遗产自动移转给继承人共同体，并由遗产管理人管领与支配。但在继承开始前，遗产很可能不处于被继承人的管领支配之下，第三人可能基于租赁、保管合同等原因占有遗产，并延续至被继承人死亡后。由此，在继承开始后，某些继承人或第三人可能占有被继承人的遗产。本条所称存有遗产的人，仅指基于合法原因存有遗产的人，不包括非法侵占遗产的人。如果当事人之间就保管义务存在明确的约定，应从其约定；如无约定，存有人亦应尽到善良管理人义务。如存有人保管不善，导致遗产毁损、灭失，则依不同情形，其可能承担违约责任或侵权责任。继承开始后，侵吞或争抢遗产的行为侵害继承人对遗产的权利，遗产管理人可请求加害人返还财产或承担侵权损害赔偿责任。

第一千一百五十二条 【转继承】继承开始后，继承人于遗产分割前死亡，并没有放弃继承的，该继承人应当继承的遗产转给其继承人，但是遗嘱另有安排的除外。

转继承发生在继承开始之后，遗产分割之前。如果遗产已分割完毕，则后一继承实际上与前一继承无关，因为继承人的继承期待权已转化为继承既得权，此既得权在继承人死亡时自动移转给其继承人。若继承人已放弃继承，继承既得权消灭，转继承也不会发生。然继承人的依《继承编解释一》第36条第一句被例外承认的放弃继承之反悔权（**参见本法第1124条评注**），能否由其继承人主张，进而否定继承已被放弃，并要求转继承，在理论上与实践中存有争议。显然，由于反悔之权利具有人身专属性，不得继承，故继承人放弃继承后，其继承人不能主张反悔。

依本法第1062条第1款第4项、第1063条第3项，除非遗嘱中明确只归夫妻一方，在婚姻关系存续期间因继承所得的财产属于夫妻共同财产。又依本法第1153条第1款，夫妻共同所有的财产，除有约定的外，遗产分割时，应当先将共同所有的财产的一半分出为配偶所有，其余的为被继承人的遗产。但在遗产未分割前，并未形成本法第 1062 条第 1 款第 4 项所称的财产，继承既得权本身不能被纳入共同财产的范围。《家庭编解释一》第 81 条亦支持这一立场。由此可见，本条规范并未确定最终分得财产的归属，也不意味着继承人的继承人当然取得分得的财产。本条规范毋宁表明，继承人的继承人继受了前者的地位，可以继续参与到前一继承程序中。在前一继承程序完成后，应肯认配偶的利益，即先从中划分一半的共同财产归配偶所有，剩余财产连同被继承人的其他遗产，按遗产处理程序处理。

依《继承编解释一》第 38 条，在受遗赠人死亡的场合，亦可能发生转遗赠。与转继承不同，转遗赠须受遗赠人已明确作出接受遗赠的意思表示。即使本法第 1124 条第 2 款规定的期间尚未届满，受遗赠人的继承人亦不能代前者作出接受遗赠的意思表示。同样，本条规定并不表明，因实现遗赠债权所得财产应最终分给受遗赠人的继承人，而是应按照后一遗产处理程序进行处理。

依遗嘱自由原则，被继承人可就本条规定的情形作出单独的遗嘱指示，排除转继承或转遗赠的发生。此时，其余继承人的应继份额相应提高。

第一千一百五十三条 【遗产中共有财产的析出】夫妻共同所有的财产，除有约定的外，遗产分割时，应当先将共同所有的财产的一半分出为配偶所有，其余的为被继承人的遗产。

遗产在家庭共有财产之中的，遗产分割时，应当先分出他人的财产。

遗产为被继承人死亡时的个人财产。如不进行共有财产的析产，将无法确定个人财产的具体范围，故本条规定了从夫妻共同财产和家庭共同财产中析出被继承人的个人财产。被继承人与配偶和其他家庭成员之外的人存在财产共有状况的，亦应先行析产。当然，如果夫妻双方本就实行分别财产制，不存在夫妻共同财产，则无须析出遗产。夫妻双方约定一方死亡后共同财产全部归在世一方所有，本质系遗嘱处分，故仍需析出遗产。

夫妻一方死亡或家庭成员死亡将导致共有基础消灭，属于本法第

303条规定的共同共有财产分割的重要情形。关于共有财产的具体分割形式，原则上可由遗产管理人与被继承人的配偶或其他家庭成员协商确定；在无法协商确定时，应依本法第304条的规定实施。就夫妻共同财产的分割份额而言，鉴于双方未离婚，被继承人死亡时的财产分割应与双方离婚时的财产分割有所区别。例如，即使被继承人一方存在婚姻法上的过错，另一方亦不能依本法第1091条，主张多分财产。又如，即使被继承人一方存在隐藏、转移、变卖、毁损、挥霍夫妻共同财产，或者伪造夫妻共同债务，企图侵占另一方财产的行为，但由于双方未离婚，另一方亦不能主张多分。易言之，无论夫妻双方存在何种婚姻法上的过错，遗产均应按一半份额析出。就家庭共有财产的遗产析出份额而言，应综合考量被继承人对于家庭共有财产的贡献、家庭成员的人数等因素，酌定具体的析出份额。如果被继承人与家庭成员因继承而形成共有，则应按照继承份额进行析出。

第一千一百五十四条 【法定继承的适用范围】有下列情形之一的，遗产中的有关部分按照法定继承办理：

（一）遗嘱继承人放弃继承或者受遗赠人放弃受遗赠；

（二）遗嘱继承人丧失继承权或者受遗赠人丧失受遗赠权；

（三）遗嘱继承人、受遗赠人先于遗嘱人死亡或者终止；

（四）遗嘱无效部分所涉及的遗产；

（五）遗嘱未处分的遗产。

依遗嘱自由原则，被继承人有权设立遗嘱，处分遗产。依本法第1133条，遗嘱处分的形态包括遗嘱继承、遗赠和遗嘱信托。此等遗嘱处分相对于法定继承具有优先性，法定继承仅适用于遗嘱处分未涉及的财产。但遗嘱处分可能因各种原因不生效力。这既包括遗嘱本身无效（**第1138、1143条，以及《继承编解释一》第26、28条**），也包括主体上的原因，即遗嘱继承人、受遗赠人先于遗嘱人死亡或终止，以及遗嘱继承人丧失继承权或受遗赠人丧失受遗赠权（**第1125条**）。即使遗嘱不存在前述生效障碍，遗嘱继承人放弃继承或受遗赠人放弃受遗赠的，遗嘱处分所涉财产也应适用法定继承规则。

第一千一百五十五条　【继承编中胎儿的预留份】遗产分割时，应当保留胎儿的继承份额。胎儿娩出时是死体的，保留的份额按照法定继承办理。

本条与本法第 16 条相呼应，其所称继承份额，既包括遗嘱继承所确定的份额，也包括法定继承所确定的份额。如果遗嘱处分涉及特定财产和种类财产，而非份额，同样应先行保留遗嘱处分涉及的特定财产和种类财产。遗产管理人应在分割遗产时，提前保留这部分财产。依《继承编解释一》第 31 条第 1 款，应为胎儿保留的遗产份额没有保留的，应从继承人所继承的遗产中扣回。如无其他特殊情形，遗产管理人原则上应等到胎儿出生时再分割遗产。如果胎儿是受遗赠人，遗赠涉及的部分遗产应先行保留。此时，胎儿的生父母可被拟制为其监护人，代为作出接受遗赠的意思表示。同样，胎儿若被排除在继承人之外，可依本法第 1159 条享有必留份请求权。

胎儿出生后死亡的，因其已具有权利能力，故为其保留的遗产份额由其继承人继承；胎儿娩出时是死体的，该份额由被继承人的继承人继承（**《继承编解释一》第 31 条第 2 款**）。娩出时为死体的胎儿被指定为遗嘱继承人，并且同时存在其他遗嘱继承人的，为胎儿保留的财产不应由其他遗嘱继承人继承，而只能根据法定继承规则处理。然若预留的是胎儿必留份，胎儿娩出时是死体的，应先清偿后顺位继承债务，再由其他法定继承人按各自继承份额进行分割。此时如果存在遗嘱继承或遗赠，应先按遗嘱继承或遗赠办理。

第一千一百五十六条　【遗产分割方式】遗产分割应当有利于生产和生活需要，不损害遗产的效用。

不宜分割的遗产，可以采取折价、适当补偿或者共有等方法处理。

继承人为复数时，在遗产分割前，继承人对遗产形成共同共有或准共有状态。该共有状态本身并非基于继承人相互间的身份关系形成。继承人当然可以协商一致不分割遗产，继续维持共同共有状态。但即便如此，继承人亦可嗣后基于重大理由主张分割。对于重大理由的解释，应采宽泛立场。这是因为继承人形成的这种共同共有状态，被定位为服务于清算目的之暂时形态，永久维持该状态会严重影响财产价值。清算目的实现后，共同共有的基础即丧失。当事人选择不分割遗产而维持共同共有状态，实属例外。相应地，本条第 2 款所称“共有”应被解释为按份共有，而非维持共同共有，否则无所谓分割处理。当然，继承人后续以遗产为基础形成家庭共有或民事合伙的，该共有之基础并非继承关系。如果被继承人指示遗产不得分割，继承人同样可协商确定分割遗产。然若被继承人单独指定遗嘱执行人，确保遗产不被分割，那么遗嘱执行人有权拒绝继承人的分割请求。同样，继承人若存在重大理由，即使存在被继承人禁止分割的指示，同样可请求分割。

遗产的具体分割方式，应结合本条与本法第 304 条的规定予以确定。首先，被继承人就遗产分割的方式作出具体指示的，应尊重其指示。被继承人亦可指示特定人确定遗产的具体分割方式。其次，应尊重继承人的意思自治，承认其达成的遗产分割协议的效力。再次，在达不成协议时，遗产中的动产或不动产可予分割且不会因分割减损价值的，应对实物进行分割。财产分割应有利于发挥其使用效益和继承人的实际需要，兼顾各继承人的利益（**《继承编解释一》第 42 条**）。最后，实物难以分割或分割会减损价值的，对折价或拍卖、变卖取得的价款予以分割。至于其他财产的分割，如合伙企业中的出资、有限责任公司的出资额等，应依相关法律的具体规定和当事人的特殊约定确定。

若继承人分割所得的财产存在瑕疵，则应适用本法第 304 条第 2 款的规定，由其他继承人分担损失。此时，继承人之间实际上存在相互担保责任。所分财产是否存在瑕疵，应以遗产分割为判断时间点。瑕疵之判断，应参照本法关于买卖合同标的物瑕疵的相关规定。

第一千一百五十七条 【再婚配偶对继承所得遗产的处分权】夫妻一方死亡后另一方再婚的，有权处分所继承的财产，任何组织或者个人不得干涉。

本条规定主要针对实践中出现的干涉再婚配偶处分遗产的现象。在夫妻一方死亡后，婚姻关系自动终止，另一方即有再婚的权利。即使遗产尚未分割，生存一方也不因再婚丧失继承权。被继承人不能在遗嘱中为其配偶设定不得再婚的义务，此等指示因违反法律对婚姻自由的保护而无效。配偶再婚不属于本法第 1144 条规定的违反遗嘱所附义务。同样，被继承人不能以配偶再婚为条件设立对第三人的遗赠，这种遗赠实将配偶不再婚作为其继承遗产的前提［**江苏无锡中院（2013）锡民终字第 0453 号民判**］。在遗产分割后，配偶继承所得遗产属于其个人财产，由其决定如何处分，其他人无权干涉。

第一千一百五十八条 【遗赠扶养协议】自然人可以与继承人以外的组织或者个人签订遗赠扶养协议。按照协议，该组织或者个人承担该自然人生养死葬的义务，享有受遗赠的权利。

依本条第一句文义，遗赠扶养中的缔结主体仅限于继承人以外的组织或个人，不包括继承人。之所以如此，理由在于继承人可能具有扶养之法定义务。是故，应依据具体的扶养义务承担状况对此进行限缩或扩张解释。一方面，继承人（如祖父母、兄、姐）本身可能不承担扶养义务，故其主动与被继承人签订遗赠扶养协议并无不可。另一方面，本条第一句所称继承人，应扩张至代位继承人。孙子女、外孙子女不属于本法第 1127 条规定的继承人，但可成为代位继承人。如果他们本身即负有对祖父母、外祖父母的赡养义务，他们亦不能签订遗赠扶养协议。

由本条第二句可见，遗赠扶养协议并非双务合同，其本质为单务有偿合同，不适用双务合同的相关规定，扶养人不享有不安抗辩权。法定继承人并未继受被继承人在遗赠扶养协议中的地位，不负有向扶养人转移财产的义务。与此相对，法定继承人与扶养人之间形成法定的债权债务关系。扶养人取得受遗赠人的地位，且依本法第 1123 条的规定，其优先于其他受遗赠人从遗产中获得清偿。扶养人不履行协议约定的死葬义务，属于不履行本法第 1144 条规定的遗嘱所附义务。此时，利害关系人可申请法院取消其义务对应的遗产权利。

依《继承编解释一》第 3 条，被继承人生前与他人订有遗赠扶养协议，同时又立有遗嘱的，继承开始后，如果遗赠扶养协议与遗嘱没有抵触，遗产分别按协议和遗嘱处理；如果有抵触，按协议处理，与协议抵触的遗嘱全部或部分无效。由此可见，被继承人在订立遗赠扶养协议后，不能再进行与该协议相抵触的死因处分，否则其处分无效。此无效判断的时点，为继承开始时。如果遗赠扶养协议嗣后被撤销或解除，遗嘱处分不受影响。该条规定并未限制被继承人的生前处分，故被继承人原则上仍可在生前处分遗赠扶养协议涉及的财产。此时，扶养人可依《继承编解释一》第 40 条，主张遗赠人不履行遗赠扶养协议，请求解除协议并偿还已支付的供养费用。在遗产清偿顺序上，此费用偿还债务应与遗赠扶养协议相同。同样，如果扶养人不履行协议约定的扶养义务，被继承人也可要求解除协议，扶养人的受遗赠权将因此消灭，其支付的供养费用则一般不予偿还。除适用本法第 562、563 条关于合同解除的一般规定外，基于被继承人与扶养人之间的高度人身信赖关系，本法第 933 条关于委托合同任意解除权的规定，对遗赠扶养协议也存在类推适用空间。

第一千一百五十九条 【遗产债务的清偿】分割遗产，应当清偿被继承人依法应当缴纳的税款和债务；但是，应当为缺乏劳动能力又没有生活来源的继承人保留必要的遗产。

在遗产处理程序上，遗产债务清偿应先于遗产分割。我国并未详细规定遗产债务的申报程序及其效力。从本法第 1163 条的规定看，即使遗产已分割完毕，债权人仍可要求法定继承人以及后顺位债权人予以清偿。广义的遗产债务，既包括被继承人的生前债务，也包括死因处分形成的债务，还包括因遗产处理形成的债务、必留份债务和酌分遗产债务。遗产债务不包括被继承人的丧葬费用［**杭州中院（2019）浙 01 民终 5404 号民判**］，因为对被继承人负有扶养义务的近亲属应负担其丧葬费用。本法以及《继承编解释一》均未完整规定遗产债务的清偿顺序，唯可参照《破产法》的相关规定。但依本条规定，必留份债务应优先于其他债务和税款，因为必留份债务涉及权利人的生存利益。不过，即使是必留份债务，也应劣后于继承费用和共益债务。

第一千一百六十条 【无人继承又无人受遗赠的遗产处理】无人继承又无人受遗赠的遗产，归国家所有，用于公益事业；死者生前是集体所有制组织成员的，归所在集体所有制组织所有。

本条明确无人继承又无人受遗赠的遗产，应归国家所有，但只能用于公益事业。本条并未言明具体的遗产受领主体。实践中，有街道办作为受领主体［**南京雨花台法院（2019）苏 0114 民初 7417 号民判**］，亦有民政局［**闵行法院（2018）沪 0112 民初 33514 号民判**］或政府［**东莞一院（2016）粤 1971 民初 13473 号民判**］作为受领主体。鉴于民政部门的职责，以及本法第 1145 条关于没有继承人或继承人均放弃继承时由民政部门担任遗产管理人的规定，宜由民政部门统一代表国家受领遗产。公益事业目的之判断，应参照《公益事业捐赠法》第 3 条的规定。用于公益事业，不等于支付群众自治组织或行政机关的开支。如果死者生前是集体所有制组织成员，则其遗产归集体所有制组织所有，且遗产使用不受公益事业用途目的之限制。同样，结合第 1145 条，此处的集体所有制组织主要是指村委会。依《继承编解释一》第 41 条，遗产因无人继承又无人受遗赠归国家或集体所有制组织所有时，应先清偿遗产酌分请求权债务。

第一千一百六十一条　【限定继承原则】继承人以所得遗产实际价值为限清偿被继承人依法应当缴纳的税款和债务。超过遗产实际价值部分，继承人自愿偿还的不在此限。

继承人放弃继承的，对被继承人依法应当缴纳的税款和债务可以不负清偿责任。

继承开始后，遗产及债务概括且自动地转移到继承人名下，继承人是最终承担清偿责任的民事主体。遗产管理债务之清偿效果，亦归属于继承人。但与继承人的个人债务不同，遗产债务的承担属于有限责任，其责任财产范围仅限于遗产的实际价值。继承人依本条规定享有有限责任抗辩权。须注意的是，本条第 1 款所称“遗产实际价值”，并非指继承人最终分得的遗产，而是指根据法律自动移转给继承人的整个遗产。继承人为复数时，依本法第 307 条的规定，继承人共同体对外承担连带清偿责任。不过与一般的无限连带责任不同，此处的连带责任为有限责任。继承人可主张有限责任抗辩的范围，是整个遗产的价值，而非自己最后可实际分得遗产的价值。由于遗产尚未分割，整个遗产均可成为查封、扣押、冻结的对象。除非继承人已分得遗产，否则其本身的固有财产不能成为查封、扣押、冻结的对象。其中一个继承人以其固有财产在遗产实际价值范围内，依遗产债务清偿顺序进行清偿后，有权向其他继承人追偿。然继承人本身若非遗产管理人，则清偿债务不是其法定职责，此时只能依本法第 524 条关于第三人代为履行的规则进行处理。

既然有限责任为继承人之抗辩权，当然也可被放弃。在继承人为复数时，一人放弃抗辩权不对其他继承人发生效力。如继承人在诉讼中未为主张，应认为其放弃该项权利。由于债权本身并未因继承人主张抗辩权而消灭，继承人嗣后再为清偿的，债权人仍可保有给付。

依概括继承原则，继承人放弃继承的，对遗产债务不负清偿责任。但现行法未限制继承人放弃继承的期间，则继承人放弃继承之表示应受民法基本原则的约束。继承人尤其不能违背诚信原则，在一审中不主张放弃继承，而在二审中主张放弃继承。又例如，继承人以其继承人身份担任遗产管理人并履行相关职责，系以行为表示其接受继承，嗣后原则上不宜承认其放弃继承的效力。在遗产分割完毕时，继承人放弃继承的权利已经消灭，故不得再主张放弃继承。

第一千一百六十二条 【遗赠与其他债务的清偿顺序】执行遗赠不得妨碍清偿遗赠人依法应当缴纳的税款和债务。

遗赠形成债务，并不直接导致权利变动。遗产管理人应按债务清偿顺序向其清偿，清偿之效果归属于继承人。由于遗赠具有无偿性，依本条规定在清偿顺序上劣后于税款及其他债务。作为例外，遗赠扶养协议虽非双务合同，但不是无偿行为，由此形成的需要特殊处理的遗赠债务，在清偿顺序上与其他普通债务处于同一顺位。然而，在清偿顺序上，无论是普通的遗赠债务，还是遗赠扶养协议所形成的特殊遗赠债务，均劣后于可随时清偿的继承费用、共益债务以及涉及生存利益的债务（如必留份债务）。

第一千一百六十三条 【法定继承人、遗嘱继承人和受遗赠人的清偿责任】既有法定继承又有遗嘱继承、遗赠的，由法定继承人清偿被继承人依法应当缴纳的税款和债务；超过法定继承遗产实际价值部分，由遗嘱继承人和受遗赠人按比例以所得遗产清偿。

依顺序清偿遗产债务，应先于遗产分割。但我国遗产处理程序较为模糊，可能出现未清偿遗产债务或未按顺序清偿遗产债务的情况。此时，如果既有法定继承又有遗嘱继承、遗赠，那么在法定继承人继承遗产价值超过应缴纳的税款或其他债务时，直接由法定继承人清偿。如果存在数个法定继承人，则由其承担按份清偿责任。如果法定继承人继承的遗产价值不足以清偿税款或其他债务，则由处于最后清偿顺位的遗嘱继承人和受遗赠人，按比例以所得遗产承担清偿责任。之所以如此，原因在于遗嘱继承人和受遗赠人先于之前顺位的债权人获得清偿本身违反遗产清偿顺序。同理，如果其他后顺位的债务违反遗产债务清偿顺序而获得清偿，在前顺位遗产债权人因法定继承清偿责任限定，且无法从更后顺位债权人处获得清偿时，后顺位债权人应以所得遗产清偿。如果后顺位债权人为多人，则应由其按比例清偿。无论是法定继承人，还是后顺位债权人，在此承担清偿责任的基础均为不当得利。但这不是一般的不当得利，不应适用本法第 986 条的规定。亦即，即使法定继承人或后顺位债权人不知其所得遗产欠缺法律依据，且该遗产已不存在，其也应承担返还义务。

第七编　侵权责任

第一章

一般规定

第一千一百六十四条　【侵权责任编调整对象】本编调整因侵害民事权益产生的民事关系。

本条关于本编调整对象的规定，系本法第 2 条规定的具体化。虽然本条旨在确定本法侵权责任编的适用范围并有立法体例之说明意义，但其不具裁判规范属性，法官无援引其作为裁判依据的需求和必要。

第一千一百六十五条　【过错责任原则】行为人因过错侵害他人民事权益造成损害的，应当承担侵权责任。

依照法律规定推定行为人有过错，其不能证明自己没有过错的，应当承担侵权责任。

本条第 1 款为一般侵权责任的规定，也称侵权责任一般条款，在侵权法体系中处于基础性地位，为过错侵权提供请求权基础；第 2 款规定的过错推定责任，是过错责任原则的特殊形式，仍以过错作为承担责任的基础，并非一项独立的归责原则。相较于原《侵权法》第 6 条第 1 款，本条第 1 款增加了“造成损害的”，且在规定过错责任原则的同时，严格区分了侵害与损害。这意味着，本条规定的侵权责任实际上为“损害赔偿责任”，若民事权益被侵害但损害未发生，则仅产生本法第 1167 条规定的预防性或防御性侵权责任，不发生损害赔偿责任。由此，本条不仅明确过错责任是损害赔偿的归责原则，也进一步强调了损害是承担侵权损害赔偿责任的要件。

但值得注意的是，本法删除了原《侵权法》第15条关于侵权责任形式的规定，而本法第179条亦无关于“损害赔偿”责任形式的规定，在解释上，是否将“损害赔偿”等同于该条规定的“赔偿损失”，非无可议。尽管本编第二章“损害赔偿”的基本内容仅限于赔偿损失，但仍不可据此得出“损害赔偿”即为“赔偿损失”的结论。否则，这将极大限缩本条的适用范围。若将本条规定的侵权责任限定于“赔偿损失”，则侵权责任除本法第1167条规定的防御性责任外，别无其他形式，这与理论通说以及司法实践并不一致。理论通说主张，侵权责任形式包括本法第179条第6、7、9项责任形式外的其他所有形式。由此，若将侵权责任限于“赔偿损失”，也就是金钱赔偿，会引发如下问题：其一，“返还财产”“恢复原状”等责任形式除非转换为金钱赔偿形式，否则不可依侵权法加以救济，这将引发毫无必要的责任聚合现象，即需要依据多项请求权基础进行权益救济。引申至本法第1167条，权益侵害同时造成损害的，防御性责任的保护对象可以纳入本条一并保护，而无须同时引用第1167条为请求权基础（该条仅适用于有侵害无损害的特殊情形）。其二，“消除影响、恢复名誉”“赔礼道歉”责任将只能作为人格权或知识产权侵权的责任形式（**如第1000条**），但它们的救济基础本为侵权，在欠缺特别的请求权基础时，其规范基础只能是本条规定，若将这些责任形式从本条剔除，则会发生体系上的协调困难。

一、保护范围和保护模式

本条为民事权益提供一般性保护，民事权益包括民事权利与民事利益。结合本法第3条和总则编第五章的规定，可以认为，人格权、身份权［**重庆五中院（2010）渝五中法民终字第4234号民判（配偶权）**］、物权、债权［**上海高院（2014）沪高民五（商）再提字第1号民判**］、知识产权、继承权［**丽水中院（2020）浙11民终709号民判**］和股权及其他投资性权利等民事权利，皆属本编保护范围。民事利益包括受法律保护的利益和不受法律保护的利益，仅前者受本编保护，包括人格权保护一般条款（**第990条第2款**）蕴含的胎儿的人格利益、死者的人格利益［**北京高院（2007）高民终字第309号民判**］、其他人格利益和身份利益（**参见第126条、第994条和第1183条第2款等条文及其评注**），以及占有［**北京一中院**

(2008) 一中民终字第 6587 号民判]、商业秘密 [上海高院 (2013) 沪高民三(知) 终字第 93 号民判] 等财产利益 (参见第 462 条第 1 款、第 501 条等条文及其评注)。除个体民事权益外，古迹、建筑群、遗址等人文遗迹等（生态资源）也属于侵权法的保护对象（“江西省金溪县人民检察院诉徐华文、方雨平人文遗迹保护民事公益诉讼案”，《最高法公报》2022 年第 9 期）。

我国民事法律对民事权利和民事利益采统一法律构成，谓之统一保护模式。这意味着，不论是民事权利还是民事利益都依照统一的构成要件加以保护。但是，不区分权利与利益实行统一保护，不意味着不同民事权利与民事利益应当按照相同的标准给予相同程度的保护。实际上，不同民事权益仍然因其体现的价值、权益归属的社会公开性（显见性）、侵害行为的可责性等不同，而应给予不同程度的保护。例如，生命权、身体权和健康权就受到比其他人格权益更高程度的保护（第 998 条），而所有权、知识产权等绝对权受到比债权更强程度的保护，纯粹经济利益的受保护条件通常也更加严格 [重庆四中院 (2006) 渝四中法民一提字第 9 号民判]。始终应当注意的是，法律不是按照所保护对象是否有权利之名而给予差别保护，而是在结合前述具体情况下给予不同程度的保护。

二、一般过错侵权的构成要件

对于一般侵权责任的构成，我国学界存在争议，具体表述亦有不同，尤其是关于违法性是否为侵权责任构成的一般要件，分歧明显。从本条第 1 款的规范表述来看，“因过错侵害他人民事权益造成损害”，其中并无违法性要件的明确规定，尽管理论和司法实践中均有持肯定见解者，但远未形成通说甚至主流见解。因此，一般侵权责任的构成要件可据本条之文义分为四项，即权益侵害、损害、因果关系及过错。前三项为侵权责任的客观要件，也称事实构成；最后一项为侵权责任的主观要件，也称有责性要件。以下分述之：

(1) 须存在侵害他人民事权益的加害行为。加害行为包括作为和不作为，前者是造成权益侵害或损害危险实现的行动，通常表现为积极行为，如毁损他人财物，或者驾驶刹车有缺陷的汽车造成伤害事故，等等；后者是指未针对其应予防止的侵害或损害危险采取防范行动，如负有照管义务者未尽照管义务致损害发生，在道路上挖坑未设置防护栏，等等。不论是作为还是不作为，侵害他人受保护权益的，除非存在违法性阻却事由（如第 999 条、第 1019 条第 2 款等）[山东高院 (2011) 鲁民三终

字第 198 号民判]，侵害行为当然具有违法性。但是，不同的受保护权益因其特性差异，其社会公开性（显见性）不同，因此，在具体确定侵害行为的违法性时，可能需要同时结合过错的范围和程度、因果关系贡献度（原因力）、保护性法律规定等加以综合考量。需要注意的是，权益侵害不必是侵权责任人自己的行为，侵权责任人既可以因自己的侵权行为而承担责任，也可以因其应予负责的他人行为承担责任（**如本编第三章多数情形**）。

（2）须有损害。损害是指受保护权益所遭受的不利益。损害有所谓自然损害与规范损害、财产（物质）损害与非财产（非物质）损害等不同分类。自然损害是指财产毁损、健康状况受损等自然意义上的不利益；规范损害则指依规范评价而被认定的不利益。只有依法律规范被评价为可赔偿损害的不利益才属于责任法上的损害，如不法利益的丧失不属于损害，但利用他人闲置的财产则仍然构成损害。财产损害是指可以金钱计量的损害，而非财产损害则是指侵害财产或人身权益造成的不可以金钱计量的损害，如声誉受损或精神痛苦等。损害依本编第二章的有关规定认定和计算。

（3）须权益侵害与损害之间有因果关系。理论上，因果关系分为加害行为与权益侵害的因果关系，以及权益侵害与损害的因果关系。前者属于事实上的因果关系，其认定因作为与不作为而不同：在作为侵权情形下，采取“剔除法”，即若行为人不实施侵害行为，则不会发生权益侵害后果；而在不作为侵权情形下，则采取“假设法”，即若行为人实施相关行为，则不会发生权益侵害后果。后者主要涉及因权益侵害发展形成的间接损害（如治疗费、修理费、收入丧失等），而不包括表现在受侵害权益上的直接损害（如车辆毁损、劳动能力丧失等）；其关乎损害赔偿的范围，涉及法律上因果关系问题［**嘉兴中院（2019）浙 04 民终 1716 号民判**］。在法律上因果关系的判断上，经学理的大力倡导，相当因果关系说逐渐受到包括最高法在内的各级法院的支持和认可［**最高法（2001）民二终字第 114 号民判、云南高院（2014）云高民一终字第 276 号民判、青岛中院（2016）鲁 02 民终 2169 号民判**］。

（4）须行为人有过错。过错责任的目的在于引导人们合理行为，即只要行为人尽到应有的合理、谨慎的注意义务，即便损害后果发生，也不使其承担侵权责任。过错包括故意和过失两种形态，故意是指行为人追求或放任侵害后果发生的心理状态，过失则存在主观过失与客观过失之分。主观过失是指行为人对自己行为及其后果的疏忽或懈怠的心理状态［**上海一中院（2021）沪01民终5024号民判**］；而客观过失则是行为人未满足客观法秩序所要求的必要行为标准（也称注意义务）［**（2018）最高法民再206号民判**］。在实践中，行为人的作为表现，是判断其有无故意的标准；而受害人在证明行为人是否具有过失时，需要分析特定行为人对其行为或后果的理解、判断、控制、认识等方面的能力，判断行为人能否预见损害的发生。但若受害人需如此证明行为人的过失，负担略显过重。因此，作为我国主流学说的客观标准说认为，判断过失应考察行为人是否违反法律、法规明确规定的义务，或者行为人是否违反善良管理人、理性人的注意义务。我国越来越多的法院在判断行为人有无过失时实质上采纳客观标准［**最高法（2000）民终字第128号民判、上海高院（2023）沪民终699号民判**］，尽管因囿于习惯可能仍使用“主观过错”的表达。此外，责任法上的故意、过失通常均指向侵害或损害结果，但为规制方便，法律上有时也将故意、过失指向违法或不当行为而非结果，且在立法不以故意为必要时，司法裁判径称过错，并不区分故意或过失。例如，承销机构在其自身利益与投资人利益存在冲突时，利用信息优势先行交易的行为违背诚信原则而有过错，应对交易相对方的损失承担相应赔偿责任［**上海高院（2021）沪民终962号民判**］。

三、过错推定侵权

本条第2款是推定过错的一般规定，系不完全法条，在责任构成和法律效果上均须结合适用其他法条。就责任构成而言，适用过错推定规则与适用本条第1款规定的过错责任原则并无二致，只不过前者会产生举证责任倒置的效果。也就是说，行为人的行为一旦致人损害就被推定为主观上存在过错，除非其能证明自己没有过错。此推定是指根据已知事实判断和认定未知事实，其推定的事实允许以相反的证据反驳、推翻。故在诉讼中，在受害人能证明损害事实、加害行为和因果关系三个要件时，法官可基于损害事实本身推定加害人存在过错；若加害人不能证明自己对损害的发生没有过错，则应认定其有过错，并由其承担侵权赔偿责任。

过错推定责任作为过错责任原则的特殊形式，仅在法律明确规定的情形方可适用。此所谓“法律”，一般认为仅指全国人大及其常委会制定的法律。准此，本法第1222、1255条和《电子签名法》第28条等规定的，即属“法律规定”的过错推定之具体类型，它们和本条第 2 款一起，就过错推定构建了一般规定和具体类型并举的立法模式。此模式源于原《侵权法》，导致在本法施行前的司法实践中，不乏同时援引一般规定和具体规定者［**云南开远铁路法院（2015）开铁民初字第 67 号民判**］，从而引发对本条第 2 款（**原《侵权法》第 6 条第 2 款**）之规范意义的质疑：既然当且仅当法律有具体规定时方有过错推定的适用空间，那么本款作为仅具归纳意义的一般规定即无意义。

第一千一百六十六条 【无过错责任】行为人造成他人民事权益损害，不论行为人有无过错，法律规定应当承担侵权责任的，依照其规定。

本条关于无过错责任的规定，与过错责任原则共同构成侵权法之二元归责体系。但依其规定，仅在“法律规定”时，才能适用无过错责任规则。易言之，本法或其他法律未明确规定适用无过错责任的，均以过错为归责原则。此前的司法实践中，法院即援引本条之源出——原《侵权法》第 7 条而为反对解释，以没有相应法律规定为由，否定无过错责任的承担［**北京一中院（2017）京 01 民终 9632 号民判、沧州东光法院（2019）冀 0923 民初 371 号民判**］。

法律规定适用无过错责任原则的具体情形主要有：（1）产品责任；（2）环境污染和生态破坏责任；（3）高度危险责任；（4）动物损害责任中的部分责任；（5）建筑物、构筑物或者其他设施倒塌、塌陷致人损害责任；（6）监护人对欠缺行为能力的被监护人造成他人损害的责任；（7）雇主（用人单位、接受劳务的个人）对雇员（工作人员、劳务提供者）在执行事务或提供劳务中造成他人损害的责任。

无过错责任之构成，仅在主观要件上区别于过错责任，而在客观要件上并无不同。也就是说，对于无过错责任，侵权人有无过错并非考量因素，侵权人也不得以证明其无过错的方式主张责任不成立。相较于过错责任，无过错责任在减责与免责事由上的限制更为严格：即使损害因第三人过错产生，承担无过错责任的行为人也不能免责（**如第 1233、1250 条**）。

第一千一百六十七条 【危及他人人身、财产安全的责任承担方式】侵权行为危及他人人身、财产安全的，被侵权人有权请求侵权人承担停止侵害、排除妨碍、消除危险等侵权责任。

本条适用的情形是侵权行为危及他人人身、财产安全。从本条前半句（法律事实）与后半句（法律效果）之体系牵连看，“危及”不仅包括可能影响人身、财产安全的情形，而且包括人身与财产已经受到实际影响的情形。不论如何，“危及”是一种事实状态，具有持续性，且未结束。“危及”应具有违法性，所涉行为具有法定基础或合同基础的，不构成本条所谓“侵权行为”。“危及”应具有现实性或合理预见性，并非被侵权人主观臆想。被侵权人应就“危及”的发生与存在负担举证责任，尤其应证明其非法性与现实性。“人身、财产安全”是指被侵权人正常、完满地享有人身权（人格权与身份权）与财产权。“财产安全”仅以绝对性财产权为限，不包括债权。

从本条前半句来看，适用本条既不以行为人具有过错为前提，也不以损害的发生为要件（**对照第 1165 条**）。本条旨在确立对人身权与绝对性财产权的预防性保护，仅以维持所涉权利的完满状态为目的。当然，所涉侵权行为既危及他人人身、财产安全，又给他人造成损害的，发生请求权聚合。被侵权人既可主张适用本条，又能主张适用本法第 1165 条或第 1166 条，请求侵权行为人予以赔偿。

根据本条后半句，适用本条的法律效果是侵权人承担停止侵害、排除妨碍、消除危险等责任。停止侵害指向侵权行为，即正在实施侵权行为的侵权人应停止该行为。在司法实践中，停止侵害适用的典型情形是侵害人格权（**第 995 条**）、侵害知识产权以及环境侵权（**《环境侵权解释》第 13 条**），且以禁止令这一行为保全司法措施的形态呈现（**《民诉法》第 103～104 条**）。排除妨碍与消除危险皆指向侵权结果，即侵权人应当去除已产生的妨碍或影响，排除妨碍或损害发生的现实可能性。本条的“妨碍”也称妨害。由于危险与妨碍皆具持续性，故权利人行使本条规定的请求权不受诉讼时效期间限制（**第 196 条第 1 项**）。

在法律适用上，本条会与本法其他条文发生请求权规范竞合。在侵权行为危及财产安全的情形下，受害人是物权人的，除能主张适用本条外，还可主张适用本法第 236 条（消除危险与排除妨害物权请求权）。

本法第 995 条第一句规定，人格权遭受侵害的，受害人有权依本法和其他法律的规定请求行为人承担民事责任。该句是一个引用性条款，本条即属该句“本法”所指规范。第 995 条第二句还规定，停止侵害、消除危险与排除妨碍不适用诉讼时效的规定。该规定与本法第 196 条第 1 项一致。对于产品缺陷危及他人人身、财产安全的情形，本法第 1205 条有特别规定。

第一千一百六十八条 【共同侵权】二人以上共同实施侵权行为，造成他人损害的，应当承担连带责任。

本条是关于共同加害行为（又称狭义的共同侵权行为）的规定，系完全法条。在数人侵权的情形下，如果共同侵权成立，那么数个加害人须对受害人承担连带责任，即无论某一加害人的行为对结果具有多大原因力，其针对受害人都不能只承担自己应承担的内部责任，而应承担全部责任。受害人不仅能向全体加害人请求赔偿，而且可向任一加害人请求赔偿。共同侵权会引发连带责任的原因在于两点：一者，数人共同侵害他人权利，无论是在加害人的数量上还是在侵权行为的危害上，社会危险程度显然超过单独侵权行为；二者，连带责任加重了共同侵权人的责任，使受害人处于优越地位，其损害赔偿请求权能得到更好保障。

共同侵权行为的连带责任，应满足侵权责任成立的一般条件。依本条规定，其特殊之处有二：

第一，共同侵权行为主体是共同加害人，须由二人以上构成，且可为自然人或法人。关于“共同实施”，司法实践和学界存在几种学说：(1) 共同故意说；(2) 共同过错说，即各行为人应具有共同的过错；(3) 共同行为说，即认为各行为人的多个行为应客观上具有关联，构成损害的共同原因；(4) 主客观结合说，即认为各行为不仅应在主观上存在共同或相似的过错，而且行为亦应具有关联性；(5) 主客观共同说，即认为共同实施既包括行为人主观上具有过错，也包括行为人的行为在客观上具有共同关联。首先，仅就本条而言，无论采何种见解，数人基于共同故意侵害他人合法权益的，都会被认定为共同侵权。其次，以意思联络作为共同侵权行为的主观要件，符合侵权法中的自己责任原则。最后，结合本法第 1169～1172 条，本条体系定位既然为狭义共同侵权规范，则其若包含共同过失，将导致本条与第 1169～1172 条在适用上的混乱与区分上的困难。第 1170 条指向共同危险行为，而在大多数情况下，共同危险行为人主观上皆为过失。第 1171～1172 条则调整无意思联络的多数人侵权，故多数侵权人是否存在主观联络，应作为共同侵权与无意思联络多数人侵权的重要区分标准。因此，本条中的“共同”应限于共同的意思联络。

第二，共同侵权行为与损害后果具有因果关系，损害后果是共同的。各共同侵权行为人的行为尽管对共同损害结果发生的原因力不同，但均须与损害结果存在因果关系，行为应具有原因力。本条无“同一损害”之表述，因为在数个侵权人基于共同故意而协力造成损害时，共同故意已将多数侵权人的行为进行一体化评价。无论受害人遭受的是一个还是多个损害，均由共同故意的侵权行为所致。本条明显不同于本法第 1171 条和第 1172 条，后者因规制无意思联络数人侵权而强调“同一损害”。

共同侵权的法律后果是侵权人承担连带责任，此效果有外部和内部之分。就外部法律效果而言，受害人与侵权行为人的关系，适用本法第 178 条第 1 款的规定；就内部法律效果而言，适用本法第 178 条第 2 款。是故，在法律无特别规定，且当事人无特殊约定的情况下，应以因果关系贡献度、行为人过错程度等因素确定各自责任大小，其中因果关系的贡献度是主要因素。原因力是指行为人的行为对于损害后果发生或扩大的作用力。作用力越大，因果关系贡献度越大，应分担的责任份额应越高。过错程度的影响取决于过错程度与伦理上的负面评价之关联，以及过错程度与因果关系的联系。因为过错程度的影响部分来源于因果关系，尤其在那些因果关系信息完全缺失的案件中，所以过错程度对责任份额的影响可能已部分地成为因果关系贡献度的组成部分。在没有任何特殊情事指向不同比例的责任分担时，全部行为人应平均分担损害赔偿责任。

第一千一百六十九条 【教唆、帮助侵权】教唆、帮助他人实施侵权行为的，应当与行为人承担连带责任。

教唆、帮助无民事行为能力人、限制民事行为能力人实施侵权行为的，应当承担侵权责任；该无民事行为能力人、限制民事行为能力人的监护人未尽到监护职责的，应当承担相应的责任。

一、教唆、帮助他人实施侵权行为

教唆行为是指对他人进行开导、说服，或通过刺激、利诱、怂恿等方法，使他人从事侵权行为。教唆可通过书面、口头或其他形式进行，既能直接教唆或通过他人间接教唆，也能一人教唆或多人共同教唆。帮助行为是指给予他人帮助，如提供工具或指导方法，以便他人实施侵权行为。帮助行为通常是以积极作为方式作出，但负有作为义务的主体的故意不作为也可能构成帮助行为。帮助的内容可以是物质上的，也可以是精神上的。

本条所言教唆、帮助侵权行为，须实行行为人实际实施侵权行为并造成损害后果。如果行为人实施的侵权行为乃依自己的侵权意图，而非依教唆人和帮助人教唆、帮助的内容，那么教唆、帮助侵权行为不成立。教唆行为、帮助行为与被教唆人、被帮助人实施的侵权行为，应具有内在联系。教唆人诱使被教唆人产生侵权意图，故意教唆使教唆人与被教唆人成为一个致害整体。就帮助行为而言，无论被帮助人是否知道其受到帮助，帮助人都存在实质意义上的过错。帮助行为加剧或便利了侵权，与被帮助人的行为形成共同的致害原因。因此，如果被教唆人、被帮助人实施的侵权行为与教唆行为、帮助行为没有任何联系，而是侵权行为人另外实施的，那么该行为造成的损害不应由教唆人、帮助人承担侵权责任。

教唆人虽未直接实施侵权行为，但教唆行为使实行行为人产生了侵权意图。在最终确定侵权意图的过程中，教唆行为介入了被教唆人的心理状态，增加了受害人受损害的可能性，由此成为损害发生的条件，增加了损害发生的可能性。帮助行为的间接因果关系，体现在以下两个方面：一是帮助行为人提供工具、指示目标、通风报信等物质性的帮助，使直接行为人实施侵权行为更易得逞，增加了损害发生的可能性；二是帮助人为直接行为人提供语言激励、呐喊助威等精神上的帮助，坚定了其侵权决意，使直接行为人更加心安地实施侵权行为。倘若侵权行为人已具有实施某侵权行为的意图，帮助行为仅坚定其侵权意志，那么在认定因果关系时，还要考虑如果帮助行为不存在，侵权行为是否会发生。

依本条第 1 款，教唆人、帮助人实施教唆、帮助行为的，应与行为人承担连带责任。此连带责任的具体内容，适用本法第 178 条等相关条款。

二、教唆、帮助无行为能力人和限制行为能力人实施侵权行为

相较于本条第 1 款，第 2 款调整的对象是教唆、帮助无行为能力、限制行为能力人实施侵权行为。不论教唆人、帮助人是否明知或应知被教唆人、被帮助人是无行为能力人或限制行为能力人，只要实施教唆、帮助行为，都应承担侵权责任。

依第 2 款第二分句，监护人若未尽教育和照顾被监护人的职责，疏于履行监护责任，应对被监护人给他人造成的损害承担侵权责任，其依据实为本法第 34 条第 3 款和第 1188 条。另依《侵权责任编解释一》第 12 条，监护人的相应责任是因未尽监护职责而与教唆人、帮助人对外承担部分连带责任，其承担的责任份额为终局责任。是故，若监护人先行对外承担了全部赔偿责任，则就超过自己终局责任份额的部分可行使追偿权。较为复杂的问题是，无民事行为能力人、限制民事行为能力人实施侵权行为，存在监护人、受托履行监护职责的人与教唆人、帮助人的，多个主体如何承担责任。被侵权人既可以选择诉请其中任一主体承担责任，也可以合并请求，未尽到监护职责的监护人和受托履行监护职责的人依本法第 1188～1189 条，在其过错范围内与教唆人、帮助人承担部分连带责任。

本条第 2 款未区分教唆行为与帮助行为，但其适用应区分无行为能力人与限制行为能力人，以及教唆行为和帮助行为。原《民通意见》第 148 条第 2、3 款区分了教唆、帮助无民事行为能力人和限制民事行为能力人，第 3 款则认定教唆人和帮助人与该限制行为能力人亦构成共同侵权人。依本条“相应的责任”之表述，在教唆限制行为能力人的情形下，监护人不应与教唆人、帮助人承担连带责任。然与无行为能力人相比，限制行为能力人应对自己行为有一定的判断力和理解力，监护人的监护难度相对较低，故在限制行为能力人实施加害行为的情形下，认定其“未尽到监护职责”的可能性更大，认定“未尽到”的程度要更重。与教唆行为相比，帮助行为在加害行为实施中仅起辅助作用，而被帮助的无行为能力人和限制行为能力人的加害行为起主要作用，故在帮助无行为能力人和限制行为能力人实施侵权的情形下，与被教唆人的监护人相比，被帮助人的监护人被认定“未尽到监护职责”的可能性更大，认定“未尽到”的程度更重。

第一千一百七十条 【共同危险行为】二人以上实施危及他人人身、财产安全的行为，其中一人或者数人的行为造成他人损害，能够确定具体侵权人的，由侵权人承担责任；不能确定具体侵权人的，行为人承担连带责任。

本条的规范目的在于减轻受害人因缺乏证据而无法证明因果关系的困难，令每个参与此种危险活动的人都向受害人承担连带赔偿责任。受害人虽可据此免负因果关系之证明责任，但仍须证明每个共同危险行为人的行为符合其他的侵权责任成立要件。

共同危险行为构成要件的特殊之处在于：(1) 共同危险行为中必定存在数个参与实施危险行为之人，即共同危险行为人。“实施”包括作为与不作为。但因本条未使用“共同实施”的表述，故不要求共同危险行为人的行为具有时空上的同一性。共同危险行为人的行为是对受害人权益具有危险性的行为，受害人应对行为危险的高度真实性负证明责任，并由法官在个案中进行具体评判。(2) 共同危险行为的构成要求具体侵权人不能确定。能确定具体侵权人的，直接依有关侵权法规范处理。在数人分别实施的、对损害他人权益具有危险的行为中，至少一人的行为实际造成了损害，但不能确定是何人所为。在多人实施危险行为，但能查明具体侵权人的情形下，由造成损害的具体侵权人单独承担全部责任；其他人尽管实施了危险行为，也不承担责任。(3) 每个行为人的行为在危险的种类和内容上具有相同性或相似性。不同种类、不同性质、不同内容的数个行为，不构成共同危险行为。

依本条第二分句，具体侵权人无法确定的，行为人承担连带责任。此责任之具体对外与对内效果，分别适用本法第 178 条第 1 款与第 2 款的规定。

第一千一百七十一条 【分别实施充足原因侵权行为的数人侵权】二人以上分别实施侵权行为造成同一损害，每个人的侵权行为都足以造成全部损害的，行为人承担连带责任。

本条的规范目的并不在于减轻受害人的举证责任，而是化解多数人侵权之普通因果关系判断规则的弊端。一方面，在相当因果关系说之下，“若无则不”判断规则会使本条所涉情形中的各加害人不承担责任。是故，有必要限制该判断规则适用于此种情形，即应认定各加害人的行为都为损害条件，从而成立连带责任。另一方面，本条规定连带责任之基础不同于共同侵权行为。共同侵权行为连带责任之基础，在于行为的一体性与行为累积的危害性等方面，在无辜的受害人与有责的加害人之间，以受害人权益维护为中心，由全体加害人负担某加害人丧失清偿能力的风险。而本条并非着眼于维护受害人权益，以否定性地评价加害人行为。

首先，同其他多数人侵权一样，本条也以复数行为人实施的复数行为为构成要件。但相较于共同侵权行为，本条所涉侵权行为的特点是其由行为人分别实施，是数个侵权行为的结合，而非一个侵权行为。共同侵权行为具有主观上的共同性，数人实施的行为因此成为一个侵权行为。其次，数人侵权行为造成的损害性质和损害内容应具关联性。本法第1168条规定的共同侵权行为更注重行为人的主观关联性，即共同侵权首要构成条件系各加害人的主观共同，而行为人造成的损害是否具有同一性，并不重要。但数人分别侵权之所以成为一种具有重要意义的数人侵权类型，恰因各加害人造成了同一损害，分别实施侵权行为的数人在损害结果上具有关联。如果损害并不同一，则构成数人单独侵权，无本条适用空间。最后，本条规定的分别侵权行为，有别于本法第1172条规定的分别侵权行为。在后一情形，每个行为人实施的侵权行为发生原因力聚合，进而导致损害发生。在前一情形，每个行为人实施的侵权行为都与损害存在完整的因果关系，即竞合的因果关系［**四川高院（2017）川民再480号民判**］。任一行为人实施的行为单独是损害发生的充足原因，但本条所言“足以”非指每一侵权行为都实际造成全部损害，故任何行为人都不能以“除了自己还有他人也实施了可造成全部损害的侵权行为”作为抗辩事由。

依本条，实施充足原因侵权行为的数人承担连带责任。此责任的具体效果，适用本法第178条规定。

第一千一百七十二条 【分别实施非充足原因侵权行为的数人侵权】二人以上分别实施侵权行为造成同一损害，能够确定责任大小的，各自承担相应的责任；难以确定责任大小的，平均承担责任。

本条调整部分因果关系情形中的数人侵权，即数人分别实施侵害他人的行为，虽各行为都不足以导致损害，但因行为的偶然结合造成同一损害结果。于此情形，加害人应分别承担损害赔偿责任。本条与本法第1171条皆非独立的请求权基础，在分别实施的侵权行为导致侵权责任成立后，法官再依此二条确定侵权人承担连带责任或按份责任。

因加害人承担连带责任还是按份责任，对受害人与加害人影响巨大，故须重点理解本条与第1171条在适用上的区分：单独任一行为是否均不足以造成同一损害，损害是否必须因各单独行为的共同作用而产生。然与充足原因之数人分别侵权相同，本条仅适用于复数行为人造成同一损害的情形。同一损害不以损害的不可分性为限，而应从各侵权行为与损害的因果关系角度考察，是否各分别实施的行为均与损害存在因果关系。同一损害既不限于造成的损害是同一个损害，也不要求是同一性质的损害。

分别侵权行为人对各自行为造成的后果承担责任。本条规定的分别侵权行为属于单独侵权而非共同侵权，各行为人实施了单独行为，仅对其行为造成的损害后果负责。在损害结果单独确定的前提下，各行为人应就其行为造成的损害承担赔偿责任，这是按份责任的体现。当各行为造成的损害后果无法确定时，应根据行为的原因力和过错大小，由各行为人按份额各自承担责任。分别侵权行为往往造成一个共同的损害结果，因此，赔偿责任应被确定为一个整体，并依各行为对损害后果的原因力和过错大小划分责任份额，由各行为人按自己的份额承担责任。

依本条第二分句，在无法判明数个侵权行为的过错程度和原因力强弱时，则推定数个侵权行为人承担均等的按份责任。此推定可消除“加害份额不明”的可能，降低受害人对因果关系的证明难度。

第一千一百七十三条 【过失相抵】被侵权人对同一损害的发生或者扩大有过错的，可以减轻侵权人的责任。

本条所言被侵权人对同一损害的发生或扩大有过错，是指受害人的行为系损害发生或扩大的共同原因，其行为与加害人的行为共同作用，促成了损害结果的发生，或者作用于已发生的损害结果，使其继续扩大。受害人的行为既可能是损害发生或扩大的共同原因，也可能是导致损害原因事实发生的原因。损害发生的原因不单包括损害本身发生的原因，也包括损害原因事实的成立或发生的助成。受害人的行为虽是损害发生或扩大的共同原因，但其主观上无过错的，不构成过失相抵［**开封中院（2018）豫02民终2934号民判**］。

过失相抵不要求受害人行为违法，仅要求该行为不当。不当行为既可以是积极行为，也可以是消极行为。消极不作为构成过失相抵的情形包括：重大损害未促其注意，怠于避免损害，怠于减少损失。受害人过错并非固有意义的过失，而是受害人对于自己的过失，是一种主观上应受谴责的心理状态［**乐山中院（2020）川11民终1185号民判**］。受害人未尽一个合理的人对自己利益所应有的注意，或者未采取可以获得的预防措施，保护自己的民事权益免受损害或避免损害扩大的，具有过错。受害人的代理人对损害的发生或扩大有过失的，可视为受害人的过失。监护人的过失亦构成过失相抵。如果受害人是无行为能力人，虽无法确定其有无过失，但仍可确定其监护人对此有无过失。在加害人应负无过错责任的场合，受害人有过错的，亦能依法构成过失相抵。

在具备过失相抵要件时，法官可不待当事人主张而依职权减轻加害人的赔偿责任。仅在侵权人存在故意或重大过失，而受害人有轻微过失时，才可不减轻侵权人的责任［**襄阳中院（2016）鄂06民终2370号民判**］。过失相抵的适用包括以下两个步骤：一是比较过错。比较过错亦称比较过失，是指在与有过失中，通过确定并比较加害人和受害人的过错程度，确定责任承担和责任范围。二是比较原因力。过失相抵中的损害结果由加害人和受害人的行为造成，两行为是同一损害结果的共同原因，都对损害事实的发生或扩大具有原因力［**广州中院（2021）粤01民终4084号民判、佛山中院（2020）粤06民终1689号民判、湖北高院（2019）鄂民再280号民判、厦门海事法院（2019）闽72民初155号民判**］。原因力对与有过失责任范围的影响具有相对性，主要表现在以下几个方面：第一，在双方当事人的过错程度无法确定时，应以各自行为的原因力大小确定责任比例。在适用无过错责任原则的情形下，可依受害人行为的原因力大小，确定减轻加害人的赔偿责任；双方当事人过错程度难以明确的，也可依双方行为的原因力比例确定责任范围。第二，在双方当事人的过错程度相等时，各自行为的原因力大小对赔偿责任起“微调”作用。第三，在加害人依其过错应承担主要责任或次要责任时，双方当事人行为的原因力对过失相抵责任的确定起“微调”作用。原因力相等的，依过错比例确定赔偿责任；原因力不等的，依原因力的大小相应调整责任比例，确定赔偿责任范围。

第一千一百七十四条　【受害人故意】损害是因受害人故意造成的，行为人不承担责任。

本条将受害人故意作为侵权行为人的免责事由。受害人作为一般理性人，从事危险行为积极促成或放任损害结果发生的，会切断侵权行为与结果的因果关系。此时根据诚信原则，不应追究行为人的侵权责任。此项规定有利于避免受害人滥用权利，避免行为人承担与其过错、原因力不相匹配的责任。

受害人故意包括直接故意与间接故意。受害人故意系造成损害结果的唯一原因，必须排除行为人的过错。若行为人有过错，即使受害人故意引起损害，也不能完全免除行为人的侵权责任，因为受害人故意无法排除行为人过错的原因力，行为人应对自己的过错承担相应的责任。在此情形，应适用本法第 1173 条的过失相抵规则，减轻行为人的责任。

在受害人故意的情形，行为人不承担侵权责任。此免责事由无例外地适用于过错责任，因为在过错责任的情形，若受害人故意是损害的唯一原因，则行为人的过错以及因果关系直接不存在，侵权责任因此不成立。但对于无过错责任，本条之适用有所限制。一方面，无过错责任的法理基础在于危险控制，即在一般情形下，行为人对自己的高度危险行为具有控制能力，可有效地自主防止危险转化为实害结果。然在受害人故意的情形下，危险控制能力的优劣地位发生倒置，危险是否转化为实害结果并非行为人所能控制，故应免除其侵权责任。例如，本法第 1237、1238 条以及《道交法》第 76 条，即如是规定。另一方面，本条在本编中为一般规定，其具体适用应遵循“特别法优先”的规则。因此，动物侵权致人损害的，本法第 1246 条应优先适用，受害人故意此时仅为减责事由。

第一千一百七十五条　【第三人原因】损害是因第三人造成的，第三人应当承担侵权责任。

本条的规范目的，在于明确作为被告的行为人能证明损害因第三人原因所致的，行为人可将本条作为责任抗辩依据。

本条之“第三人”，是指行为人与受害人以外的第三人，但既不包括行为人的代理人、被监护人等，也不包括行为人之外的其他共同侵权人、共同危险行为人，否则应分别适用本法第1168～1170条的规定。第三人的行为包括作为和不作为，通常以作为形式介入损害发生。

本条仅规定第三人应对其造成的损害承担责任，未规定对于行为人会具体发生何种法律效果。尽管第三人原因与其他免责事由一并被规定于本编，但这并不当然意味着，第三人行为必能免除行为人的侵权责任。首先，因果关系是侵权责任构成的要件，第三人的行为是损害发生的唯一原因，或者中断了行为人在先行为与损害的因果关系，并成为损害的真正原因的，行为人当然无须对损害负责。其次，第三人行为究竟是否作为介入原因，在何时中断因果关系，能否免除行为人的侵权责任，只能就个案分析。最后，在无过错责任或过错责任的部分情形下，即使第三人行为中断了因果关系，行为人仍须承担侵权责任。例如，行为人承担责任后向第三人追偿（**第1204条**）；再如，受害人选择责任承担主体（**第1250条**）；还如，行为人承担相应的补充责任（**第1192条第2款**）。

第一千一百七十六条 【自甘冒险】自愿参加具有一定风险的文体活动，因其他参加者的行为受到损害的，受害人不得请求其他参加者承担侵权责任；但是，其他参加者对损害的发生有故意或者重大过失的除外。

活动组织者的责任适用本法第一千一百九十八条至第一千二百零一条的规定。

本条将受害人的自甘冒险行为作为文体活动其他参加者的免责事由，系新增规定。不同于本法第1174条规定的受害人同意，受害人在自甘冒险的情形下仅意识到损害可能发生，且损害的发生违背其主观意愿，其仍保留法律救济权利。换言之，在自甘冒险的情形下，受害人并未同意加害人侵害其权益，甚至不希望危险的实际发生。

依本条第1款，在文体活动的其他参加者能证明如后要件成立时，可免于承担责任，而非仅仅减轻责任。(1) 本条适用范围仅限于有一定风险的文体活动。此文体活动，包括文化活动和体育活动；而“风险”系所涉文体活动所固有，为其他参与者或活动组织者无法或很难消除，且从事该类文体活动极易引发此种危险为社会一般人所认知。结合司法实践，其边界可如是确定：其一，限制活动空间。该活动应发生在一定场所，尤其是那些有场所要求的活动项目。比如，在行人车辆流量较大的地方使用滑板，就不能认定为文体活动，因为公共交通区域的风险非活动本身的固有风险［**巴彦淖尔中院（2021）内08民终597号民判**］。其二，限制活动性质和内容。当事人从事的应属法律和社会一般道德所提倡的有益身心的活动，如打架斗殴、弹弓射击等行为就不能认定为文体活动，因为这与本条规则的意蕴存在价值冲突［**平顶山舞钢法院（2021）豫0481民初815号民判**］。其三，限制活动时间。侵权事实应发生于活动过程中，因为此时的风险才能被认定为活动固有的风险。但活动时间不限于活动规则所定时间，只要活动状态仍在持续，即可认定为文体活动。对于“文体活动”的认定，也可结合两个以上的标准进行综合判断。比如，有法院认为，“摔跤行为系双方在课间休息、没有教练指导下，争强好胜、顽皮打闹的行为”，显然意在否认其为“文体活动”［**保定安新法院（2020）冀0632民初578号民判**］。(2) 受害人对参加的文体活动蕴含的特殊风险和可能的损害结果有所认知。此风险应为具体的、现实的危险，而损害则是一种非必然发生的、可以避免的损害。判断受害人是否认知，应采主客观相结合的标准，结合受害人年龄、精神状况、活动类型、活动专业程度、活动内容说明情况等因素，探求受害人的主观认识。实践中，有法院直接依客观标准进行认定，将风险作为一种文体活动固有的抽象风险（因身体接触和接触器具造成伤害），实际上采纳了“应知”的判断标准［**承德丰宁法院（2021）冀0826民初2213号民判、广州中院（2021）粤01民终2136号民判**］。应该说，受害人对于风险的认知，通常以一般人所能了解的范围为限，即以“应知”为已足；但在风险极大，而一般人对危险的发生不具备全部预期的情形下，则要求受害人实际明确其可能受到的损害。(3) 受害人自愿是指其对参加与否享有选择权。因此，在订立、参加蕴含格式条款的协议时，为保障自甘冒险人确有选择余地，所涉格式条款须适用本法第496条第2款提示说明义务规则与第497条格式条款无效规则。(4) 其他参加者对损害的发生无故意或重大过失。盖行为人故意或重大过失造成的危险，并非文体活动本身风险，超出了受害人对风险的认识范围，缺乏自甘冒险中的“自愿”要素。应注意的是，体育活动属于提升全民体质的重要途径，需要相对宽松的责任认定标准［**上海一中院（2021）沪01民终732号民判**］。基于鼓励体育竞技精神的考量，也不宜仅以违反规则作为故意或重大过失的评价标准。法官应结合比赛的固有风险和激烈程度、犯规者的技术水平和对规则的熟悉程度、犯规动作的意图等因素，对致害方的主观意图进行综合分析判断［**广东高院（2019）粤民终635、636号民判**］。

本条第2款为引用性法条。依其规定，活动组织者不适用第1款所规定的免责事由，而应依本法第1198～1201条，在具有过错时承担侵权责任。具体而言，活动组织者依其主体身份，或承担直接责任，或承担相应的补充责任。

第一千一百七十七条 【自助行为】合法权益受到侵害，情况紧迫且不能及时获得国家机关保护，不立即采取措施将使其合法权益受到难以弥补的损害的，受害人可以在保护自己合法权益的必要范围内采取扣留侵权人的财物等合理措施；但是，应当立即请求有关国家机关处理。

受害人采取的措施不当造成他人损害的，应当承担侵权责任。

依本条第1款，在满足下述要件时，自助行为可作为免责事由：第一，行为人的合法权益受到损害，而非他人权益受到损害。此种权益仅限于可强制执行的请求权，应排除无须相对人提供给付的权利，比如形成权、支配权。第二，情况紧迫且不能及时获得国家机关保护。自助行为限于因时间或空间上的限制，在行为人权益受到侵害时，如不立即采取措施，其合法权益将受到难以弥补的损害。行为人长期持续阻止他人生产活动，不符合此项要件［**攀枝花中院（2021）川04民终240号民判**］。交通事故发生后，公安机关已完成勘查，固定了所涉事故发生、经过等基本事实的，受害人继续扣留肇事车辆，亦不符合此项要件［**乐山中院（2020）川11民终539号民判**］。第三，行为人采取措施不得超过必要限度。合理措施是为保护权利而必须实施的措施，原则上限于财产的扣留或毁损，必要时可及于人身自由。合理措施表现为相对平和的手段。如果所涉措施造成侵害人严重人身损害或严重财产损害，即使构成刑法意义上的正当防卫或紧急避险，亦不应将之评价为民法上的自助行为，行为人不可以此主张免除侵权责任。自助行为人采取的措施必须是合法措施，且应符合公序良俗的要求。第四，事后立即请求国家机关处理。行为人以本条第 1 款主张抗辩的，应当就前列要件负担证明责任。

依本条第 2 款，自助行为人应采取适当措施，坚持比例原则，采取损害最小的方式达到维护权利的目的。如若行为人采取的措施超出适当之范畴，就不应将其评价为自助行为，免责的正当性也无法成立，行为人此时应承担侵权责任。

第一千一百七十八条 【减免责特则】本法和其他法律对不承担责任或者减轻责任的情形另有规定的，依照其规定。

本条为中国法特有的提示性法条，提示除本章规定的不承担或减轻责任的一般规定外，本法和其他法律对减免责任的情形另有规定的，应予优先适用。首先，其他法律应作狭义解释，限于全国人大及其常委会通过的法律，如《道交法》第 76 条关于交通事故侵权减免责事由的规定，《民航法》第 127 条关于承运人减免责事由的规定，《铁路法》第 58 条关于铁路运输企业减免责事由的规定，《邮政法》第 48 条关于邮政企业免责事由的规定，以及《产品质量法》第 41 条第 2 款关于产品责任的免责规定。其次，本法其他相关部分规定的减免责任的事由，亦可适用于侵权责任，如不可抗力、正当防卫、紧急避险。此外，习惯法认可意外事件，即非因当事人的故意或过失，由于当事人意志以外的原因而偶然发生的事故作为免责事由。

当事人一方主张适用特殊抗辩规定的，应对案件事实符合本法和其他法律关于行为人责任减免的特殊规定负担举证责任。

第二章

损害赔偿

第一千一百七十九条 【人身损害赔偿】侵害他人造成人身损害的，应当赔偿医疗费、护理费、交通费、营养费、住院伙食补助费等为治疗和康复支出的合理费用，以及因误工减少的收入。造成残疾的，还应当赔偿辅助器具费和残疾赔偿金；造成死亡的，还应当赔偿丧葬费和死亡赔偿金。

本条所言人身损害，是指本法人格权编第二章规定的生命权、身体权、健康权受到不法侵害，造成受害人伤残、死亡等损害后果。本条界定了人身损害导致的财产上的不利益及其损失范围，并规定了相应的损害赔偿；精神损害的救济则适用本法第 1183 条。依本条规定，人身损害有一般人身损害、致人残疾、致人死亡三种类型。第一种类型为后两种类型的前提，故在赔偿范围上，后两种类型与第一种类型往往存在包含关系。

一般人身损害的赔偿范围包括以下内容：(1) 为治疗和康复支出的合理费用。本条所列费用包括医疗费、护理费、交通费、营养费、住院伙食补助费，而本法通过后历经两次修正的《人身损害赔偿解释》针对上述赔偿项目再次确认了不同的计算方法（**第 6、8～10 条**），但赔偿范围不限于上述列举之费用，只要是因治疗和康复所支出的合理费用，都应予赔偿。赔偿义务人对于受害人因治疗和康复支出的费用有异议的，应承担相应的举证责任。法官在查清事实的基础上，结合医疗诊断、鉴定，确定一般人身损害的赔偿范围。(2) 因误工减少的收入。受害人因人身遭受损害无法正常工作或劳动，失去或减少工作及收入，构成“消极损害”。依《人身损害赔偿解释》第 7 条，误工费应根据受害人的误工时间和收入状况确定。如果受害人无固定收入，则按照其最近三年的平均收入计算；如果受害人不能证明其最近三年的平均收入，则可参照受诉法院所在地相同或相近行业上一年度职工的平均工资计算。如果受害人无工作能力，不能请求赔偿因误工减少的收入。

致人残疾的赔偿范围包括以下内容：（1）为治疗和康复支出的合理费用。（2）辅助器具费。受害人因人身伤害致残疾而需配置具有补偿功能的辅助器具的，所需费用亦得赔偿。此等器具主要包括假肢及其零部件、假眼、助听器、盲人阅读器、矫形器等。（3）残疾赔偿金。因学理和实务见解不一，残疾赔偿金的计算标准存在差别。“收入所得丧失说”以受害人致残之前与之后的收入差额作为赔偿额，其弊端在于，致残前无收入的无业者可能得不到赔偿。“生活来源丧失说”则认为侵害人应赔偿受害人生活补助费，以帮助恢复其生活来源，其弊端在于，赔偿标准较低，违背完全赔偿原则。《人身损害赔偿解释》第12条采“收入所得丧失说”之长，兼采“劳动能力丧失说”，要求残疾赔偿金首先应考虑受害人丧失劳动能力程度或伤残等级，具体金额则以受诉法院所在地上一年度城镇居民人均可支配收入为标准，自定残之日起按20年计算。另该条第2款规定，受害人的实际收入并未因伤残减少或者虽伤残等级较轻但严重影响劳动就业的，可以对残疾赔偿金作相应调整。

受害人死亡的，赔偿义务人除应根据抢救治疗情况赔偿医疗费、护理费、营养费等相关费用外，还应赔偿丧葬费、被扶养人生活费、死亡补偿费，以及受害人亲属办理丧葬事宜支出的交通费、住宿费和误工损失等其他合理费用。对于本条规定的死亡赔偿金，实践中亦有争议，其焦点是如何确定赔偿对象、赔偿范围和赔偿标准。在赔偿对象上，有观点认为，侵权人侵害了死者权益，因此死亡赔偿金是对受害人的赔偿，其近亲属继承该赔偿金；另有观点认为，被侵权人死亡后丧失民事主体资格，侵权人侵害了死者近亲属权益，故死亡赔偿金是对死者近亲属的赔偿。对于赔偿范围，学理和实务主要有两种观点：“扶养丧失说”主张死亡赔偿金的范围是被扶养人的生活费，故有权主张死亡赔偿金者是被扶养人；“继承丧失说”则将死亡赔偿金界定为对死者未来可得收入损失的赔偿，侵权人应向死者近亲属赔偿死者余命年限内将获得的、除去生活费等正常开支的剩余收入。前说的优点在于，其可以较为准确地算出死亡赔偿金的数额，而相较于后说，其缺点是受害人的近亲属能获得的死亡赔偿金数额较低。依《人身损害赔偿解释》第15条，死亡赔偿金依未来可得收入计算；其第16条同时规定，被扶养人生活费也应计入死亡赔偿金。因此，死亡赔偿金并非对生命本身的赔偿，显然是支付给被侵权人近亲属的金钱赔偿，旨在使特定近亲属维持与被侵权人死亡前大致相当的物质生活水平。

第一千一百八十条 【以相同数额确定死亡赔偿金】因同一侵权行为造成多人死亡的，可以以相同数额确定死亡赔偿金。

本条所言“同一侵权行为”，是指责任主体同一、因果关系同一、造成死亡的损害结果同一的侵权行为，如同一恶性交通事故、生产事故、环境侵权；本条中的“多人死亡”，亦包括两人死亡的情形［**河南高院（2020）豫民再307号民判**］。本条仅用于确定在性质上属于财产损害赔偿的死亡赔偿金，不涉及作为精神损害赔偿的死亡抚慰金，也不适用于人身伤亡造成的其他财产损害。

因同一侵权行为造成多人死亡的，若以相同数额确定死亡赔偿金，可缓解原告方的举证责任，避免赔偿请求权人因审理程序繁杂冗长，无法及时获得赔偿的问题。同时，该确定方式亦可减轻法院负担，节省诉讼资源。但如本法第4条评注所言，本条之所由设，真意在于就同一侵权导致多人死亡的情形实现同命同价之损害赔偿目的。只是“可以”之表述，将是否以相同数额确定死亡赔偿金的自由裁量权交由法院。易言之，何种情况下“可以”适用相同数额，法院应依具体案情，综合考量各种因素后决定［**广东高院（2017）粤民申2046号民裁**］。司法实践中，受害人中包括城镇和农村居民时，法院一般统一按照城镇居民相关标准确定死亡赔偿金金额［**山东高院（2020）鲁民终1420号民判、北京一中院（2019）京01民初416号民判、广东高院（2015）粤高法民四终字第147号民判**］；数个受害人中有年龄超过60岁的，有法院也裁判统一适用20年计算标准［**张家口中院（2021）冀07民终999号民判**］。由此可见，本条规范重心并不在于追求死亡赔偿金数额的相同，而在于计算标准的统一。事实上，在《人身损害赔偿解释》确认同命同价之计算标准后，具体案件中计算的死亡赔偿金也不必相同。例如，死者中有年龄超过60周岁的，应依其第15条之但书分别计算死亡赔偿金；依其第16条，死亡赔偿金的数额会因数死者是否有被扶养人而不同；依其第18条，若同一侵权行为造成多人死亡，其中有赔偿权利人举证证明其住所地或经常居住地城镇居民人均可支配收入高于受诉法院所在地标准的，死亡赔偿金还可依其住所地或经常居住地的相关标准单独计算。

第一千一百八十一条 【被侵权人死亡或分立、合并时的请求权主体】被侵权人死亡的，其近亲属有权请求侵权人承担侵权责任。被侵权人为组织，该组织分立、合并的，承继权利的组织有权请求侵权人承担侵权责任。

被侵权人死亡的，支付被侵权人医疗费、丧葬费等合理费用的人有权请求侵权人赔偿费用，但是侵权人已经支付该费用的除外。

本条是关于侵权请求权主体的特别规定。自然人的生命权受到侵害的，存在直接受害人与间接受害人。死者、遭受精神损害的近亲属，以及因死者治疗、送葬等而遭受财产损失的人，乃是直接受害人。因自然人死亡，近亲属丧失相应的生活资源及继承取得未来收入的期待，故称其为间接受害人。依本条第1款第一句，被侵权人死亡的，丧失民事主体资格，其近亲属成为侵权责任之请求权主体。已发生的医疗费、护理费、交通费、营养费、住院伙食补助费等费用的请求权，因被侵权人死亡，自由其近亲属行使。至于近亲属的范围，应依本法第1045条第2款确定。由文义来看，本条第1款第一句调整两种情形：一是近亲属作为直接受害人，直接以权利人的身份请求侵权人承担侵权责任；二是因直接受害人死亡而不能享有损害赔偿请求权，近亲属的利益损失不能通过直接受害人的请求而获得保护，故近亲属可作为间接受害人，直接以自己的名义向侵权人请求赔偿。例如，被监护人死亡的，作为近亲属的监护人既可向被侵权人主张赔偿人身损害，又可请求赔偿监护关系受侵害产生的损失（**《侵权责任编解释一》第3条**）。应予区别的是，若受害人在死亡前已经取得赔偿请求权，那么其在死亡后，该权利由其近亲属继承取得。此时无须适用本句规定。应予注意的是，可请求侵权人承担侵权责任的近亲属是否存在先后顺序，尚存争议。持肯定说者认为，近亲属在请求侵权人承担责任时，应当参照本法第1127条规定的法定继承顺序。不过，这一理解并不完全妥当，因为本款之适用不限于近亲属主张死亡赔偿金的情形，而且涵盖了其他情形，比如近亲属就其负担的丧葬费用享有直接赔偿请求权，近亲属因被侵权人死亡而遭受精神损害时，也对侵权人直接享有损害赔偿请求权。

本条未规定，死亡的受害人并无近亲属的，可否由其他主体作为权利人主张侵权损害赔偿，如事实上形成了抚养、扶养、赡养、扶助等关系的第三人。从立法价值和现实情理考虑，若第三人与死亡的受害人在生活中相互帮扶、精神上相互抚慰、家庭财产存在混同，存在一定的紧密情感关系和人身依附关系，那么可认定其为损害赔偿权利的主体。

本条第 1 款第二句实为本法第 67 条规定的重申：法人合并或分立的，其权利和义务由合并后的或分立后的法人享有或承担。此规则同样适用于侵权法上的损害赔偿请求权，只不过其适用主体依文义已扩及非法人组织。

本条第 2 款所称“支付被侵权人医疗费、丧葬费等合理费用的人”，是指实际支出这些合理费用的人，既包括死亡受害人的近亲属，又包括其他自然人或者组织。至于其有无支付义务，在所不问。医疗费、丧葬费等合理费用可能是由欠缺继承权的其他自然人或某一组织等第三人支付的，本质上构成无因管理，作为管理人的第三人有权向受益人追偿。在被侵权人死亡的情形下，侵权人本有义务支付医疗费、丧葬费等合理费用，但因第三人的支付而免于支付，侵权人因此是受益人，该第三人当然有权要求侵权人赔偿该费用。当然，如果侵权人已向被侵权人的近亲属赔偿该费用，费用的实际支付人就不得再向侵权人请求赔偿，而只能要求获得赔偿的近亲属返还所受赔偿。

第一千一百八十二条 【侵害人身权益造成财产损失的损害赔偿】侵害他人人身权益造成财产损失的，按照被侵权人因此受到的损失或者侵权人因此获得的利益赔偿；被侵权人因此受到的损失以及侵权人因此获得的利益难以确定，被侵权人和侵权人就赔偿数额协商不一致，向人民法院提起诉讼的，由人民法院根据实际情况确定赔偿数额。

侵害人身权益只造成精神损害，或者仅侵害被侵权人财产权益的，不适用本条；针对侵害生命权、健康权、身体权的人身损害赔偿范围，本法第 1179 条已作规定。故本条的适用范围，应限于侵害他人生命权、健康权、身体权、姓名权、肖像权、名誉权、隐私权、荣誉权、人身自由以及其他与人身直接有关的权益并造成财产损失的情形。例如，体育明星或影视明星的肖像权、姓名权等具有商业价值，他人将其肖像或姓名用于广告等商业活动，应取得肖像权人或姓名权人的同意，且一般需给付相应对价；未经同意而擅自使用权利人的肖像或者姓名，即属“侵害他人人身权益造成财产损失的”情形（**参见本法第993条评注**）。此等财产损失可以计算，应予赔偿。权利人因名誉权遭侵害或隐私被非法披露而接受治疗的，因此产生的医疗费也是财产损失，据此获得的赔偿并非精神损害赔偿（**“莫言诉深圳某科技公司人格权纠纷案”，《人民法院报》2020年1月9日第3版**）。

实践中，侵害他人人身权益造成财产损失的，赔偿计算问题颇具争议。对此，本条第一分句确立了两种计算方法：(1) 按被侵权人的损失计算，即“具体损失差额赔偿”。一般而言，此具体损失系因侵害人身权益造成的附随经济损失，其数额可按侵权发生后被侵权人的财产总额与假如侵权不发生其应有财产总额的差额计算。对于前者的证明不难，关键是后者的证明标准问题。司法实务中，“假如侵权不发生被侵权人应有财产总额”得以侵权发生前被侵权人的财产作为参照系，依此所为计算谓“同比减量”。例如，在公司名誉权因不正当竞争被侵犯时，可依其产品因侵权造成的销售量减少，按减少的总数乘以每件产品的合理利润所得之积计算。(2) 按侵权人所获利益计算。依此计算方法，被侵权人财产损失实际上被换算为侵权人的获利，故其损害赔偿的实质为“获利剥夺”。司法实务中，其具体计算方法有三种：其一，同比增量。如在不正当竞争案件中，按侵犯名誉权之企业实施侵权后其产品销售的同比增长，乘以每件产品的合理利润计算其所获利益。其二，正比增量。例如，侵权人为提高节目收视率非法披露他人隐私，因收视率和广告费成正比，法院得以其广告收入作为考量因素［**广州中院（2021）粤01民终18687号民判**］。其三，对价节省。例如，对于国内具有较高知名度的演员，侵权人若聘其做品牌代言人，须支付不菲的肖像许可使用费，故侵权行为使其节省的该笔费用应依其市场价格，被认定为“因此而获利”［**北京三中院（2021）京03民终12222号民判**］。

本条实则赋予被侵权人选择权，允许其选择适用赔偿的计算标准。被侵权人在主张适用本条计算方法时，应对其遭受的财产损失，或侵权人因侵权行为所获利益负举证责任。但其因举证不能致财产损失难以确定的，无须承受败诉风险。这是因为本条第二分句明确规定，被侵权人所受损失与侵权人所获利益难以确定的，双方当事人可就赔偿数额进行协商；在协商不成时，法院依实际情况确定赔偿数额。易言之，本条并未给被侵权人分配举证不能的败诉风险。实务中，有法院认为，“因范冰冰未举证其因侵权行为造成的实际损失以及红美医疗公司因此获得的经济利益，原审综合考虑范冰冰的知名度，红美医疗公司的过错程度，范冰冰肖像被使用的方式、范围、用途等因素酌情确定，符合法律规定”[**北京四中院（2021）京04民申18号民裁**]，可谓正确[**参考广州中院（2021）粤01民终21436号民判、济南中院（2021）鲁01民终8686号民判**]。

第一千一百八十三条 【精神损害赔偿】侵害自然人人身权益造成严重精神损害的，被侵权人有权请求精神损害赔偿。

因故意或者重大过失侵害自然人具有人身意义的特定物造成严重精神损害的，被侵权人有权请求精神损害赔偿。

依本条规定，精神损害赔偿的请求权主体限于自然人。法人和非法人组织之人格权益（如名誉权、名称权等）被侵害的，因其不存在肉体和精神这一自然人特有的人格要素，亦无精神痛苦和肉体痛苦，故无精神损害赔偿之余地（**《精神损害赔偿解释》第4条**）。

精神损害赔偿，一般限于侵害自然人人格权益和身份权益的情形。本条第1款即规定了这一情形。人格权益分为物质性人格权、精神性人格权以及作为一般人格权的人身自由、人格尊严。身份权益是自然人以一定身份关系为基础具有的权益。例如，依《侵权责任编解释一》第2条规定，非法使被监护人脱离监护，导致父母子女关系或者其他近亲属关系受到严重损害的，受害人可以请求精神损害赔偿。司法实践中，夫妻身份法益等亦为身份权益，侵害此类权益能导致精神损害赔偿[**北京三中院（2020）京03民终1309号民判、长沙中院（2014）长中民一终字第03511号民判**]。在精神损害赔偿之损害后果的要件上，被侵权人应遭受“严重精神损害”，仅一般或轻微的精神损害不导致精神损害赔偿。此时，其责任形式常为赔礼道歉、消除影响、恢复名誉等；在采取这些方式不足以弥补精神损害时，可酌情给予金钱赔偿。损害后果是否严重，应依侵权人的过错程度以及侵权行为的目的、方式和场合及其造成的后果等因素综合判断。

精神损害赔偿只是各类侵权造成精神损害结果时的一个赔偿项目，故本条并未创设独立的请求权基础。大多数侵权行为造成的损害结果不表现为精神损害，而精神损害赔偿的归责标准仍依附于侵权责任的整体归责原则。因此，精神损害赔偿的归责原则也是二元的。在许多适用无过错责任或严格责任的案件中，当事人请求精神损害赔偿的，法院也予支持。例如，产品责任适用无过错责任，因缺陷产品致人损害的，生产者、销售者不得以没有过错为由主张免责，产品侵权一旦成立，受害人即可依具体情况请求精神损害赔偿［**广州中院（2020）粤 01 民终 10931 号民判、信阳中院（2021）豫 15 民终 794 号民判**］。

通常情形下，因侵害财产权益导致精神损害的，不能主张精神损害赔偿。但本条第 2 款将精神损害赔偿范围，扩张至“具有人身意义的特定物”（又谓情感物）。情感物一旦毁损或灭失，自然人将遭受精神上的痛苦。仅通过侵害财产权的损害赔偿，不足以保护自然人的精神情感利益，故本款专门就此规定了精神损害赔偿。

本条第 2 款确立了特别的请求权基础，其适用要件之特殊性如下。其一，被侵害的物是具有人身意义的特定物。此特殊客体须具有以下特征：(1) 系特定物而非种类物，具有唯一性、不可替代性；(2) 以精神利益为内容，具有重大感情价值或特定纪念意义；(3) 具有与特定人格相联系的人身意义，如遗像、结婚录像、族谱等。至于宠物、体外胚胎、虚拟财产等能否适用本款规定，尚存在较大争议。其二，与本条第 1 款的规定相同，精神损害也需达到严重的程度。其三，与本条第 1 款的规定不同，侵权人主观上应为故意或重大过失。具言之，仅当侵权人知道或应当知道侵权客体属于情感物，仍然有意对其加以毁损或放任损害结果的发生时，精神损害赔偿请求权才能成立。如此，方可避免精神损害赔偿无限扩张于侵害人身权益以外的情形。

当精神损害赔偿请求权成立时，赔偿的具体金额，尚需结合侵权人的获利情况和经济能力、诉讼地平均生活水平等因素而确定（**《精神损害赔偿解释》第 5 条**）。

需注意的是，无论是侵害自然人人身权益还是具有人身意义的特定物，都可能会发生合同责任与侵权责任的竞合。因本法第 996 条提供了受害人选择违约损害赔偿仍可以主张精神损害赔偿的可能性，当侵权人与被侵权人之间存在合同关系时，应区分两种情形来确定请求权基础。

其一，违约行为侵害了被侵权人的人格权，若被侵权人作为守约方提起侵权之诉，则应直接依据本条请求精神损害赔偿，无须适用本法第996条；若守约方提起违约之诉，适用本法第996条，可一并主张精神损害赔偿，但精神损害赔偿责任的成立，须符合本条之限定要件。其二，违约行为并未侵害守约方的人格权，但侵害了具有人身意义的特定物或精神利益的，若守约方提起违约之诉，不可适用本法第996条；若符合本条规定的要件，仍可一并提起精神损害赔偿。

第一千一百八十四条 【侵害财产的损失计算】侵害他人财产的，财产损失按照损失发生时的市场价格或者其他合理方式计算。

本条是关于侵害财产权损害赔偿金计算方式的规定。侵害物权、知识产权、其他财产权、各种合法财产利益的，其财产损失计算如有特别法规定，依照特别法的规定；特别法没有规定的，适用本条规定。

首先，本条确定了侵害财产损害赔偿金计算的时间标准，即损失发生的时点。侵权行为发生之时，通常就是损失发生之时。不过，侵权行为与损害结果并非同时发生的，不以侵权行为发生时为时间标准，而以损害结果发生时的市场价格作为计算标准。之所以如此，原因在于财产损失乃是以金钱衡量的财产差额，只有具体考察受害人实际受损情况后予以金钱赔偿，才能实现损失填平的目标。损失发生与实际获得损害赔偿之间，可能存在较大时间跨度，且期间可能发生通货膨胀、物价波动等情况。如此一来，赔偿金可能无法实现价值补偿目标。即便如此，本条也不以受害人请求赔偿的时点为时间标准，进而鼓励受害人及时行权、积极寻找替代交易。持续性侵权的财产损失，一般应以被侵权人知道或应当知道损失发生时的市场价格确定，除非按照侵权持续期间的平均市场价格或其他方式计算，侵权人所获利益高于上述一般情形［**（2017）最高法民终80号民判**］。

其次，本条确定了侵害财产损害赔偿金计算的价值标准。财产权益具有可流转性，进入市场交易会产生市场价格，因此以市场价格作为计算财产损失的价值标准较为合理。以市场价格确定损害赔偿金额，一方面是对被侵权人重新购置同类财产所负费用之推定，另一方面又可减轻被侵权人的证明责任，其无须证明所受损失的具体构成，只需证明损失发生时的市场价格［**(2016) 最高法民申 2395 号民裁**］。市场价格可能因被侵权人的市场地位不同而存在不同标准，如经销商的财产受损，该市场价格应以卖出价还是进货价，抑或替代交易买入价为基准，有待进一步研究。

最后，倘若被侵害的财产并无市场价格，或者以损失发生时的市场价格计算损失并不合理，那么还可采取“其他合理方式”。例如，被侵权人证明实际损失明显超出市场价格的，仍以市场价格作为损害赔偿金额，显然无法实现填平功能。“其他合理方式”本质上赋予法官自由裁量权，法官可以根据案件的具体情形选择适用“损失发生时的市场价格”与“其他合理方式”。

司法实践中，法院采用的其他合理计算方式包括但不限于：第三方鉴定［**(2019) 最高法民再 97 号民判、(2019) 最高法民终 289 号民判**］或评估；公安消防等部门制定的火灾直接损失等统计表［**铜仁中院 (2017) 黔 06 民终 857 号民判**］、行业月核定营业额等［**西安中院 (2021) 陕 01 民终 14824 号民判**］；双方当事人皆未证明实际损失额，法院亦无法查明的，采取双方主张价格之平均值［**唐山遵化法院 (2017) 冀 0281 民初 4033 号民判**］；土地承包经营权人无法证明其因无法种植而遭受的实际损失额的，应当综合其过往实际种植的损益情况，按照有利于经营权人的原则，明确具体损失范围［**(2020) 最高法民终 164 号民判**］。总而言之，在采用包括按市场价格在内的方法计算财产损失时，法官应基于诉讼经济原则，考虑各种成本因素，酌定何种计算方式更为合理［**徐州中院 (2021) 苏 03 民终 6379 号民判**］，并结合购买价格、财产增值及投入成本、损失发生时的市场价格等为综合判断［**广州中院 (2021) 粤 01 民终 14131 号民判**］；同时，法官对计算结果的采纳或参照，被认为是其自由裁量权［**抚顺中院 (2021) 辽 04 民终 2832 号民判**］。

第一千一百八十五条 【侵害知识产权的惩罚性赔偿责任】故意侵害他人知识产权，情节严重的，被侵权人有权请求相应的惩罚性赔偿。

在本法中，侵权损害赔偿采填平原则，即赔偿范围取决于侵权行为造成的损失。以此观之，本条乃侵权损害赔偿的特别规则。惩罚性赔偿制度在知识产权领域的形成，源于知识产权的特殊性。除商业秘密外，知识产品要获得法律保护，须先向社会公开。知识产品一旦被公开，权利人就难以完全控制知识产品的传播，排除他人对知识产品的使用和消费。本条规定知识产权侵权的惩罚性赔偿，旨在激励有关当事人通过与知识产权人订立许可使用合同，使用知识产品。

惩罚性赔偿依附于一般损害赔偿（填补性损害赔偿），其请求权的发生以填补性损害赔偿的存在为前提，故本条之适用应符合侵权责任的一般要件，但在过错和损害等要件上有其特殊性，即须为故意和情节严重。

首先，侵权人主观上存在故意。惩罚性赔偿加重了行为人的责任，而侵权故意则是惩罚的正当性基础。故意与恶意应作一致性理解，即行为人明知其实施的行为侵害他人知识产权，如恶意抢注并使用他人驰名商标、恶意遮挡清除他人知识产权标识、授权期限届满后未经权利人许可仍传播他人作品等。依《侵害知识产权惩罚性赔偿解释》第 3 条，故意的认定应综合考量被侵害知识产权客体的类型、权利状态和相关产品知名度、被告与原告或利害关系人之间的关系等因素［**北京知识产权法院（2015）京知民初字第 1677 号民判**］；该条同时列举了五种法院可初步认定为故意的情形。

其次，侵害情节严重。依《侵害知识产权惩罚性赔偿解释》第 4 条，在认定“情节严重”时，应考察行为人的外在手段、行为的持续时间、影响范围、造成的后果等客观方面［**（2022）最高法知民终 2907 号民判、广东高院（2019）粤民再 147 号民判**］。

惩罚性赔偿的依附性也表现在数额的确定亦以填补性损害赔偿为基础。此填平损害之赔偿数额即基数，故当惩罚性赔偿被支持时，被侵权人可获赔偿数额是基数及基数与倍数乘积之和；而制止侵权的合理开支在实际维权过程中才能发生，基数不应包括此项开支。准此，本条所言“相应的”，在赔偿数额的确定方面，首先是指有关法律以“实际损失”“获利所得”等填补性损害赔偿为基数，明确设定了惩罚性赔偿的倍数范围，如《种子法》第 72 条、《竞争法》第 17 条第 3 款和《商标法》第 63 条第 1 款。司法实务中，法院应综合考虑案件整体情况，在法律规定的倍数幅度内依法确定惩罚性赔偿的额度。其次，在法律未明定惩罚性赔偿的倍数范围时，本条实际上以“相应的”之表述，赋予法官自由裁量权，即法官得以填补性损害赔偿为基础，酌定惩罚性赔偿的数额。当然，无论法律是否设置倍数范围，法院在确定惩罚性赔偿的数额时，均不仅要综合考虑侵权人过错程度、情节严重程度、赔偿数额的证据支持情况等［**(2019) 最高法知民终 562 号民判**］，还需虑及知识产权惩罚性赔偿与行政罚款、刑事罚金的关系，且不必拘泥于整倍数（**《侵害知识产权惩罚性赔偿解释》第 6 条**）。商誉虽非财产，但侵害他人商标外损害他人商誉的，可作为提高惩罚性赔偿的考量因素［**江苏高院（2019）苏民终 1316 号民判**］。

第一千一百八十六条 【公平分担】受害人和行为人对损害的发生都没有过错的，依照法律的规定由双方分担损失。

本条删除了原《侵权法》第 24 条中的"可以根据实际情况"，在"由双方分担损失"前增加"依照法律的规定"这一限制性条件，限缩了公平分担规则的适用范围。之所以如此，原因在于宽泛适用公平责任，会影响过错责任和无过错责任的损害预防功能之发挥［**(2021) 最高法民申 1944 号民裁**］。

本法第 1165 条和第 1166 条分别规定了过错责任原则和无过错责任原则，而本条被安排在第二章"损害赔偿"中，显然不属归责原则的范畴。公平分担规则适用于行为人和受害人对损害的发生均无过错的情形［**江苏高院（2019）苏民申 8085 号民裁**］。依本条，仅在无法适用过错责任原则，又不属于依法适用无过错责任原则的情形下，才能"依照法律的规定"由双方分担损失［**泰州中院（2020）苏 12 民终 1567 号民判**］。例如，本法第 182 条第 2 款规定了紧急避险中的适当补偿，但在高度危险作业情形下，因高度危险作业人需承担无过错责任，故不适用该款"紧急避险人不承担民事责任，可以给予适当补偿"的规定。又如，本法第 1190 条第 1 款第二分句"没有过错的，根据行为人的经济状况对受害人适当补偿"之规定，属本条所指"法律的规定"。

公平分担规则之适用，不仅要求损失分担者不存在过错，而且要求其行为是因果链条上的事实原因或原因之一；否则，请求无过错行为人分担损失难谓正当。"分担损失"不必然是平均分担，分摊比例受制于行为方式、损失大小、影响程度、双方当事人的经济状况等实际情况［**湘潭中院（2021）湘 03 民终 272 号民判、包头中院（2021）内 02 民终 48 号民判**］。

第一千一百八十七条 【赔偿费用支付方式】损害发生后，当事人可以协商赔偿费用的支付方式。协商不一致的，赔偿费用应当一次性支付；一次性支付确有困难的，可以分期支付，但是被侵权人有权请求提供相应的担保。

本条虽仅规定侵权损害赔偿费用的支付方式，但实质上和本法第509条第1款一起，确立了在比较法上被广泛承认的债之全部清偿原则（《德国民法典》第266条、《法国民法典》第1342－4条、《瑞士债法典》第69条第1款）。依该原则，除当事人协商确定分期支付外，债务人无部分清偿的权利，亦即应以一次性全部清偿为原则。但法院可斟酌债务人的处境，在本条所言“一次性支付确有困难的”情形下，许其在无害于债权人利益的相当期限内分期支付。对于“一次性支付确有困难”的事实，侵权人应负举证责任，并由法院酌定。同时，鉴于分期支付赔偿费用的风险性，即侵权人赔偿能力衰减的可能性以及日后执行的复杂性，本法将原《侵权法》第25条规定的“应当提供相应的担保”，修改为“被侵权人有权请求提供相应的担保”，其尊重债权人意志之规范意旨甚为明确。

第三章

责任主体的特殊规定

第一千一百八十八条　【监护人责任】无民事行为能力人、限制民事行为能力人造成他人损害的，由监护人承担侵权责任。监护人尽到监护职责的，可以减轻其侵权责任。

有财产的无民事行为能力人、限制民事行为能力人造成他人损害的，从本人财产中支付赔偿费用；不足部分，由监护人赔偿。

本条试图在发生被监护人侵权时，督促监护人尽到监护职责，并平衡保护侵权人、被侵权人和监护人的利益。依本条第1款之表述，监护人责任的成立无须以过错为要件，而且无法以无过错而免责，所以监护人责任为无过错责任。本条的适用要件为：(1) 无行为能力人、限制行为能力人有加害行为；(2) 他人亦即监护人和被监护人之外的第三人遭受损害；(3) 前两个要件之间有因果关系；(4) 责任主体为监护人，其范围包括本法第27～32条规定的各类监护人。被侵权人应就上述要件承担证明责任。

监护人责任兼具替代责任和自己责任的性质。本条第1款首先体现了行为人和责任人的分离，监护人责任属于替代责任，监护人是被监护人致害侵权中的唯一责任主体。根据《侵权责任编解释一》第5条第1款之规定，无论被监护人是否有财产，监护人对外皆应承担全部赔偿责任，被监护人并非侵权责任主体。同时，该条第2款还特别强调，被侵权人不得直接请求有财产的被监护人承担责任。尽管如此，因原告起诉时往往无从得知被监护人是否有财产，且因法院要查明侵权行为、监护关系的存在及监护人责任的适用等实体法问题，故人民法院应将被监护人列为共同被告（**《侵权责任编解释一》第4条**）。除此之外，监护人可以提出“尽到监护职责”作为抗辩，从而减轻其责任（**本条第1款第二句**）。监护人尽到监护职责的判断时点，应是侵权行为发生之时；而所谓“监护职责”，在本条中主要指管理和教育的职责。此外，依体系解释，监护人可援引本法第1173条主张过失相抵。

本条第2款仅是关于如何支付赔偿费用的规则，以被监护人的财产优先支付，监护人的财产作为补充的方式，担保受害人获赔。作为共同被告的被监护人有财产的，虽然法院不可判令其承担赔偿责任，但应主动在判决中明确先从被监护人财产中支付赔偿费用（**《侵权责任编解释一》第5条第2款**）。同时，为保证被监护人的生活和成长，《侵权责任编解释一》第5条第3款限制了以被监护人财产支付赔偿费用的范围，规定应扣留被监护人所必需的生活费和完成义务教育所必需的费用。

根据《侵权责任编解释一》第6条，当被监护人行为时未成年，诉讼时成年，仍应由原监护人承担侵权责任；若被侵权人仅起诉已成年的被监护人，法院应向原告释明申请追加原监护人为共同被告；若被监护人有财产，即便该财产是其成年后所取得的财产，法院可判令由被监护人财产优先偿付。需注意的是，《侵权责任编解释一》第6条的文义似表明，即便被监护人在行为时属于本法第18条第2款规定的具有完全民事行为能力人的未成年人，也适用监护人责任规则，由监护人承担侵权责任。至于被监护人行为时并非具有完全民事行为能力的成年人，被诉时恢复行为能力的，《侵权责任编解释一》第6条是否存在类推适用的空间，尚待进一步考虑。

本条规定的责任主体是监护人。当存在多个监护人时，其承担连带责任。父母作为未成年侵权人的监护人，应共同承担侵权责任（**《侵权责任编解释一》第7条**）。即便在夫妻离婚后，未成年子女造成他人损害的，作为父母的离异夫妻仍应共同承担责任，其中任何一方不得以未与该子女共同生活为由主张责任减免（**《侵权责任编解释一》第8条第1款**）。不过，由于离异夫妻不存在共同财产关系，故两者还存在内部责任分担问题。当两者就责任份额存在争议时，因尽到监护职责原则上可作为减责事由，人民法院可根据双方履行监护职责的约定和实际履行情况等确定具体份额，并支持超额承担责任一方的追偿权（**《侵权责任编解释一》第8条第2款**）。需注意的是，未与未成年人形成抚养教育关系的继父母不承担监护人的侵权责任，该责任应由侵权人的生父母承担（**《侵权责任编解释一》第9条**）。

第一千一百八十九条 【委托监护侵权责任】无民事行为能力人、限制民事行为能力人造成他人损害，监护人将监护职责委托给他人的，监护人应当承担侵权责任；受托人有过错的，承担相应的责任。

依本条文义，委托监护并未免除监护人的监护责任，所以本条规定仅是监护责任中的一种例外情形，此情形导致监护人在一定程度上可减轻其责任。故此，该条应解释为本法第1188条的抗辩规范，即无行为能力人、限制行为能力人造成他人损害，监护人应承担侵权责任；但监护人将监护职责委托给他人且受托人有过错的，受托人承担相应的责任。将其理解为抗辩规范而非请求权基础规范，其原因一方面是相邻的这两个法条之间构成了“原则/例外”关系，另一方面在于避免证明责任分配上的尴尬：若将本条理解为请求权基础规范，则被侵权人须证明委托关系的存在和受托人的过错，而这显然难以证明而且是不公正的。

准此，作为抗辩规范的本条，其所言“委托”意指监护人和受托人之间存在书面或口头的委托协议。需注意的是，当事人虽可通过协议约定各方责任，但其对外不发生效力，故不得以之对抗第三人的损害赔偿请求。

若被侵权人将监护人和受托人列为共同被告，则受托人尽职履行监护职责的，对外仅由监护人承担全部侵权责任；受托人未尽监督义务或存在职责之过失的，对外需在过错范围内与监护人共同承担责任，进而导致部分连带责任的结果（**《侵权责任编解释一》第10条第1款**）。

监护人与有过错的受托人之间的内部责任分担，涉及双方的委托关系，故有本法第929条之参照适用余地（**《侵权责任编解释一》第10条第2款**）。具体而言，若系有偿委托，则监护人对外承担了全部赔偿责任的，有权向受托人追偿；若系无偿委托，则受托人仅在其故意或重大过失时才有义务赔偿委托人的损失，即委托人才有权追偿。依循此理，仅有一般过失的无偿受托人对外承担了部分连带责任的，有权向监护人追偿（**《侵权责任编解释一》第10条第3款**）。此时，无偿受托人并非承担终局责任的主体。

第一千一百九十条 【暂时丧失心智或失去控制致害的侵权责任】完全民事行为能力人对自己的行为暂时没有意识或者失去控制造成他人损害有过错的，应当承担侵权责任；没有过错的，根据行为人的经济状况对受害人适当补偿。

完全民事行为能力人因醉酒、滥用麻醉药品或者精神药品对自己的行为暂时没有意识或者失去控制造成他人损害的，应当承担侵权责任。

本条旨在规范完全行为能力人发生无意识致害的责任承担问题。依第 1 款第一分句，此规范构成要件包括：(1) 完全行为能力人对自己的行为暂时没有意识或失去控制，例如行为人服用某种药物导致其丧失控制能力；(2) 暂时没有意识或失去控制的行为导致他人损害，例如酒后驾车撞伤他人；(3) 行为人对陷入暂时无意识或失控状态存在过错，这种过错指行为人能预见到会陷入没有意识或失去控制的状态，且能预见到处于这种状态可能造成他人损害。第 2 款中的“醉酒、滥用麻醉药品或者精神药品”实际上是第 1 款第一分句中“过错”的典型体现形式，但该款中的“醉酒”不包括病理性醉酒。由此，第 2 款可理解为第 1 款第一分句的说明性法条。

第 1 款第二分句实为本法第 1186 条公平分担规则对无过错之无意识致害的适用，即当行为人对自己的行为暂时没有意识或失去控制不存在过错时，要求其予以适当补偿。例如，病理性醉酒是一种精神病症状，一旦有诱因很难由行为人主观予以避免。于此情形，应判定行为人没有过错，仅可依其经济状况处以适当补偿。本分句的规定因对侵权人有利，故宜理解为抗辩规范，即侵权人可通过援引该规范，证明自己并无过错而仅承担公平分担责任。

从证明责任的角度看，若将本条第 1 款第一分句作为请求权基础规范，则受害人须证明对方存在过错，而第 1 款第二分句又要求加害人证明自己并无过错。有过错/无过错其实是同一个事实要件，要求双方都承担证明责任并不合理。唯一可行的解释方案，是将第一分句视为过错推定规则，以避开这种两难困境，同时避免对受害人课以过重的证明责任。例如，A 遭遇醉汉 B 驾车撞伤，要求 A 去证明 B 是生理性醉酒还是病理性醉酒显然不公平。由此，本条可作如下理解：完全行为能力人对自己的行为暂时没有意识或失去控制造成他人损害，应承担侵权责任；但行为人没有过错的，根据行为人的经济状况对受害人适当补偿。行为人因醉酒、滥用麻醉药品或精神药品而陷入暂时没有意识或失去控制的，视为有过错。

第一千一百九十一条 【用人单位责任、劳务派遣单位和劳务用工单位责任】用人单位的工作人员因执行工作任务造成他人损害的，由用人单位承担侵权责任。用人单位承担侵权责任后，可以向有故意或者重大过失的工作人员追偿。

劳务派遣期间，被派遣的工作人员因执行工作任务造成他人损害的，由接受劳务派遣的用工单位承担侵权责任；劳务派遣单位有过错的，承担相应的责任。

本条规定的责任实为替代责任，即非由侵权行为人承担的责任，而是由法律规定的责任人承担侵权责任。本条第1款与第2款分别涉及用人单位的替代责任和劳务派遣中的替代责任。

一、用人单位责任

本条中的“用人单位”主要包括法人和非法人组织，应作广义理解。无论是个人还是家庭经营的个体工商户，亦属用人单位（**《侵权责任编解释一》第15条第2款**）。个人劳务关系中的侵权责任应适用本法第1192条。本条中的“工作人员”也作广义理解，应为与用人单位形成劳动关系的员工及执行用人单位工作任务的其他人员。国家机关工作人员因履行职权造成他人损害的，优先适用《国家赔偿法》的特别规定。具体来说，工作人员不仅包括高级管理人员，也包括一般职员；不仅包括正式员工，也包括临时工。换言之，工作人员的认定不应以是否存在劳动合同为标准，而应以是否存在一方实际用工、另一方实际提供劳动的用工关系为标准。

关于执行工作任务的理解，存在一定争议。依历史解释，不妨参考《人身损害赔偿解释》（2003年）第9条第2款，认定执行工作任务具有两类表现形式：（1）工作人员根据用人单位授权或指示开展活动；（2）工作人员履行职务或进行与其有内在联系的活动。此外，执行工作任务之判断，还应结合行为的内容、时间、地点、行为以单位名义还是个人名义、行为的受益人是单位还是行为人、是否与单位意志有关联等因素。行为人超越职权范围或超出用人单位经营范围，但以用人单位名义实施行为的，也应适用用人单位责任［**最高法（2011）民提字第320号民判**］。雇员实施犯罪行为是基于其自身的犯罪故意，并非出于完成自身所负雇佣事务的主观努力或履行雇佣事务过程中的客观需要，应认定该行为非属职务行为［**浙江高院（2005）浙民一终字第267号民判**］。

用人单位责任系无过错责任。相较于原《侵权法》第34条第1款，本条第1款除规定用人单位对外承担替代责任、单独责任、无过错责任外，还增加规定用人单位在承担责任后，对有故意或重大过失工作人员享有追偿权。内部求偿关系采取过错责任，且此过错仅限于故意或重大过失。

二、劳务派遣中责任承担的特殊规定

劳务派遣是指劳务派遣单位将与本单位签订劳动合同的工作人员，派遣到接受劳务派遣单位的用工方式。劳务派遣涉及三方主体的两个合同：劳务派遣单位（用人单位）与被派遣工作人员的劳动合同关系、劳务派遣单位（用人单位）与接受劳务派遣单位（用工单位）的劳务派遣合同关系。劳务派遣中各主体的责任，可被看作本条第1款用人单位责任之特殊形态。在两款中，“工作人员”“因执行工作任务”等概念内涵及责任成立要件，并无二致。

依本条第2款第一分句，接受劳务派遣单位承担的是替代责任、无过错责任。之所以如此，原因在于工作人员在用工单位指挥和监督下执行工作任务，主要与用工单位的意志有关，且工作人员的行为主要为用工单位创造收益。依第1款，接受劳务派遣单位承担责任后，可向有故意或重大过失的工作人员追偿。

依本条第2款第二分句，劳务派遣单位承担的是过错责任。作为用人单位，劳务派遣单位的过错主要表现为，于选人阶段在选任、培训等方面存在不当。即使劳务派遣单位有过错，也非与用工单位承担全部连带责任，而是在过错范围内承担部分连带责任（**《侵权责任编解释一》第16条第1款**）。因用人单位与用工单位普遍存在合同关系，在对内责任承担以及追偿问题上，若有合同约定从约定处理；若无特别约定，用人单位对内承担不当选派之终局责任，对外承担全部责任的用工单位有权追偿（《侵权责任编解释一》第 16 条第 2 款）。

第一千一百九十二条 【个人之间因提供劳务发生侵权】个人之间形成劳务关系，提供劳务一方因劳务造成他人损害的，由接受劳务一方承担侵权责任。接受劳务一方承担侵权责任后，可以向有故意或者重大过失的提供劳务一方追偿。提供劳务一方因劳务受到损害的，根据双方各自的过错承担相应的责任。

提供劳务期间，因第三人的行为造成提供劳务一方损害的，提供劳务一方有权请求第三人承担侵权责任，也有权请求接受劳务一方给予补偿。接受劳务一方补偿后，可以向第三人追偿。

本条规范目的在于厘清提供劳务方、接受劳务方以及侵权第三人之间的法律关系，化解劳务期间的侵权纠纷，保障提供劳务方的合法权益，规范个人劳务用工。

一、因提供劳务造成他人损害的责任承担

（1）个人之间形成劳务关系。“个人”意味着劳务关系双方主体都是自然人。“劳务关系”主要强调接受劳务方对提供劳务方的控制关系，故仅包含基于劳务提供类合同形成的法律关系，排除基于委托合同等事务处理类合同和承揽合同等完成工作类合同形成的法律关系。本条第 1 款中的劳务关系不以有偿为限，无偿劳务关系（帮工）亦可适用本款（《人身损害赔偿解释》第 4 条第一、二句与第 5 条第 1 款第一分句）。

（2）提供劳务方因劳务造成他人损害。首先，侵权行为主体是提供劳务方，其侵权行为适用的归责原则应依本法相关具体规定。其次，“他人”表明被侵权人是提供劳务及接受劳务双方以外的第三方。“因劳务”的判断应采用客观说，即从被侵权人角度看，所涉行为对外表现为劳务行为即可，不考虑提供劳务方和接受劳务方的主观要件。所涉行为与劳务无关的，则应由提供劳务方自己承担侵权责任。

（3）由接受劳务一方承担侵权责任。本条第 1 款未规定尽到注意义务的接受劳务方不负责任，而只规定“由接受劳务一方承担侵权责任”，故接受劳务方承担无过错责任。从责任形态角度考虑，接受劳务方的责任是替代责任，即行为主体与责任主体相分离，由接受劳务方直接对外

承担责任。接受劳务方的责任同时也是单独责任，即接受劳务方是对外承担侵权责任的唯一主体。依《人身损害赔偿解释》第 4 条第三句，在无偿提供劳务的情形下，被帮工人明确拒绝帮工的，不承担侵权责任。此规定是劳务接受方的免责事由，对受害人明显不利。

（4）接受劳务方承担责任后的追偿。相较于原《侵权法》第 35 条，本条第 1 款增加规定接受劳务一方对外承担责任后，可对内向有故意或者重大过失的提供劳务方进行追偿。根据条文表述，内部追偿以提供劳务方的过错为前提，且仅以故意或重大过失为限。就无偿提供劳务的情形，《人身损害赔偿解释》第 4 条第二句有相同规定。

二、提供劳务方因劳务致使自己受到损害的责任承担

本条规定的是个人间劳务关系，原则上不涉及工伤保险，提供劳务方不能享受工伤保险待遇。依本条第 1 款第三句，提供劳务方因劳务致使自己受到损害的，应适用过错责任原则，且责任的承担应根据提供劳务方及接受劳务方的过错程度判断。具体来说有以下情形：一方有完全过错，另一方无过错，则由过错一方承担完全责任；双方都有过错的，接受劳务方仅基于自己的过错承担相应责任［**玉溪易门法院（2020）云0425 民初 1135 号民判**］。“相应的责任”应依过错程度以及过错行为的原因力大小确定［**河南安阳中院（2010）安民二终字第 310 号民判**］。

在无偿提供劳务的情形，被帮工人明确拒绝帮工的，帮工人在帮工活动中遭受人身损害，被帮工人不负赔偿义务，但可在受益范围内予以适当补偿（**《人身损害赔偿解释》第 5 条第 1 款第二分句**）。

三、提供劳务方在劳务期间遭受第三人侵害的责任承担

第三人行为造成提供劳务方损害的，第三人和接受劳务方形成了不真正连带之债，受损害的提供劳务方有选择权。针对第三人的请求权因第三人的侵权行为发生，故第三人承担的是侵权责任。对接受劳务一方的请求权是基于个人劳务关系，接受劳务方并不是侵权行为主体，故本款仅规定“给予补偿”。如果提供劳务方直接向第三人行使请求权，其请求权实现后，不再对接受劳务方享有请求补偿的权利［**徐州邳州法院（2021）苏 0382 民初 1037 号民判**］，因为第三人就是终局的责任承担主体。如果提供劳务方选择请求接受劳务方补偿，接受劳务方补偿后可以向第三人追偿。针对无偿帮工的情形，《人身损害赔偿解释》第 5 条第 2 款作了相同规定。

第一千一百九十三条 【承揽人致害】承揽人在完成工作过程中造成第三人损害或者自己损害的，定作人不承担侵权责任。但是，定作人对定作、指示或者选任有过错的，应当承担相应的责任。

本条第一句之适用须满足以下要件：存在有效的承揽合同；侵权行为发生在承揽工作过程中。所涉要件是否满足，应结合承揽合同的特点予以判断。首先，承揽合同以交付符合要求的工作成果为标的。其次，承揽人的工作具有独立性，不受定作人管理控制。再次，承揽合同具有人身属性，即定作人基于对承揽人的信任而与其订立承揽合同，故承揽人不得擅自将主要工作内容交给第三人完成（**第772条第1款**）。最后，定作人的报酬支付义务的对价是承揽人按要求完成并交付工作成果。由于承揽人行为的独立性，定作人对其行为欠缺控制力，故承揽人因自身过错损害第三人的，承揽人应自负责任，与定作人无关。承揽人责任的成立与范围问题，应依本法其他条文尤其是第1165条予以认定。

依本条第二句，定作人在定作、指示或选任上有过错时，在过错范围内与承担人承担部分连带责任。其一，定作人对“定作”有过错，是指定作物本身存在问题。例如，定作物是法律禁止定作之物或具有高度危险性等特殊性质，但定作人未履行告知等义务。还如，定作人提供的材料本身就涉及侵权。其二，定作人对“指示”有过错，是指定作物本身没问题，但定作人在指示定作方法上具有过错，即指示承揽人用违法或侵害他人合法权益的方法完成工作［**上海一中院（2013）沪一中民一（民）终字第858号民判**］。例如，指示定作人采取污染环境的方式，提高定作物的完成效率，侵害附近居民的权利。其三，定作人对“选任”有过错，是指定作人对承揽人的选任存在过错。例如，承揽人本身不具有完成承揽工作的资格，但定作人依然交由其完成，并因此造成他人或承揽人的损害，定作人须承担责任。还如，定作人将工程交由欠缺施工资质的主体施工的，应对建筑倒塌致害承担责任。依据《侵权责任编解释一》第18条第2、3款的规定，本条“相应的责任”是指定作人应向被侵权人承担与其过错程度及原因力大小相适应的侵权责任，该责任与承揽人责任构成部分的连带责任。

第一千一百九十四条 【网络侵权责任】网络用户、网络服务提供者利用网络侵害他人民事权益的，应当承担侵权责任。法律另有规定的，依照其规定。

本条所言“网络用户”，是指网络服务接受者，包括自然人用户与法人用户；“网络服务提供者”则应作广义解释，既包括接入、缓存、存储、搜索等技术服务的提供者，也包括内容服务的提供者，还包括交易服务的提供者。后者在接受自己或第三人提供的服务时，也属网络用户。因此，网络用户与网络服务提供者的身份具有相对性。例如，互联网公司在提供技术或平台服务时是网络服务提供者，但其自身发布信息时则为网络用户。

本条所谓“利用网络侵害他人民事权益”，系行为人以网络为手段，“线上”实施侵权行为。可见，除侵权手段与发生场域具有特殊性之外，本条确立的网络侵权责任与普通侵权责任并无二致：即便立法者未设本条，网络侵权行为人也应依本法相关规定承担侵权责任。只不过在现代信息社会，本条的宣示性意义较为显著。准此，本条第一句中的“民事权益”当然包括人身权益（**《网络侵害人身权益规定》第1条**），以及财产权益（如知识产权与虚拟财产）。网络用户或网络服务提供者以诽谤、诋毁等手段，损害公众对经营主体的信赖，降低其产品或服务的社会评价，影响经营活动的，也应依法承担责任（**《网络侵害人身权益规定》第8条**）。欲主张本条规定的侵权责任，受害人还须证明“线上”侵害行为与其遭受的不利益具有因果关系。至于本条所涉侵权责任的归责原则，应区分不同情形予以讨论。如果受害人遭受“损害”，那么结合本法第1165条第1款，网络侵权人应负过错责任。根据损害内容与形态，侵权人应负恢复原状、损害赔偿、赔礼道歉等责任。依《网络侵害人身权益规定》第12条，受害人制止侵权行为的合理开支（比如调查、取证的合理费用），属于财产损失的范畴（**第1款**）；在适用本法第1182条的情形下，法院可依具体案情在50万元以下的范围内确定赔偿数额（**第2款**）。所涉行为仅危及受害人的“人身、财产安全”的，依本法第1167条，受害人有权请求侵权人承担停止侵害、排除妨碍、消除危险等侵权责任。此类预防性救济措施不要求侵权行为人具有过错。除第1165条第1款与第1167条外，本编其他相关条文也能适用于网络侵权，如第

1168～1172 条关于多人侵权的规定，第 1179～1187 条关于损害赔偿的规定。

本条第二句的除外规定主要涉及《著作权法》《专利法》《商标法》等的规定。依规范属性，此句为特别法规范，其当然优先于作为一般规范的本条第一句之规定。可见，该句作为固然之理，再次表明本条第一句具有显著的宣示意义。

第一千一百九十五条 【避风港原则之“通知—删除”规则】网络用户利用网络服务实施侵权行为的，权利人有权通知网络服务提供者采取删除、屏蔽、断开链接等必要措施。通知应当包括构成侵权的初步证据及权利人的真实身份信息。

网络服务提供者接到通知后，应当及时将该通知转送相关网络用户，并根据构成侵权的初步证据和服务类型采取必要措施；未及时采取必要措施的，对损害的扩大部分与该网络用户承担连带责任。

权利人因错误通知造成网络用户或者网络服务提供者损害的，应当承担侵权责任。法律另有规定的，依照其规定。

一、“通知—删除”规则

依本条第 1 款第一句，网络用户利用网络实施侵权行为的，权利人有权通知网络服务提供者采取必要救济措施，以避免损害的发生或扩大。显然，通知主体是权利人，即受害人。权利人欠缺行为能力的，其法定代理人可代为通知。权利人还可委托第三人通知网络服务提供者，但应提供委托书［**福建高院（2016）闽民终 1345 号民判**］。通知对象是能够采取删除、屏蔽、断开链接等必要措施的网络服务提供者，比如信息存储服务提供者、搜索链接服务提供者。

本条第 1 款第二句规定了通知的必要内容，即构成侵权的初步证据与权利人的真实身份信息，否则不构成有效通知。其中，“真实身份信息”主要涉及通知人的姓名（名称）与联系方式。“构成侵权的初步证据”主要包括两类：一是权利人享有权利的初步证据，二是侵权行为存在的初步证据。被侵权人依据侵权责任法向网络服务提供者所发出的要求其采取必要措施的通知，包含被侵权人身份情况、权属凭证、侵权人网络地址、侵权事实初步证据等内容的，即属有效通知（指导案例 83 号）。“初步”意味着所提供的证据无须达到民事诉讼证明标准，表明存在侵害权利的可能性即可。权利人的通知符合本条要求即为有效，网络服务提供者自行设定的投诉规则不影响司法中对通知有效性的认定。

通知未满足前述要件的，无效；网络服务提供者有权不采取任何必要措施，且无须承担责任。通知满足前述要件的，依本条第 2 款，网络服务提供者有义务从事如下行为：（1）及时将该通知转送相关网络用户。“相关网络用户”是指利益受到影响的用户，不限于直接实施侵权行为的用户。网络服务提供者怠于履行转送义务的，相关网络用户有权请求其转送，并在遭受损害时请求赔偿。通知是否“及时”，应结合通知的内容、所涉服务的类型等因素，依照一般社会观念判断。网络服务提供者收到通知，并经形式审查决定采取必要措施后，原则上应当立刻转送通知。（2）根据初步证据与所涉服务类型，及时采取必要措施。依《网络侵害人身权益规定》第 4 条，所涉必要措施是否“及时”，应根据网络服务的类型和性质、有效通知的形式和准确程度、网络信息侵害权益的类型和程度等因素综合判断。网络交易平台经营者是否采取了必要的避免侵权行为发生的措施，应根据网络交易平台经营者对侵权警告的反应、避免侵权行为发生的能力、侵权行为发生的概率大小等因素综合判定［**上海一中院（2011）沪一中民五（知）终字第 40 号民判**］。

二、未采取必要措施的责任

依本条第 2 款第二分句，网络服务提供者未及时采取必要措施的，就损害的扩大部分与该网络用户承担连带责任。“未及时采取必要措施”包括三种情形：一是网络服务提供者采取了必要措施，但不及时；二是及时采取了措施，但该措施不够充分、合理；三是未采取任何措施。“必要措施”包括但并不限于删除、屏蔽、断开链接，其应遵循审慎、合理的原则，根据所侵害权利的性质、侵权的具体情形和技术条件等来加以综合确定（**指导案例 83 号**）。

本款中的“未及时采取必要措施”属于抗辩事由，应由网络服务提供者对其已及时采取必要措施，负担举证责任［**北京一中院（2010）一中民终字第 11382 号民判**］。损害“扩大部分”应采差额说，即计算下述两损害的差额：一是假设必要措施被及时采取时，权利人可能遭受的损害；二是由于必要措施未被及时采取，权利人现实遭受的损害。自网络服务提供者应采取必要措施时产生的损害，并非必然属于“扩大部分”。盖即便必要措施被及时采取，损害依旧可能扩大。在认定“扩大部分”时，应考虑网络服务提供者的合理判断与处理时间［**广东汕头中院（2006）汕中法民一终字第150号民判**］。受害人应对损害的“扩大部分”负担举证责任。

针对“扩大部分”的损害，网络服务提供者应与直接侵权行为人负担连带责任。这一规定与《网络知识产权侵权纠纷批复》第2条相契合。概括而言，网络服务提供者的责任属过错责任，且受害人应对此负举证责任，但过错的认定应予具体分析。在审查通知内容（尤其是侵权的初步证据）阶段，网络服务提供者往往并非专业机构，故一般以普通人的理解与判断为标准，认定其是否存在过错。在采取必要措施阶段，网络服务提供者是专业机构，故应以专家标准认定其是否具有过错。于此，网络服务提供者决定采取，但未成功采取必要措施的，应直接认定其有过错（接近无过错归责客观化的过错归责）。

关于连带责任的具体内容，应适用本法第178条第1、2款的规定。在对外层面，受害人有权请求二者或其一，全部或部分地赔偿“扩大部分”损害。在对内层面，网络服务提供者与直接侵权人针对“扩大部分”的损害赔偿责任，具有份额关系。份额的大小取决于双方的过错程度、行为的原因力大小等因素。据此难以划定责任份额的，双方应负同等责任。因此，网络服务提供者赔偿的额度超过其应负份额的，有权向直接侵权人追偿。

三、错误通知的责任

依本条第3款，网络用户或网络服务提供者因错误通知遭受损害的，通知人应承担侵权责任。本款适用于“错误”的通知，即“网络用户”的行为不构成侵权的情形。通知因形式瑕疵或其他内容瑕疵而无效的，不适用本款。本款仅适用于发生“损害”的情形，不涉及本法第1167条规定的“危及”情形。错误通知损害的网络用户权益类型复杂，难以一概而论，比如肖像权、名誉权、隐私权、表达自由的利益（**第990条第2款**）、营业自由的利益。网络服务提供者遭受的损害类型多样，比如，既可能是采取必要措施额外支付的费用，也可能是因违反其与网络用户的合同而承担的违约责任。至于权利人因错误通知而承担责任是否以故意或过错为前提，理论上存在争议。虽然从文义看，本款并未要求通知人有过错才承担侵权责任，但由于错误通知侵害的利益多为网络用户或网络服务提供者的纯粹经济利益，故宜以通知者存在过错为前提。司法实践就此也多采过错责任［**浙江高院（2010）浙知终字第 196 号民判，杭州中院（2018）浙 01 民终 4988 号民判、广州中院（2016）粤 01 民终 9457 号民判**］。《最高人民法院关于全面加强知识产权司法保护的意见》（法发〔2020〕11 号）第 6 条也提及“依法免除错误下架通知善意提交者的责任”。

本条第 3 款第二句蕴含了一个参引性的除外规定，表明法律有特别规定的，应优先于本款第一句而适用。例如，《电商法》第 42 条第 3 款对恶意发出错误通知并造成平台内经营者损失的通知者，课以惩罚性赔偿责任。再如，《网络知识产权侵权纠纷批复》第 4、5 条系对本法第 1185 条的司法解释，它们一起构成本条第 3 款第二句所言的“另有规定”。

第一千一百九十六条 【避风港原则之“反通知—恢复”规则】网络用户接到转送的通知后，可以向网络服务提供者提交不存在侵权行为的声明。声明应当包括不存在侵权行为的初步证据及网络用户的真实身份信息。

网络服务提供者接到声明后，应当将该声明转送发出通知的权利人，并告知其可以向有关部门投诉或者向人民法院提起诉讼。网络服务提供者在转送声明到达权利人后的合理期限内，未收到权利人已经投诉或者提起诉讼通知的，应当及时终止所采取的措施。

依本法第 1195 条第 2 款第一分句，网络服务提供者接到通知后，应及时将该通知转送相关网络用户。为保护网络用户的利益，本条第 1 款第一句赋予其“反通知”权利。网络用户接到通知后，可提交“不存在侵权行为的声明”。依本款第二句，反通知声明应包括两项内容，即不存在侵权行为的初步证据与网络用户的真实身份信息。其中，“真实身份信息”主要包括网络用户的姓名（名称）与联系方式。法律就此有特别规定的，应优先适用特别规定，比如《互联网著作权行政保护办法》第 9 条与《信息网络传播权保护条例》第 16 条。“不存在侵权行为的初步证据”，主要是指网络用户有权实施所涉行为、所涉行为未违法的初步证据。“初步”意味着提供的证据无须达到民事诉讼证明标准，仅需表明侵权行为未成立之可能性。

网络用户未提交不存在侵权行为的声明，网络服务提供者有权继续维持已采取的必要措施。当然，这不妨碍网络用户采取其他手段（如提起诉讼）维护自身权益。本条第 1 款并未针对反通知声明设置期间限制，不要求网络用户应及时提交声明。盖必要措施完成后，权利人已获得“有利”保护，网络用户处于“不利”地位。依诚信原则，网络用户提交的声明不符合法律规定的，网络服务提供者有义务要求其重新提交；网络用户拒绝的，网络服务提供者应直接将不符合规定的声明转送权利人。

依本条第 2 款第一句，网络服务提供者接到声明后，负有转送和告知两项义务。首先，网络服务提供者应将声明转送发出通知的权利人。网络服务提供者未转送的，本款第二句中的“合理期限”无法起算，其不能行使“及时终止”权。虽然本款未设转送期限限制，但依诚信原则，网络服务提供者应及时转送。转送时点直接影响本款第二句中的“合理期限”的起算。因“合理期限”起算过迟，所采取的必要措施期限过长，网络用户遭受损害的，可请求网络服务提供者赔偿。其次，网络服务提供者应告知权利人可向有关部门投诉或向法院起诉。网络服务提供者未履行告知义务的，本款第二句规定的“合理期限”无法起算。

根据本条第 2 款第二句，网络服务提供者在转送声明到达权利人后的合理期限内，未收到权利人已经投诉或起诉通知的，应及时终止所采取的措施。“合理期限”的起算时间是声明“到达”权利人。至于权利人是否了解该声明内容，在所不问。“合理期限”的长度，应依所涉具体情形综合考量。法律就此有特别规定的，应优先适用。例如，《电商法》第 43 条第 2 款第二句将合理期限定为 15 日。还如，《网络知识产权侵权纠纷批复》第 3 条规定，权利人因办理公证、认证手续等权利人无法控制的特殊情况导致的延迟，不计入上述期限，但该期限最长不超过 20 个工作日。

本条第 2 款第二句确立的“合理期限”，仅涉及必要措施的终止问题。权利人在合理期限内未投诉或起诉的，不影响其之后继续投诉或起诉。网络服务提供者在合理期限届满前终止必要措施的，可类推适用本法第 1195 条第 2 款第二分句，即网络服务提供者应对因此造成的“扩大部分”的损害，承担连带责任。在此情形下，如果权利人提供的证据足够充分，能据此认定网络服务提供者知道或应当知道侵权事实，那么还可直接适用本法第 1197 条，由其与网络用户承担连带责任。合理期限届满后，网络服务提供者仍未终止必要措施的，网络用户不仅有权请求网络服务提供者终止必要措施，而且有权请求网络服务提供者赔偿其因此遭受的损害。

第一千一百九十七条 【网络服务提供者与网络用户的连带责任】网络服务提供者知道或者应当知道网络用户利用其网络服务侵害他人民事权益，未采取必要措施的，与该网络用户承担连带责任。

本条适用的情形是网络用户实施了侵害他人权益的行为，且网络服务提供者知晓或应当知晓该行为。于此，网络用户是否具有过错，在所不问。至于网络服务提供者是否“应当知道”，应依所涉事实因素综合判断。《网络侵害人身权益规定》第 6 条开放性地列举了应予考量的因素。例如，法院可根据侵权事实是否明显，网络服务提供者应具备的信息管理能力与专业技术，是否主动对作品进行选择、编辑、推荐等因素，综合认定网络服务提供者是否构成“应当知道”［**上海高院（2022）沪民申 1643 号民裁、北京互联网法院（2019）京 0491 民初 28301 号民判**］；如果网络服务提供者从所涉行为中直接获得经济利益，那么应认定其对网络用户侵害信息网络传播权行为负有较高的注意义务［**（2016）最高法民申 1803 号民裁、最高法（2015）民申字第 1854 号民裁、上海高院（2008）沪高民三（知）终字第 62 号民判**］。网络服务提供者在网站上设置维权投诉指引，签订不得侵犯知识产权的协议，对用户进行资质审查，履行了与其管理能力和技术能力相应的监督和管理职责，应当认定其尽到合理的注意义务，对网络用户的侵权行为不承担连带责任［**黄浦法院（2017）沪 0101 民初 22456 号民判**］。

网络服务提供者知道或应当知道侵权行为的，负有积极作为义务，即采取必要措施。关于必要措施的内容，应依知晓的侵权行为的类型与内容、所提供的服务类型与内容等因素综合考量。本条虽未规定采取必要措施的期限，但依诚信原则，网络服务提供者应自知晓或应当知晓之时，及时采取必要措施。网络服务提供者未及时采取必要措施的，应对知道或应当知道之后发生的损害，承担连带责任。因此，在认定连带责任的内容与范围时，应区分自始知晓与嗣后知晓。连带责任的具体内容适用本法第 178 条第 2、3 款的规定确定。

第一千一百九十八条 【违反安全保障义务的侵权责任】宾馆、商场、银行、车站、机场、体育场馆、娱乐场所等经营场所、公共场所的经营者、管理者或者群众性活动的组织者，未尽到安全保障义务，造成他人损害的，应当承担侵权责任。

因第三人的行为造成他人损害的，由第三人承担侵权责任；经营者、管理者或者组织者未尽到安全保障义务的，承担相应的补充责任。经营者、管理者或者组织者承担补充责任后，可以向第三人追偿。

安全保障义务的适用场域具有“公众开放”性，故经营场所、公共场所中不供公众使用的（如仓库、办公区），不涉及本条中的安全保障义务。群众性活动，是指法人或者非法人组织面向社会公众举办的参加人数较多的活动，如体育赛事、演唱会、音乐会等。

安全保障义务的保护对象，无须与安全保障义务人存在合同关系。经营场所、公共场所的经营者、管理者以及群众性活动的组织者，应保护一切参与人的财产和人身安全。故本条仅使用“他人”之表述，不欲明确安全保障对象的具体范围。就安全保障义务的内容而言，不同行业的义务人对不同保护对象负有不同的义务。对此，应参考该行业的普遍情况、所在地区的具体条件、活动的性质规模等因素，具体分析义务人是否以及在何种程度上尽到了安全保障义务。例如，举办抽奖或派送活动时，举办者应要求参与群众有序排队，防止踩踏等伤害事件［**无锡中院（2020）苏 02 民终 3361 号民判**］；经营场所管理者应保证场内的物品设施安全摆放，避免坠落危险［**海淀法院（2019）京 0108 民初 57538 号民判**］。经营场所、公共场所的经营者、管理者和群众性活动的组织者，应对自己提供的服务设施、设备性能以及相应的经营条件等有充分认识和了解，具备预判风险和损害发生的能力，并采取有效、必要的措施

（如警示、说明、劝告），防止损害发生或减轻损害。

依本条第 1 款，义务人未尽安全保障义务，导致自己管理的物品、设施、人员等造成他人损害的，应承担全部责任。此责任亦为侵权责任，唯在判断其构成要件时，需注意者有二：一者，义务人因未尽安全保障义务而有过错。义务人即便尽到合理的谨慎注意义务，亦不能避免损害发生的，不具有过错，故无须承担责任［**广东高院（2000）粤高法民终字第 265 号民判**］。二者，安全保障义务人的消极不作为（未尽保障义务），须与损害的发生具有因果关系［**北京朝阳法院（2003）朝民初字第 18330 号民判**］。

本条第 2 款调整的问题是，第三人造成他人损害，而安全保障义务人未尽安全保障义务的，应如何划定双方责任。安全保障义务人有义务避免因自身的不作为，而使他人遭受第三人侵害。当第三人侵权行为和未尽安全保障义务两因素结合，造成他人损害时，依本款规定，第三人直接承担侵权责任，而安全保障义务人承担相应的补充责任［**（2018）最高法民再 206 号民判**］。对于"相应的补充责任"，应注意者有二：一者，"补充"表明第三人侵权责任与安全保障义务人责任具有承担顺序。仅在第三人不明或其欠缺赔偿能力等情形，安全保障义务人才须承担第二顺位责任。二者，从司法实践来看，"相应"意味着安全保障义务人无须赔偿受害人无法获赔的全部损害，仅在其预见和能够防范的范围内承担相应责任［**（2018）最高法民再 206 号民判、天津三中院（2021）津 03 民终 1694 号民判**］。依本条第 2 款后句，安全保障义务人在承担相应责任后，有权向第三人追偿。

第一千一百九十九条 【无行为能力人在教育机构受损】无民事行为能力人在幼儿园、学校或者其他教育机构学习、生活期间受到人身损害的，幼儿园、学校或者其他教育机构应当承担侵权责任；但是，能够证明尽到教育、管理职责的，不承担侵权责任。

本条规定的责任主体为幼儿园、学校或其他教育机构，如聋哑学校、职业学校、课外补习班、兴趣班［**淮南中院（2021）皖 04 民终 1302 号民判、聊城中院（2020）鲁 15 民终 3004 号民判、滕州法院（2016）鲁 0481 民**

初6200号民判]。“学习、生活期间”具有两个维度上的含义：在时间上，受害人是与教育机构具有现时教育关系的当事人，不含退学、辍学、毕业的受害人；在空间上，侵权行为地不限于教育机构内部，还包括由其组织、管理的其他范围。本条仅适用于人身损害，不涉及具有人格利益的财产损害或其他财产损害。

本条所涉教育机构之侵权责任，既包括教育机构积极作为引发的侵权责任，也包括其未履行教育、管理职责（不作为）引发的侵权责任。前者如教育机构工作人员体罚、虐待学生等侵权行为，不包括幼儿园、学校或其他教育机构以外的第三人实施的侵权行为。不作为侵权是指教育机构未履行积极作为义务，对受害人遭受损害具有过错的行为。此作为义务的性质，经历了“监护义务说”到“教育、管理保护职责说”的转变（**“吴某诉朱某、曙光学校人身损害赔偿纠纷案”，《最高法公报》2006年第12期**）。依前说，无行为能力人进入学校学习时，监护义务即从家长转移至学校。然监护义务以亲权为基础，需法律明文规定，而依《学生伤害事故处理办法》第7条的规定，学校对未成年学生不承担监护职责。是故，“教育、管理保护职责说”成为通说。

本条第二分句确立了过错推定原则，以保护无行为能力人的权益。无行为能力人在教育机构受到人身损害的，推定教育机构存在过错，承担相应责任，除非教育机构能证明其履行了教育、管理职责。之所以如此，一方面是因为教育机构对无行为能力人负有教育、管理职责，具有控制和防范风险的能力与责任，而过错推定有利于督促其全面适当履行教育、管理义务，且鼓励教育机构购买保险分散风险；另一方面，因为无行为能力人欠缺足够的认知能力和表达能力，举证能力极其有限，而教育机构更有能力证明其是否尽到教育、管理职责。至于教育机构是否尽到教育、管理职责的具体判断，首先应以相关法律规范为标准，这主要涉及《义务教育法》《未成年人法》《幼儿园管理条例》《中小学幼儿园安全管理办法》《学生伤害事故处理办法》。若法律未明文规定，则要综合考虑无行为能力人年龄、周边环境的危险性等具体因素，以一般人的经验视角判断教育机构是否尽到善良管理人的义务［**泰州中院（2021）苏12民终361号民判、绍兴中院（2017）浙06民终4480号民判**］。司法实践中有判决认为，教育机构证明已经尽到一定的教育管理职责，可被酌定相应减轻责任承担比例［**石嘴山中院（2021）宁02民终1346号民判**］。

第一千二百条 【限制行为能力人在教育机构受损】限制民事行为能力人在学校或者其他教育机构学习、生活期间受到人身损害，学校或者其他教育机构未尽到教育、管理职责的，应当承担侵权责任。

本条规定限制行为能力人在教育机构遭受人身损害时的责任负担问题。本条中的“学校或者其他教育机构”“学习、生活期间”之认定，参见本法第1199条评注。本条亦仅限于人身损害，不适用于财产损害。

限制行为能力人较无行为能力人而言，具备更成熟的认识能力、表达能力、生活能力和自我保护能力，在一定程度上能主动掌控、防范危险的发生和扩大。因此，本条采过错责任原则，由受害人证明教育机构未尽到教育、管理职责。教育机构证明其已尽到教育、管理职责的，不承担责任［**宜宾中院（2021）川15民终771号民判**］。关于教育机构是否尽到教育、管理职责，应采客观评定标准，依《义务教育法》《未成年人法》《学校卫生工作条例》《学生伤害事故处理办法》等相关规定判断［**青岛中院（2021）鲁02民终2609号民判、重庆一中院（2021）渝01民终3784号民判**］。此外，受害人还应证明因果关系的存在。

第一千二百零一条 【第三人在教育机构致害】无民事行为能力人或者限制民事行为能力人在幼儿园、学校或者其他教育机构学习、生活期间，受到幼儿园、学校或者其他教育机构以外的第三人人身损害的，由第三人承担侵权责任；幼儿园、学校或者其他教育机构未尽到管理职责的，承担相应的补充责任。幼儿园、学校或者其他教育机构承担补充责任后，可以向第三人追偿。

本条规定了无行为能力人或限制行为能力人，在教育机构学习、生活期间遭到第三人侵害时的责任承担问题。本条仅适用于人身遭受损害的情形。依第一句第一分句，直接实施侵权行为的第三人，应承担第一顺位责任，这体现了责任自负的原理。至于第三人责任的成立与范围问题，应依本法其他条文尤其是第1165条予以认定。

依本条第一句第二分句，教育机构未尽到管理职责的，客观上对结果发生或扩大起到帮助作用，主观上具有过错，故应承担补充责任。此补充责任需符合以下要件：首先，学生遭受教育机构以外的第三人人身致害。第三人不包括教师职工等与教育机构存在劳务合同关系的人员，因为教育机构需对此类人员的侵权，直接承担替代责任。第三人也不包括在校学习的其他无行为能力人、限制行为能力人。其次，教育机构未尽到管理职责与损害结果之间存在因果关系。教育机构未尽到管理职责，对损害的发生亦有贡献作用，有判决认定其属于间接侵权行为［**钦州中院（2020）桂07民终983号民判**］。学校等教育机构组织学生参加活动，对学生负有法定的教育和管理义务，即使教育机构与第三人签订委托合同，由受托人组织活动，教育机构仍负有保护学生的法定义务［**随州中院（2016）鄂13民终302号民判**］。即使教育机构完全履行职责，损害结果依旧会发生或扩大的，教育机构的不作为与损害结果欠缺因果关系。损害结果的发生或扩大是否具有可避免性，应结合实际情况综合判断。

在本条规定的情形，相较于直接侵权的第三人，教育机构过错程度较低，未对损害贡献直接原因力，故应承担补充责任。补充责任是第二顺位责任，即在第三人下落不明或无力承担责任等情况下，教育机构方承担责任。本条中的“相应的”，旨在限定受害人无法从直接侵权人获赔部分，并不由补充责任人全部赔偿，后者仅在其未尽到安全保障义务的范围内承担责任［**遵义桐梓法院（2019）黔0322民初6122号民判、青岛中院（2020）鲁02民终6177号民判、湖北荆门东宝法院（2014）鄂东宝民一初字第00090号民判**］。但在程序上，不经过强制执行似无法确定受害人无法获赔的范围，更无法具体确定相应的补充责任。因此，《侵权责任编解释一》第14条第1款规定，法院不得直接在判决中确定教育机构承担按份责任，而应明确教育机构仅在第三人的财产依法强制执行后仍不能履行的范围内，承担与其过错相应的责任。不过，在第三人不确定的情形中，为更好保护受害人利益，有过错的教育机构应先行承担相应的责任（**《侵权责任编解释一》第14条第3款**）。

依本条第二句，未尽教育管理职责的教育机构承担了相应责任的，可在其已经赔偿的范围内向第三人全额追偿。由此可见，在第三人侵权情形中，教育机构不承担真正的终局赔偿责任。

第四章

产品责任

随着生产规模不断扩张，产品成为人类生活中的常见财产类型，产品瑕疵与缺陷责任成为侵权法上的重要议题，也是20世纪侵权法发展的重要方面。本章为产品缺陷责任确立了基本规范。其中，第1202条与第1203条第1款确立了生产者、销售者的无过错损害赔偿责任，而第1203条第2款与第1204条则规定了生产者、销售者、仓储者或运输者的最终责任分担。第1207条则特别规定了惩罚性赔偿。第1205条乃系预防性产品责任之规定，不以损害与过错为适用前提；第1206条确立的产品召回责任，实为第1205条的特别规范。除本章规定外，产品责任还有诸多特别法规范，典型如《产品质量法》《食安法》《消保法》《农产品质量安全法》等。其中，部分特别法仅旨在保护消费者（如《产品质量法》），部分特别法则仅调整特殊的产品（如《食安法》）。

第一千二百零二条 【缺陷产品致害的生产者责任】因产品存在缺陷造成他人损害的，生产者应当承担侵权责任。

本条系完全法条，规定表明生产者对缺陷产品致人损害承担无过错责任。然依本法第1203条第1款，销售者也需承担侵权责任。如此一来，本条与第1203条第1款构成了产品责任的一般条款。至于最终的责任分担，尚需诉诸本法第1203条第2款与第1204条，由生产者承担最终责任，无论其有无过错，而销售者、仓储者或运输者则因其过错承担最终责任。本条仅调整产品缺陷致害的情形，解决损害赔偿问题，而排除妨害、消除危险则由本法第1205条调整。

一、责任承担主体：产品的生产者

本法与《产品质量法》皆未界定生产者的概念，学界也未就此形成共识。具体而言，生产者的具体认定可依如下规则。其一，任何将自己的名称、商标或可资识别的其他标识体现于产品之上，表示其为制造者的企业或个人，均属生产者［**(2019)最高法民申6513号民判、(2019)最高法民申6209号民判**］。且依《产品质量法》第27条关于产品或其包装上应有生产厂厂名和厂址的真实标识之规定，产品或产品包装上标识的生产者一般被认定为生产者。因此，将商标许可给他人使用的，商标许可人也是生产者，需与实际生产者承担连带责任［**杭州萧山法院(2000)萧民初字第1232号民判**］。以外观标识认定生产者，既有助于减轻消费者调查生产者身份的成本，也符合一般社会期待。其二，生产者并不限于产品的最终生产者，产品原材料与零部件生产者也应依本条就原材料、零部件的缺陷承担责任［**湖南高院(2016)湘民再259号民判、甘肃天水中院(2012)天民一终字第188号民判**］。最终生产者能自主选择供应商，对终端产品的质量更具控制力，故其应与原材料、零部件生产者承担连带责任，进而便于消费者维权。电动汽车最终生产者不得以缺陷电池非由其生产，而主张不承担产品责任［**湖北高院(2022)鄂民申285号民裁**］。其三，产品进口商也被视为生产者。因此，即便产品进口商并非销售者，也应依本条承担产品责任［**长春中院(2016)吉01民终981号民判、延庆法院(2019)京0119民初6405号民判**］。《缺陷汽车产品召回管理条例》第8条第3款规定，从中国境外进口汽车产品到境内销售的企业，视为前款所称的生产者；《家用汽车产品修理更换退货责任规定》第3条第2款也有相同规定。因此，进口商需依本法第1206条负担缺陷产品的召回责任［**"捷跑电子科技有限公司诉青岛海信进出口有限公司国际货物买卖合同纠纷案"，《最高法公报》2013年第11期**］。

在委托生产或代工情形中，委托方将自己的名称、商标等标记于产品之上，自应承担责任，但受托人信息未标记于产品上的，其是否需要承担责任尚且存疑。针对《食品安全法实施条例》第21条，原食品药品监管总局在其《关于〈关于请予明确在食品委托生产中如何确定生产者的函〉的复函》(食药监食监三便函〔2017〕135号)中从委托代理关系原理出发，认为受托加工方只是"实际的食品生产加工者"，而委托方才是"法律意义上的食品生产者"，故委托方应承担责任，嗣后可依双方的合同向受托方追偿。然2024年《食品委托生产监督管理办法(征求意见稿)》第18条采取了不同立场，规定委托双方应承担连带责任；这一立场契合该办法第12条，后者规定委托生产的食品应当同时标注委托双方的信息。于司法实践中，有判决认为受托人欠缺相应的资质，违法进行生产、加工的，应与委托人承担连带责任［**吉安中院（2022）赣 08 民终 68 号民判**］；还有判决直接认为受托人也是生产者，故需承担侵权责任［**菏泽郓城法院（2022）鲁 1725 民初 6915 号民判**］。由保护消费者与规制产品生产过程来看，委托生产人与受托生产人均应为本条中的“生产者”，依本条负担损害赔偿责任。至于最终的责任分担，则应根据双方的委托合同进行认定。

在挂靠生产的情形中，挂靠者与被挂靠者需承担连带责任。《食药纠纷规定》第 10 条第 1 款还规定，未取得食品生产资质与销售资质的民事主体，挂靠具有相应资质的生产者与销售者，生产、销售食品，造成消费者损害，消费者请求挂靠者与被挂靠者承担连带责任的，人民法院应予支持。这一连带责任规定也被适用于食品、药品之外的情形［**河池中院（2019）桂 12 民终 1349 号民判**］。

二、构成要件之一：产品缺陷

现行法并未周全地界定产品的概念，而特别法依其立法目的作了不同界定。本章条款作为产品责任的一般规范，其使用的“产品”概念之范畴不应限于特别法上的产品。首先，依《产品质量法》第 2 条第 2 款，产品是经过加工、制作后用于销售的产品。凡改变原材料、毛坯或半成品的形状、性质或表面形态等，并使之达到规定要求的工作，都构成“加工、制作”。加工与制作需以“销售”为目的。所谓“销售”，乃指生产者具有将其投入流通之意图，不问其具体采取买卖、赠与或其他方式。其次，食品、药品、医疗器械、血液制品、消毒产品等特殊产品，除受本章规范与《产品质量法》调整外，还需优先适用《食安法》《药管法》《医疗器械监督管理条例》《血液制品管理条例》等法律的特别规定。最后，未经加工的初级农产品（**《农产品质量安全法》第 2 条**）也构成特殊的产品，且食用农产品还需适用《食安法》关于销售、质量安全标准等方面的规定（**《农产品质量安全法》第 3 条第 2 款，《食安法》第 2 条第 2 款**）。农产品确实存在质量问题的，也可引发产品责任［**广东高院（2018）粤民申 3045 号民裁、北京四中院（2023）京 04 民终 1060 号民判**］。

本条的产品系动产，建设工程、房屋并非本条的产品，但建设工程使用的建筑材料、建筑构配件和设备可能属于产品（**《产品质量法》第 2 条第 3 款**）。军工产品、核设施、核产品并非产品（**《产品质量法》第 73**

条）。船舶等产品设计是以图纸为载体、以图纸展现的设计内容为其价值来源的智力成果，并非有体物，故不属于本条与《产品质量法》中的产品［**上海高院（2019）沪民终344号民判**］。依通说，动物无所谓制造、生产，故非产品。然《农产品质量安全法》第2条第1款明文规定动物是农产品之一类，家禽等动物甚至属于食用农产品，故而存在产品责任承担之可能。实践中，宠物已被视为《消保法》中的商品，适用该法的相关规定［**上海一中院（2022）沪01民终7565号民判**］。因此，宠物虽无生产与制造可言，但不妨将其认定为本条中的“产品”，将饲养者认定为“生产者”。既然作为农产品的动物存在产生产品责任之空间，宠物的产品责任应无不许之理。

本条规定的生产者责任以产品缺陷为前提。产品缺陷一般包括设计缺陷、制造缺陷、说明与警示缺陷、跟踪观察缺陷四类。产品缺陷与产品瑕疵不同。《产品质量法》第40条规定了产品瑕疵。例如，产品欠缺应有的效用，影响农作物产量、质量的，仅构成质量瑕疵［**云南高院（2015）云高民一终字第265号民判**］。同法第46条则规定，缺陷是指产品存在危及人身、他人财产安全的不合理的危险；产品有保障人体健康和人身、财产安全的国家标准、行业标准的，是指不符合该标准。据此，产品缺陷的认定标准有二：一是存在不合理的危险，二是不符合国家标准和行业标准。本条中的“标准”仅限于强制性标准，不含推荐性标准。产品违反推荐性标准的，并不必然存在缺陷［**河北高院（2013）冀民申字第1948号民裁**］。至于产品是否符合强制性标准，应以生产时的新标准为判断依据［**百色中院（2019）桂10民终798号民判**］。需注意的是，无论致害产品是否符合相关强制性标准，法院都应考察其在投入流通时是否存在危及人身、财产安全的不合理危险［**呼和浩特中院（2016）内01民终3609号民判、青岛中院（2018）鲁02民终6287号民判**］。换言之，国家标准和行业标准是产品应当符合的最低标准，而满足该标准的产品也可能存在不合理危险［**“马水法诉陕西重型汽车有限公司等健康权纠纷案”，《最高法公报》2015年第12期**］。至于是否存在不合理的危险，应考虑产品一般用途、正常使用方式、产品标识、产品的结构与材料等内在属性、产品的使用时间等。

结合本法第1203条第2款与第1204条，即便产品缺陷非生产者的加工、制造等行为所致，而系销售者、运输者、仓储者等第三人的行为所致，生产者也需依本条承担赔偿责任，否则，无所谓生产者向第三人追偿的问题。不过，产品出厂之后，消费者对产品进行改装、改造的，生产者对改装、改造部分所造成的消费者损失无须承担责任［**山西高院（2021）晋民申 1140 号民裁**］。

实践中，受害方承担缺陷存在的证明责任，但法官会依所涉案件情形，要求生产者负担证据协力义务或书证提供义务，甚至根据案情、日常生活经验等直接推定产品存在缺陷，要求生产者对产品不存在缺陷负担证明责任［**"马水法诉陕西重型汽车有限公司等健康权纠纷案"，《最高法公报》2015 年第 12 期；北京一中院（2006）一中民终字第 25 号民判**］。如果专业鉴定机构最终无法确定产品是否具有缺陷，那么为保护消费者权益，可基于高度盖然性推定产品存在缺陷［**广东高院（2020）粤民再 307 号民判、长沙中院（2019）湘 01 民终 10912 号民判、陕西高院（2010）陕民二终字第 34 号民判**］。

三、其他构成要件

本条确立了生产者的无过错责任，故过错并非损害赔偿责任的要件。被侵权人无须证明生产者具有过错［**北京四中院（2023）京 04 民终 355 号民判**］，后者也不得以其无过错为由，主张免除责任或减轻责任，除非另有法定免责事由。

受害人应遭受损害，否则无所谓赔偿责任。本条中的损害既包括人身损害，也包括财产损害，且财产损害可分为缺陷产品本身损害与其他财产损害（**《侵权责任编解释一》第 19 条**）。然本条并未明确请求权主体的范围，"他人"的具体内涵并不明确；《产品质量法》第 41～43 条也未直接规定哪些受害人可请求生产者承担赔偿责任。由立法目的来看，本条旨在明确生产者需就其制造的缺陷产品负担责任，并未将保护主体限定在购买者与使用者的范围。即便购买者、使用者之外的第三人因产品缺陷而遭受损害，生产者也应依本条承担责任，比如机动车的搭乘者［**朝阳法院（2018）京 0105 民初 92920 号民判、最高法（2015）民申字第 1387 号民裁**］。《道交损害赔偿解释》第 9 条还特别规定，机动车存在产品缺陷导致交通事故造成损害，生产者或销售者应依本章的规定承担赔偿责任。机动车存在缺陷，但使用人同时操作不当的，生产者与使用者均应承担相应的责任［**江西高院（2020）赣民再 29 号民判**］。第三人遭受损害的，缺陷产品生产者与使用者（所有者）或系无意思联络的共同侵权行为人，按照各自过错承担相应的责任［**（2016）最高法民申 2821 号民裁，商丘中院（2020）豫 14 民终 521 号民判**］。

损害与产品缺陷应存在因果关系，且受害人应当就此承担证明责任[**荆州中院（2023）鄂10民终135号民判**]。即便车辆存在缺陷，但受害人遭受损害乃系其逆行所致的，车辆生产者并不承担赔偿责任［**河北高院（2020）冀民申2179号民裁**］。因果关系之认定采相当因果关系标准。如果产品缺陷与损害结果之间在通常情形下存在关联性，可认定二者之间具有因果关系［**“刁维奎诉云南中发石化有限公司产品销售者责任纠纷案”，《最高法公报》2020年第12期**］。

四、其他

本法未专门规定产品责任的免责事由，但《产品质量法》第41条第2款与本法第1173～1175条皆有一定适用空间。《产品质量法》第41条第2款规定了三项生产者免责事由：未将产品投入流通；致害缺陷在产品投入流通时尚不存在；将产品投入流通时的科学技术水平尚不能发现缺陷的存在（所谓“开发风险抗辩”）。其中，结合销售者、运输者、仓储者等第三人的责任分担（**第1203条第2款与第1204条**），第二项免责事由应作目的性限缩，即其并不包括产品投入流通之后，该主体造成产品缺陷的情形。本法中的责任减免规则也存在适用空间，比如第1173条确立的与有过失规则。例如，产品不合格，但使用者也存在操作不规范的情况的，应减轻产品生产者的赔偿责任［**（2017）最高法民申4293号民裁**］。产品存在缺陷的，虽然产品质保期届满并非生产者免责的事由，但使用者未安全使用产品，并因此遭受损害的，应当减轻生产者的责任［**北京三中院（2020）京03民终6603号民判**］。产品可能存在合理使用或安全使用期限，所有权人或使用人届期应当报废，但仍继续使用而遭受损害的，难谓产品存在缺陷；就限期使用的产品，生产者应当明示产品的合理使用或安全使用期限（**《产品质量法》第27条第1款第4项**）。需注意的是，即便购买者知晓食品、药品存在质量问题，但生产者、销售者也不得以此为由进行抗辩（**《食药纠纷规定》第3条**）。

生产者可能与他人共同对产品缺陷致害构成多数人侵权，并承担按份责任（**第1172条**）。产品存在结构设计缺陷，但第三人在修理时存在过错，与案涉损害也存在因果关系的，第三人也应承担部分赔偿责任［**（2018）最高法民再231号民判**］。机动车存在缺陷，驾驶人也存在操作失当的，乘车人可请求销售者（生产者亦然）与驾驶人各自承担相应的责任［**最高法（2015）民申字第1387号民裁**］。机动车存在缺陷，但驾驶人属于无证驾驶，也存在过错的，生产者与销售者仅就部分损害承担责任［**山东高院（2020）鲁民申 6076 号民裁**］。

第一千二百零三条 【生产者与销售者的内外责任】因产品存在缺陷造成他人损害的，被侵权人可以向产品的生产者请求赔偿，也可以向产品的销售者请求赔偿。

产品缺陷由生产者造成的，销售者赔偿后，有权向生产者追偿。因销售者的过错使产品存在缺陷的，生产者赔偿后，有权向销售者追偿。

一、生产者与销售者的对外责任

本条第 1 款既重申了第 1202 条的规定，同时规定了销售者的损害赔偿责任，旨在最大限度地保护受害人，便于其获得法律救济。据此，无论是生产者还是销售者，均就产品缺陷所致损害对他人承担无过错赔偿责任。故就责任成立、减免等方面而言，销售者的赔偿责任无异于生产者的赔偿责任（**见本法第 1202 条评注**）。销售者向受害人承担责任，不应超过或重于生产者向受害人承担的责任。原《侵权法》第 42 条规定了销售者的过错责任，以及销售者不能指明缺陷产品的生产者也不能指明缺陷产品的供货者时的责任。本条改变了该条的规定，为受害人提供更加周全的保护。现行《产品质量法》第 42 条仍与原《侵权法》第 42 条相同，但不影响受害人依本条要求销售者承担无过错赔偿责任。本法颁行之后，《食药纠纷规定》第 2 条第 1 款与《道交损害赔偿解释》第 9 条作了类似规定。

至于销售者与生产者所负责任之性质，有判决认定其系连带赔偿责任［**山东高院（2020）鲁民申 6076 号民裁、北京二中院（2009）二中民终字第 17677 号民判**］。还有判决认定，两者间的责任乃是不真正连带责任［**湖南永州中院（2013）永中法民二终字第 220 号民判、随州中院（2019）鄂 13 民终 778 号民判**］。主流观点认为，生产者与销售者不存在本法第 1168 条中的共同侵权，也无所谓本法第 1172 条（数人分别实施原因充足的侵权行为）的情形，且本条第 2 款就内部追偿作了特别规定，故两者基于本条负担的责任是不真正连带责任。于实践而言，责任性质之争并无多少实质意义。于理论上，本条第1款规定的责任也存在连带责任之解释空间。其一，既然本款作此规定，不妨将其视为本法第178条第3款意义上的“法律规定”。其二，内部责任具体分担不应作为连带责任是否存在的标准。于债权人（受害人）而言，连带责任是否“真正”无关紧要〔**南京江宁法院（2018）苏0115民初8936号民判**〕。其中一方最终分担全部责任也是一种内部分担，且本条第2款并未否定销售者与生产者均分担部分责任。司法实践中，法院一般允许受害人同时起诉销售者与生产者，并在受害人同时起诉两者时，判决其就损害承担连带赔偿责任〔**最高法（2015）民申字第1387号民裁、安徽高院（2015）皖民一终字第00141号民判、青岛中院（2024）鲁02民终1823号民判**〕。

本条所言销售者，一般应限定为以销售作为经营活动的主体。首先，销售则指买卖等有偿提供产品的行为，故销售者不以出卖人为限，还包括出租人等将产品投入流通的主体。例如，游乐服务经营者提供的设备存在产品缺陷，致使消费者遭受损害的，产品生产者与经营服务者应共同承担赔偿责任〔**成都中院（2004）成民终字第758号民判**〕。销售者提供的“赠品”存在质量安全问题的，也需承担责任，不得以消费者未支付对价为由进行免责抗辩（**《食药纠纷规定》第4条**）。其次，销售者应以出卖产品为其经营活动。偶尔从事买卖者并非本条中的销售者，但以营利为目的、持续销售二手商品的自然人，应承担经营者责任〔**最高法发布十件网络消费典型案例之六：王某诉陈某网络购物合同纠纷案**〕。最后，销售者既可能是直接向买受人出卖产品的主体，也可能是上游供货商或批发商〔**最高法（2015）民申字第1387号民裁、江苏高院（2018）苏民再276号民裁**〕。

二、生产者与销售者的内部分担

本条第2款规定了生产者与销售者的内部责任分担。依其规定，生产者或销售者对受害人承担赔偿责任后，均可向另一方追偿，但追偿权的要件存在差异。首先，销售者向受害人承担赔偿责任之后，可向生产者进行追偿，不论生产者是否存在过错，但前提是缺陷由生产者造成。其次，产品缺陷若由销售者过错造成，则生产者在对外承担无过错责任后，有权依本款向销售者追偿。因此，销售者承担最终责任的前提有二：一是其存在过错，二是缺陷由其造成。最后，销售者与生产者对产品缺陷皆有过错的，应当按照过错程度分担责任〔**广州中院（2006）穗中法民二终字第2239号民判**〕。由此可见，产品缺陷是否系销售者过错所致，只是决定销售者是否承担最终责任的要件事实，其证明责任应由生产者负担。

本款是独立的追偿权基础，不以生产者与销售者存在合同等内部法律关系为前提。生产者与销售者还存在买卖等合同关系的，不妨碍无过错的销售者在承担赔偿责任之后，依违约责任规范向生产者寻求救济。

三、其他

除本章及特别法关于生产者、销售者责任的规定外，还有法律规定了其他主体的责任。例如，根据《消保法》第 42～44 条，违法提供营业执照的执照持有人、展销会的举办者、柜台出租者、网络交易平台提供者，其虽未从事销售活动，但在特定情形均可被视为销售者，需向消费者承担相应的赔偿责任。还如，《电商法》第 38 条第 1 款规定，电子商务平台经营者知道或者应当知道平台内经营者销售的商品或者提供的服务不符合保障人身、财产安全的要求，或者有其他侵害消费者合法权益行为，未采取必要措施的，依法与该平台内的经营者承担连带责任。

本条第 1 款规定了销售者的损害赔偿责任，且构成独立的请求权基础规范。倘若销售者与受害人还存在买卖等合同关系，那么受害人还可依本法第 577 条等条款主张相应的违约责任［**海南第一中院（2019）琼 96 民终 897 号民判**］。就本条与违约责任规范的适用关系而言，既可能存在请求权规范竞合（典型如人身、财产固有利益损害赔偿），也可能存在请求权规范聚合（典型如修理、更换，合同解除后的价金返还）。

本条第 1 款允许受害人选择起诉生产者或销售者，且不妨碍其同时起诉两者。受害人仅起诉销售者的，法官应依法追加生产者为被告，以方便查清所涉产品是否存在缺陷，只不过受害人的诉请不受影响［**江苏高院（2018）苏民再 276 号民裁**］。《食药纠纷规定》第 2 条第 2 款则规定，消费者仅起诉销售者或生产者时，法院在必要时可以追加相关当事人。

本条第 2 款仅规定了生产者与销售者之间的内部责任分担与追偿问题，并未规定生产者之间、销售者之间的内部责任分担问题。当存在多名生产者（比如零部件生产者与最终生产者）、多名销售者（比如批发商与零售商）时，其在对外承担责任后也可依内部关系进行追偿［**湖南高院（2016）湘民再 259 号民判**］。

第一千二百零四条 【生产者、销售者对第三人追偿权】因运输者、仓储者等第三人的过错使产品存在缺陷，造成他人损害的，产品的生产者、销售者赔偿后，有权向第三人追偿。

本条乃系前条第2款之补充。前条第2款仅涉及生产者与销售者之间的内部追偿，且追偿前提是缺陷由其中一方或双方造成。当缺陷由第三人造成时，已承担赔偿责任的生产者、销售者的追偿对象，则由本条规定。依本条规定，承担责任的生产者、销售者可向具有过错、且造成产品缺陷的运输者、仓储者等第三人追偿。生产者、销售者不得以第三人过错造成产品缺陷为由，主张免于承担责任［**重庆二中院（2023）渝02民终2512号民判、南阳新野法院（2023）豫1329民初459号民判**］，故本法第1175条就此并无适用余地。至于受害人是否可直接请求这些第三人承担赔偿责任，需以一般侵权责任规范为准。

本条规定的追偿对象具有开放性，不限于所列举的运输者、仓储者，还包括产品设计者、检验人员、安装者［**重庆二中院（2023）渝02民终2512号民判**］等。凡对产品缺陷的形成有过错者，皆可成为被追偿的第三人。本条追偿权的行使应满足三项条件：（1）生产者或销售者已向被侵权人承担赔偿责任；（2）产品缺陷乃因本条所述第三人过错造成；（3）产品缺陷的形成与第三人过错行为具有因果关系。第三人过错以及过错行为与产品缺陷的因果关系，应由生产者、销售者负举证责任。生产者、销售者是否与第三人存在合同等内部法律关系，并不影响其依本条享有追偿权。生产者、销售者与运输者、仓储者等第三人存在运输、仓储等合同关系的，亦不妨碍其基于违约责任规范请求后者承担责任。

第一千二百零五条 【缺陷产品消极防御性请求权】因产品缺陷危及他人人身、财产安全的，被侵权人有权请求生产者、销售者承担停止侵害、排除妨碍、消除危险等侵权责任。

本条是本法第1167条规定在产品责任领域的具体化，故本条之适用可参见该条评注。囿于公法与私法之界分，本条仅调整生产者、销售者就所涉具体产品缺陷所负停止侵害、排除妨碍、消除危险等侵权责任，并不意味着被侵权人有权直接请求其停止生产或销售。被侵权人知晓生产者、销售者生产、销售缺陷产品的，有权向有关行政机关举报，由后者决定是否责令停止生产、销售行为；法院在审理案件过程中发现生产、销售缺陷产品的，可向有关机关出具司法建议书。法院确定被侵权人与销售者存在买卖合同等关系的，被侵权人还有权要求销售者承担修理等违约责任，以实现排除妨碍、消除危险之目的。本法第 1206 条关于产品召回的规定，为本条之特殊规定。

第一千二百零六条 【生产者、销售者的补救义务】产品投入流通后发现存在缺陷的，生产者、销售者应当及时采取停止销售、警示、召回等补救措施；未及时采取补救措施或者补救措施不力造成损害扩大的，对扩大的损害也应当承担侵权责任。

依据前款规定采取召回措施的，生产者、销售者应当负担被侵权人因此支出的必要费用。

产品责任的理论基础是危险责任，但其又以“将产品投入流通时的科学技术水平尚不能发现缺陷的存在”（**《产品质量法》第 41 条第 2 款第 3 项**）为免责事由。然为及时发现缺陷并阻止缺陷造成损害，本条规定生产者、销售者负担补救义务。

补救义务的前提有二。一是产品投入流通时，当时的科学技术尚不能发现缺陷。若非如此，那么生产者、销售者直接依本法第 1202 条承担损害赔偿责任，无谓本条第 1 款中的“扩大的损害”。当然，即便当时的科学技术可以发现缺陷，生产者、销售者也应负有本法第 1204 条规定的义务以及本条规定的补救义务。二是生产者、销售者“发现”处于流通中的产品存在缺陷。本条所谓“发现”既可能是生产者、销售者自主发现，也可能因第三人告知而发现。理论上多承认生产者、销售者负有持续关注的积极义务，要求其积极主动地发现产品缺陷：产品投入流通的，生产者、销售者自应采取合理手段或措施，持续关注该产品可能存在的不合理危险，并在危险造成损害前采取补救措施。于私法上，持续关注义务应被认定为注意义务：虽然产品使用者无权请求生产者、销售者履行该义务，但违反该义务的结果是生产者、销售者存在过错，进而可能对原本免于承担责任的产品缺陷承担侵权责任。持续关注义务还可能构成一项特别的公法义务。例如，《食品召回管理办法》第 3 条规定，食品生产经营者应建立健全相关管理制度，收集、分析食品安全信息。《药品召回管理办法》第 5 条也作了类似规定。《缺陷汽车产品召回管理条例》第 9 条等也是如此。

补救义务的具体履行方式包括停止销售、警示和召回等。停止销售指产品投入流通后发现存在缺陷的，销售者应立即停止缺陷产品的销售，生产者应当告知销售者停止销售或停止继续将产品投入流通，否则，生产者、销售者应当依本法第1202条承担责任。警示指对投入流通后发现的产品缺陷，生产者、销售者应向使用人说明或提醒危险防止措施和正确使用方法。警示既可采取向社会发布公告的方式，也可采取通知个人的方式。召回是指生产者、销售者对存在缺陷的产品，通过修理、更换、退货（解除合同）等补救措施，消除缺陷或者降低安全风险的活动。目前，我国已建立较为完善的产品召回制度，主要由国务院制定的条例和监管部门制定的规章组成，比如《消费品召回管理暂行规定》《缺陷汽车产品召回管理条例》《医疗器械召回管理办法》《药品召回管理办法》《食品召回管理办法》。生产者、销售者在产品流通后发现产品缺陷的，应依前述法规或规章履行召回义务。召回伴随着警示，即向使用者披露缺陷信息与应急处置方式（**如《消费品召回管理暂行规定》第18条**）。采取何种补救措施应视缺陷情况而定，召回并不必然意味着更换，还需认定修理能否消除缺陷［**北京三中院（2023）京03民终17872号民判**］。

生产者与销售者采取补救措施应达到充分、合理的程度，否则构成本条第1款后半句的补救"不力"。生产者、销售者发布缺陷产品召回公告时，应向消费者全面、客观、详尽、真实地披露缺陷内容，以保障消费者全面了解缺陷内容。至于具体召回措施是否合理消除了缺陷产品的危险，应综合考量产品的使用用途、结构设计和产品说明书中的基本操作规范［**北京三中院（2019）京03民终13434号民判**］。

依本条第1款后半句，生产者、销售者怠于履行补救义务的，应对扩大的损害承担责任。就此而言，该责任与本法第1202条规定的赔偿责任无异。之所以仅就扩大的损害承担责任，原因在于本条的隐性适用前提是：依当时的技术难以发现产品缺陷，生产者、销售者原本免于承担责任。此外，怠于履行补救义务还导致本法第1207条规定的惩罚性损害赔偿责任（**见本法该条评注**）。本条第2款还规定，生产者、销售者应承担被侵权人因召回而支出的必要费用，典型如运输费用（**《消保法》第24条**）。于缺陷机动车召回的情形，往返检修的柴油费、路桥费、差旅费、伙食费均可获得赔偿，且停运损失也为赔偿项目［**广州中院（2021）粤01民终25434号民判**］。

生产者与销售者均负有补救义务，但两者内部责任分担仍需适用本法第1203条第2款与第1204条。其中，生产者乃是产品召回的终极责任主体，故销售者在召回缺陷产品后，即便其与生产者无合同关系，也可请求生产者召回进行修理或请求生产者承担销售者因召回而遭受的损失［**(2019) 最高法商初1号民判**］。不过，生产者与销售者间的内部责任分担，还需考虑“谁更方便、有效地合理预防、消除风险，谁即应当及时、正确地采取相应措施”：销售者有能力在缺陷风险防控上发挥更重要的作用，但其怠于履行义务，导致生产者无法参与风险评估等召回程序的，销售者也应负担相应的责任（**“捷跑电子科技有限公司诉青岛海信进出口有限公司国际货物买卖合同纠纷案”，《最高法公报》2013年第11期**）。

第一千二百零七条 【缺陷产品惩罚性赔偿】明知产品存在缺陷仍然生产、销售，或者没有依据前条规定采取有效补救措施，造成他人死亡或者健康严重损害的，被侵权人有权请求相应的惩罚性赔偿。

一、缺陷产品惩罚性赔偿

本条系产品缺陷中惩罚性赔偿的一般规范。除需满足本法第1202条规定的要件外，本条规定的惩罚性赔偿还需满足三项要件。其一，侵权人具有主观故意，即生产者或销售者明知产品有缺陷仍然生产、销售，或者产品投入流通后发现缺陷，但怠于采取有效的补救措施。明知的对象是产品存在缺陷，无须生产者、销售者知晓产品缺陷会造成损害。侵权人是否“明知”之认定应采客观标准。生产者或销售者明知产品不符合国家产品安全标准或质量标准的，即应认定其明知产品存在缺陷［**重庆一中院(2013)渝一中法民终字第01628号民判、南京中院(2015)宁民终字第991号民判**］。销售者怠于即时检查待售食品、清理过期食品，未尽到法定的食品安全保障义务的，可认定其明知食品不符合安全标准［**指导案例23号**］。其二，被侵权人的生命权、身体权、健康权遭受侵害，且导致死亡或健康严重损害的后果。产品缺陷导致轻微人身损害、财产损害，非属本条适用范围。其三，被侵权人死亡或健康受到严重损害，系因缺陷产品造成。

本条未规定惩罚性赔偿额度的确定方式，但其应以计算基数与惩罚倍数为基础。参照特别法关于惩罚性赔偿额度之规定，计算基数一般是损害赔偿额度，但产品价额、侵权利润也得作为计算基数。惩罚倍数之确定应考虑侵权人过错程度、情节严重程度、侵权人的经济能力、侵权获利情况、社会影响、侵权人的其他公法责任等［**(2018) 最高法民再 420 号民判、南京中院（2015）宁民终字第 991 号民判**］。买受人明知产品存在缺陷仍购买使用，使用人明知产品缺陷仍然继续使用的，也存在本条适用之空间。唯依本法第 1173 条（与有过失）之原理，惩罚性赔偿额度应作相应减轻。

与本法第 1202 条与第 1203 条不同，本条规定的惩罚性赔偿以“明知”为前提，故生产者与销售者中的一方无须就另一方“明知”而负惩罚性赔偿责任。因此，一方承担惩罚性赔偿责任之后，也无依本法第 1203 条第 2 款向另一方进行追偿之余地。唯生产者与销售者共同实施侵权行为，需承担连带责任的（**第 1168 条**），仍有内部责任分担之问题。

二、特别法中的惩罚性赔偿

除本条规定外，特别法还就产品缺陷或质量瑕疵规定了惩罚性赔偿，兹举例说明。其一，《消保法》第 55 条第 2 款规定，经营者明知商品或者服务存在缺陷，仍然向消费者提供，造成消费者或者其他受害人死亡或者健康严重损害的，受害人除有权请求赔偿损失，还有权要求所受损失二倍以下的惩罚性赔偿。其二，《食安法》第 148 条第 2 款规定，生产不符合食品安全标准的食品或经营明知是不符合食品安全标准的食品，消费者除要求赔偿损失外，还可以向生产者或者经营者要求支付价款 10 倍或者损失 3 倍的赔偿金；增加赔偿的金额不足 1 000 元的，为 1 000 元。其三，《药管法》第 144 条第 3 款就生产、销售假药、劣药的行为，作了类似于《食安法》第 148 条第 2 款的规定。其四，《医疗损害责任解释》第 23 条规定：医疗产品的生产者、销售者、药品上市许可持有人明知医疗产品存在缺陷仍然生产、销售，造成患者死亡或健康严重损害，被侵权人有权请求生产者、销售者、药品上市许可持有人赔偿损失及二倍以下惩罚性赔偿。

前列规定主要涉及消费者保护，与本条在适用上存在交叉重叠关系。当所涉案件同时满足前列规定与本条的适用要件时，前者应作为特别规范优先适用［**重庆一中院（2013）渝一中法民终字第 01628 号民判**］。一方面，前列规定提供了更加具体的惩罚性赔偿额度计算方式；另一方面，囿于消费者保护之法政策考虑，前列规定往往更有利于被侵权人。

例如，消费者明知食品、药品存在质量问题仍购买该商品，并以此索赔的，判决多依《食药纠纷规定》第 3 条和第 15 条，认为不能以其知情为由不支持惩罚性赔偿［**指导案例 23 号**］。不过，消费者购买食品发现不符合食品安全标准后再多次追加购买的，以未超出购买者合理生活消费需要部分为基数计算惩罚性赔偿金［**最高人民法院发布四起食品安全惩罚性赔偿典型案例之三：“沙某诉安徽某食品科技有限公司网络买卖合同纠纷案”**］。

第五章

机动车交通事故责任

本章是关于机动车交通事故责任的规定。其中，第 1208 条乃系参引性规范，并未直接明确责任成立的一般规则，而是将责任成立援引至《道交法》相关规定。第 1209～1212 条、第 1214～1215 条均涉及特殊情形中的责任主体，第 1213、1216 条乃系损害赔偿之规定。第 1217 条则就好意同乘作了特别规定，并不涉及严格意义上的交通事故责任，而系机动车使用人对车内人员的责任。若机动车使用人、管理人与车内人员还存在运输合同，则有本法第 823～824 条之适用空间。若机动车使用人与车内人员不存在运输合同等特别关系，则前者需依本法第 1165 条第 1 款向后者承担责任［**随州中院（2023）鄂 13 民终 2475 号民判**］。至于船舶、火车、航空器交通事故责任，则需适用《海商法》《铁路法》《民航法》《最高人民法院关于审理铁路运输人身损害赔偿纠纷案件适用法律若干问题的解释》等特别规范，并无本章直接适用之余地。

第一千二百零八条 【机动车交通事故中损害赔偿责任】机动车发生交通事故造成损害的，依照道路交通安全法律和本法的有关规定承担赔偿责任。

本条为参引性法条，所参引的法律系指《道交法》，尤其是该法第 76 条；而“本法的有关规定”主要指本章第 1209～1217 条及侵权责任一般规范。例如，依《人身损害赔偿解释》第 4 条，驾驶人为无偿帮工的，无偿为机动车所有人驾驶，所有人对车辆既具有运行支配权，也享有运行利益，故其需承担损害赔偿责任［**铁岭中院（2018）辽 12 民终 1193 号民判**］。

一、适用范围：交通事故

本条所言“机动车”，自依《道交法》第 119 条第 3 项界定。采用汽油作为动力装置驱动、设计最高时速大于 20km/h、整车重量超过 40kg 的燃油助力车应被认定为机动车［**焦作中院（2016）豫 08 民再 17 号民判**］。至于依该条第 4 项认定的非机动车，其侵权责任适用一般侵权条款，如本法第 1165 条。本条所谓“交通事故”，则指车辆在道路上因过错或意外造成的人身伤亡或财产损失的事件（**《道交法》第 119 条第 5 项**）。据此，机动车交通事故责任的特征有二。

第一，机动车交通事故责任发生在道路交通领域，不包括未发生在道路上的事故。“道路”是指公路、城市道路，以及虽在单位管辖范围但允许社会机动车通行的地方，包括广场、公共停车场等用于公众通行的场所。根据《道交损害赔偿解释》第 25 条，机动车在道路以外的地方通行时引发的损害赔偿，可参照适用该司法解释。循此理，本章规定也可参照适用于该情形，比如本法第 1211 条关于被挂靠人的连带责任规定［**江苏高院（2020）苏民申 5622 号民裁**］。“机动车在道路上”是界定“交通”概念的核心要素，也是构成交通事故责任的条件。未发生在道路上的侵权事故，应按一般侵权行为处理。机动车未运行但仍处于交通中，且机动车引发的危险状态仍然存在的，也可视为机动车处于运行的情形。机动车是被托运车辆的（“车背车”情形），实为托运车辆（下车）的货物，故其并非机动车交通事故致损意义上的机动车［**南阳中院（2016）豫 13 民终 3299 号民判**］。

第二，机动车交通事故责任中至少有一方主体是机动车保有人，包括机动车之间、机动车与非机动车之间、机动车与行人之间的交通事故。《道交法》中所谓“机动车一方”，是指机动车的所有人、管理人或使用人等机动车保有人，机动车交通事故责任就是机动车保有人因机动车交通事故承担的责任。至于双方是否存在物理上的接触，无关紧要［**成都中院（2013）成民终字第 166 号民判**］。非机动车之间发生的，以及非机动车与行人之间发生的交通事故，则适用一般侵权责任规则。车内人员遭受损害的，并不适用本条规定，而需依相关合同法规定或一般侵权责任法规定处理。就保险赔付而言，遭受损害的车内人员适用“车上人员”险，而非“第三者”险；两者区分通常以受害人在事故发生时是否身处车内为依据，故车内人员因事故而脱离或被甩出机动车的，仍应被认定为“车上人员”［**福建高院（2022）闽民申 5845 号民裁、吉林高院（2021）吉民申 2049 号民裁**］。机动车驾驶人离开本车后，因未采取制动措施等自身过错受到本车碰撞、碾压造成损害的，机动车驾驶人不得请求交强险赔付以及商业第三者责任险赔付，但可以根据车上人员责任保险的约定请求赔付（**《侵权责任编解释一》第22条**）。

二、损害赔偿责任成立要件

除驾驶行为、损害（人身或财产损害）、因果关系三项要件外，机动车交通事故赔偿责任在不同情形中适用不同的归责原则。其中，损害包括人身损害与财产损害（**《道交损害赔偿解释》第11条**），而财产损害则包括《道交损害赔偿解释》第12条列举的项目，包括经营性车辆的停运损失、替代交通的合理费用等。关于归责原则，兹分析如下：

依《道交法》第76条第1款第1项，机动车之间发生交通事故的，就第三者责任强制保险责任限额范围外的部分，应适用过错责任原则。机动车之间的危险掌控能力和风险负担能力并无强弱之分，故欠缺采用无过错责任原则保护“弱势”被侵权人之基础。机动车间的交通事故责任须满足以下要件。首先，机动车一方或双方违法，即存在违反道路交通安全法规的行为。其次，人身或财产遭受损害。再次，肇事行为与损害具有因果关系，即损害须因机动车运行所致。如果损害发生原因非为机动车之运行，而是其他事由，比如车上物件掉落或车辆自燃致他人受损，那么所涉责任并非机动车侵权责任，而为物件责任或产品责任。最后，行为人具有过错。过错认定采客观标准，即行为人是否违反道路交通安全规定。因机动车之间的事故造成其中一方车内乘客受损，实为机动车间的事故责任，故需适用《道交法》第76条第1款第1项。

依《道交法》第76条第1款第2项，机动车发生交通事故造成非机动车驾驶人、行人人身伤亡、财产损失的，就第三者责任强制保险责任限额范围外的部分，由机动车一方承担责任，但非机动车驾驶人、行人有过错的，应减轻机动车一方的责任；甚至在非机动驾驶人、行人有过失，机动车一方无过错时，后者亦须承担不超过10%的赔偿责任。由此可见，机动车与非机动车驾驶人或行人之间发生交通事故，机动车一方承担的是无过错责任，但其能以与有过失为由主张减轻责任。即便事故各方均无过错，乃系纯粹意外交通事故，交强险的保险人仍需负担赔偿责任［**江苏高院（2016）苏民再134号民判**］，而机动车使用人则需在交强险赔偿不足的范围内承担不超过10%的赔偿责任［**北京高院（2021）京民申658号民裁**］。

由此可见，交通事故侵权责任适用不同的归责原则。“同一”事故既涉及机动车与机动车间的碰撞事故，也包括机动车与行人间的交通事故的，应当区分两起事故，分别适用不同的法律规范［**“周庆安诉王家元、李淑荣道路交通事故损害赔偿纠纷案”，《最高法公报》2002 年第 5 期**］。当受害人因前后两次存在间隔的交通事故遭受损害时，机动车使用人应依本法第 1172 条承担按份责任，所涉同一交强险保险人应依本法第 1213 条分别对两次事故承担赔偿责任［**无锡中院（2019）苏 02 民终 3515 号民判**］。

三、其他

除《道交法》第 76 条规定的责任减免事由（受害人过失减责、故意免责）外，本法的责任减免规则也存在适用空间。需注意的是，交通事故的受害人没有过错，其体质状况对损害后果的影响不属于侵权人责任减免的法定事由［**指导案例 24 号**］。就该指导案例，有判决将其限定于机动车拥有可以分散风险的保险、违章行为不具有社会价值、受害人没有过错等多种因素并存的情形，而当案件欠缺这些因素时，受害人的特殊体质仍可为减责事由［**福建高院（2017）闽民再 341 号民判**］。

依《道交法》第 73 条，公安机关交通管理部门出具的交通事故认定书具有证据效力。《道交损害赔偿解释》第 24 条则规定，公安机关交通管理部门制作的交通事故认定书，人民法院应依法审查并确认其相应的证明力，但有相反证据推翻的除外。司法实践中，法院能以此作为判断行为人有无过错以及过错程度之依据，但其并非唯一依据：行为人的有无过错以及过错程度，应结合案情相关要素综合判断［**“葛宇斐诉沈丘县汽车运输有限公司等道路交通事故损害赔偿纠纷案”，《最高法公报》2010 年第 11 期**］。当事人若对该事故认定书不服，人民法院应对该事故认定书及其所采用的视听资料、证人证言、勘验笔录、鉴定结论等证据一并进行实质审查；当事人若无确实、充分的相反证据证明交通事故认定书所采信的证据有误，则不能推翻事故认定书已认定的结论［**天津高院（2017）津民申 2078 号民裁**］。

本条中的赔偿权利人仅限于受害者。因交通事故引发的人身损害赔偿案件中，死亡受害人为城市生活无着的流浪乞讨人员，经公安部门刊发启示未发现其近亲属，政府民政部门作为原告提起民事诉讼，要求赔偿义务人承担赔偿责任的，因民政部门不是法律规定的赔偿权利人，与案件不存在民事权利义务关系，且其法定职责不包括代表或代替城市生活无着的流浪乞讨人员提起民事诉讼，故民政部门不是案件的适格诉讼主体，其起诉应依法驳回［**“高淳县民政局诉王昌胜、吕芳、天安保险江苏分**

公司交通事故人身损害赔偿纠纷案"，《最高法公报》2007年第6期]。受害人在庭审过程中死亡，是否会影响诉讼程序与损害赔偿认定？有判决就此认为，受害人在法庭辩论结束后死亡的，审判程序不应因原告主体资格消灭而终止，损害赔偿额度亦不因此减少[**宜昌中院（2023）鄂05民再12号民判**]。

第一千二百零九条 【租赁、借用机动车交通事故责任】因租赁、借用等情形机动车所有人、管理人与使用人不是同一人时，发生交通事故造成损害，属于该机动车一方责任的，由机动车使用人承担赔偿责任；机动车所有人、管理人对损害的发生有过错的，承担相应的赔偿责任。

一、租赁人、借用人等作为使用人的行为责任

本条前一分句所指"使用人"不限于租赁人和借用人，还包括其他支配机动车的主体，如保管人、维修人与质权人。机动车所有人、管理人将机动车出租、出借给他人，已丧失管控机动车的致害风险。而承租人、借用人作为机动车的使用人，既有运行支配力，也享有机动车运行带来的利益，故应为机动车运行风险承担直接的行为责任。据此，连环出借机动车发生交通事故致人损害的，仍由作为直接使用人的借用人承担责任；若出借人（转借人）存在过错，则与借用人承担按份责任[**重庆万州法院（2013）万法民初字第01782号民判**]。本条之适用不以租赁、借用等合同有效为前提，关键在于租赁人、借用人等是否对机动车具有支配、控制力。如果租赁实际上不存在，机动车所有人仅以租赁为名义，如租赁不过是为完成自身运输业务而对车辆运行管理进行的一种安排，则名义出租人仍须承担责任[**北京顺义法院（2012）顺民初字第4309号民判**]。于代驾情形中，被代驾人委托代驾（软件）公司指派驾驶员驾驶车辆，其对机动车不再具有运行支配力和运行利益，故无须就交通事故承担责任；代驾人与代驾（软件）公司形成雇佣关系，故代驾（软件）公司应承担雇主责任[**上海一中院（2015）沪一中民一（民）终字第1373号民判**]。承租人租赁机动车，且出租人直接配备驾驶人员的，由于承租人应负是否投保之审核义务，且对机动车具有实际管理支配权，故也需

按其过错承担责任［**辽宁高院（2021）辽民申 8866 号民裁**］。出租人提供机动车与驾驶人员，承租人就机动车并无实际控制或支配力的，承租人不承担责任［**吉林高院（2021）吉民申 2047 号民裁**］。

本条所指“使用人”仅限于通过合法行为（包括有偿或无偿行为）占有、使用机动车的主体，不含通过盗窃、抢劫等非法手段取得占有的行为人，后者属于本法第 1215 条规范的情形。有判决认为，用人单位雇佣他人驾驶机动车的，单位才是真正的机动车使用人［**长春中院（2024）吉 01 民终 1492 号民判**］。需注意的是，即便扩张解释本条中的“使用人”，认为劳动者、劳务提供者等占有辅助人也是本条所指“使用人”，替代责任规范仍有适用空间。劳动者驾驶公务车辆履行职务或职务相关事务的，用人单位应承担机动车事故责任，但“公车私用”的情形除外［**山东淄博（2013）淄民三终字第 321 号民判、四川南充中院（2015）南中法民终字第 732 号民判**］。驾驶人为无偿帮工的，机动车所有人对车辆既具有运行支配权，也享有运行利益，故其需依《人身损害赔偿解释》第 4 条向第三人承担赔偿责任［**铁岭中院（2018）辽 12 民终 1193 号民判**］。

二、所有人、管理人的相应责任

本条后一分句规定，机动车所有人、管理人对损害的发生具有过错的，承担相应的赔偿责任。本条所指“管理人”是指所有人之外的主体，包括转租人、质权人等先前管控机动车的主体［**广州中院（2018）粤 01 民终 13466 号民判**］。机动车所有人、管理人自愿放弃管控机动车及其致害风险，故需在过错限度内承担相应的责任。自愿性与可归责性是此类主体承担责任的正当性基础。依《道交损害赔偿解释》第 1 条，下列情形应认定机动车所有人或管理人有过错：（1）知道或应当知道机动车存在缺陷，且该缺陷是交通事故发生原因之一的；（2）知道或应当知道驾驶人无驾驶资格或未取得相应驾驶资格的；（3）知道或应当知道驾驶人因饮酒、服用国家管制的精神药品或麻醉药品，或者患有妨碍安全驾驶机动车的疾病等依法不能驾驶机动车的；（4）其他应当认定机动车所有人或管理人有过错的。受害人请求所有人、管理人承担责任的，应就后者的过错负担证明责任［**吉林高院（2021）吉民申 2086 号民裁**］。

虽然本条将租赁与借用规定在同一条文中，但二者实有区别。机动车租赁是有偿的，而机动车借用是无偿的。出租人获得了物质利益（租金），而出借人并未获得物质利益；出租人亦可通过定价机制等方式转移风险，而出借人通常没有相应的风险转嫁机制；出租人一般是专业经营者，其专业知识、危险防范能力也往往高于出借人。因此，出租人应承担比出借人更严格的责任，即在判断作为机动车所有人或管理人的出租人是否有过错时，应持更为宽松的标准，于更多场合及情形判断其有“过错”。营运车辆实际驾驶经营人的选任，不仅涉及运输市场秩序，更关乎每位乘客切身权益甚至公共安全，故出租人应慎重选任经营人，否则需承担过错责任［**齐齐哈尔中院（2017）黑02民终984号民判**］。

本条后一分句中的“相应的赔偿责任”，是指赔偿数额或比例应与其行为的原因力及过错程度相对应。依本法第178条第3款，连带责任由法律规定或当事人约定，故此处“相应的赔偿责任”应为按份责任，而非连带责任［**福建高院（2021）闽民申4450号民裁、湖南高院（2018）湘民再200号民判**］。机动车所有人、管理人承担责任后，可依内部关系向使用人进行追偿［**吉林高院（2016）吉民申2145号民裁**］。

三、其他

本条仅调整机动车租赁、借用等所有权人与使用人并非同一主体的情形。于司法实践中，机动车所有人或者管理人将机动车号牌出借他人套牌使用，或者明知他人套牌使用其机动车号牌不予制止，套牌机动车发生交通事故造成他人损害的，被套牌机动车所有人或者管理人应当与套牌机动车所有人或者管理人承担连带责任［**指导案例19号**］。《道交损害赔偿解释》第3条第二分句就此作了明确规定。依该条第一分句，套牌机动车发生交通事故造成损害，属于该机动车一方责任，当事人请求由套牌机动车的所有人或者管理人承担赔偿责任的，人民法院应予支持。

本条虽调整有权占有、使用机动车的情形，但机动车驾驶培训适用特别规范。依《道交损害赔偿解释》第5条，接受机动车驾驶培训的人员，在培训活动中驾驶机动车发生交通事故造成损害，属于该机动车一方责任，当事人请求驾驶培训单位承担赔偿责任的，人民法院应予支持。学员与培训单位间的内部约定，不得对抗被侵权人［**昆明中院（2023）云01民终20191号民判**］。学员在机动车驾驶考试过程中造成交通事故与损害的，由于培训单位无法指导，机动车完全处于学员控制之下，故若培训单位无过错，无须承担责任［**开封中院（2023）豫02民终4075号民判**］。然若培训单位明知学员驾驶技术不熟练、操控能力不足，仍安排其参加考试，那么其应与学员承担相应的责任［**山东高院（2016）鲁民申 2716 号民裁**］。

本条仅调整交通事故侵权责任之承担，并不涉及交强险投买义务及违反该义务的责任。依《交强险条例》第 2 条第 1 款，机动车的所有人、管理人有义务投买交强险，而《道交损害赔偿解释》第 16 条第 2 款则进一步规定，机动车所有人或管理人未投保交强险的，应与侵权人在交强险责任限额范围内承担相应责任。因此，机动车所有人、管理人未依法投买交强险，仍需依该款与承租人、借用人等使用人承担相应责任。司法实践中，判决多认为该款所谓“相应责任”乃是按份责任［**信阳中院（2021）豫 15 民终 4479 号民判、昆明中院（2024）云 01 民终 5160 号民判、徐州中院（2024）苏 03 民终 706 号民判**］。由历史解释来看，按份责任似具有合理性：现行《道交损害赔偿解释》第 16 条第 2 款放弃原第 19 条第 2 款“连带责任”表述，改采“相应责任”之谓。然由于机动车使用人应负全额赔偿责任，投保义务人负担相应责任，故两者宜被视为部分连带责任。一方面，机动车使用人的责任不能因投保义务人未履行义务而减轻；另一方面，部分连带责任有助于保护受害人。

第一千二百一十条 【转让并交付但未办理登记的机动车侵权责任】当事人之间已经以买卖或者其他方式转让并交付机动车但是未办理登记，发生交通事故造成损害，属于该机动车一方责任的，由受让人承担赔偿责任。

根据本法第 225 条，机动车物权变动适用“交付生效＋登记对抗”规则。因此，机动车只要被交付，所有权即生转移，风险负担也随之转移。本条之适用要求机动车须转让并交付。转让原因包括买卖，但还包括赠与、以物抵债等。“转让”系指转让之行为，而非转让之结果。换言之，即便基础合同无效或被撤销，机动车所有权自始未转移，亦存在适用本条之余地［**綦江法院（2018）渝 0110 民初 4664 号民判**］；即便出让人欠缺处分权，受让人未取得机动车所有权，亦可适用本条。除此之外，在所有权保留的情形，即便机动车所有权尚未转移，但若实际交付已完成，出卖人也无须对机动车交通事故造成的损害，负担责任（**《关于购买人使用分期付款购买的车辆从事运输因交通事故造成他人财产损失，保**

留车辆所有权的出卖方不应承担民事责任的批复》)。依《道交损害赔偿解释》第 2 条，倘若发生交通事故，造成损害的机动车被多次转让，但都未办理登记，应由最后一次转让并交付的受让人承担赔偿责任。

本条中的“交付”包括实际交付和观念交付中的简易交付，但也不排除占有改定和指示交付。唯需注意的是，机动车转让采占有改定或指示交付的，受让人与出让人、第三人存在占有媒介关系，故本条需与本法第 1209 条、第 1215 条等条款合并适用：出让人、第三人等直接占有人需依相应的条文承担直接责任，而受让人则在过错范围内承担责任或者不承担责任。登记并不影响机动车责任之负担。即使名义（登记）所有人与实际所有人不同，后者对机动车所享有的实际控制和现实占有也未受影响，且仅其对机动车享有运行支配利益。相反，受让人现实占有了机动车，使用利益和收益归属受让人，其对机动车享有运行支配的能力，故应对机动车交通事故承担责任。机动车交付并未完成的，并不适用本条规定。于机动车买卖过程中，买受人驾驶机动车取款用于支付价金，故乃系机动车使用人；出卖人陪同前往、未开具发票，所有权仍未转移，故出卖人负有投买交强险的义务；两者应按份对机动车事故造成的损害承担责任［**北京二中院（2014）二中民终字第 06301 号民判**］。买受人在试驾过程中造成交通事故的，出卖人也对车辆具有一定的运行控制力，故其需承担相应的赔偿责任［**济南中院（2013）济民四终字第 463 号民判**］。

根据《保险法》第 49 条第 1 款，保险标的转让的，保险标的的受让人承继被保险人的权利和义务。因此，所涉机动车已经投买交强险的，受让人可自动成为被保险人，即便转让登记未完成。《道交损害赔偿解释》第 20 条第 1 款就此作了明确规定，且契合《保险法解释四》第 1 条之规定。当事人在转让机动车时，所涉交强险已超期的，受让人才是负有投保义务的所有人，出让人无须依《道交损害赔偿解释》第 16 条承担相应赔偿责任［**昆明中院（2023）云 01 民终 1839 号民判**］。

于出让人而言，本条乃系抗辩规范。受害人请求出让人（登记所有权人）承担交通事故责任的，后者可依本条进行抗辩。出让人在抗辩时，需就机动车交付与转让事实负担证明责任，否则即便其因并非机动车使用人而不承担责任，也可能因未履行投保义务而承担责任［**烟台中院（2021）鲁 06 民终 7237 号民判**］。

第一千二百一十一条 【挂靠机动车交通事故责任】以挂靠形式从事道路运输经营活动的机动车，发生交通事故造成损害，属于该机动车一方责任的，由挂靠人和被挂靠人承担连带责任。

根据《道路运输条例》第 10 条等相关规定，机动车从事运输经营活动应获行政许可，否则应依该条例第 63 条承担相应的责任。未获经营资质的机动车所有人欲从事运输活动，常选择挂靠经营，被挂靠人一般是具有运输经营资质的运输企业。本条确立了被挂靠人的连带责任。概括而言，挂靠人与被挂靠人负法定连带责任的理论依据在于以下三点：首先，机动车挂靠关系实质上规避了国家的行业准入制度，规定被挂靠人承担连带责任，也是一种通过私法手段实现公法目的的方法，有利于维护法秩序的统一。其次，被挂靠人接受没有运输经营资质的机动车所有人挂靠，不仅往往在挂靠关系中获利，更增加了道路交通的安全隐患。最后，规定连带责任可敦促被挂靠人对挂靠人尽到应有的管理审查义务，控制交通事故风险。

本条适用要件之一是存在挂靠关系。挂靠关系一般需满足以下条件。第一，被挂靠人获相应行政许可，具备从事运输经营活动的资质。第二，机动车实际所有人与名义所有人不一致，挂靠人以被挂靠人名义从事运输经营活动。然有法院认为，挂靠车辆是否实为运营车辆、挂靠人是否实际从事运营活动，并不影响被挂靠人依本条承担连带责任［**北京高院（2022）京民申 3516 号民裁**］。挂靠人将车辆转让给第三人，但被挂靠人未变更车辆登记，亦未与挂靠人解除挂靠合同的，被挂靠人仍应与第三人承担连带赔偿责任［**重庆高院（2016）渝民申 471 号民裁**］。机动车所有权发生变动，但未变更经营许可登记，受让人仍以被挂靠人名义对外从事运输业务的，挂靠关系仍旧存在［**山西高院（2021）晋民申 2599 号民裁**］。第三，被挂靠人通常向挂靠人收取管理费用，但也存在免费挂靠的情形，且免费挂靠并不影响本条之适用［**江苏高院（2020）苏民申 5429 号民裁、北京一中院（2015）一中民终字第 03948 号民判**］。第四，被挂靠人对挂靠人的机动车进行一定的控制管理。对于单纯的形式挂靠，因被挂靠人既未支配案涉机动车，也未享有其运行利益，故其不承担连带责任［**昆明中院（2016）云 01 民终 1898 号民判**］。

本条适用要件之二是交通事故造成挂靠人与被挂靠人以外的第三人

遭受损害，且机动车一方对该损害负有责任。受害人是挂靠人的合同当事人，请求后者承担违约责任的，并无被挂靠人依本条承担连带责任之余地［**最高法（2014）民申字第1363号民裁、河南高院（2021）豫民申6656号民裁**］。挂靠人雇佣他人卸货，并在卸货过程中其雇佣的驾驶人员遭受损害，并非从事道路运输经营活动的机动车发生交通事故造成损害的情形，故并无本条之适用空间［**辽宁高院（2021）辽民申651号民裁**］。挂靠人自身遭受损害的，也无本条之适用余地［**甘肃高院（2020）甘民再104号民判**］。

挂靠人与被挂靠人向第三人承担连带责任之后，内部责任分担需适用本法第178条第2款。由于该款乃系任意性规范，故两者的内部责任分担应遵循以下原则：有约定的，从其约定；无约定的，根据各自责任大小确定；难以确定的，平均分担［**黑龙江高院（2020）黑民再416号民判**］。被挂靠人对交通事故的发生并无控制力，且无过错，挂靠人是造成事故发生的原因的，应承担全部责任［**四川高院（2019）川民申4373号民裁**］。当事人并无约定的，被挂靠人是否收取挂靠费也是明确内部责任分担的考量因素之一［**江苏高院（2019）苏民申1675号民裁**］。

第一千二百一十二条 【擅自驾驶他人机动车交通事故责任】未经允许驾驶他人机动车，发生交通事故造成损害，属于该机动车一方责任的，由机动车使用人承担赔偿责任；机动车所有人、管理人对损害的发生有过错的，承担相应的赔偿责任，但是本章另有规定的除外。

擅自驾驶他人机动车的行为人欠缺占有目的，既非承租人、借用人等有权占有、使用机动车的情形（**本法第1209条**），也非盗窃、抢劫、抢夺机动车的情形（**本法第1215条**）。既然在租赁、出借等经机动车所有人、管理人同意的情形下，尚且由使用人承担责任，那么擅自驾驶他人机动车发生交通事故的，更应由使用人（**擅自驾驶行为人**）承担责任。擅自驾驶行为人乃是机动车使用人，故依本法第1208条结合《道交法》第76条承担交通事故赔偿责任。至于机动车所有人、管理人的责任，需满足以下要件。

其一，他人未经机动车所有人、管理人允许，擅自驾驶机动车。本条所谓“管理人”乃系机动车的原使用人，比如承租人、质权人。未成年子女擅自拿取父母的机动车钥匙，未经后者允许驾驶其机动车，发生交通事故的，父母承担监护人责任（**第 1188 条**），而非本条后一分句规定的过错责任。驾驶人有权占有、管理机动车，但违反机动车所有人、管理人的指示或意愿而使用机动车的，比如“公车私用”、代泊人擅自驾车兜风，不宜适用本条规定，而宜适用本法第 1209 条［**黑龙江高院（2019）黑民申 4562 号民裁**］。由于本条与第 1209 条均规定机动车所有人、管理人就其过错负担相应的赔偿责任，最终结果并无实质差异，因此，实践中也有适用本条之裁判［**湖南高院（2017）湘民再 107 号民判**］。

其二，交通事故发生且造成损害，擅自驾驶行为人需负赔偿责任。本条中的损害包括因交通事故对他人造成的人身损害和财产损失等，但不包括机动车所有人、管理人的损害以及机动车本身的损害。后一情形应按侵权责任一般规范或合同法规范处理。

其三，机动车所有人、管理人“对损害的发生有过错”，即其未尽一般理性人的注意义务或妥善保管义务（比如管理上的重大疏漏），明知或应知他人擅自使用机动车可能产生危险而不制止。例如，机动车所有人停放车辆后，未拔出钥匙，他人借机擅自驾驶的，所有人具有过错，应承担一定责任［**陕西延安中院（2015）延中民终字第 00433 号民判**］。车辆所有人有义务妥善管理车辆，长期将车钥匙放置于车上，存在严重的管理疏漏，故其应承担过错责任［**北京三中院（2019）京 03 民终 8595 号民判**］。机动车管理人在人数众多、环境相对复杂的娱乐场负有更慎重的车钥匙保管义务，其将钥匙放置于酒吧吧台上，为他人醉酒驾驶提供可能条件的，应负相应的过错责任［**佛山中院（2017）粤 06 民终 2349 号民判**］。

上述要件满足的，机动车所有人、管理人应承担“相应的赔偿责任”，即与机动车使用人承担按份责任。根据机动车所有人、管理人的过错程度，明确其应负担的赔偿范围［**福建高院（2020）闽民申 2273 号民裁**］。机动车所有人、管理人承担责任后，可依其与擅自驾驶行为人的内部关系进行追偿。就此而言，本条之适用与第 1209 条并无实质差异。

本条包括一项除外规定，即“本章另有规定的除外”。首先，第 1211 条可构成本条之例外：挂靠人未经被挂靠人（管理人）同意，擅自驾驶机动车的，应优先适用该条规定，由二者承担连带责任。其次，由本条之前身（**2012 年《道交损害赔偿解释》第 2 条**）来看，本法第 1215 条属于本条的例外规定，自不待言。

第一千二百一十三条 【机动车交通事故损害赔偿顺序】机动车发生交通事故造成损害，属于该机动车一方责任的，先由承保机动车强制保险的保险人在强制保险责任限额范围内予以赔偿；不足部分，由承保机动车商业保险的保险人按照保险合同的约定予以赔偿；仍然不足或者没有投保机动车商业保险的，由侵权人赔偿。

本条在吸收司法解释的基础上，明确了机动车发生交通事故造成损害的赔偿责任承担顺序。本条规定的赔付（偿）顺序是一项法定顺序，受害人未依此顺序请求赔偿的，在后的赔付（偿）义务人享有抗辩权。具体而言，此责任承担顺序具有以下三个层次。

一、交强险先行赔偿

依本条第一分句，承保机动车交通事故强制保险（简称“交强险”）的保险人，在保险责任限额范围内先予赔偿。作为强制性保险，交强险旨在分散责任风险，保障受害人能够先行得到赔偿，主要发挥填补损害和社会救助的功能。交强险也被称为第三者责任强制保险，用于赔偿道路交通事故造成本车人员、被保险人以外的受害人遭受的损害（**《交强险条例》第3条**）。依《道交损害赔偿解释》第14条，投保人允许的驾驶人驾驶机动车致使投保人遭受损害，当事人有权请求承保交强险的保险公司在责任限额范围内予以赔偿，但投保人为本车上人员的除外。

受害人虽非交强险合同当事人，但结合本条第一分句与《道交损害赔偿解释》第13条，受害人对交强险保险人直接享有一项独立请求权。就此而言，交强险有别于其他责任保险（**见《保险法》第65条与《保险法解释四》第14条**）。故依《道交损害赔偿解释》第22条第1款，法院在道路交通事故损害赔偿案件审理中，应依职权将承保交强险的保险公司列为共同被告，除非该保险公司已在限额内作出理赔且当事人无异议。

交强险赔偿一般应适用无过错赔偿原则，不论机动车一方是否有过错，保险人均负赔偿义务。即便机动车间的交通事故损害赔偿责任乃系过错责任（**《道交法》第76条第1款第1项**），保险人仍需承担赔偿责任。

甚至在机动车一方故意导致人身损害的情形,《中国保险监督管理委员会关于交强险有关问题的复函》(保监厅函〔2007〕77号)也规定,保险人应依《交强险条例》第22条第1款垫付医疗等抢救费用[**湖南高院(2020)湘民申2037号民裁**]。针对人身损害赔偿,《道交损害赔偿解释》第15条第1款作了明确规定。需注意的是,结合该款与该司法解释第11条第1款关于"人身伤亡"损害的界定,最高法〔2009〕民立他字第42号复函所持观点(《交强险条例》第22条第2款的"财产损失"应作广义解释,不含伤残赔偿金、死亡赔偿金等)不应继续适用[**广东高院(2011)粤高法审监民提字第22号民判**]。至于财产损害赔偿,机动车一方存在《交强险条例》第22条第1款规定的情形的,保险人应否赔偿的问题存在争议。司法裁判多直接依第22条第2款,认定保险人免于承担财产损害赔偿责任[**宁夏高院(2020)宁民再23号民判、陕西高院(2019)陕民申2407号民裁、湖北高院(2019)鄂民再283号民判**]。然在此情形中免除保险人的赔偿责任是否正当、是否违反交强险的制度目的,仍值得进一步检讨。相对而言,"财产损失赔付义务+追偿权"的构造更为合理。

受害人请求保险人赔偿的范围适用特别规范。其一,交强险在全国范围实行统一的责任限额(**《交强险条例》第23条**),其限额分为死亡伤残赔偿限额、医疗费用赔偿限额、财产损失赔偿限额以及被保险人在道路交通事故中无责任的赔偿限额。其二,《交强险条例》第21条第2款特别规定,道路交通事故的损失是由受害人故意造成的,保险公司不予赔偿。该款规定的情形是保险人的免责事由,保险人应就受害人故意负证明责任。医院病情证明表明受害人在事故发生时处于"复杂性醉酒"状态的,保险人不得据此推定受害人故意[**云南高院(2020)云民申3678号民裁**]。除受害人故意外,保险人不得主张其他免责事由[**石家庄中院(2017)冀01民终6740号民判**]。其三,多辆机动车发生事故,且损害低于交强险责任限额之和的,交强险保险人应按其责任限额之比例按份承担赔偿责任(**《道交损害赔偿解释》第18条第1款**)。其四,同一交通事故造成多人损害的,人民法院应当按照各被侵权人的损失比例确定交强险的赔偿数额(**《道交损害赔偿解释》第19条**)。

交强险保险人在承担赔偿责任后,有权在特定情形中向致害人进行追偿。根据《交强险条例》第22条第1款与《道交损害赔偿解释》第15条,交强险保险人有权在下述情形中向致害人追偿:驾驶人未取得驾驶资格或者醉酒；被保险机动车被盗抢期间肇事；被保险人故意制造道路交通事故。保险人在该些情形中并未垫付医疗等抢救费用，但自愿向自行付费的受害人赔偿的，也有权向致害人追偿［**湖南高院（2019）湘民再681号民裁**］。于其他情形中，保险人一般无权向致害人进行追偿。例如，机动车使用人肇事逃逸的行为虽然违法，但并非前列情形之一，且逃逸发生在交通事故之后，未增加保险事故的概率与风险，故保险人不得向使用人追偿［**"天平汽车保险股份有限公司苏州中心支公司诉王克忠追偿权纠纷案"，《最高法公报》2018年第5期**］。追偿对象不限于机动车使用人，具有过错的所有人、管理人亦得为追偿对象。保险合同就追偿问题作出有效约定的，自可依约定处理。

依《道交损害赔偿解释》第16条，机动车所有人、管理人负有投买交强险的义务（**《交强险条例》第2条**），且其在未履行该义务时，应与机动车使用人在交强险赔偿范围内对受害人承担"相应责任"。由该条的修订过程来看，最高法舍"连带责任"而采"相应责任"，似表明投保义务人与机动车使用人应负按份责任［**长春中院（2024）吉01民终1492号民判、徐州中院（2024）苏03民终588号民判**］。然也有司法裁判仍采连带责任［**西藏高院（2023）藏民申391号民裁**］。根据《侵权责任编解释一》第21条第1款，投保义务人在机动车强制保险责任限额范围内承担责任，而机动车使用人作为直接致害人，自应负全部赔偿责任，故两者实为部分连带责任。投保义务人自愿在超过交强险限额的范围内予以赔偿，可以向机动车使用人或事故责任人追偿（**《侵权责任编解释一》第21条第2款**）。至于是否可就《侵权责任编解释一》第21条第2款作反对推理，认为在交强险限额内进行赔偿的投保义务人无权向机动车使用人追偿，尚待进一步细究。

在司法实践中，《道交损害赔偿解释》第16条之适用受到目的性限缩。其一，机动车之间的交通事故所涉机动车的所有人、管理人均未投买交强险的，《道交损害赔偿解释》第16条并无适用空间，而需直接依当事人各自过错认定责任［**广东清远中院（2013）清中法民一终字第353号民判**］。其二，机动车所有人、管理人并无投保交强险之必要，或者不可被期待投保时，不应要求其承担连带责任。例如，所有人长期居住外地，将机动车停放在固定场所，并不使用该机动车，故即便其未按时年检或投保交强险，也无过错可言；第三人非法占有并使用该车，造成交通事故的，所有人不负连带责任［**杭州中院（2018）浙01民终8213号民判**］。

二、商业险补充赔偿

依本条第二分句，机动车商业保险在交强险不足的部分予以补充赔偿。本条所谓机动车商业保险，具体指机动车第三者责任商业险，又谓“商业三者险”（《道交损害赔偿解释》第13条第1款）。机动车商业险分为基本险和附加险两大类，商业三者险乃系基本险的类别之一。机动车商业基本险还包括机动车损失险、车上人员责任险等，但该些保险赔偿并不涉及本条规定的交通事故赔偿责任。商业保险以自愿购买为特征，是机动车所有人、管理人进一步分散风险的手段。由于交强险存在赔偿限额，故当交强险不能完全填补受害人损害时，由商业保险进行赔付。

由《保险法》第65条与《保险法解释四》第14条看，受害人在后条规定的特殊情形外，是否对商业保险人直接享有请求权，并不完全清晰。司法实践中有裁判认为，除非存在《保险法解释四》第14条规定的情形，否则受害人不得直接请求商业保险人承担赔偿责任［**广西高院（2016）桂民终377号民判、南京中院（2019）苏01民终2588号民判**］。然《道交损害赔偿解释》第22条第2款规定，法院应依当事人请求，将承保商业三者险的保险公司列为共同被告。可见，在交强险赔付不足的范围内，受害人针对商业保险人享有一项独立的请求权。司法实践中，交强险与商业三者险的保险人是同一主体的，法院直接裁判其在交强险不足范围内承担补充赔偿责任［**广州中院（2023）粤01民终28113号民判、徐州中院（2017）苏03民终1274号民判**］。

商业保险人负有依约补充赔偿的责任。一方面，其仅在交强险赔偿不足的部分进行赔偿；另一方面，是否赔偿以及赔偿范围等问题取决于合同约定。就后者而言，商业险赔偿与交强险赔偿不同。例如，交通肇事后逃逸的，交强险保险人仍负赔偿责任，但商业三者险保险人依保险合同约定可免于承担赔偿责任［**山东高院（2021）鲁民申10119号民裁**］。还如，无证驾驶、酒后驾驶导致交通事故的，交强险保险人仍需就人身损害负赔偿责任，但商业三者险保险人依保险合同可免于承担责任［**北京高院（2021）京民再68号民判、湖南高院（2018）湘民再12号民判**］。当然，保险合同免责条款需适用合同效力规范，尤其是格式条款的效力控制规则。根据《保险法》第56条第2款及其原理，当存在两个以上商业保险人时，其应在不足部分范围内按照各自保险限额比例进行赔偿［**吉安中院（2022）赣08民终1314号民判**］。

三、侵权人兜底赔偿

依本条第三分句，侵权人承担兜底赔偿责任。侵权人的兜底赔偿责任主要存在于两类情形：一是交强险与商业保险赔偿后仍有不足；二是交强险赔偿不足，侵权人未投保机动车商业险。虽然存在商业险，但保险人依保险合同免于承担赔偿责任的，自也可适用本条。本条所谓“侵权人”，乃系依本法第1208～1212条等负有交通事故赔偿责任的主体。侵权人依法不负赔偿责任的，则受害人需自担赔偿不足的后果。为简化诉讼程序，受害人可同时起诉保险人与侵权人（**《道交损害赔偿解释》第13条第1款**）。

第一千二百一十四条 【拼装车、报废车交通事故责任】以买卖或者其他方式转让拼装或者已经达到报废标准的机动车，发生交通事故造成损害的，由转让人和受让人承担连带责任。

拼装车和报废车不仅危害性高，而且因违反《道交法》第14条和第16条的规定，无法投保交强险，故受害人在发生交通事故后，难以通过保险及时获赔。本条旨在抑制拼装车或报废车，制裁转让、驾驶拼装车或报废车的行为，保障道路公共安全。依原《报废机动车回收管理办法》第10条，“拼装车”是指使用报废汽车发动机、方向机、变速器、前后桥、车架以及其他零部件组装的机动车。“达到报废标准的机动车”，是指达到国家报废标准，或者虽未达到国家报废标准，但发动机或者底盘严重损坏，经检验不符合国家机动车运行安全技术条件或者国家机动车污染物排放标准的机动车。“已经达到报废标准的机动车”之认定应当采用实质性标准，即符合法定报废条件时，就可认定该机动车达到报废标准，不必以车辆管理部门作出的认定结论为前提［**泰州中院（2018）苏12民终2857号民判**］。既未缴纳交强险也未年检的车辆，不必然属于拼装车或报废车，转让人不因此而对交通事故承担连带责任；受害人主张所涉机动车属于拼装车或报废车的，应负举证责任［**重庆一中院（2018）渝01民终5491号民判**］。至于交通事故与案涉机动车不符合安全技术标准的项目是否存在因果关系，则无关紧要［**山东高院（2019）鲁民申5282号民裁**］。依《道交损害赔偿解释》第4条，转让“依法禁止行驶”的机动车的，转让人与受让人也需负连带责任［**重庆高院（2021）**

渝民申 164 号民裁]。

本条调整以买卖或其他方式转让拼装车、报废车的情形。至于转让是否有偿、是否营利、是否确实生效，则无关紧要[**青岛中院（2017）鲁 02 民终 7423 号民判**]。虽然“转让”意味着机动车所有权转让，但出租、借用拼装车、报废车的情形也存在类推适用本条之可能。例如，所有人将拼装车无偿出借给他人使用的，应直接依本条承担连带责任，而非依本法第 1209 条承担相应的过错责任[**四平梨树法院（2023）吉 0322 民初 2399 号民判**]。还如，所有人将改装车出租给他人使用的，对交通事故致害具有共同过错，故需依共同侵权原理承担连带责任[**四川高院（2015）川民申字第 923 号民裁**]。司法实践中，报废车的所有人未依法进行报废的，所有人无法合理解释该车去向的，可被推定为转让人，故应承担连带责任[**成都中院（2019）川 01 民终 7908 号民判、长沙中院（2019）湘 01 民终 908 号民判**]。此外，依《侵权责任编解释一》第 20 条，转让人、受让人主观上是否知道或应当知道所涉车为拼装或已达到报废标准，并不影响其责任承担。

本条规定了转让人、受让人的连带责任，但其前提是所涉报废车或拼装车发生交通事故，且该机动车一方需依法承担赔偿责任，否则，无所谓转让人或受让人承担连带责任。

首先，转让人应负连带责任。拼装车与报废车危险性高，属于禁止流通物，转让人通过买卖、赠与等方式转让此类机动车，违反了保障道路安全的义务，本身即具违法性与过错，故本质上构成共同侵权[**江苏高院（2014）苏刑抗字第 0001 号刑事判决书**]。关于这一点，《侵权责任编解释一》第 20 条作了明文规定。转让人通过协议约定受让人应自行检查机动车是否符合安全技术标准，乃系责任人间的内部约定，既不得对抗第三人，也非免责事由[**山东高院（2019）鲁民申 5282 号民裁**]。于拼装车、报废车多次转让的情形中，全部转让人均应负连带责任（**《道交损害赔偿解释》第 4 条**）。

其次，受让人应负连带责任。受让人并不必然是机动车使用人、所有人或管理人。报废车、拼装车转让有违法律、行政法规的强制性规定，受让人一般无从取得机动车所有权，故受让人并非本法第 1209、1212 条中的所有人。即便受让人取得所有权，其也应依本条直接承担连带责任，并无第 1209、1212 条之适用空间。于拼装车、报废车多次转让的情形中，全部受让人均应负连带责任（**《道交损害赔偿解释》第 4 条**）。

最后，本条并不必然排除转让人、受让人之外的第三人依法承担赔偿责任。例如，报废车或拼装车的使用人并非转让人、受让人的，其需依本法第1208条承担赔偿责任，而转让人与受让人则需就此负连带责任［**广州中院（2018）粤01民终13446号民判**］；报废车、拼装车挂靠经营的，被挂靠人需依本法第1211条承担连带责任。出租、出借报废车、拼装车的，出租人或出借人应直接依本条承担连带责任，故本法第1209条并无适用空间［**四川高院（2015）川民申字第923号民裁**］。本条排除第1210条之适用，自不待言。

第一千二百一十五条 【盗抢机动车交通事故责任】盗窃、抢劫或者抢夺的机动车发生交通事故造成损害的，由盗窃人、抢劫人或者抢夺人承担赔偿责任。盗窃人、抢劫人或者抢夺人与机动车使用人不是同一人，发生交通事故造成损害，属于该机动车一方责任的，由盗窃人、抢劫人或者抢夺人与机动车使用人承担连带责任。

保险人在机动车强制保险责任限额范围内垫付抢救费用的，有权向交通事故责任人追偿。

一、盗抢人的赔偿责任

本条第1款第一句确立了盗抢人的交通事故赔偿责任，乃系机动车使用人责任在盗抢情形中的具体化。盗抢人基于不法行为取得机动车的现实占有，致使机动车所有人丧失对机动车的实际控制。因此，机动车的盗抢人驾驶、使用机动车，造成他人损害的，自应承担赔偿责任。机动车使用人在驾驶过程中遭到抢劫，其对机动车的控制受到影响的，并不属于本条所谓“抢劫……机动车”的情形［**昆明中院（2015）昆民申字第210号民裁**］。而依本句文义，机动车所有人、管理人即便未尽妥善保管义务、存在过错，也不因此承担赔偿责任［**海南一中院（2017）琼96民终2102号民判**］。盗抢机动车尚且处于侦查阶段的，机动车所有人应否承担责任尚且事实不明，故受害人起诉机动车所有人的民事诉讼程序应中止［**茂名中院（2016）粤09民终591号民判**］，但交强险赔偿不受影响。

依本条第1款第二句，盗抢人与使用人并非同一人，机动车发生交通事故致害，且属于该机动车一方责任的，由前列主体承担连带责任。盗抢人基于不法行为取得现实占有，对机动车具有实际控制力，即便其在交通事故发生时并非实际使用人，其仍需承担连带责任。这一结果在法律价值上具有正当性，且有助于抑制盗抢机动车。至于盗抢人与使用人之间的责任分担，尚需以其内部关系、过错程度等因素为基础。本句在下述情形中系特别规定，优先于第 1209 条、第 1210 条和第 1212 条适用：盗抢人出租、出借或出让所涉机动车，或者该机动车被他人擅自驾驶的，盗抢人也须依本条承担连带责任。本句与第 1211 条存在聚合适用的空间：使用人（挂靠者）以盗抢的机动车挂靠经营的，盗抢人与被挂靠经营者均需负连带责任。

本条第 1 款尤其与第 1212 条（擅自驾驶他人机动车）有别，故在具体适用时应仔细甄别驾驶人是否具有非法侵占的意图。“偷开”机动车的驾驶人欠缺非法占有意图，未被公安机关认定为盗窃的，应构成擅自驾驶他人车辆的行为，故未妥善保管机动车的所有人需依第 1212 条承担相应责任［**杭州中院（2020）浙 01 民终 8974 号民判**］。于机动车所有人、管理人而言，本款乃系抗辩规范：受害人依本法第 1212 条等规定请求所有人、管理人承担责任的，后者可依本款主张免责，但其需就盗抢负证明责任［**内蒙古高院（2019）内民申 3047 号民裁**］。机动车所有人仅提供报警证明、受案回执，但公安机关并未认定盗窃事实成立的，尚不足以证明肇事车辆系盗窃车辆［**济南中院（2019）鲁 01 民终 3930 号民判**］。还需注意的是，盗抢虽以非法侵占为要素，但非法侵占并不必然构成盗抢。机动车保管人非法将他人的机动车据为己有，构成刑法上的“非法侵占”，故其驾驶、使用机动车导致交通事故应适用本法第 1212 条：毕竟，所有人、管理人自愿将机动车交由其保管，与盗抢存在本质区别，由所有人或管理人依本法第 1212 条负担过错责任并无不当之处［**广东江门中院（2014）江中法民三终字第 57 号民判**］。除本款规定的盗抢情形外，未经机动车所有人、管理人同意而擅自使用机动车的情形应适用本法第 1212 条。

二、交强险保险人的垫付义务与追偿权

虽然本条第 2 款并未直接规定交强险保险人垫付抢救费的义务，但结合《交强险条例》第 22 条第 1 款第 2 项之规定，保险人负有此等义务。所谓“抢救费用”，主要是指参照《道路交通事故受伤人员临床诊

疗指南》和国家基本医疗保险的同类医疗费用标准，医疗机构采取的维护受害人生命体征或肢体健全的必要处理措施所产生的费用。司法实践之中，盗抢机动车致害的，有判决认为机动车交强险的保险人所负赔偿责任并不限于“抢救费用”，还包括残疾赔偿金、精神损害抚慰金，甚至是财产损失［**上海二中院（2020）沪02民终11220号民判、天津一中院（2022）津01民终5572号民判**］。然也有判决固守“抢救费”之文义，认为保险人就车辆维修费、受害人的房产损害不负赔偿责任［**贵阳中院（2017）黔01民终6389号民判、中山中院（2017）粤20民终5075号民判**］。机动车交通事故致害乃是机动车的固有风险，与盗抢行为并无必然联系，故扩张交强险赔偿范围符合交强险的制度目的与功能。

由于交强险的保险人负有赔偿责任，故本款规定了追偿权：垫付抢救费的保险人有权向“交通事故责任人”进行追偿。由于保险人的赔偿范围不应限于“抢救费”，故追偿的范围亦不限于此。本款所谓“交通事故责任人”，乃系本条第1款规定的责任主体。具言之，追偿对象并不限于盗抢人［**安徽蚌埠中院（2015）蚌民一终字第00953号民判**］，还包括机动车使用人。

三、其他

本条仅调整交强险的保险人向车外人员赔偿的情形。驾驶机动车的盗抢人本人遭受损害的，属于车内人员，交强险保险人无须承担赔偿责任，而应由盗抢人本人自负损害［**重庆四中院（2020）渝04民终1050号民判**］。商业三者险的保险人是否有义务向车外人员进行赔偿，尚取决于保险合同具体约定［**天津一中院（2022）津01民终5572号民判**］。

机动车所有人、管理人未投保交强险，盗抢人驾驶机动车发生交通事故，损害责任归属于机动车一方的，机动车所有人、管理人应否依《道交损害赔偿解释》第16条在交强险责任范围内承担赔偿责任，尚存在争议。有判决认为，机动车所有人未投保交强险，与受害人不能从交强险中获得赔偿之间存在因果关系，故应由机动车所有人在交强险责任范围内承担赔偿责任［**南京中院（2014）宁民终字第2866号民判**］。还有判决从损害要件认为，虽然机动车所有人在失窃前即未投保交强险，但由于受害人遭受的损失乃是财产损失，其即便在所有人投保的情形中也无从获得赔偿，故未投保的所有人就受害人的财产损失不负责任［**上海二中院（2015）沪二中民一（民）再提字第7号民判**］。概括而言，未投保义务人应否负赔偿责任的问题应区分分析。在下述三类情形中，其不应向受害人承担责任：机动车所有人或管理人无使用机动车意图，有合理理由拒绝投保［杭州中院（2018）浙01民终8213号民判］；机动车所有人或管理人因机动车被盗抢而无法投保；受害人未因机动车所有人、管理人未投保而遭受损害［上海二中院（2015）沪二中民一（民）再提字第7号民判］。机动车在盗抢前已经“脱保”，属于所有人能投保、应投保而未投保的情形，且与受害人无法获得人身损害赔偿存在因果关系，故所有人需在交强险赔偿范围内承担责任［南京中院（2014）宁民终字第2866号民判、长沙中院（2013）长中民一终字第04631号民判］。

第一千二百一十六条 【驾驶人逃逸时的赔偿规则】机动车驾驶人发生交通事故后逃逸，该机动车参加强制保险的，由保险人在机动车强制保险责任限额范围内予以赔偿；机动车不明、该机动车未参加强制保险或者抢救费用超过机动车强制保险责任限额，需要支付被侵权人人身伤亡的抢救、丧葬等费用的，由道路交通事故社会救助基金垫付。道路交通事故社会救助基金垫付后，其管理机构有权向交通事故责任人追偿。

一、肇事逃逸中的赔偿规则

本条调整机动车驾驶人逃逸情形中的赔偿责任。本条所谓“驾驶人”，乃是指作为交通事故直接责任主体的机动车使用人。逃逸则是指机动车使用人在发生交通事故后，逃离事故现场、为逃避法律责任而逃跑的行为。由于本条旨在化解责任主体不明或受害人难以请求责任主体行权的问题，故与刑法中的肇事逃逸存在一定差异：驾驶人逃逸后自首的情形不构成“逃逸”，本条并无适用空间。为保护受害人，本条就驾驶人逃逸的情形确立了“交强险优先赔偿，救助基金补充垫付”的规则。

依本条第一句第一分句，保险人在交强险责任限额范围内予以赔偿。此救济途径包含两个条件：一是驾驶人在发生交通事故后逃逸，但该机动车可以明确；二是机动车投保了交强险。该分句规定符合交强险的立法目的：交强险旨在保护受害人，指向了机动车的固有风险，而与驾驶人是否逃逸无关。需注意的是，肇事逃逸并非交强险保险人有权追偿的事由（**《道交损害赔偿解释》第 15 条第 1 款之反对推理**），本条第二句仅承认了道路交通事故社会救助基金之管理机构的追偿权［**“天平汽车保险股份有限公司苏州中心支公司诉王克忠追偿权纠纷案”，《最高法公报》2018 年第 5 期**］。

依本条第一句第二分句，道路交通事故社会救助基金（简称“救助基金”）负有补充垫付的义务。《道交法》第 17 条规定的救助基金是交强险的补充，具体由《道路交通事故社会救助基金管理办法》规定。救助基金旨在保证受害人无法从交强险以及侵权人处获得赔偿时，就人身伤亡的抢救、丧葬等费用先行获得救济。囿于救助基金垫付的补充性，垫付义务仅存在于下述情形：机动车不明；机动车未参加交强险；抢救费用超过机动车强制保险责任限额。需注意的是，由于救助基金也可垫付丧葬费，且交强险赔偿范围包括丧葬费，故丧葬费超出赔偿限额时也存在垫付义务。救助基金的垫付对象仅限于被侵权人人身伤亡的抢救、丧葬等费用。对单纯的财产损失无所谓垫付义务。本分句中的“等”字表明垫付对象的开放性，但由《道交法》第 75 条、《道路交通事故社会救助基金管理办法》第 2 条第 2 款与第 14 条第 1 款来看，目前垫付对象仅限于丧葬费与抢救费。

依本条第二句，救助基金的管理机构在垫付抢救费用、丧葬费后，取得对事故责任人的追偿权。追偿主体是救助基金的管理机构，一般是省级财政部门。追偿对象是“事故责任人”，既包括逃逸的驾驶员，也包括依本章相关规定负有赔偿责任的其他主体。受害人在特殊情形中也可能是“事故责任人”：受害人也对交通事故的发生存在过错的，救助基金在垫付相关费用之后，可依比例向致害人与受害人进行追偿［**焦作孟州中院（2021）豫 0883 民初 1807 号民判**］，毕竟，受害人因其自身过错而需自负责任的，不应许其在此范围内受益于救助基金的垫付。追偿范围以其实际支出的金额为限。需注意的是，救助基金先于交强险或商业三者险垫付抢救费的，救助基金管理机构还有权向保险人追偿［**菏泽单县法院（2022）鲁 1722 民初 2824 号民判**］。毕竟，保险人因救助基金的垫付而减轻了责任。若事故责任人或保险人向受害人赔偿了抢救等费用，那么救助基金管理机构亦有权要求受害人返还其先行垫付的费用［**平顶山鲁山法院（2021）豫 0423 民初 1377 号民判、平顶山汝州法院（2019）豫 0482 民初 9694 号民判**］。

二、其他

虽然本条仅调整驾驶人肇事逃逸的情形，但救助基金的垫付义务并不限于该情形。依《道路交通事故社会救助基金管理办法》第14条第1款，肇事逃逸乃是垫付义务的情形之一。即便无逃逸情节，但存在以下两种情形，救助基金也负垫付义务：抢救费用超过交强险责任限额；肇事机动车未参加交强险［**北京三中院（2020）京03民终9153号民判**］。

本条不影响本章其他条款的适用。例如，所有人出借其机动车，借用人肇事后逃逸的，若所有人存在过错，那么其应依本法第1209条承担“相应的赔偿责任”（**“纪某与高某等机动车交通事故责任纠纷案”，《交通事故责任纠纷裁判精要与规则适用》2016年版**）。再如，当事人买卖报废车或拼装车，受让人肇事后逃逸的，出让人仍应依第1214条承担连带责任［**泰州中院（2018）苏12民终2857号民判**］。机动车使用人之外的主体依法承担责任，既不影响交强险之赔付义务，也不影响救助基金之垫付义务。且救助基金垫付后，可向该些主体进行追偿。

本条并未规定机动车商业三者险的赔偿问题。当事人在保险合同中有效确立“肇事逃逸免赔”条款的，受害人无权请求商业保险人赔偿［**吉林高院（2019）吉民再20号民判、辽宁高院（2020）辽民申1061号民裁**］。就此而言，商业三者险有别于交强险。

第一千二百一十七条 【好意同乘中的交通事故责任】非营运机动车发生交通事故造成无偿搭乘人损害，属于该机动车一方责任的，应当减轻其赔偿责任，但是机动车使用人有故意或者重大过失的除外。

一、适用要件

本条乃系“无偿搭乘”情形中交通事故致害的规定，其也称“好意同乘”，是指同乘人员经非营运机动车驾驶人邀请或允许后的无偿搭乘行为。无偿搭乘人遭受的损害，并非本法第1208条意义上的交通事故致车外人员损害，而系车内人员损害。该损害既包括人身损害（含精神损害），也包括财产损害。本条之适用需满足下述几项要件。

第一，所涉车辆为非营运机动车。营运与非营运之区分，得以机动车使用人是否实际收取费用或类似对价为判断标准。机动车行驶证是否载明（非）营运车辆并非关键，核心问题在于搭载行为本身是否具有营运目的或营利性质。因此，出租车使用人在上下班前后等非营运时间，免费搭载亲友的，仍可适用本条。机动车用于货运业务，使用人出于善意而无偿“捎带”受害人的，由于营运业务范围并不包括客运，故不应认定所涉机动车是营运车辆［**甘肃高院（2022）甘民申 647 号民裁**］。相反，房产买受人为购买房屋而搭乘房地产公司雇员提供的机动车的，虽然买受人并未支付费用，但该运输具有营利性，故不构成好意同乘［**张家界中院（2021）湘 08 民终 407 号民判**］。同理，酒店、超市等经营者向消费者提供免费班车的情形，因其具有营利目的而亦不构成好意同乘。

第二，搭乘人未支付对价。此要件与前一要件密切相关。搭乘人分摊油费的行为是否构成“有偿”，理论上存在争议。相对妥当的观点是，依分摊之费用是否仅具有象征性，判断乘坐是否有偿。活动组织者提供运输服务，参与者缴纳过路费、汽油费等费用的，难以认定活动组织者仅出于善意，故不成立好意同乘［**乌鲁木齐中院（2021）新 01 民终 5787 号民判**］。当事人预先约定货物运输费用，受害人因随车押货而乘坐车辆的，双方存在对价关系，且同乘具有保证运输合同正常履行之意义，故不符合好意同乘行为的无偿性［**江苏高院（2014）苏审二民申字第 01393 号民裁、青岛中院（2020）鲁 02 民终 14592 号民判**］。医院派救护车送患者至医院治疗，其近亲属乘坐救护车的情形不构成无偿搭乘，因为医院收取了相应的急救服务费［**常德中院（2022）湘 07 民终 186 号民判**］。然即便受害人支付了所谓货物“运输费”，但若结合具体情形，该费用具有象征性，且搭乘才是主要目的，那么也构成好意同乘［**贵州高院（2023）黔民再 21 号民判**］。

第三，搭乘行为系双方意思合致，但有实惠或无偿帮助的性质，并无拘束性。机动车使用人强迫搭乘人乘车，或者搭乘人偷乘机动车的，均不构成好意同乘。机动车使用人与搭乘者存在劳动关系的，即便搭乘无偿，但由于存在职务履行的约束，故搭乘也不构成好意同乘。无偿搭乘人与机动车使用人均系第三人的无偿帮工人的，也不构成好意同乘［**甘肃高院（2018）甘民申 592 号民裁**］。搭乘人与机动车使用人系男女朋友关系，前者陪伴后者夜间出车运输的情形并不构成好意同乘［**遵义中院（2021）黔 03 民终 10773 号民判**］。

第四，机动车一方应承担责任。本条所谓“机动车一方责任”，包括全部责任、主要责任、同等责任或次要责任。根据主流观点，其系指机动车使用人对于交通事故的发生存在过错，故机动车使用人无过错的，无须就搭乘人的损害负担责任。就此而言，本条中的“机动车一方责任”与交通事故致车外人员损害不同：依本法第1208条与《道交法》第76条第1款第2项，机动车使用人对非机动车一方负担无过错责任。机动车使用人的过错责任契合《道交法》第76条第1款第1项之规定：机动车之间的交通事故致害适用过错责任，尽管车内人员可能遭受损害。然在司法实践中，有裁判认为即便机动车使用人无明显过错，交通事故系意外事故，机动车使用人亦应依公平原则负担一定责任［**江苏高院（2016）苏民申4641号民裁**］。

二、适用效果

当发生交通事故损害时，针对机动车驾驶人与无偿搭乘人的关系之性质，存在“合同关系说”“合同修正说”“好意施惠说”“侵权关系说”“事实行为说”“合同与侵权竞合说”等多种理论。“合同关系说”认为，好意同乘中的搭乘人与驾驶人实际上成立客运合同关系。“合同修正说”认为，好意同乘中的搭乘人与驾驶人不构成客运合同关系，但可类推适用客运合同之规定。“好意施惠说”认为，搭乘人与驾驶人之间实际上构成好意施惠，不属合同关系，受害人应依侵权法的有关规定向驾驶人请求赔偿［**云南高院（2016）云民申1026号民裁**］。“侵权关系说”认为，好意同乘发生损害，实为交通事故责任的一种具体形式。“事实行为说”认为，好意同乘是一种事实行为或情谊行为［**河北高院（2020）冀民申3316号民裁**］。“合同与侵权竞合说”认为，好意同乘既属合同关系，又属侵权关系，存在合同与侵权竞合的情况。

不论如何认定机动车使用人与无偿搭乘人之关系的性质，好意同乘当具无偿性。在无偿法律关系中，行为人的注意程度可相对较低，即对相对人的人身、财产安全的注意程度，只需达到如同对自己事务的注意程度即可［**周口中院（2021）豫16民终368号民判**］。本条在两个方面限制了使用人的责任：一是赔偿责任以使用人过错为前提；二是即便使用人存在过错，其责任也应减轻。至于减轻幅度，应结合使用人的过错程度、是否收取象征性费用等因素进行综合判断。

依本条但书规定，机动车使用人若有重大过失或故意，不得请求减轻赔偿责任。机动车使用人是否存在重大过失或故意，可由法院结合公安机关交通管理部门制作的交通事故认定书进行认定（**《道交损害赔偿解释》第24条**）。交通事故认定书认定使用人存在过错，甚至负全部责任的，并不必然构成本条的重大过失。机动车使用人被交管部门认定存在疲劳驾驶的过错，但由于个体对疲劳的认识存在偏差，故该过错并不等同于重大过失［**广州中院（2023）粤01民终2738号民判**］。使用人无证驾驶的，可被认定存在重大过失［**西安中院（2023）陕01民终20884号民判、重庆五中院（2023）渝05民终7247号民判**］。使用人醉酒驾驶的，显属重大过失［**常州中院（2022）苏04民终2966号民判**］。无偿搭乘人主张机动车使用人的责任不应减轻的，需就机动车使用人具有重大过失或故意之事实负举证责任。

本条能与本法第1173条（与有过失）一并适用。是故，不论机动车使用人是否具有重大过失或故意，搭乘人也有过错的，应减轻机动车使用人的责任［**河北高院（2020）冀民申3314号民裁、贵州高院（2023）黔民再21号民判**］。无偿搭乘人明知机动车存在故障风险、使用人饮酒或机动车已超载，但仍继续选择乘坐的，其本身即存在过错，故应减轻使用人的责任［**重庆五中院（2023）渝05民终719号民判、广州中院（2021）粤01民终11145号民判、北京三中院（2021）京03民终1389号民判**］。当事人即便达成免责协议，机动车使用人也应尽到相应的注意义务，否则需向同乘者承担责任［**重庆一中院（2019）渝01民终10433号民判**］。

三、其他

无偿搭乘人乃系车上人员，故其损害无适用所搭乘机动车交强险赔偿之可能，但当该机动车具有车上人员责任商业险时，保险人应按照保险合同约定向搭乘人赔偿［**沈阳中院（2023）辽01民终21107号民判**］。然若交通事故系机动车间的事故，相对方机动车投保交强险的，搭乘人有权作为车外人员请求保险人赔偿。除保险赔偿外，无偿搭乘人还可依法请求其他主体承担赔偿责任。例如，擅自驾驶归他人所有的机动车，并无偿搭载受害人的，具有过错的机动车所有人需依本法第1212条向搭乘人承担相应责任［**永州中院（2021）湘11民终1056号民判**］。还如，受害人无偿搭乘的机动车与其他机动车发生事故，后者的所有人、管理人与使用人自应依法向受害人承担赔偿责任。

第六章

医疗损害责任

第一千二百一十八条 【医疗侵权】患者在诊疗活动中受到损害，医疗机构或者其医务人员有过错的，由医疗机构承担赔偿责任。

本条规定的医疗机构就医疗侵权承担赔偿责任，系特殊侵权责任，其责任要件的特殊性主要体现在四个方面：第一，受害人系患者。患者是指参与到医疗活动中，接受医疗机构提供医疗服务的个体。依本法第1181条第1款和《医疗损害责任解释》第25条第1款，患者死亡的，其近亲属有权请求医疗机构承担责任。第二，损害发生在诊疗活动中。诊疗活动系医疗损害发生的前提和基础，《医疗机构管理细则》第88条对此有明文规定。简言之，所谓患者“在诊疗活动中”受到损害，意味着即便该医疗损害本身非诊疗活动所致，但只要发生在诊疗活动中，亦为医疗损害。第三，损害确实发生。本条中的“损害”仅限于生命权、身体权和健康权遭受损害，不包括财产权益以及其他人身权益遭受的损害。第四，医疗机构或其医务人员具有过错。医疗机构由《医疗机构管理细则》第2～4条规定。医务人员具有过错，但医疗机构并无过错的，也可适用本条。盖医务人员是医疗机构的工作人员，医疗机构应就其过错行为负担替代责任。医疗过错仅指医疗过失。过错之认定主要依据医疗机构或其医务人员是否违反法律、法规或相关医疗规范。例如，医院未按医疗规范进行备血前的准备，后因患者血型特殊延误救治的，作为专业机构的医院备血不足，具有明显过错［**西安中院（2005）西民二终字第1217号民判**］。需注意的是，本法第1219～1222条就过错另有规定。如果医疗机构或其医务人员在诊疗活动中故意损害患者权益，应适用一般侵权责任。在医疗会诊协作中，如果会诊医院和接治患者的医院对患者的损害均有过错，应各自承担其相应的责任［**南京中院（2007）宁民一终字第741号民判**］。

就医疗损害责任之构成要件而言，本条系不完全法条。易言之，本条规定的要件为医疗机构承担赔偿责任的必要非充分条件。除此之外，依本法第1165条，医疗责任之构成亦要求诊疗行为与损害之间有因果关系。因果关系之判断，应采盖然性标准［**重庆二中院（2013）渝二中法民终字第00309号民判**］。患者本就存在遭受损害的可能性，医疗过失仅增加其遭受损害之概率的，也不应据此否定因果关系的存在。从《医疗事故处理条例》第49条第1款第3项来看，“医疗事故损害后果与患者原有疾病状况之间的关系”，仅是确定赔偿额度的因素之一［**江西赣州中院（2015）赣中民再终字第7号民判**］。

损害赔偿请求人，需就上述要件承担证明责任。依《医疗损害责任解释》第4条第1～2款，患者应提交到该医疗机构就诊、受到损害的证据；患者无法证明医疗机构或其医务人员有过错，诊疗行为与损害之间具有因果关系的，有权提请鉴定。经法院释明，患者无正当理由拒绝申请医疗损害鉴定，导致不能通过鉴定查明医学专门性问题的，构成举证妨碍，应承担不利后果。

医疗行为以患者与医疗机构之间的医疗服务合同为基础。是故，医疗机构或其医务人员的过失行为，还可能构成医疗机构的违约行为，患者可依本法第186条选择其承担违约责任或医疗侵权责任。

第一千二百一十九条 【医务人员说明与取得同意的义务】医务人员在诊疗活动中应当向患者说明病情和医疗措施。需要实施手术、特殊检查、特殊治疗的，医务人员应当及时向患者具体说明医疗风险、替代医疗方案等情况，并取得其明确同意；不能或者不宜向患者说明的，应当向患者的近亲属说明，并取得其明确同意。

医务人员未尽到前款义务，造成患者损害的，医疗机构应当承担赔偿责任。

本条旨在保障患者在诊疗活动中的知情权，并以此确立了医务人员的两项告知义务。本条第1款第一句确立了医务人员的一般告知义务，即“向患者说明病情和医疗措施”的义务。具体而言，病情主要包括疾病的性质、严重程度、发展变化趋势等信息，还包括诊断信息，即疾病名称、诊断依据等；医疗措施包括可供选择的医疗措施、各种医疗措施的利与弊、根据患者的具体情况拟采用的医疗措施、该医疗措施的治疗效果和预计大致所需的费用、可能出现的并发症和风险，以及不采取医疗措施的危险等。医疗机构未将健康体检报告重要指标异常情况向受检者说明，导致受检者丧失确诊时机的，受检者可要求损害赔偿［**南京中院（2012）宁民终字第 2101 号民判**］。

本条第 1 款第二句确立了医务人员的特殊告知义务，以及患者或其近亲属的同意权。在采取本条所列特殊医疗措施（**《医疗机构管理细则》第 88 条第 3 款**）时，医务人员不仅须“向患者具体说明”，还应取得其明确同意。依本句第二分句，不能或不宜向患者说明的，医务人员应向患者的近亲属说明，并取得其明确同意。此“不能”系指客观不能，即患者失去主观意识或不能表达意见，只能向患者的近亲属说明。例如，患者处于昏迷状态生命垂危，缺乏主观意识。又如，患者为无行为能力的婴儿，不能表达自己的意见。“不宜”则指向患者说明会增加其心理负担，带来消极影响，不利于其治疗和康复。医疗机构或其医务人员应采明确、合理的方式，将拟采取的诊疗方案和医疗风险等重要信息告知患者［**江苏徐州邳州法院（2014）邳民初字第 4836 号民判**］。

依本条第 2 款，违反告知义务会引发损害赔偿请求权，患者请求损害赔偿的，应证明损害真实发生（**《医疗损害责任解释》第 5 条第 1 款结合第 4 条第 1 款**），即便医务人员违反本条第 1 款，但患者未遭受损害的，亦不得请求医疗机构赔偿（**《医疗损害责任解释》第 17 条**）。本款中的责任构成与本法第 1218 条无本质区别，但前者具有一定特殊性。其一，本款客观化了第 1218 条中的“过错”要件：医务人员未尽到告知义务或未获得同意的，即认定其存在过错。在举证上，医疗机构提交患者或其近亲属明确同意证据的，应推定医疗机构尽到说明义务（**《医疗损害责任解释》第 5 条第 2 款**）。其二，医务人员未尽本条第 1 款的义务，是导致患者遭受损害的原因。因果关系是责任成立之要件。然司法实践中多“忽略”该要件，甚至有判决认为，在因果关系不成立的情况下，医疗机构也应对患者或其近亲属进行一定的经济补偿［**天津高院（2014）津高民申字第 0592 号民裁**］。

第一千二百二十条 【医疗机构的紧急救助】因抢救生命垂危的患者等紧急情况，不能取得患者或者其近亲属意见的，经医疗机构负责人或者授权的负责人批准，可以立即实施相应的医疗措施。

本条旨在限缩医疗机构的告知义务，以更好地保障患者的生命权和健康权。在患者处于生命垂危的紧急情况时，抢救患者应优先于保护其知情权与同意权。本条适用的条件包括以下几项：第一，存在紧急情况。“紧急情况”主要是指患者正处于生命垂危的紧急状态，病情存在迫在眉睫的重大风险，如果医疗机构不采取相应的抢救措施，便会导致患者的生命出现危险，对患者的身体健康造成极为不利的后果。“紧急”不仅是指患者病情的危重紧急，亦指诊疗时间的紧要急迫。第二，不能取得患者或其近亲属意见。不能取得患者意见，主要是指患者生命垂危、神志不清，无法表达自己的意思。不能取得其近亲属意见，主要指《医疗损害责任解释》第 18 条第 1 款规定的情形：近亲属不明；不能及时联系到近亲属；近亲属拒绝发表意见；近亲属达不成一致意见；法律、法规规定的其他情形。第三，经医疗机构负责人或授权的负责人批准。关于批准的具体规则，《医院工作制度》第 40 条附第 6 条与《临床输血技术规范》第 6 条等有具体规定。

本条的直接法律效果是医疗机构“可以立即实施相应的医疗措施”，间接效果则是否定本法第 1219 条中的损害赔偿请求权（《医疗损害责任解释》第 5 条第 2 款第一句）。因此，本条亦为第 1219 条的抗辩规范。医疗机构以本条为抗辩的，应就前述适用要件负举证责任。

第一千二百二十一条 【违反适当诊疗义务的责任】医务人员在诊疗活动中未尽到与当时的医疗水平相应的诊疗义务，造成患者损害的，医疗机构应当承担赔偿责任。

依体系解释，本条是本法第 1218 条的特别规范。其中所谓医务人员“未尽到与当时的医疗水平相应的诊疗义务”，客观化了第 1218 条中的“过错”要件。易言之，医务人员存在本条规定的情形，即应被认定存在过错，故受害人也可同时援引第1218条请求损害赔偿。此外，于本条规定的具体情形，受害人还可请求医疗机构负担相应的违约责任。

未尽诊疗义务之判断，应以“当时的医疗水平”为标准。“医疗水平”有别于医学水平，后者主要指医务人员除具备基本诊疗能力外，尚需具备医学研究水平。相较而言，医疗水平对医务人员的要求更低，也更为基础。医疗水平系临床诊疗过程中依据有关诊疗规范或医学常规所确立的疾病诊断、治疗水准。“当时”系判定的时间节点，即不能以当前医疗水平评估损害发生时的诊疗活动。《医疗损害责任解释》第16条规定，对当时的医疗水平判断，应依法律、行政法规、规章以及其他有关诊疗规范进行认定，可综合考虑患者病情的紧急程度、患者个体差异、当地的医疗水平、医疗机构与医务人员资质等因素。首先，当法律、行政法规、规章以及其他有关诊疗规范，对医务人员的基本性操作有相应规范准则时，医务人员违反该准则，即可认定医务人员未尽诊疗义务。其次，当患者病情十分危急，医务人员基于救死扶伤之天职进行抢救时，对其注意义务的要求应低于一般水平。再次，因患者个人体质的差异，而出现医务人员无法预见的情况，也应综合考虑在内。最后，“地区”“资质”等差异也具有相关性。因所处地区不同，各地医疗水平存在较大差异，资质高低也与医务人员水平密切相关。

除“未尽到与当时的医疗水平相应的诊疗义务”外，患者还需遭受损害，且损害与未尽诊疗义务具有因果关系。在举证责任方面，本条与第1218条并无差异，故《医疗损害责任解释》第4条第1～2款亦可适用于此。具体而言，患者应证明其遭受损害，且在无法证明医务人员未尽诊疗义务与因果关系时，有权申请医疗损害鉴定。

第一千二百二十二条 【医疗过错认定】患者在诊疗活动中受到损害，有下列情形之一的，推定医疗机构有过错：

（一）违反法律、行政法规、规章以及其他有关诊疗规范的规定；

（二）隐匿或者拒绝提供与纠纷有关的病历资料；

（三）遗失、伪造、篡改或者违法销毁病历资料。

本条系医疗机构过错推定规则，旨在减轻患者对于过错要件的证明责任。依本条规定，过错推定适用于下述三类情形。

第一，违反法律、行政法规、规章以及其他有关诊疗规范的规定。相关的诊疗规范是医务人员从事诊疗活动的基本行为准则，且相关规定的内容明确具体，是判断医疗机构和医务人员是否存在过错的直接标准。我国已颁布诸多医疗卫生管理方面的法律、法规，如《执业医师法》《传染病防治法》《传染病防治法实施办法》《母婴保健法》《职业病防治法》《药管法》《血液制品管理条例》《医疗机构管理条例》等。相关诊疗规范则包括《临床输血技术规范》《社区卫生服务中心中医药服务管理基本规范》《城市社区卫生服务中心基本标准》《医用氧舱临床使用安全技术要求》等。总之，医疗机构违反上述法律、行政法规、规章以及其他有关诊疗规范等相关规定，使患者受到损害的，推定其存在过错。

第二，医疗机构隐匿或者拒绝提供与纠纷有关的病历资料。无论是本条第 2 项所规定之情形，抑或第 3 项规定之情形，都体现了医疗机构的主观恶意，会影响医疗纠纷案件事实的认定。因此，患者依法向法院申请医疗机构提交由其保管的与纠纷有关的病历资料等，医疗机构未在法院指定期限内提交的，亦符合本条第 2 项中的“拒绝提供”，但因不可抗力无法按时提交之情形不在此列（**《医疗损害责任解释》第 6 条第 2 款**）。

第三，医疗机构遗失、伪造、篡改或者违法销毁病历资料。《医疗损害责任解释》第 6 条第 1 款界定了病历资料的范围。一方面，医疗机构是病历资料的管理方，对病历资料应尽到妥善保管义务（**《病历管理规定》第 14 条**）；另一方面，病历资料是对诊疗过程和诊疗行为的文本记载，是医疗纠纷中重要的证据材料，具有唯一性。病历资料一旦损毁灭失，患者在医疗纠纷的举证过程中面临证明困难，无法证明医疗机构存在过错，处于不利的地位［**江苏苏州中院（2015）苏中民终字第 04861 号民判**］。是故，病历资料仅出现形式瑕疵，如病历仅存在书写错误或格式错误，但不影响案件事实认定时，不构成第 3 项中的“篡改”。在诉讼法上，本条第 2～3 项的情形被称为“证明妨碍”。证明妨碍行为并非过错的具体表现形式。然通过经验法则，可依此等行为推定医疗机构存在过错。

本条系不完全法条，需结合本法第 1218 条一并适用。本条的法律效果为“推定医疗机构有过错”。事实推定是将推定前提与推定结果通过经验法则相联系，而“法律上的事实推定”则是事实推定的法律化。本条仅系推定，医疗机构可通过反证予以推翻。在本条规定的情形下，受害人依第1218条请求损害赔偿的，尚需证明损害的发生以及因果关系的存在。

第一千二百二十三条 【医药品缺陷之损害赔偿责任】因药品、消毒产品、医疗器械的缺陷，或者输入不合格的血液造成患者损害的，患者可以向药品上市许可持有人、生产者、血液提供机构请求赔偿，也可以向医疗机构请求赔偿。患者向医疗机构请求赔偿的，医疗机构赔偿后，有权向负有责任的药品上市许可持有人、生产者、血液提供机构追偿。

药品、消毒产品以及医疗器械既然是特殊产品（**参见本法第1202条评注**），则本条实为本法产品责任一般规则在医疗产品责任领域的具体化。是故，除本条和相应法律法规有特别规定外，本法关于产品责任的相关规定（**第1202～1207条**）也能适用于医疗产品缺陷致人损害的情形。准此，就本条适用要件而言，其特殊者有四：(1) 药品、消毒产品、医疗器械三类医疗产品的界定，应分别参引《药管法》第2条、《消毒管理办法》第45条、《医疗器械监督管理条例》第103条。(2) 所谓“缺陷”，仍主要参照《产品质量法》第46条（**参见本法第1202条评注**）认定。输入的血液是否合格的判断标准，可适用《献血法》《血站管理办法》等相关法律、法规的规定。唯依《医疗损害责任解释》第7条第3款，医疗产品存在瑕疵，或者血液不合格，采取举证责任倒置规则，即被告应对医疗产品不存在缺陷或血液合格等抗辩事由承担证明责任。(3) 本条所言损害，显然是指患者的身体权、健康权和生命权遭受损害。而医疗产品缺陷致人财产损失的，无妨援引本法第1202条和第1203条的规定主张损害赔偿。(4) 在举证责任上，受害人应证明其遭受损害（**《医疗损害责任解释》第7条第1款**）。受害人还需证明，损害因所涉医疗产品存在瑕疵或血液不合格而产生；但受害人难以证明因果关系成立的，有权申请鉴定（**《医疗损害责任解释》第7条第2款**）。

依本条第一句，当发生医疗产品损害时，患者可向医疗机构、药品上市许可持有人、生产者、血液提供机构中的任意一方请求赔偿。其中，药品上市许可持有人系本法新增的责任主体；关于其界定以及具体责任承担，《药管法》第 30 条有详细规定。和本法第 1203 条的规定一样，此等责任主体均对患者承担无过错责任，其责任性质是不真正连带责任。也就是说，医疗机构类似于产品责任中的销售者，仅为中间责任人，其即使承担了全部赔偿责任，仍有权向最终责任人追偿（**本条第二句**）。而药品上市许可持有人、生产者、血液提供机构，才是最终责任的承担者。与第 1203 条不同的是，就不真正连带责任的内部分担而言，依该条第 2 款，生产者或销售者对被侵权人承担赔偿责任后，均可向另一方追偿，而本条第二句仅规定医疗机构赔偿后，有权向负有责任的药品上市许可持有人、生产者、血液提供机构追偿。对此，《医疗损害责任解释》第 21 条第 2～3 款事实上已予法律“续造”，其规定和本法第 1203 条第 2 款若合符节。

第一千二百二十四条　【医疗责任的抗辩事由】患者在诊疗活动中受到损害，有下列情形之一的，医疗机构不承担赔偿责任：

（一）患者或者其近亲属不配合医疗机构进行符合诊疗规范的诊疗；

（二）医务人员在抢救生命垂危的患者等紧急情况下已经尽到合理诊疗义务；

（三）限于当时的医疗水平难以诊疗。

前款第一项情形中，医疗机构或者其医务人员也有过错的，应当承担相应的赔偿责任。

本条关于医疗侵权责任抗辩事由的规定，旨在为医疗机构和医务人员的权益提供适当的保护，维护公共利益。依本条第 1 款，医疗机构的抗辩事由包括三类情形。医疗机构依本款主张免责的，应就抗辩事由负证明责任。

第一，患者或其近亲属违反协力和遵嘱义务。（1）患者或其近亲属故意不配合，或因过失未尽配合义务。此时对其主观过错的判断，应采“合理患者”的标准，即以具有合理判断能力的一般患者所应有的协力配合和遵守医嘱之注意义务为标准。（2）囿于患者医疗知识水平有限，不能充分理解和认识到诊疗措施，故可能出现患者没有配合诊疗的情形。对此不能完全依本条第 1 款第 1 项，免除医疗机构的赔偿责任。从本条第 2 款以及本法第 1219 条来看，医疗机构及其医务人员是否尽到相应说明义务，也具有相关性。故医疗机构据此主张免责的，还需证明患者或其近亲属的行为与损害发生具有因果关系。

第二，医疗机构在紧急情况下已尽到合理诊疗义务。紧急情况包括时间上的紧急和后果上的紧急。前者是指医务人员的诊疗时间极度有限；后者是指若不尽快采取诊疗措施，患者将会出现生命危险。合理诊疗义务主要指医务人员尽到合理的诊疗注意义务，即采取的诊疗措施既符合诊疗规范，也符合当时紧急情况之需要。

第三，当时诊疗水平限制。本项规定系本法第 1221 条之反向规定。故关于“当时的医疗水平”之认定，可参见其评注。

依本条第 2 款，即便患者或其近亲属违反协力或遵嘱义务，但医疗机构或其医务人员也有过错的，应承担相应的责任。换言之，双方因对损害的发生皆有过错，故产生和本法第 1173 条（与有过失）相同的法律效果。本款所谓“相应的赔偿责任”，即指相应地减轻医疗机构的责任；至于减轻的幅度，应依双方过错程度以及原因力大小予以认定［**广西高院（2020）桂民申 1211 号民裁**］。就本款中的“过错”要件而言，主要表现为两个方面：一者，医疗机构或其医务人员未尽妥当说明义务，导致患者或其近亲属未能配合治疗；二者，医疗机构或其医务人员在其他方面具有过错，比如未能采取妥当的治疗措施。

除本条规定外，本法第 1174 条（受害人故意）与第 1175 条（第三人致害）关于免责的规定，亦可适用于此。不过，医务人员的职业要求是其应具有较高的注意义务，此注意义务不仅表现在医疗技术上，也包括对患者的精神关怀和心理抚慰。法官在判断医疗机构或其医务人员是否尽到注意义务时，会因具体情形的不同而有所差异，如患者自杀并不构成医院免责的绝对事由［**北京一中院（2010）一中民终字第 3924 号民判**］。

第一千二百二十五条 【病历资料填写、保管与提供义务】医疗机构及其医务人员应当按照规定填写并妥善保管住院志、医嘱单、检验报告、手术及麻醉记录、病理资料、护理记录等病历资料。

患者要求查阅、复制前款规定的病历资料的，医疗机构应当及时提供。

本条旨在保障患者的知情权和取证权。依本条第1款，医疗机构及其医务人员应按规定填写并妥善保管病历资料。此所谓“规定”，指医疗机构和工作人员填写和保管之岗位职责方面的规范，如《病历书写基本规范》《中医病历书写基本规范》《电子病历应用管理规范（试行）》《病历管理规定》等。而病历资料包括但不限于本款所列，其范围依《病历管理规定》第2条与《医疗损害责任解释》第6条第1款界定。

依本条第2款，患者有权查阅、复制病历资料，医疗机构负有及时提供义务。医疗费刷卡记录中持卡人的姓名和卡号信息，并非病历资料，患者无权请求查阅或复制［**乐山中院（2021）川11民终1047号民判**］。提供是否“及时”，应结合所涉具体情形，予以综合判断。医疗机构未及时配合患者查阅、复制的，患者有权请求法院指定查阅、复制的时间、地点、方式、材料目录等。本款虽然仅规定“患者”的查阅与复制权，但患者客观上无能力查阅、复制，或已死亡的，其近亲属亦有权主张适用本款。

本条虽处于侵权责任编，但主要是一项合同法规范。填写、保管病历资料乃是医疗机构依医疗合同负担的从给付义务，而查阅、复制病历资料乃是患者依该合同享有的从给付请求权。因此，医疗机构违反本条规定的义务的，应当承担相应的违约责任。不过，本条规定的病历资料填写、保管与提供义务，也与侵权责任的成立存在密切关系。依本法第1222条第2项，医疗机构拒绝提供病历资料的，应推定其有过错，但因不可抗力等客观原因无法提交的除外（**《医疗损害责任解释》第6条第2款**）。

第一千二百二十六条 【患者隐私与个人信息保密义务】医疗机构及其医务人员应当对患者的隐私和个人信息保密。泄露患者的隐私和个人信息，或者未经患者同意公开其病历资料的，应当承担侵权责任。

医疗机构及其医务人员基于诊疗之目的，有必要获取、存储或使用患者身份、身高、体重、联系方式、健康状况、既往病史以及性生活等信息，并通过诊疗获得或生成有关疾病诊断、治疗方案、基因特征等信息，本条旨在保护患者的此等隐私和个人信息。然本法第1032～1038条和《个人信息法》就自然人的隐私权与个人信息保护已作一般性规定，本条并未针对患者的此项权益保护而设置独立于上述规定的请求权基础。故本条作用仅在于提示医疗机构及其医务人员注意其保密义务，而其违反此义务的责任构成，仍应依前述法律规范以及本法第1165条第1款定之，责任形态则包括本法第179条规定的停止侵害、赔偿损失、消除影响以及赔礼道歉等。

第一千二百二十七条 【不实施不必要检查的义务】医疗机构及其医务人员不得违反诊疗规范实施不必要的检查。

依本条规定，所涉检查是否必要，首先应以“诊疗规范”为准。符合诊疗规范的检查，一般不构成不必要检查。诊疗规范主要包括法律、行政法规、规章等规范性文件中的诊疗规范和护理规范，如卫生行政部门、全国行业协（学）会制定的各种标准、规程、规范、制度等。此外，不必要的检查也指客观上欠缺必要性的检查，其判断标准如下：第一，所实施的检查措施，对于患者的诊断、治疗和康复没有任何积极效果；第二，所实施的检查措施，不符合该疾病的内在规律和基本特点；第三，实施的检查措施所需要的诊疗费用，远超该疾病正常诊疗所需的费用。“不必要的检查”之判断，还需考虑医疗机构及其医务人员的资质、当时的医疗水平、患者的个体差异等因素。患者或其近亲属主张存在过度检查的，应就此负担证明责任［**株洲中院（2019）湘02民终858号民判、广东惠州中院（2015）惠中法民一终字第94号民判**］。

本条系不完全法条，并未明确违反不必要检查义务的法律效果。不必要的检查并非医疗合同的内容，患者就此不负担任何对待给付义务。是故，患者可拒绝支付检查所涉费用；患者已支付的，可基于不当得利（非债清偿）请求返还。就医疗机构而言，其实施不必要的检查本已违反法定义务，故在规范层面无患者得利之说，医疗机构不得基于不当得利请求患者支付相应的费用。医疗机构实施不必要的检查，往往违反本法第 1219 条中的说明义务，故患者因此遭受损害的，尚可依该条请求损害赔偿。

第一千二百二十八条 【禁止干扰医疗秩序】医疗机构及其医务人员的合法权益受法律保护。

干扰医疗秩序，妨碍医务人员工作、生活，侵害医务人员合法权益的，应当依法承担法律责任。

本条旨在保障和维护医疗机构及其医务人员的合法权益，规制“医闹”等行为。本条第 1 款为宣示性条款。第 2 款则为引用性法条，并未直接规定干扰、妨碍、侵害行为的构成要件和法律后果。存在第 2 款规定之情形的，行为人除依本法第 1165、1167 条等相关规定，承担相应民事责任外，也有可能产生行政责任和刑事责任。

第七章

环境污染和生态破坏责任

在本章，一方面，本法第1229条将破坏生态增列为环境侵权的类型之一，丰富了环境私益侵权责任的内容；另一方面，本法第1234、1235条共同确立了生态环境损害（公益侵权）责任的基本规则，明确将环境公共利益纳入侵权责任的救济范围，为环境公益诉讼提供了实体法基础，是为本法重大创新。关于第1234、1235条与本章前五条的关系，最高法认为，前者系环境侵权责任的特别规定，未明确的事项则适用本法第1229～1233条以及本编第一至三章的相关规定。然从体系上看，第1229～1233条确立的是环境私益侵权责任的规则，其能否适用于生态环境损害责任，需逐条分析。第1229条确立的污染环境、破坏生态造成“他人”损害之无过错责任，迥异于第1234条之生态环境损害责任的过错责任原则（**参见其评注**）；本法第1232条确立的惩罚性赔偿，本质上是为鼓励受害者维权，在公益侵权适用中应予限制（**参见其评注**）；本法第1230条关于因果关系推定的规则，初衷是解决环境私益诉讼中的证据偏在问题，是对弱势受害人的倾斜规定，而公益侵权的请求主体，如行政机关、检察机关等，并不符合此项要求，故不能当然适用；本法第1231条数人环境侵权的责任分担规则、第1233条的第三人过错规则，则可准用于生态环境损害责任的场合。因此，在本章范围内，第1229～1233条和第1234、1235条，分别构成环境私益侵权与生态环境损害两个独立的微观侵权责任体系。

第一千二百二十九条　【环境私益侵权责任之构成】因污染环境、破坏生态造成他人损害的，侵权人应当承担侵权责任。

本条将破坏生态增列为环境侵权的类型之一，其原因在于影响生态环境的人类行为包括污染环境行为和破坏生态行为。其中污染环境是指人为因素导致的某种物质或能量进入环境，引起环境化学、物理、生物等方面特性的改变，影响环境功能和有效利用，危害公众健康或者破坏生态环境的现象；破坏生态是指人为因素引发的生态退化以及由此引发的环境结构和功能的变化，对人类生存发展以及环境本身发展产生不利影响的现象。前者的判断标准是“过度排放”，如水污染、大气污染、固体废物污染、噪声污染等；后者的判断标准是“过度索取”，如乱砍滥伐、过度开采等。这一“排”一“取”，构成了环境问题的两大类型，当污染环境或破坏生态行为对暴露于其中的受体（人身和财产）造成损害，须由责任人承担相应民事责任时，就构成了环境私益侵权责任。

从 1989 年《环保法》第 41 条第 1 款规定“造成环境污染危害的，有责任排除危害，并对直接受到损害的单位或者个人赔偿损失”以降，环境侵权实行无过错责任就逐渐成为学说和实务上的通说，本条亦沿袭之。依原《环境侵权解释》（法释〔2015〕12 号）第 1 条第 1 款，无过错责任既不考虑侵权人有无过错，也不考虑侵权人是否超出国家或地方规定的污染物排放标准。污染物排放标准只是环保部门决定征收排污费和进行环境管理的依据，不是确定排污单位是否承担赔偿责任的界限。另外，依“指导案例 127 号”，“污染物”也不限于国家或地方环境标准明确列举的物质；即便所排物质尚未制定标准，若属污染物的范畴，排放人仍须承担责任。但《生态环境侵权解释》（法释〔2023〕5 号）没有再规定排除违法性，而只重申无过错责任。这一变化，主要源于在司法实践中存在大量将超标作为承担责任的前提的案例，导致立法和实践的严重脱节。如最高法公布的典型案例“沈海俊诉机械工业第一设计研究院噪声污染责任纠纷案”中，法院认为，与一般环境侵权适用无过错责任原则不同，环境噪声侵权行为人在主观上要有过错，其外观须具有超过国家规定的噪声排放标准的违法性，只有这样才承担噪声污染侵权责任。这一裁判思路在噪声、光辐射、热污染、电磁辐射等能量污染的场合尤为普遍。

在无过错责任原则下，环境侵权责任在构成上只需具备三个要件：(1) 侵权人实施了污染环境或破坏生态的行为。污染环境行为包括排放废气、废水、废渣、医疗废物、粉尘、恶臭气体、放射性物质等污染环境以及排放噪声、振动、光辐射、电磁辐射等污染环境，实践中较为常见的是污染环境行为，尤其是水污染、大气污染等引发的纠纷；破坏生态行为主要包括不合理开发利用自然资源和未经批准擅自引进、释放、丢弃外来物种等行为，实践案例相对较少，且多为采矿引发的水源枯竭、土地垮塌等问题。加害行为是否具有违法性，需要根据单行环境立法进行具体判断。（2）被侵权人受有损害。环境侵权行为引发的损害包括人身损害和财产损失，前者如镉污染引发的“痛痛病”，后者如水污染引发的渔业损失。但在有些案件，尤其是噪声、噪光污染等情形下，基于损害的无形性、隐蔽性等特征，损害难以认定。对此，可依国家标准、地方标准、行业标准，根据是否干扰他人正常生活、工作和学习，以及是否超出公众可容忍度等进行综合认定（**参见指导案例 128 号**）。（3）行为与损害之间具有因果关系。

环境侵权之所以作为特殊侵权，本质上是因为生态环境这一“公地”的引入，打破了传统侵权体系赖以存在的平等性和互换性基础，需要从法律上对责任体系进行重新配置，即通过无过错责任及因果关系推定等方式降低受害人的举证难度，实现对不幸损害的合理分配。如果不具备这一特征，即便涉及环境的某一侧面，亦不应轻易作为生态环境侵权对待。故《生态环境侵权解释》第 2 条第 1 款即列举了四种适用例外：（1）未经由大气、水、土壤等生态环境介质，直接造成损害的；（2）在室内、车内等封闭空间内造成损害的；（3）不动产权利人在日常生活中造成相邻不动产权利人损害的；（4）劳动者在职业活动中受到损害的。第一种情形虽具“污染”之名，但不符合环境侵权的媒介性特征，且本质上亦不具备作为特殊侵权的社会与伦理基础，故不宜作为环境侵权案件的类型。室内装修污染、车内污染等封闭空间的污染通常发生于相对平等的民事主体之间，缺乏环境侵权所需具备的公共性特征，其侵害范围、损害后果与因果关系通常也比较容易确定，且完全可以通过产品责任等途径进行救济。相邻污染侵害纠纷属于本法物权编相邻关系确定的独立案由（**参见本法第 294 条及其评注**），适用于相邻不动产权利人违反国家规定弃置固体废物，排放大气污染物、水污染物、土壤污染物、噪声、光辐射、电磁辐射等有害物质的情形。劳动者在职业活动中因受污染造成的损害则属于职业病防治和工伤保险的范畴，而不将其作为环境侵权对待。

本条之适用虽以“损害”为要件，但在“损害”赔偿之外以及未发生“损害”的情形下，受害人还可依本法第 1167 条请求停止侵害、排除妨碍、消除危险。其中，停止侵害以法院依《民诉法》第 103、104

条及《关于生态环境侵权案件适用禁止令保全措施的若干规定》作出的禁止令为形态，该禁止令属行为保全司法措施，适用于侵权人正在实施或即将实施污染环境、破坏生态行为，不及时制止将使申请人合法权益或生态环境受到难以弥补损害的情形。

第一千二百三十条 【环境生态侵权抗辩事由和因果关系之举证责任】因污染环境、破坏生态发生纠纷，行为人应当就法律规定的不承担责任或者减轻责任的情形及其行为与损害之间不存在因果关系承担举证责任。

在环境侵权因果关系证明上降低受害人的举证难度，是各国通行做法。我国2001年公布的《关于民事诉讼证据的若干规定》第4条中就明确“加害人就法律规定的免责事由及其行为与损害结果之间不存在因果关系承担举证责任”，《固体废物防治法》、《水污染防治法》和原《侵权法》对此予以确认。本条亦承袭此种规范模式。

本条在学理和实务上多被称为“举证责任倒置”，即相对于“谁主张、谁举证”的一般举证规则，原本由被侵权人承担的举证责任“倒置”由侵权人承担。但是，本条并未规定在“倒置”以后被侵权人是否仍应承担因果关系的证明义务，以及侵权人需举证到何种程度方可认定因果关系“不存在”。

从最高立法机关和最高司法机关的解读看，原《侵权法》出台前后，多支持被侵权人在因果关系上不负任何举证责任（包括初步的证明责任），而侵权人则须证明其行为“不可能导致系争损害”或“系争损害确系其他因素导致”，始得不承担赔偿责任。但从原《环境侵权解释》（法释〔2015〕12号）出台至今，最高法院改变了被侵权人无须承担任何举证义务的主张，认为其仍须证明行为与损害之间存在“关联性”。就此而言，将本条概括为“因果关系推定”，比举证责任倒置说更能反映其规范内涵。即被侵权人仍须举证证明行为与损害具有关联性，方可推定因果关系成立，只是推定成立的判断标准较低，被侵权人只需要证明加害行为具有导致其损害发生的低度盖然性或者说可能性即可。由于“关联性”的判断或者说“推定”的标准较为抽象，实务上逐渐发展出一些具体的判断方法，如盖然性说、间接反证说、疫学因果说等因果关系推定的方法，法院则结合污染环境、破坏生态的行为方式、污染物的性质、环境介质的类型、生态因素的特征、时间顺序、空间距离等因素综合判断行为与损害之间的关联性是否成立（**《环境侵权证据规定》第5条**）。一旦认定存在关联性，则推定因果关系成立，侵权人需要举证否认因果关系的成立，举证需达到高度盖然性的标准方可成立。如果被告证明其排放的污染物、释放的生态因素、产生的生态影响未到达损害发生地，或者其行为在损害发生后才实施且未加重损害后果，或者存在其行为不可能导致损害发生的其他情形的，法院应当认为被告行为与损害之间不存在因果关系（**《环境侵权证据规定》第7条**）。

根据法律、法规和司法解释的规定，环境侵权领域不承担责任或减轻责任的情形主要有假设因果关系、受害人过错和不可抗力，但第三人过错则不在此列（**参见本法第1233条评注**）。假设因果关系规定于《生态环境侵权解释》第8条，即两个以上侵权人分别污染环境、破坏生态，部分侵权人能够证明其他侵权人已先行造成全部或者部分损害，可以在相应范围内不承担责任或者减轻责任。受害人过错又可具体分为两种情形：（1）过失相抵（与有过错）：受害人对同一损害的发生和扩大存在重大过失，可以减轻行为人的责任（**《生态环境侵权解释》第26条**）；如果受害人仅具有一般过失，原则上行为人仍需承担全部责任。（2）受害人故意：行为人不承担责任（**第1174条**），但如果行为人亦为故意，则应适用过失相抵规则。此外，如果污染者违反国家规定向水域排污造成生态环境损害，不能以被污染水域有自净功能、水质得到恢复为由，主张免除或减轻生态环境修复责任（**指导案例133号**）。盖此项抗辩事由，亦不属于法律规定的减免责情形。

第一千二百三十一条 【数人环境生态侵权之责任份额的确定】

两个以上侵权人污染环境、破坏生态的，承担责任的大小，根据污染物的种类、浓度、排放量，破坏生态的方式、范围、程度，以及行为对损害后果所起的作用等因素确定。

原《侵权法》出台前，学理和实务上一般认为，从保护受害人求偿权得以实现的角度出发，数人环境侵权应承担连带责任。在原《侵权法》立法过程中，对其第 67 条是直接规定了按份责任还是只是属于承担连带责任后的内部责任分担规则存有争议，不少学者主张，基于利益衡量的考虑，为维持正常的工商业秩序，促进经济发展，基于数人环境侵权通常无意思联络的事实，宜采按份责任。《生态环境侵权解释》未采上述两种做法，而是将本条置于体系解释的语境之下，认为本条适用应结合本编第一章第 1168～1172 条的规定，首先确定数人侵权是属于承担连带责任还是按份责任，若数人须承担连带责任，则本条性质上为承担连带责任后的内部责任分担规则；若数人须承担按份责任，则直接适用本条确定其责任份额。

一、共同环境侵权

共同环境侵权是本法第 1168 条在环境侵权领域的体现，指二人以上基于共同的意思联络实施了污染环境或者破坏生态的行为，造成同一损害后果。如两个以上的侵权人共同实施倾倒危险废物的行为，无论其对损害后果的原因力大小，对受害人均需承担全部责任，此时侵权人之间为连带责任。需注意的是，环境侵权领域存在一些特殊的共同侵权行为，如第三方治理机构、环境影响评价机构、环境监测机构以及从事环境监测设备和防治污染设施维护、运营的机构等第三方中介服务机构，在有关环境服务活动中与侵权人具有共同过错导致他人损害（**《环保法》第 65 条；《生态环境侵权解释》第 14、21 条**）的，应与造成环境污染或生态破坏的其他责任人承担连带责任。依“指导案例 130 号”，基于委托排污型环境侵权中委托人侵权故意的隐蔽性，对委托人和受托人共同侵权之主观故意的认定可采推定的方式，并依排污主体的法定责任、行为的违法性、主观上的默契及客观上的相互配合等因素为综合判断，同时，该案例还进一步确立了委托人对受托人的排污监管义务。

此外，教唆、帮助侵权通常被称为“拟制共同侵权”，指为侵权人污染环境、破坏生态提供场地或者储存、运输等帮助（**第 1171 条；《生态环境侵权解释》第 10、11 条**）。《生态环境侵权解释》将帮助人承担连带责任的情形限定于故意或者重大过失，若过失提供帮助，则需要承担与过错相适应的责任。

二、分别环境侵权

分别环境侵权是环境侵权中的常态，即两个以上侵权人彼此之间不存在共同的意思联络，分别实施污染环境或破坏生态的行为，造成了同一损害结果的发生。根据各侵权人对损害“原因力”的大小，即各侵权人的行为是否足以造成全部损害，分别侵权又分为以下情形（**《生态环境侵权解释》第5、6、7条**）：（1）各侵权行为均足以造成全部损害的，适用本法第1171条，由其承担连带责任；（2）各侵权行为均不足以造成全部损害的，适用本法第1172条，各侵权人承担按份责任，“不足以造成全部损害”的举证责任由侵权人承担；（3）部分侵权行为足以造成全部损害，部分不足以造成全部损害的，前者依第1171条对各侵权人共同造成损害的部分承担连带责任，并对全部损害承担责任；而不足以造成全部损害者，依第1172条承担按份责任。此外，各侵权行为虽不足以造成全部损害，但其排放的物质相互作用产生二次污染物造成他人损害的，适用本法第1171条，由其承担连带责任（**《生态环境侵权解释》第9条**）。

无论是按份责任还是连带责任，法院最终都须确定各侵权人之间的责任份额。本条分别列举了污染环境侵权和破坏生态侵权中确定责任大小需要考量的因素。本条中“等因素”的表述方式，表明所列“污染物的种类、浓度、排放量”与“破坏生态的方式、范围、程度”并非全部考量因素。《生态环境侵权解释》第25条增列了行为有无许可、污染物的危害性等考量因素。

第一千二百三十二条 【环境生态侵权惩罚性赔偿】侵权人违反法律规定故意污染环境、破坏生态造成严重后果的，被侵权人有权请求相应的惩罚性赔偿。

惩罚性赔偿实际上是在损害填补的基础上施加惩罚的功能，这决定了惩罚性赔偿比一般环境侵权赔偿的适用门槛要高得多。从本条规定来看，惩罚性赔偿在环境侵权领域的适用，主要是从过错和损害两个层面加以限制：

（1）须侵权人故意违反法律规定。环境侵权责任实行无过错责任，不考虑侵权人是否具有过错，多数情形下也不考虑侵权人是否遵守国家或地方规定的管制标准。但惩罚性赔偿则需同时具备过错与违法性的要求，且过错被直接限定于故意，不包括重大过失；违法性也被限定于“违反法律规定”，而非本法第1234条和第1235条的“违反国家规定”。

从本法体系看，“法律规定”应专指狭义上的法律，但《环境侵权惩罚性赔偿解释》第 5 条将其拓展为依据法律、法规，并可以参照规章的规定，实际是在最广义的层面理解“法律规定”。这些限定，表明惩罚性赔偿主要适用于较大主观恶性、严重侵害社会秩序和他人民事权益的行为。原则上，被侵权人需要证明侵权人具有主观故意。但实施污染环境、破坏生态的行为人多为企事业单位和其他经营者，有义务知晓其行为是否违反法律规定，而被侵权人探究其主观故意则较为困难，故以过错推定为宜，即只要侵权人实施“违反法律规定”的行为，就推定其为故意，由侵权人证明其不具有故意。具体判断时，可结合《环境侵权惩罚性赔偿解释》第 6 条规定的判断因素以及第 7 条规定的十种情形加以认定。

（2）须造成严重后果。在环境侵权中，损害认定涵盖了实际损害与潜在危险，且对于危害程度并未作出限定。但欲构成惩罚性赔偿，则需造成严重后果。本条并未界定何谓“严重后果”，依《环境侵权惩罚性赔偿解释》第 8 条的规定，可依污染环境、破坏生态行为的持续时间、地域范围，造成环境污染、生态破坏的范围和程度，以及造成的社会影响等因素综合判断；造成他人死亡、健康严重损害，重大财产损失，生态环境严重损害或重大不良社会影响的，法院应当认定为“造成严重后果”。

本条对惩罚性赔偿数额仅有“相应”之限定，而依《环境侵权惩罚性赔偿解释》第 9～10 条，当以环境污染、生态破坏造成的人身损害赔偿金、财产损失数额为计算基数，以侵权人的恶意程度、侵权后果的严重程度、侵权人所获利益、侵权人事后采取的修复措施和效果等为考量因素，但一般不超过计算基数的二倍。

对本条之适用有争议者，是“造成严重后果”是否包括造成严重的生态环境损害。也即本法第 1234 条和第 1235 条中“国家规定的机关或者法律规定的组织”，能否通过环境公益诉讼寻求惩罚性赔偿。司法实践中已出现适用惩罚性赔偿的环境公益诉讼案件，但不少学者持反对意见，认为本条规定的惩罚性赔偿主要针对环境私益侵权。《环境侵权惩罚性赔偿解释》第 12 条为此争议画上了休止符：生态环境损害责任可“参照”适用环境私益侵权之惩罚性赔偿规则，但赔偿金数额的确定，应以生态环境受到损害至修复完成期间服务功能丧失导致的损失、生态环境功能永久性损害造成的损失数额作为计算基数。

第一千二百三十三条 【第三人过错的环境生态侵权】因第三人的过错污染环境、破坏生态的，被侵权人可以向侵权人请求赔偿，也可以向第三人请求赔偿。侵权人赔偿后，有权向第三人追偿。

本法第1175条规定，若损害由第三人造成，第三人应承担侵权责任。环境侵权责任则属例外，第三人过错不能成为侵权人不承担责任或减轻责任的抗辩事由（**《生态环境侵权解释》第18条第2款**）。其理由仍是基于保护弱者的理念，从便于被侵权人求偿权得以实现的角度作出特别规定。

本条规定的“第三人的过错”，应作如下理解：第一，“第三人”是侵权人、被侵权人之外的其他主体，且与侵权人之间不存在雇佣、委托或承揽等关系，如污染属于第三方治理的情形等，依《环保法》第65条以及“指导案例130号”，在这些关系中，侵权人与受托方等承担的是连带责任（**参见本法第1231条评注**）。第二，损害须系第三人的过错行为与侵权人的排污行为或利用行为相结合而发生，不能是第三人单独实施污染环境、破坏生态的行为，或者该行为与侵权人的行为相结合导致同一损害的发生，后者应适用数人环境侵权的规则。第三，第三人过错包含故意或过失，既可能是损害发生的全部原因，也可能是部分原因，故第三人依其过错程度承担相应的赔偿责任。第四，第三人是否有过错，应由被侵权人证明。

就侵权人与第三人责任承担规则，分述如下：(1) 被侵权人有选择权。依《生态环境侵权解释》第18条第1款，被侵权人可分别或同时起诉侵权人、第三人。具体包括：其一，单独起诉第三人。法院应向其释明是否同时起诉侵权人，若经释明不起诉侵权人的，由法院通知侵权人参加诉讼，此时实行过错责任原则，被侵权人须证明第三人符合一般侵权行为的四个要件，且法院需依第三人的过错程度确定相应的赔偿责任（**《生态环境侵权解释》第20条第2款**）；其二，单独起诉侵权人。对此实行无过错责任和因果关系推定，被侵权人举证责任相对较轻，且侵权人须对损害承担全部责任；其三，同时起诉侵权人与第三人。此时无论侵权人有无过错，均应对全部损害承担责任（**《生态环境侵权解释》第19条**），在第三人过错是导致损害发生的全部原因时，不能只判决第三人承担终局责任，以免影响当事人求偿权的实现。若单独起诉侵权人或第三人而不能完全实现求偿权时，宜允许被侵权人再向法院起诉要求另一方承担责任，盖本条规范意旨就是保障被侵权人求偿权得到及时、充分的实现。(2) 侵权人具有追偿权。在本条规定的情形，侵权人承担的是不真正连带责任［**盘锦中院（2019）辽11民终446号民判**］，在承担赔偿责任后，可在第三人过错范围内行使追偿权。追偿权能否实现，不影响侵权人赔偿责任之承担。

第一千二百三十四条 【生态环境损害修复义务】违反国家规定造成生态环境损害，生态环境能够修复的，国家规定的机关或者法律规定的组织有权请求侵权人在合理期限内承担修复责任。侵权人在期限内未修复的，国家规定的机关或者法律规定的组织可以自行或者委托他人进行修复，所需费用由侵权人负担。

与环境私益侵权责任不同，本条和次条规定的生态环境损害责任采过错责任，只是在过错认定上采客观标准，即侵权人“违反国家规定”的，推定其有过错。之所以要限定于“违反国家规定”，主要在于生产经营者已获得排污许可或资源开发利用许可，是国家容许的行为，若其未违反国家规定，也允许行政机关、检察机关等提起诉讼，则有违信赖利益保护；同时，基于这些规定已充分考虑环境承载力，没有违反规定通常意味着不会造成显著损害。在过错责任原则下，生态环境损害责任的构成要件有四：一是实施了污染环境、破坏生态的行为。此项行为，与环境私益侵权相比并不具有特殊性。事实上，环境侵害行为通常是首先造成生态环境损害，再造成暴露于其中之受体的人身、财产损害。在该行为同时造成两类损害时，应分别适用本条和本法第1229条的规定。依“指导案例139号”，若原告有证据证明被告产生危险废物并实施了污染物处置行为，被告拒不提供其处置污染物情况等环境信息，导致无法查明污染物去向的，法院可推定原告主张的环境污染事实成立。二是行为人具有过错，以“违反国家规定”作为推定侵权人具有过错的客观标准。“违反国家规定”是一个较为宽泛的概念，既包括违反法律、法规、规章，也包括党内法规、政策和国家政策，还包括违反国家或地方出台的技术规范或者标准。三是造成生态环境损害。所谓生态环境损害，是指因污染环境、破坏生态，造成大气、地表水、地下水、土壤、森林等环境要素和植物、动物、微生物等生物要素的不利改变，以及上述要素构成的生态系统功能的退化，不包括由此造成的人身、财产损害（**《生态环境损害赔偿规定》第2条第1项**）。四是行为与损害之间具有因果关系。《环境侵权证据规定》没有对公私益侵权的举证责任分配进行区分，即公益侵权诉讼也实行因果关系推定，然基于行政机关和检察机关都有调查取证权，社会组织通常也较为专业，并不存在证据偏在问题，故生态环境损害责任中不宜采因果关系推定。

与环境私益侵权不同，本条未使用“被侵权人”之表述，盖生态环境损害并不属于特定人的人身、财产受损，而是分散的民事利益遭受损害，提起生态环境损害赔偿者主要是基于法律和政策的规定。就请求主体而言，本条采用“国家规定的机关或者法律规定的组织”的表述。结合现行法律、政策和司法解释的规定，前者主要指国家法律、政策规定的行政机关或检察机关，如《民诉法》第58条第2款规定的检察机关，中共中央办公厅、国务院办公厅印发的《生态环境损害赔偿制度改革试点方案》确立的省级、市地级政府及其指定的部门、机构，或者受国务院委托行使全民所有自然资源资产所有权的部门，以及《海洋环境保护法》《森林法》《固体废物防治法》在各该领域确定的具体行政机关；“法律规定的组织”，则指向《环保法》第58条规定的在设区的市级以上民政部门登记、专门从事环保公益活动满5年且无违法记录的社会组织。在认定专门从事环保公益活动的组织时，应综合考量其宗旨和业务范围是否包含维护环境公共利益、是否实际从事环保公益活动，以及所维护的环境公共利益是否与其宗旨和业务范围具有关联性［**(2016)最高法民再51号民裁**］。至于检察机关、行政机关和社会组织提起诉讼的顺位，依《民诉法》及相关司法解释，检察机关仅在无其他机关或组织起诉时方可提起诉讼；对于社会组织和行政机关，不论前者起诉先后，一旦后者提起生态环境损害赔偿诉讼，均需中止社会组织民事公益诉讼的审理，待生态环境损害赔偿诉讼审理完毕后，再视情况予以继续审理或者驳回（**《生态环境损害赔偿规定》第17条**）。

符合条件的机关或组织，可视情形主张本法第179条规定的责任方式。本编专章规定了损害赔偿，凸显了损害赔偿或者说赔偿损失在侵权责任中的主导地位。但生态环境损害责任确立了修复优先规则：能够修复的，法院应判决侵权人承担修复责任，将受损的生态环境恢复到基线状态，即污染环境或破坏生态行为发生前，受影响区域内人体健康、财产和生态环境及其生态系统服务的状态。若侵权人在合理期限内未履行此种义务，相关机关或组织可自行或委托第三方进行修复，修复费用由侵权人承担。

第一千二百三十五条 【生态环境损害赔偿范围】违反国家规定造成生态环境损害的，国家规定的机关或者法律规定的组织有权请求侵权人赔偿下列损失和费用：

（一）生态环境受到损害至修复完成期间服务功能丧失导致的损失；

（二）生态环境功能永久性损害造成的损失；

（三）生态环境损害调查、鉴定评估等费用；

（四）清除污染、修复生态环境费用；

（五）防止损害的发生和扩大所支出的合理费用。

本条不能与前条分开看待。尽管损害从形式上可分为可修复的损害（见图1）和不可修复的损害（永久性损害，见图2），但从国内外通行的“修复”概念来看，所有损害均是可修复的，区别只是采取直接修复（原区域、原要素修复）还是替代修复（永久性损害）。在本法第1234条已确立修复优先的规则之下，原则上不能判决被告直接承担本条规定的各项赔偿金，以免赔偿金被挪作他用。故而，宜将本条理解为对第1234条规定的“所需费用”的具体化，法院在判决修复生态环境的同时，确定被告不履行修复义务时应承担的赔偿金，以用于支付国家规定的机关或者法律规定的组织自行或委托第三方进行直接修复或者替代修复的费用，以及填补自身为鉴别和防止损害而支出的合理费用。需注意的是，在区分可修复的损害与不可修复的损害的背景下，本条所列五种赔偿事项并非可被同时主张。其中第1、4项是可修复情形下造成的损失，第2项为不可修复导致的永久性损失，二者只能根据具体情形择一主张，且具有不同的鉴定评估程序与标准；第3、5项则为两种情形下均可能存在的损失，其可被同时主张。

本条所列各项损失，结合国家政策、技术指南和司法解释，作如下

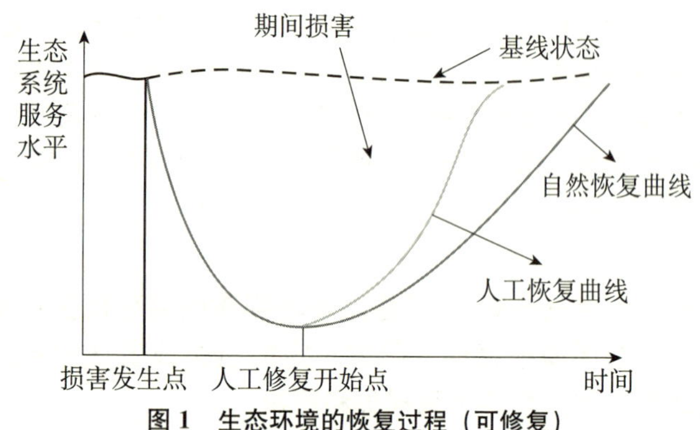

图 1 生态环境的恢复过程（可修复）

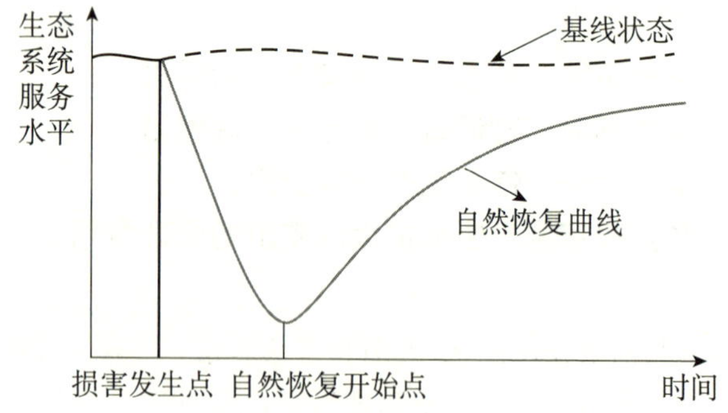

图 2 生态环境的恢复过程（不可修复）

拆解和排列后，较能清晰展现其内在逻辑：(1) 应急处置费用，包括消除污染费用、防止损害发生和扩大所支出的合理费用。损害发生后，首先需启动应急处置工作，消除污染，同时防止损害的进一步扩大，此时产生消除污染的费用以及为防止损害扩大而支出的费用；如果仅存在损害的显著威胁，则为防止损害发生而支出的费用，亦可被主张。(2) 修复费用、期间损害费用，包括修复生态环境费用以及生态环境受到损害至修复完成期间服务功能丧失导致的损失（期间损害）。进行应急处置的同时，应对损害进行调查、监测、评估和量化，判断损害是否可以修复以及是否需要启动修复工作。根据相关文件规定，若损害在短期内（如两周）能恢复至基线水平，生态系统服务水平未观测到明显改变，仅需消除污染，无须启动修复工作；反之，则需启动修复工作（以可修复为前提）。但如果损害未超过 1 年，仅发生修复生态环境的费用，而不能主张期间损害费用；只有超过 1 年仍未修复到基线水平，才同时产生修复费用和期间损害费用。(3) 永久性损害费用。若损害未能在合理期间内修复到基线水平或者无法修复，则构成永久性损害。此时，主要利用环境价值评估方法计算损失，赔偿金可用于替代修复，具体包括具有与评估区域类似生态服务功能水平区域的异位恢复、使受损的区域具有更高生态服务功能水平的原位恢复、达到类似生态服务功能水平的替代性恢复。(4) 生态环境损害调查、鉴定评估等费用。依《生态环境损害赔偿规定》第12条第2款，制定、实施修复方案的费用，修复期间的监测、监管费用，以及修复完成后的验收费用、修复效果后评估费用等，属于生态环境修复费用的范畴，不属本项范围。综上，本条所列各项赔偿事项，系依损害状况和修复进程分别产生的相应费用，并非可被同时主张。故法院在裁判时，应具体情况具体分析，合理确定侵权人在不履行修复义务时所需承担的各项费用。

第八章

高度危险责任

我国关于高度危险责任的立法，在原《民通》中采单一概括条款模式。原《侵权法》改变了这一模式，将原《民通》第 123 条之概括条款拆分为 3 条。依通说，其中第 69 条系高度危险责任的一般条款，第 72 条和第 73 条则把高度危险责任再分为高度危险物责任和高度危险活动责任。本法制定时，立法者依然未质疑这种拆分的必要性，保留了这一规范模式，其对应条文分别是第 1236、1239、1240 条。故在本章中，第 1236 条作为高度危险责任的一般条款，统领第 1237～1240 条及第 1243 条，即上述法条构成一般规范与特别规范的关系。这意味着，在构成要件、抗辩事由和法律后果等方面，只要这些特别规范未作不同规定，就应适用第 1236 条。同时，由于第 1239 条和第 1240 条分别构成第 1236 条之高度危险责任的两种具体形态，故在法条的适用上，第 1239、1240 条对应于高度危险物责任和高度危险活动责任应予优先适用，且第 1236 条无须同时被援引，盖第 1236 条作为一般条款，其性质为补充性的请求权基础。

第一千二百三十六条　【高度危险责任的一般规定】从事高度危险作业造成他人损害的，应当承担侵权责任。

本条旨在保护潜在的受害人免遭高度危险作业所引发的典型损害，并在其遭受损害时提供救济。高度危险责任采无过错原则，“损害”要件与其他侵权责任之构成无异，其特殊处在于：(1) 其责任构成不考虑过错和违法性，仅要求法律所欲防范的高度危险果然实现。本条所言“高度危险作业”，指对周围环境产生高度危险的作业，包括高度危险活动与高度危险物。前者如民用核设施和高压、高空、地下挖掘等活动，后者一般包括易燃、易爆、剧毒、高放射性、强腐蚀性与高致病性等高度危险物。高度危险意味着，从事作业者即便尽到高度注意义务，也难完全避免损害发生。高度危险实现，是指具有高度危险的活动或物品的特殊危险变成了现实。例如，民用核设施发生泄漏，易燃易爆品在运输过程中发生爆炸。在非因高度危险的实现造成损害时，不宜以本条为请求权基础。例如，运输易燃易爆品的机动车剐蹭前车或撞到行人，一般应适用机动车交通事故责任之法律规范。(2) 对于高度危险责任之因果关系的判断，我国学理未予特别关注而仍采相当因果关系说，法院则习惯于认定“直接因果关系”［**(2019) 最高法民终 289 号民判、吉林高院 (2019) 吉民再 88 号民判**］。但欲实现高度危险责任之规范保护目的，宜采典型损害标准。此标准亦称可预见性标准，但它不同于过错责任中的对过失行为后果之预见，而是预见到特定危险的“一般损害类型”不能消除。例如，在原告主张被告爆破行为的巨大震动致其饲养的母猪死亡和猪舍毁损时，若在因果关系上适用典型损害标准，则实施爆破者应就该高度危险作业的一切“典型”后果负赔偿责任，而此案所生损害显系其可预见的爆破之典型后果。此案中法院虽因原告未为任何举证而驳回其起诉［**重庆黔江法院 (2010) 黔法民初字第 01104 号民判**］，但其对同类案件之因果关系的认定，不无启发。(3) 主体适格。本条中的责任主体应为危险源控制者，如运输易燃易爆品机动车的驾驶员、高空作业人员、实施爆破者等。

受害人应就上述要件承担证明责任。侵权人则可依本法第 1173～1175 条的规定进行抗辩，但须就抗辩事由承担证明责任。虽然无过错责任并不排除适用过失相抵，但受害人仅有一般过失的，不能适用过失相抵，即不因受害人自身的过错减轻侵权人的赔偿责任［**北京三中院 (2017) 京 03 民终 4319 号民判**］。

第一千二百三十七条 【核损害侵权责任】民用核设施或者运入运出核设施的核材料发生核事故造成他人损害的，民用核设施的营运单位应当承担侵权责任；但是，能够证明损害是因战争、武装冲突、暴乱等情形或者受害人故意造成的，不承担责任。

本条规定的核事故侵权责任，在构成要件方面不同于一般高度危险责任之处，仅在于核事故发生之认定。核事故实为核能之特殊风险的实现。依《民用核设施安全监督管理条例》第 24 条，核事故指核设施内的核燃料、放射性产物、废料或运入运出核设施的核材料所发生的放射性、毒害性、爆炸性或其他危害性事故，或一系列事故。受害人应就核损害责任的所有构成要件承担证明责任。依本条但书，侵权人可主张的抗辩仅限于战争、武装冲突、暴乱等情形和受害人故意两种类型。本法第 1175 条中的第三人原因并非抗辩事由。

核损害之责任主体为民用核设施的营运单位。此主体由《核事故赔偿责任批复》第 1 条定义，乃指依法取得法人资格，在我国境内营运核电站、民用研究堆、民用工程实验反应堆的单位，或者从事民用核燃料生产、运输和乏燃料贮存、运输、后处理且拥有核设施的单位。《放射性污染防治法》第 62 条界定了核设施。危险性较低的核材料与核活动，比如教学、科研、医学、工农业生产中运用放射性同位素等行为，不属于经营民用核设施的活动，但其所涉材料应被界定为“高度危险物”，适用本法第 1239 条的规定。依《核事故赔偿责任批复》第 5 条，核事故损害涉及两个以上营运者，且不能明确区分各自应担责任的，相关营运者应承担连带责任。

第一千二百三十八条 【民用航空器致害责任】民用航空器造成他人损害的，民用航空器的经营者应当承担侵权责任；但是，能够证明损害是因受害人故意造成的，不承担责任。

民用航空器致人损害的责任主体为其经营者。依《民航法》第 158～159 条，经营者原则上是指在损害发生时占有和使用民用航空器的主体。本条旨在保护遭受民用航空器之特殊风险威胁的受害人，其在构成要件方面不同于一般高度危险责任之处在于：(1) 民用航空器之特殊风险的实现。依《民航法》第 5 条，民用航空器是指除用于执行军事、海关、警察飞行任务外的航空器。其特殊风险的实现，包括航空器颠簸、坠落或其零件（如整流罩、机翼面板、发动机）从空中掉落等情形。(2) 损害发生。此损害既包括民用航空器在航空运输期间造成的损害，也包括民用航空器在飞行中对地面、水面的损害；既包括民用航空器机上的损害，也包括民用航空器对机外的损害。由此，本条中的损害包括对旅客、行李、货物或地面第三人的损害。

受害人应就责任构成之所有要件承担证明责任。依本条之但书，经营者的抗辩事由仅限于受害人故意这一情形。然依《民航法》第 132 条，经营者援用该法第 128～129 条（性质应为抗辩规范）中的责任限额的，受害人可提出“承运人或者其受雇人、代理人的故意或者明知可能造成损失而轻率地作为或者不作为”这一再抗辩，但需就此承担证明责任。除此之外，经营者还可依《民航法》第 124、125、157、160 条和第 172 条，提出“旅客本人的健康状况”“武装冲突或者骚乱”等抗辩，但需就此承担证明责任。

第一千二百三十九条 【高度危险物责任】占有或者使用易燃、易爆、剧毒、高放射性、强腐蚀性、高致病性等高度危险物造成他人损害的，占有人或者使用人应当承担侵权责任；但是，能够证明损害是因受害人故意或者不可抗力造成的，不承担责任。被侵权人对损害的发生有重大过失的，可以减轻占有人或者使用人的责任。

本条系为遭受高度危险物威胁的受害人提供保护。此所谓高度危险物，实为本法第 1236 条规定的高度危险作业之一种。由此，本条之责任构成，不过是对第 1236 条若干要素的具体化；其他未予具体化者，则适用该条规定。首先，本条中高度危险物特殊风险之实现，系指易燃危险物发生燃烧，易爆危险物发生爆炸等情形；而高度危险物的认定，应依国家规定的危险物品标准，如《危险货物分类和品名编号》（GB 6944—2012）、《危险货物品名表》（GB 12268—2012）、《人间传染的病原微生物名录》。未列入上述规定的物是否属于高度危险物，应依同类解释规则从严认定；有危险物不能依此解释归入本条类型的，则可将其划入第 1236 条所言的“高度危险作业”而适用该条规定。其次，就责任主体而言，表现在第 1236 条中的危险源控制人，在本条中表现为高度危险物的占有人或使用人。占有指实际控制的客观状态，主要发生在高度危险物的生产、装卸、运输、储存、保管、使用等环节。最后，相较于第 1236 条，本条明确规定受害人故意、不可抗力为占有人或使用人免责事由，以及受害人重大过失为其减责事由，故占有人或使用人无须另以本法第1173～1175条为据主张减免责，但其需就此等事由的存在负证明责任。

第一千二百四十条 【高度危险活动责任】从事高空、高压、地下挖掘活动或者使用高速轨道运输工具造成他人损害的，经营者应当承担侵权责任；但是，能够证明损害是因受害人故意或者不可抗力造成的，不承担责任。被侵权人对损害的发生有重大过失的，可以减轻经营者的责任。

本条规定的高空、高压、地下挖掘活动或使用高速轨道运输工具，属于高度危险活动范畴，此亦为本法第1236条规定的高度危险作业之一种。是故，和第1239条一样，本条之责任构成也是对第1236条若干要素的具体化。由此，本条和第1239条作为并列的两种高度危险责任之具体形态，在责任构成、减免责事由、法律后果，以及和第1236条的关系等方面，并无实质不同。唯需注意的是，本条对高度危险活动的列举因未使用“等”而呈现出封闭性。于是，凡不属于“高空、高压、地下挖掘活动或者使用高速轨道运输工具”者，在其可依第1236条被认定为高度危险作业且致人损害时，可适用该条规定。就本条列举事项而言，“高空”之认定应依《高处作业分级》（GB/T 3608—2008）确立的标准，即坠落高度距离基准面在两米以上的施工作业；高压包括高压电（超过1 000伏的电压等级）和高压力容器（如高压力管道和高压力容器）；地下挖掘活动，是指在地表下一定深度进行挖掘的活动。高速轨道运输工具是指在固定轨道上高速运行的交通运输工具，包括火车、地铁、轻轨、磁悬浮列车、有轨电车等。上述作业都可能引发特殊危险的实现，如高空坠落、高压泄漏、火车脱轨等。有争议的是，“无民事行为能力人杨斌因进入未设防护的火车站停留的列车尾下玩耍在列车启动时被轧伤诉太原铁路分局人身损害赔偿案”（**《人民法院案例选》2003年第4辑**）中，被告辩称，“火车是从零速度启动”，非属“高速运输工具”而不能适用无过错责任；一审法院虽认为“火车是高速运输工具”，但最终主要援引原《民通》第106条第2款过错责任之条款而为判决；二审法院则认为其仍属原《民通》第123条所说的“高速运输工具”和《铁路法》第58条第1款中的“铁路行车事故及其他铁路运营事故”，故认定原审判决适用法律不当，并采无过错归责原则予以改判。不过，二审法院在适用法律时绕开原《民通》第123条而仅仅援引《铁路法》第58条第1款，恰恰说明后者作为特别法规范应优先适用，并无须同时援引作为本条之前身的原《民通》第123条。

就责任主体而言，本条中的危险源控制人是“经营者”，其判断自以实际控制危险源作为标准。如实际施工人独立承建建设工程的主体工程，其对高空作业设备享有管理支配权并享有运行利益，故属高空作业的经营者［**黄冈中院（2018）鄂11民终1620号民判**］。

第一千二百四十一条 【遗失或抛弃高度危险物的致害责任】遗失、抛弃高度危险物造成他人损害的，由所有人承担侵权责任。所有人将高度危险物交由他人管理的，由管理人承担侵权责任；所有人有过错的，与管理人承担连带责任。

就高度危险物责任而言，危险源控制人不应限于本法第1239条所言之占有人或使用人。本条第一句表明，在遗失、抛弃高度危险物之情形下，作为原实际控制人的所有人虽脱离占有，仍须承担责任，这不过是对第1239条中危险源控制人这一责任主体要素的补充。由此可见，此句并未在第1239条之外另设请求权基础。而在本条第二句第一分句规定的情形下，管理人已因交付管理而成为占有人，可直接依第1239条令其承担责任，无须添加“由管理人承担侵权责任”之赘语，故第二句的规范重心显然在其第二分句。也就是说，在“所有人将高度危险物交由他人管理”发生所有和占有分离时，若所有人有过错，例如选择无高度危险物管理资质的管理人，则其应与管理人承担连带责任。唯本条使用“交由他人管理”之表述，未能充分实现本条保护高度危险物之潜在受害人的规范目的，毋宁依目的性扩张将其解释为“占有媒介关系”。此种关系基于高度危险物之出借、保管、租赁、运输等行为而产生，所有人等间接占有人通过借用人、保管人、承租人等占有媒介人，对高度危险物进行事实上的控制，故在其有过错时，应与后者承担连带责任。例如，在圆通快递公司“夺命快递”事件中，作为间接占有人的寄送人和作为占有媒介人的圆通快递公司，在均知快递企业不具运输危险化学品之资质而有过错时，须对该化学品所致一死九中毒之人身损害，承担连带责任。

第一千二百四十二条 【非法占有高度危险物的致害责任】非法占有高度危险物造成他人损害的，由非法占有人承担侵权责任。所有人、管理人不能证明对防止非法占有尽到高度注意义务的，与非法占有人承担连带责任。

本条第一句设定的“非法占有高度危险物造成他人损害”之情形，本可直接依本法第1239条令其承担责任，除非该条所言“占有人”或“使用人”并不包括非法占有人。以此而论，本条第一句应为说明性法条，系对第1239条中责任主体的补充性说明。由此，无论是有权抑或无权占有高度危险物造成他人损害的，占有人或依第1239条，或依本条，均应承担侵权责任。唯需注意者，本条所谓非法占有，依文义乃指明知自己无权占有，而通过非法手段（如盗窃、抢劫、抢夺）将他人的物品占为己有，但为达本条之规范目的，宜扩张解释为无权占有的一切情形。

就本条第二句而言，其规范重心系承接本法前条规定，主要解决所有人或有权占有人（如管理人）被他人非法剥夺占有时的责任承担问题。结合本条第一句，欲由所有人、管理人与非法占有人承担连带责任，其要件包括：（1）和本法第1241条之占有媒介关系不同，本条中的占有人须为无权占有；（2）所有人、管理人对防止“非法占有”有过错，即未尽到高度注意义务。与善良管理人的注意义务不同，高度注意义务的要求更高。所有人、管理人应在其能力范围内尽到最大防范义务，且不能违反法律规定的特定高度危险物安全防范措施的要求。依本条之表述，此过错（未尽到高度注意义务）暂被定为真实存在，受害人无须就此举证，所有人、管理人原则上与非法占有人承担连带责任，故所有人、管理人只能通过证明其对防止非法占有尽到高度注意义务，进而主张免责。

第一千二百四十三条 【高度危险区域致害责任】未经许可进入高度危险活动区域或者高度危险物存放区域受到损害，管理人能够证明已经采取足够安全措施并尽到充分警示义务的，可以减轻或者不承担责任。

本条似为完全法条，但如此理解会引发一个谬论，即受害人须证明本条核心要件：未经许可进入高度危险活动区域或高度危险物存放区域。因此，本条应被理解为不完全法条中的指示参照性法条，即本条中的“管理人”责任，应参照适用本法第1239条中的高度危险物之“占有人”或“使用人”责任，以及本法第1240条中的高度危险活动之经营者责任。而“未经许可进入高度危险活动区域或者高度危险物存放区域”构成受害人的过错，依前述两条以及本条的规定，均属管理人主张减免责的抗辩事由；同时，管理人“已经采取足够安全措施并尽到充分警示义务”，则为本条规定的减免责之抗辩事由。这一理解契合过失相抵原理［**河北沧州中院（2013）沧民终字第2998号民判**］。

管理人以上述抗辩事由主张减免责的，须负证明责任。至于管理人是否充分履行“已经采取足够安全措施并尽到充分警示义务”，应结合相应高度危险的特征予以判断。相较于普通危险的情形，应从严认定管理人履行了该义务。

第一千二百四十四条 【赔偿限额】承担高度危险责任，法律规定赔偿限额的，依照其规定，但是行为人有故意或者重大过失的除外。

首先，本条是参引性法条，旨在为高度危险责任的赔偿限额指示可参引的法律规范。《铁路法》《民航法》（**如该法第129条**）等法律，具体规定了赔偿限额。此等“法律”又往往授权制定位阶更低的法规或规范性文件，如《核事故赔偿责任批复》第7条、《国内航空运输承运人赔偿责任限额规定》第3条均规定了赔偿限额。其次，本条之但书使其本质上成为限制性法条，被限制者是其他法律关于高度危险责任赔偿限额的具体规定。司法实务中，被告得以“法律”之赔偿限额的规定进行抗辩，“行为人有故意或者重大过失”则被视为再抗辩规范的要件，原告可通过证明该要件，否定被告的限额主张。

第九章

饲养动物损害责任

本章规定饲养人或管理人负担的动物致害责任，本法第 1251 条为防御性请求权之规定，不以损害为适用前提，第 1245～1250 条则适用于损害发生的情形。其中，第 1245～1248 条确立了损害赔偿责任的双层结构：（1）第 1245 条是饲养动物致害责任的一般规定，确立了无过错责任，而第 1246～1247 条则进一步限制责任减免的抗辩事由；（2）为维护动物园运营，第 1248 条特别确立了过错推定责任。第 1249～1250 条分别调整遗弃、逃逸动物以及第三人过错的情形，在依此确立（原）饲养人或管理人的责任时，归责原则与抗辩事由皆以第 1245～1248 条为准。

第一千二百四十五条 【饲养动物致害责任的一般规定】饲养的动物造成他人损害的，动物饲养人或者管理人应当承担侵权责任；但是，能够证明损害是因被侵权人故意或者重大过失造成的，可以不承担或者减轻责任。

本条就饲养动物损害确立了动物饲养人或管理人的无过错责任，旨在为遭受动物侵害的受害人提供特别保护。动物具有特殊危险，本条适用的前提是该风险实现。动物的特殊危险源于动物自身特性。例如，狗或猫咬人、马撞击人或车、动物跑出牧场阻碍交通、信鸽与飞机相撞等均属动物特殊危险的实现方式。然若狗从居民楼坠楼致人损害，则不属于动物的特殊危险实现，因为大部分物都存在高空坠落的可能。本条以损害发生，且损害由动物所致为适用要件。但因果关系不以动物与受害人的直接接触为前提，受害人受到惊吓、被动物追赶的，也会遭受损害［**“欧丽珍诉高燕饲养动物损害责任纠纷案”，《最高法公报》2019 年第 10 期；天**

津二中院（2014）二中民四终字第204号民判］。损害一般为人身损害或财产损害，特殊情形下也可能表现为精神损害［**北京一中院（2019）京01民终9892号民判**］。受害人需就上述要件承担证明责任。受害人未提供证据证明身体受损与他人饲养动物之间具有因果关系的，应承担举证不能的后果［**甘肃庆阳中院（2014）庆中民终字第120号民判**］。

依本条第一分句，饲养动物致害责任的主体是饲养人或管理人。为自身利益饲养或管理动物的人，须自行负担相应风险。由此，饲养动物致害责任之承担取决于两项因素：一是管控动物危险的能力，二是饲养动物的利益归属。在通常情况下，动物饲养人即动物所有权人；然若委托他人（如宠物机构）饲养、管理动物，并发生动物致害事件，那么危险管控者并非所有权人，责任理当由管理人承担。多人饲养的动物致害的，饲养人应就此承担连带责任。在实践中，偶尔喂养流浪猫、狗的行为，不足以导致行为人取得管控动物危险的能力，不宜认定其为法律上的饲养人或管理人［**北京二中院（2016）京02民终441号民判**］。也有法院认为，无人饲养或不能证明何人饲养的动物因受第三人原因影响而致人损害的，第三人应根据其过错程度以及对造成损害原因力的大小等因素承担相应责任［**江苏盐城中院（2011）盐民终字第1061号民判**］。但此非本条规定的饲养动物损害责任，而是适用本法第1165条的结果。

依本条第二分句，动物饲养人或管理人得以被侵权人故意或重大过失为由主张责任减免，但需就此等抗辩事由承担证明责任。依其文义，受害人故意并不必然免责；“可以”一词表明法官就此具有自由裁量权，须考虑其他因素，比如饲养人或管理人有无过错。结合本法第1173条，受害人重大过失仅能导致减责。在实践中，挑逗动物一般属于重大过失而非故意，投喂动物则属轻过失。

第一千二百四十六条 【违反规定未对动物采取安全措施致害责任】违反管理规定，未对动物采取安全措施造成他人损害的，动物饲养人或者管理人应当承担侵权责任；但是，能够证明损害是因被侵权人故意造成的，可以减轻责任。

本条旨在通过进一步限制抗辩事由，敦促动物饲养人或管理人对动物采取安全措施。故本条是本法第1245条抗辩事由的特别规定，并非完全法条。若非如此理解，“违反管理规定，未对动物采取安全措施”则为请求权的构成要件，受害人应对此承担证明责任，这无疑会加重其证明负担。由于这一缘故，尽管司法实务中动物保有人很少采取安全措施，但受害人援引本条（**原《侵权法》第79条**）的情形较为罕见。因此，若要实现本条之规范目的，则应将“违反管理规定，未对动物采取安全措施”理解为再抗辩事由：当动物饲养人或管理人证明受害人存在第1245条中的抗辩事由时，受害人可提出这一再抗辩，回溯性地支持其请求权。由此，本条的合理表达形式应是再抗辩规范，即第1245条第二分句之但书。

本条适用的情形是动物饲养人或管理人违反管理规定，未对动物采取安全措施。许多省市出台了宠物管理办法，如《上海市养犬管理条例》《北京市养犬管理规定》。这些规定一般要求对动物采取一定安全措施，比如，定期为犬只注射预防狂犬病疫苗，在携犬出户时应束犬链［**北京三中院（2019）京03民终6702号民判、四川高院（2019）川民申4808号民裁**］，在公共场所应对犬类戴嘴罩。但并非任何违规未采取安全措施的行为，都能适用本条。盖此等不行为应与损害存在因果关系。例如，虽然饲养人或管理人未依规定为犬只注射狂犬病疫苗，但犬只并未患有狂犬病，追咬他人仅系普通犬只的固有风险的，不适用本条。受害人欲主张适用本条再抗辩规范，须就本条中的违规不作为以及因果关系负担举证责任。受害人证明上述两项要件成立的，饲养人或管理人不得再以第1245条为依据，通过证明受害人重大过失而减免责任。根据本条第二分句，仅在受害人故意造成损害的情形下，法官可综合所涉因素，减轻饲养人或管理人的责任，但不得免除其责任。饲养人或管理人据此请求减轻责任的，应证明受害人故意。

第一千二百四十七条 【禁止饲养的危险动物致害责任】禁止饲养的烈性犬等危险动物造成他人损害的，动物饲养人或者管理人应当承担侵权责任。

本条旨在通过严格限制抗辩事由，于受害人遭受禁止饲养的烈性犬等危险动物之侵害时，向其提供更周全的救济。本条在规范表达上与本法第1246条如出一辙，也应被视为第1245条的再抗辩规范。换言之，饲养人或管理人以第 1245 条中的抗辩事由请求减免责任的，受害人可依本条进行再抗辩，获得完全损害赔偿［**武汉中院（2019）鄂 01 民终 11288 号民判**］。本条一旦被适用，受害人故意也不构成责任减免事由。关于这一点，《侵权责任编解释一》第 23 条作了明文规定。

本条适用的情形是禁止饲养的烈性犬等危险动物造成损害。禁止饲养的危险动物范围广泛，如各类毒蛇、狮子、老虎等。烈性犬之认定则应以各地行政规章或公安部门、行业协会公布的名录为依据。受害人依本条主张再抗辩的，须就所涉动物为“烈性犬等危险动物”负担举证责任。由于本条仅系第 1245 条之再抗辩规范，后者才是损害赔偿的请求权基础，故关于请求权之成立要件，参见其评注。受害人在诉讼伊始提出本条中的再抗辩，构成提前主张，即提前一并主张再抗辩与请求原因。即便此“提前主张”未得到证明或证明无法达到心证，法院也不能直接裁判原告败诉，而须判断第 1245 条的构成要件事实是否得到证明，以及被告的抗辩能否成立。

第一千二百四十八条 【动物园的动物致害责任】动物园的动物造成他人损害的，动物园应当承担侵权责任；但是，能够证明尽到管理职责的，不承担侵权责任。

本条采过错推定责任，旨在平衡动物园的经营和受害人的利益，其适用的情形是动物园的动物造成他人损害。相较于本法第 1245 条，本条在责任构成要件上并无本质差别，仅特别规定了无过错抗辩，即动物园可通过证明其尽到管理职责而免责。由此可见，本条中的过错认定采客观标准。动物园是否尽到管理职责，应“根据具体动物的种类和性质来定，并且鉴于动物园所承担的独特社会功能，其不应该只是承担善良管理人的注意义务，而应该承担更高的符合其专业管理动物的注意义务”（**“谢叶阳诉上海动物园饲养动物致人损害纠纷案”，《最高法公报》2013 年第 8 期**）。

本条确立的动物园责任存在多重减免之抗辩：一者，第 1245 条中的受害人故意与重大过失是免除或减轻责任的抗辩事由。二者，本条的责任减免不以第 1245 条中的两项抗辩事由为限，还包括本法第 1173 条中的一般过失（**“谢叶阳诉上海动物园饲养动物致人损害纠纷案”，《最高法公

报》2013 年第 8 期）。三者，本法第 180 条中的不可抗力，也构成免责的抗辩事由。由于不可抗力是指不能预见、不能避免且不能克服的客观情况，故动物园于此情形常能证明其尽到管理职责。动物园主张前列抗辩事由的，应就此承担证明责任。

本条可能与本法其他条款产生竞合。首先，动物园针对游客之人身与财产负有安全保障义务［**喀什中院（2016）新 31 民终 408 号民判**］，故动物园未尽到管理职责的，受害人还可依第 1198 条请求动物园承担侵权责任。但该条未采过错推定，故而有别于本条。其次，动物园和游客之间还成立合同关系，前者未尽管理职责的，违反了第 509 条第 2 款中的附随义务，后者可请求动物园承担违约责任。

第一千二百四十九条 【遗弃、逃逸的动物致害责任】遗弃、逃逸的动物在遗弃、逃逸期间造成他人损害的，由动物原饲养人或者管理人承担侵权责任。

本文旨在通过对原饲养人或管理人课以赔偿义务，规制流浪动物致害问题。本条的适用范围较为特殊，仅限于动物在遗弃和逃逸期间损害他人的情形。在客观层面，遗弃和逃逸均指向动物脱离原饲养人或管理人的占有和控制的状态。但在主观层面，遗弃是基于主观意志抛弃动物所有权，而逃逸则基于意志之外的原因发生。在动物危险实现、损害发生、因果关系三项要件方面，本条与本法第 1245 条并无二致。受害人请求损害赔偿的，首先应就前列要件负举证责任。本条确立的责任主体是原饲养人或管理人，且受害人应就此负担证明责任。流浪动物致害时，受害人无法确认原饲养人或管理人的，一般需自负风险。

可见，流浪动物的原饲养人或管理人不明的，受害人难以获得救济。不过，遗弃、逃逸的动物被他人重新饲养、管理后，不再处于遗弃或逃逸状态，新饲养人或管理人需依第 1245～1248 条承担责任。偶尔喂食流浪动物，并不构成饲养或管理，投喂人不负管理义务［**北京二中院（2016）京 02 民终 441 号民判**］。但投喂人长期、固定地喂食流浪动物的，须负管理约束义务［**镇江丹徒法院（2019）苏 1112 民初 947 号民判、兰州城关法院（2017）甘 0102 民初 8764 号民判**］。收留人或新管理人的行为构成无因管理的，可在承担责任后，依本法第 979 条第 1 款第二分句请求原饲养人或管理人赔偿。流浪动物是不断转移的危险源，当其进入某一营业场所或公共场所，该场所安全保障义务人即负有及时、妥善处理的义务，否则需依本法第 1198 条负担责任［**武汉中院（2019）鄂 01 民终 1072 号民判、芜湖中院（2018）皖 02 民终 2237 号民判**］。

本条仅针对流浪动物对原饲养人或管理人设定动物致损之侵权责任，在归责原则、抗辩事由等方面，仍须依其身份（如是否为动物园）、动物之类型（如是否为烈性犬等危险动物），分别适用第 1245～1248 条的规定。

第一千二百五十条 【因第三人的过错致使动物致害责任】因第三人的过错致使动物造成他人损害的，被侵权人可以向动物饲养人或者管理人请求赔偿，也可以向第三人请求赔偿。动物饲养人或者管理人赔偿后，有权向第三人追偿。

本条旨在就第三人原因引发动物致害的情形，明确责任主体，确立不真正连带责任。本条中的第三人，指动物的饲养人、管理人及受害人之外的其他主体。致害动物的饲养人或管理人不明的，亦可适用本条［**济南中院（2014）济民四终字第 154 号民判**］。过错是指第三人对于动物致人损害的结果，在主观上存在故意或过失。例如，袭击、挑逗动物属于过错行为。本条的适用仅限于第三人的过错行为是损害发生的唯一原因。如果动物饲养人或管理人的过错行为和第三人的过错行为共同导致损害，则不适用本条，而应适用本法关于共同侵权的相关规定。此外，受害人若为动物饲养人或管理人，本条亦不适用［**房山法院（2017）京 0111 民初 8463 号民判、天津二中院（2017）津 02 民终 1721 号民判**］。

本条中的第三人责任为普通的过错责任，故受害人不仅需就第三人之过错负举证责任，且需证明损害与第三人的过错行为具有因果关系。本条中的因果关系，需以第三人过错行为作用于致害动物为限，不包括未尽安全保障义务的不作为［**哈尔滨中院（2017）黑 01 民终 2566 号民判、北京三中院（2017）京 03 民终 3055 号民判**］。第三人的责任减免事由应依本法其他条文予以认定，如第 1173 条（与有过失）、第 1174 条（受害人故意）、第 180 条（不可抗力），且第三人需就此负担举证责任。本条未明确规定动物饲养人或管理人的责任成立与减免，故应区分不同情形，以第 1245～1248 条为准。依本条第二句，动物饲养人或管理人与第三人承担不真正连带责任，即前者在承担责任后，有权向第三人追偿，但其应证明第三人具有过错，且其过错行为和损害具有因果关系。

第一千二百五十一条 【饲养动物应履行的义务】饲养动物应当遵守法律法规，尊重社会公德，不得妨碍他人生活。

本条非独立的请求权基础规范，具有倡导性规范的色彩。“遵守法律法规”与“尊重社会公德”是本法第 8 条的具体化。本条的“法规”应作扩张解释，包括地方政府制定的动物饲养管理办法、养犬管理办法或宠物饲养管理办法等。从构成上看，“妨碍”应具有现实性、持续性与非法性，且被妨碍人应对此承担举证责任。根据本法第 132 条（权利滥用禁止规则）以及物权编“相邻关系”章等有关规定，权利人应容忍轻微妨碍。从内容上看，“妨碍”既包括已发生的现实妨害，也包括可能引发妨害的危险。动物饲养人违反本条规定，给他人的生活造成妨碍的，应依本法第 179 条（民事责任承担方式一般规定）、第 236 条（排除妨害与消除危险物权请求权）、第 462 条第 1 款第二分句（排除妨害与消除危险占有人请求权）、第 995 条（人格权保护请求权）、第 1167 条（预防性请求权）承担停止侵害、排除妨碍或消除危险的责任。

第十章

建筑物和物件损害责任

第一千二百五十二条 【建筑物质量缺陷致害】建筑物、构筑物或者其他设施倒塌、塌陷造成他人损害的，由建设单位与施工单位承担连带责任，但是建设单位与施工单位能够证明不存在质量缺陷的除外。建设单位、施工单位赔偿后，有其他责任人的，有权向其他责任人追偿。

因所有人、管理人、使用人或者第三人的原因，建筑物、构筑物或者其他设施倒塌、塌陷造成他人损害的，由所有人、管理人、使用人或者第三人承担侵权责任。

本条旨在规制频频出现的建筑物、构筑物质量缺陷。本条第 1 款确立了建设单位与施工单位的无过错连带责任，其成立要件有三：(1) 建筑物、构筑物或其他设施倒塌、塌陷。建筑物是指人工建造的，能为生产、生活及其他社会活动提供空间的房屋或场所；构筑物是指不具备居住功能的人工建筑物，如水塔、桥梁、纪念碑、临时搭建的平台等［**浙江高院（2017）浙民申 905 号民裁**］；其他设施则指前二者的附属设施，如电梯、车位等。三者均不要求已竣工。倒塌、塌陷，是指建筑物、构筑物或其他设施坍塌、倒覆，造成其丧失基本使用功能，故有别于本法第 1253 条中的脱落、坠落。(2) 他人受到损害。他人是指建设单位、施工单位以外的人，损害包括人身损害和财产损害。(3) 因果关系成立，即建筑物等倒塌、塌陷是受害人遭受损害的原因。上述要件的成立应由受害人证明，但建设单位与施工单位可提出“不存在质量缺陷”的抗辩，并就此承担证明责任。该抗辩事由理论上也可被理解为过错的客观化形态，即本款确立的责任可被认定为客观化的过错推定责任。

本条第1款第一句规定的责任主体为建设单位与施工单位。建设单位是建设工程的业主和发包人，施工单位则指从事施工活动的法人或非法人组织。二者应向受害人承担连带责任，并依本法第178条第2款确定内部责任分摊与追偿关系。本句仅规定建设单位与施工单位为责任主体，个人建造的房屋发生倒塌、塌陷的，可类推适用本句［**安徽宿州中院（2015）宿中民三终字第00189号民判**］。本款第二句规定了建设单位与施工单位的追偿权。其他责任人，指勘察单位、设计单位、监理单位等其他参与建筑活动，质量缺陷可归责于其行为的主体。此类主体承担的责任表现为违约责任或侵权责任，至于违约责任或侵权责任是否成立，应结合具体情况，依现行法予以认定。

本条第2款系本法第1175条的具体化，构成本条第1款之但书。由此，被告能依第2款提出抗辩，但需就此承担证明责任。第2款同时构成受害人向所有人、管理人、使用人或第三人求偿的请求权基础。所有人、管理人以及使用人，是已竣工交付使用的建筑物、构筑物或其他设施的保有人，负有管理、养护、维修的义务。上述主体未尽此等义务的，如因疏于管理使建筑物等发生倒塌事故，或者因业主擅自改变承重结构等导致房屋倒塌，应对所致损害承担赔偿责任。本款未规定保有人责任的归责原则。从体系上来看，结合本法第1253条，保有人应负担过错推定责任。第三人之所以承担责任，原因在于其对建筑物等直接实施的侵权行为导致了损害，故属于行为责任。第三人的侵权行为形态多样，责任成立以及抗辩无法一概而论，需结合具体情形予以具体分析。例如，第三人驾驶机动车撞击路灯使其倒塌，应依本法第1208条等规定明确责任。还如，相邻建筑物地基较浅，第三人施工导致建筑物倒塌的，应承担部分侵权责任［**中山中院（2016）粤20民终5012号民判**］。由此可见，第2款貌似确立了所有人、管理人、使用人或第三人的无过错责任，实则不然，司法实践中也拒绝笼统地以该款作为裁判依据［**广州中院（2019）粤01民终20757号民判**］。值得注意的是，保有人、第三人的侵权行为与建筑物等质量缺陷，都是损害发生原因的，侵权行为人应依本法第1172条承担按份责任［**宿迁宿城法院（2018）苏1302民初10241号民判**］。

第一千二百五十三条 【物件保有人责任】建筑物、构筑

物或者其他设施及其搁置物、悬挂物发生脱落、坠落造成他人损害，所有人、管理人或者使用人不能证明自己没有过错的，应当承担侵权责任。所有人、管理人或者使用人赔偿后，有其他责任人的，有权向其他责任人追偿。

本条确立了物件保有人的过错推定责任，旨在敦促其积极履行安全保障义务。本条适用的情形是，建筑物、构筑物或者其他设施及其搁置物、悬挂物发生脱落、坠落。搁置物、悬挂物，是指安置、安装在建筑设施上的动产，但又非建筑设施的组成部分，如空调外机、广告招牌灯、吊灯、吊扇。自然形成的冰凌、堆积的雪脱落致人损害，不适用本条。脱落、坠落是物体的自发事件，与人为抛掷相区别，后一情形由本法第 1254 条调整。本条中的损害包括人身损害与财产损害，但须由物件脱落、坠落所致。

依本条第一句，所有人、管理人与使用人三类主体应负过错推定责任。所有人是指不动产登记的所有权人，还包括未经登记的农村宅基地自建房、尚未办理登记手续的城市新建房屋等的实际所有人。管理人是指基于法律规定或合同约定承担管理义务的人，如国有财产管理人［**合肥中院（2019）皖 01 民终 9886 号民判**］、物业管理公司［**珠海中院（2019）粤 04 民终 2662 号民判**］、承租人［**昆明中院（2006）昆民三终字第 512 号民判**］。使用人是指因租赁、借用或其他情形使用建筑物等设施的人，主要包括承租人、借用人等。使用人不以有权占有为限，无权占有者也受本条拘束。前列三类责任主体，可通过证明自己无过错而免责。有无过错之认定，应采善良管理人或合理人的客观判断标准，即是否已尽到管理、维护义务。此外，受害人故意（**第 1174 条**）或过失（**第 1173 条**）、不可抗力（**第 180 条**）可作为责任减免事由。

本条第二句规定了所有人、管理人与使用人的追偿权，应与本法第 1252 条第 1 款第二句作相同理解。本句中的其他责任人，是指上述主体之外，需就物件脱落、坠落负有责任的人。其他责任人既可能因侵权行为而承担责任，也可能因违约而负担责任。例如，承揽人因安装空调时使用的膨胀螺丝强度不够，导致空调坠落砸伤路人的，既可能因其过错而负侵权责任，也可能因违反承揽合同而负违约责任。

第一千二百五十四条 【高空抛物致害】禁止从建筑物中抛掷物品。从建筑物中抛掷物品或者从建筑物上坠落的物品造成他人损害的，由侵权人依法承担侵权责任；经调查难以确定具体侵权人的，除能够证明自己不是侵权人的外，由可能加害的建筑物使用人给予补偿。可能加害的建筑物使用人补偿后，有权向侵权人追偿。

物业服务企业等建筑物管理人应当采取必要的安全保障措施防止前款规定情形的发生；未采取必要的安全保障措施的，应当依法承担未履行安全保障义务的侵权责任。

发生本条第一款规定的情形的，公安等机关应当依法及时调查，查清责任人。

本条适用的情形是从建筑物中抛掷物品或从建筑物上坠落的物品致人损害，旨在规制抛掷坠落物品致害现象，并为受害人提供救济。“物品”非指添附于建筑物的物件，故有别于本法第 1253 条中的搁置物与悬挂物。抛掷物因责任人的作为而产生，而坠落物因其不作为（对该物品未照管）而产生。区分两种物品在很多案件中并无实际意义。例如，从天而降的花盆既可能是抛掷物，也可能是坠落物。物品造成他人财产损害或人身损害，受害人依本条请求赔偿的，应就物品抛掷或坠落、损害发生以及因果关系负举证责任。

本条第 1 款第一句首先确立抛掷禁止规则，第二句第一分句则通过“依法”之表述设置参引性规范，明确抛掷与坠落的法律效果。在抛掷物致人损害的情形下，“依法”指向的负担责任之基础通常是本法第 1165 条第 1 款：抛掷行为本身即有过错，甚至故意，抛掷行为人自应承担损害赔偿之责。物品发生坠落的，“依法”指向的责任承担之基础则为第 1253 条，即由建筑物所有人、管理人或使用人负担责任。

本条第 1 款第二句第二分句较为特殊，体现了所谓的公平责任原则，在学界和实务中颇受诟病。依此分句，经调查难以确定具体侵权人时，由可能的加害人即建筑物使用人承担补偿责任。所谓“难以确定具体侵权人”，是指经公安等机关调查，在民事案件一审法庭辩论终结前仍难以确定具体侵权人（**《侵权责任编解释一》第 25 条第 1 款**）。本分句是对责任主体的推定，而非因果关系推定或过错推定，亦有别于本法第 1170 条（共同危险行为）。建筑物使用人是建筑物的占有人，如业主或租户。“可能加害”之判断可采科技手段，适用经验法则，其范围应限定在侵权行为发生地周围合理范围内的建筑物的使用人。本分句仅要求可能加害的使用人承担“补偿”责任。存在多名可能加害的使用人时，由其承担连带责任还是按份责任，在理论与实践中存在争议。使用人可通过证明自己并非侵权人，主张免责。依法理，补偿一般低于全部赔偿，法官仅需酌定补偿受害人的部分损失。但在以往的司法实务中，原《侵权法》第 87 条中的补偿责任，往往表现为赔偿全部损失。为此，立法者在制定本法时，为本款增加第三句，即允许可能加害的使用人在承担补偿责任后，向侵权人追偿。但本款规定的补偿责任既以“经调查难以确定具体侵权人”为适用前提，则所谓“追偿”对已承担补偿责任的使用人来说，何异于画饼充饥？

依本条第 2 款，物业服务企业有义务采取必要的安全保障措施，预防物品抛掷与坠落。物业服务企业若未采取此等措施，违反的是安全保障义务，应依本法第 1198 条第 2 款承担相应的补充责任；其承担相应责任后，有权向侵权人追偿。《侵权责任编解释一》第 25 条第 2 款亦明确了这一点。依文义，安全保障措施不涉及侵权人之查明问题。所以，一方面，物业服务企业未安装监控等设施，导致侵权人难以查明的，并非本款调整的情形；另一方面，即便具体侵权人已经查明，物业服务企业仍有义务承担补充责任，比如具体侵权人的财产被强制执行后仍有部分损害未获赔偿（**《侵权责任编解释一》第 24 条**）。

本条第 1、2 款分别规定了可能加害的建筑物使用人的适当补偿责任、建筑物管理人的损害赔偿责任。当两类责任均成立时，依《侵权责任编解释一》第 25 条第 1 款，建筑物管理人应当首先承担与其过错相应的责任，而可能加害的建筑物使用人需在不足范围内承担适当补偿责任。如此一来，可以减轻后者的补偿责任。

依体系解释，本条第 1 款第二句第二分句在设定适用前提时，对原《侵权法》第 87 条设定的情形增加“经调查”之表述，而本条第 3 款则将调查明确为公安等机关的职责。唯本款为不完全法条，公安等机关未履行此职责应承担的责任不明。此责任显然不包括民事责任，而是依《人民警察法》第 22 条第 11 项和第 48 条应承担的行政责任。

第一千二百五十五条 【堆放物致害】堆放物倒塌、滚落或者滑落造成他人损害，堆放人不能证明自己没有过错的，应当承担侵权责任。

本条确立堆放人的过错推定责任，旨在敦促其尽到注意义务，并为堆放物致害的受害人提供救济。本条适用的情形是堆放物倒塌、滚落或者滑落。堆放物包括堆放在地面上的各种物品（如砖头、钢材），以及堆放在其他物品上的物（如堆放在汽车上的家电家具）。堆放在公共道路上的物品致人损害，应适用本法第 1256 条；堆放在建筑物上的物品发生倒塌、滚落或滑落致人损害的，应适用本法第 1253 条。堆放往往具有临时性。倒塌、滚落或滑落皆由自然因素所致，非人为因素引发［**福建高院（2017）闽民申 1919 号民裁**］。本条仅列举三种情形，法官无妨作广义解释。本条采过错推定，故受害人主张损害赔偿的，仅需就损害及其系堆放物所致承担证明责任，而堆放人可通过证明自己并无过错免责，即证明其已尽合理注意义务，不存在堆放瑕疵或管理瑕疵。

立法者基于特殊考量，将本条的责任主体限定为堆放人，所有人与管理人不适用本条［**甘肃高院（2015）甘民一终字第 201 号民判**］。堆放人指实施堆放行为的人，往往同时为物之所有人或管理人。所有人或管理人与堆放人并非同一主体的，前者仅负本法第 1165 条规定的一般过错责任，或者因未尽安全保障义务而依本法第 1198 条第 1 款承担责任［**北京二中院（2018）京 02 民终 10900 号民判**］。此外，堆放人是工作人员，堆放行为构成其执行职务的，用人单位应依本法第 1191 条第 1 款承担责任［**福建高院（2018）闽民终 782 号民判、重庆高院（2014）渝高法民申字第 00272 号民裁**］。

第一千二百五十六条 【公共道路障碍物致害】在公共道路上堆放、倾倒、遗撒妨碍通行的物品造成他人损害的，由行为人承担侵权责任。公共道路管理人不能证明已经尽到清理、防护、警示等义务的，应当承担相应的责任。

本条旨在敦促妨碍通行物品的行为人和公共道路管理人尽到注意义

务。本条第一句适用的情形是，行为人在公共道路上堆放、倾倒、遗撒妨碍通行的物品。公共道路指允许不特定社会公众通行的道路，包括机动车道、非机动车道和人行道。公园内的道路、广场通道等供公众通行的道路，亦属本条调整的范围。妨碍通行的物品既可以是有形的固体物，也可以是液体和气体。例如，在公共道路上非法设置路障、晾晒粮食，热力井向公共道路散发出大量蒸汽，等等。本句确立了行为人的无过错责任，故受害人请求行为人承担责任的，仅就侵权行为、损害发生与因果关系承担证明责任，而行为人无法通过证明自己无过错而免责［**湖北高院（2019）鄂民申58号民裁**］。

本条第二句确立了公共道路管理人的过错推定责任。依《公路法》第35条和《公路安全保护条例》第44～45条、第47条，公共道路的管理人负有管理维护公共道路的职责。本句实为本法第1198条第1款（安全保障义务）的具体化，应予优先适用。例如，在公共道路上堆放、倾倒、遗撒妨碍他人通行的物品，无法确定具体行为人时，环卫机构作为具体负责道路清扫的单位，应保持路面清洁通畅，否则需对他人因此受伤产生的损失承担相应责任（**"姚友民与东台市城市管理局、东台市环境卫生管理处公共道路妨碍通行责任纠纷案"，《最高法公报》2015年第1期**）。在认定公共道路管理人是否具有过错时，应当结合事故原因、发生时间与地点等因素予以综合判断。公共道路管理人仅负有及时清理义务，而非随时清理义务［**北京三中院（2016）京03民终8009号民裁、运城中院（2019）晋08民终2741号民判**］。本句中的"相应"意味着公共道路管理人无须赔偿全部损失，法院应依其过错程度和原因力大小等因素，酌定具体赔偿额度。受害人既可同时请求行为人和公共道路管理人承担责任，也可请求其中一方承担责任。但本条既为第1198条之特别规定，则依该条第2款第二句，公共道路管理人在承担相应责任后可向行为人追偿。

第一千二百五十七条 【林木致害】因林木折断、倾倒或者果实坠落等造成他人损害，林木的所有人或者管理人不能证明自己没有过错的，应当承担侵权责任。

本条旨在通过确立过错推定责任，敦促林木的所有人和管理人尽到维护、管理的职责。本条适用的情形是林木折断、倾倒或者果实坠落等。林木不作限定解释，公共场所与非公共场所的林木，以及自然生长和人工种植的林木，均在规范之列。本条未限定林木生长的地域范围，公共道路两旁的护路林、院落周围生长的零星树木、林地中成片的林木，皆属于本条中的林木。林木致害的形态主要有林木折断、林木倾倒、果实坠落，且三种形态皆为自然因素所致。同时本条通过“等”字表明，其对具体加害形态进行了开放式列举，可依同类解释规则扩张之。损害须和林木致害形态之间存在因果关系。林木、果实的物理力直接作用于他人人身或财产致其受损的，直接因果关系成立；由该作用力引发的其他现象致人损害的，间接因果关系成立。受害人应就上述要件承担证明责任。

本条规定了林木所有人与管理人的过错推定责任。林木所有人指林木所有权人，林木管理人则指依法律或合同对林木负有管理、维护职责的主体。例如，公路旁的林木的管理人一般是公路养护管理部门，小区内林木的管理人是物业公司。本条中的“管理人”应作扩张解释，包括林木的使用人。所有人与管理人不一致的，原则上应由管理人单独承担责任［**长沙中院（2014）长中民一终字第02333号民判、郑州中院（2019）豫01民终25106号民判**］。国家为林木所有人时，尤是如此［**清远中院（2019）粤18民终1491号民判、保山中院（2017）云05民终234号民判**］。所有人或管理人可通过证明自己没有过错，即对林木已尽到管理、维护的义务而免责。例如，所有人或管理人可以证明自己定时修剪了枯枝、病枝，及时清理了树上的积雪、采摘了成熟的果实。

第一千二百五十八条 【地下设施施工与地下设施致害】在公共场所或者道路上挖掘、修缮安装地下设施等造成他人损害，施工人不能证明已经设置明显标志和采取安全措施的，应当承担侵权责任。

窨井等地下设施造成他人损害，管理人不能证明尽到管理职责的，应当承担侵权责任。

本条确立过错推定责任，以敦促在公共场所或道路上从事挖掘等活动的施工人尽到安全保障义务，并敦促地下设施的管理人尽到管理职责。

本条第 1 款适用的情形是，在公共场所或者道路上挖掘、修缮安装地下设施等的行为。公共场所指供不特定人出入、通行、活动的场所，如广场、公园、操场、商场等。施工方式不局限于挖掘和修缮安装地下设施，安装路灯、广告牌等地面施工活动也在规范之列。本款中的责任主体是施工人，但不限于直接参与施工活动的人。如果直接施工人是单位雇员，则用人单位为施工人。在承揽的场合，施工人是承揽人（如建筑公司），但定作人对定作、指示或选任有过错的，也应依本法第 1193 条根据其过错承担相应的责任。在工程转包、分包的情形下，转（分）包人对转（分）包的指示、选任错误承担相应的责任；转（分）包违反法律规定的，则转（分）包人应与接受转（分）包的实际施工人承担连带责任。本款采过错推定责任，施工人应就“设置明显标志和采取安全措施”这一抗辩事由，承担证明责任。施工人设置的警示标志应明显、醒目，足以引起他人注意施工现场［**辽宁高院（2019）辽民申 6645 号民裁**］。安全措施一般指围栏等防护措施。施工人对这些标志或安全措施也有保护和维护的职责。

本条第 2 款适用于地下设施致害的情形。地下设施，是指在地面以下以人力方式修建的窨井、水井、下水道、地下坑道等设施。本款中的责任主体为管理人，即对地下设施负有管理、维护职责的单位或个人，比如公路养护段、高速公路管理公司、物业公司、市政管理部门等。受害人须就管理人所管理的“地下设施造成他人损害”承担证明责任。本款采过错推定责任，管理人需证明其已尽管理、维护义务，如及时补缺或修复了缺损，否则应承担侵权责任。

附　则

第一千二百五十九条　【本数解释】民法所称的“以上”、“以下”、“以内”、“届满”，包括本数；所称的“不满”、“超过”、“以外”，不包括本数。

本条属说明性法条，旨在对与期间或数目计算相关的术语是否包括本数进行解释，通常被称为本数解释条款。

本条仅适用于与期间或者数目计算相关的表述。故即便采用相同表述，但只要并非用于期间或数目的计算，如本法第 36 条第 3 款所言“以外”，则无本条之适用。再者，本条既采“民法所称”之表述，而未采“本法所称”，则表明其不仅适用于本法范围内与期间或数目计算相关的术语，而且适用于广义的民法，即包括商法在内的整个私法领域。从表述来看，本条似乎仅适用于民事法律中的相关表述，但对合同等法律行为中的相关表述，宜作同一解释。

依本条第一分句，“以上”“以下”“以内”“届满”，皆包括本数；依第二分句，“不满”“超过”“以外”，不包括本数。但本法未能保持相关用语的一致，常使用“内”表达“以内”之意（**如第 726 条第 2 款**），以“满”指称“届满”（**如第 40 条**）。而且，本条未能穷尽需要进行本数解释的所有情形。例如，“以前”“以后”“低于”“少于”等是否包括本数，亦需解释。“以前”与本条规定的“以内”最为接近，应认定为包括本数［**最高法（2015）民抗字第 56 号民判**］。“以后”“低于”“少于”则宜解释为不包括本数。

基于私法自治，原则上应允许当事人通过约定排除本条规定的适用。如果期间或数目的计算涉及强制性规定，则例外禁止。例如，本法第 17 条关于成年年龄的规定属于强制性规定，对于该条所使用的“以上”和“不满”，只能依本条进行本数解释。

第一千二百六十条 【时间效力】本法自 2021 年 1 月 1 日起施行。《中华人民共和国婚姻法》、《中华人民共和国继承法》、《中华人民共和国民法通则》、《中华人民共和国收养法》、《中华人民共和国担保法》、《中华人民共和国合同法》、《中华人民共和国物权法》、《中华人民共和国侵权责任法》、《中华人民共和国民法总则》同时废止。

依本条第一句，本法自 2021 年 1 月 1 日起施行；依本条第二句，《婚姻法》等九部民事单行法（系依颁行时间先后排序）同时废止。本法的生效时间和既有的民事单行法的失效时间由此得以明确，但本条并未规定本法对于其生效之前的行为是否具有溯及力。《时间效力规定》弥补了这一缺憾。该司法解释坚持法不溯及既往的原则，于其第 1 条明确规定：本法施行后的法律事实引起的民事纠纷案件，适用本法的规定；本法施行前的法律事实引起的民事纠纷案件，原则上适用当时的法律、司法解释的规定。基于该原则，本法施行前已终审的案件，当事人申请再审或按审判监督程序决定再审的，不得适用本法的规定（**《时间效力规定》第 5 条**）。

针对上述原则，《时间效力规定》例外规定了两种溯及既往的情形：(1) 有利溯及。即旧法虽有规定，但适用本法更有利于保护民事主体合法权益，更有利于维护社会和经济秩序，更有利于弘扬社会主义核心价值观的，适用本法的规定（**《时间效力规定》第 2 条**）。例如，本法施行前成立的合同，适用当时的法律、司法解释合同无效而适用本法合同有效的，适用本法的相关规定（**《时间效力规定》第 8 条**）。再如，遭受损害的乘客直接向保险人索赔，会突破合同相对性，需有法律规定或合同约定；但直接判决商业保险人向乘客赔偿，更有利于减轻诉累、节约交易成本，也更有利于维护客运合同中受害旅客的合法权益，故可溯及既往地适用本法第 1213 条（**"胡某芳与凤岗公汽公司等人身保险合同、城市公交运输合同纠纷案"，广东高院发布八个贯彻实施民法典典型案例之五**）。(2) 空白溯及。即旧法无规定，而本法新增规定的，可适用本法的规定，但适用本法的规定会明显减损当事人合法权益，增加当事人法定义务或背离其合理预期的除外（**《时间效力规定》第 3 条**）〔**广东高院（2019）粤民终 635、636 号民判**〕。例如，保理合同是本法新增规定，所以本法施行前订立的保理合同发生争议的，适用合同编第十六章的规定（**《时间效力规定》第12条**）。还如，融资租赁合同中出租人可就租赁物优先受偿的规定，虽为本法以及《担保制度解释》的新规定，但对于本法施行前签订的融资租赁合同，诉讼中如果能就拍卖、变卖租赁物所得价款受偿，更有利于双方债务的清偿，且并不违背合同当事人的合理预期，应认定可溯及适用本法的规定［**上海金融法院（2020）沪74民初3458号民判**］。此外，旧法仅有原则性规定，而本法有具体规定的，适用当时的法律、司法解释的规定，但可依本法具体规定进行裁判说理（**《时间效力规定》第4条**）［**绍兴中院（2021）浙06民终5076号民判**］。除此之外，《时间效力规定》还在第6～19条中确立了具体的溯及适用情形。

需注意的是，依《时间效力规定》第1条第3款，本法施行前的法律事实持续至本法施行后，该法律事实引起的民事纠纷案件，适用本法的规定，但法律、司法解释另有规定的除外。例如，非法侵占状态持续至本法施行后的，可适用本法［**重庆一中院（2020）渝01民终7122号民判**］。此规定实质上仍贯彻广义上的法不溯及既往原则。《时间效力规定》第20～27条也就某些具体情形作了特殊规定，应优先于其第1条第3款适用。

评注术语解释

法条理论方面

完全法条：构成要件和法律效果齐备，并以假言命题形式表述的法律结构完整的单一法条。完全法条，一般包括资格、能力、权限或权利的赋予法条，以及义务课予法条。

不完全法条：欠缺完整法律规范构成要素的法条，旨在说明、限制或引用其他法条。不完全法条主要包括**说明性法条、限制性法条**和**引用性法条**。

说明性法条：以定义性语句确定某概念的含义，并对概念内容进行充实的法条，包括定义性法条和填补性法条。定义性法条即立法定义，该类法条通过构成要素之描述为其他法律法条中的概念作出界定，说明或规定法律法条所用语词的用法和含义，例如本法第843条对“技术合同”作出的立法定义。填补性法条意在进一步填充其他法律条文的构成要件或法律效果，例如本法第528条对第527条不安抗辩权构成要件之补充。

限制性法条：与填补性法条相反，意指限缩其他法律条文之构成要件或法律效果的条文，避免该条文不当地过宽适用。典型如本法第174条即是对第173条第4项“被代理人死亡”规定之限制性法条。

引用性法条：又称参引性法条/规范，即为避免重复规定或挂一漏万，在构成要件或法律效力的规定中授权法院引用其他法律条文之法条。参引包括法律基础参引与法律效果参引，前者指参引条文时一并参引目标条文的构成要件与法律效果，如本法第474条“要约生效的时间适用本法第一百三十七条的规定”；后者指参引条文时仅参引目标条文的法律效果。

准用性法条：明定将适用于某种案型之法律效果，适用于与该案型相似的其他案型之条文，如本法第319条。

提示性法条：又称提示性参引条文，即提示法律适用者就该条文的规范事项应直接适用其他法律条文的法条。提示性法条表现为“可以依据”“有权依据”“应当依据”等形式，如本法第617条。

拟制性法条：虽然拟处理的案型与拟引用法条本来处理的案型所涉法律事实并不相同，但立法者仍赋予二者同一法律效果的条文。拟制性条文的一般结构为“将某事实另行评价为满足某要件”，在条文表达上通常使用“视为”一词提示出来，典型如本法第18条第2款。

请求权基础规范：又称基础规范、请求权基础，是指在给付之诉中，支持一方当事人（原告）向另一方当事人（被告）请求给付的法律依据。请求权基础规范具有构成要件与法律效果两个规范要素，表现为完全法条的形式。请求权基础规范采取条件式的规范模式，规定当具备一定构成要件时发生一定法效果。

辅助规范：辅助请求权基础规范的规范，从功能上来看又可以分为描述性规范、填补性规范、限制性规范、准用性规范和拟制性规范。

防御规范：又称抗辩规范，指被告得以援引以对抗原告之请求的规范，包括请求权不成立抗辩、请求权消灭抗辩、行权抗辩（抗辩权）的规范。

消灭规范：防御规范之一种，即请求权消灭的抗辩规范。

规整：又称规范体，即诸多法条就特定事项按照一定的脉络和关系形成的规范整体，蕴含多项构成要件与相应的法律效果。立法者按照一定的逻辑安排法律条文，并经由法学研究揭示这些条文的脉络意义，形成规整。例如，本法第1245～1251条构成了动物致害责任的规整。

裁判规范：以裁判者为拘束对象，要求裁判者以该法条为裁判之基准进行裁判的规范。裁判规范包括严法规范和衡平规范：前者之构成要件和法律效果明确、清晰，不存在个案裁量的空间；后者之构成要件和法律效果较为模糊、宽泛，存在价值判断的空间，裁判者得在个案中加以衡量适用。

行为规范：以行为人为拘束对象，要求行为人依该类规范所定之内容行为的规范，包括积极行为规范和消极行为规范：前者即指令，要求行为人积极为一定行为；后者即禁令，要求行为人消极地不为一定行为。

任意（性）规范：对行为人无拘束力，当事人可依其意志排除系争规定的适用或者修正其内容的规范。任意规范或合乎当事人推定的意思，或合乎事理公平，在当事人意思表示未及之处，作为裁判规范起到补充规范或解释规范的作用。若当事人未作出与任意规范不一致的意思表示，则法院在裁判时应受任意规范的拘束。

强制（性）规范：与任意规范相对，指不依当事人的意思排除规范的适用，且不依当事人之意思修改、变更适用内容的规范。按照内容的差异，强制规范分为强行性规范和禁止性规范。**强行性规范**是指要求当事人应当积极为某种行为的规范。**禁止性规范**是指要求当事人不得为某种行为的规范。按照效力的差异，强制规范分为效力性强制规范与管理性强制规范。**效力性强制规范**是指直接对当事人的法律行为的效力产生影响的规范，违反该规范将导致法律行为无效。**管理性强制规范**也称非效力性强制规范，是指规范之违反不影响当事人所作出的法律行为的效力的规范，但会引发其他法律责任。

半强制（性）规范：居于任意规范与强制规范之间的特殊规范，其仅针对部分主体，或仅就法律关系的部分内容作强制性规定。前者如本法第 497 条第 2、3 项，后者如本法第 705 条。

授权规范：授权裁判者依据某种客观事实确定当事人权利义务的法律规范，如对过失的判断、善意的衡量等。典型如本法第 1026 条，其授权裁判者依照列举的衡量因素判断行为人是否尽到“合理核实义务”。

权能规范：规定民事主体从事某种行为需具备某种资格、获取某种权限或采取某种方式的规范。权能规范一般表现为禁止性规范，但其目的并非在于完全禁止主体从事某项行为，只是对其从事该项行为进行限制。权能规范分为三类：一是涉及主体准入的资格型权能规范，如本法第 101 条第 2 款；二是涉及行为权限的权限型权能规范，如本法第 162 条；三是涉及行为方式的方式型权能规范，如本法第 348 条第 1 款。

法律适用方面

文义解释：按照法律规范用语之文义及通常使用的方式阐释法律之意义、内容的解释方法。一般应按照词句之通常意义解释，但若日常生活用语成为法律专用名词术语，则应当按照其法律上的特殊意义解释。文义解释有**限缩解释**与**扩张解释**之分。

限缩解释：当法律规定之文义过于广泛时，缩小法律文义的范围，使其符合立法原意或规范意旨的解释方法。限缩解释不得排除语词的核心文义，否则会构成目的性限缩。

扩张解释：指当法律规定之文义过于狭窄，不足以表示立法之真意时，扩张规范语词的理解范围以期符合立法原意或规范意旨的解释方法。扩张解释以语词可能的文义为限，否则会构成目的性扩张。

历史解释：求诸历史立法资料以明确法律条文内涵的解释方法。历史解释可分为主观的历史解释和客观的历史解释：前者将追溯立法者之内心真意作为唯一目的，后者则将立法者的意思客观化之后的“规范的法意思”作为解释对象。

体系解释：依法律条文在法律体系上的地位，或者相关法条之法意，阐明其规范意旨的解释方法。体系解释一方面以法律条文在法律体系中的关联（在法律体系中的地位和前后条文关联位置），探求其规范意义；另一方面有助于维护法律体系及概念用语之统一性，消解规范之间存在的冲突。

目的解释：以法律规范目的为根据，消除规范疑义、探求规范内涵的解释方法。目的解释之目的，并不局限于法律之整体目的，而是包括个别规定、个别制度之规范目的。作目的解释有助于维持法律秩序之体系性和安定性，并贯彻立法目的。

同类解释：法律条文在列举数项特定的人或物之后，紧接着采用了一个总括性表述的语词时，该总括性语词只能解释为包括与其列举者同类的人或物。同类解释规则之法理，为“同类事物相同处理”的正义要求，对总括性语词的外延与所列举内容在相同类别内作出解释。

反对解释：又称反对推理，指依照法律规定的文义，推论其反对结果，借此阐明法律真意的解释方法。法律适用者在作反对解释时，应充分阐明理由和进行论证。

法律漏洞：又称规范漏洞，指关于某一问题，法律依其内在目的及规范计划应有所规定而未为规定的情形。规范漏洞的基本特性是违反计划性和不圆满性：前者指法律规范存在违反立法意图、影响法律功能实现的缺陷；后者指欠缺可兹适用的规范，或者规范不完整而有补充之必要。规范漏洞可区分为**开放漏洞**和**隐藏漏洞**：前者为对特定类型事件，法律欠缺依照规范计划应予以囊括并加以调整的现象；而后者指特定类型事件不应由某项法律规范调整，需要限制法律规范的适用范围。

目的性限缩：当法律规定的要件文义过宽，存在依法律内在目的及规范计划不应涵盖而涵盖的情形时，依其目的对要件文义加以限缩的漏洞填补方法。目的性限缩是填补隐藏漏洞的方式。与限缩解释不同，目的性限缩排除了部分核心文义。

目的性扩张：当法律规定的要件文义过于狭窄，存在依法律内在目的及规范计划应当予以涵盖但是并未涵盖的情形时，依其目的对要件文义加以扩张的漏洞填补方法。目的性扩张是填补开放漏洞的方式之一。与扩张解释不同，目的性扩张突破了可能的文义。

类推适用：基于案件间的类似性，将某一法律规范于此案例类型所明定的法律效果，转移适用于法律未设规定的彼案例类型。类推适用是填补开放漏洞的方式之一。

规范竞合：同一案件事实同时符合多个完全规范的事实构成，裁判者在进行法律适用时，应选择适用其中一项规范的情形。

规范聚合：同一案件事实同时符合多个完全规范的事实构成，裁判者在进行法律适用时，可并行适用多个规范的情形。

请求权竞合：指满足同一给付目的法律效果的数个请求权并存时，当事人享有选择权，得择一主张。在其中一个请求权因目的达到而消灭时，其他请求权亦因目的达到而告消灭。若一个请求权因目的达到以外之原因而消灭，不影响当事人行使其他请求权。例如，本法第 588 条第 1 款中的违约金条款与定金条款之选择适用。

请求权聚合：指当数种以不同的给付为内容的请求权同时并存时，当事人得一并主张。当事人对聚合的数个请求权，既可以同时主张，也可以先后分别主张。例如，本法第 583 条规定的继续履行请求权与简单损害赔偿请求权的聚合。

其　他

证明责任：又称举证责任，指当事人对自己提出的主张提供证据进行证明的责任，包括**行为意义上的证明责任**和**结果意义上的证明责任**。前者为诉讼法上的概念，指当事人为避免败诉而举证证明其主张的证明责任。后者为实体法上的概念，指在重要的事实主张的真实性不能确认的情况下，由哪一方当事人负担举证证明该事实存在或不存在的责任，以及无法举证时，由哪一方负担案件事实真伪不明的不利后果。

主要参考文献

通　论

梁慧星．中国民事立法评说：民法典、物权法、侵权责任法．北京：法律出版社，2010

梁慧星．民法解释学．4版．北京：法律出版社，2015

黄薇主编．中华人民共和国民法典释义．北京：法律出版社，2020

吴香香．民法典请求权基础手册（进阶）．北京：中国法制出版社，2023

黄茂荣．法学方法与现代民法．5版．北京：法律出版社，2007

王泽鉴．民法思维．北京：北京大学出版社，2022

杨仁寿．法学方法论．3版．台北：三民书局，2016

［德］卡尔·拉伦茨．法学方法论．黄家镇，译．北京：商务印书馆，2020

总则编

陈甦主编．民法总则评注．北京：法律出版社，2017

李宇．民法总则要义：规范释论与判解集注．北京：法律出版社，2017

王利明主编．中国民法典释评·总则编．北京：中国人民大学出版社，2020

最高人民法院民法典贯彻实施工作领导小组主编．中华人民共和国民法典总则编理解与适用．北京：人民法院出版社，2020

朱庆育．民法总论．北京：北京大学出版社，2013

杨代雄．民法总论．北京：北京大学出版社，2022

［德］迪特尔·梅迪库斯．德国民法总论．邵建东，译．北京：法律出版社，2001

［德］卡尔·拉伦茨．德国民法通论：上册．王晓晔等，译，北京：

法律出版社，2003

胡岩．财团法人之研究．北京：中国政法大学出版社，2013

物权编

孙宪忠，朱广新主编．民法典评注·物权编．北京：中国法制出版社，2020

最高人民法院民法典贯彻实施工作领导小组主编．中华人民共和国民法典物权编理解与适用．北京：人民法院出版社，2020

最高人民法院民事审判第一庭编著．最高人民法院民法典物权编司法解释（一）理解与适用．北京：人民法院出版社，2022

最高人民法院民事审判第二庭．最高人民法院民法典担保制度司法解释理解与适用．北京：人民法院出版社，2021

最高人民法院民事审判第一庭编著．最高人民法院建筑物区分所有权、物业服务司法解释理解与适用．北京：人民法院出版社，2017

高圣平．民法典担保制度及其配套司法解释理解与适用．北京：中国法制出版社，2021

梁慧星，陈华彬．物权法．7版．北京：法律出版社，2020

孙宪忠．中国物权法总论．4版．北京：法律出版社，2018

王利明．物权法研究．4版．北京：中国人民大学出版社，2016

崔建远．物权：规范与学说：以中国物权法的解释论为中心．2版．北京：清华大学出版社，2021

王泽鉴．民法物权．2版．北京：北京大学出版社，2010

谢在全．民法物权论．修订5版．北京：中国政法大学出版社，2011

［德］鲍尔，施蒂尔纳．德国物权法．上册：张双根，译．北京：法律出版社，2004

［德］鲍尔，施蒂尔纳．德国物权法．下册：申卫星，王洪亮，译．北京：法律出版社，2006

常鹏翱．物权法的展开与反思．2版．北京：法律出版社，2017

张双根．物权法释论．北京：北京大学出版社，2018

房绍坤．物权法的变革与完善．北京：北京大学出版社，2019

刘家安．民法物权．北京：中国政法大学出版社，2023

徐涤宇．所有权的类型及其立法结构：物权法草案所有权立法之批

评．中外法学，2006（1）

合同编

朱广新，谢鸿飞主编．民法典评注·合同编·通则．北京：中国法制出版社，2020

谢鸿飞，朱广新主编．民法典评注·合同编·典型合同与准合同．北京：中国法制出版社，2020

最高人民法院民法典贯彻实施工作领导小组主编．中华人民共和国民法典合同编理解与适用．北京：人民法院出版社，2020

胡康生主编．中华人民共和国合同法释义．3版．北京：法律出版社，2013

江平主编．中华人民共和国合同法精解．北京：中国政法大学出版社，1999

第一分编　通　则

王利明．合同法研究．2版．北京：中国人民大学出版社，2015

韩世远．合同法总论．4版．北京：法律出版社，2018

张金海．定金制度论．北京：中国法制出版社，2020

姚明斌．违约金论．北京：中国法制出版社，2018

姚明斌．悬赏广告“合同说”之再构成：以《民法典》总分则的协调适用为中心．法商研究，2021（3）

第二分编　典型合同

最高人民法院民事审判第一庭编著．最高人民法院关于审理城镇房屋租赁合同纠纷案件司法解释的理解与适用．2版．北京：人民法院出版社，2016

最高人民法院民事审判第一庭编著．最高人民法院建筑物区分所有权、物业服务司法解释理解与适用．2版．北京：人民法院出版社，2017

史尚宽．债法各论．北京：中国政法大学出版社，2000

王利明．合同法分则研究．北京：中国人民大学出版社，2013

黄立主编．民法债编各论．北京：中国政法大学出版社，2003

吴志正．债编各论逐条释义．台北：元照出版有限公司，2019

黄茂荣．买卖法．北京：中国政法大学出版社，2002

江必新主编．融资租赁合同纠纷．北京：法律出版社，2014

李阿侠．保理合同原理与裁判精要．北京：人民法院出版社，2020

周江洪．典型合同原理．北京：法律出版社，2023

周江洪．服务合同研究．北京：法律出版社，2010

朱庆育主编．中国民法典评注·条文选注．第 4 册．北京：中国民主法制出版社，2023

朱晓喆．寄送买卖的风险转移与损害赔偿：基于比较法的研究视角．比较法研究，2015（2）

吴香香．《民法典》第 598 条（出卖人主给付义务）评注．法学家，2020（4）

吴香香．《合同法》第 142 条（交付移转风险）评注．法学家，2019（3）

易军．违约责任与风险负担．法律科学，2004（3）

刘洋．对待给付风险负担的基本原则及其突破．法学研究，2018（5）

金晶．《合同法》第 111 条（质量不符合约定之违约责任）评注．法学家，2018（3）

金晶．《合同法》第 158 条评注（买受人的通知义务）．法学家，2020（1）

郝丽燕．《合同法》第 167 条（分期付款买卖）评注．法学家，2019（5）

翟云岭．论凭样品买卖．法学，2004（1）

张家勇．体系视角下所有权担保的规范效果．法学，2020（8）

戴孟勇．论《民法典合同编（草案）》中法定优先购买权的取舍．东方法学，2018（4）

黄凤龙．“买卖不破租赁”与承租人保护：以对《合同法》第 229 条的理解为中心．中外法学，2013（3）

冯兴俊．我国租约转让与租赁物转租制度的完善：兼论我国《合同法》第 224 条的修改．法学评论，2015（5）

徐涤宇．物业服务合同法律构造之中国模式．法学研究，2021（3）

第三分编　准合同

王泽鉴．不当得利．2 版．北京：北京大学出版社，2015

［德］汉斯·约瑟夫·威灵．德国不当得利．薛启明，译．北京：中国法制出版社，2021

陈自强．民法典不当得利返还责任体系之展开．法学研究，2021（4）

金可可．《民法典》无因管理规定的解释论方案．法学，2020（8）

李永军．论我国民法典中无因管理的规范空间．中国法学，2020（6）

易军．中国法上无因管理制度的基本体系结构．政法论坛，2020（5）

人格权编

陈甦，谢鸿飞主编．民法典评注·人格权编．北京：中国法制出版社，2020

王泽鉴．人格权法：法释义学、比较法、案例研究．北京：北京大学出版社，2013

［日］五十岚清．人格权法．［日］铃木贤，葛敏，译．北京：北京大学出版社，2009

婚姻家庭编

薛宁兰，谢鸿飞主编．民法典评注·婚姻家庭编．北京：中国法制出版社，2020

最高人民法院民法典贯彻实施工作领导小组主编．中华人民共和国民法典婚姻家庭编继承编理解与适用．北京：人民法院出版社，2020

最高人民法院民事审判第一庭编．婚姻家庭案件审判指导．北京：法律出版社，2018

林秀雄．亲属法讲义．台北：元照出版有限公司，2020

［德］迪特尔·施瓦布．德国家庭法．王葆莳，译．北京：法律出版社，2010

继承编

陈甦，谢鸿飞主编．民法典评注·继承编．北京：中国法制出版社，2020

最高人民法院民法典贯彻实施工作领导小组主编．中华人民共和国民法典婚姻家庭编继承编理解与适用．北京：人民法院出版社，2020

陈棋炎，黄宗乐，郭振恭．民法继承新论．台北：三民书局，2016

戴炎辉，戴东雄，戴瑀如．亲属法．台北：作者自版，2010

林秀雄．继承法讲义．台北：元照出版有限公司，2018

［德］安雅·阿门特-特劳特．德国继承法．李大雪等，译．北京：法律出版社，2015

［德］雷纳·弗兰克，托比亚斯·海尔姆斯．德国继承法．第 6 版．王葆莳，林佳业，译．北京：中国政法大学出版社，2015

［德］马蒂亚斯·施默克尔．德国继承法．第 5 版．吴逸越，译．北京：中国人民大学出版社，2020

杨立新．我国继承制度的完善与规则适用．中国法学，2020（4）

汪洋．遗产债务的类型与清偿顺序．法学，2018（12）

缪宇．遗赠扶养协议中的利益失衡及其矫治．环球法律评论，2020（5）

李贝．民法典继承编引入“特留份”制度的合理性追问：兼论现有“必留份”制度之完善．法学家，2019（3）

侵权责任编

邹海林，朱广新主编．民法典评注·侵权责任编．北京：中国法制出版社，2020

最高人民法院民法典贯彻实施工作领导小组主编．中华人民共和国民法典侵权责任编理解与适用．北京：人民法院出版社，2020

程啸．侵权责任法．3 版．北京：法律出版社，2021

王利明．侵权责任法研究．下卷．2 版．北京：中国人民大学出版社，2016

王利明．侵权行为法归责原则研究．北京：中国政法大学出版社，2003

张新宝．侵权责任构成要件研究．北京：法律出版社，2007

王泽鉴．侵权行为．3 版．北京：北京大学出版社，2016

欧洲侵权法小组编著．欧洲侵权法原则：文本与评注．于敏，谢鸿飞，译．北京：法律出版社，2009

［德］埃尔温·多伊奇，汉斯-于尔根·阿伦斯．德国侵权法：侵权行为、损害赔偿及痛苦抚慰金．第 5 版．叶名怡，温大军，译．北京：中国人民大学出版社，2016

图书在版编目（CIP）数据

《中华人民共和国民法典》评注：精要版 / 徐涤宇，张家勇主编．--2版．--北京：中国人民大学出版社，2025．3．--ISBN 978-7-300-33527-8

Ⅰ．D923．05

中国国家版本馆 CIP 数据核字第 2025YL8346 号

《中华人民共和国民法典》评注（精要版）（第二版）

主　编　徐涤宇　张家勇

《Zhonghua Renmin Gongheguo Minfadian》Pingzhu（Jingyaoban）

出版发行	中国人民大学出版社		
社　　址	北京中关村大街 31 号	**邮政编码**	100080
电　　话	010－62511242（总编室）		010－62511770（质管部）
	010－82501766（邮购部）		010－62514148（门市部）
	010－62515195（发行公司）		010－62515275（盗版举报）
网　　址	http://www.crup.com.cn		
经　　销	新华书店		
印　　刷	北京联兴盛业印刷股份有限公司	**版　　次**	2022 年 7 月第 1 版
开　　本	890 mm×1240 mm　1/32		2025 年 3 月第 2 版
印　　张	47.5 插页 4	**印　　次**	2025 年 3 月第 1 次印刷
字　　数	1 553 000	**定　　价**	168.00 元